Space, Time and Architecture

新版
空間 時間 建築

復刻版

S. Giedion 著

太田 實訳

丸善出版

SPACE, TIME AND ARCHITECTURE

BY

SIGFRIED GIEDION

Authorized translation from the fifth edition.

all right reserved.

本書は，書籍からスキャナによる読み取りを行い，印刷・製本を行っています．一部，装丁
が異なったり，印刷が不明瞭な場合がございます．

訳　者　序

この書は，ジークフリート・ギーディオンの *Space, Time and Architecture, the growth of a new tradition* （Cambridge, Harvard University Press, 16版増補改訂第5版1967年）の邦訳である．

この原書は1941年3月に初版を出して以来，7版（1947年）を重ねるまで，内容を改めていなかったが，8版（増補第2版，1949年）以降，多くの章の増補，加筆がなされてきた．以前，私の訳した日本版（1955年，丸善）は増補改訂第3版（10版，1954年）に拠ったものである．しかし，その後，1962年に増補第4版（13版）が出され，さらにこの増補改訂第5版（16版）に到って，新しい章・節の増補のみならず，全巻にわたって文章の加筆・改訂がなされている．

前の日本版も1955年刊行以来すでに3版を重ね，活字を組み直さなければならなくなったのを機会に，最も新しい版での訳書を刊行することになり，その翻訳も半ば終了し，ギーディオン氏を欣ばせようと思っていた矢先に，氏の突然の訃報（1968年4月9日死去）を知らされることになった．

ジークフリート・ギーディオンは，1893年4月14日，スイスのレングナウに生まれた．スイスとドイツで学び，初め工学を履修したのち，さらにミュンヘン大学のハインリヒ・ヴェルフリンのもとで美術史を専攻した．このような技術と美術の素養が，その後の彼の一切の業績を支えてゆくことになった．1938年にハーヴァード大学客員教授としてチャールズ・エリオット・ノートン記念講義を行なったが，それがこの著『空間・時間・建築』となった．さらに引きつづき1941～1945年に亘って滞米し，この書の姉妹篇『機械化は指揮する』（*Mechanization Takes Command*）が執筆された．彼は1946年以降スイス連邦工業大学（ETH）の教授の職にあったが，一方，マサチューセッツ工科大学（MIT）の客員教授としても毎年，集中講義を担当していた．

i

彼はまた，近代建築国際会議（CIAM）の最初の会合（1928年）以来，その最後の第10回会議（1956年）に到るまで，その書記長として，ル・コルビュジエやワルター・グロピウスなどを始めとする世界の第一線の建築家達とともに，近代建築の発展と人間環境の調整のために実践的な努力を払ってきた．

彼はたしかに冷厳な事実主義的な歴史学者といった枠にとどまっていなかった．彼はむしろ，「現代という時代のもつ創造的な力から霊感を吹きこまれた行動的な観察者」であったともいえよう．そして，それが彼の著書の大きな魅力のひとつにもなっているのである．

1962年の秋，私がチューリッヒの紅葉しかかった街路樹の多い閑静なドルデルタールのお宅を訪れた時，氏はその高齢にもかかわらず，深い熱情をもって，現代建築と大都市の問題について語りかけてこられた．せきこむようなドイツ語なまりの英語で彼が話題にしたのは，世界のメトロポリスでの人間集住方式の問題であった．彼には自分がどこにいるのか判らなくなってしまうような，ニューヨークのような都市環境にはついに共感し得ないものがあった．アメリカで働いて，ヨーロッパそれもスイスに住むのが一番良いと冗談まじりに語った彼の言葉は，その内心の真実であっただろう．しかし，現在ヨーロッパの諸都市に横行する，あたかも寄宿舎とでもいえるような郊外住宅地への批判もまた厳しかった．きわめて凡庸なマス化した住居棟の単なる集合には，人間を安住させるに足る貴重な何ものかが欠けているのである．

さらに話は日本の建築に及んだが，西欧の物質文明の果した害悪についても十分に承知する彼としては，そのころから，現代建築とくに都市設計分野での今後の日本のアーキテクトやアーバニストへの期待と評価が高まっていたように思われる．そして，それはこの新版で多くのページを日本の現代建築への登場についてさき，都市設計への日本の積極的な寄与について触れることになってあらわれた．どのように装われようとも，原始的な簡素さを決して見失わない日本文化の根底に，洋の東西を結ぶ人間経験の連続性を見出し，将来への多くの期待がかけられていたのである．

彼の功績は，やはり現代建築と都市の問題に対して，ひろく文明史的な理解を与え，空間形成こそが建築の核心であるという視点のもとに近代美術と一貫する新しい空間

概念の発展を鮮明にしたことにあるだろう．少なくとも彼の著書が現われるまでは，建築関係の著述に空間概念をまともに採り上げた論評をほとんどみかけなかったし，空間意識を中心に据えた視点が建築の新しい発展をつちかう源流のひとつを形成してゆくなどとも考えられていなかったように思われる[1]．

この書では，建築の分野における分析が主になっているが，それは，いわば，その時代に対する索引として，その時代の生活過程の反映としての建築を取上げているのであって，有機的総合体としての建築，および時代をいつわることのできない活動領域としての都市計画を論ずることによって，人間の生活環境に働く諸力を究明し，その時代の空間意識を，とくに現代におけるそれを浮彫にしようとしている．

現代の悲劇は，もともと人間の思考と感情間の分裂に胚胎するものであった．科学的，技術的諸手段の進歩が，退化した感情の分野と無関係に進展することによって，また感情面が，その実際的知識を再吸収するだけの水準に達していなかったがために，現代生活に多くの混乱が招来される結果となった．しかし，ギーディオンは，ここで，かかる思考と感情の別々の活動領域，すなわち科学と芸術における方法のうちに無意識的な類似の現象が現われ始めていることに着目して，混乱そのものの如く見える現代文明のうちにも，表面に現われない一つの統合が用意されつつあることを論証しようとしているのである[2]．

彼の文明史観は，機械化そのものをそれがもたらした障害の故に安易にしりぞけることではなく，機械化によってもたらされたアノニマスな環境に人間精神の変化の方向を汲みとり，しかもそれらが不断の創造的な人間性の関与によって中和され調整されながら，こぞってひとつの新しく統合された人間的環境を創出してゆくことを期待していたのである．そのような理解は，あらゆる時代の創造的な事物にみられる永遠性の自覚と持続への要求にもとづくものであった．

私がスイスに彼を訪れたころ，ギーディオンは『永遠の現在』の第Ⅰ巻『美術の起源』と第Ⅱ巻『建築の起源』の2部作を世に送りだすことに専念していた．招じられた書

---

[1]　太田實，ギーディオンの活動と評価，「建築文化」1968. 6.
[2]　旧訳書第1巻，訳者序，1955.

斎には，その図版の写真原稿が山積し，いま自分にとってもっとも貴重なのは時間だといった彼の言葉はきわめて印象的であった．ギーディオンの晩年はあたかも創造的な芸術家の眼を通してのように，原始への問題に強い関心を寄せていたのである．人間の産みだしたあらゆるものにみられる変わるものと変わらざるものという二つの相への関心が，彼をして先史時代の美術に象徴と空間概念の発生を探らしめ，スメルやエジプトの最初の古代文明に建築の起源を探らしめることになったのである．

原始への回帰は「根元的なものや非合理なもののなかに象徴的な表現を探ろうとする衝動」であった．近代絵画のもつ「抽象性，透明性，同時性」といった諸概念は，また原始美術の探究に有効な光を与えるものとなったのである．

原始美術の空間概念は世界が分かちがたく一つであることの表明であり，その多方向的な空間は背景のない星座的な空間であった．そこにはまた現代美術において再現されつつある空間要素と似通う内的な関連性が見出されるのである．

ギーディオンにもしし残したものがあったとすれば，それはその晩年の著述活動が暗示しているように，人間性にひそむ「原始」への開眼と，「機械化」に対する鋭ぎすまされた理解によって，現代社会の病弊としての人間疎外と思考と感情間の分裂から人びとを救う手だてと方向をさらにより闡明化することにあったのであろう．それらは一本の道を行く車の両輪のごとく，現代という困難にみちた激動期を切り抜けてゆくための有力な方向を提示することになるはずのものであった．

彼を失って初めて，世界はその損失の大きさに気づかざるを得ない．すぐれた提案をもちながら世に容れられなかった真の時代の表出者を世に表わすために挑戦的な論陣を張った彼のような信念をもった具眼の批評家は現在きわめて乏しい．技術と芸術との架橋，思考と感情の架橋の問題に対して，彼のような該博な知識と確信をもって取組み，説得力のある論評をつづけうる人間はそう多くはいない．建築の価値の何たるかを承知し　創造的な事物を擁護し，他に対して敢然と挑戦するだけの明知と勇気をもつものもまたきわめて希なのである．

ギーディオンはその最初の学位論文（1922年）以来，精力的な執筆活動を展開しつつ

けてきたが，とくに50歳前後からのせきを切ったような大部の著書の刊行にはまった
く敬服せざるを得ない．いまそれらを列挙してみれば，そのそれぞれが数年から10年
以上の体系的な研究を必要とするようなものばかりであることに，今さらのごとく彼
の努力の非凡さに驚くのである．

ジークフリート・ギーディオンの主要著書

1. Spätbarocker und romantischer Klassizismus, München, 1922（18世紀末期と19世
   紀初頭との比較考証，学位論文）.

2. Bauen in Frankreich: Bauen in Eisen, Bauen in Eisenbeton, 1928（『空間・時
   間・建築』の第3章の基調）.

3. Walter Gropius, Paris, G.Crès & Cie, 1931（ワルター・グロピウスの作品集，
   1954年版の前身）.

4. Space, Time and Architecture, Harvard University Press, Cambridge, 1941,
   1949, 1954, 1962, 1967（イタリア語版，1953；旧日本語版，1955；ドイツ語版，
   1965）.

5. Mechanization Takes Command, a contribution to anonymous history, Oxford
   University Press, New York, 1948（農業，食料品加工，交通機関，住宅，家具，
   日常用品等にわたる機械化がアノニマスな人間環境の形成に与えた影響の考察）.

6. A Decade of Contemporary Architecture, Zurich, 1954（CIAM の第6回会議の
   報告と1937〜1947年間の世界各国の近代建築の作品譜）.

7. Walter Gropius, Work and Teamwork, Reinhold Pub., New York, 1954（ワ
   ルター・グロピウスの作品集）.

8. Architektur und Gemeinschaft, Rowohlts Deutshe Enzyklopaedie, Vol. 18,
   Hamburg, 1955（英語版，1958；日本語版『現代建築の発展』生田勉・樋口清訳，
   みすず書房，1961）.

9. The Eternal Present, Vol. I . The Beginnings of Art, Pantheon, New York.
   1962（日本語版『永遠の現在：美術の起源—不変と変化に関する一考察』江上波
   夫，木村重信訳，東京大学出版会，1968）.

10. The Eternal Present, Vol. II, The Beginnings of Architecture, Pantheon, New
    York, 1964（永遠の現在；建築の起源）.

新訳の刊行に当り，心からギーディオン氏の冥福を祈るとともに，旧訳書以来お世話になった方々の他，丸善出版部の各位にあつく御礼申上げる次第である．

　　1968年秋，札幌にて

　　　　　　　　　　　　　　　　　　　　　太　田　　　實

日本語版への序

『空間・時間・建築』の日本語訳を用意されたことに対し，太田實氏に心から感謝の意を表したい．あなたのこのような犠牲的な行為は，われわれがともに献身しようとしている理念，すなわちその名に値する現代の生活方法に心眼を開くという理念への貢献と考えている．

この日本語版の出版に当って，一人の西洋人として，二，三の他人の取沙汰めいたものを付け加えるのも，ある意味では私の義務かとも思われる．目下，形成途上にある現代の生活方法は，その根の大半を西洋文明の中に下ろしている．もしも歴史がなにかを教えるものだとすれば，それは人類が，かつて先史時代に肉体的に相異なる段階を通過しなければならなかったように，精神的な発展の相異なる相をも乗越えていかなければならないということである．今日，それと認められるような文化の標準が，全世界を徐々に包含しつつあるということを示す徴候が存在している．有史時代には，どのような文化も地域的な広がりは通常もっと制約されたものだったが，何十万年にわたる暗黒の先史時代には，あらゆるところに，その当時の手斧「クー・ドゥ・プワン」が見出される．この三角形の，両面が傾斜して鋭い刃になった梨形の万能的な道具は，支那にも，アフリカにも，フランス中心部のソームの礫層にも，またアメリカ中西部のオハイオ渓谷にも発見されてきた．いずれの場合にも，この燧石道具「クー・ドゥ・プワン」は同じ形であって，あたかも，この広く散在している諸大陸が，かつて近隣の村落同志だったかのような感を与える．

今や，このネアンデルタール人の頃のように，一つの文明が地球上に広がりつつある．ただ今日ではテンポがすさまじく加速され，スピードが過度になったにすぎない．われわれは，ルネサンス以来，とりわけ19世紀以降，西洋人の侵略がもたらした害悪に気づくようになった．西洋人は，多くの原始的な人たちが先史時代以来保持してきた生活の自然なリズムを破壊した上，それに値するものを何一つとして彼らに与えなか

vii

った．しかも，西洋人がその合理主義的な思考方法を「最古の文明」に注入した時に
生じた害悪は，おそらくそれ以上のものであった．初期の資本主義的な開発や，最近
の唯物主義の政治的な影響の導入が，これらの東洋文明にとって，より有害なものと
なるかどうかは——それは，ただに東洋ばかりのことではなく，われわれ西洋にとっ
ての問題でもあるが——後世の歴史が示してくれるであろう．

西洋文明は，現在，過渡期の状態にある．西洋文明の最近の局面を基礎づけている合
理主義だけでは十分ではないということが，経験によって徐々に判明してきた．われ
われは新しく——核物理学の例証に支持されて——光学器械や統計によっても記録計
測のできない，ある種の物質的な力が存在するということを認識し始めた．

われわれの時代の悲劇的な経験は，われわれが太古の人間とまったく同じように環境
の支配下に置かれているということ，しかも，われわれは原始人と同様われわれ自身
の運命を支配できないということを示すことによって，ある種の精神的な力の存在を
立証してきた．これらの諸現象は次第に西洋と東洋の心的状態の交点へと通じてゆく
ことになろう．というのも東洋の文明は——連綿と保持されてきたところでは——い
まだにその根を人類の黎明期に下ろしているからである．東洋では，西洋が再び徐々
に気づき始めている，「人間経験の連続性」を常に意識していたのである．

われわれの美術の分野では，東洋と西洋との間の関連は，18世紀以来一つの明確な役
割を演じてきた．19世紀後期に，すぐれたフランスの画家たちの眼を開き，彼らをし
て平坦な面に内在する価値を新しく認識させることになったのは，日本の木版画であ
った．

われわれはフランク・ロイド・ライトが，近代絵画に対する理解を全然持合わせてい
ないということを知っている．もっとも，一人の建築家として，ある視覚上の信条を
持合わせているはずである．ライトは，これをアメリカにおいては見出すことができ
なかったが，タリアセンの彼の自宅兼事務所には，無口な助力者たちがその壁間に支
那と日本の絵画を掲げている．

彫刻家や画家は，東洋の影響についてもっと明確な徴候を示している．私は本書の第

viii

2巻に，アルヴァ・アアルトがかつてニューヨークで彫刻家のブランクージに会って，どう叫んだかを記しておいた．「やあ，やっと判ったよ，ブランクージ君！君はアジアとヨーロッパの交点に立っているんだね！」．画家パウル・クレーのとどまることなく成長してゆく影響力の秘密は，彼がわれわれの時代の新しい神秘への道を踏み固めてきたということにある．

なお，私が最近，先史時代の研究に専念しているのも，こういった交差する流れに対する関心からだともいえよう．

　チューリッヒ，ドルデルタールにて，1953年3月23日

S．ギーディオン

初 版 へ の 序

この『空間・時間・建築』は，われわれの文化の現状に対して危惧を感じ，その対立
的な諸傾向の外面的な混乱から脱出する道を見出そうと苦慮している人たちのために
書かれたものである．

私は，ここで，現在のわれわれの文明は外観的には混乱そのものだが，その中には表
面に現われない真の統一，ひそかな総合が存在しているということを，論証と客観的
な証拠によって明らかにしようとしてきた．この総合が「なぜ意識的な，しかも活動
的な実在となってこなかったか」ということを指摘するのが，私の主要なねらいの一
つであった．

私は，特に建築における新しい伝統の成長に関心を集中させてきたが，それも他の人
間活動との相互関係を明らかにするという目的と，現在，建築や構造，絵画，都市計
画および科学において用いられている方法の間の類似を明らかにするという目的のた
めであった．

私は，新しい伝統の成長に関する首尾一貫した正当な理解に到達するためには，膨大
な利用可能な歴史的資料のうちから，比較的僅少な事実だけを選び出す方が望ましい
ということに気がついた．歴史とは，事実を編輯することではなくて，動きつつある
生活過程を洞察することだからである．さらに，こういう洞察は，パノラマ的調査や
鳥瞰図的概観だけの使用によって得られるものではなく，ある特殊なできごとをクロ
ーズ・アップの手法で見透し探索することによって，つまり強調的に孤立させながら
考証することによってなしとげられるものである．こういう手続きによって，ある一
つの文化を，外面からだけでなく，内面からも評価することが可能になる．

このような解析方法を保持することによって，文献的な資料を最小限に切りつめてき

た，それぞれの項目について特に関心があり，もっと詳細に研究しようとする人たちのためには，必要と思われる文献名を脚注に記載しておいた．しかし一般的な文献名は一切省略した．こういう文献目録を付け加えることは，主題の上からも，書物としての体裁からいっても，余分の何頁かを付け加えることによって，科学的な完全さを与えることもなく，巻をいたずらに膨れ上らせるにすぎないと思われたからである．

この『空間・時間・建築』は，アメリカの若い人たちとの活発な交渉のうちに書かれたもので——私がハーヴァード大学においてチャールズ・エリオット・ノートンを記念するための特別教授として試みた講義と，ゼミナールの結果を収録したものである．その講義や討論において話された言葉を，まったく違った媒質の印刷された文字に変形させるということが，この書物を構成するに当っての課題であった．講義のための英語訳は．R．ボタムリ氏によって用意された．この書の英訳は，W．J．カラガン氏とアーワート・マシューズ氏の協力によって1940年の春に，マサチューセッツ州のケンブリッジで完成された……．

　　チューリッヒ，ドルデルタールにて，1940年6月

　　　　　　　　　　　　　　　　S．ギーディオン

目　　　次

序論　1960年代の建築：希望と危惧‥‥‥‥‥‥‥‥‥‥‥‥‥‥‥　1

　混乱と倦怠‥‥‥‥‥‥‥‥‥‥‥‥‥‥‥‥‥‥‥‥‥‥‥‥　2

　発展する伝統の徴候‥‥‥‥‥‥‥‥‥‥‥‥‥‥‥‥‥‥‥　3

　都市の発展‥‥‥‥‥‥‥‥‥‥‥‥‥‥‥‥‥‥‥‥‥‥‥　5

　普遍的な建築‥‥‥‥‥‥‥‥‥‥‥‥‥‥‥‥‥‥‥‥‥‥　7

　普遍的な建築と地域的な発展‥‥‥‥‥‥‥‥‥‥‥‥‥‥‥　8

　構造とその空間的な意味‥‥‥‥‥‥‥‥‥‥‥‥‥‥‥‥‥10

　過去への異なる接近法‥‥‥‥‥‥‥‥‥‥‥‥‥‥‥‥‥‥14

　建築の現状‥‥‥‥‥‥‥‥‥‥‥‥‥‥‥‥‥‥‥‥‥‥‥16

　　空間におけるヴォリューム‥‥‥‥‥‥‥‥‥‥‥‥‥‥‥17

　　建築と彫刻‥‥‥‥‥‥‥‥‥‥‥‥‥‥‥‥‥‥‥‥‥‥21

　　ヴォールト架構問題‥‥‥‥‥‥‥‥‥‥‥‥‥‥‥‥‥‥22

　　壁体の生気の回復‥‥‥‥‥‥‥‥‥‥‥‥‥‥‥‥‥‥‥23

　　有機的と幾何学的‥‥‥‥‥‥‥‥‥‥‥‥‥‥‥‥‥‥‥26

　　3つの空間概念‥‥‥‥‥‥‥‥‥‥‥‥‥‥‥‥‥‥‥‥‥27

Ⅰ　生活の一部としての歴史‥‥‥‥‥‥‥‥‥‥‥‥‥‥‥‥29

　はじめに‥‥‥‥‥‥‥‥‥‥‥‥‥‥‥‥‥‥‥‥‥‥‥‥30

　歴史家とその時代との関係‥‥‥‥‥‥‥‥‥‥‥‥‥‥‥‥33

　連続性に対する要求‥‥‥‥‥‥‥‥‥‥‥‥‥‥‥‥‥‥‥36

　現代の歴史‥‥‥‥‥‥‥‥‥‥‥‥‥‥‥‥‥‥‥‥‥‥‥38

　方法の一致‥‥‥‥‥‥‥‥‥‥‥‥‥‥‥‥‥‥‥‥‥‥‥42

　過渡的事実と構成的事実‥‥‥‥‥‥‥‥‥‥‥‥‥‥‥‥‥49

xiii

有機体としての建築……………………………………………………………15

この書の手順……………………………………………………………………56

Ⅱ　われわれの建築的遺産 …………………………………………………63

新しい空間概念としての遠近法………………………………………………64

遠近法と都市計画………………………………………………………………76

都市成長の先行条件…………………………………………………………76

星状型都市……………………………………………………………………78

遠近法と都市の構成要素………………………………………………………91

壁体と広場と街路……………………………………………………………92

ブラマンテと屋外階段………………………………………………………96

ミケランジェロと外部空間の構成……………………………………… 101

アレア・カピトリーナの真の重要性とは何であろうか？……………… 107

レオナルド・ダ・ヴィンチと地方計画の発端……………………………… 109

シクストゥス5世(1585～1590年)とバロック・ローマの計画……… 112

中世とルネサンス期のローマ……………………………………………… 115

シクストゥス5世とその司教在位期間…………………………………… 121

総合計画……………………………………………………………………… 130

社会的な観点………………………………………………………………… 140

後期バロック………………………………………………………………… 147

うねりのある壁体と柔軟な平面……………………………………………… 151

フランチェスコ・ボロミーニ，1599～1667年………………………… 151

グァリーノ・グァリーニ，1624～1683年……………………………… 164

南ドイツ：フィヤツェーンハイリゲン…………………………………… 170

外部空間の組織化……………………………………………………………… 177

住居集団と自然……………………………………………………………… 177

単独広場……………………………………………………………………… 186

相互に結びつけられた一連の広場………………………………………… 189

xiv

Ⅲ　新しい可能性の発展 ……………………………………………………… 211

基本的事象としての工業化…………………………………………………… 213

鉄……………………………………………………………………………… 216

イギリスにおける初期の鉄構造……………………………………… 217

サンダーランド橋………………………………………………………… 220

ヨーロッパ大陸における初期の鉄構造…………………………… 223

鋳鉄柱から鋼軸組へ………………………………………………………… 231

鋳鉄柱………………………………………………………………………… 233

鋼鉄軸組へ…………………………………………………………………… 240

ジェームズ・ボガーダス……………………………………………… 246

セント・ルイス河畔…………………………………………………… 251

初期の骨組式建物………………………………………………………… 255

エレベーター……………………………………………………………… 261

建築と工学との離間………………………………………………………… 264

当時の討論………………………………………………………………… 265

エコール・ポリテクニーク：科学と生活との連繋…………………… 266

新建築への要望…………………………………………………………… 267

建築と工学との相互関係……………………………………………… 269

アンリ・ラブルースト，建築家―構造家，1801～1875年…………… 272

新しい建築の問題―新しい解決………………………………………… 284

マーケット・ホール…………………………………………………… 285

デパートメント・ストア……………………………………………… 290

大博覧会……………………………………………………………………… 300

ロンドンの大博覧会，1851年………………………………………… 307

パリの万国博覧会，1855年…………………………………………… 313

1867年のパリ博………………………………………………………… 319

1878年のパリ博………………………………………………………… 323

1889年のパリ博………………………………………………………… 327

1893年のシカゴ………………………………………………………… 334

ギュスターヴ・エッフェルと彼の塔…………………………………… 337

xv

Ⅳ　建築における倫理性の要求 351

90年代：現代建築の先駆者たち 352

現代芸術の中心，ブリュッセル，1880〜1890年 356

ヴィクトル・オルタの貢献 360

ベルラーへの株式取引所と倫理性の要求 369

オットー・ワグナーとウィーン派 379

鉄筋コンクリートとその建築への影響 385

オーギュスト・ペレー 392

トニー・ガルニエ 396

Ⅴ　アメリカの発展 399

アメリカ製品に対するヨーロッパの注視 401

アメリカの工業組織 409

バルーン構造と工業化 411

バルーン構造と西部の建設 415

バルーン構造の発明 416

ジョージ・ワシントン・スノウ，1797〜1870年 417

バルーン構造とウィンザー椅子 420

アメリカ建築における平坦な面 421

融通性のある自由な平面 429

シカゴ派 436

アパートメント・ハウス 445

純粋な形態へ 450

ライター・ビルディング，1889年 451

リライアンス・ビルディング，1894年 454

サリヴァンのカーソン・ピリー・スコット・ストア，1899〜1906年 457

1893年のシカゴ万国博の影響 463

フランク・ロイド・ライト 466

ライトとアメリカの発展 466

xvi

長く延びた十字形の平面……………………………………………… 471

平坦な面と構造……………………………………………………… 476

有機的なものへの衝動……………………………………………… 485

事務所建築…………………………………………………………… 489

フランク・ロイド・ライトの影響………………………………… 496

フランク・ロイド・ライトの晩年………………………………… 499

VI 美術・建築・構造における時−空間 ……………………………… 503

新しい空間概念：時−空間 ………………………………………… 504

われわれは芸術家を必要とするか？……………………………… 505

空間の探究：立体派 ………………………………………………… 508

芸術手段…………………………………………………………… 511

運動の探究：未来派 ………………………………………………… 518

今日の絵画…………………………………………………………… 524

構造と美学：スラブとプレーン…………………………………… 526

ロベール・マイヤールの橋梁…………………………………… 526

結　　び…………………………………………………………… 552

ワルター・グロピウスとドイツの発展…………………………… 554

19世紀のドイツ…………………………………………………… 554

ワルター・グロピウス…………………………………………… 560

第1次大戦後のドイツとバウハウス…………………………… 564

デッサウのバウハウスの建物，1926年………………………… 571

建築上の目標……………………………………………………… 577

ワルター・グロピウスのアメリカでの活動……………………… 578

1930年以降の移住の意義………………………………………… 579

ワルター・グロピウスとアメリカの舞台……………………… 580

建築活動…………………………………………………………… 582

教育者としてのグロピウス……………………………………… 591

最近の発展………………………………………………………… 593

xvii

アテネのアメリカ大使館，1956〜1961年……………………… 595

ル・コルビュジエとその建築的表現手段……………………………… 598

サヴォイ邸，1928〜1930年……………………………………… 607

国際連盟設計競技，1927年：現代建築の表面化……………… 612

大構築物とその建築上の目標………………………………… 621

社会的構想力……………………………………………………… 624

ユニテ・ダビタシオン，1947〜1952年……………………… 627

チャンディガール…………………………………………………… 631

晩年の作品………………………………………………………… 636

ハーヴァード大学の視覚芸術のためのカーペンター・センター，

1963年……………………………………………………… 640

ル・コルビュジエと依頼者…………………………………… 646

ラ・トゥーレットのサント・マリー修道院，1960年………… 652

ル・コルビュジエの遺産………………………………………… 661

ミース・ファン・デル・ローエと形態の完璧さ………………………… 670

ミース・ファン・デル・ローエの建築の諸要素…………………… 671

田園住宅，1923年………………………………………………… 674

シュトゥットガルトのワイセンホーフ集団住宅地，1927年……… 678

イリノイ工科大学，1939年以降……………………………… 685

高層アパート……………………………………………………… 687

事務所建築………………………………………………………… 691

形態の完璧さについて…………………………………………… 700

アルヴァ・アアルト：非合理性と標準化………………………………… 702

生活と建築との結合…………………………………………… 702

根源的なものと分化再生されたものとの相互補足……………… 704

1930年以前のフィンランドの建築…………………………… 706

アアルトの最初の建物………………………………………… 710

パイミオのサナトリウム，1929〜1933年…………………… 714

うねらせた壁面………………………………………………… 717

スニラ：工場と風景，1937〜1939年………………………… 726

マイレア………………………………………………………… 731

xviii

有機的な都市計画……………………………………………………… 734

市民センターと文化センター…………………………………………… 740

標準単位の家具……………………………………………………………… 746

建築家としてのアアルト………………………………………………… 749

人間的側面………………………………………………………………… 751

ヨーン・ウッツォンと第3の世代………………………………………… 754

過去との関係……………………………………………………………… 755

ヨーン・ウッツォン……………………………………………………… 758

構成要素としての水平な面……………………………………………… 760

表現の権利：シドニー・オペラ・ハウスのヴォールト……………… 763

敷地環境との同調：チューリッヒ劇場，1964年……………………… 776

無名の依頼者に対する共感……………………………………………… 779

構想力と実行力…………………………………………………………… 781

近代建築国際会議（シアム）と現代建築の形成………………………… 783

Ⅶ 19世紀の都市計画 ……………………………………………………… 795

19世紀初期………………………………………………………………… 796

ナポレオン1世のリュ・ド・リヴォリ………………………………… 802

緑地が支配的なものとなる：ロンドンのスクェア…………………… 804

ブルームズベリのガーデン・スクェア………………………………… 813

大規模な住宅開発：リージェント公園地区…………………………… 824

街路が支配的なものとなる：パリの改造計画，1853〜1868年……… 830

19世紀前半のパリ………………………………………………………… 830

ユージェヌ・オースマンの「3つの計画」…………………………… 834

スクェア，ブールヴァール，庭園と植樹……………………………… 847

技術的な問題としての都市……………………………………………… 854

オースマンによる財政面の近代的な方法の採用……………………… 857

街路の基本単位…………………………………………………………… 859

xix

街路のスケール……………………………………………………………………… 862
オースマンの先見：彼の影響……………………………………………………… 866

Ⅷ　人間的な問題としての都市計画…………………………………………… 869

19世紀後期…………………………………………………………………… 870
エベニーザー・ハワードと田園都市……………………………………… 874
パトリック・ゲデスとアルトゥロ・ソリア・イ・マタ……………… 877
トニー・ガルニエの工業都市，1901〜1904年……………………… 880
アムステルダムと都市計画の再生…………………………………… 887
ベルラーヘによるアムステルダム南部の計画……………………… 891
アムステルダムの総合拡張計画，1934年…………………………… 898
住居地と個人生活との相互関係……………………………………… 904

Ⅸ　都市計画における時-空間………………………………………………… 909

都市計画に対する現代の傾向……………………………………………… 910
破壊か改造か？…………………………………………………………… 913
都市計画における新しいスケール……………………………………… 918
30年代におけるアメリカのパークウェイ………………………… 918
空地をめぐらした高層建築…………………………………………… 928
歩行者のための自由…………………………………………………… 938
市民センター：ロックフェラー・センター，1931〜1939年………… 941
変りつつある都市の概念………………………………………………… 953
都市と国家……………………………………………………………… 953
都市，それはもはや閉じられた組織体ではない………………… 954
持続と変化……………………………………………………………… 957
個と集団の領域………………………………………………………… 960
変化の徴候と不変の徴候……………………………………………… 965

Ⅹ 終りに臨んで ……………………………………………………………………… 967

　　　建築における有機性の限界について ……………………………………… 969

　　　政治と建築 ……………………………………………………………………… 971

図版目次 ……………………………………………………………………………… 979

索　引 ………………………………………………………………………………1005

訳者あとがき

序論　1960年代の建築：希望と危惧

混 乱 と 倦 怠

60年代に，ある種の混乱が現代建築に見出される．絵画の分野での一種の休止，一種の消耗状態ともいえるような混乱である．誰もがそのことに気が付いている．一般に疲労というものは通常，なすべきことや進むべき道が不確かだといった時に起こるものである．疲労はあらゆる種類の浅薄さや現実逃避へと導く優柔不断の母胎である．

1961年の春，ニューヨークのメトロポリタン美術館でのシンポジウムで，「近代建築は死滅するのか変身するのか？」という問題が討議された．この論題が示すように，ある人たちには現代建築はファッションと考えられている．あるアメリカの建築家が表明しているように，"国際様式"の流行的な形態を採用してきた多くのデザイナーたちは，今やそのファッションが衰微してしまったのを見て，ロマンティックな乱行にふけっていたのである．このファッションは，でたらめに取り出された歴史的断片によって，不幸にも多くの才能ある建築家を汚毒してきた．60年代までに，その結果はあらゆるところに見出されるようになった．たとえば，貧弱な格好のゴシック様式の大学やその内外のきらびやかな細部の組合せに，また最大級の文化センター[1]の，ばらばらに孤立した建物の集合や，そのつまようじのような支柱などに見出される．

一種のプレイボーイ的建築が流行しているのである．ちょうどプレイボーイたちが感興を求めてあれやこれやと跳び回り，すぐに何ものにも飽いてしまうといった生活を送っているのとまったく同じように扱われた建築が流行している．

私は，この内心の不安定から生まれたファッションが，まもなくすたれてしまうだろうことを疑わないが，現時点でのその影響は，アメリカ合衆国の世界的な影響力からみて，むしろ危険なものといえよう．

---

[1] ドイツ語版では，具体的にニューヨークのリンカーン・センターの名を挙げている（訳注）. Cf, S. Giedion, *Raum, Zeit, Architektur, Die Entstehung einer neuen Tradition*, Otto Maier Verlag, Ravensburg, p.22 (1965).

『現代建築の発展』[2] のなかで，私は建築に対する19世紀的接近と20世紀的接近との間の相違を指摘しておいた．われわれは新しい伝統の形成期の真只中にあり，しかも，それはまだ始まったばかりである．私はその書のなかで，われわれが現代建築について書く場合に使用を差控える言葉があるという所見を述べておいた．それは"様式"という言葉である．われわれが建築を"様式"という概念にとり込む時は，形式主義的な接近に門戸を開く時である．現代の動きは，形態の特性づけの19世紀的な意味での"様式"ではない．それはわれわれすべてのうちに自覚しないままに眠っている生活そのものへのアプローチである．

建築では"様式"という言葉が，しばしば"国際的"という形容詞と結びつけられてきたが，この形容詞はヨーロッパでは決して受け入れられなかったものである．"国際様式"という用語はすぐさま有害な，どこにも根をもたない，なにか空に舞うような，ボール紙建築を意味するものになってしまった．その名に値する現代建築は，その主要な任務を，われわれの時代にふさわしい生活方式の解明に置いている．「死か変態か」という疑問はあり得ないのであって，ただ新しい伝統を発展させる上での問題があるだけである．しかも多くの徴候がそれがまさに進行中であることを示している．

発展する伝統の徴候

建築での通俗的な趣好の安易な煽動が，1910年ごろの視覚上の革命以来，いくたびか試みられてきた．こういった諸傾向は時に現われたり消え去ったりしてきた．そして60年代のプレイボーイ的な傾向もまた消失してしまうだろう．新しい伝統を発展する一連の作用が，一時的な妨害にもかかわらず持続しているという明確な徴候が存在しているのである．

人類がいつの日か自滅するかもしれないという脅威を感じているわれわれの時代は，

---

2)　ドイツ語版 *Architektur und Gemeinschaft* (1955)，ハンブルグ刊，英語版 *Architecture, You and Me*, Jaqueline Tyrwhitt 訳 (1958)，邦訳『現代建築の発展』，生田・樋口訳 (1961).

同時に，13世紀以来まだ出現したこともないような新しい都市を見出したいという切迫した衝動に駆りたてられている．

また別の現象として，現代建築は，建築も都市設計も含めて，西欧文明の縁辺の国国，フィンランドから始まって，ブラジルさらに最後に日本といった国々からの寄与によって豊かに高められてきた．

建築の発展方向はますます明白になってきた．建築はその形成的な傾向を強め，さらにそのいっそうの進展を促すための条件を強化してきたのである．

われわれの時代に失われたもろもろの価値，すなわち人間的尺度や，個人の権利，都市内での動きに対する根本的な安全性などを回復しなければならないという普遍的な合意が存在している．このような欲求の背後には，充足を求める人間生活の変らざる恒久性が潜んでいるのである．以前には，人間が土との接触を保ちたいという要求からあまりかけはなれないような居住地を作ることは比較的簡単であった．今日ではこの最も簡単な生活上の要求を充足することほど困難なことはない．機械化の増大する比重とそれに連なるすべてのものが，巨大な複雑化を随伴させ，それが，どのような単純な進路の採用をもほとんど不可能にしているのである．

結果として，今日われわれを悩ましている諸問題は世界的な解答を求めようとしている．大規模な計画の問題は，すでに久しい以前に，個々の都市や地域のプランを作ることから，大量生産の領域に移行してきた．

しかし，現在の複雑な状況にもかかわらず，生活の変らざる諸価値は依然として存在している．その充足を妨げている障害にもかかわらず，真先に浮かぶ疑問は，われわれはどのように生活したいのかという疑問である．都市計画の現状がその今日の諸傾向を示している．

都 市 の 発 展

将来の生活方式は生活の私的親密性の回復にある．1万から1000万人へといった人口の増大は，人間にほとんど物理的な激変を与えるものである．人類の恐怖は人間の計り知れぬほどの増加から生まれてくる．過密都市はいやおうなしに生活の破綻へと導いてきた．しかも，よりいっそう集中しようとする抑えられない欲求が，あらゆる分散にもかかわらず，再び認められるようになってきた．

以前には詩人や画家が，人里離れたところへ隠れ住んだが，今日では，研究機関や大規模な組織のオフィス，保険会社の事務所などが巨大都市から逃れて，妨害されない私的な緑地帯でバリケードを張りめぐらしている．

都市的状況についての不安と不満の感情が全地球上に広がってきた．都市がその古くからの密集した中心を窒息させることなく拡大できるように，都市中心を再建しようという計画が，ほとんどすべての大都市，ヨーロッパでのヘルシンキからアテネにいたるまで，またアジアやアフリカの新旧の首都——バグダッド，カートゥム，イスラマバッド，チャンディガールで作られている．

チャンディガールは，中世の壁で囲まれた都市でよくみられるように行政中心を腹部に置かないで，その都市全体の頭部に置いているという点で，新しく建設された首都のうちでも際立っている．ブラジリアはこの同じ問題をその行政中心——"三権"（立法，行政，司法）広場——を，その航空機のような形のプランの尾部に置くことによって解決している（図3）．

行政中心を都市の頭部に置くという考え方は，新しいものではないが，再発見される必要があった．それは別の形で，ヴェルサイユ宮のなかに具現されていた．ヴェルサイユ宮に具現されている構成的事実は，政府の閣僚を収容したその大きな建物複合体を自然に向かいあわせて対置したことにある．今日，私はその背後の都市が自由に拡大し得たということをも強調したい．もしも19世紀と20世紀の都市設計家がヴェルサ

イユ宮のこの新しい告示をいち早く了解し得ていたとしたら，今日の状況は根本的に変っていたであろう．しかし，人間的な諸決定にみられる惰性のために，世界はほとんど解決不能な状況に立ち至ってしまうまで，待たされることになったのである．

都市内部の中心は，決して死にひんしているわけではない．それは，その状況によって，更新されたり新しく作られたりさえしている．早くも 1953 年に，数人の大学教授たちが，ボストンの古い鉄道操車場の上に新しい中心を計画した（図317）．もしも建設されていたとしたら，それはその国全体にとって一つの典型となっていたことであろう．空間にヴォリュームを配置するという問題に関する限り，ごく初期のロックフェラー・センターは今でも最も感銘の深いものであるが，その後，フィラデルフィアのペン・センター（Penn Center）に対する先見的な計画のような案が周囲状況の許す限り発展させられてきた．

50年代には，アメリカ合衆国で今日のような都市更新のブームが起ころうとは誰も予想していなかったであろう．10年後の今日，都市更新は，それを建築的にどのように成就したらよいかという知見に先立って，あまりにも迅速に進行しつつある．

都市開発に対する新しい着想は今や日本から到来しようとしている．東京内部の過密や渋滞を減少させるために，湾上に建設することによって新しい土地を創出しようという諸提案がつくられてきた．過去 20 年間の東京の恐るべき成長は 1000 万に及ぶ人口集積となって，このような着想の誘因となってきた．それぞれの計画案は，それぞれ別個の近代的な手法を使用している．

ある提案では鉄筋コンクリートの基杭が，海底に固定され，高くそびえ立った建物の基礎になっているし，また別の案では建物がその上に築かれる巨大な鉄筋コンクリートの筏が提案されている．丹下健三の東京計画（1960年）（図537）は，最も包括的なものである．基杭上に建てられた彼の構造体にはヴェニスの伝統をしのばせるものがある．いうならば，それは原始時代の湖上生活者にまでさかのぼりうるようなものである．このような目的のために近代的な構造手法が提案されるのにこれほど永い時間を要したということこそおどろくべきことである．

あらゆることが比較することによってより鮮明となる．過去20年間の都市的探究の総計と，それ以前のほぼ１世紀間になされたものとを対決させてみると，その成果には注目すべきものがある．

『空間・時間・建築』の初版で，われわれは都市の破滅か改造かという問題を提出した．都市の完全な破滅を見ようとするフランク・ロイド・ライトの願望は追随されなかった．都市は消滅しないであろう．それは古代の高度文明の当初から，根絶し得ない現象であった．しかし，その形態は変容しつつある．今日のあらゆる発展は，大都市の様相をより農村的なものにし，また小さな農村集落をより都市的なものにするといった方向に動いている．現在われわれの前には，依然充足されるべきものとして，成長のための計画，人間的尺度，私的親密性の奪還といった道が見出される．他にも多くの諸問題があるが，われわれはその方途を見ることができるのである．

普遍的な建築

過去４半世紀間，ヨーロッパは現代建築の発展を新鮮にする微風の唯一の源泉ではなかった．普遍的な文明が形成されようとしているが，それは決してすべての国で同一歩調で発展しているのではない．

それは共通のものとして一つの空間概念，その精神的な傾向と同程度に，情諸的な傾向の一部でもある一つの空間概念をもっている．それは今日の建築の行きつく目標といった独立の無関係な形態ではなく，空間に諸形態を組織づけるものとしての空間概念である．このことは現在をも含め，すべての創造的な時代にとって真実であった．現在の時・空間概念——ヴォリュームを空間に配置してそれらを相互に関連づけるやり方や，内部空間を外部空間から切り離したり，外部空間によって貫通させて相互貫入をもたらすといったやり方——はすべての現代建築の基礎になっているような普遍的な特質である．

これに加えて，最もすぐれた現代建築の基礎にあるきわめて重要ないま一つの要素が付け加えられる．その放射する力は，それぞれの地域に永遠に存在する宇宙的かつ地上的な諸条件に注がれた関心から生じている．これらは芸術的な構想にとって妨げとはみなされず，その跳躍台として役立ってきた．これまでにしばしば注目されてきたように，今世紀の絵画は一再ならず過去に掘り進み，精神上の祖先との接触を新たにすると同時に，こういった接触から新しい力を引き出してきた．建築の場合のように，これは過去の形態の採用によってなしとげられるようなものではなく，精神的なきずなの開発によって成就されるものである．

このような，ある地域の宇宙的かつ地上的な諸要素への洞察を，われわれは別のところで「新しい地域主義（ニュー・リージョナリズム）」と呼んできた．現代の空間概念と現代の表現手段は，これらの不変の諸要素との対話を再開させることが可能である．

新しい地域主義が創造を目ざした建築家によって表現される方法は，まったく彼の現実の仕事とそれなりの特殊な要求に依存している．これらは近東か極東か，フィンランドかブラジルかでそれぞれ違っている．現代の空間概念という総括的な 庇 護 の 下で，多韻律（ポリフォニック）の建築が発展しうるのである．

全体として相似なアプローチを伴った建築物にみられる個々の相違は，将来の発展にとって希望に満ちた前兆となっている．

普遍的な建築と地域的な発展

創造的な力を吹込まれた構築物が，まずフィンランドで突如として出現し，続いてブラジルに出現した．どちらの国もそれ自身の地域的な貢献を果たしたのである．きわめて民主的なフィンランドは，現代建築がどのようにして和らげられ，同時に地域的でしかも普遍的でありうるのかを示した．ブラジルは，絶えずラテン・アメリカの動

乱に脅かされながらも，いくつかのきらめく建物の面に線と形の素晴らしさをもたらし，おどろくほど感銘深い計画案を提出した．

現代建築の主流への日本の登場は，極東からの声を初めて告げ知らせることになった．これ以前には，伝統的な中国と日本は，18世紀のロココ時代の西欧に刺激をもたらし，さらに19世紀にはいっそう多くの刺激を与え，日本の木版画は印象派の画家の想像力を解放する手助けとなった．

しかし60年代では，状況はまったく違っている．日本の貢献はもはや古くからの伝統的なものだけに限定されていない．1953年，私が『空間・時間・建築』の日本語版に序文を寄せた時に，私は西欧のわれわれがもはや生産のための生産といった信条に執着していないということ，また今日形成途上の文明は西欧と東洋の相互受胎へと導くだろうということを指摘しておく義務があるように思われた．西欧は，日本の文化が決して忘れようとしなかった人間経験の連続性を再び意識するようになっている．日本の建築の更新は，それ自身の伝統を通して持続してきた諸要素によってつちかわれている．このような更新のための創造的な刺激は，セーヴル街35番地の，ル・コルビュジエ（Le Corbusier）のアトリエで働きながら各自のインスピレーションを見出した幾人かの若い日本の建築家たちから得られたのである．

日本における現代建築の発現は，予想よりも遅れて到来した．フランク・ロイド・ライト（Frank Lloyd Wright）の東京の帝国ホテル（1917〜1922年）が新しい運動を解放したのだと思われるかもしれないが，実はそうではなかったのである．帝国ホテルは当時の日本の思潮の中で考えつかれたものではなかった．それは日本での中国の影響により密着していた．このホテルは奇跡的にも1923年の大震災に生き残ったが，おびただしい装飾をもったこの建築は，新しい前進のために必要な刺激を与えることができなかった．

西洋と東洋の精神が結合されるための手段はもっと別のものであった．その鍵はル・コルビュジエのアトリエを訪れた前川や坂倉らの若い日本の建築家たちの手に委ねられたのである．ここで彼らは彼らの必要としていたものを見出した．ル・コルビュジエは，あらゆる時代の創造的な事物の中に生きている，かの「永遠の存在」に他の誰

よりも緊密に結びつけられていたのである.

短い切れ目を除けば，日本人は――西欧の人間に比べてのことだが――過ぎ去った時代との関係を断絶したことがなかった．彼らには過去が常に生きていたので，以前の「様式」を模倣するという誘因が存在しなかったのである．彼らの住宅の簡素さは，どれほど洗練されていたにしても，依然として原始的である．彼らのコンクリートの梁や柱の現代的な使用には，古くからのものと新しく生まれたものとが同時に現われている.

今や日本には，多数の若い建築家が輩出しているが，その中で最も有名なのは，かって前川事務所で働いたことのある，丹下健三である．彼らを理解する鍵は，生きている過去との密接な触れ合いと同時に将来に向って肉迫する情熱である.

構造とその空間的な意味

19世紀には，その時代の建築の潜在意識下に眠っていた欲求に表現を与えたのは，構造技術であった．今世紀では事態は異なっている．建築は今や先駆となって，しばしば，技術者がすでになしうる以上のものを技術者に要求している.

構造技術は製鉄業の新しい発展と新しい計算方法から成長してきた．計算の目的のために，すべての構造部材は，リニア・エレメント（線的要素）としてとらえられた．つまり，力の挙動が測定され，前もってコントロールされうるように，力は規定された方向に従って作用するものと考えられた．これらの力は，1本のパイプラインを通して導かれるように，梁やトラスやアーチを通して導かれた．工場生産方式も標準化も当然このようなリニアな方式に従った．エッフェル塔はその初期の最も有名な適用例である.

その発展の頂点が1890年の直前に，空中に架かる見事な橋としてエッフェル塔と，機

硯館（1889年）によって達成された．時を同じくして近代の摩天楼がシカゴに誕生した．工場生産された直線部材に基づいたその構造は，今日に至るまで絶えず改良されてきた．プレストレスト・コンクリート梁の非常に複雑な計算方式も，ある程度，19世紀のリニアな方式に従うものである．

20世紀の構造技術は違った進路で進んでいる．力の流れを単なるラインやチャンネルに集中させないで，構造体のあらゆる部分を活性化する傾向が成長しつつある．このようなシステムは十分な自由度をもってあらゆる方向に広がることができる．その結果，ある種の困難が生ずる．力をたやすくコントロールできないし，しばしば正確な計算を拒むことになる．モデルや実物大模型による実験が助けになるだけである．構造が非合理なものや彫刻的なものと融合することになる．

このような発展は，直線的なスティールのトラスよりももっと柔軟な材料を必要とする．1900年頃には，鉄筋コンクリートはシェル構造が可能になるように十分に発展させられていた．この書の中でロベール・マイヤール（Robert Maillart）の橋梁を紹介するが，それはこれらの橋梁が現代芸術によって鍛えられた眼にとって純粋な美しさをもっているからである．この美しさは気まぐれなものではなかった．マイヤールはその橋や，きのこ形天井の平坦なスラブ（版）や曲面スラブで，すべての線的な要素を排除しながら，面応力を使用するというアイディアを初めて考えつき，それを発展させた最初の人であった．フレッシネー（Freyssinnet）とマイヤールは卵殻状のヴォールトを1930年頃に建造した．

マイヤールは，かつてその着想をスチーム・ボイラーから得たと語っている．力を構造体全体を通して空間的に分布させるという考え方は現在多くの分野に拡張されてきた．私のチューリッヒでの以前の学生の一人で，ハーヴァードとコロンビア大学で建築の教育にたずさわったガランテー（E. Y. Galantay）は，このような諸傾向の概略の記録を作成した．自動車と鉄道の車輌の設計では，車台と車体は単一の応力殻の構造体で置き代えられてきた．航空機の機体構造におけるオープン・トラスから応力殻の機体への進展は，最もめざましい発展を示しているが，シェル構造は造船にも使用されている．（フランスで最初に開発された）大規模な薄いシェルのダムは，重いアーチや擁壁形式のものを徐々に置き代えようとしている．家具の設計でさえこの傾向

をたどり始めている．あまりにも若くして亡くなったエーロ・サーリネン（Eero Sa-arinen）の一本脚の椅子は純粋なシェル構造である．

1941年のマイヤールの死後，シェル構造とスペース・フレームは驚くほどの多様さと多方面に向って発展し続け，建築的な想像力をいっそうかきたてる可能性を与えてきた．

以前にはきわめて軽い材料の使用でだけ可能だった形態も，今日ではシェル・コンクリートで作ることができる．シェルター（おおい）の最も初期の形態が再現している．遊牧民のテントや有史以前のロシアの集落で使用された吊り屋根，天蓋やその他のおおいなどが再現している．ハンモックの原理でさえ凹面屋根の網目に採用されているし，ドラムの原理がプレストレスト・コンクリートに出現している．

驚くほど多様な可能性が，1ないし2の曲率をもって回転するシェルや，直線が動いて画く双曲抛物面のような複雑な空間形の結合によって生まれてくる．建築材料のうちで最も柔軟なケーブルでさえ，プレファブ・コンクリートに対する前兆的な重要性を示している．

シェルによって与えられた形態の軽快さや高度の柔軟性は，今や，ヴォールティングの歴史上初めて，水平応力を伴なっていない．その構造システムはそれ自体で釣合を保っている．シェル構造は，われわれの時代のヴォールト架構問題に対する解決にとって非常に有力な出発点にあるように思われる．

このことはリニアな構造要素が捨てられてしまったということを意味するものではない．これらは小さな構造体ばかりでなく大規模な構造体にも使用され続けている．これらはピエール・ルイジ・ネルヴィ（Pier Luigi Nervi）のような偉大な技術家によっていっそう発展させられてきた．ネルヴィは彼の大きなヴォールトやドームを架けるのに工場生産された直線部材を使用している．ネルヴィの最も大胆な実験の一つである1961年のトリノ博覧会ホールで，彼は扇のような構造の枝を放射する，それぞれ高さの違った巨大な自立する柱を使用して，いっそう複雑な空間の組織化を追求している．こういった孤立した構造部材からなる形態と平坦な天井をもった全体の箱状の囲

12

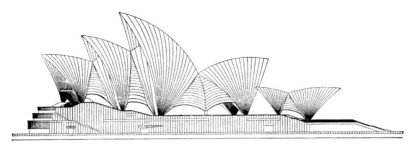

1. ヨーン・ウッツォン　シドニー・オペラ・ハウス，オーストラリア，1957年，西側立面．一連の大きないくつかのシェルが階段状になった基壇から立ち上っている．各シェルはそれぞれの鉄沓（接合部）から成長している．

いとの間に，ある種の分離が生じている．それはこの建物が一つの長い発展の頂点と終末の両者を表現しているのかもしれない．

メキシコのキャンデラ（Candela）や，現在マサチューセッツ工科大学にいる建築家兼構造家のカタラーノ（Catalano）や，なかんずくスペインのトロハ（Torroja）によってシェル構造のいっそう自由な扱い方が開発されている．エデュアルト・トロハは，1961年6月に亡くなったが，該博な理論家であると同時に偉大な芸術家でもあった．彼はマドリッドの競馬場（1943年）の構造体のように，時には，構造体が自然の有機的な力を獲得するといったところまで到達していたように思われる．ヴェネズエラの首都カラカスのタチラ・クラブ（Tachira Club, 1957年）は，ヴィヴァス（S. Vivas）と協働の彼の最近作の一つだが，はためく帆のような圧倒的な優美さと軽快さをもっている．

ヨーン・ウッツォン（Jørn Utzon）はシドニー・オペラ・ハウス（図1）の60メートル以上も立ち上った，ひとつながりの10個の大きなシェルの使用に当って，また別のやり方でヴォールト架構問題を解決した（足場を使用しないで建てられた）．これらの巨大なシェルのそれぞれの折重ねられた翼は，その集合体の単一断面にそって傾斜し，それぞれがヴォールトに空間的に吸収されるように設計された凹面のガラス壁によって閉じられている（図448）．これらのシェルの形からみても明らかなように，それらのシェルは重い材料の組立部材で建て上げられた．丹下健三の東京のオリンピック競技場のホール（1964年）ではまったく別の方法が用いられている．その内部では

テントの原始的な形態が幻想的な新しい次元をつくりだし，外観は貝殻の動的な緊張感を示している．その構造は——いくらかの困難を伴ったが——1本の大きな鋼索から吊り下げられている（図5）．

われわれの時代のヴォールト架構問題の解決策には，最も進歩した構造の諸方法を十分に活用して，しかも同時に，有機的な形態にいっそう接近するといった驚くべき共生が現われているのである．

過去への異なる接近法

われわれは常に過去を死んだものとしてではなく，ある存在にとって欠くことのできない部分とみなしてきた．つまり，ベルグソン流にいう過去は絶えず将来に食いこんでいる，といった知見がますます了解されるようになってきた．それはすべて，人がどのように過去に接近するかにかかっている．一つのやり方は，過去を形態を選択しうるような役に立つ辞典とみなすやり方である．19世紀はこのようなやり方をとってきた．

つまり，自身を過ぎ去った時代の殻でおおうことによって自分の時代から逃れる手段として過去を使用してきた．

1960代のファッションはもっと手のこんだものになっている．それは手当り次第に，尖頭アーチとか，ルネサンス式ポルティコとかクーポラといった詳細をつまみぐいしながら，過去とたわむれているにすぎない．"詩的な"表現を成就しようとして，それらに超現実的な芳香を与えようとしている．

この時代の創造的な芸術家は，詩人も画家も彫刻家も，また建築家も，別の違った方法をとってきた．彼らの仕事には，過去も現在も未来も，共に人間の運命の不可分な全体として溶け込んでしまっているのである．

今世紀初頭の巨匠の絵画は，抽象性，透明性，同時性といった表現手段を用いていたが，それらは原始芸術にみられるものに近似している．このことは即席の，すぐに価値を減ずるようなファッションを意味するものではない．それは，根元的なものや非合理なもののなかに象徴的な表現の源を探ろうとする衝動から生まれてきた無意識な並行現象の結果である．それは機械化のもたらす害悪を中和しようという欲求から生まれたものである．このことについてはここでは簡単に触れておくだけにするが，私のつぎの著書『永遠の現在，第1巻，美術の起源』（The Eternal Present, Volume I, The Beginnings of Art, 1962年）で広範に取扱っている．

過去に対するこのような態度は，指導的な建築家の仕事の中に，形態の採用としてではなく，内面的な親和の表現として現われている．ル・コルビュジエによるラ・トゥーレット（La Tourette）の修道院（1960年，図348）では，そのすべてが慣習的な配置の仕方と根本的に変っているように思われる．回廊や会堂さらに塔の造形的な突出といったものがすべてその修道院の建物のなかに溶け込んでしまっている．しかし，ラ・トゥーレットは12世紀のフランスの修道院によって鼓吹されたものであって，その精神はその建物の中に生き続けている．

このような接近法のもう一つ別の例は，現代建築に中庭が再び導入されたということである．パティオ，つまり住居の囲われた部分としての中庭は，紀元前2000年頃に建てられたウル（Ur）の個人住宅以来知られているものである．ローマ貴族の邸宅は，特殊な機能を果たす，全体としてひとつながりになった内部の庭をもっていた．ホセ・ルイ・セルト（José Luis Sert）は1949年に，ペルーのチンボーテ（Chimbote）の労働者の集団住宅地に対し，人々に隣人からある程度必要なプライヴァシーと距離を保つために，中庭を再導入した（図539）．セルトは，ある程度スペインのムーア式のパティオを記憶していたかもしれないが，この手段によって，非常に簡潔なプランにもかかわらず，ある空間的な豊かさが成就されている．このような手法は，おそらく彼の，1958年に建てたマサチューセッツ州ケンブリッジの自邸に最もよく示されているように思われる．そこでは内部のパティオがコンパクトな家屋の平面に，ある空間的な素晴らしさを与えている．

この書の新しい章「ヨーン・ウッツォンと第3の世代」では，このような，過去の歴

史への異なった接近法の他，彼の建築的な世代と近代運動の創始者たちとの関係を取扱っている．

過去への接近も，建築家がその内面の意味や内容にまで入り込みうる場合にのみ，創造的になりうるのである．いたずらに形態のみを追求していたのでは，それは危険な気晴し，つまりプレイボーイ建築に堕落してしまうのである．

建 築 の 現 状

多くの建築家たちは，今日の建築の多くに，たとえばル・コルビュジエのロンシャン (Ronchamps) の巡礼教会堂 (1955年) やヨーン・ウッツォンのシドニーのオペラ・ハウス (1957年)，前川国男の東京文化会館 (1961年)，丹下健三の東京の国立屋内競技場 (1964年) などにはっきり現われている彫刻的な傾向に掻き乱されている．建築は彫刻に近づこうとしているし，彫刻は建築に接近している．このような徴候は一体何を意味しているのだろうか？

今日何が起ころうとし，またわれわれが現在どのようなところに立っているのかを認識し評価するためには，身近かな歴史的過去よりももっと長い眼での見通しを必要とする．現在起こっているものを歴史的な発展の大きなスクリーンに投影してみるのも賢明な方法であろう．われわれは生まれながら身につけてきた偏見の光のなかで，それらを見ているのである．これらのうちには，建築空間はくりぬかれた空間や内部空間と同じものを意味しているという信念がある．この信念は過去二千年間の発展に基づいている．帝政ローマ時代以来，内部空間の形成は建築技術上の主要な問題であった．建築空間についてのこのような経験は，あまりにもありふれたものになっているので，私が『現代建築の発展』（p. 119）やそれ以外のところでも述べてきたように，われわれがその相対的な性質に気づくようになるまでにはまったく少なからぬ努力が必要である．

2. 前川国男　　東京文化会館, 東京, 1961年.

空間におけるヴォリューム

しかし, また別の同等に認知されるべき権利をもった空間概念がある. これは, エジプトやスメルさらにギリシアといった最初の高度文明以来存続しているものである.

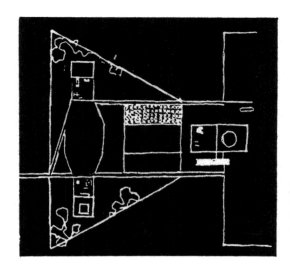

3. ルチオ・コスタ　ブラジリアの三権広場，1957年．パイロット・プランからのスケッチ．

これらの時代にはすべて，内部空間を形づくることはそれほど重要なこととは考えられていなかった．後世から見ると，当時のそれらの建築家たちはそれを軽視あるいは無視していたのだともいえるだろう．彼らはヴォールト架構問題の解答を見出すということでは依然初心者でしかなかった．

それというのも，彼らはそれに，後の時代に獲得されたような高い象徴的な重要性を与えていなかったからである．これらの古代高度文明は彼ら自身の空間概念をもっていたのだということをわれわれが認識しうるようにその眼を鋭ぎすまして くれたのは，近代絵画の巨匠たちであった．当時の空間概念が彼らをして，ギザの3対のピラミッドの配置やアテネのアクロポリス上の神殿の集合配置といったすぐれた偉業を成就させることになったのである．

歴史の黎明期には，人間と宇宙的調和との関係はまだ隔絶されていなかった．このような関係を表現しているものの一つは，果てしない空間の中にヴォリュームを置くということであった．内部空間は，ほとんど光を受け入れていなかった．それらは，大地の母胎としての暗黒を象徴していた．今日の建築に起こりつつあるものにとって基本的な，このような状況については『建築の起源（永遠の現在，第Ⅱ巻）』に展開されている．

18

4. ルチオ・コスタ　　ブラジリアの三権広場，1957〜1960年．

形態はそれらの形而下の限界に制約されていない．形態は発散して空間を型どるものである．今日われわれは，形状や面や平坦面(プレーン)は内部空間を型どるためにのみ役立つのではないということに再び気づくようになってきた．それらは，まさに，空中に自由に存立しているヴォリュームの構成的な諸要素のように，それらの具体的に計測される規模の限界をはるかに越えて強力に作用している．重要なのは，まさにピラミッドの規模でもないし，パルテノンの永久に凌駕されることのない完全さでもない．それは最初の建築的空間概念に十分な交響楽的演奏を与えているヴォリュームの間の相互作用である．

今日のわれわれは，こうして建築のそもそも最初の源泉との情緒的な親近性を呼び醒ますことによって，再び空間に放射するヴォリュームの力に対して敏感になってきた．今日のわれわれは再び，あたかも囲いが内部空間に形を与えるように，ヴォリュームが空間に影響を与えるということを理解している．このような種々の異なった形

19

態や高さや位置をもったヴォリュームの間の関係を現代的に自覚して表現したものとして，一人の彫刻家の仕事を取り上げることができよう．20年間にわたって，アルベルト・ジャコメッティ（Alberto Giacometti）は，1930年の彼の「ある場所のため」のデザインや1932年の「午前4時の宮殿」から，1948年の小さなブロンズの群像「ある広場の通行人」に至るまで，根元的な諸形態の相互作用について実験してきた．これらの通行人の身体は極度に非物質化されているが，それら相互の間やまわりの空間を充溢するように形づくられて配置されている．

現代建築においては，空間におけるヴォリュームの最初に計画された釣合関係は，ル・コルビュジエのサン・ディエ（Saint Dié）の都市中心の計画（1945年）に見出されるだろう．ここでは別々の建物が，それぞれそれ自体の空間の雰囲気を発散し充溢しながら，同時にそれぞれがその全体と親密な釣合関係を保つように設計され配置されている．今日の建築家は絶えず，異なる高さや形態のヴォリュームを相互の釣合関係のなかに配置するという仕事に直面している．しかし，これをなしとげる才能は希れになってきたが，それはおそらく内部空間を形づくることがあまりにも永く建築の最も重要な仕事と考えられてきたためであろう．後期バロックのすぐれた都市の中庭や広場でさえ，それらを取囲む壁と共に，天空の屋根をもった一種の内部空間のフォームである．

現代の状況は根本的に変ってしまっている．取囲む壁は消失してしまった．高い塔が低い建物と関連づけられなければならない．壁のない広場が展開されつつある．この形式の最初のプランの一つはブラジリアの三角形の三権広場（1957〜1960年，図3）である．そこでは上院や国会や行政の諸建物のそびえ立った集合体が，三角形の隅に置かれた大統領官邸や高等裁判所の低い建物と，ゆったりとした釣合関係を構成している．そこには壁は存在しない．そこには「空間におけるヴォリュームのすぐれた手練」[3] がみられるのである．

---

3) le jeu savant des volumes dens l'espace.

建 築 と 彫 刻

建築が彫刻に接近しようとし，彫刻が建築に近づこうとしているといっても，現代建築の発展から逸脱することではない．

このような徐々に展開しつつある伝統の特色の一つは自由と連帯の同時性である．これによってヴォリュームは文明の黎明期にもっていた重要性を再び獲得することになった．それは再び活性のある放射体になったのである．これが，ロンシャン教会堂や東京文化会館，シドニー・オペラ・ハウスのような建物がそれほど強く型どられている理由の一つである．ロンシャンの造型は，ル・コルビュジエが「音響的空間」と呼ぶ，内部と外部の空間の間の相互連結の一つを絶えず思い起こさせる．

現代の発展の当初には，絵画が先頭を切っていたが，今では彫刻がそれに代っている．

ロンシャンのような建物は普通の建築家にとっては好ましくない影響を与えがちだという警告が，善意の理由でだが，多くの側から出されてきた．ル・コルビュジエの仕事の秘密は，彼が同時に画家でもあり彫刻家でもあるということである．こういった天賦の才能は，今日では通常，別々の個人に分けられている．平均的な建築家はヴォリュームの配置の仕方も，それらを彫刻する方法さえ，ほとんど知っていない．彫刻家は，一方で，このような感受性を発展させてきた．しかし彼らと建築家とを結びつける橋が存在しない．通常，芸術家が招ばれて「装飾する」ための個所が提供されるのは，建物のあらゆる部分がすでに決定されてしまった時でしかない．

このようなやり方に従うと，最高の最も慎重に選ばれた芸術家ですら，美術館のディスプレー以上のことをなしとげることはできない．統合をはかることは不可能である．いくたびかこのような苦々しい経験の後，大部分の一流の彫刻家が辞任して自分たちの仕事場に立ち戻ってしまった．必要な謙譲の美徳が発揮されて，建築家と芸術家が，まったくの最初から協働できるようになるにはわずかな希望しかない．しか

し，これが唯一の前進への道である．

ヴォールト架構問題

過去二千年間，ローマ時代もビザンチン，ロマネスク，ゴシック，ルネサンス，バロックのそれぞれの時代も，内部空間にヴォールトを架けるという点でその時代自身の形態を造り出してきた．それぞれの特殊なヴォールト架構の形態が，ほとんどその時代のシンボルにさえなっている．

われわれはいまだにある一つの時代の開始期にいる．現代の技術者によって建築家に提供されている多数の種々のヴォールト架構の可能性を展望して，明確な叙述をするのにはあまりにも時期尚早である．初期の時代とは対照的に，多くの諸形態が同時に展開されるだろうことはありそうなことである．

一つの可能性は，ナウム・ガボ（Naum Gabo）がソビエト宮殿の大集会場（1931年）のために計画した二枚貝の貝殻のように天井と床が相互に映し合うようなものである．ニューヨークの国連の集会場のためのル・コルビュジエの提案（1947年）はわれわれの時代の最も刺激的な内部空間の一つをつくりだすはずのものだったが，この提案もこのような方向に向っている．

最大の可能性はシェル・コンクリート・ヴォールトによって提供されている．今まではヴォールト天井の中心は常にその立面の最高の点におかれてきた．しかし今では天井は凹面になりうるし，ロンシャン（1955年）やベルリン会議場（スタビンス，Stubbins とセヴラッド，Severud，1957年）のように，天井の中心を最も低い点に置くこともできる．このことは心理的に重要な意味がある．新しい伝統の開始にとって基本的な，内外空間の相互貫入はいっそう洗練された形態に移調されるようになってきた．凹面の天井は，取囲む壁の上まで立上り，そこで止まらずにさらに外延してゆくことを示している．ロンシャンでは天井と壁を隔てるガラスの細い縁どりが，このような緊張を強調している．その天井はあたかも降り立った鳥のように壁体上にかかっている．

双曲抛物線面の空間架構は，空間的な構想力の新しい出発点を与えている．木造にしろコンクリートのシェルにしろ，そのバランスは常にそれ自体の中に包含されていて，舞立つような印象がその内部構造から引き出されている．

壁体の生気の回復

ヴォリュームの構成要素になるためには，壁体はまず，19世紀のすべての装飾的な発疹をぬぐい去らなければならなかった．そこでは純粋に平坦な面の美学的な価値の再発見が必要であった．純粋な面のもつ表現力はエジプト時代以来失われてしまっていたのである．

空間概念の用語でいえば，この再発見はマッシヴな因習的な家屋を引き裂いたのである．ドゥースブルフ（Doesburg）やファン・エーステレン（van Eesteren），リートフェルト（Rietveldt），ミース・ファン・デル・ローエ（Mies van der Rohe）がこのような変形をなしとげたのは，20年代初期のことであった．家屋は平坦な直交する面に切り裂かれることになった．

この平坦な面の再発見は根本的に重要なことであった．それは発展の第2の局面が展開されうる基礎を形づくったのである．この第2の局面はまた平坦な面を一つの固有の要素として具現していた．それは，浮彫を施す背景として壁を使用すること，すなわち後期ギリシア時代のほとんど自立した浮彫（ペルガモン，Pergamon の祭壇）の原型にみられるような態度，に真向うから対立するものであった．この第2の局面でわれわれにかかわりのあるのは，面と型どりの可塑的な統合である．これは壁体の建築的で彫刻的な取扱いのみならず，今日の浮彫そのものの極印である．岩に刻まれた原始時代の浮彫や，石に刻み込まれたエジプト時代の薄浮彫の特質に新しい生命が吹き込まれたのである．

建築の可塑的な可能性や彫刻に関する現代的関心は，彫刻家の側での壁の浮彫について，また建築家の側での壁体の生気の回復について高まりつつある関心に帰着する．この分野を開拓しつつある芸術家としては，1920年以前でさえ，リプシッツ（Lipsc-

5. ル・コルビュジエ　ノートルダム・デュ・オーの巡礼教会堂，ロンシャン，1955年．

6. 丹下健三　国立屋内競技場付属体育館，東京，1964年．

7. ル・コルビュジエ　セクリタリアート，チャンディガール，1952～1956年．前面に州会議事堂への入口がある．

hitz)，デュシャン・ヴィヨン（Duchamp-Villon），マルセル・デュシャン（Marcel Duchamp）が挙げられる．50年代初期に，ローマのフォッセ・アルデアティーネ（Fosse Ardeatine）に対するミルコ（Mirko）の美しい浮彫の正門（1953年，射殺された戦争捕虜の記念碑）や，ロッテルダムの煉瓦壁から作られたヘンリー・ムーア（Henry Moore）の煉瓦による浮彫（1955年），さらにエティエンヌ・ハジュ（Etienne Hajdu）の作品のすべてによって大きな刺激が与えられた．

ロンシャンの場合のように，壁体の建築的な復興にまつわる危険に気づかされるような十分な理由がある．それはすでに1960年代のプレイボーイ的なファッションに気晴らしのための外套を着せかけてきた．あらゆるところで，壁体を新しい装飾的な諸要素で台無しにするような傾向が見出されるが，こういったことは，その本来の趣旨ではない．建築というものはもともと壁体の生気の回復と根本的にかかわっているものである．ル・コルビュジエは再びその道の開拓者として引用されなければならない．マルセイユの彼のユニテ・ダビタシオン（Unité d' Habitation, 1947～1952年）では，壁体の可塑的なモデリングがすでに実現されている．その面は水平と垂直の大

規模なリズムで編み込まれている．各個室のガラス壁は，くりぬかれたスクリーンの背後に引っ込められている．

彼のチャンディガールのセクリタリアート（Secretariat, 1952～1956年，図7）では，壁体の生気の回復が，かつてなかったほどの最も強力な表現を獲得している．これは垂直のパラペットや垂直および水平のブリズ・ソレーユ（太陽光調節装置）のような構造要素の彫刻的な使用から生じたものである．このセクリタリアートの4つの部局を分ける巧みな垂直のエクスパンション・ジョイントが，その全長254メートルの建物を微妙に分節している．その全体は4つの明瞭な部分からなり，その大臣官房の部分はマッシヴな要素とくりぬかれた諸要素の可塑的な区分と変化によって特別な魅力を獲得している．しかし，この構造体の最も大胆な特色は，途切れのない大きな平坦な面をもった高さ40メートルに及ぶ斜路の部分であって，それはあたかも人差指のように，鋭い角度で前方に突出されている．その壁体の透かし細工のような分節と，この細長い斜路構造の大きな平坦な面との対照が，この建物の壁体の表面を生気ある緊張にもちこんでいる．

有機的と幾何学的

通常，建築では有機的なものと，幾何学的なものとは厳しく区別されている．両者は相互に平行状態にあって，とても一致しそうにない．有機的な建築の考え方は，幾人かの建築家，アントニー・ガウディ（Antoni Gaudi, 1852～1926年），ヒューゴー・ヘーリング（Hugo Haring, 1882～1958年），ハンス・シャロウン（Hans Scharoun, 1893年～）などの仕事と密接に結びついている．

合理的な幾何学的形態は現代建築の初期の特徴であった．それは特にステイル（Stijl）の運動で発展させられ，その後のすべての発展に大きな影響を及ぼした．

有機的なものへの傾向が，アルヴァ・アアルト（Alvar Aalto）の建築や，ル・コルビュジエの最近の作品，丹下健三のオリンピック競技のための国立屋内競技場付属体育

館（1964年，図6）さらにヨーン・ウッツォンの作品などにおいて再びその権利を主張している．これらの人たちは皆，幾何学的な構造を有機的な形態に結びつけるという共通の課題に直面したのである．

これらの対立物——幾何学的と有機的——の非常に直接的な対決がル・コルビュジエの作品に見出される．それはサヴォイ邸（Villa Savoie，1928〜1930年，図326）の屋上構築物のような，ごく初期のものに見られる．そこでは曲面や直角形が並べて置かれている．幾何学的なものに続いて有機的なものを出現させるという同じ原理が，マルセーユのユニテ・ダビタシオン（図337）の屋上に見出される．

チャンディガールの議事堂（1957年）では，双曲線の有機的な形が内部全体の主要な要素になっており，その力強い曲面を屋上から突出させている．ロンシャンの巡礼教会堂（1955年，図5）では，有機的な原理が建物全体に行きわたっている．ラ・トゥレットの教会堂の地下礼拝堂（1960年）では，ル・コルビュジエは漸進的な幾何学的要素と有機的にうねらせた曲面との間の相互作用を成就している（図355）．

ここでは少数の例に言及しただけだが，合理的・幾何学的なものと神秘的・有機的な原理との間の総合が，ル・コルビュジエの晩年の作品のすべてに行きわたっている．彼は彼の絵画にも見られるように，純粋に幾何学的なものと純粋に有機的な形態との間に明確な区別をしていなかったのである．彼がこれら両者の外見上非常に異なった領域を融和する方法を承知していて，遂には合理的なものにしろ有機的なものにしろそれを固執するのを許さなかったのは，それこそ彼が一個の完全体としての存在だったからである．

3つの空間概念

今日，建築において何が起ころうとしているのかという疑問も，もっと広範な建築的関連分野の枠のなかで考察することによって，いっそう容易に理解されよう．簡単に

要約すれば，建築の発展には３段階があるということである．第１段階では――最初
の空間概念では――空間はヴォリュームの間の相互作用によって生みだされた．この
段階はエジプトやスメルおよびギリシアの建築を包含していた．内部空間は無視され
ていた．

第２の空間概念は，ローマ時代の中葉に始まり，内部空間とそれを伴ったヴォールト
架構問題が建築の最高の目的になってきた．ローマ時代のパンテオン（Pantheon）は
その先駆と共にその開始期を印づけている．第２の空間概念では，内部空間の形成は
くりぬかれた屋内空間と同義語になった．アロワ・リーグル（Alois Riegl）はこれを
認めた最初の一人であった．いくつかの意味深い区分があったにもかかわらず，この
第２の空間概念はローマ時代のパンテオンから18世紀末までの時代にわたって持続し
ていた．

19世紀は中間的な連鎖を形づくっている．その時代の建物の空間的な分析は，その第
２段階の種々のあらゆる局面の諸要素が同時的に混在していることを示している（パ
ウル・フランクル，Paul Frankl）．しかしそれ以前の空間的な統一は次第に消失して
しまった．最も忠実にその時代を代表しているような建物は一般大衆によって無視さ
れていた．

第３の空間概念は今世紀初頭の視覚上の改革と共に始まったが，それは遠近法の単一
視点を廃棄している．これは建築と都市景観についての人間の考え方に対し根本的な
影響をもたらした．それぞれ独立の建物の空間的に放射する性質が再び評価されるこ
とになった．そこには第１の空間概念との親近性が認められる．あたかも，初期の時代
のように建築は再び彫刻に接近し，彫刻は建築に接近しようとしている．同時に，内部
空間のくりぬきという，第２の空間概念の何にもまして優先的に果たすべき事項がさ
らに継続されている．しかし，そこにはヴォールト架構問題に対する意味深い異なっ
た接近法が見出される．新しい諸要素が導入されてきた．すなわち，これまで知られて
いなかった内外空間の相互貫入とか，異なるレヴェルの相互貫入といった要素が導入
されてきた．この後者は自動車の影響によってもたらされたものだが，それはまた建
築の分かちがたい要素として動きを組み入れることを強制してきた．これらはすべて
今日の空間概念に貢献してきたし，その進展する伝統の基礎となっているのである．

I　生活の一部としての歴史

は　じ　め　に

私はこの国では，まだ知られていないし，しかも，私にはなじみのない外国の言葉を
使って多くの人と親しく接触する最短の道を探さなければならない．この場合，個人
的な接触というものは，単に個人的な点についての理解を深めてくれるだけでなく，
一般的な事柄についての理解を深めてくれる最短の道であろう．そこでまず，私がど
こからやって来て，どこに行くつもりなのか，少しお話することから始めよう——そ
れも，これから述べようとする議論にとって関係がないとはいえないからである．

ハインリヒ・ヴェルフリ
ン：各時代の比較対照

私は美術史家として，かのハインリヒ・ヴェルフリン（Heinrich Wölfflin）の門弟の一
人である．私たち門弟は，彼のすぐれた講義のみならず，彼との個人的な接触によっ
て，時代精神というものを把握することを教えられた．彼は，その鋭い分析によって，
個々の絵画や彫刻がもっている真の意味や重要性を明らかにしてくれたのである．

彼はある一つの時代と他の時代とを好んで比較対照した．彼はこの方法を，その教育
面にも，また，その書物においても，はなはだ効果的に使用していた——その著『ル
ネサンスとバロック』（Renaissance und Barock, 1889年）や『古典芸術』（Klassischen
Kunst, 1899年）では15世紀と16世紀とが比較されている．また，私がちょうどミュン
ヘンで彼に学んでいた頃に出版された『美術史の基礎概念』（Kunstgeschichtlichen
Grundbegriffen, 1915年）にさえ，この方法が採用されていた．彼の門弟のうちの多
くのものは，この様式の比較対照法に負けまいと努力したが，誰一人として同じ深さ
や直截さに到達することができなかった．

後期バロックとローマン古典主義
私の最初の著書『後期バロックとローマン古典主義』（Spätbarocker und romantischer
Klassizismus, ミュンヘン，1922年，学位論文）では，私はヴェルフリンの方法に従
おうとしていた．比較対照した時期は，18世紀末と19世紀初頭で，共に古典主義の時
期であった．ルイ16世様式は，形状においても構造においても，古典主義をその骨格

として役立たせながら，後期バロック的傾向の末期を形成していた．19世紀初頭の古典主義は，かのローマン派の国ドイツにおいて，最も意味深いはけ口を見出した．この時代の建築で，室を個人本位に分離させる傾向は，ドイツに最も顕著にみられたもので，シンケル（Karl Friedrich Schinkel）の作品にこの傾向が見出される．この傾向は，まさに，ローマン派詩人たちの個人主義に対応するものが，建築の中に現われてきたものであった．

私はこの時代をローマン古典主義の時期と呼んだ．この二つの時期における古典主義は，一つのみせかけにすぎなかった——私がこれから述べようとしているように，それは一つの過渡的事実であった．この時期の本質的な特徴は，古典的外観のうちに，バロックの継承物が徐々に崩壊し始め，19世紀の諸傾向が現われ始めていたということであった．

当時，私の興味を惹いた問題は，われわれの時代はどのようにして形成されてきたのか，また，現今の思想の根は，一体どんなところに潜んでいるのだろうか，ということであった．この問題は，私が初めて推論を下しうるようになって以来，今日に至るまで，私を惹き付けてきた．

ハインリヒ・ヴェルフリン（1864～1945年）は，ヤーコプ・ブルクハルト（Jacob Burck-hardt）の門弟であり，若冠27歳で，バーゼル大学の教授として，その師のあとを継いだ．その後，ベルリンとミュンヘンで教育に従事したが，それは共にすぐれた成果を収めている．ヴェルフリンは常にその師ヤーコプ・ブルクハルトの広い視野に重きを置いていた．しかも，その講義ばかりでなく，平生の会話にさえ，よくブルクハルトの言葉を引用していた．こういうスイスの史学的伝統が，芸術学におけるわれわれの教育上の基礎を形づくってきたのである．しかし，われわれのうちの多くのものは，ブルクハルトの重要性——彼がその手法を越えて到達した重要な意義——については，ずっと後に至るまで，理解し得ないのではないかと思われる．

ヤーコプ・ブルクハルト：
一つの時代の総合的な取扱い

ヤーコプ・ブルクハルト（1818～1897年）は，ルネサンスの時代を明らかにした偉大

な発見者であった．彼は，ある時代の絵画や彫刻や建築を取上げるだけでなく，その日常生活の社会的諸制度をも考慮することによって，ある一つの時代を全体として取扱う方法を初めて提示したのである．

今これを，1860年に刊行された彼の著書『イタリア・ルネサンスの文化』(Kultur der Renaissance in Italien) 一冊だけについて述べてみよう．この英訳は，1878年に出版されたが，著書の内容を良く読み分けた評論が，1880年10月20日の「ニューヨーク・ヘラルド紙」に掲載された．平生，人に賞讃されるのを嫌っていたブルクハルトも，この評論には非常に喜んで，この欄の下に「ブラヴォー！」と書き記したほどであった．

この『ルネサンスの文化』では，ブルクハルトは彼自身の意見よりも出典や記録を強調している．彼はその時代の生活の断片を取扱ったにすぎないのだが，非常に巧みに扱っているので，読者の心中に，その全貌を描いた一枚の絵をみせてくれたような感を抱かせる．ヤーコプ・ブルクハルトは，彼自身の時代には愛情を抱いていなかった．というのは，彼は，40年代のうちに，野獣的な力の洪水でまさに圧倒されそうになっている，不自然に組立てられたヨーロッパを見出していたからである．南欧は，その時期には歴史の流れから取残されているかのごとく見えたが，ブルクハルトにとっては墓場の静けさをもっていたのである．このために，彼は憎悪と嫌悪を感じていたあらゆる事物からのがれるための避難所として，南欧のイタリアに赴いたのであった．しかし，ブルクハルトは偉大な生命力をもった人間であった．生命力に溢れた人間は，自分の生きている時代から完全にはのがれられないものである．そのイタリア紀行によって，今までにつくられたもののうちで，最も素晴らしい旅行案内書，『チチェローネ』(Cicerone, 1855年) が著わされた――この著書は，4つの世代の眼を，イタリア独特の風光の特質に向って開かせた．彼の『ルネサンスの文化』は，実際の資料を客観的に整理して秩序づけることをねらっていたのであるが，結果的には，現代人の起源を明らかにするということに最大の努力が払われることになった．ブルクハルトとちょうど同時代の人であったジョン・ラスキン（John Ruskin）もまた，その時代を憎み，それを改革するための手段を他の時代から引き出そうとしていた（もっとも，その時代は，スイスの歴史家ブルクハルトが心を奪われていたルネサンスとは違う時代――中世――を目標としていたのだが）．

現代の芸術家：歴史
的方法に対する意義

しかし，私は私の青年時代を導いてくれたこれらの指導者たちの他，今日の芸術家た
ちにも多大の恩恵をこうむっている．われわれにとって，関心を払う値打もないよう
に見えたり，また専門家だけに興味のあるものと思われていた事物について，厳しく観
察することを私に教えてくれたのは，これらの芸術家たちであった．近代芸術家は，
ある時代の生活の中から単なる断片を取出すことにより，その時代の慣習や感情を明
らかにすることができるということ，いいかえれば，小さな事物を取上げて，それを
大きな重要性にまで高める勇気をもたなければならないということを示してきた．

これらの芸術家たちは，日常生活の家具や，大量生産によって造られた目立たない器
物——探そうとしなくても，日常すぐにでも見られるスプーンやビンやガラス器具と
いったようなものがすべて，われわれの性情の一部になってしまっているのだという
ことを，彼らの絵画の中で明らかにしてきた．われわれがそれと気づかないでいるう
ちに，彼ら自身をわれわれの生活の中にとけ込ませてしまっていたのである．

私は，その後，現代の建築家たちと仕事の上で親交をもつようになった．私たちは，
小さなグループではあるが，ストックホルムからアテネに至るヨーロッパ各地での多
くの会議の席上に相会して，芸術についての諸問題や専門的な細部について討論する
のではなく，住宅問題や都市計画，地域計画はいかなる方向をとるべきかということ
について，できるだけ明快な結論をつくり上げようと努力してきた．CIAM（近代建
築国際会議）の全存在期間中（1928～1956 年），その書記長として，私は現代建築の
諸問題についてその発端から考察することになった．

歴史家とその時代との関係

歴史家とその時代の概念との関係

歴史家特に建築史家は，彼と同時代の諸概念について密接な交渉をもっていなければ
ならない．

33

彼自身の時代の精神が，彼のうちに浸透している時にのみ初めて，前の世代によって
見渡されていた過去の広がりを探究する用意ができているといえよう．

歴史は静的というよりも
むしろ動的なものである

歴史は静的なものではなくて動的なものである．いかなる世代でも，一つの芸術作品
を，そのすべての面から把握しうるという特権はもっていないのであって，積極的に
動いている各世代が，それぞれその時代の芸術作品のうちに新しい局面を見出してい
るのである．しかし，芸術家たちが，彼ら自身の時代に発展させられた方法を採用す
る際に示したのと同じ勇気と精力を，歴史家がその歴史の分野で示さない限り，これ
らの新しい局面は見出されないであろう．

歴史というものは，手を触れられた時
には，すでに変貌しているものである

建築家たちは，かりそめの仕事から逃れて，永遠に正しいものを成就しようと望みな
がら，他の時代を模倣して，その独特な形式と技術を受継いできた．しかも，彼らが
つくった建物は，不滅の美しさをもった諸作品から，その詳細をうつしとっているに
もかかわらず，たちまち生命のない石の塊になってしまった．こういった人たちは，
手を触れたものをすべて黄金に変える力を与えられた「マイダス王」の，まさに正反
対の手をもっていたわけである——彼らが手を触れたものは，すべて，金にはならな
いで，塵芥に変ってしまった．今日のわれわれはその理由を知ることができる．歴史
というものは，不変の事実を容れる単なる倉庫ではなくて，生きて変化しつつある諸
傾向や，諸解釈の一つの過程であり，一つの型である．こうして，それは，われわれ
自身の天性の深い一部となっている．過去のある時代を顧みるということは，その時
代をただ単に調べることではなくて，つぎに来たるべきすべての時代に同じ形で現わ
れるであろう一つの型を探ることである．後を振りかえることによって，その対象は
変形されてしまう．あらゆる時代のあらゆる傍観者たちは——まったく，あらゆる瞬
間に——その過去を，各自の性情に従って変形させるということから免れられない．
絶対的な立脚点などというものは，物理学者に開かれていないように，歴史家にも開
かれていない．つまり，そのどちらも，ある特殊な状態に関する記述をするにすぎな
いのである．

34

同様に，芸術にも絶対的な立脚点はない．たとえば，19世紀の画家や建築家たちは，ある形態をあらゆる時代に価値のあるものと考えていたが，そのあげく失敗してしまった．歴史というものは，それを変化させることなしには手を触れることのできないものである．

われわれの時代の画家は，今までとは違った別の態度を公式化してきた．すなわち，常に“絵画の真只中に入り込んでいる”(lo spettatore nel centro del quadro) という立場を守ってきた．観察者は，絵画の核心に入り込まなければならないのであって，絵画から離れた観察点に立つべきではない．近代美術は，近代科学と同様に，観察するものと観察されるものとが一つの複合状態を形づくるという事実——すなわち，あるものを観察するということは，それに働きかけ，それを変えることだということを認識している．

歴史家の現在に対する関係

一般に，歴史家は，現代の考え方や感じ方に吸収されてしまうことは，彼らの学問的な超越，威厳，その視野の雄大さとかいったものに対する脅威として危ぶんでいる．しかし，これらの資質を犠牲に供することなく，その方法を身につけている者こそ，その時代に生きている者，ということができよう．確かにどの分野の歴史家も，その根底をできるだけ広げてゆくことによって，彼自身の時代と結びついていなければならない．歴史の世界も，自然の世界のように，正しい質問をなし正しい問題を提起してくるものにのみ，その姿を示してくれるものなのだ．歴史家は，過去についてのどのような問いかけが，現在にとって重要な意味があるのかを知るために，親しく，自分自身の時代の一部になってしまっていなければならない．こういう努力をなおざりにしていたのでは，歴史学は依然として創造的な仕事をすることもできないような，雑然とした空しい出来事の堆積に留まることであろう．そこでは，単に死せる年代学や，制約された専門的研究が産み出されるにすぎないであろう．自分の時代から離れた歴史家は，見当違いの歴史を話し，凍てついた事実を取扱うことになる．しかも，彼自身の時代のために，過去との生気ある相互関係を明らかにするということこそ，歴史家にとって，他人に手渡すことのできない仕事なのである．

歴史家といえども，実際的な事柄では，その周囲の生活から孤立していることはできない．彼もまた，その流れのうちに立っているのである．“世の混乱から超越して”

(au-dessus de la mêlée），高所からすべての時代とすべての存在を探究している理想的な歴史家などというものは，一つの偽りである．

他のすべての人たちと同様，歴史家も彼自身の時代によってつくられたものであり，その時代から彼の力もまたその弱さをも抽き出しているのである．同時代の普通の人たちと比べれば，その職業上の恩恵によって，いっそう広範な出来事を調べているかもしれないが，このことは何も，彼を彼自身の歴史的位置から引き上げてくれるものではない．そのアカデミックな椅子から時に引きずりおろされて，その時々の平凡な争いに巻き込まれることは，彼の利益ですらある．それというのも，生活や困窮に，直接，接触することによって，真実の行為者の偽りなき声を，印刷された記録の密林のうちにも聞きわける能力を研ぎすますことになるからである．

不運にも歴史家は，静止した過去について，その永久的な権利を主張するために，専門的な仕事の場を使用しすぎるきらいがあった．客観的な判断を下すことは不可能だということを認識して以来，そのような態度は信用されなくなってきた．今日，われわれは現在をより広い時間の広がりのなかに置こうとして現在の視点から過去を意識的に調べているが，こうすることによって，いまだに生命のある過去の局面によって現在が豊かにされうるのである．これは連続性にかかわる問題であって，模倣ということではない．

連続性に対する要求

普遍的見解の必要

どのような計画をするにも，われわれは実際に行なわれている事態以上の知識をもっていなければならない．計画を立てるためには，過去には何が行なわれていたかを知り，将来どのようになっていくかを感じとっていなければならない．これは予言への誘いではなくて，世界について普遍的な見解をもちたいという欲求である．

現在では，都市計画という困難な分野では，どのような取扱い方にも抵抗があるよう

に思われる．普遍的な見解が存在していたような時代には，都市の高度な処理——その創造の時期を越えて永くその影響を及ぼしてきたような高度な都市改造——ですら天才を必要としていなかった．ある特殊な目的や社会階級のためになしとげられた業績が，まったく別の時代に，別の違った目的や社会階級のために役立ちうることが立証されている．こういうことが成り立ちうるのも，根元的な創造というものは，まさに普遍的な見解から生まれ出てくるものだからである．

今日では，あらゆる人たちが，このような普遍性への衝動を強く感じとっている．それは，その日ぐらしで生きながらえてきたこの世紀全体に対する反動である．われわれの周囲に見出されるのは，これまでの近視眼的な行為によって積み重ねられてきたものの総決算書である．

その日その日を，刻一刻を，その間になんの関連性も感得することなく過ごしていくということは，単に精神上の尊厳に欠けているばかりでなく，自然にも人間性にももとったことである．それは，もろもろの出来事を，歴史のうちにある広がりをもって流れ込んでいく過程の部分として理解するよりも，むしろ，孤立した点として理解する立場に導く．歴史により密接に触れあいたいという要求が，このような状態からの当然の帰結として生じてくる．歴史とより密接な交渉をもつということは，いいかえれば，より広い時間の次元に立って，われわれの生活を営んでいくということである．今日の出来事は，一つの連続体のうちで，最もよく目につく一断面にすぎない．つまり，これらの出来事は，紫外線と赤外線との間の小範囲の一連の波長のようなものであって，この一連の波長だけが，人間の眼で見ることのできる色に置き換えられているにすぎない．

今日の世界に広くみられる破壊的な混乱状態は，はなはだ深刻であって，科学や人文学の分野では，普遍性への動きが際立って顕著になってきている．社会科学をも含めた科学の各分野および哲学，さらに芸術の分野において，それぞれの方法を等しくしようとする要求が次第に明確化してきている．世界についての普遍的な見解をもちたいという要求は，すでに大学の中にも感じられてきていて，各学部間の知的結合が意識的に発展させられつつある．

37

現在のわれわれが，諸々の変化を先見の明をもって調節する手段を，前時代の人々よりもはるかに豊富にもっているということは，周知の事実である．われわれの手に委ねられている，このような多くの新しい可能性こそ，数多くの人々に新しい調和した生活をもたらすべき鍵なのだ．

普遍的な見解を確立したいという要求は，これらの新しい可能性を支配し秩序づけたいとねがう必要感の一つの現われである．

自分の時代は，他の時代にはない例外的な重要性をもっていると仮定するのは，もとより危険なことだとはいえ，われわれが生活しているこの歳月こそ，人類に対する試験的な時代，人間がその生活を組織する能力を試験される時代を構成しているように思われるのである．

現 代 の 歴 史

歴史的背景の必要

人間活動の全領域にわたっていっそう広範な調査を行ないたいというのは，確かにこの世紀の明白な要求である．この点については，歴史が重要な役割を演ずることができる．歴史がもっている機能の一つは，より大きな識見とより広い規模の下に生活するのを助けるということである．このことは，19世紀に行なわれたように，過ぎ去った時代の形式や傾向を模写するなどということではなくて，もっと広範な歴史的背景に対決して，われわれの生活を処理していかなければならないということを意味しているのである．

日々の生活からの帰結

現代の歴史のうち，われわれに関係のある分野での最も重要な発展は，日常生活のうちに起こってきた変化である．

19世紀に絶えずいわれていた不平は，すべての尊厳が日常生活から消え去ってしまったということであった．しかも，日常生活がもっぱらその日ぐらし的な基礎の上に築

38

き上げられた時から，その尊厳を見失ってしまっていたのである．人々は，歴史の中にある役割を演じているという意識のすべてを失ってしまっていた．彼らは，自分たちが生活している時代については，まったく無関心であり，時には嫌悪をさえ感じていたのである．彼らが他の時代の人たちと自分自身を比べてみた時にさえ，自分たちの活動は，善かれ悪しかれ，重要なものに思われず，まったく意義のないもののように思われたのである．

身近かな過去に対する無関心とその結果

同じ感情が，身近かな過去——すなわち，現代の歴史に対する極端な無関心をつくりだした．19世紀の人々は，無意識のうちに，その実際的な構造の中に，未来が組立てられることになるような構成的な要素をつくりだしつつあった．しかし，当時の人々には，このことがわからなかったし，実際，時には今日でも認識されているとはいえない．その結果は，単に現代の歴史を無視するというだけに止まらず，さらにもっと悪いことには，それを理解するのに必要欠くべからざる事物や記録をほしいままに破壊するという事態にまで立ち至ったのである．後世の人たちは，19世紀や20世紀の存在様式や，それらの起源を考察する場合に，そこに大きな間隙を残さざるを得ないであろう．

都市計画について

あらゆる方面で，われわれ自身の伝統に対する完全な無関心によって，必要欠くべからざる記録文書が見失われてしまっている，という苦情を聞かされる．たとえば，都市計画家は，その研究上必要とする大都市の発展についての詳細な記録を見出すことができない．不断の統一的な研究がなかったという，ただそれだけの理由で，都市の種々の型——行政中心，港湾都市，工業都市など——の長所，短所を比較することができない．研究がこのように不規則であったという事実は，仮に歴史家が上述のような調査の一つを仕上げたいと思っても（記録がないために），その最後の策として自分自身の調査研究だけに頼らざるを得なくなるということを意味している．当然のことながら，強調しすぎるという危険が常に存在している．

19世紀の工業の歴史について

19世紀の工業の歴史は，われわれ自身の伝統に対して無関心であったために，ひどく害われていて，空白ばかりである．たとえば，道具類の非常に興味深い発展も，わずかに残っている19世紀の金具類のカタログによってしか調べられないのだが，30年

代，50年代，70年代のカタログは，その大半が失われてしまっている．これらのかけがえのない記録文書が保存されている場所は，ごくわずかであり，ロンドンのヴィクトリア・アンド・アルバート博物館の付属図書館は，そのうちの一つである．

アメリカにおいて複雑な種々の職業が，それまでの手仕事を放棄して機械生産へと変革されていった時代は，世界中どこにも比較すべきものの見当らない独特な時代である．私はボストン郊外の大工場を訪れてみたが，そこでは，1850年直後に，すでに柱時計や腕時計を標準化された部品によって組立てていた（この方法は，後に自動車工業によって最も大規模に使用された方法である）．この工場の初期の製品については，70年代のヨーロッパからの数名の視察者によってすでに論及されていた．私はそれらの見本によって，その会社の初期のカタログを研究したいと思ったのだが，古いカタログは全然残っていなかった．この会社では，これらのカタログのうち，3年以上経過したものは，原則として破棄することになっていたからである．唯一の古い時計といえば，修繕のために返送されてくるものだけであった．しかし，一方そこには，ヨーロッパの時計の，価値はあるけれども歴史的には意味のない大コレクションがあった．

この国で最も古い通信販売店で，しかも，現在年間5億ドルの仕事をしている店がシカゴにある．私は日常の生活品に南北戦争以後どのような変化が起こったかを調べるために，そこに行ってみた．この商社には，完全ではないけれどもなにがしかの資料が金庫のなかにきちんと保存されていた．ニューヨークのオーティス・エレベーター会社は，その生産品について比較的十分な記録をもっていたが，エレベーターを取扱った文献はそれほど正確なものではなかった．しかもこの会社ですら，その初期の段階についての資料は保存されていなかった．

建築について

ヨーロッパ建築が混乱とためらいと絶望の将来に匙を投げ，あきらめてしまったかに思われた1880年頃，アメリカの大草原には新しい建築が成長しつつあった．1880年から1893年のコロンビア博覧会の時まで，シカゴの"ループ"地域（シカゴ市の業務中心）は単にアメリカ合衆国ばかりでなく全世界の建築発展の中心であった．

もっとも，その摩天楼は，20～30年後には自動的に一種の退廃地区になり，取壊され

てしまう運命にあった．また，卸売商店のマーシャル・フィールド（Marshall Field）
──シカゴ最美の建築の一つでヘンリー・ホブソン・リチャードソン（Henry Hobson
Richardson）の最上の作品も，公園地区をつくりだすために取壊されねばならなかっ
た．また，同様に20〜30年後には，独特な劇場内部をもったアドラー（Adler）とサ
リヴァン（Sullivan）のオーディトリウムでさえ，公道を引く際に他の方向をとりえ
なかったので，けっきょくこのオーディトリウムの位置に，公道を引かざるを得ない
ような破目になってしまった．1962年には，まだその建物は残っていたが，サリヴァ
ンのガリック劇場（Garrick Theater）のような，この時代の他の価値ある証拠のいく
つかが破壊されてしまっていた．

ただ，われわれにとって気にかかることは，破壊されつつあるものに対して，なんら
特別な感情がみられないという事実である．建築におけるシカゴ派の重要性につい
て，シカゴ市自身はまったく何も知っていないように思われる．シカゴで80年代にお
いて，すでにその全建築的構成のうちに，現在の多くの発展を前もって表示していた
建物，すなわち，シカゴの大きなホテルやアパートメント・ハウスの内部の写真を探
しに，私はシカゴに出掛けた．その際，一人の写真家が私につぎのように語ってい
る．「これらの建物の内部を撮った何千枚かのプレートがあったのだが，部屋が狭く
なりすぎて広げる必要があったし，保存しておかなければならない理由もわからなか
ったので，全部破棄してしまった」と．シカゴのいくつかの研究機関が，ここ数年前
から，この種の資料を保存しようと努力してきている．しかし，これらの努力が，絶
えず起こっている損失を喰い止めるのに十分なものかどうかは疑わしい．

以上の所見は，ただ，身近かな過去についての無関心が，いかに広く行きわたってい
るかということを示すために述べたものである．しかも，その身近かな過去というの
は，現在のわれわれの時代が成長してきた世紀であり，われわれ自身の生活の基礎的
要素を引き出してきた世紀なのである．シカゴが一例として挙げられたが，過去から
の事物の狂信的な破壊はシカゴやアメリカに限定されていない．それは絶えず広がる
伝染病のようにヨーロッパの古い諸都市にも襲いかかっている．

41

方 法 の 一 致

過渡期としてのわれわれの時代

われわれの時代は過渡期の時代である．過去から引続いている傾向と将来に向う傾向との間の昏迷や，雑然と入りまじってあらゆる点で浸透しあっている相異なる諸傾向のもつれをみると，われわれの時代には明確な前進線が欠けているかのような感を受ける．ある人たちには，それは矛盾した衝動によってつくりだされた混沌といった外観を呈している．

あるすぐれたフランスの社会学者ですら，最近つぎのように述べている．「われわれの周囲には喧噪や，無目的の煽動，逡巡する見解，無定見な思考の他には何も見当らない」と．

しかし，この特殊な過渡期は，1世紀全体にわたって継続していたのだということを忘れてはならない．各国とも，工業化過程によってつくりだされた無秩序として，同じ比率，同じ比例でそれを味合わされてきたのである．

この過渡的な時代のそもそもの最初から，われわれの精神生活は均衡を失い，われわれの内的存在は分裂をこうむってきた．現代精神のかかる状態については，十分に認識されているにもかかわらず，その結果については，なんら注意をひくに至らなかった．

もしも，混沌という言葉の唯一の定義が，相互に矛盾する諸傾向が共存するということだとすれば，われわれの時代は，確かに混沌的という語にふさわしい時代であろう．しかし，われわれは，これらの矛盾は単に表面的なものだと信じている．

われわれは今日つぎのような注目すべき事情を看取することができる．すなわち，目的においてはそれぞれ著しく異なっている諸科学も，その方法においては相互に似通い始めているという事実である．これらの成長しつつある類似性の根底には，正確な知識を得ようとする広範な持続的探究が存在しているのである．われわれが過去から譲り受けた観念は，あまりにも錯綜しており，しかも，あまりにも粗雑すぎるという

ことが，あらゆる分野で認められるようになってきた．

過渡期というものは，二人の観察者に，それぞれ非常に違った影響の与え方をすることになるだろう．その一人は，矛盾する諸特性や相互に破壊的な諸法則の混沌だけをみるだろうし，他の一人は，その混沌全体のうちに，新しい解決への道を閉こうとして相互に作用しあっている諸要素を見出すかもしれない．このような二つの判断のうちで，どちらが，その時代の本質的な姿を強く表わしているのかを見きわめるのは容易なことではない．われわれは現在，この時代の深部で進行しつつあるものにたどりつくための，客観的な指針を必要としているし，またこの時代の分散したエネルギーが，統一的な行動になって来つつあるかどうかを見きわめることのできるようななんらかの徴候を必要としている．その時代の主要な活動，その思考活動と感情活動のそれぞれを支配している方法を比較することによって，このような客観的な批判基準をもつことができるであろう．

科学と芸術には，なにか共通なものがあるのだろうか？

ジョン・デューイ（John Dewey）は，その著『経験としての芸術』（Art as Experience, 1934年）の中で，「職業や興味の対象が分割されることによって，つぎのような分離がもたらされる．すなわち，洞察するという行為からは，通常 "実践" と呼ばれている活動形式を分離させ，実際的な行為からは想像力を，労働からは重要な目的意識を分離させ，思考と行為からは情緒を分離させる」ということを指摘している．この場合，これらの諸活動の各々は，それぞれ「留まるべき各自の場所」をあてがわれているのである．「経験の分析を試みようとする人たちは，その場合，これらの分離が，人間の性情の組成そのものの中に，生来そなわっているものと想定してしまっている」のである．

科学と芸術との間になにか共通なものがあるかどうかという疑問の背後に横たわっているのは，まさに，このような議論の展開である．思考と感情とが，相互に対立しながら，それぞれ異なった水準で進んでいるような時代でなければ，こんな疑問は起こってこないであろう．こういう時代には，感情の領域に影響を及ぼすような科学上の発見を，人々はもはや期待していない．数理物理学における理論が，芸術において，それに相当した対応物に出会うなどということはあり得ないことと思われている．

43

しかし，この二つのものは，同じ時代に生活して，同じ全般的な影響のもとにさらされ，同じ刺激によって動かされている人たちによって体系づけられたものだということは忘れられている．思考と感情が完全に分離されうるものだとすれば，それは人間を二つに分割することによってのみ初めて可能なのだ．

思考と感情の分離

われわれは，思考と感情が分離された時代を背後にもっている．この分裂は，精神的な発展にむらのある人間，内的な均衡を欠いた人間，すなわち分裂した人格をつくりだした．精神病患者としての分裂した人格（精神分裂症）を，ここで取上げているのではない．われわれは今，この時代の標準的な人格の構造のうちに見出される内的不調和について語っているのである．

分 裂 し た 人 格

こういう内的分裂の結果は一体どういうことになっているのだろうか？　現在では，自分の専門以外の分野に，自分と同じ心的能力や同じ傾向をもって働いている人がいても，それを見分けられるような大家にはなかなかお目に掛かれなくなった．現代の芸術家や科学者たちは，互いにその接触を失ってしまった．彼らは，自分の仕事の中では，その時代の言葉を話しているが，それが違った性格の仕事で表現されている限り，それを理解し合うことすらできなくなってしまっている．偉大な物理学者でさえ，彼自身の概念と芸術的には同等なものを現わしている絵画を，満足に理解することができないだろう．すぐれた画家であっても，彼自身の原則と同じものから発展してきた建築を，完全には把握しきれないかもしれない．この時代を純粋に表現した詩をつくっている詩人ですら，同じ意味で，同じ程度に現代的な音楽に無関心でいる．これが，19世紀から譲り受けたわれわれの遺産であり，この時代には人間活動の各部門は，その相互の接触を完全に見失っていたのである．無干渉主義や放任主義の原則が，精神生活にまで拡大されていたのである．

分 裂 し た 文 明

自然科学は，19世紀を通じて，それ以前の200年が確立した偉大な伝統によって推進され，また，自然科学自体の方向と情勢に基づく諸問題に支持されて，素晴らしい進歩をなしとげてきた．この時代に実在する真正の精神が，これらの研究，すなわち思考の領域のうちに現われてきた．しかし，これらの業績は，感情の領域にはなんの関係もないもの，感情的には局外のものと見なされていた．感情は，科学や技術の中でなしとげられた急速な進歩に追いついて行くことができなかった．この世紀に獲得さ

れた特別の成果や真の力も，依然として，その大部分が人間の内的生活に当てはめられないまま打捨てられている．

この時代の生命力がこういう方向に向けられていたことが，今日の人間形成に反映している．それが助長する不調和な発展から，ほとんどすべての人間がまぬがれられなくなっている．分裂した人格，すなわち不均衡に調節された人間が，われわれの時代の徴候なのだ．

科学と芸術における方
法の無意識的な類似

しかし，われわれの時代には，これらの分解しつつある力の背後に，統一に向う諸傾向を看取することができる．今世紀初頭の10年以来，われわれは，思考と感情の別々の領域，すなわち科学と芸術のうちに，方法の奇妙な類似がみられるということに気づかされる．われわれの時代に根を下している諸問題では，その主題がどんなに違っていても，また，その解決が別個になしとげられている場合ですら，類似した方法で取扱われつつある．

1908年に，偉大な数学者ヘルマン・ミンコフスキー（Hermann Minkowski）は，一つの不可分な連続を形づくる，空間と時間を伴った4次元の世界を初めて考えついた．その年に出版された彼の『空間と時間』（Raum und Zeit）は，つぎのような有名な言葉で始まっている．「今後，空間それ自体とか，時間それ自体などというものは，単なる影として消え去る運命にあり，ただ，これら二つのものの一種の結合だけが，一個の独立した実在を維持してゆくことになるであろう」と．フランスやイタリアで立体派や未来派の画家たちが，純粋に同時代的な感情を表現する手段として，このような時・空間に芸術的に対応するものを研究発展させたのも，ちょうどこの頃のことであった．

思考と感情の両分野において，それぞれの方法を重複させるといういくつかの試みが，これほどめざましいものではなかったが，この時代に始められた．こうして，ちょうどその頃になってようやく確認されてきた問題の解決をいれるに足る新しい基礎的諸要素が，1908年頃の構築物や絵画の中にも導入されることになった．これらの諸要素の基本的な一致については，2巻Ⅵの「美術・建築・構造における時－空間」に

45

おいて論ずることにする.

19世紀における科学の普及：成果についての強調

科学の全領域のうち，一人の人間によって修得することのできるのは，そのごく小部分にすぎない．科学の専門化された研究や，複雑な研究手法のために，広範多岐にわたって携わることができなくなってしまっている．しかし，この不可能だということは別としても，われわれは，今日，総括的な概観を得ようとして違った方向に動いている．普及を求めているのは，もはや，かつて19世紀にみられたような特殊な科学的諸事実や成果ではない．19世紀には最大の科学者でさえ，自分たちの分野で何がなされつつあるかということを公衆に知らせる必要があると感じていた．19世紀の30年代に，イギリスのマイケル・ファラデー（Michael Faraday）や，フランスのフランソワ・アラゴー（François Arago）は，科学についての公衆の知識を増大させることに深い関心を抱いていた．ファラデーは，1799年に"有益な知識の促進や普及，拡張"のために設立された協会，ロンドンの大英王立協会研究所に，生涯その職席をもち続けていた．今日まで，このむしろ排他的な協会の毎週の夜会は，ロンドンのアルベマール街にあるかつてファラデーが使った古い講堂で，（義務的に白い襟飾をつけた）会員の出席によって続けられている．1826年以来現在まで毎年クリスマスの時に行なわれている少年少女の聴講者のための特別講話は，ファラデーが初めて開講したものである．

電気に関する基礎的諸法則を発見し，光の波動理論の開拓者の一人である著名な物理学者フランソワ・アラゴーは，天文学のような難解な事項を，素人にもわかるような方法で解き明かす才能をもっていたということでも有名であった．彼はパリの観測所で，数学を知らない聴衆に講話を行なっていた．彼の研究を包含する14巻の著書の大部分は，このような普及に捧げられている．

19世紀の70年代に，オックスフォード大学やケンブリッジ大学で始められた近代的な意味での大学の公開講義は，このような科学的成果を普及しようとする努力から生まれてきたものである．

今日では，指導的な科学者は——たとえばアラゴーと同じ"フランス・アカデミーの

終身官"ですら——自分が主に関係している科学的研究を，通俗的に普及しようなどとは考えていない．今日では，他の諸問題の方がいっそう重要なのである．科学の個個の成果よりも，科学の方法の方が，現在のわれわれにとってはいっそう関心のあることなのだ．

今日の問題は科学を通俗的に普及することではない．そのようなことよりも，われわれの時代がいっそう必要としているのは，人間活動の各分野を支配する方法を理解し，全般的な展望をかちとることであり，その方法の相違や類似を見分けられるようになるということである．

われわれの時代の科学的教育は，極端な専門家を産み出すように企画されている．しかし，それでいて一方，相互の関係を見きわめたいという衝動が存在していることも否定できない．しかし，異なる科学の間や，科学と感情の領域の間に存在する相互関係を理解するために手助けとなるような研究機関は，いまだに見当らない．

今日いっそう重要な科学
の方法についての知識

科学の方法について，全般的かつ現代的な理解をつくりあげることの方が，科学上の諸事実について広範な知識をもつよりも，一つの全体としてのわれわれの文化にとっていっそう重要なことである．増大しつつある方法の類似性に基づいて，われわれの時代の諸活動は，相互にひきあいながら一つの文化を構成しようとしている．専門の違う諸科学が類似した方法を採用することによって相互に似通ってくるという事情をある程度把握しておくことは，現在の生活を一つの全体として考察するのに必要なことである．

しかし，科学は他のすべてのものから独立してやっていける活動ではない．各時代は，思考の領域のみならず，感情の領域においても生活しているものであり，相互に影響を与えあいながら，それぞれの領域において変化しているものである．各時代は異なった表現手段によって，その情緒のはけ口を見出している．情緒や表現的手段は，その時代を支配している諸概念に付随して変化している．こうして，ルネサンスでは，その支配的な空間概念は遠近法のうちに，その適切な枠を見出したが，一方，

われわれの時代では，時・空間の概念が芸術家に非常に違った手段を採用させることになった．

今まで，経済学や政治学は，ある時代の構造をあらゆる局面にわたって説明するための出発点と考えられてきた．実在に及ぼす感情の影響や，全人間活動への感情の絶えざる浸透は，大部分無視されるか，もしくは，無視しうるほどの重要性しかないと思われてきた．われわれが選んだ時代を通じて行なわれた美術，建築および構造における相互に関連した発展を跡づけるに当って，ここに強調しようとするのは，まさにこのような感情の影響である．

バロック時代の宇宙論的背景

われわれの文化は，工業時代以前に成長した文化とは多くの面で違った構造をもっている．バロック時代には，たとえば，ライプニッツ（Leibnitz）は，哲学から出発して（微積分）計算法の発見に到達した．彼は普遍的な見解——人によっては，宇宙論的見解というかもしれないが——から，この特殊な発見をなすに至ったのである．

専門化に根底を置い
たわれわれの文化

前の世代から受継いだ遺産によって，われわれは違った出発点をとり，別の道に従わなければならないようになっている．われわれは，多数の専門化された諸項目から出発して，われわれの世界についての統一ある全般的な見解に到達しなければならない．この道がライプニッツに開かれていた道以上に困難で不安定なものかどうか，また，その目的地にうまく到達しにくいかどうかは，問題外のことである．現実が，われわれをしてたどらしめているのは，まさにこういう道である．専門化された科学や，同じように専門化された芸術に芽生えつつある予期しない類似によって，われわれのための統一が生まれてくるに違いない．このことは，われわれが感情的活動と知的活動との間に自発的に確立される一つの調和に近づきつつあるということを示すものである．

われわれの文化によって，やがて一般的な型として具現されるはずの諸要素を，現代の科学の中にも，また芸術の中にも見出すことができる．その状態はまったく奇妙なものである．われわれの文化は，楽器はすでに調律されているにもかかわらず，音楽

家同志が，音響的に遮断された壁によって楽士仲間と切り離されているオーケストラのようなものである．これらの障壁が打ちこわされる前に起こるであろう出来事を予言することはできない．歴史家がなしうる唯一の奉仕は，このような状態を指摘して，それを意識させることだけである．

思考と感情の方法が一致する度合によって，ある時代の均衡が決定される．これらの方法が，相互にはなればなれに動く場合には，文化や伝統の可能性はあり得ない．こういうことは，われわれの主題から遠ざかった悠長な議論ではない．われわれはまもなく，19世紀の壮大な力を打ち砕いたのが，まさにこのような思考と感情間の不幸な分離であったということを知るであろう．こういう分離から，分裂した人格や分裂した文明が生まれてくるのである．

過渡的事実と構成的事実

歴史における事実と解釈

歴史家の仕事というのは，個人的に気にいったり，気にいらなかったりしたものを公衆に告げることではない．こういう場合に，私的な事柄を話すと，その興味のすべてが失われてしまう．自己の見解に照らして，ある時代を訂正するなどということは，歴史家には要請されていないのである．彼は，歴史がなぜある方向をとるに至ったかを明らかにするために，その時代を説明しなければならない．ある時代に生きていた人たちは，その時代の発展が幸福であったか，不幸であったかということについては，彼ら自身の内的感情から，われわれに最もよく語りかけてくれる．

ある時代の幸・不幸から響いてくる声は，われわれに必要欠くべからざる考証を提供してくれるものである．後世の人間は，ある出来事から時を隔てて眺めることによっていかにすぐれた公正さが得られたにしても，闘争の真只中，しかも，その運命を賭した闘争のさなかにいた人たちが抱いていたほどの正確かつ直接的な時代感情に近づくことはできない．その時代の必要から発せられた言葉は，歴史家の真の案内者であって，歴史家は，こういう言葉からこそ，その時代についての説明を引き出さなけれ

49

ばならない．ある時代についての真の批判は，その時代の考証によってのみ達成されるのである．

事物の外面について，少しも個人的な偏見の跡のない，完全に客観的な判断を下すということは，まったく不可能なことである．しかし，個人的なものの浸透は，最小限にとどめなければならない．歴史家は事実の単なる目録作成者ではないのであって，判断を下すのは，彼の権利であり，しかも，同時に彼の義務でもある．しかし，彼の判断は，その事実から直接出てくるものでなければならない．

歴史家は，自分の研究している時代に生きていた直接の権威者と語ることはできないが，その時代の人達には不可避的に欠けていた幅の広い展望をもっているし，さらに，その当時の人の目に触れなかったような事実を知っている．歴史家は，束の間の新奇なことと，本当に新しい傾向とを，多少とも区別することが可能である．歴史上の諸事実は，これらの流れの中のどれかに入り込んでいるわけで，そのおのおのの流れを正確に区別するのが歴史家の仕事である．

構成的事実，すなわち
再現的かつ累積的傾向

構成的事実というのは，たとえ抑圧されていても，必ず，再現してくるような傾向のことである．その再現によって，われわれは，これらの傾向がいっせいに相伴って“新しい伝統”をつくりだしている諸要素なのだ，ということに気づかされる．たとえば建築における構成的事実とは，壁体を波打たせることだとか，自然と人間の住居とを併置すること，自由なのびのびとした平面などがそれである．19世紀における構成的事実は，構造における新しい可能性，工業における大量生産の使用，変革した社会組織などである．

過渡的事実，すなわち散在的傾向

これとは別の種類の事実があるが，それは，ある時代に働くいろいろな力の作用の多くがそうであるように，持続する要素に欠けていて，新しい伝統に結びつくことができない．それは，最初に出現してくる時には，花火が示すような華々しさと輝きをもっているかもしれないが，それ以上の永続性をもっていない．それは，時にはあらゆる流行の洗練さをもって編み合わされていることもある——フランスの第二王制時代の家具は，その一例である．これらのものを，過渡的事実と呼ぶことにする．

過渡的事実は，そのさっそうたる外観やきらびやかさによって，しばしば，舞台の中央を巧みに引き継いでしまうことがある．19世紀全般を通じて——無数の方向転換をしながら——行なわれた歴史的様式折衷の試みは，まさに，このような場合であった．当時の官選絵画がつくりだしたのは，すべて，その時代の過渡的事実であって，その大半は現在にとってまったく意味のないものであった．

ある時代は，過渡的事実かもしくは構成的事実によって占められているのであるが，その両者のうち，どちらを選ぶかは自由である．しかし，これらの二種類の傾向のうち，どちらがその時代の真の問題解決をつくりだすのに有望かということになれば，疑問の余地のないところである．

歴史家は，この分野では，自己の判断を使用するのに，なんら拘束を受けていないばかりでなく，自己の判断を使用せざるを得なくなるものである．過渡的事実と構成的事実との間の，必ずしも明白でない区別をつけるのは，歴史家自身の責任である．

有機体としての建築

時代の索引としての建築

われわれはここで，われわれ自身の時代が，その特殊な限界や可能性，要求や目的について自覚するようになるその進歩の過程が，建築の中にどう反映しているかということについて探究しているのである．こういう時代の進歩を建築によって洞察することができるというのも，建築は，一つの全体として，その時代の生活と堅く結びついているからである．建築の中に含まれているものは，すべて形に対する好みを初めとして，そのしごく当然な，建物としての専門的な諸問題の追究に至るまで，その建築がつくられた時代の諸条件を反映している．建築は，あらゆる種類の要素——社会的，経済的，科学的，技術的，民族的な諸要素——の産物である．

ある時代の真の性格は，その時代が，どんなに偽装しようとしたところで，その建築のうちに現われてくるものであって，建築がその時代固有の表現形態を用いている

か，それとも過ぎ去った時代を模写しようとしているかどうかによって明らかになるものである．変装していても，署名された筆蹟を見れば，友人かどうかがすぐに見分けられるように（建築をみれば），その時代の性格が，容易に判ってしまうものである．建築というものは，ある時代に実際に行なわれていたものについての，明白かつ誤ることのない指標として，その時代を評価する場合に欠くことのできないものである．

すぐれた建築的傑作では，すべてのすぐれた芸術作品と同様に，どんな時代にもある人間的な短所や欠陥が惜しみなく捨て去られている．これらの作品が，それぞれの時代の真のモニュメント（記念建造物）であるという理由は，まさに，このことによるのである．すなわち，人間的な弱さによって，しばしば，曇らされがちになるその被覆が取除かれることによって，それがつくられた時代の中心的傾向が明確に現われているのである．

しかし，建築がそれほど多くの条件に由来するものだとしたら，建築を，その前後関係からして，自己本来の権利をもった一個の限りある有機体として調べることは，果たして可能な，しかも正当なことであろうか？

一個の独立した有
機体としての建築

建築は，あらゆる種類の外的諸条件によって産み出されるものかもしれないが，ひとたび出現してしまうと，それ自身の性質や継続する生命をもった一個の有機体を構成するのである．われわれが，その起源を説明するのに用いている社会学上の，もしくは経済学上の用語では，その価値は測られないのであって，その影響は，もとの環境が変り消失してしまった後までも持続してゆくであろう．建築は，その生誕の時期を越えて，またそれを産み出した社会階級をも，さらに，それが所属する様式をも越えて，伸びてゆくことが可能である．

持 続 す る 傾 向

17世紀後期のローマン・バロックの一建築家が，うねりをつけた寺院正面を案出したが，これについては，われわれは，いろいろな方法で説明することができる．たとえば，これがつくられたのは，たまたま反宗教改革運動の時期であったので，あらゆる手段を講じて民衆の注意を教会に結びつけるように要請されていたのだとか，さもな

ければ，経済的な要素に結びつけて，壁のうねりの起因を，ローマの狭い街路や，その街路が必要としていた建物正面の節約というようなことに帰するかもしれない．

そのどちらの要因も含まれているには違いないが，しかし，このうねらせた壁は，これらの要因がもはや作用しなくなった18世紀や19世紀初期の住居集合体にも，引き続いて使用されたのである．うねりのある壁は，一度案出されたとなると，その後，建築における一つの構成的事実となり，反宗教改革運動や後期ローマン・バロックがともに終ってしまった後まで，建築的知識領域のうちに作用し続けたのである．

ヴェルサイユ宮は，純粋に社会学的な説明も許されるし，あるいはまた，この建物を構成している諸形態やその室の間取りは，歴史的様式から引き出されたものとして解明することもできる．その大庭園のイタリアやオランダの影響を解きほぐすこともできる．こういったすべての研究も，けっきょく種々の角度から取上げられたその当時の一枚の絵に帰着する．それは確かに有益で興味深いものである．しかし，これらの研究は，ヴェルサイユ宮において初めて出現した構成的事実つまり持続する傾向を見落している．

歴史的相互関係の探求

近代の芸術作品では，その性格を決定する決め手になるのは，その構成における諸要素間の相互関係である．同様に，近代科学はその研究目的を相互に関連のある企画に適合させようとしている．ここで興味のあるのは，これらの研究目的を他の諸目的のうちで独特のものにしているその特質ではなくて，むしろ，それらがその環境に作用する仕方である．歴史学は常に，諸科学の中では，それ自身の時代と調和して方法を発展させるということを最もしそうにない分野であった．それにもかかわらず，近代史学は，芸術や科学がすでに採用してしまった方向に則った形式を取上げつつあるかにみえる．歴史家は，今日では，各時代を他のすべての時代から区別するというかつての専門的な面よりも，数時代を通して持続発展する各時代間のきずなや力の流れの方により深い関心を払っているように思われる．

芸術にあっては，各発展段階において固定されて決定的なものとなった"様式"によって，時代区分が行なわれている．しかも様式史の研究は，19世紀の歴史家の専門的な仕事であり，最も巧みに成就された仕事の一つであった．しかし，様式のような自

53

己閉鎖的なものよりも，各時代間のきずなや脈絡つまりその構成的事実こそ，われわれにとっていっそう重要なものだといえよう．

たとえば，ヴェルサイユ宮を考える際に，最も興味深く思うのは（規模からみれば，ほとんど小さな町と同じくらいの大きさの）住居集合体が，ここで初めて自然に直接むすびつけて配置されたということである．こういうことは，それ以前には，これほど大規模に行なわれたことはなかった．住居と自然とを併置するということは，ルイ14世時代から生まれた構成的事実の一つであった．この生活形式は，1世紀後には，他の国でまったく違った社会階級のための都市計画に採用されることになったのである．

いろいろな出来事の間の脈絡や相互関係は，われわれにとって最も主要な事項である．孤立した出来事や，他と関連もなく自発的に起こる出来事などというものは存在しないということをわれわれは知っているし，しかも，われわれは常に，これらの出来事の間の関連を探し求めているのである．

芸術史と科学史との間の相似

建築は，一つの全体として，生活から分離することのできないものではあるが，一個の独立した有機体として取扱った建築史を書くことは可能である．この場合は，数学や自然科学の歴史となんら異なるものではない．数学的知識の発展は——バロック時代にも物理学があり，数学も存在しているにもかかわらず——通常，それが起こった時の社会的な背景に関係なく論じられている．積分学は，バロック時代の宇宙論的見解と完全に一致して生まれてきたものである．数学のこの分野では，それまでに数多くの努力が試みられたが，その最も有望なものですら，解決に達しないで，停滞したままになっていた．にもかかわらず，この時代になって，二人の研究者が，同時にその解決を見出したということは，単なる偶然の暗合ではない．さらに，この二人の発見者は，他の分野においてもバロック時代の考え方を極度に発展させている．すなわち，ニュートンは，その宇宙に作用する重力法則において，ライプニッツは単子内部と宇宙全体に対する関係において，しかし，積分学のバロック起源を強調するなどという考えは，誰にも思い浮かばないであろう．積分学は，そのままで数学的知識全体の一部であり，その最も重要な面は，それが数学の発展において演じた役割である．

建築においては，人間的要素は科学におけるよりも，明らかにより重大な役割を演じているし，この二つ，建築と科学とは完全には比較し得ないものである．それにもかかわらず建築の歴史は存在し，建築的考慮だけに影響され，建築的言語だけで評価されうるような発展が存在している．バロック時代から19世紀に至る建築の歴史には，激しい転機と劇的な挿話が豊富に織り込まれている．

様式的な変化がもつ重要性の軽減

もしも，われわれの関心を呼ぶものが，全般的な発展の流れ，つまり，相異なる各時代，社会秩序，民族のすべてを通じて現われる発展方向であるとすれば，別々の段階を印づける形式的で様式的な諸変化などは，あまり重要なものではなくなるであろう．ここでは，経済や階級的利害関係，民族などの論点から離れて，それ自体の自立的かつ継続的成長を伴った一つの企てとしての建築史にわれわれの注意を向けることにする．

建築は様式や形態だけのことではないし，また社会的なあるいは経済的な条件だけで完全に決められるものでもない．建築にはそれ自体の生命があり，成長したり，萎縮したり，新しい可能性を見出したり，また，それらを再び忘れてしまったりする．成長する一個の有機体としての建築観は，アメリカの建築を研究する際に，特に有益である．この分野では，様式だけを考えたり，建築の生命の個々の発露やはけ口についてのみ考えたところで，われわれをどこにも導いていってくれない．様式的な流行を無視しながら，相異なる時代を通じて進展する発展の基本的な流れこそ，完全な混乱から免れうる唯一の道である．様式やその変化は，すべて行きどまりの小路であって，人を惑わす迷路を形づくっている．

アメリカにおける様式は，そのそもそもの最初から，移入されたものであった．その様式は，この国で発展させられたものではなく，十分に成熟した状態でこの国に入ってきたのである．19世紀における諸様式——ロマンティック，ヴィクトリアン，テュードル，ゴシック復古様式など——は，どれ一つとして，アメリカ精神の代表物ではない．当時のアメリカ精神に基づく驚くべき事件や変化は，このような様式の狭い限界を越えて進行しつつあった．ロマンティック様式の地主館や，ヴィクトリア様式の別荘や，コロニヤル様式の住宅の戸口や柱でさえ——それらは魅力的ではあるが——アメリカ精神について，われわれに教えてくれるというよりも，むしろ，われわれを

惑わせるものである．アメリカ建築の諸要素は，その源を別のところにもっているのである．

この書の手順

建築的遺産

われわれの時代が，建築という一つの分野において，どのようにしてこの時代自身を意識するようになってきたか，その経過をここで明らかにするつもりであるが，そのためには，まずわれわれの時代の建築的遺産や，それ以前の時代に継続して展開されてきた知識を理解しなければならない．これらの古い時代を，すべてにわたって完全に調べる必要はない．われわれとしては，すべての建築を包含する力ともいうべき空間概念に軽く触れて，初期ルネサンスが新しく発見された視覚上の遠近法にいかに熱中していったかに注目することにしよう．その遠近法は後期バロック期には空間概念にそれまでになかった奔放さと柔軟性を導入することになった．

われわれのつぎの関心は，外部空間が組織づけられるに至ったその経過である．その組織化はまず最初に南欧に現われ，ついで（17世紀に）それより北の国々——フランスとイギリスに出現した．これらの発展は，ルネサンス以来蓄積されてきた建築的経験を生かすことによって，都市計画や空間構成を大規模に新しい高さにまで向上させた．都市計画におけるこの伝統は，18世紀を通じて拡張発展させられてきた．全ヨーロッパを通じて，われわれは，個々別々の要素，しかも，その多くは既存の諸要素を，首尾一貫した素晴らしい統一状態に導いてゆくその能力の数々の示例に気づかされる．その当時，ちょうど工業化が開始される直前に，都市計画は，現代の芸術家が再び試みつつあるのと同じ解決に向って，現今の新しい要求や新しい知識が指示するのとは違った近づき方で，前進しつつあったのである．

構造と都市計画の重要性

建築を一個の有機体と考えることによって，おのずからその初めと終り，すなわち構造と都市計画とを一緒に吟味するようになる．しかも，いわば，それらを掘り下げるための二つの柄を同時に用いることができれば，もっと容易に，この主題を取扱うこ

とができよう．とにかく，われわれにとっては，様式史を書く場合よりも，もっと構造や都市計画に注意を払うことが必要であろう．

建築の潜在意識としての構造

近代構造技術を，単に技術者の眼でのみ見るということ，つまり，有用目的にすぐに役立つような適応性しか考えないということは，一つの誤まった見方だといえよう．こういう技術的観点よりも，その中に現われてくる普遍的な方法やその感情内容——つまり，それから生まれてくるべき建築的表現を予見することの方が，いっそうわれわれの深い関心を呼び起こす．

19世紀においては，生産方法が変革しつつある時代がすべてそうであるように，構造は建築的知識にとって，特に重要なものであった．この時代の新しい可能性は，厳密に建築的な作品におけるよりも，技術的構造体のうちにいっそう明白に示されている．100年の間，建築は，折衷主義のよどんだ雰囲気のうちに窒息させられていた．もっとも，そこから常に脱れ出ようとしてはいたのだが．その間中，構造は，建築の潜在意識の役割を演じていた．つまり，その当時の構造には，後に現実に構造体となって現われてくるよりもずっと以前に予言され，半ば明らかにされていたいくつかの事項が包含されていたのである．19世紀における構成的事実は，支配的な建築がその糸口を与えない場合には，しばしば構造の中に見出される．この世紀を通じて最善の道標となるのは，建築ではなくて構造である．

建築は，はなはだ徐々にではあるが，構造を採り上げてきた．われわれ自身の時代は，構造が長期間にわたって，無言のうちに抽象言語で表示しつつあったところのものを，建築の中に表現しうるようになるまでに非常に手間どっていた．この過程は，しごく緩慢に行なわれていたので，1900年頃のヨーロッパ大陸において，その後の近代的な発展の根幹となった建物の大部分は，人間の住居とのすべての結びつきを欠いていた．それらの建物は，工場や株式取引所，倉庫などであった．現今の手法による最初の解決を示しているこれらの建築設計は親密な人間感情の領域からは，遠くかけ離れた，そういうことには無関心な，いわば中立的な雰囲気のうちに推進されたものであった．

57

建築的理解の索引
としての都市計画

今日の建築家たちは，建築の将来は，都市計画と切り離すことのできないほど堅く結びつけられているということを，十分に知りつくしている．単独の美しい家を造るとか，単独ですぐれた住宅開発を行なうなどということは，ほとんど考えられない．あらゆるものが，生活の統一された組織にかかっている．家屋と町や村との関係，すなわち，住いと仕事やくつろぎとの間の相互関係は，もはや自然の成り行きに委せられてはいない．意識した計画が要求されているのである．

単独の建物では，なにか尋常でないものが探し求められたり，なしとげられたりするかもしれない．しかし，一都市の全体が，一時代の建築的理解の状態を示しているということには疑問の余地がない．都市は，その時代が，どれだけその時代の生活を組織しうるかという程度を示しているものである．

90年代の建築にお
ける倫理性の要求

90年代に，建築における倫理性の要求が，ヨーロッパ各国にそれぞれ別個に起こった．ヴァン・ド・ヴェルド（van de Velde）が述べているように，当時の人たちは，建築を支配しているのが"虚偽"であり，すべてが気取りであり，真実ではないということ，表現については，もっとつきつめた純粋さが要求されているということを知っていた．このことは，その時代に適合した新しい表現の方法を見出そうとする欲求の他，芸術的表現を，その時代から生まれた新しい可能性と調和させようとする，もっと普遍的な欲求が存在していたことを意味している．あるいは，さらにその欲求が成長して，感情の方法と思考の方法とを調和させるようになったとでもいえるかもしれない．

倫理性に対する要求によって展開されていく建築発展の過程を，その決定的な二，三の段階をある程度クローズ・アップさせながら観察することにする．その全過程は，近代的な構造体のうちに元来含まれていた可能性について漸進的に目覚めてゆく過程と結びついている．たとえば，90年代のベルギーにおける鉄骨造の建物と関連があるし，また，1900年頃のフランスの鉄筋コンクリート架構とも関連がある．

58

建築は，その世紀の新しい構築課題に直面して，その混乱と優柔不断から徐々に脱却していった．まず"中立的な"産業用建物と人間の住居との間の中間的立場にある建物，つまり，感情的なものが加わってくることからまぬがれられないような建物のうちに，建築の進むべき道をはっきりと見出したのである．こうして，建築と裸の構造体との間の間隙は，1880年代のシカゴの事務所建築において，壮大にまず最初の橋渡しが行なわれた．シカゴ派の建築は，この時代の一つの主眼である構造的な諸発見を使用したいという欲求を，おどろくほど明確に示している．

フランク・ロイド・ライト

フランク・ロイド・ライトのような非凡な人間が，90年代に出現するのを可能にしたのは，シカゴの当時の環境であった．ライトは，シカゴ滞在中に，住の問題に関する一つの解決に到達したが，この解決は，第1次大戦後の世代の手に，ヨーロッパにおける，よりいっそうの発展のための基礎を提供することとなった．ヨーロッパの人たちは，その問題をライトが止めたところで再び取上げたのであった．

絵画や建築における新しい空間概念

1910年まで，建築家たちは，新しい空間感情——建築固有の創造にとって最も強烈な衝動であり，その根底をなすものといえる，空間に対する新しい知覚——に到達しようとして，多くの努力を積み重ねていた．しかし，彼らは決して完全には切り抜けることができなかった．ただ，"目的への適合（合目的性）"とか，"歴史的様式の排除"とかいう狭い門が，こういう努力に対して開かれたにすぎなかった．

1910年頃，決定的な重大事件が起こった．すなわち芸術における新しい空間概念の発見である．画家や彫刻家たちは，そのアトリエで，あたかも研究所でするような作業を行ないながら，感情に対して，スペースやヴォリュームやマテリアルが，どのような形で存在しているかということについて探究していた．

数理物理学者たちの思索は，実在するものや実際の出来事から著しくかけ離れているように思われたにもかかわらず，彼らは，人間環境の中に深遠な変化をもたらした．同じように，立体派の画家たちの実験は，実際的などんなことにも——建築に対して

さえ——重大な意味をもっているようには思われなかった．ところが，現実にこの仕事は，建築家たちに，その特殊な領域で実在を思い通りにするのに必要な指針を与えたのである．これらの発見は，現代の感情に形を与えてきたような方法で，空間を組織するための客観的な手段を建築に提供したのである．

われわれの関心は，ここでは，時代が時代自身を自覚するに至るその過程が，どのように建築に反映しているかということに限定されている．われわれとしては建築がわれわれの時代から生まれてきた表現手段をはっきりと修得するに至った時期までの発展についてたどることにする．この時点は1930年以前に到達されたが，われわれはさらにその後に続く発展についても観察しようと思う．

19世紀の都市計画
に お け る 諸段階

都市計画の分野としては，ここで取り上げた一つの時代に，最も著しい進歩をとげた個所だけを考えることにする．ロンドンの各広場（1800〜1850年）は，後期バロック式都市形態の19世紀への継続を例証するものである．19世紀都市計画の著明な事実である通廊街（rue corridor）は，オースマン（Haussmann）のパリ改造計画（1850〜1870年）において最初の大規模な発展を示すようになる．今日の都市に至るまでの発展は，1900年から現在まで続いているアムステルダムの着実な発展に要約される．

都市計画における現代の諸傾向

都市計画においては，現在なお進行中の発展を無視することはできない．建築の分野として常に最後にその成熟に達する都市計画は，まったく最近になってから——ほぼ1925年以降になって——ようやく，新しい諸概念に到達し始めた．今までの断片的で散逸したままになっている業績をとりまとめることによって，現在なお進行中の諸傾向について，ある程度の洞察を加えてみようと思う．

出来事や表象の選択

建築史を非常に広範な方法で，それに関係のある多種多様な動きや多くの事実を取入れて扱うことも可能かもしれない．しかし，われわれの時代の自覚の程度やその特質を決定しようとする場合には，むしろ，建築史における決定的な段階の横断面を注意深く調べる方が，より助けとなるものである．視野をクローズ・アップして，より洞察的に，数少ない出来事を扱う方が望ましい．少数の事実を十分によく観察すること

によって，孤立した事実自体の重要さよりも，もっと重要なことについての理解を深めることができる．すなわち，われわれの時代になって，ともかく成熟の段階に到達した，建築の内部構造についての理解に導いてくれることだろう．

われわれはさらに時代精神の結晶した幾人かの個々の芸術家についても，周到に調べてみようと思う．それぞれ，彼らの作品のうち，その時代を理解する上に最も効果的な作品だけを取上げて調べることにする．

19世紀の生活がどのように発展してきたかということについては，この時代の偉大な公けの有名な事項からよりも，忘却され不首尾に終った事象からの方が，時にいっそうよく学びとることができる．不朽の解決を目指した壮大な建造物よりも，単なる実用的な構築物の方が，その時代の本質的な精神を明らかにしてくれる．無名の工業製品や，見栄を張らない日用品の方が，贅沢で非常に金のかかった室内装飾品よりも，しばしばより創造的な力を示している．

日用品の歴史の重要性

ピカソは，かつてつぎのように書いている．「芸術家というものは，情緒の容器である．しかもその情緒が，天から生じたものか，大地から生まれたものか，あるいは紙屑から出て来たものか，行きずりの顔からか，それとも蜘蛛の巣から飛び出してきたものかどうかにはかかわらない．芸術家が，事物の間の区別をつけてはならないという理由は，まさにこのことのためである．"貴族的なもの"などというものは事物には存在しないのだ．」歴史家も，その資料については，まったく同じ態度をとらなければならない．歴史家は生活についての真実を知ろうとしているのであり，それを見つけたら，ただちに手中に収めなければならない．ある時代の，芸術的に最も高度に実現されたものだけを研究することは，歴史家には役に立たないであろう．歴史家は，しばしばその時代のありのままの工業製品である日常の器物や道具類から，その時代の生活に形を与えているいろいろな力について，いっそうよく学びとることができるのである．

こういった考察から，私はその後，機械化の両面性を伴った影響について調査研究を行なうことになったが，それは『機械化は指揮する』(Mechanization Takes Command, オックスフォード大学刊，1948年)に展開されている．

61

Ⅱ　われわれの建築的遺産

われわれの建築的遺産に
関する知識が必要な理由

どのような時代の生活でも，それがよって来たる過去との関係や，進むべき将来への
道程について，はっきりした認識がなければ，その日暮らしの，あてどない生活をた
どらざるを得ないであろう．われわれの時代は，このような近視眼的で放任的な態度
と，その結果招来された計画の完全な欠如とによって深刻に悩まされてきた．

しかし，一方，現在の科学や芸術や工業の中に，こういう近視眼的な見解に対する革
命が進行しているということも明白である．人間活動の全領域にわたって，もっと広
範な展望をもたなければならないという要求が増大してきている．

歴史学が重大な役割を担っているというのは，このような関連においてのことであ
る．歴史学は，われわれの時代そのものの忘れられた諸要素を明らかにすることがで
きるが，それはあたかも，われわれの両親が，私たちの記憶には残っていないけれど
も，その性質を決定し続けてゆく幼年時代の特徴や先祖の特性を，私たちに再発見さ
せることができるようなものである．過去との関係をつけるということは，新しい自
信に満ちた伝統が出現するための，一つの必要条件である．

新しい空間概念としての遠近法

近代精神の工場とし
てのフィレンツェ

ヤーコプ・ブルクハルトは，その著『イタリア・ルネサンスの文化』の中で，「最も高
揚した政治思想と最も変化に富んだ人間的発展の諸形式とが，フィレンツェの歴史の
うちにあわせ見出されるが，こういう意味において，フィレンツェの歴史は，世界最
初の近代国家と呼ばれるにふさわしい．……かのおどろくべきフィレンツェ精神，そ
れは，同時に鋭い批判精神と芸術的な創造力とに恵まれて，その社会的・政治的条件
を絶えず改造し続け，その変化を記述し批判し続けてきた」と主張している．しかし，
イタリア・ルネサンスの第15世紀（クワトロチェント）の初め，つまり，1400年頃の

フィレンツェは，単に政治的社会的な実験の発祥地として重要であるばかりでなく，ルネサンスの"新精神"が力強く貫いていた場所としても重要なところであった．フィレンツェを「独特な都市——イタリアの近代精神，さらに進んで近代ヨーロッパ精神の最も重要な工場」たらしめたのは，この独特なフィレンツェ気質であった．

フィレンツェに醸成されつつあったルネサンスの激動が，種々さまざまな形式のうちに発酵してその姿を現わしてきたのである．ルネサンスの激動に起因する新しい発展のうちの一つ，すなわち新しい空間概念だけを取上げてみることにしよう．この概念は，15世紀の初頭フィレンツェで，パースペクティヴ（遠近図法）の発見によって芸術上の言葉に翻訳された．その後に続く5世紀間にわたって，パースペクティヴは，美術史における構成的要素の一つであり，すべての芸術的表現が従わなければならない絶対的な典範であった．

一元的パースペクティヴ
と近代個人主義の成長

一元的な"パースペクティヴ"——語原的には"明白に見ること"という意味をもっている——にあっては，対象は見つめられる視線に従って，一つの平面の上に描かれるのであって，その対象の絶対的な形態や釣合関係は問題にされない．すべての絵画やデザインは，ある測点，もしくは視点に対してのみ，それが妥当であるかどうかが測られるのである．それまでの中世期の空間概念，すなわち中世期の芸術的表現であった浮動性のある平板的な配列法を激しく打ち破って，パースペクティヴの原理が，15世紀頃までに，一つの完全な革命として登場してきたのである．

パースペクティヴの創案によって，個人主義の近代的概念が，それに符合する芸術的相対物を見つけ出したのである．パースペクティヴ的表現では，すべての要素は，各個の観察者独自の視点に関係している．

この原理は，まったく新しい創案として登場してきたものであって，時代の根底的な感情とこれほどうまく調和したものは希である．それが初めて案出された時以来，その適用にはいかなるためらいも見られなかった．それはただちに，完全な信頼と確信をもって用いられた．芸術家や科学者たちは，興奮と誇りに満たされながら，その奥義をみがき上げていった．パースペクティヴに対する彼らの感情は，当時の画家パオ

65

ロ・ウッチェルロ（Paolo Uccello）の熱狂的な嘆声のうちに表現されている「パースペクティヴとは，なんとうまいものか！」．

> パースペクティヴは，
> 個人の発見ではない

パースペクティヴは，いかなる個人の発見でもなかった．それは，その時代全体の表現であった．後にキュービズムを論ずる場合にも，同じ事情に出会うだろう．そこでもまた，一個人の創案者というより，むしろ，われわれの時代の中に発展した新しい空間概念に応じて引き起こされた全体運動を見出すであろう．どちらの場合にも，重要なことは，そこに芸術と科学との結合が見られるということであり，しかもパースペクティヴの発展の場合には，この両者がより緊密に作用し合っているということである．実際，15世紀初頭に見出されるほど，芸術と科学——思考と感情——とが，このように完全に結びついている例は希にしか見当らない．この時代には，このような芸術界と科学界における方法の重要な一致が見られたというだけでなく，同一人のうちに芸術家と科学者とが完全に融合していたのである．

> ルネサンスにおける思考と
> 感情の統一：ブルネレスキ

パースペクティヴの偉大な創始者の一人であるブルネレスキ（Brunelleschi, 1377～1446年）は，まさにこういう人物の一人であった．彼は，その経歴を，最初，飾り職として始め，つぎに古代言語の学生を経て，偉大な建築家，彫刻家，技術家となり，また同時に数学者ともなった．こういう極端な多芸は，初期の時代にのみ可能なのだ，などと結論する権利はわれわれにはない．各専門家が，それぞれ独立して支配権をふるっていないような時代で，しかも，各人が統一された生活概念のうちに包含されているような時代には，確かにありうることだといえよう．実際，ルネサンスの業績が，あれほど高度に成就された秘密の一つは，それが，限界をもった各専門家の手に分割されないで行なわれたということにある．こうして，ブルネレスキは，フィレンツェで寺院のドームを建設する仕事を引受けた際には，果敢な建築家であると同時に大胆な構造家として，ことを進めることができたのである．彼は，初期の東洋の建造物に見られるような，2重の殻からなる半球形屋根を設計した．この屋根は足場なしに，約90フィートの高さまで空中に軽々と建て上げられた．このドームの技術的工事の大胆さは，かのフランスの技術家エッフェルが，空間の中に真直ぐに建て上げた塔に比肩されるものである．

66

この一事をわれわれ自身の時代と比較してみれば，一個人の中に，最も大胆な技術的な仕事と，最も美しい彫刻とを同時になしとげるのに必要な能力を兼ね備えているということが，一体なにを意味しているかがわかるであろう．しかも，こういう才能の結合は，ほとんどすべてのルネサンスの偉大な芸術家たちの中に見出すことができる．レオナルド・ダ・ヴィンチ（Leonardo da Vinci）は一つの例外ではなく，一つの型を代表しているのである．科学者と創造的な芸術家とが，同一人格のうちに結合されているというこの伝統は，17世紀，18世紀を通じて存続していた．

ルネサンス感情の表出に
おいて先頭に立った絵画

ルネサンスにおける長足の進歩は，1420年から1430年までの10年間になされた．

画家のマサッチオ（Masaccio）は，ルネサンスの巨匠のうちでは，当時最年少で，最も進歩的であった．新世紀の初め（1401年）に生まれた彼は，ルネサンス精神の真の具現者であった．27才で夭折したが，もし彼が若死しなかったとしたら，この時代の絵画の歴史は，もっと違ったものになっていたにちがいない．建築家のブルネレスキは，マサッチオより25才年上だったので，14世紀のゴシック精神を多分に身につけていた．彫刻家のドナテルロ（Donatello）は，マサッチオよりは18才年上で，彼もまた，ゴシックの感じ方から一度脱却しなければならなかったが，彼はその素晴らしい写実的な才能によって，それに成功していた．この3人のうちで，一番先に，その時代の新しいヴィジョンを身につけたのが，画家であったという事実は，決してこの場合だけのことではない．後に，近代絵画が，まったく同じように近代建築に先鞭をつけたということがわかるであろう．

マ サ ッ チ オ の
"聖三位一体の壁画"

フィレンツェのサンタ・マリア・ノヴェルラ寺院（Santa Maria Novella）にあるマサッチオの「聖三位一体の壁画」（図8）は，彼が25才の頃に描き上げたものであった．第15世紀の20年代に描かれたが，19世紀後半に再発見され，現在，ひどく破損したままで保存されている．この聖三位一体のフレスコ画は，その中に教会の創設者たちの写実的な肖像が描かれているということで，古くから有名であった．これは，その後ずっと続いているこの形式の絵画の最初の例である．しかし，この絵画は，全体の

8. マサッチオ　　聖三位一体のフレスコ画,サンタ・マリア・ノヴェルラ寺院,フィレンツェ,1425年頃.このマサッチオの縦方向のバレル・ヴォールトは,空間深く後退させることによって,パースペクティヴのねらいを充足させたうえ,さらにルネサンスの建築家の主要な関心事であったヴォールト架構問題に先鞭をつけることになった.

構図が荘重なバレル・ヴォールト（半円筒形天井）で囲まれているという点で，われわれにとっては，より重要な意味がある．パースペクティヴが割り出される起点（消点）が，非常に低いところにとられているので，ヴォールトは，その壮大さをあますところなく現わしている．ルネサンス的な建築内部がまだ一つとして完成されていなかった頃に描かれたこのフレスコ画は，遠近図法の発展の中に潜んでいたルネサンスの感情を，建築的表現方法で巧みに表出し得たと思われる最初の例である．それは，当時絶対的な制約を受けていた構築技術的環境に結びついて新しく発見された諸要素を驚くほど巧みに取入れている．その印象的な荘厳さは否定できない．大胆な遠近法的空間の取扱いで有名な，かのヴァザーリ（Vasari）でさえ，この描かれたヴォールトが平坦な壁面を貫いているような手法を賞嘆している．

マサッチオがブルネレスキから遠近図法を教えられたのだということも，あるいは，ありうることかもしれない．ブルネレスキ自身が，この聖三位一体のフレスコ画の中の，遠近法による建築の部分を仕上げたのだとさえ取沙汰されてきた．15世紀のイタリアでは，画家や彫刻家が彼らの仕事のうちのこういう部分のために，適当な専門家を雇うというようなこともありがちなことであった．しかし，マサッチオのバレル・ヴォールトは，その絵画全体の構図にとって付随的なものではない．それは単なる背景ではない．それどころか，それはその絵画全体を支配してしまっている．この絵画が描かれた頃には，ブルネレスキは，インノチェンティの柱廊玄関（ポルティコ）の部分や，サン・ロレンツォ寺院の聖器所をつくるのに忙殺されていた．ブルネレスキは，その後期の作品においてさえ，ヴォールトをこのような仕方で用いたことはなかった．彼は常に，中世的な手段にある程度の愛着をもっていた．重厚な格天井のヴォールトを入れたこの聖三位一体フレスコ画は，凱旋門のような威厳をそなえている．ブルネレスキのすべての作品に見出される陽気な表現，それは初期ルネサンス的趣好によって愛されたものだが，こういう陽気な表現はここには見られない．この絵画のヴォールトに見出されるのは，もっと後期の時代のローマ的な荘重さである．

聖三位一体フレスコ画からサン・ピエト
ロ寺院に至るまでのバレル・ヴォールト

マサッチオが描いた縦方向のヴォールトは，盛期ルネサンスとバロック時代の建築家たちが当面していたヴォールト架構問題に対するすぐれた解答を示している．こ

9. レオン・バッティスタ・アルベルティ　サン・アンドレア寺院，マントゥーア，1472〜1514年．聖三位一体のフレスコ画が描かれてから約150年後のもので，縦方向のバレル・ヴォールトが，この寺院の内部に使用されている．奥に引込むバレル・ヴォールトを，外部にも使用したいという欲求によって，まったく思いがけないような個所に使用されている．

の縦方向のヴォールトは，マサッチオの死後約45年を経た，1472年にマントゥーア (Mantua) に建てられたサン・アンドレア寺院 (San Andrea)（図9）の中に，初めて具体的な形をとって現われている．簡素なヴォールトをもったこの寺院は，マサッチオの絵画の中に前もって示された理想形を，建築的に実現したものである．

サン・アンドレア寺院の設計は，やはりマサッチオと同時代人の一人で，ちょうど15世紀が始まった頃に生まれたフィレンツェの人文主義者の建築家レオン・バッティスタ・アルベルティ (Leon Battista Alberti, 1404〜1472年) によって成就されたということも，同様に意味深いことといえよう．その外部にさえ，奥へ引込んでゆくようなこのバレル・ヴォールトを用いたいという欲求のために，全く予期しない個所にそれを用いるような結果になっている．

ブラマンテ (Bramante) のミラノ大寺における"幻想的な"聖歌隊席——それは規模は小さいが，大きな影響を及ぼした——は，マサッチオの壁画からローマのサン・ピ

10. ブラマンテ　サンタ・マリア・プレッソ・サン・サティロ寺院における幻想的な聖歌隊席.ミラノ,1479～1514年.

エトロ寺院（San Pietro）へと導かれる階梯の一つである．連続的な発展の一つの流れが，聖三位一体のフレスコ画とブラマンテの聖歌隊席およびサン・ピエトロ寺院のすぐれたバロック時代の身廊との間を結んでおり，サン・ピエトロの身廊がその最頂点を構成している．

サンタ・マリア・プレッソ・サン・サティロ寺院（Santa Maria presso San Satiro, 1479～1514年）におけるブラマンテの幻想的な聖歌隊席（図10）は，実のところ小さなニッチ（壁のくぼみ）にすぎないが，空間について芸術家として処理しうる限りでの最大の深みの効果をつくりだすために，実際の建造に加えて，その半ばは筆で描かれたものであった．これは，われわれにとっては，マサッチオの壁画からサン・ピエトロ寺院に続く階梯の一つとして重要な意味をもっている．

カルロ・マデルノ（Carlo Maderno）は，サン・ピエトロ寺院（図11）の中央身廊を，その側らの付属礼拝堂や建物正面と共に，1607年から1617年の10年間に仕上げた．新

11. カルロ・マデルノ　　サン・ピエトロ寺院の身廊，ローマ，1607〜1617年．ルネサンスのヴォールト架構問題の最も荘厳な解決．この解決に導いたより初期の段階のものが，サン・ジェス寺院(San Gesu)やその他多くのローマの教会堂に見られる．

しい法王の指図に従って，ミケランジェロ（Michelangelo）の平面を変更して，ギリシア十字形からラテン十字形に変えた．この変更は，会衆のための部屋をもっと多くとるためと，初期キリスト教時代の会堂（バジリカ）の敷地全体をおおうために，またいくらかの付加的な空間をとるためになされたのだといわれている．

もっとも，ミケランジェロが建てた中央ドームの柱の高さからみれば，この企画の規模はすでに彼によって考えつかれていたものであった．ミケランジェロは，この寺院に表現されるすべての芸術的エネルギーを，1個所に集中することを考えていたのである．ミケランジェロのクーポラ（半球形天井）には，その芸術的エネルギーのすべてが，爆発的に集められていた．後の時代になってマデルノと法王が，この構想を，長く続いた広い空間を求めていた後期バロックの欲求に従って，縦方向に拡大したのである．サン・ピエトロ寺院に入る際に，観者が受ける印象は，この新しい身廊の超

人間的な大きさによって引き起こされるものである.

その150フィートを越える高さは，アメリカの初期の摩天楼と同じ高さである．その幅は比較的小さいが，マデルノは，それを見る人に，この小ささを意識させないようにするにはどうすればよいかということを心得ていた．この取扱い方の中に，バロック時代の成熟した手法や空間統御が現われている．すなわち両側の礼拝堂は，ほとんど目につかないほどであるが，身廊の実際の尺度を広げ，それに新しい力を賦与している．

マサッチオの聖三位一体の壁面は，単純で壮大な要素によって表現することのできる威厳と強大さの発見を物語っている．カルロ・マデルノのサン・ピエトロ寺院における身廊はその規模においても，その複雑さにおいても，マサッチオの描いたヴォールトとは同じものではないが，しかし，いずれにしろこの規模も複雑さも，15世紀の巨匠マサッチオの視覚のうちにすでに潜んでいた可能性を総括したものにすぎない．

カルロ・マデルノに直接続く世代の人たちは，この発展をさらにいっそう特殊な結論にもっていった．しかし，これらのことを取上げる前に，それ以前にすでに建てられていた二，三の建築作品，初期ルネサンス精神が最もよく示されているような建築作品にもどることにしよう．

初期ルネサンス建築
における新しい感情

ルネサンス精神が表出されている最初の建物は，フィレンツェのスペダーレ・デリ・インノチェンティ（Spedale degli Innocenti）前面のブルネレスキの開廊（ロジア）である．このスペダーレ・デリ・インノチェンティ，すなわち孤児養育院は，ブルネレスキが飾り職としてその一員でもあった絹織業組合の求めに応じて建てられたものであった．1419年から1424年の間に，彼はこの建物の中央に9個のアーチを築造した．

スペダーレ・デリ・
インノチェンティ

この最初のルネサンスの建物は，実際的な公共社会奉仕のために企画されたものなので，当時の国の官庁建築のように，その外観に威厳を添えたり，感銘を強く印象づけ

るといったしきたり通りに建てる必要がなかった．当時の官庁建築は，前時代の趣好を反映しているものが多かった．フィレンツェの諸官邸は，15世紀の中期までゴシックの閉鎖的な城砦に類似していたのだが，この養育院の建物において，ブルネレスキは，城砦のような閉ざされた建物のブロックを，開放する機会をつかんだのである．彼は，これを，その優美で軽快な円形アーチのポーチによってなしとげた．

インノチェンティの上部の壁は，荒石積ではなくて，窓を少な目に配した平坦面になっている．壁の全面を水平に二分している飾り長押（エンタブレーチャ）によって，ルネサンスの趣好がその外観に現われている．

しかし，この養育院の主要な特徴は，ポルティコ（柱廊玄関）であって，そのヴォールトの取扱い方によって，大変興味深い形になっている．対角線をなして交差するゴシックの交差肋梁（クロス・リブ）はなくなって，風をはらんだ帆のような軽快な弓形のヴォールトがそれに取って代っている．つなぎのアーチが各ヴォールトとつぎのヴォールトとの間に境界をはっきりと印づけるために用いられており，これによってデザインのあらゆる部分にそれぞれ完全な独立性を与えたいというルネサンスの欲求が強く現われている．

ビザンチン建築との関係

ブルネレスキの養育院と古典建築との間には直接的な連絡はない．ブルネレスキの建築様式の主要な特色は，彼がフィレンツェで毎日眺めていた建物——洗礼所（Baptistery）や，サン・ミニアート寺院（San Miniato）や，フィエゾーレ（Fiesole）の僧院（Badia）などの建物——に密接に結びついているということが，今までにしばしば指摘されてきた．これらの建物は，すべて8世紀から12世紀にかけて中世建築の伝統のうちにつくられたものである．ブルネレスキが，その寺院や養育院において，すぐれた確かさで使用した弓形や半球形のヴォールトは——彼がいつも特に好んで用いたヴォールトのモティーフであったが——これまた古代には滅多に用いられたことのないものであった．しかし，それはビザンチン建築ではごく普通のもので，特に宗教的な構築物の開廊や入口広間に，よく用いられた．ブルネレスキの時代には，フィレンツェとビザンチンとの間には，比較的緊密な連絡があったのである．また，最近の研究によると，ヴォールト架構問題についての初期ルネサンスの他の諸例における取扱い方は，古典的古代よりも中世，もしくはビザンチン時代に負っているということが明

12. ブルネレスキ パッツィ家礼拝堂, フィレンツェ, 1430年建造開始. そのバレル・ヴォールトは, マサッチオの聖三位一体フレスコ画のように縦方向に引込ませられないで, 横におかれている. 壁画を大胆に, 一つの平坦な面として取扱っている.

らかにされている.

フィレンツェのパッツィ家礼拝堂

ブルネレスキのパッツィ家礼拝堂 (Pazzi Chapel)(図12)は, 内外ともにモニュメンタルな規模と性格をもったルネサンス最初の構築物である. この建物は, 養育院の建立時より数十年遅れて, すでに, マサッチオが死亡していた頃であるが, 1430年にその建築が開始された. 礼拝堂の建物は1442年に完成したが, その装飾は, 1469年までかかっている. ブルネレスキは養育院で用いた球形ヴォールトの代りに筒形ヴォールトを, マサッチオの聖三位一体のフレスコ画のように縦にへこませないで, 横に並べて使用した (横のバレル・ヴォールトはビザンチン建築やシリア建築に見出される). これらのヴォールトは, 中央の交差点上のドームと共に, マサッチオやルネサンスでも少し後の時代に求められた深く貫くような遠近法の感じよりも, むしろ平坦な印象をつくりだしている.

その内部:新しい空間概念を具象化することの難しさ

パッツィ家礼拝堂の内部は, すべての集中形式のルネサンス寺院の出発点を形づくっ

ている．その内部は，各区画部分の集合によって構成されているが，その幾何学的な形式は，すべてが対比的な色彩の石の枠組で明瞭に仕切られているので，容易にそれと見分けられるようになっている．それは，どんな新しい誕生にも伴う比類ない新鮮さをもっているが，その二つの小さなバレル・ヴォールトは，その慎重なおずおずした尺度構成からみると，まだ新しい視覚についての確信が得られていないということを示している．たとえば，マサッチオの聖三位一体フレスコ画と対照すると，ヴォールト架構問題の取扱い方に——新しく採用された形をも含めて，すべてに——すぐそれとわかる小心さがはっきりと現われている．このような例を見ると，人間精神が新しい空間概念をとり入れるということが，いかに困難なことであるかがわかる．ここでためらいを示しているブルネレスキこそ，ゴシックの熟知した伝統のうちで仕事をしている限り，最も大胆な企画に没頭し得た人とまさに同一人なのである．彼が完全な確信をもつに至ったのは，放射状の肋梁方式による巨大なドームをかけた，フィレンツェのサンタ・マリア・デル・フィオーレ寺院（Santa Maria del Fiore）に対する設計においてであった．

外壁の平坦な面

パッツィ家礼拝堂の外観については，その外壁を平坦な面として仕上げている大胆な手法にも，ここで言及しておく必要がある（現在見られる小屋根は，後代に付け加えられたものである）．繊細な仕切りのあるこの壁は，上部に支えるべき何ものをももっていない．それはあたかも，一枚のスクリーンのようなものである．このような壁体の解放は，その全将来にとって重要な意義をもっている．一つの面として純粋に取扱われた壁体は，その後，まもなく，建築的革新の重要な主題となるであろう．

遠近法と都市計画

都市成長の先行条件

人間の定住も，植物と同じように，ある種の成長条件を必要とする．しかし，人間のコミュニティの生活は植物の場合よりもはるかに複雑な条件に依存している．両者に共通するところは，そのどちらにも成長を促進させる時期と，成長を妨げる時期とが

あるということである．

都市は単一の有機的組織体のうちに溶け込むようになった多様な社会的相互関係の表現である．

その成長に影響する条件には非常に違った性質のものがありうる．都市は，専制君主が人々に単一の設計で一様に建設させるだけの力をもっていた独裁制の時代にも出現してきたし，確固たる公共的活動力に満たされた時代にも興隆してきた．

専制君主は迅速かつ無情な行為を取りうるという便宜をもっているが，その君主の意志は，人間的な協同を鼓舞するようなもろもろの計りしれない法律を無視することになるので，独裁制の下に建設された都市は，有機的な多様性の特質を獲得することができない．

市民の統合された努力によって発展させられた都市では，あらゆるものに——その細部の隅々に至るまで——素晴らしい力が行きわたっている．民主的な生活方式が紀元前5世紀にギリシアに初めて現われるまでは，都市の発展について，これほど愛情に満ちた配慮が払われたことはなかったし，民衆の集合する場所のために，これほどゆとりのある空間があてがわれたこともなかった．初期ギリシア時代の都市のアゴラ（agora）のように，人々の決意が表明され実行に移される場所が，これほど効果的に都市の物的かつ精神的な構造を支配したことはなかった．おそらく，このような点で，ギリシアの都市と比肩しうるような後世の都市としては，12世紀から14世紀にかけてヨーロッパの中央に建設された都市ぐらいのものであろう．世俗的な，あるいは宗教的な封建君主に対するこれらの都市の頑強な闘争は，近代的な民主政治の基礎を築き上げることになった．

ルネサンスの初頭に，イタリアの主要な都市共和国——ヴェネツィアやシエナ，なかんずくフィレンツェ——は，すでに民主政治のための闘争を経験していた．しかし，個我の高揚が中世期の古い団体精神に取って代り始め，17世紀の専制主義への道を開くことになった．個性の優越性が，これほどまでに鼓吹された時代は，新都市の建設にとってまだ知られていないものだったように思われる．

77

星 状 型 都 市

ルネサンス都市の都市計画の性質について，明確な結論に到達するのは容易なことではない．他のあらゆる分野で表明された素晴らしい創造的な衝動に比較すると，当時の都市計画は一見，絵画や彫刻では非常にはっきりしている想像力に満ちあふれた力強い主題の把握から，奇妙にも逸脱しているかのように思われる．

これは一体どのように説明したらよいのだろうか？

ゴシックの総合的な精神とは対照的に，多様な社会的屈曲を帯びた都市の複合的な組織体は，ルネサンスには関心のないものであった——つまり，絵画の全構図が単一焦点から，すなわち単一の動かない観察者の視点から計量されるという遠近図法の創案された時代には，そぐわないものであった．

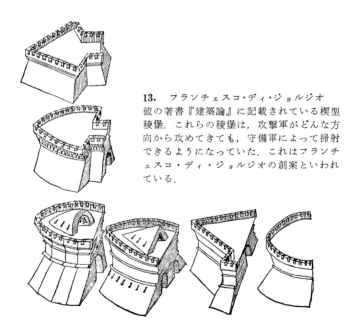

13. フランチェスコ・ディ・ジョルジオ 彼の著書『建築論』に記載されている楔型稜堡．これらの稜堡は，攻撃軍がどんな方向から攻めてきても，守備軍によって掃射できるようになっていた．これはフランチェスコ・ディ・ジョルジオの創案といわれている．

14. ヴィットーレ・カルパッチオ　龍を退治する聖ジョルジオ，1502年と1507年の間．ヴェネツィア派の絵によく見受けられるが，その構図の最も重要な要素は主題ではなくて，大きな空間的な広がりの表示である．背景の集中式寺院の方が前景の主役たちよりも主要な役割を果たしている．これほど宏大な構想と規模をもった広場はカルパッチオと同時代人によりまだ造り出されていなかった．

ルネサンスは約1世紀半にわたって，フィラレーテ (Filarete) からスカモッツィ (Scamozzi) に至る，すべてのユートピア的な計画案に印象づけられる一つの都市形態，つまり星状型都市によって魅惑されてしまっていた．対称形の多角形の城塞から，放射状道路が中心部へと引かれているというのが，その基本的な図形である．その中心部は，実現されたパルマノーヴァ (Palmanova, 1593年) のように，広場として残されているか，それとも，そこから放射する各道路を身近かに見渡せるような中央展望塔が設けられている．

火器の影響

これらの6稜，8稜，9稜ないし12稜の尖端をもった星型の鋭角的に切り込まれた形態は，明らかに火薬の導入によって決定的に影響されたものであった．中世期には，適当な間隔をおいて狭間胸壁（バットルメント）の上に塔を突出させた防御壁を厳重

に巡らせておくだけで十分であった．しかし，この頃になると外周の防御は，攻撃軍に対して側面射撃ができるように，規則的に凹凸をつけた一連の稜堡（図13）に変えられている．

集中化された建
築と星状型都市

当時の理想都市（città ideale）の多角形と星状型はルネサンスの築城形式から由来したものだが，これだけが決定的な影響を与えているわけではない．星状型都市の背後には，建造物を集中的に組織するというルネサンス期独特の考え方が潜んでいる．ブラマンテは終生こういう考え方に支配されていたし，レオナルド・ダ・ヴィンチにとっては，ドームの建物とそこから放射状に配置された礼拝堂とを結び付けることが，他のいかなることにもまして興味を引く建築上の問題であったといわれている．星状型都市の中央にある中心の建築物は同じ役割，つまり焦点に立っている象徴的な観察者の役割を果たしている．こういう中心的建築は，この時代の絵画の中に絶えず繰返し描かれている．ここでは，ただブレーラ（Brera）美術館にあるラファエロ（Raffaello）の初期の有名な作品「スポザリツィオ」（Sposalizio，聖母マリアの結婚，1504年）について語りさえすればよいであろう．その絵の中には，多角形の寺院が額縁の上端までまっすぐにそびえ立って，その構図全体を支配しており，その寺院周囲の低い階段から，黒大理石の広い舗石が四方へずっと遠くまで放射状に描かれている．ヴィットーレ・カルパッチオ（Vittore Carpaccio）の絵（図14）も，それ以外の数多くの諸例のうちの一つとして挙げられよう．

中 世 的 起 源

ルネサンスの星状型の理想都市は，都市の核を形づくる城や寺院あるいは主要な広場が1本ないし4本の不規則な帯状のもの[1]で取囲まれた中世の都市形態[2]を合理化したものである．イタリアのバーニョカーヴァロ（Bagnocavallo）の樹木の年輪のようなプラン（図15）は，同じような状態の町が中世期に発展させられた場合の有機的な手

---

[1]　種々の例が，L. Piccinato の *Urbanistica dall' Antichita ad Oggi*(Firenze, 1943) 中の "Urbanistica Medioevale" の項，および G. Giovannoni の *Saggi sulla Architettura del Rinascimento*(Milano, 1935) の第2版の p.298以降に記載されれいる．

[2]　この種の都市形態の他の初期の例に関する資料は L. Piccinato, "Origini dello Schemo Urbano Circolare nel Medioevo," *Palladio*, vol. V. no. 3 (Roma,1941)，および *Urbanistica*, XⅦ(Roma, 1947) p.124〜136の中に見出される．

法を示している．その相違は，中世期が種々の変った方法で有機的になしとげてきた
ものを，ルネサンスは最初から，一つの固定した形式的な型に閉じ込めようとした点
にある．中世都市は，伸び広がった道路の帯に特徴があり，ルネサンス都市は中心部
から直接放射している街路で特徴づけられている．

フィラレーテ（1400～1469年）
星状型都市は1400年代（クワトロチェント）の創造である．それは最初，15世紀中葉
直後に，フィレンツェのフィラレーテ（アントニオ・ディ・ピエトロ・アヴェルリノ，
Antonio di Pietro Averlino）によってつくりだされた．さらにフィラレーテに続いて
20年後にシエナ派の建築家，彫刻家，画家のフランチェスコ・ディ・ジョルジオ・マ
ルティーニ（Francesco di Giorgio Martini）が追随することになった．

かの偉大な情熱家レオン・バッティスタ・アルベルティは，すでに1450年頃に書かれ
た彼の10巻からなる『建築論』（De Re Aedificatoria）の中に"理想都市"建設の可能
性を論じていたが，フィラレーテに至って初めて，詳細に，しかも明確な計画がなし
とげられることになったのである．フィラレーテは1460年から1464年にかけて，彼の
『建築論』（Trattato d'Architettura）[3] を執筆しているが，この期間中，彼は（ミラノの
傭兵隊長）フランチェスコ・スフォルツァ（Francesco Sforza）の下に勤務すると同時
に，一方ミラノの宏大なオスペダーレ・マッジョーレ（Ospedale Maggiore，今度の
第2次世界大戦でひどい損傷を蒙った）の建築に従事していた．この『建築論』はプ
ロパガンダのつもりだったので，トスカーナの建築家（アントーニオ・フィラレーテ）
とルネサンスの一太公（フランチェスコ・スフォルツァ）との間に取りかわされた対
話形式を採用していた．"スフォルツィンダ"（Sforzinda）と呼ばれる理想都市の建設
が，太公の宮殿や寺院から，商人や職人たちの居住地に至るまで，さらに牢獄をも忘
れないで，きわめて詳細に記述提案されていた．スフォルツィンダのプランは正8稜
星になっていて，「外壁は16辺形をなし，その高さは奥行の4倍になるようにする．
街路を各城門から町の中心に導き，その中心には，幅の2倍の長さをもった中心広場

---

[3] この書は，W. von Oettingen によって1890年にウィーンで出版された *Quellen-schriften für Kunstgeschichte und Kunsttechnik* という書物の中で "Antonio Averlino Filarete's Tractat über die Baukunst" という表題の下に初めて公刊された．この他，M. Lazzaroni と A. Muñoz によって編纂された *Filarete, Scultore e Architetto del Secolo XV* (Roma, 1908) という表題の書物の中に公刊された図解版もある．さらにPeter Tigler, *Die Architekturtheorie des Filarete*(Berlin, 1963) を見よ．

15. バーニョカーヴァロ　ローマ時代に起源を有する中世都市．その街路は樹木の年輪のように成長していて，ルネサンスの理想都市に見られるような放射型になっていない．これらの道路が不規則なのは，土地の自然の地形に由来するものである．

16. フィラレーテ　星状型都市「スフォルツィンダ」の配置，1460～1464年頃．この都市のための幾何学的な計画図が"インダ河(Inda)の貫流する丘陵地帯の（気温温和なイタリアの）渓谷"に設置されている．フィラレーテの2番目の著書による．

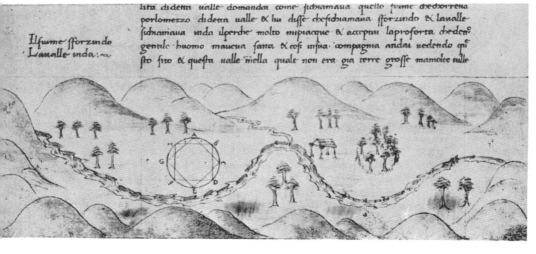

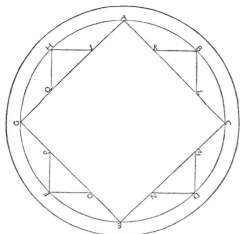 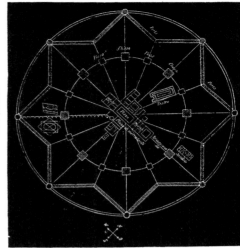

Come io detto lo amostrivo questo pienamente iliquale o riquadrato in quadri piccoli multiplicaresi intendere grandi & piccoli arto scorro muro dimittendo di questa misura cioe di quatro stadii pocicbbeſi quadro do fare che almodo nostro mezzo miglio piquadro Sicbe vedendo questo riquadro ſa pere quanto meno nessere grande per lacuno o uno dure miglio o uno due stadii ouuo due braccia tu sai quantu stadii o uno miglio ó ſu quante braccia o lostadio molapuda & saperai quanto ella circonda o quanto ella peroqui uerso co cosi allagione diqueste misure masso

17. フィラレーテ　8稜の星状型都市「スフォルツィンダのプラン．この都市の基本形は，円内に対角線状に重ねられた2つの正方形から発展して，8稜の星型を形づくっている．これは一見して，ヴィトゥルヴィウス（Vitruvius, ルネサンスの理念に大きな役割を果たしたローマ時代の建築家）によって描かれた有名な，円内の正方形に内接する人間像を思い起こさせる．

18. フィラレーテ　「スフォルツィンダ」，放射状道路をもった星状型都市．16本の主要道路が中央の広場から市の8つの門と8つの隅角部の塔へ放射状に引かれている．各道路はそれぞれその途中にある広場と交わっていて，そのうちの8個の広場には，中心に教会が設けられている．

を置きたいと思う．さらに私はその中央に周囲の全地域を眺め渡せるだけの高さをもった塔を築きたい」（図16～18）．

フランチェスコ・ディ・ジョルジオ・マルティーニ（1439～1502年）

理想都市の着想は，おそらく，フィラレーテがレオン・バッティスタ・アルベルティから受けとったものに違いないが，かの多芸多才の芸術家フランチェスコ・ディ・ジョルジオ・マルティーニ（1439～1502年）の手によって初めて整った形態のものになった．彼の建築論に関する3番目の著書[4]では，星状型都市を発展させることに夢中

---

[4] *Trattato di Architettura Civile e Militare di Giorgio di Martini* は，1841年にトリノで初めて出版された．R. Papini の *Francesco di Giorgio, Architetto*, 全3巻（Firenze, 日付なし，1946年頃）をも参照せよ．その第Ⅱ巻には彼の仕事の全領域に関するすぐれた図版が挿入されている他，この *Trattato* の内容目録に対する索引が載せられている．

になっている．初めの頃の星型プランは，その各外角部分に突出した稜堡を備えた星
状型の正多角形に変っている．フランチェスコ・ディ・ジョルジオはシエナ生まれの人
間なので，生まれた時から，けわしい丘の上に建設された町に親しんでいたが，その
ような地勢のところには，頂上までらせん状に登りつめる道路をつけた僧侶頭巾のよ
うな格好の別のプランを示唆していた．3番目の，しかも最も重要なプラン形式——
この型は，彼の後継者のほとんどに採用されたもので，1666年のロンドン大火後にイ
ーヴリン（Evelyn）の手になった再建計画にも影響を与えている——では，彼は多く
の大きな公共広場から出る厳密に規則的な街路形式を別の多角形態にあてはめてい
る．フランチェスコ・ディ・ジョルジオは，広範な種々の条件に適応しうるような理
想都市のプランをつくるのに苦心していたが，その心中では，都市計画家はただその
プランの主要な輪郭を定めさえすればよいので，その後は必要とあれば，自ら調節す
るように，そのプランを生活そのものに委ねておけばよいということをはっきり承知
していたのである．

ヴィジェヴァーノの町のピアッツ
ァ・ドゥカーレ（1493〜1495年）

15世紀後期のイタリア専制君主が自由に振舞い得た時期は，君主たちが理想都市の建
設のような長期間の冒険的事業に熱中するにはあまりにも短く限られた期間であっ
た．フィラレーテの"スフォルツィンダ"を幾分でも反映している1500年以前の乏し
い実例の一つが，ミラノの南西20マイルの地点にある小さな町，中世の城の建ってい
るヴィジェヴァーノ（Vigevano）の町に見出される．ルドヴィコ・スフォルツァ
（Ludovico Sforza）いわゆる"イル・モロ"（il Moro）は，1452年に当地に生まれ
た．彼は，後にその宮廷にレオナルド・ダ・ヴィンチとブラマンテを招いた偉大な芸
術の保護者であった．ルドヴィコ・スフォルツァは，ミラノの太公になるに先立っ
て，中世期の塔状の要塞を当世風にしてルネサンス式の宮殿に——部分的にはブラマ
ンテの手によって——造り上げたり，フィラレーテによって主唱されていた1対2の
幅と長さの比例構成に近似した広い4辺形の広場を建設することによって，自分の生
誕の地を美化しようと心に決めていた．こうしてヴィジェヴァーノのドゥカーレ広場
（Piazza Ducale）は，できるだけ短い期間（1493〜1495年）に，いわば，一挙に建設
されることになったのである．

その全計画には確かにフィラレーテを思い起こさせるものがある．そこには「周囲の

19. ヴィジェヴァーノの町のピアッツァ・デル・ドゥオモ，1493〜1495年．迅速に完成された初期ルネサンス広場の希少な一例．13世紀に建造された新都市のように，アーケードで囲まれていて，その一辺は寺院のバロック時代のファサードで占められている．高い「ブラマンテの塔」が広場を取囲む低い建物を見渡している．この広場はルドヴィコ・イル・モロによって，地区住民の活動中心としてというよりも，むしろ彼の居城に至る入口として建造された．当時のルネサンスの理論では，広場を放射状道路の集中点と見なしていたにもかかわらず，この場合は閉ざされた中庭のように見えるのは興味深い．

20. ヴィジェヴァーノのピアッツァ・デル・ドゥオモへの主要出入口．この写真は，主要道路が広場へ入ってゆく際のアーチを示している．この広場は壁面の連続性を維持するために見せかけのファサードで囲まれていた．この眺望は寺院の方を見た入口の外側からのもので，前掲の写真ではこの入口アーチと見せかけのファサードが中央に見られる．

85

地域を見渡せるくらいに高い」塔と，君主の宮殿があり，さらにある種の放射状道路のきざしが見られる．しかし180フィートの塔と威圧的な宮殿（現在はバラックとして崩れ去っている）とはアーケードを巡らした広場から離れて立っている．この広場には，17世紀のファサードをもった中世の寺院が，その一辺に沿って建っているだけである．ルドヴィコは苛酷な法律[5]によって，この地域に建っていた建物を収用して廃棄してしまった．彼が，これほど急いでやらなければならなかったのも，まったく本能的な理由に基づくものであった．彼はその努力の成果をほとんど享受するいとまがなかったからである．数年足らずして，彼はフランシス1世に打負かされて，フランスに幽閉され，二度とこの地に帰ることができなかった．

ルドヴィコ・スフォルツァはこのピアッツァ・ドゥカーレを宮殿へ近づくための壮大な出入口回りの部分と考えていた．しかし，この広場はまったく孤立状態になっていて，その偉大な塔（いわゆるブラマンテの塔）が，広場の規則的なアーケードの壁の背後に，わずか2倍半の高さで，よそよそしくそびえ立っている．

公共広場つまり集会のための広場が巧みに造られる秘密の一つは，その建築的諸要素の単純さにあるようである．こういう単純さはストア（stoa）すなわち柱廊遊歩場で，アゴラに明確に現われているし，同様に，南フランスの13世紀の要塞都市の広場に見られるような中世都市の重々しいアーケードや，初期ルネサンスが始まろうとする頃の，このドゥカーレ広場の多少軽快なアーケードにもはっきり見受けられる．各壁面には，これらの明確に区分されたアーチの列の上に，上端の円くなった窓の開口がまばらに明けられている．一時，この全壁面は，けばけばしいロンバルディア風の壁面で埋められていたが，現在では，このかえって建築の良さを失わしめるような多彩のまがいものの色褪せた断片がかすかに残っているにすぎない．この広場は，現在，絶えず自転車やモーター・スクーターや旅行者たちの行き交う車の交通広場になってしまっているが，いまだにその落着いた人間的威厳を保持している．

ルネサンス期の
人間の多面的性格

ルネサンスの偉大な創造力について，人を納得させるような説明の一つは，ルネサンスの時代は一人の人間を単一分野だけの専門家に仕立てないで，全人的な人間として

---

5)　*L' Arte*, V（1902），p.249.

意識的に発展させたということである．このような普遍的な性格こそ，その時代の多面的な才能の豊かさや，当時の作品のうちに見出される燃え立つような生命の充溢感の秘密である．フランチェスコ・ディ・ジョルジオは確かにこういう部類の人間であった．彼は，その一生を通じてものした論文のうちで，自己の経験を広い観点から取扱ったほか，さらにギリシアの哲学者たちにも言及している．それも単にうわべだけの引用ではない．彼は全体的なものから個別的なものへと論及してゆくアリストテレス的な方法に意識的に従っていたからである．

フランチェスコ・ディ・ジョルジオは有名な要塞技師であった．彼はウルビノ公だけのためにも，ほとんど70に及ぶ堡塁を建設していた．彼の建築家としての多才は有名である．彼はその生涯の最後にはシエナ寺院の建築主任であった．当時の発展段階よりもさらに一歩先んじた彼の著書の中に記載されているいくつかの建設計画案のうちに，彼の経験の程度が反映されている．これらの計画案は，ヴァザーリの息子（Vasari l giovane）が1世紀後に理想都市の非実現案に示した60余の退屈な計画案や，同じ頃に，むしろ他の点で興味のある建築家バルトロメオ・アンマナティ（Bartolomeo Ammanati)[6]によってつくられた計画案などに比べると新鮮な対照が感じられる．

画家でもあったフランチェスコ・ディ・ジョルジオが想像力と実在とをいかに生き生きと融合させたかは，彼の描いた理想広場や街路のカッソーネ画（大きな木箱の上に描かれた絵画）のいくつかに示されている．これらの絵画はシエナ派の画家の精妙な手法を表現しているばかりでなく，新しい建築的な考え方をも内包している．現在，ボルティモアのウォルターズ・コレクション（Walters Collection）に所蔵されている「理想広場」の横長の絵（図29）があるが，それには相異なるレヴェルについてのきわめて興味深い取扱いが示されている．造型要素の驚くほど近代的な空間的配置に

---

6) ウフィツィ美術館所蔵のまだ大半が研究されていない豊富なコレクションには，バルトロメオ・アンマナティのいくつかの堅苦しい形式的な設計の他，"Città Ideale del Cavaliere Giorgio Vasari Inventato"も含まれている．アンマナティは，柱廊中庭形式を繰返し使用しているが，すくなくとも，これに対して種々の技術的改善を試みようとしているのがうかがわれる．しかし，これらの設計には，どれ1つとして，バロックの偉大な発展が身近かに迫っているような気配も見られないし，ちょうどその頃，ローマの大通りに華麗なパラッツォ・ルスポリ（Palazzo Ruspoli）を建造中だった人と同じ人間の手になった設計だと思わせるようなところはまったく見られない．

は，熟練した彫刻家の経験が現われている．なお，それほど重要なものではないが，ミケランジェロのすぐ前の時代の多くの著名な彫刻家に伍して，シエナ寺院の高い祭壇の上に精巧に造られた天使像も，フランチェスコ・ディ・ジョルジオの作品である．

受胎告知や聖母マリアの優美な像を描いていた，このシエナ派の画家も，ひとたびT型定規を取って都市の計画に取りかかるやいなや，厳格な合理主義者になった．彼は，町の中央に河が流れているような特殊な都市を取り上げる場合には，その河をまっすぐな水路にして，数学的に規則正しい間隔で架橋させている（図21）．ウィンザー宮のコレクションの中に，レオナルド・ダ・ヴィンチによって描かれたスケッチ風のフィレンツェのプランがあるが，ダ・ヴィンチはフィレンツェを格子型に改造して，アルノ河（Arno）を——フランチェスコ・ディ・ジョルジオの設計図のように——弓の弦のごとくまっすぐに直している（図22）．この2人の芸術家は，時期的に互いに接近していた．彼ら両名は，寺院のドーム建造に，専門家としての助言を求められて，1490年にミラノで顔を合わせている．レオナルド自身，フランチェスコ・ディ・ジョルジオと共通な面を多くもっていると思っていたし，彼を尊重していたということが知られている．

ルネサンスには，都市の全面的な改造計画はもくろまれなかったが，ある種の都市的建築要素[7]の発展には情熱的な関心が示されていた．

ルネサンスのポルティコの起源

ルネサンス期に建造された大半の広場はアーケードで取囲まれていた．オスティア（Ostia）に見られるように，それは，もともとローマ時代に起源を有するものだが，しばしば2層のアーケードの街路で永い間有名だったビザンチンから，ヴェネツィアを通って，イタリアへ再輸入されたということもありそうなことである．しかし，たとえ，歴史的に明確でないにしても，アーケードのついた広場は，主としてルネサンスに関係のあるものであった．ミケランジェロ自身フィレンツェのピアッツァ・デラ・シニョーリア（Piazza della Signoria）とサン・ピエトロ寺院前の広場にアーケードを設けることを提案している．

---

7)　*Enciclopedia Italiana* の第10巻の p.490には，理想都市（città ideale）について十分に選択された図版が載っている．

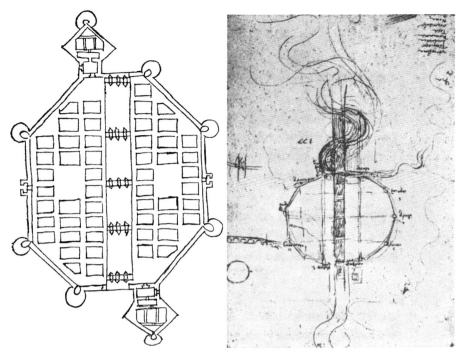

21. フランチェスコ・ディ・ジョルジオ　河によって横断された多角形都市，1490年頃．河を完全な直線水路にして，数学的に規則正しい間隔で架橋している．

22. レオナルド・ダ・ヴィンチ 「理想都市」に改造されたフィレンツェの都市．フィレンツェの町が碁盤目形式に改造されて，アルノ河は弓の弦のように真直ぐになっている．

ルネサンスの壮麗な広場は，完成されるのにしばしば何百年もかかっているし，そのうちでも最も立派な広場——ヴェネツィアのピアッツァ・ディ・サン・マルコ（Piazza di San Marco）はピアツェッタ（Piazzetta）と共に——約5世紀間にわたって未完成のままであった．

星状型都市の堅苦しさ

すでに指摘してきたように，理想都市は単に既存の中世都市の形式を組織立てたものにすぎない．そのどちらも防御上の要求に基づいている．イタリアでは，都市は選ばれた市会と共に，通常独立した都市国家を形づくっていたし，城壁で防御された都市は政治的独立の象徴であった．自治の原則はルネサンスの時代についえ去ってしまったの

89

で，星状型都市が単に要塞として役立つものでしかなかったことは明らかである[8]．
ヴェネツィアの北西約60マイルのところにあるパルマノーヴァの国境要塞は，バロッ
ク時代になるまで，規則正しい調和の代表的な範例として有名であった．それは9稜
の基本平面からなり，6本の放射状道路の会合点として6角形の中心広場をもってい
た．それは，ヴィンチェンツォ・スカモッツィ（Vincenzo Scamozzi）によって建造さ
れたが，彼は自分が一部手がけたピアッツァ・ディ・サン・マルコの南側のプロクラテ
ィエ（Procuratie）を設計した建築家であった．スカモッツィはルネサンスの理論家と
しては最後の人で，彼の著書『一般建築の理念』（Idea dell' Architettura Universale）
は，彼の死ぬ直前の1615年にヴェネツィアで出版された[9]．

フィラレーテの『建築論』からスカモッツィの『一般建築の理念』に至る150年間の
歳月も，なんら顕著な変化を生み出さなかった．それというのも，多角形都市は前進
的な発展をとげるには，あまりにも堅苦しい形式だったからである．

都市計画と空間概念

この時代の特殊な視角からみれば，星状型都市は完全に論理的な概念であった．ルネ
サンスの遠近法は厳密に制約された距離の範囲に基づいているし，計測可能な視覚上
の拘束点を要求しているからである．フランチェスコ・ディ・ジョルジオの理想広場
（図29）では，都市の門のアーチが眼に対する一種の究極の目標として一番奥の背景
の中に置かれている．この種の設計では，ミケランジェロの後期の作品，ローマのポ
ルタ・ピア（Porta Pia）以上に，すぐれた壮大な規模の表現をなしとげたものはなか
った．

他方，バロックの遠近法は無限の視野に基づいていた．したがって，後期バロックの
典型的な町並は，ヴェルサイユ（17世紀後半）やカールスルーエ（Karlsruhe，約100年

---

8) 後に，もっと北方の土地で，ヴォーバンが（ルイ14世の命を受けて）1681年に
（Saar川流域の）Saarlouis の要塞都市に対して星状型プランを採用したというこ
とは興味深い．

9) スカモッツィは，その2番目の自著のうちで，自分の考案した理想都市について
記述している．Julius von Schlosser, *Materialen zur Quellenkunde der Kunst-
geschichte*——詳しくは，その第Ⅱ章 "Frührenaissance"（Wien, 1915）と第Ⅳ章
の "Die Kunstlieratur des Manierismus"（Wien, 1919）——は，この時代の建
築の理論家に関する非常に貴重な参考資料を提供している．

後）のように，星状型プランには何の関係ももっていない．統治者の宮殿は，無限の空間を——すくなくとも視覚的な意味で——支配しながら，町と田園との間にくっきりと際立って立っている．

遠近法と都市の構成要素

ルネサンスの都市計画を理想都市に関する一連の説明によって，単純に判断しては誤りを招くことになろう．多数の個々の存在物の間の相互作用を統合しうるような実体としての都市の理念は，その時代の気質にそぐわないものであった．ルネサンスの偉大な芸術家ですら，誰一人として，新しい種類の都市に対する計画を残してはくれなかった．ブラマンテにしろミケランジェロにしろレオナルドでさえ，そうであったが，しばしば何世紀も先を見通していた彼らの視覚的洞察力から考えれば，あるいは，それもほとんど予想されていたのかもしれない[10]．

ルネサンスの都市設計において目新しいものを捜し求めるとすれば，それは別の個所に，つまり都市の構成要素のうちのある種のものに精通していたという点に求められなければならない．この領域においては，ブラマンテもミケランジェロも，それまでに知られていなかった可能性を開発している．都市計画の分野においては，ルネサンスの時代は，公共の精神をもったみのり多いゴシックの時代と，バロックの絶対主義との中間を占める準備的な時代である．15世紀は，北方の諸国では依然としてゴシッ

---

10) おそらくミラノの町に1485〜1486年にペストが発生した時に書かれたものと思われるが，ミラノ太公，ルドヴィコ・イル・モロ宛に送られた有名な書簡の中で，レオナルド・ダ・ヴィンチは，住民がもはや「山羊のように詰め込まれて，お互に空気を不潔にしたり」しないで生活できるように，町をもっと衛生的にしたいという希望を表明している．彼は太公に対して，それぞれ5000の人口をもった10個の町の建設を提案している．これらの町は「水門で調節される川のほとりに造られて・・・町中に光と空気と清潔さが充ち溢れる」ようなものであった．ウィンザー宮に保存されているレオナルドの絵画の中には，既存都市の改造計画案は記載されているが，理想都市の計画案はまったく含まれていない（*I Disegni Geografici, conservati nel Castello di Windsor*, M. Baratta編, Roma, 1941).

ク様式が風靡していたが，イタリアでの形勢は複雑であった．遠近法は新しい心的態
度をつくりだそうとしていたが，ゴシックの伝統が多くの面に生き残っていて，都市
改造の遂行，特に公共広場の改造に影響を及ぼしていた[11]．社会学的な観点からすれ
ば，この過渡的な時代には，イタリアと北方諸国との間には，これほど顕著な対照的
な差異は見られなかった．

壁体と広場と街路

大きなヴォリュームの構成

ルネサンスは大きなヴォリュームの取扱い方と，それを新しい形態に構成することを
学んだ．町の人たちの家や街路や広場は，宮殿のためにしばしば犠牲に供された．し
かし，宮殿の建設者たちは，壁の大きな広がりが，どうしたら街路に向って開放され
うるのかということを発見した．こういうことは，これまでに，ここかしこで，時に
は，一つか二つの窓から街路を瞥見させるようなことはあったけれども，古代には決
して成就されていなかったことであった．これらのルネサンスの宮殿は，ちょうど新
しい遠近法の手段によってあたかも外界を評価しようとしているかのように，眼を大
きく見開いて外界を見守っていた．ゴシックの建物の立面には，しばしばかなり多く
の割付けられた狭間が明けられていたが，窓は依然として，13世紀のフィレンツェの
パラッツォ・デラ・シニョーリア（Palazzo della Signoria）のように宏大な壁の広が
りの中にぽつぽつとまばらにしか明けられていなかった．

しかし，それも1500年頃のルネサンスの絶頂期になると，ペディメント（屋根の妻の
三角部分）やピラスター（壁の一部を張出した付柱）やコラム（柱）によって強調さ
れ，しかも相互にリズミカルに区分されて，別々に扱われた重なり合う窓列が見られ
る．

---

11) 主要な都市の計画にゴシックの伝統が持続していたという証拠は，1400年代に北
イタリアの町に建設された多数の公共広場の中に見出される——パドゥアのサン
ト広場（Piazza del Santo in Padua），パルマのグランデ広場（Piazza Grande in
Parma），シエナのカンポ広場（Piazza del Campo in Siena）の改造（図28），ピ
アチェンツァのプリンツィパーレ広場（Piazza Principale in Piacenza）など．こ
れらの適切に選択された例が G. Giovannoni の *Saggi sulla Architettura del
Rinascimento*（Milano, 1935）の第2版の p.268～280に記載されている．

92

壁面にもたらされた変化が，ローマのパラッツォ・ファルネーゼ（Plazzo Farnese）ほど明瞭に認められるものは他に見当らない．この邸館は，枢機卿アレッサンドロ・ファルネーゼ（Alessandro Farnese）が1514年に建設し始めたものである．二代目アントーニオ・サンガルロ（Antonio Sangallo）が設計して屋根の軒蛇腹まで仕上げたが，彼の死後1546年に，つまり後期ルネサンスの末期に，ミケランジェロが他の人たちと一緒に，それに手を加えた．サンガルロのヴォリュームは，ルネサンス精神の誇張された個人主義を表示しながら，敷地全体を圧倒している．単なる一個人のためのこの住居に見られる途方もない堂々とした壮大さは，差し迫ったバロックの到来を物語っている．

アレッサンドロ・ファルネーゼは枢機卿の時に自分の邸館の建設に着手して，法王パウル3世（Paul Ⅲ）になってからこれを完成した．彼はここで個人主義から絶対主義への変遷を演ずることになった．ミケランジェロは，これを彫刻的に表現する方法を知っていた．サンガルロはすでに2つの同心円アーチ[12]で中央の窓を強調していたが，ミケランジェロはぜんぜん別の方法で仕事に着手した．彼は，3角形と山形が交互に入り交った両側の窓破風と際立った対照を見せながら，主要な中央の窓の上に化粧縁を置いて，ファルネーゼの腕型の紋章が刻まれ，かつローマ法王の3重の冠を戴く巨大な楯に全体の力が集中されるようにした．このモニュメンタルな窓は，民衆の前にまさに姿を現わそうとする偉大な君主の到来を待ち構えているかのように見える．

パラッツォ・ファルネーゼは前庭を隔てて，ブラマンテの計画したジュリア通り（Via Giulia）と，ティベール河（Tiber）に面している．ミケランジェロは，この巨大な邸館の周囲に，もっと空地を設ける必要を感じていた．彼はファルネーゼ宮とトラステヴェーレ（Trastevere）地区とを包含するように，河に橋を架けることを提案しているが，その方法は，後にフランスの多くのシャトーへのアプローチに採用されたのと同じ方法であった．

---

12) C. de Tolnay によって，"Beiträge zu den späten architektonischen Projekten Michelangelos," *Jahrbuch der Preussischen Kunstsammlungen*, vol. 51(1930) の中に説明されている．

23. フランチェスコ・ディ・ジョルジオ　ある理想都市の広場と街路，部分．ルネサンス時代には，街路を建築的な単位として容易に処理できそうに思われる場合でさえ，そういう取扱いがされていなかった．フランチェスコ・ディ・ジョルジオのこの入念な絵画では，隣り合った2つの建物はぜんぜん似ていない．

ルネサンスの街路

ルネサンスの時代には，街路を調和のとれたものにすることがきわめて容易な場合でさえ，そういう措置が採られていなかった．ルネサンスの時代の街路には，別々の敷地に任意に建てられた一群の個々の建物が絵のように並んでいた．こういう街路風景は，15世紀末から16世紀にかけて保持されていた．フランチェスコ・ディ・ジョルジオの描いた街路と広場の克明な絵画（図23, 29）には，似たような建物は何一つとして示されていない．明らかに一様な取扱いを要求している各家屋のポルティコですら連続的でなく，各家屋は別々のアーケードを設けている．もっと後世になっても，1550年頃のセバスティアーノ・セルリオ（Sebastiano Serlio）のしばしば再現された舞台装置——単に遠近法的効果を出すために設計されたものではない——に見られるように，街路は依然として異質の建物の集積である．

ブラマンテによって計画された
ローマのジュリア通り

こうして，ドナート・ブラマンテ (Donato Bramante, 1444～1514年) が法王ユリウス2世 (Julius II) の命によって，ローマに最初の新しい街路，1キロメートルほどの長さをもったジュリア通り (Via Giulia)[13] の路線設定を実施した際にも，各家屋の前面を連続させることには考慮を払わなかった．それというのも，彼は自分の設計した裁判所の建物の大きな隅石と隅角部の塔を，この街路に沿って設置しようとしていたからである．この建築は1506年に着工されたが，法王ユリウス2世の死後，中断されることになった．その近傍のいくつかの建物に使用されている二，三の巨大な隅石から判断すると，もしも，この建物が完成していたとしたら，ジュリア通りを台なしにしてしまっただろうと思われる[14]．

24. ジョルジオ・ディ・ヴァザーリ　ウフィツィ，フィレンツェ，1560～1574年．ルネサンスの最後の発展期に，マンネリスト[15]の画家ヴァザーリは，突出した屋根と3本の軒蛇腹と踏段の連続した水平線によって，ウフィツィの短い通りに奥行のあるパースペクティヴの傑作をつくり出した．この写真はアルノ河の方への見通しを閉じる柱廊のアーチから撮られたものである．

---

13) Ceccarius, *Strada Giulia* (Roma, 1941)．まっすぐな比較的幅広い街路は，Berneのようなアルプスの北方に新しく建設された12，13世紀の町には普通見出されないものである．
14) Domenico Gnoli, "Il, Palazzo di Giustizia di Bramante," *Nuova Antologia*, 1914年4月16日．

したがって，元来ピアッツァ・デリ・ウフィツィ（Piazza degli Uffizi）として知られていたフィレンツェの短い街路が，建築的に統一がとれているということは何にも増して驚くべきことといわなければならない．ここには，ジョルジオ・ヴァザーリが，メディチ家のために1560年から1574年にかけて行政用の建物を建造していた．上部の屋根の対称形の輪廓と共に，連続して軽く突出した3重の軒蛇腹（コーニス）が，これを奥行のある遠近法の傑作に仕上げている（図24）．このウフィツィの調和のとれた計画も，もしもヴァザーリの師匠のミケランジェロが当時ローマのカピトールの丘に建造中だった一群の建物の例がなかったとしたら，ほとんど考えつかれなかったかもしれない．

ヴァザーリがミケランジェロに範を仰いだということは，ピア（柱状の垂直支持壁）と双柱の交互の使用といった細部にも現われている．しかし，ヴァザーリの柱はカピトールの場合のように，ピアに対してダイナミックに後退させられないで，等間隔に配列されている．ヴァザーリがこの設計をローマにいたその師匠のミケランジェロに見てもらい，ミケランジェロがその設計に手を加えたということが知られている．

ブラマンテと屋外階段

ルネサンスの建築家たちは，街路や広場に面する壁面を大胆に取扱ったばかりでなく，非常な苦心の末，相異なるレヴェルの水平面を相互に空間的な関連にもち込むようにした．彼らは，これを，外気にさらされた壮大なモニュメンタルな階段をつくることによって達成した．ブラマンテは，外部の空間の広がりを彼の構図に組み入れるための手段としてこれらの階段の高まりを使用したのだが，こうすることによって都

---

15) 美術史上，1520年（あるいは1530年）頃から1600年（あるいは1620年）頃にかけての傾向を特徴づけるために，近時，Mannerism という呼称が用いられている．この期間直前の盛期ルネサンスの巨匠たちの力強い調和と均衡にあふれた一連の作品と反対に，自信の薄れた弱々しい旧套を墨守した作品，あるいは時に意識してゆがみをもたせるような作品が現われるが，これらをマンネリズムと呼ぶ．Giorgio Vasari や Perino del Vaga は，そのようなマンネリストの画家であった（訳注）．

市の建築に新しい要素を導入することになった．基壇をもった建築やモニュメンタルな階段は，ほとんど建築の発端にまでさかのぼる．モニュメンタルな階段は紀元前2000年頃，スメル（Sumer）のツィグラート（Ziggurats）に初めて出現した．寺院の基壇として，あるいは低くなった広場への行列的な進路としてつくられたピラミッド状の階段の高まりは，コロンブス以前のメキシコ建築の顕著な特色であった．しかも，ルネサンスの建築家は，基壇の形成とモニュメンタルな階段をまったく違ったやり方で使用したのである．

ヤコポ・ベルリーニ（1440年頃）

ヤコポ・ベルリーニ（Jacopo Bellini）の画帳にある1440年頃の日付のついた銀筆画は，階段がどんな目的に適うようにつくられたかを示している（図25）．筒型ヴォールトの教会堂が階段で上るようになった3つの連続したテラスの1番上に鎮座していて，その階段は開放された教会の前面まで，1つの壇から他の壇へと，前後にじぐざぐ形になっている．これらのテラスは，前景や背景の回りに点在して描かれた多数の人の姿と共に，奥行に遠近法的な効果をつくりだそうという設計者の意図を物語っている．

ベルヴェデーレの前庭に
あるブラマンテの階段

ウルビノのドナート・ブラマンテは，空間が，いわば建物の設計において具体化されうるような造型的要素として，モニュメンタルな階段を導入した最初の建築家であった．それが初めて実現されたのは，ヴァティカン（Vatican）のベルヴェデーレ（Belvedere）の前庭（1506〜1513年）であった．1500年頃のブラマンテの建造物は，ローマの都市の雰囲気と人文主義者の法王ユリウス2世の庇護によって芸術家の仕事にもたらされた新しい壮大さを初めて示している．こういった影響はラファエロにも見受けられるし，またある程度あのすぐれた天才のミケランジェロにさえも見出される．ブラマンテは，1506年以降サン・ピエトロ寺院を手掛けるために招かれて，前例のない規模の取扱いに新しい力の感覚を表現している．それほど野心的なものではなかったが，このベルヴェデーレの前庭の処理も，やはり同じような巧みさを示している．

ベルヴェデーレは，ヴァティカン宮殿から300メートルばかり隔たった丘の上にある法王の小さな夏の住いである．1506年にユリウス2世はブラマンテに，これら2つの建物を広い建築的な景観のうちに結びつける仕事を委嘱した．法王はすでにその前庭に幾分古典的な彫刻を建てていたが，今度は，その間に介在する広場全体を，新しく

25. ヤコポ・ベルリーニ　聖母マリアの寺院で拝謁，1440年頃，その画題と聖母マリアの像は，この芸術家の真の意図にとっては単なる口実にすぎない．観者の位置する前景の石畳から，広大な寺院の巨大なバレル・ヴォールトに至るまで，遠近法による奥行の効果を極度にとり入れようとして，無数の人の姿がそれぞれのレヴェルにばらまかれている．前後に出たり入ったりしている階段は，建築的手段によって遠近法の奥行の効果を出そうとした画家による最初の試みの一つである．

26. エティエンス・デュ・ペラック　ブラマンテのコルティレ・デル・ベルヴェデーレにおける試合競技, 1565年. この銅版画はピロ・リゴリオ (Pirro Ligorio) がベルヴェデーレの中庭の建造を, ニッキオーネ (Nicchione) と左手の廊下を付加することによって完成した直後に描かれた. 2, 3年後に, ブラマンテの構想は, すでにリゴリオによって改変されていたが, シクストゥス5世によって打ち壊されて, 図書館の高い棟が, この中庭を二分することになった. その頃から, 世俗的な祝宴がヴァティカン法王庁から永久に一掃されてしまった. ヤコポ・ベルリーニの絵画とは対照的に, ここでは, この画家はあらゆるものを包括するような空中の高所からの眺望を採用していて, 盛期ルネサンスの遠近法による奥行の効果の処理をはっきり示しているし, 特に祝祭の世俗的な喜びを現わすのに相応しい背景をつくりだしている.

27. ブラマンテの死後のコルティレ・デル・ベルヴェデーレ　　ローマのカステロ・サンタ・アンジェロにある壁画の一部，1537～41年，マンネリストの画家ペリノ・デル・ヴァガ (Perino del Vaga) による．この壁画は，その中庭に対するブラマンテの外部空間の構成の壮大さを，他のいかなる有名な絵画よりも良く示している．この未完成の建築は，ブラマンテによって，屋外階段や斜面，相異なる種々の平坦面のレヴェルによる処理が，都市設計における新しい要素となるに至ったゆえんを物語っている．

壮厳なローマ風につくり変えることを命じたのである．ブラマンテは，その景観の極点として，ベルヴェデーレ前面の，高い方の末端に，シーザー (Caesars) の時代に時折別業に適用された方法にならって，中央に巨大なニッチのついたモニュメンタルな塀を建造した．また，ヴァティカン宮前面の，低い方の端に，半円形の闘技場をつくった．基壇を築くことによって，彼は3重の開廊（ロジア）のある新しい建物の間に形態上の釣合関係を確立することができた．

ここでわれわれに関わりのあるのは，この階段が空間的にばらばらな土地を一つの空間単位につなぎ合わす力になっているということである[16]．　広い上り段が第1のレ

---

16) M. L. Gothein, *A History of Garden Art* (London, 1928), I, p.227～231には詳細なすぐれた叙述がある．さらに James S. Ackerman, "The Belvedere as a Classical Villa," *Journal of the Warburg and Courtauld Institutes*, XIV, Nos. 1～2 (January-June 1951) を見よ．ここに挿入した図27は Ackerman 教授に負うものである．

ヴェルから第2のレヴェルへと通じ，そこで最上部の庭園とベルヴェデーレに達するために，擁壁の下で2つの枝に分岐している（図27）．中世の大僧院の庭園のように他から隔離されて，ここでは，何もかもが，宮廷好みに計画されていた．ブラマンテの死後約50年後に，その膨大な施設はとどこおりなく完成されたが，ピウス4世（Pius Ⅳ）の甥の一人の結婚によって，コルティレ・デル・ベルヴェデーレ（Cortile del Belvedere）の落成式を催すのにちょうどよい機会が与えられた．エティエンヌ・デュ・ペラック（Étienne du Pérac）の銅版画が，その華麗な祭典と試合競技の華々しさを不朽なものにしている（図26）．しかし，このコルティレ（中庭）はブラマンテの改造どおりに永く保存されることにはならなかった．1589年に，シクストゥス5世（Sixtus Ⅴ）は，その庭の中央を横切って新しく図書館を建てることによって，設計上の統一を打ちこわした．この偉大な都市計画家は，古代ローマの多くのモニュメントを破壊したが，このコルティレに対する行為は，その最も破壊的な行為であった．

ベルヴェデーレの基壇に上るブラマンテの壮重な上り階段を原型としたこういうモニュメンタルな階段は，後には，教会に付け加えることのできる最も壮大な三角形部分となった〔たとえばサンタ・マリア・マッジョーレ寺院（S. Maria Maggiore）〕．ついには，このモニュメンタルな階段は，相異なる高さの平坦面を空間の単一の視界に融合する役割を担う，ほとんど独立した構築物となるにいたった〔たとえばスカーラ・ディ・スパグナ（Scala di Spagna，1721〜1725年）を想起せよ．ここではサン・トリニタ・デイ・モンティ寺院（S. Trinità dei Monti）とスパグナ広場とが結びつけられている〕．われわれは後に後期バロックの建築内部に，大階段が――動きの象徴として――建築史上他に類例のない広いくりぬかれた空間を創出するために用いられているのを見出すことになる．

ミケランジェロと外部空間の構成

ミケランジェロの計画したロ
ーマのアレア・カピトリーナ

ローマのカピトールが建っている大きな広場，アレア・カピトリーナ（Area Capitolina）において，ミケランジェロは慎重に形づくられたいくつかのマッス間の調和――大きなヴォリュームの空間的な釣合関係――を成就する方法を示した．ルネサンスの終り頃，彼が1536年にこの仕事に取りかかった頃には，彼はすでに画家，彫刻家として

その名声の頂点に達していた．システィーナ礼拝堂（Sistina）の天井，ユリウス法王の墓，フィレンツェのメディチ家（Medici）の礼拝堂は，すべて彼の手によってなしとげられていた．したがって，この建築は，彼の最も円熟した時期の果実であった．

ミケランジェロの考え方に従って，サン・ピエトロ寺院の前の柱廊を驚くほど立派になしとげたジョヴァンニ・ロレンツォ・ベルニーニ（Giovanni Lorenzo Bernini）は，他の人のことを滅多に良くいったことのない人だが，「ミケランジェロは彫刻家としても，また画家としてもすぐれていたが，建築家としても超人的だった」と語っている．ベルニーニのかかる称揚の辞は，ミケランジェロの造型上の天賦の才によって，中世の雑然たる残存物の中から雄大なシンフォニーがつくりだされることになった，かのアレア・カピトリーナの中に，永遠の反響を見出している．

現在，ピアッツァ・デル・カンピドリオ（Piazza del Campidoglio）と呼ばれているこの広場は，古代ローマのフォールム・ロマヌム（Forum Romanum）の上にそびえるカピトールの丘の頂きを占めている．それは 3 つの建物と，この広場自体と，町の方へ下りている"ラ・コルドナータ"（La Cordonata）と呼ばれる幅の広い斜路の階段とから成り立っている一つの複合体である．その全集合体は，中世の都市の方に向っていて，その入り口に面して控え目な市庁舎の元老院宮がある．右側にはパラッツォ・デイ・コンセルヴァトリ（Palazzo dei Conservatori）が並び，左手には古代の文物の世界最古のコレクションを蔵したカピトール美術館が建っている．

ミケランジェロは生前，元老院宮の前面に雄大な分岐した階段の一部分だけを仕上げることができたが，他の建造物はいずれも彼の死後に着手されたものである．しかし17世紀にまで及んだその建造期間中に，ある種の変更が加えられたけれども，ミケランジェロが1546年に計画した平面や配置（デュ・ペラックによって1568年と1569年の銅版画の中に再現されている）の肝心なところは忠実に守られていた．

この大階段は，シャルル 5 世（Charles V）が1536年にローマへの凱旋式を挙行した時にはまだ建造されていなかったので，シャルル 5 世はカピトールの丘へ登るのに，他の側面から――ローマ時代にアレア・カピトリーナが面していたフォールムから――上らなければならなかった．"ラ・コルドナータ"は斜路になった階段――傾いた路面でつくられた傾斜面――である．こういう広くて浅い階段を，上の基壇まで積

28. シエナのピアッツァ・デル・カンポ（Piazza del Campo）　1413年に舗装された．シエナの都心にあるこの巨大な貝殻状の公共広場は，この町の3つの丘の間に設けられている．自然の勾配をすこぶる巧みに利用して，その市庁舎にすぐれた位置を与えている．この広場から11本の街路が出ていて，舗装の白い大理石の帯が，あたかもそのコミュニティの焦点に設けられた燈台から発する光線のように放射している．

29. フランチェスコ・ディ・ジョルジオ　ある理想都市の広場．相異なるレヴェルの興味深い取扱いと，驚くほど近代的な空間の処理には，円熟した彫刻家の経験が示されている．ここかしこに散在的に描かれた人影は，彼が広場に立てた柱や，種々の面，彫像などを，すべて，人の動きと関連させて見ていたのだということを示している．これは，われわれの時代に再び提起される問題であって，アルベルト・ジャコメッティ（Alberto Giacometti）の作品のある面にも見出されるものである．

103

み上げるためには，緩やかな控え目の勾配にせざるを得ない．ミケランジェロがラテラン宮殿（Lateran）から移設したマルクス・アウレリウス（Marcus Aurelius）のブロンズの騎馬像が，その広場の中央に見えてくる．それは1個の偶像として，ミケランジェロの設計した気取りのない台座と同様，（スタンダールも評しているように）すべての誇張した身振りを侮蔑しながら気高い単純さで立っている．

それにもかかわらず，他から離れて天空にそびえ立つ騎馬像の位置は，広場の真只中から階段の軸を支配していて，かつてサン・ピエトロ寺院のドームのような先例のない空間を確信をもって処理することのできたその当の建築家が，ここでも同じ誤ることのない確かさをもって，平面を漸次高めてゆくのにきわめてすぐれた処理をなしとげ得たことを示している．

アレア・カピトリーナの楔状の広場は，欄干の方にゆくに従って狭められて，そこから階段が流れ出ている．大地の一片ですら，無考慮に扱われていない．ミケランジェロは，この楔状の広場の中に楕円形をはめ込んでいる．この楕円形は少しくぼめられて，その周囲に2段の踏段が巡らされ，その曲線の影が彫像の置かれた形態上の構内を明確に区画づけている．地盤そのものは台座の方へややふくれ上っている．この個所は地球の頂き（caput mundi）と呼ばれて，その曲面は地球の弓形の一部になぞらえられてきた[17]．

1400年代には，シエナの円形広場のような，最も有名な広場の表面仕上にさえ，大理石の単調な変化のない縞模様が用いられているのに，ここではなんと刺激的な動きが吹き込まれていることか！ 縞模様の帯は台座上のマルクス・アウレリウスの像から掌指状に放射しながら，扁平な相交差する曲線と12尖頭の星状形を形づくり[18]，その幻想的な縞模様が，すべての熱狂的なコントラストの相互作用を燃え上らせている．楕円形と台形，ローマ時代と中世の伝統的背景，壁体をかたどるバロックの微妙に変転す

---

[17] C. de Tolnay, "Beiträge zu den späten architektonischen Projekten Michelangelos," *Jahrbuch der Preussischen Kunstsammlungen*, vol. 51, p.26.（1930）. この叙述については，すぐ後で1931年の同じ雑誌のp.176〜181に記載されたH. Sedlmayrによる反駁文と比較せよ．

[18] ミケランジェロがそれを設計してから，400年後の1940年に，彼の死後代用されていた貧弱な模様が，遂にもとの星状型の舗装に置き代えられることになった．

30. ミケランジェロ　　カピトール，ローマ，1536年建造開始．元老院宮の上から撮られたこの写真は，ミケランジェロの空間概念——くぼんだ楕円形，花火のように爆発する12尖頭の星状形の中心に置かれた騎馬像，中世期の都市の方へ下ってゆく壮重な段階（コルディナータ）——をある程度明示している．広場を取り囲む3つの建物は，ここでは一部分しか見えていないが，その梯形の配置がうかがわれる．

る光と影の交錯[19]，大階段の壮大な挙措——こういったすべてのものが結合して，全体を包含するような一つの調和が形づくられている．それぞれ相互の関係と全体と個個との関係が完全の極致にまで釣合わされている．「ミケランジェロは，みずから着手するものにはすべて奇蹟を行なった」[20]というヴァザーリの言葉が了解されるだろう．

ミケランジェロは，その「最後の審判」と「ユリウス2世の墓」において，すでに1400年代の空虚な静的な空間を彼自身の動的な空間に置き代えていたが，これをさらにカピトールにおいても成就したのである．

様式に架橋する人と
してのミケランジェロ

ここで，われわれのルネサンスについての心像が消散し始める．「ミケランジェロの明白な歴史的重要性に関する極端に喰い違った種々の見解」[21]が，ヤーコプ・ブルクハルト以来，学者間に行なわれてきたということも良く了解されるところである．それというのも，ミケランジェロは，必ずしも年代順に連続していない芸術上の時代を架橋する希有な天才の一人だったからである．ジョン・コンステーブル（John Constable）とターナー（J.M.W. Turner）とは，たとえ小規模なものだとはいえ，彼らが後期バロックの絵画と19世紀フランスの絵画とを結びつけているという点では，同じ例外的な層の人間に属している．ミケランジェロはゴシックとバロックの混和体であった．彼はバロックの世俗的な普遍性とゴシックの宗教的崇高性とを結びつけている．彼にとっては生と死とは，まさに同一のものであった．どんな人間でも，生まれ落ちた時から，身中に隠された死の種子をもち運ぶように運命づけられているのである．彼は1555年にヴァザーリに対して「私は，これまでに死の輪廓にかたどられないような構想を何一つとして表現したことはなかった」[22]と書き送っている．こういう言葉は中世の職人の言であって，ルネサンスの芸術家の言ではない．しかし，彼は常に動きの

---

19) これまでに公表された写真は，どれ1つとして，この構成の並はずれて動的な性格を写しとっていないが，Armando Schiavo, *Michelangelo Architetto* (Roma, 1949) の図版50〜75，および Paolo Portoghesi と Bruno Zevi の *Michelangiolo Architetto* (Roma, 1964) は読者の参考になろう．

20) C. de Tolnay, *Werk und Weltbild des Michelangelo*, p.90 (Zürich, 1949).

21) C. de Tolnay, "Beiträge zu den späten architektonischen Projekten Michelangelos," p.47.

22) C. de Tolnay, *Werk und Weltbild des Michelangelo*, p.59.

問題に強く引きつけられていて[23]，その芸術的，物理的可能性を実地に試みようという意欲をもっていた．こういう意欲は西欧の人間に先天的に内在しているものであって，バロックの時と同じように，ゴシックにも浸透していたのである．

カピトールの建築的意義

われわれはカピトールの建築的重要性を即座に総括することができる．それはブラマンテによるベルヴェデーレでの基壇の使用を，都市設計の要素にまで発展させたということである．それは広場と階段と都市という広範な奥行における構成であり，同時に，元老院の単一の建物から発する偉大な軸に対する準備作業であって，古代には決して実現されなかったものであった．アレア・カピトリーナにおいて，ミケランジェロは，かつてパラッツォ・ファルネーゼで計画して果たさなかったことを，そのすべてではないが，ある程度実現させることができたのである．その軸に則った見通しの効果は，後にフランス人の手によって克明に学びとられ，誇らかに「軸の崇拝」（le culte de l'axe）と名づけられて，18世紀における都市計画の主要な原則となった．

アレア・カピトリーナの真の重要性とは何であろうか？

カピトールに関するミケランジェロの覚え書は何一つとして残っていないので，ローマの市民が主張することのできた純粋に名目上の自治の遺物に対して，彼がこのように誇らかな都市の記念碑を計画した際に，彼の胸中にどのような考えが去来したかということについては勝手に憶測する他はない．その建造に当って介在し得た彼の個人的感情とは一体どのようなものだったのだろうか？

1530年にフィレンツェ都市共和政体は，メディチ家の専制君主コシモ1世（Cosimo I）に対して，それまでの独立性を喪失してしまった．ミケランジェロはメディチ家の法王クレメント7世（Clement VII）に対して自分の生まれ故郷の防衛に積極的な役割を果たしていた．彼の個人的な敵であったこの法王の死後，ミケランジェロは1534年の新政体に強い反抗心を抱きながらフィレンツェを去った．そしてその後の生涯の30年

---

23) S. Giedion, *Mechanization Takes Command*, p.14～30 (New York, 1948), Movement の章を参照せよ.

間をローマで自発的な亡命者として過ごしたのである．1546年にアントーニオ・サンガルロ2世の死後，彼はその都市の主任建造家になった．当時彼は70才を過ぎていたが，重要な建築工事——サン・ピエトロ寺院のドーム，ファルネーゼ宮，カピトールに対する広範な全設計計画——はすべて彼の手に委ねられていた．

シャルル・ド・トルネー（Charles De Tolnay）は，この巨匠の政治上の信念に関する深い識見を示した彼の著書『ミケランジェロの政治観』の中に，ミケランジェロが1545年になっても感じていた苦悩のすべてを表明したソネットを引用している[24]．このソネットはメディチ家の礼拝堂の彼自身の手になった「夜」の像をしてつぎのように語らしめている．

　　　　もはや見も聞きもしないでよいとは，なんたる幸せか，

　　　　されば，われを目醒ますなかれ，

　　　　おお！　声高に話し給うな！

(Non veder, non sentir, m'è gran ventura; Però, non mi destar, deh! parla basso!)

カピトールの意義は，このソネットの意味するところに似通っているように思われる．ミケランジェロは，そのどちらにおいても，自己を直接的には表明していないし，外観上非個性化された代弁者によって慎重に言葉を選ばしめている．彼はそのカピトールを，果たして，かすかな権力の名残りに栄光を加えしめるようなものになし得たのであろうか？　むしろ，われわれは，そのうちに，彼の故郷フィレンツェの失われた自由を回復しようとする熱情と，石塊のうちに明白に刻み込まれた幻想を読みとってはならないだろうか？

　　　　　　　　　　　　　　　　　　　　社会学上の実在と美的実在

ミケランジェロの全業績は彼自身の悲劇的な人生観を反映している．彼はその設計を計画する際にも，あらゆる人間とあらゆる真の民主政策に作用する相容れない動機——公共社会の権利を擁護しながら同時に個人の権利をも維持するという要求——に簡明な表現を与える方法を承知していた．彼はそのフィレンツェでの若き日の経験から引き出したものを，反宗教改革運動のローマ，いかなる自由も民主主義も存在しなかったローマにおいて，実在化することになったのである．したがって彼のカピトー

---

[24] C. de Tolnay, *Michelangelos politische Anschauungen*, p.32.

ルは，すでに消失した中世の都市共和政体の自由の象徴であると同時に，その創造者
の悲劇的な夢への追憶でもあった．

都市中心のような，都市計画における新しい形態を案出しようとする現代の試みの中
にみられる想像力の貧困は，現在われわれがもはやそこに表現しうるような生活方式
をもちあわせていないということを口実にして，いつも大目に見過ごされている．ミ
ケランジェロがアレア・カピトリーナに映し出したのは，歴史的事象の測りにくい非
合理性と，直接的な因果関係の不可解な脱落である．われわれは，ここでもまた，偉
大な芸術家というものは，ある社会的な歴史の発展段階に対して，それが現実の形を
とり始めるのに先立って，芸術的な形態を創造することが可能だという事実を認める
のである．

レオナルド・ダ・ヴィンチと地方計画の発端

レオナルドが自分の所見を示すのに用いたスケッチは，紡績の機械的な工夫に関する
ものにしろ，ヘリコプターや交通調整に関する提案にしろ，あるいは地方計画のため
の調査にしろ，そのすべてが今日でも，まだ生まれざる先の時代を瞥見しているかの
ように思われる．現在フランス学士院（Institut de France）に所蔵されている草稿[25]
には，歩行者と車交通とを異なるレヴェルで分離するための提案や，水門で調節され
た運河を航行する艀によって各家庭の居住者に農産物を運送する計画が，水力学の研
究，クレーン，兵器，各種築城形式の設計図などの間に記入されている．

これらはすべて技術的可能性に関する識見のひらめきを示しているが，そのいずれに
も，包括的な都市計画に関するものはほとんど見受けられない．現在ウィンザー宮
（Windsor Castle）のコレクションの中にあるフィレンツェの断片的な計画は，単にア
ルノ河をその町の中央に一直線に流れさせるように調整するための提案にすぎない．

---

25) *I Manoscritti e i Disegni di Leonardo da Vinci*, vol. V, "Il Codice B. (2173)
nell' Instituto di Francia" (Roma, 1941).

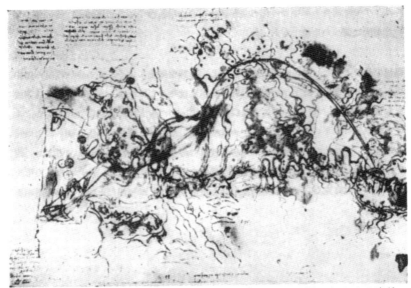

31. レオナルド・ダ・ヴィンチ　アルノ河と運河による調節．あらゆる高低差を越えて，フィレンツェとピストイアとをつなぎ1うねりの幅広い運河を築造することによって，アルノ河を航行可能なものにしようとする大胆な提案．ウィンザー宮所蔵．女王の許可によって掲載された．

つまり，フィレンツェをあたかも今一つの別の理想都市のように取扱った計画案にすぎない．建物は何一つとして示されていないし，道路はその河に沿って碁盤目割の街区をつくるように規則的に引かれている（図22）．レオナルドの関心は，もっと別の方に向けられていたのである．

彼の水力学の研究は，大部分，何世紀か後に至るまで解決されなかったような科学的問題を取扱っている．たとえば，彼は渦巻を起こす条件を探究して，水は深いところよりも水面に近い方が速く動くということを認めていた．18才の時に，彼はすでにその師ヴェロッキオ（Verrocchio）の作品「キリストの洗礼」のために描かされた背景中の河の渦巻の描写に関与していた[26]．レオナルドは常に有機的なものや非有機的な

---

26) L. H. Heydenreich, *Leonardo*, p.267 (Berlin, 1943). レオナルドの芸術的な仕事と科学的な仕事との間の分かつことのできない相互関係に関する Heydenreich の広範な観察は，おそらくレオナルドの業績に対する最善の入門書となろう．

32. レオナルド・ダ・ヴィンチ　　ポンティン沼沢地の排水計画，1514年．この提案は今までに完全には遂行されていないが，レオナルドの計画した線に沿って，70年後に，シクストゥス5世によって，部分的に工事が開始された．ウィンザー宮所蔵．女王の許可によって掲載された．

もののうちに，微視的かつ巨視的な世界に隠された動的な力を探ろうとしていた．彼は余人と違って，植物の描写に動的な成長の感覚を吹き込むことができたのである．

しかし，あらゆる自然力のうちでも，レオナルドが最も深い関心を寄せていたのは，彼自身語っているように，その当時の唯一の利用可能な動力であった「水の性質と運動」に関するものであった．彼は，その水力学の研究から導かれて，次第に一地方の自然構造に関する広範な理解——ルネサンスの啓蒙運動に特徴的な合理化された立脚点——の上に基づいた明確な計画を組織づけてゆくようになる．これらの計画には，彼の周到な調査に基づくポー（Po）河流域の灌漑計画や，彼が実際に部分的に試験的な開鑿を試みたミラノと北イタリア地方の湖水とをつなぐ運河網の建設計画などが含まれている．レオナルドは，この当時（1513～1514年），法王レオ10世（Leo X）治下のローマに居住していたが，1枚の絵も描かないで，ポンティン沼沢地（Pontine）の排水工事のための印象的な水路計画を設計していた．この工事は，後に部分的にシ

クストゥス5世によって，その統治の終り頃に実施された（図32）．あらゆる高低差を越えて，80キロメートルにわたる一うねりの幅広い運河を築造して，河川を航行しうるようにするという彼のもう一つの提案は，われわれの知りうる限り，19世紀中に築造されたどの運河によっても凌駕されていないほど大胆きわまるものであった．彼の絵のように目覚ましい，セピアのインクとペンで描かれた1枚の計画図には，アルノ河を迂回してフィレンツェとピストイア（Pistoia）とをつなぎ，その河を下流で再び結びつける1本の運河が計画されていた（図31）[27]．

地方計画では，土地利用と人間活動の組織に関する統合的な計画を可能にするために，地域の諸条件に関する識見がなければならない．今日必要とされる詳細な調査は，かつてレオナルドが，人間的な諸目的に役立たせるために，ある地域全体の自然力を調査して組織づけようとした宇宙論的な理解の仕方とははるかにかけ離れている．しかし，レオナルドの計画は，そのどの一つをとってみても，彼の当面しなければならなかった各種の問題を巡って苦心した分析の成果を示している．社会の激しい動乱にもかかわらず，彼の生きていた時代は，熱烈な探究の時代であった．未開拓な知識の分野を何一つとして残しておきたくないというその時代の激しい意欲から，地方計画についての最初の意識的な企てが生まれてきたのである．その種子は，石だらけのやせた大地に落ちる運命を担っていたが，その当時の直接的な生活の軌道以外には眼の及ばなかった理想都市の幾何学的な計画よりも，もっと潜在的な将来への有望な約束を含んでいた．

シクストゥス5世（1585～1590年）とバロック・ローマの計画

独特の都市：ローマ

西欧文明の最も重要な焦点であるローマとパリとロンドンは，今日の大都市の原型をつくりだした．ローマは，しかし，そのうちでも独特な都市である．より古い時代にも，

---

[27] Mario Baratta, *I Disegni Geografici*, 図版5図右 ; Mario Baratta, "Leonardo da Vinci negli Studi per la Navigazione dell' Arno,"*Bolletino della Società Geografica Italiana, serie* V, vol. Ⅵ, p.739～761, 893～919 (1905); Kenneth M. Clark, *A Catalogue of the Drawings of Leonardo da Vinci in the Collection of His Majesty the King at Windsor Castle* (2 vols., 1935).

大帝国や文化の焦点をなすような100万ないしそれ以上の人口をもった都市が存在していた．しかし，これらの国や文化が滅亡した時に，その組織中枢も完全に崩壊してしまった．それらは二度と興起する機会をもちえなかった．世界帝国の名を与えられていたローマでさえ，その滅亡後約1千年間，次第に細りゆく衰微の中に沈んでいた．

しかし，1500年頃，ローマは再び新しく興隆してきて，その後の1世紀半の間，芸術的発展の第一線となり，都市計画の中心となったのである．ルネサンスがその頂点に達したのは，ローマの土壌においてであり，さらに地理的国境も宗教上の境界をも越えて全西欧文化を貫通することになったバロックの表現手段[28]が組織づけられたのも，このローマにおいてであった．

前もっていうならば，ローマでは，ルネサンスの都市的規模がすっかり一掃されてしまったのである．城壁で取囲まれ境界づけられた星状型都市の代りに，非常に重要な新しい発展が，シクストゥス5世（Sixtus V）の5年の統治期間に告知されることになった．近代都市の交通網の主要路線が初めて組織づけられ，しかも絶対的な確信をもって遂行されたのは，他ならぬこのローマにおいてであった．

ローマ人でない芸術家たちに
よって遂行されたローマの発展

さらに，ローマがなぜ諸都市の中でも独特な都市であるかという他の理由——おそらく容易に把握しにくい理由——がある．ローマの法王庁は，決して現世的な帝国の上に君臨しているものではない．法王権は国際的な宗教上の力である．法王の独裁に臣従するローマ市民は，彼らの都市の発展についてはほとんど発言権をもっていなかった．しかし，この地には，都市設計における最も壮麗な業績の一つであり，今日ですら，この都市の全貌を支配しているバロック・ローマがつくりだされたのである[29]．

---

28) ロンドンにある Christopher Wren 設計の St. Paul's Cathedral (1675～1716) は，イギリスにおける最近の研究によると，バロック建築に根底を置いているということが判明している．ドレスデンにある George Baehr 設計のプロテスタント派の Frauenkirche は，不幸にも第2次大戦に爆弾によって破壊されたが，バロックの寺院のうちで最もすぐれたものの一つであった．

29) これは，当然のことではあるが，ローマ全体に行きわたっている古代と結びつけられている．（J. J. P. Oud がかつて19世紀後期の建物について記したような）"空虚な豪華さ" の前では素直に眼を閉じた方が良い．

113

ルネサンス以来，ローマの発展は，ほとんどといってもよいほど，外部から来住した芸術家，銀行家，商人，手工業者たちの業績であった．法王庁がラテラン宮殿からヴァティカン宮殿に移った頃，サン・ピエトロのバジリカ式寺院付近の地区は，漸次新しい郊外（Borgo Nuovo）として建設され始めた．こうして15世紀中葉に，法王ニコラス５世（Nicholas V，1447～1455年）は，この地に隔離された巨大なしかも印象的な宗教上の住いを造りあげようという考えを抱くに至った．この計画は，フィレンツェ出身のレオン・バッティスタ・アルベルティによって設計されたが，遂に実現されるに至らなかった．

1500年頃になって，ローマの再建が熱心に取上げられ，各法王は世界最大の建設者となるに至った．ウルビノ出身のロヴェレ家（Rovere）の一員ユリウス２世，フィレンツェ出身のメディチ家の一員レオ10世などは，彼らの壮大な計画を遂行させるために，それぞれ同郷のウルビノ出身のブラマンテやラファエロ，フィレンツェ出身のミケランジェロを呼び寄せた．ローマ以外の土地から設計者を雇うという慣例は，バロック時代のローマにも継続していた．

こういう奇妙な事態についてのはっきりした理由は見当らない．ただ，ローマ自体は，ルネサンスの時代にも，バロックの時代にも，傑出した芸術家をあまり輩出しなかったということだけはいえよう．しかし，この永遠の都の雰囲気と法王たちの計画の巨大な規模とが，他からこの地に来住した芸術家の構想力をかきたてて，その時代のいかなる都市にも見られなかったような輝やかしい仕事を創造する刺激を与えることになったということは疑う余地のないところである．

ローマは最近のパリのように，当時のすぐれた才人たちの集まる場所となり，頻繁な交流作用が現われた．ローマ以外の外国人たちの才能は，この都市の雰囲気によって高揚され，逆に彼らのつくりだしたものが，この都市に新しい多韻律の表現を与えることになった．

ローマでの現象のうちには，いまだに定かならざる将来に対する一つの希望，つまり，精神上の諸原則によって鼓吹された中央統治の新しい形態を創造するということが，西欧世界の生存にとって欠くべからざるものになるかもしれないような，将来の

ある時期に対する希望が潜んでいる．バロック時代のローマは，それが必ずしも，あらゆることの成就を，無色な単調さや万国混在のくすんだ灰色調に減殺してしまうことにはならないということを示している．反対に，それは，多様な諸力の相互作用が，新しい活力をつくりだすことができるということを立証しているのである．

中世とルネサンス期のローマ

シクストゥス 5 世のローマに対する総合計画を，その真の背景のうちにとらえるためには，すくなくとも彼が中世やルネサンスから受継いだ遺産を一瞥してみなければならない．シクストゥスは断片的な間に合わせの改善策を講ずるような人間ではなかった．彼は中世期のローマには手を触れないで，そのごく当初から，自己の精力を新しい試みに集中させてきた．

中世期の昏睡状態からのローマの覚醒は，それ以外のローマの宿命と同様，歴史的驚異の一つである．ヨーロッパの他の部分には（北イタリアには 11 世紀以降），すでに都市生活の顕著な復活が見られたが，ローマは依然として昏睡状態に置かれていた．法王の精神上の権力は決して中世期以上に強力ではなかったけれども，ローマは日蔭の生活を送っていた．バロック時代のローマでは，教会は雨後の竹の子のようにぞくぞく建てられたが，中世期のローマには，北方の自治都市の寺院に比肩しうるような新しい寺院は一つも存在していなかった．このことは人口についても同じことであった．

ローマの 13 世紀の人口——約 17 000 人と評価される——は，よくヴェネツィアやロンドンやパリの当時の人口と比較されるが，ローマのはなはだしい縮小振りを物語っている．

ルネサンス期の法王達の業績

法王がアヴィニョンの配所から帰還して，ヴァティカン宮殿に新しく定住するようになり，さらに世才にたけたメディチ家の人たちや，他の商家出身の人々，あるいはユリウス 2 世のような傭兵隊長の子孫が法王職につくようになるにつれて，こういう状況は徐々に変化してきた．

115

ローマの中世期につくられたほとんど住むに適しない市の中心部は，カステロ・サンタ・アンジェロ（Castello S. Angelo）に面して，ティベール河の彎曲部に押込められた地域であった．この地域は不健康な土地ということで有名だったし，またこの理由のために，古代ローマ帝国時代を通じて開発させられないままに打ち捨てられていた．中世ローマは，この中心部からティベール河近傍のマルケルルス劇場（Teatro Marcello）[30]やカピトールの方へ徐々に，しかも混沌たる状態で広がっていった．

この都市の変化は，中世期の中心部からはずれて，ヴァティカン宮とカステロ・サンタ・アンジェロとを結ぶ地域，いわゆるボルゴ・ヌオヴォ（新しい郊外）で始まった．この城は，法王にとっては，宝庫や牢獄として，また侵略や反乱の際の逃避所として役立っていた．この建物が占居していた場所は，ジョヴァンニ・バッティスタ・ファルダ（Giovanni Battista Falda）の地図（図33）に，はっきり示されている．この地図は，さらにボルゴ・ヌオヴォのルネサンス期の並行道路をも示している．

この城の主軸に架けられた橋，ポンテ・サンタ・アンジェロ（Ponte S. Angelo）は，今では都市中心部への最も重要な入口になっていて，その名称はルネサンス期にできた業務中心の名前にさえなっている．ここには法王庁の造幣局の他，外国の銀行，チギ家（Chigi）やメディチ家，あるいはアウグスブルグのフッガー家（Fuggers）のような大商業機構が集められていた．事実，この地は，ルネサンス期のローマにおけるウォール街であって，この狭い地区において，しばしば当時の全ヨーロッパの貨幣経済や外交や宗教上の運命に影響を及ぼすような取り決めが行なわれていたのである．

中世ローマの街路

ニコラス5世の頃から，法王たちはその橋のたもとに広場を構築しようと考えていた．この広場はレオナルド・ブッファリーニ（Leonardo Bufalini）のローマの地図（1551年）では「フォールム・ポンティス」（Forum Pontis）と呼ばれ，ファルダの1676年の地図[31]では「ピアッツァ・ディ・ポンテ」（Piazza di Ponte）と呼ばれている．ルネサ

---

30) Piero Tomei, *L'Archittetura a Roma nel Quattrocento* (Roma, 1942).

31) ローマの発展に関する研究の入門には，この都市の16世紀，17世紀，18世紀の主要地図のすぐれた複製（ヴァティカン図書館刊行）によって最善の示唆が与えられる．ユリウス3世の時代には，Leonardo Bufalini によって描かれた地図（1551年）があるし，シクストゥス5世以前のローマについては Du Pérac-Lafréry の地図（1577年），シクストゥス5世以後のローマについては Antonio Tempesta の地

ンスの時代に，この広場は直接あるいは間接に，中世期のローマを貫く主要幹線を放射する焦点となった．これらの街路はそれぞれ有名な名前をもっている．中世の不規則な多くの短い道路を継ぎ合わせることによって，ペルグリノルーム通り（Via Peregrinorum）[32]は最後にマルケルルス劇場に至っている．さらに有名なパパリス通り（Via Papalis）は，一様に曲りくねった連絡路によってカピトールと連絡され，さらにラテランと結びつけられている．もう一つの重要な連絡路は，レクタ通り（Via Recta）であって，一部は古代につくられたものであるが[33]，幾多の困難を伴いながらも，後に建設されたコロンナ広場（Piazza Colonna）とコルソ（Corso）すなわちラタ通り（Via Lata）とを結びつけている（図34）．

ペレグリノルーム通り，パパリス通り，コロナリ通り（Via dei Coronari）は，すべて部分的には中世にその起源をもっており，一部15世紀の改良工事でできている．"都市改造家（Restaurator Urbis）"のシクストゥス4世（Sixtus Ⅳ）は，その1480年の法王布告で，すべての建物の突出部や街路の障害物を除去するように命じた．この布告は，ローマの市街地の条件を改良するための最も重要な単独条令であった．

ルネサンス期ローマの街路

法王，特にパウルス3世（Pauls Ⅲ，1534～1549年）が，ポンテ広場回りの工事を，その広場から市を横切って中世とルネサンス期の道路に短い直通道路を設けることによ

図（1593年），バロック時代のローマには Giovanni Maggi の地図（1625年）と G. B. Falda（1676年）の地図，衰微以前の法王庁ローマについてはG. B. Nolli の地図（1748年）がある．木刻版の Bufalini の地図には，精細な街路形式が初めて描かれているし，Tempesta と Falda の地図は表示の明瞭さにおいて傑出している．Nolli は Bufalini と同じように，街路の描写に近代的な手法を用いており，この図版の目を娯しませるような手練は，まさに1個の芸術品に近い．より詳細な資料としては，C. Scaccia-Scarafoni の *Le Piante di Roma*（Roma, 1939）を見よ．

[32] Piero Tomei, "Le Strade di Roma e l' Opera di Sisto Quarto," *L' Urbe*, Ⅱ (1937), 7月号，p.12～20.

[33] その最も重要な部分，後にバラの花輪売りにならって名づけられたコロナリ通り（Via dei Coronari）は，現在ほとんどスラムになっている．Ludwig von Pastor の歩んだ道を，ほぼ30年後の現在にたどってみる人は誰しも，建物の形態の損壊と無視に伴なう荒廃の速さに驚かざるを得ない．L. von Pastor, *Die Stadt Rom zu Ende der Renaissance*, 第3版（Freiburg, 1916）を見よ．この小冊子はシクストゥス5世以前のローマの状態をきわめて詳細に説明している．

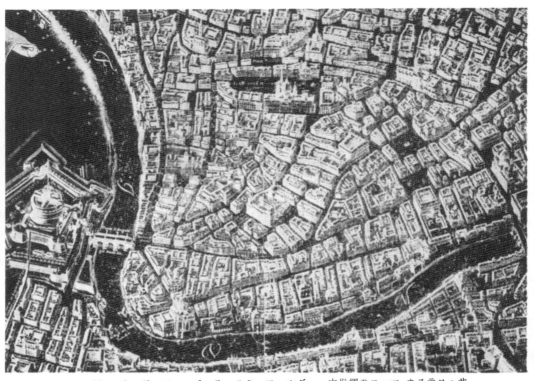

33. ジョヴァンニ・バッティスタ・ファルダ　中世期のローマ，カステロ・サンタ・アンジェロからシクストゥス4世の橋まで（1676年の地図，部分）．ファルダの地図は，新しい楔状稜堡のあるカステロ・サンタ・アンジェロによって占められたティベール河の彎曲部に，中世ローマの主要部分がどのように閉じ込められていたかを明白に物語っている．ファルダは，さらに，この法王の宝庫にして牢獄兼避難所とヴァティカン宮とを連絡する地下道をも描き込んでいる．ハドリアヌスの頃から，その要塞の軸に沿って，ティベール河に架かっていたポンテ・サンタ・アンジェロと，その橋頭堡にあるピアッツァ・ディ・ポンテとは，ここでは中世ローマの主要道路の中心になっている．法王パウル3世（1534～1549年）治下に完成されたこの広場から出る街路の放射型は，この種のものとしては最初のものであった．

34. シクストゥス5世によるバロック・ローマの計画　この図解的な地図は，→シクストゥス5世の計画を，彼以前の既存のものと関連させて示そうとしたものである．シクストゥス5世のために設けられた街路は太線で区別され，中世ローマの境界は斜線で示されているし，マルクス・アウレリウス治下のローマの輪郭はアウレリウスの城壁の線で示されている．シクストゥス5世が，ローマの地形によって要求されるところにはどこへでも，道路を組織的に連絡してゆくことによって，その街路をあたかも強化された背骨のように，有機的に計画した有様が明白に示されている．

118

THE PLANNING OF BAROQUE ROME BY SIXTUS V
1585-90

O
Z — S
W

S. LORENZO

S. CROCE IN GERUSALEMME

STRADA S. LORENZO (PROJECTED BY SIXTUS V)

MURUS AURELIANUS

DESTROYED BY RAILWAY

12TH CENTURY

STRADA FELICE

CORRECTED BY SIXTUS V

PROJ. BY SIXTUS V

1588

S. GIOVANNI IN LATERANO

COLONNA PAULUS V 1605-21

PORTA PIA 1561

VILLA MONTALTO

S. MARIA DEGLI ANGELI

THERMAE DIOCLETIANIS

VIMINALIS

1587

VIA GREGORIANA (GREGOR XIII 1572-85)

VIA MERULANA

PIAZZA S. MARIA MAGGIORE

VIA DI S. GIOVANNI

PROJECTED BY SIXTUS V

TO S. PAOLO

STRADA PIA

VIA 44 SETTEMBRE

VIMINALE

S. PIETRO IN VINCOLI

VIA PANISPERNA

ACQUA FELICE (PIUS IV) 1587

S. CARLO FONTANE

COLOSSEUM

S. TRINITA DEI MONTI

QUATTRO

QUIRINALIS

PALATINUS PROJECTED BY SIXTUS V

S. SABINA

PROJECTED BY SIXTUS V

PIAZZA QUIRINALE

COLONNA TRAJANA 1585

MONTE PINCIO

COLONNA ANTONINA 1589

CAMPIDOGLIO

STRADA DEL BABUINO

STRADA DEL CORSO

PIAZZA DEL POPOLO

1589

VIA LEONINA (RIPETTA) (LEO X 1513-21)

STRADA DI TORINO

VIA RECTA

PIAZZA COLONNA

CONTRA TEATRO MARCELLO

FIUME TEVERE

ROMA MEDIEVALE

PIAZZA NAVONA

VIA PAPALIS

TRASTEVERE

CASTELLO S. ANGELO

PONTE S. ANGELO

PLATEA PONTIS

VIA PEREGRINORUM

STRADA GIULIA

V. PAOL. (JULIUS II 1503-13)

TIBER FLUVIUS

BORGO NUOVO

OBELISK 1586

S. PIETRO

VIA DELLA LUNGARA

NICOLAUS	V	1447–55
SIXTUS	IV	1471–84
JULIUS	II	1503–13
LEO	X	1513–21
PAULUS	III	1534–49
JULIUS	III	1550–55
PIUS	IV	1559–65
PIUS	V	1566–72
GREGOR	XIII	1572–85
SIXTUS	V	1585–90
PAULUS	V	1605–21

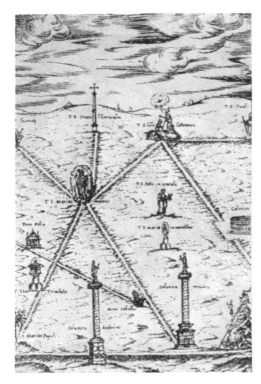

35. G. F. ボルディノ　シクストゥス5世の道路のスケッチ・プラン，1588年．このシクストゥス5世の事業に対する当時のスケッチ・プランは，彼の道路計画を，聖地間の連絡という簡単なシステムに還元させている．

って巧みに完成させたのは，後期ルネサンスのことであった．この短いけれども放射状の街路形式は，この種のものとしては初めての試みであった．この中には，ブラマンテが手がけたジュリア通りに通ずるパオロ通り（Via Paolo）と，途中でコロナリ通りと結びつくパニコ通り（Via di Panico）が含まれている．

最後に，ルネサンス・ローマの最も重要な貫通道路の一つであるトリニタティス通り（Via Trinitatis）は，北辺のトール・ディ・ノーナ道路（Strada di Tor di Nona）によって，ポンテ広場に結びつけられていた．トリニタティス通りはパウルス3世によって起工され，ユリウス3世（Julius Ⅲ，1550～1555年）によって継続された．この街路は，レオナルド・ブッファリーニの1551年の地図に，一直線の長い道路として記載されており，ルネサンス・ローマの未開発区域の大半を横切って，シクストゥス5世の活動領域であるピンチオ（Pincio）の丘の麓のルネサンス期のサン・トリニタ・デ

36． シクストゥス5世によるローマの総合計画，1589年．ヴァティカン図書館にあるこのフレスコ壁画は北西から南東に向けられている．中世ローマとヴァティカン宮の部分は，どちらも図書館の戸のアーチで切られてしまっているので，その眺望はシクストゥス5世の計画に集中されている．この図は，左手のポポロ広場からサン・トリニタ・デイ・モンティとサンタ・マリア・マッジョーレをすぎて，さらにラテランに至るストラダ・フェリーチェの直線道路によって占められている．オベリスクと記念柱がそれぞれの広場から突出しているし，アクァ・フェリーチェの噴水も中央左手寄りのストラダ・ピアに描かれている．

イ・モンティ寺（S. Trinità dei Monti）の近傍に達している．

シクストゥス5世とその司教在位期間

　　　　　　　　　　　　　　　　　　　　　　　　　　　法　王　職

通常，イタリアの支配階級や貴族階級だけが法王職に選ばれていたが，増強する貴族階級の権利が中世期の市民権を次第に侵害していた16世紀末のような時代にも，いくつかの例外があった．それゆえに，社会の最下層から出てきたシクストゥス5世のような人が，人間が昇りうる限りでの宗教的ならびに世俗的権力の最高の地位を獲得することができたのである．当時の重大な危機に直面して，カトリック再興期に内在する力，生命力と本能が，その系譜にこだわることなく，まさに活動のために生まれてきたようなシクストゥス5世のような人物を，この地位に昇らしめたといっても過言ではないであろう．

121

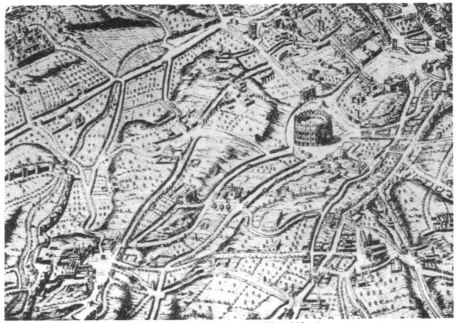

37. ローマ：コロッセウムとラテランとの間の地域，デュ・ペラック・ラフレリの地図の一部，1577年．シクストゥス5世の治世直前の丘陵地帯の田園的な性格が，でたらめな曲がりくねった道路と共に明瞭に示されている．この地図ではラテランは左手に，サンタ・マリア・マッジョーレは右手の田園的な背景の中に見られる．グレゴリウス13世によって築造されたグレゴリアナ通りが2つの寺院の間の短い直線道路から成り立っていたことも明白である．この地図によって，シクストゥス5世がサンタ・マリア・マッジョーレとピンチオとの間のフェリーチェ通りをつくるに当って当面した困難が，良く了解される．

シクストゥス5世は，フランシスコ托鉢修道会士として知られているが，12才の時に，その聖職に入門させられたのである．彼はダルマチア地方（Dalmacija）の農民の息子だった．彼の家族の名前は知られていない．彼は後にそのいとこの名をとってペレッティ（Peretti）と呼ばれた．彼の父親は，その息子の将来の運命に望みを托して，その子にフェリーチェ（幸運，Felice）という洗礼名をつけたのである．シクストゥス5世は，他の法王の場合と違って，この名前を決して棄ててしまわなかった．彼は自分が最も身を入れていた計画案の2つにこの名前を与えている．すなわち，ローマの北西から南東に貫く壮大な公道であるストラダ・フェリーチェ（Strada Felice）と，南東の丘陵に生気をもたらした水路アクァ・フェリーチェ（Acqua Felice）とがそれ

122

38. ローマ：コロッセウムとラテランの間の地域，アントニオ・テンペスタの地図の一部，1593年．シクストゥス5世の治世直後につくられたこの地図は，他の地図とは方位が違っているので比較が容易でない．とはいえ，ここ2，3年以内に起こった巨大な変化を即座に見てとることができる．1本の直線道路がコロッセウムからラテラン宮殿前のオベリスクまで導かれ，さらにそこからもう1本の直線道路（改良されたグレゴリアナ通り）が地図の中央を横切ってサンタ・マリア・マッジョーレ（左手地図外）へ通じている．この，シクストゥス5世お気に入りの寺院は，さらに直線路（フェリーチェ道路の一部）によって（地図の上部にある）サンタ・クローチェと結びつけられている．コロッセウム近辺のかつての田園地帯は家屋におおわれていて，その後の活発な建設活動を物語っている．

である．

反宗教改革運動期の法王という異常な人間関係が，シクストゥス5世をその職にふさわしい人物とみなすことになった．短期間だが，彼には宗教界と国家に対する最高権力が授けられた．宗教上の主権と世俗的な主権を同時に所有したことが，彼に絶大な刺激を与え，そうでなければ決してなしとげられなかったようなことを成就させることになったのである．しかし，法王はあまり長く君臨すべきものではない．法王は聡

明であるべきだが，同時に年長者でなければならない．こういう資格上の条件のために，偉大な法王たちのそれぞれに，自分の企画を遂行したいという欲求と，死の制約との間の悲劇的な相剋を引き起こしていた．シクストゥス5世の生涯は，この悲劇的な状況を例証している．

シクストゥス5世の生涯

フェリックス・ペレッティ（1521～1590年）は，永い間，待たなければならなかったが，その13年間は彼の法王職の前任者，グレゴリー13世（Gregory XⅢ）に冷たく無視されていた最も苦しい期間であった．彼は30才の時に，四旬節の説教師としてローマに招ばれた．35才でヴェネツィア共和国の非情な異端審問官となった．彼は48才で枢機卿になったが，自分の生地グロッタンマーレ（Grottammare）の近くの村の名をとって，モンタルト（Montalto）枢機卿と称した．彼が法王の地位についたのは64才の時だったし，未完成のクィリナル（Quirinal）宮殿でマラリアにかかって倒れたのは，彼の69才の時であった．

高い僧職についた時，彼はそれまでの困苦欠乏に耐える必要がなくなった．枢機卿時代に，比較的大きな収入が手に入り，かつての農民の本能が目覚めて，彼はサンタ・マリア・マッジョーレ寺院とその修道院のはずれにあるまったくさびれた土地に地所を購入した[34]．財政上の困難や敵があったけれども，彼はその土地に塔屋のついた館を建ててフェリーチェ邸（Palazetto Felice）と名づけた（図39）．

彼はその邸館を建てるために，まだ名の知られていない若いドメニコ・フォンターナ（Domenico Fontana）[35]を雇ったが，農民の息子にとってなににもまして重要だったのは，その庭園を設計することだった．その興味深いプランは，フォンターナの後の，ローマの改造のためのプランと同様，法王と建築家，依頼主と建築家とが共に満足しながら滅多にない協力振りで仕事がなされたことを示している．

---

34) A. von Hübner, *The Life and Times of Sixtus V*, Vol. I , p.255 以降 (London, 1872).

35) ドメニコ・フォンターナは遠隔の北辺の地——国境のルガノ湖のスイス側にあるメリデ（Melide）——からローマに出てきた最初の建築家の一人だった．フォンターナの甥のカルロ・マデルノはサン・ピエトロ寺院の身廊の建造者として，またマデルノの甥のフランチェスコ・ボロミーニも，その近在の村からローマに出てきた建築家で，しかも同じ一族だったということは興味深い．Ugo Donati, *Artisti Ticinesi a Roma* (Bellinzona, 1942) を見よ．

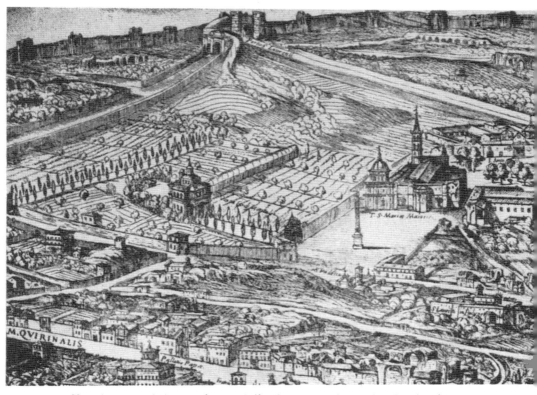

39. サンタ・マリア・マッジョーレとヴィラ・モンタルト,アントニオ・テンペスタの地図の一部,1593年.モンタルト枢機卿(後のシクストゥス5世)が1581年に彼のヴィラ・モンタルトの敷地を購入した頃は,サンタ・マリア・マッジョーレ寺院は,その僧院の建物と共にエスクィリンの丘の荒涼とした水の乏しい地域にぽつねんと離れて建っていた.テンペスタの地図には,壁を巡らしたヴィラ・モンタルトの塔屋のついた邸館と2列の糸杉の並木のある屋敷が,サンタ・マリア・マッジョーレの前に新しくつくられた広場やオベリスクと共にはっきり示されているし,一方,その寺院の背後には,サン・ロレンツォへ通ずるシクストゥス5世の新設道路がアウレリウスの城壁を貫通している.フェリーチェ道路は見分けにくくなっているが,それはテンペスタが,土地の高低を描写するために彎曲して描かざるを得なかったからである.

彼がその料地に名づけたヴィラ・モンタルトで,この枢機卿は,グレコリー13世に冷遇された永い歳月にわたって閉じこもった生活を送っていた.彼自身はその教会の神父たちの書類に眼を通したり,新しい計画で忙しく働いていた.彼はまた建築に対す

125

40. サンタ・マリア・マッジョーレとその前のオベリスク，1587年．現在コレッジオ・マッシモにある壁画．この壁画はかつて，シクストゥス5世が，その一族のために建てた敷地の外壁沿いの建物に描かれていたものである．前景に初期の頃の車輪の大きな馬車が見える．左手の屋敷沿いにシクストゥスが自分で植えた若木が，まことに弱々しそうに描かれている．

41. 前図の反対側から見た現在のオベリスク．サンタ・マリア・マッジョーレから撮ったこのオベリスクの写真は，ピンチオに至るフェリーチェ道路を見下ろしている．

る情熱をも呼び起こしたのである．シクストゥスがサンタ・マリア・マッジョーレ寺院の付加物として建て始めていたその埋葬のための礼拝堂の異常な大きさをみて，グレゴリー13世が激怒し，あわれな枢機卿に与えられていた財政上の支持を取り上げてしまったといわれるが，それもまったく了解できないことでもない．この礼拝堂で，

シクストゥスは冠もつけずに頭をむきだしにして　頭髪を額に垂らしながら，部厚い百姓の手を組み合わせて，目に見えない聖なる櫃の前にひざまづいている．この聖なる櫃は，ドメニコ・フォンターナが彼の最初のはなやかな役割として，それを入れる御堂と共にそこに運び入れ床下深く埋め込んだものであった（図43）．

フォンターナは，芸術的にはミケランジェロとローマン・バロックの登場との間の，凡庸な建築家の世代に属していた．彼の審美眼はその主人と同様，雅致のないものであった．ラテラン宮やクィリナル宮，さらにヴァティカン宮のうちの彼が手がけた棟は，ローマの各宮殿のうちでも最も単調なおもしろくないものであるが，彼の仕事の総合的な相互作用は，その当時に比肩されるもののない都市設計をつくりだすことになった．

42.　17世紀後期のヴィラ・モンタルト．方向性のある見通しの効果をもったこの庭園の設計は，シクストゥス5世によって，ルネサンスの方形の花壇や芝生の植わった庭園形式に1世紀先んじていた．その糸杉の並木は，シクストゥス自身によって計画されたこの都市の成長に伴い，鉄道時代に併呑されてしまうまで立っていた．

モンタルトの料地にフォンターナがつくったフェリーチェ邸は同じように重要性のないものだが，長いヴィスタをもった庭園の設計（図42）は，ルネサンスの方形の花壇や芝生の植わった庭園形式に1世紀先んじたものであった．小作農の伜であった枢機卿は，その料地に，完全に自分の自由になるわずかな土地を見出して，土に接触したいという永い間抑圧されていたあこがれを実現することになった．枢機卿として，また法王になってからも，彼は糸杉やオリーヴの木を自ら植樹して，その料地の手入れに細心の考慮を払っていた．彼が後に付け加えた新しい建物の棟に描かれたフレスコ壁画——現在コレッジオ・ロマーノ（Collegio Romano）に保存されている——には，これらの植樹されたばかりの若木が石塀の背後に弱々しく描かれている（図40）．

同時になしとげられた計画

法王としての彼の活動のうちでおそらく最も感銘的なことは，シクストゥス5世が，その職についたそもそもの最初の日から，そのいくつかの大事業を同時に遂行したということであろう．これほど限定された期間に，その総合計画を成就した力は，彼がその事業を開始した土地で過ごした瞑想の歳月のうちに得られたものであった．その仕事の同時性は，その基本計画の信頼できる確実さによって成就された．オースマン男爵はパリの改造を一歩一歩，計画案ごとになしとげていったが，シクストゥス5世は驚くべき同時性をもって，あらゆるところで同時に開始したのである．

政治や行政や都市計画で成就しようとした宏大な事業に対して，この偉大な統治者に割当てられた期間は，まさに5年と4ヵ月でしかなかった．彼がその建設計画でやりとげた信じがたいほどの速さには，何にもまして自分の死期と競い合おうとする焦燥感が明白に現われている．彼に仕えていた建築家，ドメニコ・フォンターナは，その敬慕する主君を喜ばせるほど迅速に完成させられないということをしばしば繰返し述べている．

シクストゥス5世は，その統治の初めに，ほぼ1年足らずの間にストラダ・フェリーチェを完成し（1585〜1586年），その終り頃には，彼の素晴らしい決意によって，それまでほとんど4分の1世紀近く手つかずになっていたサン・ピエトロ寺院のクーポラを22ヵ月以内に建て上げることができた（1588〜1590年）．ミケランジェロの設計を遂行する責任を負わされたジャコモ・デラ・ポルタ（Giacomo della Porta）とドメニ

43. ドメニコ・フォンターナ 聖櫃の入った礼拝堂の移転工事. 霊宝の聖なる櫃の入っている礼拝堂全体を, サンタ・マリア・マッジョーレ寺院から, シクストゥス5世が自分の墓と彼の恩人ピウス4世の墓所を設けた新しい礼拝堂へ移転する工事は, きわめて危険な仕事だったが, フォンターナの技術的な離れ業に対するすぐれた才能を示している.

コ・フォンターナは, その仕事に800人の労働者を休日なしの昼夜兼行で使役したのであった.

今でも完全に保存されている一冊の備忘録に, 托鉢修道会士フェリックス・ペレッティの覚書が記録されている. 法王シクストゥス5世は, 法王庁の社会的かつ財政的業務の中にも同じ秩序を導入しようと考えた. 彼は, そのどちらをもうまくやりとげることができた. 彼は, 市の内と外で相呼応して民衆を威嚇していた山賊や貴族政治主義者を短期間に追放してしまった[36]. 彼の短い在位期間中に, カステロ・サンタ・アンジェロに集められた法王の資産は, 20倍に増大した. 彼があらゆる分野でとった

---

36) Hübner の *Sixtus V* には, この闘争が詳しく述べられている. 同書第Ⅰ巻, p. 275, 284, 293.

措置はほとんど非情に近いものであった．彼はその時代のピューリタン的な厳格な倫理感と，カトリック異端審問官としての無慈悲さとを兼ね備えていたのである．トスカーナ太公の言によれば，建設工事はあたかも人間共を意に介することなく処理されたのである．

シクストゥス5世は，国内に秩序を回復させながら，同時に，ドメニコ・フォンターナが「壮大な計画」（magnanime imprese）と呼んでいたところのものを遂行していった．その統治の第1年目に，ストラダ・フェリーチェに着手して年内に完成させ，さらにオベリスクをサン・ピエトロ寺院の前面に移転する工事が始められた．さらにアクァ・フェリーチェに対する導水高架橋と運河，ラテラン宮殿とそのバジリカの建設，さらにトラヤヌス（Trajanus）帝の記念柱回りの清掃，2000人の労働者を使役した（ローマ南東部の）ポンティン沼沢地の排水工事，と矢継ぎ早に事業が開始された．これらの仕事の他にも，彼自身の料地の開発や，サンタ・マリア・マッジョーレの壮麗な寺院の建設が狂気のような速度で進められていた．このように数え挙げることによって，彼の都市計画における同時性が十分に例証されるだろう．

総 合 計 画

シクストゥス5世は，都市計画の領域についてみれば，数々の事象を取りまとめ，組織づけて，その計画を遂行しうる希に見る人物の一人であった．彼は，その計画の実現を阻むものは何一つとして容赦しなかった．ただ，死だけが――それはあまりにも早く――彼の何物にも拘束されない活動力を消滅させ得たにすぎなかった．

ローマは西部から
東部へと成長した

シクストゥスの時代以前に，すでにローマには奇妙な現象が起こっていた．ほとんどあらゆる都市が東から西に向って発展しているにもかかわらず，近代のローマは西から東に向かって成長してきた――もっと正確にいえば，北西（ヴァティカン）から南東のもっと健康的な丘陵地帯に向って発展してきたのである．

1503年から1513年の間に，ユリウス2世はティベール河の両岸に沿って2本の直線道路，右岸にルンガラ通り（Lungara），左岸にジュリア通りを設けた．彼の後継者，レオ10世（Leo Ⅹ，1513～1521年）は，ポポロ広場（Piazza del Popolo）から放射される3本の街路のうち最も東寄りのストラダ・レオニナ（Strada Leonina），今日のリペッタ通り（Via Ripetta）を計画した．パウル3世（1534～1549年）は，その片方のバブイノ通り（Via Babuino）の建設にたずさわった．その中央の軸になっている街路，ラタ通り（今日のコルソ通り）は古代以来，北方からローマへの入口として存在していた．この地に建てられたローマの数少ないルネサンス期の寺院のうちの2つ――サンタ・マリア・デル・ポポロ寺院とピンチオの丘の上のサン・トリニタ・デイ・モンティ寺院――が，共にシクストゥス5世によって完成されたものだということは興味深い．

こうして開発事業の進展は，次第に南東に向って精力的な飛躍を行なうことになる．ピウス4世（Pius Ⅳ，1559～1565年）は，荒凉としたクィリナルの丘から，ミケランジェロの比類のないポルタ・ピア（Porta Pia，1561年）に向う2キロメートルの横断直線道路を建設した．この道路は，最初彼の名をとってストラダ・ピアと呼ばれていた．この辺からシクストゥス5世の計画領域の真只中に入り込むことになる．最後にシクストゥス5世の直前の法王で，対立者であったグレゴリー13世（1572～1585年）は，サンタ・マリア・マッジョーレ寺院とラテラノ（Laterano）にあるサン・ジョヴァンニ（S. Giovanni）のバジリカ式寺院とを結ぶ古い道路を断片的にまっすぐに改造している（図37）．

シクストゥス5世の計画
に対する宗教上の衝動

フランシスコ教会の法王という権勢の位に昇りつめたシクストゥス5世は，こうして年々歳々，西から東へと伸展してきたこれまでの断片的な一連の開発を取上げることになった．彼は，これらのすべての開発を取上げて一つの統一された計画――彼の総合計画――にまとめ上げることができたのである．この新しい改造に対する第一の衝動は，何よりもまず宗教的なものであった．各道路は，敬虔な信徒が訪れるべき7つの主要な寺院や聖堂を一日の巡礼で回りきれるように結び合わさなければならなかった．

この計画の背後には反宗教改革運動と教会の新しく覚醒された活動力とが見出され

る．シクストゥスの願いは——パストール（Pastor）のいっているように——ローマ全体を「一つの聖地」にすることであった．

シクストゥスの計画は，僧侶や巡礼の眼には，各聖地をつなぐ一つの連絡道路として映っていたのである．オラトリオ会修道士のボルディノ（Bordino）は，この事業の進行中に，ラテン語の六歩角の詩（1588年）[37]をつくって，シクストゥス5世の業績をたたえている．それには，主要な寺院と，それらをつなぐ道路だけが示されているような初期のスケッチ・プラン（図35）が挿入されている．これらの道路はサンタ・マリア・マッジョーレ寺院から種々の寺院に「星状型」（in syderis formam）に放射する星型を形づくっている．この星型プランはその計画の真の目的に関する誤解を招くことになった．この計画は，実際は，ルネサンスの星状型都市のそれとはまったく違う性質のものだったのである．

ドメニコ・フォンターナによる街路の近代
的な設計についての最初の所見，1589年

この建築家の原設計図を探し求めたが，不幸にして見当らなかった．おそらく，そういうものは残っていないのだろう．シクストゥス5世の下で，彼が遂行した計画に関するドメニコ・フォンターナの業績は，ただ「主君によって開かれた道路について」簡単に二，三の意見を述べたにすぎない．しかし，これらの意見は，近代の都市の街路設計を決定するようになった見解を初めて表明している．フォンターナの所見の二，三[38]をここに引用するのも，まさに，こういう理由からである．彼は全般的な問題についてつぎのように述べている．

「献身や誓約に促されて，ローマの多くの聖地，特に偉大な贖宥や聖なる遺物で有名な7つの寺院を頻繁に訪れる慣わしの信徒たちが容易に巡礼できるようにするために，われわれの主君は，各地に多くのきわめて便利な直線道路を開通させた．こうし

---

[37] Giovanni Francesco Bordino, *De rebus praeclare gestis a Sisto V* (Roma, 1588). この書は稀覯書であるが，ローマの Palazzo Venezia 図書館，およびロンドンの British Museum，パリの Bibliothèque Nationale に写本がある．

[38] *Della Trasportatione dell' Obelisco Vaticano et delle Fabriche di Nostro Signore Papa Sisto V, fatto dal Cav. Domenico Fontana, Architetto di Sua Santita*, Libro Primo (Roma, 1590) からの引用，Dr. James S. Ackerman によって親切に翻訳されている．

て，各信者は徒歩や騎馬あるいは馬車によって，ローマ内部の各自の望む地点から出発して，著名な礼拝の地を，実質上，直線道路によって連続的に訪れてゆくことができる.」

これらの街路の路線は，遭遇する多くの困難にかかりあうことなく，あらゆる自然の障害物を乗越えて，その道をはばむものはすべて取りこわしながら遂行された. しかも同時に，シクストゥスはローマの地勢に含まれている素晴らしい多様性をよく承知していたので，「道路本体の感じに魅力を添えるために・・・種々の変化に富んだ眺望」を利用した.

「こうして，まったく信じられないくらいの費用で，しかも偉大な君子（シクストゥス）の心情にも一致して，これらの道路は，都市の一端から他端まで，その間の丘や谷にこだわることなくのべ広げられていった. しかし，丘を削り谷を埋め立てて，なだらかな傾斜にし，所々に，種々の変化に富んだ眺望を伴う市の低地を見はるかすような魅力のある個所をつくりだした. こうして，巡礼の便のみならず，道路そのものに魅力を加えることになった.」

短い文章のうちに，フォンターナはシクストゥスの基本的な意向を的確にいい表わしている. ローマの町の3分の2は，かつてのアウレリウス皇帝時代の域壁で取囲まれている. 最も気候のよいこの丘陵地帯には，実際には誰れも住んでおらず，まったく無住の地であった.「古代以来のいくつかの聖なるバジリカ式寺院の間にそびえ立つ中世以降の二，三の教会」の塔の他には何も存在していなかった. その荒涼たる地域は，すべて参拝者と沈黙の住み家として永久に運命づけられているかのごとく思われた. せいぜい人の居住するものとしては，僧院と二，三の散在した破屋ぐらいにすぎなかった.」[39]

カンパーニアの平原からの風の吹きすさぶ北東部のピンチオの丘から，エスクィリン，クィリナル，ヴィミナル（Viminal），カエリウス（Caelius）の方へ広がっているこれらの古代ローマ以来の丘陵地帯を，シクストゥスは再び人の近づきやすいところにしようとした. それをしとげるために，彼はすぐさま，道路の単純な集合体を，互

---

39) Pastor, *Die Stadt Rom zu Ende der Renaissance*, p.102.

いに連鎖し合う都市交通網に変えることから始めたのである.

「こういう要請によってローマの町は再び活気を呈するようになった. それというのも, これらの道路の往来が頻繁になるにつれて, かつては道路があまりにも曲がりくねっていたために通行を妨げられていたようなところに, 住宅や商店が新しくどんどん建てられるようになってきたからである.

新都市を建設する際の中世期の慣行に従って, シクストゥスは種々の特権を付与することによって建設活動を促進させた. 彼の伝記作家の一人[40]は, シクストゥス自身の妹, ドンナ・カミラ (Donna Camila) は, 商業上の利益を抜け目なく承知していて, サンタ・マリア・マッジョーレ近くのエスクィリンの丘の一部に, いくつかの商店を建てて, それを相当の利回りで賃貸していたことを記録している.

この都市に加えられた変革は, シクストゥスの死後, ローマに帰ってきたある僧侶が, かつての都市がほとんどわからなくなっていて,「あらゆるものが, 住宅も街路も広場も泉水も水道橋もオベリスクも, すべて皆新しく見える」[41]といっているほど, 壮大かつ急速なものであった.

ストラダ・フェリーチェ

フォンターナが最も誇りに思っていたのは, その法王の名を付けたフェリーチェ道路であって, この道路は1585年に着工されてわずか1年で翌年の86年に竣工している. この大通りは, 現在のアゴスティノ・デプレティス通り (Via Agostino Depretis) とクァットロ・フォンターネ通り (Via Quattro Fontane) であって, サンタ・マリア・マッジョーレ寺院前のオベリスクから丘を下って, ピンチオの丘の頂上と, シクストゥスが1585年[42]に献じたサン・トリニタ・デイ・モンティ寺院のところまで登りつめ, こうしてエスクィリンの丘のサンタ・マリア・マッジョーレ寺院に連絡されている. それ以後の拡張は遂に完成されなかったが, さらにポポロ広場のオベリスクの方へ下ってゆくように計画されていた. これはヴァティカン宮殿のフレスコ壁画にはっきり

---

40) Hübner, *Sixtus V*, Ⅱ, 137 f.
41) Antonio Muñoz の著書 *Domenico Fontana*, p.39 (Roma, 1944) の中に引用されている "*Lettere di Angelo Grillo*, Venezia, 1612".
42) この寺院の前のオベリスクは1789年に古典学者の法王ピウス7世によって建立された.

134

示されている（図3）．高いサン・トリニタ・デイ・モンティ寺院と市の中心部とを——トリニタティス通り（現在のコンドッティ通り，Via Condotti）によって——連絡するためにシクストッスによって計画されたスペイン階段[43]は，18世紀になってやっと完成することになった．

サンタ・マリア・マッジョーレ寺院のはるか向う側で，フェリーチェ通りはジェルサレンメ（Gerusalemme）のサンタ・クローチェ寺院（S. Croce）まで脇道にそれることなく一直線で続いている．19世紀後半に，この長い1本の道路は，ローマで最も退屈な活気のない地域の中軸として役立つことになり，いろいろな名称がこの道路の各部分に与えられることになった．フォンターナは，このフェリーチェ道路についてつぎのように述べている．

「フェリーチェと呼ばれる道路は最も有名であって，ジェルサレンメのサンタ・クローチェ寺院から始まって，トリニタ・デイ・モンティまで続いており，ここからポポロの門の方へ下って行ける．その全行程は2マイル半に及び，錘線のように完全な直線で，馬車が5輌並んで通れるほどの幅員になっている．」

馬車が5輌並んで走れる道路——つまり，5車線道路——は，当時のローマ人にとって幾分極端に思われたにちがいない．というのは，この当時は，騎馬や椅子輿から馬車（コウチやキャリッジ）への転換期だったからである[44]．シクストッスは，その短い在位期間中に導入した改善策の記念として，この前後部の開いた初期の頃の馬車を，この壁画の中に忘れずに記録させている．

星状型ではないシク
ストッスのプラン

シクストッス5世はサンタ・マリア・マッジョーレ寺院近くの地を好んでいたが，ルネサンス時代の「理想都市」に見られるように，バジリカを星状に放射された道路の中心に置くというようなことは考えていなかった．彼の計画は単なる紙上計画ではな

---

43) トリニタ・デイ・モンティ寺院と下のスペイン広場とを結ぶ階段．この広場前にスペイン大使館が建っていたので，この名がある．一種独特の階段形式のもので，途中の踊場で2本に分岐したり再び合体したりしながらトリニタ・デイ・モンティ寺院前に至っている（訳注）．

44) L. von Pastor, *Sisto V, il Creatore della Nuova Roma*, p.15 (Roma, 1922).

44. G.F. ボルディニ　アントニウスの記念柱とコロンナ広場の発端，1588年．シクストゥス5世は彼のいくつかのオベリクスを，あたかも占い杖のように，後に素晴らしい広場が成長してくるような個所に設けた．彼はアントニウス記念柱とその回りの空地を，何世紀ものがらくたの山から清掃して，その境界を定めたが，それは17世紀後期になってやっと建築的な形態を整えることになった．ボルディニのこの銅版画には，当時の建物のプリミティヴな性格が，ヴァティカン宮の壁画よりも，もっとはっきり現われている．このコロンナ広場は，今日でもローマの中心としての位置を保っている．

かった．シクストゥス5世の胸底には，ありのままのローマがしみついていたのである．彼自身，巡礼の通る道を苦労して歩いて，各地点間の距離を身をもって体験していた．1588年の3月に，コロッセウムからラテランへの新しい道路を開設した際に彼は枢機卿たちと共に当時建設中のラテラン広場への全行程を徒歩で歩いている．

　　　　　　　　　　　　　　　　　　　　　　　　　　　新旧の統合

シクストゥス5世は，ローマの地形によって要求されるところには何処へでも，道路を組織的に広げていった．彼はまた，賢明にも，その前任者たちのいかなる業績でも，それが可能であれば，十分な考慮を払って自分の仕事の中に統合してきた．時には，前任者の仕事に改良を加えたりした．たとえばグレゴリー13世のグレゴリアナ通り（図35）の屈曲を直線にしたり，ピア道路の起伏を平坦にしたりした．彼は自身のフ

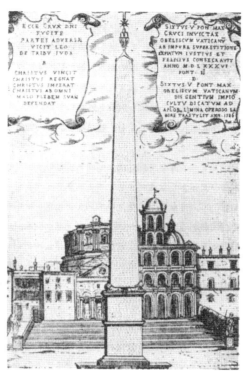

45. G.F. ボルディニ　サン・ピエトロ寺院建設直前のオベリスク，1588年．このオベリスクの移設は，サンタ・マリア・マッジョーレ寺院の聖櫃の移転と同様，17世紀後期の難しい機械の利用に対する大きな関心と典型的な妙技を示しており，後のガリレオの業績を予告している．

ェリーチェ道路を延長してピア道路ときわめてうまい連絡をつくりだした[45]．それらが交差する角度は完全な直角ではないが，ドメニコ・フォンターナはフェリーチェ水道の水を導いて，ここに4つの噴水を設けたので，ゆがみが見えなくなり，交差の重要性が強調されるようになった．この地点は，各方向に与えられる眺望，ミケランジェロのポルタ・ピアやサンタ・マリア・マッジョーレ寺院のオベリスク，クィリナルの近くにある後期ローマ時代の2人の荒馬調教師の巨大な彫像などの眺望によって興趣を添えており，さらに，フェリーチェ道路の眺望は，丘を越え谷を下って，サンタ・トリニタ・デイ・モンティ寺院とピンチオの丘の方へと続いている．

---

45) フェリーチェ道路とピア道路との連絡は，1870年以降，きわめて有益なものになった．この頃から，法王権がヴァティカン宮に閉じ込められ，法王の領地が没収されるにつれて，この地域の建設が急激に進行することになったからである．

ヴァティカン宮の図書室に描
かれた総合計画のフレスコ画

シクストゥス5世は，その新しい街路網を，既存道路の延長だけでなく，市自体の必
要に基づいて構成したのである．彼が1589年にヴァティカン宮殿の図書室の天井に描
かせたフレスコ画は，スケールや出来上りではあまり正確ではないが，彼にもっと時
間と機会が与えられたら実施されたにちがいないと思われるものが描かれていて，実
際に作成された地図よりも，彼の総合計画の意図をより明確に表現している（図36）．

そのフレスコ画の左側には，ポポロ広場のオベリスクが描かれている．フェリーチェ
道路のまっすぐな道が，サンタ・マリア・マッジョーレ寺院のオベリスクのところま
で延びて，さらにラテランのサン・ジョヴァンニ寺院まで続いている．ここから1本
の連絡路が遠方のサン・パオロ・フォーリ・レ・ムーラ寺院（S. Paolo fuori le Mura）[46]
の方へと描かれ，その反対方向には，ジェルサレンメのサンタ・クローチェ寺院近傍
へと延ばされている．ラテランとコロッセウムとを結ぶ道路についてはすでに述べた
とおりである．

サンタ・マリア・マッジョーレ寺院の方へもどると，この他，ジェルサレンメのサン
タ・クローチェ寺院に直接通ずるもう1本の道路と――特にこの時代に興味深いもの
であるが――古代ローマの城壁で止まることなく，サン・ロレンツォ・フォーリ・レ・
ムーラ寺院（S. Lorenzo fuori le Mura）へと続く連絡路が見出される．最後に古代
の都市との接触は，直接トラヤヌスの記念柱とヴェネツィアのサン・マルコ広場の方
へと通ずるパニスペルナ通り（Via Panisperna）によって保たれている．網状の交差
道路が，これらの主要道路と交わっている[47]．シクストゥス5世は，もっと時間の余
裕があったとしたら，街路や広場，水道，建築物などによって，ローマ全体を再開発
したことであろう．

---

46) fuori le Mura とは「城壁外の」という意味で，古代ローマのマルクス・アウレ
　　リウスの城壁外にあるということである（訳注）．

47) シクストゥス5世のいくつかの工事の実現に関するすぐれた資料が *Avvisi d*
　　Roma の中に見出される．この一部は L. von Pastor によって *Geschichte der*
　　Päpste, X, p.591～609（Freiburg,1926）の中に公表されているし，また I. A. F.
　　Orbaan, *Sixtine Rome*（London, 1910）の中にも記載されている．

138

広場とオベリスク

フィレンツェやシエナやヴェネツィアでは，市民精神をモニュメンタルな手法で表現した誇らかな都市の核が建設されたが，ローマはこのような誇らかな都市の核をつくりだすことができなかった．ローマの種々の広場は，ドミティアヌス帝（Domitianus）のスタディアムの外廓に沿ったピアッツァ・ナヴォナ（Piazza Navona）のように，街路からかなり離れたところに設けられていた．これらの広場は市場や祝祭には使用されたが，社会的な意義のある建造物をもっていなかった．カピトールでさえ，その建築的な壮大さにもかかわらず，むしろ孤立した位置を占めていた．シクストゥス5世は，その前後のどの法王よりも，広場を市全体にわたって建設するのに熱心であった．これらの広場の中の多くは教会に関係のあるものだったが，必ずしもすべてがそうであったわけではない．

シクストゥス5世は自分の手がけた建築物——ラテランやクィリナル——の前面や，また彼の建設した道路が交差するところには，必ずその後の発展に備えて相当余裕のある広場をつくることを忘れなかった．その一例は，モンタルトの彼の料地に接して，ディオクレティアヌス浴場（Diocletian Thermae）の前に残した広い空地である．これは後に19世紀の鉄道終着駅の広場，ピアッツァ・デレ・テルメ（Piazza delle Terme）となった．アントニウス記念柱のまわりを清掃してコロンナ広場（Piazza Colonna, 1588年）の外廓を定めることによって，彼は，その都市の今日の中心を建設した（図46）．コロッセウム近くのトラヤヌス帝の記念柱は，その周囲の拡大された広場と共に，古い都市と新しい都市との間のつなぎになっていた．

シクストゥス5世は，あたかも占い杖をもった人が予言しているかのように，そのオベリスクをきたるべき将来に最も素晴らしい広場が発達するだろうと思われた位置に建立した．彼の全事業のうち，1世紀以上にわたって最もセンセーショナルな壮観だったのは，サン・ピエトロ寺院前のオベリスクの解体，運搬，再建（1585～1586年）であった．昔のままに立っていたオベリスクは，ネロ皇帝（Nero）の競技場のスピナ（尖塔）にカリグラ帝（Caligula）が建てたオベリスクだけであった．ニコラス5世以来，法王たち，特にグレゴリー13世は，オベリスクの移動と再建のことを考えていたが，しかし，誰一人としてオベリスクを取りこわして，それを運搬する問題に取りかかろうとするものはなかった．

139

16世紀末のイタリアは高度に発達した工学技術を所有していて，機械や力学に関心をもっていた．しかも，シクストゥス5世には，それに必要な大胆さがあった．しかし，オベリスクのセンセーショナルな再建以上に重要なことは，シクストゥス5世が，空間を魅力あらしめる手段として，このエジプトの日光の象徴に与えた新しい芸術的意義である．この法王と彼の建築家の都市設計に対する直感的な才能は，オベリスクを未完成の寺院から適切な間隔を置いて据付けた，その新しい位置の選定の仕方のうちにも示されている．その位置は，あたかもベルニーニ自身がその柱廊のための魅惑的な中心としてあらかじめ選定しておいたかのようであった．

シクストゥスが設置することのできた4基のオベリスクの最後のものは，おそらくそのすべての中でも最も巧妙な位置に建立されることになった．それは，この都市の北方の入口に建てられて，3本の主要道路の集合点を印づけていた（それは幾度ももくろまれながら遂に実施できなかったフェリーチェ道路の最後の拡張点でもあった）．2世紀後に，ポポロ広場がこの地点のまわりに実現することになった．このようなすぐれた位置を占める他の唯一のオベリスクは，1836年に建立されたパリのコンコルド広場(Place de la Concorde)のオベリスクである．それはエジプトのルクソール(Luxor)神殿から運ばれたものだが，他のすべてのオベリスクと同様，それはかつてその大きなパイロン（塔門）の壁に向って直立していたのである．エジプトのオベリスクは決して，自由に立つ彫刻のように広場の中に置かれたことはなかったのである．

社 会 的 な 観 点

シクストゥス5世は近代的な都市計画家の最初の一人であった．彼は初めから，都市を複雑な有機的組織体と心得ていたし，広場や広大な道路の美は，社会的な要求の充足によって支持されなければならないということをも承知していた．

アクァ・フェリーチェ
ドメニコ・フォンターナが述べているように[48]，シクストゥス5世は，法王としてラテラン宮殿に入ったその当日に，アレクサンダー・セヴェルス帝(Alexander Severus,

---

[48] Muñoz, *Domenico Fontana*, p.42.

46. シクストゥス5世当時のコロンナ広場. ヴァティカン宮図書館のフレスコ壁画. この絵を見ると, シクストゥス5世が, 混沌とした環境の中の焦点として, そのオベリスクと噴水というランドマークをどのように配置したかがはっきりと判る.

A. D. 222～235年) によって建設されたローマ水道の破壊以来, 荒れるままに放ってあった市の丘陵地帯のために, 水道——アクァ・フェリーチェ——を築造しようと決心した. 彼は水を, エスクィリン・カエリウス, ヴィミナル, カピトリーネ, ピンチオといったローマの丘陵地帯の中でも最も高い所まで導こうとした. そのための主たる難関は, 16マイル離れたパレストリーナ (Palestrina) 付近で手に入れた水源からはごく僅かな流水しか出ていないということであった. しかも地勢上, 導管を直線で設置することは不可能に思われた. この問題は, 導管を高いアーチ状の水路にそって7マイル導き, さらに地中を7マイル導くことによって解決された. 18ヵ月以内に, その事業は成功裡に完成した. それは, シクストゥス5世にとっては, 水流がクィリナルやその他の個所に届くかどうか, はらはらするような興奮の一瞬であった. しかし1586年の10月には, 水はモンタルト邸の庭に流れ出たし, 1589年には27ヵ所のすべての公共噴水から迸出することになった[49].

---

[49] Pastor, *Päpste*, X, 426～433 ; A. D. Tani, *Le Acque e le Fontane di Roma*, p.49 ff (Roma, 1926).

48. モーゼ噴水の水槽．今日でも，その噴水の水槽は地元の人たちに絶えず利用されている．

49. 飲料用噴水．エジプト・ライオンの彫像は，今でものどの渇いた通行人のために飲料水を噴き出している．

← 47. モーゼ噴水，1587年．中央にモーゼの像のあるこの3拱形の泉水は，1千年以上給水のなかったローマの丘陵地帯にフェリーチェ水道が導かれたときの勝利の入場を象徴している．その噴水の大水槽は，地域住民のための貯水池として実際に使用されるように設計されており，一方その右手には特に牛馬用の水槽が設けられていた．

他の法王たちは都市のもっと低い地域に水を供給する水路を復興させていた．グレゴリー13世は，シクストゥス5世がやったのと同じような冒険を試みようという意図をもっていたが，技術上の困難と高価な費用に脅やかされて予備折衝以上に進めることができなかった．

社 会 施 設

ヴァティカン図書館にあるフレスコ画には，この都市へのアクァ・フェリーチェの記念的な導入が3つのアーチの並んだ3拱形のモーゼの噴水（1587年）によって印づけられているが，この噴水はピア道路に面して，そっけなく調和を欠いたまま突出してい

50. ピア道路の傍にあるモーゼ噴水，1616年．ここでもまた，シクストゥス5世は，当時の特殊な状況下に，実際的な社会的機能を満たすような広場をつくっている．

51. 現在のモーゼ噴水．シクストゥス5世によってほとんど完全に建造されたこの広場は，その当時の性格をとどめている．

52. テルメ広場の洗濯所．コレッジオ・マッシモの壁画．布を洗濯しようとする者がそろって利用できるように，2つの長い水槽が設けられていた．悪天候の場合や，他人から邪魔されては困るような場合のために，屋内洗濯所も設けられていた．

る(図47). 17世紀においてさえ，この噴水は大変格好の悪いもの（pessimo stile)[50]と考えられていたし，ミケランジェロの死後わずか20年で，こんな凡庸な代物が実現可能だったとはほとんど考えられないくらいである．ヴァティカン図書館にあるもう

---

50) G. Baglione, *Le Vite de' Pittori, Scultori, et Architetti* (Roma, 1642) 中のドメニコ・フォンターナの伝記を見よ．

一つの別のフレスコ画の中に，この噴水の真の目的が見出される（図50）．それは単に装飾的なものとして意図されたのではない．それはローマのこの部分には一千年もの間，ぜんぜん水がなかったのだという記念物であり，なかんずくそれは社会的な施設であった．エジプトのライオン像が，その口から通行人の使用に供するために水を噴出しているし，その3つの大きな水槽は地域住民のための貯水池にあてられており，牛馬によって汚されるのを防ぐために，その回りに大理石の柵が巡らされているし，一方その右側には牛馬用の水槽が別に設けられている．

モーゼの噴水の近くの，現在ピアッツァ・デレ・テルメになっているところに，シクストゥス5世は「洗濯しようとする者は誰でも使用できる」2つの長い水槽を備えた公共洗濯所を設けた．彼はさらに「悪天候の場合や，婦人たちが誰からも邪魔されな

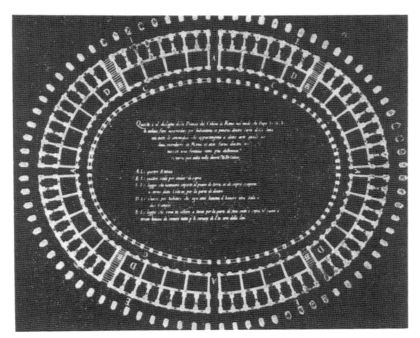

53. ドメニコ・フォンターナ　コロッセウムを紡毛工場に改造しようとするシクストゥス5世の計画，1590年．シクストゥス5世は，その統治の最後の年に，コロッセウムを羊毛紡績工のためのコロニーに改造して，上階に彼らの居住室を設け，1階を作業場にするという計画を立てていた．

145

いで使えるような（alcuna sorte di persone）」[51]屋内洗濯所をも設けている．この16世紀の建設事業は，われわれに1830年頃のイギリスと，ナポレオン3世の頃のフランスで，公共洗濯所を建設する際に示された躊躇を思い起こさせる．

シクストゥスがローマの人々に提供した最も大きな水槽は，紡毛工業を促進するために計画された羊毛すすぎのための水槽であった．それは18世紀になって劇場の書割り風のフォンターナ・ディ・トレヴィ（Fontana di Trevi）に造り直された．

シクストゥス5世は法王の座についた時，その財産が使い尽くされていて，都市には乞食や失業者があふれているのを知った．彼はこの問題を低廉住宅の建設や自分の公共事業計画に何千人もの労働者を雇傭することによって処理した．しかし，これだけでは十分でなかったので，彼は古代ローマ時代の毛織物や絹織物工業を復興させることによって（もちろん，外国人を使役してだが），輸出貿易を発展させようと決心した．彼は桑の木を至る所に植えさせる法律をつくったし，彼の最後の計画の一つは，コロッセウムを紡毛工場に変更させるということであった．作業場を1階にして，労働者の住居が2階に設けられるようになっていた（図53）．「彼はすでに70台の荷馬車と100人の労働者を使って，大地を掘さくし，道路を平坦にする仕事に着手していた．だから，もしも，この法王がもう1年永く生きていたとしたら」[52]このコロッセウムは労働者のための最初の集合住宅になっていただろうし，また，最初の大規模な製造工場になっていたであろう．

シクストゥス5世の偉大さ

シクストゥス5世の都市計画に対する異常な熱情が，彼の事業の中でも際立って顕著だということには疑問の余地のないところである．オベリスクや大理石の壁板に記された幾分卒直な碑文とは別に，それ以上，彼の名はローマ自体の面貌に深く刻み込まれている．

シクストゥス5世は，近代的な都市計画の複雑さを明らかに承知していた．彼が最も

---

51) Fontana, *Della Trasportatione dell' Obelisco Vaticano* (2 nd ed., Napoli, 1604), pt.I, fol. 88.

52) Fontana, *Della Trasportatione dell' Obelisco Vaticano* (2 nd ed., Napoli, 1604), pt.II, fol. 18.

変化の多い都市の問題に，一気にしかも同時に取組んだその目覚ましい確信振りが，このことを良く物語っている．しかし，この都市計画の同時的な突貫事業も，この偉大な組織者のほんの一面を伝えるにすぎない．シクストゥス5世の法王職在任期間中，泰平な時期はきわめて少なかった．教会は再び危機に立たされ，混乱した政治的背景を無視することはできなかった．ドイツは分割されて無秩序状態にあり，フランスはまさにプロテスタント派になろうとする寸前にあった．スコットランドの女王メリーは失脚し，スペイン艦隊は全滅し，イングランドはその忠誠を永久に失っていた．さらに何よりもうんざりさせられたのは，傲慢で野心的なスペインのフィリップ王との間のいつ果てるとも知れぬ論争であった．パストールは，シクストゥス5世はこのためにその命を失う破目になったのだと確信している．

このような不安定な政治的背景に対して，シクストゥス5世は，ローマを，法王が現世的な国々の権力を調整する永遠の仲裁者として君臨する，世界の首都に仕上げようと考えていたが，これは遂に実現されなかった．合理主義が別の方向へ進展させてゆくことになったのである．しかしシクストゥス5世の宗教上の信仰は，彼に楽天主義を鼓吹して，一見不可能と思われるようなことをなしとげさせるに至った．生命に信頼を置いているものでなければ，都市を計画することはできないのである

後期バロック

バロック時代の普遍的見解

ルネサンス様式が，次第にバロック様式に変化してゆく過程，およびその新しい形態が次第に，はっきりしたものになってゆき，遂に，17世紀後期の建築家たちによって完全に変革されるまでの道程——こういう過程については，すべて十分に熟知されている．バロック時代の建築家にとっては，ルネサンスの形態は，建築的構成におけるプリミティヴな要素以上のものではなかった．鋭敏で入念なこれらの建築家たちは，バッハが単純なメロディーを偉大な新しいハーモニーに移調しようとしたのとまったく同じやり方で，ルネサンスに発展した形式を変形させたのである．彼らがつくりだした建築の内部は，そのまま高度に複雑な，純粋に数学的な考究の産物であり，しか

147

54. フランチェスコ・ボロミーニ　サン・カルロ・アレ・クァトロ・フォンターネ寺院, ローマ, 1662〜1667年, 外観. 全壁面が, うねりのある動きに移調されている. ボロミーニによって, ローマの聖フィリッポ・ネーリ寺院 (S. Filippo Neri) に初めて用いられたうねりのある壁は, 後期バロック建築の構成的事実の一つである.

も同時に，きわめて幻想的で神秘的な想像力豊かな創造物でもあった．すなわち，通常は，それぞれ別個に遭遇するはずの二種類の関心が，ここでは切り離すことのできない一つの結合となって現われている．このような当然別個であるはずの二つの精神が，同じように結び合わされている例は，別の部門のバロック時代の巨匠，ブレーズ・パスカル（Blaise Pascal, 1623～1662年）の業績のうちにも見出される．彼は16才の時に円錐曲線について古典的な論文を書いているが，さらにサイクロイド曲線の研究を続け，その結果，確率理論の発展を促し，自然科学において開拓者的な仕事を果たすことになった．パスカルの宗教的神秘主義は，このような思索のうちにその根底をもっていた．「これらの無限空間の永遠の沈黙が私を脅やかす」という彼の言葉は，無限概念に含まれている数学的な意味についての研究の結果生まれてきたものであって，彼は神を除いた人間のつまらなさ，無意味さを痛切に感じさせられることになったのである．

われわれは，バロック様式発展の最後の段階を，われわれの成育してきた時代の真の遺産として受け継いでいる．ここでは，まず第一に，バロック時代のイタリアで産み出されたものについて考えてみなければならない．そして，そのつぎにヨーロッパの北部が，これらの成果に何を付け加えたかを見てゆくことにしよう．

> "バロック"というのは特別な形態と
> いうよりむしろ一つの時期を示している

「バロック」（baroque）という言葉は，メキシコやスペインにある装飾過多の建物にのみ当てはまるものではないという注釈を前置きしておくことは──この術語についての歴史的見地からいって──おそらく当を得たことであろう．ここ50年以上もの間，美術史では「バロック」という術語を，ミケランジェロに始まって18世紀まで続く時期を示すのに用いてきた．また，他の二，三の分野，たとえば都市計画の分野などでさえ，このような使用法を採用してきている．「後期バロック」というのは，1660年以後の作品の時期を示す慣わしであった．したがってバロック時代は，ほとんどゴシック時代ほどの長さにわたって続いていたわけである．この名称は，まったく奇妙なことに，「ゴシック」という名称が19世紀になるまで，残忍な（barbarous）とか粗野な（uncouth）とかいう言葉の同義語として残っていたのと，まったく同じ運命を担っていたのである．現在イギリスの二，三の建築史書では，バロックという言葉は，

149

やはり "質の劣った"（debased）芸術形式を意味するものと考えられている．しかし，すでに1890年にハインリヒ・ヴェルフリンの研究は，初期ローマン・バロックを，ミケランジェロと共に始まる時期の名称として評価すべきことを主張している．ドイツの建築家，コルネリウス・グールリット（Cornelius Gurlitt）は，その後まもなく，ほとんどすべての国の後期バロックについて，同じ貢献をなしとげている．さらに最近，すぐれたウィーンの歴史学派は，十分な厳密さで，後期バロックの時期についての研究を行なっている．「バロック」という術語は，今では，美術史の分野においては，ある特別な形態に属するものではなく，ある時期全体を指すものという意味をもっているのである．

バロック時代の特色は，この時代に一般化した思考と感情の方法の一致であり，その顕著な現われが，一種独特な普遍性の発展である．われわれの分野では，これは，空間を形づくる新しい力として，また種々様々な部分から，一つに結合された驚くべき全体をつくりだす新しい力となって現われている．しかも，産業革命以後の工業時代による分離が始まり，それと共に普遍的な見解の一時的な瓦解がもたらされるまで，あらゆる部門に，このバロックの方法や感じ方が残存していたということは，注目に値する．

パースペクティヴと無限概念

17世紀の終り頃，バロックの普遍性が，数学の分野において実際的な計算に対する基礎としての無限の概念をつくりだしたことが知られている．絵画や建築においても，無限の印象――限りなく広がるパースペクティヴとしての線の感覚における無限性――は，芸術的効果に対する手段として用いられていた．こうして，この世紀の初めに，オランダの風景画家たちは "大気の無限性" を，彼らの作品を通して紹介しているし，やや遅れてローマン派の建築家たちは，終りのないという同じ神秘的な感情を――しばしば驚くほど小さな寺院において，絵画や彫刻，建築，さらには光学上の理論に至るあらゆる手段を同時的に活用することによって――実現するのに成功している．17世紀後期には，フランスの造園家によって，自然の無限性が芸術的に取上げられている（もっとも同じ種類のことが，これ以前にもっと小さな規模ではあるが，イタリアやオランダにおいて実現されていた）．彼らの庭園は，歴史上初めて，建築的表現の本質的な要素として公道を取り入れており，こういう手段によって，空間の果てしない拡大と直接かつ明白に結びつくことになった．パリへ通ずる印象的な公道をもっ

たヴェルサイユ宮の庭園は，こういう創造のすぐれた実例の一つである．これらの庭園は，その全体効果の中に，バロック的世界の好個の範例として，その無限の相をとどめている．

うねりのある壁体と柔軟な平面

フランチェスコ・ボロミーニ，1599～1667年

ボロミーニのサン・カルロ・アレ・
クァトロ・フォンターネ寺院

バッツィ家礼拝堂の入口の壁の平坦な面と，フランチェスコ・ボロミーニ（Francesco Borromini）[53]の最後の作品であるローマのサン・カルロ・アレ・クァトロ・フォンターネ寺院（San Carlo alle Quattro Fontane，4つの泉水をもった聖チャールズ寺院，1662～1667年）のファサード（図54および図90）との間には，約250年の隔たりがある．

バッツィ家礼拝堂の平坦な外壁面は，それぞれでまとまった等しい区画部分の接続を明確に現わしているが，ボロミーニのサン・カルロ・アレ・クァトロ・フォンターネ寺院の壁は運動感を現わしている．そこでは，個々の区画部分は，もはや互いに区分されておらず，一つの連続する相互関連の連鎖がそのすべての区画を通して走り，構造体の中心に焦点を結んで上方に向う緊張感をつくりだしている．

この寺院を捧げられた当の人，サン・カルロ・ボロメーオ（San Carlo Borromeo）の彫像が，中央玄関の上の壁龕（ニッチ）の中に立っている．その彫像の両側には，天使の像が一つずつ置かれていて，それぞれその翼を彫像の頭上にアーチ状にかけて，上向きの凝視を強調する助けとなっている．この上方に向うモティーフは，ファサード全体にわたって続けられ，垂直方向に長く伸びた円形飾（メダリオン）の上方にまで及んで，その上に置かれた手摺でさえ繰形で装飾した破風の中に融け込んでしまっており，この装飾破風は上方に向って押寄せる衝動を完結させる焦点となっている．

---

53) フランチェスコ・ボロミーニの業績は，建築史上最もこみ入った時期の諸問題を含んでいる．ここでは，われわれの建築的遺産に関係のあるものだけに限って取上げることにする．

151

うねらせた壁体

この頃のローマは道幅も狭く，建物と建物との間に空地のほとんどないような中世都市であった．サン・カルロ・アレ・クァトロ・フォンターネ寺院の建物正面は，過密集中の都心にあるために，サン・ピエトロ寺院の一つのピヤよりも小さくなっている．しかし，この寺院のファサードは，この後に続く時代に大きな影響を与えることになった一つの概念を具象化している．単に一つの形態だけでなく，その全壁面がうねりをもった動きに移しかえられている．その結果もたらされた波打つような壁面は，ボロミーニの偉大な創案であった．それは単にローマの狭い街路を通る人たちの注意を惹く手段としてだけ考えれば，再び現われることのなかった創案である．しかし，それは再び18世紀末のイギリスの「クレッズント」のうちに，めざましい形で現われてきているし，またやや違ったやり方ではあるが，現代建築のうちにも持続してきている．

この壁をうねらせるという創案が，もしも単に装飾的なものにすぎなかったとしたら，われわれの注意を惹くことはなかっただろうし，またヤーコブ・ブルクハルトが苦い顔をしながら「サン・カルロ寺院の正面は，かまの中で乾からびてしまった何かのように見える」といって酷評しているのも無理からぬ次第ということになろう．しかし，われわれの現在の観点は，ブルクハルトが『チチェローネ』――それは依然，イタリアへの旅行案内書としては他にまさるものがないのだが――を著わした1855年に作用していたのとは，まったく違った諸条件から生まれて来たものである[54]．現在の

---

54) フランチェスコ・ボロミーニを再発見したのは，Cornelius Gurlitt の *Geschichte des Barockstils in Italien* (Stuttgart, 1887) が最初である．「新しい課題に適った新しい表現手段を工夫しようという勇気を失っていないような人であれば，必ずや……ボロミーニの構造物のうちに同じ精神を見出すであろう」(p.365〜366)．ボロミーニについての最初の組織的な研究は，1900年以後 "ウィーン学派" によって企てられた．その指導者 Max Dvořák は，ボロミーニによるラテラノの S. Giovanni 寺院の修復工事について，1907年に短い論説を発表している． "Francesco Borromini als Restaurator," *Beiblatt zum Kunstgesch.*, Jahrb. der K. K. Zentralkommission, I, p.89 以降 (Wien, 1907)．ドゥヴォルザークのサークルの一人 Oscar Pollak は，ボロミーニについての伝記的研究を Thieme-Becker, *Allg. Lex. d. bild. Künstler*, Vol. IV (Leipzig, 1910) の中に発表している．ボロミーニの作品の影響については A. E. Brinckmann がつぎの論文で指摘している． *Die Baukunst des* 17. *und* 18. *Jhdts. in den romanischen Ländern* (Berlin, 1915)．権威ある伝記としては，Eberhard Hempel の *Francesco Borromini* (Wien, 1924) がある．この中には関係図書がすべて列記されている．Hans Sedlmayr の *Die Architektur Borrominis* (Berlin, 1930) は彼の作品の複雑な "構造的分析" を取上げており，時に非常に有益な面もあるが，要点からはずれている場合もあるようである．

われわれにとっては，その構造物全体に現われているこの力，壁龕をくぼませたり，対照的に区別された部分を造ったりすることによって，壁体の起伏を強調している力を観取することは容易である．ここに見られるのは，空間の真の型づけであり，光をこの寺院の前面で跳ね躍らせている起伏である．フランチェスコ・ボロミーニは，彼と同時代のレンブラント（Rembrandt）が，同じ頃，その終期の絵画で試みていた軟かな明暗対照法[55]と同等のものを，純粋に構築的手段を用いて，空中につくりだすのに成功したのである．

うねりのある壁は，古代
にも現われているか？

歴史家のうちのある人たちは，ボロミーニの壁の取扱い方の出所を，古代に求めてきた．ボロミーニが小アジアのペトラ（Petra）にある岩窟神殿の，同時代の銅版画を見知っていたということは[56]，ありそうなことではあるが，決して確かなことではない．しかも，これらの神殿（エル・カズネー，El Chasne[57]が最もよく知られている）は，山の岩石面に穿たれたものであって，壁にうねりはついていないし，また，その柱や凹凸のある破風や“番舎”といったような各要素のすべてがそれぞれ孤立している．ボロミーニは，アルベルティのフィレンツェのサンタ・マリア・ノヴェラ寺院（S. Maria Novella）以来用いられていた寺院の平坦な正面をもとにして，そのあらゆる部分を，自己の脳裡に想い描いた形に合わせて型どったのだと考える方がずっと自然に思われる．

ティヴォリ（Tivoli）近傍のハドリアヌスの別業にあるピアッツァ・ドロ（Piazza d'Oro）の円天井広間との比較はさらに興味深い[58]．この後期ローマ帝政時代の建物の内部は，交互に出たり入ったりする柱間仕切のある一つの円の8つの弓形によって平面が決定されている．その広間全体は，さらに大きな方形の室の真中にはめこまれて

---

55) 明暗対照法，chiaroscuro＝clear-dark，ここでは，光と深い陰影によって明暗効果を出し，物体を浮き立たせる絵画の手法をいう（訳注）．

56) Sedlmayr は，ボロミーニが，これらの2世紀の神殿を，この資料によってよく熟知していたと主張しているし，また，ローマ時代に描かれた壁装飾もよく知っていたのだと主張している（前記引照文献 p.59）．

57) EI Chasne (Khazneh)，ペトラのカズネー・フィラウン（ファラオの宝庫，131年頃）は，そのファサードが，ローマのサン・カルロ・アレ・クァトロ・フォンターネのファサードと非常によく似ている（訳注）．

58) Sedlmayr の前記引照文献，p.56〜57．

153

いる．しかし，他の古代の建物と同様，ここには，全壁長にわたって続く破調のない
動きの流れという意味では，壁のうねりは存在していない．ピアッツァ・ドロには動
きの連続感はない．壁の各部分が出会うところに破調がある．その取扱い方は，バー
ルベック（Baalbek）のヴィーナス神殿に現われている取扱い方とまったく逆である．
この神殿では凹面形の飾り長押（エンタブレーチャ）が中央の円形部分の上に設けら
れている．

ボロミーニの創案になるうねりのある壁は，石に柔軟性を与え，石壁をあたかもしな
やかな材料に変えてしまったかのようにみえる．うねりをもった壁は，柔軟な平面の
流れるような空間から自然に生まれてくるものである．

伝統的な形態の取扱い：
サン・カルロ寺院の中庭

サン・カルロ寺院は，ディスキャルスト・トリニタリヤン（三位一体信奉の跣足修道
尼）のスペイン教団のために，彼女らの乏しい財源によって建てられたもので，その
修道院の所有するものであった．ボロミーニは，装飾や飾り付けによって，その効果を
つくりあげるようなことはしていない．小さな廻廊を一見すればわかるように，彼は
逆に装飾をなるべく使わないで済ませるように極度に切りつめている[59]．簡潔な形態
をもったこの中庭は，純粋に建築的手段によってつくりだされた創造物の一例である．
その外側に彎曲した端部は，新しい生命をあらゆる形態に（パラディオ式のモティー
フにさえ）注入していくボロミーニの力をよく現わしているもう一つの例である．

その内部とドーム

ボロミーニは，この寺院の廻廊や内部を，そのファサードの完成よりも約30年前に，
1634年から1641年の間につくっている．したがって，その内部は，彼の最も初期の作
品の一つである．内部はほとんど真暗といってもよいほどで，このために，頂塔[60]を
通して光をみなぎらせるというその方法は，すべてをより効果的なものにしている．
光はドームの下側に切り込まれた入念な一連の幾何学的模様の上にかすかにきらめ

---

59) Hempel の前記引照文献，13図.
60) 頂塔 (lantern)，ラテン語の laterna あるいは lanterna，ドームの上部に装飾のた
　　めや，外光や外気をドーム内部にいれるために設けられた塔状の突出部をいう.
　　本書の図59，図61を見よ（訳注）.

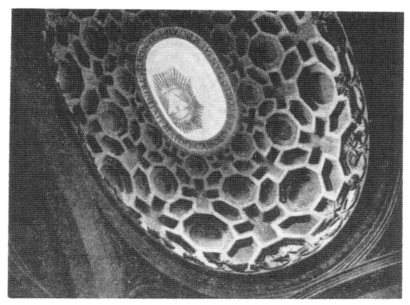

55. フランチェスコ・ボロミーニ　サン・カルロ・アレ・クァトロ・フォンターネ寺院の内部のドーム，1634〜1641年．

いている．ボロミーニのこのような取扱いによって，これらの幾何学的模様は，ドームに植物の細胞構造を暗示するような外観を与えているのである（図55）．

ボロミーニのローマの
サン・ティーヴォ寺院

ボロミーニの内部空間の取扱い方は，彼が，サピエンツァ（Sapienza, ローマの大学）のために建てたサン・ティーヴォ寺院（Sant'Ivo）（図56）の中に，最もよく示されている．彼は，この教会の仕事をサン・カルロ寺院の内部を仕上げてから1年後の1642年に開始したが，それから20年後にならなければ完成しなかった．サン・ティーヴォ寺院は，サピエンツァ大学のルネサンスの中庭の奥に建っている．ボロミーニは，ルネサンス中庭の開廊と，彼の寺院の引っ込んだ正面とを互に欠くことのできない一つのものに溶け込ます方法を完全に知悉していたのである．彼がこの寺院を付け加えたことによって，静穏なルネサンスの構内に新しい生き生きとした動きがもたらされ

155

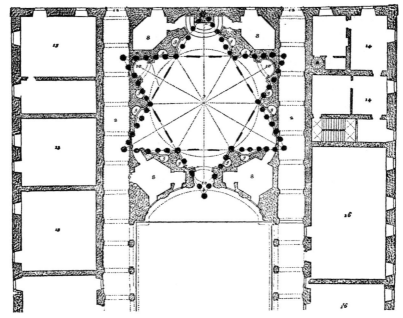

56. フランチェスコ・ボロミーニ　　ローマのサン・ティーヴォ寺院の平面図, 1642～1662年. サピエンツァ大学のルネサンス時代の中庭に建てられたサン・ティーヴォ寺院は, そのルネサンスの中庭と融合して一体になっている.

た. 普通の形と違うまったく新しい創案のクーポラによって成就された運動感でさえ, ここでは邪魔になっていない.

幾何学と想像力の結合

サン・ティーヴォ寺院の内部は, サン・カルロ・アレ・クァトロ・フォンターネ寺院の外壁に示されているのと同じ柔軟性を, その内壁に示している. 導入されたすべてのモティーフは, この建物全体にわたって, ドームの頂上に至るまで続いている. もっとも, 普通の人ならば, おそらく, そのおどろくべき躍動感や運動感だけを眼に留めるにすぎないであろう. そこにこめられている複雑な空間概念の分析を行なわなくても, 一応, この創造者の芸術的衝動を把握することは可能である. 事実, 観者の眼は, その平面の簡単な数学的基礎をくみとることができない. ボロミーニが好んで使ったモティーフの6角星こそ, この平面が成長してきた眼に見えない核心的な形である. しかし, この全体を支配している形は, 平面図の上では, 生きている動物の骨組

57. フランチェスコ・ボロミーニ ローマのサン・ティーヴォ寺院のドームの内部．ドームの滑かな連続した内面が破られて，立面全体にわたるような動きが伝達されている．

58. ピカソ　人頭の彫刻，1910年頃．ボロミーニが従来のドームの滑かな連続した内面につくりだした面の交差は，ピカソが，人間の顔を分解させた時に引き起したような絶大な影響を当時の人たちに与えたにちがいない．

よりもわかりにくい．おそらく，一種のエックス光線的な試験によらなければ看破できないであろう（ここに掲げたボロミーニの平面の再現図は，星型の基礎を，はっきり際立たせるために，その線の一部が強調されている[61]）．この星型は，2つの正3角形を交わらせることによって造られている．有名なオランダの建築家ベルラーへ（H. P. Berlage）やその他幾人かの研究者たちは，中世の多くの建物が同じようにこの型に基礎を置いているということを明らかにしてきた．その1組の正3角形の各辺が相互に交わってできる6点を，ボロミーニはデザインの主要な座標として使用している．これらの6点がつくりだす非実在の，観念上の6角形から，彼は6つの壁龕を型

---

61) サン・ティーヴォの内部空間の複雑な組織については，種々の解釈が下されている．ある権威者たちは，この内部は，その基礎に1つの正3角形をもった簡単な角墻（3角墻）から発展させられたものであって——他のヴォリュームは，ペルッツィ（Peruzzi）の初期ルネサンス式平面手法に従って付け加えられたものだと主張している．他の権威者は，これは相互に1つの6角星を形づくるように，2つの3角墻を相貫させることによって発展させられたものだと主張している．Sedlmayr の前記引照文献 p.70を参照のこと．

どり，これによってその主要な各構成要素のつくりだす動きの感覚を上方への動きに移し変え，金の星で飾ったドームの殻の中に導入している．こういう方法によって，このドームはその内部全体と密接に結びつけられているのである（図57）．

内部造型における柔軟性

この時代までは，ドームは常に円形か楕円形であった．ドームの完全な円周に沿っていくつかの切断面をつくりだすというやり方，つまり，それがあたかも柔軟なものであるかのごとく取扱うことによって，デザインの運動感を連続させるというこの試みは，ピカソが1910年頃，人間の顔の分解（図58）によってつくりだしたのと同じ素晴らしい効果を，ボロミーニと同時代の人たちに与えたにちがいない．サン・ティーヴォ寺院の断面図（図61）は，この場合に，このような取扱いによって何がなしとげられたかを明らかにしている．そのデザインによってつくりだされた形態全体に及ぶ運動感は，大地から頂塔に至るまで，なんら妨げられることなく，さらに，そこでも終ることなく流れている．もちろん，ボロミーニは，その設計に際し，エッフェルがパリの偉大な塔においてなしとげた内外空間の完全な相互貫入を可能にするような手段を持合わせていなかった．しかし，ボロミーニは，その建物の内部空間のあらゆる部分を貫いている動勢を，一番上の螺旋塔を通して外部にまで導くことによって，同じ問題の解決に近づこうとしている．

建築に移植された動き

普通のクーポラ・キャップの代りに，幻想的な螺旋塔をつけ，大胆に彎曲させた蛇腹（コーニス）と双柱を備えて，この寺院[62]の上に冠されている頂塔は，なんとなく生物の有機的な成長と似通うものをもっている．のぼりつめる螺旋塔には，その頂上に達する狭い塔がつけられている（図59）．

われわれの時代との関係

今，仮りに，われわれの時代に，内部空間と外部空間との間の移調が完全に遂行され得た場合，その設計が，ボロミーニが到達しようとしたのと同じ精神から湧出してくるものを現わしているのだと考えても少しもおかしなことではない．同種類の感情の明瞭な表出が，ロシアの構成主義の美術家タートリン（Tatlin）によって，1920年に設計された記念塔のうちに現われている．ボロミーニと同じように，彼は固有の運動

---

62) これは今まで Baalbeck にある Venus 神殿と比較されてきた．

159

60. タートリン　モスクワのある記念塔のための提案，1920年．これは，エッフェル塔やその他われわれの時代の二，三のモニュメントのように，内外空間を相互に浸透させようとする欲求を現代的に実在化したものである．

61. フランチェスコ・ボロミーニ　ローマのサン・ティーヴォ寺院の断面図．

←**59.** フランチェスコ・ボロミーニ　サン・ティーヴォ寺院，ローマ．2本ずつ対の柱をもった螺旋形のラテルナ（頂塔）．その全設計を貫く動きの終極点．

感を備えた螺旋形を採用している（図60）.

彫刻家としてのボロミーニ

ボロミーニは，バロック時代のローマのほとんどの偉大な芸術家と同じように，イタリアの北辺からローマに出てきた．彼は最初，石工としてサン・ピエトロ寺院の工事場で雇われた．その後，長い年月の間，石工が彼の職業であったし，終生，材料に関する実際上の仕事には，自から進んで接触を保つようにしていた．しかし，彼はまた，彫刻家でもあった．彼は輝かしい胸像もつくらなかったし，神秘的な，愛欲的ともいえる法悦に溶け込んでいる聖者たちの像は，一つもつくらなかったが，バロック時代の最もすぐれた彫刻家の一人であった．事実，彼は普通いうような意味では，彫刻をぜんぜんやっていなかった．近代のある巨匠たちと同じように，彼は自分がたずさわった寺院の頂上に，鉄線の彫刻を抽象的な螺旋でつくり，その中に自己を表現したのである．しかし，彼はなによりもまず建築の彫刻家であった．数学的に精緻につくりあげられた平面を，幻想的にくりぬかれた空間と離れにくく結合することによって，自分自身を完全にその中に表現していたのである．しかも，そのような構築物では，どこで建築が終って，どこから彫刻が始まるのか，指摘することすら困難である．

ボロミーニの主要な関心は，常に空間を型どることであった．彼は波状の線や面を初めとして球形（図62）や螺旋形をしばしば使用しているが，塔の頂上につくった鉄線の彫刻では，もっと変った形を用いている．彼の手にかかると，どんな形でも新しい柔軟性を獲得した．彼はなにごとでも，そのまま当然のこととして受け入れるような態度を嫌っていたので，その生涯の最初の仕事の頃から，すでに一風変ったことをしでかす奴だとか，あまりに自由に振舞いすぎるとかいって非難されていた．

うねりのある壁のもっている意味

壁体や平面の取扱いによって，ボロミーニは建築に新しい柔軟性を導入した．彼は建築のあらゆる部分に運動感を注入した．うねりのある壁，サン・ティーヴォ寺院のドームの断面，空にのびる螺旋で終るクーポラ，これらはすべて，同じ目的に向って働く手段であった．ボロミーニの影響はヨーロッパ中に広がり，建築的知識の中のみならず，都市計画の分野にさえ取入れられた．その影響は，フランスやイギリスのアカデミー派による非難攻撃にもかかわらず，18世紀全体にわたっており，さらに19世紀にまで及んでいる．

62. フランチェスコ・ボロミーニ　ローマのサン・ティーヴォ寺院の詳細の一つ（背景に見えるのはパンテオンである）．このセメントでつくられたように見える球は，補強鉄材の上に大理石粉末を固めたものである．

ボロミーニの歴史との接触

ここ2世紀間，ボロミーニは，古代の壮重な単純さに対してなんの感情ももっていなかった人物として通っていた．しかし，実際には，彼は過去の時代と密接な関係をもっていたのである．彼は形態やファサードの模倣者ではなかったし，構想の代用品として歴史を用いたりはしなかった．この革新家は，ゴシックの壁画を注意深く研究していた――現在，彼の描いた画が残っている．彼が手がけたラテルノのサン・ジョヴァンニ寺院 (S. Giovanni in Laterno) の修復について，最も早い研究をものしたマックス・ドゥヴォルザーク(Max Dvořák)は，ボロミーニが当時まだ使用のできた古い寺院の残部を保存しながら，それを彼自身の仕事のうちに組み入れて一体化した努力に驚嘆している．

すべての偉大な創造者と同じように，ボロミーニは過去との結びつきを保持していたのである．彼は過ぎ去った時代の形態を模倣することなく，それを自己の創造のうち

163

に採り入れたのであった．今日，われわれがそうしようと努力しているように．彼は歴史との関係を保ちながら，よりいっそう発展してゆくための力の源を探っていたのである．

グァリーノ・グァリーニ，1624～1683年

建築家であると同時に，数
学者でもあったグァリーニ

後期バロック最後の発展段階は，イタリア北西のトリノにあるグァリーノ・グァリーニ（Guarino Guarini）の仕事のうちに現われている．テアーテ教団（Theate）の修道僧で，また，有名な学者でもあったグァリーニは，ボロミーニやベルニーニの生誕よりちょうど4半世紀後にモデナ（Modena）で生まれた．彼が最初にローマに出てきたのは，ちょうどボロミーニが，そのサン・カルロ・アレ・クァトロ・フォンターネ寺院の内部の仕事をしていた頃であった．その後，テアーテ教団修道僧としての職業上の当然の道順として，シシリー島のメッシーナ（Messina）に渡り，哲学の教授となった．

彼は，ここで数個の寺院を設計したが，それらはすべて最近の地震で破壊してしまった．1662年に，彼はパリに転任させられ，そこで神学を教えていた．彼はこのパリの街にまた一つ寺院を建て始めた．この努力は，シシリー島の時よりもいっそう不幸に終った．というのは，まだ建造中に火事で焼失して，この建物は遂に完成しなかったからである．

グァリーニは，その旅行によってフランスのゴシック寺院やスペインのコルドヴァのムーア式の回教寺院に接することができた．彼は完全な世界人であった．彼は自分の国やその時代との接触を決して見失わなかったけれども，あらゆる美的表現についての歴史を知悉していた．

同一人で，数学者，経験主義的科学者であると同時に芸術家でもあるという例は，この後期バロック時代には，しばしば見受けられた現象というよりも，この時代にとって，これ以上特徴的なことはなかった．思考と感情の方法との間には，おどろくほどの統一が存在していた．より正確にいえば，芸術上の知識と数学上の知識との間に直接的な結合が存在していたのである．数学において，ある新しい概念が現われると，

164

63. グァリーノ・グァリーニ　サン・ロレンツォ寺院，トリノ，1668〜1687年．交差するつなぎのアーチのあるクーポラ（半球形天井）とラテルナ（頂塔）の断図面．

それはただちに芸術上の相対物を見出すことになった．たとえば，積分学は，17世紀末に明確な内容をとるに至ったが，同じ頃に出現した空間の複雑な取扱いは，まさにそれと同等のものを建築的に表わしたものであった．グァリーニの経歴自体が，すでに後期バロック期における，芸術と数学との密接な関係についての完全な例証である．彼は，ただに建築家であるばかりでなく，古典学者でもあり，また同時に傑出した有能な数学者でもあった．1世紀後にガスパール・モンジュ（Gaspard Monge, 1746～1818年）によってなしとげられた図形幾何学の発見についても，彼がある程度まで先鞭をつけていたことが，その発表論文によって明らかにされている．

パラッツォ・カリニアーノ：
うねりのある壁と柔軟な平面

グァリーニの最も重要な仕事は，彼が1666年以来死ぬまで住んでいたトリノに残されている．彼はテアーテ教団の僧院長であり，同時にサヴォイ（Savoy）太公の下での官職では，技師であった．彼のつくったものの中で最も立派な寺院と宮殿とが，このトリノに建てられている．その宮殿の一つであるパラッツォ・カリニアーノ（Palazzo Carignano, 1680年）は，彼の建築的創造がボロミーニの作品とほとんど同じ柔軟性をもっているということの例証である．渦巻形に巻き込まれた前面と，階段室の弧形を外面に表わしたこの宮殿は，確かに後世の南ドイツにおける宮殿建築に影響を与えている．ヴォールトをかけた楕円形平面の玄関大広間は，パラッツォ・カリニアーノにおけるデザインの核心をなしている．この大広間の楕円形による動きの感覚は，その左右にある階段室の2つの翼に伝達され，さらに，それから，うねりのある外壁のあらゆる部分に伝えられている．しかし，グァリーニは，この作品で，構築術的な活力を十分に示しているにもかかわらず，この建物内部の室の配列には，この時代の建築家たちが当面していた，あの厳密に住そのものの問題についての解決が少しも示されていない．この時期のイタリア建築の全精力は寺院内部の問題に費やされていた．さらに技術的に説明するならば，とどまるところを知らぬ想像力のすべてをあげて，巨大な内部空間の型どりに熱中していたのである．この一般的な傾向は，グァリーニ自身の場合にも真実であった．彼は，このような傑作をトリノのサン・ロレンツォ寺院（San Lorenzo, 1668～1687年）において，つくりだしたのである（図63および図65）．

サン・ロレンツォ寺院：建築的
手段によって表現された無限性

サン・ロレンツォ寺院は，グァリーニ自身の教団のために建造された．この寺院の基本的な形は，隙間なく壁を巡らした正方形のそれである．ドームは円形である．床面とクーポラ（半球形天井）との間には，各辺を交互に内外に曲げた8角形が挿入されていて，複雑な手法によって，上方の各要素へと移調させられている．グァリーニの意図は建築的手段によって，神秘性や無限性を求めるバロックの感情を満足させることであった．バロック時代には重力に挑戦して，それを無視しているような構造体に強い魅力を感じていたのである．こういう刺激的な印象をつくりだすために，あらゆる手法が——色彩光の使用をも含めて——用いられていた．フラミニア通り（Via Flaminia）にあるベルニニのサン・アンドレア寺院（San Andrea）では，ドームの頂塔が天使像によって上方に持ち上げられているようにみえる．グァリーニはサン・ロレンツォ寺院では，重力に挑戦するのに，純粋に建築的手段だけを使用している．彼は，クーポラのリングまでの間は，当時の常套的なやり方で進んでゆくが，そこに達するや否やただちに幻想の世界に突入している．交差するつなぎのアーチは，クーポラのリングの上に，あたかも巨大なくもによって張り巡らされたくもの巣の網目のように，一点から他の点へと結びつけられている．これらのアーチは，その中心に8角形の開口をもった一種の透かし細工の星型を形づくって，交互に交差している．こうして，アーチ上の頂塔が，魔術的に空中にかかっているかのごとき印象がつくりだされているが，実際には，その頂塔はアーチの交差によって形づくられた8角形の上に載っているのである（図64）．

この無限空間の印象は，遠近法的な錯覚や，絵に描かれた空などの援用によってなしとげられたものではなく，もっぱら建築的手段によって成就されている．星の形をした透かし細工を通して射し込むまばゆい光線は，その周囲を幽幻化する効果をもっている．これは無限の感覚が建築的手段だけでつくりだされた希な例の一つである．

10世紀の諸作品との関係：
コルドヴァのモスク

グァリーニが，もしもコルドヴァにあるアル・ハーケム（Al Hakem）回教寺院のミーラブ（祈禱所，Mih'rab）のドーム（図66）を見たことがなかったとしたら，サン・ロ

64. グァリーノ・グァリーニ　サン・ロレンツォ寺院，トリノ．交差するつなぎのアーチのあるクーポラ．建築的に，無限の印象をつくりだそうとして，構造上の手段を極度におし進めている．

65. グァリーノ・グァリーニ　サン・ロレンツォ寺院，トリノ．平面図．

66. モスク・アル・ハーケム・コルドヴァ，965年．ミーラブ（祈禱所）の一つのドーム．つなぎのアーチを構造上の手段として初めて使用したもの．

レンツォ寺院のドームは決して案出されなかったにちがいない，と仮定しても差支えあるまい．これらのドームは，10世紀の終り頃，正確にいえば，965年に建造されたものである．グァリーニがサン・ロレンツォ寺院で使用したのと同じ構造法が，このドームで採用されている．これらのドームもまた正方形の基礎の上に，8角形の星型を形づくって頭上に交差する一組のつなぎのアーチをもち，その上に頂塔が置かれていた．

コルドヴァのモスクにある祈禱所のクーポラは，つなぎのアーチに構造的機能を与えた最初の有名な実例である．フランスのある歴史家たちは，それより1世紀半後のゴシックの棟梁たちが，むくのヴォールトを石の肋梁の骨組に置き代えることができるようになったのは，このムーア人の工夫によって示唆されたからだとさえ主張している．しかし，これらのムーア人のドームの各部の尺度構成は，グァリーニの大胆な傑作に比べれば，粗雑である．私の主張しうる限りでは，サン・ロレンツォ寺

169

院のつなぎのアーチは，長い，どっしりした大きい石梁で構成されており，危険で骨の折れる方法である．事実，サン・ロレンツォ寺院の建築家は，その当時としては，構造技術的に準備されていたより以上のものを，構築しようとしたのであった．後代の建築家で，グァリーニがこの寺院で始めた先例にあえて従おうとする勇気のあるものは誰一人としていなかった．この時代の技術的可能性は，それ以上の建築的進歩についての洞見が現われ始めようとしていたちょうどその頃に，このサン・ロレンツォ寺院で出尽くしてしまったのである．われわれは，まったく無意識のうちに，こういう問題の解決は，近代的な構造に利用されている手段を用いれば，どんなに容易なものかという考えにとらわれがちである．しかしこういう反射的思考は，絶対に非歴史的なものとしてしりぞけられなければならない．サン・ロレンツォ寺院のドームはその当時の構造上の資産を，その最後のぎりぎりまで使いきった建築的構想の好例である．今日では，事情はまさにその逆である．今まで最高度に活用することのできなかった構造上の可能性が，現在われわれの利用可能な状態におかれているのである．

南ドイツ：フィヤツェーンハイリゲン

遅れて始まったドイツでの発展

北方諸国では，ボヘミアをも含めて，南ドイツとオーストリアだけが，ボロミーニとグァリーニの複雑な空間概念を採り入れた．ドイツは建築的には常に後期の段階になって発展する国——後期ゴシックの，後期ルネサンスの，後期バロックの国として知られてきた．ことに南ドイツには，これらの各時代の最もすぐれた諸例が見出される．

18世紀において南ドイツの後期バロック[63]は，ボロミーニがその作品のうちで自身の時代を超越して展開しているような構成的な力をもっていない．南ドイツの後期バロックは，一国の中の小さな各侯国．しかもその多くは，教会上の侯国に，ばらばら

---

[63] ドイツ・バロックの再発見は，Cornelius Gurlitt の功績であろう．彼の *Geschichte des Barockstils und des Rokoko in Deutschland* (Stuttgart, 1889) には，この時代を理解する方法が述べられている．Wilhelm Pinder の著した小冊子 *Deutscher Barock* (Leipzig, 1911) は，例証を巧みに選び出して，すぐれた紹介をしており，ドイツ・バロックを大規模に広く周知させるのに役立った（10万部以上出版されている）．バロックというのは，単に皮相的な装飾によって特徴づけられるものではなく，それ自身の空間的，芸術的特質をもっているということは，イギリスでは，1930年代になって初めて認識された．

に分断されて現われた．それは，イタリアやフランスに起源をもつ一つの発展（後期バロック）の終末を示しており，そこには新しい刺激的な表現が見受けられる．それは，南ドイツのカトリック教国——フランコニア，バーデン，バヴァリア——を初めとしてオーストリア，ボヘミアおよびスイスの各地にわたって開花した．その最大の成果と，最も成熟した解決が，フランコニアとバヴァリアに見出される．それは，まさに腐敗する寸前の最後の爛熟，完全な成熟がもたらす魅惑と芳香のすべてを備え，まさに木から落ちんとする熟しきった果物にも似ている．それは，その時代（後期バロック）を終結するという務めを，まったく無意識のうちに果たしていたのである．そのすべてが，生命のよろこびに満ちあふれ，諸芸術のオーケストラを併せ活用することによって，空間創作上の言葉で，巧みに感情を表現しており，いわば，バロックの最後を飾る傑作であった．

フランコニアではすでに15，16世紀に，アルブレヒト・デューラー（Albrecht Dürer）やファイト・シュトッス（Veit Stoss）のような人物が出現して，その芸術的な力を示していた．その頃の社会的な背景は，ニュルンベルクに見るような自由市民の自由市のものであった．18世紀の社会的背景は，教会的なものであって，シェーンボルン（Schönborn）家の諸侯は，その当時には，おおむね，マインツやシュパイエル，バンベルク，ヴュルツブルクなどの教会上の国々を支配する司教や大主教たちであり，18世紀を通じて影響力をもっていた．その当時の教会，僧院，邸館などは，すべてその影響下に建てられたものであった．

この後期の時代から，後期の巨匠による，後期の作品——バルターザー・ノイマン（Balthazar Neumann，1687〜1753年）と，そのフィヤツェーンハイリゲン寺院[64]）（Vierzehnheiligen）として知られている「十四聖人の巡礼教会」を取り上げてみよう．ノイマンは，自分の仕えるシェーンボルン家のためにかのヴュルツブルク（Würzburg）城を築造した．この城には，イタリア風の広い階段を初めとして，あらゆる細部に，虚空にちりばめられた宝石のような中央礼拝堂に至るまで，その内部についてのすぐれた空間的な洗練がこめられている．彼はボヘミアのドイツ領で成長したのだが，そこでイタリア・バロック式の寺院に精通するようになった．彼はフランスにも旅行し

---

64) Richard Teufel, *Die Wallfahrtskirche Vierzehnheiligen* (Berlin, 1936); Hans Eckstein, *Vierzehnheiligen* (Leipzig, 1939).

67. バルターザー・ノイマン　フィヤツェーンハイリゲン寺院（十四聖人の寺院），1743～1772年．その正面．世俗的建築の影響が窓の列に現われている．さらに，ボロミーニのうねりのある壁を受け継いでいるのがうかがわれる．

172

68. バルターザー・ノイマン　フィヤツェーンハイリゲン寺院．正面のうねりをもった壁の詳細．

69. バルターザー・ノイマン　フィヤツェーンハイリゲン寺院．水平断面図．普通のドームが廃棄されてしまって，その代りに4つのさまざまな形（球形や楕円形）をしたヴォールト——身廊（ネーヴ）や聖歌隊席（クワィヤ）や2つの短い袖廊（トランセプト）のヴォールト——の出会う空間で置き換えられている．

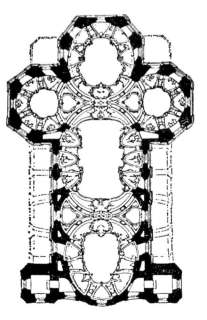

70. バルターザー・ノイマン　フィヤツェーンハイリゲン寺院．内部．聖壇が，寺院の身廊のなかにおし出されている．透明ガラスの大きな窓を透して光があらゆる側から流れ込むようになっている．

ているし，また自分の蔵書のうちにグァリーニの『建築学』(Architettura civile)（初版，トリノ，1686年，第2版，1737年）をもっていたことが知られている．この書にはグァリーニの主要な建造物のことが記述されていた．後期バロックの建築は，ウィーンのベルヴェデーレ(Belvedere)を建てたルカス・フォン・ヒルデブラント(Lucas von Hildebrandt)や，バルターザー・ノイマンの直接の先駆者に当るクリストフ・ディーンツェンホーファ(Christoph Dientzenhofer, 1655〜1722年)のような，イタリアの影響を受けたドイツの建築家たちの仕事によって，すでに北方に伝えられていたのである．

71. バルターザー・ノイマン　フィヤツェーンハイリゲン寺院. 拗面になったつなぎのアーチ.

宮殿建築の影響

マイン河の広い流域を見はるかす山頂にそびえ立つフィヤツェーンハイリゲン寺院は, ノイマンの建築的体験の真髄をあらわしている（図67～図69）. この構築物は, まさにバロック宗教建築の最後を飾るものであって, 1743年に始まり, ノイマンの死後永く完成されず, 1772年に至って初めて竣工したものである. この寺院は十字バシリカ形の比較的単純な外観を呈しており, イタリアではなじみのないものだが, 北方諸国ではよく用いられた独特の塔を2つつけた細長い正面をもっている. 当時のイタリア人なら, この階ごとに多くの大きな窓を開けた正面をみて驚かされたにちがいない. これはフランスやドイツの, 北方の宮殿建築のデザインが寺院に影響を与えた証

拠である．いいかえれば，ここには宗教建築に対する世俗的な影響の一例がみられる．壁龕の中の彫像は，ほとんど，この石灰石造の正面からくりぬかれて，大きな窓の代りにうねった壁面に切り込まれている．

その内部

しかし，その内部（図70）はイタリアの後期バロックにより密接に従っている．グァリーニのドームの複雑な構造的取扱いに連なるものでもなく，またボロミーニの造形的な熱情をももっていない．すべてがより軽やかで，悲愴な調子はその影さえ留めていない．しかし，グァリーニやボロミーニのものと同じように，空間を交差させたり，相互に貫入させたりしている．その平面（図69）は，交差する円や楕円を基礎としてつくられているが，その円や楕円は，奇妙にも普通の位置とは違ったところに移し変えられている．この種の十字形寺院の中央の交差したところは，慣習的にドームでおおわれているものだが，この寺院では，一般の寺院の最も重要な部分であるドームが完全に除外されてしまっている．その代りに，その場所は，4つのさまざまな形（球形や楕円体形）をしたヴォールトが出会う空間，すなわち，身廊と聖歌隊席と2つの短い袖廊が出会う空間に置き替えられている．これらのヴォールトの複雑なヴォリュームを相互に貫通させるには，拗面になった一束のつなぎのアーチを使用する必要がある．これらの異常な曲線は，組織的な手法によって相異なる空間を相互に融和させている．空間のいかなる部分も，他の部分と別々になっていない．細分された部分から他の部分へと，企画通りに順次移ってゆくことによって，必然的に内部全体が動いているような印象がつくりだされている．このような関係を確立させた拗面のつなぎのアーチ（図71）は，3次の曲線から成り立っている──すなわち，円のような平面では包含することのできない3次元に展開された曲線から成り立っている．この時代には，こういう3次曲線を，積分学の助けによって計算することも可能だったということは，興味深いことである．

イタリアの後期バロックでは，クーポラは，しばしば半暗黒の状態に置かれていたが，この白壁の十四聖寺院では，光線はあらゆる方向から射し込めるようになっている．確かに，これより前の時代の宗教建築では，こんなにまばゆいくらいに，光線を流入させるようにはなっていなかった．ここでは，透明なガラスがいかなる装飾もつけずに大きな窓に用いられることによって，なにものにも妨げられることなく光を射入させるという窓の機能が十分に生かされている．

この寺院の主要な迫力は——ボロミーニやグァリーニの構築物と同様——すぐれて建築的なというものではなく，むしろ建築と彫刻や絵画との間の壮大な融和から生まれたものである．ノイマンが働いていた頃の周囲環境では，それぞれ相異なる諸芸術が完全な提携の下に成育していた．まったく，この18世紀後期の秘密は，あらゆる芸術の最も効果的な統一状態がつくりだされているということであった．18世紀の建築家たちは，建築的効果の中に潜んでいる秘密のすべてを知っていたのである．彼らはかつてなかったほど大量に光線を流入させたにもかかわらず，こういう諸芸術の完全な統合があったために，その神秘的な力を喪失させることなく印象的な効果を挙げ得たのであった．自然光が暗くならないで，闇夜の灯火のごとく常に空間を満たしているように，その形態が構成されていたのである．

これらの壮麗な寺院がつくられたのは，ちょうど，バーミンガムやマンチェスターのプロテスタント派の職人たちが，その最初の綿糸紡織機械をまさに発明しようとしていた頃でもあったということを，ここで一応思い起しておいてもらわなければなるまい．

外部空間の組織化

住居集団と自然

フランスの果たした役割

バロックの建築家たちの仕事は，フランスにおいても17世紀後期を通じて継続され補足されていた．フランスの貢献は，特につぎの2つの分野に現われている．すなわち，人間の住居の，より高度に洗練された形式の発展と外部空間の組織化である．

現世的専制君主制の影響

ちょうどその頃ヨーロッパの指導的な国家になっていたフランスでの発展に決定的な影響を与えたのは，（法王権を離れた）現世的な政府の完全な主権であった．専制君主制が権力を掌握し，その結果，君主の個人生活は全社会生活の中心となっていた．

177

女性の影響

しかも，これに加えて，さらにもう一つの新しい力を思い知らされつつあった．最も重要な力であり，ローマン・バロックを好まない力，すなわち女性の影響である．人間の住居をもっとよく組織しようという要求，もっと快適さ（commodité）を増加させようというこの当時に芽生えつつあった要求は，フランスの社会において女性が新しい重要性を占有したことによって，ますます増大させられることになった．もちろん，この2つの要素は相伴って作用したのである．たとえば，1665年にルイ14世は，ローマ法王に対して，当時，法王の下で働いていた最も傑出した建築家ロレンツォ・ベルニーニをパリに来させて，新しいルーヴル宮（Louvre）の設計をしてくれるようにと依頼したが，ベルニーニのつくった設計は遂に採用されるに至らなかった——もちろん，礼を尽くしきわめて慇懃に断わられたのであるが，しかし一般に説明されているように，その設計があまりに劇場風であったからという理由で断わられたのではない．18世紀の一建築家が，その本当の理由をつぎのように述べている．「ベルニーニは，快適な宮殿に役立つ便宜さや間取の細部にまで立入って順応することができなかった」[65]からである．いいかえれば，ベルニーニは，婦人たちが重要な役割を演じている宮殿建築の複雑な諸問題を把握するのに失敗したのである．つまり，婦人たちをぜんぜん見落していたのであった．この時代以後，フランス建築の発展において，女性が演ずる役割は非常に重要なものとなる．

宮廷の儀式

もう一つの大きな条件は，宮廷の儀式の手の込んだしきたりである．フランスの社会生活におけるこういう変化によって，大邸宅の室の間取はますます複雑なものとなった．その取扱い方に新しい繊細さと洗練が現われてきた．同時に，家具のデザインにも，特に，坐ったり横になったりするために用いられるような家具に変化が起こった．それは，婦人たちや恋の口説にとって，いっそう便宜をはかるものになったのである．

貴族の住宅に現われた洗練

この時代に，フランスでは，住宅の一般的な型が一変されつつあった．従来のイタリア式のヴィラ（villa）は，新しくシャトー（château）に取って代られつつあった．貴族や高級官吏の街なかの邸宅，ルイ・ル・ヴォー（Louis Le Vau）が1650年にパリに建

---

65) "Bernini ne pouvait se prêter à entrer dans tous les details de ces distribuitons, de ces commodités qui rendent le service d'un palais commode."

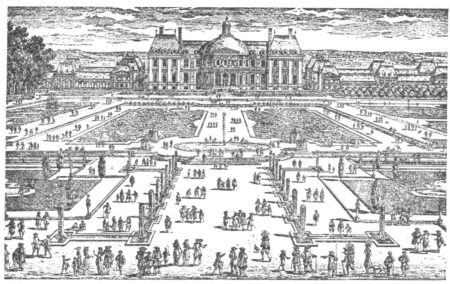

72. ルイ・ル・ヴォー　ヴォー・ル・ヴィコント館.

73. ルイ・ル・ヴォーとジュール・アルドアン・マンサール　ヴェルサイユ宮. シャトーと庭園とブールヴァール.

てたオテル・ランベール (Hôtel Lambert)のような建物は，フランス生活の特殊な洗練から発展した高度な住文化を示している．しかし，この文化の成長も，まもなく阻止されるような事態に立ち至る．大貴族や富裕な金融業者，国の大官連の重要性は，一様に，一人の絶対君主の要求によって，顔色なからしめられるようになったのである．

シャトーの出現

こういう変化が行なわれているうちに，市の郊外にあった国王のシャトー（宮殿）は，社会的にも，また建築的にも，その中心となっていた．このシャトーは，その背後の街や，その前に広がる自然そのままの土地に対して，すぐれた位置を占めていた．邸館を街と田園との間に位置させるという考え方は，イタリアにおいて，かなり早くから始まっていた．たとえば，ミケランジェロはローマにパラッツォ・ファルネーゼを建てた際に，その宮殿の軸をはるかティベール河の向う岸まで延長させるために，ティベール河に橋を架けるという，幻想的な構想を抱いていた．

ヴォー・ル・ヴィコント館

しかし，このシャトー建築の開放的な形式をヴォー・ル・ヴィコント(Vaux-le-Vicomte)のシャトーにおいて，論理的に発展させた最初の人は，フランス国王ではなくて，その治下最大の財政家フーケ(Fouquet)であった．このシャトーは，17世紀のちょうど中期に（1655〜1661年），建築家ルイ・ル・ヴォー(Louis Le Vau)によって建てられたものである（図72）．この建物の規模そのものは適当な大きさであるが，アンドレ・ル・ノートル(André le Nôtre)設計の宏大な庭園に面していた．このシャトーは，フランス式パヴィヨンの原則に従って建てられている．高い煙突をつけた急勾配の屋根は，ゴシックの塔冠（tower-cap）を思い起こさせるものであり，中央楼閣のクーポラやその頂塔とちぐはぐな対照をなしている．このシャトーが建設された当時，パリに滞在中のロレンツォ・ベルニーニに，このような各建築様式の混合がどんな印象を与えたか，容易に推察のつくところである．とはいえ，このヴォー・ル・ヴィコント館は，大規模な庭園によって自然と一体になるように設計された住居建築の最初の例であり，その後，この手法がヴェルサイユ宮に採用されて，いっそう大規模に実現されるまでの，大きな試験期間を示している．しかし，周知のごとく，フーケは，その冒険のために莫大な代償を支払うことになった．どのようなことにも競争相手を黙認しようとしなかった国王の猜忌心を，このフーケとシャトーと庭園が刺激

することになったのである．ルイ14世は，ヴェルサイユに誇示的な華麗さに満ちた宮
殿を建てるように，建築家ル・ヴォーと造園家ル・ノートルに命令を下した上，フー
ケを牢獄に投じて，その余生を獄中につないだのである．このできごとは，単なる孤
立した事件ではなく，専制政治への途上における一つの階梯を示している．つまり，
大貴族や富豪たちの勢力や威信は，ルイを絶対君主にするために，破壊されなければ
ならなかったのである．

ヴェルサイユ宮

ヴェルサイユのシャトーは，法王の宗教的な権威の代りに，現世的な国王の専制君主
政治が取って代るという事態を象徴している．ルイ14世は，壮大なヴェルサイユ宮を
くまなく完成するのに，ほとんど半世紀（1661〜1708年）を費した．宰相コルベール
(Colbert)が，ルイ14世以前の国王たちの住いであるパリのルーヴル宮を完成するよう
に勧告したにもかかわらず，その助言を断乎しりぞけて，その工事を開始したのは，
ルイ14世の22才の時であった．コルベールとは別の世代に属していた国王ルイは，そ
の古い宮殿についても，また，その首都パリについてもまったく考慮を払おうとしな
かった．当時，ほとんど70才になっていたベルニーニは，はるばるローマからパリへ
連れてこられて，コルベールから，国王の邸宅についての諸要求を記載した完全な表
を手渡されたのである．しかし，これも遂にまったく徒労に帰してしまった．ルイ14世
は，まったく別の構想を抱いていたからである．

専制政治は大都市を嫌悪するという
こと：「フォルセ・ラ・ナテュール」

なによりもまず，「自然を支配する（forcer la nature）」という考えが国王を魅惑して
いた．ルイ14世は，パリの狭隘な街路が嫌いであった．大都市を嫌悪するというの
は，まったくバロック時代の各地の専制政治の特徴の一つであった．新しい町が，新
しい宮殿に結びついて建設された時でさえ，その繁栄は失敗に帰している．このこと
は，マンハイム（Mannheim）やカールスルーエ（Karlsruhe）の場合と同様，ヴェル
サイユの場合にも真実であったことが立証される．しかし，ともかく，市の境界によ
って制約されることのない，新しい生活様式をつくりだそうという考えとヴェルサイ
ユ宮とは，ルイの心を30年以上もの間，強く捕えて離さなかった——統治している君
主がその国の首都を無視して荒廃させるなどということは先例のないことだったにも
かかわらず．

フランスの中心，ルイ13世
の狩猟別荘，1668〜1674年

ルイ13世の頃のヴェルサイユは，森林で囲まれた低い丘の上に建てられた単なる狩猟
のための田舎別荘にすぎなかった．それは最初わずかに拡張されただけであった．そ
の改造は，ヴォー・ル・ヴィコント館の建築家ルイ・ル・ヴォーの手になったものだ
が，十分なものではなかった．もっと大きな規模が必要であった．1668〜1674年の間
に，ある新しい考え，巨大な規模のものにしようという考えが具体的な形となって現
われた（図73）．大きなU字形をした中央ブロックが庭園に面している．ジュール・
アルドアン・マンサール（Jules Hardouin-Mansard）は，Uの両端に直角に長い翼を建
てることによって，この宮殿の正面を長くした．左の翼（1679〜1682年）は，王子た
ちのためのもので，右の翼（1684年から建造開始）は，フランス各省のための執務用
建物として建てられた（ルイ14世が自分の宮殿の中に，フランス政府の機関を収容し
ようと決心した時，つまり，ヴェルサイユを自分の公的な住居として布告したのは，
1683年のことであったが，この布告は，パリにすんでのことで暴動を引き起こすとこ
ろであった）．

中央ブロックのUに結びつけられた2つの長い翼は，それまでに知られていなかった
開放的な形式をつくりだすことになった．複雑で宏大な，この全構造物は，つぎの3
つの機能に役立っている．この建物は，国王と王の家族の住いを兼ねると同時にフラ
ンス各省の建物をも兼ねていた．これらの宏大な居住部分の建造は，1668年から1684
年にかけて，最も活発に遂行されたが，この仕事には延3万人からの人が雇用されて
いる．問題のこの期間は，まさに専制君主政体の興隆期に当っている．この同じ頃，
ローマのバロック建築は，ボロミーニやグァリーニの労作のうちに，最後の発展段階
に遭遇していた．

自 然 と の 併 置

ヴェルサイユ宮の意義というのは一体なんであろうか？　ヴェルサイユ宮に具現され
ている重要な構成的事実とは何であろうか？　それは，この建物が結果的に自然と密
接に結びついているということである．2000フィート以上の長さの，宏大な建物の集
合体が自然と直接向き合わされて，その構内の土地は，まさに建物それ自体の部分と
して，建物と一体になった雄渾な迫力と壮大さを形成している．

182

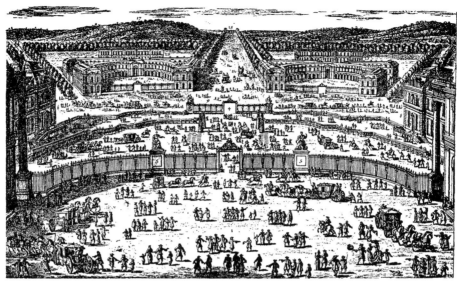

74. ヴェルサイユ宮　　壮大な中庭と廐舎およびパリへの公道．ペレールの手になった銅版画．

75. ヴェルサイユ宮　　庭園，"タピ・ヴェール（緑の絨氈）"とグラン・カナル（大きな堀割）とテラス．ペレールの銅版画．

ヴェルサイユ宮に
おける構成的事実

ロレンツォ・ベルニーニは，ルーヴル宮に対する設計を実施する許可が得られなかっ
たが，ルイ14世が1668年に建造を開始したヴェルサイユ宮の新しい拡張計画では，結
果的に，ベルニーニがねらっていたあのローマ式の「壮大さ(grandezza)」が成功を獲
得することになった．直線と陸屋根が，複雑な中世のシルエットに取って代った．ゆ
がみのない長い直線の単純さの中に，激しい気迫と自己主張が認められる．その全構
築物は，新しい社会的要求，すなわち，一人の専制君主の個人生活とその儀式上の生
活，さらにその政治生活をいれるに足る，新しい道具立てをつくるという要求に対す
る建築的な解答であった．一つの屋根の下に結合された主要な諸機能については，す
でに述べたとおりであるが，さらに，それほど重要でない機能も具備されていた．た
とえば，サロンであるが，その神話上の各称にもかかわらず，実際には，賭博や舞踏
や音楽の余興にあてられていた．

新しい生活様式のための形態

しかし，社会的な目的と，居住のための目的，さらに行政上の目的をもった，この宏
壮な複合建築物が相互に結合され，自然と緊密に併置されてきたその手法には，やは
り興味をそそられないわけにはいかない（図75）．ヴェルサイユ宮は，その王の宮廷
としての素晴らしさのために重要なのではなくて，それが住の問題への解答を明瞭に
表出しているという点で重要なのである．自然は，人間の意志によってすでに支配さ
れていたが，大都市から離れて，開放的な田園地方に，このように大きな生活共同体
が，一つ屋根の下に収容されるなどということは，これまでにかつてなかったことで
あった．

建築的手段としての公道

ヴェルサイユ宮は，パリとの間をつなぐ1本の公道をもっていた（図74）．それは，
大きな中庭によって見渡される2つの建物の間から始まり，パリのシャンゼリゼー
(Champs-Élysées) とルーヴルに終っている．ヴェルサイユ宮における，この公道の
出発点に，非常な迫力と威厳を与えている弯曲した美しい構築物は──ほとんど信じ
られないことだが──国王の厩舎である．これらの厩舎によって公道につけられた
アクセントは，シャトーへの入り道を強調している．いいかえれば，一つの建築的
表現の中に採入れられた公道が，ここでシャトーの主要な一部となっているのであ
る．

後世の都市計画に先鞭
をつけたその庭園計画

無限を支配しようとするバロックの意志は，この宮殿の他の面に最もよく示されている．その構内は，装飾的な池のあるテラスから緩やかな下り勾配になっていて，観者の眼は，長い芝生の「緑の絨毯（tapis verts）」によって，1マイルの長さをもった十字形の大きな掘割（Grand Canal）に導かれる（図75）．ルイ14世の時代には，ゴンドラやその他の贅を尽くした船が，それに光彩を添えていた．その眺望は，すでにグラン・カナルを越えて，はて知れぬ田園のうちに溶け込んでゆく．パリ全面積の4分の1の広さをもった，広大な庭園の樹林や灌木林が，その左右に広がっていた．ここには，スポーツ，狩猟，饗宴，恋愛などあらゆる種類の愉楽のための用意が整えられていた．森林の所々に円く樹木のきり開かれた場所が設けられていて，そこから小路がサーチライトの光線のように放射されている．こういう放射する小路や大路をもった円形空地は，後に再び18世紀の都市計画のうちに現われてくることになる．

"戸外の王"としてのルイ14世

ヴェルサイユ宮のために広範かつ慎重にしつらえられた自然の道具立ては，これらの新しい大建造物の背景であるばかりでなく，そこに繰り広げられてきた新生活様式の背景でもあった．ヴェルサイユ宮は，ルイ14世が，ミイラの王のように幽閉されていた宏壮，華麗な一種の霊廟だったという古い荒唐無稽ないい伝えは，歴史によって打破されている．ルイ14世についての伝統作家の一人，ルイ・ベルトラン（Louis Bertrand）は，この古くからいわれてはいるが不正確ないい伝えを反駁するに足る一幅の情景を描き出している．彼は，ルイを"戸外の王"と呼び，ルイが，その孤独の口実として，毎週2回ただ独りでヴェルサイユの森に出掛けていった狩猟のことを物語っている．宮殿内の，その寝室の窓から，ルイは森や緑の牧場を，なにものにも妨げられずに眺め渡すことができた——この眺望は，現在ではもちろん駄目になってしまっている．ヴェルサイユ宮に表現されている構成的事実，後の時代にまで受け継がれてゆくべき諸傾向は，その宮廷としての素晴らしさに結びついたものではなかった．これらの諸傾向は，ヴェルサイユによって具体化された，新しい生活様式のうちに存在しているのである．それ自体ほとんど一つの小さな町といえるぐらいのこの巨大な構築物は，その中で営まれていた生活と共に，密接に自然と結びつけられていたのである．

単 独 広 場

ベルニーニ：ローマのピ
アッツァ・オブリークァ

バロック建築がローマで栄えていた頃は，世界中どこの都市も雑沓をきわめていた
し，都市を取囲んだ城壁の中には空地が不足していた．閉鎖的なルネサンス広場と対
照的に，都市内に大きな開放的な空間をつくりあげた最初の例は，ローマのサン・ピ
エトロ寺院のピアッツァ・オブリークァ(Piazza Obliqua, 楕円広場)であった(図76).
これは17世紀中葉が，まさに終ろうとする頃につくられたものである．漸次整えられ
ていったこの広場は，サン・ピエトロ寺院の4重の柱廊によって，あたかも巨人の釘
抜で抱き込まれたかのように取巻かれて，その柱廊玄関と結びつけられている．ここ
では，楕円形の広場と，方形の広場およびドームのついた教会堂の3つの要素が結び
つけられている．ベルニーニは，このピアッツァ・オブリークァの空地を，2つの狭
い入口を残して別のコロネードで閉じるつもりであった．しかし，その計画は遂に実
現されなかった．

サン・ピエトロ寺院に対する，ベルニーニのコロネードが現われる5年前に，アンド
レ・ル・ノートルはヴォー・ル・ヴィコント館を設計していた．この両者の労作は，
広い空間を占居したいという当時の全ヨーロッパに現われた欲求から生まれてきたも
のであった．しかし，ベルニーニのコロネードは，最後の1インチまでも計算されて
いるという設計の精密さにおいて，独特なものである．この楕円広場が，法王の祝禱
を待つ群衆によって充満される，当寺院の祝祭日になって，初めてそこにこめられた
正確さを十分に評価することができる．この広場は，その中心にあるオベリスクに向
って，やや下り勾配となり，それから次第に立上って，やや傾斜したテラスとなり，
長い階段を経て，広大な柱廊玄関に及んでいる．祝禱を待ちうける参詣人が，直接，
寺院正面のテラス上で行なわれている事柄をすべて観覧しながら，同時に全大会衆を
見渡すことができるということに気づいた時に，ベルニーニの建築における練達振り
が初めて明らかになる．

ルイ14世治下のパリ：広
場の構築の立遅れた出発

北方では，こういう労作に比較して何をもち出したらよいだろうか？　パリでは，市

186

76. ロレンツォ・ベルニーニ　ピアッツァ・オブリーク（楕円広場），サン・ピエトロ寺院，ローマ．1870年の石版画．法王の祝禱を待ち設ける群衆．

の城壁が取り壊された際に，ルイ14世の偉大な技術家ヴォーバン（Vauban）の手によって，大並木道（grand boulevards）が造られている．"近代的な"防御要求に，よりいっそう適合した，草でおおわれた土塁が，市の外側に急造された．パリ最初の大広場は，ルネサンス式のプラス・ド・ヴォージュ（Place des Vosges, 1612年）である．ルイ14世が，その最初の広場を造ったのは，ベルニーニがサン・ピエトロ寺院のコロネードを造ってから30年後であり，その治世の初めから25年後のことであった．それが，プラス・ド・ヴィクトワール（凱旋広場，Place des Victoires, 1685〜1687年）である．これは，一方が扁平になった円形で，その規模はまったく控え目なものであった．しかし，街路の交差点として造られたパリ最初の円形広場であった．

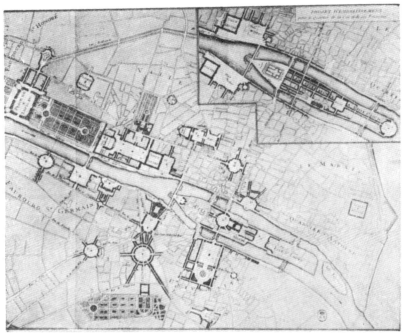

77. パット　1748年のパリ計画図．完成された広場や提案された広場が示されている．この計画図は，自由空地——広場(スクェア)——を，あらゆる可能な位置に，いろいろな形で組織しようとする18世紀中葉の努力を遺憾なく表わしている．ここに記された広場のうち，完成されたのはごく少数である．

プラス・ヴァンドーム

この時代のパリに，最初に造られた大きな真の公共広場は，18世紀の初めに構築されたプラス・ヴァンドーム(Place Vendôme)である．プラス・ヴァンドームが造られたのはヴェルサイユ宮の完成後だということに，一応留意しておく必要があろう．ヴェルサイユの建築家，ジュール・アルドアン・マンサールは，ここで，パリ自身にとって重要な広場のために働く時間をもてるようになったのである．1699年の彼の最初のプランは単純な4角形だったが，後にその隅が切りとられてできた新しい辺が，外方に曲げられることになった．70年以前に，ボロミーニはサン・カルロ・アレ・クァトロ・フォンターネの小さな修道院の中庭で同じような処理をしていた．しかし，パリにおける最も重要な発展，しかも，その当時には正当に評価され得なかった重要な発展の一つは，ヴェルサイユ宮の軸とルーヴル宮の軸を結んで，直接田園地方を横切っ

188

て造られた主要道路であった．今日に至るまで，シャンゼリゼーは，ルイ14世によって初めて設計されたプランに正確に従っており，パリから出るための十分な幅員をもった唯一の出口になっている．

18世紀は，広場の設計にとって注目すべき世紀である．ちょうどルイ14世の名前が，宮殿や庭園の建設と結びついているように，彼のあとを継承したルイ15世の名前は新しい都市の広場や公共広場の建設と結びつけられている．1748年にパット（Patte）によって描かれたパリの設計図（図77）は，市のあらゆる広場を，既存のものも，また単なる計画だけのものをも合わせ記載しており，一見してルイ15世の治下に建造された膨大な建設量が認められる．おそらく最も有名な単独広場の例は，ジャックザンジュ・ガブリエル（Jacques-Ange Gabliel）によって設計され，1763年に建造されたコンコルド広場（Place de la Concorde）であろう．この広場の意義については，すぐ後で論ずることにする．

相互に結びつけられた一連の広場

相互に結びつけられた広場
は18世紀中葉の特徴である

多くの都市では，一連の辻広場（square）や大広場（plaza）が，相互に独立した個々のものの単なる接続としてではなく，すべてが互いに一つのリズミカルな推移を構成するように設計された．統一に対するとどまることを知らぬ欲望，しかも完全に自己意識的な欲望が，これらの広場の位置の選定やそこから街路を放射させるやり方を支配していた．時には，町全体がこの種のあらかじめ決定された計画に合致するようにつくられさえした．1715年に建設されたドイツのカールスルーエは，その一例である．町全体がこのように建築的単位として取扱われた場合には，新しい計画によって確立された関連系統にうまく調和させるために，しばしば既存の建物を増築したりしている．

ナンシーの3つの広場

すべての，こういう広場群のうちで，最もうまくいっている例は，ローレーヌ（Lorraine）の首都，ナンシー（Nancy）の3つの広場によってつくられたものである．ナンシーは一時，ルイ15世の義父にあたるボーランドの亡命国王スタニスラス・レスツィンスキ

189

78. エーレ・ド・コルニー　ナンシーの相互につながりをもった3つの広場，スタニスラス広場の眺望．1752〜1755年．

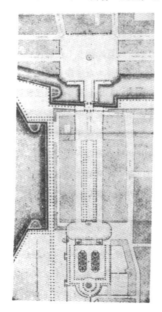

79. エーレ・ド・コルニー　ナンシーの相互につながりをもった3つの広場の平面図．これらの広場には，既存の風景を，新しい生き生きとした空間的統一にもち込むために新しい諸要素が使用された．

(Stanislas Leszinski)の居住地であった．その3つの広場（図79）は，ベルニーニのコロネードよりちょうど1世紀後の1752年と1755年の間に，エーレ・ド・コルニー(Héré de Corny)によって建設された．第1の広場（プラス・スタニスラス）は——それ以前に建てられていたオテル・ド・ヴィル（市庁舎）（図78）と共に——1つの凱旋門によって，長方形のプラス・カリエール（Place Carrière）と結びつけられている．この2つの広場の間に，ラムゥア(Lamour)の魅力的なロココ様式の鍛鉄製の作品が透明なスクリーンを形づくっている．並木道や整然とした家屋の並びが，この広場群のうちの第3のプラス・ロワィヤル（Place Royale）に続いている．プラス・ロワィヤルに面している政庁の館は，この広場群のプランがつくられる以前に，すでに存在していたもう1つの建物である．この建物は，広場に優美なコロネードを付加することによって，新しい構図全体と調和するようになった．広場のまわりのこのコロネードは，政庁の館のアーチで示されたモティーフを再び繰返している（図80）．

80. エーレ・ド・コルニー　　楕円形のコロネードをもった政庁．ナンシー．

各要素の総合

建築的知識についての豊かな蘊蓄が，これらの広場のそれぞれに表現されている．それは，建物の高さや比例を律する手法や，使用材料の取扱い方などに一様に現われている．壁体，透明な鍛鉄製の部分，泉水，樹木，柱廊――これらの諸要素は，すべて直覚的な正確さで使用されている．ここには，18世紀中期の建築の真髄が見出される．すなわち，各要素はそれぞれ他のすべての要素と融合され，各個別の現象は総合されて，きわめて効果的な全体を形づくっている．

バース：保養地の新しい発展

ナンシーの3つの広場が建造されていたちょうど同じ頃，イギリスに，まったく違った目的のために造られたものではあるが，同程度に建築的知識を駆使して造られた一つの小さな町――バース(Bath)という温泉町があった．18世紀のイギリスでは，バースの温泉で「湯治する」ということは，社会的慣習の一つであった．バースは「付合い仲間同士の会合場所であり，社交場」であった．そこには，当時の町が慣例的に持合わさざるを得なかった教会堂も城も見られなかった．バースは種々雑多の無名人同士の慰楽のために建設されたものであった．バースの町は，貴族連中や美術家や文筆家たち，さらに――オリヴァ・ゴールドスミス(Oliver Goldsmith)が，明らかにしているように――種々雑多の型の人間を引き寄せていた．「いろんな国々から掠奪した分捕品を積んで，東印度からやってきた商会員や代理商人，アメリカ新開地からの農園主や黒人奴隷の親方達，2度も続いた戦争でしこたま儲けた周旋人や，あらゆる種類の仲介業者や仕事師達，つまり"家柄のよくない連中"」をも引き寄せていた．この描写は，18世紀に書かれたというより，むしろ19世紀後期に書かれたかのごとき感がある[66]．

サーカスとロイヤル・クレッズント

バースは，新しいブルジョア階級のために，「建築家であると同時に建造家であり，投機家でもあり，芸術家でもあった」一人の男――ジョン・ウッド（John Wood）によって建設された．彼の息子で後継者の，ジョン・ウッド2世は1764年にサーカス(Circus)（輪型連続住宅）を完成し，1769年には，30戸の家が一方の開いた楕円形をなして互いに結びつけられている有名なロイヤル・クレッズント（Royal Crescent）を建設した（図81）．

---

66) オリヴァ・ゴールドスミス（1730～1774）はアイルランド生まれの小説家・詩人であって，18世紀の人間である（訳注）．

192

81. ジョン・ウッド2世　バースのサーカス(1764年)とロイヤル・クレッズント(1769年)の俯瞰.

ロイヤル・クレッズントは多くの点で，それより6年前に完成されたジャックザンジュ・ガブリエルのルイ15世広場（コンコルド広場）に比肩しうるものである（図82）.後者は，現在ほとんど変わってしまっているが，依然として，パリの広場のうちで最も美しいものである．この広場の魅力は，境界の壁が一方にしかないので，市の中心にありながら，田園の眺望がきくという事実に基づいている．左方にテュイルリー宮殿（Tuileries）の庭園があり，右方にはシャンゼリゼーの並木道があり，すぐ前方にセーヌ河が流れている．都市計画としては高度な発展段階を示しているこの仕事の背後に潜む意図を当時すでに認識しえていた同時代人の一人，アベ・ロージェ（Abbé Laugier）の見解によると，「それは，庭園や木立に取囲まれて，まさに景色のよい田園環境に美しくつくられたエスプラナード（建物前面広場）の印象しか示していない」[67].実際，この広場は，その外まわりの風景にとって欠くことのできない一部になってしまっている．

コンコルド広場にある，ただ一つの境界壁は，その中央が自由に出入りできるように

---

67) "Entourée de jardins et de bosquets, elle ne présente que l'image d'une esplanade embellie au milieu d'une campagne riante……"

82. ジャックザンジュ・ガブリエル　ルイ15世広場（コンコルド広場），パリ．1763年．ここでは自然と広場とが併置されて，バースのロイヤル・クレッズントに包含されているのと同じ原則が認められる．

開かれており，この開口部から始まって（後の時代に建てられた寺院の終端にまで通じて）いる道路，リュ・ロワィヤル（Rue Royale）は，こうして，この広場自体の軸になっている．

ロイヤル・クレッズント：それ自体
で一つにまとまった連続集合住宅

バースのロイヤル・クレッズント（図83）は，寺院や宮殿などに導かれるような，軸も中央の開口部ももっていない．そこには，眺望を妨げるようなものは何一つとしてない．現世的権力の象徴にしろ，もしくは宗教的権威の象徴にしろ，この建物を屈従的ないし従属的関係に置くような建造物はまったく見当らない．そこには，正面はるかに横たわる田園や町の方へ緩やかに傾斜している広大な芝生があるだけである．何物にも妨げられないこの完全な眺望は，多くの個々の住居を集中的に集めることによって獲得されたものである．30の小さな標準化された家が，ただ1個の単位に溶け込んで，このクレッズントをつくりだしている．その不朽の感銘は，これらの標準化された各単位が，なんら分離されずに相互に寄り合わされているという事実に由来している．われわれ自身の時代になって初めて，これに類似した企てに遭遇することになる．たとえば，グロピウスが1937年にウィンザー近傍の公園，セント・リオナーズ・

83. ジョン・ウッド2世　ロイヤル・クレッスント，バース，1769年．ロイヤル・クレッスントの前の広々とした芝生が窪地に向って緩やかに傾斜している．

ヒル (St.Leonard's Hill) に，8階建のアパートメント・ハウスを設計したが，その設計はこれと同じ傾向を示している．個々の個室を3棟の8階建の建物に集合させることによって，草木でおおわれたその広い大地の広がりは途切れることなく，そっくりそのまま残されて，各居住者に広々とした眺望が与えられている．ロイヤル・クレッスントやこのグロピウスの設計に比べれば，ホテルや独立住宅が無秩序に建ち並んだ19世紀の保養地や休日行楽地などは，あたかも乱雑な炭鉱小屋のようなものであった．

18世紀および19世紀
初期の建物投機家たち

18世紀のバースは，投機として建設された．ジョン・ウッド1世は，その地で1727年に建設活動を開始した．パリのヴァンドーム広場 (Place Vendôme 1701年) も同様に，その過半が投機家の仕事であった．また，同じように高度な建築的水準をもったロンドンの各スクェア[68]やクレッスントもそうであった．18世紀および19世紀初期のイギリス最高の建築家たちの多くは――アダム兄弟や，ジョン・ナッシュ (John Nash)，

---

68) square（スクェア）には種々の意味があるが，ここでは公共道路や家並に取巻かれた囲いのある庭園広場をいう．ロンドンのスクェアの建設活動とその発展については本書の第2巻Ⅶにおいて詳細に論じられている（訳注）．

195

ソーン (Soane) のように―――一人で，同時に建築業者であり，芸術家であり，また投機家でもあった．このロイヤル・クレッズントの建築は，投機によって建てられたにもかかわらず，建築的手腕と力強い伝統の影響を示している．建築の発展において，投機が演じてきた役割については，現在，断片的知識しか見当らないが，その影響の程度を知ることは，単に建築的な理由からばかりでなく，投機家の率先的な役割と同時に，その破壊的な役割を見出すためにも必要なことのように思われる．

18世紀において確信をもつに至っ
た都市計画：ローマのポポロ広場

都市計画が，このような驚くほどの練達に到達したのは，ナンシーやバースの町ばかりでなく，また大都市のパリだけのことでもなかった．18世紀には同じような練達した手法が，ヨーロッパ各地にわたって展開されている．コンコルド広場や，イギリスのクレッズント（前面に広場のある三日月型連続住宅）や，テラス（戸別庭園付連続住宅）[69]に，共通して流れている基本的な原則――各住居を，その周囲の自然環境と融和させるという原則――は，ローマのピアッツァ・デル・ポポロ（民衆広場，Piazza del Popolo）のヴァラディエールによる改造計画の場合にも，同じように支配していた．ジュウゼッペ・ヴァラディエール (Giuseppe Valadier, 1762~1839年)は，『イタリア百科辞典』(Enciclopedia Italiana) によれば，「都市計画を，緑地の保存と結びつけて，一つの科学として取扱った，近世イタリア建築界での最初の人物」であった．その形態選択上の手法からみれば，確かにヴァラディエールは古典復興式の建築家であるが，このすぐれた広場の設計に採り入れられた空間概念から見ると，明らかに都市計画における後期バロックの伝統に従っている．

ヴァラディエールの仕事を正しく評価するためには，彼が改造に着手する以前の，その広場の状態について，ある程度知っておく必要がある．彼がその仕事を始めるに当って遭遇した複雑な諸問題に秩序を吹込んだ能力からみても，彼は確かにすぐれた都市計画家であった．

17, 18世紀におけるポポロ広場

鉄道の時代になるまでは，ポポロ広場(図84)は，北方からやってきたあらゆる訪問客

---

69) ここでは terrace house のことで，住戸単位を2戸以上1列に接続させた庭付連続住宅をいう．通常2階．その前面の広場は，一般に各戸ごとに生垣などで分割されている（訳注）．

196

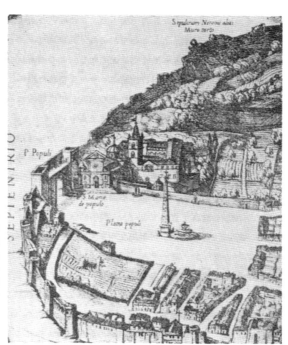

84. ピアッツァ・デル・ポポロ, ローマ, テンペスタによる銅版画, 1593年. ポポロの門や, ルネサンス時代のサンタ・マリア・デル・ポポロ寺院やオベリスク, ピンチオの丘などが見える.

85. ピアッツァ・デル・ポポロ, ローマ. ライナルディの双子寺院の方を見た眺望.

にとってローマへの主要な入口であった．この地は外来者が，ローマ法王の都市につ
いて最初の印象を受けとるところであった．外来者はポポロの門 (Porta del Popolo)
を通って，その広場に入ってくることになる．このポポロの門は，スウェーデンのク
リスティナ(Christina)女王が17世紀にローマを訪れた際に，一度修復されて再装飾さ
れていた．外来者が入ってゆくと，その真向いの広場のはるか向こうに，ローマにと
って特に重要なものの最初の象徴としてカルロ・ライナルディ (Carlo Rainaldi)が1662
年に建てた1対の双児寺院が現われてくるようになっていた（図85）．同一のクーポ
ラ（半球形屋根）とポルティコ（柱廊玄関）をもったこの2つの寺院は，古代以来，
この地点から放射していた市の3本の主要道路を見張る宗教上の歩哨のようなもので
あった．広場の中央に，16世紀末に運びこまれたエジプトのオベリスクが，1本だけ
ぽつんと他から離れて立っていた．左手には，サンタ・マリア・デル・ポポロ寺院
(Santa Maria del Popolo) の単純なルネサンスの建物正面があるだけであった．この
寺院は，マルティン・ルーテル (Martin Luther)がかつて所属していたオーガスティ
ン教団の僧院であった．この僧院の庭はピンチオの丘まで上っていた．この広場の両
側には，高い壁と，重要でない建物とが同じように混在していた．これらは，広場の
中に置かれた牛馬用の簡素な水槽と共に，広場全体にあたかも場末にいるような気分
を与えていた．この広場のための最初の計画が整えられて公表された1794年に，ヴァ
ラディエールが直面したのは，こういう状況であった．もっとも，その最終設計が具
体化されたのは，ブルームズベリ (Bloomsbury) 地区におけるスクェアの建設活動が
最高潮に達した1816年から1820年の間のことであった[70]（図86）．

（1816～1820年の間に遂行され
た）ヴァラディエール の 設 計

ヴァラディエールは,この広場の内外にあった記念的な建造物には,まったく手を触れ
なかったが，重要性のない壁や建物は全部取壊している．彼はオーガスティン教団僧
院の庭の大部分をピンチオへの入り道になる公園につくりかえたのである．この公園
の中に,ピアッツァとピンチオの間の車の交通路となる曲がりくねった斜路を引いた.
ヴァラディエールはピンチオの丘の上に一つの高台を造ったが，それは，下の方にあ
る彼の他の建物と釣合うような一大土木工事であった（図88）．このテラス（高台）は,
他よりも高い位置に置かれているにもかかわらず，その全空間構成と調和して，一つ

---

70) Rowland Pierce と Thomas Ashby による Piazza del Popolo のすぐれた研究
が *Town Planning Review*, vol. XI, 1924年12月号に載っている．

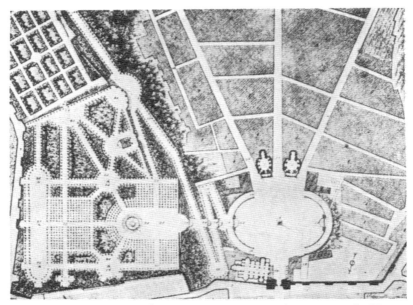

86. ジュゼッペ・ヴァラディエール　ピアッツァ・デル・ポポロの計画図．ローマ．1816年．最終計画は，現実の具体的な改築に適合するものになった．

87. ピアッツァ・デル・ポポロ，ローマ．相異なる高さや斜路の断面図．この図はエドワード・W・アームストロングによって1924年に描かれたもの．

の統一をつくりだしている．図87と図88を見ることによって，ヴァラディエールが，様式のまったく違った各時代の建物を一つの新しい釣合関係にもちきたらすことのできた巧みさをうかがうことができる．

　　　　　　　　　　　　ヴァラディエールによる革新：緑の浸透，
　　　　　　　　　　　　交通の調整，異なるレヴェル間の釣合

これらの工事の他，ヴァラディエールは，その広場を取巻く二，三の住居単位を建設

199

88. ピアッツァ・デル・ポポロ，ローマ．ピンチオのテラスからの眺望で，ピアッツァの相異なる高さの各水平面間の関係および水平面と垂直面との釣合関係を示している．ヴァラディエールはここで，われわれの時代の一つの基礎概念にふれている．すなわち，美的感情の基礎としての水平面と垂直面との間の釣合関係に気づいていたのである．

して，交通管理に役立つ2つの優美な半円形の壁を造った——これは，現在でも依然，交通に役立っている．彼は，これ以外にも，その設計全体にわたって造園された緑地の導入を慎重に考慮していた．緑の草木をくまなくしみわたらせるということは，当時のこのようなすべての工事に見受けられた特徴である．彼はさらにコンコルド広場やバースのロイヤル・クレッゾントのような広い緑地の眺望を導き入れるために，広場の西側には建物を建てないで常に開放された状態になっているように計画した．現在この地域は広い通りと高い建物で占められ，広告用のサインで醜くなっている．

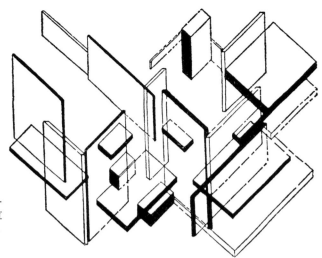

89. テオ・ファン・ドゥースブルフ　水平面と垂直面との釣合関係，1920年頃．

ポポロ広場は，外観的には，今日まで依然として，すべての大きな広場のうちでも最も"近代的なもの"の一つである．というのは，ある程度までは，建物と公園とが徹底的に融合させられているからであるが，それよりも，その近代的な外貌は，異なるレヴェルを同一構成の中に持ち込んだその持ち込み方によるものである．これより先，18世紀の中葉に，ナンシーでつくられた一連の広場では，高さの違う各建物垂直面間の釣合関係がつくりだされていた．このポポロ広場では，ヴァラディエールは，レヴェルの違う2つの水平面，すなわちピンチオの丘のテラスとピアッツァ自体とを相互に釣合わせることによって，その全設計効果の中に，空を舞うような感覚を具象化している．ここでは，ナンシーのような2次元においてだけでなく，3次元における比例関係が発展させられている．

相互に釣合わされ
た水平面と垂直面

われわれは，すでにボロミーニが，デザイン上の動勢を内部空間を通して外部空間へと導いていく努力のうちに，近代建築の関心事項を予見するに至った由来をみてきた．ヴァラディエールの広場は，われわれの時代の別の基礎概念を呼び起こす．それは，水平面と垂直面との間の釣合関係であって，特殊な審美感情の基礎となっているものである．これが近代建築における構成的要素の一つであり，その性格を決定する諸傾向の一つだということには，疑う余地のないところである．1922年頃，オランダの画

90. フランチェスコ・ボロミーニ　サン・カルロ・アレ・クァトロ・フォンターネ寺院のうねった壁．1662〜1667年．この後期バロック時代の創案であるうねりのある壁は，18世紀末頃，イギリスの都市計画に再現してくる．

家で詩人で建築家のテオ・ファン・ドゥースブルフ（Theo van Doesburg）（"スティル"・グループの創始者）によって描かれた1枚の絵画は，この概念の認識を意識的に表わしたものである（図89）．それはある家屋の空に浮かんだ透明な垂直面と水平面との間の相互の釣合関係を描き出している．

誤解を避けるために，ボロミーニもヴァラディエールも，今日の空間概念とまったく同じものを取扱っていたのではない，ということを繰返し述べておく必要があろう．それぞれ，どのように違ったやり方をしているか，その詳細については後ほど論ずる

91. ランズダウン・クレッズント,バース,1794年.その蛇状の彎曲は地形の等高線に従っている.

ことにする.ただ,歴史家というものは,ずっと後になって初めて実現化されるような動きの,ごく当初の段階に注意を払うことを常に興味もあり,重要なことだと考えているのである.

産業革命が世を騒がせながら圧倒的な勢いで開始される以前の時代には,住宅建設に関しては,簡素なものについても,また,贅を尽くした仕組みについても,高度な標準が存在していた.都市計画の諸原則は,建築に関係のあるすべての人間が普通にわきまえている知識事項であった.ある時代がその生来の文化をうまく発展させているような時とか,あるいは,その文化が永い伝統によって支持されているような時代に

92. バースとその各クレッズントの俯瞰．ほぼ中央にみえるのが，ロイヤル・クレッズントとサーカス（円形連続住宅）で，左下にあるのがランズダウン・クレッズントである．

は，最高度の制作が，著明な芸術家による場合と同様に，名もなき芸術家たちによってもつくりだされることが可能である．たとえば，19世紀初頭バースにランズダウン・クレッズントを建てた建築家の名前を，われわれはたまたま知っているけれども，それは歴史上それほど重要な名前ではない．

バースのランズダウン・クレッズント
（1794年）に見出される構成的事実

ランズダウン・クレッズント（Lansdowne Crescent）は，バースの町に高くそびえ立っている（図91）．その蛇状の3つの曲折によって有機的な外観がつくりだされているが，それは日照と日射をうまく利用できるように，大地の偶然的な起伏に従うことによって強調されたものである．このクレッズントは，それ以前の世紀がもっていた2つの構成的事実を具現している．

過去との関係

ローマの狭い街路に，予期しない運動感と柔軟性をもたらしたボロミーニのうねりの

204

93. ル・コルビュジエ　アルジェの摩天楼計画，1931年．この一例が示すように，後期バロックの空間概念は現代的な解決策に非常に接近している．

ある壁（図90）の使用が，その外形の蛇状曲線の中に再現している．さらにもう一つの先例は，町中の狭い街路の中ではなく，広大な庭園の前面に建てられた最初の大建築物，ヴェルサイユ宮であった．このヴェルサイユ宮は，大きな住居集団を自然と直接結びつけたその手法や，その結果生まれてきた何物にも妨げられることのないのびやかな効果によって，その後のこのようなすべての試みに対する指針となっている．ヴェルサイユと同じのびやかさがランズダウン・クレッズントを特徴づけている．運動感や意想外の情緒，開放感などの結合によって，この建物は——すべての住居が，まさに，そうあるべき——安楽のための適切な背景に仕上げられている．ランズダウン・クレッズントは弧立した現象ではなかった．その柔軟な計画は，19世紀初頭にも生き延びて，ごくわずかだが，サウス・ケンジントンとエディンバラの設計プランにも見出される．

現在との関係：ル・コルビュジエのうねりをもった摩天楼

ランズダウン・クレッズントが提示しているような，都市計画についての見失われた

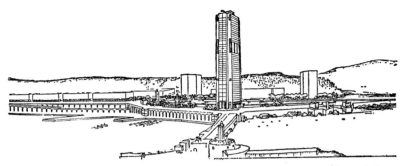

94. ル・コルビュジエ　アルジェの臨海地域の計画，1938～1942年．スカイスクレーパー（超高層ビル）の設置がとりわけ強力な空間創出の焦点であった．ル・コルビュジエの都市構築的な明確に区分された配置計画も等しく重要なものだったが，それはその当時まだ誰も成就していなかったことであった．歩行者の領域は慎重に組織され，車は，高架か地下の道路を動き地下のガレージに駐車することになっていたが，このアイディアは10年から20年後になってようやく一般的な理想になったのである．

知識を再びとりもどし，それをさらに拡大しようとする努力が，ここ数十年来続けられてきた．新しい技術的な発展につきまとうもろもろの混乱のために，この課題は困難をきわめているけれども，この課題を回避することはできない．今日のわれわれにとっては可能な，この問題に対するある種の解決が―――一例を挙げるだけだが――ル・コルビュジエのアルジェ（Algiers）の改造のための計画案（1930～1934年）のうちに認められる（図93）．ル・コルビュジエはこの計画案の中で，バースのクレッゼントの"有機的な"外形を持ち，同じように，大地の起伏に対して調節された摩天楼を使用している．もっとも，そのレヴェルの変化は，イギリスの町，バースのものよりもずっと極端になっている．これらのスカイ・スクレーパーの中の個々の住戸は，それぞれ2階で1単位になっており，各居住者によって十分調節できるような内部構成になっている．そのプランは，どの住戸からもテラスや露台（張出した庭園）に出られるようになっていて，その都市や海や空の壮大な眺望をほしいままに享受しうるようになっていた．このプランはその当時としてはとても考えられないような大胆な提案であった．その都市の上手の高い山腹に置かれた住居地と2つの隔たった地域中心が，連続するアパートの屋上につくられたハイウェイによって結ばれていた．技術的な可能性にあまりにも強く支配されているが，都市設計家たちの想像力に大きな刺激が与えられることになった．ル・コルビュジエのその後のマスタープラン（1942年）では，そ

の住居集合体のマッシヴな集中が大きく緩和されている.

18世紀後半の都市計画：
長 期 間 に わ た る 伝 統

都市計画は，建築の分野では常に最後になって初めて十分な発展に到達する部門である．その多くは，一つの時代が終末に近づく頃になってやっと円熟化している．その一例が後期バロックの場合であった．後期バロックの都市計画は，4つの世紀の芸術的な遺産を縫合しているが，それはそのままただちに全階級の住居に適用されるものではなかった．広い住居ブロックと行政上のブロックとを，自然と接近させて造った最初の大きな試みであるヴェルサイユ宮は，宮廷社会や政府の閣僚が使用するものとして造られた．バースは，中流階級の発展が同じ取扱いを受けるに至った時期を示している．たとえば，チャールズ・ディッケンズも，その小説の主人公ピックウィック氏も，バースのロイヤル・クレッズントに宿泊している．この世紀の終りには，この住居の発展形式は建築における一般的な表現様式になっていた．19世紀初頭までには，ロンドンのスクェアやクレッズントは，自然と人間の住居を併置するというバロックの伝統を，さらに下流階級の住宅にまで拡大させることになった．それは，もはや富裕な人達だけに属する排他的な特権ではなくなったのである．

突 然 の 中 断

しかし，ちょうどこの頃，突然の中断がやってきた．今日の建築的知識のうちに総括されているような都市計画，バースにその完全な例が示されているような都市計画は，工業によってつくりだされた新しい諸条件に適応しきれなかった．都市や工業中心が無制限の速度で成長しているような混沌とした拡張の時代には，尊厳とか比例関係だけを重視するような都市計画は，単なる障害物でしかなかった．マンチェスターやバーミンガムのような工業都市はその発端の時以来，建築的無秩序の乱舞する舞台であった．工業の新しい力が出現した，そのそもそもの最初から，都市計画の基礎的な知識はおどろくほどの速さで見失われてしまったのである．

こういう秩序の崩壊は，工業都市からさらに古い首都にまで広がっていった．新しい致命的な影響が波及し，生産力の新しい増大による富の追求がそれ自体一つの目的となった．これは一方ではスラムの出現を導き，他方では大きな無定形の分割式長屋の乱立を招来した．安楽は消え失せ，誰も優雅に生活するなどという時間を持ち合わさなくなり，生活の均衡が見失われてしまった．そして，その結果，深刻な精神的不確

95. ル・コルビュジエ　　アルジェの臨海地域のためのスカイスクレーパー，1938〜1942年．ル・コルビュジエは幾度もアルジェの計画を立案したが，そのたびごとにプランは成熟してきていた．その都市の管理中心である臨海地域は，150メートルの高さのこのスカイスクレーパーに占有されることになっていた．このスカイスクレーパーは巨大な磁石の針のように，その狭い妻側を海に向けて，細長く突き出た岬の上に建つことになっていた．その垂直な面は彫刻的に扱われ，それぞれの面は鈍角で交わっている．約4分の1世紀後になって，この建築的な解決策が数ヵ国のいくつかの建物に出現した．これは最初1932年にチューリッヒのある生命保険会社のためにル・コルビュジエによって設計された控え目な建物として出現した(ニューヨーク近代美術館所蔵の模型)．

定がもたらされた——人々は自分自身について不確かになればなるほど，いたずらに大げさな擬似記念的な建築物をつくりあげることによって，事物の正しさや安定性に信頼をつなぎ止めようとあがいてきた．しかし，いつわることのできない建築の分野がある．それは都市計画である．都市計画は，充実した生活からのみ生まれうるものであり，人間活動における個々別々の標準が確実な統一と均衡を獲得した時にのみ，初めて可能になるものであった．

工業化の最初に現われる突然の裂け目は，しばしば歴史上に観察される現象である．成長し損うが，後にはまったく別の条件下にあって再び意識のうちに生じてくる種子のように，人類は，ある種の外部の影響によって妨げられるような発展を，幾度となく燃え上がらせてきた．こうして，人間のうちに永く眠っている古い現象を再発見しようという，今世紀の芸術家たちの欲求が，彼らの仕事を先史時代の芸術と内的に関係づけてきたのである．

建築の分野でも同じようなことが観察される．まったくその発生期に，スメルの最古の寺院は，人々が見えざる神々とじかに接触しうるように，数個の入口をもった，驚くほど入念につくられた内部空間をもっていた．このような状況も，最初の大征服者が小さな司祭の町々を単一の帝国に吸収した時に変ってしまった．それ以来，神聖化された帝王も，あるいはまた一般民衆も，もはや神の本堂に入ることができなくなってしまった．一挙にして，内部空間の発展が中断されてしまったのである．ローマ時代になってようやく，それは再びよみがえり，建築技術を最高度に表現するものになったのである．

Ⅲ　新しい可能性の発展

われわれの文化の運命が19世
紀についての評価を決定する

未知なるものに対決しようとする切なる意欲や進取の気性に関する限り，われわれの
世紀を19世紀と比較するような資格をわれわれはほとんど持ち合わせていない．しか
し，この時代に関する終局的な判断とは，一体どのようなものであろうか？

ここで歴史家が，かかる運命についての疑問に対して答えなければならないのだが，
いまだに，19世紀については終局的な判断を下しうるまでにいたっていない．その主
要な輪廓さえ，明確になっていないし，過渡的事実と構成的事実とが，雑然と混在し
たままになっている．

あるものは，自分たちは偉大な伝統の発端に立っているのだと考えているし，他のあ
るものは，自分たちのまわりに災厄のきざしを見て，自分たちはある時代の終末に臨
んでいるのだと考えている．19世紀についての評価は，この2つの見解のうちのいず
れが正しいかにかかっている．

かりに，われわれの文化が野獣のような暴力で破壊されるか──それとも，そのよう
な暴力で脅迫され続けるとしても──19世紀は，人間や物質および人間的な思考を乱
用したという点で，各時代の中でも，最も悲惨な時代として断定されなければならな
いであろう．しかし，もしもわれわれが自分たちの手に委ねられたそのもろもろの可
能性を正当に使いこなすことができるということを立証し得たとすれば，19世紀は，
その世紀がつくりだした人間的な面での無秩序や，いまだに跡をひくその成行きにも
かかわらず，新しい英雄的な規模にまで高められることになろう．

19世紀についての評価は，こういうわけで，われわれの文化の運命──いわば，われ
われ自身の運命──に不可避的に結びつけられている．

19世紀への近づき方

19世紀を取扱う場合に，それ以前の時代に用いたのと同じ近づき方をしたのでは満足
な結果が得られないであろう．この時代に関する十分に包括的な洞見を，19世紀のモ
ニュメンタルな建築から引き出すことはとうてい不可能である．しかも，この19世紀
のモニュメンタルな建築についても，いまだに十分な探究が行なわれていない．良い

建物を選り分けて分類するという仕事は，やはり，続けられなければならない．過渡的な一時的な発展についてすら，その歴史がわかっていないのである．しかし，われわれは，ここでは，この時代の新しい建築的可能性について，人知れず時代の深みから芽生えてきたような発展に関心を払うことにする．

基本的事象としての工業化

産業革命の影響

18世紀に，工業組織や機械の導入によって，生産に急激な増加をもたらした産業革命は，フランスでの社会革命よりも，はるかに世界の全様相を一変することになった．思考と感情面に与えられたその影響は，それがどんなに深く，人間本来の性質そのものに浸み透ったのか，また，どれほど大きな変化がつくりだされたものなのか，今日でさえ，評価し得ないほど深刻なものであった．かかる影響から免れ得たものは一人もいなかったが，それというのも，産業革命は，その影響の大きさが必然的に限界づけられるような政治的動乱ではなかったからである．それどころか，産業革命は，すべての人間とその一切のものをとりこにしてしまった．政治的な改革であれば，その後しばらくして，新しい社会的均衡状態に落着くものだが，産業革命の到来によって人間生活から見失われた均衡状態は，今日に至るまで回復されていない．人間の内なる静けさと安らぎの破壊は，産業革命の最も顕著な影響の結果として，いまだにその痕跡を留めている．個人は生産の進軍の前に屈服し，それに併呑されてしまっていたのである．

18世紀のイギリスとフランスに
みられる，発明に対する衝動

18世紀に，発明に対する衝動が急激に広がって，とどまるところを知らぬ生産と機械の全盛期の先触れとなった．1760年代のイギリスでは，この発明熱が社会のあらゆる階層の心をとらえてしまっていた．失業した機織職人や，小規模な手職人たち，橋梁家テルフォード(Telford)のような農夫や羊飼の息子たちから，ウェッジウッド(Wedgwood)のような生産業者や，ブリッジウォーター公(Duke of Bridgewater，イギリスの運河組織の創建は，彼の不撓不屈の労苦に負っている)のごとき貴族社会の人に至るまで，あらゆる人々が発明と取り組んでいた．これらの発明家たちの多くは，発明の特許をとることによって，それを保護するという手数さえかけていなかった．多

213

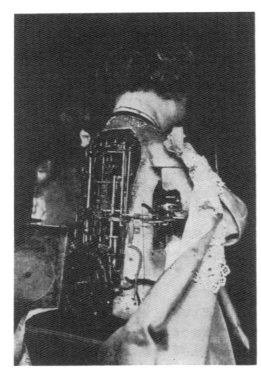

96. 自動人形：1770年頃．在ヌーシャーテル．ピェール・ジャッケ・ドゥローによって作られた文字を書く人形．

くの者は，自分の発明から利益を引き出すということなどおよびもつかず，かえって，発明のために迫害されさえした．利益の獲得や不正な利用などというのは後の時代になってからのことである．

実際，この活動が，単に物質的な野心だとか，はなやかな栄光に対する欲望に基づいたものにすぎないなどという思い違いをしないようにしなければならない．この活動の本当のみなもとはもっとずっと深いところにあり，しかも，永い間，人為的にそのはけ口を抑えられていたものであった．それが，この頃になると，もはや，発明に対する衝動を抑えることができなくなってしまったのである．

フランスでは，こういう発明熱が実際活動の重要な領域にまで立入るに至らなかったが，それは単に脇へかわされただけで，消滅させられたわけではなかった．それは，

当時の奇妙な機械仕掛のからくりの創作や，あるいは，歩いたり，楽器を弾いたり，絵を描いたり，驚くほどの芸をやりとげる生き物のような機械仕掛の人形，驚くべき自動人形の創作などに現われている．これらの自動人形のあるものは，そのつくり方の巧妙さと精密さの点で，近代の自動電話の原理に先鞭をつけるという結果にさえなっている——ヌーシャーテル（Neuchâtel）で1770年頃ピェール・ジャッケ・ドゥロー（Pierre Jaquet-Droz）がつくった「文字を書く人形」は，その一例である．この人形（図96）は，完全に動作しうる状態で今なお保存されている．

こうして，あらゆる国の，あらゆる職業に携わる人によって推進されてきた発明は，ほとんどすべての人間的な仕事を工業化してしまう結果になった．しかし19世紀の特質をつくりあげることになったこういう動きも，この時代の公的な建築には，ぜんぜんといっていいぐらいその影響を及ぼしていない．この時代の公共建築や政庁官邸あるいは大きな記念建造物を研究して，この時代の真の性格を看取することは到底不可能である．それよりもむしろ，もっと地味な建物の吟味に眼を転じてみなければならない．その決定的な事象，つまり新しい可能性の発展を引き出すことになるような出来事が起こったのは，ありきたりのまったく実用的な建物においてであって，19世紀初頭のゴシック復興様式やクラシック復興様式においてではなかった．

工業と個人生活

しかし，生命というものは割り切ることのできない複雑なものである．生命の発展は，一方で閉じ込められると，他の出口（しかもしばしばまったく予期しない出口）を求めるものである．近代工業の発達は，本来，物質的なものである．にもかかわらず，その物質的な欲求に従いながらも，工業は無意識のうちに新しい表現力と，新しい経験の可能性をつくりだしている．これらの可能性も，初めは，人々の身辺的な個人生活にはどうしても入り込めないような，完全に実際的な企業の中に閉じ込められたままになっているが，それも，徐々にかつ着実に，私的な個人生活の一部になってくる．
こうして進歩発展の回り遠い一線が，あらゆる種類の産業用建物——鉱山，倉庫，鉄道，工場——における革新から，私的な家庭や個人的な生活へと通じてゆく，大まかに見れば，こういう変形の歴史が19世紀の歴史である．これらの可能性も，遂には効用性という観点から離れて，あるがままのすがたで現実に認められるようになってくる．今日の建築は，このような過程の終端に位置しているのである．したがって，今日の建築を理解するためには，審美的な感情からはるかにかけ離れたように思われる

部面での進歩発展の跡を，かなり詳細に調べざるを得ないのである．

鉄

工業化以前の鉄

鉄は，誰でも知っているように，決して新しい材料ではない．その使用は有史以前に
さかのぼる．しかし，それも，古典的な古代の大建造物にほんのわずか使われたにす
ぎない．ギリシア人もローマ人も，天候に対してより強い抵抗力のある，青銅の方を
好んで使用していた．ルネサンスも，建築材料としては鉄にそれほど信頼を寄せて
いなかった．1400年代のフィレンツェの建築家で理論家でもあった，かのレオン・バ
ッティスタ・アルベルティも，人間の手と技術（hominum manu et arte）によって用
意されなければならないような物質よりは，むしろ，その天然の状態で，すぐ使用で
きる物質の方を推奨している．ミケランジェロがサン・ピエトロ寺院のクーポラ（半
球形屋根）を結合するために使った鉄輪でさえ，単に緊結材として考えられたにすぎ
ない．ヴィクトリア朝の頃になっても，やはり，ジョン・ラスキンのような工業を憎
悪した人たちによって，鉄は単に緊結材にのみふさわしいもの，とみなされていた．
鉄がどんな種類の建設にも，このように小さな役割しか演じなかったのは，外気にさ
らした場合の抵抗力の弱さだとか，古典建築の先例に使用されていなかったからばか
りではなかった．鉄を比較的，少量にしか生産し得ないという困難が伴ったからであ
る．

新材料としての鉄

その生産が工業化されるや否や，鉄はまったく新しい重要性を獲得するに至った．金
属を工業的に生産するためには，その分子配列を理解することが是非とも必要であっ
た．しかし18世紀最後の4半世紀以前には，物質の分子構造を研究するのに必要な設
備も知識も役に立たなかった．したがって，広範に使用される物質としての鉄の歴史
は，化学や物理学の歴史，および諸材料の比較強度研究の歴史の一部となっている．
鉄の工業生産を可能ならしめたこれらの研究が，鉄を新しい天然の材料ともいうべき
ものに変化させたわけである．こうして獲得された鉄の有効性は，それをつくりだす
のにあずかって力のあった諸科学を，逆に促進させてゆくことにもなった．

216

フランスにおける
工業化の当初の挫折

イングランドは全面的な産業革命の発祥地であった．手工業生産から機械工業生産へ前進させようという願望は，他の国々——たとえば，フランスにも同じように存在していた．しかし，これらの国々で行なわれた予備実験は，おかしなことに，それが橋梁の建造であろうと，絹織物の工業化であろうと，どれもこれも不成功に終った．適切な一例は，1755年ローヌ(Rhone)河に架かる鋳鉄橋を構築しようとした企画の失敗である．最初の鋳鉄橋が，遂にイギリスで，セヴァーン(Severn)河の上に竣工したのは，それから20年以上も経ってからのことであった．フランスでの試みは，時期尚早ということになったのだが，それも必要な寸法の部材を鉄で鋳造することができなかったという，ただそれだけの理由で断念しなければならなかったのである．

イギリスの状態

イギリスの状態は，他の国の進行状況とはまったく違っていた．イングランドの森林地域は，17世紀の終り頃には，ひどく減少してしまっていた．その結果，次第に欠乏してゆく薪と木炭を補充することのできる燃料として，石炭を掘ることに注意が向けられた．当時，鉱産燃料は，すでにある程度，薪にとって代っていたし，17世紀の終り頃には，それは普通の暖房用燃料であり，商人，パン焼き，酒造り，砂糖製造業者，布織職人，銅器鍛冶職人などの立派な常用燃料にさえなっていた．17世紀の間に，その使用量は14倍に増大している．しかも18世紀には，いうまでもなく，石炭需要は鉄工業における使用によってさらに増大した．この頃までには，鉱産燃料の使用が，自然でしかも普通のことだということを，誰しも認めるようになってきていた．アブラハム・ダービー(Abraham Darby)が，18世紀前半に，鉄の生産に衝風炉を使って実験を始めた時には，木炭を使わないで，コークスを使用していた．

イギリスにおける初期の鉄構造

工業化された鉄の生産

イギリスでは，しばしば，一つの家族が数世代にわたってある種の産業を支配していることがある．ダービー家は，工業化された鉄生産の開幕期に当って，こういう地位を占めていた．初代アブラハム・ダービーは，1709年コールブルックデール(Coalbro-

97. アブラハム・ダービー　セヴァーン河に架けられた最初の鋳鉄橋．1775〜1779年．スパン100フィート．高さ40フィート．

okdale)で古い炉を1つ借入れたが，後にダービー家が燃料として木炭の代りにコークスを使って鉄鉱石を溶かすのに成功したのは，この炉であった．これらの操作について，最初の印刷された報告書が1747年に公表されている．

1750年頃，彼は石炭を使用することによって，棒鉄に鍛造しうるような質の銑鉄をつくりだした．こうして鉄の大量生産が可能になり，金属の手工業的生産からのこの前進は，全世界の相貌を一変するに至った．

この新材料は最初，機械の製作にだけ使用されていた．ジェームズ・ワット（James Watt）の対抗者の一人であった偉大な技術家ジョン・スミートン（John Smeaton）は，鋳鉄製の道具を初めて使用した際（1755年）に，鋳鉄をこういうふうに利用するのは，「まったく新しい問題」だといっている．しかし，アブラハム・ダービー3世の代には，鋳鉄は，種々のまったく新しい目的のための新材料として使用されるようになっていた．1767年に最初の鉄製レールが鋳造され，この世紀の4分の3世紀の初めに

98. サンダーランド橋，1793〜1796年．236フィートの単一アーチ．この比較的大きなスパンは，鋳鉄作業に石造の構法を応用することによってなしとげられた．

は，セヴァーン河の上に最初の鋳鉄橋が建設された[1]．

セヴァーン橋（1775〜1779年）

セヴァーン橋（Severn Bridge, 図97）は，この新しい有用材料を使用する上での最も大胆な実験の一つを代表している．この着想は，1773年に，「優秀な鉄匠」ジョン・ウィルキンソン（John Wilkinson）とアブラハム・ダービー3世によって生み出されたもののようである（ジョン・ウィルキンソンは，ジェームズ・ワットが実際に役立つ蒸気機関を造るのを可能にした円筒中ぐり旋盤をも発明している）．1775年から1779年にかけて建造されたこの橋は，径間100.5フィート，起り上り45フィートの単一アーチからなり，5個の鋳鉄製肋材で組まれたものである．アーチ全体はほとんど半円形の形をしている．セヴァーン河は洪水に見舞われ通しだったので，その橋は非常に堅固なものでなければならなかった．この橋はダービー家のコールブルックデール工場で

---

1) John L. and Barbara Hammond, *The Rise of Modern Industry*, p. 136 (London, 1925).

製作されたが，この工場は，このように大きな寸法で，しかもただ2つの部材で構成されたアーチを鋳出しうる唯一の工場であった[2].

この橋の設計には，芸術的な野心は少しもこめられていなかったし，また，建築としては，それほどすぐれた成果を示していない．そのような観点からすれば，この橋は，これよりわずか2，3年前に完成していたフィヤツェーンハイリゲン寺院とは比較すべき何物ももっていない．しかし，この寺院は，当時の建築術で到達しうる最高水準にあるとしても，それはまた，かかる建築的伝統の終端に位置するものであった．その形の中には，何一つとして未来を指向するようなものが見られない．これに反し，この単純に構築された橋は，芸術作品としても，また建築上の問題としてさえまったく興味のないものであるにもかかわらず，非常に重要な発展への道を開いている．

サンダーランド橋

発明家としてのトーマス・ペイン

サンダーランド橋 (1793〜1796年) は，当時の構築物としては，最も大胆な実験の一つであった（図98）．これより先，1786年に，著名なアメリカの政治記者トーマス・ペイン (Thomas Paine)は，ベンジャミン・フランクリン (Benjamin Franklin)に，彼が自分で考えついた新構法の橋の模型を提示している．当時のアメリカでは，工業はまだほとんど発達の緒にもついていなかったので，そういう方法で工事を実施するのは困難だと考えたフランクリンは，ペインに，それをイギリスへもってゆくことを勧め，紹介状を書いてやった[3]．しかし，ペインは，他の土地と同じように，イギリスでも幸運をつかむことができなかった．ロンドンのパッディントン (Paddington)での彼の試験的な橋は，不運にも彼に負債を残す結果になった．彼の名前は不評になったが，彼の政見のために，この経過がますます悪い方に傾いたことも否めない．遂には，その特許も，当時ローランド・バードン (Rowland Burdon)が管理していた会社によって，不法にも占有されてしまった．バードンはペインの計画を使って，サンダ

---

2) William Fairbairn, *On the Application of Cast and Wrought Iron to Building Purposes*, p.201 (London, 1854).
3) Richard Blunck, *Thomas Paine*, p.115 以下 (Berlin, 1936).

220

99. ハンフリー・レプトン　　ブライトン王宮の雉子園，1808年．

ーランド橋をつくり，その建設によって生じたあらゆる信用をわが物にしてしまったのである[4]．

このサンダーランド橋は，単一アーチで，スパン236フィートに及んでいる（セヴァーン橋のスパンは100フィートしかなかった）．アーチを構成する6個の肋材は，迫石のような働きをする多くの鋳鉄板から出来上っていた．このような板の105枚の一組が各肋材をつくりあげていた．こういうやり方で，石によるヴォールト工法が鉄構

---

[4] Blunck 前掲書，p.22.

221

造に応用されたのである．これだけのスパンをもった連続梁を造るということは，当時としては，とてもできないことであった．

サンダーランド橋についてのロ
バート・ステファンソンの意見

この橋について 1856 年に述べられたロバート・ステファンソン（Robert Stephenson）の意見は，巧みにその要点をとらえているので，ここに引用してみよう．ステファンソンは，ブリタニア筒形橋（Britannia Tubular Bridge）(1849年）の建設者で，この橋は当時の最も有名な橋であり，しかも，研究所における 3 年間にわたる探究の成果であった．ステファンソンは，ペインの仕事を評してこういっている．「1790 年頃，トーマス・ペインは，鋳鉄アーチを迫石の形式で建設する計画を立て，異常な精力を傾けて，スパン88フィートの試験的なアーチをパッディントンに建設して，その考えを実地に試みた．……その技術上の大胆な企ては，彼の政治的経歴における情熱を十二分に反映している——その結果が証明しているように，技術的には成功であった．その釣合や，用いられた材料の量が僅少だったという点では，この構築物は感嘆させられるというよりも，むしろ不思議に思わせられるくらいである．……おそらく，今後とも比類のないものであろう[5]」．

鋳鉄の魅力

この時代には，鋳鉄は——1930年前後のクロミウム・プレートのように——あまり大量に使うことのできない魅惑的な新材料であった．その未開拓の可能性が，あらゆる人の想像力をあおり立てていた．こういう傾向が，ジョン・ウィルキンソンをして鋳鉄の墓や棺をさえ造ろうとさせたのであった．このような技術的な進歩についての想像上の可能性が，まもなく建築にもその影響を現わしてきた．鋳鉄の軸組をもった雉子園のデザインに見られるエキゾティックな鳥と新材料との取合わせは，鉄工芸によって暗示された想像力の飛躍を物語っている（図99）．有名なイギリスの庭園設計家ハンフリー・レプトン（Humphry Repton）が，1808年に彼に委任されたジョージ摂政殿下のブライトンの王宮（Royal Pavilion of Prince Regent George at Brighton）の設計の中に，この禽舎を取入れた．ロンドンのリージェント・パークやリージェント・ストリートの建築家ジョン・ナッシュ（John Nash）が，最後にこの王宮を1818年に建築し終えた．この建物は印度様式の幻想的な創作で，中央部分に大きな球茎状のクー

---

5) *Encyclopaedia Britannica* (Boston, 1856) の中の Robert Stephenson の項．

ポラをもっている．このクーポラは重量60トンの鋳鉄製骨組で建て上げられたものである[6]（図100）．

ヨーロッパ大陸における初期の鉄構造

　　　　　　　　　　　　　　　　　フランスにおける最初の優美な使用
　　　　　　　　　　　　　　　　　例，テアートル・フランセ（1786年）

ヨーロッパ大陸においては，鉄は最初，屋根架構材料としての建築目的に使用された．当時の劇場や倉庫の木造小屋組屋根は，頻繁に火を呼び，しかも火口のように燃えてしまうものが多かった．手作りの鍛鉄が量的に十分利用できるようになると，ただちにそれを使用してこのような火災を防ぐ計画が企てられた．この種の初期の試みの一つは，パリのテアートル・フランセ（Théâtre-Français, 図101）の鍛鉄製屋根の建造（1786年）であって，有名な劇場建築家ヴィクトル・ルイ（Victor Louis）の手になったものである[7]．このような形式の建物に鉄を使用する際に要求された優美さと大胆

100.　ジョン・ナッシュ　ブライトン王宮，1818～1821年．

---

6) John Summerson, *John Nash*, p.162 (London, 1935).
7) これより数年前に，ヴィクトル・ルイはボルドーに旧手法による最後の大劇場をつくったが，これは，こういう建築としては，各部門の空間的な釣合がはなはだ巧みに処理されている例である．ヴィクトル・ルイはこの劇場について幾枚かのすぐれたエッチングをものしている．S. Giedion, *Spätbarocker und romantischer Klassisismus*, p.184 (München 1922) 参照．

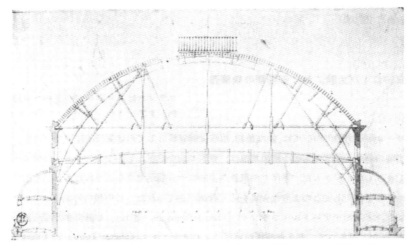

101. ヴィクトル・ルイ　テアートル・フランセ．鋳鉄屋根，1786年．梁の形は，慣性モーメントの在来の知識の繰り返しである．慣性モーメントはその頃はまだ科学的に公式化されていなかった．

さは，その後も引き続いてフランスにおける鉄構造の特徴となった．同じ特色が，その後1世紀以上にわたってフランスの作品に示されている．そして遂に1889年のパリ博覧会で，鉄構造は，その古典的な極致にまで到達したのである[8]．

テアートル・フランセの鉄屋根は，もっと専門的な理由からみても注目に値する．その全構造体は，比較的薄い壁だけで支持されるようなやり方で釣合が保たれている．フランスの理論家たちが指摘しているように，その大梁の形は，慣性能率についての直観的な理解——この点についてはまだ科学的な数式が与えられていなかった——を表わしている．

パリの穀物倉庫の鋳鉄構
造のクーポラ（1811年）

パリの穀物倉庫の円形の中庭をおおっていた木造のクーポラが，1802年に火事で壊滅したので，1811年に，鉄と銅を使った入念な構造に変えられた（図102）．建築家ベラ

---

8) この構造の優美さは，その後長期間にわたって賞讚されてきた．Charles L. Eck, *Traité de l'application du fer, du fonte, et de la tôle*, p.50（Paris, 1841）を参照せよ．

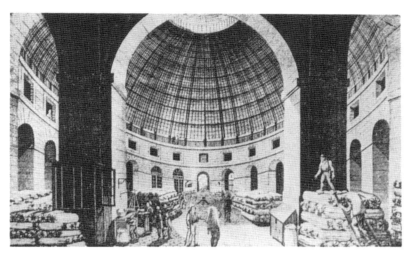

102. 穀物倉庫，パリ，1811年．ベランジェとブリュネは，ちょうど，イギリス人がその最初の鋳鉄橋に石構造の方法を用いたように，ここでは木構造の方法を用いた．建築家と技術者が別々の人間であった最初の建物の一つである．

ンジェ (Bellangé) と技術家ブリュネ (Brunet) とが協同で，その建設に当った．これは建築家と構造家とが同一人でなかった工事の最初の一例でもあった．この建物は，通常使用されていた木工事の代りに，賢明にも鉄の肋材を用いているが，それも古い構造法を新しい材料に適用したということ以上のものではない．にもかかわらず，この穀物倉庫は，それが完成した時には大変な賞讃を受けた．その開業に際して，ナポレオン1世がわざわざ時間をさいてまで臨席したくらいであった．現在，それは，大きく変わって商業取引所 (Bourse de Commerce) の一部として余命を保っている．

イギリスとアメリカ合衆国における鋳鉄製クーポラの使用

大きな建物の建設に鋳鉄製肋材が地上から天辺まで拡張されたのは，1850年頃大英博物館の円形建物の鋳鉄製クーポラにおけるものが最初であった．この例では，ドームの内装に張抜 (papier-mâché) が使用された．これと同じ頃，1855年から1863年にかけてワシントンの合衆国国会議事堂の古い木造ドームが，鋳鉄製肋材をもったドームにかえられた．その周囲の列柱は8角形のベースの上に載っていて，複雑な鉄骨構造材と組合わされている．この構築物全体の外側にかぶせられた混み入った大理石の輪

225

103. マルク・セガン　ワイヤー・ロープによるフランス最初の吊橋，トゥールノン近傍のローヌ河に架かる，1824年．

廊を支持するために，トラス・ガーダーが列柱とドームに必要となったのである．このアメリカの重要な建物に，当時の慣習から，外装建築術（外面だけのみせかけの建築）によって鉄骨構造をおおい隠すことになったのを認めるのは興味深い．

ローヌ河に架かるセガンの吊橋（1824年）

ワイヤー・ケーブル（鉄索）の吊橋は，19世紀初頭にさかのぼる．最初のフランスの例は，ローヌ（Rhone）河に，トゥールノン（Tournon）の町の近くに1824年に造られた（図103）．その建造者マルク・セガン（Marc Seguin）は，モンゴルフィエ（Montgolfier）の甥で，すでに長距離鉄道の走行を可能にした筒形ボイラーを発明していた．セガンのトゥールノンの仕事には，北アメリカの吊橋がモデルになった．北アメリカの吊橋は，麻とか生皮のロープで吊ってあったが，セガンはその代りにワイヤー・ケ

104. 金門橋．サン・フランシスコ，1933〜1937年．世界最長の単一スパンの吊橋．全長9200フィート，主なスパンの長さ4200フィート，路面幅60フィート．

ーブルを使った．ワイヤー・ロープが，こういう目的に使われたのはヨーロッパでは最初のことだったので，セガンは，その仕事を開始するに当って慎重に科学的な強度試験を行なった．この新材料によって，きわめて優美かつ軽快な構造が可能になり，遂には，この形式の橋が400以上も建造されることになった．

後 期 の 例

アメリカでは，ジョン・オーガスタス・ローブリング（John Augustus Roebling）がセガンの原理を大規模に適用して，1846年にはピッツバーグでモノンガヒーラ河（Monongahela）の橋に，1851〜1855年にはナイヤガラ河に，また1868年に始められたブルックリン橋（Brooklyn Bridge）の予備工事に，それぞれ実施している．構造体の全長にわたって走る連続した弾性ケーブルに全応力を伝達するというこの原理は，今

日の最も大胆な橋にとっても，いまだにその基本的な原理になっている．セガンの橋は現在，たまたま徒歩交通だけしか許されていないが，今なお橋梁として役立っている．

吊橋は，19世紀を通じて，より広いスパンが要求され，交通量が増大するにつれて絶えず発展してきた．弾性懸垂（elastic suspension）というこの明らかに制限された原理が，構造上，より精密に適用されることによって，遂には，夢のように大きなスパンがつくられ，これまでは人力のおよぶ限界外と思われていた虚空にも架橋されるに至った．

サンフランシスコの金門橋

これらの橋の多くは，ほとんど宇宙的な広がりを示した自然の風光の真只中に設けられていて，周囲の風景と共に人間的なスケールを越えた新しい統一体を構成している．世界最長の単スパンの吊橋である金門橋（Golden Gate Bridge, 図104）は，海と岩の圧倒的な背景に対抗して，サンフランシスコ湾に架かっている[9]．

ガルリー・ドルレア
ン（1829～1831年）

鉄とガラスは，それぞれ相伴って19世紀の建築に新しい解決をもたらした2つの材料である．鉄とガラスが，かなり著明な構築物に一緒に用いられたのは，フォンテーヌ（Fontaine）の手がけたものが最初で，ワイヤーケーブルの吊橋が開発されてから，かれこれ5年後のことであった．ペルシエ（Percier）と共にアンピール様式の基礎を築いたフォンテーヌは，後年（1829～1831年）パリのパレー・ロワイヤル（Palais Royal）の一部であるガルリー・ドルレアン（Galerie d'Orléans）のガラス屋根を造るのに鍛鉄を使用している（図105）．

ロンドンにある，そういったギャラリーのもう少し前の例は，まったく違ったガラスの使用法をしている．1790年に，もとの皇后劇場（Her Majesty's Theatre）と一緒に建てられたロイヤル・オペラ・アーケード（Royal Opera Arcade）では，円形開口部が，そのヴォールトに切り込まれている．隠れたガラス屋根からの光線が，これらの

---

9) 1933～1937年の間に建造され，つぎのようなディメンションをもっている．全長
9 200フィート，主要なスパンの長さ4 200フィート，その路面幅は60フィート
（6車線を備えている）．2つのケーブルの重量は，430 000 000ポンドである．

228

105. フォンテーヌ　ガルリー・ドルレアン・パレー・ロワイヤル，パリ，1829〜1831年．上流社会の集会場．ミラノのガレリア・ヴィットリオ・エマヌエーレ（1865〜1867年）ほどの大きなギャラリーの先例であるばかりでなく，大博覧会のガラスと鉄のホールの先例でもある．1935年に取り壊された．

開口部を通して建物内部に降り注ぐようになっている．ガルリー・ドルレアンでは，これとはまったく違った印象，風雨から保護されながらも，あたかも戸外にいるかのような自由で開闊な印象がつくりだされたのである．

パレー・ロワイヤルの中庭の端に位置したガルリー・ドルレアンは，上流社交界の集会場であった．1935年に，王宮が新しく模様替えされた時に解体されて，吹きさらしの柱廊がその敷地跡に造られた．この解体によって，19世紀初期の建築の，最も魅力ある好例の一つが消失してしまった．この建築はミラノのガレリア・ヴィットリオ・エマヌエーレ（Galleria Vittorio Emanuele，1865〜1867年）ほどの大きさをもったギ

229

106. ルオー　パリの植物園の温室，1833年．すべての大鉄骨軸組の温室の原型．その時代の，イギリスのバックストンの温室とは違って，これらの高いパヴィリョンの剛性は，もっぱら鋳鉄製の柱と梁を使うことによって得られている．

ャラリーの先例であるばかりでなく，その後の大博覧会にしばしば用いられた鉄とガラスのホールの先例でもあった．

パリ植物園の温室

鉄骨軸組とガラス板だけでつくられた最初の大きな構築物は，フランスのパリ博物館付属植物園の温室 (les serres des jardins du Musée d'histoire naturelle) であった (図106)．ルオー (Rouhault) が1833年に建てたこの温室は，その後のすべての大鉄骨軸組による温室の原型となった．その並はずれて大きなガラス板は，木を使わぬことによって可能になった光の無制限な流入とあいまって，この建物を「ガラスの庭園」(jardins de verre) と呼ばせるようになった．このルオーの温室はいまだに現存して

いるが，その内部容積は9000立方メートルである．この建物は，4半円断面のバレル・ヴォールト（筒形円屋根）を2つ重ねたものからできていて（内部は比較的低い温度が維持されている），熱帯植物を入れた高さ15メートルの2つのパヴィリョンの間に位置している．同時代の建築家ゴットフリート・ゼンパー（Gottfried Semper）が1849年に書いた論説の中に，当時この植物園のためのもっと野心的な計画があったことを記している．1848年に，ルイ・フィリップの退位以前のことであるが，この植物園を夏季の間，取り外しのできる無数の持運び可能なガラス屋根で完全におおってしまうという幻想的な計画があったとのことである．

鋳鉄柱から鋼軸組へ

19世紀建築における
各時代様式の継ぎはぎ

おそらく，19世紀建築の最も特徴的な点は，「各時代様式の継ぎはぎ」に対する熱中振りであろう．当時の重要な建築——見る者をして深い美的感銘を与えたかのごとく思われた当時の大架構——は，皆どれもこれも精巧な歴史的衣裳を着けて現われた．この当時に一番注意を引いた理論的な出版物は，種々の「復古様式」——ある時は古典様式，ある時はゴシック様式といった復古様式——を掲げたものであった．建築技術上にもたらされた進歩といえば，単に古風な効果を与えるために新しい方法を使用する際に起こる実施上の諸問題だけであった．しかし，このような初期の頃にも，当時の建築を支配していたような，継承された諸形態の混合などからは，特色のある真の伝統は決して現われてくるものではないということを察知している人たちがいた．100年も前に，すでに批評家たちは，「建築の道化衣裳」という言葉で，いまだに，その痕跡を留めているような，この病弊を指摘している．

潜 在 的 傾 向

とはいえ，仮面劇の氾濫の底には，幾多の重要な傾向が潜在し，徐々にその力を結集しつつあった．今日の建築は，こういう傾向の継続である．それは，1世紀全体にわたって続けられた大きな発展の流れの産物である．現代建築は，その基礎を，1900年前後に現われた数人の改革者に負っているという通念は，誤りでもあり皮相的でもある．この新しい建築の種子は，手工業が機械工業生産に席を譲った瞬間に播かれたも

のである．現在のわれわれの文明の多くの局面と同様に，それは，その特性を産業革命に源を発するもろもろの影響に負っているのである．

建築の工学的進歩からの孤立

それにしても，未来に対してこれほどの重要性をもった諸傾向が，なぜ，19世紀の実用的な構築物を除いては，ほとんどどこにも見出されないのであろうか？ かかる諸傾向はなぜ当時の公共建築の上に，わずかな影響しか及ぼさなかったのであろうか？ 工学上の進歩が，まず何よりも先に工業建築の分野に現われたということは，当然予想されることではあるが，これだけでは完全な説明にはならない．産業革命は，科学と工学に始まったかもしれないが，このことは何も，それが芸術にも同様に作用してはならないという理由にはならない．われわれはすでにバロック時代に，新しい科学上の諸発見が――最も抽象的な数学的なものでさえ――すぐさま，それに符合するものを人間感情の領域に見出し，どのようにして芸術言語に翻訳されてきたかということを見てきた．19世紀においては，科学の進む道と芸術の進む道とは離れ離れになっていた．思考する方法と感受する方法との間のつながりが断たれてしまったのである．人間の企てにおけるこういう2つの面が相互に孤立してしまったということは，それぞれの相異なる本質に基づくというよりも，19世紀特有の現象であって，その時代の文化に多くの責任を負っている．19世紀の文化は，それ以外には理解しようのないものである．

19世紀建築の歴史的状態は，単にこの分裂の特殊な場合であって，この分野では建築家と技術家との間の分離という点に明白に示されている．ゴシック時代の建築家たちは，当時の新しい技術上の知識を，単に採用したばかりでなく，その中に，その時代特有の目標や，情緒や，見解などを表出する可能性を見出していたのである．同様に，数学の進歩は，新しい計算の手段に対する貢献よりも，バロック建築により多くのものをもたらしている．このどちらの場合にも，新しい発見は，いわば人間化されたのであって，感性と知性上の進歩は互いに並び進んでいたのである．19世紀の精神を，ことさらに象徴しようとしていたこの世紀の建物では，その状況はまさにこれと正反対である．たとえば，構造材としての鉄は，単に擬似記念的な外観を古い様式に従って建設できるようにするための新しい道具にすぎなかった．新しい道具が，こんな使い方をされることによって，その「復古式」形態を，まがいもののみせかけに下落させたのも当然のことであった．

232

しかし，科学と工学上の進歩が建築に採用されていても，建築の中にすっかり吸収されてしまわない間は，技術家は依然として建築家に従属し，建築家から分離していた．一方，建築家は，その周囲の世界で進行しつつある最も重要な動きから孤立したまま，取り残されていたのである．建築家がその変化した環境に即応するようになるまで，また，近代的な構築法の中に建築的可能性を認識するようになるまでは，その時代にふさわしい新しい伝統が発展することは不可能であった．当時の技術的革新は，19世紀建築の舞台の背後にしか現われていないが，こういう技術的革新から将来の建築が成長することになったのである．構造は，いわば，当時の建築の潜在意識であった．ずっと後になって，ようやく明白な理論的論述を見出すようになった刺激も，当時は，その中に眠ったままになっていたのである．

したがって，これらの明らかに些細な発展や，新材料や新方法の臆病な採用も，歴史家にとっては関心をさそうことである．われわれの時代に，今なお生きて活動している諸傾向すなわち現代建築の構成的諸事実は，こういう控え目な端緒から跡をひいているのである．構造技術家の出現は，比較的早く工業化された形態構成上の諸要素によって，芸術的な大言壮語をくじき，建築家の特権的地位を打破して，今日の発展への基礎を用意することになった．19世紀の技術家は，意識しないで，自分たちが建築家に絶えず与えてきた新しい諸要素の擁護者の役割を果たしてきた．彼らは，作者不明でしかも普遍的な形態を開発していたのである．

鋳 鉄 柱

鋳鉄柱の最初の出現（1780年頃）

鋳鉄柱は，建物に使用されるために，新しい工業方式によって生産された最初の構造用材料であった．早くも1780年頃には ——蒸気動力の導入以前に——このような柱が，イギリスの木綿工場で初めて屋根支持柱として木の柱にとって代った．新しい機械の大きさのために，障害を最小にした大きな部屋が必要であった．

これらの工場の歴史は，まだ十分に研究されていない．こういう建物についての数少ない報告の一つは（つぎに検討する引例の出所なのだが），こう報告している．「建物は単に構造物として扱われてきたのであって，その興味深い歴史に探りを入れるような試みはまったくなされていなかった．種々の工場の"竣工月日"は，実際に竣工し

233

107. 工場の木造屋根裏,ボールトン,イギリス,1800年頃.長い紡績機械をいれるために,大きな木造小屋組の屋根裏の中央部分全体がすっかりあけ放されていた.

108. 鋳鉄製小屋組の屋根裏,1835年.鋳鉄製の小屋組がその後の進歩を示している.この考案は,パップワース(J. B. Papworth)の1821年のものと考えられている.パップワースについては,後で"田園都市"(1827年頃)の初期の設計者の一人として取上げることにする.

た時の正確で決定的な日付というよりも，おおよその"時期"になってしまっている．」10) ボールトン（Bolton）にある 18 世紀末の典型的な工場の一例は，いかにして既存の建物の屋根裏が新しく発明された木綿紡織機の工場に変えられたかを示している（図107）．この工場は，ゴシック時代から用いられてきたような重い木造小屋組で造られていた．最初，機械装置は屋根裏にだけ設置された．木造の小屋組は——やがて鋳鉄のトラスに代えられるのだが——長い紡織機の枠組を設置するために，中央部の下方に十分な空間を残していた．後に，鋳鉄柱の採用によって機械装置を全床面に設置できるようになった．

これらの石造建物（ニュー・イングランドに工業化が始まった時，マサチューセッツに再び現われてくる形式）は，後期バロック構造物の広い窓をもっていた．その動力用水を引いてくる河の近くの，豊かな田園環境の中に建っていたこれらの工場は，蒸気時代の工場地域とはまったく違った景観を呈していた．1783年に建てられたマンチェスターに近い一工場は，この発展段階を例証している．この特殊な工場は，内部に鉄柱を取付けた最初の一例であって，いまだに操業を続け，しかも今なお，補助的に水力を使用している．

1835年頃の一綿紡工場の屋根裏（図108）には，鋳鉄造の屋根トラスが使用されていて，当時新しく発明された自動式の走錘綿紡機のために，部屋がどのように造られたかを示している．この場合，非常に大規模な部屋が必要なことは明らかである．ここでは，紡織機は小屋裏の長い棟に平行に取り付けられなければならなかった．

他の材料との組合わ
せによる広範な使用

鉄柱は，石，煉瓦，そして木材とも，同様に組合わせて使われた．しばらく後になって，鋳鉄の大梁と，煉瓦アーチの床とが工場建物に使用された．しかし，1 世紀以上もの間，鋳鉄柱は世界中至るところで，あらゆる種類の建物に大きな役割を演じてきた．それは19世紀全般を通じて，無数のさまざまな建築目的のために使用された．水晶宮にも，また，まったく実用的な市場建物にも，あるいはまた，図書館に，温室に——シカゴに建った最初の摩天楼にさえも——鋳鉄柱は主要な支持の手段を与え

---

10) *Official Record of the Annual Conference of the Textile Institute*, p.41 以降（Bolton, 1927）．

109. 鋳鉄柱の初期の使用例，ロンドンの書店[11]，1794年．

た．ある程度イギリスで，しかも，それ以上にアメリカでは，40年代に，鋳鉄柱は建物の正面を形成するために，また構築物をあらかじめ製造された組立部材から構築するという目的のために使用された．

ブライトンの王宮における使用

鋳鉄柱は，新材料としては，当時まだ信頼されにくいような点をもっていたけれども，ブライトンの王宮（ロイヤル・パヴィリョン）にさえも進出している．それはこの並はずれた構築物の中に，自由に使用され，時には見せつける目的で使用されたりした．王室建築家ジョン・ナッシュ（John Nash）は，意匠の仕事を他人に委すことをためらうような人ではなかったが，サンマーソン（Summerson）によれば，彼は天井を支える混み入った木や鉄の細工を自分でデザインしている[12]（図110）．これは1818

---

11) フィンズベリ街（Finsbury Square）にあるラッキントン（Lackington）のミューズの神殿（Temple of the Muses）である．「その建物内部の配列はまったく斬新である……その大きさは，ウェイマス行きの4頭曳きの郵便車が，その店開き当日に，その中を実際に曳き廻されたということから考えれば容易に推察がつくだろう．この部屋は……鉄の柱で支えられている．」("*Ackerman's Repository of Arts*," 1809年4月1日，マサチューセッツ州ケンブリッジの Albert C. Koch 夫人の好意による．)

12) *John Nash*, p.162.

110. ジョン・ナッシュ　ブライトンの王宮，1818〜1821年．接見室，赤の間．

年のことである．私の知る限りでは，これは，鋳鉄柱が儀礼的な室内に使用された最初の例である．ナッシュは，その賓客接待室の空間にこの柱を思いのままに導入している．

ラブルーストによ
るむき出しの使用

これより25年後に，アンリ・ラブルースト（Henri Labrouste）は，パリのサント・ジュヌヴィエーヴ図書館（Bibliothèque Sainte-Geneviève）の小閲覧室（La Reserve）に，鉄柱を同じようにむき出しのまま使用した．ところが，数名の現代建築家たちが，1925年頃，同じことをしようとした時には，大反対に遭遇している．

ブライトンのロイヤル・パヴィリョンは，当時の饗宴の中心であった．ここで鋳鉄は建築家の用いる材料として，労働や日常業務などとはへだたった境遇に置かれることになったのである．その巨大な厨房（図111）には，中央に4本の細い鋳鉄の支持柱があったが，これらの柱は皆，幻想的に長く伸びて，その天辺に椰子の葉の柱頭飾をつけていた．鋳鉄柱の異常な細さが，建築に新奇なプロポーションの可能性を開拓している．

1867年パリ博覧会の楕
円形の庭における使用

約50年経って，1867年のパリ博覧会本館の中央の楕円形の庭に，ロイヤル・パヴィリヨンの厨房の柱とまったく同じように，細い鋳鉄柱が，南国の椰子の木と直接連繋を保ちながら，エキゾティックに配置された（図112）．

種々雑多な新使用法

鋳鉄がまもなく，蒸気機関から教会に至るあらゆる物にとって，定評のある材料となるのを立証するに足るような，重要な証拠を容易に見出すことができる．この材料の可能性について興味を抱いた最初の科学者の一人，トーマス・トレッドゴールド (Thomas Tredgold) は1823年にこう書いている．「それは，教会，劇場，工場，倉庫の主要な支持物として，また，エンジンの主要部分として使用されている」．さらに，語を継いで，これが普及するに至った理由のいくつかを列挙している．「その製造工程上の改良によって，それは価格の上でも，木材と比べられるほど安価になった．しかも……それは木の梁が持ち得ないような，ある程度の防火性を与えた」．こうして，

111. ジョン・ナッシュ　ブライトンの王宮，厨房．

112. パリ博覧会，1867年．本館中央の楕円形庭園．鋳鉄柱は，この世紀を通じて頭をもたげてきたが，その使用が最高潮に達したのは，この頃であった．パリの金物製造業者のカタログを見ると，オースマンのパリ改造の大工事のために，鋳鉄柱にありとあらゆる形が与えられている．

19世紀における鋳鉄は，そのある程度まで火に耐える性質，その低廉さ，製造の簡単さ，重い荷重に耐える強さなどの理由によって，建築材料の王座に君臨したのである．これらのすぐれた利点によって，鋳鉄柱は，19世紀の80年代にスティール・フレームがシカゴで開発されるまで，その王座を保証されていた．

鋳鉄の変転自在の性格，
大量生産における誤用

しかし，鋳鉄がこれほど利用されるようになったのには，また別の理由があった．しかも，それは，鋳鉄を誤用した理由でもあった．その理由というのは，この鋳鉄がどんな形にも容易にこしらえられる材料だということであった．1860年頃のフランスの金物製造業者のカタログを見ると，そこには，あらゆる種類の目的に使用された鋳鉄について，数百ページにわたって記されているが，鋳鉄は，巨匠の彫刻作品を模造するなどというまったく厭うべき用途にさえ使用されていた．オースマンが，パリの改

造を実施した際に，その需要をつくりだした鋳鉄製の種々の柱や勾欄などは，どのような形の仕上条件にも応じ得たのである．実際，鋳鉄の柱は——節度も抑制もないままに使われて——19世紀の象徴の一つとなった．1889年になっても，ベルギーの偉大な技術家フィーレンディール(Vierendeel)でさえ，パリ博覧会に関して，やはり，こう書かざるを得なかったのである，「この種の支持柱がもたらす甚大な脅威は，その厭うべき下品さにある」と．この材料の適切な使用の中に見出されたその魅力も，救いがたい当時の方向を誤った大量生産の中に消え去ってしまったのである．

鋼 鉄 軸 組 へ

テルフォードによるロンドン橋の設計（1801年）

鋳鉄を構築物に使用した初期の例として，さらに別の2例を挙げなければならない．2つとも時期は19世紀初頭のことである．その1つは，テルフォード(Telford)とダグラス(Douglas)のロンドン橋のための計画で，1801年に設計されたが，遂に実施には至らなかった（図113）．この名高い優美な設計は，鋳鉄によるまったく巨大な工事計画であって，この橋は起ち上り65フィート，600フィートの単一スパンになっていた．50年後のロバート・ステファンソンのブリタニア橋も，このスパンには及ばなかった．ロンドン橋のこの設計は，その当時でも，もし実施しようとすれば実現できるものであった．というのも，テルフォードは，トーマス・ペインが1783年に企てた方法を採用することによって，その橋を数多くの小さな楔形断面からなる石造アーチ式に建てることを考えていたからである．

ブールトンとワットによるソールフォード工場（1801年）の進歩した構法

第2の例は，マンチェスターのソールフォード(Salford)に，1801年に建てられたフィリップ(Philip)とリー(Lee)の木綿工場である（図114）．この工場は，その設計の大胆さでは，当時の他のあらゆるものを凌駕していた．それは，建物内部の軸組全体にわたって，鉄の柱と梁を使用した最初の試みである．この工場の建設は，近代的な構造の歴史における最初の主要な出来事であった．当時の構築家たちにとっては，ま

113. テルフォードの提案したロンドンのテムズ河に架かる鋳鉄橋．アクァティント版画，1801年．

ったく並はずれた離れわざであったこの素晴らしい設計は——ほとんど忘れ去られようとしているが——ブールトン (Boulton) とワット (Watt) のソーホー (Soho) の鋳鉄工場で成就された．この蒸気機関の発明者は，当時，肖像彫刻をつくる機械に熱中していたし，活動的な仕事からは隠退することを考えていた．

鉄のビームとガーダーの結合

この工場のための設計原図は，今まで一度も公表されたことがなかったが，バーミンガム参考図書館のブールトン・ワット・コレクションの中に保存されている．この図面には，ソールフォード工場の平面と立面が示されている．この建物は，長さ約140フィート，幅42フィートもある大きなもので，その7階の高さは，この初期の時代としては並はずれたものであった．平面図に示されているように，各階ごとに2列の鉄柱が設けられており，初めて，鉄の梁がこれらの鉄柱と結合して使用された．

Ｉ 型 梁 の 出 現

これらの梁は，Ｉ型断面の最初のものであって，壁から壁へ規則正しい間隔を置いて，建物に架け渡されている．スコットランドの技師ウィリアム・フェアバーン (William Fairbairn) は，この最初のＩ型梁の使用を，最も効果的な型が計算による証明に

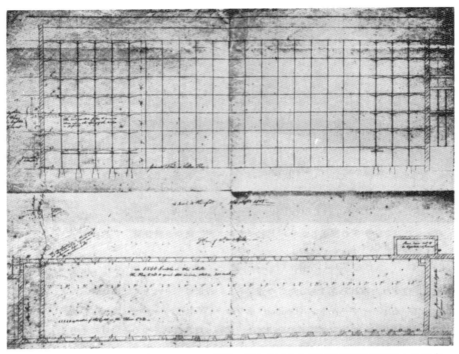

114. ワットとブールトン　鋳鉄の梁と柱による最初の7階建工場のための実施図面，ソールフォード，マンチェスター，1801年．金属の骨組──鋳鉄の柱と梁──で計画，実施された最初の建物．時計の機械がケースに包まれているように，外部の石造壁に包み込まれている．

先立って直観で認識された例の一つとして賞揚している（工学的な問題の，直観的で正確な解決の似たような例は，すでに，1786年のテアートル・フランセの鉄屋根に見られた．その鍛鉄製の大梁は，ずっと後に至るまで，理論的な調節の根拠が与えられなかったにもかかわらず，慣性能率に対して調節されていた）．

コンクリートの使用

この図面はさらに，工場の各階の床を煉瓦のアーチで建て上げて，粗石コンクリート層によって平らな面にする構法を示している．

第2の図面には，建物の梁間方向の断面図が示されている（図115）が，それには，1階の鉄柱のための特殊な基礎，および最初の2つの階の鋳鉄の柱と梁の接合が図示さ

れている.

細部の精密さ

第3の図面には，中空の鋳鉄柱の構造が示されているが，その柱はいずれも9インチの外径をもっている．そのきわめて注意深い取扱いは，ブールトンとワットが蒸気機関を製作した時に得た経験を反映している（図116）．柱とその承け口との取り合わせの詳細図（平面図の右手にかかれている）は，機械製作に際して学んだ精密さを示している．

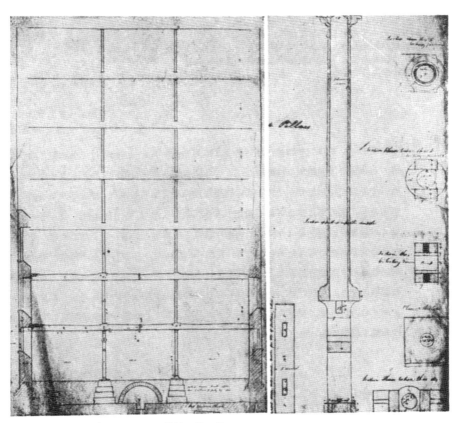

115. ワットとブールトン　鋳鉄の梁と柱による最初の7階建工場のための実施図面.

116. ワットとブールトン　鋳鉄の梁と柱による最初の7階建工場のための実施図面．鋳鉄柱の断面.

243

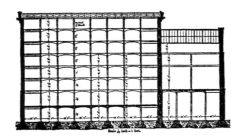 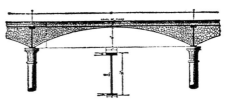

117. ウィリアム・フェアバーン　イギリスの製錬所．1845年頃．この世紀の前半では，進歩はきわめて緩慢で，ブールトンとワットによって用いられた方法に，何ら重要な変革が加えられていない．このフェアバーンの製錬所には，単に技術的な洗練があるだけである．

118. ウィリアム・フェアバーン　イギリスの製錬所．1845年頃．天井の構造．

　　　　　　　　　　　ソールフォード工場につ
　　　　　　　　　　いてのフェアバーンの記述

フェアバーンが1854年に述べているように，ソールフォードにおけるこの試みは「現在，この国の工業地域の特徴になっている防火構造方式を初めて開拓したものであった．4半世紀にわたり，この工場は同種建物のモデルであった．1801年から1824年に至るまで，梁の形にはまったく変化がみられなかった．」その理由は，ワットのこの驚くべき先見の明をもった構造に実地の試みと計算法とが追いつくためには，それだけの時間が必要であったからである．1801年に建った，この石積みの外壁に囲まれた鋳鉄骨組の7階建の工場によって代表される建物形式は，この世紀を通じて倉庫建物の標準となり，またいくつかの進歩した公共建築にも採用された．ワットのソールフォードでの試みは，80年代に遂にシカゴに出現することになった鋼鉄軸組の発達における第1段階であった．

　　　　　　　　　　　フェアバーンによるワット
　　　　　　　　　　の構築法の改良，40年代

ウィリアム・フェアバーン自身は，この構築法をさらに発展させるための基礎的作業にあずかって力があった．工業用建築の他に船舶や橋梁の構築家でもあった彼は，1846年にマンチェスターの彼の研究室で完成した鉄筒での実験によって，ブリタニア・テービュラー・ブリッジ（筒形橋）を建設することができた．この橋は当時最も

有名な橋であり，その後引き続いて，よりいっそう大きなスパンの建設を助長することになった．工業用構造物の構築法の決定的な変化が，この世紀の半ばより少し前に行なわれたが，それもこの有能な技術家によって指導されたもう一つの実験のお蔭である．彼が書いているように，これ以前には，「われわれは，梁の形をした鍛鉄のすぐれた耐力については，ほとんどなんの知識ももっていなかった．……（その）性質についてのわれわれの知識はまだ非常に不完全であり，きわめて狭い範囲に限られているように思われる．」[13]

フェアバーンは，その建物を防火的にしようとして，注目すべき構造原理を採用するに至った．彼は40年代の中頃に建てた8階建陸屋根式の精錬所の建設において，鋳鉄部材のみならず鍛鉄部材をも導入している（図117）．ここでは，鉄のタイ・バー（繋材）と接合された鍛鉄のI型断面梁が，鋳鉄柱によって支持されている．煉瓦アーチ式の床の代りに，薄い鍛鉄板が使用された．その鍛鉄板は，柱から柱にまたがってアーチ状の弓なりに曲げられ，そこへ床面までコンクリートが充填されている（図118）．このような建物から鉄筋コンクリートの建物へ飛躍するには，さほど大した努力を要しないはずだが，当時は，まだ鉄筋コンクリートの着想が採り上げられるほど機は熟していなかったのである．

展鉄梁の導入

構築材料としての鉄の使用は，展鉄（rolled-iron）と鋼を生産する機械の発明によってさらに増加させられた．アメリカのホーボーケン（Hoboken）の鉄道建設業者ロバート・スティヴンス（Robert Stevens）は，機関車を購入するために1830年にイギリスに赴いたが，その訪問中に，彼は展鉄製の鉄道軌条をつくろうと考え，幾多の困難を排してサウス・ウェールズの圧延工場でやっとやり終えることができた．しかし，展鉄のI型梁は，ずっと後に至るまで実用化されるに至らなかった．1871年に，建築家ボワロー（Boileau）は，つぎに述べるような異常な事情が重なり合ったために，フランスに初めて展鉄の梁が導入されるようになったのだということを書いている．それは1845年のパリでのことだが，石工のストライキ，木材の昂騰，火災の怖れ，さらにもっと広いスパンに対する要求などが，ゾーレ（Zorès）とかいう名前の鋳造工をして，フランスで最初の鍛鉄梁を圧延させることになったのである．展鉄の梁がイギリスに出現し

---

13) William Fairbairn, *The Appilication of Cast and Wrought Iron to Building Purposes*, p.152 (London, 1854).

たのは，この後しばらく経ってからのことである．

ショーウィンドーが壁
面開口部を拡大させる

後世の構造に対する重要な予備作業が，商店のショーウィンドーで遂行された．商業建築では，産業化の進行に伴い，これまでよりも大きなガラス面が要求されるようになったのである．50年代から90年代にかけて出版された鉄構造関係の年報は，鉄梁の上に上階の煉瓦造を支持することについての研究レポートで満たされている．これらの鉄柱は，広い展示用窓の背後に透けて見える建物の構造材にすぎなかった．（壁面より）後に引込ませた柱が，現在非常に多くの近代的な建物に使用されているという事実からいっても，こういう慣例の発展を連続的に跡づけてみることは非常に興味深いことであろう．われわれが住宅に広いガラス面を使う手法を初めて学びとったのは，こういう商店の窓からであった．

ジェームズ・ボガーダス

ジェームズ・ボガーダス：鋳鉄骨
組とルネサンス的形態（1848年）

今日の骨組構造（skeleton construction）は，摩天楼の本場アメリカで，早くも1848年頃に使用され始めた．その決定的な第一歩は，建物の床を支える手段としての石積みの外壁の代りに鉄柱を用いたということであった．この構造形式の初期の一例は，1848年にニューヨークで建設された5階建の工場である．この建物の建設者は，この構造法を発明したジェームズ・ボガーダス（James Bogardus）（1800〜1874年）その人であった．アメリカで1850年から1880年までの期間に建設された百貨店，倉庫，事務所建築は，その半数以上がこの構造方法によって建てられている．ボガーダスはこれらの建物を，工場生産された部品を使って，合衆国のあらゆる地域に建設した．1874年4月14日の『ニューヨーク・ヘラルド紙』によると，彼は，（この彼の最後の年に，しかも，僻地の）キューバ島ハヴァナ近傍のサンタ・カタリナ（Santa Catalina）にさえ，広大な建物を建造している．これらの建物のすぐれた例は，今なおアメリカのほとんどの都市に現存している．二，三の，とりわけ立派な見本（商品貯蔵倉庫と事務所建築）が，セント・ルイス河沿いの地区に見出される．その一つは，北1番街7911番地にあって，正面の壁面に大きなガラス面を入れたその非妥協的な手法は，特に興

119. ジェームズ・ボガーダス　　ある工場の設計，1856年．鋳鉄の抵抗力を示している．

味深い．これらの建物は，その構造法の進歩した段階を示しているという理由からばかりでなく，慎重で落着いたその建築の品位の上からいっても，十分にモニュメント（記念建造物）としての価値を保有している．この建築形式が，一種のアメリカ建築様式の主要な源泉の一つであることには疑問の余地がない．しかし，その現代的な重要性と真価にもかかわらず，ボガーダスの業績は今日ほとんど知られていない．

　　　　　　　　　　　　　　　　　　　　　　　ハーパー・アンド・ブラ
　　　　　　　　　　　　　　　　　　　　　　　ザーズ・ビル（1854年）

ジェームズ・ボガーダスの作品のうち最も良く知られた建物は，1854年，有名なハーパー・アンド・ブラザーズ（Harper and Brothers）出版社のために，ニューヨークのパール・ストリートのフランクリン・スクェアに建てられたものである（図120）．一見して，外壁のほとんど全面をガラス面に変化させたボガーダスの手法を看取することができる．ガラスの広大な壁面と鉄柱とアーチとを，ヴェネシァン・ルネサン

247

ス・スタイルによって結合させているが，これは当時の時代精神の完全な例証である．ボガーダス自身，こういう考え方についてはっきりした意見を表明している．"鉄の建築家"ジェームズ・ボガーダス著『鋳鉄建築，その構法と利点』（ニューヨーク，1858年）(Cast Iron Buildings: Their Construction and Advantages) という表題を冠した小冊子の中で，彼はあたかも，自分のことではないかのようにこう述べている．「ボガーダス氏は，"古代の豊富な建築意匠"を，現代において鋳鉄の助けをかりて真似て見ようという構想を最初に思いついた．」それは，1840年のことであった（この小冊子ながらも重要な出版物は，世に顕われなかったので，『アメリカ伝記辞典』(Dictionary of American Biography) の中のボガーダスの項には，この小冊子のことは述べられていない）．

鋳鉄造住宅の提案

18世紀の多くの先駆者たちのように，ボガーダスは，鋳鉄が技術者と芸術家の両方の要求をすべて満足させることのできる材料だと信じていた（図119）．彼は商業的な建築のみならず，住宅の建造にもその方法を適用したかったらしい．彼は，明らかに自分の方法が住宅の分野から閉め出されているのは，単に機会がないからだと感じていたのである．「ボガーダス氏は次のように確信している．」——かの小冊子の14ページ

120. ジェームズ・ボガーダス　ハーパー兄弟ビル，ニューヨーク，1854年．

にはこう書かれている．「すなわち，もしも運命が彼に工場よりも住宅の建設を要求していたとしたら，"この方法"は，現在商店に対して有名なように住宅にとっても有名になっていたであろう」と．また，彼は幻想的ないくつかの家屋を計画して，「鉄の部材の大部分が取り除かれても……あるいはまた，暴力で破壊されても……堅固に建っている」ような設計を示している．

1853年ニューヨーク万国博のためのボガーダ
スの実現しなかった独創的で先見的な計画

ジェームズ・ボガーダスが，1853年，ニューヨークで開催されたアメリカ最初の万国博覧会に提出した計画案は，彼の最も想像力に富んだ作品であった（図121）．彼は，その計画案を推す主な理由として，その偉大な経済性を挙げている——総額にしてわずか20万ドルにすぎず，その上，「この全構造体は，現在の形態を保っている時よりも，（この博覧会の終了後に）普通の建築目的に使用するために解体された場合に，大量な同型部材を再び使用することができるという経済性のためにいっそう多くの価値を生ずるだろう」という確信を表明している．将来の解体を考慮して，ボガーダスは直径1200フィートの大円形会場を提案した．これほど大きな円だと，真直ぐな梁で組立てることができるし，しかも後で容易に処分することが可能であった[14]．

ボガーダスの計画は，鋳鉄による巨大な円形の建物であった．外壁は高さ60フィートで，その周囲に柱とアーチの列が，各階をはっきり区画して走っている．300フィートの塔が，構内の中央に立っているが，この塔は，「それから懸垂曲線状の鉄桿を張り渡して鉄板の吊屋根を支えるという目的のほか，さらに大展望台としても使用するという二重の目的に役立つようになっていた[15]．」こういう懸垂曲線の支持鉄桿は，当時の吊橋では常套的な手法であった．ボガーダスは，この塔の中にエレベーターを設けて，観覧者をその頂上まで運ぶ計画を立てていた．

---

[14] 1867年のパリ万国博の本館は，その両端に2つの半円形が設けられていた．万国博が終って，この建物を解体した際に，この半円形に使用された曲線型の鉄材の販路をみつけるのはなかなか容易なことではなかった．アメリカ人，ボガーダスの案は，こういう状況を予見して作られていたのだが，その頃までに彼の計画案は忘れ去られてしまっていたし，現在に至るまで依然忘れられたままになっていた．

[15] B. Silliman, Jr., and C.R. Goodrich, *The World of Science, Art, and Industry*, p.4 (New York, 1854).

121. ジェームズ・ボガーダス　1853年のニューヨーク万国博のための計画案．この円形会場の直径は1,200フィートであった．300フィートの塔は，最初の乗客用エレベーターを備える予定であった．これくらいの大きさの円形になれば，真直ぐな梁——使用後転売ができる——を使うことができたのである．

この設計に見られる形態は過去の伝統的様式からの借り物だが，その構造は，全体として驚くほど進歩的なものであって，将来の発展を大胆に予見している．1867年以降のフランスの各博覧会が，それぞれの期間の独創的な記録になったように，この建物は（もし実現していれば），50年代にとって独創的な記録になっていたであろう．

この博覧会に実際に建てられた建物は，歴史的な重要性をぜんぜんもっていなかったし，また設計競技に入選した他の計画案は，質的に注目すべきものでもなく，また，博覧会場に適しないものであった．これにはジョセフ・パックストン（Joseph Paxton）が提出した計画案も含まれていた[16]．

発明家タイプと
してのボガーダス

ジェームズ・ボガーダスの生涯は，非常に興味深いものであった．彼は，その実生活を最初は時計作りとして始めたが，また，創意豊かなすぐれた発明家でもあった．彼は芯がいつも尖っている新しい種類の鉛筆とか，イギリス最初の郵便切手をつくりだした彫刻機械とか，深海測深機，その他種々様々の工夫によって，その声望を高めて

---

16) 同前掲書，p.1～3.

いた．彼は，実際，19世紀初頭特有の，発明家タイプの典型的な人物であった．その当時，人々は一大奔流となって，過去に発明されていなかったあらゆるものを発明しようと努力していたのである．この時代には，ただ一人の人間で，工業のうちでもひどくかけはなれた諸部門で，同時にいくつかの実験を試みているなどということも，それほど珍しいことではなかった．しかし，ルネサンスとの間には，著しい相違がある．ルネサンスの理想像は「普遍的人間」であり，各自の人生において，あらゆる異なった「種類」の活動を結合し得た人物であり，同時に芸術家，科学者，技術者であることであった．これに対し，19世紀初頭における理想像は，工業という一分野の中での，あらゆることをなしうる人間であり，ボガーダスによって代表されるような「時計作り-鉄工-技師」といったタイプの男であった[17]．

セント・ルイス河畔

1850年代の名もない商業用建物

鋳鉄製の正面をもった商業用建物の多くは，その骨組も鋳鉄でできていたが，このような建物が，合衆国全土にわたって，1850年から1880年にかけてのいわゆる「鋳鉄時代」に，躍進的に建設された．多くの同じような建物がイギリスに，特にリヴァプールに見出される．ボガーダスが，この構造形式を導入した最初の人であるかどうかは，現在，決定し兼ねることである．記録が残っていないために，これらの建物の総括的な調査すらできない始末である——しかも，それらの建物の多くは驚くほど新鮮かつ直截なデザインであって，充足されるべき機能は的確に把握されている．それも，その部品を生産した鋳鉄工場によって，建築家を参画させないで建設されたものが多かった．ジェームズ・ボガーダスと違って，これらの鋳鉄工場の所有者たちは，イタリア旅行の経験もなければ，鋳鉄でルネサンス復興様式を披露するなどという欲望ももっていなかった．

50年代のセント・ルイス

こういう無名の隠れた発展の中から，全部で500ほどのビルディングを包含している1地区——セント・ルイス中央河畔を取出してみよう．毛皮取引の本拠地として，1764年にその基礎を置いて以来，セント・ルイスは1世紀以上にわたって，全ミシシッピー西岸地区の主要な商業中心であった．その最も繁栄した時期は1850年代の10年

---

17) James Watt と Brummels は，これと同じタイプの例である．

122. セント・ルイス河畔，北1番街，523-529番地の鋳鉄造建物の前面，1870～1871年頃．この建物は靴卸商，織物商，被服商などの各種の商店になっていた．

123. セント・ルイス河畔．→ チェスナット街，219-221番地のガント・ビルの鋳鉄造前面．このファサードは1877年以来のものである．最初は法律事務所であったが，後に文具卸商の事務所となった．ファサードは，国立公園局の手で将来の博物館用として移転されることになっていた．

間であった．蒸気船の交通がその頂点に達し，カリフォルニアとコロラドへのゴールド・ラッシュが始まっていた．そして，ミズーリー溪谷の新天地開拓が，まさにその緒についた頃でもあった．この頃のセント・ルイスは，国中で第3番目の蒸気船碇泊港だったと考えられている．そして1870年までには，セント・ルイスは合衆国で第4番目の大都会になった．その河畔一帯は市の古くからの業務地域であって，その大部分が，この繁栄時代に建設されたのである[18]．

南北戦争以後の衰微

建設工事は，1849年の大火後に始まって(この1849年はカリフォルニアのゴールド・ラッシュの年であり，セント・ルイスはその交差点の一つであった)，南北戦争の勃発まで継続した．戦後数年間にセント・ルイスは，次第にその重要性を失ってゆき，

---

[18] これらの事項については，ピーターソン氏(Charles E. Peterson, Senior Landscape Architect, National Park Service) に負うところが多い．

一方それに代ってシカゴが，鉄道の接続点と中西部の大市場としての地位を占め始めた．遂に，「1874年，イーズ橋（Ead's Bridge）を渡って東部鉄道が登場し，蒸気船の衰徴と共に，セント・ルイス市の商業中心は他に移されて古くからの河畔は寂れていった．」[19]

半ば置き去りになったこの河畔は，アメリカの発展における最も目覚ましかった時代の証人として生き残っていた．その商業用建物のいくつか——毛皮や陶器の倉庫，ポニー通運事務所（Pony Express Offices），一般業務用の建築群など——は，それらが建てられた時代の一般標準をはるかに凌駕した建築水準を示していた[20]．

これらの商業用建物は，種々の建築形式で造られているが，石造建築のモティーフを鋳鉄造に採り入れた時でさえ，フランス風のある種の優美さが見られなくもない．この記念広場の端に当る北1番街523～529番地の建物（1870～1871年頃，図122）は，そのような一例である．もう一つの立派な実例は，北1番街7-9-11番地にある5階建の煉瓦造倉庫である．その各階は，細い柱によって上階と結びつけられている．その平坦な面は，後に，ヘンリー・ホブソン・リチャードソン（Henry Hobson Richardson）の手によって非常に有名になった単純化されたロマネスク様式の形を思い起こさせるようなところがある．この建物の先の方に，北1番街109-111番地の建物のような非

---

19) *The Old St. Louis Riverfront, An Exhibition of Architectural Studies in the Historic Area of the Jefferson National Expansion Memorial*, p.17 (St. Louis Public Library, 1938).

20) 19世紀の記録の保存は重要なことでもあるので，現在進行中の特殊な一つの問題について述べておくことにする．セント・ルイス河畔の40のブロックが，最近，合衆国政府の手によって買上げられ，ミシシッピー河畔に沿って設けられるはずの，ジェファーソン記念広場用敷地にあてられることになった．この仕事の第1段階として，この歴史的地域の取壊しと整理が実施されることになった．この記念計画と関連して，この地に建っているこれらの建築物の建設時期についての調査や，当時の珍しい建築物の系統立った写真撮影が行なわれた．

政府の国立公園部（National Park Service）は，こういう建築物のうちでも最も重要な二，三のファサードを保存しようと決意した．この提案によって，新しく建つ建造物の庭に，これらのファサードが設置されることになった．

私は，ピーターソン氏の親切な招待をうけて，1939年8月にセント・ルイスを訪れ，ちょうど工事寸前の，この地域を視察した．私には，この敷地の北端にある北1番街523-529番地の建物は，ぜんぜん手を触れずに，そのまま残しておけるように思われた（1939年8月10日付，St. Louis Post-Dispatch 紙，St. Louis

常に単純な構造の建物がある．この建物については，後ほど，ヨーロッパ最初の近代的住宅の一例，1893年にオルタ(Horta)によって造られたテュリン街(Rue de Turin)の住宅と比較してみることにする．これらの構造では，正面が非常に単純化されたので，鉄柱や鉄楣(リンテル)は，正面全体に広がる非常に大きな開き窓の桟ほどにしか思われない．こういう手法と，その卓抜なプロポーションから見れば，チェスナット・ストリート (Chestnut Street) 219-221 番地のガント・ビルディング (Gantt Building) (1877年，図123) は，この時期全体を通じて一番立派なものの一つとして周知される 値打がある．この地区の最善の建物がシカゴの摩天楼の先駆になったという当局の言葉を私はあやうく信じこむところだった．自分たちの建築的遺産に対するアメリカ人の無関心が，この地区の完全な破壊を招来することになった．この地区は1964年に，イーロ・サーリネンの主張によって，ジェファーソン記念の放物線アーチの建設が着手されるまで，約20年間貨物トラックの駐車場として使用されていた．

初期の骨組式建物

骨組構造の最初の建物
：フランス，1871 年

純骨組式の最初の建物は，1871〜1872年にジュール・ソールニエ (Jules Saulnier) によって，パリ近傍のノワスィエル・シュール・マルヌ (Noisiel-sur-Marne) に建てら

Star-Times 紙，St. Louis Daily Globe-Democrat 紙を参照されたい）．この地域の他の所にある最もよい実例も，この街区に移転することが可能であった．こういう建築物をすべてこの河畔の最盛期の時のような形にしつらえることも可能であった——たとえば，ボーニー運送会社の事務所や，当時の商品を入れた倉庫，古い毛皮商社のショーウィンドーにあった典型的なガラス円筒に収めた獣の剥製などを備えれば，まさに完全である．

これらの建物の中のどれか一つを，ミシシッピー地方の歴史博物館に使用することもできたはずである．過去や現在との関係，合衆国の東部や西部，南部や北部相互間の関係などを展示することもできたであろう．トロカデロ (Trocadéro) 美術館のジョルジュ・アンリ・リヴィエール氏 (Georges Henri Rivière) は，1937年のパリ博覧会に，同じようなフランス・ブルガンディ地方の一農村の再建計画を提出していた．これでは，あらゆる生活断面にわたって，かつて行なわれていたような姿が再現されて，一つの地域社会の歴史を物語っている．19世紀の商業建築物が17世紀のシャトーと同じように，ある時代の重要な証拠物件だということを認識するのは，実際，それほどむずかしいことなのだろうか？.

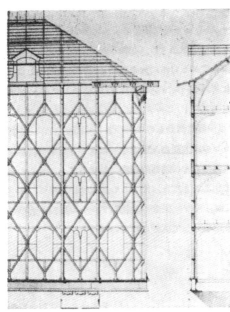

124. ジュール・ソールニエ　ムニエ (Menier)・チョコレート工場, ノワスィエル・シュール・マルヌ, 1871〜1872年. 鉄の骨組. われわれの知る限り, 外壁を単なるカーテンとして扱った, 近代的な意味での最初の骨組式の建物である.

125. ジュール・ソールニエ　ムニエ・チョコレート工場, ノワスィエル・シュール・マルヌ, 1871〜1872年. この工場は, 河床に設けられた石柱に支えられた4本の巨大な鉄の床梁に載って, マルヌ河の上に建てられている.

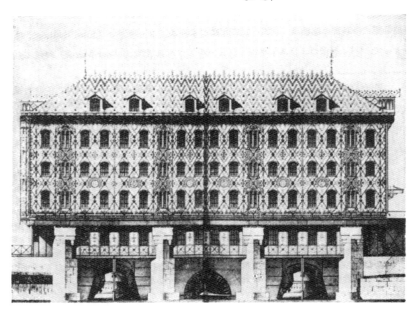

れたチョコレート工場であった（図124）．この工場はマルヌ河床に設けられた4本の柱脚の上に建っており，この河の水流によって，その機械に動力を供給していた．建物それ自体は，矩形断面で中が空洞になった4つの組立鉄梁の上に建てられている．

土台がこういう鉄梁から出来上っているこの建物は，骨組構造の原理を採用した最初のものである．すなわち，まず第1に，この建物では，全重量を伝えるために鉄骨骨組が用いられている．この骨組は壁体の表面に透けて見えている．第2に，その壁体は，単なる充填物としての役目しか果たさないような空洞煉瓦で造られている．その対角線状の鉄の補強材は，明らかに，ソールニエがその着想の一端を木構造に使用されている方法からもってきたことを示している．

平坦な面と新構法との一致

この当時の建物はすべて，その壁面に装飾で不必要な荷重をかけることによって，形式的でいかめしい性格を与えようとしていた．このチョコレート工場の壁面は平坦な面である．ソールニエ自身が説明しているように，これはその構造から由来したものであった．「建物正面に用いられたこの構造法によって，水平にも垂直にも何の突出部もなく，上から下まで完全に平坦な面が出来上った．」[21]しかし70年代初期のヨーロッパでの好みが，ソールニエにある程度譲歩することを要求した．彼は，自分の方法の論理から生ずる平坦な面を慎重に堅持していたが，壁面の形状を定めている煉瓦工事は各種の色タイルによる模様を表わしている．

われわれはこの建物のうちに，今日の建築の平坦で無装飾な面がどのようにして新しい構造手段と同時に出現してきたかを見てとることができる（図125）．しかも，この場合は，安価に建てたいという欲求が，このノワスィエルの工場の単純性をつくりだしたわけではなかった．ソールニエの構造形式は，他のいかなる方法よりもかなり高価なものであった．

これはアメリカの摩天楼の発達に
はなんの影響も及ぼしていない

このチョコレート工場の計画は，当時もっとも良く知られたフランスのいくつかの雑誌に，数回にわたって，非常に詳細に載せられており——これらの雑誌はいずれも当時のアメリカの図書館で閲覧することができた．したがって，ソールニエの仕事がそ

---

21) *Encyclopédie d'architecture*, p.92 (1877).

のような合衆国でまったく知られないままであったなどというのはまったく奇妙なことである．この骨組構造の最初の実例が摩天楼の発達に少なからぬ役割を演じたと思われるのに，実際はそうではなかったのである．

摩天楼の発案者としてのバッフィントン

アメリカの摩天楼が出現するに至る諸階梯については正確には知られていない．アップジョーン（E. M. Upjohn）が記しているように，「すくなくとも3つの都市——ニューヨーク，シカゴおよびミネアポリス——が，摩天楼の発祥地だという栄誉を要求してきたし，数人の建築家が，その発案者としての栄誉を自分のものだと主張している．」[22] ミネアポリスの建築家リーロイ・S・バッフィントン（Leroy S. Buffington）の主張は，他の人達よりもいっそう頻繁に提唱されてきた．他の人達は，確かにバッフィントン自身によって強硬にいいまくられている．バッフィントンは，その当時すでに英訳の出ていたヴィオレ・ル・デュク（Viollet-le-Duc）の『建築講義』（Lectures on Architecture）から，その着想を引き出して，1880年に摩天楼を発案したのだと主張している．彼がその興味をひかれた一節というのは，この『講義』の第Ⅱ巻1ページと2ページである．そこでヴィオレ・ル・デュクはこう記している．「実際的な建築家であれば，軸組全体が鉄でできていて，……（その軸組を）石のおおいで保護した……巨大な構築物を建設するという考えを自然に抱懐するようになるだろう．」「石で粧われた……鉄の軸組」をもった建物の種々の可能性が彼に暗示を与えたので，バッフィントンは公共図書館に通って，そのような構造の説明に役立ちそうなあらゆる資料を調べ尽くしたが，何も見つけることができなかった——と彼は述べている．こういう事情なので，彼が骨組構造のこの方法を思いつき，遂にまったく独創的なものにまで発展させたのだというのも，まったく無理からぬ次第である[23]．

---

22) E.M. Upjohn, "Buffington and the Skyscraper," *Art Bulletin*, XVII, p.48〜70（1935年3月）．

23) バッフィントンの主張に対する故マンディー氏（William B. Mundie）の意見は興味深い．マンディー氏はウィリアム・ル・バロン・ジェニーの年若き協働者の一人であった．マンディー，ジェンセン，バーク，アンド，ヘーヴンス（Mundie, Jensen, Bourke & Havens）建築事務所のジェンセン氏（E.C. Jensen）の好意によって，マンディー氏の未発表文書の一つから，つぎに挙げるような抜萃を引用することができた．「私は，このバッフィントン氏自身による発案者としての主張,さらにミネアポリス市が,骨組式構造の発祥地だという主張の申立に対して,どのように交渉して，いい負かしたらよいのか，まったく当惑を感じている．私の見解からすれば，こういう主張は当然無視してもよいものなのだが，それほど

とはいえ，ソールニエの方法は，いくつかの点で，バッフィントンが計画したものと
違っているが，このフランスの構築家の方が，一つの大切な点で彼の先を越していた．
つまり，彼はほとんど10年以上も前に，外壁が"もっぱら"鍛鉄の梁で支持された建
物を建設していたのである．ノワスィエルの工場は，本質的に石で粧われた鉄骨軸組
であった．

ウィリアム・ル・バロン・ジェニーのホーム
・インシュアランス・ビルディング（1883年）

最初の摩天楼が，近代的な構造原理にのっとって，（単に企画だけでなく）実際に建
てられたのはシカゴの10階建のホーム・インシュアランス・ビルディング（Home
Insurance Building）（1883～1885年，図126）であったということは一般に良く知ら
れている．その設計料は，1883年にウィリアム・ル・バロン・ジェニー（William Le
Baron Jenney）に支払われた．ホーム・インシュアランス会社は，耐火的で，しか
も，どの部屋にも最大限の光線を与えるような新しい型のオフィス・ビルディングを
要求していたのである[24]．

広く喧伝されてきているし，あまつさえ特許局はすでにこれに対して鉄建築構造
（Iron Building Construction）という名称の下に，パテント No. 383, 170 の発
明として特許証を発行している．それによれば，発明者は L. B. バッフィントン
であり，日付は1888年5月22日になっている．こういう特許証が発行されている
ということは無視できないが，しかし論争の余地がないわけでもない．」

ジェニーとバッフィントンとの間の法律的論争の詳細について，マンディー氏は
さらにつぎのような観察をしている．「バッフィントンが特許を得たというのは，
（当時すでに一般によく知られていた）上述の構造に，彼の積層鋼板柱（laminated
steel plate column）を応用するということであった．彼の積層鋼板柱というの
は，相並んで鋲打ちされた鋼板からできており，特定のジョイントをつくること
なく，上から下までの，べた継ぎの鋼柱であった．この，べた継ぎの柱というのは
途方もなく不経済になるので，誰一人として，それまで，この柱を使用しようと
するものはいなかった．このパテントの件について，ジェニー氏に面会を申込ん
できた訴訟関係者に（後になって，この人達がバッフィントンの弁護士であるこ
とがわかったのだが），ジェニー氏はつぎのように語っている——貴方がたが，も
しも，この途方もなく不経済な柱を使用している人を一人でも見つけ出すことが
できたとしたら，確かにその連中はそれを使用したということで起訴されること
もできよう．しかし，少しでも科学的知識のある建築家なり技術者であれば，こ
れを使用するなどという罪は犯していないはずだ．それというのも，こういう柱
は骨組式構造においてはまったく価値のないものだからだ．」

[24] その構造は，鋳鉄柱の他にも，ごく少量ではあるが，ベッセマー鋼の梁を初めて
建物に使用しているという点で注目に値する．これはベッセマーが，自分の発明
にかかる鋼の製造法を公開してから30年後のことであった．（つぎのページへ）

126. ウィリアム・ル・バロン・ジェニー　ホーム・インシュアランス商会, シカゴ, 1883〜1885年. 実際に, 近代的な構造原理に立脚して建設された最初の摩天楼, 10階建の防火建築で, 各事務室には最大限の光が与えられている.

以上述べたことを要約すると, ジェームズ・ワットが鉄柱と鉄梁をもった7階建の木綿工場を1801年に建ててから最初の鉄骨構造の摩天楼が出現するまでに, ほぼ80年にわたる期間が存在している. ある重要な新しい原理が発見されてから, それが日常生活に融合されるまでに, 他の分野でも同じように80年の期間が必要だったということは, 奇妙な事実である. たとえば, 1800年における, ヴォルタ (Volta) の動電気の発見と, 1880年代の最初の電力輸送との間には, ちょうど, これと同じ年数が経過している.

他の産業分野では, このベッセマー鋼をその公開とほとんど同時に採用していたし, 鉄道軌条工業や戦艦の装甲板にもその後まもなく使用されている. この有名な建築物について, もっと詳細な説明が知りたければ, スカイスクレーパーに関するどんな歴史書でもよいからひもとけばよい

127. イライシャ・グレーヴズ・オーティス　世界最初の安全エレベーター，1853年.

128. イライシャ・グレーヴズ・オーティス　南北戦争当時の客用エレベーター.

エレベーター

最初のエレベーター

ジェームズ・ボガーダスが，自分の手になる新しい鋳鉄のビルディングについて，「他の既知のいかなる手段によるよりも，はるかに建物の高さを高くすることができ……しかも，高ければ高いなりに，より堅固なものになろう」[25]と宣言していた頃に，最初の機械仕掛のエレベーターがボストンとニューヨークで発明されようとしていた．この時代のほとんどすべての発明と同様，エレベーターは当初は産業目的にだけ使用される予定であった．彼は，「蒸気の力で観覧者を頂上まで上げる仕掛」[26]を，1853年

---

25) James Bogardus, *Cast Iron Buildings*.
26) Silliman and Goodrich, *The World of Science, Art, and Industry*, p.4.

129. エッフェル塔, 第1プラットホームに運ぶエレベーター, 1889年.

のニューヨーク万国博に対する彼の計画案の 300 フィートの中央塔に設置するという提案をしていた. エレベーターという名前はまだ使われていないが, ボガーダスはここで, 世界最初の客用エレベーターと思われるものを提案していたのである.

最初の, 完全に満足すべきエレベーターは, ニューヨークのイライシャ・グレーヴズ・オーティス(Elisha Graves Otis)のつくったものであった(図127). 彼が普通の昇降版に安全装置を取付けた時に, 世界最初の安全エレベーターがつくりだされたのである. このエレベーターは, 1853年の, ニューヨークの水晶宮博覧会 (Crystal Palace Exposition)において初めて紹介, 宣伝された. 毎回の実地宣伝ごとに, オーティス氏自身が昇降版の上に乗って, それを地面から引き上げさせた. つぎに引き上げ綱が切られるが, エレベーターはただちに停止する. そして, そこでオーティス氏は歴史的な名句を吐いた.「紳士諸君よ, 御覧の通り, オールセーフです!」. オーティス会社の記録を最近調べたところでは, この最初のエレベーターについて残っている設計図

は１枚もないことが明らかになった．今となっては，ほんのわずか後の時代の機械のスケッチを見て，その概略の型を知りうるにすぎない．

最初の客用エレベーター
：ニューヨーク，1857年

最初の客用エレベーターと思われるものが，1857年に，ニューヨークのブロードウェイとブルーム・ストリートの街角にある一百貨店に，オーティスによって設備された[27]．そのつぎの客用エレベーターは，1859年に昔のフィフス・アヴェニュ・ホテル（Fifth Avenue Hotel）に設備された．その発明者はボストンのタフト（Tufts）とかいう人であって，その装置は「垂直螺旋軌道」（Vertical Screw Railway）という名称をもっていた．この「軌道」の当時の設計図はやはり残っていないが，南北戦争の頃のスケッチが残っていて，その設計に採用された原理の着想がわかる（図128）．

ヨーロッパ最初のエレベー
ター：1867年のパリの博覧会

現在われわれの知る限りでは，ヨーロッパ最初のエレベーターは1867年まではつくられていない．この年に開かれたパリ大博覧会で初めてその一つが設置された．１台の水力エレベーターが，まったく無骨で何となく原始時代の怪物を思わせるような姿をさらしながら，観覧者を壮大な機械館から，その広大なホールの波型の鉄屋根へと運んだ．観覧者はこの屋上テラスから，パリの大市街のみならずガラスと鉄の新しい世界をも，自分たちの足下に見渡したのである．

最初の大規模なエレベーター・シ
ステム：エッフェル塔，1889年

近代的な摩天楼ほどの規模の構築物に用いられた最初のエレベーターが，商業的な目的のものでもなく，また，狭い実用的な目的のためにつくられたものでもないということは愉快なことである．それは人間の日々の必要からというよりも視覚的構想から生まれてきた一つの構築物——かのエッフェル塔のために用いられたものであった．エッフェル塔は，実際，「建物」という語に普通含められている意味だけでは十分当てはまらない．それはむしろ，19世紀後半を包含する，かの鉄時代を告示するものとして，また，その記念碑として考えた方がふさわしいだろう．その尋常ならざる交通問

---

27)　日附について通常流布されている誤りを訂正し得たのは，オーティス・エレベーター会社の広告部長ベップ氏（G.C. Bebb）の示唆による．

263

題は，一体になったエレベーター系統を建設することによって解決されたのである．
4台の大きな複層のエレベーターが地上からノートル・ダムと等しい高さの最初のプラットホームまで走る（図129）．さらに2台が，テラスから，サン・ピエトロ寺院のドームと等しい高さをもった第2のプラットホームまで上がる．そのあとの登りは，一種の織機の梭（シャトル）のように交互に操作する一対の水力エレベーターを使って2段階につくられている．1000フィートの高さまで全部昇り切るのにわずか7分しかかからなかったし毎時2350人の乗客を頂上まで運ぶことができた[28]．これが完成されたのは1889年のことであった．

建築と工学との離間

19世紀中に生じた，科学と技術との間の，また芸術との間の，つまり構造と建築との間のギャップについては，すでにある程度その概略を述べてきた．われわれの時代の建築へと発展する萌芽が，その出現時にはほとんど無視されていた技術的発展の中に見出されるという主張を前章で論証してきた．本章では，この論題をもっと詳細に立入って論じよう．この離間が明瞭になってきた時期についての問題，およびそういう離間が存在するということを認識したことによって，新しい建築への要求が生じてくるようになった過程について取扱うことにする．今日，われわれがいまだにその解答を探し求めているような多くの疑問がこういう事態から起こってきたのだということを当時の言論に基づいて提示することができよう．最後に，19世紀の偶発的な諸傾向から構成的諸事実を分離することによって，われわれ自身の発展史に見出される多くの間隙，それもわれわれがしばしばその存在すら意識していなかった間隙を満たすことができるであろう．

エコール・ド・ボーザール復興（1806年）の影響

1806年，ナポレオンは美術学校（École des Beaux-Arts）を創立し，これによって旧制

---

28) これらの詳しい記述は，この当時のはなはだ興味深い一冊のパンフレットの中に見出される．Gaston Tissandier, *La Tour Eiffel de 300m*, p.68 (Paris, 1889).

度の教育機関が再興された。この学校の教科目は造型美術の全分野を網羅し，建築と他の美術との結合という点を支持していた。こういう結合は，バロック時代に自然に起こってきたもので，すでにその時代に完全なものになっていた。不幸にも，この学校はこのような方法で運営されたために，まもなく悪い結果が招来された。つまり，芸術を日常生活の諸条件から絶えず孤立させていく傾向を助長したのである。この世紀の当初から，フランスにおいて2つの官立学院によって代表される極端に相反した2つの態度が互いに対抗していた。すなわち美術学校と理工科学校との対立である。

エコール・ポリテクニーク
(1794年)，新勢力の結集点

この理工科学校（École Polytechnique）はフランス革命中の1794年に創立されたものであった。これはちょうど，フランスにおける近代工業の発達に対する法律上の障害を撤廃した文書，「労働の自由に関する宣言書」（Proclamation de la liberté du travail）が公布されてから3年後のことであった。この理工科学校は専門学校であって，より上級の工科大学（土木工学院，鉱山工学院，砲工学校など）への一様な科学的準備教育を授けていた。モンジュ（G. Monge），ラグランジュ（J. Lagrange），ベルトレ（C. Berthollet），シャプタール（J. A. Chaptal）のようなフランスのすぐれた数学者，物理学者，化学者が教授として活躍していた。エコール・ポリテクニークは，理論科学と応用科学との結合という重要な役目を担っていた。それが工業に与えた直接的な影響には疑問の余地がない。この世紀初頭の20～30年間に，それは経済学や社会学に関心を抱く人々，なかんずくサン・シモン主義者たち（そのメンバーの中には大規模な工業の創始者や，1850年頃フランスに建設された鉄道組織の創始者たちが含まれていた）にとっての中心機関となっていた。

当 時 の 討 論

エコール・ド・ボーザールとエコール・ポリテクニークとが別々に存在したということの中に，建築と構造との離間がはっきり表われている。19世紀の建築関係の雑誌を調べると，この当時，これら2つの学校の離間から生じた次の2つの問題が最も多く討議されたという事実が明らかになる。これらの問題というのは次のようなものであった。

265

1. 建築家の訓練はいかなる線に沿って進められるべきか？
2. 技術者の建築家に対する関係とはどういうものか？ その各々には，どういう専門的職能が適しているのだろうか？ それとも彼らは一体の同じものなのだろうか？

建築形態に関する他のすべての論争や討論は，これら2つの問題が含む論争点に比較すれば，二義的な重要性しかもっていない．

エコール・ポリテクニーク：科学と生活との連繋

建築家と構造家

このエコール・ポリテクニークが，19世紀初頭の30年間に及ぼした測り知れぬほどの影響は，この学校が次に述べるような壮大な仕事にまったく意識的に従事していたという事実によるものといえよう．まず最初，数学や物理学上の発見を産業に実際に応用させるために，科学と実生活との連繋を確立しようとする企てが試みられた．ナポレオン1世治下の内務大臣だった，偉大な化学者でかつ実業家のジャン・アントワーヌ・シャプタール(Jean-Antoine Chaptal)は，19世紀初頭に，その学校のためにこういう計画を樹てた．彼は，科学はその象牙の塔から降りて新しい世界をつくりだす仕事に手を貸さなければならないということを主張したのである．

構造の無意識裡の影響

科学に基づいた技術が，建築において重要な役割を演ずべきだと主張した最初の人は，パリのパンテオンの崩壊を未然に防止した理論家のロンドゥレ(Rondelet)であった．彼の『建築専門学校における構造の講義開始に当っての講話』(Discours pour l'ouverture du cours de construction à l'école spéciale d'architecture, 1816年)では，構造方法が建物の設計の性格に対して，これまでよりもっと多くの影響を与えうるようにしなければならないということが論じられている．この頃から，技術者が徐徐に建築家の領分に立入ってくるようになる．まったく無意識のうちに，構造家は19世紀を通じて，建築家の斥候の役割を演じていた．構造家によって，建築家に絶えず印象づけられてきた新しい諸手段は，建築家をしてまだ踏込んだことのない道に足を踏み入れる冒険を敢行させることになった．構造家は建築家の象牙の塔の扉を激しく打ち叩いて，その気取った儀式的な形式主義を打破していった．しかも現在でも依然として，建築に新しい成長のための刺激と動機を与えるというこの構造の主要な役割

はそのまま存続してきている.

新 建 築 へ の 要 望

当時の言論に見られ
る新建築への要望

19世紀中頃に,工業の進歩が促進されるにつれて,建築家の側に,その従来の特権的
地位が脅やかされ,自分たちの芸術の伝統が旧式なものになってしまったという意識
が明らかになってきた.このような懸念は,工業化の進展と共に次第に増大してきた.
こういう感慨を表明している当時の記事は,現在のわれわれが,この件についてどん
な抽象的な推論をするよりもはるかに興味深い.新しい可能性の出現によって呼び起
こされた新建築に対する当時の希望を明らかにしている言葉をまずいくつか引用して
みよう.

1849年:「過去の不毛と模写の卑屈さからわれわれを連れ出してくれるような新しい
建築こそ,万人が求め,大衆の待望しているものである.」[29]

1849年:「新しい建築は鉄による建築である.建築の革命は常に社会革命に従う.過
渡期には,その期間がどれほど続いても,そこにはほとんど変化が認められない.一
般の人間は,平凡な流派や陳腐な考え方などが根本的な顚覆によって一掃されてしま
うまでは,古い形態の再現に執着するものだからである.」

「地質学上の偉大な時代があるように,建築にも偉大な時代がある.植物や動物の新
しい種属は,古いものが滅亡してしまった後に初めて現われる.建築においても同じ
ことである.古い流派の伝統的な先入観を維持しようなどとは思っていない新しい種
類の芸術家たちを受け入れるために,建築における古い権威の種属は——あたかも巨
象マストドンがいなくなったように——交替されなければならなかった.」

「しかし,諸君はいうかもしれない.それでは,われわれの頼むに足るような賢明な
師匠は一体どこにいるのかと.あまりにも長い間,石とモルタルばかり扱ってきたた

29) César Daly, *Revue générale de l'architecture*, p.26 (1849).

めに，あたまの働きの方も，きまりきった軌道しか動かないと考えても差支えないような古い石工たちの間から，こういう師匠を探し出せなどというつもりはない．新しいものを創造するために，諸君は若い人たちを手に入れなければならないのだ.」[30]

1850年：「最近誕生した工業によってつくりだされた新しい方法が実用に供されるようになった時に，人類は，その時代の中からまったく新しい建築を産み出すことになるだろう．鋳鉄の適用は，鉄道停車場や吊橋，温室のアーチなどに見られるように，多くの新しい形態の使用を許容し，それを実現させている.」[31]

1867年：フランス第2帝政時代の末期に，セザール・ダリ（César Daly）は古い伝統の影響の継続を一度ならず慨歎してつぎのように述べている．「人々は世界を包み込んでいる折衷主義的な空気を感知している．すべての呼吸器官はそれを吸収し，そのような折衷主義的な空気はわれわれの血液と混り合って，心臓や頭脳に働きかけている.」[32]

1889年：20年経っても，この状況はさっぱり改善されなかった．新しい並はずれた構築物が出現して，その大胆さによって想像力を刺激するようになると，いつも決まって，古い叫び声が再び巻き起こされた．小説家のオクターヴ・ミルボー（Octave Mirbeau）でさえ，（彼は概して未来に向っての行進に参加した人ではないのだが），エッフェル塔と機械館を見た後で，つぎのような事実を認めている．「芸術が今なお，その凝視を過去に固定して，内面性（l'intimisme）を掘り下げたり，古い形式に執着したりしている間に，工業ははるか彼方に前進して，未知なるものを探究しつつある．永らく待ち望んでいた革新を準備しているのは，画家や彫刻家の工房ではない――そ

---

30) Jobard, "L'Architecture de l'avenir," *Revue générale d'architecture*, p.27. (1849).
ジョバールは技術家で，ブリュッセルの工業博物館（Musée de l'Industrie）の最初の館長であり，工業において発展させられてきた新しい製法や新材料にきわめて深い関心を寄せていた科学者の一人であった．ジョバールは，単に鉄とガラスの新建築の外観のみを求めただけではなかった．たとえば，彼は両面ガラス板でつくられた2重壁の内側が空気調整されるような壁体構造形式を示唆している．この両ガラス板の間につくられた空間に，冬は暖気が満たされ，夏は冷気を通すことができるようになるものであった．

31) 浪漫派の詩人テオフィール・ゴーティエ（Théophile Gautier）が，ラ・プレス（*La Presse*）新聞紙上で述べた言葉．

32) *Revue générale d'architecture*, p.6 (1867).

れは工場の中で行なわれているのだ！」[33]

建築と工学との相互関係

当時の言論に現われた反映

1850年以降世界の人々の眼前に，いくつかの大博覧会の鉄の構築物が登場してきた．これらの構築物では，工学の方法が建築の分野に入り込んでいた．工学的方法の登場と共に建築家と技術者の関係についての問題が提起されて，これまで以上に喧騒な緊迫した事態を引き起こすことになった．60年以上にわたって，この問題は多くの理論家によって論議されてきた．

1852年：「私は力学によって指示された形式が時に誤って伝えられているように，経済的で安価な形式だなどと偽るつもりは毛頭ない．それどころか，それはあらゆる形式のうちで最も高価なものである！　それには，人々の思索，多くの，実に多くの思索と，あきることを知らぬ探究と，たゆまざる実験が必要である．その形式の単純さは，正確なもののもつ単純さである．あるいはまた，それは公正なもののもつ単純さともいえよう．」

「……アメリカ合衆国の力学はすでに芸術家を凌駕してしまった．しかも，その大胆かつ断乎たる適用によって真の軌道に入り込み，アメリカ人の必要とするもののために働いているすべての人間に将来の進路に対する光を掲げている．これこそ，力学の求めているものなのだ．」

「私は，美に機能の約束を思い，

行為に，機能の存在を見，

性格は，機能の記録だと考えている．」[34]

---

33) フィガロ（*Figaro*）紙上にオクターヴ・ミルボー（Octave Mirbeau）が述べた言葉，1889年．*Encyclopédie d'architecture*, p.92（1889～1890）参照．

34) アメリカの彫刻家，ホレーショ・グリーナフ（Horatio Greenough）の *The Travels, Observations, and Experiences of a Yankee Stonecutter* 中の言．Nancy Wynne and Beaumont Newhall, "Horatio Greenough : Herald of Functionalism," *Magazine of Art*, XXXII, p.15（1939年1月）に引用されている．原文を挙げれば，"By beauty I mean the promise of function. By action I mean the presence of function. By character I mean the record of function."

1867年：「工学に道を譲るのが建築の運命なのだろうか？ 建築家は技術者のために，その栄誉を失墜させられるのであろうか？」[35]

1877年：この年に，この問題はフランス・アカデミーにまで持ち込まれ，「建築家と技術者の結合または分離」という課題に対して最も優秀な紙上討論に賞がかけられた．トロカデロ(Trocadéro)の建築家ダヴィゥッド(Davioud)がつぎのような解答でこの賞を獲得した．「その融和は，技術者と芸術家と科学者とが同一人の中に融合されるまでは，決して完全な，しかも有効なものとはならないであろう．われわれは永い間，芸術は他のすべての人間智能の形式とは異なった行為であって，その唯一の源泉と端緒を芸術家自身の人格とその気まぐれな幻想の中にもっているのだというばかげた信仰のもとに生きてきたのである．」[36]

1889年：「建築家の勢力は，はるか以前に衰微してしまって，今では特にすぐれた近代的人間(l'homme moderne par excellence)としての技術者が建築家にとって代り始めている……新建築の基盤を形づくるのは，"勝手気ままに選び出された"形態ではないであろう．都市計画をなす場合に，また，近代的な構造を実際に応用する際に，算定しなければならないような新しい状況を考慮することによって，われわれは，永い間空しく探し求めてきた形態をつくりだすことになるだろう．しかし諸君はこういうかもしれない，あなたが提案しているのは今日の工学の方法ではないかと．私はそれを否定しはしない．というのも，これらの方法こそまさに正当なものだからである．」[37]

1899年：セザール・ダリが建築の将来についての懸念を表明してから30年後に，新芸術の創始者たちの一人は，はっきりつぎのようなことを見てとっている．「もはや芸術家という称号を与えずにはおれないような一群の人々がいる．これらの芸術家とは，新しい建築の創造者，つまり技術者たちである．」

「技術者の仕事の中に内在している並々ならぬ美しさは，ちょうど大伽藍の美の創造者が自分たちのなしとげた偉業の壮麗さに気づいていなかったのと同じように，技術

---

35) César Daly, *Revue générale d'architecture*, p.6 (1867).
36) *Encyclopédie d'architecture*, p.67 (1878).
37) Anatole de Baudot, パリで開かれた建築家の最初の国際会議（1889年）の席上での言葉.

者たちがその芸術的な可能性を意識していなかったことに基因している.」[38]

ヴァン・ド・ヴェルド（van de Velde）は，技術者は建築の再生を約束するものであって，その崩壊を約束するものではないということをすでに認識していたのである.現在はヴァン・ド・ヴェルドが以上のように述べた頃よりも，なおさら，そういった事態におかれている.最近の技術者たちの作品には，建築術的表現のうちに見出されなければならないような美的経験についての未開拓の可能性が具現されている.たとえば，フランスで建てられた，船積みの際に積荷をおおうための，柱一本で支えられた一風変った差し掛け屋根だとか，鉄筋コンクリートの薄い版でつくられたスイスの曲線的な橋だとか，その他種々の驚嘆に値する独想的な構造物がつくられているが，これらはまだ探究されていなかった建築の可能性を具現している.

1924年：「機械の世紀は建築家を目覚めさせた.新しい課題と新しい可能性が，こういう建築家を産み出したのである.かかる目ざめた建築家たちの手によって，今や至るところで仕事が行なわれている.」[39]

ル・コルビュジエの世代のすべての建築家たちによって支持されているこういう意見は，建築家と技術者の間の分裂が癒されたことを示している.

現代の建築家たちが1世紀にわたる苦闘の末，構造に遅れをとることなく肩を並べて設計していけるようになったということは，概して間違いのないところである.新しい課題が今日の建築を待ち受けている.それは今や，厳格に合理的なものという以上のもの，つまり実用一点張りだけでは決定されないような諸要求をも満たさなければならない.現代の建築は，われわれの時代に深く根ざしている半ば情緒的な諸要求を満足させることにも成功しなければならないのである.

---

38) Henri van de Velde, "Die Rolle der Ingenieure in der modernen Architektur," *Die Renaissance im modernen Kunstgewerbe* (Berlin, 1901).
39) Le Corbusier, *L'Esprit nouveau*, no. 25 (Paris, 1924).

アンリ・ラブルースト, 建築家—構造家, 1801〜1875年

新世紀と共に誕生
したラブルースト

これまでのところ, われわれは実際には名の現われていない構造物を分析することによって, ほとんど無意識のうちに成育しつつあった新しい発展の最初の徴候を見出す努力を払わなければならなかった. しかし, それも19世紀の中期頃になると, この時代に初めて技術家と建築家の両方の才能を兼ね備えた, 建築家にして構造家のアンリ・ラブルースト (Henri Labrouste) を見出すことができる. アンリ・ラブルーストは1801年にパリに生まれた. この同じ年には, テルフォードが鋳鉄製の巨大な構造をもったロンドン橋の計画案を提出している. ジェームズ・ワットのソーホー鋳鉄工場が, 鋳鉄製の梁と柱を内部の構造に使用した綿紡工場を建設したのもやはり1801年のことであった.

ローマ大賞を獲得したが, そのイタリア留
学を生活からの遊離と考えるようになる

ラブルーストはアカデミー・ド・ボーザールで教育を受け, そこの優秀な学生の一人だった. 彼は23歳のときに, ローマ大賞[40]を獲得し, それによってローマのメディチ荘で5年間を過ごすことができた. この5年間に, 彼は古代ローマの遺跡を, 当時の普通の学生が考えたように, 単に美しい形態の需品倉庫だとかモニュメント (記念建造物) としてだけでなく, それ以上のものとして観察するようになった. 彼は, 今日の普通の観察者が考えるのと非常に近い態度をとったのであって, 彼を驚かせたのは, これらの建築物の中に随所に見受けられる構造上のすぐれた技術であった. アカ

---

40) フランス・アカデミー (Académie français. 1635年創設, 建築のアカデミーは1671年以降) には「ローマ大賞」(grand prix de Rome) の制度があって, アカデミーの教育機関に入った学生で成績優秀な画家, 彫刻家, 建築家を, 官費で5〜10年間イタリア (ローマにおけるフランス・アカデミー) に留学させる特典があった. 1666年に発表されたローマにおけるフランス・アカデミーの定款によると「ローマ・カトリック教に属するフランス芸術家12人 (画家6人, 彫刻家4人, 建築家2人) の学生により構成される」とある. 建築学生はローマのメディチ荘にあって, イタリア各地の歴史的な建築物の立面や平面などを実測して製図したり復原したりするのが, その主要な課目であった. これらの制作はフランス・アカデミーに送られた (訳注).

デミーの給費生として，ローマの水道橋を学び，ペストゥム（Paestum）の寺院を調査する一方，彼は常に，それぞれの構造物の背後に秘められた精神，各構造の組織（l'organisme de chaque construction）を把握するように努めたのであった[41].

いずれにしろ，彼は最後には，そのイタリア留学——それは当時としては才能に対する最高の報酬を意味していた——を生活からの故意の遊離とみなすようになったのである．彼は，自分自身の時代の問題を扱うような研究を選択した．彼がローマからアカデミーに送った最後の設計計画が，両友好国の国境に架ける橋梁の設計だったというのは，まことに興味深い．

ラブルーストが属していた世代は，1830年頃その円熟期に到達した世代であり，しかも，この世紀の中では，最も精力的な人々を含んでいると思われる世代であった．ラブルーストは，社会的，道徳的，知的生活のすべてが一様に更新されることを要求されているのだという時代感覚を身につけていたのである．1830年の夏，彼はパリへ帰ったが，アカデミーのしきたりは旧態依然たるものがあった．彼は1830年7月12日に兄弟のテオドール（Theodore）につぎのような手紙を書き送っている．「私は一体，この学校について何と書き送ったらよいだろうか？　学科の教課目はいつも興味のないものだし，うまく編成されていないので，生徒達は熱心になれないでいる．アトリエの教師でさえ，こんな教課目では，無益な努力によってその力を涸渇させてしまうだろう．……エコール・ド・ボーザールで実際に行なわれているような学習では，建築は狭く拘束されてしまうにちがいない．改革が要望されているのだ——われわれの芸術の差迫った問題を自分自身のものにしきれるような師匠とは，一体どのような人物であろうか？」[42]

---

41) ラブルーストは，普通行なわれたような，古代のモニュメントの絵のような復原はつくらなかった．彼は，こういう古代のモニュメントに，技術者と考古学者の鋭い眼をもって近づいたのである．（南イタリアの古代都市）ペストゥムの寺院を描いた彼の製図は，このフランス・アカデミーにおいて多くの論争を巻き起こすことになった．彼は，これらの建物に，元来塗られていた着色の跡を発見した最初の一人であって，その着色を復原しようとしたのである．最近50年間に，古代芸術に用いられた色彩装飾についての問題はシンケル（Schinkel）やヒットルフ（Hittorf,）ゴットフリート・ゼンパー（Gottfried Semper）ら，各国の多くの建築家によって注目されてきた．

42) *Souvenirs d'Henri Labrouste, Notes recueillies et classées par ses enfants*（アンリ・ラブルーストの回想録，彼の子息達によって集められ，分類されたノート），p.24（Paris, 1928, 個人出版）．

この同じ年の夏、彼はこのアカデミーのやり方に対抗したデザインの学校として、彼自身のアトリエを開設した。彼は、ここで、フランスの進歩的な若い人達を教育した。彼の兄弟宛ての もう一つの手紙（1830年11月付）が、その教育法の内容をある程度伝えてくれるだろう。

「私は、一生懸命に働いている。しかも、なによりも馬力をかけてやっているのは、私の生徒達を勉強させるということだ。」

「私は初学者に有益なことを教え込むための、学習のスケジュールをいくつかつくりあげた。私は彼らにごく単純な手段で組立てることを学ばせようと思っている。彼らが、その作品の各部分を合理的に付与することのできる重要さに従って構成するためには、最初から、自分たちの仕事の方向を知っていることが必要だ。そこで、私は立体性（ソリディティ）というものは、その量塊によるよりも、各材料を組立ててつくりあげるやり方にかかっているのだということを彼らに説明している。また、彼らが、構造の第一原則がわかるようになると、ただちに構造自体から、合理的でしかも表現的な修飾を抽き出さねばならないということを教えている。」

「私は、よく彼らに、芸術というものは、あらゆるものを美しくする力をもっていると繰返し話しているが、建築形態では、予定された機能を常に充足していなければならないのだということを理解するように力説している。」

「何はともあれ、これらの注意深い善意にみちた若い人達、しかも、われわれが相携えて追究しつつある道程に続く決意をもったこれらの若い同志たちに取囲まれているのは楽しいことだ。」[43]

彼が40才を過ぎてから初め
て委託された大きな設計

アカデミーは、ラブルーストが主宰していたいわゆる「合理主義的な学派」に対して苛酷な闘争を挑んできた。この公的な反対には、ラブルーストに対してそれなりの後難をもたらすことになった。ラブルーストが、建設敷地に足を踏み入れる場合は（自

---

43) 同前掲書。

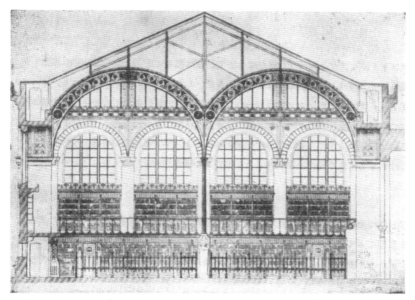

130. アンリ・ラブルースト　　サント・ジュヌヴィエーヴ図書館，パリ，1843〜1850年．閲覧室の断面と屋根の鍛鉄製軸組．

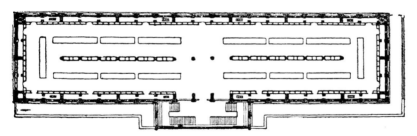

131. アンリ・ラブルースト　　サント・ジュヌヴィエーヴ図書館，パリ，1843〜1850年．平面図．

分の建築を建てるためではなくて），いつも，他の建築家たちの仕事を見て回るためにすぎなかった．ローマ大賞の受賞者も，重要な仕事の実施設計に携わって，その才能を示す機会に恵まれるまでに，20年以上の歳月を待たなければならなかった．ラブルーストがパリのサント・ジュヌヴィエーヴ図書館 (Bibliothèque Sainte-Geneviève, 1843〜1850年) の建設を委託されたのは，彼がすでに40歳を越えた頃であった．

パリのサント・ジュ
ヌヴィエーヴ図書館

サント・ジュヌヴィエーヴ図書館において，彼は初めて重要な公共建築物に基礎から
屋根まで，鋳鉄と鍛鉄による鉄構造を試みた．しかも，その上，このサント・ジュヌ
ヴィエーヴは，フランスで初めて一つの完全な独立の単位として設計された図書館建
築であった．当時のイギリスの工場や倉庫のように，この鉄構造は，時計の側に入れ
られた機械のように，石造の外壁で囲まれている．厚い石積みの外壁が依然残ってい
るけれども，柱や梁や小屋組のようなすべての構造材は鉄でつくられている（図130，
131）．

内部の鉄の骨組

長い2つの身廊部からなっている閲覧室の架構は，屋根の小屋組と共に単純な構造体
を形づくっている．ラブルーストは，これに鉄網を張り巡らすことによってバレル・
ヴォールトを驚くほどの薄さに仕上げている．この鉄網は同時にヴォールトのプラス
ター塗りの下地になっている．この構造は，フランスの建築家ペレー（Perret）が1916
年に構築したカサブランカのドック建築に用いられた卵殻状の鉄筋コンクリートのヴ
ォールトを思い起こさせる．しかし，この図書館においてラブルーストが成就した主
要な功績は，その鉄構造を，壁体に応力を及ぼさないように，それ自体で釣合をとる
ようにしたということである．こういう浮遊しているような均衡状態の成就こそ，19
世紀後半において技術者たちの主要な課題となったものであった．

彼の傑作，パリの国立図書館

ラブルーストが，その成熟の域に達したのは，1858年に開始されて彼の死後に完成し
たパリの国立図書館（Bibliothèque Nationale）の建築においてであった[44]．19世紀に
なって図書の出版が増大したので，図書館建築では十分な空間を用意することがその
主要課題となった．書庫はより多くの室空間を必要とした．初期には，書庫と閲覧室
とは同一の部屋であったが，今ではそれぞれ別個に区画されねばならなくなった．こ
の問題を，ラブルーストの国立図書館ほど洗練された手法で解決したものは他に見当
らない．

---

44) Michel Roux-Spitz, "La Bibliothèque Nationale de Paris," *L'Architecture d'au-jourd'hui*, vol. IX, no.3（1938年3月）参照のこと．

276

大英博物館との相違

ラブルーストは，この建物では，同一分野のイギリスの同時代人シドニー・スマーク (Sydney Smirke, 1798〜1877年) によってつくられた範例から出発した．スマークは大英博物館(British Museum)の方形の中庭に，その後よく模倣された印象的な円形閲覧室を設計したが，この中心部を占める閲覧室の円形の輪廓によって，その方形の空間に残された部分は，書庫として有効に利用されている．このような配列法を考えついたのは，スマークではなくて，当時の大英博物館の図書館長で，その発展に創造的な力を賦与していたアンソニー・パニッツィ卿 (Sir Anthony Panizzi) であった．閲覧机を中央の見張所から放射状に並べさせたのも，パニッツィの示唆によるものだった．大英博物館の図書館は，さらにつぎのような観点からいっても注目に値する．その円形ドームは，下から頂上に至るまで鉄で組立てられており，この種のものとしては最初の例であった．

その設計者，シドニー・スマークは，この当時の建築における興味深い人物の一人である．彼の兄弟，ロバート・スマーク (Robert Smirke) によって影を薄められているけれども，彼はクラブ建築の設計や設備についてもすぐれた仕事をしている．イギリスのクラブ建築の内部についての彼の仕事は，近代家具を発展させたすぐれた業績の一つである．彼はさらに，この大英博物館の図書閲覧室の椅子も設計しており，この閲覧室を世界のすぐれた図書館の中でも，快適さの点で依然独特のものにしている．

国立図書館の閲覧室

ラブルーストが国立図書館に設計した閲覧室（図132, 133）は，方形で 16 本の鋳鉄柱をもっている．そのすぐ背後に，中央書庫(magasin central)として知られている大きな書庫がある．彼は，このようにして，近代的な図書館の真の心臓ともいうべき書庫に，それに値する主要な位置を与えるという範例をつくりだした．この閲覧室は，その構造においては，ラブルーストが先にサント・ジェヌヴィエーヴ図書館で採用したのと同じ線に従っている．すなわち，その鉄構造は，どっしりした壁で囲まれている．ほっそりした高い柱（直径 1 フィート，高さ32フィート）が，この室に優美な軽快感を与えている．

各時代から借用された形態

これらの柱は半円形の梁で互いに結びつけられ，その梁はまた，相互に寄り集まっ

132. アンリ・ラブルースト　国立図書館，パリ，1858～1868年．閲覧室．16本の細い鋳鉄柱と球形ヴォールト．各ヴォールトの頂部には円い開口があって，どの席にも均等に光が与えられるようになっている．建築形態に，それ以前の各時代の混合形式を借用しているが，こういう手法はまさに典型的に19世紀的である．

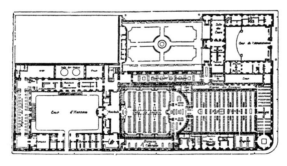

133. アンリ・ラブルースト　国立図書館，パリ，1858～1868年．1階平面図．

134. アンリ・ラブル→ースト　国立図書館，パリ，1858～1868年．書庫(中央書庫)．地上4階．地下1階で，全部が一つのガラスの天井を頂いている．鉄格子の床板を使って，書庫のあらゆる部分に光が行きわたるようになっている．

135. アンリ・ラブルースト　国立図書館，パリ，1858〜1868年．書庫（中央書庫）．光が鉄格子の床を通して降り注いでいる．この開放的なデザインの床板は，最初汽船の汽缶室で使われたものらしい．ここでは，純実用的な機能を果たしているが，同時に新しい芸術上の可能性の芽生えを蔵している．

て，ブルネレスキのフィレンツェのヴォールトを思い起こさせるような，9つの軽い，被覆されたヴォールトになっている．ラブルーストの球形ヴォールトは，ファエンツァ焼の薄い陶板でつくられていて，ローマのパンテオンにならって各ヴォールトの頂上に円い開口が設けられており，すべての閲覧机に十分な光が与えられている．

こういう細部について叙述したのも，ただ，19世紀の建築の中に，すべての時代の空間概念がどのように融合されているかということを示すためである．

　　　　　　　　　　　　　　　　　　　　　　　　鉄格子の床板の使用法

しかし，ラブルーストの傑作は，同一軸に沿ってつくられた大書庫である（図134）．この中央書庫は地上4階，地下1階で，90万冊を収容するようになっていた．最近，この図書館を修理した際に，ラブルーストのすぐれた構造体は，いまだに完全な状態にあると判定され，なんら手を入れることなく，そのままの形で保存された（この書庫

の部分は），すべて，ガラス天井でおおわれていた．格子型の鋳鉄製床板は，日光を書庫の上から下まで射し込ませている[45]．こういう開放的な設計の床板（図136）は，最初，汽船の機関室に用いられていたようである．これが，図書館建築に純実用的な目的で取入れられたのだということには疑問の余地がない．にもかかわらず，現在これを見ると，鉄格子細工の床を透して光を射し入れるというこの手法の中には，新しい芸術上の可能性の芽生えが認められる（図135）．この浮遊する光と影のたわむれは，現代建築のみならず，近代彫刻のある種の作品の中に芸術的な手段として現われてきているものである．

136. アンリ・ラブルースト　国立図書館，パリ，1858〜1868年．書庫（中央書庫）．鉄格子床と手摺の詳細．

[45) ラブルーストのこういうデザインにはすでに先例があった．パニッツィ（Panizzi）は大英博物館（British Museum）の円形の閲覧室のプランを考えついたばかりでなく，さらにその書庫に鉄格子の床板を使用するという着想をも抱いていた．これは1852年のことである．Arundal Esdaile, *National Libraries of the World*, p.10, 27 (London, 1934) を参照せよ．

ラブルーストは，その中央書庫のあらゆる部分の間に十分な連絡を与えるように細心の注意を払っている．その各階には，ある個所から他の個所へ最短距離で行けるように橋が架けてある．これらの橋は，その明白な効用性は別として，その空間にある種の力の効果を与えている．鉄格子の踏板をもった軽快な階段によって，容易にあらゆる書物に近づくことができる．書棚を除いて，構造体全部が鉄でつくられている．

書庫に非妥協的な発展を
つくりだすに至った理由

当時の書庫は，一般公衆に開放されていなかったので，この点で，ラブルーストはその設計をまったく自由に推し進めることができたし，公衆の趣味によって邪魔されることもなかった．彼はこの自由をうまく利用したのである．彼は，あらゆる付加的な装飾を省略した．その代り，ここには，芸術家のみがなしうるような完全な合目的性

137. アンリ・ラブルースト 国立図書館，パリ，1858～1868年．書庫（中央書庫）と閲覧室との間のガラス壁．恒久的な公共建物の内部に大きな面積のガラスを用いた初期の例．重々しいびろうどの帷帳がついているが，これから考えると，ラブルーストは自身の大胆さに多少危惧を感じていたようである．

138. マールブーフ通りのガレージのガラス壁，パリ 1929年．ガラスの可能性をラブルーストが，いちはやく認めて以来，19世紀の間に徐々にその使用熱がたかまり，遂には，このような巨大な大きさに達した．この軸組は，頭上の橋桁状の梁から吊り下げられている．

から生まれた驚くべき表現の確かさが見られる[46]．

この室の中に——それは決して公開するつもりのなかったものだが——偉大な一人の芸術家が，建築に関する新しい可能性を表明している．これより数年前のクリスタル・パレスは，確かに，もっと華々しく，もっと想像力豊かな建築物だったが，この中央書庫では，ラブルーストは一つの建築問題，詳細にまで立入った建築特有の問題に取組んだのである．ラブルーストは，その当時の建築家に使用可能な手段を使って，時を超越した正しさを印づけるようなやり方で，その問題を解決したのである．もしも，現代の建築のうちに，パッツィ家の礼拝堂のようなものが見出されるとしたら，まさにこれこそ，それに該当するものといえよう．

---

[46] 大英博物館の円形閲覧室背後の書庫も，（ここで述べたような）同じ鉄格子の床板を用いていたが，その図書館のこの部分の有効な組織化以上のことは何一つとして成就されていない．

この中央書庫は，大きなアーチの開口部によって主閲覧室と結びつけられている（図137）．ラブルーストは，書庫の中の書籍の堆積が閲覧室から瞥見できるように，この開口部に大きなガラス・スクリーンを建てつけるという，当時としては，並々ならぬ大胆さを示している．これは，われわれ近代建築家たちがよく使う，透明なガラス面を大規模に使用した初期の例である（図138）[47]．ラブルーストは，あたかも自分の大胆さに，いささか危惧を抱いたかのように，そのガラスの間仕切を部分的に重々しい赤びろうどの帷帳でおおっていたが，不運にも，後の改修で「近代化」されてしまった．アンリ・ラブルーストはいうまでもなく，19世紀中期の建築家であるが，その仕事は将来にとってきわめて重要な意義をもっていた．もちろん，彼の時代は，ルネサンスや古典的な形態を引き写していたし，彼もそれらの形態を芸術家のすぐれた巧みさで使用していた．

しかし，彼がその時代や同業の連中よりはるかに進んでいたというのは，彼が日頃，建築の仕事を分析し遂行する上での方法や手段によるものであった．にもかかわらず，この建築家に関する研究は，その死後，一つも公表されなかった．彼が1830年以降に巻き込まれたアカデミーとのうんざりするような紛争についても，あるいはまた，彼の着想を十分に実現させることを不可能にした抵抗についても，われわれは正確な知識を少しも持ち合わせていない．おそらく，その詳しい資料は，いまだにアカデミーの保管文書の中に埋もれたままになっていることだろう．数年前に，私はラブルーストの最も重要な作品である国立図書館の計画とその後の発展について，もっと詳しい研究を試みようとしたのだが，国立図書館の建築部門そのものを調べたところでは，ラブルーストの設計図が失われてしまっているということが明らかになった．

新しい建築の問題―新しい解決

19世紀には，過去になんら負うところのないような建築が現われ始める．これらの新

---

47) ジョン・ナッシュはバッキンガム宮殿の主要廊下の南端をふさぐためにガラスの間仕切壁を使用していた．しかし彼は，このガラスの間仕切にバロック風の装飾をからませていた．Henry D. Roberts, *A History of the Pavilion at Brighton* (London, 1939) の図25を参照のこと．

しい建物の系列は，大都市や，拡大された交通通信手段や，絶えず膨脹を続ける産業によってもたらされた新しい要求に基づいている．これらの建物にはすべて一つの共通事項が含まれている．すなわち，大量な商品を急速に分配するという意味での，周期的な使用のためにつくられたものばかりである．この構造形式が，19世紀の主要な建築上の諸問題に対して具体的な解決を与えることになったのも，決して偶然ではない．これらの見栄を張らない建物には，その後に芽生えた非常に多くの種子が含まれているので，相当詳細に取扱う必要がある．

マーケット・ホール

パリのマドレーヌ市場，1824年

当時抬頭しつつあった新しい問題の一つは，最初大きな公共市場，すなわちつぎに挙げるような三つの例にその解決を見出している．ここで論じなければならない構築物の最も初期の例は，1824年にパリに建てられたマドレーヌ(Madeleine)の市場建築である（図139）．そのほっそりした鋳鉄製の柱の優美さは，ポンペイの壁画を思い起こさせるものがある．どれほど純装飾的な付加物がついていても，その構造の軽快さはそこなわれていない．これは19世紀の技術者たちが，材料の節約と優美さとが結びつくような構造方法を発展させようと試みた最も初期の例の一つである．

ロンドンのハンガーフォード魚市場，1835年

古いハンガーフォード魚市場(Hungerford Fish Market)の代りに，1835年ロンドンに建てられた市場は，その構造に関する限り，ある程度大きな進歩を示している．この新しいハンガーフォード魚市場（図140）の詳細な記述は，1836年の英国建築学会会誌[48]に載っている．この建物では，衛生上の理由で木材の使用が禁じられていた．この規定の結果採用されたその鋳鉄構造は，直線で32フィートという広い屋根スパンをもっている点で，特に注目に値する．それは，もっと後期にみられる優美さのすべてをすでに兼ね備えている．1836年の報告書によると，「この構造の主な特徴は，いかなる繋材も側面の迫持台ももっていないということである」．この建物では，すでに，雨水が中柱にそって流出するように内側に傾斜させた屋根面が案出されている．

---

48)　*Transactions*, I, p.44〜46（1836）.

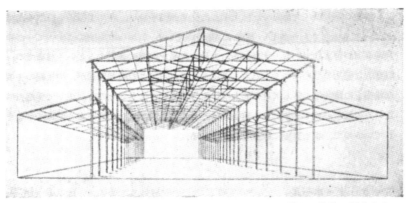

139. マドレーヌのマーケット・ホール，パリ，1824年．材料の節約と優美さとを結合させようとした19世紀の技術者による最も初期の例の一つである．

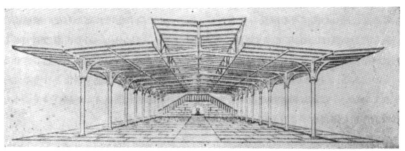

140. ハンガーフォード魚市場，ロンドン．金属屋根，1835年．直線距離で32フィートという広い屋根スパンは特に注目に値する．

パリのレ・グランド・ザール，1855年

1853年に着工されたパリの大市場(Les Grandes Halles)は，上述のどちらの建築物よりももっと興味深い起因と，将来へのより大きな影響力をもっていた．この市場は，多数の住民に役立つように設計された最初のものであり，オースマンのパリ大改造計画の一部をなすものであった．このグランド・ザールは屋根のある通路で結ばれた，2つの分館から成っている．この建物の設計者ヴィクトル・バルタール (Victor Baltard) は，どうみても偉大な建築家の一人とは考えられない人である．彼の最初の計画——1851年に建てた石造のパヴィリョン——は世間の非難の声が喧しくなったので，その当時新たに知事に任命されたオースマンが，それを取壊させた．

141. ヴィクトル・バルタール　　中央市場，パリ．内部．1853年着工．バルタールはその第2案に鉄を使用せざるを得なくなった（第1案―石造―は惨澹たる失敗に終った）．「鉄だ！鉄だ！鉄ばかりで造るんだ！」とオースマンが強要したのである．

月並みな格式を重んじるバルタールが，その2度目の計画（図141）に鉄構造を採り入れたのは，まったくナポレオン3世とオースマンの命令によるものであった．その頃建ったばかりの東停車場の建物に強い感銘を受けていたナポレオン3世が，当時計画中のこの市場建築は，同じような傘状の建物でなければならないということを決定したのである．「広大な傘状のものなら，きっと私の気に入るだろう！」[49]そこで，オースマン知事は，バルタールを叱咤した．「鉄だ！鉄だ！鉄ばかりで造るんだ！」[50]この強制のもとにバルタールがつくり上げた最終設計は，他の人たちの案のつぎはぎ細工だったが，それは将来に重要な影響を及ぼすことになった．

オースマンがそれをナポレオン3世に見せた際，ナポレオン3世は，すべてが鉄とガラスという，その新しい変貌ぶりに，またもや一驚を喫した――今度は，前とは違った理由のためだったが．そこでナポレオン3世はつぎのような問いを発している．「同じ建築家が，このようにまったく違った2つの建物を設計することができるもの

---

49)　"Ce sont de vastes parapluies qu'il me faut, rien de plus!"
50)　"Du fer! Du fer! Rien que du fer!"

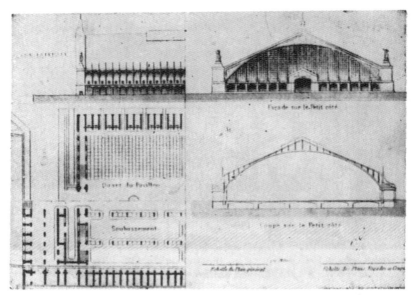

142. エクトル・オーロー　グランド・ザールのための計画案，1849年．この不採用の計画案の方がずっと進歩的であった．オーローの計画案の300フィートのスパンは，何十年も後まで実現不可能であった．ここに用いられている原理は，1855年のパリ博覧会の本館で使用された．

だろうか？」と，オースマンはそれに対して，「設計した建築家は同一人でも，知事が前とは違っておりますので」と答えている．

実現しなかった計画案，
エクトル・オーローの案

このグランド・ザールで実際に実現された案よりも，却下された2つの計画案の方が，もっと興味深い．第1案はエクトル・オーロー(Hector Horeau, 1801～1872年)の作品である．エクトル・オーローは，完成の満足感を味わうことのなかった建築家の一人であった．彼のいくつかの計画案は――大規模な計画案はすべて――実現させることができなかった．当時の数学的理論はまだ，そのような建物に必要とされる計算を遂行しうるほど進歩していなかったのである．タイ・バー（つなぎの鉄桿）を使用せずに彼の案にあるような大きなスパンを実現させることも，またそれほど大きな鉄のトラスをつくりだすこともまだ不可能だった．彼のグランド・ザールの計画案（1849年）は，その大きな側圧力を支えるために非常に厚い壁が必要になるような，

300フィートのスパンをもった広大なホールを示している。このような意図が実現されるようになったのは、その後数十年以上経ってからのことである。とはいえ、オーローのように、あることが実現される前に、すでにその正しい方法を知っているような人々は、決して無用の人間ではない。彼らは、後に実現されるようになるものに最初の刺激を与えているのである[51]。

ユージェヌ・フラッシャ

却下された第2の計画案は、オーローやラブルーストと同時代の、ユージェヌ・フラッシャ（Eugène Flachat, 1802〜1872年）の作品であった。フラッシャは、スエズ運

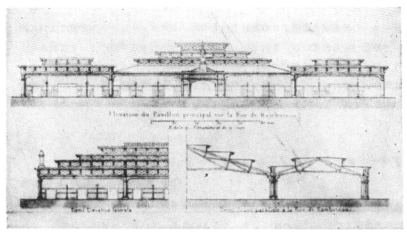

143. ユージェヌ・フラッシャ　グランド・ザールのための計画案，1849年．260フィートのスパンでポロンソー・タイ・システムを用いたこの計画案は、当時でも実現しうるものであった．この案は、諸案の中、最も快適かつ機能的な解決であった．

河の建設者ド・レセップスや、ヴィクトル・ユーゴー、画家のユージェヌ・ドラクロア、科学時代の予言者であるオーギュスト・コントらを輩出した1830年代の最も力強い世代に属していた。一般の反対にうちかって1837年に、初めてフランスに鉄道を建設したのは、フラッシャその人であった。彼はドックや倉庫や港湾、運河を設計し、大西洋横断汽船会社を企画し、アルプス山脈を横切るトンネルを計画した．

---

51) 1850年のクリスタル・パレスの競技設計では、エクトル・オーローの提出した案が1等賞になった。それは身廊を5つ備えた一種のバジリカ形式（図157）であって、その後のパックストンのデザインとは比較にもならないものであった．

フラッシャがサン・シモン（Saint-Simon）の門弟だったということは，この話にとって決して無関係なことではない．サン・シモン主義者たちは，「社会全体が工業の上に築かれる」[52] ということを自明の理と考え，もっぱら工業が積み上げつつある進歩の規模や範囲を予見することに熱中していた．このグランド・ザール（図143）は，その大きさにおいても社会的機能においても，サン・シモン主義者たちがあらかじめ呼び起こそうと思い定めていた，かの新時代の典型的な一部を示すものだった．この計画案を提出するに当って，フラッシャは彼のもっと壮大な他の諸提案を支えていた精神と同じ精神によって励まされていたのである．

オーローの計画案と同様，この設計そのものは，260 フィートという非常に広いスパンで特徴づけられている．それでも，その当時の利用しうる手段によって実現させようと思えば，この案も実現できたであろう．この案には，ボロンソー・タイ・システム[53] が採用されていて，その最少の支持と広く張った水平の線によって，その課題にきわめて気持のよい機能的な解決を与えている．

デパートメント・ストア

工 業 化 の 産 物

百貨店は工業時代の産物であって，大量生産の発達と，その結果，生産者と消費者の間の直接的な接触が見失われてしまったことに基因している．百貨店は過去に，それと同じような偉大な先例をもち合わせていない．この点，百貨店は市場建築や鉄道の駅や19世紀の博覧会建物と同じようなものだし，奉仕する目的も，歩行者の大集団を伴う業務活動を速やかに処理するという点では，同一性質のものである．これらの他の建築と同じように，百貨店は都市人口の増大と，高揚した生活テンポと，より安い品物への需要とから生まれてきたものである．

"ストア"という名称は，"ショップ"という言葉よりも，その起源の状態をより適確

---

52) "la Société toute entière repose sur l'industrie."
53) フランスの技術者ボロンソーは，1837年にフランス最初の鉄道敷設に当ってボロンソー梁と呼ばれる構造方式を発明した．これはトラスの一種であるが，鉄のすぐれた性質，張力を利用して，構造体も軽く，水平分力を支柱に及ばさないようにしている（訳注）．

144. ワシントン・ストア，ニューヨーク，1845年．一並びの各商店が，一つ屋根の下に収っている．個々の単位が寄り集って，単一の商社がつくりだされたのである．

に表現している．ストアという言葉の方が，普通の意味では，より強く，貯蔵する場所を意味している．たとえば，60年代のパリの初期のストアは"安価に買物のできる倉庫"（dock à bon marché）として知られていた．それは単に安く小売りするために品物を多量に貯蔵しておく場所だった．こういう目的に沿うためには，百貨店は——図書館の書庫やマーケット・ホールのように——もっている品物をはっきりと見える所に並べ，十分に明るくして，ゆったりした広い取引施設を整えていなければならない．こういうすべての必要条件は，当時の建築家が自由に使用できるようになっていた新しい諸手段とうまく適合し得たのである．

その起源の曖昧さ

経済学者たちは，われわれにつぎのようにいっている．「百貨店はヨーロッパで，それも多分パリで始まったもので，アメリカの百貨店に数年先んじていたことは確かである．ボン・マルシェ百貨店（Magasin au Bon Marché）は今までしばしば世界で最初の百貨店であると思われていた．」[54] その当時のこういう制度の起源に関する調査研究への関心の欠如のために，これ以上正確に述べることは不可能である．とりわけ，アメリカの百貨店の起源は曖昧である．この種の最初の店がいつ，どこで開かれたか，はっきり決定できるものは誰一人としていない．われわれはただ，われわれの経済生活のこの重要な制度が発展させてきた一般形式を概述しうるにすぎない．

---

54) R.H. Nystrom. *Economics of Retailing*, 3rd ed., p.1〜7 (New York, 1932).

291

145. オーク・ホール，ボストン，1850年頃．既製服商．既製服業社の一つが，アメリカにおける百貨店の先駆となった．

建物形式としての起源

1840年代以前においてさえ"商業用建物"と呼ばれた建築物が，ボストンやセント・ルイスやニューヨークのような業務中心に建てられていた．これらの建築物は，一つ屋根の下に一連の店を包含しており，二つ以上の単位が一つの営業所としてまとめられるような配列になっていた．これらの建物の大部分は投機で建てられたもので，建設者たちは，その個々の店を小売商にも卸売商にも貸していた．この"ボストンの商業用建物"や，セント・ルイス河畔の商品貯蔵倉庫（ウェヤハウス）や卸売問屋，およびニューヨークの"ワシントン・ストア"（1845年，図144）は，すべてこの発展段階の代表的なものである．百貨店は建物形式としては，これらの"商業用建物"にまでさかのぼるものである．

業務上の制度としての起源：既製服業

業務上の制度としては，アメリカの百貨店は初めて，大衆に入手可能な安い既製服をつくりだした業務組織から発展したものであった．1840年代に，ニュー・イングランド地方の繁華な貿易中心地であったボストンには，これらの企業のうちの最も大きな

146. ブルーム・ストリート，ニューヨーク，1857年．客用エレベーターをもった最初の百貨店．この建物は，こういう初期の商社の典型的なものである．

147. ジョン・ワナメーカー商店，フィラデルフィア，1876年．貨物集積場が，大きな平家建の呉服店に変化した．

ものが一つあった．オーク・ホール（Oak Hall, 図145）がこれであって，その毎年の総売上高が約50万ドルに及ぶ商社であった．

アメリカの百貨店とヨー
ロッパのそれらとの相違

最初からこういった成長を遂げてきたアメリカの店は，初期のヨーロッパの商店とは非常に違った性格をもっていた．ヨーロッパの店は，呉服類を専門に商っていたが，既製服は扱っていなかった．

経済学者の間では，純粋の百貨店は1860年代以前にはなかった，という意見が圧倒的に多い[55]．しかし，私には，それらはもっと前に発足していたように思われる．こういう問題の解決に利用しうる数少ない正確な日付の一つとして，百貨店における乗客用エレベーターの最初の設備が，ニューヨークのブロードウェイとブルーム・ストリートの角のある建物に，1857年につくられたということをわれわれは知っている（図146)[56]．

アメリカの百貨店の建物は，19世紀後半に普通見られた大きな7，8階建の商品貯蔵倉庫（ウェヤハウス）に由来している．マンチェスターの技術家ウィリアム・フェアバーンが1845年に建てたイギリスの多層の倉庫は，こういう建築物の初期の一例であった[57]．

それよりもやや遅れて，ジェームズ・ボガーダスが，倉庫形式のかなり高層の建物を組立て部材によって建てうるような，鋳鉄の構造形式を使用している．ニューヨークのステュアート・ストア（A. T. Stewart Store）は——最初の大きな百貨店と信じられているが——この種の構造をもった建築物である．この最初の建物は今なお現存しているが，現在はワナメーカー商館の一部になっている．1863年に完成して，この年に初めて使用されたこの建物は，地下2階，地上5階で，屋階と6台のエレベーターを備えていた．

80年代の後期にシカゴに建てられた巨大なストアは，広々とつらなった床面をもち，

---

55) Nystrom 前掲書 p.134.
56) 本書 p.263 を参照のこと．
57) 本書 p.245 を参照のこと．

294

この倉庫形式を受け継いだものであった．シカゴのこの時代の例としては，1889年に建てられたライター・ビルディング（Leiter Building）〔初めは単なる事務所として建てられ，現在シアズ，ローバック商会（Sears, Roebuck & Company）に所有されている〕と，1891年に建てられた"ザ・フェア"（The Fair）とがあるが——共にウィリアム・ル・バロン・ジェニーの手になったものである[58]．

フィラデルフィアにおけ
る独特な解決（1876年）

ある一つの大きなストアが，この倉庫形式から逸脱していた——フィラデルフィアの13番街とマーケット街の角にあるジョン・ワナメーカー所有の"グランド・デポット"（Grand Depot）がそれである——しかし，この建物にしても貯蔵所の別の形式にほかならなかった（図147）．このグランド・デポットは，1876年（エッフェルとボワローのボン・マルシェ百貨店がつくられた年）に百貨店として開店したが，もとはペンシルヴェニア鉄道の貨物置場であった．ワナメーカーがその建物を平家建の大呉服商店に改造しようという大胆な計画を思いつくまでは，それは20年以上貨物のシェルターとしての役目を果たしていた[59]．

グランド・デポットは2エーカー以上の床面積をもっていた．周囲90フィートの円形カウンターがその建物の中央を占めていた．このカウンターから一連の通路が八方に放射していて，この通路は，中央の大きなカウンターのまわりに同心円をなす他の通路やカウンターと交差していた[60]．この配置は1867年のパリ博覧会に用いられたものに似ている．

エッフェルによって案出されたパリ
のボン・マルシェ百貨店，1876年

太陽光線を自由に開放的に取入れた，鉄とガラスの最初の近代的な百貨店は，パリのボン・マルシェ百貨店であった．それは人工照明による多層の商品貯蔵倉庫形式とは著しい対照をなすものであった．1876年にこの建物ができた時は，それは優美さの典型と考えられた[61]．

---

58) 本書 p.438～441 を参照せよ．

59) J.H. Appel, "Reminiscences of Retailing," *Bulletin of the Business Historical Society*, vol. XII, no. 6（1938年12月）．

60) *The Golden Book of the Wanamaker Store*, p.52（Philadelphia, 1911）．

61) パリにはもっと古い百貨店が沢山あった．ボン・マルシェ百貨店自体4分の1世紀以前の1852年に創設されていた．

148. エッフェルとボワロー　　ボン・マルシェ，パリ，1876年．内部の鉄製の橋．19世紀の独創的な幻想が，このガラスの天窓と，空中に架かる鉄の橋と，細い鉄柱と，その時代を象徴する奇妙な装飾形態などの結合の中に感じとられる．

149. エッフェルとボワロー　　ボン・マルシェ，パリ，1876年．1階平面図．面積，3万平方フィート．「点々と穴の明いた」内部空間は，フランス建築の典型的なものである．

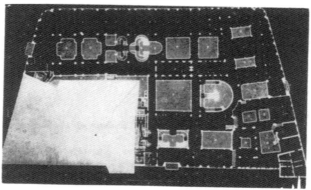

150. エッフェルとボワロー　ボン・マルシェ, パリ, 1876年. 天窓をおおうガラス屋根. このガラスの建築形態は街路からは見られない. 19世紀は, 自分が注目されていないと感じたり, もはや見せかけをする必要を少しも意識していないような場合には, まさに大胆そのものになっている.

ボン・マルシェは技術者エッフェル（後に有名なエッフェル塔を建設した）と建築家ボワロー（L. A. Boileau, 鉄材を建築に用いた偉大なフランスの開拓者の息子）との共同作品であった.

ボワローは, この形式の建物には厚壁は適しない, 「ただ小さな径の柱だけが許される」と考えた. さらに彼は, これらの柱は「この構造の前菜以上の何ものでもない」[62]ともいっている. その建物の1階には, すでに完全に連続した大きなガラス面が使用されている. ガラスの庇が, その店の前面全体に沿って, ショーウィンドーの上に連続した線をなしてつらなり, ショーウィンドーのガラス面によってつくりだされた効

---

62) L. A. Boileau, *fils*, "Les Magasins au Bon Marché," *Encyclopédie d'architecture*, p.184 (1880).

151. 冬の庭園兼集会所,パリ,1847年.ジョゼフ・パックストンは,この当時の有名な十字形の建物によって,そのクリスタル・パレスの着想を吹き込まれたのかもしれない.この建物は,ロン・ポン (Rond Pont) と現在のマールブーフ通り (Avenue Marboeuf) との間にあり,単純なガラスの建物を,舞踏室や喫茶室,読書室の他,高いガラス壁に絵画を掲げて売却したりするための展示室などを含む社交集会所にしていた.ルードン『庭園百科辞典』(London's Encyclopaedia of Gardening, 1850, p.93〜94) には,この華麗な建物は,ヨーロッパにおける最大最良のものの一つと考えられる……全長300フィート,幅180フィート,高さ66フィート」と記されている.

果を強調している.

パヴィリョンのように
つくられた店の隅角部

この店の隅角部は,フランスの城館の円い塔の一つを思い起こさせる楼閣のようにつくられている.その後の諸例も,この先例から免れられなかった.これと同じ取扱いが,1881年〜1889年に建てられたパリのポール・セディーユ (Paul Sédille) 設計のプ

ランタン百貨店（Magasin Printemps）にも現われているし，1900年頃シカゴに建てられたルイス・サリヴァンのカーソン・ピリー・スコット・ストア（Carson, Pirie, Scott Store）でさえ，このパヴィリョンの頑固な追憶をその隅の形にとどめている[63]。

偉大な建設者エッフェルの特色が認められるのは，ボン・マルシェ百貨店の内部の取扱い方である．3万平方フィート以上もあるその床面積は，それぞれ大きなガラスの天窓でおおわれた種々の形のいくつかの吹抜きの広間に区画されている．広間から広間への通路は，高い鉄の橋，約20年ほど前にラブルーストが国立図書館の書庫に使用したのと同じような歩道橋（パッスレル）を設置して簡便に往き来できるようになっている（図148）．

簡素とまじめさ

これまで，これほど明るく大量に光が店内に流れ込んだことはなかった．まったくガラスだけの構築物が，この建物の軸組の上に建てられている（図150）．このガラスの天窓や空中に架けられた鉄の橋，ほっそりした鉄柱，およびこの時代特有の奇妙な装飾形態などの組合わせの中に，19世紀の創造的な構想力を感じとることができる．その多様さにもかかわらず，全体として，ボン・マルシェ百貨店には，ある種のまじめさと簡素さがある．その後，大衆を引きつけ魅惑するために要求された建築術的なはなやかさや誇張は，ここには見受けられない．

現代の作品との関係

この洗練された軽快な構造を通して建物の内部に流れ込んでくる大量の光は，現代の建築家の主要な関心事の一つに先鞭をつけている．エッフェルがこのボン・マルシェの構造を仕上げてから50年後に，空間を貫通させることによって光をたわむれさせるという同じよろこびが，ル・コルビュジエの建物の内外部に見出されるに至った．しかもル・コルビュジエは，こうすることによって内部と外部とを相互に貫通させている．

気づかれない個所に現われ
れた19世紀の大胆な手法

技術的な諸問題に対するエッフェルの構想力に富んだ処理の仕方が，その建物の天窓の上に架けられた背の高いガラス屋根の外形に現われている．普通の観察者は決して，その建物のこの部分を見ることはない．連絡用の歩道橋が，このテントのようなガ

---

63) 本書 p.457～460 を参照せよ．

ラス屋根の傾斜面の上に，ファンタスティックに釣合わされている[64]．19世紀という
この時代は，自分が注目されていないと感じたり，もはや見せかけをする必要を少し
も意識していないような場合には，まさに大胆そのものになっている！

鉄道の駅や工場建物の背面の気づかれない部分を特色づけているような，ありのまま
の感情をむきだしにした形が，この時以来，建物の前面らしく感じられるようになり
始める．

新しい建物の問題を解
決する異なった方法

19世紀のフランスとアメリカの百貨店を比較することによって，ある一つの新しい建
物の問題——明らかに実用的な理由だけで左右される問題——が，国によって，どの
ように違った解決をもたらすものであるかがわかるであろう．

上述のごとく，アメリカにおいては，百貨店は商品貯蔵倉庫形式に由来したもので，
一つづきの床面が幾階にも上へ上へと重ねられたが，フランスでは天窓式広間や"吹
抜き"の内部空間が，エッフェル以前の木構造の百貨店にさえ現われている（図149）．
エッフェルとボワローのボン・マルシェ百貨店は，フランス建築特有の傾向をきわめ
て明確に示している．内部空間をできるだけ広くくり抜こうという衝動は，ロマネス
ク時代から引き続きフランスの建築物に現われてきているものである．脆弱過ぎてほ
とんど崩れそうにみえるあの大胆なゴシックの教会堂の内陣や，最近のいくつかの現
代作品の中にも，この傾向を見てとることができる．フランスの技術の大胆さは，こ
の同じ傾向を改めて表現し直したものにすぎない．

大 博 覧 会

博　　　覧　　　会

工業がその最大の進展期にあった19世紀後半に，工業博覧会は創造的な建築の生まれ
る絶好の機会を提供した．しかし，それもこの世紀の終り頃になって，工業が日常当

---

64)　この建物竣工当時のごく初期の写真を見ると，ここには，その当時の人々にさえ
　　　なにか異常なものを感じさせるようなものがあったということを示している．

300

り前のものとして，もはや新奇なものとは思われなくなってしまうと，工業博覧会も同時にその創造力を喪失してしまった．新しい解決を要求する新しい問題が登場したのは，この期間中のことであった．

生産物の簡便な比較

博覧会は，近代工業とほとんど時を同じくして誕生した．手工業から機械生産への転換が明らかになったちょうどその頃に，博覧会が出現したのである．この期間を通じ，多くの国で，人々は新しい機械や新しい製法を発明しようと大童であった．初期の博覧会の主要な目的は，このような努力の結果を一堂に集め，新しい発明品を展示して，それぞれの比較や採用を容易にするということであった．工業のあらゆる分野での発展が，これらの博覧会によって促進された．当時の博覧会には人間活動のあらゆる領域が展示されていた．鉱業，製粉工業，機械工業，農業などの各種の道具や方式や生産物が，美術品や工芸品と共に展示された．

工業博覧会は，19世紀の，まだ定形化されていない諸目標の総合を具体化していた．それは，人間の感情がその環境によって影響されるように，工業によって人間が影響されるに至る変質過程を予告していたのである．博覧会は工業の進軍の一部分であり，しかも，工業の運命そのものに結びつけられていた．

博覧会の歴史にお
ける2つの期間

博覧会の歴史は，2つの期間に分割される．その最初の期間は，パリに始まりパリに終るもので，1798年の第1回工業博覧会に始まり1849年のパリ博覧会で終っている．この初期の博覧会は，1791年の各種同業組合の瓦解によって可能となったもので，まったく国民的なという名にふさわしいものであった．

第1の期間，国民博
覧会，パリ，1798年

フランス工業製品の第1回博覧会（première exposition des produits de l'industrie française）は，1798年9月にパリの旧練兵場シャン・ド・マルス（Champ-de-Mars）で開催された（図152）．これが，19世紀の顕著ないくつかの業績を導き出すことになった，かの博覧会運動の開始であった．1798年にパリで行なわれたこの出発は，まったく控え目なものであった．贅沢品もいくらか展示されたが，将来のほとんどあらゆる博覧会の先例となったこの博覧会は，時計や壁紙や布，木綿糸——当時のカタログに

301

152. 最初の工業博覧会，シャン・ド・マルス．パリ，1798年．

克明に述べられているように「機械によって梳かれ紡がれた糸」——のような日用品を中心に展示されていた．

この第1回博覧会には，わずか110人の出品者があっただけであるが，このことは何もその重要性を引き下げるものではない．それは最初，産業革命によって解き放たれたギルドの束縛からの自由を祝うために，一種の国民の祭典として開催されたものであった．君主政治が崩壊したあとの，すべての国民的な祝賀会場であった旧練兵場に，その位置を選定したのも，この祝祭的な動機からであった．あらゆる市民に，希望通りのどんな職業にもつける権利を最初に与えたのは，1791年の「労働の自由に関する宣言」であった．さらに重要なことは，この宣言が，新しい生産の自由によって，当時のあらゆる人々が偉大なものを期待していた，工業と発明の進歩に対する公的な促進を与えたということである．「これらの技術は，それまでは無数の束縛によって発展を妨げられていたが，この自由がそれを解放することになった．……かかる自由の保証によって，これらの有用な技術は輝かしい将来へと呼び寄せられたのである．」

第2の期間，国際的
な博覧会とその動機

博覧会の第2の期間は，19世紀後半を占め，自由貿易の原則にその力を負っている．博覧会は，この期間に，一つの新しい性格を帯びるようになる．つまり，その範囲が

国際的なものになってくる．19世紀前半の国民的な工業博覧会は，ギルドについての法律的な拘束力の廃止によって興隆したものであったが，国際的な博覧会に求められたのは，もっと別のことであった．つまり，全世界に売込めるという可能性が同時に存在しなければ，世界各地からの生産品を一場に集める理由もなかったわけである．

国際的な博覧会は，あらゆる種類の貿易制限が最小限に緩和されている世界においてのみ価値をもち得たのである．これらの大博覧会は，経済の自由の概念，すなわち自由交易，自由交通，自由競争による生産や事業の進歩の成果であった．

どの博覧会においても，最新の博覧会に匹敵しようとする意欲やそれを改善しようとする欲望，つまり対抗意識が助長されていた．このために，種々の冒険が多くの部門で試みられたが，特に建築部門では最も顕著であった．こういう対抗意識が，その結果助長された能率の向上と共に，1851年に開催された万国博のクリスタル・パレス（水晶宮）に見出される．

博覧会によって助長
された構造面の進歩

19世紀後半の博覧会の歴史は，同時に鉄構造の歴史を構成している．博覧会の建物は，迅速な組立解体ができるように工夫されたが，それも鉄材の使用によって非常に容易になった．その上，そのような建築物のための鉄製部品は，遠隔の工場であらかじめ製造することができたし，鉄そのものもこの頃までには，あらゆるところで，その時代の最も適切な表現媒体とみなされていた．しかし博覧会の建物は，鉄の使用をただわけもなしに必要としたのではない．博覧会の建物は，短期間しか使われない一時的なものと考えられていたという事実が，その構造に鉄の試験的な使用を促したのである．博覧会は，種々の新しい方法にとっての実験場となった．1851年にロンドンで開催された水晶宮での第1回博から，その世紀の終りに開かれた最後のものに至る，すべての国際的な大博覧会において，建設者たちはそれまでにかつて直面したこともないような仕事を試みている．しかも，これらの試みは，この特別な分野で成功して以来，その後の標準的な建築形式の一部となった．かのエッフェル塔が，悲惨な結果になるというはなはだ陰鬱な予言を押し切ってまで，1889年に建てられるようになったのも，こういったいきさつによるものであった．

303

新しい審美感情を要
求した新しい構造

博覧会の歴史は，その期間中の鉄構造の発達を示しているだけでなく，従来の美に対する感応の仕方に現われた重要な変化をも表明している．荷重と支持についての新しい構造的な取扱いは，新しい審美的な反応を要求した．それまではだれも，建築物における荷重と支持との間の均衡の基礎に，一見してわかるような容易に確かめられるようなものを期待していたのである．しかし，鉄構造の新しい方法が取入れられると，荷重と支持との区別がますます困難になってきた．すなわち，一構造体のあらゆる部分が釣合わされているような新しい均衡状態が出現し始めたのである．

博覧会が象徴したもの

これらの大博覧会には，19世紀の楽天主義と工業の可能性への信頼が反映している．アルバート公が1850年に夢想したように，工業は「人類を一つに結びつけるもの」と考えられていた．その最大の発展期の当初には，工業が成就しうるものには限界がないかのように思われていた．人々は，工業が世の中の古くからの問題をすべて解決してしまうにちがいないと確信をもって期待していたのである．

人間活動の比類なき凝集

これらの博覧会は，地球の資源を支配して，その富のすべてを引き出そうという衝動から生まれてきたものであって，まさにそのような意欲を象徴していた．博覧会は，その初期には，まったく比類のない方法で，あらゆる人間活動の凝集点として役立ち，常に工業やその最近の発明を強調していた．これらの博覧会は，生産の急激な増加に由来する19世紀の特質を印づけており，それまでの進歩を調べるのに有力な手がかりとなるものである．

その世紀の諸活動を一個所に集中するということが，世界各地の関係者を引きつけることになった．博覧会は，おのずからあらゆる種類の国際会議——科学，工業，財政，労働の国際会議の場となった．そのほか，これらの博覧会は，新しい発展を学びとろうと願っていたすべての国々から，公式の視察者たちを引き寄せることになった．スペインやイタリアやトルコの視察者たちによって厖大な報告書がつくられた．1867年パリ博へのアメリカ合衆国派遣員の報告書は6巻からなり，各巻ともそれぞれほとんど350ページに及んでいる．

公式報告書：その
範囲と歴史的価値

博覧会を開催した国々によって刊行されたきわめて完全な調査書は，その当時の人たちがこれらの博覧会の独特な重要性をどのように把握していたかを物語っている．これらの調査書は，きわめて慎重に編集されていて，後世の人が19世紀に実際に行なわれたことがらを理解しようとする場合に，まったく申し分のない資料を提供することになるだろう．これらの報告書の多くは，先見の明と進取の気象に恵まれた人たちによって監修されたものであった．ヘンリー・コール（Henry Cole）は，こういう大規模な最初の調査書，大部の固苦しい全4巻からなる『大博覧会公式記述図解目録』（ロンドン，1851年)[65]の編集責任者であった．1867年のパリ博覧会についての13巻の報告書は，かつてサン・シモン主義者であったミシェル・シュヴァリエ（Michel Chevalier）が監修したものであった．シュヴァリエは，1830年代にはアメリカ合衆国を放浪者として遍歴していたが，フランスに帰ってからは工業振興のために絶えざる努力を払っていた．

博覧会はもともと，どの世紀にも見られた古い定期市から発展したものであった．1798年の第1回フランス博覧会は，本質的には一種の国民的な祝祭だったし，その後のどの博覧会も，この祝祭の主旨をとどめていた．

19世紀における本来の祝
祭形式としての大博覧会

19世紀は，日常生活から閑暇がなくなった時代であった．祝祭としての本来の形式を発展させようとする力もそれと共に消え失せていた．19世紀後半を通じて，博覧会は，国民生活にその偉大な祝祭を存続させたのである．商品貯蔵倉庫や百貨店や事務所建築は，実際的な必要と直接かつ密接に結びつけられていた．博覧会にも充足しなければならない実用的な機能はあったが，多忙な日常生活からかけ離れた雰囲気のうちに運営されて，祝祭的な性格をとどめることができたのである．その祝祭的な面と実用的な公式的な面との間には，常に著しい対照がみられた．たとえば，博覧会ホールの構造にみられる固くるしい感じも，ホール内部の社交場としての配列の仕方にまでは及んでいない．いずれにしろ，それらは本来の集団的な祝賀形式に近づこうとした

---

65) *Official Descriptive and Illustrative Catalogue of the Great Exhibition* (London, 1851).

この時代の努力を表明している.

建築が工業的な発展の背後に固定させられていた19世紀においてさえ,かのヴォールト架構問題に対するこの時代なりのすぐれた解決がもたらされたのは,ある程度祝祭的な意図をもったこれらの建築物においてであった.

ルネサンス,バロックおよび19世紀を通
じて現われるヴォールト架構問題の意義

建築のそもそもの最初から,ヴォールト架構問題は常にあらゆる時代の最も高度な建築表現を推進させてきた.こうして,初期ルネサンスにマサッチオによって描かれたバレル・ヴォールトは,盛期ルネサンスと初期バロック時代の一種の儀式的な表現にまで発展した.後期バロックにおけるヴォールトの変化は再びその時代の外貌に変化を与えた.

ヴォールト架構の問題に対する解決が,19世紀においても同じ重要な役割を演じている.建築における19世紀様式の深奥を知るためには——すでに一度ならず記述してきたように——これまでよりも,もっと注意深い考察が必要である.しかし,そのような考察がどんな効果をもたらすとしても,大博覧会のホールに初めて実現されたヴォールト架構問題の独創的な解決にこそ,建築の発展における構成的事実が見出されるであろう.

工業建築物で解決された19世紀
の新しいヴォールト架構問題

こういう見解に対しては,容易に反対が唱えられるかもしれない.ヴォールト架構問題は,以前には,ほとんど形而上的ともいえるほどの重要性をもっていたにもかかわらず,これらの博覧会の建物は,まったく地味な実際上の要求に対する解答以外の何ものをも示していない,という反対があるかもしれない.

こういう反対も一概に無視することはできない.さらに,これらの博覧会建物が人間的な要求との直接的なつながりを欠いていたということも明白である.しかも,ある意味で,こういう感想はその時代全体にあてはまるのがある.人間的な要求に対する無関心が,かえってこれらの構築物を——粗雑なものかもしれないが——その時代の

真の表現たらしめているのである．われわれはさらに，こういう無関心さの背後に一つの新しい感情が潜んでいたということをも立証することができよう．

大博覧会時代の最も美しい2つの建物——1851年のクリスタル・パレス（水晶宮）と1889年のガルリー・ド・マシーヌ（機械館）——はすでに地上から姿を消してしまった．前者は1937年に焼失し，後者は1910年に無分別にも取り壊されてしまった．これらの消失は，われわれの時代を支配している，その日その日のなげやりな気分が招来した典型的な結果である．くっきりと浮かび上るような構築物にみられる重力の超克（それはヴォールト架構問題に対するあらゆる解決に見出される精髄である）が，19世紀中に壮大な形式でなしとげられたという証拠として，わずかに，写真や銅板画が残っているにすぎない．

ロンドンの大博覧会，1851年

1851年にロンドンで開催されたクリスタル・パレス（図153）は，あらゆる観覧者に妖精の物語を思い起こさせるようなものをもっていた．工業は，それまでに頽廃と無秩序とをもたらしていたけれども，その時は別な穏やかな面を見せ，夢の世界に属するような感情を引き起こしたのである．

アルバート公とヘンリー・コール
卿によって創始された大博覧会

クリスタル・パレスは，その種のものとしては最初の博覧会建築であり，初期ヴィクトリア朝時代の勇気と進取の気象とを反映していた．女王の夫君アルバート公とヘンリー・コール卿[66]とがその統率者であり，中心になって事を進めたのはアルバート公

---

66) ヘンリー・コール卿（1808〜1882年）は1845年以来イギリスの工業に積極的な影響を及ぼしていた．60年代にウィリアム・モリスによって始められた運動のメンバーたちと違って，コールは手工芸の復活よりも，むしろ工業に協力しようとしてきた．彼が1845年にいっているように，「機械生産に適応された美術や美という意味での"美術製作"（art manufactures）」を発展させるのが彼の狙いであった．彼の計画には，一般大衆の審美眼を向上させるためにデザインの学校を設立するということが含まれていた．この計画の一部として，彼は装飾芸術の最初の美術館，ヴィクトリア・アンド・アルバート美術館（Victoria and Albert Museum）を南ケンジントンに創設した．もっと詳しい資料については S.Giedion, *Mechanization Takes Command* (Oxford University Press, 1948)を見よ．

であった．コールは1849年6月29日にバッキンガム宮殿でアルバート公と取りかわした会話をつぎのように述べている．「私は殿下に，この博覧会を国内的なものにするのか，それとも国際的なものにするおつもりかどうかをお尋ねした．フランスでは，自分たちの博覧会を国際的なものにすべきかどうかを議論したあげくに，もっぱら国内的なものにすべきだという意見が採用されていた．殿下はしばらく考えておられたが，（殿下の言葉通りに記せば）つぎのようにいわれた．"外国製品をも含めなければなるまい"と．しかも力強い語調で"是非とも国際的なものにしたいが……開催地をどこにするつもりか"といわれたので，私は"ハイド・パークにしようと思っています"とお答えした．」アルバート公の裁断は決していいかげんな返事ではなかった．1850年にアルバート公自身つぎのように公表している．「われわれが過渡期の最も注目すべき時代に生きているということ，歴史によってあらゆる個所に示されているその偉大な目標，すなわち人類の結合に向って力強く努力していることを疑う者はないであろう．……諸君，1851年の博覧会は，工業がその偉大な課題の解決において到達した段階を生き生きと描き出すものにしようではないか．」[67]

組立部材に基づいた
クリスタル・パレス

クリスタル・パレスには，その背後にイギリスの高度に発達した工業をもち，最も単純で合理的な製造組織，すなわち連続生産方式が適用されていた．その建設者，ジョゼフ・パックストン(Joseph Paxton)は，1837年にチャッツワーズ(Chatsworth)で熱帯性植物の温室に採用したような，うねとみぞの構造(ridge and furrow construction)を使用した．その建物全体の設計はその当時の最も大きな標準ガラス板（わずか4フィート長さのものであったが）を基にして計画された．この頃には，これ以上大きなガラス板をつくることは不可能だった．このパレスに使用されたガラス板は，チャンス・ブラザーズ社(Chance Brothers)のバーミンガム工場の製品であった（この作業に使用された炉は今なお活動している.）

小さなスパン

このような初期の頃に，パックストンが建物全体を小さな組立部材に分解して簡単な構造になし得たということは驚くべきことである．ガラスをとめるための木製のうねとみぞの枠組や，ガラス面を支えるための鉄製の格子梁，床と床との間にボールト締

---

[67] Sir Henry Cole, *Fifty Years of Public Service*, I, p.124, 125 (London, 1884).

153. クリスタル・パレス(水晶宮)，ロンドン，1851年．姿図．石版画．

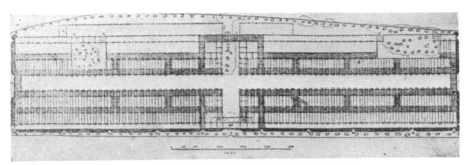

154. クリスタル・パレス，ロンドン，1851年．平面図．1階面積，80万平方フィート．クリスタル・パレスは，19世紀の鉄によるヴォールト架構問題にはなんら実際上の貢献をしていないが，工場生産部材を大規模に使用した最初の例であり，新材料の平板ガラスの使用によって新しい芸術的表現に到達している．

めにした鋳鉄製の支持柱などが用いられた．木や鉄の構造部材はバーミンガムの各種工場でつくられ，ロンドンの建設現場で一体に組立てられた．この方法で約80万平方フィートの床面積をもった建物——その当時の人が誇らかに述べているように，サン・ピエトロ寺院の約4倍の広さの建物——が6ヵ月未満で出現した．その長さは1851フィートあった——この数字は，これが建設された時の年号に一致している．しか

309

155. クリスタル・パレスの内部，シドナム(Sydenham)[70]．移設されたクリスタル・パレスの写真で，火災で焼失する直前の1935年に撮影されたもの．

156. 「人気馬」：1851年の平凡な彫刻．19世紀に，官辺や批評家や一般大衆によって実際に賞讃されていたものが一体どういうものだったかを見落さないことが肝要である．この「人気馬」に関する当時の見解はつぎのようなものであった．「イギリス彫刻界の最も魅力ある群像の一つで…生動感にあふれ，美しく興味深い…」

し，その建築的な美しさにもかかわらず，このクリスタル・パレスは，鉄構造に関するほどには，ヴォールト架構問題にそれほど貢献していない．その袖廊（transept）のバレル・ヴォールトは木造の骨組で，その72フィートのスパンは，中世期の多くの建物のスパンよりも狭いものであった（図154）．

「建築における一つの革命」

クリスタル・パレスは，それまでに先例のない建物の新しい概念を実現したものであった．その上，それは鋳鉄や鍛鉄製の大梁と小梁の骨組にボールト締めにした，木材や鉄やガラスから構成された最初の大建造物であった．近代工業文明の中に眠っている可能性を——これほど明瞭に実現したものは，私の知っている限り皆無であった．この木材とガラスと鉄の組合わせは——それは，たまたま，すぐれて実際的な博覧会技術に由来した組合わせだったが——その時代精神から直接ほとばしり出た新しい一種の構想力を呼び起こしたということが，その当時すでに認められていたのである．「クリスタル・パレスは新しい様式を生み出すことになるような建築の革命である」[68]という当時の人たちの確信に満ちた予言——後にあらゆる本質的な点で，その正当さが承認されるようになった予言——も，こういう観点から初めて理解しうることである．

1851年に公表された一つの見解

ロタール・ブッヘル（Lothar Bucher）は1851年につぎのように記している．「その建物はいかなる反対にも出会わなかった．それを見た人たちに与えた印象は，まもなく遠く隔ったドイツの村々の農家の壁に，その写しが掲げられるようになったほどのロマンティックな美しさであった．まったく組積構造を使わないでつくられたこの最初の大建築物を鑑賞しているうちに，観覧者たちはこれまでの建築の評価基準が，ここではもはや役に立たないということに気づかされたのである．」[69]

"あらゆる有形物がその
周囲に溶け込んでいる"

ブッヘルは，後にドイツの外務省でビスマルクの片腕となった民主党の政治的亡命者だったが，クリスタル・パレスの内部（図155，158）についてもつぎのように書き印

---

68) Lothar Bucher, *Kulturhistorische Skizzen aus der Industrieausstellung aller Völker*, p.174 (Frankfurt, 1851).

69) Bucher, 前掲書．

70) クリスタル・パレスはロンドン博覧会（1851年）後，1854年にロンドン近郊のシドナム（Sydenham）に移設されたが，1936年に焼失してしまった（訳注）．

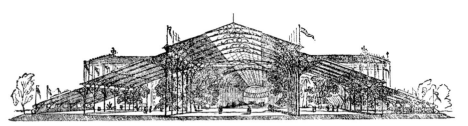

157. エクトル・オーロー　クリスタル・パレスに対する設計競技において第1席となったもの，1850年．エクトル・オーローは（彼のグランド・ザールの計画案については既述した）バジリカ形式の軽快な鉄構造によって1等賞をかち得た．委員会が当初の意図であった記念的な大建築物を造らないことに決定したのには，これが，ある程度影響を与えたのかもしれない．

している．その描写は，今日の建築の分析の仕方に似て，おおむね正確に述べられている．「われわれには眼からの距離だとか，その実際の大きさとかを判断するための，どんな手がかりも与えられていない．ただ線の優美な網目細工を眺め渡すだけである．その側面の壁は，一目で見て取るにはあまりにもかけ離れ過ぎている．眼は壁の一端から他端へと動いて行くかわりに，はるか彼方の地平線上に消え去る遠近法的な眺望に沿って注がれる．われわれには，この構築物が頭上100フィートぐらいの高さにそびえているのか，それとも1000フィートもあるのか，またその屋根が一つの平坦な陸屋根になっているのか，あるいはまた一連のいくつかの棟から出来上っているのか，寸法を視神経で測りとる影の動きがぜんぜんないので見分けることができない．」

「われわれの視線を下の方へ向けてゆくと，青く塗った格子梁につき当る．これらの梁は，初めの中は広い間隔で浮き出ているが，それから先は間隔も次第に狭くなって遂にはまぶしい光の帯——袖廊——でさえぎられ，その袖廊部分は，あらゆる有形物がその周囲に融合しているような遠景の中に溶け込んでしまっている．……その壮観を比類のない妖精の世界のような光景と呼んだとしても，まだ十分ではない．それは真昼のまばゆい光の中にみられる"真夏の夜の夢"である．」

絵画における相対物
：ターナーの風景画

その時代の絵画の中に，このクリスタル・パレスの相対物になるようなもの，つまり"実際の大きさや距離の観念を含まない"で，しかも"すべての有形物がその周囲に溶け込んでいる"ような絵画があるだろうか？　当時のイギリスの絵画には一応見出さ

れるようだが，それ以外にはぜんぜん見当らない．1840年頃に描かれたターナー（J. M. W. Turner）のシンプロン峠のスケッチ[71]（図159）は，湿りを帯びた大気によって風景を非物質化し，無限の彼方に溶け込ませている．クリスタル・パレスは，透明なガラス面と鉄の構造部材によって同じ意図を実現している．ターナーの絵に用いられた方法はそれほど抽象的ではないが，同じように非現実的な空を舞うような効果がつくりだされている．その山々の灰色や褐色や青色に塗られた深い谷間と，背景の山頂へと曲りくねっている黄褐色の道とが結びついて，すべての写実的な特色を消し去っている．それらは確かに"真昼のまばゆい光の中にみられる"幻想的な風景をつくりだしているかのようにみえる．

優雅と壮大さの結合し
たクリスタル・パレス

クリスタル・パレスにおける芸術的な着想は，その当時の技術的な可能性をはるかに抜きんでている――こういうことは19世紀にはごく稀にしか見られないものである．機械よりも樹木を扱うことに慣れていたその建設者，造園家のジョゼフ・パックストンの慎重な手際が，その建物全体に反映している．堂々たる壮大さとある種の優雅な感じとのこの不思議な組合わせは，二度と再び成就されることのないような性質のものであった[72]．これから後の発展は，数十年間にわたって，技術者の支配するものとなる．つまり，新しい解決の実現は技術者の手によって行なわれることになるのである．

パリの万国博覧会，1855年

1850年以後の博覧会
の中心地，フランス

フランスでは，博覧会は1798年に国民の祭典として開催されて以来，19世紀前半を通

---

71) Fogg Art Museum, Cambridge, Massachusetts 所蔵．
72) 50年代に，もっぱらガラスと鉄だけの建物を造ろうという試みがしばしば行なわれている――たとえば，1853年のニューヨーク博覧会．1853年にニューヨークで実施された案はパックストンのアイディアにモニュメンタルなドームをくっつけたまずい代物だった．パックストン自身一つの設計案を提出したが，不満足なものであった．ジェームズ・ボガーダスの案は――この問題に対する独創的で純粋なアメリカ的な解決案だったが――これも同じように拒否されてしまった（図121参照）．パックストンがクリスタル・パレスで創始したものも，1862年のロンドン万国博ではまったく逆もどりさせられてしまっている．1862年ロンドン万国博の偽似非モニュメンタルなドームや凱旋門式のアーチは1855年のパリの工業館（Palais de l'Industrie）にならったものだが，その構造的な大胆さにとうてい匹敵しうるものではなかった．さらに詳細については，"Record of the Great Exhibition," *Practical Mechanic's Journal* (London, 1862) を参照せよ．

158. クリスタル・パレスの内部．銅版画．「われわれは眼からの距離だとか，その実際の大きさとかを判断するためのどんな手がかりももたずに，線の優美な網目細工を眺める」（ロタール・ブッヘル，1851年）．

じて，この方針のもとに発展していった．1849年にフランスの商工大臣は，その年のパリ博覧会を国際的なものにするように提案した．しかし，フランスの商工会議所の会員たちは，外国の工業のために自分たちの領域を開放するだけの度量に欠けていた．フランスに最初の"工業製品の万国博"が開催されたのは，クリスタル・パレスで国際的な博覧会が開かれた年から4年後の1855年のことであった．しかし，1855年以後，少しでも歴史的な重要性をもっているような大博覧会は，すべてフランスで開催された．この時期には，フランスはあたかもゴシック時代の時のように，最も大胆な構造物がつくられる舞台だった．1855年のこの博覧会には，一般大衆も新聞も共にある種の期待を抱いていた．こういうことは，その後のフランスの博覧会には見られなかったことである．初めのうちは，一般の人たちは自分たちが巻き込まれないようにと願っていた．しかし，それも，遂には新しい展示空間の申込がつぎからつぎへと数多く出てきたので，この博覧会に当てられていた敷地面積があまりにも小さすぎるというような事態にまで立ち至った．こうして，結果的に，この博覧会は数多くの予

159. J.M.W. ターナー　シンプロン峠, 水彩画, 1840年頃. フォッグ (Fogg) 博物館, ケンブリッジ, マサチューセッツ州. クリスタル・パレスの夢幻的な空に舞うような効果が, ここでは風景を非物質化して無限の彼方に溶け込ませるような湿りを帯びた大気によって達成されている.

定外の添物をも展示することになった.

1855年の博覧会のプラン

平面（図161）：工業館（Palais de l'Industrie）は2列のギャラリーで取囲まれた天井の高い中央通路部分をもった長方形の構築物であった. その低い側廊は多くの鋳鉄柱で支えられていた. 中央通路部分は, その当時によく用いられた循環式のパノラマと, セーヌ河に沿って伸びていた1200メートルの機械館（Galerie des Machines）とを連絡していた. 機械館（図162）は, その狭い筒形ヴォールトが, フォンテーヌの手がけたパレー・ロワイヤルのガルリー・ドルレアンのヴォールトと関連があるように思われるけれども, ヴォールト架構問題に大胆な解決をつくりだしたいくつかの機械展示館の出発点であった.

この時代の最も幅
の広いヴォールト

張間：工業館は48メートルのスパンをもっていた. これは, その時代に企てられた最

160. 万国博覧会,パリ,1855年.本館の内部.48メートルのスパンは当時としては非常に大きなものであった.タイ・バーが使われていないが,それは大きな控え柱を使うことによって作為的に回避されたのである.

161. 万国博覧会,パリ,1855年.平面図.

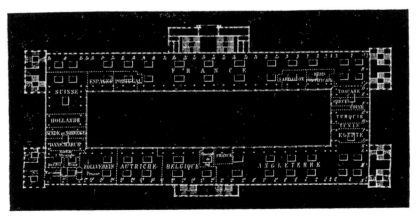

162. 機械館，パリ，1855年．セーヌ河に沿って平行に建てられた長さ1200メートルの陳列館．その後の工業博覧会の中心になった機械館（ガルリー・ド・マシーヌ）の出発点である．

163. 当時一般に評判の良かった彫刻．「天使の恋」，1867年

も幅の広いヴォールトであった．この点，約22メートルのスパンのクリスタル・パレス以上のすぐれた進歩を示している[73]．一部手工業的に鍛造された鍛鉄製の格子梁が使用されているが，これはヴォールトに採用された最初の例である．ヴォールトに用いられた広大なガラス面は，多量な光の射入に慣れていなかった当時の観覧者の眼をくらませるほどであった．そのヴォールトの形は，第1帝政時代や第2帝政時代に行なわれた大広間や階段室の手法を思い起こさせる．こんな初期の段階ですら，新材料の意味するところがよく理解されていた．つまり，ヴォリュームを壁で包み込むというよりもむしろ空間を開放するという点が強調されている（図160）．

タイ・バーを使わずに，その代りにバットレス（控壁）を用いている

構造：中央通路部分に高く架けられた円いアーチは，それまでにどれほど多くの進歩がなしとげられていたかを物語っている．ほとんど50メートルに及ぶ大胆なスパンにもかかわらず，のびやかな空間を侵害するようなタイ・バーはぜんぜん用いられていない．しかし，それでもなお，この構造には，現在のわれわれにとっては，なじみ深いある種の軽快さが欠けているように思われる．横方向の応力に耐えるために，やはり，ゴシックの構造原理の模倣以外に採るべき途がなかった．迫持台として用いられた莫大な鉛の塊は，空間の取扱いにおける贅沢さと同じくらい高価なものであった．エクトル・オーローは，その実現しなかったグランド・ザールの設計（1849年）に，同じ原理を用いていた[74]．

石の使用

この博覧会建築において，広いスパンと軽構造との組合わせが試みられたのは，その適切な方法が発見される以前のことであった．しかし，ここにもまた，クリスタル・パレスが示している進歩からの危険な逆行が見られる．この本館の工業館は重々しい石で完全に包み込まれており，巨大な凱旋門式のアーチを含んでいた．このモニュメンタルな石工事は，不幸にも後のロンドン博（1862年）やシカゴ博（1893年）に対する範例となったのである[75]．

この工業館はシャンゼリゼーに建っていたが，このシャンゼリゼーは第2帝政時代全

---

73) これよりずっと以前に，ゴシック時代の建築家がパドゥア（Padua）のサローネ（Salone）の木造のヴォールトで29メートルのスパンを成就していた．
74) 本書 p.288 を参照のこと．
75) 本書 p.334〜336, 449〜451 を参照のこと．

318

体を通じて，オースマンのパリ改造計画における主要な地点の一つであった．この工業館の建物は，1900年の博覧会の展示場をつくるために1897年に取壊されるまでは，社交上の集会や各種の展覧会のために使用されていた．

1867年のパリ博

地球を象徴した平面，ディレクターの経済学者

平面：この博覧会建築の外形は，当初，地球を象徴する予定だった（図164）．シャン・ド・マルスが敷地として選ばれたので，その建物に円形の輪郭を与えることが不可能になり，その代りに楕円形として設計された．長軸は490メートル，短軸は386メートルであった．ナポレオン3世によって，この博覧会の指揮者に任命されたフレデリック・ル・プレー（Frédéric Le Play）が，その平面計画と全体計画の責任を負っていた．彼はすぐれた技術家であると同時に，経済学者でもあり，ヨーロッパの労働条件についての専門家でもあった．1798年に最初の小さな国民博覧会が開催されたシャン・ド・マルスは，これ以後いくつかの万国博覧会の開催地となった．

この平面計画をつくるに当って問題になったのは，観覧者が順序よく他から邪魔されずに各国の工業を見てゆくために，分離した各部門をどのように配置したらよいかということであった．

楕円形の博覧会建物の組織

楕円形の主要な展示用建物の中に，7個の同心円形のギャラリーが，構内の主要な輪郭に沿って設けられている（図166）．この「労働のコロッセウム」の中央の楕円形の内側には，庭園が配置されていた．同心円的なギャラリーは，中心から外側にゆくに従って大きくなっている．一番外側のギャラリーは，機械の展示場——機械館——であって，他のギャラリーの2倍の高さと2倍の幅をもっていた（図167）．ここには，工業機械類が展示された．衣類と家具と原材料とが，この順序で，中心に向ってつぎの3つのギャラリーに陳列されていた．一番内側の最も小さな2つのギャラリーには，それぞれ，労働の歴史と美術に関するものが展示されていた．彫像を配した一つの温室庭園が，その一番内側の楕円形を占めていた（図112）[76]．

---

[76] *L'Exposition universelle de 1867, illustrée, publication internationale autorisée par la commission impériale* (Paris, 1867) 参照．

319

この建物は，横断歩道によって別々の部分に分割され，その各部ごとに，観覧者は容易に一つの国の発展をたどることができ，しかも，すぐ隣りの他の国の陳列品と比較することができるようになっていた．それこそ，まさに"生きた"統計の試みであった．

この博覧会の意図は，1867年に出された公式刊行物からの引用文によってつぎのように要約される．「この宏壮な建物を，赤道のような円を描いて巡回するのは，文字通り世界を巡ることである．ここでは，あらゆる国の国民が，敵国同士でさえ平和に並びあっている．天地創造の時のように，神聖な精神がこの鉄の球状体の上に漂っている．」このはなやかな言葉には，幾分第2帝政時代らしい修飾が加わっているが，この

←164. 万国博覧会，パリ，1867年．鳥瞰図．

165. マネー　1867年の博覧会の展望．油彩．マネーの絵は，この博覧会への展示を拒否されたが，彼は，当時その「アルマ河の橋」に全力を傾注していた．マネーはこの建物の実景を外面的に把握しただけでなく，それを適切な芸術的言語にもち込んでいる．ここで重要なことは，マッスと色彩との間の動的な関係である．

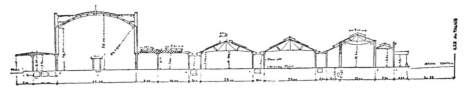

166. 万国博覧会, パリ, 1867年. 本館の各ギャラリーの断面. 7つの同心円的なギャラリーが楕円形の本館の中に置かれていた. 機械館は高さも幅も他のギャラリーの2倍の大きさになっている.

167. 万国博覧会, パリ, 1867年. 機械館. 35メートルの全スパンはタイ・バーのような目につくものを使わないで成しとげられている.

博覧会の本質的な動機を適確にいい表わしている.

タイ・バーの代りに突出
した柱が使われている

構造：機械館の鉄骨骨組は──スパン35メートル, 高さ25メートルであるが──28メートルの高さの柱でできている. ヴォールトの梁のアーチは地上25メートルの高さに達していた.

柱は天井の高さにとどまることなく，さらにずっと，空中にまっすぐのびている．その主任構造家，クランツ(J. B. Krantz)は，タイ・バーの使用を避けるために，こうしたのであって，水平応力はもっぱら，柱から籠形アーチにかけて造られた梁によって支えられるようになっている．空中に突き出た柱は，みっともないというので，旗竿として偽装させられていた．

水圧式のリフトが，誕生したばかりの怪物の不体裁さを示しながら，大地と屋上との間の連絡に使用されていた．屋根のまわりには，プラットホームが走っていて，波型鉄板とガラスでできたこのギャラリー集合体の素晴らしい景観を楽しむことができた．

この主任建設者の背後には，若いエッフェルがいたが，彼はその少し前に，自分の事務所を設立していた．このガルリー・ド・マシーヌの実際の構想は，彼に由来するものであった．そのあらゆる手法によって——つまり，新材料の広範な使用とか，エレベーターのような新しい工夫の採用，遊歩場の透明なガラス面に沿った歩道の敷設などによって——公衆は新しい技術的業績のみならず，まったく新しい美的価値をも紹介されたのである．

1878年のパリ博[77]

その　企　画

1878年のパリ博覧会は，フランスが1870年の敗北から立直ったことを世界に誇示しようとしたものであった．1867年の博覧会には大成功を収めたので，それに続く博覧会を計画するにあたって，もっと大きな面積が振りあてられた．この博覧会は二部に分かれ，その一つはモニュメンタルな石造の建物にあてられ，もう一つは一時的な博覧

---

[77]　フィラデルフィアで開催された1876年の博覧会は，パヴィリョン式を最初に使用したものとして興味がある．この方式は再び，1893年にはシカゴで，1900年にはパリで使用された．この世紀の終り頃には，博覧会を組織する場合の常套的手法になってしまっていた．産業の範囲が広がり複雑化するにつれて，それぞれ違った内容のものを別々の建物に分離することが必要になった．しかし，こういったことはすべてわれわれの研究の範囲外のことである．このフィラデルフィア博覧会はヴォールト架構問題にはまったく新しい解決をもたらさなかった．しかも，そのヴォールト架構問題は当時フランスで，まさに解決されようとしていたものであった．

会構造物に収められた．セーヌ河のはるか向う岸にダヴィウッド（Davioud）とブール
デー（Bourdais）が1876年以来，その石造のトロカデロ（Trocadéro）の宮殿を建造して
いた．

長方形の本館

博覧会の本館は，シャン・ド・マルスの長方形の輪廓に従っている．楕円形では，博
覧会終了後に，こういう形になった彎曲梁の用途を見出すのに，非常に困難だという
ことがわかったので廃止された．

平行に並んだ一群の展示館が敷地の長手方向に広がり，すべて機械館の側面に置かれ
て，それに支配されている．構内の短い側面に沿って，エッフェルによってつくられ
たセーヌ河に面する2つの玄関が並んでいた．

過渡的事実が構成的な
現象をおおっている

金属薄板濫用の表玄関の建築（図168）と，その両側のパヴィリョンはあまり重要でな
い過渡的なものである．その当時においてさえ，その価値が疑問視され議論の余地の
あるもの（fort discutable）とみなされていた．だがもし，その建物のうちの一時的に
もてはやされた形態を越えて，他に注意を向けるなら，その建物が1900年以後の建築
の多くの重要な構成的現象を例示しているのに気がつくだろう．前面のガラス壁に示
されている勇気は，将来にとって重要なものであった．この1878年のガラス壁に代っ
て，今のわれわれとしてはデッサウのバウハウス（Bauhaus）とサンフランシスコのハ
リーデイ・ウェヤハウス（Hallieday，1918年）のガラス壁を置くことができよう[78]．

ガラス壁とガラス張りの雨除け庇

後世の建築のもう一つの構成的要素が，前面のガラス壁の長手に沿って突出している
ガラスの庇，すなわちマルキーズ・ヴィトレ（marquise vitrée）に現われている．この
ガラス張りの雨除け庇は，浮き漂うような水平な平坦面を構成して，荷重と支持との
関係がちょっと見ただけでは，すぐにはのみこめないような手法で，垂直方向の要素
を横切っている．この1878年の連続したガラスの天窓に続くものとして，同じような

78) サンフランシスコのサッター・ストリート（Sutter Street）にある一つの鉄筋コ
ンクリート造ロフト・ビルディングは，その中間段階を示している．卸売業のた
めのこのビルでは，正面全部をおおうガラス面が支持柱の前にカンティレヴァ方
式で吊り下げられている．

324

168. 万国博覧会,パリ,1878年.主要出入口.膨れ上がった中央の金属板の建築は,ガラス壁やガラス製の雨除け庇(マルキーズ・ヴィトレ)に比べればまったくつまらないものである.雨除け庇が,垂直の要素と交り合っているので,荷重と支持との関係は,もはや一見しただけでは,はっきり把握できなくなってしまっている.

浮き漂うような要素をつくりだしたアムステルダムの1926年の商店街の天窓を挙げることができよう.建築では,そのそもそもの最初から,荷重と支持とのはっきり見分けのつくような関係が,その顕著な要素の一つであったが,この種の構造物は,異なった種類の美的感情の発端を印づけている.

構造:1878年の博覧会の本館には,その両側に接して壮大な機械館(図169)が建っていた.バレル・ヴォールトは消失してしまった.この機械館の形は,ひっくりかえした船の船体に似ている.その骨組の梁は,屋根で合するように,別々の部分に組立

325

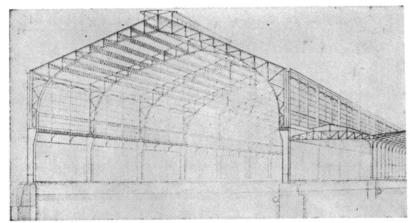

169. 万国博覧会，パリ，1878年．機械館の断面および透視図．スパン，35メートル；高さ，25メートル，技術家ド・ディョンによって，タイ・バーを用いないで，建物に働くすべての力を直接基礎に導くことができるようになった．

てられていて，構造がもはやその建物を通して固定した連続的な支持体に依存していないということを示していた[79]．

ヴォールト架構問題の
新しい解決に向って

梁：使用された梁はド・ディョン形式のものである．技師アンリー・ド・ディョン(Henry De Dion)は大スパンに適した梁の真の創造者であった．材料の抗張力を綿密に研究することによって，彼はタイ・バーを用いないで，どんな応力にも耐えられる組立梁の適切な形を求めることに成功した．ド・ディョンは間もなく，これらの構造計算に従事中，1878年の博覧会の開場に先立って死去した（その骨組の梁の配置は，材料の本質的な法則の研究に基づくある種の内部の弾性の把握を示している）．

ガラス壁："測り
知れない流動性"

段になったルーフ・ジョイストがラティス・ガーダーを通して架け渡され，それらを結びつけて，以前には決してできなかったような静穏な精密さを表現する一つの連続

---

79) エッフェルはこの方式を好んでいたらしい．彼はパリのボン・マルシェ百貨店（1876年）の前面にも平坦なガラスと鉄の庇を使用している．この庇は，つい最近まで変えられずに，元のまま残っていた（p.297 参照）．

的な構造物になっている．その両側の途中の角になったところから，ガラス壁になっている．こういうガラスと鉄の結合は，その本来の性質上，建物の広範な非物質化を要求するものであって，それは，この機械館を研究する際にも感じられるものである．当時の建築家ボワローは，この結合によってもたらされた印象をつぎのように簡潔に定義づけている．「観者はこの透明な面の重さに気付かない．この面は，観者にとっては，空気と光であり，いわば，測り知れないような流動性を示しているのである．」[80]

ド・ディョンの研究のお蔭で，タイ・バーを使用せずに，建物のすべての力を基礎へまっすぐに伝えることができるようになった．しかし，この場合，基礎は依然として柱や骨組に剛に接合されていた．柱は基礎の中に埋め込まれたU型の鉄の承口に鋲打ちされていた．しかし鉄の骨組は，相互に温度変化を受けるので，石造建築の構法のように剛に接合することのできないものである．ド・ディョンは，こういう事実に基づく問題の研究では先覚者の一人であった．それは，1878年の機械館では，完全に処理されている．一対の格子柱が出合う屋根の棟に沿って60メートルごとに，自動的に，骨組全体の膨脹，収縮を調節するように，楕円形の穴の中に複雑なボールトがはめ込まれていた．

地盤との剛な接合は依然そのままであり，箱形断面梁と，その上に柱頭のように据えつけられている張出しと共に，古代の柱を思い起こさせるものがあり，古代の荷重と支持の単純な関係がいまだに漂っているかのような感がある．しかし，この時以後，トラス梁の勃興に伴って新しい方式，すなわち鉄骨造にあっては，それに作用する力の軽快な釣合を必要とするという方式が始まったのである．

1889年のパリ博

発 展 の 頂 点

1889年の博覧会は，長い発展のクライマックスと同時に，終局をも印づけていた．そこではエッフェルのような偉大な技術者たちが，その力量の頂点に達している．構造の新しい概念と，工業の新しい進歩とが相伴って，この博覧会に印象的な光輝と広大な影響を与えた．これまでの長大ではあるが控え目な1855年の機械館，クランツとエ

---

80) *Encyclopédie d'architecture*, p.97（1887～1888）．

ッフェルが1867年に建設した巨大な円形の展示館，1878年のド・ディョンによる機械展示場の2つの巨大な側廊などは，1889年の機械館に至って，そのクライマックスに達するような，一つの発展の中間段階であった．

1889年の博覧会は，エッフェルとその部下の技術者たちが，17ヵ月という短期間にセーヌ河畔に建て上げたエッフェル塔を中心としていた．博覧会の建物は，その塔の後方に広がっていた．そこには2つの翼があり，一方の建物はボーザールのもので，もう一方は自由芸術(arts liberaux)のものであったが，一般展示用の部分で互いに結びつけられていた．巨大な金属塊の機械館が全集合体を支配して背後にそびえ立っていた．

一種の移動クレーン——回転橋(les ponts roulants)——が機械館の内部に設けられていた(図170)．それは観覧者を巨大なホールの長手にそって運び，下の床面に展示されている機械類(その大部分が操作されていた)の全部を視察できるようになっていた．祝日には数えきれないほどの乗客がこのクレーンに乗っていた．工業がその草創の頃のような驚嘆を引き起したのは，これが最後であった．4年後のシカゴ万国博では，回転橋によって機械類の展示を眺望させるという試みも，この時ほどの成功を収めることができなかった．しかし1878年と1889年間の進歩にはまことに凄じいものがあり，観覧者はエッフェル塔と機械館の大胆さによって極度に興奮させられることになった．彫刻家のレイモン・デュシャン・ヴィヨン(Raymond Duchamp-Villon, 1876〜1918年)は彼が13才の少年だった時の印象をつぎのように記している．「世論は鉄構造の技術をあまりにも永い間無視していたので，人々には機械館の力と大胆さをもった作品を認識したり評価したりする用意ができていなかった．私は移動クレーンに乗って，巻きつく爬虫類に似たベルトの渦巻の上や，きしる音や汽笛やサイレンをききながら，いくつかの円や三角錐や立方体を含んだ黒い洞穴の上を，館内の光に照らされながら通り抜けていった幻覚的な通行のことをまざまざと思い出すことができる．」[81]

空 前 の 大 き さ

「機械館」(実際は「機械の殿堂」〔Palais des Machine〕と呼ばれた)[82]の構造家はコ

---

81)　"建築と鉄" *Poème et Drame* (Paris)，1〜3月，1914．

82)　構造の発展における一つの頂点となったこの建物は，フランツ・ジュールダン(Frantz Jourdain)がいみじくも言っているように「芸術的サディズム」によって，1910年に取壊された．

170. 万国博覧会, パリ, 1889年. 機械館. スパン, 115メートル; 長さ, 420メートル. これほど大きなスパンはまだ架けられたことがなかった. ほとんど1世紀間にわたって蓄積された構造上の経験が具現されている. この建物は, 無思慮にも取壊されてしまった.

タンサン (Cottancin), 建築家はデュテール (Dutert) であった. この機械館は, それまでのどの展示館よりもずばぬけて大きかった. これ以前に試みられた最大のヴォールトは, 1868年ロンドンに建設されたセント・パンクラス駅 (St. Pancras Station) のヴォールトで, スパン73メートル, 高さは25メートルであった. 機械館はスパン115メートル, 高さ45メートルだった. その骨組は20のトラスからなり, その長さは420メートル, 巨大なガラス壁がその側面を包んでいた[83].

---

83) これより少し前に, もっと穏やかな方法で, シュヴェードラー (J.W. Schwedler) がフランクフルト・アン・マインの中央停車場 (1888年開設) で, 同じような架構方式 (Auflagerung) を試みていた. シュヴェードラーの3つのホールの大梁は確かに, 屋根の棟に沿った1点にほとんど相会している. しかし, これらのホールはバレル (円筒型) 形式から脱却していない. 機械館では, 3点結合梁の性質を用いることによってバレル形式が廃除されている. フランクフルト駅の大きさは, 長さ186メートル, 幅56メートル, 高さ29メートルである.

171. 万国博覧会，パリ，1889年．3ピンアーチの基礎．

構造的な限界に制
約されない建物

1889年の機械館に包含されている自由な空間のヴォリュームは，まったく先例のない，物質の征服を表わしている．この点では，この機械館と比較しうるような先例は一つも見当らない．しかもその両端の妻側のガラス壁は，厳密には，この建物を密閉しているのではなくて，単に内外の空間の間に薄い透明な膜をつくっているにすぎない．機械館の重要性は定まりきった限界の内に閉じ込められた建物としてのものではない．その骨組の梁は，それによって何らかの顕著な変化を生み出そうという意図がなかったとしたら，多かれ少なかれ莫大な数量のものになっていたはずである．このホールの審美的な重要性は，建物と外部空間との相貫や統合に潜んでいるのであって，そこからまったく目新しいのびやかさと動きの感覚とが，内部の機械類と調和して生まれ出てきているのである．

それまでの伝統的な静態的
な感じが払拭されている

アーチ形をしたトラスは各々2つの部分からできている．一つのピンが，ホール上部の中心線上の中枢点で，その2つの部分を結合している．トラスは，下の方では，次第に細くなって地盤にわずかに接触しているが，上にゆくに従って広くなり，力と重量感をもつようになっている（図171）．通常の比例関係とは，まったく逆になっているように見える．これらの3ピンアーチは，支持と荷重の合理的な釣合関係に関する伝統的な静的な感覚を攪乱して分裂させてしまっている．トラスは，長く突き出された片持梁のように引き伸ばされてあらゆる部分に動的な感覚を具象化している．そこにはバレル・ヴォールトの静穏な石造建築の面影は少しも残っていない．ある種の新しい動きの感覚，浸透する空間——ボロミーニのクーポラについて成就されたのと同種の新しさ——がここにつくりだされている．

ここにはさらに注目すべき，尺度の極度のゆがみがある．これらのトラスの断面は，丈がその幅のおよそ5倍位になっている（75センチメートルの幅に対して，丈は3.5メートルである）．人間の眼は，従来，比較の標準として，石の台輪の寸法を考える傾向があるので，その尺度構成にゆがみがあるような感じを受ける．

当時の批判

トラスが，これほどの大きさに拡大されたので，なんとなく充填材が欠けているよう

172. エドガー・ドガ「踊子」. ドガはその当時の画家の中で最も大胆な実験主義者であり，エッフェルとちょうど同時代の人であった．ドガは，エロティックな面を露わにした踊子たちを取上げて，彼女らの大きく開かれた鼻孔と，肉体の緊張の極致を描き出している．マックス・リーベルマン (Max Liebermann) は(ドイツの最も"徹底した"前衛評論誌「パン」の中で)つぎのように述べている．「彼はそのモデルに仮託して，若い踊子の中に匿された醜業婦の芽生えを見ようとしているかのように思われる．これほど完全に小説家的要素を身につけた画家は他にない」．(Pan, p.195)．この絵は，機械館のような構造物を造り出した非個性的な正確な客観的精神を示している．

に思われた．その上，鉄骨架構でこのような広い空間に用いられたのは，これが初めてでもあったので，その梁は異常なほど軽快に見えた．その当時の観覧者の目は，このような見慣れないディメンションによって攪乱されることになった．現代建築への道を開いた先覚者の一人であるアナトール・ド・ボードー (Anatole de Baudot) でさえ，このプロポーションは失敗だといっている．また，ベルギーの構造技術者フィーレンディール (Vierendeel) は，「このプロポーションの欠陥が悪い結果をもたらしている．梁は釣合がとれていないし，これにはベースもなく……あまりにも低い所から始まっている．……見た目に安定感がない．……この機械館の支柱はもう一つの欠点を見せている．すなわち，それはあまりにも空虚である」と批難している．

構造が無意識のうちに新しい美的感情へと近づく

ここで批難されているものこそ，明らかに，後の発展を指示している特徴そのものな

332

のである．ここでは，構造が数十年後に至るまで美術と建築の対応するものを見出すことができなかったような美的感情に向って，無意識のうちに動いているのである．

このホールでは，上から降り注ぐ陽光が薄い格子梁をその中に包み込んでいた．視覚的な印象に関する限り，このヴォールトは空中に浮き漂うような状態に達している．

古代の柱の面影は，跡形もなく消滅してしまっている．そこでは荷重と支持は一体になっていて切り離すことができない．

はね返らんばかりに彎曲させられたこのヴォールトは，非常に低い所から始まって，その荷を背負っている．それはあたかも，カリヤティッド（女像柱）の現代版とみなすこともできよう．しかし，このヴォールトは，エレクテイオンのように乙女達の気品をもってその荷を担ってもいないし，バロックの門の巨人の裸身のごとく，重荷に打ちひしがれてもいない．これは，その荷重をはね返して，荷重と一体となっているのである．

床に近づくに従って細くなった梁の端部と地面との結合は，もはや剛接合ではなくて，自由に動きうるようになっている（図171）．梁は，その自重と，120000キログラムの水平応力とを直接ピン接合部によって伝達している．この支持方式によれば，基礎の変動ですら内部応力を起こさないですむであろう[84]．この方式が，その組織内のあらゆる点の力の働きを制御しうる唯一の手段であった[85]．

1878年のド・ディョンのホールではまだ示されていた，荷重と支持との分離は，ここで完全に解消されている．鉄のヴォールト構造は，遂にその真の形態を見出したので

---

84) これは，19世紀中に，純粋工学部門の発見が建物に応用されて，重要な成果が得られたという一例である．ピン接合は，エッフェルやその他の人によって，1870年頃，橋梁に応用された（Erving Matheson, *Works in Iron*, London, 1873, p.145を参照せよ）．その著明な例は，ポルトガルのドゥーロ河（Douro）に架かっているエッフェルの橋である．

85) 「簡単な一構造方式が，アーチの各断面における応力分布の数学的解析を可能ならしめた．それは，ベースと頂部において接合するということであった．この方式は，応力と使用材料の合理的で，しかも完全に正確な配分を可能ならしめたのである．」（Alphand, p.46）.

ある．巨大な力の作用が，確固たる平衡というよりも，むしろ浮動性のある平衡を保っている．

それは大胆にも絶えず変化する力に対して釣合わされたバランス・ビームの釣合である．

新しい揺れ動く調和がつくりだされている．

内部と外部と基礎の変動を吸収する弾性平衡が成就されている．

この平衡は地盤の動揺に順応してゆく．

建物自体の分子構造の変化に対して平衡が達成されている．

風や雪や，その他の外力に対して平衡が保たれている．

構造が表現の中に入り込んでしまっている．

構造が形態を与えるものになっているのである．

1893年のシカゴ

シカゴ：進歩した事務所
建築と「商業古典主義」

大博覧会が，シカゴにおいてその衰亡の緒についたということは，19世紀の複雑な性格の奇妙な例証である．この頃のシカゴは，事務所建築やアパート建築についての独創的な仕事が実施されていたところであった．パリ大博覧会——特に1889年の博覧会——は新しい感情領域をきり開くことになった構造体をつくりだしたのに，シカゴのコロンビア万国博（1893年）は「商業古典主義」の発端となった．そのごてごて塗り上げたプラスター建築の影響は，広範かつ執拗なものであった．

ルイス・サリヴァンの予言

このことは，その当時，すでにルイス・サリヴァン（Louis Sullivan）によって予言されていたが，彼はその著『ある理念の自伝』（Autobiography of an Idea）の中に「シカゴ万国博によって，この国にもたらされた損害は半世紀間続くだろう」と述べている．

1893年のシカゴに，すぐれた建築があったことも確かである．ルイス・サリヴァン自身の手がけた交通館（Transportation Building，この博覧会に対する彼の唯一の貢献）とミシガン湖に突き出た有蓋埠頭がそれである．

173. 当時の一般的な絵画,「波浪の接吻」, 1889年.「展覧会通信」(Le Courrier de l'Exposition) の第2号, 1889年4月14日発行の特別号の2ページにわたる大木版画. 効果をねらった軽妙な演出と全体に漲るエロティックな外観で, まったくその時代の要求に適合していた.

ヨーロッパの批判

だが, ベルギーの当時の構造技術家フィーレンディールは, いみじくもつぎのように述べている.「その構造は, われわれがヨーロッパで長い間親しんできたものの模倣にすぎない. われわれは, アメリカ人の, あの大胆さ, 進取の気性と独創性から, もっとよいものを期待していたのだが, まったく裏切られてしまった」と. 鉄の骨組をおおいかくした石膏塗りの建築も独創性に欠けていた.「新世界において, アメリカ人はあえて新機軸を出そうとしなかった. 彼らは自分自身に疑惑を抱いていたのである.」[86]

一般観衆を喜ばせたのは, 湖に突き出た埠頭の純粋曲線ではなくて, むしろヴェニスから特別に輸入したゴンドラとその船頭であった (図174). ルイス・サリヴァンの建物も, 一般的な成功を獲得することはできなかった. 一般の人気は, かえってフラン

---

86) *La Construction architecturale en fer et acier*, p.249 (Brussels, 1902).

174. 万国博，シカゴ，1893年．
ヴェニスのゴンドラ

ス・アカデミー派の人々——エッフェル塔の建設を阻止するのに尽力した人々——の考え方から生まれてきた"大理石"の柱廊に集まったのである．シカゴの万国博では，建築家は自分たちがメディチ家時代の創造精神を復活しているのだと信じ込み，大衆は，フィレンツェの栄光が呼び返されて自分たちがあたかもその時代にあるかのごとく空想していた．こういう傾向の存在は容易に推察のつくところである．つまり，これらの傾向は，財政上の危機のように，工業時代を通じて絶えず繰返された，現実から逃避しようとする無益な試みの半面を現わしていたのである．

大博覧会の衰退

もし紙面が許されて「大博覧会」の名の下に起こったあらゆる出来事を論じ，工業と国民生活に及ぼしたその甚大な影響を，ある程度詳細に取扱えれば，非常に興味深いことにちがいない．各博覧会の"テーマ"の表現方法も，確かに論ずるに足る事項であった．こうして「すべての国民の工業」が，いずれの大博覧会にとっても，不可避的なテーマとなり，さらに，その初期には，このテーマが必ず驚嘆や興奮を巻き起

こしていたにもかかわらず，それが遂になんの感興も伴わずに，受け入れられるように
なってしまった．その瞬間に建物の問題としての博覧会は，そのすべての創造力
を喪失してしまった．博覧会は他の多くのものと同じように，単なる大仕掛の見世物
となり，その成功も失敗もなんら歴史的重要性をもたないものになってしまった．今
世紀初頭以来，万国博は，ますます商業広告に堕落した一時的な出来事になってしま
った．もっとも，ここかしこで，1958年のブリュッセル万国博でのル・コルビュジエ
の電気館のような興味深い建物が出現はしたけれども，今日の博覧会は「人類の必要
と欲求の明確化」（ブリュッセル）といったようなテーマを促進できなくなってしま
っている．これらは，ようやく現実の世界で，それも新都市の建設や地域社会生活の
更新において，表現されるようになったのである．

ギュスターヴ・エッフェルと彼の塔

建築家と技術者の宿命

西洋の歴史で，19世紀ほど，異常な建設活動を見せた時代もないし，独創的な建築家
がこの世紀ほど少なかった時代もない．われわれはこのことを，人材の欠乏のためと
は思わない．むしろ，社会がその支配的な好みという毒素で，創造的な衝動を次第に
抹殺していったのだと思っている．

アンリ・ラブルーストのような革命的な建築家たちが，やっとフランス・アカデミー
にいれられるようになった時には，彼らはすでに「彼らの時代を告白する情熱や願
望」[87]からはほど遠い年輩になってしまっていたということが，その当時の人々によ
っても認められていた．建築というものは，人間にいつ衝撃を与えるかもしれないよ
うな風雨に立ち向かわなければならない．絵画とは違って，単なる紙上計画にすぎな
いような建築は，古ぼけた写真のように色褪せてしまうのである．

技術者たちは，工業の蔭に隠れ，科学の権威に保護されて，彼らなりの発展を妨げら

---

87) "la passion et l'espoir de confesser leur temps," Émile Trélat, *Encyclopédie d'Architecture*, p.45 (Paris, 1880).

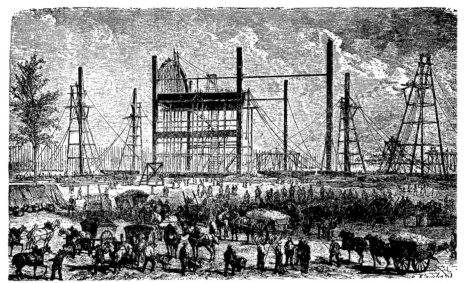

175. 万国博覧会，パリ，1867年．鉄の骨組．この万国博の楕円形の本館は，おそらく純骨組構造としては最初のものであろう．その主任技師の下には，実際にその着想を生み出した若いエッフェルがついていた．柱の構造と35メートルの広いスパンは，彼が計算をして決定したものであった．大構造物の弾性がこの時初めて試験された．

れなかった．それというのも，彼らは，支配的な好みにへつらう必要がなかったからである．彼らの名前は，その時代には知られなかったが，歴史に書き記されて，永久に忘れられることはないであろう．同様に，彼らの作品の大部分は匿名の存在であった．ニューヨーク港の入口に立つ自由の女神像の，打出し銅の外被を支えるギュスターヴ・エッフェルの優雅な骨組（1886年）も，匿名の一例であった．エッフェルという名前が，一般大衆に親しまれているのは，ただエッフェル塔が，その当初から彼の名前を冠していたからにすぎない．

ギュスターヴ・エッフェル

ギュスターヴ・エッフェル（1832～1923年）[88]は，多くの偉大な構造技術家を生んだブルガンディの生まれである．彼はエコール・ポリテクニークとエコール・サントラールで最上の教育を受けた．彼については，先に，機械館（1867年）のアーチの構造計算，1878年の万国博覧会の巨大な入口ホールのガラス壁，それと，パリの素晴らし

---

88) Jean Prevost の小冊子の自叙伝，*Eiffel* (Paris, 1929) を見よ．

176. G.エッフェル　ドゥーロ河に架かる橋，1875年．スパン，160メートル；高さ，水面より61メートル．エッフェルは，その高い塔柱の建設と空中に架かるアーチの組合せによって，1 000フィートの塔の建設に必要な精密さと経験を得たのである．

いボン・マルシェ百貨店（今では絶望的な"近代様式化"によって，その当初の魅力を失ってしまった）などに関連して述べてきた．

　　　　　　　　　　　　　　　　　　　　　　　　　　エッフェルの最初の関心ヨーロッパやアフリカの深い河の上や，インドシナの数多くの川の上に架け渡した大胆な橋梁の構築で，彼は，天候，水，風の諸要素を支配することを学んだ．ボルドー（Bordeaux）近傍の彼の最初に手掛けた橋（1858年）の杭は，水圧を使うことによって，水面下25メートルまで打ち込まれた．後に，深い峡谷に橋を架けねばならなかったとき，彼は，細いピラミッド型の支柱（パイロン）を建てたが，その支柱は上の交通路盤に近づくにつれて，次第に細くなっていた．最新の方法で，極度の優雅さをもって設計されたこれらのラティス支柱の，大きなスパンと巨大な高さは，彼とその下に働く技術者たちを風圧の取扱いに習熟させることになった．彼は早くから，気象学の研究に関心をもち，後年，気体力学研究所を——自費で——創設した最初の一人でもあった．面に及ぼす風圧の影響を測定するために自身で考案した計器を，彼はその塔のデッキから吊り下げて測定している．オートイユ（Auteuil）の彼の研究室には，後に航空の分野の実験のために建てた大きな風洞があった．剛体に及ぼす気流の作用の問題は，引き続き彼の関心を捉えることになった——これについては，彼の多くの発表論文の中に綿密に記録されている．

アーチ橋

ギュスターヴ・エッフェルは，優雅に組み立てられた鉄塔——パイロン——と軽快な2ピンアーチの巨匠であり，それらの塔やアーチは，水平の交通路と結びついて，ドゥーロ（Douro）河の橋[89]やギャラビ高架橋（Garabit Viaduct）のような橋を形づくっている．これらの橋に示された堂々たる外観は，いまだに凌駕されないようなものであった．

北部ポルトガルのドゥーロ河はその変化の多い急流と，45フィートから60フィートにわたって変化する深さの他，非常に浮動しやすい土壌のために，河床に打ち込む杭の使用を不可能にしていた．エッフェルは，この河に，当時としては最大の——もちろん，吊橋は除いての話であるが——1スパンで約160メートルの橋を架けた（図176）．エッフェルは，高い鉄塔から，吊ケーブルを用いて足場なしで2ピンアーチを建てた（1876〜1877年）．セント・ルイスでミシシッピ河に橋を架けたアメリカ人も同じ方法を用いている．

ギャラビ高架橋は，エッフェルの橋梁のうちでも最も大胆なものである（1880〜1884年）[90]．その延長はほとんど半キロメートルに及んでいる．その橋は，165メートルのスパンのアーチでテュイエール（Thuyère）河の上122.5メートルの高さで峡谷をまたいでいる（図177，178）．彼はその大地と点で接する放物線型アーチの設計のために，あらゆる可能な図式的，解析的手段や実験的手段を活用した．

エッフェルとその部下の技術者たちが，正確な寸法の各部材を組合わせることのむずかしさに習熟したのは，この橋においてであり，そのため後に，エッフェル塔の工場生産部材が敷地に建て上げられた時に，鋲孔を10分の1ミリメートルの精度で一致させることができたのである．

---

89) G. Eiffel, *Notice sur le Pont Douro* (Clichy, 1879). すぐれた図面と版画の載っている好著．

90) G. Eiffel, *Mémoire présenté à l'appui du projet définitif du Viaduc de Garabit* (Paris, 1889). この大著の中には，計算の全過程，会議の席上での経過写真などによって，この橋の重要性が示されている．

340

エッフェル塔

1889年のパリ博覧会のために建てられた1000フィートのエッフェル塔では，地盤と風のこみいった問題に対する基礎と支持体の処理についての彼の経験のすべてが，この一作品中に具現されたのである[91]．エッフェル自身，最初はパリの心臓部に，妥協のない露き出しの構造体を建てることによって，当時の支配的好尚に衝撃を与えることを内心恐れていたが，彼の"研究所"の主任で，ギャラビ高架橋のための計算をやった若いスイス人の技師モーリス・ケフリン（Maurice Koechlin）（1856〜1946年）によって，激励されたのである．

エッフェルは，その芸術的な審美眼においてはまったくその時代の子であった．彼の自宅は，「信じられないほど醜悪な，異常な芸術作品のガラクタ」[92]で満たされていた．現代の創造的な人物でさえ，感情の方法と思考の方法の分裂の害を蒙っているということはよく知られているところである．エッフェルは，この点では，フレッシネ（Freyssinet）やマイヤール（Maillart）のような他の大構造技術者と少しも異なっていないのである．

構造の見地からすれば，塔全体は，鉄橋の巨大な支柱の応用であって，それを宇宙的ともいうべき尺度にまで拡大したものである．この塔は全長が3段階になって伸びている．塔の高さが非常に大きいので，必然的に構造体は4脚の部材から構成され，それぞれの部材は頂上で漸近線的に会合して，広大な空間を中に包み込んでいる．この4つの塔柱は，別々の基礎に碇着されているが，その基礎には，もちろんエッフェルは1858年以来彼のつくった橋に実施してきたように水圧機を使用している．エレベーターが支柱の内部を第2のプラットホームまで走り，さらに，もう一つのエレベーターが，構造体の中心を第2のプラットホームから地上904フィートの第3のプラットホームまで走っている．4つの橋型のアーチの上に塔を支えようとしたエッフェルの独創的な意図にもかかわらず，支柱をつなぐ4つのアーチ（図179）は，主に装飾的な懐旧的なものになっている．

---

[91] 1900年にエッフェルは，上下2巻からなる不朽の書，*La Tour de trois cents mètres* を出版しているが，その中で，「近代技術と科学と工業時代の作り出した芸術」の化身として永遠に建っているような構築物のことを記述している．この言葉は彼が1885年に，パリの土木技術者協会に提出した論文「鉄塔」の中に記されたものである．

[92] Blaise Cendrars, *Aujourd'hui*, p.148 (Paris, 1931).

341

177. G. エッフェル　ギャラビの高架橋，1880〜1884年．エッフェルの橋では最も大胆なもの．スパン，165メートル；全長，約半キロメートル；水面よりの高さ，122.5メートル．視覚上の構想力と計算と経験が完全に調和された例．

178. G. エッフェル　ギャラビの高架橋．橋脚の詳細．19世紀後期における純粋な形態が――構造に関する限り――この偉大な技術者の作品の中に見出される．アーチやピン接合部，橋脚の造形的な形態は，構造の領域を超越している．

179. G. エッフェル　エッフェル塔の装飾的なアーチ，1889年．アーチは単なる装飾的なつなぎにすぎないが，4つの塔柱を結ぶ重苦しい水平梁に対して幾分気晴らしになっている．

180. G. エッフェル　エッフェル塔の脚柱．構造的な見地から見ると，エッフェル塔は漸近線的に結合しあった4本の大塔柱から形成されている．

塔の頂上で味わう爽快感によって，この塔が，地上における飛行機の兄弟分のような感を抱かされる．1889年の博覧会の大成功を収めた後，減少を示していた入場料の収益が，1904年以来再び着々と上昇を示しており[93]，しかもその年が，飛行する機械への関心が一般大衆の好奇心を喚起し始めた年に一致するということは興味深い．サントス・デュモント（Santos-Dumont）が，その飛行船による観覧飛行でこの塔のまわりの旋回を選んだのも，あながち偶然なことではなかった．

この塔では外部と内部の空間が，かつて見られなかったほど，相互に貫入し合っている（図181）．この効果は，頂上から螺旋階段を降りてくる際に初めて経験されるもので，その時，高く舞上った構造体の線が，樹木や家並や教会や蛇のようにうねったセーヌ河と交り合うのである．連続的に移り変ってゆく視点の相互貫入が，動いてゆく観覧者の眼の中に，4次元的な経験への一瞥をつくりだしている．

この塔の情緒的な内容

この塔の情緒的な重要性は，その後数十年間，表面に現われないでいた．1910年頃に活動的な立場に立つようになった世代にとって「帽子の留ピンのようにパリからそびえ立っていた」この塔は，当時の支配的な好尚の代表者たちにとっても，もちろん一つの脅威であり，恥辱であった．ギュスターヴ・エッフェルがフランス政府ならびにパリ市との契約書に署名してから1ヵ月後の1887年の2月に，この塔の建設に反対する有名な抗議文が，博覧会委員会の委員長に手交された．いわく「われわれ著述家，画家，彫刻家，ならびに建築家は，フランスのよき趣味，ならびにフランスの歴史に対する脅威の名において，われわれの首都の中心に，かかる不必要かつ奇怪なエッフェル塔を建てることに対して，深い憤激の意を表明するものである．」しかし，幸いなことに，委員長は先見の明をもった技術家で造園家のアルファン（Alphand）であった．彼は，オースマンの下で，パリのいくつかの大公園をつくった人でもあった．

20年後に，視覚上の革命が起こって，ルネサンスの静的な視点を打ち砕き，この塔の隠されていた情緒上の重要性が急に脚光を浴びるに至った．それは，今や「大都市」パリのシンボルとなった．「パリはかくてありき，夜ごとに，無電の青き電波の流れ出

---

93) *Journal du Crédit Public*, 1929年4月25日号．

344

づるその大いなる塔と共に」[94].

ここに大鉄塔はその芸術的啓示を見出したのであった．パリの画家ロベール・ドゥローネ（Robert Delauney, 1885〜1947年）は，外界の変転する展望の中に，地上のさまざまな動きを示す可能性をその構造体の中に見出した（図183）．実際1910年以来，そのあらゆる面から描き尽くされたこの塔は，ドゥローネの生涯のあらゆる段階を通じて，彼と共にあったのである．詩人，ブレーズ・サンドラール（Blaise Cendrars）は，その著『今日』において，この若い世代の新しい理解の仕方を物語ってくれている．

この塔は，もはや恐ろしい怪物ではない．それは，その情緒的な重要性を増し，それと同じ頃できたモンマルトルの白いクーポラをもったサクレ・クール（Sacré Cœur）などは，この詩人の眼には1個の角砂糖にすぎなかった．

「私の部屋の窓越しに，澄明な水を湛えたフラスコのようなエッフェル塔や，ティーポットや砂糖いれのようなパンテオンやアンヴァリッドのドームと，ピンクと白い角砂糖のようなサクレ・クールが眺められた．ドゥローネはほとんど毎日のように私を訪ねてきた．彼はいつも，この塔にとりつかれていたのだ．」[95]

「その当時，エッフェル塔の造型性を十分に表現しうるような芸術上の定見がまったく見られなかった．それはレアリスムの法則の下に崩れ去ったイタリア風の遠近法では把えることができなかった……そこで，ドゥローネは，一つの造型的解釈を見出そうと考えた．彼はその架構の中にまで入り込もうとして，その塔を分解した．彼は塔の頭部を切り捨て，それを傾斜させて，めまいがするような300メートルの高さを表現した．彼は多くの視点をとり上げ，さらに多くの外観を扱った．彼はある部分は下から見つめ，また，ある部分は上から見下し，周りの家々を右から見たり，左から見たり，時には鳥の翼を借り，時には大地に臥して眺めたのである．」[96]

---

94) この引用文やそれ以外の当時の詩人たちからの引用文は，C. Giedion-Welcker, "Robert Delauney," *Das Werk* (Zürich), No.8 (1946) による（Dr. Carola Giedion-Welcker は S. Giedion 氏の夫人である）．

95) Blaise Cendrars, *Aujourd'hui*, p.136.

96) 同前掲書，p.145〜148，ジャックリン・ティリット訳．

181. G.エッフェル　エッフェル塔の第1のデッキから第2のデッキに至る回り階段．絶え間なく変る視点と内外空間の相互貫入は，建築家や画家が新しい空間概念を実現する何十年も前に，すでにここで経験されていたのである．

183. ロベール・ドゥローネ　エッフェル塔，1910年．→

182. G.エッフェル　エッフェル塔．第2デッキより第1デッキを見る．エレベーター筒からの撮影．写真の下左右は，地上まで貫いているエレベーター軌道である．

184. アルノダン　　マルセイユの"旧港"にある連絡橋, 1905年. 鉄の構造体と石造の建築が良く調和している.

186. アルノダン　　連絡橋, マルセイユ, 1905年. →
高さ, 54メートル；運搬路の長さ, 240メートル.

185. アルノダン　　連絡橋, マルセイユ. 上部デッキより, 吊り籠を見る. 固定部分と可動部分との関係, 繊細な鋼構造. 空中に大胆に突き出た階段の**踊り場**が見える（バウハウス, 1926年のバルコニーを参照せよ）.

エッフェル塔について，デュシャン・ヴィヨンはつぎのように語っている.「この数学的なエネルギーの傑作は，その科学的な概念から無意識のうちに美の領域にまで高められている．それは数字的計算以上のものである．というのも，それは生命的な要素を含んでいるからであって，われわれの心は彫刻や建築の芸術によって情緒的にゆり動かされる時のように傾注してしまう.」[97]

確かに，この大空に浮び上る塔の中には，エッフェルと同世代のジュール・ヴェルヌ（Jules Verne）が唱えた技術的なユートピア思想のなにかが形象化されていた.

1853年のニューヨーク万博のためにジェームズ・ボガーダスが設計し，実現されなかった鋳鉄塔（図121）から，わずか30年後に考えられたこのエッフェル塔に至る急激な発展は，歴史的な規模から見れば，まったく異様なものであった．この頂点に達した後，その発展は徐々に下向きとなり，別の方向に向かうようになった．つぎの半世紀間に，スカイスクレーパーの鉄骨構造がアメリカで発展した．フランスでは，エッフェル塔の軽快な感覚に最も近かったのは，優雅な連絡橋，とりわけ，1905年にできたマルセイユの旧港の連絡橋（図184〜186）であった．これは第2次世界大戦の終り頃，ひどい破損をこうむって後に取壊わされた.

技術者のアルノダン（Arnodin）は，これらの優雅な構造体の専門家であり，こういう構造物を，ルーアン（1889年）やナントのようなフランスの河川港に巧みに設置する方法を知っていた．その最後に建てられたのは，1920年代の後期にボルドーに建てられたものである.

マルセイユの連絡橋，ポン・トランスボルドゥール（Pont Transbordeur）は，高いマストの船の航行を妨げることなく，各種車輌を，河を横断して運搬するものであるが，大地と2点で接触するほっそりした2組の塔からなっていた．これらの塔は，非常に高いところで走行クレーンのための軌道を支えており，そのクレーンから水上高く空に舞う渡しが，ケーブルで吊り下げられていた.

---

97) "建築と鉄", *Poème et Drame* (Paris), 1〜3月 (1914).

Ⅳ 建築における倫理性の要求

90年代：現代建築の先駆者たち

19世紀の後半には，有意義な建築作品が一つも見出されないような永い期間がある．折衷主義が，すべての創造的エネルギーを消耗し尽くしてしまっていたのである．この世紀が経過してゆくにつれて，ここかしこに反抗の叫び声が挙げられたが，この状態を変えうるようなことは何一つとしてなしとげることができなかった．

空前ともいうべき建設活動の波が，全ヨーロッパを襲ったのは，ちょうどこの頃であった．ヨーロッパの都市は，われわれが今日いまだにその被害をこうむっているような形状のものになってしまった．

画家は，この怒濤のような環境から離れて引籠っていることが可能であった．この時期に有意義な仕事をなしとげた人たちは名声や聴衆に見切をつけ，隠遁生活の中に，各自の芸術を練磨していた．たとえば，セザンヌやヴァン・ゴッホは，南仏プロヴァンスの僻地に身を潜めていた．これに反し，建築家には，このような道が開かれておらず，誰一人として，折衷主義の毒気から免れることができなかった．

このほとんど全世界的な状態に対する不満は，1890年頃，ついにその頂点に達した．この世紀の終り頃，ベルラーヘ（H.P. Berlage）は，全ヨーロッパの建築を純化するのに役立つだろうと思われた一つの建築物，アムステルダム株式取引所（Amsterdam Stock Exchange）をつくりだした．彼は90年代に，一般に流行している建築物を「みせかけの建築，すなわち模倣，すなわち虚偽」（Scheinarchitektur, d.h. Imitation, d.h Lüge）として弾劾し，「われわれも両親も祖父母も，かつてなかったような忌むべき環境に生活してきた．………虚偽が法則となり，真実は例外になってしまっている」と書いている．

折衷主義に対する嫌悪の情は，長い間くすぶっていたが，やがて，突如として驚異的な早さでヨーロッパにその頭をもたげた．それは，あたかも，魚を獲る網がゆっくりとおだやかに曳き寄せられ，一瞬にして捕獲された魚群が，一挙に姿をみせてしまう

352

のにも似ていた．建築の歴史におけるこの一瞬は，決して偶然に到達されたものではない．工業は当時，すでに十分な発展段階に到達しており，大変革に対する機が熟していたのである．19世紀の初期には，建築上なんら見るべきものもないが，その終り頃になると，ほとんど，どの年も重要な意義をもつようになる．覇気がよみがえり，それとともに，真実の形態追求を阻害していた諸勢力に反抗するに足る勇気と力がもたらされた．発展は一波ごとに生気を加えた．さまざまな実験的模索を伴った運動の多様さが，この時期の生気を示している．個々の失敗だとか，過渡的な事実と構成的な事実との混合などは，この際さして問題ではない．こういうことは，あらゆる過渡期に見られる特徴である．1890年から1930年までの間に企てられた試みの多くは，断片的で，不完全なものであった．しかし，この期間には時代自身の伝統をつくりあげようとする勇気が見出されたのである．

新運動の背後に潜む倫理的要求

後になって提出された安易な説明によると，この運動はつぎの2つの原則の適用の上に発展したことになっている．すなわち，歴史的様式の放棄と――この結果生じた――一つの規範として，「合目的性」を活用するということであった．この説明は，この両要素が，共に含まれているという限りにおいては正しいが，十分なものとはいえない．この運動は，その真の源泉ともいうべき倫理的な要求から，その力を獲得したのであった．「かかる汚毒された環境を一掃せよ！」という叫び声が挙げられたのである．

ヴァン・ド・ヴェルド，彼
を建築に駆り立てたもの

若き画家アンリ・ヴァン・ド・ヴェルド（Henri van de Velde）は，この「汚毒された環境」を最も活発に攻撃した人たちのうちの一人であった．90年代の終りに，彼は率先して「近代芸術（ラール・モデルヌ）」のために戦った．彼は最初生国ベルギーで，つぎにフランスにおいて戦い，さらに当時，どんな新運動にも広く門戸を開放していた国――ドイツにおいて戦った．彼は，その最初の外国旅行で自分の家具をパリのある美術家具商にみせたところ却下されてしまったが，1年後のドイツでは批評家にも大衆にも非常に好評であった．これが彼の国際的な名声の始まりであった．

私は，ヴァン・ド・ヴェルドに1938年に出会ったが，彼はちょうど，ニューヨーク万国博のベルギー館の隅石作業を終えて帰国したばかりのところであった．私は彼が画

353

家としてその経歴を始めたのを知っていたので，どうして建築に転向するようになったのかと聞いてみた．彼は1890年頃の状態を語ることによって私の問いに答えてくれた．「当時は，事物の本当の形がおおい隠されていた．このような時期には，形の虚偽に対する反抗や，過去に対する反発は，とりもなおさずモラルの反抗だった．」[1]

彼はさらに語を継いで，神経衰弱にかかって仕事ができなかった模様を話してくれた．ちょうどこの頃，彼は，人生に直面する新しい勇気を与えてくれた将来の妻に出会ったのである．「それは，1892年のことだが，私は，私の妻や家族を"不徳義な"環境に置くべきではないと決意したのです．」[2]しかし，その頃，市場で買うことのできるものとては，どれもこれも，ヴァン・ド・ヴェルドの忌み嫌う形態の虚偽（mensonge des formes）で汚されたものばかりだった．彼は家の中のあらゆるものを，刃物からドアの把手に至るまで，自分自身で設計しなければならなかった．そこで——つまり，これらの品々が，"醜を払いのける"に足る据付け場所を要求したので——彼は，遂に自分の手で最初の家を建てざるを得なくなったのである[3]．それは各室の要求にかなうように開けられた窓の付け方や，屋根の扱い方などに，注目に値する自由さを示している．この家が，1896年に完成されたときに引き起こした革命は，その明快な単純さに由来するもので，当時の人達が見慣れていた奇想を凝らしすぎたファサードの類いとは強い対照を示している．この点では，ヴァン・ド・ヴェルドのブリュッセル近郊のユックル（Uccle）に建つこの最初の住宅は，パリのテュリン街（Rue de Turin）のオルタ（Horta）の家よりも，さらに将来を指向していた．

アンリ・ヴァン・ド・ヴェルドは，その晩年をスイスで，アルフレッド・ロート（Alfred Roth）が，エーゲリゼー（Aegerisee）に建てた住宅で過ごした．この年老

---

1) ヴァン・ド・ヴェルドが語った言葉通りに記せば，"Toutes les formes étaient cachées. À cette époque la révolte contre les mensonges des formes et le passé était une révolte morale."

2) "Je me disais—c'était en 1892—jamais je ne veux pas admettre que ma femme et ma famille se trouvent dans un milieu qui est immorale."

3) この家のいくつかのすぐれた挿図が，ヴァン・ド・ヴェルドの伝記作家で，美術保護者でもあるカール・エルネスト・オストハウス（Karl Ernest Osthaus）の著書 *Van de Velde*（Hagen i. W, 1920）の中に掲載されている．さらにヴァン・ド・ヴェルドの回顧録，*Geschichite meines Lebens*（Hans Curjel によって，編集出版された，ミュンヘン，1962）の中にも紹介されており，その"Epilog in Oberaegeri, 1947〜1957"の章にはヴァン・ド・ヴェルドの晩年の様子がうかがわれる．

いた巨匠の，現代の諸問題に対する関心は少しも衰えをみせず，彼は常に，実際に何が実現されうるのか？といった疑問への会話に応じていた．彼はある時，90年代と現在との間を比較したことがある．「まず最初，形態の虚偽に対する革命のなかで，われわれは自分自身であらゆるディテールを，ドアの把手から食卓用器具に至るまで設計しなければならなかった．つぎに，室内は誰それ教授によって設計されなければならないという時期がやってきた．現在は，われわれは完全に無名の物を集めて組み合わせることができる．これは確かに一つの進歩である．」

ウィリアム・モリスの
よく似た例（1859年）

やや少し前の世代の，ウィリアム・モリス(William Morris)が，彼の"赤い家"をイングランド，ケント州アプトン（Upton in Kent）に建てて，その家具類を備え付けたのは，当時のあらゆる商品に見受けられた形の虚偽が同じような嫌悪の情を抱かしめたからである．モリスの伝記作家の言によると，この"赤い家"は，ヴァン・ド・ヴェルドのユックルの家と同じような来歴をもっていた．「1858年頃，ウィリアム・モリスは，画家としては1枚の絵が70ポンドにも売れるようになっていたが，自分の行きづまった仕事に失望を感じ，それを打開しようとしていた．しかし，モリスは1859年の4月に結婚し，その結果，再び気が変わり，レッド・ライオン・スクェア（Red Lion Square）で，彼の注意を引いた住工芸に没頭してゆくことになった．彼はそこで，彼の"美しい家"の概念を満足するような家を建てることに決心し，建築家ウェッブ（Webb）の協力を得ることになった．……赤い煉瓦と赤い瓦でつくられたこの家の名前は，当時流行していた化粧漆喰の壁とスレート屋根という常套手段に対する反抗を現わしている．」[4]

こういう相似性は，ヴァン・ド・ヴェルドが単にモリスの先例にならったにすぎないといって片付けられるようなものだろうか？われわれにはそうは考えられない．この相似性は，工業によって人間生活の中にもたらされた無秩序を，イギリスでは大陸よりも30年も早く感じとっていたという事実から生じたものである．同一の状態が同一の反応を生んだのである．

---

4) Montague Weekley, *William Morris*, p.53 (London, 1934). モリスは，その最初の仕事場をバーン・ジョーンズ（Burne-Jones）と協力して，レッド・ライオン・スクェア（Red Lion Square）に創設した．

現代芸術の中心，ブリュッセル，1880～1890年

新運動の出発点として，なぜベルギーが他の大陸諸国よりも先んじたのであろうか？
アンリ・ヴァン・ド・ヴェルドの先覚者的精神は，80年代のベルギーの背景と関連づ
けることによってのみ理解しうるものである．ベルギーは，大陸において強く工業化
された最初の国であった．工業化から生じた諸問題は，ベルギーに最初にその姿を現
わし，しかも，もっとも深刻な姿をとって現われた．

しかし，アール・ヌーヴォーがなぜベルギーで最初に建築や工芸に影響し始めたのか
ということについては，これとは別の——すくなくとも上述の理由と同程度に重要な
——もう一つの理由があった．1880年から1890年の間のブリュッセルは，大衆に軽蔑
され，無視されていた創造的な芸術家たちを歓迎し，その言に耳を傾けた全文化世界
唯一の都市であった．画家のスーラ（Seurat），セザンヌ（Cézanne），ヴァン・ゴッ
ホ（van Gogh），彫刻家のロダン（Rodin），ムニエ（Meunier），音楽家のドゥビュッ
シー（Debussy），ヴァンサン・ダンディ（Vincent d'Indy），詩人のフェルハーレン
（Verhaeren）などは，みなブリュッセルに招かれて彼らの作品を公開している．こう
いう政策をとったブリュッセル市の勇気と芸術上の理解力は，高く評価されるべきで
ある．これらの展示会や，講演，コンサートなどは，過去数十年間なんら生活の実体
に触れることのない芸術作品によって汚毒されていた大衆の趣味に対する，最初の組
織的な攻撃を現わしていた．この時代の擬似記念的なファサードと流行絵画（peinture
à la mode）は，共に同じ形態虚偽（mensonge des formes）の例であった．

ベルギーの啓発事業は，芸術を愛好する2人の人物，余暇に文筆をものし，画を描き，作
曲をもたしなんでいた2人の人物によって遂行されていた．すなわちオクターヴ・マウ
ス（Octave Maus, 1856～1919年）とエドモンド・ピカール（Edmond Picard, 1836～1924
年）の両名であって，両者共，事物を広い視野で見ていた裕福な法律家であった[5]．

---

5) ピカールは，両者の中では，おそらくより多才だったようである．その青年時代，
   船乗りになろうと思って，一時，勉学を中断したことがあった．後に哲学と法律
   を修め，すぐれた法廷弁護士になった．職業上の仕事に専念する他，批評家とし
   ても活躍した．その評論雑誌「ラール・モデルヌ」の中で，当時一般の非難を浴
   びていた印象主義の画家やその他の芸術家たちを擁護している．オクターヴ・マ
   ウスは広範な興味をもった先導者として，広く努力を集中させるのに必要な直感
   力と，疲れを知らぬ精力をもちあわせていた．

ラール・モデルヌ（1881年）

1881年にマウスやピカールその他の人の手で，週刊雑誌『ラール・モデルヌ』（L'Art Moderne）が発刊された．各号とも，わずか2〜3ページしかなく，図の挿入もなく，発表された論説には通常署名もされていなかった．この雑誌の創刊号（1881年3月6日）に載せられている匿名の一論説には，アカデミック芸術のみならず，あらゆる種類の固定概念に反対したつぎのような綱領が掲げられている．

「芸術は，われわれにとっては，あらゆる処方や公式の反対命題である．芸術は，人間環境を変革し，新しい理想に一致させようとする人間の永遠に自発的な自由な行為である．」

ラール・モデルヌ誌は，この種の評論雑誌としては意外なほど長期間——30年以上——にわたって定期的に刊行され，アヴァン・ギャルドの主張を取り上げた後の多くの雑誌のモデルとして役立った．この雑誌は，この時代を研究する歴史家に，未開拓の知識の鉱脈を提供している．この評論雑誌は，その創刊後まもなく「レ・ヴァン」（Les XX）として知られているベルギーの若い芸術家のグループを結集することになった．そのメンバーの中にはフェルディナン・ノッフ（Ferdinand Knopff）やフィンチ（A.W. Finch）がいた（フィンチはアンリ・ヴァン・ド・ヴェルドによれば，モリスのサークルとベルギーのアール・ヌーヴォーの橋渡しをした人物である）．その他にジェームス・アンソル（James Ensor）もそのメンバーの一人だった．彼の多数の絵画が出品された1884年の第1回展覧会当時，アンソルはすでに画家として世に知られていた（その大部分のものが現在，ブリュッセルの王立美術館（Musées Royaux de Beaux Arts）に展示されている）．

マウスは，「レ・ヴァン」のグループが1884年から1893年にわたって存続していた間，そのグループの書記長であり指導的人物であった．彼はさらに1894年に「レ・ヴァン」にとって代った協会「自由美学」（La Libre Esthétique）を引続き創立している．この「ラ・リーブル・エステティーク」はウィリアム・モリスの作品を展示し，若いアンリ・ヴァン・ド・ヴェルドに彼の思想を発表する機会を与えた．ヴァン・ド・ヴェルドは「芸術の開発（déblaiement d'art）」という題で，イギリスやフランスでなしとげられた業績を述べ，アメリカを将来の国として指摘していた．

357

アヴァン・ギャルド展

マウスは，当時大衆にはまったく見捨てられていた隠れた力を，あらゆる国々で見つけ出した．彼は，セザンヌのようにその作品の公開を喜ばない芸術家たちすべてに，彼らの作品をブリュッセルに展示するように説得した．1884年の最初の展示会には，フランスのロダン（彼はヴィクトル・ユーゴーの胸像を出品した）や，アメリカのジェームズ・ホィッスラー（James Whistler），ドイツのマックス・リーベルマン（Max Liebermann）の作品が展示された．時が経つにつれて，新しい名前がそのリストに現われてきた．すなわち1886年にはオーギュスト・ルノアール（Auguste Renoir），1887年には，ジョルジュ・スーラが出品している（スーラは，現在シカゴ芸術研究所にある彼の代表作の一つ「ラ・グランド・ジャットの日曜日」を出品した）．ピサロ（Pissarro）やベルト・モリゾー（Berthe Morisot）の作品も1887年の展覧会に出品されている．

スーラがそのアトリエで，風景画や人物画の平坦な手法と軽快な詩的感情によって新たに到達したこの大作は凄い騒ぎを引き起こした．この絵は——その価値は今ならもはや議論の余地のないものだが——ヴァン・ド・ヴェルドが私に話してくれたところによると，その最初の展示会に，傘の先で叩かれるほどの攻撃を受けたとのことである．ヴァン・ゴッホは1889年，ブリュッセルで初めてデビューした．彼の熱狂的な色彩は若い芸術家たちに強い印象を与え，同じ時に出品したセザンヌはほとんど見落されたくらいであった．

ここでは，この期間にブリュッセルで行なわれた活動のわずか一局面について，しかもその局面中の傑出したものにのみ注目してきた．だが，それにしても，この他に，これほど多くの才能ある人たちが突如として輩出したという事実については，これ以上説明する必要はなかろう．アンリ・ヴァン・ド・ヴェルドもその中の一人だし，ヴィクトル・オルタとポール・ハンカー（Paul Hankar）もその一例である．

1880年代におけるイ
ギリスの美術工芸協会

1884年から1894年の間に，ブリュッセルにおいて，現代画家や彫刻家の作品が展示されたが，同じ時期にイギリスでは，芸術に対する別種の貢献がなされた．ウィリア

ム・モリスと彼のサークルの仕事が成果を挙げ始め，家具の分野で大衆の趣味を攻撃しようとする真剣な試みがなされたのは，この時期のことであった．そうした中で，アーサー・H・マックマードー（Arthur H. Mackmurdo）やコブデン・サンダーソン（Cobden-Sanderson）やアッシュビー（C.R. Ashbee）のような若い世代の芸術家が成長していたが，彼らは近代技術と業務方式を憎悪したモリスには加担していなかった．とはいえ，モリスやラスキンの社会的な観点は，これらの若い世代の人たちによっていっそう前進させられさえしたのである．

1884年のマックマードーの美術家組合（Art Workers' Guild）のような多数の協会が，美術や工芸に関心をもっていた美術家や建築家たちを糾合していた．ディレッタントの連中でさえ，同じ年に家庭工芸・産業協会（Home Arts and Industries Association）の結成に参加している．美術工芸展協会（Arts and Crafts Exibition Society）は，いわゆる「マイナー・アーツ」が絵画と同じ高い水準を占めていることを立証しようとして大展覧会を組織した．こういう意見は，よく知られているように，ヨーロッパ大陸において約10年後に，アール・ヌーヴォーの運動によって取上げられ活発に論じられることになった．

早くも1892年のブリュッセルの展覧会には，インダストリアル・アートやステンド・グラスや陶器の見本が含まれていた．1894年に「自由美学」が設立され，それにはモリス一派の制作品の他，フランスの芸術家の特別参加作品——画室の室内構成——などが紹介されていた．

このように，美術工芸運動がヨーロッパ大陸に広がっていった出発点も，またブリュッセルであった．アンリ・ヴァン・ド・ヴェルド——芸術家としても，またアール・ヌーヴォーの伝道者としても，疲れを知らぬヴェルド——は，彼がブリュッセルで見出したものについての彼なりの見解を最初パリ（1896年）に，ついでドレスデン（1897年）に伝えた．彼が展示した二，三の室内装飾は，この当時この種のものとしては，滅多にないほどのセンセーションを引き起こした．このデモンストレーションは，これまで自分たちの目標をどう決めたらよいかで昏迷していた両国の有能の士の意識を揺り動かしたのである．あまりにも永い冬眠状態にあったヨーロッパ大陸に美術工芸運動の衝撃が加えられたのは，まさにこの時期からのことであった．

ヴィクトル・オルタの貢献

テュリン街の住宅(1893年),
新 し い 発 展 へ の 出 発 点

芸術上の新しい仕事に対するブリュッセルの感受性から考えれば,ヨーロッパ大陸と
しては最初の実に大胆な住宅がこの地に建てられたということは,なんら驚くに当ら
ない.これがテュリン街12番地のヴィクトル・オルタ (Victor Horta) の住宅であっ
た(図187).いまだにヨーロッパ新建築の萌しも見えなかった1893年に完成された,
このオルタの住宅は,個人住宅の取扱い方における一つの転換期を画している.それ
以来,新しい芸術上の原理が住居の問題に適用されるようになり,新しい人間的要求
が住宅の設計に影響を与えるようになった.この家は,ヨーロッパ大陸の建築を一挙
にその冬眠から目覚めさせたのである.

融通性をもった平面の取扱い

テュリン街12番地のこの住宅は,ブリュッセルの因襲的な家並のうちに建っている.
それは同じ条件に適合しなければならない関係上,従来の家並に似て,長くて非常に
狭く,家屋の正面はかろうじて23フィートの幅しかない.その平面は,こういう前もっ
て定められたプロポーションでつくられたが,まったく独創的なものである.オルタ
が私に話してくれたところによると,それまでの典型的なブリュッセルの家では,入口
を入るとそこから1階全部の内容が見渡されるようになっていた.オルタはこれを,
1階に別々のレヴェルを導入することによって避けた.こうして,客間は,それに通
ずる入口の広間よりも半階分ほど高くなっている.このようにレヴェルを喰い違わせ
るということも,オルタが平面に新しい融通性を導入するのに用いた工夫のうちの一
つでしかない.彼は重くるしい家屋本体にくぼみをこしらえて,外部のその狭さに対
して新しい並はずれた照明源になった光庭を導入した,写真では,これらの喰い違った
レヴェルの部屋々々によってもたらされた,驚くべき相互関係を示し得ない.しかも,
これらは,すべてきわめて控え目になしとげられている(図188).

当 時 の 見 解

オルタの家は,間もなく,建築の生気の回復に関心のあったヨーロッパのあらゆるサ
ークルで有名になった.それは主につぎの二つの点で賞讃された.その一つは所有者
(タッセル "Mr. Tassel" とかいう人) に対する完全な調整が行なわれたということ
であり,もう一つはいかなる歴史的様式によってもわずらわされなかったということ

360

であった．それが建てられてから5年後に，オーストリアの批評家ルードヴィッヒ・ヘヴェシー（Ludwig Hevesi）は，同時代の人たちがオルタの仕事に寄せた評価を示す，つぎのような論説を発表している．

「1898年現在，ブリュッセルには霊感にあふれた近代建築家，ヴィクトル・オルタがいる．……彼の名声は正確には6年前に彼が建てたテュリン街のタッセル氏の住宅に始まる．この住宅は，きっちりと身体に合わせて裁断された上衣のように，所有者にうまく適合した近代的住宅の有名な最初の例である．それは，住む人のために考えられる限りでの最も完全な方法——ちょうど，貝の肉身にぴったり合った貝殻のように完全な方法——で建てられている．それはきわめて単純かつ論理的なもので，……新しいまったく快的なものである．しかも——注目すべきことには——それには歴史様式の気配すらも見られない．……その細部は，これまでに実在したいかなるものにも由来していない．それには直線と曲線と面の純粋な魅力があり——しかも，それはまったく個性的なものであって，その各部の簡単な図面の代りに，オルタ自身が前もってすべて型どったものを職人に手渡したかのように個性的である．」[6]

ブライトンのロイヤル・パヴィリョン（1818年）の応接室において，ジョン・ナッシュは，その構造体に組入れられた，装飾した鋳鉄製の柱や梁をあからさまに見せている．オルタ以前には，あえてこの例にならって個人住宅の親密さに押し入るような構造を採用したものは一人もいなかった．オルタの家では，その階段に，形と装飾によって人の眼をそばだたせるような柱と梁がはっきりあらわれている（図190）．その応接室は，この点で，いっそう注目に値する．そこでは，I型断面の支持梁が，なんの扮飾もしないで，広い空間を横切ってかけ渡されている．

訪問客はまず，この階段室の傍の少し高くなった床面から立ち上っている鋳鉄柱によって，屋内の第一印象を受ける．曲線になった鉄製の蔓が，花壇状の柱頭から飛び出している．これらの形は，ある点では素朴な植物の形に似ているが，一面，自由な創作によって形づくられたものである．それらの線は，壁や円天井の滑らかな表面や床のモザイクの上に，連続してのびのびと自然のままの渦巻く曲線的な模様を描いている．

6） *Wiener Tageblatt* 紙，1898年11月11日号．

187. ヴィクトル・オルタ テュリン街12番地の住宅, ブリュッセル, 1893年.

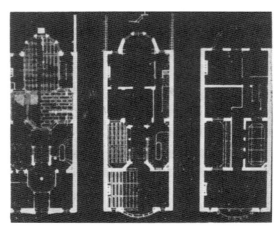

188. ヴィクトル・オルタ テュリン街12番地の住宅, ブリュッセル. 平面図. オルタは室内に鉄構造を用いることによって各階の間の融通性とある程度の独立性をつくりだした.

189. セント・ルイス河畔, 北1番街109〜111番地の建物, 1849年または1850年. 工業用建物によって発達した諸要素のアメリカにおける初期の結合. この諸要素は, 別にオルタによって住居用建物の手段に翻案されている.

　テュリン街のこの家は, 建築分野におけるアール・ヌーヴォーの最初の出現を示すものである. それが, あらゆる美術史に載せられているのは, まさにこの理由によるのであって——単にヘヴェシーが賞讃したところの性質のためではない. アール・ヌーヴォーの目的は, オルタの家において, 建築言語によって初めて完全に遂行されたのである. この過渡的な様式の建築には全然先例がない. 事実, この過渡期の最上の代表者たるオーブリ・ビァズリー (Aubrey Beardsley) ですら, このテュリン街の住宅がつくられた1893年以前には, まだ彼自身の芸術言語に到達していなかった[7].

アール・ヌーヴォーの起源

オルタの家におけるアール・ヌーヴォーの起点は独特なものになっている. つまり,

---

[7] 彼の設計図は1893年の *Studio* 誌の第1巻に収められている.

それが鉄構造だということである．多くのベルギーの停車場の軒下に見出される単に引きのばされた螺旋形や円花飾りにすぎないような線の形は，一体どういう代物なのだろうか？　そこでは簡単にゴシックやルネサンスの衣が脱ぎすてられてしまっている（図191）．

アール・ヌーヴォーは19世紀と20世紀の間の興味深い間奏曲であった．しかし，その起源に関する種々の説にまで立ち入ることは本論から逸脱することになろう[8]．歴史的様式の使用に対する戦の背後には，革命的な意図が潜んでいたが，それはただ，形態を形態に対抗させるのに成功したにすぎなかった．もともと，これは一つの“反対”運動であった．しかし，ギュスターヴ・クリムト（Gustav Klimt）のような画家の調節されていない平坦な面や，アントーニオ・ガウディ（Antonio Gaudi）の建築の幻想的で彫刻的な造型は，将来にとって重要なものだったということは承知しておかなければならない．

ファサードの意義

タッセル氏の家の正面は，その内部と同様，造型上独特なものである．ブリュッセルのあらゆる家の標準的な特徴になっている張出窓は，そのまま残されているが，オルタは，それをガラスをはめ込んだ曲面に変えている．滑らかに仕上げられた壁が，このうねって張出された部分と一体になっている．造型的には新鮮だが，その正面は，構造的にはその当時としてはまったく保守的である．それは単に，どっしりした普通の石造壁形式にすぎない．窓がひとつらなりに開口されたところには，鍛鉄製の水平支持梁が導入されている．この2階の窓は，その支持梁から床面にまで及んでいる．これは19世紀後半に発展した陳列窓の原理に基づくものである．梁のリベットは，オットー・ワグナー（Otto Wagner）がウィーン郵便貯金局（Wiener Postsparkasse）の正面に用いたアルミニウムのボールトの処理に示しているのと同じ好みで強調されている．

オルタの作品の革新的な点は，彼が1850年代の業務用や工業用建物に現われていた諸要素を引継いで，それを個人の住宅に組入れたことにある．1850年から1870年までの間にアメリカに建てられた純粋に実用的な構築物——たとえば鋳鉄の正面をもったセント・ルイス河畔の商業用建物——は，オルタが採用しているような原理に基づいて

---

[8]　Fritz Schmalenbach, *Jugendstil* (Würzburg, 1935) 参照．

190. ヴィクトル・オルタ テュリン街12番地の住宅, ブリュッセル. 鋳鉄の柱と階段室. 鋳鉄時代の終りに当って, 鋳鉄柱は再び屋内に導入されることによって, アール・ヌーヴォーをもたらした.

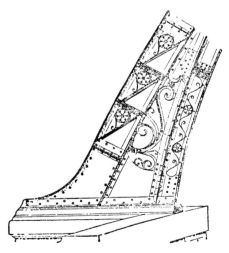

191. アルフォンズ・バラー (Alphonse Balat) 温室の帯鉄装飾, ラーケン (Laeken), 1879年. アール・ヌーヴォーの起源の一つ.

いた．同じような，ほっそりした鉄柱が連続したガラス窓の前に建てられている．こういう，初期の建物は，北1番街 109—111 番地の建物（1849〜1850年）に見られるように，この原理のより単純な確信に満ちた使い方をしている（図189）[9]．

それでは一体，テュリン街12番地の家には，どのような重要性が残っているのだろうか？　われわれの最近の観点からすれば，それは，所有者に対する完全な調整が行なわれたということでもなければ，アール・ヌーヴォーにおける最初の出現ということでもない．それはむしろ新材料が導入されたことによって生まれてきた柔軟性のある平面計画である．つまり異なったレヴェルでの自由な部屋の配置，間仕切壁相互の独立性である．これこそ，ル・コルビュジエが後に自由な平面と呼ぶことになったもののヨーロッパにおける最初の一例である．

メゾン・デュ・プープル（1897年），ガラスと鉄の正面，想像力に富んだ計画

1897年にオルタはブリュッセルにメゾン・デュ・プープル（民衆の家，Maison du Peuple）を建てた．その彎曲したガラスと鉄のファサードは，その時代の最も大胆な業績の一つである（図192, 193）．テュリン街の家に見られた若々しい新鮮さが再び現われている．彼と同時代の人がいみじくも名付けたように，彼はこの建物を建てるに当ってまったく一己の探険家であった[10]．

その内部には，彼の以前の作品にみられた独自性が余すところなく示されている．空間的にも時間的にも無駄なく，人はただちに広い開口のあるのびやかな鉄構造の大食堂に導かれる．滅多に使用されない講演室は，何のためらいもなく，最上階に追い上げられている．メゾン・デュ・プープルは，詳細のすみずみに至るまで，修練を経た建築家，しかも同時にすぐれた創案者でもあった建築家の腕前を示している．1963年にこの記念碑的な建造物が取壊される恐れがあったというのは，象徴的である．

オルタ晩年の保守性

オルタ（1861〜1947年）は輝かしい生涯を送った．彼は，1913年にブリュッセルのアカデミーの会長になり，後に男爵となった．しかし彼は比較的早く若い人たちとの接

9）　本書，図122, 123をも参照せよ．
10）　*L'Émulation*, p. 187 (Brussels, 1895).

触を失い，彼自身のそれまでの努力を受け継いだ動きとのつながりをも失ってしまった．このことについては，後ほど国際連盟会館の設計競技（1927年）[11] について触れる際に再び言及することにする．オルタはこの設計競技では審査員としての決定的な役割を演じたのである．

1938年の夏，私はブリュッセルに滞在していた時に，オルタ男爵に，彼がテュリン街の家のような革命的な構築物を建てるに至ったゆえんを尋ねたことがある．

その際，彼はつぎのような説明をしてくれた．彼の若い頃には，建築家がその経歴を始めるに当って3つのコースがあった．つまり，ゴシックか，クラシックか，ルネサンス様式のうちのいずれかの専門家になることだった．オルタはこういう制約は論理的でないと考えた．「私は，なぜ建築家は画家のように独立して大胆にやれないのかと自問しました．」こういって彼は自分の机の上に立ててあった色あせた一葉の写真を指さした．「この人が私の先生のバラー（Balat）氏です．古典主義者で，しかも革命的で――同時に19世紀の最もすぐれたベルギーの建築家でした[12]．私は彼の教えから青年時代の豊かな滋養分を与えられたのです」．

オルタは引続きバラーの仕事の真の特色について説明してくれた．バラーの設計したブリュッセル美術館は，その古典的なファサードにもかかわらず，まったく独自の傑作だった．この建物がオルタをしてそのコースを決定させることになったのである．

「その見事な平面計画――因襲的な方式とはぜんぜん関係がなく，しかも有機的な平面――は，まったくバラーの創造になるものだった．当時，彼はなぜ，そのファサードにクラシックなものを模倣しなければならなかったのだろうか？　なぜ，立面をも近代的なものにして，画家のように独自な存在になり得なかったのだろうか？」

---

11) 本書第2巻Ⅵのル・コルビュジエの項参照．
12) アルフォンズ・バラー（1818〜1905年），帝室建築家（architecte du roi）．ブリュッセル美術館の他，彼は（現ブリュッセル市内の）ラーケン（Laeken）の官邸の鐘状形の冬の庭（jardin d'hiver, 1879年）を造ったことで有名であった．この鉄構造は非常に見事なものである．トラスの帯金物装飾はオルタのテュリン街の住宅のアール・ヌーヴォーの装飾を暗示している．

192. ヴィクトル・オルタ メゾン・デュ・プープル, ブリュッセル, 1897年. 外観. 彎曲したガラスと鉄のファサードは, その時代の最も進歩的な創作物の一つである.

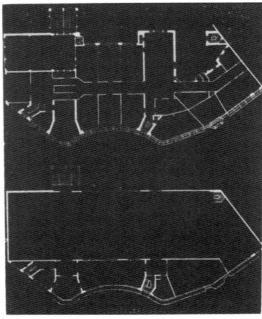

193. ヴイクトル・オルタ メゾン・デュ・プープル, ブリュッセル, 1897年. 3階と4階平面. 室相互の独立性と連絡の良さとが総合された内部. あまり使用されない講演室は最上階に追い上げられている.

ヴィクトル・オルタは独りで仕事をしたのではなく，彼はただあるグループの傑出したメンバーの一人だった．当時のパリの一批評家が書いているように，ベルギーでは皆が皆，大胆不敵であった．テュリン街からほど遠くないファック街（Rue de Facque）に，ポール・ハンカー（Paul Hankar）もまた1893年に一軒の住宅を建てている．ハンカーはオルタほどの構想力を示していないが，オルタと同じ傾向の仕事をしている[13]．

しかし，ハンカーの傑作は，1897年，（ベルギーの）テルヴュレン（Tervueren）に開催された植民地博での装置であった．その鉄構造に潜む精神と室内との完全な統一が，ヨーロッパにおける芸術上の関心を喚起した．オルタのメゾン・デュ・プープルが着手される2年前に終了したこの博覧会は，まったくベルギーの若い世代の産物であった．レオポルド2世（Leopold Ⅱ）によって，コンゴー問題にいっそうの注意を喚起する目的で企画されたこの博覧会では（その目標は"新しい国家，新しい森林，新しい形態"であった），若い改革者たちに室内構成の任務が与えられたのである．パリの大博覧会でさえ，この点では，依然として，壁張室内装飾術（tapissiers）のままであった．このテルヴュレン博での室内外の設計における統一は，それ以後の発展に決定的な影響を与えることになった[14]．

ベルラーヘの株式取引所と倫理性の要求

19世紀のオランダ建築

19世紀のオランダの絵画と建築は注目すべき穏健さを示していた．オランダの諸都市は，他のヨーロッパ大陸の都市が蒙った形状汚損の多くをうまく免れていた．レイクス美術館（Rijks Museum）とカイペル（Cuyper）の停車場は，アムステルダムの大建造物を支配していた穏和な折衷主義の例である．

---

13) ハンカーとオルタは，百貨店の設備とデザインを一つの芸術上の問題として処理しようとしたヨーロッパ最初の人たちであり，ハンカーの解決には，そのうちでも比較的純粋なものが間々見受けられた．ハンカーが手がけたのは，ブリュッセルのエキュイエ街のラ・メゾン・クレッセン百貨店（Magasins de la Maison Claessen, Rue de l'Écuyer, 1896年）とブリュッセル，ルボウ街のクームリー店（Maison de Coumerie, Rue Lebeau, 1895～1896年）である．

14) いっそう広範なハンカー論については，Charles Courady and Raymond Thibaut "Paul Hankar, 1859～1901," *Revue la Cité* (Brussels, 1923) を参照のこと．

369

194. H. P. ベルラーヘ
株式取引所,アムステルダム,
1898～1903年. 壁面の処理.
ダムラック通りに面して,取
引所の事務室を収めたこの建
物は,平坦な面としての壁に
還ったヨーロッパ最初のファ
サードの一つである.

一方,オランダは絵画や構造において(フランスの指導下に)進行しつつあった発展や,イギリスに成長した美術工芸運動の発展に効果的な役割を果たすことができなかった.オランダはこのような活動から離脱していた.彼らは自分たちの保持すべき偉大な伝統を決して見失ってしまわなかったのである.彼らの運河沿いに建つ17,18世紀のマンションは,その過去の静穏な変らざる思い出として役立っていた.

一つの建物によっても
たらされた新しい生気

一人の男とその一つの建物とが,オランダに新しい生気をもたらした——それはヘンドリック・ペートルス・ベルラーヘ(Hendrik Petrus Berlage, 1856～1934年)と彼が1898年に建てたアムステルダム株式取引所であった.彼の生存中でさえ,ベルラーへの同時代人たちは,彼の独特な業績のなんたるかを理解していた.実際の建物に,建築の純化に対する要求を最初に実現し得たのはまさに彼であった.同時代の他の連

370

195. H. H. リチャードソン セヴァー・ホール，ケンブリッジ，マサチューセッツ州，1878年．

中は建築の中に倫理性に対する要求を見てとってはいたが，彼のアムステルダム取引所は，実際，彼らが要求していたところの完全な誠実さを具現していた．

ベルラーヘの建築家としての生涯は一風変っていた．同時代の他の指導者，シカゴのルイス・サリヴァンのように，1880年代中期における彼の初期の作品は，いろんな形式の事務所建築にとどまっていた．それらは，その当時の趣向である混合した様式——半ばロマネスク式，半ばルネサンス式——のものであった．

ベルラーヘは新しい形態の使用には常に細心の注意を払っていた．1885年，彼はアムステルダム株式取引所の設計競技に1等賞を獲得していた[15]．もしも，このオランダ・ルネサンス様式のまったく慣習的な構造の計画案が実現されていたとしたら，この

---

15) しかし，その建築契約は，彼には1897年になるまで与えられなかった．Jan Gratama, *Dr. H. P. Berlage*, p. 28 (Rotterdam, 1925) 参照．

371

196. H. P. ベルラーヘ
株式取引所, アムステルダム, 1898〜1903年. 姿図.

取引所は後世の建築にはまったく影響を与え得なかっただろう. ベルラーヘは, その最後の変更案では, 幾分ロマネスク様式を暗示するような形態を用いた (図196). ロマネスク様式は, ほぼ20年前のヘンリー・ホブソン・リチャードソンと同様に, ベルラーヘをも魅惑したのである. ベルラーヘは中世の建物を綿密に調べて, それらの比例の法則を学んだ. もっとも, われわれは, やがて, ベルラーヘのロマネスク様式への接近が, 歴史様式の一時的な模倣とは異なるのを知るであろう.

保守的な構造方式

われわれは, この取引所の構造に対するベルラーヘの手法のうちに革命的な進歩の具体化を見出そうなどと期待すべきではなかろう. オランダには, たとえばフランスの建築家を支援したような構造的な事項についての偉大な伝統がなかったのである. とはいえ, 彼がアムステルダム株式取引所の大ホールに, 3ピンアーチを使用することによって, 外面にタイ・バー (つなぎの鉄桿) が現われるのを避けなかったのは驚くべきことであった. のみならず, 彼はガラスや鉄の使用では非常に控え目であった. こういったことは, すべて, 鉄構造の優美さがそれまでの数十年間に許容されるようになった世紀の転換する直前のことであった. アムステルダム株式取引所の構造は, 1843年のサント・ジュヌヴィエーヴ図書館におけるアンリ・ラブルーストの仕事以上に, 有意義な進歩を見せているわけでもない. しかも, その鉄工事は, 構造的にはそれからまったく独立した石造の自立殻体によって包み込まれてしまっている.

オルタのブリュッセルのメゾ
ン・デュ・プープルとの比較

この点については，もっとすぐれた大胆さが，その当時ヴィクトル・オルタによっ
て，ブリュッセルのメゾン・デュ・プープル（1897〜1899年）に示されていた[16]．

オルタはファサードを広く開け放して，ガラスと鉄でつくりあげた．しかし，ベルラ
ーへの作品の方が，より深く，より広範な影響をもたらした．同時代の人たちの証言
によると，それは当時の人たちにあたかも一つの啓示のような作用を及ぼしたとのこ
とである．

アムステルダム株式取引所は内部も外部もスタッコ仕上のしてない煉瓦造の建物であ
る．ガラス屋根のかかった3つのホールを含むその平面は非常にコンパクトにできて
いる．その最も大きなホールは商品取引所であって，その建物全体の重要な部分を占
めていた（図198）．仲買人室と委員会室に通ずる明け放されたアーケードを通して，
ホールの中央で実際に行なわれている取引が眺められるようになっている．

ベルラーへの外部の取扱
い方で目立つ平坦な面

その外部は，いくつかの計画案の最終的な成果を示している．その最初の計画案で
は，あらゆる部分が混乱状態にあったが，最後の計画案では，各部分はすべて外壁の
平坦な面の中にすっかり溶け込んでしまっている．塔ですら突出していない．ただ主
要出入口と塔が一緒になった建物の隅角部だけがモニュメンタルな取扱いを受けて，
当時のヨーロッパ建築の動揺の色を示している．ダムラック（Damrak）通に面する
側面の取扱いにはまったく不安の色がない（図194）[17]．この取引所の壁は，単純な事
務所建築の外観を備えており——側面はまさに現在の事務所建築そのものである．そ
の窓も壁と同一面で，一つの平坦な面になっており，ただ窓台と方形の雨樋によって
破られているにすぎない．

さらに，商品取引所を囲む開廊の煉瓦壁も，上から下まで一つの平坦な面を形づくっ

16) 本書 p. 368 参照．
17) この正面の設計にあたって，ベルラーへはモデュール（基準尺度）として辺の比
 5：8 のエジプト3角形を使用した．

197. H.P. ベルラーヘ　　株式取引所, アムステルダム, 1898〜1903年. 内部.
「とりわけ, われわれはむき出しの壁をすべてその滑かな美しさの中に示すべきだ……方柱や円柱は突出した柱頭をもつべきではない. その節合点は平坦な壁面と融合されるべきである.」

ている（図197）．ベルラーヘは，きわめて慎重な行届いた配慮によって，これらの壁に
種々の異なった材料を取入れた．方形の柱に使用されたマジョリカ焼や花崗岩の他，
柱頭には種々の鮮やかな色の石が採用されている．しかし，柱頭は普通の手法のよう
に突出しないで，ちょうど剃刀で切ったように，壁と同じ面になっている．

このような特色は，決して偶然につくられたものではない．ベルラーヘは建築様式に
関する講話の中で彼の意図していたところをつぎのように説明している．「とりわけ，
われわれはむき出しの壁をすべてその滑かな美しさの中に示すべきだ．……方柱や円
柱は突出した柱頭をもつべきではない．その節合点は平坦な壁面と融合されるべきで
ある．」[18]

ベルラーヘの影響の源

この建物によってもたらされた偉大な影響の源は一体何であろうか？　その秘密は，
ベルラーヘが建築の中に誠実さと純粋さをつくりだそうとする，揺ぎない堅実な努力
のうちに潜んでいる．階段の花崗岩の踏面は，単にたがねで粗面仕上をしただけで，
今日でも依然粗面のままである．委員会室の天井の煉瓦アーチは，あからさまにすっ
かりむき出しになっている．骨組の鉄製の梁はペンキで強調されていて，プラスター
の塗ってない壁の煉瓦工事のきれいな白い目地がくっきりと際立っている．こういう
手法によって――あたかもそれがまったく最初の例であるかのように――これらの材
料は予期しなかった装飾の働きをしている．

平坦な面の回復

彼自身指摘しているように，ベルラーヘは，この建物に，「古いモニュメントと今日の
建物とを区別するようなある種の特質，つまり，平穏性」を与えようとした．壁体
――それまでの混沌として解体しそうな，あるいは見せかけだけ一緒に継ぎ合わせた
ような壁体に，その当時としては，できるだけ最小の妥協によって，回復された平坦
な面の統一を与えたのである．

平坦な面としての壁体は，その後まもなく，単にオランダばかりでなく，あらゆると
ころで，建築における新しい原則の出発点となった．

---

18) H.P. Berlage, *Gedanken über Stil in der Baukunst*, p. 52, 53 (Leipzig, 1905).

198. H.P. ベルラーへ 株式取引所, アムステルダム, 1898〜1903年. 大ホール. 商品取引所, そのガラス屋根をもった3つのホールの中で一番大きなホール.

ベルラーへの意識的な禁欲主義は——彼と同時代の人たちには粗野と呼ばれたりしているが——このアムステルダム株式取引所の建物において, 大衆のための道標として役立つような建物を, どんな代償を払ってもつくりだそうという真理への狂信的な熱情と結びついていた. 彼は建築問題の立派な取扱い方の範例を示したのである. その当時の他のいかなる建物も, これほど建築運動の背後に潜む要求——倫理性に対する要求——と合致しているものはなかった.

それ以前の世代が, すべて, まるで違った方向をとっていたヨーロッパでは, 壁体の純粋さは, 一つの啓示のごとき衝撃を伴って現われたのである. その当時のアメリカでも, それが同じような革命的効果を与えたと考えるのは当らない——その理由につ

いては後ほど，ある程度詳細に論ずることにする．しかし，この点については，アメリカの一建築家によってなしとげられた幾分関連のある作品が挙げられよう．

ベルラーへとリチャードソン：彼らのロマネスク様式への傾斜は単なる歴史的模倣ではない

ヘンリー・ホブソン・リチャードソンは，この時代に，建築を意識的に芸術として実施した最初のアメリカ人の一人であった．彼の設計した1878年のセヴァー・ホール（Sever Hall，マサチューセッツ州，ケンブリッジにあるハーヴァード大学の施設の一つ）は，ベルラーへの作品と共通な点を多くもっていた（図195）．ベルラーへもリチャードソンも，共に，単純化されたロマネスク形態に向う傾向があったが，これらの形態は，そのそもそもの発端以来，平坦な面としての壁体の処理と密接に結びつけられていたのである．

この二人は，ロマネスク形態を引継ぐに当って，同時代の連中とは，その選択の方向において，まったく異なっていたように思われる．当時の折衷主義の大部分は，もっぱら古典的な形態やゴシック形態を採用していた．したがって，両者の後継者たち——特にリチャードソンの後継者たち——が歴史的模倣のありふれた道筋にもどってしまったのも，無理からざる次第であった．数年後のアメリカやヨーロッパに出現した小さいロマネスクの城のようないくつかの貧弱な家屋が，このことを物語っている．

しかし，19世紀の歴史は複雑である．ベルラーへやリチャードソンが多少ロマネスクらしい形態を用いたという事実が問題なのではなくて，そこで重要なのは，彼らがロマネスクの建築の研究から抽き出した新しい目標である．その当時は新しい空間概念から抽き出された新しい形態を，ずばりと案出できるほど，まだ機が熟していなかったので，彼らが助けを歴史に求めたのは，至極当然のことであった．ロマネスクの方法が彼らをして，彼ら自身の時代が待ち受けていた新しい形態に向う道筋に出立させることになったのである．

ロマネスクと彼らのすぐれた建物との間には，近代絵画と原始芸術とをつないでいるのと同じような関係が存在している．ピカソはアフリカ土人の仮面の形態を模写したのではなくて，それから彼の主題を考察する新しい方法を学んだのである．アフリカ

土人の芸術と，ピカソ自身の時代の平坦な面を用いて構成しようとする，十分意識されていない努力との間に一つの親近性が存在していたのである．ある程度までは，ベルラーへとリチャードソンも，ロマネスクの中に，単に別の一時的な流行を見出したのではなくて，彼らが彼ら自身の時代のヴェールでおおわれたままになっていた表現へと進んでいくのを助長するような内的親近性を見出していたのである．

ベルラーへとつぎの世代

アムステルダム株式取引所において何が重要な意味をもっているかがわかれば，おのずからベルラーへが，アメリカの建築，特にフランク・ロイド・ライトの讃嘆者となり，ヨーロッパにおけるその擁護者となるに至ったゆえんが理解できよう．ベルラーへは，その株式取引所が完成した後，ルイス・サリヴァンの協同者であるジョージ・E・エルムスリー（George E. Elmslie）の招きで，1911年にアメリカに赴いた．彼は，ここで，自分がそれまで完全な孤立状態で，熱烈に戦い取ろうとしていたものを，アメリカの建築の中に見出したのである．

ベルラーへが次代の青年層に及ぼした影響は非常に大きなものであった．若い世代の連中は，彼が指示してきたもの以外の別の方向を取った時でさえ，彼の芸術的な誠実さに満腔の敬意を表していた．オランダにおいては，彼の影響とアムステルダム株式取引所の印象が，アウト（J.J.P. Oud）の設計した水泳プールの初期の計画案（1915年）に現われている．ベルラーへは，フランク・ロイド・ライトをヨーロッパに紹介した最初の一人として，オランダにおける彼以後の世代がライトの作品に刺激されるだろうということを，無意識のうちに確信していたのである[19]．

ベルギーでもまた，ベルラーへは青年層に深い感銘を与えた．ベルギーの建築家で，1922年にブリュッセルの田園住宅地計画――近代都市（La Cité Moderne）――によって現在の運動に対する口火を切ったヴィクトル・ブルジョア（Victor Bourgeois）が，私に話してくれたところによると，1914年頃，彼がブリュッセル学院の学生だった頃，ただ2人の名，すなわちベルラーへとフランク・ロイド・ライトの名前だけが

---

[19] まったく，おかしなことだがル・コルビュジエは，ベルラーへがチューリッヒで行なった講演（*Schweizerische Bauzeitung*, Vol. LX, Nos. 11～13, 1912年の中に補足して公表された）によって，初めてフランク・ロイド・ライトに注意を向けたとのことである．

若い人たちを魅了していたとのことである.

ベルラーヘは，個人的な関係に関する限り，ほとんど隠遁者ともいうべき存在であったが，客観的な関係は尊重していた．彼は，1928年6月に，スイスのラ・サラーの城館（Château de la Sarraz）における近代建築国際会議（C.I.A.M.）の創設に参加した古い世代の唯一の代表者だった．この現代建築家たちの最初の国際的な会合では，若い世代の人たちは，新しい出発点のことしか議論しなかった．しかし，ベルラーヘは最年長の参加者だったにもかかわらず，オランダからの長途にためらうことなく，慎重に準備された論文「国家と建築との関係」[20] を読み上げたただ一人の人であった.

この小柄な人は——相変らず古風な黒ネクタイをしめて——ラ・サラー館のゴシック式の会堂の中に，一人離れて若い世代の人たちのうちに坐っていた．そして冷静な熱意をこめてその論文を読み上げたのであった.

オットー・ワグナーとウィーン派

ワグナーの教育者としての働き

1894年にオットー・ワグナー（Otto Wagner, 1841～1918年）はウィーン学院の建築学教授の地位についた．その当時の学院は，若い世代にとっては魅力がなくなってしまっていたかのように見えた．そしてワグナーはそれを復興する人のように思われたのである．彼は当時まさに50歳を過ぎようとしていた．彼は一人の成功した精力的な建築家であり，その初期フィレンツェ様式の建物や盛期ルネサンス様式の建物は，そのすぐれた平面のために称讃されていた．学院は彼の存在によって再び光輝を取りもどすことを期待し得たはずであった．しかし，その就任と同時に，それまでの彼の仕事そのものの中に長い間用意されていた変身が現われてきたのである.

彼が『近代建築』（Moderne Architektur）[21] という題名の小冊子を学生のために書き始めたのは，ちょうどその就任の年の1894年のことであった．まもなく，それは数ヵ国

---

20) "The Relations between the State and Architecture" この論文は，チューリッヒの C.I.A.M. 書記局の記録文書の中に保存されている.

21) *Moderne Architektur*（Wien, 1895年；第4版，1914年）．「建築教育は建築家を単なる専門家としてでなく，芸術家として教育しなければならない.」

語に翻訳されて，新運動の教科書となった．ワグナーはその書の中で，「芸術創作に対するわれわれの出発点は近代生活の中にのみ見出されるべきだ」と主張している[22]．彼はさらに構造における新しい原理と新材料は孤立した要素ではなく，それらは率先して新しい形態へと導き，人間的要求と調和させられなければならないと主張している．ワグナーの著述は，未来への確信が，その特色になっているが，それに時たま諷刺を交えることによって，より効果的なものになっている．しかも，彼のあらゆる言葉の背後に，建築に関する豊かな経験が潜んでいるのが感じられる．

この小冊子には，19世紀のあらゆる芸術家が，一般に容認されていた原理に対決しようとする際に味合う体験が凝縮されていた．ワグナーは，どのように新しい発展段階になっても，国家からはもはや援助を期待していない旨を明らかにしている[23]．「素人の判断は，これまで常に悲惨なものであり，現在もまたその影響には惨憺たるものがある」といって素人の判断を非難しているが，それは彼自身の苦い経験を反映している[24]．彼は「芸術家は大衆の好むものをつくるのではなくて，大衆が好むべきものを創造しなければならない」というゲーテの格言に賛意を表している．

この書物は，ワグナーの任命に責任のあった役所の連中をして，速やかに幻滅を感じさせることになった．「完全に啓発された建築家も，芸術の単なる実験者――センセーションばかり捲き起こす流行の太鼓持ち――になってしまった」という意見が1897年の一パンフレットに掲載されている．

学院に就任した年に，ワグナーはウィーン郊外を取巻く高架鉄道と地下鉄道網を建設した．高架鉄道の部分はローマの水道橋のように重々しい煉瓦造のアーチでつくられた．ワグナーはその線上の停車場をも含めて，この鉄道に関するあらゆる部分をつくりあげた．彼は，その各々に，別々の設計を試みている．初期に建てられたものはある程度古典の影響を示しているが，後期の作品はアール・ヌーヴォーの線に沿っている．

ワグナーの孤立

ブリュッセルでは，すでに述べたように，新しい運動に都合のよい雰囲気をつくりあ

---

22) *Moderne Architektur*, p. 115.
23) 同前掲書 p. 133〜134.
24) 同前掲書 p. 113.

げようとして，たゆまぬ努力が続けられていた．ウィーンには，こういう努力のあと
は，少しも見られなかった．完全な孤立状態で仕事をするということの何たるかがわ
からなければ，ワグナーの仕事における重要な意味を見おとすことになるだろう．
1894年には，ワグナーの国では，彼と同じ方向に沿って仕事をしているものは誰一人
としていなかった．オーストリアのヨゼフ・ホフマン(Josef Hoffmann)．アドルフ・
ロース（Adolf Loos），ヨゼフ・オルブリッヒ（Joseph Olbrich），ドイツのペーター・
ベーレンス（Peter Behrens）などは，1870年代の生まれで，この頃やっと，その活動
を始めたばかりのところだった．

ウィーン地下鉄道のカールスプラッツ（Karlsplatz）駅（図199）は，ワグナーが近代
建築の方向に向っていることを示している．その装飾的な鉄細工と半球形屋根は，19
世紀の慣習的なものの延長である．それはエッフェルが1878年のパリ博覧会本館の正
面[25]につくったヴォールトやドームに現われたフランスの鉄構造建築をさらに発展
させたものであった．ワグナーの同時代の人たちは，このことを承知していたらし
い．彼に対抗して作製された多くの悪意あるパンフレットの一つには，「ワグナーは
野獣のようなゴール人の建築的物質主義の帰依者だ」と書かれている．

ワグナーは単にフランス人の仕事を継続したのではなくて，彼自身の新しい諸要素を
提出したのである．1894年に，彼は「新建築はスラブ状の平坦な面によって，また材
料の素地のままの使用によって支配されることになるだろう」[26]と予言している．カ
ールスプラッツ駅では，彼自身，その外壁に薄い大理石板を使用して，それを眼に見
えるようにむき出しになったアングル金物で取り付けている．こういう取扱いによっ
て，壁は，荷重を受けない単なる平板状のスクリーンになっている．

10年後のウィーン郵便貯金局の建物（1904～1906年）では，彼は，さらに平坦な面と
しての壁の機能をよりいっそう強調している．この貯金局のファサードはボールトの
頭がはっきりと見えるアルミニウムの大きなボールトによって取り付けられた大理石
板でおおわれている．

この郵便貯金局の建物の内部（図200）は，設計の驚くべき純粋さを表わしている．

---

[25] 図168参照．
[26] *Moderne Architektur*, p. 136.

381

199. オットー・ワグナー カールスプラッツ駅, ウィーン, 1894年. 部分.「新しい建築は, 平板状の平坦面と材料の素地のままでの使用によって支配されるであろう.」(オットー・ワグナー, 1895年).

200. オットー・ワグナー 郵便貯金局の広間, ウィーン. このホールでは, ガラスと鉄の天井はすべての機能的要求を満たしているばかりでなく, 良く調和して, 統一された建築的表現の一部になっている.

201. オットー・ワグナー　橋や地下道や街路の相異なるレヴェルを示す図面．ウィーン．1906年．ウィーンの郊外をめぐる高架ならびに地下鉄道網の一部．

202. アントーニオ・サンテリア　地下道計画案．1914年．共同住宅群やエレベーターと結び付いたレヴェルの違う街路．サンテリアの新都市は，交差する運動の流れに，未来派的な喜びを反映している．

それは確かに20世紀初頭の最も妥協の少ない室内の一つであろう．こういう純粋性が新材料との結び付きを追求しているのは，まったくワグナー（ならびに同時代の人たち）の作品の特徴である．ワグナーはこの建物にガラス屋根のついた広間をつくっている．こういう広間は，19世紀中葉以降一般によく使用されていたものであった．しかし，この郵便貯金局のホワイト・ホールでは，そのガラスと鉄の半円形屋根は，単にすべての機能的要求を充足しているばかりでなく，融合して全建築的表現の一部になってしまっている．

このような鉄とガラスのホールの，純粋で，抽象的な形態には，建築家のタッチなどは，はっきり表面に出てこないものだが，それでも，彼の手練はその至る所に現われている——その曲線の形にも，色彩にも，さらに空間の造型にも彼の手練が現われている．

ワグナーとウィーン学派

ヨーロッパ大陸の，こういう建築の先駆者たちによる成功は，主として奇襲攻撃によ

383

って獲ち得られたものである．ワグナーの経験も，同じ部類に属している．彼の，新しい方向に向う初期の作品に対する反動が始まり，彼のその後の提案——美術館やその他の公共建築物，都市に対する提案——はすべて単なる紙上計画におしとどめられていた．にもかかわらず，オーストリアの若い世代に対するワグナーの影響は非常に強大であった．もっとも，彼の学生は有能な人たちであったが，決して彼の規範に基づく仕事をしていたわけではない．彼の門弟の一人，建築家ヨゼフ・ホフマンは手工芸のためのウィーン工房（Wiener Werkstätte）の創立者である．他に，若くして亡くなったヨゼフ・オルブリッヒがいた．ワグナーは，これらの青年たちに，彼らの採るべき方向を示したが，彼らは，より直接的にはチャールズ・レニー・マッキントッシュ（Charles Rennie Mackintosh）やグラスゴー・グループの影響を受けることになった．このことは，特にホフマンとその工房の連中について真実であった．これは，1900年頃のオーストリアでは，その運動は建築から手工芸へではなく，手工芸から建築へ向っていたことを意味している．

それは一種の装飾的な意図の過度集中という結果をもたらした．これはまた，ヨゼフ・オルブリッヒによるウィーンでの，「ゼツェッション（Sezession）」の展示会（1898年）に現われている．アドルフ・ロースは，このことを痛烈に非難している．このウィーンの建築家は，イギリスやアメリカで生活し，これらの国々でつくられた衣類や浴槽やトランクに至る日常生活品の無名の作品の重要性を理解することを学んでいたのである．1914年になっても，ブリュッセルにあるホフマンのストックレー邸（Palais Stoclet）には，指物師や装飾芸術の影響が顕著に現われている．この銀行家の家の平坦な面は白い大理石板で仕上げられているが，額縁に入れられた絵のような取扱いを受けている．

ワグナーとサンテリア

ワグナーや彼のオーストリア派の影響は，まったく思いがけない地域に見出される．それは戦死した若いイタリアの未来派の建築家アントーニオ・サンテリア（Antonio Sant' Elia, 1888〜1916年）の作品である．サンテリアは，イタリアの未来派がダイナミックな運動の芸術的表現に対して示した喜びを分かちもっていた．彼らと同様，彼も大都市とその現われのすべてに愛着をもっていた．第1次大戦勃発の直前に，彼はその新都市（チッタ・ヌオヴァ）の構想を夢中になって設計した．これらのスケッチは，遂にそれ以上推進されることにはならなかったが，それでも建築的な理念を十

分に表明していた．オットー・ワグナーのウィーン鉄道駅（1894〜1906年，図201）の図面は，交通路線を建築的に統合することへの関心を示している．しかし，ワグナーにとっては単に偶然な付加物でしかなかったものが，ずっと若いサンテリアにとっては，熱烈な宣言になっている．サンテリアの最初の計画の一つ（図202）は，地下鉄や強調されたエレベーター・シャフト，相異なるレヴェルでの道路などと一体になった高層建築であった．それは交通問題を，建築において積極的に働く構成分として扱っている[27]．これらの図面は半世紀後の現在の状況を予見している．つまり，ガンのような自動車の成長が，都市計画家をして都市の有機的組織体の一つの構成要素として交通の動きの中で建設する方法や手段を見出させるようになった時期の状況を予見している．

鉄筋コンクリートとその建築への影響

鉄筋コンクリート
の遅れての出現

すくなくとも建築におけるアール・ヌーヴォーは，鉄構造の伝統に根ざすものである．この運動がブリュッセルから広がりつつあった今世紀初頭に，建築の上に驚くほど急速な影響を及ぼした新しい建築材料，すなわち鉄筋コンクリートが出現した．建築が，長い間ひきとめられていた偏見を振り切って，その時代自身から生まれてきた新しい方法を吸収するに至ったのも，まさにこの時代であった．しかも，こういう事情は，鉄筋コンクリートの使用を促進させることになった．それは当時，かろうじて製粉所やサイロや貯水池がつくられるくらいの段階にまで発達してきていたが，もっと純粋な建築目的に採用されるようにはなっていなかった．しかし，それも，1910年から1920年の間に，ほとんど，新建築のトレード・マークとなるに至った．鉄筋コンクリートが十分な発達を遂げたのは非常に遅かったけれども，この複雑な組成をもった材料は非常に古い過去をもっている．これについては多くの資料が公表されているのでその技術的発展を跡づける必要はない．ここでは，ただ建築に関係のある二，三

---

27)「未来の都市」の設計，1913年．

203. ジョン・スミートン エディストーン燈台, イギリス, 1774年. この燈台に関するスミートンのレポートに掲載されている銅版画.

の点を考察するにとどめよう[28].

コンクリートの初期の再発見, スミートン, 1774年

18世紀のすぐれた技術家の一人, ジョン・スミートン (John Smeaton) は, イングランドのエディストーン燈台 (Eddystone Lighthouse. 図203) の建設に大成功を収めた. この場所の以前の燈台は嵐で破壊されてしまい, その敷地は海の暴力に真向からさらされていた. そこで, スミートンは, 全体が固く, くっついて離れないように結合された一種の石造構法を用いた. 彼は石を相互にしっかりと組合わせ, 基礎と結合材料には, 生石灰と粘土と砂と鉄鉱砕の混合物――すなわちコンクリート――を使用したのである. これは最初の鋳鉄橋――セヴァーン河に架けられた鉄橋――に先立つ5年前の1774年のことであった. これは――われわれの知っている限り――ローマ時代以来最初のコンクリートの使用である.

---

28) ローマ時代の砕石コンクリートから現在までの集約されたコンクリートの歴史としては, G. Huberti, *Vom Cementum zum Spannbeton* (Wiesbaden, 1963) を見よ.

スミートンの実験は，彼の公刊になる燈台についての大部の書物の中に，銅版刷りの説明図付きで詳細に述べられている[29]．これらの実験は，粘土を含む生石灰が，水分によって凝固するということを彼が見出した18世紀の50年代に始められた．前にも述べたように，ポンプやその他の機械類に，新材料の鋳鉄を初めて使用したのも，同じこのスミートンであった．

エディストーン燈台に関するスミートンの仕事の成功は，さらに数多くの，よりいっそう進んだ実験の道をひらくことになった．1824年に，イギリスのヨークシャの都市リーヅ（Leads）のジョゼフ・アスプディン（Joseph Aspdin）は，最初の"水硬性"結合材料であるポートランド・セメントを製造した（水硬性セメントというのは，水中で硬化するセメントのことである）．スミートンは，自然の状態で固まる成分を使用していたのであるが，アスプディンは，その混和物を調整したのである．

5年後の1829年には，ドクター・フォックス（Dr. Fox）という人が鉄の梁の間に充塡物としてコンクリートを使用することによって，コンクリートの床をつくる方法を開発した．1844年に，この方法はパテントで保護されることになった．すでに述べたように，これは（いっそう発展されたかたちで）マンチェスターの技術家，ウィリアム・フェアバーンによって建てられた7，8階の貯蔵倉庫全体に用いられた．この構造方式は，コンクリートの中にタイ・バーを埋めこむことによって，実際の鉄筋コンクリート構造に非常に近いものになっている．それにもかかわらず，科学的な分析によって，鉄筋コンクリート中の2要素間の結合の正確な性質が明らかにされるまでに，さらに50年を要している．この期間には，巨大な鉄骨構造の発達にあらゆる努力と関心が傾注されていたのである．

これまでに知り得たところでは，コンクリートの最初の広範な使用は，1867年のパリ博覧会におけるもので，その大きな本館のレストランの半地下の床に使用されたものであった．

厳密な意味での鉄筋コンクリートは，造園家のモニエ（Monnier）がコンクリート槽

---

29) *A Narrative of the Building and a Description of the Construction of the Eddystone Lighthouse* (London, 1793).

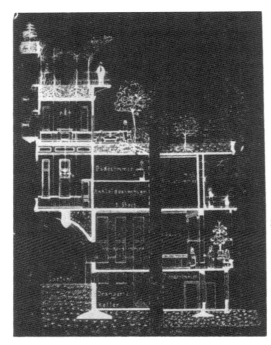

204. アンネビック　住宅，ブール・ラ・レーヌ．アンネビックは鉄筋コンクリートのあらゆる可能性を集中的に展開しようとしているが，90年代後期の慣習から抜け出たような建築的表現方法を見出すまでに至らなかった．

の芯に金網を使用した1868年に初めて出現した．しかし，この処置にはそれ自体何も新しいものは含まれていない．というのも，ラブルーストがすでに，そのサント・ジュヌヴィエーヴ図書館で，交差させたワイヤーをプラスターの層でおおった円天井をつくっていたからである．

1890年代における鉄筋コンクリートの最初の
大規模な使用：フランソワ・アンネビック

鉄筋コンクリートは，アメリカにおいてはエルンスト・レスリー・ランサム（Ernest Leslie Ransome, 1844年，イギリスのイプスウィッチ市〔Ipswich〕生まれ）[30]によっ

---

30) 1890年頃のリーランド・スタンフォード2世美術館（Leland Stanford Jr. Museum）やパシフィック・ボラックス商会（Pacific Borax Company）の建物に先立つアメリカにおける鉄筋コンクリートの使用は，この初期の進歩的な発展段階を指向しているという点で，さらに慎重な研究に値する．この少し前に，ランサムはサンフランシスコに鉄筋コンクリート床と鉄柱を使用して科学アカデミー（Academy of Sciences）の建物を建設していた．その詳細については，Ernest L. Ransome and Alexis Saurbrey, *Reinforced Concrete Buildings* (New York, 1912) Chap. 1, "Personal Reminiscences" を参照せよ．

205. アナトール・ド・ボードー　サン・ジャン・ド・モンマルトル，パリ．1894年建造開始．薄い外壁で囲まれた鉄筋コンクリート骨組をもった最初の教会．

て，フランスではフランソワ・アンネビック (François Hennebique, 1842～1921年) によって使用された1890年代までは，一般に大規模な形では使用されていなかった．

フランソワ・アンネビックは，それまでに多数の建設業者によって実施されていた下準備的な仕事を，その道案内とした．彼は圧縮されたコンクリートと鉄の個々の要求を知っていたし，また，この両者相互の配分方法や，さらに，鉄筋の配列の方法をも――要するに，関連のある法則をすべて承知していたのである．しかも，彼はすぐれた請負業者であり，ヨーロッパの至る所に，すなわちナントには製粉所を，ジェノアには穀物倉庫を，シュトラスブルクにはサイロを，スイスにはサナトリウムをそれぞれいくつか建設している．

住宅における使用

彼が，90世代に自分のためにブール・ラ・レーヌ (Bourg-la-Reine) に建てた邸宅（図204）は，鉄筋コンクリートの使用の宣伝として役立った．その邸宅は，これを

見れば誰でもすぐに、その可能性がはっきりとわかるようになっている．8角形の塔が，4メートル突出した2つの片持梁の上に建っている．これに満足することなく，その塔はさらに，その上にもっと高い突出した構造物を見せている．この中には一番上の（植樹された）屋上庭園に行くための螺旋階段が納まっている．屋上庭園，テラス，のびのびと突き出された建築要素，事実それはまったく建築的綱渡りであった！ すべて，90年代の建築術的慣用法でつくられているが，それは一個の夢幻的な混成物であり，どんなシュールレアリストの心をも魅了するような企てであった．

206. フレークハルト，ヘーフェリ，マイヤール　クィーン・アレグザンドラ・サナトリウム，ダーヴォース，1907年．

教会建築における使用（1894年）

90年代のフランス建築は，力強いベルギーのものとは比較にならないものであった．フランスの建築は，1889年の機械館で最高潮に達した後，一路，下り坂に入っていった．しかし，たとえ国際的な影響をもたらさなかったとしても，興味ある二，三の建物がある．1894年に，アナトール・ド・ボードー（Anatole de Baudot）は，薄い壁で囲まれた鉄筋コンクリート骨組をもった最初の教会，サン・ジャン・ド・モンマルトル（Saint-Jean de Montmartre，図205）をパリに建設し始めた．アナトール・ド・ボードーは，その公的な職席では，"古代のモニュメントの擁護者"であったが，25年間にわたるその講義では，建築刷新のために勇敢に戦っていた．新材料の鉄筋コンクリ

ートが出現するや，彼はただちに，それをまず教会に使用した——陳腐な使い古され
た慣習からの明確な離脱である．その著『建築と鉄筋コンクリート』[31] の中で，彼は
新材料を使用することによって，どんな競争者よりも安く入札することができたの
で，その工事契約が与えられることになったのだと述べている．ド・ボードーの仕事
の大胆さは，一般に認識されたが，多くの理由のために，それはテュリン街のヴィク
トル・オルタの住宅によって引き起こされたほどの，影響を示すことができなかっ
た[32]．

20世紀初頭の10年代までに，鉄筋コンクリートは，ほとんどあらゆる所で，広く使用
されるに至った．1907年には，スイスのダーヴォース（Davos）に建設されたクィー
ン・アレグザンドラ・サナトリウム（Queen Alexandra Sanatorium）に使用され
た．ロベール・マイヤール（Robert Maillart）が，その構造を担当した．その建築家
はフレークハルト（Pfleghard）とヘーフェリ（Haefeli）であった．クィーン・アレ
グザンドラ・サナトリウム（現在のトゥールガウア・ヘルス・センター，Thurgauer
Health Center）は山腹の途中の広い岩棚に建っている．広々と開けたテラスをもった
建物の3つの翼は，利用可能な日光をすべて捉えられるように，慎重に方位が定めら
れている．

同じ年に，シカゴでは，モンゴメリー・ウォード商会（Montgomery, Ward and
Company）のための商品貯蔵倉庫の建設が始められた[33]．1908年に完成したこの倉庫
は，シカゴ派を継ぐシュミット（R.E. Schmidt），ガードゥン（Garden），マーティ
ン（Martin）の作品であった．約800フィートの長さをもったこの建物は，シカゴ形
式の横長の大きな窓をもち，そのファサードの広さを損うことなく水平に走る幅広の
帯をもっている．「それは貯蔵倉庫の巨大な集合体で，高さは9階もあり，まったく
うんざりするほど単調な単位の繰返しである．………それは，すべて——基礎，柱，

---

31) *L'Architecture et le ciment armé*（Paris，出版年次不明）．
32) 目立たない開拓者的な仕事が，さらにルイ・ボンニェ（Louis Bonnier）によって
　　もなしとげられている．パ・ドウ・カレー（Pas-de-Calais）の一公館建物の建設
　　は（そのありきたりの装飾は別として）彼の担当したものである．1889年の機械
　　館の建築部門を担当していたデュテール（Dutert）は，パリ植物園に煉瓦むき出
　　しの美術館を建てたが，その建物は，鉄の使用された個所は，すべて，構造体の
　　鉄を正直に見せている．
33) 図259参照．

391

床，壁に至るまで――鉄筋コンクリート構造でできている」[34]．当時の批評家たちは，この構造物――鉄筋コンクリートの性質を明快に理解して使用しているアメリカ合衆国最初の鉄筋コンクリート造の建物の一つ（と私は信じているが）――によって完全に当惑させられたのである．「それは建築的なモニュメントを意図したものではない……その資質は機能的，構造的，かつ経済的なものである……この建物には建築的な表現は要求されていなかった．」しかし，「たとえ，それ自体，美しくなく優美でないにしても，それはすくなくとも論理的である．」[35] 実際この商品貯蔵倉庫は，シカゴ派の精神がいまだに生き残っている数少ない建物の一つであった．

鉄筋コンクリート構造の発展と，その芸術上の可能性の開発については，フランスで促進させられることになった．

オーギュスト・ペレー

オーギュスト・ペレー（Auguste Perret, 1874～1955年）は，その生涯を通じ，一人の建築家にして構造技術家であった[36]．ペレーはクリュニイ（Cluny）の大修道院近くの町，ブルガンディの出身である．鉄筋コンクリートを建築表現手段として使用する方法を初めて知ったこの建築家と，クリュニティ修道院の僧侶たちの厳格な技術的手法[37] との間になんらかの結びつきがあるように思われる．

フランクリン街のアパート

オルタのテュリン街の家がつくられてから10年後の1903年に，ペレーはパリのフランクリン街25の2番地（25 bis Rue Franklin）にアパート（図207）を建設した．このアパートは決してシカゴの事務所建築の純粋な形態を具現してもいないし，同時代のフランク・ロイド・ライトの力強さに匹敵するものでもない．ヨーロッパによく見られる落着きのなさが，やはり無視できないくらいに現われている．にもかかわらず，

---

34) "On American Architecture," *Architectural Record*, XXⅡ, p.115～120 (1908).
35) *Architectual Record*, XXⅡ, p.115～120.
36) Paul Jamot, *A.G. Perret et l'architecture du béton armé* (Paris, Brussels, 1927) 参照．
37) 12世紀に教会建築の偉大な改革と純化に着手したのは，このクリュニティ修道院の僧侶たちであった．本書，第3版，p.326（訳注）．

207. オーギュスト・ペレー　フランクリン街25の2番地に建つ共同住宅，パリ，1903年．鉄筋コンクリートの骨組が，扮飾されずに，構成要素としてはっきり外面に現われている．

208. オーギュスト・ペレー　フランクリン街25の2番地の共同住宅の屋上にて．

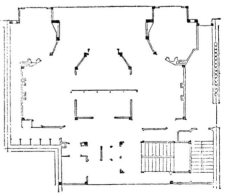

209. オーギュスト・ペレー　フランクリン街25の2番地の共同住宅．平面図．鉄筋コンクリートによって可能になった融通性のあるプラン．

210. オーギュスト・ペレー　　フランクリン街25の2番地の共同住宅．1階の事務室．路上階は総ガラス張りの中にほとんど溶け込んでしまっている．

それは鉄筋コンクリートを初めて建築的な表現手段として用いた例であり，その特色の多くが将来の発展に対する萌芽を表わしていた．

鉄筋コンクリートの骨組が扮飾されないで，建物の構成要素としてはっきり外面に現われている．初期のコンクリートの建物は，たとえば——アンネビックの手になったダントン街 (Rue Danton) のアパートのごとく——骨組の建築的な使用が考慮されていなかった．しかし，フランクリン街のアパートでは，単に装飾物を支持するためだけのファサードは放棄されてしまっている．それはくぼめられたり，奥にひっこんだり，前に飛び出したりしている．突き出た6階分が空中に浮遊するようになっていて，その6階目の1階分だけが方形のコンクリート支持柱がむき出しになっている．ファサード全体が運動感をもっている．建物の上階部分はほとんど浮いているようにみえるが1階（一時ペレーの事務所となっていた）はガラスの中にほとんど溶け込んでしまっている．薄いコンクリートスラブがこの階にわずかにかぶさって（図210），小さな日蔭をつくり，バルコニーを支えている．

その全体効果は，なんとなく鉄骨構造を思わせるものがある．あらゆるものが地面に近づくにつれてますます軽くなってゆき，最後にわずかに二，三のほっそりした部材が建物を大地に結びつけているかのごとくである．これは当時の人には脆弱な印象を与え，その財政面に影響するところがあった．当時，専門家がその急速な崩壊を予言したので，銀行はこのアパートの抵当を拒絶してしまった.

内部：材料の新奇な使用
と柔軟性のある平面計画

その陸屋根は，トニー・ガルニエ（Tony Garnier）の設計になる「工業都市」（Cité Industrielle）の中に，しばしば見受けられるようなもので，初期の屋上庭園の姿を示している（図208）．光庭は用いられていないが，階段室の外壁はガラス・ブロックで施工され，昼光がくまなく射し込めるようになっている．ペレーは私に，その隣人が建物のこの側面に窓を開けることを法律によって禁止することができたので，このガラス・ブロックを使用したのだと語っている．このことはもちろん，よく知られた材料に対して新しい用途を見出したペレーの創意を少しも傷つけるものではない．同じような特色が，普通の入念な手製の手摺の代りに，単純なパイプの手摺を採用したことや，1階を総ガラス壁で開放的にしたことにも現われている.

だが，ペレーがフランスの若いつぎの世代の建築家たちに与えた最も重要な貢献は，その平面計画の融通性に富んだ取扱いであった（図209）．間仕切壁は個々の鉄筋コンクリートの柱をまったく自由に結び合わせている．ペレーは，この点ではオルタやさらに後のル・コルビュジエと同じ精神のもとで仕事をしている．各階の平面は，それぞれ独立した単位として設計されている.

ポンテュウ街の車庫

少し後に，ペレーは自ら「（世界で）最初の美的鉄筋コンクリート造の試み」と称するものを建設した．それはポンテュウ街（Rue Ponthieu）の車庫である．鉄筋コンクリート骨組は，ここでは完全にファサードの性格を決定する機会が与えられている.

あいにく，ここで詳しく論ずることはできないが，ペレーには他にも見事な作品がいくつかある．シャンゼリゼー劇場（Théâtre des Champs-Élysées, 1911～1914年）は彼とアンリ・ヴァン・ド・ヴェルドとの間の激しい論争のもとになったものである．卵の殻のような薄い円形屋根をもったカサブランカ（Casablanca）のドック（1916年），

395

ランシー（Rancy）の教会（1922年）の他，現代の教会建築に強い影響をもたらした
いくつかの教会，彼の自宅，さらに彼の晩年のいくつかの作品等々がある．オーギュス
ト・ペレーは，その構造に対する判断力によって，ル・コルビュジエに彼自身の作
品に向う決定的な原動力を与えたのである．

こうして，全体として次代の建築家たちは，ペレーの成果をさらに持続させることに
なった．ペレーの建物は，構造面では19世紀フランスの最上の伝統に従っている．初
期の建築家にして構造技術家だった人たちのように，彼はそのインスピレーションを
その材料から抽き出したのであった．アンリ・ラブルーストが鉄でやったことを，ペ
レーは鉄筋コンクリートでなしとげたのである．

古 典 的 な 残 渣

トニー・ガルニエのように，ペレーは古典的な過去とある程度のつながりを保ってい
た．だが，古典的な典範は，当時のフランス最大の建築家たちにとっては，生きた変
形自在のものとして残っていたのである．あたかも，バロック時代のフランスの巨匠
たち——ラシーヌやモリエールやデカルト——にとってそうであったように．われわ
れは多分，後ほど，なんらかの古典的精神がペレー以後の人たちの作品のうちにさえ
依然存在していることに気づくであろう．すなわち，それらの作品もまた釣合や均斉
や静穏を得ようとする古典的な衝動を反映していることを知るであろう．

トニー・ガルニエ

ガルニエの作品における基本
的素材：鉄筋コンクリート

建築家にして構造技術家であったオーギュスト・ペレーは，鉄筋コンクリートの未開
拓の可能性の中に，新しい建築的手段を見出した最初の人であった．実際，この材料
はフランスの建設技術者にとって，特に魅力的なものであった．コンクリートは，構
築物に大胆な深いえりこみをつくるというフランスの伝統的な嗜好と完全に一致して
いたのである．

トニー・ガルニエ（Tony Garnier, 1869年生まれ）は鉄筋コンクリートをその全作品
の基礎にしていた．彼の「工業都市」（1901～1904年）では，この新材料が，斬新な，

211. トニー・ガルニエ 中央停車場, 1901～1904年. 計画案. 停車場が慣習的に巨大なモニュメント形式で建築されていた時代に, ガルニエは実際的に立ち返って, ガラスと鉄筋コンクリートという新材料を利用している.

しかもきわめて先見的な方向に沿って, 一つの町全体を構成するのに使用されている. これについては, 後ほど多少詳細に論ずることにする[38]. ガルニエがわずか30歳の時に計画したこの工業都市計画案は, 実際彼の将来の全作品の輪廓を形成している. ガルニエの故郷の都市に, エドゥアール・エリオット (Édouard Herriot) によって実施された「リヨンの大工事」(grands travaux de Lyon) は, ガルニエの若い頃の計画案から実現されたものであった. これらの「大工事」は非常に広範なもので, リヨンのストックヤード (1909年), 市のスタディアム (1915年), グランジュ・ブランシュ病院 (Granges-Blanches hospital) の22の分館 (1911年に開始され, その建設はほとんど20年間にわたった), さらに, 1920年に始まった住居地計画——"合衆国地域" (Quartier des États-Unis) ——などを包含している. ガルニエのその後の作品には, いくつかのフランス博覧会の陳列館, 彼の自宅, リヴィエラ沿岸の数多くの別荘がある. これらの建物はすべて, 彼の最初の重要な作品, 建築史上に彼の名をとどめることになったこの工業都市の先見的な計画案 (図211) から発展したものである.

われわれは今や, ヨーロッパ建築が, 技術家によってつくりだされた手段を通じて,

---

38) 本書第2巻Ⅷのトニー・ガルニエの工業都市の項参照.

遂に現代的な問題を制御しうるに至る時期に近づこうとしている．この頃までには，近代技術は近代生活に由来する諸感情のための表現手段を提供したにすぎないということが了解されるようになっていた．しかし，われわれはまず，このヨーロッパ建築がそれ自身の病弊から回復し始めようとしていた時に，効果的な影響を及ぼすことになったアメリカでの発展を跡づけてみなければならない．

V　アメリカの発展

1850年から1890年ま
での 期間 の 重 要 性

アメリカの発展にとって，植民時代と共和政時代はきわめて重要な時代であった．これらの時代は，その後のアメリカの発展に強固な基礎を提供している．しかし，1850年から1890年までの期間は，周囲の世界に対するアメリカの影響という点で，さらに重要であった．アメリカの影響を可能にした下地は，この数十年間に完成されたのである．1850年から1890年までの歳月は，西部の未開拓地に対して人々の怒濤のような殺到が行なわれた期間であり，また，新たな独自のアメリカ精神が強く表明された時代でもあった．この期間は海外からの観察者にとって特に重要な意味をもっている．この期間に生まれてきた新しい形態は，それまでのヨーロッパとはまったく違った労働組織の中にその根をもっていたのである．

ここに公表された実証的な資料の大半は，苦心して発掘されたもので，この時代の文書を入手することは，なかなか容易なことではない．それはまさに資料に対する無関心と，その重要さに対する無理解のためである．この時代の生活の発展とか，その中に反映されている日常の習慣などを示す資料を見つけ出すのはきわめて困難であり，しかも，重大なことに，それが永久に失われてしまう危険が常に存在している．

製造業者たちは，彼らの初期の製品の見本や古いカタログなどについて尋ねられると，わけもなく笑い出す．彼らには，今日の人間生活を支配している伝統の源などにかかづらっている余裕もないし，何よりもまず，こういうことについての関心がないのである．将来この時代を研究する歴史家たちは，確かに，この時代の記念的な建築や公的な建築物よりも，工業による偉大な無名の生産物の根源を明らかにすることの方に，より深い関心を払うことであろう．しかし，われわれの時代のかくれた起源を扱った文書を，技術的な興味からというよりも，人間的な関心から集めてくれるのは，一体どういう研究機関だろうか？　われわれは，日頃，人間活動の異なる領域間の相互関係を考えるということに習熟していないので，それらの各領域が相互に結びつけられている点を明確に見ることができない．この場合危険なことは，これらの相互関係を組立て直すための資料が，その重要さを認められるようになるまでに失われてしまうかもしれないということである．

400

212. アメリカの時計，1850年頃.

アメリカ製品に対するヨーロッパの注視

ヨーロッパの人たちが，アメリカ製の道具や家具類に初めて接したのは，第1回万国博覧会すなわち1851年のロンドン大博覧会の時であった．ヨーロッパの観察者たちは，アメリカ製品が示した簡潔さと，技術的な正確さ，形の確実さに驚嘆した．機敏なロタール・ブッヘル (Lothar Bucher) は，「単純なウォールナット製ケースのついた優秀な機械装置の振子時計や，簡単な木製のベンチから安楽椅子に至るいろいろな椅子——つまり，手を引掻いたり着物にかぎ裂きをつくったりするけばけばしい彫刻もなく，また，腰掛ける人の肩を曲げてしまうような，当時流行のゴシック式の椅子のように直角部分のない椅子」に注意を向けて「われわれの見るアメリカの家庭用品は，すべて，どれもこれも安楽さや目的への適合という考えにあふれている」[1] と述べている（図212）.

---

[1] Lothar Bucher, *Kulturhistorische Skizzen aus der Industrieausstellung aller Völker*, p. 146 ff (Frankfurt, 1851).

213. アメリカの学校家具の標準型，1849年．「机の甲板の下面は，椅子の背の最も高い部分とちょうど同じ高さになっていて，椅子の背がその下に入るようになっている．生徒が筆記や学習の際にまっすぐに座れるように，椅子の座の前端と机の甲板の前端とは同一垂直線上におかれている．また，同時に，椅子の背の部分は椅子に密接に結びつけられていて，別に支えとなるようなものを必要としていない．」(当時の図に記載された説明).

同じように，フランスのレオン・ド・ラボルド伯爵(Léon de Laborde)も，アメリカ国民のうちに，「次第に，芸術的になってゆく工業国民」をみてとっていた観察者の一人であった．彼は，さらに「アメリカは独自の道を歩んでゆくだろう」と付言している[2]．

ゴットフリート・ゼンパー (Gottfried Semper) も同じような意見を述べている．ゼンパーはドイツの建築家だが，その当時（リヒャルト・ワーグナーと同じように），ドレスデンでの革命活動のために祖国から亡命していた．彼は，ロンドンの大博覧会と同じ年の1851年にロンドンで組織されたイギリス最初のデザインの学校の創始者の一人であった．ゼンパーは「アメリカには手仕事の熟練の跡はほとんど見当らないけれども，そこには真の国民芸術が初めて育成されてゆくだろう」といっている[3]．

1851年頃のアメリカの学校家
具：進歩的な機能的デザイン

アメリカ人は鋳鉄製の支柱をつけた教室机をつくっているが，そのあらゆる部分が児童の年齢や作業や解剖学的な構造に注意深く適合するようになっていた（図213）．この家具は大部分ニュー・イングランド地方のボストン周辺でつくられたものだが，こ

---

2) Léon de Laborde, *De l'union des arts et de l'industrie* I, p.312 ff.
3) Gottfried Semper, *Wissenschaft, Industrie und Kunst*, p. 73 ff (Brunswick, 1852).

れはアメリカ教育学会による普及に先立って，W.J. アダムズ（W.J. Adams）が，その「校舎と学校家具」という講演で1830年から開始した，学校の設備向上のための20年にわたる闘いの成果であった．1838年にヘンリー・バーナード（Henry Barnard）は，この分野において開拓者的な仕事の一つをなしとげている．それは上院教育常任委員会に提出された学校建築に関する彼の試論である．バーナードは，このような家具が満たされなければならない機能的な要求についてきわめて明快な意見をもっていた．「年齢にかかわりなく，すべての児童が正しく坐った時に，腿の筋肉を座の前端で強く圧迫されることなく，足を床の上に休められるような，ちょうどよい高さの椅子を用意しなければならない．座席には背筋のためのもたれが必要だし，また原則として，このもたれは肩胛骨の上まで必要で，どんな場合にも1フィートにつき1インチの傾斜がなければならない⁴⁾．」

4半世紀後，1876年のフィラデルフィア博覧会では，ヨーロッパの観察者たちは二派に分れることになった．アメリカの陳列品の中にヨーロッパの様式を見出そうとした人たちは失望した．彼らが見出したのは，ヤーコプ・フォン・ファルケ（Jakob von Falke）のいうように「家具にしろ，家具覆にしろ，ガラス製品にしても，ファエンツァ焼陶器類にしても，その趣味，その色彩，その美によっては，なんらわれわれを引きつけるところのないものであった．」フォン・ファルケによると，立派に装飾しなければならないようなある種の日用品——たとえば，振子時計のようなものに，「全然装飾がないということは，アメリカ人の趣味の悲しむべき状態を示していた」のである⁵⁾．

この場合，このヨーロッパの観察者は，アメリカ工芸に個性と将来に対する重要な意味を賦与しているアメリカ工芸の特色ともいうべき，単純性を非難したわけである．

他方，先入観的な標準を基にして判断しなかった観察者たちは，「アメリカ人が道具

---

4) Henry Barnard, *School Architecture, or Contributions to the Improvement of Schoolhouses in the United States*, 5th ed., p. 342 (New York, 1854). 合衆国上院委員会は，バーナードの試論を公表することを拒否したので，この試論は1841年まで，陽の目を見なかった．それも，やっと——彼の言によると——「学校の改善に理解のある少数の友人たちの懸命な努力によって」，また，費用の一部を著者自身が負担することによって，ようやく出版の運びに至ったものである．

5) Jakob von Falke, "Vorbemerkungen zur Weltausstellung in Philadelphia" *Der Gewerbehalle*, XⅢ, p. 144 ff (1875).

や機械に与えた形の美しさ」に感銘を受けた．この博覧会に対するドイツ派遣団の団長であった有名な科学者ルーロー（F. Reuleaux）は，この点について1876年の『フィラデルフィアからの書簡集』（Briefe aus Philadelphia）の中でつぎのように批評している．「斧，手斧，鍬，狩猟用ナイフ，ハンマーなどが，讃美や驚嘆を与えずにはおられないほど，変化に富み，美しく仕上げられている．そのすべてにわたって，一つの統制がみられる．すなわち，これらの道具類はわれわれの必要とするものを実際に見越しているかのように，その使用目的にうまく合致して設計されている[6]．」

ロンドンのサウス・ケンジントン所在のヴィクトリア・アンド・アルバート博物館には，1870年代のシカゴのある金物会社のカタログが保存されている．その中に図示された道具類の，精密で，しかも十分に気の配られた形を見ると，ヨーロッパ人がなぜそのように驚嘆させられたかがはっきりわかる（図214）．「技術者用のマシン・ハンマー」やエール錠のような品物は比較的最近まで，ヨーロッパには紹介さえされていなかったものである（図215）．

ベルリン工芸博物館の初代館長であったユリウス・レッシング（Julius Lessing）は，1878年のパリ万国博でアメリカ製の道具類の展示を観覧した際に，アメリカ製の斧を見て，真の芸術作品から受けるのと同程度の美についての喜びを感じたと語っている．彼は，少しも装飾的な潤色をしないで，「斧を素直に人間の手と，それを使用する際の身体の動きに合わせて形づくることによって」到達された線の美しさに注目したのである[7]．

レッシングはさらに一歩を進めて，これらの道具と，原始的な石や青銅製器具の中の最も美しいものとの間にみられる驚くべき共通性を指摘している．また同時に，「ヨーロッパ美術の形を模倣しようとするアメリカ人のすべての努力を悲しむべき逆行」とみなしている．

1876年のフィラデルフィア博覧会に関するフランスの公式報告書には，アメリカの家具についてなにがしかの解説が加えられている．特にアメリカの家具がヨーロッパの

---

[6]　F. Reuleaux, *Briefe aus Philadelphia*, p. 18 ff (Brunswick, 1877).

[7]　Julius Lessing, *Berichte von der Pariser Weltausstellung von 1878*, p. 99 (Berlin, 1878).

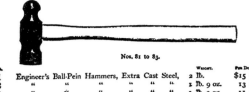

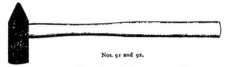

214. 丸金槌工（ボール・ピーン・マシーニスト）や鉄工のハンマー．1877年のシカゴのカタログ．ルーローは，これらの道具類を「われわれの要求を実際に見越しているかのように，その使用目的にうまく合致して設計されている」と評している（1876年）．

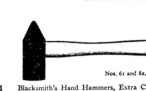

ものとは対照的に平らな面を用い，しかも面の数が非常に少ないという点で際立っているという事実に注意が向けられている．「繰形は単純で，ほとんど彫刻がない．したがって，各部分を別々につくることも容易だし，また，集成することも容易である．」[8] このフランスの報告書は新しい一つの様式，つまりすべてのインダストリアル・アーツの形態にはっきり示されているような様式が，大西洋の彼方に出現してきたということを論証している．彼らの眼に，これらのアメリカ製品がどれほど象徴的に映ったかは，彼らがそれを「プルマン・カー様式」[9]（1等寝台車様式）と呼んだことからも推量がつくだろう．

---

8) *Exposition internationale et universelle de Philadelphie 1876*, p. 185 ff (Paris, 1877).
9) 「プルマン・カー」というのは，George M. Pullman（1831～1897年）によって考案されたもので，アメリカにおけるパテント家具流行の時期を代表している．ちょっと動かせば寝台に早変りするような可動椅子がついていて，ホテル並の快適さを備えた1等車輌である．最初のプルマンの「パイオニア号」（1865年）などについては，S. Giedion, *Mechanization Takes Command*, p. 439以降（New York, 1948）を参照せよ（訳注）．

405

215. エール錠，1877年のシカゴのカタログ．機械が熟練工に――ここでは，錠前工に――取って代わるようになった初期の一例．

60年代におけるアメリカの「特許家具」

豪奢で高価な家具が数々の展覧会に出品されていた．1867年のパリ博覧会では，こうしたフランス風の食器テーブルが呼物になっていた．それは2万ドルの値があるということで，すべての見物人を驚嘆させていた．これは，その当時を示す一つの博物館ものであるが，今見ても何となく不快な外観を呈している．アメリカの出品者たちは――特に70年代以後は――「特許家具」として知られていた家具類を好んで出品した．1878年にパリで展示されたアメリカ出品物の「安価できれいな家具・全連続生産品」という標題のついた公式カタログのあるページには「打抜ベニヤ椅子」，「自動式ソファ・スプリング・ベッド」，「折畳み椅子」（寝椅子に折り畳まれる），「揺れを調整できる揺りかご」，「子供用枠付寝台」，「もたれ椅子」などがあげられている[10]（図216）．これらの全製品が開発された時代は，また同時に，ヨーロッパの歴史様式の模

---

10) 特許家具の起源は 19 世紀初頭の工業化初期のイングランドにさかのぼる．トーマス・シェラトン（Thomas Sheraton，その名のついた様式で一般によく知られている）は，「特許」家具の生産に関心を抱いた最初の指物師の一人として，おそらく今日では比較的重要な人物の中に挙げられるだろう（Sheraton, *Designs for Household Furniture*, 3rd ed., London (1812) 中の簡便な狩猟用椅子，ベッドに変る椅子，書きもの用の机に変るテーブル，可動書棚などを参照せよ）．
　アメリカの家具製造業者は，当時ヨーロッパでは「時代的な」家具の影響によって

216. 折畳みベッド，フィラデルフィア博覧会，1876年．この当時に広く用いられるようになった組合せ特許家具の一例．

倣がアメリカの生産に影響を及ぼそうとしていた時期でもあった．

アメリカ製の道具
に内在する美しさ

1893年のシカゴ万国博のころまで，アメリカ人たちは重々しい装飾のついたヨーロッパ風の作品にのみすべての賞を与えていたという事情を知って，レッシングはつぎのように書いている．「しかし学ぶつもりで出かけたわれわれは，将来の発展にとって，もっと重要な，別なものを発見した．われわれは，滑らかな木製の椅子や，磨かれた扉の把手や，ぜんぜん装飾のない素晴らしい曲線の什器類をヨーロッパにもち帰るところだ．」

「ここには鉄道や船や車と同じような考え方によってつくられた什器や道具類が見出されるし，また，何の先入観もなく明快に発展させられた日用品類——打算的な知性に対してよりも，直接，感性に訴える品々——が見出される．それは美のみが与える

ほとんど消失してしまっていたこの傾向を取りあげ，意識的に，その根本的な解決方法を発展させたのである．アメリカの家具製造におけるこの重要な部門については，今まで少しも探究されていなかったようである．

407

217. (穀物を倉庫に納める)揚穀機, シカゴ, 1873年.

ことのできる豊かな感動を眼に訴えている.」[11]

ヨーロッパの観察者として, 最後にグロピウスの言を引用してみよう. 彼は, ファグス工場 (Fagus Werke) を完成させた直後の1913年に, 当時ドイツに現代的な考え方を採り入れるために非常な努力を払っていたドイツ工作連盟の出版物の一つに, 近代工業建築の発展に関する小論を載せている. この中で, 彼は初めてアメリカ工業建築のたくまない美しさについて, 実例をあげて説明している.

「ヨーロッパの他の国々と比べれば, ドイツは工場設計の分野でははるかに進んでい

---

11) J. Lessing, "Neue Wege," *Kunstgewerbeblatt*, Ⅵ, p.1 ff (1895).

るように思われる．しかし工業の母国アメリカには，そのたくまずして滲み出てくる威容という点では，われわれドイツのこの種の最も良い建築でさえ及ばないほどすぐれた工業建築がある．カナダや南米の揚穀機や，長大な路線をもった石炭コンベヤー，さらに近代的な北米の工場は，そのモニュメンタルな力感では，ほとんど古代エジプトの建物のように印象的である．これらの建造物は，それぞれの意味するものが，見るものに力強く，はっきりと理解されるような正確さをもった建築構成を示している．これらの建物の自然な完全さは，その物理的なプロポーションの膨大さにあるのではなく——モニュメンタルな作品の本質は，こういう点には決して求められるべくもない——これらの建築物を設計した人が，これらの偉大な感銘深い形態について抱いた独自の明確なヴィジョンのうちに潜んでいるのである．現代のヨーロッパのデザインを衰退させ，芸術上の真の創造力を閉じ込めているような，伝統に対する感傷的な崇拝や，その他の知的なためらいなどによって，これらの建造物は曇らされていない」[12]（図217）．

アメリカの工業組織

アメリカの工業は，その組織においてヨーロッパの工業と異なっている．アメリカの工業がたどってきた発展過程を明瞭に理解しようとするなら，この相違を心に留めて置かなければならない．この組織上の相違は，これらの両地域における手工業——さらにその後の「美術工芸」——に対する相異なる態度の基礎にもなっている．

複雑な手仕事の工業化

18世紀末，イギリスの地に突如として生まれでたヨーロッパの工業は，いくつかの簡単な原材料——鉄，植物繊維，動物繊維——の生産における手仕事を機械に置き換えた．この時代にイギリスで発明された紡績機と紡織機は，工業の機械化にすぐれた因襲打破の役割を演じた．アメリカの工業が強力なものになったのは，ずっと遅れて1850年頃になってからのことであった．したがって当然のことながら，ヨーロッパの発明が採用されてこの国に採り入れられた．まったく違った情況下に属する問題が新しい解決を要求したという点に両者の分岐が生ずる．

---

[12] Walter Gropius, "Die Kunst in Industrie und Handel," *Jahrbuch des Deutschen Werkbundes*, p. 21, 22 (Jena, 1913).

アメリカでは，1850年頃すでに，熟練労働に基礎を置いたこのような複雑な手仕事が
すべて工業化されることになった．こういう変革は，一部は新しい発明によって，ま
た一部は新しい組織の方法によってもたらされた．事実，その主要な重点は新しい組
織に置かれていた．そのごく当初に，この新しい組織は家庭内にまで浸透した．新し
い道具が，たとえばリンゴの皮むき器（1868年）のように，料理の手仕事を軽減する
ために採り入れられた．

1850年以前には紳士服や子供服の製造は広く家内工業として行なわれていたが，裁縫
ミシンの発明によって工場に移されることになった．3人か5人，あるいはそれ以上
の人間が組になって既製服をつくるようになった[13]．1840年代までには，すでにボス
トンの「オーク・ホール」（Oak Hall）社が合衆国最大の洋服店と目されていた．こ
の店の建物は中世の墓に似たゴシック復古様式のものであった．

60年代のある書物には，つぎのようなことが書かれている．「大半の人は，今日，既製
服の販売が，どの程度広範に取扱われているのかはとんど知っていない．おそらく，
これほど急速に支店の増えた商売は他にはないであろう．」

「しかし，それも2,3年前までは，大部分労働者や水夫が着るような非常に粗悪な品質
と粗悪な型や種類の製品に限定されていたのである．」[14]1876年までに，ワナメーカー
（Wanamaker）社は，成人と子供の既製服を，大衆を引きつけるような最善の価格政
策とサーヴィスや宣伝の全知識をあげて，大規模に生産していた．

靴類の製造に機械が用いられるようになったのは，この世紀のほぼ中期以降のことで
ある．大体同じ頃，精肉業は，家畜置場や精巧な冷蔵法や，豚の皮剥ぎ機械装置をもっ
た近代的な循環鎖による流れ作業の肉類缶詰工業に変えられた[15]．最初の「機械的な
製パン工場」が1856年12月にブルックリンに創立された．2番目の機械的な製パン工
場が，間もなくシカゴに設けられた．ここには「地階から3階まで通じた一つの窯があ

---

13) Walter W. Jennings, *A History of Economic Progress in the United States*, p. 430 (New York, 1926).

14) C.D. Goyer, *History of Chicago, Its Commercial and Manufacturing Interests*, p. 170 (Chicago, 1862).

15) Jennings, 前掲書 p. 734; H.T. Warschow, *Representative Industries in the United States*, p. 444 ff (New York, 1882).

って，その窯の中には……パンを入れた車を支える3つの循環鎖がついて」[16] いた.

　要約すると，アメリカでは原料は豊富であったが，熟練労働に欠乏していた．ヨーロッパでは，熟練労働は豊富であったが原料が乏しかった．アメリカとヨーロッパの工業の構造が1850年代以来，ずっと違って来たのはこの相違のためである．アメリカでは，ちょうど，この頃から，すべての複雑な手工業の面で機械が熟練労働に取って代り始めたのである.

　この傾向は，住宅建設の分野では，非常に早くから現われている．この分野では，機械化された方法は，早くも，1850年代以前に出現している．この時期に，ジェームズ・ボガーダスは，あらかじめ工場生産された部材を集成して，骨組構造の先駆である鋳鉄造の建物をつくりだしていた．しかし，熟練した手職の中に侵入してきた工業化の波は，合衆国の全家屋の，ほぼ60〜80％に用いられたバルーン構造（balloon frame）と称する木構造の新しい形式の導入の中に，より明瞭に示されている．このバルーン構造は，われわれにとって技術的には少しも興味のないものだが，その起源を研究することによって，アメリカの発展における一つの重要な時期を洞察することができよう[17].

バルーン構造と工業化

　バルーン構造（図218）は，当時のアメリカの工業化の水準と密接に結びついている．この発明は，実質的に木造建築の建造を，従来の熟練労働によって行なわれていた複

---

16) Goyer, 前掲書 p. 122.
17) この節の中の引用文のいくつかは Heinrich Waentig, *Wirtschaft und Kunst* (Jena, 1909) からの抜萃である．ヴェンティヒは，その序文に述べているように，19世紀の美術工芸運動についての数少ないすぐれた研究の一つとして，その資料を「数多くの図書館や生きた生活の中から蒐集した」のである．19世紀の発展について同じような研究をした人であれば，彼が一度ならず，その全計画を放棄せざるを得ないような破目に立ち至ったという述懐が理解されよう．ヴェンティヒは，この時代の構成的事実に，じかに肉迫している．彼は美術史家ではなくて，経済学者であった——このためにも，彼は，自分より以前の時代について研究を加える場合よりも，もっと詳細に，自分自身の時代の問題に専念するのに習熟していたともいえよう．彼の著書は19世紀に関心を寄せるものには，非常に価値のある書物である.

411

雑な手仕事から工業へ転換させることになった.

バルーン構造の原理は，ほぞさしつぎのある昔からの高価な構造方法の代りに，建物の高さいっぱいに通って，釘だけで留められた薄板と間柱を用いるものである．箱のように家を釘だけを使って組立てるなどということは，大工たちにとってはまったく革命的に思われたにちがいない．当然のことながら，このバルーン構造は，そのそもその最初から攻撃された．「バルーン構造は，それを当然攻撃すべきものと考えた人たちのやかましい論議や嘲笑，悪口の間を通りぬけて生き残ってきた．……バルーン構造という名は時代遅れの職人たち——木材にほぞさしや大錐の孔を明けて，その強度や耐久性を奪いながら，しかも，その方が，木材の能力を少しもそこなうことのないように用いられたはるかに軽い部材よりも強いと思い込んでいた連中によって，侮蔑的に名付けられたのである．……"バスケット・フレーム"（籠構造）という名の方が，もっと良い印象を与えたと思われるが，しかし"バルーン"（風船）という名は，それを示唆していた嘲笑的な意味をずっと以前に失ってしまった．」

バルーン構造は，工業化が住宅建設に浸透し始めた時期を印しづけている．あたかも，時計作りや，精肉業や，パン焼き，洋服仕立などの仕事が，工業に転換されたのと同じように，バルーン構造は，熟練した大工を熟練せぬ労働者で置き換えることになった．

「大人や少年でも，今日では（1865年），古い工法なら20人を要した仕事を，容易に一人でやることができる．……バルーン構造の原理は，強度の面でも経済の面でも，嘘のない構法である．もしも機械が用いられれば，バルーン構造はほぞつぎ構造より"40%"も経費を少なくすることができる．」[18]

機械生産の釘がなかったとしたら，バルーン構造は，経済的には意味のないものだったであろう．「ほぞつぎのある比較的高価な家屋構法が，釘打ちの効果に完全に依存しているような，もっと経済的な方法に取って代られ始めた」のは，釘が機械によって従来より安価に生産され，「鋼や鉄の切断釘やワイヤーからつくられた釘が，従来

---

18) G.E. Woodward, *Woodward's Country Homes*, p.152〜164 (NewYork, 1869)からの引用.

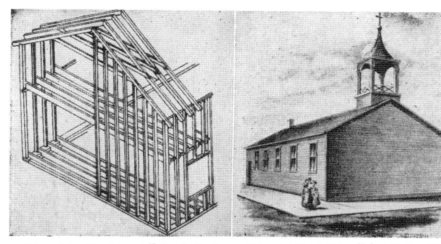

218. バルーン・フレーム構造, G. E. ウッドウォード著, 『ウッドウォードの田園住宅』(ニューヨーク, 1869年) から転載.

219. セント・メアリー教会, シカゴ, 1833年. バルーン・フレームでつくられた最初の建物. その短い存続期間中に, 3度取壊され, そのつど再建された.

の錬鉄釘よりもすぐれた品質で, しかも非常に安い価格で供給されるようになって」からのことである[19].

バルーン・フレームの案出は, 釘の大量生産のみならず, 製材機械の改良ともまったく時期を一にしている (図220).

釘の切断や頭付けのための機械は, イギリスと合衆国の両方で18世紀末頃に開発された. トーマス・クリッフォード (Thomas Clifford) は1790年に, そのような機械の特許を得たが, 同じ頃, 同じような機械がニューベリポート (Newburyport) のジェィコブ・パーキンス (Jacob Perkins) によって発明されている. 単一の操作で, 日産6万本の釘の切断, 型付け, 頭付けをする製釘機が, 1807年にジェス・リード (Jesse Reed) によって特許登録されている[20].

「切断釘の生産が初めて着手された頃には, 錬鉄釘は, 1 ポンド, 25 セントであっ

---

19) Russell Sturgis, *Dictionary of Achitecture and Building*, Ⅲ, p.1125 (New York, 1902).
20) *Great Industries of the United States*, p. 1072 (Hartford, 1872)

413

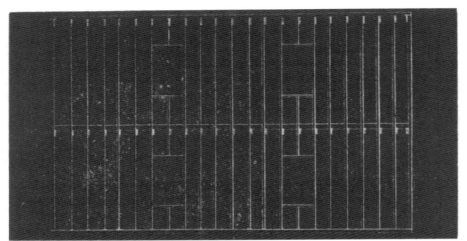

220. バルーン構造. W. E. ベル著『簡易木構造』(1859年) より転載.「もしバルーン構造についての知識がなかったなら, シカゴもサンフランシスコも, 小さな寒村からわずか1年くらいの間に大都市になったようには興隆しなかっただろう」.（ソロン・ロビンソン, 1855年）.

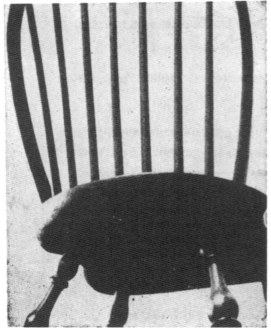

221. ウィンザー椅子. 細い部材を使って軽くて強い構造をつくりだしている点と, その無名のままでの発展という点から見ても, このウィンザー椅子はバルーン構造と軌を一にしている.

222. R.J.ノイトラ　テキサス州の住宅，1937年．このような近代的なバルーン構造の住宅は，この形式の骨組構造本来の性質ともいうべき優美と軽快さを表わしている．

た．……この値段は家屋や棚に釘を用いることを困難にしていた．」[21] この間の事情は，すべて機械の導入によって一変した．釘の価格が急激に下がってきた．「1828年には，生産が非常に活発になったので，価格は1ポンド，8セントになった．……1833年には，迅速な生産によって価格は5セントまで下がり……1842年には3セントになった．」[22]

バルーン構造と西部の建設

バルーン構造は，シカゴから太平洋岸に至る西部の征服と密接な関係をつくりだした．

---

21) William E. Bell, *Carpentry Made Easy* (Philadelphia, 1859). ベルはミシガン州のオッタワで大工として働いていた．1857年に書いたものの中で(p.53)，彼はバルーン構造の建物の建設と修理に15年の経験をもっていると述べている．
22) Albert S. Bolles, *Industrial History of the United States*, p. 220 (Norwich, Conn., 1889).

その当時の人たちは，もしもこの構法がなかったとしたら――大草原においても大都市の中においても――あのように信じられぬほどの速さで，住宅が湧き出るようにつくられはしなかっただろうということを良く承知していた．

「機械の採用によって，住宅建設の労働は非常に軽減され，西部の草原は，すべて船で輸送された番号付きの各種の既成部材によって建てられた家屋でつぎつぎと埋められている．」[23]

他の観察者は，さらに，「もしバルーン構造についての知識がなかったなら，シカゴもサンフランシスコも，小さな寒村からわずか1年くらいの間に大都市になったようには興隆しなかっただろう」と述べている[24]．

西部が建設されつつあったこの時期に，当時の人たちは，「"バルーン・フレーミング"として知られていたこの構造法を，住宅建築に対する最も重要な貢献」と考えていたのである．

建築や構造のどんな辞典も，このバルーン構造を誰が，いつ，発明したのかという問いに正確に答えられないということは，この時代の歴史が，いかに投げやりに扱われていたかということを何よりもよく現わしているように思われる．

バルーン構造の発明

50年代や60年代までさかのぼってみても，バルーン構造の発明に関する明確な叙述は見当らないようである．1872年に書かれた初期の一文献には，つぎのように書かれている．「それが，いつ初めて用いられたのか，はっきりしたことは少しも知られていない．しかし，それが従来の古い構造法に取って代ったのは，ここ50年以内のことである．」[25]

---

23) *Great Industries of the United States.*
24) 1855年1月18日の *New York Tribune* 紙上に載せられた Solon Robinson の言葉．Woodward の前掲書の p.151 に引用されている．
25) *Great Industries of the United States.*

416

ウッドウォード（Woodward）は1869年につぎのように述べている．「バルーン構造の初めの頃の歴史は幾分不明瞭である．その起源について信頼すべき記述は何もない．しかし，それは大きな木材や，熟練した職人の得られなかった草原地方の開拓初期の頃までさかのぼられよう．……バルーン構造は一個人の発明ではない．誰もそれを発明したと主張するものはいない．しかし，構造技術としては，それは，従来行なわれたもののうちで，最も賢明な改良の一つである．」[26]

それにもかかわらず，バルーン構造には一人の発明者があったように思われるし，またある特定の町から始まったもののように思われる．

ジョージ・ワシントン・スノウ，1797～1870年

バルーン構造の発明者は，ジョージ・ワシントン・スノウ（George Washington Snow）であった[27]．彼は1797年9月16日に，ニュー・ハンプシャー州のキーン（Keene）で生まれた．彼の家は，メイフラワー号（で移住した人たち）にまでさかのぼることのできる古い家柄であった．

彼は最初，家屋敷を残してニューヨークに行き，後に妻と一緒にデトロイトへ出かけたというような点からみると，どちらかといえば，じっとしておれないような性格だったにちがいない．彼は当時の未開なミシガン州を横切り，最後には，インディアンの案内人の漕ぐカヌーに乗って，1832年7月12日にシカゴ河の河口にたどりついた．彼がそこに見出したのは，人口わずか250人の小さな部落であったが，開拓者気質の彼を喜ばせた．彼は長年の間その町の仕事に活動的な役割を演じていた．1833年にシ

---

26) Woodward の前掲書，p. 151～154.
27) もっと正確な研究がなされるまでは，バルーン構造の発展に関して他に誰も現われないとは断言できない．ソロン・ロビンソン（Solon Robinson，彼についてはすでに言及した）は，早くも1835年に，バルーン構造を使用したと書いている．ウォルター・フィールド（Walter Field）は，ハーヴァード大学での論文『バルーン構造の発明の再調査』（*A Reexamination into the Invention of the Balloon Frame*）の中で，バルーン構法の発明の全功績をジョージ・スノウに帰することがいかに困難なことかということを示している．この点については，さらに研究する必要があるように思われる．

417

カゴが市になった時，スノウは最初の陪席判事と測量技師に任命された．1849年には市会議員に選ばれ，また同じ年に排水工事監督官になった．彼は一時，開拓者消防隊の隊長でもあった．

彼の子孫の一人が手紙に書いているが，最初の移住民の多くがそうだったように，スノウはいわば，何でもできる，よろず屋であった．彼は1835年に，「カーヴァ材木置場」を買い求めて，シカゴ最初の材木商の一人となった．彼は，また，かなり大きな土地を手に入れて，不動産業を営んでいた．彼はよろず請負業，兼金融業者であると同時に，建築請負業者でもあった．

スノウは単なる測量技師ではなかった．彼は若い頃，土木技師としての教育を受けたことがあった．この技術的訓練が彼をバルーン構造の発明へ導いたのかもしれない．それがどのようにして生まれ，彼の努力がどのようなものであったかは，われわれにはわからない．"バルーン・フレーム"という名称は，この新しい構造形式の軽快さを冗談めかした単なるニックネームであった．

スノウがバルーン構造を発明したということについて，スノウの家に，いくつかの確かないい伝えがある．この発明は，アンドリース（Andreas）によって，その著書『シカゴ史』（History of Chicago）[28]とシカゴの発展に関する最も重要な書物である『工業都市シカゴ』（Industrial Chicago）の中で，スノウの名誉に帰せられている．『工業都市シカゴ』の中には，つぎのように書かれている．「バルーン構造は，ジョージ・スノウと必要との合作である」[29]．アンドリースの記述は，1837年にシカゴにやってきてスノウと同じ町の人となった建築家，ヴァン・オスデル（J.M. Van Osdel）の言葉に基づいている．80年代初期のシカゴの月刊雑誌に載せられた「シカゴ建築史」と題した文中で，ヴァン・オスデルはつぎのように書いている．「スノウ氏は木構造の"バルーン・フレーム"の発明者であった．この構法は，この都市において，柱やほぞさし，梁，すじかいのついた古い構法に，完全に取って代ったのである．」[30]．

---

[28] T.A. Andreas, *History of Chicago*, p. 504（Chicago, 1890）.
[29] T.A. Andreas, *Industrial Chicago*, I, p. 51（Chicago, 1891）.
[30] *Inland Architect and Builder*, I, No. 3, p. 36（1883年4月号）．この雑誌は，発展途上のシカゴ派建築家たちの機関紙であった．

ジョージ・スノウの名はほとんど知られていない．彼の肖像は，どの地方史にも載っていないが，たった1枚家族のアムバルから手に入れた彼のポートレートは，見るからに清教徒らしい精力と人間的な感受性にあふれた顔を示している[31]．

最初のバルーン構造の建物は，シカゴのセント・メアリー教会（St. Mary's Church）でこの市の最も古いカソリック教会であった（図219）．「1833年の7月に，ステート街（State Street）の近くのレーク街（Lake Street）で，多数の人が一つの教会を建てているのが見られた．」[32] 年寄りの大工たちは，その崩壊を予言していた．この教会は，その短い存続期間中に3度取り壊され，そのつど再建されている．

1869年に，ワシントンで刊行された合衆国地方行政官バウエン（H. Bowen）の報告によると，70年代までは，このバルーン構造は単に"シカゴ構造"と呼ばれていた．バウエンは，1867年のパリ万国博覧会に展示するために"シカゴ構造"の実例として，分解輸送されたアメリカ西部の農家のことを述べている．

つまり，バルーン構造は，それから半世紀後に，同じように単に"シカゴ構造"と呼ばれた摩天楼と同様，シカゴと結びついていたのである．

機械割りの薄い間柱の骨組と下見板の外装をもった，このバルーン構造の建物は，初期の移住民の17世紀の農家から芽生えたものである．スノウは，彼の故郷のニュー・ハンプシャー州や妻の故郷コネティカット州で，そのような家屋をよく見知っていた．そこでは，そのような家屋は，特に珍しいものではなかった．これらの家屋では，比較的薄くて幅の狭い間柱が，中間の軸組として用いられ，下見板張の外装と緊結して，その全構造を支えていた[33]．ジョージ・スノウは，これらの伝統的な方法から出発して，それを生産の新しい可能性に合致するように，巧妙かつ単純な方法で変化さ

---

31) 私は，この伝記の資料については，シカゴ芸術研究所（Art Institute of Chicago）所属のバーナム図書館の館員マリオン・ロールス（Marion Rawls）嬢，およびスノウ氏の肖像をもっていたスノウ氏の孫に当る，シカゴのカーペンター（George A. Carpenter）夫人をわずらわした．私は，かつて，この肖像を年刊誌 *New Directions*, 1939年号に発表したことがある．

32) T.A. Andreas, *Industrial Chicago*, I, p. 51 (Chicago, 1891)

33) J.F. Kelly, *The Early Domestic Architecture of Connecticut*, p. 40 (New Haven, 1935) 参照．ここには「間柱，すなわち中間的な軸組部材」は「一般に断面が $2\frac{1}{2} \times 3$ インチくらいである」と記されている．その高さは「水平構造部材間の距離」だけの長さをもっていた．

せたり，適用したりしたのである．

バルーン構造は，1世紀全体にわたって存続し，いまだに広く用いられている．この単純で，有効な構造は，現代の建築家の要求に完全に合致している．テキサス州と南カリフォルニア州にあるリチャード・J・ノイトラ（Richard J. Neutra）の住宅の多くは，バルーン構造本来の性質である優雅と軽快さを表わしている（図222）．

バルーン構造とウィンザー椅子

バルーン構造の薄い2インチの間柱は，伝統的な木構造に比べると，あたかも重量がないもののように，空中にくっきりと突立っている．今日でも，ヨーロッパの観察者は，そのほっそりした薄さを非常に大胆なものだと考えている．

細い構造材を使用して，非常に効果的な構造をつくりだすという同じ考え方が，すでに1世紀前に，ウィンザー椅子（Windsor chair）の発展の中にも現われている．バルーン構造が，アメリカ住宅建設の歴史上，重要であるように，ウィンザー椅子は，アメリカ家具の歴史において，きわめて重要なものである．

この家具の名に付随して，よく知られている一つの逸話がある．17世紀の終り頃，英国皇太子がウィンザー城の近くのある農夫の小屋で，その原型を見て，自身が使うために，それを真似てつくるように命じたといわれている．もっとも，イギリスはアメリカが注意を払ったウィンザー椅子には，まったく美術的考慮を払わなかった．ウィンザー椅子は，植民地でつくられた最も丈夫な型の椅子で，しかも運びやすいものであった．その構造はいくつかの細長い軸でできており（図221），その初期のものは車大工によってつくられた．家具の流行が1世紀以上も続くなどというのは非常に珍しいことだが，このウィンザー椅子の流行は1725年から1825年まで続いていた．しかし，このデザインについて個人的な栄誉を獲得するような家具製作者は一人も見当らない[34]．

---

[34] Marta K. Sironen, *A History of American Furniture*, p. 18 (New York, 1936).

歴史家にとっては，二つの異なった世紀での，バルーン構造とウィンザー椅子の発展の間に見られる奇妙な相互関係は，研究に値することのように思われる．

これら二つのものの間には，細い構造部材を集成して軽快な型の構造をつくりあげることによって，乾季と雨季とが交互にくるアメリカの風土に対応するという同じ傾向が見られる．また，どちらも，最も単純な方法によってなしとげられた軽快さと効率のよさをもった連続的な生産にかなったものであり，しかも，どちらも無名の作品だという同じ傾向をもっている．

アメリカ建築における平坦な面

これまでのところ，建築を，それ自身の持続する生命をもった一個の有機体として取上げてきたが，現代では，われわれはこういう生命を持続させる永続性のある諸力に，主要な関心を払うようになってきた．いくつかの時代を通じて広がり，発展している諸力の流れは，様式の歴史よりも，はるかにわれわれの関心を呼ぶものである．というのも，様式というものは，各時代を，それぞれ他と区別させる時代の特殊な様相にすぎないからである．

歴史的な様式は，実際アメリカで行なわれてきたものについてはとりわけ有益なものではない．それらの歴史的な様式は，成熟しきった状態でアメリカに入ってきたのであって，アメリカ独自の発展を構成している諸事実については何の洞察も与えない．

ヨーロッパの建築は，80年代にますますその威信を失った．確実なものを求めようとして，歴史的な形式にすがりつけばつくほど，それは実際にはますます不安定なものになっていった．わずか50年の間に，18世紀と19世紀初期の建築の全遺産は，はかない細部の混乱の中に失われてしまった．この時代の内的な不安と不確かさとが壁体と平面の不均衡な取扱いの中にしばしば現われてくる．建築のすべての組織が，不治の病いで参ってしまっていたのである．

421

223. 旧ラーキン・ビル，バッファロー，1837年．合衆国でよく見られる形式の煉瓦造建物の例．平坦でむき出しの壁と断ち切ったような開口をもっている．

アメリカのヨーロッパからの独立は，家具や道具類に対する，新しい，しかも，論理的な形態の発展や，形式にとらわれない融通性に富んだアメリカ住宅の平面の中に具体化されていた．同様に，ヨーロッパでの不安定と混乱のこの時代全体を通じて，アメリカでは，建築壁面はよく統一と均衡を保持していた．この間に，アメリカにおいてもグロテスクな作品のいくつかがつくられはしたが，ヨーロッパと違って，その関心が建築の基本的な要素から完全に迷い出てしまうようなことはなかった．全体として考えると，アメリカの作品では，これらの基本的な要素がいつも支配的であった．おそらく，こういったことが，アメリカで新しい建築の解決が，海外におけるよりも早く達成されたことの理由であろう．

平坦な面：煉瓦壁

平坦な面——木造や煉瓦造や石造の平らな壁面——がアメリカ建築では，いつもその基本的な一つの要素であった．一面，これは，熟練労働の不足に強いられた単純さに

よるものではあったが，他面，それは18世紀末の傾向を直接継続しているのである．ジョージ王朝時代の煉瓦壁の取扱い方が，そのまま19世紀までもち込まれてきたのであって，木造家屋は，最初の入植者たちによって打ち建てられた伝統を保持していた．

煉瓦壁は，安価にするためには，平らに単純にしておかなければならない．どの開口部も，平らな壁面に非常に明快に切り込まれている．

こういう飾りけのない煉瓦壁（図223）は，アメリカの景観によく見られるものであって，ニュー・イングランドの18世紀末の地主館や，あらゆる都市の大通りに面する名もない小さな建物や，南北戦争当時の大工場などに，その姿をみせている．飾りのない平坦な煉瓦壁が，建築における一つの基本的な要素として確立されたのは，ヘンリー・ホブソン・リチャードソンのような人たちが70年代にその仕事を始めた頃であった．リチャードソンのセヴァ・ホール（Sever Hall）は，1878年に建てられた．こういう厳密に平坦化した面をもった建物のヨーロッパでの例としては，ベルラーへがつくったアムステルダム株式取引所があげられる．しかし，この株式取引所は20年後に建てられたものであって，リチャードソンが用いたような平らな煉瓦の面は，70年代のヨーロッパにはほとんど知られていなかった．

フランク・ロイド・ライトもまたそのごく当初から，煉瓦壁を一つの単純な面として扱うことのできた人である．ヴァン・ド・ヴェルドやオルタとは違って，彼にとっては，壁体の削除や混乱に対する改革運動から始めることも必要ではなかったし，また，既往の確立された装飾様式と戦うためにアール・ヌーヴォーのようなものを発案する必要もなかった．彼は自分の仕事を，もっとずっと高い水準から出発させることができたのである．

木 造 壁

18世紀までは木造壁の方が，煉瓦よりもはるかに広範囲にアメリカの伝統を支配していた．簡単な下見板壁（図224）が，初期の植民時代から今日まで中断されることなく，3世紀にわたって一つの構成的な要素として残ってきた．下見板は，イングランドでは，飾りけのない農家にのみ用いられてきたものであった．アメリカでは，下見板はあらゆる分野の木造建物を支配していた．それは最も粗末な小屋から，最も豪奢な邸宅，教会堂，公会堂に至るまで，あらゆるところで見出される．300年もの期間

224. ロングフェロー邸,ケンブリッジ,マサチューセッツ州,1759年.アメリカで3世紀にわたって用いられてきた下見板張りの壁.

を通じて,壁の一つの取扱い形式が,かくも広範に,継続的に,その権威をもち続けていたという事実は,大西洋の向側では,それまでにまったく見られなかったことである.

下見板の使用は,自然に,釣合いのとれた単純な壁面の処理へと向う.下見板では,その平らな広がりを中断したり,妨げたりすることはふさわしくないし,貼付の装飾を用いたりすることを思いとどまらせる.

　　　　　　　　　　　　　　　　　　　　　　　　　　　石　造　壁

構造材料として石が用いられた諸州では,石造壁が同じようなありのままの単純さで扱われていた.ニュー・イングランドの諸州では,すぐれた技法が示されている.シェーカー教徒の集会所の平らな花崗岩の壁(図226)や,ボストン埠頭の花崗岩の倉庫(図225)や,50年代,60年代のボストンの商業用建物(図227,228)[35]などがそれである.

225. 石造壁，ユニオン波止場倉庫，ボストン，1846年．窓や扉のための柱や楣は，クィンシー採石場の現場で，その大きさに切り出されたものである．

35) これらの建物の多くは，クィンシー・マーケット（Quincy Market, Faneuil Hall 付近の市場建築物，1825年頃）を設計したアレグザンダー・パリス（Alexander Parris）の手になったものである．この河岸の建物の最初のものは，1820年代の中頃に建てられた．埠頭の倉庫は，40年代に建てられ，コマーシャル通の商業ブロックは50年代に建てられた．その他のものも，フランクリン通が開かれた1869年までには完成されていた．こういった商業用建物の多くは，均衡のよくとれた，論理的な，前リチャードソン時代の建築のすぐれた例であって，一般に信じられているより以上に，後の発展に大きな役割を演じたものと思われる．私が，1938年の夏に指導した「1830〜1860年間のボストンの事務所建築に関するゼミナール」で，われわれは，より詳細な研究を行なった．初期の偉大な商業建築家の一人であったブライアント（Gridley J. Fox Bryant）に関する記事が，雑誌 *New England Magazine* の中に発見された（"An Architect of the Old School," Vol. XXV, 新輯，1901年11月）．50年代と70年代の間に，ブライアントはボストンの河畔に数百の商業ブロックを建てているが，そのほとんどが花崗岩の石造建築物であった．*New England Magazine* 誌のこの号によると，彼はその書類をすべてベイリー（Henry Turner Bailey）に遺したと記されているので，私の学生の一人，ジョーンズ（Lydia Jones）嬢がベイリー未亡人に手紙を書いたが，夫人からの返事によると彼女の夫が「ある日，その書類を始末してしまった」ということなので，この資料はまったく失われてしまったことになる．1960年までに，これらの建物のほとんどが花崗岩の埠頭とともに消失してしまった．

226. シェーカー教徒の集会所, コンコード, ヴァーモント州, 1832年. この宗派によって造られたすぐれた石工事の例.

これらの粗面仕上の壁の商業用建物は, 典型的な平坦な面と, 細部の節約を示している. 1840年代以後の初期の倉庫は, 荒削りの花崗岩の大きな単純なブロックでつくられたものだが, フィレンツェをしのばせるようなものはまったく見当らない. その印象的な素朴さはつぎのような事情から生まれたものである. この花崗岩は, すぐ近くのクィンシー (Quincy) 石切場から運ばれたものだが, 作業労力を節約するために, 窓回りや扉回りの柱をも, その石切場で一塊に切り出した継ぎ目のないものでつくっているからである.

リチャードソンは, これらの商業用建物が建てられていた頃は, ハーヴァード大学の学生であった. ついで彼はパリへ行き, そこでヨーロッパの影響を受けることになった. しかし, とはいっても, ボストンの岸壁に沿って並ぶこれらの新しい建物は, 建築に対する彼の最初の印象を形づくっていたにちがいない.

マーシャル・フィールド・ストア

シカゴにある, リチャードソンのマーシャル・フィールド卸売商店 (Marshall Field Wholesale Store) (1835〜1887年) は彼の最もすぐれた作品である (図229). このどっしりとした石壁の建物は, シカゴの発展の中では, 全体としては, むしろ特殊な位

227. コマーシャル・ブロック，ボストン市コマーシャル街140番地，マサチューセッツ州，1856年．部分．50年代から60年代にかけてボストンに現われた比例のとれた合理的な"リチャードソン以前"の建築の一例．

228. コマーシャル・ブロック，ボストン市コマーシャル街140番地，マサチューセッツ州．ボストン年鑑（Boston Almanac）1856年版より．図227に掲げた部分写真の建物の当時の版画である．

427

置を占めている．にもかかわらず，この建物は，シカゴ派の作品に強い刺激を与えているし，また，80年代にループ（シカゴ業務中心）に建てられた他の建物にも，その特徴がある程度反映している．

ルイス・サリヴァンは，自分と同じ時代の建築に対しては公正な見方ではあるが，特にきびしい批評を下している．しかし，その彼にとっても，このマーシャル・フィールド・ストアは，当時の誠実さの疑わしい大厦高楼の砂漠の真只中の，一つの「オアシス」であった．彼の著書『幼稚園の閑談』（Kindergarten Chats）の中で，彼がこの建物について話しかけた相手の「青年」は，皮肉な驚きをみせながら，こう問い返している．

「あなたは，私にとって見るに値いする良い建築が一つでもあるとおっしゃるのですか？」「いや，私は，君が注目すべき人間が一人ここにいるといっているのだ……ここでは石やモルタルは生命の中に根ざしていて，もはや単なる素材でもなく，みにくいものでもない……そこには健全さと生命の息吹きがあり，自然に由来する本質的な衝動が見られる．」[36]

われわれは，このような詩的な幻想をさえぎって，ただ，こう問いかける．この建物は一体何か？　ロマネスクか？　フィレンツェ・ルネサンスか？[37]だが，これほどさかのぼってみる必要があるのだろうか？　この建物の原型を，リチャードソンがその建築的な第一印象を受けた，あの荒けずりな石壁に求める方がもっと素直ではなかろうか？平坦などっしりした石造壁は，そのごく当初から，つまり，独立戦争時代の堡塁工事から，リチャードソンがハーヴァード大学の学生だった頃の商業用建物に至るまで，アメリカ建築の基本的な要素の一つであった．この商店は，冷静に見れば，ロマネスクのような印象を与えるが，それでいてまったくこの土地固有のものであり，アメリカの生活の中に成育してきた諸要素を芸術的に変形させたものであった．

---

36)　*Kindergarten Chats*, p. 15 (Lawrence 〔？〕, Kansas, 1934).

37)　ヒチコック（Henry Russel Hitchcock）は，そのリチャードソン伝の中で，リチャードソンがロマネスク様式に到達するようになるまでの種々の段階をきわめて慎重に跡づけているが，その説明には（不可避的に）大きなギャップがみられる．

229. H. H. リチャードソン　　マーシャル・フィールド卸売商店, シカゴ, 1885年. リチャードソンはここで, 平坦でマッシヴな石壁というアメリカの伝統を継承している.

融通性のある自由な平面

アメリカとヨーロッパの農家

アメリカの建築は, 最初の移住者が到来したその当初から一つの傾向を保持してきた. すなわち, アメリカの住宅は, 新しい社会経済的な条件が許すようになった時には, いつでも拡張できるような平面をもっている. この点は, ヨーロッパの行き方と鋭い対照を示している. ヨーロッパでは, 農家は初めから一つの決まりきった立方体の単位として計画されている. 時に, 子や孫の代になって, もっと広い居間が必要になる時に備えて, 内部を未完成のままで残しておくくらいのものである.

もとになる最初の単位に, 新しい単位を付け加えてゆくアメリカのこういった習慣

429

は，17世紀以来残っているニュー・イングランドの住宅に見ることができる[38]．これらの重々しい木造の家屋は，初めはすべて1階半か，（たいていは）2階建で，1階は単に1室になっている．つぎの世代が周囲環境を改善しながら，この祖先伝来の核を水平方向と垂直方向に拡張してゆく．新しい屋根は，まったく非対称的にこれらの付加部分全体に広げられた．しかし，ここで重要なことは，一般によく行なわれた建物の翼の追加である．融通性に富んだ不定形な配置の起源であるL字型の平面がこの種の平面計画から発展した．

住宅はいつも拡大されるばかりではなかった．時には，メイン州のキッタリ（Kittery, Maine）にあるウィリアム・ペッパレル（William Pepperell）家のように，その後世には大きすぎるようになって切り詰められたものもあった．「この家族の邸は，その当時は現在よりも，それぞれの端が10フィート長く，美しい公園に囲まれて，もっと堂々とした構えであった．この邸は，アメリカ独立戦争後，1779年に，所有地が没収された時に切りつめられたのである．」[39]

18世紀末には，家屋の堅いオーク材の骨組を切って，いくつかの部分に分けることに誰もためらわなかった．こうして分割された部分は，新しい敷地に移され，思い通りの変更や拡張をして再び組立てられた．マサチューセッツ州サレムのチェスナット街34番地（Chestnut Street, Salem）の家は，まだ誰も気づいていないだろうが，こういう方法で建てられたものである（図230）．この魅力ある邸宅は，もともと一体につくられたものと思い込まれていたようであるが，実は3つの部分から建てられたものであった．「この家は，初めから現在の位置に建てられないで，この街に運ばれてきた家屋としては，この通りに現存する唯一のものである．……もとは，（ここから数マイル離れた）ダンヴァースのオーク・ヒル（Oak Hill, Danvers）の西農場にあった家の一部で，1824年頃2つに分割されてチェスナット街に車で運ばれたのである．」[40]その建築家が，この家の真中にパラディオ風の窓を付け加え，その当時好まれていた，

---

38) たとえば，マサチューセッツ州レキシントンのハンコック（Hancock）邸（1698年竣工，1734年拡張），ニュー・ハンプシャー州ポーツマスのジャクソン（Jackson）邸（1664年頃），マサチューセッツ州イプスウィッチのウィップル（Whipple）邸（1642年）．

39) *The Portsmouth Guide Book*, p. 145, 146 (Portsmouth, N.H., 1876).

40) Richard Hall Wiswall, *Notes on the Building of Chestnut Street*, p. 18 (Salem, 1939).

430

230. マサチューセッツ州サレム,チェスナット街34番地の家, 1824年. 左右両端は初めは他の家の一部であったが,このチェスナット街に車で運ばれ, そこに中央部分が新たに建てられたのである.

いわゆるパラディオ風の,つまり月並の形式的な平面に変えてしまったのである.

植民時代以来,アメリカでは普通の習慣になっていた融通性のある住宅の取扱いは,アメリカの住宅建築を解く鍵の一つである.アメリカでは他の国よりもしばしば見解が変るように思われているが,このことは住宅の分野では当てはまらない.ここでは連続的な成長が行なわれてきたのである.アメリカの発展は,われわれがヨーロッパで見出すよりも,はるかに多くの連続性を示しているし,また,現存する建築的遺産から将来に対する新しい要素を発展させる力をも,より多く示している.

90年代のアメリカの住宅内部

60年代と70年代のアメリカの出版物には,国内で行なわれていた種々様々の外国の影響が示されている.イギリス,ドイツ,フランス,スペイン,東洋——こういったあらゆる地域の様式が喜ばれていた.しかし,これらの様式もせいぜい最新の流行を二,三残したにすぎず,永続的にアメリカ建築を感染させたわけではなかった.ウィルヘルム・ボーデ(Wilhelm Bode)は1893年のシカゴ万国博覧会を訪れた際に,「ド

431

イツとは対照的に，近代のアメリカ住宅は，完全に内部から外に向って建てられている．それは特別な個人的な要求からだけではなくて，アメリカ国民の気質や習慣や要求にとりわけ良く合致しているのである．こういう習慣が顕著なために，合衆国の住宅建築は，われわれのドイツ建築をしのぐような長所をもっている」[41] と述べている．

およそ50年前にボーデを驚嘆させたことは，現在でもなおヨーロッパの観察者を感銘させるものである．彼はさらに，つぎのように記している．「廊下に沿った部屋の建具は，しばしば壁面の広さの半分もある引戸や可動間仕切でつくられている．しかも，これらのドアはほとんどいつも開いたままになっている[42]．こういう風になっているので屋内の種々の部屋の中を見渡すことができる．」ボーデが日頃見慣れていたヨーロッパ大陸のアパートメント・ハウスは，不必要に高い天井と，暗くて乱雑な部屋部屋，ごてごてした壁仕上をもっており，アメリカの室内と著しい対照を示していた．「アメリカでは，部屋の天井の高さは，われわれの気付いた所では，やや低目である．家具が入りすぎて乱雑になっている様子もないし，明るい色の壁と天井をもっている」[43] とボーデは述べている（こういったことは，ヨーロッパでは現代の建築家が，かなり争ったあげくやっと確立したことである）．

70年代における機
能的な平面計画

進歩したアメリカの住宅建築に関するボーデのこの報告は，早くも70年代に出版され

---

41) Wilhelm Bode, "Moderne Kunst in der Vereinigten Staaten", *Kunstgewerbeblatt*, Ⅴ, p. 115～117 (1894).

42) 今日に至るまで，ヨーロッパ人の住宅は多かれ少なかれ，依然として居住者の城である．そのドアは，まさに扉そのものであって，いつも閉じたままになっている．移動間仕切は廊下側には決して用いられない．それは内部の部屋をつなぐだけに用いられている．アメリカの住宅には，こういう思い切った移動間仕切があるばかりでなく，家の中のドアの大半には鍵もついていないし，戸棚や衣裳箪笥にも錠がついていない．ヨーロッパの窓には日除けとカーテンがついていて，ともに日没後おろされるが，アメリカでは普通，その両方共用いられていない．アメリカ人は家の回りにさえ滅多に柵をつくらないし，最近はガレージを廃して単なる雨除けの下に自動車を置こうとする兆候がある．フランク・ロイド・ライトは「自動車はすでに出来上っているのだから，ガレージはもはや必要ではない」といっている．「車庫は，取りはずしのきく頭上の雨除けと両側の壁で用が足りるだろう．」(*Architectural Forum*, 1938年1月号, p.79).

43) Wilhelm Bode, 前掲書, p. 117.

432

た通俗的な書物によって裏付けられている．ガードナー（Gardner）の『現実的な住宅と大衆のための住宅図鑑』(Illustrated Homes, Describing Real Houses and Real People)（ボストン，1875年)[44]のような書物が，健全な住宅建築の普及に力を貸していた．70年代のこういった書物が住宅の問題と取組んだ方法は，その時代をあわせ考えると驚嘆すべきものである．ここでは，普通予想されるような細部についての議論はまったく見当らず，住宅を一つの全体として，つまり，それぞれの特殊な場合に変化しなければならぬ単位として考えている．こういう書物の著者たちは，この態度をきわめて自然に身につけているので，論述の調子は，いつも軽妙，平易で，時には冗談まじりで書かれている．彼らはなにか特別な様式によって設計された住宅を扱っているのではなくて，ある特別な目的のために計画された住宅，つまり新婚夫婦のための住宅だとか，医者の住宅，富裕な実業家の邸宅——あるいは，さらに"老婦人"のための1室住宅といったようなものを扱っているのである．

老婦人と，彼女の家（図233，234）は，特に興味深い．これは，自分の希望を正確に知っている婦人の例である．「私は，ただ住むための家を建てたいだけで，それ以上のことは，なにも望みません……私の家は部屋を一つと物置部屋が4つ必要です．その一つは小さな更衣室に，もう一つは私の絹の衣裳を入れておく納戸にします．私には，絹の衣裳を人に呉れてやるといっても家庭宣教師の奥さん方以外にはあげる人もないし，宣教師の奥さん方は絹を着るはずもないので，絹の着物はどんどんたまっていくことになるでしょう．一つは陶器を入れておく物置で，この他に傘とオーヴァシューズを入れておくための物置が一つ必要です．」[45]密接に結びつけられた統一ある平面は，これらの要求を満足させるようになっているし，その空間は，アウト（J.J.P. Oud）の1920年の低家賃アパートメントの一つを思い起こさせるような経済性をも満たしている．

20年代にヨーロッパを支配したような機能的精神が，台所の問題の取扱い方にもっと明瞭に表われている．ガードナーは，もう一つの別な著書の中に，1920年頃のフラン

---

44) ガードナー（Eugene C. Gardner, 1836〜1915)は，この分野における通俗書の著者の一人であった．彼はオハイオ州トールミッジのトールミッジ学院（Talmadge Academy）の校長で，1885年から1887年にかけて，雑誌ビルダー（Builder）の編輯者であった．

45) Gardner の前掲書，p. 114.

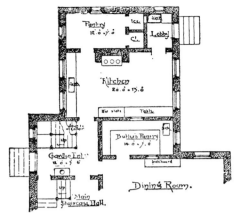

231. E.C.ガードナー　厨房，1882年．　　**232.** E.C.ガードナー　地方の邸宅，1882年．

クフルトの台所に非常に良く似た空間節約の方法を提案している（図231）．フランクフルトの台所の設計は，近代的な食堂車における空間の経済的な取扱い方から由来したもののようであるが，ガードナーは料理人や主婦の作業の問題を直接取上げることによって，その解決をつくりだしたのである．その台所は，「十分な壁面をとり，しかもレンジと貯蔵庫との間の距離をできるだけ短くするように」長くかつ狭くつくられている．また「十分な光を入れるためと，あわせて夏の微風を吹き込ませて，料理用レンジと食堂の間に新鮮な空気の流れをつくるために」その向かい合った側壁に窓があけられている[46]．

典型的なアメリカ住宅の内部は，できるだけ分割を少なくするようにしている．いろいろな部屋を一つに結び合わせたり，家屋の内部を開放的にしようという要求は，時には，90年代の古典復古様式の，割に大きな住宅の内部のように，室ごとに違った床高を用いるという形で現われてきている．

---

46) *The House that Jill Built*, p. 82 (New York, 1882). 高度に発達した技術的諸設備と細分化された組織をもった台所が，40年代のイングランドに初めて出現した．チャールズ・バリー（Charles Barry）によって1837年に建てられたロンドンのレフォーム・クラブ（Reform Club）の大厨房に関する興味深い説明がラルースの19世紀の辞典（Larousse, *Dictionnaire du XIX siècle*）の中に"Club"という標題の下に出ている．

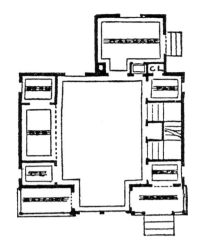 

233. E.C.ガードナー　"老婦人"のための1室住宅.

234. 建築家とある老嬢の依頼人. ガードナー著『住宅図鑑』（ボストン, 1875年）より.

無名のままでの発展

19世紀になると，アメリカ人もその様子を飾るほどの余裕がもてるようになったので，住宅もその好みに従って，ロマン派風だとかヴィクトリア朝風だとか，フランス・ルネサンス式，ロマネスク式，あるいはまた古典様式などいろいろな様式をうつした外観をもつようになった．しかし平面は一般的にいって，その健全さを失わなかった．この融通性のある不定形な平面は，全般的にはアメリカの標準的なものであったが，何ら偉大な名もつけられぬままに成長してきたものである．道具類や特許家具と同じように，それは，まったく無名のままであった．こういう平面は，住における快適さに対する強い欲求と，問題に直截に打込んでいくアメリカ人気質から自然に産まれてきたものである．フランク・ロイド・ライトは，こうして身近なところで知られぬままに発展してきていたこの融通性に富む平面の中に，基本的な諸要素を発見したのである．リチャードソンが80年代の初期に設計した住宅，特にシカゴの周辺やニュー・イングランドに建てた住宅で，このような平面計画を新しく芸術的に強調したことは疑いをはさむ余地のないところである．しかし，開放的な平面計画自体，つまり，融通性のある不定形な平面は，全般的なアメリカの発展の産物である．

435

シ カ ゴ 派

80年代のシカゴ

80年代のシカゴでは，一群の建物全部が，突如として，12階，14階，16階，23階という高さまで伸び上った．これらの建物は，他の都市のように離ればなれではなく，互いにごく接近して建てられた．それぞれ独自の外観と名称をもっていたが，その集合的な外観は決して無秩序なものではなかった．

アメリカの建物は，通常，非常に短命だから，これらの建物も，おそらく20〜30年のうちには，その全部が消え去ってしまうだろう．最良の実例の多くがすでに失われてしまっているし，さらに多くの建物が間もなく失われてゆく運命にある．

シカゴ派の最も力強い成長は1883年から1893年の間に見られる[47]．この期間の初期と末期の発展状況を，その当時の二人の人の声に聴いてみよう．

---

[47] 1883年から1893年までの，その発展期については，シカゴ派に関係のある作品はほとんど知られていない．グッドスピード（Goodspeed）出版社から発刊された *Industrial Chicago* 全6巻（Chicago, 1891〜1896）の中の最初の2巻は，建物関係の記事を取扱っている．この2巻は，アメリカの図書館で希に見出されるが，シカゴ派についてのヴァザーリの書ともいうべきものである．1883年以降の *Inland Architect* 誌（Chicago）の各巻もシカゴ派の発展にいくらかの洞察を与える．

Industrial Chicago 以外に，すぐれた説明図や平面図を求めるなら，*Prominent Buildings Erected by the George A. Fuller Company, Chicago*（Chicago ? 1893？）や *Fireproof Building Construction: Prominent Buildings Erected by the Geo. A. Fuller Company*（New York, Chicago, 1904）などが，挙げられよう．どちらもジョージ・A・フラー社から出版されたものである．ジョージ・A・フラー（1851〜1900）は，マサチューセッツの人で，シカゴで建設業者としての仕事を始めた．彼は，骨組式構造で仕事をした最初の建築請負業者の一人であり，われわれが，これから取上げる多くの建築物の建設に関係した．たとえば，タコマ，モナドノック，ポンティアック，ザ・フェア，リライアンス，マルケットの各ビルディングや，アッシュランド・ブロック（Ashland Block）を取扱い，カーソン，ピリー，スコット商会の百貨店ではルイス・サリヴァンとちょうど同じ期間この建物の仕事に関係していた．

なお，L. Schick, *Chicago and Its Environs: A Handbook for Travellers*（Chicago, 1891）のような，いくつかの案内書をも見落してはなるまい．その他のものについては後述する．説明図については，*Pictorial Chicago*（Chicago: Rand, McNally, 1893）を見よ．

その初期の時代については，T.A. Andreas, *History of Chicago*（Chicago, 1884）を見よ．この書には珍しい統計と挿図が載っている．

「1830年以降，この都市が人口や商業や建物の増加において……1882年ほど……驚くべき発展を示した時代は な かった．……その建物の性格は怪物的で豪華なものである[48]．（原文のまま）……貸室の申請と ほ とんど同時に1ブロックの建築許可が得られ，建物が完成しないうちに，その全部が借りられ，借りた者はその商売道具をもって入ろうと待機しているといった具合に，業務を行なう場所に対して，素晴らしい需要が存在している．つぎつぎと，ビルディングがあらゆる街区や通りから，この都市上空の雲の中へと伸び上っている．」[49]

大恐慌がシカゴとその業務活動の上に波及する直前の1893年に，その当時のもう一人の証人が，この時代の末期をつぎのように述べている．「シカゴでは，朝刊が市最大の事務所建築に対する契約許可の計算書を発表し，その日の夕刊が朝刊に報じられたものをはるかに凌駕する，別の建築契約のニュースを載せるといったようなことがしばしば起こっていた．」[50]

80年代には，市の業務中心であるループ（Loop）は，その諸問題に対してな された直截な思い切った処置によって，アメリカの大胆な手法をあますところなく例証することになった．すべての街区が，以前にはまったく見られなかったような方法で発展させられた．誰でもループを通ると，シカゴがその背後に広がる広大な地域の前哨点だという印象に打たれる．大きなビルディングがつぎつぎにそびえ立った頃のシカゴは，アメリカの西部や中西部の生産物の実際上の集散地であって，ニューヨークのような単なる巨大な株式取引所ではなかった．この大きな中心地の急激な成長が，その需要の突然の増大をもたらしたのである．それに歩調を合わせるために，差し迫った必要感が，それまでは橋梁や種々の工業的な工作物にのみ用いられてきていた構造の新しい可能性を使用させることになったのである．

まず最初に出現したのは，商事会社と保険会社の大きな事務所建築であった．同じような規模のビルディングが，つづいて他の需要に応ずるために出現した——市を通過する旅行者のための宏大なホテルや，アドラーとサリヴァンのオーディトリウムのような，事務所兼劇場兼ホテルといった組合わせの建物などが現われた．同時に，いま

48) The character of the buildings are 〔sic〕 monstrous and costly.
49) *Stranger's Guide* (Chicago, 1883).
50) *World's Fair Souvenirs* (Chicago, 1893).

437

だに十分な解決のついていない近代的なアパートメント・ハウスの問題が，着実にしかも大胆に取上げられてきた.

シカゴ派の出発点と
しての事務所建築

シカゴ派は近代的な事務所建築の創造，いいかえれば，管理中枢の創造と密接にむすびついている（図241）. シカゴのビルディングにおいて到達された解決策の中には，あらゆる種類の技術的な問題が含まれている. シカゴ派の創始者であるウィリアム・ル・バロン・ジェニー（William Le Baron Jenney）（1832〜1907年）[51]は，建築家になる前は技術者であった. 彼は完全な技術的基礎教育を受け，（南北戦争当時には）シャーマン工兵隊の少佐であった. シカゴの未来の建築家たちはジェニーの事務所で訓練を受けた. ウィリアム・ル・バロン・ジェニーは，シカゴの若い世代の建築家の教育という点で，ちょうどペーター・ベーレンスが1910年頃ドイツで行なったような，また，オーギュスト・ペレーがフランスで行なったのとまったく同じ役割を果たした. 彼は若い建築家たちに，学校では何の解決も与えられなかったような新しい問題に取組むのに必要な準備を与えたのである.

ウィリアム・ル・バロ
ン・ジェニーの役割

今日，ウィリアム・ル・バロン・ジェニーの構想力や勇気は十分に認められていない. ルイス・サリヴァンでさえ，彼を建築家としてよりも，むしろ，鑑識家として描いているし，私がシカゴで会ったサリヴァンの共働者の一人は，私に，ジェニーは，詳細や装飾には何の感覚ももっていなかったと語っている. 建築術的なディテールや様式的な名残りなどは，ジェニーの仕事の中ではまったく問題にならない部分である. なによりもまず，彼は1889年のライター・ビルディングで，大建築を鉄骨構造で建てる問題に最初の解決を与えた人であり，その解決の明快さと妥協を離れた自由さは，はるかに群をぬきんでていた.

ジェニーの経歴はすぐれたものであった. 彼はパリのエコール・ポリテクニーク（高等理工科学校）とエコール・サントラール（中央学校）で，その当時としては最高の技術的訓練を受けていた. ジェニーの事務所では，フランスの技術とドイツ人の装飾

---

51) Charles B. Jenkins, "W.L.B. Jenney and W.B. Mundie," *Architectural Reviewer* (Chicago), 1897年2月号を見よ.

専門家たちの方法とが結びついて，一風変った混合物をつくりだしていた．1873年に，ルイス・サリヴァンは若い初心者としてこの事務所で働いていた．そして彼は建築の中の"隠れた機能"について眼を開いたのである．サリヴァンの他にも（サリヴァンは，この事務所には彼の在籍していた他の多くの場所に比べれば，それほど長くとどまっていなかった），ジェニーのスタッフには，多くの未来のシカゴの建築家たち——マーティン・ロッシュ（Martin Roche）や，ホラバード（Holabird）や，さらに，後にジョン・ルートの共働者となったダニエル・バーナム（Daniel Burnham）のような人たちが，同時に，あるいは別々に所属していた．

ジェニーの手腕は，まず1879年に，ライター（Leiter）のために西モンロー街（West Monroe Street）280番地に建てたウェヤハウス（商品陳列倉庫）に，はっきり示されている（図235）．この建物は（いまだに現存しているが），外壁には煉瓦の柱形があり，後の"シカゴ窓"と同じような広いガラスの開口がある．内部には，この時代の典型的な鋳鉄の支柱が使われている．

高さの点でも構造の上でも新しい型のジェニーの最初の建物は，1884年から1885年にかけて完成したホーム・インシュアランス・カンパニー（Home Insurance Company）の建物[52]であった．この建物では，複雑な構造が統合されて，完全な統一体を形成するようになっていた．

構造の指導者としてのジェニー

ジェニーがホーム・インシュアランス・カンパニーの建物の仕事をしている間に，リチャードソンはマーシャル・フィールド・ホールセール・ストアとそのウェヤハウス（図229）を計画していた．この商店は，シカゴの建築家たちに，どうしたら大きなヴォリュームを謙虚にまとめることができるかという点で教えるところがあった．リチャードソンは，この建物に，威厳に満ちた取扱い方で，勃興する都市の生命力ともいうべきものを注入したのである．ジェニーのホーム・インシュアランス・オフィスと同様，大きな窓が強調されているが，その構造はむしろ保守的なものである．リチャードソンの重量感のある石造壁は，もっと初期の時代に属している．アドラーとサリヴァンがそのオーディトリウムを建てた際にも，内部の鉄構造は非常に大胆なものであったが，それでいて，やはり同じようにどっしりとした外壁を用いている．

---

52) 本書 p. 260参照．この建物は1929年に取り壊された時には，まだ健全であった．

235. ウィリアム・ル・バロン・ジェニー　最初のライター・ビルディング，シカゴ，1879年．外壁に煉瓦の付柱が見えるが，内部には鋳鉄柱が用いられている．広いガラスの開口部は，後の「シカゴ窓」を思わせるものがある．

当時の建築家たちは，ジェニーの鉄骨構造の採用にすぐには追従しなかった．しかし，彼のホーム・インシュアランス・カンパニーから3年後の1889年には，ホラバードとロッシュは12階建の鉄骨構造のタコマ・ビルディング (Tacoma Building) を建てている[53]．

その間，ウィリアム・ル・バロン・ジェニーは彼自身の道を歩み続けていた．彼は1889年に第2のライター・ビルディングを建てた．彼のマンハッタン・ビルディング (Manhattan Building)（図236）は，この当時の純粋な鉄骨構造による最高の建物で，1891年に完成している[54]．このマンハッタン・ビルディングは，比較的狭いディ

---

53) タコマ・ビルくらいの大きさの建物では，骨組式構造を採用した場合の貸室面積の増加は石造の場合に1階分追加した時の貸室料に相当した．これが骨組式構造が採用された理由である．タマコ・ビルディングの設計には，まだ，ある程度の決断力の不足が現われている．窓面積の合計は例外的に大きいが，個々の窓自体は非常に小さい．タコマ・ビルディングは1929年に取り壊された．
54) 「ディアボーン通に面するマンハッタン・ビルは，初めての地上16階，地下1階のビルで……高さは204フィート……1890年5月に設計され，1891年の夏に完成した．」(*Industrial Chicago*, Vol. I, p. 69, 1891).

440

アボーン(Dearborn)通りに面しているので，できるだけ多くの採光を得るために，ジェニーはホラバードとロッシュがタコマ・ビルディングでやったように，その前面に張出窓をめぐらした[55]．しかし，これらの窓には，形態上きわめて細心の変化がつけられていて，さえぎるもののない上階では，張出窓はまったくなくなってしまっている[56]．

ジェニーは，1891年にシカゴの大きなデパートメント・ストアの一つである"ザ・フェア"(The Fair)を建てた．ディアボーン通，アダムズ通，ステート通に面するこの9階建の建物では，ジェニーは，鉄骨をその設計上の決定的な因子とするという彼の原則に立ちもどっている．ザ・フェアの1階と2階は，ほとんどがガラス張りである（図237，238）．この特徴は，できるだけ大きな陳列面積を設けたいというこの店の所有者の要求に応じたものである．

236. ウィリアム・ル・バロン・ジェニー　マンハッタン・ビルディング，シカゴ，1891年．多くの異なった形の張出窓は，この狭い街路に射入する光を残らず捕えようという意図から造られたものである．したがって障害物のない上階にはぜんぜん使用されていない．

---

55) 「採光と室内空間の取扱いが，どんな既成様式よりもすぐれていた」（同上）．
56) このマンハッタン・ビルディングの写真は，*Inland Architect* 誌，Vol. XIII，No. 8 (1889) から複写したものである

新しい可能性による市の容貌の一変

このシカゴ派の精神，最も単純な，最も自明な解決を得ようとするその衝動は，まもなくループの全地域を支配するようになった．シカゴ派の作品が，つぎつぎと湧き出るように出現した．

バーナムとルートは，1891年に彼らのモナドノック・ブロック（Monadnock Block）をディアボーン通とジャクソン通の角に建てた．これは純石造壁をもった高層建築の最後のものであった．当時の一批評家——モンゴメリー・シャイラー（Montgomery Schuyler）——は，それを「高層事務所建築の中で最もすぐれたもの」[57]と呼んでいるが，これはシカゴ派の代表的なものではなかった．その表現は，新しい可能性から生まれたというよりも，建築的な洗練から導かれたものである[58]．しかも，重い石造壁は高層ビルディングの問題に対する良い解決策ではなかった．その比較的小さな窓寸法は，石造壁がこの建築家たちを制約した限界を物語っている．

モナドノック・ブロックの斜め向いに，バーナムとルートの別の建築，グレート・ノーザン・ホテル（Great Northern Hotel）（1891年，図242）がある．そのすっきりした煉瓦の正面は，事務所建築で用いられてきた“シカゴ窓”を，ホテルの部屋に移したものである．ジェニーのザ・フェア百貨店も，ちょうどこの頃に建てられた．3年後の1894年に，ホラバードとロッシュは，この通りのずっと下の方に，マルケット・ビルディング（Marquette Building）を建てた（図239）．

---

57) Harriet Monroe, *John Wellborn Root*, p. 141, 142 (New York, 1896).

58) この時代には，奇妙な現象だが，投機師や投資顧問などの嗜好の方が時に建築家のそれよりも進歩的であった．「モナドノック・ビル——ルートはこれを“ジャンボ”（巨獣）と呼んでいた——は，石造壁をそのまま見せている高層建築最後のものであった．この建物の資金を管理していたボストンのアルディス氏（Owen F. Aldis）は，ルートの当初の二，三のスケッチをあまりに装飾的すぎるといって断わり，極端な単純さをバーナムやルートに要求していた．ルートが海浜に出かけて2週間留守をした間に，バーナムは上から下まで，妥協のない無装飾のファサードの設計を製図者の一人に命じた．帰ってきたルートは，この煉瓦の箱のような設計図をみて，最初はひどく憤慨したが，やがて，ことの真意に深く共感するようになった．そして，ある日アルディス氏に向って，エジプトのパイロンの重厚な傾斜の線がこのデザインの基調として納得される旨のことを話し，この建物を“なんの装飾もつけずに仕上げよう”と語っている」（Harriet Monroeの前掲書，p. 141）．

237. ウィリアム・ル・バロン・ジェニー　ザ・フェア・ビルディング，シカゴ，1891年．この設計では鉄骨がその決定的な因子になっている．

238. ウィリアム・ル・バロン・ジェニー　ザ・フェア・ビルディング，シカゴ，1891年．鉄骨．

239. ホラバードとロッシュ マルケット・ビルディング, シカゴ, 1894年. その前面は, "シカゴ窓"の広い広がりと簡潔さによって際立った希に見るすぐれた釣合いを示している.

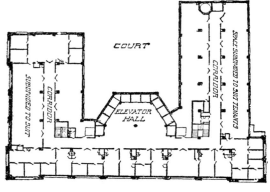

240. ホラバードとロッシュ マルケット・ビルディング, シカゴ, 1894年. 分割されない事務室を持った基準階平面図. このようなビルディングではほとんど, 各階の大部分が間仕切をつけないで, 後で借主に適した分割ができるようになっていた.

マルケットの前面は，その簡潔さと"シカゴ窓"の広い広がりも堂々と，希に見るすぐれた釣合いを示している．この建物は90年代の典型的なシカゴの事務所建築の姿を伝えている．室内の１インチといえども日光が射し込まないところがないようにという注文主の要求は完全に充足されている．通りからは，このマルケットの建物は閉鎖型ブロックのように見えるが，実際は，裏側でE字型に切り込まれている．Eの字の真中の棒の所は，この建物では比較的暗い部分だが，そこには全エレベーターが集められてエレベーター・ホールに使われている．たいていこの種の建物と同じように，床面積の大部分は，後に借主に都合よく分割されるように，間仕切なしに建てられていた（図240)[59]．

アパートメント・ハウス[60]

シカゴでは，大規模な住宅建設やホテルやアパートメント・ハウスの問題は，市の事務所建築に見られたような明快さで処理された．70年代のシカゴ大火の直後，小さな個々の住宅から，大きな高層のアパートメント・ハウスへ移行する傾向が始まった——この事実は『インダストリアル・シカゴ』の中の無名の筆者の言によるものである．この筆者が書いているように，「近代的なアパートは，家を所有したり維持したりすることから免れたいと願う人たちにとっては，まさに宮殿であった」[61]．

これらの建築のうちのあるものは，その内部構成や建築的な細部は驚くほど大胆かつ進歩的なものであった．今日でもまだ十分に公式化されていないような解決法が，１

---

59) J.K. Freitag, *Architectural Engineering, with Special Reference to High Building Construction*, 3rd ed., p. 38 (New York, 1912). フライタークの著書は，シカゴ派の最もはなやかな時期についての数少ない技術書の一つである．この書物は豊富な技術的詳細と多くの重要な建物の平面を載せている．

60) *Industrial Chicago*, 第Ⅰ巻，第7章の「近代的アパートやその他の住宅について」および *Inland Architect* 誌のつぎの各号にある図と説明を参照せよ．1884年8月号，p. 8, 15；1887年1月号，p. 101；1890年12月号，図版（Ricardi apartments)；1897年10月号，図版（Cary apartments)；1887年3月号，p. 28と図版；1893年2月号，図版（the "Kenwood")；1893年11月号，図版（the "Omaha")．

61) *Industrial Chicago*, I, p. 254.

世代前のこれらのアパートやホテルに、すでに、その片鱗を現わしていた。このこと
はちょうど、現代の業務中心や都市中心が、シカゴのオフィス・ブロックに先鞭をつ
けられたようなものであった.

アドラーとサリヴァンのオーディトリウムは、この初期の発展段階の一つを印しづけ
ている。この巨大で複雑な建築物は、単に実際的なオーディトリウムや事務所建築と
して建てられただけでなく、大きなホテルでもあった。このホテルは多くの点で注目
に値する。その階段室は印象的な力強さを現わしているし、その酒場の台は非常に長
く、垂直の支持柱なしに、大きく開いた張間に、台の前縁に平行に天井に沿って架け
渡された重々しい梁が、その長さを強調している。その最上階の食堂は、（その後、
他の用途に変更されたが）幅の広い筒形天井になっていて、主要なオーディトリウム
の部分とうまく調和している[62].

市の南側にあるハイド・パーク・ホテル（Hyde Park Hotel）は、1887年～1891年に
セオドア・スターレット（Theodore Starrett）とジョージ・A・フラー（Greorge A.
Fuller）によって建てられた。湖岸に近い51番街のその敷地は、この当時は、ほとんど
田園地帯であったが、その後、その付近は激しい発展を示してきた。「このホテルに
は、2ないし5室を1組とする300の部屋があり、……50組には専用の浴室と白熱電
燈の設備がついていて……スチームで暖房されている。」[63]この建物は、8階建で、広
い窓と――もう一度『インダストリアル・シカゴ』を引用すれば――「建物の回りに
広がっている非常に大きなヴェランダ」がついていた.

これらのアパートメント・ハウスのうちのあるものには、5室1組の内部をひとつな
がりにしてしまえるように可動間仕切がついていた。オハイオ通とラッシュ通の北西
の角にあったリーンダー・マッコーミック・アパート（Leander McCormick flats）の
内部もこのようになっていたが、このアパートは後のヴァージニア・ホテル（Virginia

---

62) この当時の最も優秀なこの劇場の詳細
な記述については、Hugh Morrison,
Louis Sullivan (New York, 1935)を
見よ。この書には平面図も記載されて
いる.

63) *Industrial Chicago*, I, p. 460.

241. 90年代初期のシカゴ：1891→
年頃のランドルフ通り（Randolph
Street）。ここにある大きな建物
は、バーナムとルートによって、
1891年に建てられたアッシュラン
ド（Ashland）事務所である.

446

242. グレート・ノーザン・ホテル, シカゴ, 1891年. シカゴの事務所建築でなしとげられた進歩は, 後に引き継がれて, 工業時代に適したホテルやアパートメント・ハウスの型を生み出すに至った.

Hotel) である. この建物を建てた建築家は, クリントン・J・ウォーリン (Clinton J. Warren) で, バーナム・ルート建築事務所の作品であった[64].

パイン・グローヴ通りのブルースター・アパート (Brewster apartments) は90年代の初めに建てられたもので, いまだに現存している. これを設計した建築家ターノック (Turnock) は, 若い頃にウィリアム・ル・バロン・ジェニーの下で働いていたことのある人である. この建物の主要階段の踏板は, ガラス板でできていて光が屋上の天窓から全8階の建物を通して射入するようになっている. 周知のごとく, ル・コル

---

[64] この建物は, 数年後に取り壊されて, その敷地跡は今は駐車場として使用されている. 当時のヴァージニア・ホテルは, ドレイク・ホテル (Drake Hotel) と並んで市の最高級のレズィデンシャル・ホテルの一つであった. P.T. Gilbert and C.L. Bryson, *Chicago and Its Makers*, p. 529 (Chicago, 1929) の挿図を参照せよ.

ビュジエは約40年後にジュネーヴのアパートメント・ハウス，メゾン・クラルテ（Maison Clarté）（1932年）で同じような解決に到達している．

われわれはシカゴの発展途上に現われた建物のうちのごくわずかなものしか指摘することができなかった．この分野は，その重要性が長い間見過ごされてきた分野であって——実際，見過ごされた期間があまりに長すぎたために，建物にしろ文書にしろ，それらが示したものの正しい洞察に先立って失われてしまっている．シカゴのこれらのアパートメント・ハウスは，ヨーロッパで見受けられるものとは非常に違った，一種の大規模な住宅建設への第一歩を示している．しかし，この方面での進歩も，つぎの世代になると大部分抹殺されてしまった．大きなアパートメント・ハウスやレズィデンシャル・ホテルに対する反動が起こり，家族単位の独立住宅に新しく関心を集中させる傾向と結びつくことになった．フランク・ロイド・ライトは，この後者の動きにおける傑出した人物である[65]．

1893年に，これらのシカゴ建築は，フランスの一観察者——小説家ポール・ブールジェ（Paul Bourget）に，「美の一原則としての必要から生まれたその単純な力」によってつぎのような感銘を与えている．「これらの記念的な建造物や街路には，少しの気まぐれも，むら気も見当らない．それらは，あたかも，自然力のようなある種の非人格的な力，抗しがたい非情な力がつくりだしたもののように見える．そこでは，人間は単に従順な道具でしかなかったかのようだ．それは，私の感情には詩を与えながらも，都市には悲劇的ともいうべきものをつくりだした近代商業の圧倒的な大きさを如実に表現している．」[66]

シカゴ派には多くの点で重要性が認められる．シカゴ派の人たちは，シカゴの日常生活構造の中の恒久的な，重要な部分を構成している建造物に，新しい技術的な可能性を初めて表現的に使用したのである．彼らは単にわずかな個々の見本的な建物をつく

---

65) この過程については，Purcell, Feick and Elmslie, "The Statics and Dynamics of Architecture," *Western Architect* 誌，1913年1月号 p. 1と1913年4月号 p.35にあるカリフォルニアにおけるギル（Irving J.Gill）の作品についての記事を参照せよ．1913年8月号にはグリフィン（Walter Burley Griffin）の彼自身の手になった二，三の郊外発展計画についての記事が載っている（p. 66）．

66) Paul Bourget, *Outre Mer*, Vol. I, Chap. Ⅴ. その引用文が Harriet Monroe の前掲書 p. 136, 137に出ている．

449

りだしたのではなくて，新しい建築で業務地域全体をおおってしまった．つまり，彼らの仕事は一大近代都市の全貌を一変してしまったのである．

純粋な形態へ

シカゴ派の行なった革新

シカゴ派の建築家たちは新形式の構造を採用した．すなわち鉄骨構造である．その当時，この形式は，いとも簡単に"シカゴ構造"と呼ばれていた．

彼らはシカゴの泥深い地盤の問題に対処するために新しい種類の基礎を考案した．すなわち筏地形[67]である．彼らは水平に長く延びた窓を導入した．すなわち，"シカゴ窓"である．

彼らは近代的な業務管理用ビルディングをつくりだした．

建築史におけるシカゴ派の重要性は，まさに，かかる事実によるものである．すなわち，19世紀において初めて構造と建築，技術者と建築家の間の分裂がいやされたという事実である．この分裂は，その世紀の前半を通じて，顕著な徴候を示していた．シカゴ派は，驚くべき大胆さで，構造と建築とをまったく同じ表現のうちに統一するような形態，つまり純粋な形態を出現させようとしてきたのである．

その目的についての当時の表明

80年代のこれらのシカゴの建築家たちは，自分たちの大胆さをよく承知していた．1890年に，ジョン・ルート（モナドノック・ブロックの設計者）は，近代的な業務用建築についてつぎのように述べている．「こういう建物に繊細な多くの装飾を余分につけ加えるのは，無用というよりも間違ったことである．……むしろ，これらの建物には，マッスとプロポーションによって，もっと本質的に，近代文明に潜む偉大な不変

---

67) 筏地形（floating foundation）というのは，地耐力の少ない地盤において，上部の負荷重を筏状に広面積に広げて地盤の単位面積当りの荷重を小にする基礎の工法である（訳注）．

450

の力についての考えを伝えるようにすべきである.」

「私が示してきたような方法は，結果的に，建築の設計を基本的な諸要素に分解して
しまうことになろう．これらの建物は，内在する構造が非常に生気に満ちたものにな
ってきたので，外面的な形態の全面的な再出発を命じざるを得なくなったのである.
また，すべての商業上や構造上の要求が避け得られないほどのものになっているの
で，これらを表現するために用いられる建築の細部は，すべて，これらの要求によっ
て制限されざるを得ない．こういう情況の下に，われわれは時代精神を十分身につけ
ることによって，この時代の建築に，真の芸術的な形態を与えるという明確な目的を
完遂しなければならないのである.」[68]

シカゴ派が，その発展過程においてもたらした仕事量は莫大なものであったが，ここ
では3つの建物を取上げてみることにする．それぞれ，別個の建築家によるものだ
が，いずれもみな，形態の純粋さを獲得しようとするシカゴ派本来の衝動を明確に示
している.

ライター・ビルディング，1889年

純粋な鉄骨形式の最初の
建築，その美学的重要性

ウィリアム・ル・バロン・ジェニーは，1884〜1885年のホーム・インシュアランス・
ビルディングで，シカゴ構造の最初の例をつくりだしただけでなく，さらに，自ら荷
重を支持する壁（自耐壁）の一つもない最初の建物，ライター・ビルディングを建て
ている．これによって構造的な方法の純粋さが，建築の中に，それに相当するものを
見出したように思われる．ライター・ビルディングは，その歴史的な様式の拭いにく
い痕跡も，ここでは無視しうるような役割しか演じていないような表現にまで到達し
ている.

ライター・ビルディングは1889年にヴァン・ビューレン通りとステート通りの間の一

---

68) シカゴ芸術研究所（Chicago Art Institute）で目を通した一論説のうちに記載さ
れていたが，この他，*Inland Architect* 誌1890年6月号にも発表されている.
Monroe の前掲書 p. 107 に引用されている.

451

街区いっぱいに計画された（図243）[69]．ジェニーは間口400フィート，8階の高さを
もった前面を，単純な大きい構成単位を用いて巧みに処理している．骨組が外部に出
てきて外壁をいくつかの大きな方形に分け，この建物の支配的なアクセントになって
いる．これらの各方形部分は，"耐火金属製の柱だけで区画された"[70]板ガラスの窓
で満たされている．

ル・コルビュジエの1932年の案

建築上の手段として，このように骨組を使用しようとする考え方は，現代建築におい
て，さらによりいっそうの発展をみせている．ル・コルビュジエの1932年のジュネー
ヴのアパートメント・ハウス，メゾン・ド・ヴェール（ガラスの家，メゾン・クラルテ）
は，こういう発展の最近の段階を示している（図244）．

当 時 の 反 響

ジェニーと同時代の人たちは，彼の仕事の意義を認めていたように思われる．『イン
ダストリアル・シカゴ』（1891年）の無名の執筆者でさえ，ジェニーの仕事について語
る時は，その書の他のところで示しているような冷静な態度を暫時棄て去っている．
「それは最上級の鉄橋を建設する際に用いられるのと同程度の科学と，あらゆる点に
ついての厳密な検査に基づいて建てられている．その飾り気のない平坦な外観は，堂
堂たるプロポーションを示している．前面の大きな柱型が，清楚な嫌味のない軒蛇腹
までずっと通して建て上げられている．空間や採光，換気，安全を考慮して設計され
た，このライター・ビルディングは，あらゆる点で，その目的にかなっている．」この
建物について，彼はさらにつぎのような感嘆の言葉を洩らしている．「1個の巨大な
構築物……健全な外観をもち，優美で，軽快で，しかも堅牢な建物が，大都市の大建
築群に加えられた．……ブオナロッティ（Buonarrotti）がキリスト教最大の寺院を建
てた頃には，夢にも考えなかったような様式の大商業建築物である．」[71]

ライター・ビルディングは，純粋な形を使用しようとする傾向を示した最初の高層建
築だと思われるが，そのことは今日でも少数の専門家を除いてはほとんど知られてい

---

69) 「その建物はステート通の東側に位置し，ヴァン・ビューレン通からコングレス通
　　まで広がることになる．8階建で，3本の道路に面する明るい灰色のニュー・
　　イングランド花崗岩でつくられることになろう．構造は鉄骨構造，石で外部の柱
　　を保護する．この建物は，全館が一大小売商店となるように計画されている．」
　　(*Inland Architect*, Vol. XIV, No. 1, p. 10, 1889年8月号).
70) *Industrial Chicago*, I, p.205.
71) *Industrial Chicago*, I, p.204, 205.

452

243. ウィリアム・ル・バロン・ジェニー　ライター・ビルディング,シカゴ市ヴァン・ビューレン通り,1889年.鉄骨が建築的表現手段になっている.

244. ル・コルビュジエ　メゾン・クラルテ，ジュネーヴ，1930～1932年．鉄骨造の諸性質が住宅に用いられている．

ない．その重要さは，その高さにあるのではない——それは，12階や20階というよりも，たまたま8階にすぎなかった——その重要性は，構造のうちに示されたものと，建築として表現されたものとの間の一致にある．ライター・ビルディングは，こういう建築の純粋性の出発点を印しづけるものとして，建築史上無視すべからざるものである．

リライアンス・ビルディング，1894年

> シカゴ派の経験がこのガラスの塔に集成されている

ジョン・ルートは1891年に没した．彼の共働者であったダニエル・バーナムは，その後，古典派に転向し，ニューヨークでのやり方に見ならうようになった[72]．しかし，

---

72) Peter B. Wight, "Daniel Hudson Burnham and His Associates," *Architectural Record*, Vol. XXXVIII, No. 1 (1915年7月号).

245. バーナム事務所設計リライアンス・ビルディング，シカゴ，1894年．この建物は，その釣合の純粋さと軽快感によって，シカゴ派精神の象徴化に役立っている．シカゴ派最後の作品となった．

246. ミース・ファン・デル・ローエ　ガラスの塔の計画案，1921年．ファンタジーの世界への近代的な出立．もっとも，その考え方のなにがしかは，すでにリライアンス・ビルディングにおいて先鞭をつけられていた．

1894年に彼の亡き同僚の考え方によった建物が，もう一つ，バーナムの事務所から現われた．それはステート通りのリライアンス・ビルディング（Reliance Building）で——シカゴ派の"最後の作品（Swan Song）"[73]であった．広い意味でいえば，おそらくこの建物は，シカゴの土壌そのものから成育したもので，この都市の高度な建築水準を反映したものといえよう．

リライアンス・ビルディングは，15階の高さのガラスの塔である（図245）．基部は，いくらか暗い目立たぬ石でできていて，そこから上に高くそびえ立っているガラスや輝く白いタイルの塔と鋭い対照をなしている．陸屋根の軒庇は単なる薄いスラブで，

---

73)　「リライアンス・ビルディングはデザインの独自性に基づいた古い伝統——バーナムとルートの作品を有名ならしめた古い伝統——の"最後の作品"であった．この建物は，今日われわれの矛盾を示すシンボルになっていて，われわれが，安易な仕事振りに近づこうとしたような場合に，アメリカ建築の，真に表現的な様式を約束づけるものが，新しい流行の気まぐれな導入によって，破壊されるという警告を発している．」A.N. Rebori, "The Work of Burnham and Root," *Architectural Record*, Vol. XXXVIII, No. 1, p. 62(1915年7月)．

保護の役割以上には強調されていない．そこには尊大な石の軒蛇腹はまったく見当らない[74]．

水平に均整のとれた“シカゴ窓”の巧みな処理の蔭には，10年間の経験が潜んでいる．シカゴ派の初期のオフィス・ビルディング（たとえば，すでに壊されてしまったルートとバーナムによるタコマ・ビルディング）では，弓形の張出窓が，幾分デザインに関係のない遊離した部分になっている．リライアンス・ビルディングでは，窓は採光のために要求される以上には突出していない．窓はその建物のガラス本体のうちにすっかり一体化されてしまっている．

このガラスの塔はいまだに現存している．その輝かしい白いタイルは埃でおおわれてしまったが，その軽快さと純粋なプロポーションは，この建物をシカゴ派精神のシンボルたらしめている．建築史において，この建物もまた，注目されずにきたということは実に奇怪なことである．この建物こそ19世紀の最もすぐれた精神を立証するものである．

ミース・ファン・
デル・ローエ，1921年

ミース・ファン・デル・ローエ（Mies van der Rohe）のガラスと鉄の摩天楼案は，1921年におけるヨーロッパ建築家の夢であった（図246）．このような幻想的な案の出発点は，おそらく，これより約30年前のリライアンス・ビルディングのような作品の中に求められるだろう．しかし，このシカゴのビルディングは，夢想への刺激以上のもの，将来に対する建築的予感であったといっても差支えないであろう．

サリヴァンのカーソン・ピリー・スコット・ストア，1899〜1906年

1899年，ルイス・サリヴァンは，有名な当時の「世界最大の繁華街」に当るステート通りとマディスン通りのシュレージンガー・アンド・メイヤー・ストア（Schlesinger & Mayer Store）を改築し始めた．この工事は1899年と1903〜1904年および1906年の3

---

74) 架構が重い石造部分で混乱され，しかも広大な軒蛇腹をつけたニューヨークにあるバーナムのフラッタイアン・ビルディング（Flatiron Building, 1902）とこの建物との間には，この点で著しい相違が見られる．

457

247. ルイス・サリヴァン カーソン・ピリー・スコット商会の百貨店, シカゴ, 1899～1904年. 3期工事に分けて, ステート通りとマディスン通りの「世界最大の繁華街」に臨んで建てられた. 隅角部の円い塔は所有者の要求によって付け加えられたものである.

期に分けて行なわれた[75]. 1904年の夏に, 完成した部分が, カーソン・ピリー・スコット商会 (Carson, Pirie, Scott firm) に引取られた. 第3期工事の部分は上記会社のためにダニエル・バーナム建築事務所によって建てられたが, 最初の1期と2期の部分に対するサリヴァンの設計は, あまり重要でない二, 三の変更だけで実現された (図247).

卓越した強さと正確さ

その複雑さにもかかわらず, このサリヴァンの建物は, 表現上の強さにおいて卓越している. その内部は, やはりウェヤハウス・タイプ (商品陳列倉庫形式) のもので, ひとつづきの切れ目のない床面になっている. 前面は採光という欠くことのできない機

---

75) 第1期の部分は高さ9階, 幅約60フィートの3スパンであった. 第2期は, 高さ12階で, 幅は150フィートであったが, その他の点では第1期の部分と同じデザインのものであった. 最後の第3期工事の部分は, 幅が105フィートであった. ヒュー・モリソン (Hugh Morrison, このストアの建築的な重要さを認識した最初の一人) は, その入念な研究 *Louis Sullivan, Prophet of Modern Architecture* (New York, 1935) の p. 197 以降に, この建築について詳細な説明を与えている.

能を満足させるように設計されている．その基本的な要素は，鉄骨の架構と合致する
ように処理された素晴らしく均一な，水平に伸びた"シカゴ窓"である．その全正面
は，この時期の他のどの建物も対抗し得ないほどの強さと正確さをもって仕上げられ
ている．このような明快な背景に対しては，プロポーションのほんのわずかな相違で
もただちに感じとられるだろう．薄い金属製の枠のついた窓はファサードに鋭く切込
まれている（図248）．下層階の窓は，テラコッタに刻み込まれた装飾の幅の細い線で
つながれている．この線はあまりにほっそりしているので，写真では見にくいが，正
面の水平的な構成を強調する助けになっている[76]．

パヴィリョンの導入

サリヴァンの世代の建築家たちは，新しい解決を目指しながらも，彼ら自身19世紀の
伝統によって引留められがちだった．彼らは，すでに述べたような分裂した性格に悩
まされていた．サリヴァンのカーソン・ピリー・スコット・ビルディングには，19世
紀建築家の分裂した性格が感じられる．隅の所の細い垂直のリブと窓ガラスのある円
塔は，この建物の他の部分の性格とまったく喰い違ったモティーフを唐突に持ち込ん
でいる．建築主たちは，彼らの昔の店舗についていた楼閣をしのばせるものとして，
この曲線の付加物を要求したのである（この曲線の付加物については，エッフェルと
ボワローの1876年のボン・マルシェ百貨店における様式的残渣としてすでに注意して
おいた）．しかし，このことだけが，サリヴァンのように意志の強固な人間の作品に
影響したとは考えられない．

1900年頃，それが完成した時には，この商店は，当時の人達には流行遅れのように思
われた．この頃までに当時の人たちは，ニューヨークの建築家たちの"商業古典主義"
や，業務用建築を商業宮殿に歪曲するということに，身も心も奪われてしまっていた
のである．30年間，ニューヨークのアカデミックな建築の老練家たちがアメリカ全国
を支配していたのである．

サリヴァンのその
他の建物との対照

カーソン・ピリー・スコット・ストアは，シカゴ派の後期の作品の一つであって，ル

---

76) ジョージ・エルムスリーについては，すでにサリヴァンの忠実な協力者として述
　　べたが，彼はサリヴァンの建築の大部分の装飾を設計した．その装飾は同時代の
　　アール・ヌーヴォーの影響を受けていない．

459

イス・サリヴァンの個人的な傾向よりも，シカゴ派の仕事を支配していた匿名の精神によって形づくられているように思われる．サリヴァンの最も有名な建築——セント・ルイスのウェンライト（Wainwright）（1890～1891年）から，バッファローのプリュデンシャル（Prudential）（1894～1895年）や，ニューヨークのベイヤード・ビルディング（Bayard Building）（1897～1898年）に至る建物——において，引続き彼は外壁端の柱を強調して，その設計に垂直的な要素をアクセントとして用いていた．彼は細い柱を使って，建物全体に，ゴシックの寺院に見られるようなきびしい上向き方向の運動感を与えている．

片寄らぬ網状組織としての骨組

しかし，架構は，それが鉄，あるいは鋼，または鉄筋コンクリートのいずれであっても，元来（垂直にも水平にも）片寄らぬ中立的な空間の網状組織である．その「籠構造」（ケージ・コンストラクション）は少しの片寄りもなく完全な公平さで，どのような固有の方向ももたずに，空間のヴォリュームをくまどっている．サリヴァンは，その典型的な建物では，この網状組織の中の垂直方向の力線を強調したのである．しかし，カーソン・ピリー・スコット・ストアでは，サリヴァンがこの建物のファサード上に映し出すために選んだのは，骨組構造本来の中立的な片寄りのない均衡であった．

シカゴ派の影響は，折衷主義の流入によって，間もなく断ち切られてしまった．シカゴ派の偉大な建築家であったルイス・サリヴァンは，アメリカ中西部の次代の建築家たちにその影響を及ぼした（フランク・ロイド・ライトが，この世代の卓越した人物として出現することになった）．20世紀の最初の10年間は，シカゴ派の伝統は，若い人たちのうちの幾人かの作品の中に生き残っていた．ジョージ・エルムスリー（George Elmslie），ヒュー・ガードゥン（Hugh Garden），ジョージ・メーヤー（George Maher）グリフィン（Griffin），トーマス・トールミッジ（Thomas Tallmadge），その他二，三の人たちがそれである．彼らが建てた建物のうちのいくつかは，ヨーロッパに勃興しつつあった新しい世代への啓示として役立ったかもしれない．しかし，彼らは自分たちの国アメリカの，それに対応する新しい世代のグループに影響を与えるという点では完全に失敗した．文学的な建築教育が，若い人たちをシカゴ派の原則から切り放し，さらに，彼らの個性をも破壊してしまった．シカゴ派の生き残った人たちは，孤独のうちに勇気を失い，彼らの多くは，比較的順調な時代に示したような力を失ってしまった．

248. ルイス・サリヴァン　　カーソン・ピリー・スコット商会の百貨店，シカゴ，1899〜1904年．部分．ルイス・サリヴァンの作品に一様に見受けられる卓越した強さと純粋な表現．籠構造（ケージ・コンストラクション）固有の中庸で偏らない釣合が，その垂直的な要素よりも強調されている．

シカゴ・トリビューン社
屋，シカゴの伝統の破毀

シカゴ・トリビューン新聞社の建物(Chicago Tribune Building)に対する1922年の設計競技では，一人の有能なアメリカの建築家，レイモンド・フッド(Raymond Hood)が1等賞を獲得した．しかし，この頃までに，シカゴ派を支えてきた（アメリカの建築家としての）自己の力量に対する確信と信念は，完全に消失してしまっていた．シカゴ派は，まさに存在しなかったも同然だった．その原理は，"ウールワース式ゴシック様式（Woolworth Gothic）"の流行によって押しのけられてしまったのである[77]．

シカゴ派に近似した外国の案

トリビューン・ビルに対する10万ドルの国際懸賞競技設計には，世界の各地から応募

---

77) ニューヨークの1911年から1913年にかけて建設されたウールワース・ビルディング（Woolworth Building）に由来する．

249. ワルター・グロピウス トリビューン新聞社社屋の競技設計のための計画案, 1922年. シカゴ派によって発展させられた構成的事実が, それとは別個に, このヨーロッパの計画案の中に再現している.

作品が送られた. 集った計画案は, この時代の建築の貴重な断面を示している[78]. 外国の応募者の中の一人にワルター・グロピウスがいた. 審査員にも, 一般大衆にも, 彼の案はきわめて非様式的で流行遅れだと思われたにちがいない. しかし, 疑いもな

---

78) これらの計画案は, レンベルグ・ホルム (K. Lönberg-Holm) の応募作品を除いては, すべてトリビューン社から出版された *International Competition for a New Administration Building for the Chicago Tribune* (Chicago, 1923) に公表された. 哀れにもアメリカ人の応募案は, 80年代と90年代にシカゴで到達されていた水準に及ばなかった. 流行を追う建築家たちは, 当時の支配的な"ウールワース式ゴシック様式"の典型的な見本を提出していた. それらの作品は, すべて, スケールとプロポーションに対する感覚の代りに, 古い手法の気まぐれを示していた. この設計競技は, 主として, ロマンティシズムに向う不幸な出立

くその案は実施されたゴシック式の塔よりも，はるかにシカゴ派の精神に近いもので
あった．グロビウスの1922年の計画案とサリヴァンのカーソン・ピリー・スコット・ス
トアとを比較して見ると，それらは同じ傾向の考え方の発展における2つの段階のよ
うに思われる．そのどちらも，架構の網状の組織が建築的表現の基礎となり，それか
ら切り離すことのできないものとなっている．そこには，同じような空を舞うような
面，鋭いくっきりした面がある．グロビウスは，中央が嵌殺しのガラス・パネルで，そ
の両側に狭い換気用窓のついた "シカゴ窓" をさえ採用している（図249）．その全計
画がシカゴ派から生まれ出てきたもののように思われるが，実際には，シカゴ窓もシ
カゴの摩天楼も当時のヨーロッパには知られていなかったのである．この一致，すな
わち二人の人間が別々に同じような解決に到達したということは，シカゴ派の最もす
ぐれた代表者の一人の言葉を借りれば，シカゴ派が真に「その時代の精神に浸透され
ていた」ことを示している．それゆえに，シカゴ派は，ちょうどボロミーニの波打つ
壁がイギリスの住宅街に再現してきたように，建築に対する構成的事実を，つまり，
後の時代に再び現われてくるような事象をつくりだすことができたのである[79].

1893年のシカゴ万国博の影響

万国博とシカゴ派

シカゴ派が，自分でつくりだした新しい手段に習熟するようになった途端に，それか
ら先きの発展と影響とが，突然停止させられてしまった．この変化に直接影響を与え
た事件は，1893年のシカゴ万国博覧会（世界コロンビア博覧会）であったが，こういう
方向に作用した力は，はるか以前にこの国の別の部分で始まっていたのである．

を鼓吹する結果となった．同じような惨めな無力振りが，北欧の少数の下記作品
を除くヨーロッパの計画案にも現われている．ブルーノ・タウトの計画案（231
番），マックス・タウト（229番），ベイフート（Bijvoet）とダイカー（Dujker）の案，
レンベルグ・ホルムの案，ワルター・グロビウスの案，アドルフ・マイヤー（Adolph
Meyer）の案（197番）（数字は上述の書 *The International Competition* に発
表されたプランに対応する）．こういう人たちは，ありふれた慣習的な常套手段
から脱け出ようとする努力のうかがわれる計画案を提出していた．

79) レイモンド・フッド（Raymond Hood）のゴシック式のトリビューン社の塔屋
は1925年に竣工したが，彼自身1930年頃には，その表現にゆきづまって，転向し
ようとしていた．その年に彼は，ニューヨークのマグロー・ヒル出版社ビル
（McGraw-Hill Building）を建てたが，この建築には部分的に新しいヨーロッパ
の発展が認められる．彼は後にロックフェラー・センター（Rockefeller Center）
の建物で，はるかに印象的な解決に到達することができた．

アメリカ建築は，19世紀の間，多くのいろいろな影響のもとにさらされていたが，東部に発展した商業古典主義の勢力ほど強固なものはなかったし，これほど重大な時機に出現してきたものも他になかった．

大衆的なすさまじい成功

1893年の万国博はいろいろな反響を巻き起こした．一般大衆と大部分の建築家は熱狂した．私はシカゴに滞在していた間に，この万国博に従事したある一人の建築家が，ウィリアム・ジェームズ（William James）[80] の幾分皮肉めいた批評を思い出してくれた．「誰でも，そこへ行くためなら，全財産を売り払い自分の魂を抵当に入れてもいいといっている．つまり，それは美についての啓示として尊重されているのだ．人々はその影響によって，すべての罪と卑しさをしりぞけ，涙もろく，宗教的にさえなってしまっている，云々」．

幾人かのヨーロッパの観察者たちは，もっと懐疑的だった．有名なベルギーの構造家フィーレンディールは，その博覧会が，主要な建築や構造物を，臆病な，しかも古い手法で閉じ込めてしまっているのを見出したのである――このことについては，すでに19世紀の大博覧会に関する論議の終り頃でふれておいた．

サリヴァンの予言

この博覧会の偽われるはなやかさを支えていた大衆の趣味による，かつてなかったほどの誘惑に対して，一人離れて抗議していた一人のアメリカ人の孤独な声は，遂に聴き入れられなかった．ルイス・サリヴァンは，「シカゴ万国博によって，この国に加えられた害悪は，半世紀は続くだろう」と苦々しく語っている．その当時には，この言葉も，一人のしいたげられた芸術家の誇張した表現としか考えられなかったかもしれない．しかし，この言葉は，実際にきたるべき事実の貴重な予言となったのである．

ボーザールの影響

一般大衆も芸術家も文筆家たちも，過ぎ去った時代の偉大な伝統の素晴らしい再生を，まのあたりに見ているのだと考えた．この“白都（ホワイト・シティ）”に過去を再現するという澎湃たる世論の訴えは，まったく不必要な国家的な病的劣等意識に帰着させることができる．それは1889年のパリ博覧会の威光に強められて，フランスのアカ

---

80) William James（1842～1910）は，アメリカの心理学者，Principles of Psychology（1890）などの著書がある（訳注）．

デミー会員に，このシカゴ博に対する支配的な役割を与えたのと同じ感情であった．当時のジョン・ルートの伝記作家は，それを実にはっきりと表現している．「当時にあっては，パリと競おうなどと望む者はほとんどいなかった．フランス人の芸術的な才能と経験がわれわれに自信を失わせた．われわれは大アメリカ博覧会を催すにしても，その配置や設計では，フランス人の趣向より劣るだろうということを予期しなければならなかった．」[81]そして，この博覧会の建設者たちが，彼らなりの美を探し求めた対象は，フランスであった．その美というのは，アカデミー・ド・ボーザールの蓄え壺から取り出されたものであった——しかも，それはまさにそのアカデミーが最も悪しき時代であった期間に蓄えられたものであった．ローマ大賞のファサードが模写され，バーナムのような人たちでさえ（バーナムは，アカデミー派よりもシカゴ派の水準を高めるために協力したのであったが），フランスの大家の前で，さながら従順な子供のように振舞った．こういったことはすべて19世紀の思考と感情の分裂を示す一例である．ただ一人，ルイス・サリヴァンだけは，全面降伏の真只中にあって，毅然として己れを持するに足る内面的な力をもっていた．しかし，彼のシカゴ博の交通館は，建築家としての不評判の始まりとなったのである．

東部の商業古典主義

商業古典主義は80年代以来ニューヨークで発展しながら，その力を獲得しつつあったが，1893年のシカゴ万国博（万国コロンビア博）において遂にその全国的な覇権を握るに至った[82]．

その精神が，今や全アメリカ建築に対する権威を獲得するようになったのである[83]．この博覧会は，実はニューヨークにこそ開かれるべきであった．それほど，この博覧会はニューヨークの影響を徹底的に表現していたのである．しかしコロンビア博が企てられるや否や，シカゴの人々はこの着想に飛びついた．「市の熱狂ぶりがそれをあ

---

81) Harriet Monroe の前掲書，p. 218.

82) 徹底的に事務的なニューヨークの大建築事務所(McKim, Mead, and White)が，この博覧会の大部分を実施した．

83) ハムリン（Hamlin）教授は，つぎのように述べている．「1880年まで，12〜15人のアメリカ人が，常にパリの美術学校（エコール・ド・ボーザール）に学んでいた．パリで訓練された人たちを，あらゆる学校で教授として求めていた……エコールが，アメリカのすべての学校にデザイン教育上のモデルを供給していたのである．」("The Influence of the Ecole des Beaux Arts on Our Architectural Education", *Architectural Record*, p. 242, 1908年4月号).

おり，積極的な運動が組織された．そして他の都市が動き始める前に，500万ドルが個人的な寄付によって保証されていた．」[84]

フランク・ロイド・ライトとボーザール

商業古典主義の用いた催眠術的な言葉が，フランク・ロイド・ライトの『自叙伝』（An Autobiography）の中の数行に現われている．博覧会が終って間もなく，（そしてライトのウィンスロー邸の完成後），ダニエル・バーナムが彼を訪れた．

「つまり彼は，もし私がパリの美術学校に4年間修学するつもりなら，私の妻子の世話をしてもよいというのだった．そして，さらにローマへ2年間．費用はすべて支払ってくれる．私が帰ってきたら彼と一緒に仕事をする……という条件での勧誘だった．

"いつか別の年になんていっていると，それでは遅すぎるよ，フランク"とアンクル・ダンはいった……
"ええ，たしかに遅すぎるでしょう，アンクル・ダン．私は今でも遅すぎるんではないかと思っています．私はもう駄目です．"
"私はサリヴァン氏に近づきすぎました．あの人のお蔭で，私とボーザールとの関係が台なしにされてしまったと思っています．"
"……あの博覧会はわが国に大きな影響を与えようとしている．アメリカ国民は，初めて大規模に，'古典'というものを見たのだ……私は，あの博覧会の線に沿って，優雅で'荘重な'古典様式で建設された全アメリカを予想することができる．今日のお偉方はすべて，このように感じているし――みんなそうなのだ"」[85]．

フランク・ロイド・ライト

ライトとアメリカの発展

建築家としての卓越

19世紀にまたがるような仕事の経歴をもった現代の建築家の中で，フランク・ロイド

---

84) Monroe の前掲書，p. 216.
85) F.L. Wright, *An Autobiography*, p. 123, 124 (New York, 1932).

・ライト（Frank Lloyd Wright）は，確かに不断の活力といいつくせぬほどの豊かさをそなえた，最も先見の明のある天才である．彼は歴史的な相関関係の広い広がりを渉猟しているが，とりわけ極東の建築を導き入れている——しかし，それも前世紀のように，創造的な衝動に代わるものとして採り入れているのではなくて，マチスとニグロ芸術やペルシア芸術との間の関係のように，内的な共感関係から接近しているのである．同時に，彼は，おそらくアメリカの他のいかなる大建築家よりも，アメリカの大地とアメリカの伝統に直結して成育してきた．彼の作品を本当に洞察するには，ある程度，微妙な理解の仕方が必要である．というのも，その作品の個々のタッチに見られるライトの強い個性は，決して単純なものではないからである．彼はその身に19世紀後期の痕跡を留めているが，彼と同時代の画家や彫刻家からは何の助力も受けずに，孤立して，独力で新しい考え方の口火を切ったのである．

アメリカの背景

1887年に，その仕事を始めた時，彼は当時の建築発展のまさに中心であり，その源泉であった——シカゴ——に居住していた．彼は，その見習時代を，彼が「愛すべき親方」と呼ぶルイス・サリヴァンと，「偉い親方」のダンクマール・アドラーの2人の巨匠のアトリエで過ごしたのであるが，時あたかも両人がオーディトリウム・ビルディングの仕事で，創造力の燃えさかっていた頃であった．彼は，その青年時代の支配的影響として，シカゴ・ルネサンスの極点を体験したのである．しかし，ライトは独立して仕事を始めた時には直接シカゴ派の中に留まってはいなかった．つまり，彼は鉄骨構造とか，事務所建築の大ガラス面といった新材料の使用を，自身の領分である住宅に持ち込もうとはしなかったのである．この点，彼はむしろ保守的であり，多くの点で，サリヴァンよりはリチャードソンに追随していた．ライトは，彼自身の言によれば，1930年頃になってようやく，その住宅の一つ[86]に初めて鉄筋コンクリートを幾分大々的に使用したが，その頃にはすでに，ヨーロッパの建築家たちは鉄筋コンクリート固有の可能性を全面的に活用していたのである．このことは，決して，彼の技術的能力が欠けていたためではなく，彼の意志と性格によるものであった．

ヨーロッパにおいては，近代運動に重要な役割を有する世代によって，ライトはただちに受けいれられ，理解された．1908年に，当時，ハーヴァード大学で美学の講義を

---

86) カウフマン邸（Kaufman house）のいわゆる「落水荘」（Falling Water），Bear Run, Pennsylvania, 1937.

467

していたドイツの交換教授であったクノー・フランケ（Kuno Francke）が彼を訪れ，この訪問の結果，1910年にライトの建築の記念すべき作品集[87]がドイツで出版されることになった．この出版は，1911年に同じ題目の小冊子[88]によって補足されたが，この方は非常に広範に普及した．この2つの本が，ライトの外国に与えた影響の最初のものだが，1910年に刊行された書物の方は，その後あまり広く行きわたらなかった．

ライトが同世代の人たちよりはるかにぬきんでた建築家として，その生涯のまさに最後まで強い影響力をもった作品を創造してきた唯一の人だという事実はどう説明されるのだろうか？　その答えはむしろ簡単である．すなわち，彼はヨーロッパ人に比べると，払い落すべき遺物的残渣をほとんどもっていなかったからである．彼はその時代最大の建築的活力にあふれていたシカゴの影響圏内にあったアメリカ中西部に生まれたのである．

住宅建築への献身

ライトは，そのそもそもの最初から，彼の生涯の興味の中心となった問題——シェルター（風雨からの避難所）としての住宅——に精力を傾けてきた．彼はサリヴァンの示した例やリチャードソンが住宅建築の分野できり開いた芸術的な意図，および世に知られていないアメリカの伝統などを思いのままに駆使することができた．ライトの仕事の秘密は，彼がアメリカ住宅の伝統の中に，将来の基礎として使うことのできる要素を発見したということである．彼はこの基本的な要素を取り出し，さらに新しい要素を付け加えて，委ねられた住宅の構成を——天才の全精力を傾けて——展開していったのである．

イギリスでは，1860年以来，住宅の問題に取り組んできたではないかという異論が出るかもしれない．しかし，この時代のイギリス人の中には，サリヴァンやリチャードソンと比肩しうるような建築家は一人もいなかった．フィリップ・ウェッブ（Philip Webb）やノーマン・ショー（Norman Shaw）はこの二人のアメリカ人と比較されるべきではない．イギリスとアメリカの建築家の間の重要な相違点は，そのそもそもの出発点にある．すなわち，イギリス人は，工場生産によって質の低下された家具，絨毯，

---

87) *Frank Lloyd Wright, ausgeführte Bauten und Entwürfe* (Berlin, 1910), ドイツ語で書かれたライトの序文がついている．

88) *Frank Lloyd Wright, ausgeführte Bauten* (Berlin, 1911), C.R. Ashbee の序文附．

468

壁紙その他小さな家庭用具の手工業による改良から始めたが，これに対してアメリカ人は，一つの全体としての住宅から出発したのであって，手工業の強調によって惑わされなかったのである．

ライトとイギリスの発展

スコットランド生まれの同時代人で，ライトと同じ年に生まれたチャールズ・レニー・マッキントッシュ (Charles Rennie Mackintosh)[89] とフランク・ロイド・ライトとの比較研究をするということ——両者の相違点や共通の特色に注目すること，すなわち，彼らの壁面の扱い方や木造の柱や梁の露出した使い方，家具に対する考え方などを考察するということ——は興味のないことでもなかろう．両人共に，その世代特有のやり方で仕事に取り掛った．マッキントッシュはグラスゴーで，ライトは大西洋のこちら側で，ライトの初期の特徴のいくつか，ことにその家具におけるものは，最後まで彼の仕事の中に持続していた．

突出した翼部をもった，シカゴ，アスター街のチャーンリー邸（Charnley house on Astor Street, 図250, 1892年，ライトがまだアドラーとサリヴァンのところで働いている時につくられたもので，通常その事務所の設計とされている）は，1896年につくられたロンドンのブルームズベリ地区のメアリー・ウォード・セットルメント（Mary Ward Settlement)[90] とそれほどひどく違っていない．最後まで突き詰めていくと，当時のヨーロッパの建物の正面は，落着きのなさを避けることができないし，細部には

---

89) スコットランドの建築家，チャールズ・レニー・マッキントッシュ(1869〜1928)は，その「グラスゴー美術学校」や，特に彼のいくつかの田園住宅（たとえば，Dr. Blackie 邸，Helensborough, 1902) で有名である．マッキントッシュは，ウィーンでの工芸運動，ウィーン工房（Wiener Werkstätte）に直接的な影響を与えている．この連盟の創設者は，芸術家たちをスコットランドに派遣して，家庭の家具や建築のデザインの仕方を学ばせたのである．その影響は，この運動にとって決定的なものだったが，もっぱら趣味の問題に制約されていた．そこからは，いかなる新しい建築的ヴィジョンも生まれてこなかった．ニコラス・ペヴスナー(Nikolaus Pevsner) はその著 *Pioneers of the Modern Movement* (London and New York, 1937) の中に，関係文献名 (p.221, 222) と共に，マッキントッシュの仕事について，すぐれた研究を掲げている．ペヴスナーはイギリスの発展に関する他の問題についても多くの示唆を与えてくれよう．マッキントッシュに対する強い反対の立場が，彼と同じスコットランド人仲間のシャンド（P. M. Shand）によって採り上げられている．P.M. Shand, "Glasgow Interlude," *Architectural Review*, LXXⅧ, p. 23 (1935年1月).
90) ペヴスナーの前掲書，p. 157参照．

250. フランク・ロイド・ライト　　チャーンリー邸, シカゴ市アスター街, 1892年. このチャーンリー邸はライトの最も初期の作品で, 彼がまだアドラーとサリヴァンに使われていた頃に設計されたものである（右の翼部の拡張は後の時期のものである）. 彼は, この建物の中に, アメリカの伝統の, 斧で切ったように鋭く窓の切り込まれた平坦な面を使用している.

幾分, 分裂が見られる. ライトがチャーンリー邸でやったような, 斧で切ったように鋭く明快に窓を切り込み, 数少ないが永続性のあるアクセントで建物を形づくっていくアメリカの伝統に見られる平坦な面を, ヨーロッパの建築家たちはあえて使おうとしなかった[91]. しかし, 全般的にいって, ライトのごく初期の住宅は, 彼が一人立ちしてからの最初のものでも, イギリスの最良の例と根本的にはなんら異なるところがなかった. しかし, 変化がやってくるのに, そう永くはかからなかった. イギリスは, それ以上のものはなにもつくりださなかったし, ヨーロッパは, 解決の途を尋ね

---

91)　チャーンリー邸については, ヒュー・モリソン (Hugh Morrison) は, その著 *Louis Sullivan* (New York, 1935) の中で, つぎのようにいっている. それは「サリヴァンの他のいかなる住宅よりも広範な考え方に基づいて造られている. 窓のあけ方で巧みに強調された平坦な面の有機化に対する感情がより強く現われていた.」(p. 132, 133).

て途方に暮れていたが，フランク・ロイド・ライトは先頭を切って前進した．

長く延びた十字形の平面

1 階平面と内部空間

私は，ライト設計の住宅を一つも見ない前に，ヴァーモントの丘陵部にある狩猟小屋で休んだことがある．その小屋には，中心に巨大な石造の煙突がどっしりとしたさまで，地上からずっと屋根を突き抜けて立っていた．屋内は厨房と寝室のための間仕切以外には，分割されていなかった．天井がなく，簡単なむき出しの垂木がかけられ，それから獲物の狐や熊の毛皮がぶら下っていた．これを見て，私はライトの内部空間についての考え方を理解し始めたのである．彼は根本的に，しかも，できるだけ住宅を一つの室として取扱う．その内部空間はそれぞれ特殊な用途に適合するように分化されている．自分で指摘しているように，彼は「すべての……床面を一つの室だと宣言した．それも，厨房を仕事場として切り離し，召使たちの寝室兼居間をこれに続けて，半独立家屋的に 1 階に設け，大きな室の中に，一定の家庭的な目的——食事だとか，読書，あるいは正式の訪問客の応待のための種々の部分を軽く仕切ってあるような一つの室とみなした」[92] のである．

十字形の平面

プランの作成に当って，ライトは17世紀にさかのぼり，全計画の出発点として家屋の中心に大きな煙突を用いる．彼はこのマッシヴな核から種々の室を広げてゆく．ヨーロッパの建築家たちが最初に印象づけられたのは，その "風車型" 平面である——各室を中心から風車の羽根のように外部に延ばしてゆくやり方から，そのように呼ばれている（図253）．この "風車型" 平面はまったくの十字形，すなわち互いに十字形に横断しあった家屋の 2 つの部分の相互貫入である．そしてしばしばその高さを異にしているので，一方が重ねられ，他方がそれを貫いているような効果を表わしている．

中央煙突を家屋の核とし，それを囲んで全体をつくりあげるというこのアメリカ初期の慣習も，19世紀を通じて継続していた（図251）．ここで再び，この共通の好みを表わしている無名の著述家たちの中の一人の言を引用してみよう．70年代初期の郊外住宅や

---

92) *Modern Architecture* (Princeton, 1931), Princeton Monographs in Art and Archaeology, p. 72.

田園住宅に関する通俗的な小冊子の一つに，四角四面の煙突の回りに，部屋々々をその4方に翼として突き出した田園住宅が提案されている．この十字形の配列についてのその著者の理論は，ライト自身の見解とはなはだ密接にふれ合うところがある．

光線を重視している点でも——ライトは自分の設計した部屋々々では，光線を3方から採りうるという事実を強調している——さらに，いくつかの部屋を1単位として扱おうとする態度においても，非常によく似ている．「この家の設計は，各室に日当りのよい，南の方位を与えるのが目的だった．10室の内9室は，東南に対して，すくなくとも一つの窓をもっている．その1階は，入ってきた際に回り階段のある広々としたホールが魅力的な風姿を示すように設計されている．煙突が家の中心に置かれ，主要な部屋々々は，引違戸で連絡されているので，なにか必要があると，ホール，談話室，読書室，食堂は，互いに打ち通して使うことができるようになっており，これらの部屋の8角形がその美しさを豊かにしている．」[93]

この時代にはよく見られたことだが，家屋の外観はその平面の直截さを少しも現わしていない（図252）．にもかかわらず，そこには，ライトがシカゴ時代に芸術的な解決に到達するに至った，二つの量の相互貫入に対する暗示が見受けられる．

大部分のライトの住宅，とりわけ小住宅は，この二つの高さの異なる量の相互貫入からつくりだされた十字形プランを基礎としている．イリノイ州カンカッキーのヒッコックス邸（Hickox house, Kankakee, Illinois, 1901年），イリノイ州ウィレット公園のウォード邸（Ward house, Willett Park, 1901年），イリノイ州ハイランド公園のウィリッツ邸（Willitts house, Highland Park, 1901年），ウィスコンシン州デラヴァン湖畔のチャールズ・ロス氏の田園小住宅(Charles Ross house, Lake Delavan, Wisconsin, 1902年)，イリノイ州ロングウッドのロバート・エヴァンス邸（Robert Evans house, Longwood, 1904年），イリノイ州リヴァー・フォリストのイザベル・ロバーツ邸（Isabel Roberts house, River Forest, 1907年），バーチウッドのホーナー邸(Horner house, Birchwood, 1908年）などは皆そういった住宅作品である．

---

93) George E. Woodward, *Suburban and Country Houses*, p. 15, 16 (New York, 1873).

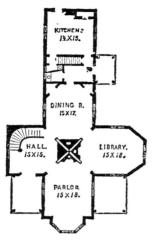

251. G.E.ウッドウォード 地方の邸宅の十字形平面, 1873年. ウッドウォード著『郊外田園住宅』(ニューヨーク, 1873年頃) 所載. 4面から使えるようになった4角形の煙突の回りに建てられている. その煙突には, 対角線の方向にすべり戸がついていて, 家をある程度一つの部屋に転換できるようになっている.

252. G.E.ウッドウォード 十字形の田園住宅, 1873年. この時代の常として, 外部にはなんら平面をしのばせるようなものが見られない. ライトの偉大な業績の一つは, 平面に対応するものを, 空間や外部の取扱いにも見出したということである.

これらの中で, ライトの小住宅のうち最も魅力的なものの一つである, イリノイ州リヴァー・フォリストのイザベル・ロバーツ邸 (図253, 254) は, 相異なる高さの二つの量の相互貫入の, 興味深い用い方を示している. すなわち, そこでライトは, 高い方の量を玄関にはせず, 地盤面から屋根の内面まで打ち通しの居間の空間を形づくるように用いている (図255). それは, 居間の空間として十分な高さが必要だという感情を満足させようとする努力を表わしている. この感情は17世紀のアメリカ開拓者の住宅ばかりでなく, 多くの初期の文明の住宅に見出される表現であって, われわれ自身の時代にも再び現われてきているものである. ライトは, この感情を最初に認識して, 系統立て, それに表現を与えた人々の中の一人であった.

イザベル・ロバーツ邸では, 居間が緩い勾配の屋根まで立ち上がり, その高さが歩廊

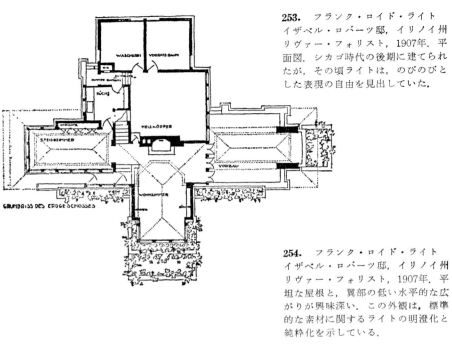

253. フランク・ロイド・ライト
イザベル・ロバーツ邸, イリノイ州
リヴァー・フォリスト, 1907年. 平
面図. シカゴ時代の後期に建てられ
たが, その頃ライトは, のびのびと
した表現の自由を見出していた.

254. フランク・ロイド・ライト
イザベル・ロバーツ邸, イリノイ州
リヴァー・フォリスト, 1907年. 平
坦な屋根と, 翼部の低い水平的な広
がりが興味深い. この外観は, 標準
的な素材に関するライトの明澄化と
純粋化を示している.

で分割されているので，上下の両方に引込んだ空間ができている．これが，室全体に見馴れない新しい可塑的な性質を与えている．そして，この可塑性は，いろいろな材料の各種の面——煙突の煉瓦の面，各種の壁の面，屋根の斜面——によって強調されている．

ドイツの建築家ミース・ファン・デル・ローエ——はその初期の作品にライトの影響を受けたが，それに併呑されることなく，またそれを単なる装飾的な使用にまでおとしめることのなかった数少ない建築家の中の一人であるが——いくつかの計画案の中に，"風車型" 平面を発展させている[94]．

ライト自身は中核から繰り広げられる家屋の構想を決して捨て去らなかった．1939年に彼が低廉な4世帯住宅（ペンシルヴェニア州アードモアのサントップ住宅，Suntop Houses, Ardmore, Pa., 図256, 257)[95] を建てた際には，直角に交差する煉瓦壁によって，各世帯の住戸を分割した．その中核部分には，煙突を置かないで，水道，暖房，換気などの諸設備が建物の最も暗い場所に集中されるように，こういったすべての設備関係の施設を置いている．

形式にとらわれない
融通性に富んだ平面

ライトは，できるならば，その構築物を大地の上に自由に繰り広げてゆくのが好きであった．1910年にベルリンで出版された彼の作品集の序文の中で，彼は，しばしば1階を主として貯蔵所として建てたということを指摘している．主な居住部分はクーンリー邸（Coonley house, 1911年)のように，上階に置かれ，ただ，玄関広間と遊戯室だけが1階に置かれている．またタリアセン（Taliesin)の彼の自宅では，これらの室は大地の中に入り込んで，大地に結びついている．こうして，彼はアメリカ建築の発展に深く根ざしている柔軟で不定形な平面を，その当初から導き入れることになったのである．こういう発展によって，ライトは今や，別々の室を水平の方向に流出させることになったが，それはあたかもイザベル・ロバーツ邸などで相異なる室を垂直の方向に形づくったのと同一の手法であった．

---

94) 1922年の一煉瓦造の家の計画．
95) *Architectural Forum*, 1939年8月号を見よ．

255. フランク・ロイド・ライト　イザベル・ロバーツ邸,イリノイ州リヴァー・フォリスト,1907年．2つの階を含む居間．ライトは居間の空間を形づくるのに,その高い方の部分を,床面から屋根の裏板に至るまで,ずっと通して使っている．

1910年までに,ライトはそれまでは誰も取上げていなかった開放的なプランの融通性に到達していた．その当時,他の国では,融通性のある平面だとか,柔軟に形づくられた屋内や屋外などというようなものはほとんど知られていなかった．ライトの室内空間の融通性のある取扱いの実現は,多分,建築に対する彼の最大の貢献であろう．それは,感覚の麻痺した固くなった近代建築の軀幹に生命と動きと自由をもたらしたのである．

平坦な面と構造

その土地固有の要素の使用

日本の家が「汚ないものを除去するという点でも,無意義なものを排除しているという点についても,すぐれたもの」として,フランク・ロイド・ライトに深い感銘を与

476

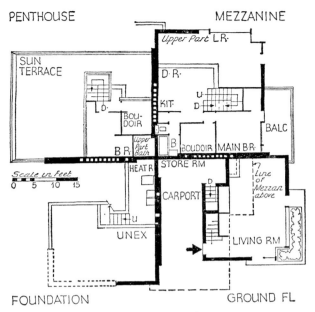

256. フランク・ロイド・ライト　　サントップの住宅，ペンシルヴェニア州アードモア，1939年．平面図．この低廉4世帯住宅において，ライトは直角に交わる煉瓦壁によって各住戸を分けている．中央の核の部分にすべての設備関係——水道，暖房，電気ならびに換気装置——を置いて，これらの設備が建物の最も暗い部分に集められるようにしている．

257. フランク・ロイド・ライト　　サントップの住宅，ペンシルヴェニア州アードモア，1939年．

えた．アメリカの家に対して，彼は，まさにこういった除去を，つまり，混乱したものや，つまらぬものの排除をなしとげた．しかも，彼はこれ以上のことをしたのである．彼は，あらゆるところに気づかれないままに捨ておかれている要素——まったく実際的な解決から生じているような要素——を取り上げて，この素材の中に潜んでいる豊かな表現力を発見した．ちょうど次の世代が技術と構造の中に潜んでいた表現力の豊かさを見出したように，ライトはこれらの要素を取出して変貌させ，われわれの眼をその秘められた可能性と固有の美に開かせた．そしてあたかも，詩人がその生まれ故郷の山河や湖水や樹木によって，われわれのうちに持続している感情の心的な内容を展開して見せてくれるように，それらの要素の象徴的な力を呼びもどしたのである[96]．

ポ ー チ

彼は家屋を一つの空間構成単位として取扱うに当って，これらの要素を，どこでも，それの見つけられた場所で利用した．彼はまた，家全体を彼自身の時代の言葉で形成しようとした．ごく初期のアメリカ住宅——辺境の開拓者の家——は外敵の攻撃に対する防御のために，1階には小さな開口部しか明けることができず，スイスや南ドイツの農家に——すくなくとも17世紀初頭以来——外観的な特色を与えていたような，横に並んだ窓の列や開放的な歩廊などは見られなかった．南方の米や綿花生産者の家のポーチの外観に，対応する南部のアメリカ住宅の開放性が見られたのは，ずっと後のことである．19世紀のアメリカでは，ポーチはヨーロッパの農家のヴェランダよりも，より広範に気分転換の場所として使用され，郊外住宅や田園住宅の外観における決定的な要素になり始めていた．それは，時には緩勾配の屋根でおおわれた長い連続した水平線となって伸びていることもあった．ニューヨークのセントラル・パークの娯楽場 (Central Park Casino, 1871年，図258) は——数多くの無名の例の一つであるが——ポーチのこういう特殊なアメリカ的使用法の拡張に負うている．明らかに，アメリカ人は強い連続した水平線を，プルマン式車輌[97]にも，その住宅にも使用するのを好んでいる．

---

96) ニュー・イングランドでの，ライトの最初の作品展（ボストンの Institute of Modern Art で，1940年1月から2月にかけて開かれた）のカタログに載せられたジョゼフ・ハドナット（Joseph Hudnut）の序文に，ライトを理解するためには「われわれは彼を……詩人として考えなければならない」という点が強調されている．

97) 本書 p. 405，脚注 9）を参照のこと．

ライトは住宅にポーチを採用したが——しかし，それで建物を取巻くのではなく，彼の十字形平面や長く引き伸ばされた平面を保持しながら，ポーチを建物の翼の延長として前に押し出している．しばしば，それは，地上に舞う純粋な片持梁として空間に押し出されている．こういう手法は，それまでにまだ試みられたことのないものであった．事実，それはポーチの古くからの要素ではあるが，単に，その家に付属したなにかというようなものではない．むしろ，それは構造体の本質的な部分として，構造

258. セントラル・パーク・カシノ，ニューヨーク市，1871年．

体から切り離すことのできない部分になっている．ライトは，その著書の中でしばしば説明してきているような種々の理由から，宙に突き出した軒を用いる．また，彼はその軒を水平な面として取扱う——彼はそれを「広い保護屋根おおい（broad protecting roof shelters）」と呼んでいる——それはちょうどバーナムが古典主義者に転向する前に，そのリライアンス・ビルディングに薄いスラブの屋根を架けたのと同じようなものである（図245）．

壁の取扱い

こういった空に舞うような水平的な要素に，ライトはさらに，垂直の平坦な面を加えた．彼はチャーンリー邸（図250）を1892年に建てる際に，アメリカの伝統のくっきりした平らな面を用いた．しかし間もなく，彼はもっと大胆になった．特に，バッファローのマーティン邸（D.D. Martin house, Buffalo, 1904年）のように長く引き伸ばされた計画案や，彼の全作品中では，多分最も広範な影響を与えた住宅，シカゴのウッドローン通りの町中の邸宅，ロビー邸（Bobie house, Woodlawn Avenue, 図260）にお

479

259. R.E.シュミット，ガードゥンならびにマーティン　モンゴメリー，ウォード会社の鉄筋コンクリート造商品貯蔵倉庫，シカゴ，1908年．この巨大な商品貯蔵倉庫は，ロビー邸と同じ年に建てられたものである．連続した水平線をもっている．

いて顕著である．シカゴ大学がそれを引き倒して学生寄宿舎をつくろうとしたが，それは建築の価値を誤解した悲しい例である．その最後の瞬間にニューヨークのある不動産仲買人によって，ようやく破壊から免れた．19世紀にはアメリカ住宅の外観は，質においても，芸術的な表現においても，その平面計画ほどの水準に達していなかった．ライトはそこに改革をもたらした．彼は与えられた平坦な面を取り上げて，それをいろいろに組み立てたり，加え合わせたり，交わらせたり，あるいは異なった奥行をもたせて，ある面の背後に他の面を配置したり，さらに出たり，引っ込んだりしている家屋自体の平坦な面と庭の塀の面と混ぜ合わせたりしているので，しばしば家屋のソリッドなヴォリュームがまったく見えなくなってしまっている．これらの住宅を大草原の長い線によって啓発されたものとして"大草原スタイル"と呼ぶのは，そのことの本質をいい尽しているとはいえない．ロビー邸の形態，長い水平の帯，連続した窓，庭塀の壁はあたかも機械によって切断されたかのように鋭く切り込まれてい

260. フランク・ロイド・ライト　　ロビー邸，シカゴ市ウッドローン通り，1908年．広範な影響をもたらしたこの住宅において，ライトは，出たり引込んだりするいろんな奥行の平坦面を使用している．この都市内の一邸宅，ロビー邸は，シカゴ派のねらっていたものと密接なつながりを持っている．

る．これらの家屋は，その時代が暗に目指しているものと深い関係のある純粋な芸術的表現として説明されなければならない．こういった手法はちょうどその頃フランスで空間の考え方として探究されつつあったものと関係がないわけでもない．

ロビー邸を好まなかったシカゴ市民たちは，その外観や長く延びた水平線の新奇さが気に入らず，それを蒸気船になぞらえてあざけろうとしたが，それはあたかも後年，批評家たちがル・コルビュジエの建築を指して同じようにたとえたのと軌を一にしている．彼らは，その家屋が，その時代精神に基づいて建てられたということ，蒸気船のように，その時代から自然に生まれてきたのだということを，知らずにそれとなく物語っていたわけである．そこで決定的なことは，汽船に対する皮相な誤解された相似性ではなくて，その時代が目指しているものとの内面的な関連性である．モンゴメリー，ウォード商会の商品貯蔵倉庫(Warehouse of Montgomery, Ward and Company,

481

図259) は，その800フィートに及ぶ連続した前面と，構造体のありのままの表現[98] とを備えているが，ロビー邸と同じ年（1908年）に建てられたものである．

内 部 空 間

最初から，ライトは内壁を外壁と同様に平坦な面として扱った．ヨーロッパの建築家たちが1896年頃にやったようなこと——ロココ式の装飾をアール・ヌーヴォーの曲がりくねった線で置き換えるということ——を彼はやらなかった．また，彼の室内には，壁とか天井，窓，扉といった種々別々の要素の間の相互の釣合関係を見出そうとする絶えざる努力が見受けられる．時には，同一の室に異なる天井高さが導入されている．その取扱いは（屋外の）片持梁になったポーチだとか，頭上に長くかかる軒庇，敷地の勾配に従って変化するレヴェルといったような，ライトが水平面を異なる高さに用いる扱い方に対応するものである．

異種の構造の使用

種々の材料の使用や対照し合う別々の構造の使用は，抽象的な平坦面の使用と関連している．煙突の幅広い煉瓦面と，木製間仕切のついた明るい色の壁とがよく好んで併置される．ずっと初期の頃，ライトは田舎家の壁の粗っぽい構造を家の中に持ち込んで，屋外からの連続性をもたらし，古風な効果をねらった．異種の材料についてのこういう感じや採光上の新しい特性を見つけ出そうとする研究において，ライトは，その老成と共にますますすぐれた洗練性を発揮してきた．ウィスコンシン州，ラシーンのジョンソン・ワックス商会の建物（Johnson Wax Company, Racine, Wisonsin, 1937〜1939年）は，パイレックス・グラス・チューブ（耐熱ガラス管）によって採光されている（図265）．アリゾナ砂漠にあるタリアセン工房の冬の家（1939年）では，多くの対照的な材料が使われている——砂漠の石や粗石コンクリートの壁，木造トラス，さらに（ジョンソン・ワックス商会ビルのように）窓や天井を一つの面の中に形成し，既存環境に従って特殊な性質をつくりだすキャンヴァスの斜面などが使用されている．

一方で，平坦な面を用いながら，他方，ありのままの素材の素直な使用によって，その平坦な面に力と表現を与えるということは，後に述べるように，この当時にフラン

---

98) 本書 p. 385の鉄筋コンクリートの項を参照せよ．この倉庫は Richard E. Schmidt, Garden and Martin 設計事務所によって設計された．

482

スでわれわれの新しい空間概念の道を拓り開きつつあった絵画の手法と軌を一にする
ものである.

審美的な方向

ライトの周囲には，その同じ精神によって鼓吹された画家も，彫刻家もいたわけでは
ない．彼は視覚的見地において同時代の画家に先行した建築家という，きわめて希
な例外の一人である．1910年頃，新しい空間概念が花咲いたヨーロッパでは，事情は
まさにこれと正反対であった．そこでは，画家が道を指し示したのである．しかし，
ライトは自分の建物のステンド・グラスや建築的な細部，絵画装飾などのデザインを
自分独りでやらなければならなかった．彼はラーキン・ビルディング（Larkin Buil-
ding, 図261）の柱頭を「巨大な柱の頂上，天窓のすぐ真下に，直線で縁どり，鋭い
角をもった一群の装飾……方形模様の奇妙な塊」[99]として扱った．シカゴのレストラ
ンのミッドウェイ・ガードゥンズ（Midway Gardens）のフレスコ壁画を（今は建物が
取り壊されてしまったが），彼は大きさも色彩もそれぞれ違った相貫円でデザインし
た．このフレスコ壁画は，その絵画上の意図については，マッキントッシュを囲むイ
ギリスのグループのデザインとワッシリー・カンディンスキー（Wassily Kandinsky）
が同じ頃ミュンヘンで企てていた新しい空間の取扱いとの中間に位置している．

ライトは，その住宅に，伝統的な平坦な面を採り上げて，それを水平に組立てられた
小片に分解して立体的な量に併置し，その垂直な煙突を片持梁のポーチや張り出した
軒庇の水平面に対立させて貫通させている．こうすることによって，アメリカの住宅の
外観にその平面と同じ意味の表現を与えている．彼は，壁を分解し，それを先例のな
い構想力の鋭さで組立て直している――ともかく，これは20世紀初頭の10年代の話で
ある．彼は無意識のうちに，約10年後にヨーロッパに作用したのと同じ力に駆り立て
られていたのである．もっとも，10年後のヨーロッパの関心は内外空間の新しい貫入
の探究に向けられたが，ライトの場合にはむしろ家屋を一つの閉鎖された空間単位と
して扱っている．

ライトはしばしばオランダの "ステイル"（Stijl）派の建築家や画家のモンドリアンや
ドゥースブルフ，あるいはマーレウィッチ（Malewitsch）のようなロシアの構成派の

---

99) Russel Sturgis, "The Larkin Building, Buffalo, N.Y.," *Architectural Record*,
 XXII, p. 320 (1908).

261. フランク・ロイド・ライト　　ラーキン商会営業用建物, バッファロー, 1904年. 柱頭の詳細. これらの直線で縁どられ鋭く角のついた形態が, 一般に柱頭飾りの置かれる大きな柱の頂部に用いられている. ライトのあらゆる作品に見られるように装飾的ではあるが, 単に装飾的というより以上のものをもっている.

262. フランク・ロイド・ライト　　テニス・クラブ, イリノイ州リヴァー・フォリスト, 1906年. コンクリート版の腰掛. ライトのスラブの扱い方や, ヴォリュームを相貫させる手法が, このベンチのような些細な点にも看取される. ここでは, コンクリート版は, 壁を突き抜け, 地面の上に軽くかかって, レヴェルを延長するように用いられている.

人たちと同じ要素を用いている——たとえば，今なおライトの作品の目印になっている抽象的な四辺形がそれである．マーレウィッチは，しかしそれをアカデミックな偽りの絵に対する抗議として，絶対的な形態として用いたのである．オランダの連中は，幾何学的な形態を装飾としてではなく，面と色彩の間の，純粋で率直な相関関係の表現として組立てたのである．つまり，ヨーロッパでの探究の背後には，幾分，別の意図や別の空間概念が潜んでいたのである．

有機的なものへの衝動

歴史の中に，際立った二つの傾向が存続している．その一つは合理的なものとか幾何学的なものへ向うものであり，他の一つは非合理的なものとか有機的なものへ向う傾向である．すなわち環境を取扱ったり，支配したりする場合の二つの異なった方法である．こういう対照的な問題解析の方法は，あらゆる文化の中に，その当初から最近にいたるまで，はっきり認められるものである．文明の発端以来，規則正しい計画に従ってできた都市と，樹木のように自然に有機的に発展してきた都市とがある．古代のギリシア人は，その数学的に釣合のとれた神殿をアクロポリスのごつごつした岩山の上に置き，南方の空にくっきりと輪郭を浮かび上らせていた．また，ギリシアの島島の丘の頂きに白く塗られた現在の村々は，そのはっきりと区画された壁，時々，白く塗り直される壁によって，海上遙か彼方にあっても容易にそれと見分けられるようになっている．

有機的感覚と幾何学的感覚との間の相違は，今日でもなお，現代絵画や現代建築の中に存在している．それは絶えず繰返されている相異なる解決方法であって，一方が他方よりもすぐれているなどというものではない．芸術家は選択の権利，己れが好み，己れが従おうと思う観点に従って決定する権利を有している．フランク・ロイド・ライトは初めから世界の有機的な知覚に直面してきたのである．

ライトの全経歴は，それがなんであれ，彼が「有機的建築」（organic architecture）と呼ぶものの中に自己を表現しようとする努力の上に築かれている．彼は，こういった感情の陰影の中で仕事をすることを好んでいる．彼が，1940年1月25日にボストンの

485

ジャクソン・ホール（Jackson Hall）で講演した際には，初めから終りまで，この彼の生涯を通じての問題のみを論じていた．彼はソクラテスの対話法のような方法で聴衆と問答しながら，それを定義し説明しようとした．しかし彼の努力は徒労に終った．けっきょく，言葉では説明しきれないということ，有機的建築という語で彼の意図するところはただ，彼の作品においてのみ明確に示されるものだということが明らかになった．

1900年頃，ルイス・サリヴァンはその著『キンダーガルテン・チャッツ』[100] の中で「"有機的" という語が意味しないもの」を探すことによって，対照的に「"有機的建築"という語の真の意味」に到達しようとした．彼はいう，有機的とは生きているということ，発展してゆくことを意味し，1900年頃の支配的なアメリカ建築に見られるような「憐れな愚かしさではないし……形を伴なわない機能や，機能の裏付けのない形でもないし，マッスと関係のないディテールや，愚行以外の何物とも関連のないようなマッスでもない」と．これについて彼はつぎのように付け加える．「現状は有機的ではない．それは非有機的なものになりつつある」と．「"有機的" という語は」彼にとっては「実在の探究」を意味している．つまり「私は，その語をそれがよって来るところの生命の感覚を愛するがゆえに愛する．それが意味するのは事物の十全な把握」である．"有機的" とは，サリヴァンやライトの意味するところでは，分裂した人格や分裂した文化に対する抗議であり，それは「実在の十全な把握」と同じことであり，思考と感情が一つになろうとするところの発展と同じものなのである．

ライトの有機的な取扱い

1939年7月の空のよく晴れた日，われわれはタリアセンのライトの自宅のある丘の頂きに立った（図263）．丘のドームのような形がはっきりしすぎている上に，特に斜面に沿って塀で囲まれた石段を登っていったところにある構内の低い塀で囲まれた丘の

---

100) 最初 *Interstate Architect and Builder* 誌に，1901～1902年にかけて発表されたキンダーガルテン・チャッツ（*Kindergarten Chats*）は，ルイス・サリヴァンがアメリカの青年たちに与えた遺言書であった．この著述は多くの予言に満ち，そのいくつかはすでに予言通りになっている．他の予言もいくつか実現されるだろうと私は信じている．この引用文はその後，クロード・ブラグドン（Claude Bragdon）によって単行本として出版された改訂版から引用した（Lawrence ?, Kansas, 1934), p. 46～49.

頂上の庭園が，あまりにも明確な形をしているので[101]，私は，それが人工的に下の方から規則正しくつくられたのかと聞いてみた．この問いに対してライトは「いや，それは天然の土壌のままです」といって，「私は家を丘の頂上には決して建てません．眉のように丘の回りに建てているのです」と付け加えた．こうして，私は，土地の純粋な曲線を意識の中に持ち込んだのは，実にその家屋自体だということ，またある意味において，その家屋の沢山の層をなした控え目な形が，家屋の建っている土地の輪廓を際立たせ意味づけているのだということが判った．

彼が，その仕事上で孤立し，世間の支持が得られなかった頃，つまりアメリカが彼に背を向けていた頃にも，ライトは，家を起伏した土地の窪みに建てて，それが自然の中に溶け込み，自然の中から生まれてきたかのように取扱っていた．しかも，1911年のクーンリー邸のような彼の初期の住宅においてすら，その突き出た軒，木造の片持梁に沿って植え込まれ，その上をはっている植物によって，家屋がその環境の中に溶け込んでゆくようなこの傾向を看取しうるだろう．それこそ，それが，どこで始まっているのかはとんど見分けもつかないくらいである．現代彫刻家のうちにも，たとえばハンス・アルプ（Hans Arp）のような彫刻家は，その作品を森の真只中に置いて，自然の一部のごとく，他の石と見分けにくくなるようにしようとしている．

有機性に対するこのような熱意をみれば，ライトが粗石壁とか，荒仕上の花崗岩の床とか，仕上のしてない重々しい丸太などの自然からじかに取出した材料を用いたがる理由の一面が判るであろう．彼はそのシカゴ時代を通じて，鉄にしろ，鉄筋コンクリートにしろ，骨組構造を使用しなかった[102]．彼は，ガラスと白色の使用にはきわめて控え目であり，また，開口部に対しても非常に慎重なので，時に入口の扉を見つけるのさえ困難なことがある．同じように，彼の有機性に対する衝動が――中央暖房方式の時代に――初期植民地時代の巨大な煙突から柔軟な開放的なプランを発展させるに

---

101) ライトの *Autobiography* を見よ．
102) 彼がコンクリートを採用した時は，オーク・パーク寺院(Oak Park Temple)のように，ガラス面のないコンクリート壁形式としてのものだった．ライトは壁やポーチの柱に煉瓦を好んで使用した．それは初期のマッキンタイヤ（McIntire）や19世紀末にリチャードソンが，使用したような小さなローマン・ブリックであった．彼は下見板の使用を避けている．彼が下見板を用いたのは――私の知る限りでは――彼がまだサリヴァンのところで働いていた時に設計したシカゴのある独立住宅だけである．

263. フランク・ロイド・ライト　ライトの自邸, タリアセン.

至った理由を明らかにしている.

彼のシカゴ時代の住宅についての一般的な批評では——たとえば，バッファローのマーティン邸（1904年）やロビー邸（1908年）でさえ——それらの住宅が少し暗い感じがするといっている．これらの住宅には頭上におおいかぶさる軒庇があり，奥深く天井の低い部屋が設けられている．彼がそれによってなにを表現しようとしたのか，また彼の実際上の意図がなんであったかということもまったくはっきりしているわけでもない．それはシカゴ最盛期に成長したものであって，大都会とその仰々しいガラス面積に対する彼の反抗であろう．彼は住宅においても，業務用ビルにおいても，構造体による空間単位をつくろうとしているが，それを開放するというよりもむしろ隠しこもうとしている．

新材料の使用に対するこういう用心深さと，1880年代におけるシカゴの事務所建築や1920年代のヨーロッパ住宅で行なわれたように，ガラス壁によって家屋を開放するということに対するこういった躊躇の背後には，人間性の要求に対するある特殊な考え方が潜んでいるように思われる．ライトは凹凸のある壁の形によって大地を家屋の中

に導入して，人間の住いをできるだけ密接に大地に結びつけようとする．あたかもルイス・サリヴァンの言葉のように，「実在の十全な把握」によって住居を大地と結びつけたのである．ライトにとっては家屋はシェルターであり，人間という動物がちょうど洞穴の中に引籠るように休養することができ，風雨や日光からも保護されるような隠れ家である．人間はそこで，いわば，巣の中の動物のように，完全な安らかさと寛ろぎの中にうずくまることができよう．この背後には，19世紀末に流行したかげりをもった薄暗さに対する要望があるのだろうか？　それとも，それはいずれ満たされなければならない原始的な永遠の本能に向う行動なのだろうか？　これはわれわれにはわからない．ライトの個性を研究する際には，いつも，一方では彼の世代に属する諸要素を彼がどのように用いたかということと，他方，その自然の境界を跳び越える彼の天才的な才能とを区別しておかなければならない．

構造的な手段と新しい視覚上の探究に基礎を置いたヨーロッパでの発展は，当初，純粋な機能主義によってその環境を浄化してきた．これは必要かつ不可避的なことであり，しかも，健全なことではあったが，表現手段が見出され，浄化が完成されるや否や，再び有機性への衝動が感じられるようになった．ライトのそれとは異なった水準で，しかも別のやり方で，それは有機的なものへと向いつつある．北方の国々では，たとえばフィンランドの建築家アルヴァ・アアルトの作品がこのことを暗示しているが，それはただフィンランドだけのことではない．

事 務 所 建 築

フランク・ロイド・ライトの隠れ家としての家に対する一種独特の感情，また，家を一つの閉鎖された空間単位として取扱うその手法は，彼の二つの事務所建築——バッファローのラーキン石鹼商会社屋 (Larkin Soap Company administration bldg., 1904年，図264) とウィスコンシン州，ラシーンにあるジョンソン・ワックス商会社屋 (1939年，図265) ——の中に反映している．この二つの建築は30年以上も隔てて建てられ，外観も非常に違っているが，同一の精神を示し，ひとしくライトの建築的な手法を明瞭に現わしている．両者共，建物全体が本来一つの室として扱われており，共に外部からしゃ断され，共にマッシヴな壁で閉じこめられ，光を天窓と高側窓から，あるい

489

265. フランク・ロイド・ライト　ジョンソン・ワックス商会ビル，ウィスコンシン州ラシーン，1938〜1939年．内部．

←**264.** フランク・ロイド・ライト　ラーキン商会ビル，バッファロー，1904年．回りにギャラリーを巡らした吹抜広間．

はガラス管を通して受け入れている．これらの建物は，外界を締め出している殻であり，孤立した独立単位である．このように，この二つの建物は広い開口のガラス面積を有する1880年代のシカゴ派の建物や，1920年代のヨーロッパのデザインの動向と強い対照を示している．

ラーキン・ビル

ラーキン・ビルディングは，この会社の非常に大きな工場建物の広がった翼部に抱えられてはっきり独立したマッスになっている．入口の傍らに立っている建物両端の四角い塔とその空間単位のヴォリュームとの間には一つの相互作用がある．中に階段を収め，100フィート以上の高さまで途中でさえぎられることなくそそり立っているこれらの塔は，当時の批評家たちを失望させることになった．批評家たちは，それがあまりに強く突き出ているので，光と影のたわむれる余地がないと主張し，またそれらの塔が繰形によって飾られるべきだとか，あるいは種々の色彩模様の釉薬タイルで和らげられるべきだなどと考えたのである[103]．これらの批評家たちにとっては，この建物そのものが彼らにあらがうような厳しい外観を示していた．彼らにとっては「表面になんの抑揚もない奇妙な鋭い稜線をもった立体の積みかさね」であった．その外観は「真四角な隅，直角のまっすぐな縁，鋭い稜線，水平と垂直の堅い線，途切れのない無修飾のきびしい幾何学的な正確さ」[104]であった．まったく奇妙なことに，こういう批評はライト自身が後年，1920年代のヨーロッパ建築家の直角，平坦な面，三角形などに対して示した攻撃とまったく同じ種類のものだった．この妥協のないきびしい精確さは，ルイス・カーン（Louis Kahn）によって1960年にフィラデルフィア大学の科学研究所にもっと強く現われているが，それはこのラーキン・ビルに密接に関連しているように思われる．

ラーキン・ビルでは骨組はまったく使われていない．ちょうど彼の小住宅と同じように，ライトは煉瓦を使用している．塔は四角い煉瓦造の筒であり，壁はマッシヴな煉瓦の殻で，天窓の穴のあいた陸屋根でおおわれている．ライト自身，この建物の特徴をつぎのように説明している．「密閉された建物……鋼鉄製の造り付けの家具や棚類

---

103) Russell Sturgis, "The Larkin Building, Buffalo, N.Y.," *Architectural Record*, XXⅢ, p. 319, 321（1908）を参照せよ．建物のプランや組織の高度な質を評価しているような熱心な批評家ですら，それを感情の上でどうしても受け入れることができないというのは実に奇妙なことである．

104) 同書，p. 319.

266. フランク・ロイド・ライト　ラーキン・ビルディング，1904年．最初のスティール角棒を用いた事務所家具．その会社全体の机や椅子はライトによってとくにこの建物のために設計された．これらは1939年に完成されたが，その後わずか10年後にこの建物はゆるしがたい破壊を蒙ることになった．これらの椅子や机が博物館用に保存されたかどうかは疑わしい．

……最初の空気調整された事務所建築[105]……最初の金属製枠付ガラス戸とガラス窓……」(図266)[106]．その内部の中心部はギャラリーに囲繞され，天窓に向って開かれた大きな吹抜きの広間を形成する5層の大きな空間である．四角い砂色煉瓦の柱がゴシック風の力強さで立ち上って，吹抜の部分をギャラリーと区画している．ビルの所有者が後にこの巨大な室にオルガンを置いたという事実は，その室全体の静隠さを物語っている．最上階に立って，吹抜広間やギャラリーを見下ろすと，われわれに見えない高いところにある窓から，金属製の仕事机の上に光が降り注ぐ様を見てとることができる．このアメリカの精妙な技術の傑作がもはや存在しないとはほとんど信じられないくらいである．1949年にこれを建てた同じ商社がその取り壊しを命じたのである．

ジョンソン・ワックス商会社屋

ジョンソン・ワックス商会の営業ビル（1937～1939年）も同じように一つの空間単位

---

[105] バッファローは空気調整方式の発祥地であった．
[106] *Architectural Forum*, LXⅧ, p. 88（1938年1月）.

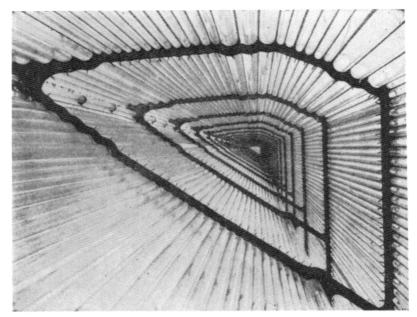

267. フランク・ロイド・ライト　ジョンソン・ワックス商会ビル，外壁に用いられたガラス管の蛇腹の内部.

として扱われているが，それはもともと一階の建物である．この建物は，その変った形の柱のためにたちまち有名になった．しかしここでもまた，その採光方式が強調されている．私はこの建物を完成直前に見る機会に恵まれたので，ここに私の第一印象を述べておこう．

「われわれ一行はラシーンに到着した．シカゴから30マイル離れたラシーンの町は初めも終りもないようなところだ．この町の真中に，われわれの待ち設けていた事務所建築がある．われわれの眼前には，上の方に一風変った細長いガラスの開口のついた彎曲した煉瓦の壁が冬の陽に照らされて建っている……暗い入口から，われわれは茸形の柱の林立する大きなホールに入った．下の方に向って次第に細くなり鋼製の沓形にはめこまれた，これらの柱を見て，技術者たちは皆一様に頭をかしげた[107]．その上部には耐熱ガラス管の間に大鬼蓮の葉が浮かんでいるような大きく広がった円い盤がある．柱の大部分は，その上に空気以外の荷重を荷っていない．このガラスは，工場

で小さな長さにつくられ，その接合は非常にむずかしい．しかしこのガラスは変色しない．これこそ，ライトの望むところなのだ．柱はここでは一個の贅沢品である．特殊ガラスもそうである．しかし仕事場としての営業用建物が，一度ぐらい，詩情に基づいてつくられても構わないのではないだろうか．管を通してチラチラ光る光は一種不可思議な感を抱かせる．そのホールの印象は魔法の世界のようなものである．われわれはあたかも池の底の魚になったかのように光を仰ぎ見る．柱上部の円盤は漂うガラスの中に浮遊しているかのようにみえる．このホールは，これまで永い間，建築的想像力の中で考えられてきたものの中で，最も幻想的なものである．その見かけ上，焦点のない純粋さが多くの人をいら立たせる[108]——あるいは，全空間を一つのトラスでおおうこともできたであろう．だが，それでは，その魔法のような効果は失われてしまったにちがいない．」

「この建物は，最初の予定額の倍も費用がかかるといわれたが，会社は支払可能であり，かつこの贅沢さを喜んでいる．こういう贅沢さに対する要求を満足させる建物は今までも常に存在していたし，またこれからも存続することだろう．問題なのは，われわれが贅沢ということによってなにを理解しているかということである．贅沢とは単に材料の浪費を意味するだけではなくて，"それが新しい発見によって情緒的な経

---

107) この柱形式は当局者によってその強度に疑念がもたれた．それは「22フィートの高さがあり，約12トンの荷重を支え，直径9インチの柱脚になっているが，この程度の高さの柱に対して30インチの太さを要求する法規を完全に無視していたわけである．ライトは自分の設計の安全性を示すために，試験柱を造って，7日間の養生の後，60トンの荷重をかけさせた．疑念を抱いていた人も，ついにその安全性を確信して，それ以上荷重をかけさせることなく，それを引き下ろさせた．その試験結果から見れば，この柱は28日で最小限80トンに耐え得たであろう．その驚異的な強さの秘密は，円錐形に溶接されたワイヤー・メッシュに潜んいでる．」("Frank Lloyd Wright Tests a Column," *Architectural Forum*, Vol.LXVII, p. 10, 1937年8月).

108) このジョンソン・ワックス商会の建物は，比較的若い建築家たちによって，その流線型の外観ばかりでなく，彼らがいうように，それが機能に対する考え方に欠けていて，事実上劇場のような建物だという理由で，激しく攻撃されてきた．確かに，ライトのすべての建物と同じように，そのディテールには過ぎ去った世代の残渣が数多く見出される．しかし，こういったすべての反対を越えて，この建築の重要性は，可塑的な形態や新しい光の質や新しい技術的手段などで，情緒上のスケールを広げようとしたその試験的な試みにあるということを忘れてはならないだろう．バロックの寺院のようにこの建物は実際にその中を回って経験してみなくては批判できないものである．

験を広げる"時にも，意味をもっている．限られた少数の人たちだけが，これを満たすことができる．フランク・ロイド・ライトは，この建物で，銀色の光と形態の可塑性という手段によって，それなしには建築を考えることのできないような新しい空間感情をつくりだしている．

彼はここで，半世紀にわたるその建築研究の後に，贅沢というものが建築においても，いかに創造的なものでありうるかということを示している」(図267)[109]．ジョンソン・ワックス商会のこの建物は，ライトがこれまで直角から出発しながら，いやます活力をもって円や曲線を強調してきた彼の過去20年間の仕事を総括しているのである．

フランク・ロイド・ライトの影響

伝道者としてのライト

フランク・ロイド・ライトは単なる一建築家ではない．彼は，その国の偉大な伝道者の中の一人である．彼は生来，主張し，改革し，耐え忍ぶ意志と勇気をもっていた．前世紀の中葉，ウォルト・ホィットマン（Walt Whitman）やヘンリー・ソーロー（Henry Thoreau）が文学上の立場で主張していた強固な個人主義の伝統を，彼は建築の中に持ち続けたのである．彼はこの伝統を自身の一部と看做していた．予言者として，伝道者として，また農本個人主義者として，彼は都会への嫌悪を説き，大地へ帰ること，生産的な自給自足の社会に戻ることを説いた．彼は，それを，人間の大地に対する結びつきがあまりにも希薄で人間味に欠けた国，経済的な趨勢の変転する要求に応じて森林が農地に変ったり，穀物の生育している広い土地が森林に逆もどりしたりしているような国，各種の多くの食品が缶詰によって賄われているような国で説得してきたのである．

アメリカの反動

フランク・ロイド・ライトはある意味では，犠牲的な世代に属しているともいえよう．彼が建築を始めた時には，営業的には非常に有望だった．彼はその初期にはヨーロッパのどの先駆者よりも沢山の家を建てた．しかし，彼が建てたのはただ，彼の個人的な依頼者のためのものだけであった．彼の住宅は――それは全部，中西部と西部に建

---

[109] S. Giedion, "The Dangers and Advantages of Luxury," *Focus* (London) No. 3, p. 34〜39, 1939年春季号.

っているのだが[110]——まったくローカルなものでもないし，その地方や個人的な嗜好だとか，一人の客の要求とかに制限されたものでもない．あらゆる芸術作品にみられるように，場所とか個人的な所有関係とかのあらゆる制約を超越したある種のものを具現している．しかし，これらの住宅はこの国では少しも影響を与えなかったし，強く推進してゆく創造的な力となるに至らなかった．

その理由は，ライトが，アメリカ建築がその当初以来の最も危険な反動によって害われた，ちょうどその頃に仕事を始めたということである．その頃，アメリカ建築の構成的事物を圧倒し去っていたクラシックやゴシックの流行は，もちろん，伝統とはなんの関係もなかった．それらのものは，情緒的な構造に弱いところをもっている人々に，人為的なバック・ボーンを与える以外の何物をも意味していなかった．これらの住宅——ヴェルサイユ宮やタスカン宮のようなもの，あるいは中世の荘園領主の館の雛形のようなもの——の陰に，あるいは聖なるゴシック様式の摩天楼の背後に，こういった人たちは，その内心の不安を隠すことができた．このことは建築の仕事の上に歎かわしい結果をもたらした．その職業によって生活しようとする建築家は，この流行に追随するか，さもなければ建築を放棄しなければならなかった．

1910年から1925年にかけていや増しに強くなっていったこのクラシックとゴシック模倣の優勢下にあって，ライトとルイス・サリヴァンは自国内にありながらも，配流者のような生活を送らなければならなかった．サリヴァンは晩年その幾人かの同業者から金銭上の援助を受けていたと，シカゴの一老建築家が私に話してくれた．また，ライトは1940年にボストンでの彼の展示会で講演した際に，そのことを要約して，「彼らはサリヴァンを殺し，私をもほとんど殺さんばかりであった」といっている．

この時代に，彼とサリヴァンは，その同時代人の目には，滅びた主義の代表者と見られていた．しかし実際には，主義を喪失していたのは彼ら両人ではなかった．むしろ，主義を見失っていたのは，その国の方であった．というのも，後になって，転換しなければならなかったのはライトではなくて，国の方だったからである．この頃はまた，ヨーロッパが建築的方法を純化し始めつつあった時でもあり，真理を求める要

---

110) ライトは，この国の金融中心であるニューヨークには，家屋を一つも建てていない．ボストンにもぜんぜん建てていない．

求が建築に現われ始めた時でもあるが，この当時のアメリカは，なにが行なわれつつ
あるのか，それを聞く耳すら持ち合わせていなかったのである．海外で表示されつつ
あったものは，すべて，鳴らないラジオのようにしゃ断されていた．その影響はいま
だに今日にも残っている．

ライトの影響の本質

ライトの作品を支える基礎は強力な三脚である．すなわち，アメリカの伝統，有機性
への衝動，己れの時代に対する芸術上の言葉を見出す力，がそれである．彼の建築作
品集の限定版が1910年にベルリンで出版されるまでに，すでに，このすべてが実現さ
れていた．40才にしてライトはすでに，歴史上の彼の位置を確固たらしめるに足る影
響力をもった仕事の根幹をつくりあげていたのである．

彼の直接的な影響の中に認められたり見出されたりするものは，しばしばほんの皮相
なもので，誤解に導くことが多い．ヨーロッパであれ，アメリカであれ，建築家とし
て彼を模倣しようとしたり，あるいはさらに彼に追随しようとする者でさえ，彼の作
品を誤用し，彼の精神を誤解してきた．多分，ライトの直接的な影響より，もっと大
切なのは，新しい方向への手引，一種の道標としての彼の重要性である．というのも，
1900年から1910年にかけて，その間，ヨーロッパには，彼の仕事と同じ価値をもった
作品が見出されないからである．

ヨーロッパにおける影響

1910年以後，ヨーロッパの最優秀の人たちが，ライトがアメリカで達成したものを理
解し始めた．そのうちで最もすぐれた人の一人，H.P. ベルラーへがその展覧会や講
演を通してライトの仕事を広くヨーロッパに紹介した．その精神的な威信によって，
彼はオランダのつぎの世代に彼ら自身の発展に対する刺激を保証したのである[111]．オ
ランダ人たちは，ライトの刺激から援助を受けるのに最良の状態にあった．このこと
については，われわれは20年代初期にセンチメンタルな建築によって大きな成功を収
めたデュドック（Dudok）のヒルフェルシュム（Hilversum）における作品のことを重
視しているのではない．むしろ1914～1915年にハイステル・ヘイデ（Huister Heide）

---

111) まったく奇妙なことに，ル・コルビュジエも，1912年の *Schweizerische Bauz-
eitung* に記載された一記事によって，初めてライトに気を留めたのである．そ
の記事は，ベルラーへがかつてチューリッヒで行なった講演を彼自身で敷衍要約
したものである．

498

に二つのマッシヴなコンクリートの住宅を建てた ロベルト・ファントッフ（Robert van t' Hoff）のような感受性のある，すぐれた精神に恵まれた建築家のことを考えているのである．これらの住宅はファントッフの建てたただ二つの住宅であるが，まさにライトの理念の直接的な反映であった．これらの住宅は，ヨーロッパに孤立して建っていたにもかかわらず，それはヨーロッパを浄化する役割を果たした．これらの住宅は1919年，テオ・ファン・ドゥースブルフの刊行になる評論誌「デ・ステイル」の中の論文によって，ヨーロッパの前衛的な人たちに公表されていた．

数人のオランダ建築家の初期の作品の中に，また J.J.P. アウトのいくつかの計画案の中に，彼らが自我の実現への道程を明確化するのを助けたのは，疑いもなくライトの作品中に見出されたその刺激であった．しかし，それらの中にライトの影響の細かな証拠を見出そうとしたり，彼らの場合にライトのデザインへの類似点として，模型や図面に言及したりするのはまったく皮相的であり，間違ったことであろう．なんとなれば，ヨーロッパの建築の中にはつぎに述べるような他の要素があり，それが彼らの特性を形成していたからである．ライトの真の影響，彼の偉大な教育的な影響は，少数の貧弱な写真の中には示すことのできないものである．彼の真の影響は，彼の作品の中に反映している彼の方法や理念のそれである．われわれは引続き，ヨーロッパの動向と接触するようになったライトの空間概念が，後に，いかにして一流の人物の手中に発展され，変化させられていったかを考察することにする．ライトは常に――その最後にいたるまで――彼自身の世代をはるかに越えて進むような天才の霊感を所有していたのである．

フランク・ロイド・ライトの晩年

ライトは1959年に亡くなった．彼は以前にはこれほど多くの委託や追従を受けたことはなかった．アメリカの新聞は10年以前には彼のためにどんなスペースもさきはしなかったが，今ではしばしば無理をして，彼はそびえ立つ天才だとか史上最高の建築家といったレッテルをはっている．しかも，こういったことはすべて，彼が，それほど強靱な性情の持主でなかったら圧しつぶされてしまったであろうようなひどい恥辱を何十年も耐え忍ばなければならなかった後のことであった．20年代から30年代の初め

499

にかけて，彼は債権者たちに追いまわされ，訴訟でおびやかされ，スキャンダル（清教徒的な気風の地方だったら普通一人の人を抹殺してしまうようなスキャンダル）に巻き込まれて，ほとんど失業状態であった．彼は道徳上の無法者として，また支配的な風潮から逸脱した人物として，社会から，またすべての重要な活動からのけものにされていた．ライトのこの運命は，アメリカに特有なものでもなかったし，彼の人格に限定されるものでもなかった．われわれの時代のパイオニアはすべて，似たような運命に遭遇しているのである．

彼のヴィジョンの豊かさは膨大な計画案に現われているが，時には，ピッツバーグの下町の「ゴールデン・トライアングル」の地区計画や，バグダッドのオペラ・ハウスの計画案のように，単なる幻想や風変りな案として葬られてしまった．この両者とも，おそらくライトにとって都合のよいことに，遂に建設されるにいたらなかった．ちょうどその頃，彼は内部と外部に螺旋状の斜路をもった円形建築の設計で多忙だった．サンフランシスコのモーリス商店（Morris store, 1950年）は，この種の内部空間がつくりだされた最初のものだった．その円形と螺旋形はニューヨーク5番街のグッゲンハイム美術館（Guggenheim Mnseum）の記念碑的な形態に現われている．底の方に傾斜した円形の壁でしきられた螺旋状の斜路にそって展示用空間が走っている．これらの壁が展示物を据えつける上で邪魔になるということが，ライトの死後まもなく催されたこの美術館の開館の際の彫刻の展示で明らかになった．

フランク・ロイド・ライトは常に大衆のことを考えていた．建築上からいえば，これは，人間の居住，最小限アパート，1家族住宅，さらに彼がその生涯の終り頃に設計した1マイルもの高さの摩天楼をも意味していた．シカゴ時代の1家族住宅で，彼は現代建築のための基礎をつくりだした．20年代の彼の暗黒時代でさえ，彼は当時，二，三の鉄筋コンクリートの住宅を建築していたが，人間のすみかの問題が彼の心を強く奪っていた．私が『現代建築の発展』で述べたように，「われわれはそれぞれ，その胸中に，部屋というものは長方形の4つの面で囲まれた空間だという，5千年に及ぶ伝統の成果を抱いている」[112]にもかかわらず，彼はその生涯の最後の時期に，初めて長方形の居間を捨てた最初の一人となった．

---

[112] S. Giedion, *Architecture, You and Me*, Harvard University Press, p. 150 (1958).

フランク・ロイド・ライトは日本の影響を認めていた。そして東洋美術は彼が蒐集して自宅に飾った唯一の芸術だった。しかし，その最後の10年間に，彼は無意識のうちに，原始時代のものに近づいていった。彼のつくる住宅の形は，もはや長方形でなくなった居間にそって，まるい曲線形になっていた。それらの中には，紀元前1500年頃からのミノア文明のクレタのまるい卵形の家屋や，紀元前四千年あるいは三千年のメソポタミアの家々が再現している。ライトの晩年の住宅のプランは，遂に，外部を囲んだ斜路と内部の中庭をもった鎌型の外観（ヴァージニアの住宅，1953年）を呈していた。ライトはおそらく，あの静穏な焦点としての中庭（パティオ）を家屋に再び組み入れた最初の人であった。パティオはそれ以後，ますます現代の住いに好んで受け入れられるものになってきたのである。

Ⅵ　美術・建築・構造における時 – 空間

新しい空間概念：時—空間

社会的，経済的および機能的な影響は，科学から芸術に至るすべての人間活動にきわめて重大な役割を演じている．しかし，このほかにわれわれが同時に考慮を払わなければならない今一つの別の要素がある——それはわれわれの感情であり情緒である．この要素は，しばしば，些細なものとして無視されがちであるが，実際は人間の行動に測り知れない影響を与えている　19世紀の不幸の大半は，工業や技術が機能的な意義を有するだけで，情緒上の満足をみたすものではないという当時の確信に起因している．諸々の芸術は，日々の現実からまったく隔離されて，芸術だけの孤立した分野に追放されていた．その結果，生活は統一と均衡を失い，科学と工業は堅実な歩みを進めていたにもかかわらず，感情の孤立した分野では，極端から極端へと動く動揺しか存在していなかったのである．

情緒のひろがりと強さは，われわれが時に想像する以上に大きなものである．情緒や感情は，どんな事件にも介入していて——行動が決して完全な意味においては，実際的でないように——思索も決して完全に"純粋"ではあり得ない．しかも，われわれが，こと感情に関しては自由な選択ができないということも明白である．われわれの情緒的な生活の広大な軌道は，われわれがたまたま，ある種の人間として，ある時代に生を享けたというような事実，すなわち，われわれがどうすることもできないような環境によって決定されている．こうして完全に統合された文化は，その代表的なものの中に，感情の明確な統一をつくり出している　たとえば，バロック時代には，その全体を通じて，明らかに共通した精神が貫流していた　それは，絵画と哲学とか，または建築と数学とかいったような，相互に，はっきり分離した活動の中に認められる．このことは，なにも特に驚くにはあたらない．それというのも，技術にしろ科学にしろ，あるいは芸術にしろ——これらはすべて，同じ時代に生育した人々によって遂行されたもので，その時代特有の影響をうけているからである．感情を表現するのは芸術家の主要な関心事であるが，同じ感情は技術者や数学者の中にも働いている．こういう分岐した種々の営みの背後に潜む情緒的背景こそ，われわれが発見しようとしなければならないものである．

われわれは芸術家を必要とするか？

感情の普遍的な統一などということが，われわれの時代に果して可能なのかどうか疑問を抱かれる人もあるだろう．そういった人たちは，科学や工業は，芸術や感情とは，相容れないものだと考えているのである．つまり，前者が栄えるところでは後者は衰えるものと考えている．さもなければ，その人たちは，科学が芸術を受け継いで新しい自己表現手段をつくりあげ，われわれを芸術に依存しないでもすむようにさせるだろうと考えている．こういった見解にも，ある種の根拠がある．実際，われわれには，もはや芸術家は不要な存在なのだろうか？

いかなる文明でも，感情はすべての活動やどんな局面のうちにも絶えず滲透しているものである．感情に対して眼を閉ざしているような印象を与える環境は，実際的な統制や知的な統制に反抗している環境と同様，われわれを満足させるものではない．しかし，この種の感情の欲求不満がこれまで永年にわたって持続してきた．官選芸術（official art）は，その当時の世の中に背を向けて，その時代を感情的に解釈したり，表出したりすることを抛棄してしまった．その時代がかもし出す感情は，依然として形を与えられず，その感情のシンボルであると同時にその感情を満足させるような対象には，一度も遭遇したことがなかった．

しかし，このようなシンボルは生命にとって必要欠くべからざるものである．感情はわれわれの中に育ち，種々のシステムを形づくる．感情は，瞬間的な動物的な叫びや，しかめ面などによって解放されるものではない．われわれ自身の内的状態とわれわれの周囲環境との間の調和を発見することが必要である．しかも，いかなる発展段階も，われわれの情緒的な生活から遊離していたのでは，持続することができない．そういう場合には，その機構全体が衰微して停止してしまう．

われわれの世代の真に創造的な芸術家にとって，ごくありふれた日常の品々が重要な意味をもつに至ったのは，まさにこういう理由に基づく．ピカソのような画家や立体派の抒情詩人ホアン・グリス（Juan Gris）やル・コルビュジエのような人たちは，鉢，パイプ，ビン，ガラス・コップ，ギターのような，ありふれた日用品に気を配ってき

た. 天然の材料にも, 同じような注目を払ってきた. 海水によってえぐられた石, 樹の根, 一片の樹皮——風雨にさらされた骨などにさえも注目してきた. 名も知れない, あまりぱっとしない, こういった物は, われわれの尋常な意識の上にほとんど浮かんでこないものだが, 芸術家の手にかかると, 真の姿と意味をもつようになる. これらの物は, ル・コルビュジエの言を借りると,「詩的反応への対象物」(objets à réaction poétiques) として現われてくる. あるいは, これとやや違った表現を用いると, 世界の新しい部分が, 感情に受入れられ易いものにさせられたのである.

このような新しい感情領域の開拓は, 常に芸術家の主要な使命であった. 芸術家の仕事がなければ, われわれの世界の大部分は, すべての情緒的な意味を失ってしまうだろう. 18世紀のような近い時代にさえ, 山の風景が形のはっきりしない気づかわしい混乱以外のなにものをも示していないと思われていた. ギリシア芸術の発見者, ヴィンケルマン (Winckelmann) は, 1760年頃アルプス山脈を越えてイタリアに赴こうとした際に, その車窓から外を眺めるに忍びなかった. 彼はセント・ゴットハルト山の乱雑な花崗岩の山塊に恐れをなして, ブラインドを引下ろし, イタリアの田園の穏かな景観が現われてくるのを待ち望んでいた. それから1世紀後, ラスキンはいかなる審美的な感覚をももたらさない当時の工業的な世界からの逃避所として, シャモニーの山々を捜し出した. 汽船や橋梁や, 鉄構造物といったような, 要するに, 彼の時代の新しい芸術的な可能性をもっていたものに, ラスキンはブラインドを引下ろしたのである. 現今ですらわれわれの経験領域の中には, いまだに感情の承認を待っている数多くの分野が残っている. われわれは, もはや, 地上に結びつけられた動物なみの距離から対象を眺めるということだけに限定されていない. 鳥瞰図的な眺望によって, われわれは, あらゆる世界の新しい外観をきり開いてきた. このような新しい知覚方法は, それとともに, 芸術家が今後組織づけていかなければならないような新しい感情をもたらしている.

芸術家は, 実際, 発明家や科学上の発見者と同じように, 偉大な仕事をしている. こういった人たちは, 人間と世界との新しい関連を探っているのである. 芸術家の場合には, その関連は, 実際的だとか認識的なものとかの代りに情緒的なものである. 創造的な芸術家は, 環境を写しとろうとしないで, それをわれわれに彼の眼を通して見せようとする. 彼は, あたかも鏡の中にわれわれ自身気づかないでいたようなもの,

つまり，われわれ自身の心の状態をその仕事の中に示してくれる専門家である．芸術家は，感情のための外面的なシンボルを探し出す．現実にわれわれを捉えてはいるが，われわれにとっては混沌としか映っていないような感情——しかも，それゆえに——不安な，付きまとう焦燥感を与えるような感情のための外面的なシンボルを探し出す．これこそ，芸術家が現代社会において，その地位を保持するのがいかに困難だとしても，われわれが芸術家を必要とする理由である．

芸術家と大衆とは，いかにしてその接触を失ったか？

しかし，芸術家がわれわれにとってそれほど必要なものだとすれば，芸術家が，その少数の同時代人を除くすべての人たちと接触を失っているように思われるのは一体どうしたことだろうか？　普通の人たちは——もっとも，これは彼らだけに関することだが——このことを，芸術家の形態言語がぜんぜん了解できないといい張るための，思い上がった論点にしている．

これは，しばしば，自然主義に対する反抗の結果だといわれているが，実際はまったく別の事情から，すなわちギルド・システム（同業組合制度）を解体した1791年3月17日の「労働の自由に関する宣言」から由来したものである．職業の選択についての，あらゆる法的制限の廃止は，近代産業の偉大な発展に対する出発点であった．

同業組合から切り離された芸術家は，自分の生活を維持するために，工場組織と競争するという深刻な問題に直面した．一つの解決法は贅沢品の製作販売を始めることだった．つまり，まったく恥知らずにも，大衆の趣味の最小公分母に迎合するということだった．大衆におもねった芸術は世に氾濫し，サロンを満たし，すべてのアカデミーの金メダルを獲得した．なんら真面目な目標もなく，それ自身準拠すべき，なにものをももっていない，これらの芸術が望み得たものといえば，その大部分が金銭上の成功であった．しかも，それはしばしば成功した．こういう洗練された働き手の中でも最も恵まれた人たち——たとえば，メッソニエ（J.L.Meissonier）のような人——の絵は，時にはそのカンヴァスの1平方インチ当り1000フランで売買されていた．

大衆と批評家に関する限り，これが芸術であり——しかも，これが芸術家がするはずの仕事であった．研究と発見という芸術家本来の仕事をしていた数名の画家は，完全

に無視されていた. われわれの時代の絵画における構成的事実は, 大衆の意志に抗して, また, ほとんど大衆に知られぬままに発展させられたのである. これはその世紀の初期より末期までの, つまりアングルからセザンヌまでのことである.

同じ状態が建築にも見られた. ここでもまた, 進歩は, 構造の部門で内密裡に進行していた. 建築家と画家はまやかしの絵 (trompe l'œil) に対する同じ永い闘争に直面させられたのである. 両者はともに純粋な表現法に帰ることによって, 頑強な様式と闘わなければならなかった. ほぼ40年の長きにわたって, 画家という画家は平坦な面を取り戻そうと努力しつづけてきた. 建築においても, 倫理性の要求の結果として, 同じような闘争が起こったということについては前述した. タイプはそれぞれ非常に違ってはいるが, 共通して大衆から切り離されていた画家たちが, 新しい空間の考え方に向って一歩々々近づいていった. 何人といえども, このような絵画を生気づけている精神を把握しない限り, 現代の建築を理解し, その背後にひそむ感情を察知することはできないであろう.

近代絵画が大衆を困惑させているという事実はなんら奇妙なことではない. それというのもまる一世紀もの間, 大衆は近代絵画が生まれるに至ったその発展のすべてを無視してきたからである. もしも, 大衆がサロンのみせかけの芸術に眩惑されて, あらぬ方に気をとられている間につくり出された芸術言語を, その大衆が味読できたとしたら, それこそ驚くべきことといえよう.

空間の探究：立体派

1910年頃, 各地で画家の表現手段が近代生活との接触を失っているという意識が頭をもたげ始めた. しかし, これらの努力が初めて目に見えるようなものに結実したのは, パリにおける立体派 (cubism) が最初であった. 立体派が発展させた空間関係の表現方法は, 新しい空間概念の形成に導くことになった[1].

立体派の抬頭に先立つ半世紀間は，フランス以外のほとんど何処の国にも絵画の繁栄
は見られなかった．われわれの現代芸術の土壌を形づくってきたのは，この時代のフ
ランスに成長した高度の絵画文化であった．若い才能のある人たちは——ピカソのよ
うなスペイン人にしろ，ル・コルビュジエのようなスイス人にしろ——パリで彼らの
霊感を見出し，その都市の芸術的な伝統に彼らの力を結びつけた．フランス文化の生
命力は全世界の進歩に貢献した．しかし一般大衆の間には，こういう業績に共鳴する
ような反応は少しも見られなかった．19世紀の絵画が，その確固たる力を獲得したの
は，一般大衆が軽視していた芸術形式からであった．立体派は，かかる土壌に生育し
ながら，その生気のすべてを吸収していたのである．

ピカソは立体派の創始者と呼ばれているが，キュービスムは一個人の案出したもので
はない．むしろ，集団的な，ほとんど無意識な傾向とでもいうようなものの表現であ
る．この運動に参加したある画家は，その起源についてつぎのようにいっている．「そ
こには創案というようなものは何も存在しない．もとより一個人の創案者がいるわけ
でもない．それは直ちにあらゆる人たちの指先でぴくぴく動き出そうとしていた．来
たるべきものに対する予感があり，実験がなされていたのである．われわれは互いに
避けあっていた．発見がまさになされようとしていたし，われわれは互いに隣人を信
用していなかったからである．われわれは頽廃時代の終末に立っていたのである．」

遠 近 法 の 瓦 解

ルネサンスから今世紀初頭の10年までは，遠近法は絵画における最も重要な構成的要
素の一つであった．それはすべての様式を通じて変わることのない要素であった．ル

---

1) ここでは現代の美術の運動について，われわれの時代の空間概念に直接関係のあ
る方法にのみ限定し，美術や建築，構造に共通な背景を理解するためにのみ取扱う
ことにする．これらの運動を理解するのに，ニューヨーク近代美術館の入念な目
録は非常に有益である．Alfred H. Barr, Jr., *Cubism and Abstract Art* (New
York, 1936) と Robert Rosenblaum, *Cubism and Twentieth Century Art* (New
York, 1960) を参照せよ．歴史的な叙述に重点を置いた簡潔な概観には，J. J.
Sweeney, *Plastic Redirections of the Twentieth Century* (Chicago, 1935) を
見よ．現代美術と教育，インダストリアル・デザインと日常生活との関係につい
ては，L. Moholy-Nagy, *The New Vision* (New York, 1938) を見よ．現代彫
刻と原始芸術との緊密な関係や，他方われわれの視野の自然への拡大との関係が
C. Giedion-Welcker, *Contemporary Sculpture* (New York, 1955) の中に強調
されている．

ネサンス流に外界を見る，つまり，3次元的に見るという4世紀も前の習慣が，あまりにも深く人の心に根を下ろしていたので，ルネサンス以前の文化の絵画が2次元的なものであったにもかかわらず他のいかなる知覚形式も想像できないほどだった．遠近法が一つの構成的事実として確立された初期の時代には，常にそれに対する新しい表現を見出すことができたのだが，19世紀になると，遠近法は誤用され，これがその瓦解をもたらすことになった．

ルネサンスの3次元空間はユークリッド幾何学の空間である．しかし1830年頃には，3次元以上の次元を用いて，ユークリッド幾何学とはまったく異なった新形式の幾何学がつくられた．その幾何学は発展しつづけて，遂に想像だけでは理解できないような数字や次元を数学者が取扱うという段階にまで到達した．

こういった考慮もわれわれにとっては，それが空間という意識になんらかの影響を与える限りにおいてのみ関心の対象となる．科学者と同様に芸術家も，空間とヴォリュームの古典的な把握方法が局限され，しかも一面的だということを認めるようになってきた．特に，空間の美的特質は，ヴェルサイユ宮の庭園のように，視覚に対する空間の無限性についても限界づけられないということが明らかになってきた．空間の真髄は今日考えられているように，その多面性とその中にある諸関係の無限の可能性にある．したがって，ある一つの観点から一つの場面を余す所なく記述しつくすということは不可能である．つまり，空間の特徴は，それを見る観点によって変わるのである．空間の本質を把握するためには，観察者はその中に自己を投入しなければならない．エッフェル塔の上層の階段は，内外空間の絶えざる相互滲透の建築的表現における最も初期のものであった．

近代物理学における空間は座標上の運動点に関連しているのであって，ニュートン流のバロック的体系における絶対的な静態的な完全さとは関係のないものと考えられている．近代美術にあっては，ルネサンス以来初めて新しい空間概念によって，われわれの空間知覚の方法を自ら意識して拡大するようになった．その最も完全な成就がキュービスムに見られるのである．

時 － 空 間

立体派は，対象の外観を有利な一点から再現しようとしたのではなくて，対象の廻り

をめぐり，その内的構成を把握しようとしたのである．彼らは，ちょうど，現代科学が物質現象の新しい水準をも包括するような記述方式を拡張してきたように，感情を表わす尺度を拡張しようとしてきたのである．

立体派はルネサンスの遠近法と絶縁している．立体派は対象を相対的に眺める．すなわち数多の観点から見るのであって，そのどの観点も絶対的な権威をもっていない．こういうふうに対象を解析しながら，あらゆる面から——上からも下からも，内からも外からも——同時に対象を見るのである．立体派はその対象の廻りをめぐり，対象の中に入りこんでいく．こうして，幾世紀かにわたる構成的事実として優位を占めていたルネサンスの3次元に，第4の次元，つまり時間が加わったのである．詩人のギョーム・アポリネール（Guillaume Apollinaire）は，1911年頃，この変化を認識して表現した最初の人であった．同じ年にアンデパンダン展で，最初の立体派による展覧会が開かれた．彼らの絵画が，当時，大衆の平和に脅威となると考えられ，またフランス下院において，注目すべき問題となったというのも，彼らが離脱しようとした原理の歴史を考えれば，容易に納得のいくことである．

いろいろな観点から対象を表示するということは，近代生活に密接な関係のある一つの原理——同時性——を導き出す．ちょうど，この頃，1905年に奇しくもアインシュタイン（Einstein）は同時性についての綿密な定義とともに，かの有名な「運動体の電気力学」（Elektrodynamik bewegter Körper）の研究を開始していた．

芸　術　手　段

「抽象芸術（abstract art）」という言葉は，空間解析から出発した種々の運動に対する名称としては，「立体派（cubism）」という言葉が現代的なイメージの開始を意味するものとして誤解されやすいのと同様に人を惑わせるものである．それらの内容において重要なのは，"抽象的なこと"でもなければ，また"立体的なこと"でもない．ここで決定的なことは，新しい解析方法の案出，つまり新しい空間表示の案出と，それを成就するための手段である．

この空間の新しい表示法は，ちょうど実験室の研究が，長い実験過程を経て，次第に結論に到達するように，一歩々々なし遂げられたものであった．しかも，真の芸術や偉大な科学に常に見られるように，それらの成果は潜在意識的なものから突如として生まれ出てきたのである．

立体派は，対象を解体して，その内的構成を把握しようとする．彼らは現代の科学が物質の法則を拡張しているように，視覚の尺度を拡張しようとする．したがって現代的な空間解析では，単なる一つの観点などというものからは脱却しなければならないのである．アルフレッド・バール（Alfred Barr）が述べているように，「自然のままの形態の面を解きほぐして多面的な面にする」ことによって，この対象の解体は，その初期（1910年より少し前）に完成された．空間の新しい表示法の研究に全力をあげていたので，初期には色彩が極度に乏しかった．これらの絵はルネサンスのグリザーユ（グレーだけで描く装飾画法）や19世紀の写真のように土色や灰色調であった．線の断片が面の上に舞立ち，しばしばいろんな角度の面が重なりあって，そこは比較的暗い色調の集中される場所となっている．こういう角度や線は，次第に成長し，拡張されて，遂にその中から突然，時-空間の表示における構成要素のひとつ――平坦な面――が発展することになった（図268）．

平　坦　な　面

立体派の出たり引っこんだりする平坦な面は，相互に滲透し合い，乱舞し，時には透き通っていて，それらを写実的な位置に固着させるものはなにもなく，遠近法の単一焦点に集中した線とは根本的な対照をなしている．

これまでは，その平坦な面自体には，自然なところもなく，情緒的な内容にも欠けていた．しかし，今では，それは一つの芸術手段として浮かび上がり，種々様々な手法で用いられ，時には同一物と見分けられるような対象物の断片を現わし，また時には同時に内外がみえるように平坦化されたビンやパイプのようなものを表現し，さらに，心的な反応にのみ対応するようなまったく非合理な形をも表現している．

1912年頃新しい要素が入ってきた．平坦な面は強調され，強さを増し，支配的なものとなり，新しい素材（紙屑や鋸屑，ガラス，砂など）によって――触覚にとっても――ますます魅力あるものになってきた．そして常にわずかではあったが，色彩が用いら

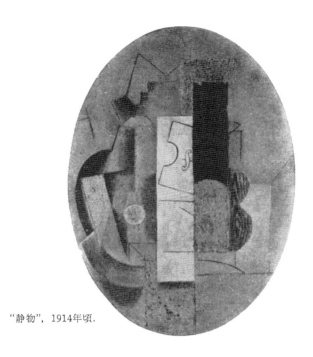

268. ピカソ "静物", 1914年頃.

れる時には，絵具を強調するためにしばしば波状に粗っぽく塗り上げられた．このようなコラージュ（貼り合わせ画法）では，新聞紙や，織物のきれはしや，時には簡単な字句でさえ，新しいシンボルとしての力を獲得していた

この過程はコラージュを通じて，初期の灰色がかった背景から色彩の再現まで続き，色彩は徐々に，より力強く，より変化に富むようになり，20年代の初期にはピカソやブラックの静物において，その輝かしい頂点に到達した．立体派にとっては多分，最も恵まれた時であったこの時期には，色彩は純粋な強烈さをもって用いられた．同時に，曲線が導入されたが，それは鉢やギターのような日常の事物から採り入れられたり，あるいは単純に案出されたものであった．色彩は，もはや単に自然を写実的に写し出すためだけのものではなくなった．色彩は，空間的なパターンとして用いられ，しばしばいかなる対象物からも引き離されて，それ自体の存在の権利を主張するようになった．

立体派は，フランスやスペインのような，西欧の最も古い文化に属する芸術家たちの間に始まった．この新しい空間概念も，過去の時代の要素によって培われたものだということが次第に明瞭になってきた．そのシンボルは合理的なものではなく，建築や応用芸術には直接利用されるべくもなかったが，他の分野の芸術的な構想に力と方向を与えた．立体派の最初の努力につづいて，すでに述べてきたように，各国に一つの覚醒が到来した．フランスにはル・コルビュジエやオザンファン（Ozenfant）が，ロシアにはマーレヴィッチ（Malewitsch），ハンガリーには，モホリ・ナギー（Moholy-Nagy），オランダには，モンドリアン（Mondrian）やファン・ドゥースブルフ（van Doesburg）といった人たちが現われた．この人たちに共通なことはキュービスムを合理化しようとする試みであって，自分たちの必要に応じて，キュービスムの脱線を修正しようとしていた．その行動は各グループごとに非常に違っていることもあったが，いずれも皆，合理化の方向に向い，しかも建築を目指していた．

ピューリスム

オザンファンとジャンヌレ（ル・コルビュジエ）は1917年に若い画家として意気投合し，自分たちの画法を純粋主義（purisme）と名付けた（図324）．それに先立つ運動，ロシアにおける構成主義（constructivism）とかオランダにおける新造型主義（neo-plasticism）と比較すると，フランスの土壌から芽生えたピューリスムは，キュービスムの目的に最も近く，同時に建築と一番緊密なものであった．

構　成　主　義

アンデパンダン展における立体派の展覧会から2年後に，ロシアでカシミール・マーレヴィッチ（Kasimir Malewitsch）によって育成された，まったく対象を無視した抽象芸術運動が出現した．それは絵画を象徴的に強調した二，三のサインに還元してしまうことによって，自然主義的な対象から飛躍し，それに対決するものであった．この画法によって完成されたのは，根本的には，純粋な相互の釣合関係だけである．平たく引き伸ばされた矩形や細片が，人間的な尺度ともいうべきものの少しも見当らないような空間の中に，相互につながりあった関係を保って浮遊している．

相互の釣合関係や空に漂う様子，空間の貫入といったようなことが，マーレヴィッチが「アルヒテクトーネン（architectonen）」と呼んだ彼の半ば造型的な建築習作の基礎を形づくっている．これらのオブジェは，ある特別な目的のためのものではなく，ただ単に空間の研究としてのみ理解されるべきものである．互いに貫入し合ったり，位

269. ブラック　コラージュ, 1913年

270. モンドリアン

271. マーレヴィッチ, アルヒテクトーネン, 1920年頃.

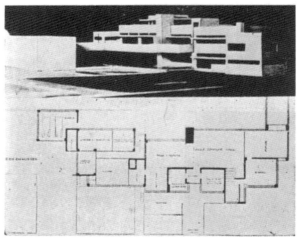

272. テオ・ファン・ドゥースブルフとC. ファン・エーステレン, ある邸宅のための計画案, 1923年.

273. ワルター・グロピウス　バウハウス, 1926年.

置を変えたりする時の角塀や平板や面の間に相互の釣合関係が，つくり出されている（図271）．これらは，1960年頃のいわゆるメガストラクチャーに精神面で緊密な関係がある．

新 造 型 主 義

オランダの画家モンドリアンによって用いられた表現法としての，新造型主義（neo-plasticism）は3次元のヴォリュームが，新しい造型的な要素である平坦な面に還元されるということを象徴している．モンドリアンは幻想的な模写との接触をすべて犠牲にして，純粋な色彩や平坦な面の根本的な要素や，それらの釣合や相互関係に立ち還っている．

テオ・ファン・ドゥースブルフと彼の刊行雑誌ステイル（Stijl）誌の廻りに集まった若い芸術家たちの小さなサークルは，1917年以来，フランスの画家や建築家たちよりも，もっと急進的な進歩を示していた．ファン・ドゥースブルフとモンドリアンとは，外的な動機によっては決して歪められることのない「純粋芸術」をつくり出そうとした．彼らにとっては，あらゆるものが純粋な原色，すなわち青と赤と黄の平坦面の配分や併置に基礎を置いている．こういった原色の他に，黒やさまざまな調子の白が加えられて，そのすべてが，色のパネルの網目模様に布置されている．

ベルギーのヴァントンゲルロー（Vantongerloo）もまたこのサークルに属していたが，彼の1918年の塑像に用いた角塀や平板やくぼみによって，現代の彫刻もまた，絵画と同じように，一つの観点にのみ限定されるものではないということを示した．

このサークルの活動人物，ファン・ドゥースブルフは画家であると同時に文学者でもあり，また建築家でもあった．彼が実際に造った建物は少なかったが，彼を建築の歴史から除外することはできない．それというのも，彼はマーレヴィッチのように，空間意識の新しい拡大を認識する能力と，あたかも研究室の実験のようにそれを表示して説明する能力をもっていたからである．

「建築の基本形態」（線，面，量，空間，時間）を表現しようとする試みが盛り込まれているファン・ドゥースブルフの一枚の絵は，その当時の多くの人たちの眼には，まったく支離滅裂な下らないものとしか映らなかっただろう（図89）．今日の観察者

は，その間の発展過程を顧みることができるという利点をもっているので，これらの相互に入りくんだ平坦面についてまったく異なった態度を持ち合わせている．今日の観察者は，その後に出現してきた現代建築の大部分が，空間についてのこのような見方を認めるに至ったゆえんを知っているからである．

1923年に，ファン・ドゥースブルフは後にアムステルダムの都市計画家になったファン・エーステレン（van Eesteren）と協同して，その時代に建てられたどんな建物よりも大胆な家を作った（図272）．凝り固った家屋のマスの打破，出て行けるようになっている屋根，水平に連なった窓といった——実際，後に多くの例に実現されるようになった特色のすべてがその中に示されていた．これより10年前に造られたジョルジュ・ブラック（Georges Braque）のコラージュ，つまりいろいろな紙や新聞紙のきれはし，平坦面の断片からできている貼り合わせの絵（図269）を，この家の写真と並べてみると，芸術表現の同一性を説明するのにどんな言葉も不要なほどである．マーレヴィッチの建築的習作も同じようによく似ているだろう．その効果は，マーレヴィッチの塑像の盲目な面が，突然開眼したかのような感がある．明らかに，今世紀の20年代に，同一の精神が異なった形態や異なった領域で，しかもまったく異なった国国で湧き起こったのである．

運動の探究：未来派

時間の概念

今世紀初頭の10年間に，自然科学は，おそらくアリストテレスやピタゴラス学派以来の最も革命的な内部変化によって，大きく揺り動かされた．それは，とりわけ時間の概念に関連したものである．これまで，時間はつぎの二つの考え方のうちのいずれかと考えられていた．すなわち，実在論的には，観察者を伴わず，他の事物の存在にも関わりなく，また，他の現象との必要な繋がりもないままに，進行し存在しつづけるようなものとみなされ，他方，主観論的には，観察者を離れては存在せず，五感の経験内にのみ存在するようなものと考えられていた．今や，別の新しい時間の考え方が生まれるに至った．すなわち，今日では，時間を，その重要性を過小評価すること

も，無視することもできないような，最も重要な意味を包含したものと考えるように
なってきた．

本書の初めに述べたように，偉大な数学者ヘルマン・ミンコフスキが自然研究会（Natur-
forschenden Gesellschaft）の会合で，初めてこの根本的な考え方の変革を十分な確信
と正確さで公表したのは，1908年のことであった．「今後，空間それ自体とか時間そ
れ自体などいうものは，単なる影として消え去る運命にあり，ただ，これら両者の一
種の結合だけが，その存在を維持してゆくことになろう」と彼は述べている．

時を同じくして，諸芸術も同じ問題に遭遇した．立体派や未来派のような，固有の構
成的要素を伴った芸術上の運動が，芸術言語のうちに新しい時−空間単位を導入する
ことによって，われわれの視覚上のヴィジョンを拡大しようとした．同一の問題が，
思考と感情のそれぞれの方法のうちに，同時に，しかも独立に出現したということ
は，一つの共通した文化にみられる徴候の一つである．

未 来 派 の 起 源

ルネサンス時代には，共通の芸術概念であった遠近法は，ある芸術家たちのグループ
では，主として線によって表現され，他のグループでは主に色彩によって表現され
た．同様にわれわれの時代では，時−空間という共通の背景は，立体派の空間表示や
未来派による運動の探求によって開拓されてきた．

ヤーコプ・ブルクハルトにとっては，イタリアには「墓場のような静けさ」が支配し
ていた．未来派は，このような静穏に対する一つの反動であった．彼らは，イタリア
が単に現在の諸要求や現実から逃れようとする人たちの逃避所になっていたのを恥辱
と考えたのである．彼らは，絵画が美術館の薄明の洞窟から出てくることを要求し，
近代的な思考と感情にみたされて自己を主張すること，その時の信頼すべき言葉で語
ることを要求した．「生活」という言葉が彼らの標榜する叫びであり，人間生活のあ
らゆる面，政治，戦争，芸術における激情的な生活，行為，運動，ヘロイズムであっ
た．つまり，われわれの時代の諸力の流れの中に，新しい美と新しい感覚を発見する
ことであった．こういった言動は，自分達が「それまでの世紀を通じて最初のイタリ
アの青春」[2] だという主張から生まれたものであった．

---

[2]　未来派の文芸上の意図については，*Enciclopedia italiana*, Vol. XVI, 1932の未
　　来派の創始者 F. T. Marinetti の項を参照せよ．

こうして彼らはその当初からその主義主張を大衆に伝えるべく全力を挙げて闘争に突入した．詩人のマリネッティ（Marinetti）は（ローマの彼が住んでいた部屋には，今日でも「未来派の運動（Movimento futurista）」という盾形文字盤がかかっている），1909年2月20日付のパリのフィガロ紙上に，つぎのような宣言を発表した．「われわれは新しい美，すなわち速度の美が，この世界の輝きを豊富にしてきたということを断言する」と．その後1912年に「未来派絵画についての第2の技術的宣言書」の中で，未来派は，「運動している対象は空間を通り過ぎる際に，振動そのものとなって，多様化され，歪をうける」という彼らの原理的な発見を展開させた．彼らの絵画のうちでも最も激越な作品には，この芸術上の原理が具現されている．

未来派の絵画や彫刻および建築の作品は，運動感やそれに関連のある相互貫入とか同時性とかの表現にその基礎を置いている．未来派の最もすぐれた人物の一人で，しかも明らかに最もすぐれた彫刻家であったウンベルト・ボッチオーニ（Umberto Boccioni）は，1916年にあまりにも若くして亡くなったが，彼は未来派の目的を最も明確に解釈していた．絵画の真髄をより深く洞察しようとする努力のうちに，彼は自分の芸術上の言葉を探究していた．その言葉というのは，ある時は，ただぼんやりと感じられたり，またある時は，漸次積み重ねられてきた彼の創造的な経験の中に，直接かつ顕著に見受けられたりしていたが，後に原子理論の中に現われてきたような内容が予想されていた．彼はつぎのように語っている．「物体を，その内外の無限の形成力で眼に見えないうちに結びつけている新しい形態を発見するために，われわれは生まれ出ようとする物体の中核から出発しなければならない．」

未来派と立体派——
その共通点と相違点

ボッチオーニは，こういう言葉で，（実際にあるがままの）運動中の物体をはらんでいる新しい形成力の意味を定義づけようとした．このことは，交差する空間的な面をもった，彼の「空間にのべひろげられた壜」（1911〜1912年）という彫刻の中に直接映し出されている．その当時の数少ない彫刻的傑作の一つともいうべきこの彫刻は，芸術的な新しい工夫をほどこすことによって，日常使用する物体の中に内在する重要性を表現している．この例にみるように，時には立体派の作品と未来派の作品とが，同一空間概念の共通の基盤の上に密接に結びつけられていることがある．

274. ボッチオーニ　　"空間にのべひろげられた壜"，1911～1912年．

未来派にも立体派にも属していなかったフランスの画家，マルセル・デュシャン（Marcel Duchamp）は，同じ頃（1912年）に「階段を降りてくる裸婦」を描いているが，そこでは，運動が数学的に解析され，しかも，非合理な芸術の多面的な意味をも十分に内包している．

未来派は常に，ボッチオーニの「弾性」（1911年）とか，カルラ（Carrà）の「筋肉の動力学，同時性」（1912年）とか，バルラ（Balla）の「速度」（1913年）とかの題名にみるように，運動を表現しているし，ジーノ・セヴェリーニ（Gino Severini）の集団運動としてのダンスの研究「ダンス・パンパン」（1911年）だとか，バルラの「歩く犬」（1913年）やカルラの「疾駆する馬車」（1913年）などのように，動きの中の対象や物体を示している[3]．

未来派でも，立体派でも，こういった視覚の拡張は，1914年までに，つまり第1次世界大戦までになしとげられていた．立体派は未来派よりも受身的で，それほど喧しく

---

[3] この最初の最も重要な未来派の発展を説明する例証については，Boccioni, *Pittura, scultura futuriste* (Milan, 1914) を参照せよ．この書物は400頁以上の頁数をもち，展覧会の文献や宣言文などが記載されている．

521

275. バルラ　"スウィフト，運動の経路と動的な連続", 1913年.

なかった．未来派的な意味では闘士でなくても，それぞれの作品の中では，より純粋に人間を探究し，各自のアトリエに閉じ籠って，華やかな誇示もせずに，静かにわれわれの芸術言語のシンボルを準備しつつあった．ブラックやピカソは自分たちの理論を説明するのに仰々しい書物は著わさなかった．「立体派」という，その名前さえ，局外者によって附けられた符号だった．彼らは「運動」そのもの，つまり筋肉の動力学だとか自動車などを描こうとしたのではなく，日常の事物についての彼らの静穏な生活を通じて，われわれの空間概念に対する芸術上の諸手段を見出そうとしていたのである．これこそ，立体派があれほど多岐にわたって伸展して行くことができた理由である．またこれこそ，自身の芸術上の問題以外には意を用いる暇もなかった実験室の画家たちが，建築における新しい空間概念の表現にも刺激を与えることができたということの理由であった．

建　　　　築

建築の中に直接，運動の原理を導入しようとする試みは，根本的な問題に触れていなかった．アントーニオ・サンテリアは，その「新都市（Città Nouova）」に対する計画案のうちで，地下鉄とエレベーターと交通路線を，それぞれレヴェルを異にして結びつけた高層アパートにおいて，未来派的な運動への愛好を，現代都市における一つ

の芸術的な要素として導入しようとした（図202）．サンテリアの「新都市」は，その同じ時期のマーレヴィッチの彫刻的研究と同様，1960年代になって初めて実施されるようになった諸傾向，つまり都市での運動が都市形態の問題として認められるようになり，歩行者と車のために相異なるレヴェルをつくることが義務づけられるようになった1960年代の諸傾向を表現していた．しかし，われわれには彼のこの才能がどのように発展してきたものなのか判らない．彼は1916年に亡くなったが，この頃にはまだ彼と同時代のル・コルビュジエは自己の能力を達成するに至っていなかった．サンテリアの予言的なヴィジョンは，後世の建築によって受け継がれるような方向を直接指向していなかったけれども，あらゆる人間が道標を探し求めていた時代に，新しい視点を指摘したものであった．その計画案のミラノでの展覧会に関連して出版された1914年7月14日付の声明書において，彼は，鉄や鉄筋コンクリートから織物繊維や紙などの化学的操作でつくられた合成材料に至るすべての新しく開発された構造要素を用いて，建築に極度の弾力性と軽快さを賦与しようとしていた．こういう技術的要求の背後には，彼の芸術上のねらいである流動性や変化がそれとなく現われていた．彼は自分が実現しようと欲したものを，つぎの数語に要約している．「どの世代にも，

276. エッジャートン　　テニス・プレイヤーのスピード・フォトグラフ，1939年．

523

その世代自身の家を具備させよ！」と．

その支障

時には，研究室の人間も，自分の仕事のためには街頭に進出して戦わなければならなくなる場合がある．場合によっては，それも当を得たことかもしれない．しかし，通常そうすることによって自分の仕事を危険に陥し入れる．未来派の人たちは，その考えをあらゆる種類の人間活動に適用するということに，あまりにこだわりすぎていたためか，その運動は——われわれの時代が無視できないものだが——結果的には，比較的，短期間の，火山の噴火のような働きしか示さなかった．不運にも，その有能な代表的人物たちは，あまりにも早く夭折してしまったし，さらに，その他の人たちもその青年時代の数年間を除いては，将来に対して何ものをも遺さないような，残念なルーティン・ワークに終始することになってしまった．未来派は，立体派の運動のように，現代のあらゆる多面的な発展段階を通じて芸術上の研究成果を蓄積するという好機に恵まれなかった．立体派では，かかる成果の蓄積が遂にその総力をあげて一個の偉大な作品——ゲルニカ（Guernica）——に統合されることになった

今日の絵画

ピカソの「ゲルニカ」

今世紀初頭の10年代以来，空間の探究は連続的な種々の段階を通じて，新しい空間概念との最初の本来のつながりを決して見失うことなしに拡大されてきた．30年代の末に到達されたものが，かの一枚の絵画，その中に30年間の全経験を総括したピカソの「ゲルニカ」の中に包含されているといえよう．その絵には，同時性の原理や，内外空間の滲透，曲面や違った肌理を生かすといったようなことが，具体的に表現されている[4]．それでいて，このスペイン戦争の壁画はルネサンス初頭以来，パオロ・ウッチェルロ（Paolo Uccello）の作品以来最初の，真に歴史的な絵画のように思われる．それは，肉体的な苦悩と破壊を力強い象徴に移調させることのできるような芸術家の手に

---

[4] 過去の時代とのつながりも同様にはっきり現われている．燃えさかる家の中に倒れている女の姿は，ル・コルビュジエも指摘したところだが，ラファエルの「ボルゴの火事」になぞらえられる．

277. ピカソ　"ゲルニカ",1937年.部分.

よって,最高度に抽出された一国の悲劇である——死児を抱く母親,燃えさかる家の中に倒れている女,槍で突きさされた馬,ずたずたになった戦士の断片,折れた剣をつかんでいる断ち切られた片腕,これらはすべて一頭の巨大な牡牛によって誇らかに眺め渡され,外から伸ばされた手に保持された燈火によって照らし出されている.その虐殺の場面には,"子供のための夜の電燈とともに陽光が燦然と"輝いている.この絵は多くの予備的習作や変化を経ているが,一個所だけはほとんど初めから変わっていなかった——それは慌てて逃げようとする様子を,髪を後ろになびかせ,顎や頸に滑かな線をもたせて,球面三角形に閉じこめられたような顔をした細長く引伸ばされた2個の人頭に集中的に象徴されている部分である(図277).ピカソの絵のこの表象がいかに真実味にあふれているかは,最近,エッジャートン(Edgerton)のストロボスコープによって立証された.それによると,運動を写真的に,人間の眼ではとらえることのできないような個々の部分に分解することが可能である.こういったストロボスコープ写真の一つの習作(図276)は,創造的な芸術家によってなしとげられたものと科学者のそれとが,どんなに緊密なつながりをもっているかを明瞭に物語っている.ピカソのような芸術家は,この例に見られるように,未知のものから,後に科学的な技術によって確証されるような現実の表象を,直観によってつくり出すことがで

きるのである．この「ゲルニカ」がパリ万国博での正式なスペイン政府の展示館に掲げられたということを忘れるべきではない．その展示は，ピカソの友人の一人でその展示館の建築家であったホセ・ルイ・セルトのなみなみならぬ努力によるものであった．

構造と美学：スラブとプレーン

ロベール・マイヤールの橋梁

われわれは先に[5]，科学の方法と芸術の方法とが1908年頃相互に無意識裡に並行してきた道程について述べて置いた．他のもっと目覚ましい示例のうちに，構造と絵画とがそれまでに試みられたことのないような問題を解決しようとして，類似した基本的要素に到達したということにも注目してきた．スイスの技術家ロベール・マイヤール（Robert Maillart）の橋梁は，われわれにこの論題を想い起こさせる．彼の橋梁は，われわれにこれらの基本的要素を比較して，新形式の構造によってつくり出された美学上の効果が現われてくる道筋を探究する機会を与えてくれる[6]．

今日の芸術によって美的感覚を築きあげたような人であれば，このマイヤールの橋に感銘しない人はほとんどいないであろう．つまり，彼らは何故かと自問自答する前に，心を奪われてしまうに違いないからだ．マイヤールの素晴らしい設計は，ある人たちの心を，他の人には反発[7]を感じさせるくらいにまで魅惑してしまっているが，

---

[5] 本書 p. 519 参照．

[6] この研究は，J. L. Martin, Ben Nicholson, N. Gabo によって編輯された *Circle, International Survey of Constructive Art* (London, 1937) の pp. 220〜236 に初めて紹介された．それは後に "Construction and Aesthetics" という標題で出版された（英訳は P. Morton Shand による）．

[7] 彼の橋は，その最初のものも，ここ30年来壊れずに建ちつづけてきたし，それが目的にうまく適応しているという点では，ずっと以前に，疑問視されなくなってきている．しかし，依然として地方公共団体のうちに絶えず反対を捲き起こしている．ある地方では，これらの橋を実にいまわしいものと考えている者さえある．しかも，その橋の大部分は，たまたま人里離れたアルプスの溪谷に架けられ

それは構造の新しい方法を非妥協的に適用した結果生まれてきたものである．彼の橋梁の設計は，普通の"マッシヴ"な形式の橋にみられる重々しいアーチや，ずんぐりした橋脚，モニュメンタルに強調された橋台などとはほとんど共通点をもっていない．それはあたかも航空機と昔の乗合馬車との関係のようなものである．

マイヤールの構築原理

それでは，マイヤールの構築方法の特色とは一体どういったものだろうか？

鉄筋コンクリートの初期には，木や鉄に使用されたのと同じような構築方法が用いられた．樹木の幹である木材は，ちょうど，鉄が長い梁に展延された時のように，長さという性質をもっている．そこでは，一つのディメンション，すなわち荷重を伝達するディメンションが常に優位を占めている．このことについて，マイヤール自身つぎのように述べている．「技術者は，1次元の支持だけを与えるこれらの基本的な材料に習熟し過ぎていたために，そのような材料が彼にとっては第二の天性になってしまって，他の可能性の開拓を妨げていた．これが鉄筋コンクリートが導入された時の事情であって，ごく当初には，すぐには何の変化も起こらなかったのである」．

マイヤールはアンネビック（Hennebique）の弟子であった[8]．アンネビックの鉄筋コンクリートの構築物は木造の建物と同じような梁と柱をもっていた．木造構築物に範をとることによって，その梁は壁から壁へ，柱から柱へと架け渡され，その上に，屋根が平らな自耐力のない床版の形をとって広がっていた．

たもので，そこでは他の形式の橋よりも，かなり安価に建てることができたし，（また同じように重要なことだが）比較的少数の人たちしか，それを見る機会がないような所に建っているのである．支持の手段の強調を廃棄して，その結果もたらされた拱間に張られたくもの巣状の外観によって，これらのきびしくひきしめられた構造の正確さは，大部分の一般大衆の審美上の見解に離反している．「こういう軽焼饅頭の練り粉でこね上げられたような橋を見ると胸がむかついてくる」と，ある地方公共団体の長の一人は，自分の嫌悪する橋のことをこう語っている．こういったことは，橋の建造を依頼する人や，ほとんど，それを見る機会のないような人にも，審美感情がどういう影響を惹き起こすかということを物語っているし，しかも，どうしてこういう感情が，しばしば，明らかに費用と効率の問題だけで片づけられるような，決定を左右する隠れた要素となるかということを説明している．

[8] マイヤールは，その経歴の当初に，アンネビックが請負っていたダーヴォースのコンクリート造サナトリウムで構造を担当していた．

橋梁の設計において，マイヤールは機能的でないものをすべて除去することから始めた．こうして残ったものはすべて，その構築体の直接的な部分になった．彼は鉄筋コンクリートのスラブ（床版）を改良することから始めて，遂には，それを新しい構築上の要素に変えてしまった．マイヤールがそれ以来，なしとげてきたものは，すべてつぎのような一つの着想に基づいている．すなわち床の梁や橋の重々しいアーチ梁を必要としないような方法で，コンクリート・スラブを平坦なものも曲面のものをも補強することができるという着想であった．計算だけでは，こういう性質のスラブの中に現われる力を見きわめるのは非常に困難である．確実な結果を得るために，ここでは立入って触れることのできないような過程，つまり一部は計算によって，また一部は実験に基づいて行なわれたものとしかいえないような複雑な過程を必要としたのである．技術家が精密な計算のできないような方式を採用するのは，シェル・コンクリート構造でのように，現在ではよく行なわれることであって，マイヤール時代の典型ともいうべき，照合され確証された絶対的な計算方式と対照的である．

スラブ（床版）は，それまでは，構造体において目立たない消極的な役割しか演じていなかった．マイヤールはスラブをあらゆる形の応力を引受けることのできる積極的な耐力面に変換させた．こうして彼は引きつづきこの原理を一つの広範な支持体系に発展させ，以前にはコンクリートを使用できないと考えられていたような建物形式にも適用することができるようになった．彼は新形式の床を仕上げる際にも，また，橋の建造に当って新しい原理を案出する際にも，常に，鉄筋コンクリートのスラブを積極的な構造要素として用いるという同じ基本的な方法を堅持してきた．

マッシュルーム構造(茸状床版)

マイヤールの無梁床版の実験は1908年から始められた．彼は床をコンクリート・スラブとして取扱い，その全面に鉄筋を分布させることによって，積極的に協力して作用する構造材に転換させた（図278）．こうして床の各部分は，それ自身で荷重が支えられるようになったので，梁は消失してしまい，梁の機能は床そのものの中に融けこんでしまった．この均質形式の床が耐えなければならない荷重が重くなればなるほど，それを採用する実際上の誘因は増大する．その結果，それは通常，倉庫や工場や他の大きな多層建物に用いられている．

528

この形式の床を支える，上部で拡がった柱の出現は，なんとなくある種の伝統的な形態を想い起こさせる．つまり，倉庫の地下室では，その柱はロマネスク教会堂の地下納骨室の重々しい柱に類似しており，上階においては，後期ゴシック様式の繊細な掌状の柱を暗示している．しかし，実際は，この茸状の頭をもった柱は，その外面的な類似以外に，こういった伝統的なものとの間には何の共通点ももっていない．つまり，この方法の特質は，柱身の構造にあるわけでもなく，またその柱上部の柱頭の突出した持送りにもないのであって，その特質はすべて，目に触れない上部天井の中の力に潜んでいるからである．

この形式の床は縦横方向ともに均一な耐荷重面を行きわたらせているので，その端部を，付加荷重を伝えるように持送りにすることができる．したがって，それは水平連続窓のような無支持壁体と組合わせれば理想的である．これを倉庫の暗黒部に実現し

278. マイヤール　チューリッヒの倉庫，1910年．ヨーロッパにおける最初のマッシュルーム構造の天井．その重要な改革点は，梁の消失である．床全体が一つの床版のように取扱われている．面の各点で同量の荷重を支えるような補強スラブが，一つの新しい要素として登場してきたのである．

279. マイヤール　ライン河に架かるタヴァナザ橋，グリゾン（Grisons）県，1905年．スパン51メートル，幅3.6メートル，工費28 000スイス・フラン，3ピンアーチ式．マイヤールはここで初めて，アーチと路盤面とを一つの構造単位にまとめることによって一体化された構造体を創り出した．さらに構造からあらゆる虚飾を払拭することによって，新しい美的価値——簡明さと宙に舞うような軽快さ——を創造した．この橋は1927年に山崩れのために破壊された．

たりするのには無理がある．つまり，茸状床版構造に潜んでいる可能性は，日光があらゆる側から注ぎこんでいるような建物の中において，初めてその建築上の有効性が立証されうるものだからである[9]．

アメリカの技術家ターナー（C.A.P. Turner）はマイヤールより1年前にマッシュルーム・システムの実験を完成していたが，スイスの技術家マイヤールはスラブを今世

---

[9]　マイヤールの最初の実験から20年後になって初めてこの原理が建築的に認識された．ブリンクマンとファン・デル・フルフトがロッテルダムに建てた素晴らしいファン・ネレ煙草工場（1927～1928年）は，重々しいアメリカ形式の茸状の柱を使っているが，傑出した例である．

280. マイヤール　ザルギナトーベル橋，1929～1930年．スパン92メートル．

紀の初頭以来，橋梁における基本的な要素として活用したのである[10]．アメリカの設計者たちはスラブというものは個々別々の方向に応力を受けるものだという考え方から脱することができず，鉄筋を，交差した梁のように床版に対角線状に配置していた．アメリカでのやり方はスラブの構造的な役割を十分に把握していなかったのである．その結果，茸状の頭をもった柱の形はある種の特徴的な不手際さを示している．それは，一見して，ドリック・オーダーの柱のように，柱頭と天井との間に導入された中間に介在するスラブの存在に気づかされる．私の知っている限りでは，この

---

[10] C. A. P. Turner, *Concrete Steel Construction* (Minneapolis, 1909) を参照せよ．ターナーの論文 "The Mushroom System of Construction" (*Western Architect*, 1908, p. 51) には，その着想の当初の動機についてつぎのように述べられている．「それは，ミネアポリスのボーヴィー・ビル (Bovey Building) の構造に初めて用いられた……この新しい構造の本質的な特徴は，各柱頭部にいわゆる茸状の形をつくったということである．その補強鉄筋は横に延びて，スラブの中に放射状に4フィート以上も入りこみ，スラブ構造についてもある程度補強になっているような環状筋の上に支えられている．この柱の頂きは，広げられた格好な柱頭を形づくっているが，これは付加応力を受けるのに役立つし，建物の側窓の高さを減じて採光を妨げるようなリブがないという点でも有利である．」

281. マイヤール　シュヴァントバッハ橋，ベルン県，1933年．俯瞰写真．マイヤールは橋梁建設の方式を平坦な版と曲面版のスラブの体系に分解してしまった．マイヤールの手によって，これまで構造において計算出来ない要素であったスラブの剛性も，積極的に荷重を支持する面として利用されるようになった．曲線状路面のコンクリート橋で考慮されなければならない捩り応力は，こういう構造方法によってのみ活用されうる．

282. マイヤール　シュヴァントバッハ橋，ベルン県，1933年．そのスラブ．

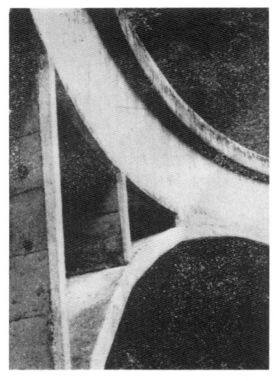

283. マイヤール　シュヴァントバッハ橋．部分．

アメリカ人たちは，スラブを橋梁構造における基本的な要素として活用するということをまだ考えていなかったのである．

橋梁構築の基本的
要素としての床版

マイヤールは，この原理を早くも1900年に一つの橋に具体化している．タヴァナザ河（Tavanasa）に橋を架けるに当って(1905年)，彼は構造体からあらゆる扮装を剥ぎ取ろうとした．マイヤールは，ちょうど床から梁を除去し得たのと同じように，嵩ばった梁を廃棄してしまったので，タヴァナザ橋（スパン51メートル）はかつてなかったような形態を現わしている．その代りに，彼はアーチとして薄い曲面の鉄筋コンクリート・スラブを用いた．それは路盤面の水平スラブと，両者を結合するための繋ぎとして使用される一体に固められた垂直スラブによって完全な構造体を構成している．

534

284. カリフォルニア州カーメル（Carmel）付近の虹橋．スイスの峡谷の場合と同一の課題――狭い峡谷への架橋という問題――であったが，ここでは普通の構造法を使用したために，橋の寄りつきの部分は，断面を喰い違わせて建造しなければならなかった．つまり，この橋の路面を彎曲させられなかったのである．

こうして，マイヤールは橋の建造を，各スラブ間に生ずるあらゆる歪と応力とをまったく神秘的な平衡状態にもちきたらすように併置された，平坦なスラブと曲面のスラブの体系に帰着せしめた．引続いて1925年に，卵の殻のような薄さのアーチをもった楕円形の鉄筋コンクリート橋（ファルトシール橋，Valtschiel-Brücke）が初めて実現された．

非機能的な部材をすべて除去するために，マイヤールはこの数年間に，通常別個に分離して設けられている路面スラブを排除してきた．これらの新しい橋では，汽車や自動車は，そのむき出しのままの構造架構の上を，つまり，路盤そのものの縦通しスラブの上を直接走るようになっている．

マイヤールの手によって，これまで構造においては計算不可能な要素であったスラブの剛性が，初期張力を受けた実際に荷重に耐えられる面として取扱われるようになり，鉄筋コンクリート技術にとって門戸の閉ざされていた可能性を明るみに出すことになった．カーヴした路線のコンクリート橋において考慮されなければならないはずの振り応力は，これまでは計算を拒むものと考えられていたのである[11]．1933年に完

成したマイヤールのベルン県 (Bern) のシュヴァントバッハ橋 (Schwandbach-Brücke, 図281, 282) は鎌形の路盤を備えたコンクリート・スラブで仕上げられた道路橋の最も美しい例である.

敵意をもった審査員を通過させることのできた二, 三の大橋梁のうちの一つが, トゥール河 (Thur) の上に, チューリッヒとサン・ガル (Saint-Gall) 間の最近再建された主要道路を架け渡している (図285). その地点でトゥール河は背後に平らな頂きの丘を控えた起伏のある地方を横ぎっている. 単一アーチが河床に跨り, かなり細い柱で支えられた短い取付きの陸橋によって両岸に結びつけられている.

この橋の形にこめられたすべての造型美——中をくりぬかれた一対の肋材の平らな曲線, それらの相互の結びつけられ方, 頂点と両橋台との3ピン接合 (アーチの頂きの

285. マイヤール　スイスのサン・ガル付近のトゥール河に架かる橋, 1933年. 単一スパン, 72メートル, 工費42000ドル.

11) 山間の峡谷に彎曲したスパンで架橋する問題は, 山の多い地方では何処にも起こる問題である. 桁やアーチが普通のやり方で用いられる場合には, 橋は厳密に直線になっていなければならない. 普通の手法でやる場合には, 曲線は, カリフォルニア州カーメル近傍の虹橋 (Rainbow Bridge) のように, せいぜい, 橋の寄り付きの部分を喰違った断面で建造することによって造りうるにすぎない (図284).

536

わずかな尖頭部に注意せよ），さらに，アーチの肋材とプラットフォームの肋材との間に垂直結合材として働く直立スラブ，それは同時に，これらの部材の形と普通とは違った陸橋の柱断面によって造り出された形とを相互に形態的にも結び合わせる作用をしている——こういった造型美を十分に評価するためには，単に行って眺めるだけでなく，さらに構造体を下側からも眺めるために，河岸に向って砂利の上を降りて行く必要がある．今日の建造物で構造的な問題の解決が，これほど緊密に純造型的な表現に迫り得た例は少ない．

こういう解析の基礎に潜む問題を持出さないでも，つまり，彼の構造法の技術にまで介入しなくても，マイヤールの橋の顕著な一，二の特色に触れることができよう．

彫刻と自然

芸術の分野で，まだ十分に研究の進んでいない問題の一つは彫刻と自然との間の関係である——もっとも，それ以上に，彫刻や絵画と建築との間の相互関係もいまだに解決のついていない問題ではあるが．この問題に対して，納得させるに足る解答を見出すということにかけては，構造家の方が芸術家よりも容易である．それというのも，有形的な要素，つまり（架構間隔の幅や，基礎の性質のような）物理的要素がその条件を表示するからである．それにしても，マイヤールが並び立つ岩壁間の裂けた割れ目の幅を巧みに表現して，雄大な感じを造り出したその手法には，何かまるで並はずれたところがある（たとえば，彼のザルギナトーベル橋，Salginatobel-Brücke，1929〜1930年，図280を見よ）．その釣合のとれた橋は，ギリシア神殿のような静穏な必然性をもって，不規則な形の岩石から跳躍している．彼の橋が渓谷の割れ目を飛び越える時の，しなやかで軽快な弾力や，橋の大きさを希薄化している様子などが，アーチや路盤やその両者を繋ぐ直立スラブの調和したリズムの中に融けこんでいる．

スラブの使用によって強いられた新形態

いろんな形のスラブで設計された橋は，もはや形態やプロポーションの上でも，普通の橋と違ったものになっている．トゥール橋の取付きの陸橋の柱脚のように，グロテスクに上部の開いた傾斜した柱は——純粋に構造的な考察によって強行された形態であり，マイヤールは，こうすることによって，2本の柱で4本分の働きをさせること

537

ができたのだが――われわれの時代のヴィジョンに盲目な眼には，何となく醜いよう
な気がするにちがいない．しかし現代芸術によってきたえられた眼であれば，その形
態の中に，近代絵画によって習熟させられた形態の反映が認められるのである[12]．

ピカソが半ば幾何学的で，半ば有機的な造型表象――一見，気まぐれな投影としか思
われないが，それでいて，ともかくすぐれて釣合のとれた形態――をカンヴァス上に
描く場合にも，また，この構造家，マイヤールが（純粋に技術的な前提から）4本の
支柱を2本の支柱で間に合わせることによって，同じような絶対的な形態に到達した
場合にも，より高度な現実の鏡としての芸術によって発展させられた形と，機械的な
形とが，発展に特有の言葉でいえば，すでに済んでしまった賭（pari passu）を並べ合
っているのだということが明らかに推論されるのである．

絵画と構造における近似した方法

もとより，こういったことは，単なる偶然の帰結であるとか，そういう類似はまった
く皮相なものだといって反駁することも容易である．しかし，こういう事実をそのま
まにしておくわけにはいかない．というのも，われわれがここで問題にしているの
は，われわれの出発点となるべき，つぎのような疑問だからである．すなわち，芸術
家の仕事の基礎となっている方法は，近代の構造技術家の方法と関係があるのだろう
か？　また，現在，絵画と構造の中に流れている原理の間に，実際，直接的な近似が
あるのだろうか？――という疑問である．

われわれは“面”が絵画のコンポジションにおいて獲得してきたすぐれた重要性を知
っているし，それまでに経過しなければならなかった長い道程――マネーの色と光の
融合に始まって，セザンヌの平滑彩色法とマチスの仕事によって推進され，立体派で
終る長い道程――が，それ以前にすでに認められていたということをも知っている．

面は，以前には表現上の本質的な地位を占めていなかったし，せいぜい，装飾的な用
途を見出し得たに過ぎなかったが，今では，コンポジションの基本的要素として，ル
ネサンス以降引つづき各様式の変革ごとに勝ち残ってきた遠近法に取って代ろうとし
ている．

---

[12]　アルヴ橋（図286）の奇妙な形の支柱を参照せよ．

538

286. マイヤール　ジュネーヴ近郊のアルヴ河に架かる橋，1936～1937年．スパン56メートル，幅10メートル，工費80 000スイス・フラン．ジュネーヴ近郊のこの橋は，主として，この地方の地主たちの私費によって造られたものである．それは重い荷重に耐え，しかも最小限の工費で建てられなければならなかった．この橋は，マイヤールがそれまでになかった構造上のアイディアを実現し得た実例の一つである．弾性的な支柱の列と同じ働きをする箱状の3列のアーチが，この写真に，はっきりうかがわれる．

立体派による空間の征服と，それに伴う，前もって予定された視角の放棄によって，"面"は，それまでにまったく知られていなかったような，ある一つの重要な意味を獲得した．その結果，われわれの知覚力は広くかつ鋭いものになった．われわれは，相互に不規則に滲み込んだり溶けあったりしている，きわめて軽い浮動する諸要素の相互作用を見出したし，さらに種々の肌理の効果の間の対比（彩色上の色の扱い方，つまり，絵具を補うために他の媒体，たとえば砂とか衣服の織物の小片だとか紙屑などを使用したりすること）から生ずる視覚上の緊張をも発見してきた．人間の眼は，空に舞う平坦な面の軌道の中に，互いに作用し合う形と線と色（すなわちコンポジシ

539

 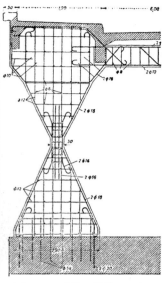

287. マイヤール　アルヴ橋，1936〜1937年．支柱とその支柱の配筋．マイヤールは鋼鉄ジョイントの代りに，十字形状の弾性的なスラブの支柱を作って，変化する荷重や応力に耐えるようにした．中央部を細くし，巧妙な配筋によって，剛なスラブに可撓性のあるジョイントの特性を与えて，有機的な形態に近づけている．

ョンのすべての基本的要素）の壮観さに気がついた．つまり，スウィーニー（J.J. Sweeney）のいうように「平坦な面に施された色と線によって暗示される形態の可塑的な構成」を認めたのである．

技術者としてのマイヤールが，スラブを構造の基本的な要素に発展させてきたのだと主張しうるとすれば，近代の画家たちは，同じ正当さで，自分たちが面を絵画のコンポジションにおける本質的な要素にしたのだと答えることができよう．スラブは長い間，顧みられることもなく，征服されてもいなかった．利用も計算をも拒否する，自耐力のない，応用のきかない代物であった．しかし，ちょうど一人のすぐれた構造家が，そのスラブを，それまでは克服しにくいものと考えられていた構造上の問題を解決するための手段に変えてしまったように，面を絵画におけるコンポジションの基本的要素にまで発展させることによって，視覚上の表現の未開の分野が開かれる結果になったのである．

288. マイヤール　アルヴ橋，1936〜1937年．支柱と2つの箱状アーチ．古代ギリシアの偶像のように，橋の路盤面下に列をなして並んでいる．

289. ディピュロン式の壺[13]，紀元前7世紀．細部．古代のディピュロン式の壺に描かれている幾何学文様のように簡略化された人体の文様．この文様では，股関節の三角形のつなぎが特徴的である．一方，マイヤールは構築要素を有機的な生成物に近づけて考えようとしている．

　このことは，もはや，どんなに反対されようとも，偶然な視覚上の一致ではなく，その方法における明確な並行現象である．どのような精神過程によって，構造家や画家がそれに到達したかは判らない．われわれは特殊な場合の特殊な現象を確証づけるにすぎない．構造上の新しい方法が，芸術における似通った方法の中に，同時的な反響を見出したのである．しかし，このことは，この両分野のうちに，類似した要素をありありと心中に浮かび上がらせる特殊な力が内在していたということが，この両者に対して創造的な刺激を与えることになったのだということを立証している．

　まったく違った考慮から出発しなければならない構造家が，自身の技術上の問題を解決するために，実質的には，美術家と同じ基本的な要素を採用しなければならなかったとすれば，このことは，そのどちらの場合にも，類似した方法が視覚上の構想を形

---

[13] Dipylon，ギリシア時代の壺の幾何学的文様に対する名称．発見されたアテネ市の城門の名より由来した（訳注）．

290. モホリ・ナギー　絵画, 1924年.　　**291.** アルヴァ・アアルト, 肘掛椅子.

づくったのだということを表明している.

現代の美術家は, 自分たちの仕事は自然の一部を形づくることだという主張を絶えず繰返してきた. 彼らは, これをつぎのように説明している. 「近代美術は, まったく独自の直観的な手段によって, 近代科学と同じような結果に到達した. 近代美術はあたかも科学と同じように, 事物の形を, 自然界の普遍法則と調和して再構成するために, 基本的な諸要素に分解してきたのだ」といっている.

コンクリートによる, マイヤールの橋の形態は, 設計上の従来の慣習を無視しているが, これらの形態も, 「基本的な要素への分解」という過程の産物である (スラブはこれ以上分解できない一つの要素である). つまり, より合理的な総合をなしとげるための手段として, 構造を改変する過程によってつくり出されたものである.

これに関連して, フレッシネー (Freyssinet) が1929年にパリ郊外のバニュー (Bagneux) に建つ機関車の車庫として用いた"卵殻状"のコンクリート円屋根を挙げておく必要があろう. その後も, この鉄筋コンクリート技術の特殊な分野では, ほとんど幻想的ともいうべき大胆な形態がつくり出されてきた. 積極的な構造材としてスラブを用いるのと同じ原理によって, フィンランドの建築家, アルヴァ・アアルトは, 家具のデザインにまったく新しい線を打出した. 彼はコンクリート・スラブのように, 以前には構造的な支持目的としては役立たないと考えられていた薄いプライウッド板を使用

している（図291）．

現在，人間活動の非常に多くの分野で一般化してきている方法の共通性ということの中に，広範な発展の兆が読みとれるように思われる．解析方法における同時的な一致の芽生えと，それの社会上の反響とが，あらゆる学問分野において別個に習得されつつある．哲学や物理学を初めとして，文学や美術や音楽における最近の新しい発展のうちに，かなり顕著な類似が存在しているということが，これまでにしばしば論じられてきた．われわれの検討してきた特別な場合に照らしてみて，構造技術の分野も同じように包含されうるかどうかを考えてみるのもむだではない．新しい方法は，新しい実在形式をつくり出すための新しい道具である．それぞれの創造的な領域にとって基本的なものに関する一致の度合が深まれば深まるほど，また，それぞれの業績の表

292. フレッシネー　パリ近傍のバニューにある汽関車車庫，1929年．厚紙のように曲げられる卵殻状の薄い鉄筋コンクリート・スラブが，それまでの直線的な車庫を光の十分入るヴォールトに変えている．

293. マイヤール　チューリッヒにおけるスイス国内博覧会のセメント・ホール，1939年．2本の強化肋材の先端は2対の支持体になっている．その間を繋ぐ歩廊は――マイヤールの橋のように――構造体の積極的に働く部分として活用されている．

294. マイヤール　チューリッヒにおけるスイス国内博覧会のセメント・ホール，1939年．非常に薄い（6センチメートル厚）拋物線状の筒型ヴォールトは，現代の未解決なヴォールト架構の問題に触れている．堅牢な構造で，しかも正に浮き上ろうとする絹の気球のように軽々と大地に架っている．ヴォールトのスパン16メートル，ヴォールトの高さ12メートル．

わし方において，相互に近似する程度が緊密になればなるほど，新しい文化にとって必要な条件がより速やかに到来することとなろう．

橋梁形式

橋梁は家屋のようなものである．個々の橋や家屋は，それぞれ違ったものだが，そのい

ずれも，対応すべき環境や具備すべき機能に従って建造され，形づくられねばならない．

すでに見てきたように，マイヤールは種々の橋の建造方式を工夫した．他の追随を許さぬほど，美しくできているシュヴァントバッハ橋（図281，282）の補強アーチはほとんど卵の殻のような薄い部材になっている．残念なことに，こういう補強アーチを使用した彼のその後の計画案は，この橋以外には実現されるに至らなかった．この方式は，これまでの支配的な好尚に強く反対した方式であり，しかも計算によってはほとんど確かめられないものであって，彼の手がけた構築物の中で最も大胆なものである．

重い荷重を荷う細長いスパンに対して，彼が使用した今一つの形式は，連続梁の原理に基づいている．彼は，重々しい構造をうろ抜きにして，その原理をさらに強調しているが，その結果，おどろくほどの軽快感が与えられることになった．彼はこの方法によって，非常に興味ある二，三の比較的小さな橋を構築したが（たとえば，ベルン高地のギュントリッシュヴァント〔Gündlischwand, Berner Oberland〕の曲折した川に架かる橋，1937年），エール・ラ・ヴィル・ペニー（Aire-la-Ville-Peney）でローヌ河（Rhône）に架かる橋の設計（1937年）において最も円熟した境地に達した．これを見ると，平版のような支柱がプラットフォームやアーチと融合して，鋼鉄製のバネの弾力と柳の柔軟さが吹きこまれているかのように思われる．しかし，この橋は遂に完成されるに至らなかった．判定能力のない審査員のために拒否されたのである．

彼はその当初から——大体1901年頃から——最後に手がけた橋に至るまで，中をくり抜いた箱型断面の3ピンアーチを発展させてきた．彼の手によって，以前には鉄の橋にしかなかったような弾性が，この形式のコンクリート橋にも導入されることになった．1905年に構築されたタヴァナザ橋（図279）は，こういう純粋形式から初めて考えつかれたものである．1929〜1930年に構築されたザルギナトーベル橋（図280）は，実に思い切ったやり方でこの形式を採用している．

そのアーチの断面は，ますます正確なU字型になってくる．トゥール河に架かる1933年の橋（図285）では，2つのアーチが互いに平行に並べられている．1936〜1937年のアルヴ橋（Arve，図286）は，3つの平行なU字型断面のアーチを使い極度の巧みさと感受性によって，弾力的な支柱と結合されている．標準化された部材を繰返し使用す

295. マイヤール　ラーヘンにある橋，1940年．スパン40メートル，幅8メートル．3ピンアーチ方式．この橋はチューリッヒよりアールベルクに至る鉄道線路の上を横切る高架道路を形成している．高架道路と軌道とが鋭角に交差している．それぞれ別個に構成された箱型断面の2つのアーチが相異なる高さから始まって，しかも一方が他方の背後から出るようになっている．この方法によって，斜の交差の問題が解決されている．この橋はマイヤールの死後に完成された．

296. マイヤール　ラーヘンにある橋．アーチのジョイント．

297. マイヤール　ズィンメ河に架かる橋，ベルン高地，1940年．スパン32メートル，幅7.9メートル．うろ抜きになった2本の肋梁からなる3ピンアーチ方式．この橋は極度の単純化を示している．力強い直線が橋台から跳び出して中央のピンまでのびている．この梁は中心で一対のナイフのように突き合っている．伝統的なアーチのなごりは一かけらもみられない（ガルリー・ド・マシーヌの梁と比較せよ．本書1巻 p.329 を参照せよ）．

546

298. マイヤール　　ラーヘンにある橋，1940年.

299. マイヤール　　ズィンメ河に架かる橋，1940年.

るということは，同一の足場や型枠が何回も使用できるので，非常に経済的である．審美的な観点からいっても，同一要素を繰返し使用することは，いっそう有利な解決をもたらすことになる．

マイヤールの後期の橋では，解決すべき問題は次第に複雑化してきたが，その解決策の方は逆に次第に単純化されてきた．彼の死後，1940年に構築されたズィンメ河（Simme）に架かっている橋（図297，299），1940年に完成したラーヘン（Lachen）近傍の橋（図295）は斜に架橋する問題に対する彼の解答である．2つのアーチをもったラーヘン近傍の橋はチューリッヒ・アールベルク（Zürich-Arlberg）鉄道線を横断する高架道であって，軌道と鋭角的に交差している．マイヤールは，ここでも，トゥール橋やアルヴ橋と同じような平行なU字型の梁を使用している．その位置の関係から，その2つのアーチと橋台は，それぞれ違う高さから始まっており，しかも一方は他の背後に置かれている．マイヤールは，こういう普通と違った条件に対する設計を，わずかの日数で，しかも，他のいかなる競争者よりも速くなしとげることができたので，この契約を与えられることになったのである．

1940年のズィンメ橋（図299）において，マイヤールは，極度の単純化に到達した．梁は一対のナイフのように，中心で突き合っている．もっとも，これがその極限だったのか，それとも，さらに，つぎの段階があって，それがどんなものだったろうかという疑問をまったく棄てさってしまうわけにはいかない．

マイヤールの構築方法と，実際に完成されたものや，それの美的衝撃力との間の関連について，なにがしかのヒントを，それが，たとえごく断片的なものになるにしても，ここで述べないわけにはいかない．

アーチと支持体

中央のピンと橋台（アバットメント）との間のアーチの高さを低めることによって，アーチの新しい形式がつくられてゆく．ザルギナトーベル河の橋（1929〜1930年）は，構造は完全に革新されているが，まだ連続的な石造アーチに執着している（図280）．トゥール河の橋（1933年）は，この形式のものを補強することによって曲線的な石造アーチから，どのようにして尖頭アーチへと推移していったかを示している（図285）．ズィンメ河の橋（1940年）では，非常な力強さをもった直線が橋台から中央のピンま

548

で通っている（図299）. それはあたかも, 見る人の眼に, コンクリート中に埋めこまれたまっすぐな配筋が見えるような感がある. そこには, 伝統的なアーチのなごりは一かけらもみられない. 究極の単純化がなしとげられたかのように思われる.

マイヤールは建造物に作用する力をほとんど直覚的に理解する独特の感受性をもっていた. 彼は占い杖で地下水の水脈を発見する占い師のように, 建造物の中を流れている動きや力を感じとり, さらに, あたかも非合理な曲線によって情緒をあらわそうとする芸術家のように建造物を形成しようとした. 鉄筋やコンクリートも, 彼にとっては, 死せる素材ではなかったのである.

彼が人工的な加工物——鉄筋コンクリート——から形づくったのは, その中の各粒子がすべて生命をもって脈動しているような, 一個の有機的な構造体であった. 彼は収縮亀裂が容易に拡がってゆくような無益なコンクリート塊や過剰な重量を決して許容しなかった. 彼は, その桁を中ぐりにし, 支持体の大きさを極度に縮小した.

こういったことには, 自然と密接に接触している想像力豊かな柔軟な精神が必要なのであって, 単なる計算屋の簿記係のような精神を必要としないのである. マイヤールは, こういう計算屋的徒輩や, そのアカデミックな代表者たちに対して, 彼の一生にわたる闘争を挑んだのである.

構造体の各部分は, すべて積極的な役割を担っていた. ある渓谷（ヴァレー県シャートラール, Châtelard, Canton Valais）に架けられた水道橋（1925～1926年）でさえ, 彼の手によって驚くべき形態がつくり出されている. この場合, 導水渠が, その橋の箱梁のようになっているとか, 傾斜した支柱が, その導水渠の底部と一体になって, ヴォールトの重要な部分を形づくるように工夫されているなどという説明をしなくても, 見る人の感覚にじかに訴えてくるような驚くべき形態が採用されている.

マイヤールのほとんど有機的といってもよいほどの形態構成を理解するには, 支柱の処理の仕方や, それが処理されなければならないもろもろの条件によって受けた変化などを見るのが, 一番早手廻しである. われわれは, ただ1936年のアルヴ橋にみられる3重アーチで接合された支柱の異常な形態（図286）に注意を向けるだけでよい. こ

549

の場合，弾性的な支柱として，鋼鉄のジョイントを使用しなかったのは，経済的な理由からだったとマイヤールは簡単に述懐している．彼は鉄筋コンクリートだけを使用して，十字形の弾性支柱（図287）を形づくったが，その支柱は古代ギリシアの人像のような姿で（図288，289），橋のプラットホームの下に，3つずつ2列に並んで立っている．彼は支柱を中央で細め，巧妙な配筋によって，剛なスラブに可撓性のあるジョイントの性質を与えたのである（図287）．

これらの橋の形式は，そのすべての部分が積極的に作用して，絶えず引張りの状態に置かれている．最高度の緊張を，民衆や素材や事物に伝えようとする今日の時代の不可解な衝動がマイヤールの作品の中にも象徴化されている．

セメント・ホール，1939年

その晩年近くになって，マイヤールには，1939年スイス国内博覧会のスイス・ポートランド・セメント会社展示館（図294）において，実際的な問題解決上の要件を圧迫することなく自己を表現する機会が与えられた．彼はここで鉄筋コンクリート構造物が示しうる芸術性と優美さとを表現することができた．このホールは最初から応張力実験のため破壊試験を行なう予定のものであった．しかし，この単なる「試験供試体としての建物」は，ついに歴史の一こまとなったのである．

極端に薄い（6センチメートル厚）抛物線状の筒型ヴォールト——背部は幾分円錐形になっている——が中央の2対の細っそりした支持体で大地に接している（図293）．その2対の支持体は，ヴォールトにそって立上がり，一巡りして，2つの補強肋材となり，同時に，その間に架け渡された歩廊を形づくっている．これらはすべて，まさに飛び立とうとする絹製の気球のように，大地上に浮揚する堅固な構造体を生み出そうとしたマイヤールの意図を遺憾なく表わしている．

ダダイズムの詩人で画家のクルト・シュヴィッターズ（Kurt Schwitters）は，かつてつぎのように述べたことがある．「芸術家はつばを吐いても，それは芸術である」と．偉大な技術者の手に委ねられて，もっぱら強さと極度の軽さとを結合させるために工夫されたこの展示館は，同時に一個の芸術作品となったのである．

このような軽快かつ堅固な筒型ヴォールトを，市民センターのような施設に利用することも容易に可能であろう．マイヤールは，われわれの時代の未解決なヴォールト架

300. 18世紀の日本の木造橋.

構問題に無意識に手をつけたわけである. ごく少数の例外——たとえば, ル・コルビュジエやアアルトやその他の少数の人——を除けば, 現代の建築家は自己の構想をほしいままにできるような天井の問題に手をつけようとしてためらっている. かの19世紀の天才は, 大博覧会の建物に軽快なスパンを形づくった. しかし鉄の格子梁（ラティス・ガーダー）は, その性質上耐久性がない. その最も輝かしい博覧会建物も消滅してしまったし, エッフェル塔は, そのリベットが絶えず検査され, 構造材に錆が出ないように保護されている間だけ, 建っているにすぎないであろう.

来たるべき大公共建築物において, われわれの時代がつくり出すヴォールトは, 果していかなるものであろうか？ 鉄筋コンクリート, ことに厚紙のようにたわめられる卵殻状の薄いスラブには, われわれの好む軽快感も, 恒久性も, ともに具備されている. 網の目状に補強されたスラブは, 一方向に彎曲された卵殻状の形態で, マイヤールとフレッシネーによって使用された（図292, 293）. それは, スペインのアールヘシーラス（Algeciras）のマーケット・ホールや, アメリカ合衆国での水槽, その他ブラジルのカジノの平たいドームに円形状で使用された[14]. 技術者のオーヴ・アラップ

---

[14] "Shell Concrete Construction," Dr. K. Hajnal-Kónyi, *Architects' Yearbook*, Vol. Ⅱ (London, 1947).

(Ove Arup) は，建築家協同団体（Architects' Coöperative Partnership）とともに，スラブ厚が$^{19}/_{32}$インチで2方向へ彎曲している9個のコンクリート・シェルをもったイギリスの工場建築[15]（1947〜1948年）の屋根を架けている．

ここで要望されるのは，技術者の創造力を鼓舞する方法をわきまえた建築家である．技術者は，きわめて複雑な実際上の問題を解明しうると同時に，情緒的な要求をみたすことも可能である．マイヤールのセメント・ホールは，この方向を指示している．彼は建築家の謙虚な召使として，彼が何らかの関係があったなどということを少しも表面に現わさないような建物を，非常に沢山手がけている．彼は，彼の天分を存分に発揮させる方法を熟知しているような建築家には一人も出会わなかった．彼が，すぐれた仕事をなしとげた時は，いつもひとりであった．マイヤールは孤立した例外ではない．マイヤールのごとき技術家，ブランクージやアルプやペヴスナーのような彫刻家，ピカソやレジェのような画家が，各自の作品を離ればなれに孤立して創造してゆかねばならなかったということは，その時代の不幸な構成に由来する．この時代は，彼らのうちに，断片的なものではあっても，すぐれた実在をつくり出したが，この時代全体を挙げて奏されるべき管弦楽には，まだ，その機が熟していなかったのである[16]．

結　　び

マイヤールの生涯は，経済的な圧力や大衆の無感覚に対する絶えざる闘争であった．彼は1912年にロシアに招かれて，そこで大工場や倉庫を（大部分スイス資本のものだったが），カールコフやリーガやレニングラードに建設した．1917年の革命後，彼は無一文で，しかもそのうえ，スイス銀行にひどい借財を残したままで帰国した．その結果，彼は自分の独立した請負事務所をもつことができなくなってしまった．

---

[15]　イギリス南ウェールズのブリンモーア（Brynmawr）ゴム工場のスパン85フィート×62フィートの矩形のシェル・コンクリート・ドームを指しているものと思われるが，そのスラブ厚は3½インチである．なお曲率半径は108フィートと82フィート9インチである（訳注）．

[16]　マイヤールの死後，現代のヴォールト架構問題を解決する上で多くの進歩が，特にシェル・コンクリートの分野でなされてきた．本書の序論の他，*Architecture, You and Me*（Harvard University Press, 1958），『現代建築の発展』の空間的構想力の章を参照せよ．

ロベール・マイヤールは1872年に生まれ，1940年4月に亡くなった．享年68才であったが，彼のライフ・ワークの成就には，あまりにも，その死が早すぎたように思われる．

あたかも物質でないかのように空間に架かっている彼の橋は，その卓越した感受性によって，われわれの時代が造り出すことのできた最も純粋な表現に属している．

生前，彼の祖国は彼の重要性を認めていなかった．彼はしばしば妨害され，その意図は誤解された．そのために彼は全力をつくすことができなかった．こういった事態は，進歩した知的認識と，未発達な感覚上の認識との間の相違に起因したものであって，これこそ，われわれの文化の有機的な発展を最も強く妨害しているものである．

ブランクージのように，マイヤールは少数の形態と根本概念にのみ自己を限定していた．彼はそれを決して放棄してしまわなかったし，しかも，それは最後の結晶した形にまで発展するのにその全生涯を必要としたのである．彼の主要な創案，単一の構造単位として考えられた橋梁や，一つの単位として考案された建造物は，彼が40才になる前になしとげたものであった．

「マイヤールの30年にわたる探究の成果は，あらゆるすぐれた芸術家や科学者をして，各自の洞察力によって，既存の技術的な知識を超越せしめるような，かの内なる力から有機的に芽ばえ開花してきたのである．マイヤールと直接語り合った人なら，彼が自分の構想力に絶対の信頼を抱いていた人物だったということが，たちどころに了解されるだろう．彼はそのチューリッヒの事務所からベルンの事務所へ移るまでに，単一曲面の橋の設計をよく紙片の端に描きつけたりしていた．創造が，この言葉の完全の意味で，計算以上の決定的な役割を演ずるような新しい解決にとっては，専門家の簡単な計算などは指針としては不十分すぎるものだったにちがいない．彼が計算を従にして，主にしなかったということは，マイヤールの本質をよく表わしている．彼の橋は，そのすみずみにまで滲み渡った詩的表現によって，感情を満足させ，その微妙な均衡によって，精神を満足させている．」[17]

---

[17] この文章は1934年に書かれたもので，チューリッヒ付近の川に架かる簡単な歩橋について2頁がさかれている（S. Giedion, "Nouveaux Ponts de Maillart," *Cahiers d' Art*, Vol. IX, 1934, Nos. 1〜4）．その生涯を通じ，彼の故国において拒まれていたマイヤールの名声は，これ以来，とみにその重みを加えることに

しかし，マイヤールの最も重要な仕事は，ほとんどその生涯の最後の10年間になしとげられた．歳を重ねるにつれて，彼の橋は，外観的にも次第に大胆になり，生気の溢れた活力が吹き込まれてきたのである．

ワルター・グロピウスとドイツの発展

19世紀のドイツ

手工業的な生産方法はドイツ人の気質に深く根を下ろしている．

ヨーロッパのどの国でも，現在東西間にはさまれているドイツほど急激に悲惨と成功が連続して生起した国はなかった．ドイツの中世後期の高度な文化は徐々に衰微していった．17世紀に，30年戦争がドイツの1世紀以上にわたって蓄積された物質的，政治的な潜在力を衰微させてしまった．19世紀初頭のドイツ全体にわたって，商工業の発展における経済上の自由に強い反対を表明するといった陰鬱な政治的反動が行きわたっていた．

ドイツの立ち遅れた工業化

産業の自由は，フランスでは1791年に宣言されたが，プロシアでは1846年になるまで採用されなかった．南ドイツ地方には1862年まで産業の自由が到来しなかった．手工業から機械生産への変化の結果として，1820年代にイギリスに重大危機が到来した．フランスでは，1835年に手織物業者は「最後の苦悶のひきつけ状態」におかれていた．経済学者のグスターフ・シュモラー（Gustav Schmoller）は，ドイツのこの時代には，逆に手工業者の比率の増大と小規模な職人による生産へと向う顕著な傾向が認

なった．ニューヨーク近代美術館主催の展覧会によって，彼の作品が一般に紹介された（われわれはニューヨーク近代美術館に委嘱されてスイスでの資料を蒐集した）．マイヤールの初期の頃を知るには，S. Giedion, "Maillart, Constructeurs des Planchers à Champignons," *Cahiers d' Art*, Vol. V (1930) No. 3 を見るとよい．もっと詳しく知りたい場合には，写真と図面を挿入した彼の作品集，Max Bill, *Robert Maillart*(Zürich, 1949) を見よ．より専門的な事項については，チューリッヒ連邦工業大学教授 M. Roš 氏によるマイヤールのいくつかの橋梁の試験報告に関するすぐれた研究論文がある．

554

められたといっている.

19世紀には，一国の動力紡錘数が，その国の工業化の度合を示す正確な指標であった．1865年には，この紡錘数がドイツ1に対して，フランス3，イギリス8の割合だった．工業の他の分野でも，ゾンバルト（Sombart）がいっているように，「イギリス工業の支援の下に」ドイツに入ってきた蒸汽船や鉄道をも含めて，それと並行的な発展段階を示していた．

アメリカの工業は，19世紀前半には，発展の第一段階でしかなかった．しかし，その後の発展が示すように，この2つの国の間には根本的な相違があった．アメリカ人の熱意は，その当初から，機械生産の方に指向していたのである．

1870年以降のすさまじい工業化

しかし1870年頃に急激な変革が始まり，そして漸次その速度を増大してゆく．手工業者と農民の国であったドイツは，工業国になるだけでなく工業時代のリーダーになろうという目標に向って動き始める．

軽卒に受入れられた機械や工場に対するこの初期の無関心のために，人間的な精神面での重大な結果を招くことになった．この時代のドイツに広く行きわたった深刻な不安定な状態がドイツの建築に反映している．他の国々も発展しつつあったが，それらの国の建築には，当時のドイツに見受けられたような内的な均衡の完全な喪失とか，根本原則についての完全な混乱といったようなものはぜんぜん見られない．ドイツには60年代のイギリスでのウィリアム・モリスのような動きは何も見られなかったし，80年代のシカゴ派や90年代のベルギーでの運動に比すべきものは何も見受けられなかった．

1900年以後応用芸術
に進められた努力

1900年頃，それまでのドイツとは，まったく別物になったドイツに，さらに今一つの突然の変化が起こった．70年代に見られたのは工業の進歩に追いつこうとする懸命な努力だったが，今や人間の感情領域においても，その発展に追いつこうとする同じ激しい努力が傾注されるようになった．モリスやラスキンがドイツで最大の尊敬を受け

たのは，ちょうどこの頃のことであった．アンリ・ヴァン・ド・ヴェルドは1897年にドイツに招聘されて展覧会を開き，一大センセーションを巻き起こした．新しい運動がドイツとオーストリアの両方に出現した．つづく30年間，ドイツは外国の思想を最も好意的に受け入れた国であった．1910年にはフランク・ロイド・ライトの作品集のすぐれたドイツ版が刊行されたが，それも，こういったドイツの当時の受容的な傾向に関する多くの諸例のうちの一例にすぎない．1880年と1890年の間には，ブリュッセルで開催された展覧会と同じ進歩的な画家によって展覧会が催されたし，著名な外国の建築家も招かれて，ドイツ人の同僚と同等の立場で建築に従事している．

建築における新しい運動

90年代の末期には，建築の新運動に対する衝動が，オーストリアで初めて，かのオットー・ワグナーの手によって開始され，さらにアドルフ・ロース（Adolf Loos, 1870〜1933年）によっても，燈火が掲げられた．ロースは，かの永い間，過大評価されていたアルフレッド・メッセル（Alfred Messel, 1853〜1909年）の仕事よりも，未来に対していっそう多くの暗示に富んだ仕事をしていた．メッセルの巨大なベルリン百貨店は（ベルラーへのアムステルダム株式取引所と同じ頃に建てられたが），単に地方的な影響を残したにすぎない．

ペーター・ベーレンスの工場建築

ペーター・ベーレンス（Peter Behrens, 1868〜1940年）は20世紀初頭のドイツ建築の縮図を示している．彼は工業施設を建築的な問題として取上げることによって一躍有名になった．ベーレンスは，工場を意識的に，品位ある働く場所に改変したのである．彼の建物には古典的な厳粛さやサイクロップス畳石法（古代ギリシアの原始的な巨石積み）のような形体がみられるが，にもかかわらず彼はまた，その1909年のベルリンのタービン工場のように，鉄やガラスのような新材料のうちに潜んでいる表現力を把握することを忘れていなかった．ペーター・ベーレンスのアトリエは当時のドイツでは最も重要なアトリエだった．ミース・ファン・デル・ローエやグロピウスやル・コルビュジエでさえ，そのアトリエで働いた．ル・コルビュジエは，そこに5カ月間勤めていた[18]．

---

[18] ル・コルビュジエの最初の著書で現在稀覯本になっている *Étude sur mouvement d'art décoratif en Allemagne* (Chaux-de-Fonds, 1912) の中に記されている．この書は，ドイツでの運動について書かれた最初の評論の一つであった．

556

運動の保護者

新たに工業化されたドイツで，感情の領域において失われた場を回復しようという気運が起こり始めた頃，その努力によってドイツの小侯国の各宮廷内にいくつかの小ルネサンスがつくり出された．たとえば，ダルムシュタット（Darmstadt）では，ヘッセン太公ルードヴィッヒ（Grossherzog Ludwig von Hessen）が芸術家や工芸家のコロニーをつくることによって芸術的創造の精神を回復しようと試みた[19]．1920年にザクセン-ワイマール太公（Grand Duke of Sachsen-Weimar）はアンリ・ヴァン・ド・ヴェルドをその宮廷に招聘した．その他，数多くの保護者がドイツに現われた．K. E. オストハウス（K. E. Osthaus）もその一人だったが，彼はヴァン・ド・ヴェルドにドイツで初めて建築をつくる機会を与えたし，ジョルジュ・ミンヌ（Georges Minne）やアリスティッド・マイヨール（Aristide Maillol）のような彫刻家にも，彼の庭園や美術館についての仕事を委託している．さらに，A. E. G. 会社(Allgemeine Elektrizitats Gesellschaft, 総合電気会社）社長エミール・ラーテナウ（Emil Rathenau）のような指導的な工業家も，そういった保護者の一人であった．彼は1907年にペーター・ベーレンスを，その会社の商標から街燈の設計や新しい工場の建造にいたるあらゆるものの芸術面での監督に従事させた．このような任用によって，建築家は遂に，技師の地位とは別に承認された地位を見出すことになったのである．このことの意味の重要性は過小評価されてはならない．

ドイツ工作連盟，1907年

過去30年間に，次第に豊かになり，また，自ら意識して進歩的になってきたこの国のこういったすべての努力は，1907年に創設されたドイツ工作連盟(Deutsche Werkbund)に偏りのない中立的な中心を見出すことになった[20]．ヴェルクブントの主要な目的は「技倆の改善と生産品質の向上」であった．芸術家や職人や工業家は，芸術的に価値のある優良品を生産することに協力すべきであった．

---

[19] 彼らが自分達のために造り出したこれらの家は（ペーター・ベーレンスの最初の家も，その一つだった),その内部の装備や美術工芸面での標本的な作品と一緒に，1901年にダルムシュタットのマティルデンヘーヱ（Mathildenhöhe）で展示された．これは，ドイツの芸術家たちによる最初の協同的な企画で，将来，非常に重要なものになった．

[20] その創設についての優れた考察が，Heinrich Waentig, *Wirtschaft und Kunst* (Jena, 1909), p. 292 以降に記されている．

557

ヴェルクブントを支えた理念は，それ自体決して新しいものではなかった．イギリスの初期の工業改革家の一人，ヘンリー・コール卿（Sir Henry Cole）は「機械生産に適用された美」によって「大衆の趣味を向上する」ために，1847年に「美術製作者団体（Art Manufacturers）」を創設していた．1851年の大ロンドン博覧会やその水晶宮に導いたのも彼の努力の賜ものであった[21]．ウィリアム・モリスにつづく後の世代は工業と提携して，美術工芸組合の結成に反対するコールの線に戻った．美術製作者団体ができてから60年後の1907年には，最後的な和解に対する素地が整えられたかにみえた．すなわち芸術と工業とを完全な協力態勢にもちこむこともまったく可能なように思われた．

ヴェルクブント：その展覧会に
おける若々しい才能のはけ口

ヴェルクブントには，そのほとんど当初から，種々の反対意見の衝突が見受けられた．しかし，こういう論争の中にも，このグループは若人たちの才能のはけ口を一歩一歩つくり出してゆき，まさに，ちょうどよい時機に，若い人たちのために責任ある

301. ワルター・グロピウス　ファグス工場，1911〜1913年．

---

[21] より詳細には S. Giedion, *Mechanization Takes Command* (Oxford University Press, 1948) を見よ．

役割を見つけ出したのである．ドイツ工作連盟の1914年のケルンでの展覧会には，向上してゆこうとする世代とすでにその頂点にあった世代との両世代が表現されていた．ペーター・ベーレンスやヨゼフ・ホフマンやアンリ・ヴァン・ド・ヴェルドの作品に並んでブルーノ・タウトのガラスの家やワルター・グロピウスの事務所建築が建っていた．グロピウスの建物が一番その博覧会で論議の焦点となり，将来の発展に対する幾多の問題を具現していた．

第1次大戦後のインフレーションの時期でさえ，ヴェルクブントは，その歴史的な位置を確保するようなことをなしとげることができた．1927年のワイセンホーフの集団住居地建設（Weissenhof settlement）は，その時代の創造的な力を具現しようとするこのグループの絶えざる努力の現われである．ドイツが疲弊し，材料の欠乏に悩んでいた頃に，シュトットガルトでの建設のために，各国から創造力のある芸術家たちを招聘するという壮大な意志表示が行なわれた．

住 宅 開 発

ちょうど同じ頃，建築家エルンスト・マイ（Ernst May）はフランクフルト・アン・マイン（Frankfurt-am-Main）の近郊に住宅開発を行なうために招聘された．マイは（パリ大改造計画に当った）オースマンのような精力と迅速さでことに当ったが，不幸にも17年間にわたって彼が携わるという当初の計画は許容されなかった．2，3年後になって――ドイツの歴史には，しばしば起こりがちなことだが――その全計画が短縮されることになった．この仕事の継続中に，マイは幾人かのオーストリア人や1人のオランダ人，マルト・シュタム（Mart Stam）といった外国の建築家を雇い入れることによって，ドイツ工作連盟を特色づけるようになったおおらかな度量の広さを示した．

建築家の新しい特権

1929年，政府は――ドイツ工作連盟を通じて――バルセロナ（Barcelona）博覧会におけるドイツ館の全管理をミース・ファン・デル・ローエに委任した．1930年には，ワルター・グロピウスが選ばれて，戦後のパリのサロンに最初のドイツ展示会を組織することになった．

ヴェルクブント時代は，ドイツにおける建築家の地位に完全な変化がもたらされたということを立証している．この期間に，ドイツの建築家は現在でさえ多くの国にみら

559

れるような依頼主や請負人への従属状態から脱け出ることになった．建築家が，その時代の精神の形成に，ある役割を果たしているということが認められたのである．

ワルター・グロピウス

ワルター・グロピウスはヴェルクブント時代のドイツで，その経歴を始めることになった．学業を終えた後，彼はペーター・ベーレンスの事務所で働いた．それは1907年から1910年の間で，この間ベーレンスはベルリンの A. E. G. タービン工場の建設に従事していた．グロピウスはその頃，新しく創設されたドイツ工作連盟での討議に参加しているが，このヴェルクブントは「建築の本質はいかにあるべきか」という問題について彼の考えを結晶させるのに役立った[22]．

ファグス工場：新しい建築言語

グロピウスが自分の事務所を開設してから最初の大きな設計委託をうけたのは，ファグス工場（Fagus Werke）からのものであった．彼が1911年にアルフェルト，後のライネ（Alfeld a. d. Leine）に建てた，この靴仕上工場は，新しい建築言語の，突然の，しかも予期せざる表明であった．グロピウスはベーレンスのところにいる間に，ベーレンスのタービン工場が――その当時にあっては「すぐれて近代的な建物」[23]として――その形がつくられてゆく過程を見習っていた．グロピウスは，自立して仕事に着手するや否や，その師の古典的な荘重感から脱け出て，建築の新しい目標を明らかにするに至った．ファグス工場に，グロピウスはその過去15年間の素養を集中し，こうして，彼が自ら価値づけている，かの「思考と感情の正直さ」をつくりだす動機をかちとるに至った[24]．ヨーロッパ建築の骨身に達する病いとなっていた思考と感情の間の裂け目が癒されたのである．

この工場には平坦な面が支配している．ガラスと鉄の壁体がその隅角部に壁柱を介入させることなく，きっちりと取付けられている（図302）．ベーレンスは彼の有名なタービン工場のガラス壁を左右のどっしりした重々しい石壁でくぎっているが，これは

---

[22]　より詳細には，S. Giedion, *Walter Gropius : Work and Teamwork* (New York, 1954) を参照せよ．

[23]　W. Gropius, *The New Architecture and the Bauhaus* (London, 1937), p. 33.

560

302. ワルター・グロピウス ファグス工場(靴仕上工場), アルフェルト(後のライネ), 1911年. ガラスと鉄の壁体が, その隅角部に壁柱を介入させることなく, きっちりと取付けられている.「壁の役割は架構の直立柱の間に張られたスクリーンの役目だけに限定されている.」

グロピウスのこの工場ではなくなってしまった. 彼の壁はもはや建物の支持体ではなく, グロピウスの主張するように, 単なるカーテン, きびしい気候から保護するものになっている.「壁の役目は雨水と寒さと騒音を排除するために, 架構の直立柱の間に張られたスクリーンの役目だけに限定される.」「ガラスがかなり大きな構築的重要性を帯びつつある」のも「空なるもの(ヴォイド)の方が中味のつまったもの(ソリッド)よりも漸次, 優位になってきたことの直接的な結果[25]」であった.

建築的な手段と構造上の
手段との間のバランス

アメリカの批評家, ヘンリー・ラッセル・ヒッチコック(Henry-Russell Hitchcock)は, この建物を「第1次大戦前の最も進歩的な建築作品」[26]と呼んでいるが, あえて反駁する者もないであろう. ベーレンスの仕事に見られる劇場風を暗示するものは消

---

[24] 同前掲書, p. 17.
[25] 同前掲書, pp. 22〜23.
[26] ニューヨーク近代美術館のカタログ, *Modern Architecture* (New York, 1932), p. 57.

561

失してしまっている．鉄とガラスとコンクリートの新しい可能性，壁体のすっきりした取扱い，内部の組織的な照明——こういったすべてのものが明白に周到なバランスにもちこまれている．単に一つの構造体としてみれば，この建物は，19世紀後期のエッフェルの鉄構造までさかのぼる伝統の一部を受け継いでいる．しかし，この世紀を特色づけていた二元的な性格は超克されて，建築的な手段と構造的な手段とを結集

303. ワルター・グロピウス 「ファブリーク」の正面，ヴェルクブント博覧会，ケルン，1914年．ガラス壁面の事務室と蔽われた屋上テラス．

して，一つの統一された表現をつくりあげている．平坦な面として発展させられた壁体は，内部空間と外部空間との間の透き通ったカーテンとして考えられている．壁体の機能についての，こういった見解は「必然的に，壁面を漸次より大胆に（すなわち，より広く）開口させるようになり，それによって屋内は次第に明るく採光されるようになる．」[27]そのカーテンの性質が十分に現われるように，柱はそのファサードの背後に置かれている．いろいろな建物のヴォリュームをのびのびと併置させているその手法が，1925年のデッサウのバウハウスの計画を前もって暗示しているのも否定できない．工場に品位のある明るさを与えているのは，そのファサードだけではない．その事務室には，普通の閉ざされた間仕切壁の代りに，ガラス壁が使用されている．ベーレンスは一個のモニュメントのような工場を造ったが，グロピウスは工場に簡素な，しかも，より優雅な解釈を与えている．

---

[27] W. Gropius, *The New Architecture and the Bauhaus* (London, 1937), p. 22.

グロピウスによるケルンのモデル
工場（1914年）にみられる新要素

ヴェルクブントによる1914年のケルンの博覧会のためにつくられたグロピウスの手に
なるモデル工場と事務所建築「ファブリーク」（Fabrik）（図303）は，屋上にダンスの
できる，屋根で蔽われたテラスがあり，機械類のホールと，その背後にオープン・ガ
レージをもっていた．そこには，ある種の建築的な特色があり，それがこの建築に新
しい性格を与えている．これより前，ファグス工場において，グロピウスは，それま
での普通の階段室に用いられているような石造の囲いをやめて，それをガラスと鉄の
蔽いに置き換えていた．彼はこの方法をケルンの建物にも繰返しているが，それをま
ったく新しいやり方で処理している．ここでは，廻り階段が完全にガラスの中に包み
こまれている．その階段は，空間の中に捕捉され固定された運動そのもののように見
える（図304）.

幾世紀にもわたって築き上げられた慣習の奴隷であったわれわれの感覚では，自動的
に，こういう階段のような突出部分の支持体を探し求める．自由に空を舞うような部
分や面をつくり出そうとする，こういった新しい空間概念は，人をまったく反対の方
向に導く．それは，荷重と支持との関係が，もはや，しきたり通りに明瞭に見てとれ
なくなった時に生まれてくるような美的感覚を探し求めているのである．

ケルンの博覧会のグロピウスの建物（不運にも戦争中に火災で焼失してしまった）で
は，屋根は構造体の他の主要な部分と同様の細心な注意と巧みさで処理されていた.
上部のテラスにはエレベーターや，ダンスのためのスペースが設けられ，屋上庭園に
よって，屋上全体が一体にまとめられていた．こういう細部も，決して気まぐれな偶
然の結果ではない．というのも，これらは，その当時の発展段階を乗り越えており，
無意識のうちに将来を感じとっている精神によってのみ創造されうるものだったから
である[28].

---

[28]　当時の人たちは，この工場（Fabrik）についてはむしろその態度を決し兼ねてい
　　　た．ベルリンのディー・ヒルフェ紙（*Die Hilfe*）1914年7月2日号に載ったテ
　　　オドール・ホイス（Theodor Heuss)によるワルター・グロピウスについての批評
　　　を参照せよ.

563

304. ワルター・グロピウス「ファブリーク」の隅角部の廻り階段, ケルン, 1914年. 全面ガラスで包みこまれたこの廻り階段は, 空間に捕捉されて固定された運動そのもののように見える.

第1次大戦後のドイツとバウハウス

第1次大戦前の10年間の活発なすべての努力は幻滅裡に終った. 美術工芸運動は, その力を出し尽くしてしまったように見えた. こういう運動は, 事実, それ以前の時代から繰越された流行的慣習を除去するのにあずかって大きな力があったが, 家具の改善や, 家庭内の趣味の改革には, 将来に連なる発展に対してなんら真のはけ口を開くに至らなかった. ドイツの運動では, 建築は応用芸術に呑み込まれてしまった. このこと自体, 新しい概念なくしては新しい建築はあり得ないということを示しており, その運動は改革の意欲をつくり出したけれども, 新しい積極的な概念を生み出すに至らなかったのである. ファグス工場(1911～1914年)のような解決は, 孤立した例外であって, その影響を及ぼすまでに至らなかった.

表　現　派

再び広範な不安定の状態がやってきた. この不安定な状態は, いわば表現派運動の運転資本であって——攻撃目標ではなかった. ドイツの表現主義は第1次大戦前に始まり, 戦時中にも継続し, 戦争直後にその頂点に達した. この運動は手ひどく扱われた

人間性の悲哀を雄弁に物語っており，その悲劇的な状態を告発している．しかし，この表現派の運動と，それ以外のわれわれが述べてきた立体派や未来派などの運動との間には根本的な相違がある．有害な世の中に対するファウスト的な感情の爆発や，虐待された人間性についての叫びだけでは，新しい業績の水準をつくり出すことはできない．それらは，いずれにしろ——いかに感動的であっても——過渡的事実であって，構成的事実ではない．

表現派の影響は，建築に対していかなる貢献をもなしとげることができなかった．にもかかわらず，それは大部分のドイツの芸術家たちに影響を及ぼした．後に住宅開発の厳しい重要な仕事を果たすようになった人たちも，ロマンティックな神秘主義に心を奪われて，アルプスの高峰モンテ・ローザの峰に立つ妖精の城を夢みたり[29]，あるいは，くらげのようなぐにゃぐにゃしたコンクリートの塔を建てたりしていた[30]．

これがバウハウス誕生の頃の状況であった．ヴェルクブントの生きながらえた理想が，その救世主となったのである．すなわち，それは，そのそもそもの最初から，芸術と産業生活を結合して，健全な現時代的な建築の基調を見出そうとしていた．しかし，バウハウスの初期の創作物やワルター・グロピウスの小品にさえ，文学的な表現主義的な接近のあとがみられる．表現主義は，これほどまでに全ドイツ芸術に滲透していたのである．

バウハウスの創設，1919年

グロピウスは本能的に表現主義の無力や，それからのがれることの必要に気づいていた．大戦によってワイマール（Weimar）の2つの学校，デザインの学校と応用芸術の学校の職員に，いくつかの空席が生じた．グロピウスは，これら2つの学校を統合してバウハウスを造るに当って，これまで応用芸術の分野で働いたことのない教師を見出そうとした．アルマ・マーラー（Alma Mahler）の勧告で，彼はその種のものでは

---

[29] ブルーノ・タウトの幻想的な建築的構想「アルプス建築」のことを指しているのであろう．Bruno Taut, *Alpine Architektur* (Hagen i. W., 1920), *Die Auflözung der Städte* (Hagen i. W. 1920), *Der Weltbaumeister* (Hagen i. W., 1920) 等に現われたタウトの幻想図を参照せよ（訳注）．

[30] エリッヒ・メンデルゾーン（Erich Mendelsohn）のポッダムの「アインシュタイン塔」（1920～1921）を初めとして，当時の表現主義者の一連のスケッチのことを指しているものと思われる．なおメンデルゾーンによるつぎの一文は興味深い．Erich Mendelsohn, "Background to Design," *Architectural Forum*, 1953年4月号（訳注）．

565

305. ワルター・グロピウス　　ある平板状高層集合住宅の一部として展示されたクラブ談話室．ドイッチェ・ヴェルクブント展，パリ，1930年．

最初の基礎デザイン・コースを，スイス人の若い画家，ヨハンネス・イッテン（Johannes Itten）に担当させた．イッテンはウィーンで教鞭をとっているうちに，触感や色感，空間と構成の感覚を教えるまったく新しい教育法を発展させていた．この解析方法は，バウハウスの全期間にわたって加えられた一般大衆の妨害を挫折させるのにあずかって力があった．ドイツ人の彫刻家ゲルハルト・マークス（Gerhard Marcks）とアメリカ生まれのリオネル・ファイニンガー（Lyonel Feininger）も，イッテンとともにその当初から参加していた．ファイニンガーは，空間の問題に関心をもっていたごく少数の表現主義者のうちの一人だった．

バウハウスの発展の第2段階

スイス育ちのドイツ人パウル・クレー（Paul Klee）は1921年にその職員に加わった．その後，次第に抽象主義者のグループから，新しく多くの人たちが参加した．まず最初にオスカー・シュレンマー（Oskar Schlemmer）が1921年に，ついで1922年にワッシリー・カンディンスキー（Wassily Kandinsky，彼は1911年以来アブストラクト的な構成の研究に従事していた）が加わり，1923年にはモホリ・ナギー（L. Moholy-Nagy）

が参加した．こういった人たちを引続いて任命したことが，それまでよりもアブスト
ラクトな運動への強い傾斜をしるしづけることになり，バウハウスのその段階を反映
している．

若いハンガリー人，モホリ・ナギーは自身の作品のみならず，個人的にも，あらゆる
抽象派運動と密接に結びついていた．バウハウスでの彼の役割は，しばしば誤解され
てきたが，バウハウス双書[31]の編集者として，彼はその思想を活発に擁護し，多くの
国々に新運動の創始者を送りこみ，ドイツの一般大衆に直接話しかける機会を作った
のである．これ以外にも，彼は自身の活動を通して，ロマンティックな神秘主義の残
渣を克服するのに尽力した．

第 3 の 段 階

バウハウスをそれまでよりも緊密に工業と結びつけることになったバウハウスの発展
における第3の段階は，それがワイマールからデッサウ（Dessau）に移転した時期に
始まった．その時期に，バウハウスはその初期の卒業生の中から職員を選び出すこと
によって，自己更新の力を示した．この学校の先生になったこういう人たちの中に
は，ヨゼフ・アルバース（Josef Albers）やハーバート・バイヤー（Herbert Bayer，
タイポグラフィー），およびマルセル・ブロイヤー（Marcel Breuer）がいた．

バウハウスは，やがて全ヨーロッパに有名になり，現代芸術の要素を探求しつつあっ
たサークル——たとえば，オランダの「ステイル」（Stijl）グループのようなサーク
ル——の中でも重く見られるようになった．テオ・ファン・ドゥースブルフでさえ，
1922年にワイマールにやってきたが，種々の理由で，バウハウスの先生にはならなか
った．バウハウスへのステイル・グループの影響は——ほぼ同程度に過少ないし過大
評価されているが——美学上の問題に対するその形式的な解析の仕方，つまり，美の
問題を基本的な要素と基本的な釣合関係へ還元させるという面に見られた．

---

[31] Herbert Bayer と Walter Gropius および Ise Gropius によって刊行された *The
Bauhaus, 1919〜1928*（New York, 1938），pp. 222〜223 を参照せよ．ボーモン
ト・ニューホール（Beaumont Newhall）による伝記は，この点に関連のあるすべ
ての文献を記載している．この書は，全体として，バウハウス発展の詳細につい
て優れた考察を与えているが特にこの件については，これ以上調べる必要がない
くらいに十分に説明し尽されている．その後バウハウスに関するいくつかの記録
文書が出版された．たとえば H. Winkler の著書（Köln, 1962）．

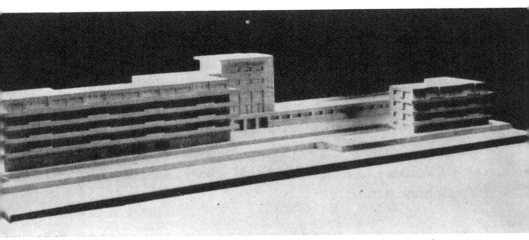

306. ワルター・グロピウス　　国際哲学研究所のための計画案．1924年．この進歩的な計画案はバウハウスより2年前に作られたが，そののびのびとした計画はバウハウスの前兆となっている．エルランゲン (Erlangen) の大学町のために計画されたこの建物は，寄宿舎と集会所をも含むようになっていた．こういう施設をもった研究所を設立しようという考えは，この頃ドイツに流行していた国際主義者たちの典型的な風潮であった．

バウハウスへの反対

世論に関する限り，バウハウスの指導者たちは，それぞれ，実際上の相違があったにもかかわらず，すべてが，ある一つの芸術上の教義を唱道する者とみなされていた．しかも，その芸術上の教義というのは，表現主義者によっても，また因襲的なアカデミックな連中によっても，同じように心底から忌み嫌われているものだった．政治的な内部の意見の分裂も，同じように無視されていた．グロピウスとそのバウハウスは，左翼からも右翼分子からも同じように攻撃された．左翼の批評家などは，「いかにすぐれた学校でも，芸術の学校などとは，この時節にアナクロニズム以外の何ものでもない」(1928年) と評するし，一方右翼の批評家たちは，バウハウスの教育課程を見て，自分たちの立場とそれほど関係のない活動ばかりだと考え，それらの活動をアカデミックの立場か，もしくは美術工芸的な見地から判断して，このような思い切った試みをするに至ったゆえんをまったく理解することができなかった．

バウハウスの仕事は，近代絵画の背後に潜む考え方が理解されなければ，把握されないものである．新しい空間感覚やテクスチャー (肌理) や平坦な面についての新しい関心から発展してきた感情の理解なくしては，バウハウスについての研究は画餅に帰する．

バウハウスの役割

1797年に創立されたエコール・ポリテクニークは科学と生活との融合に貢献した. グロピウスによるバウハウスでは, 建築を媒介として, 芸術と工業, 芸術と日常生活とを結びつけようとする努力が払われた. 今ではバウハウスの全機構を, その歴史的な関連において考察することが可能なので, われわれには, それがドイツの教育と組織化の才能にとっていかに重要なはけ口であったかが判る. 現代芸術の諸原則が初めて教育の分野に移植され, 分散していた諸傾向が取りまとめられて凝集されたのである[32]. バウハウスのこういう措置はわれわれの絶えざる関心事, この時代が自らを意識するようになるその過程に関係のあるような面に限られてきた. バウハウスの困難だが活気に満ちた発展は, その時代の他のどんな機関もなし得なかったような, 教育という制限された領域内でのこのような過程を反映している.

工業とバウハウスとの実際的な結びつきの成就だとか, 両者の関係がどのように作用し合ったかなどということは, われわれの主題にとっては埒外のことである. われわれは, ただ, われわれの時代の基礎概念の上に, どのように教育体系が築かれたか,

---

[32] グロピウスは, その経歴のごく当初から, 展覧会というものは新しい傾向や考え方を調整するための手段として役立ちうるものと考えていた. 彼は展覧会を, 意志表示のための一つの手段として——つまり, いろいろな特色を示してはいるが, すべて一つの普遍的な見解に調節されているような, 思想表示のための手段として——組織的に使用したいと考えていた. 彼は, この方針の下に1928年まではバウハウスでやり, 後にはバウハウスでの, 以前の協同者たち——モホリ・ナギー, ブロイヤー, バイヤーなど——と一緒に実施した. これらの協同的な努力によって, あらゆる近代的な展示技術を駆使した新しい展覧会形式が発展させられた.
パリの装飾芸術家サロン(Salon des Artistes Décorateurs) の1930年の展覧会には, ヴェルクブントも招聘された. これは第1次大戦以来初めて, ドイツの参加を許した公式な外国の展覧会であった. グロピウスとブロイヤーは, グロピウスによって設計された平板のような高層の近代的なアパートメント・ブロックの一室に収まるあるクラブの談話室の内部を出展した (図305). この頃までには, それまでの大戦による怨恨はおさまっていたし, フランスの批評家たちは, この展示を驚きと賞嘆をもって歓迎した. これらの多くの批評家たちにとっては, それは第1次大戦後にドイツでなしとげられたものについての最初の啓示であった.
グロピウスが参加した展覧会としては, 1912年のアントワープの万国博 (ある室内構成の展示),1914年のケルンでのヴェルクブント展 (工場, 一連の室内構成, 軍艦の士官室, 自動車の車体), 1930年のパリでのヴェルクブント展, 1931年のベルリンでの建築展 (高層アパートメント・ブロック計画, Schawinsky との協同), 1933年のベルリン博 (非鉄金属の表現, Joost Schmidt との協同).

569

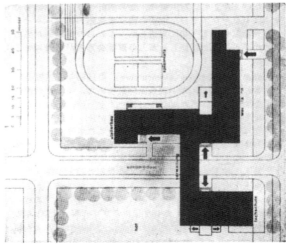

307. ワルター・グロピウス　バウハウス，デッサウ，1926年．鳥瞰．この写真は，異種の単位が，相互にどのように融合されているかを示している．単に一見しただけでは，このような複合体は見極められない．

308. ワルター・グロピウス　バウハウス，デッサウ，1926年，配置計画図．この複合体は敷地全体にわたって，3個のカギ状の腕のついた火輪花火のように繰りひろげられている．

570

また工業に種々の製品のモデルを提供した真に創造力のある芸術家たちによって，それがどのように指導されたかを記述するにとどめる．バウハウスの研究室における実験的な工作品は，種々の工業品にも及んで世界中に広められた．電燈の取付器具，カーペット，織物，さらに有名な鋼管家具などがそれであった．隣国の製造業者たちは，バウハウスで訓練された人を自分たちの生産の監督者として求め始めるようになった．

デッサウのバウハウスの建物，1926年

デッサウの新しい学校に対する建築計画は，種々の要求に合致するものでなければならなかった．まず第一に，バウハウス——デザインの学校——そのものを建てるということ，つぎに職業上の補修課程を授けるデッサウ市の学校としての考慮，さらに，学生のための共同のスタジオと居住部分を設けなければならなかった．食堂，ステージ，管理室のほかグロピウス個人のスタジオも必要だった．各教官には，小さな松林の中に，グロピウスによって設計された住宅が与えられた．この場合，建築家としての主目的は，これらの各機能をそれぞれ明確に分離すると同時に，それらを孤立させることなく，能率的な相互関係にもちこむことであった．

その主要なアクセントは，この学校全体の核心であるバウハウスの建物に置かれている（図307）．このバウハウスの建物は「デザインの研究室」と展示室，教室，講堂とからなっている．このデザインの研究室は，家具の製作や，演劇のための工芸技術，染色，織物，印刷，壁仕上，金属工作などの諸活動に提供されていた．3階には講堂と金属工作や壁塗装のための研究室とがあり，互いに開け放てば，一つの部屋になるようになっていた．このバウハウスの建物は有名なガラス・カーテンで囲まれている．生徒のスタジオと寄宿舎を兼ねた部分は6階建になっている．その28の部屋は，学生の住居のためだけでなく，同時に，彼ら個人の仕事場にもなっているので，スタジオードーミトリとしてハイフンで結んだ呼称が必要である．各室にはそれぞれ小さなバルコニー，つまり戸外に突出したコンクリート床版がついている．これらの床版はマッシヴな壁から突出して，その建物に独特の印象的な外観を与えている．この学生用の建物はデザインの校舎と1階の翼でつながっている．その翼は集会室と食堂と学校のステージとを巧みに結び合わせている．これらの各部屋は開け放すことによっ

571

309. ピカソ "ラルレシャンヌ", 1911〜1912年. 油彩.「その頭部に, 同時性についての立体派の工夫が見られる. 一つの対象の2つの面, ここでは横顔と正面とが同時に示されている. さらに, 重なり合った面の透明性も特徴的である」(ニューヨークの近代美術館におけるピカソ展のカタログ, 1939年, p. 77)

310. ワルター・グロピウス　バウハウス，デッサウ，1926年．工作室の隅角部．ここで，同時的に表現されているのは，建物の内部と外部である．外方に張り出された透明な部分は，隅角部を非物質化することによって，各種の面の間に舞い立つような釣合関係や，現代絵画に見られる"オーヴァラッピング"(重合)のような効果を与えている．

て，“オーラ（集合広間）”すなわち学校全体の主要入口広間からすぐに入れる一つの
ホールになるようになっている．

別の1翼がデッサウ市の職業学校にあてがわれた．短い2階分の橋が4本の柱で支え
られ，縦断道路を横切って，この職業学校とデザインの学校とを結びつけている．こ
のパッスレルすなわち結合橋には，管理室と教師や学生の会議のための集会場，建築
学教室およびグロピウス自身のアトリエが設けられた．

ガラス・カーテンの意義

バウハウスの建物は鉄筋コンクリートの骨組をもっている．ドイツの建物の通例とし
て，支持柱はフランスやスイスのものよりも，ずっと重々しい．その連続ガラス・カ
ーテンは，建物の上下の白いカーテン・ウォールの水平の帯によって断ち切られてい
る．一枚の空中写真は，その白い水平の帯が一体何のためにあるのかを，はっきり示
している．すなわち，それは単なる帯であって何ものをも支持していない．俯瞰す
ると，この立方体全体は地上に浮ぶ2枚の巨大な水平の面のように見える．

そのガラスのカーテンは，エッフェルがかつて1878年の博覧会で示したような，限ら
れた，仕切のある透明部分ではなくて，滑かに建物のまわりを廻っており，隅には垂
直の支柱も結合材も設けられていない．ファグス工場のように，ガラスのカーテンが
かかっている柱はガラス面のうしろに引込んでいて，このカーテンを純粋なカンティ
レヴァ（片持梁）構造の標本にしている．そのガラスのカーテンは単に建物の隅のと
ころで折り返してあるだけである．いいかえれば，人間の眼が建物の荷重を受持つ支
持体に出遭うものと思っているちょうどその個所で，ガラスの壁同志が融合している
のである（図310）．

ピカソとグロピウス

ここには近代建築の2つの重要な試みがなしとげられている．技術面での無意識的な
進歩の成果としてではなく，芸術家の意識的な意図の実現として，そこには，空間関
係についてのわれわれの感情を満足させる，空を舞うような垂直面の集合が見られる
し，また内部と外部とが同時に見られるような広大な透明性がつくり出されている．
それはピカソの1911〜1912年の「ラルレシャンヌ」（L'Arlésienne）（図309）のように
正面（アン・ファス）と同時に側面（アン・プロフィル）をも含んでいる．すなわち，
そこで関心をもって取上げられている点や面の多様性と同時性は——端的にいえば時

574

-空間の概念である[33]．この建物では，グロピウスは構造だけで成就されるようなものを越えてはるかに前進している．

新しい空間概念

このガラスのカーテン・ウォールは有名であるが，それも，バウハウスの真に重要な機能が，それによって一つの単位として充足されたところにある．1926年に建設された時に，バウハウスは，新しい空間概念が大きな建築集合体を組織するのにどれほど役立ちうるかということを示したのである．それ以前には，これと比べうるようなものは何一つとして，現代建築においてなしとげられていなかったのである．

フランク・ロイド・
ライトとグロピウス

今世紀初頭の10年間に，かのフランク・ロイド・ライトが空に舞うような垂直面や水平面をいくつかの住宅に試みていたことも確かである．彼は，そのシカゴ時代に，バッファローのマーティン邸（Martin house, 1904年）やリヴァ・フォレストのクーンリー邸（Coonley house, 1908年）のようないくつかの大邸宅で，のびやかな平面計画(オープン・プランニング)を実現していた．それらの平面はのびのびと引きのばされたこみいった複雑なもので，その各部分は，時には橋で連結されたりしている．しかし，これらの建物の翼は大地に強く結びつけられていて，何か地上に固着した動物の探りまわる触手のように，その敷地上にさしのべられている．それらは大地から舞上がってはいないし，またそうしようとする気配もうかがわれない．壁体の取扱いはすべて——それらの突然の構造上の変化だとか，その張出した軒，複雑な起伏などが——これを示している．このことは，ライトがその出現以来ヨーロッパでなしとげられたものにそれほど反映されず，かえって幾分反発されているゆえんを説明しているともいえよう．

別 の 空 間 感 情

1926年までには，新しい世代が建築で仕事をし始めていた．彼らは1910年以来なしとげられてきた芸術上の諸発見にも接触していたし，構造の新しい方法や新材料にも接触していた．彼らはこれらの，以前には別々のものだった2つの領域を統合して，そ

---

[33]　この点についてはグロピウス自身，T. Creighton の編集になる *Building for Modern Man* (Princeton, 1949) の p. 171に「時間の要素が空間の新しい次元として導入されてきた．それは人間の思考と創造を貫きつつある．たとえば，ピカソの絵には顔の正面と横顔が一緒に描かれている」と述べている（訳注）．

れらの結合から，われわれが今日，現代建築として了承しているものを発展させたのである．ル・コルビュジエやグロピウスやミース・ファン・デル・ローエたちの世代は，それまでの芸術上の探究者たちの仕事を知っていたし，また，それらの探究者たちが発見した新しい空間感情をも知悉していた．こうして，彼らは遂に，集積された技術上の発展の中から，この新しい空間感覚に建築的表現を賦与するのに必要な諸手段を選び出すことができたのである．

バウハウスの建築集合体は，立方体の配列であって，規模も，材料も，位置も違う立方体を相互に併置した配列である．そのねらいとするところは，それらの立方体を大地にしばりつけることではなくて，その敷地の上に浮遊させることにあった．これが，翼のように結びつける橋を設け，ガラスを自在に使用するに至った理由である．ガラスは，その非物質化するような性質のために用いられたのである．それ以前の世代は，ガラスを実用的な目的のために用いるか，もしくは（個人住宅では）ガラスを焼付けて着色したり，ペンキで塗ったりしていた．

ヴォリュームの新しい組織

これらの立方体は，併置されて相互に関連づけられている．事実，それらは緊密に，しかも，微妙に相互に貫入し合っているので，各ヴォリュームの境界がはっきり分からないくらいである．空から眺望すると，その各々がいかに完全に統一された一つの構成のうちに溶けこんでいるかが分かる．人間の眼では一見しただけでは，この複合体を要約することができない．それには，その建物の廻りを一巡し，上からも下からも見ることが必要である．このことは，芸術的な構想力に対する新しい次元，先例のない多面性を意味している．

その平面は，内部に縮み込むような傾向を一つももっていない．それは反対に，拡がりながら地上にさしのべられている．その輪郭だけをみると，それはあたかも中心から3本の曲った腕の出た（点火すると軸心の廻りに急回転する）“火輪花火”のような格好をしている（図308）．それから受ける印象は，1914年のグロピウスの博覧会建築におけるガラス張りの階段室からひき起こされるのと同じ類いのものである．つまり，それは，捕捉された空間の動きを暗示している．

このバウハウスの建物は，新しい空間概念を完全に結晶させた当時唯一の大建築物だ

った．その外観は，とにかくも，歴史の非合理な過程の存在を立証している．19世紀後半のドイツは，他のどの国よりも建築的な素直さに欠けていた．しかし，それより，わずか30年も経たないうちに，建築における新しい段階への道が開かれたのは，まさにこの国においてであった．

建 築 上 の 目 標

社会的な集団のための建物

グロピウスにとっては，大規模な計画案を練っている時が最も楽しい時である．彼は，新しい型の工場や事務所，学校，劇場のようなあらゆる社会的な集団に対する建物の建築家である[34]．ドイツは20年代に，中産階級や労働者階級の住居の欠乏を充足する仕事に着手し始めたが，彼がその建設計画に参加したのは当然のことであった．グロピウスは多くのそういったアパートメントや集団住居地を――ベルリンやデッサウ，フランクフルト・アン・マイン，カールスルーエなどに建設した．この分野での彼の最も興味深い仕事は，住宅建設のための政府の研究機関[35]に提出した計画案であった．その集団住居地は，結局は，グロピウスが提案したようには建てられなかった．われわれは後ほど，都市計画における新しいスケールを取扱う際に，グロピウスがこの計画案で使った平板状のブロック・ユニットについて論ずることにする．

他の分野におけるデザイ
ン：その進歩的な性格

彼の作品のこれほど多くのものが――若い時の作品でさえ――すべて，それぞれ固有の新鮮さを保有しているという事実が，グロピウスの創造力を立証している．これは彼の建築作品――たとえばファグス工場のような作品――のみならず，その他の分野の仕事でも，同様に真実である．グロピウスはかつて1913年頃ディーゼル機関車を設計したことがある．その機能的な基礎を慎重に研究して，一つの芸術的な解決に到達

---

34) たとえば，彼の"全体劇場"（Totaltheater）は，新しい空間概念に完全に調整されている．そのステージは，もはや，ルネサンスやバロック時代以来続けられてきたような劇場内のあらゆる視点からの固定された焦点ではない．ステージは建物の中央に置かれて，多面的な演劇が見せられるように環状と垂直の動きに適うようになっている．W. Gropius, *Theaterbau* (Roma, 1934) を参照せよ．

35) ドイツ研究協会（Reichsforschungsgesellschaft）．

したが，それはおどろくほど進歩的なものであった．事実，彼はそれから20年後に“流線型”として実現されるようになったデザインをすでに造り出していたのである[36]．革命で倒れた人たちに捧げられた彼のイェナ（Jena）に建った1932年の記念碑は——セメントの平坦な面と三角墻で構成されたものだが——デザインではまったく現代的なものであった．不運にもそれは，ナチスが権力を握った時にナチスによって取壊されてしまった．

一人の人間の仕事が20年から30年間にわたって同時代的な性格を保ちつづけていたという事実も，思考と感情が平行した道筋を辿っているような時代には，特に取り上げて注釈する必要もないであろう．しかし，現代のような時代には，こういうことは当然なことなどという性質のものではない．われわれの時代には，こういう創作のゆるぎない確かさは——不幸にも——ごく少数の芸術家だけが保有しているにすぎない．

グロピウスは，多くのドイツの芸術家たちのように，機敏なというよりも，むしろ堅実で着実な構想力をもっている．しかし，きわめて静かに仕事をしつづけながら，新しいおどろくべき結論に到達する．アルブレヒト・デューラーの重厚な絵画には，ヴェネツィア派[37]の優美さは欠けているけれども，デューラーの構想には，固有の深さがたたえられている．

ワルター・グロピウスのアメリカでの活動

グロピウスを取巻く人たちは，彼にどんな影響を与え，また，グロピウスはアメリカの環境にどのような影響を及ぼしたであろうか？　そこには明らかにそれとなく評価されうるような，微妙な相互反応が見受けられる．われわれは十分な総合分析を試みる前に，もっと一般的な問題，すなわち1930年以降のヨーロッパからアメリカへの移住の意義をたずねて見る必要があろう．

---

[36]　S. Giedion, *Walter Gropius*(Paris, 1931) に例証されている．なお，S. Giedion, *Walter Gropius, Mensch und Werk* (Stuttgart, 1954) にも詳しく記述されている．

[37]　ヴェネツィア派，　15, 6 世紀頃ヴェネツィアに興った絵画上の流派，　Giorgione, Titian, Veronese, Tintoretto 等が属している（訳注）．

578

1930年以降の移住の意義

1930年以後の移住は，政治的な圧力の結果であって，1848年以降に流浪に追いやられたヨーロッパの知識階級の人たち，あるいは1860年頃の大量な農民や職人の移住とはまったく違った性質のものであった．1848年以降や1860年頃のアメリカは，まだ半ば体制が整ったばかりの国であった．広い領土が広範にわたって開発され，多くの職業分野がまさに開かれ始めたばかりの頃であった．この時代にアメリカにやって来た者は，誰でも，ほとんど自動的にアメリカ市民になれたし，土地を無料で，あるいはまったく名目だけの値段で手に入れることができた．しかし，1930年代に移住した人たちはまったく違った事態に直面したのである．その頃のアメリカは，すでに定住の地と信じられて，移住割当によって保護されていた．新入国者は，アメリカ市民になろうがなるまいが，一様に居留外人とみなされた．とはいうものの，この1930年以後の移住の影響は，永い年月には，1848年や1860年代のものよりも，もっと深く広範なものになるかもしれない．その理由は，この移住が，政治家や実業家や未熟練工のような人たちではなくて，30年代の，近代美学から核物理学に至る，あらゆる文化や科学の領域に直接的な関係をもっていた第一線の科学者や人文学者や芸術家といったような文化生活の代表者から成り立っていたからである．

国民生活の中にも，より以上の文化的な発展段階に到達するために，ある種の植物のように，特別の肥料を必要とするような時期がある．あたかも，ゴシックの発展に続く芸術的消耗の後にルネサンス時代のイタリアの芸術家たちが，新しい発展を刺激するためにフランスに呼び寄せられたように，アメリカは実業界の圧倒的な役割の後に，新しい精神上の指標を必要としていた．偶然の法則によって，こういうアメリカの必要と，1930年代のヨーロッパの多くの最良の人々の移住とが一致することになったのである．

1930年頃のアメリカの建築の状態

80年代におけるシカゴ派の最初の構造の率直さや，ルイス・サリヴァンの建築的表現における傑出した純粋性，1900年頃のフランク・ロイド・ライトの感動的な作品の後に，アメリカ建築の精神は商業的古典主義に退化してしまった．こういう悲惨な発展を振り切るために，外部から衝撃が加えられなければならなかったが，その時機は，

30年代の後期に到来することになった.

早くも1920年代に,ヨーロッパの近代精神を体得した二,三の建築家がアメリカ合衆国に移り住んだ.たとえば,南カリフォルニアにおけるかつてのフランク・ロイド・ライトやグリーン・アンド・グリーン（Greene & Greene）等の初期の努力がスパニッシュまがいの模倣によって蔽われてしまった後を受けて,リチャード・J・ノイトラ（Richard J. Neutra）が現代建築のための苦しい闘いを開始したのは,ちょうどこの頃のことであった.20年代には,アメリカの大学や類似の機関は,すべてアカデミー・ド・ボーザールの代表者たちの手中に陥っていた.近代精神は,至る所で排斥されていた.しかし,30年代の後期には,指導的な機関の二,三の先見の明のある人たちは,ミース・ファン・デル・ローエ,モホリ・ナギー,ワルター・グロピウス,後にはアルヴァ・アアルトといった人たちを,アメリカでの教育に携わってもらうために招聘する必要を感じていた.

アメリカ合衆国は,他の諸国とは違って,国民の直観的にもちあわせている聡明さに忠言してくれるようなヨーロッパの最も創造的な二,三の建築家を雇おうと決意したのである.これらの人たちを任命することによって,アメリカ人は逆に,遂には自国の先駆者をも認めざるを得なくなるという,むしろ廻り遠い遡及的な手段をとらされることになった.アメリカ建築学会でさえ,フランク・ロイド・ライトに対する態度を改め始めて,1948年の彼の80歳の誕生日に金メダルを贈呈している.このことは,フランス・アカデミーが,アングルに対して,彼が画家としての活動的な全生涯をみじめな境遇下に送ってしまった後になってから贈った栄誉を憶い起こさせる.

ワルター・グロピウスとアメリカの舞台

アメリカはグロピウスをどのように遇し,グロピウスはアメリカに対して何を与えたであろうか? まず第一に,グロピウスの業績には,アメリカ建築の機能的な形式に対する明白な類似点が見受けられるが,その証拠は,彼の経歴中でも,1922年のシカゴ・トリビューン新聞社屋の国際競技設計の頃までさかのぼって見出される.その当時,グロピウスは1890年代のシカゴ派の業績を承知していなかったけれども,彼の応

募作品には，まったく同一の精神が滲透していた．仮に，彼の計画案が，ゴシックまがいの当選案に代って実施されていたとしても，今日では，シカゴ派の自然の継続とみなされることであろう．

当時，参加したヨーロッパの建築家の中には，ダイカー（Duiker），レンベルク・ホルム（Lönberg-Holm），ブルーノ・タウト（Bruno Taut）のような人たちの名前も見られたが，合理的な設計は，すべて一笑に付されてしまった．ハーヴァード大学大学院デザイン学部（Graduate School of Design）の図書室には，1923年に「天上の審査員」（Celestial Jury）と称するものによって刊行された風刺的な小冊子があるが，それはグロピウスの設計を「鼠捕り器を発明した人」のデザインとして言及している．

標準化された合成部材

この他，きわめて早くに，グロピウスが，アメリカの建設技術とその大規模な生産と組立にある種の親近性を示していたという事実がある．1910年に——彼が，まだペーター・ベーレンスの事務所で働いていた頃，彼はドイツの工業家エミール・ラーテナウに「標準化された合成部材から造られた住宅製造会社をつくる計画」を提示したことがある．グロピウスは，この刊行されなかった28頁からなる提案の最後に，つぎのように述べている．「今日においては，これらの種々の部材の組合わせに対する無限の可能性を用いることによって，住宅の個性的な処理という建築主の正当な要求を満足させることが，経済的にも技術的にも可能となった」と．

こうして，1910年に，ワルター・グロピウスは，機械化が住宅の大量生産において果たすべき役割について，40年後になってもまだ完全には解決されていないような重要な問題を看取していたのである．この問題は，変化する人間的要求を充足できるような解決をもたらすために，機械生産と個人的必要とを調和させるということであった．

周知のごとく，工業によって同一の住宅を自動車のように大量生産しようとするためには，住宅は自動車と違って，個人的な融通性に対する配慮を必要とするものであり，しかも工業のなしうることといえば，必要な多様性が保証されるように，組立部品を造る最上の手段を見出すことでしかないという，困難な事態がまずもって会得されなければならなかった．

581

1942年以来，コンラッド・ワックスマン（Konrad Wachsmann）は，グロピウスと協同して，かつてグロピウスが1931年にヒルシュ・クッファ（Hirsch Kupfer）のために，ベルリン近傍に建てた，波型銅板製の組立式住宅に基礎を置いた工場生産住宅の一つの方法（総パネル方式）を発展させてきた．最初に，そのフレームの斜縁が取付けられ，それから総パネルに引継がれるものであった．その標準化された木製の床板やパネルは，近代的な工業方式と，個別の平面や建築上の自由とを結びつけている[38]．

建 築 活 動

リンカーンに建ったグ
ロピウスの家，1938年

ワルター・グロピウスは，アメリカで建築の教職につくと同時に，マサチューセッツ州ケンブリッジから20マイルばかり離れたリンカーン（Lincoln）に，自宅の建設に取りかかった．1938年の秋，私が彼の家に滞在していた頃には，この新しくできた "近代的な住宅"（図311）を見ようとして，週末ごとに，時には，しばしば平日にも，沢山の訪問客が訪れていた．その当時には，まだ，このような近代的な住宅は，他には，その周囲半径100マイル以上にわたって，1軒も見られなかったからである．

しかし，その陸屋根や（蒸し暑い夏には東西の微風を入れるために，食堂の延長として設計された）仕切のついたポーチの他，その地方特有の羽目板張（しかし，その羽目板は伝統的に水平に張られる代りに，垂直に用いられた）や，その大きな窓にしても，ニュー・イングランド地方の建築的特色から極端にかけ離れているといったようなものではなかった．

グロピウスの自宅によく似た，その同じ土地に引続いて建てられたいくつかの郊外住宅は，すべて，マルセル・ブロイヤーとの協同で設計されたものである．蝶が地上に浮遊するような独特の魅力をもったウェイランド（Wayland）の1寝室住宅（1940年）には，ブロイヤーの手腕が感じられる（図312）．この他，もっと規模の大きな住宅があるが，建築主の誇大な個人的要求のために，デザインはあまり成功したものとは思われない．

---

[38] S. Giedion の *Walter Gropius, Mensch und Werk* (Stuttgart, 1954), pp. 192 ～200 に詳しい図による説明が載っている（訳注）．

582

311. ワルター・グロピウスとマルセル・ブロイヤーの協同設計　マサチューセッツ州リンカーンにあるグロピウスの自宅，1938年．南面の眺望と平面図．これは，ボストン付近に建てられた最初の近代的な住宅であった．

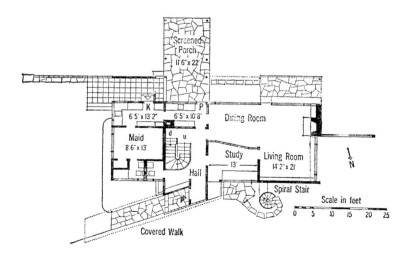

312. ワルター・グロピウスとマルセルブロイヤー　マサチューセッツ州ウェイランドにある住宅，1940年．中年の夫婦のためのこの小住宅は，古い松林の中にはめこまれている．

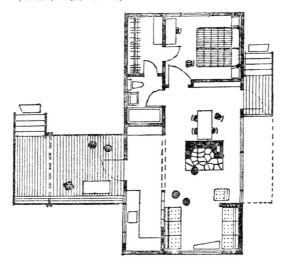

ピッツバーグ(Pittsburgh)の近くのニュー・ケンジントン（New Kensington）の，アルミニウム工場の職員のために，1941年に建設された集団住宅は，ペンシルヴェニアの新聞に，まったく時期遅れの騒動をひき起こした．この地方新聞による攻撃は，グロピウスに，20年以上も前にデッサウのテールテン・ジードルング（Törten Siedlung）によってひき起こされた攻撃を思い出させたに違いない．

アカデミックな教育に対するヨーロッパとアメリカの違った見方

アメリカ合衆国に移住したヨーロッパの建築家たちは，重要な仕事がほとんど何百人もの職員を抱えた大きな建築会社に発注されていて，彼らが故国で見慣れていたような建築事務所が経営を続けてゆくのには非常な困難が伴うということに驚かされた．

彼らの見出した今一つの相違点は，ヨーロッパでは建築の教師は，通常，教職につくまでに，建築の実務で名声を博している必要があったが，アメリカでは建築の教授は，つい最近まで，現実から遊離したものと考えられていたし，建築の教育それ自体が一つの経歴とみなされて，実際の建築活動からまったく遊離しているということであった．

ミース・ファン・デル・ローエやグロピウスが，こういう空しい役割を受け入れなかったということは，アメリカにおける建築教育の改善に尽した少なからざる功績の一つであった．われわれはすべて，アカデミックな教師というものは，自身が創造的である限りにおいてのみ，学生に真の影響を与えうるものだと考えている．精神的溶融期にある若い人たちには，創造的な状態にある人物との緊密な接触こそ，彼ら自身の創造的な才能を解き放す最上の手段である．

グロピウスとブロイヤーは，アメリカのカレッジ建築に対する彼らの最初の貢献の一つとして，1938年にウィートン・カレッジ（Wheaton College）の競技設計に応募して入選したが，彼らには機がまだ十分に熟していなかった．その大学の評議員は誰一人として，それに必要な資金の支出を承認することができなかった．大学の寄宿舎の設計にはいまだに象徴主義（representationalism）への熱意が支配的であった．しかし，それが取止めになってからちょうど1年後の1939年に，ミース・ファン・デル・

585

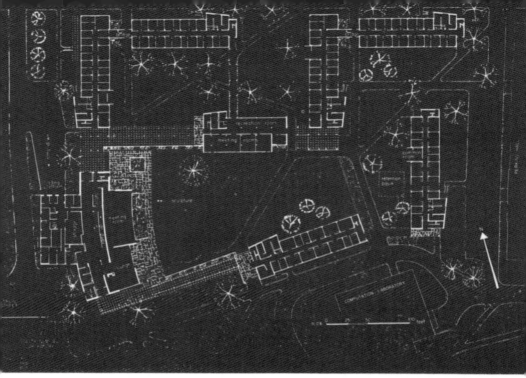

313. グラデュエート・センター，ハーヴァード大学，1949〜1950年．共用施設中心を含む全平面．

ローエがイリノイ工科大学（Illinois Institute of Technology）のために新しい学校建築の設計を委任されることになった．1947年には，アアルトがチャールズ・リヴァー沿いにマサチューセッツ工科大学（MIT）の寄宿舎を，彼の革新的なデザインで実現するように，大学の評議員たちを納得させることができた．1949年には，グロピウスが"アメリカ最古の最も尊敬されている教育機関"としてのハーヴァード大学にグラデュエート・センターの建築を委任された[39]．

学部の学生が大学の建てた寄宿舎に居住するのは慣例になっていたが，大学院学生のための生活施設を大学がつくるというのは異例なことだった．しかし，ハーヴァードのグラデュエート・センターとアアルトのマサチューセッツ工科大学の建物は，大学院学生のための寄宿舎であった．また1962〜1963年にハーヴァードは500人の既婚学生のための大きな住居集合体を建築したが，これはホセ・ルイ・セルト（José Luis

---

[39] "Harvard Builds a Graduate Yard" *Architectural Forum, the Magazine of Building* (December, 1950), pp. 62〜71.

586

314. グラデュエート・センター, ハーヴァード大学. ハークネス・コモンズ, (Harkness Commons, 共用施設中心)と渡廊下. 背後に寄宿舎が2, 3棟見える. Sert)の設計になるもので, 低層の建物と28階建の3棟の塔を組合わせて, 連結された都市設計的な実体を初めてつくり出している(図541).

その生涯を通じて, グロピウスは他人と緊密に協力して働く必要を感じていた. 1945年に彼はTAC (The Architects' Collaborative, 建築家協同集団)[40]と呼ばれる数名の若いアメリカの建築家との組織を結成した. ファグス工場(1911年)やケルンのヴェルクブント展のための工場(1914年)のような彼の初期の作品も, 若くして亡くなったアドルフ・マイヤー(Adolph Meyer)との協同だったし, ついでアメリカではマルセル・ブロイヤーと協同し, 彼らと分かれたのち, TACの作業チームを協同者にすることになった.

---

[40] 建築家協同集団(The Architects' Collaborative)のメンバーは1945年時点では, Jean Bodman Fletcher, Norman Fletcher, Walter Gropius, John C. Harkness, Sarah Harkness, Robert S. McMillan, Louis A. McMillan, Benjamin Thompson.

315. グラデュエート・センター，ハーヴァード大学．ハークネス・コモンズと寄宿舎への入口の一部

ハーヴァード・グラデュエート・センターは，きわめて短時日に（1949～50年）TACによって設計された．予算は，むしろ以前の学生宿舎やアアルトの新しいMIT寄宿舎に使用されたものよりも限定されていた．このことは，宮殿のような豪壮な建築形式の消滅という理由からばかりでなく，別の生活面の発展にもよるものであった．従来以上の簡素さとより深い精神的要求が，戦後の世代に見出されることになったからである．

この575人の学生を収容する寄宿舎は，形式にとらわれることなく，のびのびと繰りひろげられている．彼らを外界から隔離するような囲いは一つもない．3階建と4階建からなるこれらの建物は，すべて鉄筋コンクリート造である．1911年のグロピウスのファグス工場以来，彼の好みになっている黄色系の煉瓦で，貼壁が造られている．屋根のある吹きさらしの渡廊下が建物と建物をつないでいる．その長い水平線とほっそりした，広い間隔に並んだ柱の列が，動きと滑らかさを加えている．そこにはさらに，相異なる水平面同志，つまり，陸屋根の3階建と4階建の寄宿舎，2階建の共用建物（コモンズ），その前の一段低くなった庭園などとの間に，ある種の相互作用がつくり出されている．

316. グラデュエート・センター,ハーヴァード大学.グリル内部のハンス・アルプ(Hans Arp)の手になった木製のレリーフ.共用施設の情緒的な内容を補うために,ハンス・アルプやジョアン・ミロ(Joan Miró),ジョセフ・アルバース(Josef Albers)のような創造的な芸術家を招請するのは勇気のいる試みであった.計画家と芸術家との提携は,空気調整と同様,将来の発展にとって重要なことである.

共用施設中心

その共用建物(コモンズ)は,ハーヴァードの大学院学生生活の社交の中心を形づくっている.2階建の鉄骨に,石灰石仕上と,大きなガラス面をもった建物である.この建物の慎重に計画された構成によって,その全構造体に建築的な刺激が与えられているのを快よく見て取ることができる.

一時に,1200人分の食事を供給する厨房と食堂が,普通と違って,2階に設けられている.カンティレヴァになった鉄筋コンクリートの斜路が,その構築体内部の一種の背骨を形づくり,直接カフェテリアのカウンターに導かれるようになっている.食堂は,集団給食という印象を避けるために4つの単位に仕切られている.

大きなガラス面をもった1階部分は,社交的な集会所に当てられているし,2つのラウンジの中の大きい方の室も,容易に集会ホールに転用されるようになっている.

共用施設中心と現代芸術

彼らの処理しうる手段は、むしろ制約されていたにもかかわらず、グロピウスがこの共用建物（コモンズ）に現代芸術をもち込むことを主張したということは、忘れてならないことの一つである。それは容易に解決のつかない問題であった。

1世紀半にわたって、現代芸術と大衆とは接触を失っていた。大衆は遅ればせに、30年後になって、ようやく反応を示すことになった。創造的な芸術の公共生活からの放逐は、今一つの影響をもたらした。すなわち、建築家と芸術家とが一緒に仕事をするという習慣から遠ざけられることになった。これが今日の情況である。

1920年頃には、バウハウスのような公立機関の職員に、最も進歩的な画家を招くには勇気が必要であった。1949年に、大学の中に、近代美術家の作品[41]を展覧会形式ではなく、学生生活の日常の友としてもち込むのにも同じような大胆さが必要であった。

1947年、イギリスのブリッジウォーター（Bridgewater）で開催された第6回CIAM会議には、グロピウスも参加して、美学の問題が討議され、特に建築家と画家や彫刻家との間の相互協力が可能かどうかということが問題となった。こういう協同作業は、周囲の情況によって芸術家と建築家とが長い間離れ離れになっていたために、なかなか容易なことではないということを誰もがよく承知していた。このコモンズでも、この両者が最初から協同していなかったということが、間々感じられなくもない。コミュニティ建築の情緒的かつ象徴的な内容を強調するために、建築と芸術との統合が再び差迫った要求となってきた。このコモンズは、このようなゴールへ向って大胆な一歩を踏み出している。

TACによるハーヴァード・グラデュエート・センターとアアルトの手になるMITの寄宿舎は、ちょうどアングルとドラクロアの表現方法が違うように、まったく別の

---

[41] ジョアン・ミロによる食堂の壁画，後にこれはやはりミロによる施釉タイルの新しい壁画で置き代えられた．ハンス・アルプのグリルの木製のレリーフ．ハーバート・バイヤー（Herbert Bayer）によって斜路に飾られたタイルの壁画．ジョセフ・アルバースによる煉瓦のレリーフ．共用施設中心の前にあるリチャード・リッポルド（Richard Lippold）の鉄塔（steel pylon）．寄宿舎のラウンジにあるジョージ・ケペス（Gyorgy Kepes）の手になった世界地図．

590

ものである．そのどちらをよいとするかは，個人的な親近感，個々人の好悪感による．しかし，ただつぎの一事だけは疑う余地のないことのように思われる．すなわち，この同じ都市内にある2つのすぐれた建物が，現代建築に対して，伸び行く世代のうちに自己を形成していく機会を与えることになったということは，将来ともに忘れられないことであろう．

教育者としてのグロピウス

グロピウスをして教師になるように運命づけたのは，進んで人の言に耳を傾け，彼らを公平に扱うという彼の性格上の資質に由来するものであった．彼は他の指導的な人物にみられるような爆発的な発明の才能や気質をもちあわせていないように思われるが，しかし，建築の運動においては，誰一人として，彼ほど，広い体系の中に問題を関連づけ，遠く離れて感得しうるといった，洞察的な哲学的分析能力をもっていなかった．

グロピウスは，生来教育者として，また組織者として生まれついているが，この両面にわたる彼の成功の多くは，問題をあらゆる面から討究するという彼の能力のおかげである．彼はさらに今一つの資質をもっている．彼の精神は硬直の反対である．それは，平穏な人生行路をかき乱すものは何一つとして否定してしまわなければ気のすまないといった自己防御の本能を秘めているような人の，無益で狭量な頑固さとはまったく別のものであった．グロピウスは，学ぶ値打ちのあるようなことを知っていると思われる人とは，いつでも話し合って学び取る用意ができていた．彼は自分の仲間のために多くの時間を割愛している．他人の考え方を進んで理解しようとする彼の意欲は，彼に友を与え，学生の創造的な能力を解放させることになった．

彼は生活の人間的な側面を承知し，かつ，それを好んでいる．これは相異なる種々の考え方を統合する者としての彼の能力の秘密である．それは，彼のバウハウス時代のいろんな個性をもった人たちとの交際においても，また多くの個人的な意見のあるCIAM（近代建築国際会議）においても，またハーヴァードの学生たちや，あるいは彼と一緒に働いている建築家のチームとの関係においても，まったく同じであった．

バウハウスが彼の指導の下に，1919年から1928年に至る，新建築の発展にとって最も重大な時期に経営を続けていけたのは，荒れ狂う嵐によって一再ならずモルタルが固まる前に吹き散らされてしまうような状況下に一軒の家を建てるのにもたとえられるような，信念の行為に依るものである．この不撓不屈の驚異的な事業は，当時のドイツ，インフレによって打ちひしがれ，復活するナショナリズムの仮面の下に，ナチ政府到来の不吉な予告をうけていたドイツにおいて成就されたのである．

バウハウスはこれまで近代芸術の種々の表明をきちんとレッテルのついた区分毎に物知り顔に壜詰にすることによって，その教育を合理化したのだとよくいわれてきた．しかし，グロピウスは，1919年にバウハウスを創設した時には，まったく違ったことを考えていた．その時の彼の指導理念は，「バウハウスは，芸術におけるすべての**創造的努力を調整して一つの新しい統一にもたらすように努力する**」ということであった．1923年に，その最初のまとまった出版物『ワイマールにおける国立バウハウス，1919～1923年』(Staatliches Bauhaus in Weimar 1919-1923) では，その理念はさらに発展させられている．すなわち「バウハウスの指導原理は，多くの"芸術"と運動を相互に融合する新しい統一，すなわちその基礎を人間自身に置き，生きた有機体としてのみ意義のあるような統一を創造するという理念であった.」

1947年秋に，イギリスのブリッジウォーターで開かれた第6回のCIAMの会議で，グロピウスは，ハーヴァード大学建築学科の修士課程における10年間の指導をふりかえって，この分野での経験を要約しているが，彼の若き日の考えがそのまま自然に成長してきたものであった．しかも，それは建築家の教育にのみあてはまるだけでなく，教育方法全般の改革にも関連するものであった．

「建築教育においては，技術の熟練などよりも理解の方法を教えることの方が重要である……知識と経験の全領域にわたる総合ということは，その教育の当初から最も重要なことであって，こうすることによってのみ学生の心中に局面の全体性を感じさせることができよう……このような教育方法は，学生をして，いかなる課題に対しても，そのデザインや構造や経済性と社会的な目的とを同時に総合していくという，創造的な努力に引込むことになろう.」

デトロイトの自動車工場には，ガラスの保護スクリーンの背後に置かれた非常に精巧な機械がある．この機械は，翌年の型に必要な何百万もの合成部品を作りだすのに使用する冶金や工具を作るためのものである．これと，まったく同じように，選ばれた建築学生の若い身心は，二，三のアメリカの主要な総合大学や工業大学において．近い将来の国民生活に足跡を残すべく訓練されているのである．

最 近 の 発 展

ワルター・グロピウスは70才になった時に，「私は実際にはまだ何も建てていない」といっていた．80才の時には，各種の賞と栄誉を担わされ，ほとんど成就されそうもないほど多くの設計委託を背負わされていた．まったく同じ運命が現代建築のほとんどすべてのパイオニアにふりかかっていたのである．

われわれの時代は，しばしば現実に圧倒されるがままになってきた．その意志決定者は不慮の事態に対してほとんど準備されていない．通常彼らは，どんな解答が将来の発展の種子を胚胎しているのかをいちはやく察知する能力に欠けている．アメリカでは50年代以来，都市更新に対するまったく予期しない衝動が展開してきたが，それが新しい解決策を必要とするということをあえて誰一人として表明していなかった．新しい理念に3次元の実体を付与しうるような原型は，まだ十分に成熟していなかった．それらは依然として実現されないままでの紙面や小模型の中にしか存在していなかったのである．

ボストン・バック・ベイ・センター，1953年

もし実現されていたとしたら，新しい都市中心の原型として役立っただろうと思われる一つの計画案は，ボストンのバック・ベイ・センター（Back Bay Center，1953年）の計画である（図317）．それはグロピウスを含む大学教授グループによって設計された．彼がチームの一員として計画案に参加し，しかも最終設計に巨匠みずからの手腕が感じられるというのは，グロピウスの性格の現われである．バック・ベイ・センターは，うまく結合された複合体である．最大のオフィス・ビルが配置を支配しているが，圧迫してはいない．その各ファサードは，ル・コルビュジエのアルジェの高層オ

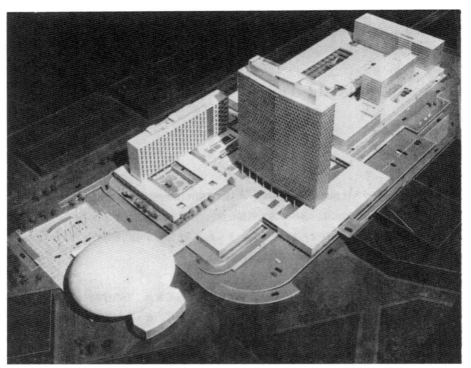

317. ワルター・グロピウス　バック・ベイ・センターの計画, ボストン, 1953年. 高く聳え立ったオフィス・ブロックによって支配されているが, 種々の機能をもった種々の高さの建物間のバランスのとれた釣合関係によって, うまく組織づけられた一つの複合体になっている. 広い歩道橋がセンターと集会場を結びつけている. もしこの計画案が遂行されていたとしたら, それはアメリカの最もすぐれたシヴィック・センターになっていたであろう.

フィス・ビルの設計（1934年）や, ニューヨークに建ったグロピウスの最近のパン・アメリカン・ビル（Pan American Building）のように, その容量感を和らげるために鈍角で接合されている. しかし, ニューヨークのこの巨大な高く聳え立ったビルは, 無秩序な構築物に取り囲まれて孤立している. ボストンでの, このオフィス・ビルは, 種々の異なる機能をもった諸建物のうまく統合された集合体を支配する構造物として立っている. 広い歩道橋がセンターと大集会室をつないでいる. 車が行き交う雑沓した大都市の真只中にあって, このセンターは歩行者のパラダイスになっていたであろう.

このボストンのバック・ベイ・センターは，その重要性が認められるのがあまりにも遅すぎた計画案に属する．先見の明のない政治家たちが，途方もない重税で脅やかしてその実現を阻んだのである．その後，このボストンとアルバニー鉄道の貨物置場の同じ敷地に——この敷地の重要性はハーヴァード大学建築学科の学生のクラスによってその都市設計的な高揚に刺激を与えた一つの計画案で初めて認められた——なんら都市設計上の興味のない，純粋に営利的な建物，プリュデンシャル・センター（Prudential Center）が建てられた．

ＴＡＣの仕事は，1945年の創設以来，次第に大きくなってきた．1957年にＴＡＣはバグダッド大学の巨大な計画を引き受けたが，建築工事での地方的な諸困難のほか，その国の劇的な政体の交替に悩まされることになった．さらにニューヨークのグランド・セントラル・ステーションの頭上高く聳えるパン・アメリカン・ビル（1958〜1963年）もその一つだった．その規模は大論争をひき起こしたが，その構成上のすぐれた感覚は否定さるべくもない．1962年にグロピウスは西ベルリンの5万人収容の地区の総合基本計画を立案するように求められた．それは1930年ごろの苦闘していた戦闘的なグロピウスには夢想もできなかったような委託であった．この地区は彼の名をとって，グロピウス・タウンと呼ばれている．

アテネのアメリカ大使館，1956〜1961年

1953年から1964年までの期間から一つの建物だけを選んで詳細に説明しよう．それはアテネのアメリカ大使館である．それにはワルター・グロピウスの手腕が特にはっきり現われている．ファグス工場（1911年）で，ワルター・グロピウスは現代建築のいくつかの決定的要素を初めてとり入れたし，支えのないガラスのカーテン・ウォールに関する最初の断乎たる表明を行なった．デッサウのバウハウス（1926年）の上階では，透明性がモニュメンタルなものにまで高められた．アテネの大使館で，半世紀以上も経過したこのアプローチが再び追究されている．透明性とガラス壁はともにそのまま保たれているが，ここではそれらは建物全体の構成と一体になるように統合されている．方形の大使館の四周に，大理石でおおった自立した柱が並んでいる．軒庇が空中に突出して日蔭をつくりだし，さらに通風孔として広いスリットがあけられてい

595

318. ワルター・グロピウス　アメリカ大使館, アテネ, 1956～1961年. この建物は基壇の上にのっている. 主要道路からの歩行者出入口は, 直接, 階段によって中庭に導かれる. 黒い大理石の擁壁の上の白い大理石の線が, 中庭と公用車の出入口のレヴェルを示している.

319. アメリカ大使館, アテネ, 1956～1961年. 1階平面.

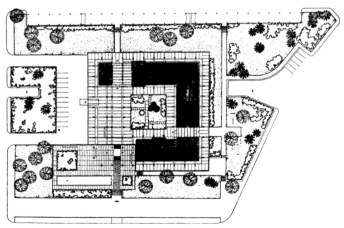

320. アメリカ大使館，アテネ，1956～1961年．長く突き出た玄関庇のある車での出入口．

321. アメリカ大使館，アテネ，1956～1961年．くり抜かれた中庭．建築的な構成は内外とも四面すべて同一である．すなわち，立ち並ぶ角柱，突出した軒庇，広い通風孔，引っ込んだガラス壁でできている．この写真は中庭がどの程度開放的になっているか，その内部と外部との直接的な関係を示している．

るので，たまった熱が上方に逃がれるようになっている.

まず一見して判るのは，業務上多くの機密事項を容れるべき大使館が，ここでは友好的に歓迎するような外観を呈していることである．人はひろびろとした柱廊を通って，外部同様に柱で取囲まれた中庭に招じ入れられる（図321）．この中庭は2面に開口されたパティオになっていて外部空間と直接結びつけられている.

この大使館は幹線道路に接した高台上に置かれている．階段と踊り場，そして低い手摺が人を中庭に導き，人は上方にガラス壁を見上げながら大使館に入ってゆくことになる．その立方体の建築は特に強調された正面をもっていない．まったく同じ要素が四面のすべてに現われている．すなわち，取囲む列柱，突き出した軒庇と広い通風孔，そして奥にひっこんだガラス壁が現われている．二つの主出入口は空間的にしか強調されていない．一つは幹線道路からの歩行者の出入口で，階段と踊り場で強調され（図318），もう一つは公用車の出入口（図320）であって，その高いレヴェルと，建物の下で内方に走る空中に突出した大きな玄関庇で強調されている.

この建物は，ワルター・グロピウスにのみ限定されない1911年以降の一般的な発展の成果を表現している．それは，かつて提起された諸問題に対する否定的なアプローチとしてではなく，前向きの解決策を推進するものとして表現されている．すなわち，それは，囲み（インクロージャー）と開口（パーフォレーション）との間の関係や，単一部材の明白な繰返しと分節的特徴づけとの間の関係，さらにこれらの諸要素のすべてを精神的なものにまで統合する建築家の能力に表明されている.

ル・コルビュジエとその建築的表現手段

ル・コルビュジエ（本名シャルル・エドワール・ジャンヌレ，Charles Édouard Jeanneret）は1887年にスイスのジュラ（Jura）山中のラ・ショー・ド・フォン（La Chaux-de-Fonds）[42]の時計造りの町に生まれた．ジャンヌレ家は14世紀以来その地に

598

322. 若き日のル・コルビュジエ ラ・ショー・ド・フォンにて．

住んでいた．その家系は，フランスから狩り出され強制的に追放されたフランス南部からの異教宗徒アルビジャンスの子孫である．

ちょうどル・コルビュジエの筆跡がロンシャン教会堂のステンド・ガラスにさえ現われてくるように，ル・コルビュジエはそのごく当初から彼自身の生活と経験をその著作に挿入してきた．彼の著書『今日の装飾芸術』（L'Art décoratif d'aujourd'hui, パ

---

[42] 驚くべき自動人形——文字を書く人形（図96）がつくられたのは，この地方であった．

599

リ，1925年）には，彼の青年時代を詳しく知らせてくれる"告白"と題した一章がある．彼は彼の父親が熱心な登山家で彼をジュラ山峯の頂上まで連れていってくれたことを記している．「私たちは何度も山の頂きに登った．その広大な地平線の眺めはいつも経験するものだった」（p. 197）．ずっと後になって，彼が，地平線は捕捉されるべきだという主張をした時に，この印象を再確認していたのである．ジュラ山峯からほど遠くないロンシャンの教会堂に関連して，彼は音響的な建築（architecture acoustique）ということをいったことがあるが，このことは彼の母親がピアニストだったことを想い起こさせる．ル・コルビュジエは，彼の魅力ある小著，『ある小さな家』（Une petite maison，チューリッヒ，1954年）で感動的に綴っているように非常な母親思いであった．

ル・コルビュジエの父は時計の文字盤の図案家だった．ル・コルビュジエもこの仕事を学んだ．彼はいつも自分で彫った文字盤のついた時計を身に着けていた．彼は13才の半ばに，ラ・ショー・ド・フォンの実業学校に入学した．そこで彼はその眼を開いてくれたレプラトゥニエ（L'Eplatenier）先生を見出した．彼のうちに芸術の傑作を見分ける力を呼びさまし，彼を建築に近づけさせ，生活をじかに観察するように仕向けて，彼にあらゆるところであらゆるものをスケッチする気を起こさせたのがこの人であったということを，ル・コルビュジエは決して忘れなかった．

彼の同時代人や歴史との関係

その仕事において，ル・コルビュジエは何か新しいことが行なわれたり，過ぎ去った時代との刺激的な関係が確立されるような場合には，いつも立ち現われて，天才的な直観による先見を示してきた．1909年から1910年まで，彼はパリにあってペレーのアトリエで鉄筋コンクリートを学んだ．ベルリンでは彼はペーター・ベーレンスのスタジオで働いた．彼の最初の著書『ドイツにおける工芸運動についての覚書』は，この体験の産物であった[43]．彼はウィーンでウィーナー・ヴェルクシュテッテ（Wiener Werkstätte）に出会ったが，その際ヨゼフ・ホフマン（Josef Hoffmann，オットー・ワグナーの最も著名な弟子）から彼と一緒に働くように求められてこれを辞退している．

---

[43]　*Étude sur le mouvement d'art décoratif en Allemagne* (Chaux-de-Fonds, 1912).

600

過 去 と の 関 係

その代りにル・コルビュジエは——空のポケットのまま——長い旅行，彼のいう有益な旅（le voyage utile）に出立した．パリからバルカンを経て小アジアやギリシアまで旅をし，ローマに滞在した後，パリに帰ってきた．地中海文化固有の白い家並や，アテネのアクロポリス，イスタンブールの都市，ローマのサン・ピエトロ寺院などから，彼はその後の彼の発展にとって必要な助けとなるものを引き出したのである．それはまさしく，西欧文明の源泉の国々を通じての，発見の旅であり，大旅行であった．

絵 画 と の 関 係

このような過去の時代や文化への沈潜は，ル・コルビュジエの全業績に決定的な影響を与えた．彼は，ある時代の構造物とその時代の生活との関係，見えるものと見えないもの，明白に表現されるものと表現に駆りたてるものとの関係を知ることができたのである．

今一つさらに別の影響，ル・コルビュジエが近代絵画と接触を保ち，かつそれに貢献しているという事実を挙げる必要があろう．現代絵画は，1917年には発展の頂点に達していたが，ル・コルビュジエはこの年にやっとパリに帰ってきた．彼は，今度はそこに居住するという便宜だけでなく，彼自身，画家になる上での便宜を得たのである．

ル・コルビュジエはその『告白』の中で，彼が美術館をどのようにさまよい何を探し求めていたかを記している．彼は古い巨匠の諸作品よりも，原始的な先史時代の芸術的諸作品——織られた絨氈や彫刻を施した偶像——アンドレ・マルロー（André Malraux）が10年後にその構想美術館（Musée imaginaire）に出陳したオブジェのようなものに興味を感じていた．

われわれの専門化された時代には，同一人にして画家と建築家を兼ね合わせているなどということは滅多にないことだが，ル・コルビュジエはその例外の一人である．彼の日常の仕事の計画では，午前中は絵画に没頭し，午後は建築に専念していた．建築的な創作は彼には容易になってきたが，彼は常に絵画と格闘しつづけてきた．彼の両分野における仕事の基礎をなしているのは，彼の空間に対する考え方であった．建築と絵画は彼が同一の概念を表現するための二つの異なる道具に過ぎなかった．

601

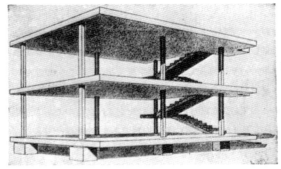

323． ル・コルビュジエ 住宅のための鉄筋コンクリートの骨組，1915年．ル・コルビュジエは技術者によって発展させられたコンクリート骨組を建築的表現手段に変えることができたのである．

彼の建築と近代絵画
との間の相互関係

ル・コルビュジエの建物にみられる精神は，近代絵画を生気づけている精神とまったく同一物だということを示している．近代画家の仕事の中になしとげられた浮き漂うような透明性は，ル・コルビュジエ自身の絵画（図324）の中にも反映されている．彼自身，注意を絵画そのものからそらさぬようにごく興味のないような対象——壜やガラスのコップとかいったようなもの——を慎重に選んだということを，その著書『近代絵画』(Peinture moderne[44])の中で言明している．しかし歴史家はこの選択を一つの偶然だなどとは考えたくない．歴史家はその中に，マッスと輪廓の婚姻（マリアージュ・ド・コントゥール）の中に流れ込む浮き漂う透明な対象への好みを見出す——しかも，それこそ，われわれをル・コルビュジエの絵画から彼の建築へと導いてくれるものである（図325）．

1910年頃，ピカソとブラックは新しい空間概念の帰結として，対象の内側と外側とを同時に現した絵を示している．建築においては，ル・コルビュジエが同じ原理に基づいて内外空間の相互貫入を発展させた．われわれはすでにフランチェスコ・ボロミーニの17世紀の建築の中に，そのような相互貫入への模索を見てきた．しかし，こういった自由な空間と空間因子との相互貫入は，科学と芸術とが空間を本質的に多面的なものと認めているような時代においてのみ長足の発展をなしうるものであろう．

---

[44] Amedée Ozenfant et Le Corbusier, *La Peinture Moderne* (Paris, 1925).

芸術的手段としての
コンクリート骨組

ル・コルビュジエは彼の着想になる建築表現の手段として鉄筋コンクリートを取上げた[45]. この点では彼はフランスの伝統に加わり，オーギュスト・ペレーとトニー・ガルニエの仕事を継承している．建築家が当時，拘束も受けずに，鉄筋コンクリートをためらうことなく使用できたのはフランスだけであった．ドイツやイギリスの建築立法者は，鉄筋コンクリートによる優雅な構造に疑いをもち不必要な大きさを主張していた．フランス人は常に彼らの建物に軽快さと精確さとを求めていたので，それにふさわしい法律を作っていたのである．

324. ル・コルビュジエ　"静物", 1924年, 油彩. 立体派の人々のように, ル・コルビュジエとオザンファンは平凡な対象や透明性の問題に非常に興味をもっていた. この絵にみられる種々の対象と輪郭との間の "輪郭の婚姻" は, ル・コルビュジエが後に彼の建物でなしとげた内外空間の相互貫入を暗示している.

---

[45] チューリッヒの出版者 Dr. Hans Girsberger の最初の企画と建築家 Willy Boesiger の忠実な配慮によって，ル・コルビュジエの1910年以降の作品は，書名に幾分の相違はあるが7巻からなる作品集 Le Corbusier, Œuvre complète (Zürich, 1929, 1934, 1938, 1949, 1953, 1957, 1965) に収められてきた．

ル・コルビュジエの生涯の真の出発点は1915年に画かれた1枚の計画図であった（図323)[46]．それは，それとなく描きこまれた一つの階段室によって結ばれた6本の鉄筋コンクリート柱と3枚の水平スラブしか示していないが，ル・コルビュジエは彼以前には誰もできなかったことをなしとげている——つまり技術者によって発展されたコンクリートの骨組を，建築的表現手段に変えることができたのである．彼は鉄筋コンクリート構造と，当時まさに表面化しようとしていた人間的な要求や熱望との間に存在している秘かな親和を表現する方法を知ったのである．

先例のない軽快な家を創造して，フランク・ロイド・ライトがすでに始めていた"オープン・プランニング"に近いものをよりいっそう推進させるために，ル・コルビュ

325. ル・コルビュジエとP.ジャンヌレ ペサック（Pessac）の集合住宅，ボルドー近傍，1926年．この初期の試験的な作品で，ル・コルビュジエはスクリーンやヴォリューム，光と影と色彩などを扱った．この後まもなく，すぐれた造型上の確かさをもった解決が現われてくることになる．

[46] Les Maisons "Domino" の構造を示した図，1915年（前掲作品集，*Œuvre complète de 1910〜1929*, pp. 23〜26）（訳注）．

604

ジエは内壁の位置を自由に選択しうるものにする鉄筋コンクリートの支持架構の諸性質を用いたのである.

住居の問題は理論面でも実際面でも，ともにル・コルビュジエの初期の作品の明白な中心課題であった．1916年にスイスのジュラ山中に建てた彼の最初の住宅は，外観的には伝統的な形をしているが，しかし，それはすでにそれに続くすべての建物に見られるような鉄筋コンクリート骨組を示している．骨組が実際に住居建築の目的に振り向けられている.

ル・コルビュジエの5原則

ル・コルビュジエは現代の建築と現代の構造の間に通ずる5原則[47]を主張してきた.

1. **支柱**　それは独立して住居の開放された空間を貫いて立上らなければならない.

支柱のこのような使い方は先にジョン・ナッシュによって19世紀になしとげられていた．アンリ・ラブルーストも1843年に，彼のサント・ジュヌヴィエーヴ図書館の一室に鋳鉄製の独立柱を使用していた．ル・コルビュジエは，しかし独立柱を少し違った方法で用いた．すなわち骨組の大梁を通じて，柱は構造体の全荷重を負担し，壁体は何も支えないようになっている[48]　これは直ちにル・コルビュジエの第2の原則へと導かれる.

---

[47]　ル・コルビュジエとピエール・ジャンヌレが取上げた近代建築の5原則（Les 5 points d'une architecture nouvelle）は，そのまま列挙すればつぎのようなものである．1. Les pilotis, 2. Les tois-jardins, 3. Le plan libre, 4. La fenêtre en longueur, 5. La façade libre（前掲作品集，*Œuvre complète de 1910～1929*, p. 128).ギーディオンは，（1）については pillar の語を使っており，ル・コルビュジエの使用によって有名になった pilotis（ピロティ）という語そのものを特に取上げていない．ル・コルビュジエも元来，pilotis という語を支柱の意味で使い始めたが，彼が意図したのは，立方体一切を pilotis の上に載せて空中に浮かばせ，既往の建築にみられるような地上に引摺る視覚的係累を取除こうとするところにあった．つまり，ル・コルビュジエは，この語とともに，すでに，今までよく理解されていなかった新しい建築表現上の手段と空間概念を導入することになったのである．そこでは，pilotis は，もはや単なる支柱ではなくて，地上に建築のマッスを浮き上らせて，視線をさえぎることのない吹放たれた空間である（訳注）.

[48]　ワルター・グロピウスが 1914 年にファーグス工場に建てた工作室の建物も，鋼鉄柱を外壁の後ろに置いている.

2. 骨組と壁の機能的独立　　外壁のみでなく内部の間仕切壁の場合においても．

ウィリアム・ル・バロン・ジェニーも最初の純粋な骨組構造，1889年のライター・ビルディング（シカゴ）において，この形式の架構によって，荷重を支持しない内壁の位置が完全に自由になりうるという利点を活用していた．ヴィクトル・オルタはそのテュリン街の住宅（1893年）において，ペレーはそのフランクリン街の住宅（1903年）において，各階相互の独立性を可能にするような平面の融通性のある取扱いを促進した．

3. 自由な平面　　ル・コルビュジエは鉄筋コンクリートの骨組を技術的な工夫から美学的な手段へと転換した．ル・コルビュジエは家屋の内部空間をきわめて変化に富んだやり方でかたどるために間仕切壁を用いた．彼は機能と表現の両方の目的のために，曲面の階段室や曲面あるいは平坦面の間仕切壁を採用した．同じ方法によって，彼は家屋の大きな部分をくり抜き，見慣れない大胆な内外空間の相互貫入をなしとげるに至った．

各階を完全に自由に独立して組織づけるというこの取扱い方が，つまり "開放的な平面計画" とか "自由な平面"（ル・プラン・リーブル）とかいわれているものである．これまでのところでは，フランク・ロイド・ライトのオープン・プランニングとヨーロッパの建築家たちのそれとの相違は，はっきりしているように思われる．後者の業績はキュービスムから成育した本質的に多面的なものとしての新しい空間概念に基づいていたのである．

4. 自由なファサード　　それは骨組構造の当然の帰結である．

5. 屋上庭園　　フランク・ロイド・ライトの住宅は，その形態構成を理解するためには，その周りを廻ってみなければならない．ところがここではもはや，1個の家屋は上からも下からも見られうるようになった．ある意味では，それは空中に開いた一つの面を現わしている．陸屋根（平坦な屋根）は家屋の空間的な延長の認知である．それはル・コルビュジエによって彼の初期の時代や20年代，30年代に一家族住宅に用いられた．それは後にもっと広範に，マルセイユのユニテ・ダビタシオン（Unité d'Habitation，1947〜1952，図337）[49]の可塑的にかたどられた屋上のようなものにま

---

49)　ワルター・グロピウスは，その著 *The New Architecture and the Bauhaus* (1937) の中で，新建築の帰結として結果的に得られた空間の新しい知覚と造型上の特徴についてつぎのようなものを挙げている．壁体の閉鎖性の除去（壁体の機

で発展させられた.

サヴォイ邸, 1928～1930年

彼が初めて本格的に建築し始めた1922年以来, ル・コルビュジエはこれらの5原則を活用発展させてきた[50]. いくつかの個人住宅の建設で得た経験によって, 彼はこれらの原則をその仕事にいっそう純化した形で用いることができるようになった. これらの原則が最も純粋に表現されたのは, 1928～1930年にポワッシー (Poissy) に建てられたサヴォイ邸 (Villa Savoie) であろう.

ル・コルビュジエの住宅は, すべて同じ問題をついている. 彼は常に住宅の内部と外部とを結びつけるための新しい可能性と, さらに内部自体における新しい可能性をつくり出すために, その住宅を開放的にしようと努力してきた. われわれが望んでいるのは, 自由に開閉のできる部屋で, その外側の間仕切壁を好きな時に取はずすことのできるような部屋である. つまり, 簡単にいえば, それは着想とか手法などではこれまで解決のつかなかったような種類の住居を成就するという問題である. この点で, この補強構造は, われわれの半ば自覚された欲求との間に秘められた盟約を結んでいる. 事実, この構造はわれわれの欲求を予想していたのである.

敷　　　地

これまでのル・コルビュジエの住宅は, 近隣に多少とも接近しすぎて窮屈な敷地に建てられていたが, これに反して, サヴォイ邸の敷地は完全に隔離されていた (図326).

われわれと自然とのつながりを再び新たにしようとするこういう試みは, 建築する場所がどこであろうと, それが海辺にしろ, 山中にしろ, あるいはこの場合のようにパリ郊外のセーヌ川のうねる流域に建てる時にも同じ基本的な問題を提起している.

能を風雨, 寒冷, 騒音を防ぐための単なるスクリーンと見る) と水平連続窓, さらにこういう開放的な壁の取扱いが, ガラスの輝かしい容貌と相まってつくり出す空気のごとく軽々と浮游するような形態, および陸屋根 (屋上庭園) などが列挙されているが, こういう考え方はル・コルビュジエの主張とまったく軌を一にしている (訳注).

[50]　S. Giedion, "Le Corbusier et l'architecture contemporaine," *Cahiers d'art*, V (Paris, 1930), pp. 205～215.

326. ル・コルビュジエとP．ジャンヌレ　ポワッシーにあるサヴォイ邸，1928～1930年．

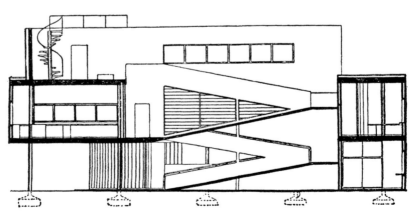

327. ル・コルビュジエとP．ジャンヌレ　サヴォイ邸，1928～1930年．断面図．家屋の上から下までのくり抜きが驚くほどの確かさでなしとげられている．

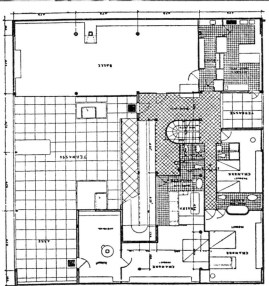

328. ル・コルビュジエと P. ジャンヌレ サヴォイ邸, 1928〜1930年. テラスと屋上庭園と平面図. 居間の大きなガラス面は直接大きなテラスに面していて, そのテラスではシルエットになった空と風景が享受される. 斜路が住宅の中を1階から2階に, さらに2階から外の屋上庭園にまで通じている.

フランク・ロイド・ライトは，その発展のある時期に，住宅を大地により密接に結びつけようとして岩石中のきわめて小さな割れ目をさえ利用していた．サヴォイ邸ではル・コルビュジエはまったく反対のことを行なった．都市居住者である設計の依頼者は樹木や灌木の間に置かれるよりも田園を見晴らすことを望んだ．建築主は，日常の仕事のために奪われているゆったりした自然ののびやかさを味合うために，眺望や微風や日光を楽しみたいと願った．これは自然に対する感情のうちの永遠に対立する二つの反応を示す今一つの例である．つまり，この二つの違いは，背景に対して鋭く浮彫にされたギリシア神殿と，地上に樹木のように結びつけられた中世の聚落との間の相違の現代的な反映である．

構　　　　造

この家は支柱の上に建てられた立方体である．立方体の部分は中味のつまった塊ではなくて，太陽が昇る時，その光が単に外壁の上を滑る代りに内部全体にあふれるように東南と西南の両側がくり抜かれている．

入口ホールは北西にあるが，道路からくるには家の南側をぐるっと廻らなければそこへ行かれない．もちろん，この家は，どの方向にも開いているので実際には正面も裏も表もない．

5 m×14 mの居間は，2面に水平の引違い窓がある．第3の（テラスの方に面する）壁は，その長さの2/3くらいまで床から天井までガラスである（図328）．このガラス間仕切の半分は容易に扱える挺子で後へ滑らすことができる．その結果はこの部屋はまったく自由に調整され，同時に居住者は室内と戸外の両方に結びつけられる．しかし，周囲の眺望は一度に全部が眺められるようになっていない．周囲の眺望は常に，室内でも，テラスの上でも——ちょうど額縁にはめこまれたように——部分として示される．

斜　路　の　使　用

サヴォイ邸の斜路（ランプ）は2つの部分からなっていて（図327），一翼は内側に，他の翼は外壁に沿って屋上庭園へと続いている．斜路の他に地面から屋上までの廻り階段がある．

異なる水平面を内外空間と結びつける手段としての斜路の使用は，ル・コルビュジエ

の最近作の建物までたどられる．チャンディガールのキャピトルでは，斜路は最高裁判所とセクリタリアートの両方に使用されている．ハーヴァード大学の視覚芸術センター（Visual Arts Center, 1963年）では，斜路がその建物を通してまっすぐ貫通している（図341）．

サヴォイ邸をある一点だけから見て理解するのは不可能である．文字通り，それは時－空間の構造である．家屋の本体は上からも下からも，内にも外にも，あらゆる方向に開口が明けられている．どの点の断面も，内部空間と外部空間とが互いにそれと見分けられないほど貫入し合っている．

ボロミーニは，その後期バロックの二，三の教会で内外空間の相互貫入をまさに成就しようとしていた．この相互貫入は，われわれの時代になって初めて，近代技術の方法によって1889年のエッフェル塔で実現された．今や1920年代の後期に，住宅において，それをなしとげることができるようになったのである．この可能性は骨組式の構造の中に潜在していた．しかし，その骨組もル・コルビュジエがやったように新しい空間概念の助けによって用いられなければならなかった．このことは彼が建築を精神的構造（construction spirituelle）と定義した時に意味づけていたところのものである．

サヴォイ邸の放置は不運にもル・コルビュジエの建築の多くが辿った運命の典型的なものであり，それはまた彼だけのことでもない．ナチスとコンミュニストの両者からひどい取扱いを受けたデッサウのバウハウスとフランク・ロイド・ライトのロビー邸の運命を思い浮かべればよい．サヴォイ邸はドイツの占領期間中，干し草置場として使用されてひどく傷められた．1959年にそれはポワッシーの市当局によって引継がれ，市当局はそれを取壊して，その場所に学校を建てる計画を立てていた．その最後の瞬間にアンドレ・マルロー文化相によって救われて，予定されたモニュメントとして保護されることになった．ラ・ロッシュ邸のように，それは現在ル・コルビュジエ財団（Fondation Le Corbusier）のもので，財団はル・コルビュジエの著作や絵画の売却の総売上金でまかなわれている．

国際連盟設計競技，1927年：現代建築の表面化

ジュネーヴに建つ国際連盟会館（Palais des Nations）に対する 1927 年の国際設計競技は，現代建築史における最も輝かしい挿話の一つである．アカデミーが数世代にわたって支配していた一つの分野，モニュメンタルな印象を与える官庁建築の設計において，初めて現代建築家がアカデミーの慣例に挑戦したのである．アカデミーはこの特別な戦いに勝つには勝ったが，しかし，その勝利はアカデミーの方法の威信を傷つけることになった．

因襲的な慣例によっては，近代的な組織構成の問題に対する建築術的な解答をつくり出すことができないということを曝露した．この無力さの証明は，近代的な方法に対する一般の抵抗を打ち破るのに大いに役立った．

応募した337の計画案の中で一つの案——ル・コルビュジエとピエール・ジャンヌレの作品——が特にすぐれて重要なものだということは最初から明白であった．それから後の発展が，この最初の判断が誤っていなかったことを証明している．

一体何がそれを重要なものたらしめたのであろうか？　それは，はからずもヨーロッパ各地から参集した高官連をして，彼らが従来常に美学的に軽薄なものとしてしりぞけてきたある種の建築を真面目に考えることを余儀なくさせたのである．数十年もの間，厳しい官庁建物に対する一つの定った様式——各国共ほとんど変わりのない一つの国際的な様式——があった．慣習によって，いつもその妥当性が保証されているかのごとく思われていた．そしてジュネーヴでの建設の問題が起こった時にも，その官僚の本領が自動的にそのような様式の方へと傾いたのである．しかし，前面に出て来たル・コルビュジエの案は，その特殊な問題に取組むために，様式的な解析方法を真向から無視していた．

プ ロ グ ラ ム

国際連盟の思想は，われわれが歴史でたびたび遭遇したところのものである．しかし，その実現——各国の代表が世界の均衡を保持するために会合する中立的な中心を具体的に設立するということ——はまったく新しいことであって，きわめて複雑な制

612

度をもたらした．その種々の機能は，本部を 3 つの主要部門に分けることを必要とした．すなわち日常の管理上の仕事が遂行される事務局と，間歇的に開かれる各種の委員会（評議会や大委員会）のための会議場，および年 1 回の総会のためのホールである．このほか，その全集合体の中に大図書館が加えられねばならなかった．

ル・コルビュジエの計画

ル・コルビュジエとジャンヌレによって提出された計画案[51]で顕著な点は，彼らがこれらの要求に対して最もよく考慮された適切な解決を見出したということである（図 329[52]）．構内への入口に近い大きな管理用建物の事務局（図332）は湖水に平行な細長い一翼が与えられている．水平の引違い窓の列が，書記やタイピスト全部に湖水や山を何ものにも遮ぎられないで見晴らすことのできるような眺望を与えている．屋上庭園は休憩時に役立つようになっている．この建物は鉄筋コンクリートの骨組を有し，カーテン・ウォールの引っこんだ支柱に支えられて，敷地上に浮揚しているかのように見える．ル・コルビュジエは同じ手法を，これより少し前に，もっと小さな規模でセーヌ河畔ブーローニュのクック邸（Villa Cook）に用いたことがあった．

大会議用の建物は湖岸近くに配置された． 2 つの巨大なガラスの拡がりがその側壁をつくりあげている． 2 600人の聴衆を収容する大会議場（図330）は，その決定的な因子としての大聴衆の要求に適合するように設計された．どの席からも完全に見，かつ聞くことができるようになっていなければならなかった．それを確保するために天井は抛物線に近い形が与えられた．これはその途の専門家ギュスターヴ・リョン（Gustave Lyon）の助言によったものである[53]．しかしこの天井は，ただ単に音響上の助けとし

---

[51] Le Corbusier, *Une Maison, un Palais* (Paris, 1928). この書の中で，ル・コルビュジエ自身，この計画で何をねらっていたかを説明している．

[52] Friends of Modern Architecture——近代建築国際会議（CIAM）と連絡のある協会の示唆によって，ル・コルビュジエの国際連盟会館の計画案の図面は， 1939年にチューリッヒ大学によって購入された．会館のすぐれた透視図面（図329）はチューリッヒ大学の数学研究室の近くに掲げられている．他の17枚の図面は，保管庫に保存されていて，研究のためには，いつでも利用できるようになっている．

[53] リョン（Lyon）は，これまでにすでにパリのサル・プレイエル（Salle Pleyel）を造り上げていた，ル・コルビュジエのホールは，まだラウド・スピーカーの使用によって聴取の問題が簡単化される以前に設計されたものである．しかし，ル・コルビュジエのこういう方法は将来，再び必要となるにちがいない．電気的な伝達によって歪められない人間のなまの声の調子を復活させようという要求が，大衆よって主張されるようになるだろうことは当然予想されるところである．

613

て設計にとり入れられたのではなく，ホール全体の形を考慮して扱われており，その全体の形に影響を与えている．ル・コルビュジエは単に技術的な方策として提供されたものを，美的手段に転換しているのである．

ル・コルビュジエはニューヨークの国連ビルの彼の計画案（1947年）ではもっと前進していた．そこでは彼はその床をその空間の彎曲全体にとり入れていた．もしもその

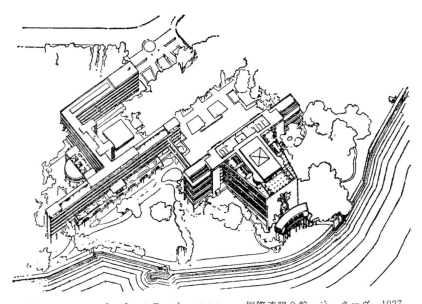

329. ル・コルビュジエとP．ジャンヌレ　国際連盟会館，ジュネーヴ，1927年．モニュメンタルな官庁建築としては，初めて，その公共的な事務的な要素に重点が置かれた最初の現代的な設計．鉄筋コンクリートによるのびのびとした計画によって，複合したさまざまな要求に対する有効な解決がなしとげられている．

実現が，ある政治的な利害関係で阻まれなかったとしたら，これはわれわれの時代の最も目ざましい内部空間になっていたであろう．そのホールの他の人たちによるその後の展開は，ル・コルビュジエの霊感にあふれたスケッチの跡かたをもとどめていない．それは単に巨大なイグルー（氷の家）でしかない．

ル・コルビュジエはこの天井の取扱い方では無意識のうちに先人の例にならっていた．19世紀の70年代にダヴィウッド（Davioud）は5000人収容の劇場の設計に抛物線

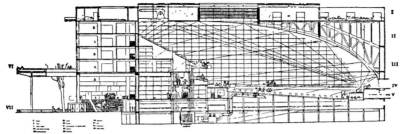

330. ル・コルビュジエとP．ジャンヌレ　国際連盟会館，1927年．大会議場の断面．天井は，仕上面が音響学的なシェルの形になっていて，屋根の梁から吊下げられている（同じ問題がアドラーとサリヴァンによって，1887年のシカゴのオーディトリウムで解決されていた）．ル・コルビュジエは技術的な工夫をして，さらにそれを美的な表現に変えている．

331. ル・コルビュジエとP．ジャンヌレ　国際連盟会館，1927年．プラットフォームのような庇のついた出入口．ここでは，ちょうどサヴォィ邸の斜路のように，普通の駅のプラットフォームの線が洗練されて，典雅な確かさをもった建築に変えられている．

形の天井を使用していた．1887年にシカゴに建ったアドラーとサリヴァンのオーディトリウムは――その時代の最も素晴らしい会議場だが――同じように音響的な考慮に基づいて造型されている．

ル・コルビュジエの計画案では，交通の問題が徹底的に討究されている．この問題は総会の開催中には切実な問題であって，自動車の大きな流れを早急に処理することが必要であった．そこで，この会議場の裏口は，これと同じ問題についての日常的な解

決策ともいうべき，2本の通過路線の間におかれた鉄道の有蓋プラットフォームからその形を決めている（図331）．しかし，ここでもやはり，純粋に実用的な展開が表現的な手段に変形されている．

そのような表現手段の発展は，この国際連盟計画案の平坦なプラットフォームの屋根の建築術的表現から30年後のチャンディガールの政庁建物の正面に堂々と立上がった

332. ル・コルビュジエとP．ジャンヌレ　国際連盟会館，1927年．管理棟（事務局）の背面．

上向きにカーヴした凹面シェル（図7）への変化に見出される．

単なる事務所建築としての事務局の要求や，大会議場の中のどの席からでも聴取しうるようにする必要だとか，総会開催中に起こる交通の問題といったような——いわば，生活の要求の中に——ル・コルビュジエとジャンヌレは芸術的創造への誘因を見出したのである．

アカデミックな解決
案を避けた計画内容

しかし，ありふれたモニュメンタルな慣例を採用した建築家たちにとって，つまずき

616

となったものこそ，まさにこういう要求事項であった．国際連盟のような複雑な新しい社会的な組織の要求事項は，そのおおよその輪廓が，あらかじめある刺激的な外観に対する必要から定められたような案では，適合させることのできないものであった．きらびやかな建物の外観のために，そのすべてが窒息させられ，ここで自動車を運転することは甲鉄板を突き破るのと同様不可能なことであった．こうして，自身の時代の要求に応じて自らを型どることのできないような建築は，その生命力を喪失してしまったのである．

因襲的なモニュメンタルな計画案は別な点でも破綻した．大きな建築集合体が初めて自然と並び立ったヴェルサイユ宮では，無制限な空間が利用できたし，この努力の背後に潜む専制的な意志は周囲の眺めの中にそれ自体の相貌を刻みこんでいた．ジュネーヴでは敷地がきわめて制限されていた．そのうえ，現代においては，われわれはもはや自然を征服することを望まない．われわれは自然をそのままに保ち，自然とわれわれの建物と調和した統一へ導くことを求めている．こういったことはアカデミックな計画のなし得ないところであった．彼らはその敷地に広大な段丘をつくらざるを得なかった．彼らは自然の等高線を破壊し，巨大な会館がばからしくもほんの小さな芝生の三角の台上にとまっているような計画案を作ったのである．

ル・コルビュジエとジャンヌレの案は，敷地をそっくりそのまま残したといってよい．のびのびと配置された会議場や，細長い事務局，図書館と，この3つの全部を結ぶ高い渡廊下とが実際の敷地に完全に適合させられていた．

これに先立つ数年間に発展させられていた諸手段がここで純粋に現時代的な社会的な問題の解決に導入されている．長い発展の期間を通じて支配的な地位にまで引き上げられた平坦な面は，ここで構造によって成就された新しい軽快性や魅力と結びついた．その結果，数年前住宅の平面でなしとげられたようなある種の気易さと柔軟性が獲得された．ルネサンスの空間概念を越えて，単なる一点からの眺望によっては把握することのできないような建築複合体が展開されている．この会館はそのことごとくが新しい時-空間の概念を具現している．

建築用語の混乱

1927年の国際競技参加作品によって，その当時の建築界を奇しくも広範に展望するこ

とができる．そこには19世紀後期における建築のすべてが，現代建築のすべての実験的な展開と共に現われている．

アカデミーを固守する連中は，この会館をあたかもメディチ荘の静寂さの中で解決されたローマ賞のための問題であるかのように凝った製図の計画案を提出した．北方の国々やドイツからは穏やかな落着いた装飾をもった案の他，ファウスト的な情熱を漲らした表現派風の柔い木炭のスケッチが持ち込まれた．イタリアと東欧からの作品は，クーポラやモスクのような大建築物の様相を呈していた——その中の一つには十分な換気のために20以上もの屋内採光の吹抜が設けられていた．さらにいろいろな国から最も急進的な実験主義者が計画案を送ってきた——ロシアの構成主義の影響を受けた構築物だとか，あるいは，ガラスによる夢のような幻想案だとか——必ずしも円熟した手法のものばかりではない種々の案が送られてきた．

国際連盟会館に対する他の設計案はいずれも，ル・コルビュジエの案ほどの慧眼な適切さをもっていなかったが，ハンネス・マイヤー（Hannes Meyer），ハンス・ウィットワー（Hans Wittmer），ノイトラ（R. J. Neutra），メンデルゾーン（E. Mendelsohn）やポーランド・グループのプレゼンス（Prezens）の応募案のような，他にも非常に重要な参加案がみられた．審査団によって出版された計画案のカタログは既述のシカゴ・トリビューン社の設計競技のカタログよりも教訓的でさえある．それは最低の大衆標準が設計案の審査を支配したことを示している．審査委員会は交錯した諸傾向の混乱，審査員の構成自体に反映しているような混乱をくぐりぬけなければならなかった．

審査員間の分裂

実際，ヨーロッパ各国の建築の状態が，審査会に対してその国を代表する著名人の選考に現われていた．新建築のための真剣な闘いを目撃していた国々は，闘いの真只中にある人物を送った．オランダはH. P. ベルラーヘを，オーストリアはヨーゼフ・ホフマンを，ベルギーはヴィクトル・オルタを送った．スイスはカール・モーゼル（Karl Moser）が代表になった．彼はスイスの建築教育を今日の高い水準までもちきたらすのにあずかって力のあった人である．

新建築に対する30年間の闘いに少しも触れることのなかったような国々——イギリス

やフランスのような，新運動が大衆にも官辺にも何の影響も及ぼさなかったような国国からは，審査会のみならず，政治的な領域においても反対派が派遣された．イギリスの審査員はジョン・バーネット卿（Sir John Burnett），フランスの審査員はアカデミーの領袖の一人，レマレスキエ（M. Lemaresquier）であった．彼はアカデミー派の最も積極的な影響力のあるメンバーであった．原図の代りに青写真を提出したというささいな理由でル・コルビュジエの計画案の検討をこばんだのは彼であった．レマレスキエは，国際連盟会議のフランス人の議長のアリスティッド・ブリアン（Aristide Briand）に支持されていたし，彼は現代建築の頑固な反対者だった．

ベルラーヘ，ホフマン，モーゼルは近代精神による作品の選考に賛同するグループをつくり上げた．オルタの支持を受けることによって彼らは明らかに過半数を構成するはずであった．しかもオルタ男爵の初期の作品と若い建築家たちの間には親密な結びつきがあった．オルタの1893年のテュリン街の住宅や1897年のメゾン・デュ・プープルは，全欧に時代に反した方法を廃棄させる合図となったものであった．それにもかかわらず，オルタは因襲の代弁者の方に加わり，反アカデミックな案が実施案として選ばれるのを不可能にした．ル・コルビュジエの案も，その一つであった．最終審査の仕事は外交的な手腕に回避された．

審査会は最後に9つの1等賞を決めることによって評決に到達した．不当なことではないにしろ，外交官の中のある人たちは，この行動を審査員側における義務の回避とみなしている．最後の妥協案として，4つの国際的なモニュメンタル様式の案の作者たちが選ばれて，最終的な改正を施すのに協力することになった[54]．

国際連盟のような新しい社会機構の形式は，ル・コルビュジエの案から借用した諸要

54）　会館のために，もっと大きな新しい敷地が利用できるようになった時に，いっそう困難な問題が生じた．国際連盟の日常の必要を満たすと同時に，内部の壮厳さを保とうとして，いくつかのプランがつくられた．最後に，唯一の可能な解決法はル・コルビュジエの配置計画案に従うべきだということが判った．これらの建築家たちは，その配置計画を，彼らが形式的な外観をつくり出そうとして色褪せた歴史的な形態を使用する時のような慣例的な考え方で処理していた．この競技設計が催されてから10年後の1937年になってやっと会館建物が使用されるようになったが，タイピストから外交官にいたるあらゆる人たちが，この建物が失敗だったということを認めていた．

素を形式的なアカデミックな集合体に組み入れることによって意味深い物的な構成を
つくり出すことはできなかった．その結果，国際連盟会館はほとんど使用しにくいも
のになってしまった．この原理は建築にとって真実であるし，おそらく政治において
も真実であろう．1927年につぎのような批評文が私の署名入りでベルリンの評論誌『バ
ウヴェルト』(Bauwelt, p. 1096)に掲載された：「歴史の形骸に自己を縛りつけた国際
連盟の建物は幽霊屋敷になりかねない．」

われわれは国際連盟会館が一般大衆に対する現代建築への最初の紹介として役立った
という理由で，この会館に特別な注意を払ってきた．これと同じ年は，また，住宅問
題の近代的な解決のために現代建築が導入された年でもあった．ドイツ工作連盟がミ
ース・ファン・デル・ローエにシュトゥットガルトのワイセンホーフ集団住宅地建設
を完全に委任したのは1927年のことであった．ミース・ファン・デル・ローエは，そ
の住宅の設計を，新しい発展に対して最も積極的な活動をしているようなヨーロッパ
各地の建築家たちに委託した．ル・コルビュジエの国際連盟の計画案の排斥は，1928
年におけるＣＩＡＭ（近代建築国際会議）の創設の理由の一つであった．

サントロソユース，モスクワ

ル・コルビュジエのジュネーヴの計画は単なる提案に止まったが，そこに具現されて
いた諸原則はモスクワのサントロソユース(Centrosoyus, 中央協同組合会館，1928～
1934年)の建物に部分的に実現された．現在，軽工業省になっているこのサントロソ
ユースは，５カ年計画の要請と建築における反動勢力の出現によって，その建設が遅
延された．これはロシアに建てられた最後の近代建築の一つとなった．

ル・コルビュジエのソビエト宮殿（1931年）の設計案はスターリン派の反動期に含ま
れる．抛物線形のアーチからワイヤー・ケーブルで吊下げられた大ホールの天井（図
446）をもち，それはその時期までのル・コルビュジエの最も大胆な業績であった．
1931年には，この計画案の実現にしろ，グロピウスとブロイヤーの案や彫刻家のガボ
(Gabo)の案のような他のどんな現代的な提案も，ソ連ではもはや考えられないこと
であった．

大構築物とその建築上の目標

同じ頃，パリに，ル・コルビュジエによる2つの大きな構築物が相次いで現われた．救世軍会館（宿泊収容施設）（Cité de Refuge de l'Armée du Salut, 1929〜1933年）と大学区のスイス学生寮（Pavillon Suisse à la Cité Universitaire, 1931〜1933年）である．この両者は共にル・コルビュジエの美的手段の装備に新たに付け加えられたものを示している．

スイス学生寮は，ル・コルビュジエの最も構想力に富んだのびやかな作品の一つである．この建物全体は地下深く岩盤まで達する巨大な鉄筋コンクリートの支柱で支えられている．建物の一面は各スタジオのガラスのカーテン・ウォールからなり，他の面は粗石の曲面の壁で慎重にかたどられている．われわれの知っている限りでは，これは曲面の壁が近代建築に再び使用された最初の例であった（図323）[55]．

しかし，まず最初に特異なものとして人々の心をうつのは，入口ホールのヴォリュームとスペースの造型である．その処理に委ねられた室は比較的限られたものだったが，その建築家の構想力は生々とした，のびやかな広い空間を創造した．その創意の横溢振りから見れば，この建物が偉大な時代の建築作品にも比すべきものであることを示している．重要なことは，ここで用いられた手段が階段室の適確な配置，思いがけぬうねりをみせた壁面（自由な平面の原理）のように，明らかにきわめて単純なものだということである．

著述家としてのル・コルビュジエ

論題が絵画から都市計画に及ぶ彼の著述は，彼の建築と同様，ヨーロッパやアメリカ合衆国のみならず，ラテン・アメリカにも大きな影響を与えてきた．ル・コルビュジエの著述関係は芸術のみに限られない．1919〜1925年の間にジャンヌレ（ル・コルビュジエ）とオザンファンの連名で出版した雑誌『新精神』（L'Esprit nouveau）の記事は，その時代の思想の形成に影響を及ぼしたあらゆる分野の発展を扱っている．

---

[55] もっと詳しい図については，*Le Corbusier et Pierre Jeanneret, Œuvres complète, 1929〜1934*, Vol. Ⅱ (Zürich, 1934) (Sigfried Giedion の序文付) を参照せよ．

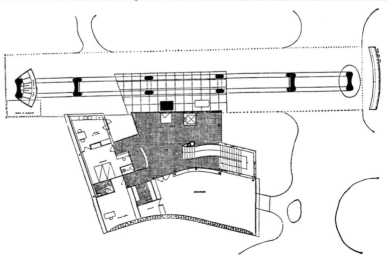

ル・コルビュジエは 2 つの偉大な天賦の才をもっていた．彼は複雑な問題を，驚くほど簡単な基礎的要素に要約することができたうえに，さらにその結果をきわめて明瞭な公式に摘要することができた．しかも，その処理の仕方がいかに摘要であるとはいえ，基本的な概念や原則が見落されるようなことは決してなかった．ル・コルビュジエの『一つの建築へ』(Vers une architecture[56]) の最初の 3 章は現代に関するいかなる研究にも，無視することのできないものである．彼は，"見えない眼" (les yeux qui ne voient pas) を "自動車，飛行機，商船" の美に振り向かせることによって，忘れられた19世紀の先覚者と現代との間の架橋を指摘した．同時に彼はパルテノンの美に対する魅惑的な言葉を見出している．

ル・コルビュジエの偉業は一体何に置かれているのであろうか？　彼の構築物はオーギュスト・ペレーほどの精緻な技術を示していないし，彼の家屋は，J．J．P．アウトのような細部に対する限りない周到さに匹敵するものでもない．しかし，ル・コルビュジエは地震計のような知覚の鋭敏さをもって家屋に近づき，これまでの家屋に継承されてきた重々しさから家屋を解放したのである．19世紀の鉄骨構造が抽象的な言語で表現するのに成功した，浮揚するような力の平衡状態や軽快性や開放性を，家屋の中に組み入れるのが彼のねらいであった．彼は，われわれに家屋のすべての面を——側面のみならず上面や下面をも——形づくる方法を教えてきた．1960年頃にはヴォリュームをあらゆる面で彫刻的に型どるような傾向をわれわれに提示してきた．

ル・コルビュジエが用いる諸要素は，よく産業界に手近かに見出されるものである．彼の家屋を支持する支柱は多くの倉庫に見られるし，横長連続窓は，工場に使用されてきた構造法のよく知られた結論の一つである．彼が官庁建物に採り入れた積荷用のプラットフォームや，彼の住宅のいくつかに内外空間の相互貫入のために用いた斜路は，フランスの多くの鉄道駅（たとえば，モンパルナッス駅）に用いられて来たものである．

---

[56]　最初レスプリ・ヌーヴォー誌に1920年に発表された．

←**333.**　ル・コルビュジエとP．ジャンヌレ
パリ，大学区のスイス学生寮，1930〜1932年．

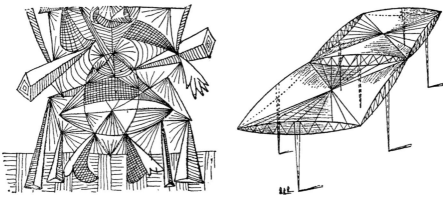

334. ピカソ　"椅子に坐った女"，1938年．部分．

335. ル・コルビュジエ　リエージュ（Liège）の博覧会の計画案，1937年．

ル・コルビュジエは日常の実在物からこれらの要素を取上げて，画家が紙屑やパイプを芸術に変えたように，それらを変化させたのである．彼は，われわれの空間概念の基礎の上に立って，これらの要素を新しい建築術的言語の中に融合させたのである．

社会的構想力

1938年から1953年にかけて，小さな建物や一家族用住宅はル・コルビュジエの発展に重要な役割を果たしていない．この期間に，彼はますます大規模な構造物の創造者になってきた[57]．

これらの諸提案は，都市生活に関する新しい人間化の胎動という一般的徴候と一致していた．人間は，もはや，フットボールにしろ，テレビジョンにしろ，単なる見物人に留まっていることには満足しない．こういう人間の自発的な反応は，受動的な観覧者が能動的に関与するものに変貌するような時機になれば，世界の随所に見出されるようになるであろう[58]．社会活動の中心を創造しようとする世界的な傾向が存在し，

---

[57] 詳しくは，ル・コルビュジエの作品集，Vol. Ⅳ (Zürich, 1949) と Vol. Ⅴ (Zürich, 1953) を参照せよ．

[58] J. Tyrwhitt, Rogers, Sert の共同編集になる CIAM, *The Heart of the City* (New York, 1952) の中の S. Giedion, "The Humanization of Urban Life" の項を参照せよ．

このために，建築家には単なる技術的能力以上のものが要求されている．建築家の今日の仕事は，ヴェルサイユ宮が建設された頃の先人たちの仕事よりも，はるかに複雑化してきた．先人たちは，明瞭に階層化された社会から提出された明確な企画に，具体的な形態を提供するだけで事足りたのである．今日では，建築家は諸要求を洞察して，大衆の中に半ば無意識にしか存在していないような問題を解決しなければならない．これは大きな責任を伴うものである．建築家は社会的構想力とでも称すべき特殊な感受性についての希有な天賦の才を身につけていなければならない．

これが，これから検討しようとするル・コルビュジエの1938年から1953年にかけての仕事の方向である．

ル・コルビュジエは，彼の構想の網を現代の大都市の混乱の上に投じた[59]．彼は，その計画案において，既得権に拘泥することなく，全地区を取壊して新しく更新するように，幹線道路を切りひらいた．現実は，このような徹底的な操作の実現を容易に許さないものではあるが，1942年の，2回目のアルジェの基本計画[60]のような，彼の多くの計画案は，将来の計画家にとって，通常の断片的な復興よりもより重要なものとなるであろう．

ル・コルビュジエの1938～1953年間の作品の中では，3つの画期的な作品が際立っている．それは，すべて先見的な計画に関するものばかりである．すなわち，サン・ディエ（St. Dié）のコア（1945年），マルセイユの住居単位（Unité d'Habitation, 1947～1952年），インドのチャンディガールのカピトール（1951年以降）の3つである．

サン・ディエ

サン・ディエのシヴィック・センター[61]は，新しい種類の空間関係を見事に表現して

---

59) S. Giedion. *A Decade of Contemporary Architecture* (Zür.ch, 1951), p. 201. たとえば，ブエノス・アイレス計画（1938年）や J. L. セルトと P. L. ウィーナーとの協同のボゴタ（Bogotá）基本計画（1949～1950年）等を参照せよ．ル・コルビュジエ作品集，Ⅴ，pp. 142～147.

60) ル・コルビュジエの作品集，Ⅳ，pp. 44～65 を参照せよ．この計画案については，小冊子 *Poésie sur Alger* (Paris, 1950) の中に，ル・コルビュジエ自身によって，魅力あるスケッチとともに叙述されている．

61) ル・コルビュジエ作品集，Ⅳ，pp. 132～139.

いる．いろいろな建物がそれぞれ各自の空間的雰囲気を発散するように，しかも，そのコア全体に密接な関係をもつように設計，配置されている．その地区は現代彫刻のように絶えず空間を埋めたり，うろ抜きにしたりする種々様々の形をしたヴォリュームによってうがたれている．

散歩をしたり，その広場の一隅にあるカフェで憩う人たちには，連続的に変化する空間が体験されることであろう．劇場や博物館，行政中心等が，すべて，のびのびと空間の中に配置されており，しかも，目を他へ転ずれば，遠方の古い伽藍や，河の対岸のル・コルビュジエが“緑の工場”（les usines vertes）と呼ぶ緑地で囲まれた工場群を望見することができる．中世のイタリアは，空間におけるヴォリュームの置き方を心得ていた．ピサのピアッツァ・デル・ドゥオモ（Piazza del Duomo）における寺院，洗礼堂，鐘楼，共同墓地などは，空間におけるヴォリュームの興味ある表現を示している．穏当な案ではあるが，実現されなかったサン・ディエの計画案は，これとは異なった空間概念を展開している．ゴシック時代の釣合関係は形式的に閉ざされたヴォリュームの関係であった．今日では，われわれは，充塡されたもの（ソリッド）と空なるもの（ヴォイド）によってつくり出されたもっと動的な空間概念の方へと動きつつある．

サン・ディエのコアはもっぱら歩行者のために確保されており，そのためばかりではないが，ギリシア時代のアゴラに符合するところがある．サン・ディエは，もし着手されていたとしたら，われわれの時代において初めてギリシアの集会場に匹敵しうるような公共生活の結晶体を実現し得たことであろう．フランスの小さなサン・ディエ市の全政党は，極左の連中をも含めて，アカデミシャンの尻押しで，この計画に極力反対を唱えたので，ル・コルビュジエのコアは紙上計画に留まらざるを得なくなった．

建築は，それ以前に建てられた建造物に限定されるはずのものではない．建築は生活の一部門であると同時に芸術の一部門でもある．生活の一部分として，それは他のいかなる芸術形式よりも，強く大衆の意志に依存している．その計画案が陽の目を見るか否かは大衆の欲求のいかんにかかっている．建築ではその依頼者の評価規準は，建築家の標準と同程度に重要である．

626

パルテノンやパンテオン，シャルトル寺院，サン・ピエトロ寺院などが造られた時代
に，もし公共建築物の建設に関する指令の実権を握った人たちの識見が，今日見られ
るような弱気で質の低いものだったとしたら，これらの建物はどれ一つとして実現さ
れなかったであろう．これらの建物は，すべて当時の大胆な実験だったのである．

ユニテ・ダビタシオン，1947～1952年

社会的構想力に3次元の表現が与えられた数少ない実例の一つに，1947～1952年にマ
ルセイユ郊外のミッシュレ(Michelet)通りに建設された住居単位としての「ユニテ・
ダビタシオン」がある．マルセイユの人々は，それを単に「メゾン・ル・コルビュジ
エ」と呼んでいる．この大胆な建物が多難な戦後の5年間に首尾よく完成できたの
は，最後まで激しい反対攻撃と闘ったフランスの建設大臣クローディアス・プティ
(M. Claudius Petit)の勇気の賜物である．彼は1952年10月の開館の日にユニテ・ダ
ビタシオンの屋上でル・コルビュジエにレジョン・ド・ノール勲章を贈った．

住宅問題は，一層広範な意味を包含し始めている．建築家も都市計画家も個人と集団
との間の絶ちきられた関係の建直しに着手しつつある．

ユニテ・ダビタシオンの大胆さは，一つ屋根の下に1600人の人間を収容することに
あるのではない．また，1室住居から始まって，「8人の子持ち世帯」の住居に至る
多様な337の貸室に対して23種類の型が用意されていることにあるのでもない．その
大胆さは，その社会的な遂行という点にある．この住居単位における最も興味深い試
みは，購買施設を街路や地上面から取除いて，この建物自体の中央階に配置したとい
うことである．外部から眺めると，この中央商店街(la rue marchande)は，その2
階分のルーバーによってすぐその所在が判るようになっている．このルーバーは，建
物の中央部にある階段室の垂直に並んだ方形窓とともに，建物の面全体に活気をつ
け，スケールを与えている．その商店街には，食料品雑貨，野菜，肉，魚類等の店，
洗濯所やクリーニング・サービス，理髪所，美容室，新聞販売店，郵便局，飲食店，
ホテル・ルーム等が併設されている．17階には150人分の育児室が設けられている．
1本の斜路が屋上テラスに直接通じて，そこにはピロティ上に設けられた休養室や，

336. ル・コルビュジエ　ユニテ・ダビタシオン, マルセイユ, 1947〜1952年. 部分.

浅いプールや子供たちを喜ばせるようないろいろな施設が設けられていて, 子供たちは喜々として, 自分たちの壁飾りでその壁面を飾っている.

24m×165mの広さをもった屋上テラスの他の部分は, 成人の社会活動のために計画されている. 一部, 屋外になった体育場があり, 建物の北端には, 強い北風——ミストラル(フランスの地中海沿岸に吹く乾燥した寒い北風)——を防ぐための大きい障立があり, これは, 野外演劇の際の背景にもなるようになっている. 1953年7月26日

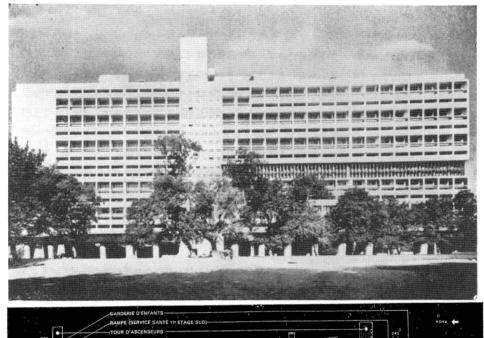

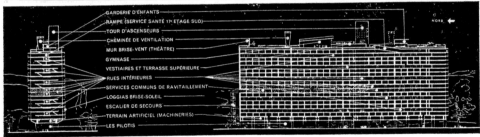

337. ル・コルビュジエ　　ユニテ・ダビタシオン，マルセイユ，1947～1952年．外観と断面．

に，ＣＩＡＭ（近代建築国際会議）の第25回目の会合が，このユニテ・ダビタシオンの屋上テラスで挙行された時には，各階には人々が満ちあふれ，この建築は，パオロ・ヴェロネーゼ（Paolo Veronese）の絵画のように生命で躍動していた．

このユニテ・ダビタシオンを希にみる見ごたえのある建築にしているのは，その造型的な特質である．ロベール・マイヤールの手にかかると，鉄筋コンクリートはその堅苦しさを失って，あらゆる部分に生命がみなぎって躍動しているような，有機的な架

構といってもよいほどのものになった．ル・コルビュジエの手にかかると，打放しの
コンクリート（béton brut）の無定形のマテリアルは天然の岩石のような特色をつく
り出した．ル・コルビュジエは，その開館の辞で「建物のあらゆる部分が一致して叫
び出すように」といっているように，その型枠作業の痕跡や不慮の疵，劣悪な職人仕
事の欠点やむらを直して平滑にしようなどとはしなかった．コンクリートの面に生気
を与えるために，木の板のありのままの痕跡を用いるということは，目新しいことで
はないが，この場合のように，鉄筋コンクリートに「石や木やテラコッタと同列の天然
材料」の諸性質を付与しうるほどに徹底して用いられたことはなかった．ル・コルビ
ュジエは，さらに「コンクリートを，ありのままの状態でむき出しにしておく値打ち
のある再生石とみなすことも事実可能のように思われる」[62]といっている．イギリス
で数年後に，このようなアプローチを出発点とした"ニュー・ブルータリズム"と呼ぶ
建築的傾向が生まれた．

巨大なピロティの矢筈状の表面に，木の型枠に使われた小幅板の跡が残っているよう
に，粗いコンクリート面は，造型上の意図を強めることのできる所には何処へでも使
用されている．屋上の換気筒やエレベーター塔の粗っぽい表面は，強い地中海の陽の
光に照らされて，多様な照りかえしをみせながら，これらの実用的な物体を活々とし
た造型的要素に変えるのに役立っている．

この建物には，強い純粋な色が用いられているが，画家でもあるル・コルビュジエ
は，ファサードには直接色を施さなかった．彼はバルコニーの側壁を赤，緑，黄で着
色したが，正面には着色していない．こうして，各側壁はあたかも紗を通ってくる鮮
やかな色のような微光を放っている．さらに，明るい色が全面人工照明の屋内通路の
中に用いられて，長い廊下の薄暗さを明るくするのに役立っている．

敷　　　地

このユニテ・ダビタシオンはリヴィエラへ通ずる道路沿いにあり，東西に面してい
る．つまり，2層で1単位の各住戸が東と西の両方に面するようになっている．東方
にはプロヴァンス地方の随所に見られる石灰石の山岳地帯が眺められ，西方には，地
中海の青い海原が広がり，直下には，南方の赤瓦の屋根に入り交った木々のこずえに
眼を止めることができる．セザンヌが彼の絵画の中にプロヴァンスの生気を把握する

---

[62]　ル・コルビュジエ作品集，V, p. 191.

630

ことができたとすれば，ル・コルビュジエは，それを建築の骨組の中にとらえる方法を会得していたのである．

ル・コルビュジエも，他の人と同様，このユニテ・ダビタシオンが造型的な感覚においても，さらに，社会的な構想の領分においても，大胆な実験だということを承知していた．1952年の秋に，それが成功裡に開館した後になってすら，フランス政府は依然懐疑的であって，貸室や店舗の貸付の保証を引受けようとせず，居住者や店舗経営者の負担において，それが即座に売却されることを要求していた．

しかし，この建物が来たるべき世代の精神の形成に非常に大きな影響を与えるであろうことは，もはや疑問の余地のないところである．この建物はさらに，建築家と計画家の考え方を，個々の単位の単なる集積としての住居概念から解放して，人間的な住居に関する，より広範な構想にまで拡張するのに役立ってきた．

チャンディガール

新都市の建設は活気と進取的な気象の徴候である．新都市はしばしばより高度の生活水準や，それを約束するものと結びつけられている．新都市がヨーロッパの中西部に急激に形成されたゴシック時代には，こういう示例が見られた．同様な現象が前世紀にアメリカ合衆国に出現したが，これは，アメリカが工業上の覇権を握る先触れとなるものであった．

20世紀中葉にかけて，われわれは西洋文化の分散を目撃している．新しいエネルギーがその周辺から迸り出ている．フィンランド，ブラジル，コロンビア，ヴェネズエラ，カナダ等は，新しい生気の中心とでも称すべき地方である．長期間惰眠をむさぼっていた国々や，圧制下にあった国々が目覚め始め，全世界を包含する発展に積極的な役割を果たすようになり始めた．こういう経過の中に，西洋と東洋との精神が相互に融合されようとしている．

本書の日本版の序文で，われわれは，このような発展について二，三のヒントを与え

338. ル・コルビュジエ　最高裁判所, チャンディガール, 1956年3月竣工.

ようとした.「西洋文明は現実に, 過渡期の状態にある. 西洋文明の最近の局面を基礎づけている合理主義や唯物的な傾向だけでは十分ではないということが, 経験によって徐々に判明してきた. こういう事実を十分に認識することによって, われわれは徐々に新しい混成的な発展へと導かれてゆく.」

新しい地方的接近

インドが, その指導者パンディット・ネール (Pandit Nehru) の承認の下に, チャンディガールの新首都の建設に, 西洋の建築家を選び得たのも, この東洋と西洋との合流によるものであろう. しかし, さらに今一つの理由がある. それは現代建築に内在する傾向, すなわち宇宙的条件と地上的条件を満足させると同時に, それらの条件から自然に発展してきた風習をも満足させるような方向に向う現代建築の傾向である. ブラジル建築とフィンランドのアアルトの建築とは互いに非常に異質のものであるにもかかわらず, 共に, 時代の精神が吹込まれている理由もここにある. 共に普遍的な建築の概念に対して地方的な貢献をしている. 宇宙と地上と地方の条件を満足させようとする試みは, 新しい地方的接近 (ニュー・リージョナル・アプローチ) と名付けられよう. これは最もすぐれた現代建築家の方法であり, ル・コルビュジエの最も大胆な建築の試み——チャンディガールの首都建設——の中に十分に展開されている.

パンジャブ (Punjab) が1947年にパキスタンとインドに分割された時に, 古代のラホ

339. ル・コルビュジエ　最高裁判所，チャンディガール，1956年竣工．大きなプールに建物の姿が映っている．蝶型屋根の下のアーケードが建物全体にインド建築の優美さめいたものをつくり出している．そのアーケードの穴のあいた壁と屋根の下向きの傾斜が，その建物を通して空気を自由に通わせる自然換気方式として役立つと同時に，現代的諸傾向を表現するのにも役立っている．

ール（Lahore）の首都はパキスタンに編入された．新しい首都が1250万の人口をかかえた東パンジャブに必要となった．1950年にインド政府の優秀な技師 E. L. ヴァルマ（E.L. Varma）による航空機による検分によって，ヒマラヤ山麓の傾斜した高原に素晴らしい敷地が見出された．

新首都は，その土地の村落の名にならって，チャンディガールと名付けられた．完成の暁には，50万の人口を収容することとなろう．第1期の区域は，15万の人口に対するものである．ル・コルビュジエはその都市の実施基本計画を作成したが，それは壁で区画されたそれぞれ800m×1200mの多くの単位をもっている[63]．幹線道路で取囲まれたこれらの単位の開発は，死ぬまでチャンディガールでの仕事をつづけたピエー

---

[63] ル・コルビュジエ作品集，Ⅴ, pp. 128〜159を見よ．最初のマスター・プランは，形はまだそれほど整っていなかったが，アルバート・メイヤー（Albert Mayer）とマシュー・ノヴィッキー（Matthew Nowiczky）によって1949〜1950年に設計された．

ル・ジャンヌレによって指導された．最初2，3年間は彼はジェーン・ドゥルー（Jane Drew）とマックスウェル・フライ（Maxwell Fry）の協力を受けた．その諸計画はインドの建築家や技術者たちのスタッフによって遂行された．

一人の都市計画家にして建築家，画家，彫刻家を兼ね，しかも詩を会得した人物が，ヒマラヤ山麓の広漠たる土地を調査したのである．このような5つの専門的能力が，一人の人間のうちに統合されていた．こうして生まれてきたのが現在チャンディガールの首都の立っている地点である．真に創造的な精神にあふれた人物にとって，この神話的な土地で夢を現実に移すということほど興趣をそそられることはない．それを達成できるとしたら，どんな屈辱の日々にも堪えられることであろう．

われわれは，ル・コルビュジエのスケッチの一つ一つをたどることによって，新しいキャピトルの構想が，どのようにして結晶させられてきたか，また，それが，西洋と東洋の思想を相互に破綻なく合流させるような強大なモニュメントとなるに至ったゆえんを見てとることができる．普通，機関車庫や駅のプラットフォームに用いられるコンクリート・シェルのヴォールトと巨大な蝶形屋根という西洋流の計算から生まれてきた産物が，われわれの眼前で，東洋のある種の夢のような建物に変貌している（図339）．

キャピトルの計画は，議事堂，各省庁舎（セクリタリアート）および最高裁判所から成っている．総理官邸では巨大な上方にカーブしたコンクリート屋根が初めて用いられたが，この建物は不運にもまだ建設されていない[64]．各省庁舎（セクリタリアート，図7）は1956年に完成された．それに続いて議事堂建築がつくられたが，その会議場は上向きの抛物面体の形をもち，その上部は水平な屋根面から大きく突出している．議事堂への南面の入口は，柱上に力強く自立する上方にカーブしたシェルでつくられている（図7）．7つの裁判室をもった最高裁判所は1956年に完成された．その巨大な蝶の羽根のような屋根が，熱帯の日ざしと，7月から10月まで続く季節風のもたらす雨を防ぐ鉄筋コンクリートの傘をつくり出している．その傾斜した巨大な軒底が建物

Otto Königsberger, "New Towns in India," *Town Planning Review*, XXⅢ, 116(1952)を参照せよ．マシュー・ノヴィッキー（ポーランドの建築家，第2次大戦後アメリカで活躍，ノース・カロライナ大学教授）は，この仕事の関係でインドからの帰途，航空事故で1950年40歳の若さで夭折した（訳者付記）．

[64] ル・コルビュジエ作品集，Ⅴ，p. 154.

からずっと長く延びている．抛物線形のシェルのヴォールトは，構造体を強固にし，建物の最頂部にまで及ぶ広大な玄関広間に架け渡されている．この変わった裁判所の建物では，近代技術が宇宙的な条件と地方とその住民の風習に適応されているのである．

ヨーロッパ人の眼を驚かすのは，各建物間の距離の大きさである．しかし，その間には活気のない死んだ面などは見られないであろう．ル・コルビュジエのうちの彫刻家は，変化する高さや大水浴場，緑の芝生，独立樹および掘り返された余った土壌で造られた人工の丘などによって，あるいは，調和螺旋形や，太陽の日々の運行その他これに類したものの象徴的な表現によって，その広大な面を巧みに，かたどることができた．どこからでも眺められ，「風信器のようにボール・ベアリング上で回転する開いた手」が，一つの卓抜なシンボルになるであろう[65]．岩石上に印された人間の手の印象は，人間の最初の芸術的表現であった．このシンボルは，今なおインドに残っていて，婚礼祝に，友人たちは各自の赤い手形を——赤は幸運の色である——新婚夫婦の家の白い壁に残していく．

巨大な手の形をしたモニュメントは，ル・コルビュジエの初期の作品に見出される．それは，その時は攻撃的な威嚇的な手を象徴していたが，ここでは東方の空の下に，仏陀の手のように静まり返っている．

チャンディガールの敷地の発見者であるE.L.ヴァルマは，このシンボルに対するインド人の感想を，ル・コルビュジエ宛の手紙の中に，つぎのように書いている．

「われわれにはラム・バーロサ（Ram Bharosa）という言葉がありますが，これは究極的なものについての深遠な信仰——知の根元に対する意志の服従，報酬を求めざる奉仕といったようなものから生まれてきた信仰——を示すものです．私は，こういう信仰の中に生活しており，あなたの手によって安全かつ堅固に創造されつつある新しい都市の構想によろこびを感じています」．

「われわれは貧しい民衆です．われわれにはふりかざすべき銃も，殺戮すべき原子力

---
[65] ル・コルビュジエ作品集，V，pp. 150, 151 を参照せよ．

もありません．あなたの "開いた手" の哲学は，そのまま完全にインドに受け容れられるでしょう．あなたがインドに与えようとしているもの，われわれがあなたの開いた手から受け取ろうとしているものが，願わくば，建築の，また，都市計画の新しい霊感の起源とならんことを祈ります．あなたが今度来られる時には，われわれは幾人かの人物が到達した精神的な高さをあなたに示すことができるでしょう．われわれの精神は開いた手の哲学です．多分チャンディガールは新しい思想の中心となることでしょう．」

晩 年 の 作 品

1953年から1964年の期間は，ル・コルビュジエに彼の多くの大計画案を実現させ，その功績を一般に承認させることになった．彼が，その最初の計画案であるマルセイユのユニテ・ダビタシオンを建設しうるまでに，長い年月を必要とした．彼は60才になるまで待たなければならなかった．その頃になると，他のパイオニアたちと同様，設計依頼が山積していて，彼が油の乗りきっていた頃に空しく追い求めていたような委託をも断らなければならなかった．

その主な理由の一つは，ル・コルビュジエが，ちょうど画家や彫刻家のように，計画案を完全に発展させてしまうまでその手中から決して手離そうとしなかったからである．彼にとっては，百人以上もの助力者をかかえた「建築工場」を操作するなどということはまったく考えられないことであった．ピカソのように，彼は依然として自由奔放なボヘミアンとして質素に生活していた．彼は狭苦しい製図室と4，5人の助手を使って，初めの頃と同じ（セーヴル街35番地の）くすんだスタジオをずっと使用していた．計画案の実施設計は，しばしば別のところで仕上げられなければならなかった．

われわれがル・コルビュジエの業績の完全な意義を評価しうるまでには時をかさなければならないし，また彼の建築の最終的な評価を下すためには歴史的洞察を必要とする．しかしながら，たとえその初期と後期とでその作品の外面的な様子が異なってみえるにしても，彼の仕事の一貫性は，すでに明らかである．1912年頃のピカソの立体

636

340. ル・コルビュジエ　ノートル・ダム・デュ・オーの巡礼教会堂，ロンシャン，1955年．現代建築についての要望がこの一個の建物に凝集されている．ヴォリュームの処理に対する彫刻的な接近法の再強化が，空間の内外のくりぬきと結びつけられている．

派の絵は，彼の1937年に描かれた，時の一瞬に永遠の形態をとどめる「ゲルニカ」（図277）とは非常に異なっているし，最近の女性像とも非常に違っている．ル・コルビュジエの初期と後期の作品についても同じことがいえる．ピカソのように，ル・コルビュジエは来たるべき変化をとらえる触角をもっていたのである．ロンシャンの巡礼教会堂（1955年，図340）は，サヴォイ邸（1928～1930年）とは外見上非常に違っているし，リヨン近郊のラ・トゥーレット（La Tourette）のドミニック修道院（1960年）も，オートイユのラ・ロッシュ邸（1923～1924年）とは非常に違っている．

これは一体何を意味しているのだろうか？

ル・コルビュジエの発展は，われわれの時代の解放——新しい力の源泉に潜む可能性を意識することに，第一の重点を置いた時代の解放——を映し出している．ル・コルビュジエは，グロピウスやミース・ファン・デル・ローエのように，彼なりに内外空

637

341. ル・コルビュジエ　視覚芸術のためのカーペンター・センター，ハーヴァード大学，1963年．プレスコット通りからの建物の全貌．斜路が2階の高さで，隣接するフォッグ美術館の書庫の上を越えるプラットフォームから始まっている．

間を相互貫入させたいという願望へと導いていくような発展を見出したのである．ル・コルビュジエの発展が現代建築の発展とどのように一致しているかについては，本書の序論で，空間におけるヴォリューム，彫刻的傾向，建築と彫刻，ヴォールト架構問題，壁体の復活等について論及した．

サヴォイ邸（1928～1930年，図326～328）は，ル・コルビュジエの初期の頂点を代表すると同時にその後の時代の諸要素をも含んでいる．それは広い平原に立つ立方体である．しかし，その立方体はくり抜かれ，透明にあけ放たれて，支柱によって空中に持上げられている．これらの支柱は，パリ大学区のスイス学生寮の，建物のマス全体を支えて空中に立つ巨大な鉄筋コンクリート柱の前奏である．サヴォイ邸の屋上テラスに軽快に彎曲して自由に配置されたコンクリートの壁は，マルセイユのユニテ・ダビタシオン（1947～1952年）の屋上でのヴォリュームの扱い方の序奏である．

ブリュッセル万国博（1958年）のフィリップ館は双曲抛物線面のおおいであった．暗い洞窟のような内部の彎曲した壁面に，20分ごとに，ヴァリーズの電子音楽の伴奏で，ル・コルビュジエの人類の詩のフィルムが映し出された．ブリュッセル博には他にも

342. クィンシー通りからの外観．斜路．右手に，エレベーター・タワー．左手に，突出した2次元芸術研究のスタジオが見える．

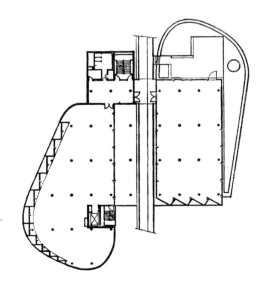

343. 斜路の貫通を示す3階平面．上がクィンシー通り，下がプレスコット通り．

双曲抛物線面の構造物がつくられたが，それらにはフィリップ館のような内部緊張が欠けていた．フィリップ館は，東京オリンピックのための丹下健三の大胆なスティール・ワイヤーの競技場（1964年，図6）のように，他の建築物に対するインスピレーションの源泉となった．

さらにロンシャンの巡礼教会堂（1955年，図5, 340）[66]やリヨン近郊のラ・トゥーレットのドミニク修道院（1960年）のような建物がつくられたが，それらは巡礼教会堂や修道院の慣習的な平面を外観上完全に変えてしまった．

ハーヴァード大学の視覚芸術のための
カーペンター・センター，1963年

視覚教育センターと呼ばれる方がふさわしいこの視覚芸術センター（Visual Arts Center）は，法学，経済学，医学，化学，神学，哲学等の正規のコースで，創造的な芸術とまったく関係のない学生たちのために立案されたものである．彼らの学習の最初に，つまり学部の1年目に，このセンターは彼らの眼を開かせ，見ることを教育することになっている．今日は電子の時代であって，視覚的な理解は文字の読解に比べて着実にその力を強めつつある．見るということは光学的な見地からだけでは理解できない．それはより心理的な現われ方をするものである．それは，芸術の機能やその表現手段が指導的立場をとるところである．

このアーツ・センターはこの大学のフォッグ美術館（Fogg Art Museum）と教職員クラブの間におしこまれている．建物にもっと呼吸する余裕を与えるためにさらに広い敷地を獲得しようとしたが，うまくいかなかった．こうして，このセンターは2つの建物とプレスコット通りとクィンシー通りの2つの街路にはさまれて，その彫刻的な迫力を放射する可能性をもっていない．

この建物は，2つの通りにまで達する彎曲した部分をもった集中的な立方体で構成されている．エレベーター・シャフトが屋上に突出している．目立った特徴は，両側の

---

[66] 1955年6月25日のその落成式の模様については，S. Giedion の『現代建築の発展』を参照せよ．

街路から始まって建物の3階に入りこんでいるS字形の斜路である（図341）．それは
このセンターが創り出そうとする外界への架橋を象徴している．

ル・コルビュジエの作品では，斜路は初期の頃から，サヴォイ邸（1928～1930年，図
327）での内外空間の驚くような相互貫入にみられるように，2つのレヴェルをつな
ぐものとして出現している．カーペンター・センターに直接先行したのは，アーメダ
バッド（Ahmedabad）の或る工業会社の事務所建築（1954年）の斜路である．ハーヴァー
ド大学と同様，その入口の斜路は歩行者専用だが，アーメダバッドの方は彎曲しない
で建物内を突きぬけもしないで，まっすぐ建物に入り込んでいる．

このセンターの始まり

数年前に，あるアート・センターの設計がハーヴァード大学院デザイン学部での論文
課題として提出された．アルフレッド H・カーペンター（Alfred H. Carpenter）と
いう学生が特にこの課題に強い関心を抱いた．1年後，彼は，ハーヴァードに姿を見
せ，大学院デザイン学部長のホセ・ルイ・セルトに，ハーヴァード・アート・センター
を建てるためにといって，父親名義の150万ドルの小切手を手渡したのである．学部
長は，ル・コルビュジエを建築設計の受託者として推薦した．それはル・コルビュジ
エがニューヨークの国連ビルで味合わされた失望の体験の後で，アメリカから受けた
最初にして最後の委託であった．

ル・コルビュジエがハーヴァードを訪れたのは，ただの一度，設計にかかる前に敷地
と状況の調査にきた時だけであった．彼の到着の正確な時刻は知らされていなかった
にもかかわらず，建築学科全員が空港で彼を出迎えた．学生たちは彼が秘密に訪問し
ようとしたことに反対して友情にあふれた攻撃をしかけたのである．大学院デザイン
学部の中心のロビンソン・ホールの四周の壁に，ル・コルビュジエ来訪の知らせを追
いかけている怒れるアメリカ・インディアンの群れを描いた荒っぽい木炭画が描きつ
けられた．最後に，学生たちは遂に発見されたル・コルビュジエを，片手を挙げ，へ
そに大きな穴をあけた有名なモデュロールの人間像の形で示した．それはル・コルビ
ュジエが比例のシステムを確立するのに使用した形であった．これがその出発点であ
った．

視覚的学習の目的

大きな総合大学の枠のなかで視覚的学習（ヴィジュアル・スタディ）のための研究所を創設するということは，それがひとつの原型をつくり出すことにもなるので，その計画面でも，実施面ではなおさら，多くの難問題をかかえていた．こういった困難は，生活の知的領域と感情的領域の間——学術的な発展と芸術的な表現との間の関係が絶ち切られ，その隔絶が1世紀半以上にも及んでいるといった現代社会の構造に由来している．このような思考と感情の間の悲惨な裂け目こそ，今日克服しなければならないものである．

思考と感情の間の途切れない関係を回復するといった目標を具備した研究施設の運営方法について，われわれは前例をもちあわせていない．これはそれぞれの学部の最も重要な代表者たちの積極的な協力がなければ不可能である．「自分の研究とアートとの間にどんな関係があるのか？」といった基本的な疑問はすべての学部にとって同一である．しかし，たしかにそれぞれの研究によって与えられるこのような関係の基礎となるものは，特にその諸科学の構造が非常に相違している場合にはなおさら同一でないかもしれない．

「ヴィジュアル・アーツ」という言葉はまったく誤解されやすい．その目標は決してディレッタント的な絵画や彫刻を訓練することではない．すべての努力は芸術的な判断の力と情緒的な感受性を伸ばすことに注がれなければならない．

物理学や化学の研究所に対してまったく容易に提案されるような，定まりきったプログラムは，この種のセンターには存在しない．したがって，ル・コルビュジエは空間の計画にあたってなんの詳細な指示も受けなかった．彼は単に，最大限の融通性のある空間を創りだすことを要求されただけであった．このことは倉庫のような内部を設計する危険を含んでいた．1964年の春，私が，このセンターで講義と演習を行なった時，その完成した空間の陽の当る部分と影になった部分との対比が鮮やかであった．

この建物の地階は写真と映画の研究の豪華な装置に使用されるように設計された．当然，映写室も含まれているが，この部屋は今でも講義室として兼用されているにちがいない．専用の講義室がないというのはまったく注目すべきことである．

642

彎曲した壁をもった2階と3階はスタジオとして使用されている（図345）．4階は，私の見た限りでは，まだ最終的な形になっていなかった．もし他の学部との関係が蘇生したとしたら，小さな専門図書室のほか，もっと多数の演習室や，学生と教授が互いに語り合えるような空間がつくられるにちがいない．実際，このセンターがその目標を成就すべきものだとしたら，それは知的な科学的機能を充足しなければならない．5階には著名な彫刻家のスタジオがある（図346）.

ともかく，ル・コルビュジエはその計画のすぐに判る不完全さに気付いていた．スタジオの彫刻的な前方への突出部の下，つまりピロティの下は，ホロー・スペースになっているが，それは容易に生気づけにくいような空間である．もしも講堂がこの計画に組み入れられていたとしたら，内部空間を形づくる達人のル・コルビュジエは，疑いもなく，それをこの建物のヴォリュームに組み入れる素晴らしい方法を見つけ出していたにちがいない.

われわれの背後には，芸術が実在への鍵であることを止めてしまった19世紀の悲劇的な歴史がある．各学部の最高主脳部たちが芸術と――つまり心理的な理解と――科学との密接なかかわりあいが今日きわめて必要であるということを認めた時にのみ，この種のセンターは将来の指導者たちの生涯の役割のために彼らを教育する――あるいは少しでも意識させる――というその目的を達成しうるのである.

思考と感情の架橋

この問題はわれわれの時代の心中深く根をおろしている．それは今日の専門化の傾向から普遍的な視野の回復に至るまでの長い道程であって，現在それが欠けているために真の文化が考えられなくなっている．それは感情の領域を，芸術に表現されているように，科学の中に組み入れてゆくことにある．幸いなことに，この必要は歴史家や哲学者によってのみならず，科学者によっても強く提唱されている．チューリッヒ大学の原子物理学者であるハイトラー教授（Professor Heitler）は，その著『人間と自然科学の知識』（Der Mensch und die Naturwissenschaftliche Erkenntnis）の中で，彼自身の分野を攻撃している．彼は物理学における純粋に量的な研究にそって質的なものが入っていかなければならないと断言している．いいかえれば，人間的な要素が含まれなければならないということである．ウェルナー・ハイゼンベルグ（Werner Heisenberg）や英国の生物学者 C. H. ワッディントン（Waddington）も，彼らの学

643

344. 視覚芸術のためのカーペンター・センター，ハーヴァード大学，1963年．3次元芸術研究のスタジオが前方に突出している（図343の平面を見よ）．その下の右手向うに斜路が見えている．

間的な世界観の中に芸術領域からの知見を入れることを恐れてはいない．

一人の近代物理学者によって願望された科学的研究への人間性の附与は，まさにこの新しいカーペンター・センターが当面しているものである．この新しい教育施設の仕事こそ，思考の方法と感情の方法の間の断絶に架橋することである．

この準備のために，各学部からの教授のゼミナールが企画された．ケンニス・ガルブレイス（Kenneth Galbraith, 経済学），アーサー・マース（Arthur Maass, 行政学），デヴィッド・リースマン（David Riesman, 行動科学），I. A. リチャーズ（I. A. Richards, 詩人・批評家），ホセ・ルイ・セルト（建築家・計画家），ジョージ・ケ

345. 2次元芸術研究のスタジオ.

ペス(Gyorgy Kepes, バウハウス時代以来視覚現象を研究してきた芸術家)のような主要な人物のほか, 哲学者, 病理学者, 解剖学者, 音楽学者やカーペンター・センターの職員が出席することになった.

1964年4月30日の会合で, 私は, その討論のためにつぎの二つのテーマを提示した. それは「各学部とカーペンター・センターとの間の関係は, いかにして確立されうるか?」ということと,「学生の美的判断力はどのようにして練磨されうるか?」という

346. このセンターの芸術主任の彫刻家, ミルコ(Mirko)のスタジオ.

テーマである．全員がその実際上の困難のみならずその可能性をも認めたのである．
一例をあげれば，解剖学者は学生たちが電子顕微鏡で横断面と縦断面を見きわめるの
が非常にむつかしいということを指摘した．

カーペンター・センターは未知なるものに入り込もうとする一つの試みである．この
試みが成功すべきものだとしたら，それは種々の学部からの熱心な積極的協力を必要
とするし，また近代芸術を十分に身につけ，知的で科学的な洞察力をもった人物を必
要とするのである．

ル・コルビュジエと依頼者

感情の領域の真の専門家である画家や建築家や彫刻家が生活の舞台から消されてしま
った，かの19世紀という時代から譲り受けた重荷をわれわれは何故しばしば繰返さな
ければならなかったかという，その間の事情を，ル・コルビュジエは集約している．
彼らの依頼者たち——権力をもった人々——は永遠に移りかわる生活の流れに形を与
え，その時代の状況の内的な要求に解答を見出す創造力や構想力を具備した人たちを
見分ける能力に欠けていたのである．このような能力の欠如は，依頼者たちの高度に
進歩した思考の方法と一方立ち遅れた感情の享受方法との間の喰違いから生じてい
る．依頼者たちの誤った見方は，必ずしも悪意や特殊な派閥的利益によるものでない
ことはたしかである．依頼者たちは自分たちの判断がしばしば何世代も遅れているた
めに，将来の萌芽をもたらし新しい問題を解決できる人たちを本能的に見分けること
ができないのである．

ル・コルビュジエの生涯に流れている悲劇的な調べは，妨害の調べであった．彼は託
宣を伝えた人であった．幾度となくおしのけられながらも，それを声高らかに叫びつ
づけてきた．彼は自分が提案したものを他の人間が成就してゆくのを見ていなければ
ならなかった．

彼には，プロポーションの問題を初めとして，国際連盟，国際連合，ユネスコといっ
た世界機構のための複雑な構造体の都市設計的な組立てに至るまで，複雑な諸問題の

諸要素を総合しようとする探究心がその胸中にたぎっていた．ジュネーヴの国際連盟会館（1927年）の場合には，彼の案を拒否したのはフランスの政治的陰謀であった．彼の競争相手たちは，最終的に，彼のサイト・プランの組織を模倣せざるを得なかった．

ニューヨークの国連ビル（1947年）の場合には，ジュネーヴの設計競技から20年後のことで，状況はまったく異なっていた．国連はその先例から術策をある程度学んでいた．国連は国際的な設計競技をさし控えて，各国から10人の建築家を選出した．フランスからはル・コルビュジエを，スウェーデンからはスヴェン・マルケリウス，（Sven Markelius），ブラジルからオスカー・ニーマイヤー（Oscar Niemeyer）を選んだ——彼らはすべて CIAM の長期会員で——最もよく知られた建築家たちであった．1947年の夏，彼らは全員同じ部屋で各自の製図板にむかって友好裡に仕事をしていた．各人ともその全体に対してそれぞれの役割で貢献していた．たとえば，マルケリウスは国連の敷地に接するイースト・リヴァーの岸辺に国連職員の大きな住居地を設計していた．最終的に，彼らは実施の推薦案として，ル・コルビュジエの計画案，23A案を選び出した．

一人のアメリカ人，建築家ウォレス・ハリソン（Wallace K. Harrison）が，10人の建築家の議長に任命されたのは当然な成行きだった．彼はロックフェラー・センターで働いたことがあり，立派な行政官としても，また信頼できる建築家としても知られていた．しかも，それに加えて，彼はロックフェラー家とは親戚関係であった．これ以上何が望めただろうか？

どうしたことか，ハリソン一人だけが23A案の計画管理者（プランニング・ディレクター）に指名されたのである．施主の眼には，他の10人の建築家はすでに契約を果たしたものと映ったのである．そして，ハリソンは彼自身の「国連本部計画事務所」を開設した．このことが，かつて友好的な希望にみちた出発をしたこの仕事の幸せな時期に終止符をうったのである．

国際連盟の不幸な設計競技以来20年の経過のうちに，フランスのアカデミー・ド・ボーザールの力は衰微してしまっていたし，ハリソンは近代芸術家や近代建築家に接近

していた．それは確かに芸術上の対立というものではなく，ハリソンの側には，国連本部を独りで建て，それに名声を結びつけようとする，より個人的な野心が潜んでいたのある．10人の建築家が23Ａ案を構造の面でもプランの上でも従うべき案として選出したのだから，もしもハリソンが客観的な原則に従い，ル・コルビュジエをその建築事務所のパートナーにする謙虚さを持ち合わせていたとしたら，まさに先見的な行為であっただろう．彼はロックフェラー・センターの場合には，他のパートナーから一頭地を抜いていたレイモンド・フッド（Raymond Hood）と仕事をともにしたのだが，フッドの特色はまさに疑いもなくそのセンターに現われている．

しかし，そのようなことはまったく起こらなかった．未来の世界政府の象徴となるべき建物の建設には天才の手を必要としていた．ハリソンはその足に天才の靴をはいたが——つまりル・コルビュジエのスケッチの外形を採用したが——その靴は彼にはあまりにも大きすぎた．つまり彼はそれを充足することができなかったのである．

その建物が完成に近づいた頃，ニューヨークのある建築ジャーナルの編集者がそれについて私の意見を求めてきた．私は彼とハリソンとでその建物全体を見て歩いた．しかし私はその時には意見を発表するのを断った．何よりもまず，私はその建物が活動しているところを見たかったのである．しかし，私の当時の判断は今のとまったく違っていなかった．大会議場は，その大きな空間の扱い方を台無しにするような無力さを示していた．さらに私は，技術的な装置を施した平板状の事務局棟の屋根に上がった時，その建築家が，7階分の高さの装飾的なコンクリート・スクリーンの背後にその装置を隠す以外に，それを組織づける他の方法を見出すことができなかったことを知って，私はいっそう驚いたのである．この国連ビルが，ル・コルビュジエが構想したような傑作にならなかったことを示すのに，これ以上詳細に立ち入る必要もない．

事態が悪化してくると，ル・コルビュジエはミース・ファン・デル・ローエの禁欲的な平静さもアルヴァ・アアルトのような友好的な態度をも示さなくなった．自己の使命観にとりつかれたル・コルビュジエは，権力者によって加えられた不当な仕打ちと全力を挙げて戦ったが，その努力は事態をますます悪くしただけであった．

第3の，しかも最もひどい打撃はパリの国連文化センターであるユネスコの建物につ

いてなされた政治的な扱いであった。ル・コルビュジエほど、彼の愛するパリの町に、国際的な文化センターを設計するのに適した者があるはずがなかった。その構築物はパリの石から直接生まれ出て、しかも同時に普遍的な性格を備えるはずのものだった。今度は、ル・コルビュジエは依頼主によってまったく唐突なやり方で退けられたのである。ユネスコ・ビルのために建築家の選考を扱う第1回会議で、ブラジル代表のユネスコ常任委員のカルネロ（Carnero）が立って、ル・コルビュジエこそ議題にのぼる唯一の建築家であると強調した。それに対し、アメリカ合衆国の国務省の代表ジェイコブス（Jacobs）が突然立ち上がってたった一言「インポシブル」といってその拒否を表明したのである。不運にも、ブラジルの声はこの場合強い影響力をもっておらず、ル・コルビュジエは除外されてしまった。アメリカ合衆国がこの建物の建設費の最大の負担分を支出していたことを忘れるわけにはいかない。

彼を完全に無力化するために、ル・コルビュジエはユネスコ・ビルの建築家を選ぶ5人委員会の委員に選出されたのである。他の委員はグロピウス、マルケリウス、エルネスト・ロジャース（Ernesto N. Rogers）、イーロ・サーリネン（Eero Saarinen）といった、すべて友人たちでCIAMでの長いつきあい仲間であった。確かにル・コルビュジエは、なんとかしてその建築に参加しようという絶望的な努力によって、他の仲間たちをもいくぶん危うくすることになった。友人たちはその最善の努力によっても彼を助けることは何もなし得なかったのである。

ル・コルビュジエの声に耳を貸すものはほとんどいなかった。最初から、彼がユネスコ・ビルを引き受けそうなどんなことをも退けようとするこの外交的予防策ほど彼を深く傷つけたものはない。パリは彼がその生涯をかけて戦ってきた都市であった。しかしアカデミー・ド・ボーザールと抜け目のないアカデミックな建築家たちが依然としてパリの官界を支配していた。彼らにとって、ル・コルビュジエの存在は、ちょうどフランスの栄光であるモダーン・アートと同じく無に等しかったのである。もしもル・コルビュジエの手に委ねられたとしたら、フランス官界の偏狭な想像力をはるかに越えるような建物が遂にパリの心臓部に建ち得たはずであった。

さらに、いっそう気を滅入らせるのは、スイス自体がスイスの土壌から生まれた唯一の建築的天才をまったく無視していたことである。

依頼主は建築家と同じくらい重要だといえよう．彼は権力をもち，決定権をもっている．しかし彼の理想と情緒的な見解が幾世代も遅れている場合，何をなしうるだろうか？　自己の専門的な目的に没入している通常の政治家は，例外なく，建築についてほんのわずかな興味や知識しかもっていない．

ル・コルビュジエの友人や仲間たちはすべて，彼と一緒に仕事をするのは容易でないことを知っていた．外部で反対や陰謀に出会うやいなや，彼は戦術も心理的配慮も無くしてしまった．しかし，友人たちのサークルの中では，彼は決して頑固ではなかった．私は永年のＣＩＡＭでの共同作業の間に，こういった多くの経験をしている．彼は1928年のラ・サラー館での第1回会議に，われわれの声明文のための彼の提案をすでに印刷してもってきていた．それは（特に若いスイスやオランダの建築家によって）一文一文つみとられて，最後にル・コルビュジエをも含めて——全員の合意を得て，ラ・サラーの宣言となった文書がつくり出されたのである．

真に偉大な建物——パルテノン；ハトシェプスト（Hatshepsut）女王の埋葬神殿（施主と建築家との間の驚くべき協力）；ブラマンテやラファエル，ミケランジェロとの種々の段階でのサン・ピエトロ寺院——は依頼主と建築家が感情面での同じ発展のレヴェルになかったなら決して建てられなかっただろうし，また，19世紀や20世紀でのしきたりのように，二流や三流のタレントが設計者に選ばれていたとしたら，それらの建物はすでに立っていなかったであろう．

確かにル・コルビュジエと一緒に仕事をするのは容易ではなかった．しかし彼は彼を理解している依頼者（自身同様な諸感情を経験していることによって彼を理解しうる依頼者）にめぐりあうやいなや，手を携えて仕事をすることができたし，素晴らしい成果をあげることができた．このことはマルセイユのユニテ・ダビタシオンでそうであったが，この建物の遂行はクローディアス・プティによって支持されたのである．当時の復興大臣でフランス・レジスタンスの前指導者であったクローディアス・プティは，職業は指物師で，自分の徒弟奉公の最後に造った彎曲したミニアチャの整理だんすを訪問客に得意になって見せたりしていた．彼はいつも，新聞社や建築団体，その他からの猛烈な攻撃からル・コルビュジエを擁護する勇気をもっていたのである．

650

347. ル・コルビュジエがチャンディガールで書いたギーディオン宛の手紙の一部，1952年12月9日付．

ロンシャンの巡礼教会堂はドミニコ修道会のクーテュリエ神父（Father Couturier）のお蔭によるものであった．彼自身のやり方で，彼は教会のむずかしい問題を解決する法を知っていたのである．

今日の西欧での依頼主に関する重大な問題——その先見の明の無さ，自信と内心の安定の欠如——は，チャンディガールに眼を向けると明瞭になる．パリもニューヨークもル・コルビュジエに大きな設計委託を与えようとはしなかった．それは技術的に低開発な貧しい国から到来したのであって，しかもネールのような第一級の政治家を待って初めて，ル・コルビュジエにその天分を燃え上がらせ，つまらぬ競争相手の野心によっておしのけられることから，彼を守りうるような委託を与えることになったの

である.

ル・コルビュジエの生涯で，失墜したのは当の建築家ではなく，その依頼者であった．依頼者の問題が彼に常につきまとったというのも不思議ではない．このことは，彼をめぐる他のすべてのことと同様，図的な表現をつくり出すことになった．彼はチャンディガールから私に絵（図347）入りの手紙（1952年12月9日付）をくれた．それには有名なイタリアの建築家，エルネスト・ロジャースとの会話のことが記されていた．「ロジャースは "私が天才である" といったが，私は "私がろばのようなばかだ" といい張った．それで私はこの絵で疑問を提出しているのだ.」その絵の下に彼はこう書いていた．「天才がばかを支えるのか，それともばかが天才を支えるのか？」

ラ・トゥーレットのサント・マリー修道院，1960年

ル・コルビュジエはロンシャンの巡礼教会堂やラ・トゥーレットの小修道院の仕事を引受けるずっと前から，教会とその空間の神秘的な特質の問題に深く心を奪われていた．彼が教会の設計委託を受ける前に，かつて私は彼に，近代的で神聖な空間をどのように構想しているのかと尋ねたことがある．すると彼は，高い塔を中心から立ち上がらせて，一連の十字形のコンクリート・ビームを一つずつ他の上に直立させ，そうすることによって，上方を見上げた眼が無限の彼方に達するようになるだろうと話していた．

教会建築の建設を委託されるようになるまでに，彼は自分の立場が彼独自の建築言語によって教会を設計するのに十分なほど強固になっていると感じていた．3つの構築物がこのことを証明している．つまりロンシャンの巡礼教会堂（1955年）と，ラ・トゥーレットの修道院（1960年），および1963年に設計されたフィルミニ（Firminy）の教会堂の提案である．それぞれはその構造において非常に異なっているが，まさに同一の芸術的精神が行きわたっている．この精神は多分，リヨン近郊のイヴー・シュール・ラルベスル（Eveux-sur-l'Arbesle）にあるラ・トゥーレットの修道院に最も鮮明に現われている．そこで，彼は2つのはっきり区別される要素として，僧院の建物集合体と教会堂とを考えたのである．3方に面した僧院の集合体はその第4の側面の教会

652

348. ル・コルビュジエ　ラ・トゥーレットのサント・マリー修道院，1960年．空からの外観．教会堂と馬蹄形の僧院の集合体が空間的に分離されている．

堂と空間的に分離されている[67]．

ドミニカ修道会のクーテュリエ神父の示唆で，ル・コルビュジエはフランス革命以来放棄されていたプロヴァンス地方のル・トロネー(Le Thoronet)のシトー修道会の修道院を訪れた．12世紀末のこの修道院はラ・トゥーレットのように集中化された平面をもっていて，その教会堂に向いあう3つの側面をもった僧院建物から成っている．ル・トロネーの僧院建物にはまた屋上散策路があり，それは疑いもなく，ラ・トゥーレット修道院に散策用の屋上テラスを組み入れるというル・コルビュジエの考えを強めることになった（図348）．

ル・コルビュジエはル・トロネー修道院についての出版物の序文を過去への尊敬をこめてつぎのような言葉で結んでいる．「光と影とが真実と静穏と力強さをもったこの

---

[67] ジャン・プティの刊行した「ル・コルビュジエの修道院」(*Un couvent de Le Corbusier, Paris*, 1964)には，この計画の実際の推進者であったクーテュリエ神父からの手紙やル・コルビュジエからの手紙が掲載されており，建設記録の抜粋とともに，この建築が漸次形づくられていく過程を知ることができる．

653

349. ラ・トゥーレット　　僧院の南と西の翼の外観.下の2層に集会室と食堂が置かれ,3階に研修室がある.下の3層は,チャンディガールで用いられたような垂直に組織されたガラス面をもっているが,それほど強く強調されていない.その上に修道僧の個室が2階分とられている.左手にオルガンの突出したおおいをもった教会の背後壁がみえる.

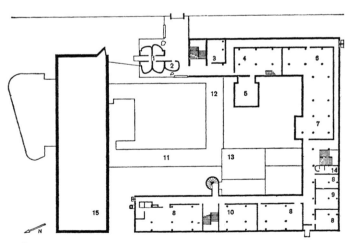

350. ラ・トゥーレット　1階平面.

654

建築を声高らかに表現している．これ以上何もつけ加えることはできないだろう．
"生地コンクリート"の今日，わが道を行きながらも，この素晴らしい出会いを歓迎
し，祝福し，敬礼しようではないか[68]．」

広大な土地がドミニカ修道会に提供されていたので，ル・コルビュジエはその修道院
のための的確な位置を自由に定めることができた．彼は，坂を下り渓谷を越えて拡が
ってゆく広い眺望をもった森の傍の敷地を選定した．その入口の近くには，今なお一
軒の古い荘園の邸宅が木々にかこまれて立っている．

僧院の建物

ル・コルビュジエはラ・トゥーレットにおいて，かつてなかったほどの表現力を駆使
し，あらゆる細部にわたって従来よりもヴァラエティに富んだ扱いをしている．そこ
には厳密に幾何学的な線と有機的に彎曲する線との絶えざる相互作用がみられる．僧
院の複合体では，堅い垂直線が集会室の大きな窓を分割しているが，それぞれの隙間
は絶えず変化するようになっている．上部2層の突出した開廊は，外部では特別仕上
の表面テクスチャーをもち，内部には水平窓のスリットがあけられている．これらの
スリットの下に3段の長方形の窓開口があるが，各段ごとに違う配列になっている．
ル・コルビュジエの冒険的な想像力は教会堂の棟によく示されている．そこでは2枚
の傾斜した壁がその平坦な屋根の一方の端から立上がり，鐘楼になる非対称に突出し
た箱を支えている．

中庭には，個人礼拝者のための礼拝堂が2枚の交差した壁の上に設けられ，図書室と
直接結びつけられている（図352）．そのかぶとは細長い三角錐で，ル・コルビュジエ
が若い頃にイタリア旅行でスケッチしたローマのセステウスの葬式のモニュメント
を思い出させる．光は礼拝堂自体の角近くにあけられた垂直の狭いスリットを通して
入ってくるし，採光筒が傾斜した三角錐の後壁から突出している．

外観上，この僧院の建物は修道士たちの100の小室をそなえた突出した上階2層の部分
によって構成されている．ル・コルビュジエの後期のやり方に従って，この建物の厳
しさは，その下の階で連続したガラス壁の方立の間の間隔を広めたり狭めたりするこ
とによって，やわらげられ，活気づけられている．

---

[68] Rayner Heppenstall, *Architecture of Truth* (London, 1957).

こういったことはこの建物の簡単な要約にすぎない．内面的な生活に集中される僧院共同体のために意図された建築の特質については何も語っていない．見たところ，こういったことと対照的に，その建物全体が燃えるような生命力を発散している．

誰でも，しきたり通りに欠かせない回廊がラ・トゥーレットの庭から無くなっているのをみて驚くにちがいない．その代りに，その庭は彫刻的な屋根のついた通路と階段で占められている．回廊がないのはこの集合体がほとんどピロティの上に建てられているからであって，回廊によって要求される強い閉鎖を避けるためである．各側面で高さの違っているようなピロティを使用することによって，山腹の傾斜面をそのまま

351．　ラ・トゥーレット　　僧院の東側面と修道僧のプロムナード．気どりのない僧院の主要玄関がみえる．その出入口から直かに中庭が見通される．

352.　ラ・トゥーレット　　中庭の外観．三角錐が四角い礼拝堂の上をおおっている．その礼拝堂は2枚の薄い交差した壁の上に浮いているようにみえる．三角錐の左手から採光窓が突出している．背後にみえるピロティが（サヴォイ邸，1928〜1930年でのように），建物を大地から自由に切り離している．ピロティの上に長方形の種々の色彩をもったガラス壁があり，その上に2層の個室，さらにその上の歩行用の屋上テラスを人間よりも脊の高い壁が取囲んでいる．

にしておくことができた．山腹は，そのもとの高さで，中庭に素直に現われている．そのけわしい傾斜面は，山側に3階分の建物，谷側に4階分の建物でならされ，突出した上層2階の部分が同じレヴェルになるようになっている．

疑いもなくル・コルビュジエは人間よりも高い壁によって囲まれた連続的な平らな屋上を，瞑想のための遊歩場として，慣習的な1階の回廊の代りをさせるつもりであった（図348）．ここでの眺望は天空の無限の彼方に凝集されている．ル・コルビュジエが絶えず立ち戻っていった，このような天空との直接的な対決は，修道士たちが滅多

657

353. ラ・トゥーレット　教会棟の長い北側面．その非対称の鐘楼は2枚の傾斜したスラブの上にバランスよく置かれた箱で構成されている．その前方にいろんな方向を向いた採光用の筒をもった低い地下埋葬所の上部がみえる．構造上の補強鉄筋の端部を包んだいくつかの丸い突出部が埋葬所の壁に影をおとしている．

354. ラ・トゥーレット　歩行用の屋上出入口からみた鐘楼．

355. ラ・トゥーレット　　地下埋葬所の内部.床が階段状になっている.それぞれ違った色彩の一連の長方形の壁が,違った高さで,相互に違った角度で,ひとつづきの彎曲した壁面に向き合っている.幾何学的な要素と有機的な要素との併置である.祭壇が段ごとに並んで立っているが,その間を仕切る壁は設けられていない.

に屋上に姿をみせないところからみると,彼らの気に入らなかったようである.彼らは森の中で瞑想にふける方を好んでいる.雑草がすでにラ・トゥーレットの屋上にも茂ってきている(図354).

修道院の教会堂

青,赤,白の3つの大きな円窓が,上方から主教会堂に隣接した地下埋葬所まで光を投じている.この光を入れる屋上の3つの採光窓(図353)は,それぞれ違った方向に傾けられているので,3色の各光の強さがその日の時間の経過につれて変化するよう

356. サルディニアにある新石器時代の記念的な石碑"巨人の墓標".

357. ル・コルビュジエ　ノートル・ダム・デュ・オーの巡礼教会堂, ロンシャン, 1955年. 西からの外観. メキシコの建築家バルラガン (R. Barragan) は, ロンシャンの塔とサルディニアの先史時代の礼拝用の構造物との間の不思議な類似を指摘した.

になっている．ミサを行なうための脇祭壇が並びあって段ごとに立てられているが，その間を仕切る壁はない．祭壇の背後の壁は天井までとどいていない．円窓からの色光がそれらの上にふりそそぎ，いくぶんその主教会堂にも拡がっている．これらの壁は違った高さで，また互いに違った角度に置かれており，赤，青，黄に彩色されている．それらと向かいあって，またもや幾何学的な形態と有機的な形態との相互作用をみせながら，彎曲した壁が立っている（図355）．

660

ル・コルビュジエにとって，有機的な形は論理的な類推の中に限定できないような神秘的な意味を含んでいる．彼は常にその旅先で過去の時代の諸経験を探し求めてきた．そして水晶のようなギリシア時代の形態やローマ時代のヴォールトの形態，あるいはイスラム建築やゴシック建築の形態に，彼は等しく興味を抱いてきた．内的な類似に対する彼の探求は，美術の歴史とは何の関係もなかった．つまり，それはすべての建築上の発展の諸経験を採り入れることだったからである．ロンシャンの塔が原始文化の構造物と比較されてきたのも決して偶然なことではない（図356，357）．

ラ・トゥーレットの主教会堂の内部は，純粋で水晶のように透明な空間である．床の中央の下に（アスファルトの）細い黒線が高い祭壇の段から平信徒の祭壇まで走っている．オルガンは後の壁から外に突出していて（図348），内側ではその姿を人目につかないようにする一枚の四角い黒い布だけが下がっている．教会堂の両側にそった低い水平な窓から射し込む色光と対照的に，ほとんど天井までさまたげられずに立上がった最後部の壁の最上端に設けられた細い水平のスリットを通して，白い光が流れ込んでいる．白光はまた屋上にあけられた四角い開口部からも注ぎ込んでくる．

ル・コルビュジエの遺産

その死：1965年8月27日

真の創造力は決して抑圧し得ないものである．それは天性の力であって，個人的な自我よりも強い．しかし，自己のなかで感ずる力を実現しえないで悩む人間もまた存在する．ル・コルビュジエの姿には深刻な悲痛が刻みこまれていたし，彼の自己防衛と孤独への執着がそれを証拠立てていた．彼の作品の実現が妨害され，誤解され，常に信用されずに除外されてきたのは彼の宿命であった．

晩年のル・コルビュジエは絶えず死の考えに心を奪われていた．これはル・コルビュジエ財団に関して記された彼の数多くの細心な声明文の理由でもあった．彼の最後の出版物に記された言葉はその悲痛な胸中をいい表わしている．「私が天国に再び戻っていっても……反対の人々は依然日の出の勢いであろう．常に反対なのだ！」[69]

---

[69] *Mise au point* (Editions Forces-Vives, 1966), p. 14 ; "Lorsque j'aurai rejoint quelques zones célestes…Messieurs les Non, vous serez toujours a l'affut, toujours contre."

1965年の夏，ル・コルビュジエはヴェニスの病院の設計委託を受けるためにヴェニスに滞在していた．彼は以前にはいつも若い人たちと交わって幸福であった．私は2，3年前ハーヴァード大学で彼が学生たちに応じていた陽気さを思い出す．しかし，ここヴェニスでは（タイム誌の報じたところによると），彼は「破滅にどんな用があるのか？」といいながら，学生たちをほとんど突き出さんばかりであった．

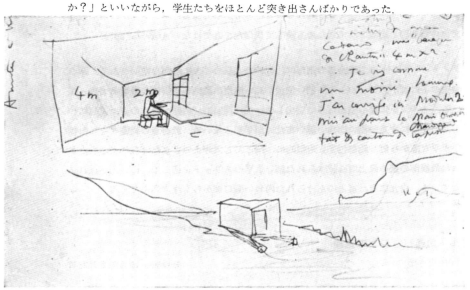

358. キャップ・サン・マルタン(Cap St. Martin)のル・コルビュジエのスタジオ．1954年4月15日付の手紙でル・コルビュジエはつぎのように書いている．「私のキャビンから15メートルのところに，私は自分で4メートル×2メートルの現場小屋を建てた．私は幸せな修道僧のように生活している………」

ル・コルビュジエの死の瞬間に，ル・コルビュジエ財団がパリに設立されて，彼の計画案の将来を見守り，サヴォイ邸とオートイユのラ・ロッシュ邸を保存することになった．不運にも，その保存の機会に，セーヴル街35番地の彼のスタジオ，彼の仕事がほとんど個人的に結びついていた場所，を含むことが考慮されていなかった．

チューリッヒのル・コルビュジエ・センター，1967年

ル・コルビュジエの最後の建物（1964年設計，1966年着工）はチューリッヒに立っている．個人的な先覚に感謝の意を表して，この都市にル・コルビュジエの芸術作品を

収蔵する建物の建立のために，チューリッヒ湖畔に素晴らしい敷地が与えられた．彼の絵画や彫刻，つづれ織，さらに，ル・コルビュジエのような天才の最も重要な諸作品を忘れるわけにはいかないので，建築のプランや模型も収容することが望まれている．彼の創りだしたすべてのものに強く表現されていたものこそ，芸術の総合であった．「私の知り得る限り，ル・コルビュジエこそ，建築家，画家そして詩人の直観をもった都市計画家として，広範な天分をもっていたといいうるに足るわれわれの時代の唯一の建築家である．以前には，画家は時に建築的な形態の創造者であった．ラファエルの名はまた建築家としても知られているし，ミケランジェロはサン・ピエトロ寺院のドームの考案者だったし，建築家として抜きん出たブラマンテはまた興味ある画家でもあった．それぞれが，ル・コルビュジエのうちに新しく再現してきているような広範な天分を所有していたのである．」[70]ルネサンス期の人々のように，ル・コルビュジエは3つのメディアのすべてに熟達していたのである．

今世紀は，これまで建築家と画家の協働に大変臆病な時代であった．ル・コルビュジエは友人のフェルナン・レジェ（Fernand Léger）が，マルセイユのユニテ・ダビタシオンの壁の一つに絵をかくことを認めなかった．このような拒絶は若い頃のある出来事から由来したものであった．彼自身が，パリの大学都市のスイス学生寮の壁に永久的な壁画を描くという契約を申込まれた時に，彼はそれを辞退して，その代りに，その壁面に大きなモンタージュ写真をはりつけた．ル・コルビュジエがそのもとの契約を取りあげてその壁に大壁画を描くことを承諾したのは，ずっと後になってからのことで，そのモンタージュ写真が色褪せてしまってからのことであった．このことは別にして，彼はキャプ・サン・マルタン（Cap St. Martin）にあるバドヴィシ（Bado-vici）邸のような，農村地方の彼の2，3の友人の家の壁にしか壁画を描いていない．彼はパリのエスプリ・ヌーヴォー展（新精神展，1925年）では壁画を認めなかったが，ジャック・リプシッツ（Jacques Lipchitz）の数点の彫刻のほか，フェルナン・レジェと彼自身の2，3の額縁入りの絵画だけを認めていた．

チューリッヒ湖畔のル・コルビュジエ・センターは，ル・コルビュジエのコレクションのほか，その寄贈者のための小さな住まいをも含めて慎重に設計された．ル・コルビュジエはそれをすべて組立部材で計画したが，1階平面はその組立部材の性質の

---

70) ル・コルビュジエ作品展のカタログの序文，S．Giedion（チューリッヒ・アート・ギャラリー，1957），p. 6.

ために完全に自由になっている．屋根は2つの相似のじょうご状の部分の併置から成り立っていて，1つは下を向き，今1つは上を向いている（図359）．この屋根は組立部品として現場にもちこまれ，そこで組立てられた（図360）．その重量は4本の長方形断面の鋼柱で支持され，細い鋼索でその端部の平衡が保たれている（図361）．その内部は構造から独立して自由に分割できるような単一空筒になっている．この着想は，彼が1937年のリエージュ博で，内部が完全に自由になるように外側で支持された2つの四角い屋根から成るパヴィリョン（図335）を考案して以来，ル・コルビュジエの

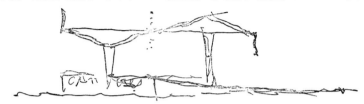

359． ル・コルビュジエ　　ル・コルビュジエ・センター，チューリッヒ，1967年．このスケッチをみれば，まったく自由な内部空間を構想していたことが明らかである．このアイディアは1937年のリエージュ博覧会（図335）以来，ル・コルビュジエの脳裡にあったものである．

360． ル・コルビュジエ・センター，チューリッヒ，1967年．屋根の建て上げ．その屋根はプレファブ部材を現場に運んで組立てられた．それはまったく同一の2つの部分からなり，一つは中心で上方に突出し，いま一つは中心で下方に沈んでいる．この写真では屋根の半分が建て上げられ，別の半分はまだ地上に置かれている．

361. ル・コルビュジエ・センター，チューリッヒ，1967年．屋根とそのプレファブの支柱．細っそりした端部の支柱は屋根の垂直応力のみを引受ける．風圧はもっと大きな箱型支柱で吸収される．

脳裡にあったものである．

チューリッヒのパヴィリヨンはル・コルビュジエの死後になってようやく建設された．完全に自由な1階平面を形づくる組立部材の使用は，この後期の作品のうちで特に重要である．ここでル・コルビュジエは均等な繰返しに代って個性的な形態をつくるために，標準化された部材を使用したのである．ル・コルビュジエは彼の時代から離れていなかった．ヨーン・ウッツォンのような若い建築家たちもまた，組立部材の自由で想像力豊かな使用の問題に取組んでいたのである．

未 完 成 の 作 品

ル・コルビュジエの手から鉛筆が突然取り上げられてしまった．彼の作品集の第7巻（Œuvre complète, 1957〜1965年）を一瞥すると，実現されるのを待っている広範な種々の段階の，多数の計画案に関する，ある種の想念，未完成のまま残された作品の悲劇が感じられる．ほとんどこれらすべての計画案は，それぞれの複合体の個々の建

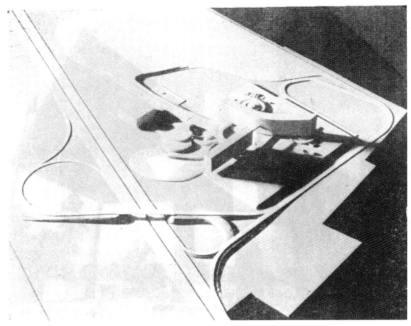

362. ル・コルビュジエ　　ロー・ミラノのオリヴェッティ・エレクトロニック・センターの模型，1962年設計．

物のいっそう自由な配置を示しているが，その計画は都市の有機体と諸建物との緊密な相互作用を成就している．建物のヴォリュームを相互に関連づけるこの相互作用は，1945年のサン・ディエのセンターに対する彼の実現しなかった計画案以来，ル・コルビュジエの作品に明らかに認められてきたものである．しかしながら，これらの新しいプランでは，その提案のすみずみにいたるまで芸術的な形態で完全なものにしようとする傾向がよりいっそう強く現われている．すべての道路のリズムが全体のハイウェイ・システムと関連づけられており，通常の強く彎曲した交通路線に新しい活力が与えられ，その曲線は感覚的な魅力を帯びている．このことは，ハイウェイが，その2次元的な性質にもかかわらず，あたかも壁のモルタルのように，その全集合体を結合していることからいってきわめて重要である．

オリヴェッティ（Olivetti）のエレクトロニック・センター（1962年設計）はル・コルビュジエの最後の計画案のうちで最も典型的なものの一つである（図362）．それはミ

ラノからトリノへ行くハイウェイ沿いにあり，高い長方形の建物（研究センターを収容）と低い有機的な腎臓状の構造物および駐車場の彎曲した輪郭などの驚くべき混合から成り立っている．あらゆるところで有機的なものへと向かう願望――最近召集ラッパのようにあらゆるところで突如として爆発している願望――が見出されるが，ここではその願望は常に建築的形態の規律によって抑制されている．このセンター全体はかつて試みられたものよりも大胆な開いた形と閉じられた形との相互作用であって，ル・コルビュジエのように，画家としての識見を十分に身につけた人物が，いかにその時代の見解を本能的に感じとり，しかも最大の感受性をもって自身の作品のうちに活かし得たかを示している．

さらに他にも，彼のベルリン中心地区計画（図530）やパリの20世紀大博物館計画のように，想像力をかきたてるような他の計画案がある．

実施される計画案の一つは，1964〜1965年に設計された彼のヴェニスの病院である．ヴェニスの建築アカデミーが，ル・コルビュジエの2人の協働者とともに，この建物のための責任を引きついでいる．この病院は，どのような点から見ても，そのまわりの住宅をしのいで高く聳え立ってはいない．ル・コルビュジエは特殊な地域の性格に入り込んでゆく直観的能力――それも決して模倣に堕さない感受性――をもっていた．その計画の制限された建築敷地に，ル・コルビュジエは彼のもち続けてきた集中に対する関心を最も若い建築家の世代の傾向と結びつけたのである．

アメリカの建築家ポール・ルドルフ（Paul Rudolph）は，ル・コルビュジエの重要性をつぎのような文章でいい表わしている．「ル・コルビュジエは，彼自身の革命を越えてさらに成長し，建築芸術を，予見可能な未来への明確な路線を含むような次元にまで拡大した，まさに20世紀的な革命家であった．」[71]

ル・コルビュジエの死によって，建築は偉大な指導者を失なったのである．

---

[71]   *Progressive Architecture* (Nov. 1965), p. 199.

ル・コルビュジエ
と来たるべき世代

来たるべき世代へのル・コルビュジエの影響は何であろうか？

その生涯の初めから終りまで，ル・コルビュジエは，創意に富んだ芸術家として，また闘士として，二つの役割をもっていた．彼の二重の役割の理由は今日明らかである．闘士としての彼の立場は，19世紀の進んだ科学的思考と，一般大衆と権威者の心中に生き続けてきた反動的なロマンティックな感情との間の，19世紀の悲劇的な分裂から直接生まれてきたものであった．ル・コルビュジエは創造的な芸術家で，しかも同時に自分のアイディアの唱道者であることを余儀なくされたのである．

ル・コルビュジエの強さは彼の建築的な力の中にある．これは絵画や彫刻に共通した情緒的な背景から生まれてきた．ル・コルビュジエの果たした主要な役割の一つは，建築における現時代的な表現の任務を一再ならず開始したことであった．しかし，ル・コルビュジエを孤立した人物と考えるのは完全に間違っているであろう．現代建築の創造は，グロピウスやミース・ファン・デル・ローエ，オランダのステイル・グループのような他の多くの個性にその根をもっている．しかし，ル・コルビュジエのユニークな歴史的役割は，彼が同時に画家であり建築家であり詩人でもあったという事実にある．

今日の建築家はその眼をルネサンスの建築家以上に広く見開いていなければならない．彼は，個人の住宅から人々の集合体にまで拡がったずっと広範な人間的要求と芸術的要求の両者を満足させなければならない．しかも，一方，新しい材料の使用を図り，標準化を活用し，さらに交通の一般的な調節といった事項をさえ考慮に入れながら，それらの要求をみたさなければならない．構造的な問題の解決とまったく同程度に，呼吸する空間の創造は重要である．人間の住む場所は，家庭外の業務地がますます雑沓しつつあるので，住民の私的生活のための呼吸する空間をよりいっそう必要としている．

フランク・ロイド・ライトからル・コルビュジエに至る建築家たちは，絶えず人々のための呼吸する空間をよりいっそう広く要求してきた．ライトは常に，自由に組織された建物を囲りの自然と結びつけた"有機的な建築"について主張してきた．ル・コルビュジエは，彼の要求していたものに直接名前をつけなかったが（彼がチャンディ

668

ガールの記念碑でやろうとしたように），それを宇宙的なシンボル，太陽の運行を表わすものによって表現していた．おそらくこの感情の最も強い建築的な表現は，天空以外の風景を見ることができないように，約2メートルの高さの壁で両側面を仕切った，彼のラ・トゥーレット修道院の屋上テラスである．われわれはこういった種類の宇宙的な方向づけには慣れていない．

創造的な芸術家として，また唱道者としてのル・コルビュジエの精神は今日なお生き続けている．私には，ル・コルビュジエがますます現在の（特にフランスとイギリスでの）世代の建築にみられるある種の発展の反対者にみえてくる．その連中は密集した全体のなかにつめこまれた住宅の大集団をつくりだしつつあるが，それは呼吸する空間を必要としないような機械にますます似てきているし，人間の住環境の必要性を完全に無視している．これらの建築家たちは，ライトを初めル・コルビュジエによって強調されてきた人間と自然との密接な関連性——存続を要求する関連性——を無視しているのである！

世界中の指導的な建築家に与えたル・コルビュジエの影響には測りしれないものがある．これらの建築家はそれぞれ各自の路線に従っているが，建築的な表現と造型的な表現とを結びつけるというル・コルビュジエの基本的な傾向を発展させてきた．同時に，ル・コルビュジエは，彼のピロティや住宅や教会を模写しているような他の連中によってしばしば単純に模倣されてきた．従って，われわれには，多数の若い建築家たちが何故すべての先人たちの仕事を受け入れないのか，また彼ら自身の存在の権利を表明するべくまったく異なった何物かから出発したいと思っているのかが了解されるのである．

このことはル・コルビュジエの業績に関する最終的な質問へとわれわれを導いてゆく．建築はまったく機械的な発展を追求してゆくのだろうか，それともそれは，古代以来のすべての盛期文明に共通な，しかも現代にあってフランク・ロイド・ライトからル・コルビュジエに至るすべての偉大な建築家によって認められた，かの人間的要求の連続性に対応してゆくのであろうか？　この要求は常に人間と自然とを結びつけることであった．しかも常に各時代の新しく発明された技術的可能性によって，それを成就することであった．

ミース・ファン・デル・ローエと形態の完璧さ

363. ペーテル・デ・ホーホ (Peter de Hooch) 母と子，1650年頃．透き通った清澄な雰囲気をもったオランダの住宅の室内は，ミース・ファン・デル・ローエの平坦な面の釣合やピエト・モンドリアンの作品との間に内面的な親近性をもっている．

ミース・ファン・デル・ローエ (Mies van der Rohe)は，ドイツ文明最古の中心地，シャルルマーニュ (Charlemagne) の居城のあったアーヘン (Aachen) で成長した．アーヘンの町は，オランダの国境に近く，その住民の多くは，ネーデルランド人特有の冷静かつ沈着な性質の持主である．その性質は鈍重というよりも，むしろ外界に対する防御——内的集中への引籠り——である．少なくとも，ミース・ファン・デル・ローエについては，そうだといえよう．

とにかく，彼の作品は，他のいかなるドイツの建築家のものよりも，オランダ人の作品に近い．こういう性質が，彼の設計した建物にどのように反映されているか，以下順に見てゆくことにする．清澄な雰囲気と，明確に組立てられた壁体と開口部をもったオランダ17世紀の「室内」（図363）にみられる精神は，ミース・ファン・デル・ローエの平坦な面の釣合と内面的な親近性をもっている．

ミース・ファン・デル・ローエは，子供の頃から父の工房で，煉瓦や石を正確に積むことに習熟していた．純粋な形態に対する彼の熱狂的な執着と，材料の使用に対する

慎重な配慮は，多分このような幼時の経験[72] から抽き出されたのであろう．

もっとも，こういったことは単に一般的な予備的な条件にすぎない．それよりも，ミース・ファン・デル・ローエの仕事は，彼自身の時代と一体どのような関連をもっているのであろうか？

ミース・ファン・デル・ローエの建築の諸要素

創造的な建築の発展の秘密は，いかなる場合にも，主につぎの3つの要素に基づいている．それは，良質なものを見分ける天分をもった建築主の存在；作品と個性によって若い世代の創造的な可能性を呼び起こすことを知っている師匠；さらに，みずから必要とするものを与えてくれる最良の場を選ぶことのできる有望な世代の存在である．

ペーター・ベーレンスとミー
ス・ファン・デル・ローエ

この場合には，建築主はベルリンの総合電気会社の社長エミール・ラーテナウ（Emil Rathenau），師匠はペーター・ベーレンス（Peter Behrens）である．そして，この重要な時期に，その進むべき進路をペーター・ベーレンスのもとに見出した有望な世代には，ミース・ファン・デル・ローエとグロピウスと，ほんの短期間の来訪者ではあったが，ル・コルビュジエが含まれていた．ペーター・ベーレンスのアトリエは，当時のドイツにおいて，この若い世代が必要とするものを見出すことのできた唯一のものであった．ペーター・ベーレンスの1909年のタービン工場は，ガラスや鉄のような材料が，その中に隠された表現力をもっていること，しかも，芸術家がその手段や可能性を発展させる方法を理解しさえすれば，直ちにその表現力を引き出すことができるということを示していた．この1909年の建物と40年代の建物との間には，新しい空間概念によってつくり出された大きなへだたりがある．しかし，ペーター・ベーレ

---

[72] 詳細には，Philip C. Johnson, *Mies van der Rohe* (New York：Museum of Modern Art, 1947) を参照せよ．この書には，ローエ自身の著作と関係文献による叙述がある．

671

ンスの工場は，ドイツのローマン古典主義者カール・フリードリッヒ・シンケル(Karl Friedrich Schinkel, 1781〜1840年)や1900年頃，ヨーロッパ建築に平滑な壁面を復活させたベルラーへの田園住宅などよりも，ミース・ファン・デル・ローエの表現手段に対して，より強固な基礎を提供したのである．

ベルリンにおけるフランク
・ロイド・ライト，1910年

1910年に，フランク・ロイド・ライトがヨーロッパの視界に登場してきた．ワルター・グロピウスとミース・ファン・デル・ローエが，ペーター・ベーレンスの下で働いていた頃，ベルリンでフランク・ロイド・ライトの作品展示会が開かれた．「われわれ若い建築家たちは，激しい精神的な混乱に陥った．この巨匠の作品は，まごつかせるほどの形態の豊かさと表現の清澄さをもち，思いがけない力に満ちあふれた建築の世界を提示していた」と，ずっと後になって，ミース・ファン・デル・ローエは述懐している．

伸び拡がる植物のように，あらゆる方向に延びているライトの平面の開放性（図253）と，建物全体を一つの流動する空間として表現するライトの傾向は，ヨーロッパの建築家に自分たちの硬直状態を突如として悟らしめることになった．大草原からやって来た男が，彼らに生きた形態に還ることを教えたのである．

ミース・ファン・デル・ローエのその後の作品の要素の中には，ペーター・ベーレンスの示した新材料の取扱いに対する注意と，フランク・ロイド・ライトの住宅の自由なプランを見てとることができる．グロピウスが，その翌年（1911年）に建てたファグス工場は，若い世代の変貌した見解を明瞭に示している．ガラスと鉄は，もはや，マッシヴな壁体に包みこまれることなく，建物の隅角部で滑らかに直接結び合わされている（図302）．

同様に，1919年から1921年にかけてのミース・ファン・デル・ローエの有名なガラスの摩天楼の習作[73]と，1922年の大事務所建築の計画案[74]では，その芸術的表現は，骨組が建物の内部にあるという事実から抽き出されているし，「柱と梁が支持壁を除去

---

[73] これらの習作は，ベルリンのフリードリッヒシュトラーセに建つ事務所建築のための競技設計案として，1919年に始められた．これらの習作を，孤立して考えてはならない．フリードリッヒシュトラーセの事務所建築において，ミース・ファン・デル・ローエの材料の取扱いと形態の純粋さは，その競争者たちよりもはる

672

する．これこそ，皮膚と骨格の構築物である」と彼自身語っているところの考え方に由来している．

ステイルの運動

ミース・ファン・デル・ローエの創造的な発展の第3の刺激は，オランダから得られた．1920年頃には，住宅建設の分野で，ネーデルランド地方ほど多くの興味深い発展をなしとげた国はどこにもなかった．新しい建築言語の表現に対する決定的なはけ口となったのは，工場でも商店でもなく，住宅と住居集団という人間的な領域であった[75]．

したがって，いわゆるアムステルダム派のある程度誤り導かれた努力をも含めて，実現されたすべての成果を引用しながら，テオ・ファン・ドゥースブルフが，その雑誌「ステイル」[76]（1917年）において，理想的な浄化と純化を行なうためのプログラムを提言しているのも十分に納得のゆくことである．テオ・ファン・ドゥースブルフが，C・ファン・エーステレンやG・リートフェルト（G. Rietveld）とともに計画したパ

　　　かに進んでいたが，彼の企画した計画案は，やはり20年代におけるドイツ建築の表現主義的傾向を反映している．オランダの雑誌「ウェンディンヘン」(*Wendingen*)の第Ⅲ巻第5輯（Amsterdam, 1923）の中に，その当時ヨーロッパを風靡していた摩天楼というモティーフのロマンティシズムに関するウェイデフェルト（H. Th. Wijdeveld）とベーネ（A. Behne）博士の興味深い文献がある．
　　　これによって，ミース・ファン・デル・ローエの計画案と，ペルツィヒ（Hans Poelzig）やヘーリング（Hugo Häring）等の計画案との間の相違点と同時に相互関係をも看取することができる．

[74]　Johnson, *Mies van der Rohe*, p. 31.

[75]　1920年には，他のいかなる国にも，アウト（J.J.P. Oud）のロッテルダムにおける労働者住宅建設計画，ファン・ローヘム（Ir. J.B. van Loghem）のハーレム（Haarlem）におけるローセハーヘ(Rosehaghe)住居地計画(1920年)および彼のアムステルダムにおけるコンクリート造のワーテルグラーフスメール（Watergraafsmeer）邸（1922年），ヤン・ウィルス（Jan Wils）のハーグにおけるパパフェルホーフ（Papaverhof）住宅群（1919～1921年），あるいは条件付きでは，デ・クラーク（M. de Klerk）の1914年から1923年の間のアムステルダムのアパート（図508）およびドゥドック（W. M. Dudok）の1920年頃のヒルフェルシューム（Hilversum）における作品等に比肩しうるものはなかった．唯一の先駆は，ロベルト・ファントッフ（Robert vant' Hoff）のハイステルヘイデ（Huisterheide）にあるコンクリート造の独立住宅（1914～1915年）であった．

[76]　pp. 517～518を見よ．さらにワルター・グロピウスとモホリ・ナギー監修の「バウハウス叢書」（Bauhausbücher）第10巻のJ.J.P. Oud, *Hollandische Architektur* (Munich, 1925)，およびIr J. B. van Loghem, *Holland Built To Live In* (Amsterdam, 1932) を参照せよ．両書とも，指導的な建築家の手になったものなので，特にその資料の選択に興味がある．

673

リのレオンス・ローゼンベルグ（Léonce Rosenberg）展示場でのステイル・グループの展示会（絵画，彫刻，建築）（1923年10月）は，特に模型や建築材料の展示によって，ル・コルビュジエやミース・ファン・デル・ローエのような指導的な人物に大きな影響を与えた．この展示会は，家屋を垂直面と水平面によって仕切られた流動的な空間にしようとするフランク・ロイド・ライトの考え方がすでに十分に理解され摂取されたことを示している（図89）．

田園住宅，1923年

ミース・ファン・デル・ローエの煉瓦造とコンクリート造の2つの田園住宅の習作（1923年）（図364，365，367）[77]は，近代建築の発展にとって，測り知れぬほどの重要性をもっている．ローエは，テオ・ファン・ドゥースブルフの分析的精神に基づく透明感のある建築の図面によって，従来の閉じこめられた立方体としての住宅の概念はすでにその意義を喪失してしまったということを学び得たのである．これらの2つの習作において，ミース・ファン・デル・ローエは，この概念に明快な統一された芸術的表現を与えることになった．

ミース・ファン・デル・ローエの秩序だった手並によって，平坦な面は，材料と構造──平板ガラス，鉄筋コンクリート，およびすぐ後で使用された大理石──に対する結集点となった．さらに，これらのミース・ファン・デル・ローエの田園住宅は，家屋を構成する諸要素の流動的な性格に対して，ステイル派の習作よりも，もっと明快に実現可能な形態を与えている．これは，ル・コルビュジエがオートイユにラ・ロッシュ邸を建て，G・リートフェルトがユトレヒトに彼の流儀の住宅を建てた時期でもあった(1924年)．家屋の内部から外に突き出された平坦な面が，ファン・ドゥースブルフのように，外壁でためらうことなく，風車の羽根のように風光の中に拡がってゆく．同時に，面の諸要素は構造的要素に対する結集点となっている．浮遊するような屋根スラブの載った長い窓の帯の貫入によって，透明感が達成されている（図367）．

---

[77] G，第Ⅱ号（Berlin，1923年9月）の中に初めて公表された．これはミース・ファン・デル・ローエとリヒター（Richter）およびグラーフ（Graff）によって編輯された雑誌でⅢ号まで刊行された．その内容は Stijl 誌や Esprit Nouveau 誌に近いものであった．

これらの要素は，すべて，それぞれ別個の思い付きではなく，巧みな芸術的調整によって渾然一体となっている[78]．

ミース・ファン・デル・ローエはこの頃に建てた住宅では，彼がそれまでに紙上計画で発展させてきた大胆な着想を実現することができなかった．彼の構想は，1929年のバルセロナ博覧会のパヴィリョンにおいて，初めて実現されることになった図）368）．彼は，卓絶した闌明さで，貴重な材料の純粋な面を新しい空間概念の要素として使用した．彼の最も有名な住宅は，おそらく，チェコスロヴァキアのブルノー（Brno）にあるテューゲントハット（Tugendhat）邸[79]（1930年）であって，流動する空間の相互貫入を最大限に達成している．そこでは，まるで水族館の水槽にさらされているような感を受けないわけにはいかない．

ベルリン，1931年

褐色のシャツがすでにベルリン市中にあふれて，あらゆる分野の産業の倒産，500万に及ぶ失業者，あらゆる市場の窮迫化という危機に瀕していた1931年に，大規模な建築展覧会が開催された．それには，ドイツの創造的な力が共同して働いた．しかし，それが最後であった．住宅協同組合の委託を受けたバウハウスのワルター・グロピウスとL・モホリ・ナギーおよびハーバート・バイヤーは[80]，住宅問題に人間的な解決の道を見出すためには何がなされなければならないかということを，近代的な展示技術と芸術的表現の全力を挙げて，公衆に周知させようとした．

その大展示会場の中央に，あらゆる喧騒から離れて，ミース・ファン・デル・ローエは，ガラス壁面と，素晴らしい空間構成をもった独身者用と思われる平家の住宅を建てて，いかなる妥協もいれることなく，彼の心情に触れる構造や平坦な面や空間の統合を発展させようとした[81]（図368，369）．

---

[78] R. J. Neutra の *Buildings and Projects* (Zürich, 1951) の序文で，われわれはステイル・グループとミース・ファン・デル・ローエの実現されなかった計画案が，ノイトラ自身の発展に及ぼした大きな影響をさらに跡づけようと試みた．

[79] Johnson, pp. 76～86．

[80] ワルター・グロピウスは1928年にバウハウスを去り，モホリ・ナギーとバイヤーも同時にバウハウスの職を辞している（訳注）．

[81] そこにはまた，ベルリンの建築家ルックハルトとマルセル・ブロイヤーの家族用住宅，およびワルター・グロピウスによる多層アパートのためのホールが展示されていた．Peiro Bottoni, "Berlin 1931," *Rassegna d' Architettura*, 15, September, 1931 を参照せよ．

675

364. ミース・ファン・デル・ローエ　煉瓦造田園住宅の計画案，1923年．

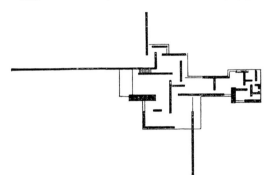

365. ミース・ファン・デル・ローエ　煉瓦造田園住宅，1923年．1階平面．家屋の内部から突き出た平坦な面が外壁で停止することなく，風車の羽根のように外部の風光の中に伸び拡がっている．

366. ミース・ファン・デル・ローエ　バルセロナでの国際博におけるドイツ展示館，1929年．彼のヴィジョンは，ここで初めて実現されることになった．卓絶した闡明さで，彼は貴重な材料の純粋な面を，新しい空間概念の要素として使用している．

676

367. ミース・ファン・デル・ローエ　コンクリート住宅の計画案, 1923年, 平坦な面が, 構造的な諸要素の結集点となっている. 浮遊するような屋根スラブのかぶさった長い窓の帯の貫入によって透明感が達成されている.

368. ミース・ファン・デル・ローエ　独身者用田園住宅, ベルリン建築展, 1931年. 大展示ホールの中央に, ミース・ファン・デル・ローエはガラス壁の独立住宅を建てた. ドイツ文化崩壊前の最後の近代的表示の一つ.

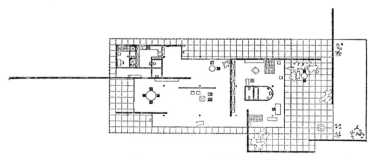

369. ミース・ファン・デル・ローエ　独身者用田園住宅. 平面. 1923年の煉瓦造田園住宅と同じ傾向が示されている. 家屋内部から突き出た平坦な面が, 内部の流れるような空間とともに実現されている.

しかし，その宣伝も大衆にアッピールするまでに至らなかった．建築的な解決は，何の効果も挙げ得なかった．発展は，別の方向に向わなければならなかったのである．

ドイツでは，建築上の貢献はきわめて短い期間にしかなされなかった．機会は，ほんの数年間存在したにすぎない．1927年のシュトゥットガルトでのワイセンホーフ集団住宅地（Weissenhof siedlung, Stuttgart）の開設に居合せた者は，誰一人としてわずか5年後にすべてが終ってしまうなどということを予見することはできなかった．

シュトゥットガルトのワイセンホーフ集団住宅地，1927年

20年代の中期には，ピカソやブラックやレジェのような近代画家によって，明快な原色が使われ，それ以前になく，それ以後にも再び現われないようなオプティミズムが光輝を放っていると思われた時期があった．戦争とインフレーションが克服されるやいなや，新しい生活方式，新しい芸術，さらには新しい建築の高揚がもはや抑圧されることのない，新しい時代の黎明が訪れようとしているかのごとく思われた．

ドイツはこの時期に，これまで以上に外界に気をとめるようになった．前衛派は，その隠れ家から引き出されて，実際生活の中に投げ込まれた．ワルター・グロピウスが，パウル・クレー，カンディンスキー，モホリ・ナギーのような画家とともに，バウハウスの基礎を確立し(1919年)，さらに，ミース・ファン・デル・ローエがドイツ工作連盟[52]の最初の副会長に任命されたのも，このような当時の事情によるものであった．

工作連盟がミース・ファン・デル・ローエに委任したシュトゥットガルトのワイセンホーフ集団住宅地建設(図370, 371)は，おそらく，えりすぐった精鋭の中に起こった変化を最も端的に示している．他国の若い建築家たちに，各自の建物を遂行させるというきわめて寛大な招待状が発せられた．オランダからはアウト（J.J.P. Oud）とマルト・スタム（Mart Stam）がきて，2人共自国の慣習に従った連続住宅を建てた．フランスからはル・コルビュジエがきたが，彼は最も論議的となったピロティ上に載

---

[52]　本書 pp. 557～559 を参照せよ.

678

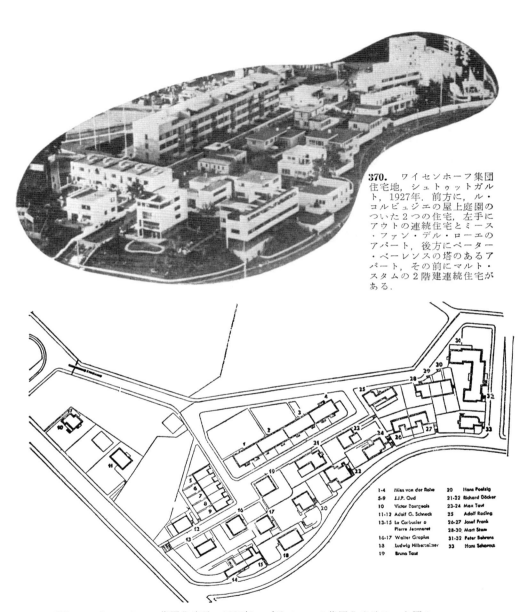

370. ワイセンホーフ集団住宅地，シュトゥットガルト，1927年．前方に，ル・コルビュジエの屋上庭園のついた2つの住宅，左手にアウトの連続住宅とミース・ファン・デル・ローエのアパート，後方にペーター・ベーレンスの塔のあるアパート，その前にマルト・スタムの2階建連続住宅がある．

371. ワイセンホーフ集団住宅地，1927年．プラン．この集団住宅地は，各国の現代建築家が，住宅問題の新しい解析方法が発展させられてきたということを，言葉によらずに，同一敷地内に一緒に建設することによって初めて提示する機会を得た画期的な時期をしるしづけている．

679

372. ワイセンホーフ集団住宅地, 1927年. ミース・ファン・デル・ローエの特別な貢献は, 住宅問題の新しい要求に適応させて, スティール架構を初めて適用したということであった. 彼の壮大なシカゴのアパートがここに予見されている.

373. 2階平面. 各階ごとに違う平面になっている. 左の方の住戸には, スティールの柱が室内にむき出しになっている.

374. ミース・ファン・デル・ローエのアパートの鉄骨.

った2つの住宅を建てた. ベルギーからは, ヴィクトル・ブールジョワ (Victor Bourgeois) が招かれた. 若いスイスの建築家には, ミース・ファン・デル・ローエのアパートの一つの階がまかされた. 敷地の一方の端には, 老練なドイツの建築家ペーター・ベーレンスが, 城塞のようなアパート建築を建てた. その周囲や, それぞれの間に, ドイツやオーストリーの建築家たちが, 一家族用独立住宅を建てた——ワルター・グロピウス, ブルーノ・タウト (Bruno Taut), シャロウン (Scharoun), ラーディング (Rading), ヒルベルザイマー (Hilbersheimer), デッカー (Doecker), フランク (J. Frank) 等の手になったものである. この開催期間中に居合せた者なら誰一人として, この出来事——明らかに, 強固な反対に抗して遂行された——によって造り出されたオプティミズムと精神的な支柱を忘れないであろう.

1927年に書かれた (私の) 二, 三の文章[83]によって, より直接的な印象が得られよう.

「この展示会は, 確かに, われわれに実際生活に対する洞察を与えた. それはアヴァン・ギャルドの隔離された実験室から新しい構造方式を引き出して, それを大規模に実施させる誘因となったという点で, 大きな重要性をもっていると思う. 新建築は……大衆の積極的な参加がなくては, 健全な発達ができない. もちろん, その解決されるべき課題は, 大衆の意識的な表現によって提出されるものではない. 多くの理由からして, 大衆の意識的な見解は, 新しい芸術上の経験に対して, 常に "否" といおうとしている. しかし, もしその無意識裡の見解が, 一たび新しい方向に向けられたならば, 実験室での製作は拡大され実際生活の必要に適合させられるであろう. シュトゥットガルト展は, このような過程の核のように思われるし, ここにこそ, その重要性が存在しているのである.」

「ワイセンホーフ集団住宅地は, 2つの大きな転換を示している. すなわち, 手工業的な構築方式から工業化への転換と, 新しい生活方式の予告である.」

「ミース・ファン・デル・ローエの最初のプランは, 緑地が相互に流れ込んで統一ある関連がつくり出されるように, 住宅敷地を組合わせようとするものであった. このプランは, 残念ながら経済的な理由のために実現されなかった. しかし, 陸屋根の水

---

[83] S. Giedion, "L'Exposition du Werkbund à Stuttgart 1927", "La Cité du Weissenhof," *Architecture Vivante* (Paris, 1928).

681

375. ミース・ファン・デル・ローエ　イリノイ工科大学構内の俯瞰．計画されたすべての建物を示している．(1)屋外運動場，(2)体育館と水泳プール，(3)屋内競技場，(4)同窓会館，(5)冶金化学教室，(6)ＡＡＲ研究室，(7)図書館と本館，(8)化学教室，(9)教養科教室，(10)機械工学教室，(11)土木工学および力学教室，(12)実験室，(13)実験室，(14)電気工学および物理学教室，(15)学生会館と大講堂，(16)建築および工芸教室，(17)ＡＲＦ研究室と事務室，(18)ガス工学研究室，(19)研究実験室，(20)研究実験室，(21)金属研究室，(22)ＡＲＦ技術研究室，(23)ＡＲＦ技術研究室，(24)煖房動力室，(25)ＡＲＦ技術研究室．

376. ミース・ファン・デル・ローエ　本館の建物，1944年．形態の純粋さ，異種の構造の併置，プロポーションの精緻さ，輪廓の制御——こういった，彼の1923年の田園住宅において示されていたもののすべて——が，ここで十分に発展させられている．

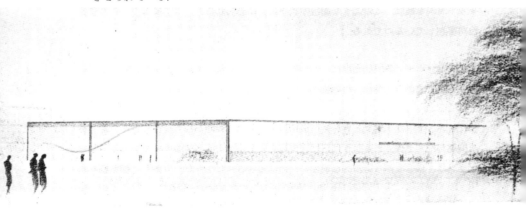

平な固執しない面によって，相互の関連や秩序が，そうしないとひどい混乱をひき起こすような個所につくり出されているのを感じとることができる．ハーグのような平坦な町では，平坦な陸屋根が広い連相った帯をつくり出すさまをはっきり見てとることができる．」

ミース・ファン・デル・ローエの鉄骨骨組のアパート

「ワイセンホーフ集団住宅地では，ミース・ファン・デル・ローエの鉄骨のアパートが卓越している（図372〜374）．今日では通常，宮殿や城塞のような形態をとるアパートメント・ハウスでさえ，ここでは，もっと自由に表現された構造体に変形されている．スティールの架構によって，すべての堅苦しい融通のきかない外壁や内壁を排除することができる．なぜかといえば，外壁では煉瓦半枚分の厚さの断熱材の壁で十分であり，内壁は居住者の好みに従って，どのようにも配置することができるからである．広い連窓の帯が唯一の限定する要素である．これらの窓の帯は，良好な光線をできるだけ深く建物の中に射入しうるように幅広い連続したものになっている．アパートメント・ハウスの問題は，今日では(1927年)，一家族住宅の問題に比べてまだ解

377． ミース・ファン・デル・ローエ　応用化学および冶金学教室の建物，1949年．北西からの眺望．

決からほど遠い状態にあるが，ミース・ファン・デル・ローエのスティール架構は，この問題の解決に対する可能な道を指し示している.」

「多くの建築批評家たちは，ミース・ファン・デル・ローエやル・コルビュジエの家屋の中を自由に走る連続したスティールの支持体を非常に不体裁なものと考えた．建築家にとっても，壁体が家屋の荷重支持体になっているような伝統的な構造方式の外観から解放されるのは，とりわけむずかしいことのように思われる．われわれの住宅の内部構造に完全な表現を与えるということは，今日の空間概念にとって，根本的に重要なことである．連続したスティールの支持体は，確かに審美上の焦点ではない．それは，空間を穏やかに横切るべきものかもしれない．ちょうど，古代建築の柱が，荷重と支持の整然たる配列によって見る者に安定感を与えるように，連続したスティールやコンクリートの軸組は，今日の観察者に，家屋全体に均等に流れている力強いエネルギーの印象を与える．外に現われた独立柱には，こうして，その構造上の目的から離れて，新しい表現上の特質が与えられている．ここには，連続的なエネルギーが作用している．われわれの生活には，隔離された経験のままでおかれるようなものは何一つとして存在しない．あらゆるものが多面的な——内部や外部の，あるいは上や下の——相関関係の中に存在しているのである！」

「ミース・ファン・デル・ローエはディテールの末端に至るまで，建築物の可能性を追求してきた．天井にねじ止めのできる合板の壁体によって，居住者はその好み通りに各自の空間配置を変更することができる．各室の扉なしの連絡．われわれは，この方法によって，70平方メートル（750平方フィート）の面積の中につくり出される空間の多様さにつぎつぎと驚かされる．それは，われわれに必要な刺激——工業を活動させるような刺激——として働きかけてくる.」

ワイセンホーフ集団住宅地は，同時に，合理的な計画．住宅内部の組織化の生きた声明書であった．一般大衆が，ここで初めて，ミース・ファン・デル・ローエとマルト・スタムによって，厨房の作業や空間の組織化のほか，カンティレヴァ方式の鋼管製の椅子をも紹介されることになった事情については，別書で記述しておいた[84].

---

[84]　S. Giedion, *Mechanization Takes Command*, pp. 493〜503, 523〜526.

378. ミース・ファン・デル・ローエ　鉱物学および金属研究室，1943年．南面．この大学全体の計画の基礎として使用された24フィートの基準尺度が，平坦な面の中の慎重な釣合とともに，この研究室の南面にはっきり現われている．

イリノイ工科大学，1939年以降

今日では，芸術分野における創造的エネルギーほど浪費されているものはない．この浪費は，現代芸術についてなんの知識ももっていない現代の為政者たちが，表現手段において厳密に保守的でないものはなんでも嫌悪するという事実によっていっそうひどくなっている．

最初に書いたように，忍耐力と冷静さに恵まれたミース・ファン・デル・ローエが，もし1938年にシカゴに招かれていなかったとしたら，彼は一体どうなっていただろうか？　その後にドイツの建築家と建築を襲った運命——われわれの時代の最も陰鬱な

光景——を見れば十分に推察がつくであろう.

今や, 彼の高層アパートメント・ハウスは, シカゴの最も美しい地区に聳え立っているし, 彼はさらに, 1939年以来イリノイ工科大学の建物を手掛けてきた[85]. この25年という期間は, アメリカでは普通の建物を完全に償却しうる期間である. こうしてミース・ファン・デル・ローエは, ともかくも, その天性の忍耐力をアメリカの財産管理者たちに伝え得たように思われる.

24棟の建物の空間配置は, ミース・ファン・デル・ローエの1923年の田園住宅の設計にまでさかのぼることによって, 最も良く理解されよう. そこでは, 壁体の種々の断片の間の新しい釣合関係が, 全体に滲透し合う空間統一体の感じを導き出していた. シカゴの大学構内の建物についても同じことがいえる. 24棟の建物が, かつての田園住宅の壁体のように, 互いに直線的な関係で立っている. 同時に, それらの建物は, 一目で見渡せないがすべてを包括する空間——すなわち時間という次元を包含することによって, つまり, 動くことによって初めて徐々に知覚されてくるような空間——がつくり出されるように配置されている (図375).

薄彫を造る古代エジプトの彫刻家のように, ミース・ファン・デル・ローエは, 構内のすべての建物を通して碁盤目割の網目を押し拡げてゆく. 彼のモデュールは24フィートである (図378). このモデュールは, 実際に, それと認められなくても, どんな段階の観察者にも感銘を与えるものである.

プロポーション

ミース・ファン・デル・ローエは, ル・コルビュジエとともに, その制作において比例関係を再び慎重に求めているごく少数の建築家の一人である. この2人は, これを, ピタゴラス的な観念でやっているが, そこでは, 寸法は単なる寸法ではなくて, 量的な性質と同時に質的なものをも合わせ含んでいるのである.

プロポーションの取扱いに見せた慎重さは, 材料の取扱いに現われる注意深さと同じものである. イリノイ工科大学の建物には, ミース・ファン・デル・ローエの初期の

---

[85] 詳しくは, Hugo Weber, "Mies van der Rohe in Chicago," *Bauen und Wohnen*, No. 9 (Zürich, 1951) を参照せよ. これはミース・ファン・デル・ローエの作品に関するすぐれた研究である.

頃の縞めのうの壁やクロミウムの柱は一つも見られない．しかし，比例と構造と材料は，ここではよりいっそうすぐれた手練によって相互に関連づけられている．

むき出しの鉄骨骨組の間に煉瓦の充塡された実験室や工場の側壁は，通常，無視された二義的な要素であるが，ミース・ファン・デル・ローエによって，最高度の芸術的価値をもった要素に変えられている．

このことは，行きずりの観察者には，一切が明白だとはいえないかもしれない．しかし，たとえ知識がないにしても，この種の秩序づけられた環境が人に影響を与えるということは確かである．1927年のワイセンホーフ集団住宅地建設が，ちょうど，その後の発展に大きな影響を与えた宣言であったように，このシカゴの大学の建物は建築における，より偉大な芸術的完璧さの必要を訴えている．

高層アパート

1949年以後の高層アパート

初期の摩天楼の研究から30年後の1949年に，ミース・ファン・デル・ローエは，ミシガン湖畔に高層のアパートメント・ブロックを建築中であった．これらの中の一つのプロモントリ・アパート（Promontory Apartments）は，図525に示した建物からあまり遠くない南シカゴに建っている．大きなガラス窓からはてしない湖水を見渡した眺めは，まさに圧倒的である．この建物は，22階建の鉄筋コンクリート架構で，1894年にシカゴに建ったホラバードとロッシュのマルケット・ビルディング（図240）のようなU字形の平面である．プロモントリ・アパートは，実際には一つに結合された2つのユニットからなり，それぞれエレベーターと階段室をもっている．細部の扱いは，その簡素な点では禁欲的ともいうべきほどのものである（図379, 382）．

ミース・ファン・デル・ローエの手練は，そのアパートのそれぞれの平面（図380）と，特にファサードの取扱い（図381）に感じられる．高さに応じて4段階に引込んでいる高く聳え立った鉄筋コンクリートの垂直柱は，並々ならぬ感覚で処理されて，ファサードの全面に音楽的な表現を与えている[86]．このファサードと，ル・コルビュジエ

---

[86] プロモントリ・アパートの設計に関与したのは, Associated Architects, Pace Associates and Mies van der Rohe ; Consulting Architects, Holsman と Klekamp ; Engineer, Frank J. Kornacker.

379. ミース・ファン・デル・ローエ　プロモントリ・アパート，シカゴ，1949年．東面．入口側の部分．鉄筋コンクリートの骨組を，そのファサードの芸術的表現に組み入れるために慎重な考慮が払われている．この写真では，上にゆくに従って，細くなってゆく柱や梁の明白なセット・バックが見られる．こういう柱の抑揚は，窓面積や充填壁の，十分に計算されたセット・バックとともに，ミース・ファン・デル・ローエの総合的な手腕の典型的なものを表わしている．

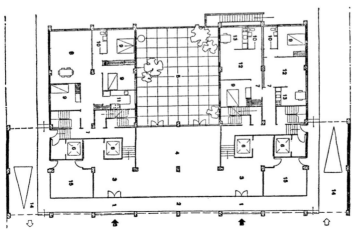

380. プロモントリ・アパート，1949年．U字型の平面は，各階の自由な平面計画とともに，最初，シカゴの事務所建築（図240と比較せよ）で用いられ，ついで20年代の住居建設に，1950年頃になって大規模なアパートに用いられるようになった．

381. プロモントリ・アパート，1949年．東面．このアパートは，シカゴ南部の，図525のアパート群のごく近くに位置している．窓からミシガン湖の広いひろがりが見渡され，居住者は，その側らの通りに並ぶ低層連続住宅よりも，自然や新鮮な空気に恵まれ，個人生活の感情を享受することができる．

382. プロモントリ・アパート，1949年．対称形に建てられた両翼を隔てるロビーからの眺望．ここでも，ディテールやプロポーションの処理が非常に刺激的な効果を示している．

のマルセイユの住居単位（1947〜1952年，図336）とを比べると，鉄筋コンクリートの用いられ方に非常に違った手法のあることが判る．

レイク・ショア・アパート，1951年

ミース・ファン・デル・ローエの手掛けた建物の中で，シカゴ市レイク・ショア・ドライヴ（Lake Shore Drive）860番地に建つ彼の最大かつ最も急進的な2つのアパートメント・ハウス（1951年，図383，384）ほど，現代のアメリカ人に直接的な影響を与えたものはない．このレイク・ショア・アパートは，ミースが後に，たとえばコモンウェルス・アパート（Commonwealth Apartments, 1956年）などでしばしばくりかえしたような相互関係におかれた2つのヴォリューム——2つの高く聳える建物——からなっている．それ以来，このような"双子建築"は，アメリカで流行的なものになり，たとえばヤマサキのニューヨークの国際貿易センターのような曲解したものま

で生まれている．レイク・ショア・アパートでは——イリノイ州プラノにある彼のファーンスワース邸（Farnsworth House, Plano, 1950年）のように——形態の完璧さが，他の何ものをも従属させるような最高の法則になっている．この建築家は，妥協を許さぬ断固たる気力をもって，そのガラスの平行6面体の明快な平坦面から，いかなる逸脱をも許容していない．各部の詳細は，まさに見る者をして，建築とは修練であり，人の手になった芸術作品なのだと思わせるところがある．

芸術と高度な機械化

ミース・ファン・デル・ローエの摩天楼アパートは，1880年代のシカゴ派の伝統を——その暗い休止期間の後を受けて——復活させている．そこには，芸術家の創造力と近代の建設工業の巨大な組織との間の協調といった，見慣れない共生が生まれている．

1880年頃のアドラーとサリヴァンは，かつて技師にして建築請負師でもあったウイリアム・ル・バロン・ジェニーが無理なくやり了せたように，自分たちの建物の建設に完全な責任を負うことができた．現在では，こういうことはもはや不可能である．主要な建物の建設の責任者たちのリストは，大きな映画フィルムの製作協力者のリストよりも長いくらいである．しかし，ちょうど映画の良否が主監督の能力に依存するように，建物の質はその形を与える建築家の能力にかかっている．建築家はそれに建築的表現と呼びうるような計量しがたい質を付与しなければならない．アメリカの建設工業が——希れなケースだが——その信頼を一人の芸術家，しかも型にはまった建築家でない人物に託したということは，芸術と高度な機械化との間の総合が可能だということの徴候である．創造力にあふれた建築家が，ひとたび機械化の巨大な鍵盤の扱い方を修得しえたとしたら，われわれはもはや建築の将来について思い惑う必要はないのである．

事 務 所 建 築

ミース・ファン・デル・ローエのアメリカでの仕事は，50年代初期の頃から大きく増加してきた．特に，彼は数個の重要な事務所建築を設計した．彼の仕事がドイツで認められるようになるまでにさらに10年かかったが，60年代初期までに彼はあらゆる方

691

面に受け入れられた．ドイツの工業王たちからは，たとえばエッセンのフリードリッヒ・クルップ事務所建築の設計を委託され，ドイツの官界からはベルリンの20世紀展示館のための設計を委託された．

ニューヨークの摩天楼群のなかで，パーク・アヴェニューの広い前庭のあるいかめしいブロンズのシーグラム・オフィス・ビル（Seagram Office Building, 1958年）は特別な威厳ある地位を保っている．

60年代に，シカゴはニューヨークほどプレイボーイ的な建築の傾向に陥入らなかった．この期間に，数棟の大事務所建築がその州や市のために建てられたが，それはあたかもこの地方のかつてのシカゴ派の天才が復活したかのごとくであった．

シカゴの連邦センター，1963年

ミース・ファン・デル・ローエは，シカゴのまさに心臓部にあたるループ地区に大きな連邦政府中心施設（Federal Center Complex）を設計した．それは連邦裁判所と，

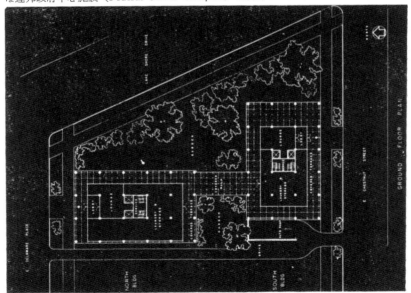

383. ミース・ファン・デル・ローエ　レイク・ショア・ドライヴ・アパート，1951年．平面．工場生産部材で組立てられた建物の最も進歩的な例の一つ．

384. ミース・ファン・デル・ローエ　　レイク・ショア・ドライヴ・アパート，1951年．カーテンを使用せずに，光線の種々の質を調節する技術的手段は，まだ工業によってはつくり出されていないにしても，ガラスの使用は，ここではその最高の水準に到達しているといえよう．

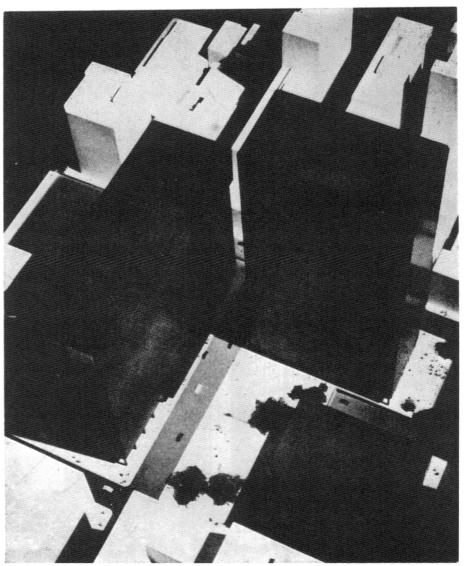

385. ミース・ファン・デル・ローエ　連邦センター，シカゴ，1963年．模型．左は30階建の連邦裁判所，中央は45階建の連邦庁舎．どちらの建物も1階は職員のレストランにあてられている．右手の1階建の中央郵便局は60m角の典型的な分割されない内部空間になっている．利用しうる空間を最小限にとどめるような街路の狭い碁盤目割にもかかわらず，この建築家はその敷地制限内でヴォリュームの相互作用をつくり出すのに成功している．

彼の弟子の一人が設計した連邦庁舎と，中央郵便局からなっている（図385）．このセンターのために利用できる敷地は，シカゴの街路網の狭い碁盤目割によって最小限に切りつめられ，空間における大きなヴォリュームの相互作用が許されていない．しかし，このような条件下にあっても，ミース・ファン・デル・ローエがこれら3つの構築物；連邦裁判所と連邦庁舎と低層の中央郵便局の間の相互釣合関係をどのようにつくり出し得たかを，その模型から見てとることができる．

メキシコ・シティ近郊のバカル
ディ・オフィス・ビル，1961年

ミース・ファン・デル・ローエの最近のすべての建物のうちでも，メキシコのバカルディ・ラム酒工場（Bacardi rum factory, 1961年）は最も卓越した建築術的手段を示している．それはメキシコ・シティから，アズテック文化の聖なる都市テオティフアカン（Teotihuacán）へ行く途中の田園地方にある（図386）．

ここでミース・ファン・デル・ローエはいっそう進んだ方法を発展させた．外部には，強調された柱と，建物の前面および引込んだ1階の壁面にガラス面がある（図391）．内部は単一の流動する空間になっている．これは位置と比例をほとんど変えないで，完全の域に到達させるというきわめて巧妙な知識によってなしとげられた．ここでは特に水平面間の釣合関係が意識的に強調されているが，これはミース・ファン・デル・ローエの最近の作品によくみられる強調である（図389）．

このメキシコの建物の先触れになったのは，キューバの同じ商社のための平家建の事務所建築（1958年）だが，そこでは重々しいコンクリートの格天井が架け渡されている．8本の先細りになったコンクリート柱がコーナーから約15メートルのところで天井と接しているので，突出した水平な面が空間に浮遊しているようにみえる．水平な面の間の同じような釣合関係がメキシコの2階建のバカルディの建物に現われているが，そこでは幅広く敷きつめられたトラヴァーチンの床が強調され，その床は一部で建物から外方へ延びている（図391）．

天井と床の水平な面の間の浮遊するような釣合関係が，一見簡単にみえる工夫によって強調されている．つまりそれぞれのコーナーには柱がない．その代りに，柱は短か手の妻壁からずっと引きこんだところに置かれていて，そのために——その方向では

695

386. ミース・ファン・デル・ローエ バカルディ・オフィス・ビル, メキシコ, 1961年. 上階を突出させ柱を引込ませたその建物全体の外観.

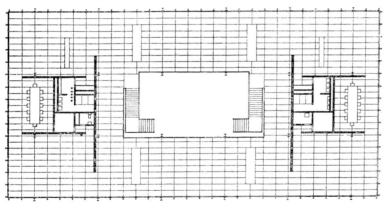

387. バカルディ・オフィス・ビル, メキシコ, 1961年. 2階の平面. 執務室は長手に沿って配置されている. シーダーウッドの2つの間仕切壁が空間にのびのびと配置され, 会議室を主要空間から区別している.

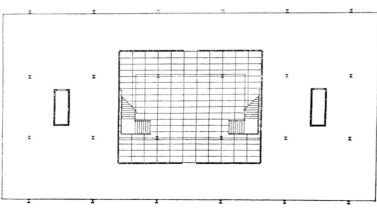

388. バカルディ・オフィス・ビル, メキシコ, 1961年, 1階平面. 中央の大きな開放的な部屋のパティオのような性格がその"単一空間"の流れを強めている. 妻側で引込ませた柱が両側の突出した上階を示している.

389. バカルディ・オフィス・ビル，メキシコ，1961年．床と天井の間の流動的な関係が，上階を前方に突出させるように引込ませた柱によって強調されている．

390. バカルディ・オフィス・ビル，メキシコ，1961年．床と天井の面の間の関係．残念ながら，植樹がそのコーナーに集中されているので，数年のうちに，この建物の水晶のような透明性が失われてしまうだろう．

391. バカルディ・オフィス・ビル，メキシコ，1961年．床と天井の水平面の浮遊するような関係が入口廻りで強調され，トラヴァーチンの床が幅広い流れで外方に流出している．

392. ミース・ファン・デル・ローエ　20世紀展示館の計画案，ベルリン，1963年．模型．このミュージアムでは，水平面の間の釣合関係が高められた基壇と屋根と街路の3つのレヴェルを導入することによってさらに推進されている．キューバのバカルディ・オフィス・ビル（1958年）でのように，柱をコーナーから離してガラス壁を引きこませている．

――天井は前方にのびのびと突出している（図389）．こうして天井と床の平坦な面の間の関係に十分な表現力が与えられている．ヨーン・ウッツォンの作品では，水平な平坦面は，現代建築の構成要素として，もっと強く前面におし出されている．

2階の有色ガラスは外からは不透明に見え，内側からは透明に見えるようになっている．これは，強く黒いスティールの垂直線と建物全体の軽快さとの相互作用を強めている．

そのインテリアにおいて，ミース・ファン・デル・ローエは再び，彼がブルノーのテューゲントハット邸（1930年）からシカゴ近郊のファーンスワース邸（1950年）にかけてつくり出した単一の流動空間の形成という原理に従っている．空間を取囲んだガラスは，たとえ屋根があっても，パティオのような働きをしている（図388）．事務職員のためのスペースは廻りのギャラリーの両側にそって設けられている．その狭い妻側に，会議室がシーダーウッドの壁で仕切られている．軽快な階段が1階の広間から

2階の執務空間へと通じている（図387）．

ベルリンの20世紀展示館のためのミース・ファン・デル・ローエの計画案（1963年，図392）は，キューバのバカルディ・ビルと密接な関係がある．ここでもまた柱がコーナーからずっと後方に置かれていて，引っこめられたガラス壁と共に，屋根と基壇と街路のそれぞれ異なったレヴェルの間の舞い立つような釣合関係を強めている．この

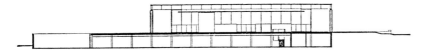

393. 20世紀展示館，ベルリン，1963年．東西断面．ずっと左手に彫刻のためのコートがある．常設のコレクションは高められた基壇の下に収納され，一時的な展示は1階のフロアーで催されることになっている．

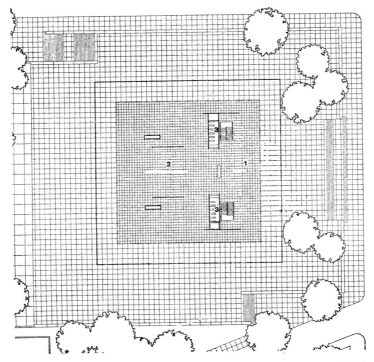

394. 20世紀展示館，ベルリン，1963年．一時的な展示に使用される1階平面．

建物は，断面図が示すように（図393），主要なコレクションを収める地階を含んだ，一段高いレヴェルの上に立つように設計された．出入口レヴェルのガラス張りのホールは一時的な展覧会にのみ使用される（図394）．

形態の完璧さについて

創造的な人物には種々の型がある．あるものは，人類の文化に貢献するように運命づけられているものを，一挙に，しかも，その活動の初期に考え出す．デカルトは，自身語っているように，彼の哲学体系を一夜にして考えついた．彼は，それを入念に仕上げたが，決して，その体系を変えようとはしなかった．

さらに別の創造的人物がある．彼らはその若い頃に考えたことに束縛されることなく，その一生を通じて絶えず進展し，絶えず動き廻る．ゲーテは，絶え間なく変転しながら進展するこの種の人物の典型であった．

ミース・ファン・デル・
ローエとル・コルビュジエ

われわれの視野を現代建築に限っても，同様の相違が見られる．たとえば，ル・コルビュジエの発展は，疑いもなく第2の型を反映している．ル・コルビュジエは彫刻的なアプローチをさらにいっそう推進させ，一方，同時に（第3の空間概念の意味でだが）内部と外部空間との間に新しい均衡をもたらそうとしていた．ミース・ファン・デル・ローエは，その気質によって，生涯を通じて彫琢することになるようなものを，初期の段階で考え出すような人々に属している．

純粋な形態の征服

ミース・ファン・デル・ローエは20年代初期に，あのガラス壁と鉄骨との組合わせの中に芸術的な表現の可能性を認めた時から，このアプローチを絶えず洗練された方法を使用しながら発展させようとしてきた．これら2つの工業的に生産された材料——スティールとガラス——は，魔法の杖が触れたわけでもないのに，その自然な状態に，つまりもとの無定形な塊に立戻ってしまう．ディテールの極度に敏感な調整，つまりプロポーションのきわめて微妙な変化によって，それらは芸術的な洗練の極致にまで変形されてしまう．ミース・ファン・デル・ローエは常に「有機的な原理」につ

いて考えていた．「われわれはあらゆるものにその在るべき正しい場所を与えるような秩序を必要としている．また，あらゆるものが，それ自身の性質に従って，それにふさわしいものを持てるようにすべきである．」

彼がその設計室で，柱とその結合の詳細の木の模型を原寸（縮尺1：1）でつくるように要求しているのもうなずけることである．骨組と平坦な面との接合部は，強度修正上の第一の指針として試験されなければならない．私は1964年4月に，ミース・ファン・デル・ローエの設計室で，製図板上に縮尺1：5のベルリン20世紀展示館の方眼状のモデュラー・グリッドや，十字形断面の支持体の3次元模型を見た．

空間に生命を与えようとする彼のたゆまぬ願望は，彼をますます集中的な建築的表現へと駆りたてていった．彼はすべての形を極度の純粋さに押しこめてしまうまで休もうとしなかった．彼は現代建築の構成的要素の一つである平坦な面をますます強固に保持しており，それを最も平滑で最も透明な形体——ガラス板——として使用するのを好んでいる．このような純粋な形態を獲得しようとする絶え間ない追求は，建築家にとって妨げになるような，本質的でないと思われるものを，すべていっそう厳しく排除していくことになった．しばしば故意に誤って解釈されているミース・ファン・デル・ローエの「より少ないものこそ，より豊かである」という言葉の背後にあるのは，こういう絶対的なものに対する欲求である．ミース・ファン・デル・ローエの独自性は，アメリカの建築にきわめて大きな影響を及ぼしてきた．しかし彼は，ピエト・モンドリアン（Piet Mondrian）と同様，模倣することはできない．

彼は1階建の住宅の解決策や，2階建の建物，あるいは多層アパートの解決策との間に差別を設けない．完全主義者としての態度が，すべての面や輪郭や詳細の決定を制御している．ヴォリュームは最も単純な形態にまとめられている．ますます磨きをかけられた建築術的な洗練が，1949年のプロモントリ・アパートから，1951年のレイク・ショア・アパートの黒い骨組や，1956年のコモンウェルス・アパートの軽快な，ほとんど非物質的ともいえるようなアルミニウムのリブに見出される．

ミース・ファン・デル・ローエの厳しい規律は，現代のアメリカ建築に深い精神的な影響を与えてきた．それなくしては，イーロ・サーリネン（Eero Saarinen）のジェネ

ラル・モーターズ技術研究所（General Motors Technical Center, デトロイト，1951年）の精緻に組織づけられた集合体も，またニューヨークの最も純粋な摩天楼の一つの24階建のレヴァー・ハウス（Lever House, パーク・アヴェニュー，1952年）も，現在のような形態にまで高められなかったであろう．レヴァー・ハウスの社会的に好ましい広場をつくり出すために，スキッドモア，オウィングス，メリル事務所（Skidmore, Owings, and Merrill）のゴードン・バンシャフト（Gordon Bunschaft）は，金融市場からきわめて高価な市街地の一部を取り上げて，ニューヨークの歩行者が自由に利用できるものに仕上げている．

もしも後世に，われわれの時代の建築家のうち誰が，絶えず流動する内部空間を精密に限定された形態の形成と結びつける方法を最もよく熟知していたかという調査がなされたとしたら，ミース・ファン・デル・ローエこそ，われわれの時代固有の選択力をもった最も明解な典型的人物とみなされることであろう．

アルヴァ・アアルト：非合理性と標準化

アアルトは，標準化をもはや主人としてではなく召使として従属させるために，標準化と非合理性との結合を企ててきた最も有力な代表者である．ここ2，30年間，建築の発展を支えてきた倫理的な意欲のうちには，生活と建築との結合を再び確立しようとする強い関心が存在していた．アアルトは，今日の建築の語彙を創造してきた建築家の中では一番年が若い．

生活と建築との結合

すでに，フランク・ロイド・ライトは，アメリカの大草原から直接出現してきたともいえるような形態上の言語を発展させていた．ライトが1900年頃に建てた個人住宅では，とりわけ人間的な面が強調されており，当時まだ若かったライトが，その発展に

注目していた摩天楼建築とは強い対照を示していた.

ヨーロッパがその時代の支配的な好尚によって荒廃させてしまった建築言語から自由になるために辿らなければならない道が実に困難に満ちたものだということが判ってきた. 建築的表現の質がひどく低下してしまったので,それはもはやまっすぐな道を進むことができなくなってしまった. その治癒の方法としては,すべてを切捨てて,時代の標章となった健全な基礎——鉄骨とコンクリート架構——を残し得た時にのみうまく成功し得たのである.

治癒の方法の今一つの要素は,その世紀の転換期に富裕階級によって強く愛好されていた偽りの個性を除去することであった. この仕事は確乎としたプログラムと機能の強調を必要とした. ワルター・グロピウスが1913年頃,ヨーロッパで新しい建築表現手段に第一歩を踏み出した頃には,住居から直接始めることはできなかった. 彼はまず骨組構造や工場,博覧会建築に自己を限定することによって始めなければならなかった.

1920年頃,ル・コルビュジエは新しい空間概念に基づいた住宅をつくり出した. 彼の出発点は鉄筋コンクリート骨組と,立体派以来引続き発展してきていた芸術的表現手段であった.

同じ頃オランダでは「ステイル」グループの仕事を通して,実際的な解決策のみならず芸術的な基礎理論についても貢献がなされた. この運動はテオ・ファン・ドゥースブルフやモンドリアン,リートフェルト,ファン・エーステレンなどを中心とした動きであった. J.J.P.アウトは,1919年以来引続き建設してきた労働者の住居地に,その社会的な考え方を表現していたが,そこでは,機能と美の結びつきが巧みに処理されている.

これらの表現手段や,その諸要素,すなわち標準化や新構造法,なかんずく新しい空間概念は,1930年頃までに発展してきていたので,建築の表現言語はすでに誰でも思い通りに使えるようになっていたのである.

703

根源的なものと分化再生されたものとの相互補足

1930年頃，アルヴァ・アアルトの名前はフィンランド以外の国にも知られ始めた．彼が果たした役割とは一体どういうものだったのだろうか？

ちょうど，この頃，ジョアン・ミロ（Joan Miró）とかパウル・クレー（Paul Klee）のような，有機的なものとか非合理なものに深く結びつけられた作品をものしていた画家たちが，ようやく注目されるようになってきていた．同じような事態が，建築においてもまさに起ころうとしていた．

早くも1925年に，ル・コルビュジエのパリの新精神館（Pavillon de l'Esprit Nouveau）では，自然が産み出したさまざまなもの——石とか貝殻とかグロテスクな木の根といったようなもの——を，日常使用するコップとか，酒壜，あるいは実験器具のような，人間の永い間の経験をとおして完全な標準型をもつようになった，機械によってつくられたもの，と一緒に並べている．人間の手で形作られたものと，有機的に生まれてきたものとを2つながら用いて生活するということは，今日のわれわれにとって必要な要件のように思われる．

われわれは，新建築が，まず最初に鉄構造や鉄筋コンクリート構造のような，当時の堅苦しい諸要素から発展しなければならなかったゆえんを見てきた．しかし，1930年頃までには，新しい表現手段が獲得されていた．今では，よりいっそうの発展をなすこと，つまり合理的・機能的なものから，あえて非合理的・有機的なものへと飛躍することも可能であった．これも実は，すでに機能的な考え方そのもののうちに潜んでいた要求であった．誤解を避けるために，はっきりさせておくが，この有機的なものへの発展は，鈎十字の標章の下に19世紀の支配的な好尚を継続した1930年代のドイツの反動に近似するものではない．量産とか標準化とかに対する感覚が棄てさられてしまったというのではなくて，ただ，われわれは今や必要な技術を手近にもちあわせているばかりでなく，おそらくは，これらの技術の使用についても，人間的な立場からの洞見をもちあわせるに至ったということである．

鉄と鉄筋コンクリートの構造に並んで，昔からの材料である木材が再び登場してきた．1930年頃までには，木材はそのすべての可能性が製造業者によって抽き出されてしまったかのように思われていた．アアルトは，彼の名と緊く結びつけられるようになったこの材料を，新しい眼で見直すべく運命づけられた輝しい星座の下に生まれてきたかのごとくであった．彼はわれわれの時代の芸術的諸原理に対するごとくに，有機化学に接近している．

アアルトがどこへ行こうと，フィンランドは彼と共にある．このことが，アアルトの仕事のうちに絶えず流れているエネルギーの内面的な源泉を与えている．それはあたかも，ピカソにおけるスペイン，あるいは，ジェームズ・ジョイスにおけるアイルランドのようなものである．今日の芸術の本質が果たしている役割は，その真の代表物が明確な人間的環境に胚胎したものであって，それらの仕事が真空中で造られたものではないということである．しかしまた，空間と時間との間の障壁や，国と国との間の障壁，将来と過去との間の障壁を取除き，われわれ自身の時代を強く一薙ぎして，全世界と歴史全体を包摂しているのも，この芸術の本質が果たしている役割である．ジョルジュ・ブラック（Georges Braque）は，このことをその最近出版された作品集の中に，ベルグソン流の考え方でつぎのように表現している．「将来は現在によって条件づけられた過去の投影である」[57]と．

おそらく後世の人間が，現在のわれわれの時代の特色のうちのすぐれた点を挙げるとすれば，それこそ原始的なものと技術的なものとを結びつけようと努力した点だと考えるであろう．この同じ現象が，すべての芸術のうちに現われている．忘却されていた意識の層の中から，われわれのうちに潜んでいる原始人の本領が再び明るみに引き出され，同時に，現在との統合が求められているのである．

アアルトは休むことを知らない．彼は必ずしもフィンランドの松や樺の林に留まっていなかった．最初，彼はヨーロッパ大陸と接触を保っていたが，1939年以来，アメリカにもその脚を伸ばしてきた．彼の性質には，どんなところでも，またどんなときでも，芸術の発展のために力を与えるものであれば，それと繋がりをもたずにはおられないようなところがある．その上，彼はフェルナン・レジェ（Fernand Léger）やハ

---

[57] *Cahier de Georges Braque 1917～1947* (Paris, 1948). "L'avenir est la projection du passé, conditionée par le présent."

705

ンス・アルプ（Hans Arp）や彫刻家のブランクーシ（Brancusi）のような芸術家たちと親しく付合ってきた．彼はモダン・アートを偉大な貯水池と考えている．もっとも，それは目立たないことが多いのだが，彼自身の創造性に決定的な力を与えている．それは彼が設計したサナトリウムや工場やヴィープリ図書館（Viipuri Library）の中に，また彼が壁の上にスケッチしたごく簡単な計画案の中にそれとなく感じとられるものである．

アアルトが1939年にアメリカでニューヨーク万国博のフィンランド館を建てていた頃，一度彼と私は彫刻家のブランクーシと一緒になる折があった．ブランクーシはインドの大侯のために仕上げた彼のある作品について話していたが，その時，アアルトは，突然大きな声でこう口をはさんだ．「やあ，やっと判ったよ，ブランクーシ君！君はアジアとヨーロッパの交点に立っているんだね！」と．フィンランドもまた，東と西の交点にある．しかし，それについてはしばらくおき，ここではただ，フィンランドには太古から中世にかけての多くのなごりがいまだに生き残っていて，近代文明と入り混っているという事実を強調するにとどめよう．この二重性はアアルトの中にも染み込んでいて，彼の仕事に創造上の緊張を与えている．

1930年以前のフィンランドの建築

フィンランドは，永い間氷河で蔽われていた国々のうちの一つである．文明はこれまで大地の上を渡り歩いてくるものだったので，この国へは，新石器時代以来今日に至るまでいつもひどく遅れてたどりついた．しばしば，東方の影響と西方からの影響とがここで入り混ってきた．

ヨーロッパのあらゆる国々のうちで，フィンランドは多くの点で最も特殊な国の一つである．この国民は，昔のノールウェイのヴァイキングや，中世のデンマーク人，17世紀のスウェーデン人のように，帝国主義的な権力や華やかさを目指すようなことはかつて一度もなかった．フィンランドは，ナポレオンが一時戦乱のさなかにロシアに引渡すまでは，数百年間にわたってスウェーデンの一部になっていた．それぞれの支配者が，この国に足跡を印したけれども，どの侵略者も一人としてこの国民を真に統

706

395. 木材の流送．丸太は森林の中で乾燥された後，湖水や河川を下って，1年もかかって海まで運ばれ，その河口のセルローズ工場でパルプに変えられる．

御し得たものはなかった．フィンランド人とうまくやっていくには，親しみのある態度で接して，できるだけ彼らの邪魔をしないようにする他はなかった．このことはフィンランドの歴史全体を通じて真実であった．彼らの魂の奥深いところには落着いた剛毅さがあり，穏やかな親しみ深さと独特な結びつきを示しているが，これこそフィンランド人の力を築き上げているものである．

湖水や森林の網の目で蔽われたフィンランドは，天地創造の日，水と大地とが初めて分けられた時の姿を偲ばせる．それは広大な規模と寂漠の国であり，スイスの10倍の広さをもちながら，人口はスイスと同じぐらいしかない．銅と木材と水——これが，その主要な資源である．フィンランドは1万にも及ぶ数多い湖水に恵まれ，各湖水は4ないし5系統に連なりあって海に注いでいる．ロシアのように凍結した北部へではなくて，西部や南部の海に注いでいる．

フィンランドの主要な原料は木材である．樹木は，夏，北の方で伐採され，6ヵ月間

396. アルヴァ・アアルト　北フィンランドのラプア村(Lapua)での農林業博覧会のためのパヴィリョン．外観．この荒削りの丸太造は，農林業博覧会の建物というよりも，むしろインディアンに備えての矢来の堡塁のように見える．北フィンランドの森林地帯に1938年に建造されたものだが，アアルトが西ヨーロッパとの接触により因襲的にならなかったということが，その荒っぽい仕上のデザインのうちにうかがわれる．この種の垂直的な接合のもっと繊細な変形がアアルトの作品にしばしば現われる(パリの万国博1937年とニューヨークの万国博1939年)．

397. アルヴァ・アアルト　北フィンランドのラプア村での農林業博覧会のためのパヴィリョンの内部．

708

森林の中で乾燥された後，湖水や河川を数百マイルにわたり，1年もかかって海まで運ばれ，河口にある大きなセルローズ工場でパルプに変えられる（図395）．

第1次大戦直前，フィンランドをも含めたスカンジナヴィア諸国や中央ヨーロッパには，あらゆる国に繁栄の一時期があった．それは，永い平和な歳月の結果であった．自分自身の強固な建築表現を確立しようとするフィンランドの努力は，この時期に入るや否や即刻顕著なものになった[88]．

ラルス・ソンク（Lars Sonck）は，私が1948年の秋にヘルシンキのリベラル・クラブで昼食を共にした時には，すでに80才を越えていたが，年輩のフィンランドの建築家のうちでは，確かに最もすぐれた人物であった．彼自身，一塊の荒削りの花崗岩に似ているが，彼は今世紀初頭の10年間のアール・ヌーヴォーの運動を通じて最もすぐれ

398. アルヴァ・アアルト　トゥルク建設700年祭のためのオーケストラ演奏所，1929年．

[88] Finlands Architektfoerbund によって出版された *Architecture in Finland* (Helsinki, 1932) は，この時期までのフィンランドの発展を洞察するうえで唯一の書物である．

た教会を建てている．花崗岩やコンクリートや空間の取扱い方や表現上の率直さには，いまだに今日の観察者を直接魅了するものがあった[89]．

エリール・サーリネン（Eliel Saarinen）は，フィンランドからアメリカに渡るずっと以前に，ヘルシンキに建てた鉄道駅の建築（1906〜1914年）によって国外に名を知られていた．この有名な建物に南ドイツの影響を見出すのは容易だが，まさにこの建築家自身のように，この建物は，その原型よりもいっそう優美であり素直である．

シレン（J.S. Sirén）が，1920年代の末に建てたヘルシンキの国会議事堂は，スウェーデンの古典主義（特にイヴァール・テングボーム〔Ivar Tengboom〕やそのサークルによる古典主義）の一例である．しかし，この建物からは，エストベルク（Oestberg）設計のストックホルム市庁舎をある時期以後には受容しにくいものにしてしまっているような，あの熟れすぎた芳香が発散していない．

アアルトの最初の建物

アルヴァ・アアルトの活動は，終始一貫してフィンランドの最も騒がしい時期と一致している．まず最初に解放運動があり，ついで暫時の穏やかな自由のひととき，そしてそれからが2つの大戦である．普通に考えれば，これらの大戦はどちらもフィンランドに徹底的な打撃を加えるに十分だった．これらの大変災のあとには，破壊された生産施設の再建のための資金はほとんど残されていなかった．住宅建設は極度に切り詰められなければならなかったし，市の公会堂や博物館，市民センター，その他，少しでも財政上の繁栄を示すようなものの建設には，全然資金の目途がつかなかった．したがって，公共的な大建築はアアルトの仕事のうちには見出されない．アアルトのパイミオ（Paimio）のサナトリウムや，スニラ（Sunila）の工場集団，マイレア（Mairea）の快適な邸宅などの諸設計は，フィンランドの生死を賭けた2大戦争が起こる前の，短い期間につくり出されたものであった．

---

[89] ここで考えているのは，ヘルシンキにおける一種の標識になっているカッリオ・キルク（Kallio Kirk）（1908）よりも，フィンランドのマンチェスターともいうべきタンペレ（Tampere）市にある彼の花崗岩粗面仕上げの教会の方である．

710

399. アルヴァ・アアルト
トゥルクにあるトゥルン・サ
ノマット・ビルの印刷室,
1928〜1930年.

400. アルヴァ・アアルト
トゥルン・サノマット・ビル,
外観, 1928〜1930年.

フィンランドでは，建築家と林務官とは，他の国よりもはるかに高い社会的地位を占めていて，共に一種の貴族になっているが，アルヴァ・アアルトの先祖も林務官としてその階級に属していた．アアルト自身はアラヤルヴィ（Alajarvi）という村で育ったが，そこはフィンランドでも最も人口の高密な地域の西北端に近い．彼はその建築家としての経歴においては，とりわけ早いスタートをしている．彼がまだヘルシンキ工科大学の学生だった頃，このアラヤルヴィに，彼の最初の作品として両親のための住宅を設計した．彼は1922年にユヴァスキュラ（Jyväskylä）の近くに最初の教会を建てた．

このような初期の頃に，アアルトはいくつかのフィンランドの博覧会と多くの関係をもっていた．このような仮設建物の中の一つだけをここで取上げてみよう．フィンランドの旧首都，トゥルク（Turku, スウェーデン名オーブ Åbo）建設700年祭を祝して行なわれた博覧会の建物の，オーケストラ演奏所は，彼の設計になったそのような建物の一つである．このいくぶん彎曲した木製のサウンド・ボックス（図398）は，そ

401. アルヴァ・アアルト　パイミオの結核サナトリウム，1929〜1933年．病棟屋上の大気浴場．

のどの部分にもまったく無駄のないように気が配られ，デリケートに輪郭づけられて，傾斜したオーケストラ床面とともに，完全な音響伝達を確保しており，同時にその造形的な柔軟さを示している．アアルトがヴィープリ図書館の講堂に試みた天井と壁体の結合も，ここで考え付かれたものであった．

20年代の中頃に，フィンランドの若い3人の建築家，アアルトとブリュッグマン（Bryggman）とフットゥネン（Huttunen）とが活躍を始めた．この3人とも，フランスその他で開発されていたやり方で，鉄筋コンクリート構造を使用した．フットゥネンが，そのすぐれた製粉工場を建て，ブリュッグマンが，ホテルや教会や保険会社のオフィスなどを設計し，アアルトが，ある農業協同組合のための事務所，共同住宅，600人収容の劇場を含む彼の最初の大きな施設群をつくった頃は，かれらの芸術上の作風は区別しにくいほど似通っていた．アアルトが自分の事務所をトゥルクに開設したのは，1928年のことであった．

その頃，1928年から30年にかけて，彼の名をフィンランド国外にも知らせることになった最初の作品，トゥルクにあるトゥルン・サノマット（Turun-Sanomat）の事務所建築が出現した．ここにはすでに，西欧の技術とまったく彼自身の芸術表現上の言語との提携をみることができる．鉄筋コンクリートの構造，水平な窓の帯，屋上テラスや，特に印刷工場に充てられた地下室広間の，上拡がりのきのこ状（無梁版）天井などがそれを示している．この昼光照明のホールに用いられた上拡がりの柱は，柱頭の一方だけを感じよくきのこ状に仕上げてあり，アアルトの手腕による最もすぐれた面を示している（図399，400）．

アアルトが30歳になる前に設計を委託された建物，農業協同体のための施設，トゥルン・サノマット・ビル，ヴィープリ図書館，パイミオのサナトリウムなどは，すべて競技設計で当選した結果であった．これらの事実は，アアルトの天才ぶりを示しているばかりでなく，フィンランドの情況を知る上での手がかりともなろう．アアルトがもしも，他の民主主義諸国の一つ，たとえば，スイスとかアメリカに育ったとしたら，パイミオのサナトリウムのような設計については，1929年という，こう早くには，決して1等賞が得られなかったであろう．彼の翼は，はばたく前に破られるか，さもなければ妥協によって踏みにじられてしまったであろう．すぐれた才能の人を，その出

現の当初から正しく認めて，満幅の信頼を寄せるという政治的な抱擁力ほど，その国の精神の高さをはっきりと示すものはない．

パイミオのサナトリウム，1929〜1933年

われわれの承知しうる限り，現代建築の興隆と切っても切れない関係にある公共建築物が3つある．それはワルター・グロピウスによるデッサウのバウハウス（1926年）と，ル・コルビュジエによるジュネーヴの国際連盟会館（1927年），およびパイミオにあるアルヴァ・アアルトのサナトリウム（1929〜1933年）である．パイミオはフィンランドの南西部，前首都トゥルクからほど遠くないところにある．

この施設は約290人の患者をいれる中規模の結核サナトリウムである．主棟は，一連の途切れのない6階建で，南南西に向けられ，この棟にわずかな角度開いて日光浴室の棟が，片持梁のバルコニーをつけて連なっている（図402）．アアルトがこの公共サナトリウムの設計競技に当選したのは，1928年の末であったが，当時としては，日光浴室を一列だけの鉄筋コンクリートの柱の上にのせて，その背面を一つの平らな壁で閉じ，7層のバルコニーを連続して突き出させるには，相当の勇気が必要であった．これまでの普通のサナトリウムでは，病室とバルコニーとが一単位になっていて，患者が直接外気中に出て行けるようになっているが，パイミオのサナトリウムには，病室と結びついたバルコニーはない．病室とバルコニーとのこの分離はわざと意図されたものである．医師たちは，患者自身が選択と好みに従って，各自の小さなグループをつくることが安静療法上非常に重要だと考えていたのである．果てしなく患者の列が連なっているという印象を避けるために，バルコニーには，簡単な間仕切りが設けられていて，患者は，それぞれ好みの小さなグループに分かれることができるようになっている（図403）．屋上は建物の全長にわたって大気浴場として用いられている（図401）．アアルトは，病棟とこの大気浴場と出合うところの庇を，うねった曲線にしてつないでいる．その安楽椅子からは，近くの桜の木々の梢が眺められ，はるか彼方の森が遠望される．アアルトはさらに，コンクリートの平坦な面を柔げるために，バルコニーに沿って松を鉢植えにしている．

714

402. アルヴァ・アアルト　　パイミオの結核サナトリウム，1929～1933年．主要出入口廻り外観．

こういう人間的な心づかいは，個々の病室の基本的な設計のうちにも考慮されている．ベッドのそば近くおかれた電灯の位置だとか，小さな押入れの卵形をしたベニヤ戸，新鮮な外気をドラーフトなしに導入するために窓に設けた簡単な装置，特に騒音をたてないで水を流せるように設計した手洗器，天井面のパネル・ヒーティング（天井面を暖めて，それから熱を放射させる煖房方式）の早期の採用などに，細かい心づかいがはっきりと現われている．これらは，詳細についての綿密な設計ぶりを示している．

715

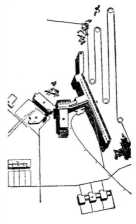

403. アルヴァ・アアルト パイミオの結核サナトリウム，1929〜1933年．病棟とレストホール．

404. アルヴァ・アアルト パイミオの結核サナトリウム，1929〜1933年．配置図．

患者をいれる主棟に直角に，階段室やエレベーターのある短い翼がついているが，これは，食堂や社交室と繋がっている．そこから，診療や管理のための比較的低い翼と，厨房や洗濯室，動力室のためのもっと低層な部分が放射状に連結されている（図404）．この建物から相当離れたところに医師と住込職員の住宅がある（図404）．アアルトの都市設計の基本的な考え方がすでにこの全集合体のゆるやかな配置に認められる．

どこに立って見ても，新しい光景が，この建築集合体の時-空間の概念を豊かにして

いる．壁体はそれぞれ各自の存在理由をもち，その背後の各部屋の機能に従って形作られているが，しかも同時に，それらはすべて一つの力強い造型的なヴィジョンによって相互に連絡づけられている．この建物がつくられた頃，北方の国々には，形の純粋さと，着想の大胆さにおいて，このパイミオのサナトリウムに比肩しうるような建物は，まだ一つも建てられていなかった．国際連盟会館のル・コルビュジエの計画案やバウハウスと同様に，この建物の各部分は，身体の器官のように完全に統合されている．つまり，各個にそれぞれ明確な機能をもちながら，しかも，他の部分から分離できないようになっている．その構内をくまなく巡り歩くことによってのみ，その時-空間的な計画や，大地や樹木への関連がのみこめるのである

うねらせた壁面

ヴィープリ図書館

アアルトが自由に自己を表現できた数少ない建物の一つは，1927年から1934年までかかってやっと建てられたヴィープリ図書館であった．この建物は，最初の芬露戦で損傷を受け，それに続くつぎの戦闘でほとんど破壊されてしまった．この建物は，入念につくられた円形のトップ・ライトをもった図書館本来の部分と，ひろびろとした出入口に続く変わった形の講演室とからなっていた[90]．

その講演室の木製の天井にうねりをもたせたアアルトの処理は，すぐれた歴史的意義をもっている．建築家は現在，日常的な機能の処理を越えるような天井の問題について一番ためらっているようである．ここには，芸術家の表現力を自由に働かせる機会が十二分に開かれている．ローマ時代のパンテオン以来，ヴォールト——天井——は，常にある時代の象徴的な力を表現するものであった．

アルヴァ・アアルトは，ル・コルビュジエとともに，この時代特有の方法で天井架構の問題に迫ろうとした現代の数少ない建築家の一人である[91]．ヴィープリ図書館の親しみを感じさせる講演室では，天井の非合理的な曲面がミロの絵にある蛇のような線

90) Alfred Roth, *The New Architecture* (Zürich, 1940), pp. 181〜194に詳しい.
91) たとえば，国連本部（ニューヨーク，1947）の大集会場に対するル・コルビュジエの原案では，天井と壁と床とが，それぞれ区分されてはいるが，ひとつながりに連続して結びつけられていた.

405. アルヴァ・アアルト　　ヴィープリ図書館，1927〜1934年．講演室のうねらせた天井．

を描いて空間を滑っている（図405）．講演者のうしろの床から上の方へ，細い赤杉の帯がガラス壁に沿って非合理的な感じの曲面をなしながら走っている．もちろん，建築家としては，彼が天井に与えた波形によって，聴衆の耳に音をより完全に到達させられるということを細心の音響学的理論に基づいて立証することもできるのである．つまり，ここでは科学上の推理と芸術上の構想とが融合して，今日の建築に終始つきまとって一つの危惧になっているあの硬さから，建築を救い出したのである．

ニューヨークのフィンランド館，1939年

アアルトは，ニューヨークのフィンランド館の壁をもっと自由に取扱っている．これは確かに，1939年のニューヨーク万国博における最も大胆な建築であった．3階分の高さをもつ傾斜した木製スクリーンが，内部空間を自由な曲線で取囲んでいる．そのスクリーンは3層からなっていて，各層はその下の層より張り出され，同時に全体が前方に傾いているので，連続した動きの印象が強められている．垂直のリブの列とその変化する影のリズムとが，巨大なスクリーンの面に生動感を与えている（図406）．

その各詳細には，それぞれ十分理由のある説明が与えられている．ポスター展示上の

406. アルヴァ・アアルト　ニューヨーク万国博のフィンランド館，1939年．内部のうねりのある壁．

407. フィンランドの湖水と森林, アウレンコ (Aulenko).

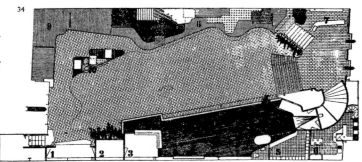

408. アルヴァ・アアルト　ニューヨーク万国博のフィンランド館, 1939年. 平面図.

409. アルヴァ・アアルト　ガラス花器.

技術からいって，うねりのある面は大きな写真のための広い余地を与えているし，前方への傾斜は，一番上の絵を視角に適応させている．垂直のリブの列は写真を前に浮き出させているし，上層の張り出しは，空に舞うような動きの印象を強めながら，陳列品の統一的な展示のための空間をつくり出している．

この試みの中に取り入れられた内部空間の新しい造型は，特に注目すべき特色だが，多くの人にはいまだに，粗野でほとんど野蛮なもののように映っているらしい（図408）．しかしフィンランド館は疑いもなく，発展の主要な路線上にあり，あらゆる完全な作品と同様，過去と未来の構成要素を表示している．

マサチューセッツ工科
大学の寄宿舎，1947年

天井と間仕切壁に柔軟性を与えたアアルトは，さらにマサチューセッツ工科大学（MIT，ケンブリッジ，1947年）の寄宿舎で外壁をも取上げるに至った．

そこでは，寄宿舎という地味な題材に新しい解釈が与えられている．この種の建物にしばしば感じる蟻の塔のような雰囲気を避けようとして，あらゆる手段が講じられている．アアルトは種々様々な手段，たとえば，階段室の配置の仕方だとか，寝室の収容人員数や形や配置を交互に変えて，空間をまぜ合わせたりすることによって，各個人に人間的な権利を賦与している．アアルトは，大胆にも，そのファサードを自由に，うねった壁面として取扱ったが，その結果，彼も説明しているように，どの学生も，その建物の大きな拡がりに気をとられないでチャールズ河の開豁な眺望を享受し得るようになっている（図410）．

チャールズ河に沿ったハーヴァードの他のいくつかの大きな学生寄宿舎は，その大半が18世紀のイギリス地方地主の邸館の様式で建てられている．それらの建物にうまく住込むにしても，おそらく大学の学生たちにあまりにも封建的な住まい方を強いることになるし，そのような生活方式は彼らが日頃住み慣れている現代の生活方式と極端にかけ離れすぎている．

アアルトの寄宿舎はこのようなやり方と違っている．内部のプラスターの塗ってない煉瓦壁は粗面のままで，学生たちの寝室と勉強室はまわりの生々とした雰囲気を壊さ

ない程度にできるだけ小さくつくられている．同じやり方が集会諸室にも適用されている．アアルトがほぼ方形の食堂に彼のよく使う円形のトップライトを設けたやり方は興味深い．彼はうねらせた建物のファサードに食堂を取付けるのを少しもおそれていない．その食堂ホールの空間は，ヴィープリ図書館や他の後の建物のように，アアルトに特徴的な2つのレヴェルをもっている（図413）．階段の長い構造の線を後ろのファサードから造型的に突出させるといった，因襲にとらわれない彼のやり方は，アアルトの自主的な態度を物語っている（図414）．玄関に足を踏み入れるやいなや透明な建物全体が見通されるようになっている．

ハーヴァード大学の大学院学生のためにワルター・グロピウスによって建てられたハークネス・センターは，まったく違ったやり方で初期の学生寮の重苦しさを克服している．グロピウスはその集合体を低層にして開放的な中庭まわりに組織づけている．ホセ・ルイ・セルトはハーヴァードの500人の既婚学生のためにチャールズ河沿いに建てた大きな集合体（1963～1964年）では，また別のやり方を使用した．そこでは3棟の明確に区分された22階建の塔状建物と，他の区別された低層や中層の建物との間にある種の相互作用がつくりだされている．

建築を硬さという脅威から救おうとするアアルトの試みは，ル・コルビュジエがパリの大学区にスイス学生寮(1930～1932年)の曲面の壁や，アルジェの都市計画案（1931

410. アルヴァ・アアルト　マサチューセッツ工科大学寄宿舎（ベイカー・ハウス），1947～1949年．俯瞰．

411. アルヴァ・アアルト MIT寄宿舎, 1947〜1949年. チャールズ河畔側の眺望. 突出したラウンジと食堂が見える.

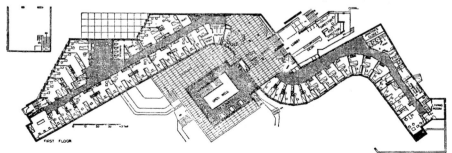

412. MIT寄宿舎．テラスのあるラウンジと，地階の食堂．

413. MIT寄宿舎．バルコニーのラウンジと食堂への階段．円形のトップライト——アアルトの典型的なディテール——に注目せよ．

414. MIT寄宿舎．運動場からの眺望，正面玄関と突出した階段が見える．

年）で試みたものを引継いでいる．すでに指摘してきたように，これらの試みは，フランチェスコ・ボロミーニのサン・カルロ・アレ・クアトロ・フォンターネのファサード（1662～1667年，図90）から，18世紀後期におけるイギリスのクレッズントの蛇状屈曲に至る，空間に変化と抑揚をつける手段としてのうねった壁面の伝統を引継いでいる（図91）．

有機体のような柔軟さを物体に吹きこもうとするアアルトの努力には，もう一つ別の源泉，つまり彼の生国の自然がある．ジョアン・ミロがカタラン（Catalan）地方の風景にその根をもっているように，あるいはまた，立体派の画家たちが，パリのカフェでの体験――テーブルやコップやビンや新聞紙など――を新しい空間の考え方に移し変えているように，アアルトは，フィンランドの湖水の屈曲した輪廓の中に，その直接的な動機を見出している．フィンランドの湖はもともと自然のままの驚くほど滑かな形をしていて，そのまわりを取りまいて水際までこんもりと繁っている大森林が，それに厚い浮彫りを盛りあげている（図407，409）．

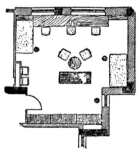

415. アルヴァ・アアルト MIT寄宿舎．空間を節約するために，2段ベッドを用いた3人室．プラスターの塗ってない煉瓦壁が使用されている．

スニラ：工場と風景，1937～1939年

フィンランドのアアルトの主要な活動の一つは，工業計画であって，工場そのものから工業地域全体の再配置にまで及んでいる．それはヴオクシ（Vuoksi）河流域の開発計画（1947年）に見出される．この河の左岸が，ロシア人によって併合され，放棄しなければならなくなったため，全工業施設や労務者の住宅およびその公共中心施設を移転して，新しい道路系統を計画しなければならなくなったのである．

アアルトはいくつかのセルローズ工場[2]や製材工場[93]を建てた．これらの工場はアメリカの工業施設ほど大規模でもないし，また，ロッテルダムのファン・ネルレ工場（van Nelle）（1927年）のような優美な贅沢さも備えていない．しかしアアルトは，どうしたら工場施設を純粋に営業上の手段としてのものから，建築作品としても取上げうるようなものにまで高められるかということを心得ていて，その敷地や各種材料の用い方，空間におけるヴォリュームの組立についても，生産動線に対するのと同じ十分な注意が払われている．それが最もよく現われているのが，スニラ（Sunila, 1937～1939年）である．

年間8万トンのセルローズ・シート（繊維板）を生産しているスニラは，フィンランドの5つの木材会社の共同建設によって造られたものである．今日，この工場は優秀な工場として定評があるが，しかしスニラは単なる工場だけではない．それは均質な住居地帯と生産地域の複合体である．住居地区は工場そのものよりも先に着手され，サウナと呼ばれる浴場や洗濯場とともに，樅の林の中に点在して建てられている（図419）．

スニラは小さな入江の中の島の上にある．その光景は，海岸にそって伸びる倉庫の長い水平線と，プラントの種々に組合わされた各種建物の垂直方向のアクセントによっ

---

[2]　たとえば，オウルに建ったトッピラ（Toppila）パルプ工場（1933）も，その一つであるが，そこでは木片の貯蔵所の暗示的な形も，完全にはものになっていない．

[93]　普通，平板の壁で造られた製材工場といえば，気の抜けたようなバラックを想い起こさせるものだが，アアルトのヴァルクハウス（Warkhaus）製材工場（1947）では，断面に十分気を配った丸材を用い，また壁面に生々とした輪郭を与えることによって，普通の製材工場にみられるわびしさの中に生気が吹き込まれている．

て，明確に浮かび上がっている（図417）．貯蔵塔の間を結ぶコンヴェヤの斜めの線が，強烈に全集合体を貫いている．

アアルトは，岩盤上に工場を建てるに当って，爆破によって一様な岸の高さに均らしたりしないで，まるい花崗岩をそのまま残すように留意している（図416）．彼はこれらの花崗岩の景感と，コンヴェヤを支える列塔の繊細な鋼構造や平らな煉瓦壁の異なった感触などの間のコントラストをどう扱えばよいかをよく承知していたのである．

スニラはきわめて完全な生産動線をもっている．その内部には巨大なコンテナーやボイラーやダイジェスターがある．液体や木材パルプの流れるパイプのトンネルがあり，広々としたホールに隔離されたセルローズの乾燥機がある．しかし人影はほとんど見られない．1日3万本の丸太をパルプにするのに，わずか45人でこと足りている．だが，森林の中では，この工場に木を伐り出して補給するのに3000人以上もの人間が立ち働いている．各階を結ぶ階段や，多くのホールもほとんど人影が見当らない．ここには，まさにかの『海底2万海里』のネモ船長のノーティラス号にみられるような雰囲気がある．生産動線の問題が一つの完全な解決に到達している．ここでは人間を機械の従属物として扱うような誤りは犯されていないのである．

最後に，一番高い煉瓦張りの倉庫の平らな屋上テラスに立って眺めると，そこから材料が重力の法則に従って生産工程に送り込まれてゆくのがよく判る．下には工場の組織が拡がり，木片を運ぶ大きな屋蓋付のコンヴェヤは，ほとんどテラスに届かんばかりのところまで上がってきている．花崗岩をこえてはるかにフィンランドらしい風景が見渡される．水また水，茂り合う木々，そして広漠たる空間が拡がっている（図418）．

岸辺近くに，何百マイルも河を流れ下ってきた丸太の島ができている．それを機械にかけるためにケーブル・クレーンがよりわけている．入江には，褐色のセルローズ・シートを海外へ運ぶ船が待っている．それは，あたかもファウスト的ともいうべき雄渾な眺めである．

416. アルヴァ・アアルト スニラ，1937〜1939年．コンヴェヤと工場建築と花崗岩塊．

417. アルヴァ・アアルト スニラ，1937〜1939年．倉庫とコンヴェヤ．

418. アルヴァ・アアルト スニラ, 1937〜1939年. 広々とした海の方を望む.

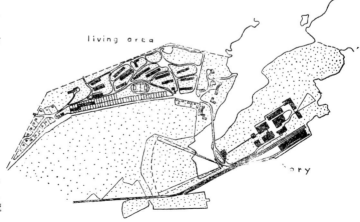

419. アルヴァ・アアルト スニラ. 1937〜1939年. 工場と住居地の配置計画図.

420. アルヴァ・アアルト
住宅"マイレア", 1938〜1939年
外観.

421. アルヴァ・アアルト
マイレア, 1938〜1939年. 1階平面図

マ イ レ ア

アアルトの天分は，単に個々の家具や居間や住宅だけでは理解されない．彼の大規模な計画やこの国の機構と合わせ考えてみなければならない．フィンランドでは，動揺した時期がしばらく続いたが，この期間には，独立住宅や贅沢な邸宅などをつくる機会に恵まれていなかった．アアルトは自分のための小さな家を建てた他，フィンランドのある木材会社の社長をしている友人のグリックセン（Gullichsen）氏のためにもっと大きな邸宅を建てた．夫人の名をとって「マイレア」（Mairea）と名付けられたグリックセン氏の家は，1938年から1939年にかけて，海岸にほど近い丘の頂きに松林を伐りひらいて建てられた．家のうしろには，庭と水泳プールがあり，その背景に一叢の銀ねず色の柳の木が植わっている．それは大きな邸だが，親しみを感じさせるような建物になっている．

マイレアは，18世紀によくみられたように，建築家と建築主とが一緒になってつくった，いわば，一つのるつぼから流れ出てきたような家である．この当時は，いまだに過ぎ去った世紀が胸中に消えやらずにためらっている依頼主を建築家が説得するのに，その精力の過半を費やさねばならないような頃であったが，このマイレアでは，建築家も建築主も同じ意欲と同じ好みをもっているというむしろ希れな一致を示していた．途方もない諸要求を充たさせたり，果てしない無くもがなの，がらくた類をこしらえあげることにだけ主要な関心を抱いているような依頼主が，単に大きな財政上の手段としてしか考えていない建物ほど，近代建築家を当惑させるものはない．

建物の質を直観的に判断するのに慣れている人でも，このマイレアの建築的演奏はなかなか理解しにくい．それは，あたかも建築の室内楽のようなものであって，モチーフと意図の解決に見られる微妙なものを感じとり，特に空間の処理と材料の異常な扱い方を十分に把握するために細心の注意が必要である．広い窓が内外空間を相互に滲透させ合っていて，あたかも森の木々がこの家の中に入ってきて，そこに用いられている木の細い柱と響き合っているかのように思われる．

テクスチャーの活用

その空間の組織については，ある程度，挿図から汲みとれるが，多くの材料の使用と，それらの併置から生まれてくる情感については，そうはいかないので，ここで説明しておく必要があろう．これは，すでに建物の外側にもはっきり現われている．窓下の粗面の黒いスレート板は——そのテクスチャー（きめ）の感じは，挿入の写真では見分けられない（図420）——チーク材のシャッターの暖い褐色と，上を走るパラペットの樺の木の黄色い帯と組合わされている．

内部は，材料の素地をもっとデリケートに使用している．玄関には，空間の強調を兼ねて，珍しい褐色の大きなタイル——教会の修復に普通よく使われるタイル——が斜めに敷いてある．これと対照に，もっと小さな赤みがかったタイルが，重々しいフィンランド風の煖炉のある応接室の床から，他の翼に直角に置かれた食堂の方に続いている．玄関から入って，一段高くなった部屋々々にいたる4歩ほどのところに，際立って光沢のある滑かな材質の木材が使われている．私は，あとで，アアルトにここに

422. アルヴァ・アアルト　マイレア，1938〜1939年．フィンランド風の煖炉と応接室．

使った木材は，どういう種類のものか訊ねてみたが，アアルトは，これは滅多に使われない白ぶなの一種で，ヨットの船体まわりの小割板として使用されるのと同じものだといっていた．主要な居間の各部分は相互に入りくんでいるが，あたかもそれを示すかのように，タイルの部分がうねった曲線をなして木の床と融合している．

材料の巧妙な併置はいたるところにみられる．居間の部分の一対の光沢ある黒檀の双柱は，柳細工の小さな帯で引立てられているが，その柳細工の帯は，柱まわりのいろいろな高さに，処によって，1本ずつ捲いたり，あるいは何本も一緒に捲いたりしてある（図422）．大きなフィンランド風の煖炉（ほとんどテーブルの高さ位まで炉床をつくるというこの国の古い伝統に従っているのでフィンランド風と呼ぶわけだが）は，床面から上に，張り出した花崗岩の棚がついていて，それにそって長々とねそべられるようになっている．アメリカのやり方と違って，その花崗岩のブロックは周囲の壁の中まで続いていないので，壁は白く滑かなままになっている．白漆喰を粗く塗った煉瓦壁のきめの効果を認めるには，綿密に観察しなければならない．

このような，それぞれ違った材料のテクスチャーの使用は，18世紀のロカーユ[94]の使用と同じ意味をもっている．すなわち，そのどちらも流動する空間に抑揚をつけるのに役立っている．

空　間　構　成

ここで，最も興をそそるのは，その空間構成である．玄関を入るとすぐ前に眼の高さくらいのうねった壁があるが，これによって，それとなく右手に別の部屋があるのをほのめかしている．4歩ほど行くと，一段高くなった居間に導かれるが，この居間は，いろんな方向に拡がっている．うしろの方に，煖炉廻りの部分が筋違いにのびており，さらに進むと，斜め奥の方にピアノの置かれた大きな部屋に出る．そこには柳枝を巻いた黒い柱が立ち，ゆったりとした大きな窓が開いている．読書室だけは完全なプライヴァシーが保たれている．

居間に入りこむと，木造の階段の両側に不規則な間隔で立ち並ぶ細い棒の列が，階段を隔てながら，しかも空間を滲透させているのに惹きつけられる．このように，階段

---

94)　ロカーユ（rocaille）とは，18世紀の建築にみられた壁面の仕上法の一つ．小石を壁にちりばめて化粧するもの（訳注）．

を住宅の空間構成の中にとり入れるやり方は，往々にして，その建築家の空間処理の能力の有無をはっきりさせるものである．この場合には，軽やかな木造の階段が居間の中に流れ込み，他の部屋の存在を示しながら，しかも階段それ自体を見失っていない．それはあたかも透かし彫りのように取扱われている（図423，424）．

この住宅では，空間がなにものにもさまたげられることなく家中に流れ動いている感じが少しも失われていないし，どこに立って見ても，親しみやすい感じが与えられるという滅多にないようなことが成就されているのである．

有機的な都市計画

都市計画とは，統合という言葉の唯一の別名である．今日のように偏狭な専門化の全盛の時代には，数多くの異なった部分から一つの全体を考えつくとか，まとめあげることほどむずかしいことはない．

統合する能力は普通，ある時代の終り頃になって発展させられるものであり，その時期は，その文化の頂点をなす時である．このことは，特に都市計画について真実である．

われわれは今，一つの時代の初めにありながら，しかもすでに，普通ならずっと後になって発展するはずのこういった資質を具備する必要に迫られている．私の関知する限り，こういう情況はこれまでにかつてなかった独特のものである．しかし，現実がそうである以上，われわれはその事情に応じて適宜行動しなければならない．専門家がいまだに，どのような都市であるべきかを激しく論じあっているような有様であるにもかかわらず，われわれは現在，都市の複雑な諸問題についての解答を見出す必要に迫られている．われわれは，つぎのような現状を忘れるわけにはいかない．すなわち，われわれの想像力は，統合の問題に遭遇した途端に，凍てつき始めるということである．

都市計画の分野で，アアルトが貢献したのは一体どういうことであろうか？　ここでは，わずか二，三の点にしか触れられないが，その計画案の中には，彼の建物に生気を与えているのと同じ特質がいっそう明確に現われている．彼が壁や天井の構造をの

734

423. アルヴァ・アアルト　マレイア，1938～1939年．階段詳細．

424. アルヴァ・アアルト　マレイア，1938～1939年．階段と応接室．

びやかにするのに採用したのと同じ自由さで，人間の住む場所の堅苦しい組織をくつろがせている．あらゆる方向に散らばって建てられた幾列かの家々は，あたかも風で吹き散らされたかのようにみえるし，しかも，磁場におかれた鉄粉のように，一つの見えない力で結び合わされている．

スニラ，1937～1939年

スニラの設計計画（1937～1939年，図419）には，アルヴァ・アアルトの都市計画への迫り方がすでにはっきりと現われている．彼のその後の一連の計画は，すべて同じ原則を反映している．この原則というのは簡潔に述べればつぎのようなことになろう．つまり人間の環境に対するいくつかの根本的な要求の間の均衡，すなわち，住居地と生産の中心と自然との間の釣合を確立するということである．

ひとりひとりの人間の権利を，そのプライヴァシーについても，単一のコミュニティの生活についても，さらに大地への緊密な触れ合いについても確保するということが，今日のすべての計画家に課された第一の義務である．この目標は，現在ではなんら新奇なことではない．今日では，こういう要求はすでに自明のことになっている．ただ，その実現だけが，いまだに欠けたままになっているのである．

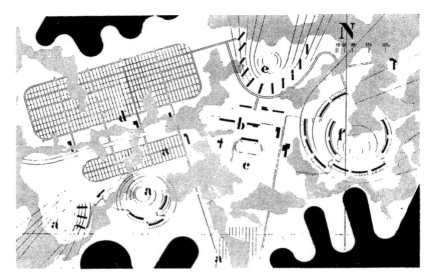

425. アルヴァ・アアルト　　実験的都市計画試案, 1940年.

1937年ほどの初期に, スニラほど多くの成功を獲ち得たものは, 容易に見出せないだろう. スニラでは生産地域と住居地域とが互いに他を妨害することなく, それぞれに必要な権利が与えられるように計画されている. 彼の都市計画家としての理解力は, その用地の最も狭い地帯にある一家族住宅の設計にも感じられるし, 森の中に自由に並べられた低層住宅群のグルーピングにも, また, 水辺近く各戸のプライヴァシーを十分に保証するために緩やかな曲線を描いて配列された技師たちの低層住宅の微妙なヴァリエーションにも感じられる. 要所々々にそれぞれの間隔を置いて建てられた必要な公共諸施設（特に数カ所のサウナの公衆浴場）についてはいうまでもない.

アアルトは, 最初の数戸を手がけ始めた時に, すでに, その統合的な近づき方によって, そのコミュニティ全体の組織的な完成状態を構想することができたのである. 彼は, 1944年以来, 第2次芬露戦の終りに完全に破壊されてしまった北フィンランドのラプランド地方の主要な都市ロヴァニエミ（Rovaniemi）の再建という大規模な問題の解決に他の建築家たちと一緒に従事してきた. この計画は遂に実現されなかった. まだその機が熟していなかったのである.

実験都市, 1940年

アアルトは1940年に発表した「実験都市」についての計画で, 個々の住宅や市街およ

び生産過程の同時的な成長を，最初からどのようにして調整してゆくかということをすでに指示していた（図425）．彼はフィンランドの風景の典型になっている湖水の入りくんだ小高い森林地帯の一地域を取上げて，できるだけ自由なやり方で，さまざまな型の住宅を配置した．テラス・ハウス（庭付の低層連続住宅）（f）は，風景の構成が破られないようにアミーバ状の螺旋形になって丘の頂上を取巻いている．アパートメント・ハウス（e）は，それぞれ少しずつ角度をずらしながら向かい合って山腹の斜面に直角に並んでいる．独立住宅地区（d）には，樹林が滲みこんでいて，公共建築，学校，運動場（b, c）は，それぞれ都合のよい位置に配置されているが，同時に街のあらゆる部分と密接に結びつけられている．ここには，アアルトのどの作品にも見られるように，標準化されたものと非合理なものとが相伴って流れている．

1940年には，この計画はマサチューセッツ工科大学の学生のための演習として設計された一片の紙上計画にすぎなかった．私が1948年の秋にフィンランドに出かけた頃，フィンランド政府がちょうど，このような実験都市のいくつかをその国に建設するために必要な基金を承認したところだったが，その実現は延期されてしまった．

カウットゥア，1938年

しかしアアルトはすでに1938年までにカウットゥア（Kauttua）の計画をやっていた．渓流によって切りひらかれた狭い谷間にうまくかくれて，トゥルクから自動車で，3, 4時間のところにカウットゥアと呼ばれる製紙工場がある．その谷の対岸の森林の真中に，アアルトは一並びの労働者の住宅を建てた．それらの家は，嶮しい山腹に4段階をなして建っている（図427）．一つの家の平らな屋上テラスが，つぎの家の大きなヴェランダになっている．これはたぶん，アアルトがギリシアの島々の農家を憶い出してのものであろう．また，子供たちはその隣りの家の屋根の上で遊ぶことになるが――こういったことは，人々がなにかを共にしなければならない場合に，それをすぐ気にやんだりしないような国でなければできないことである．ギリシアのサントーリン（Santorin）島のように，カウットゥアのこれらの家では階段をやめて天然の傾斜を利用している（図428）．こういった家並の形姿には，人間が生まれでてきた土壌と人間との関係が表現されている．

資金と資材が不足したために，たった一列の連続住宅しか建てられなかった．ここで

737

本当に重要なことは，この一列の連続住宅ではなくて，その全計画が実現された時の姿である．それは田園的な住居地の形態としては最もすぐれた提案の一つである（図426）．これらの連続住宅の4つの列は，それぞれスロープの自然の形が完全に利用されるように計画，配置されている．その丘の上端は，フランク・ロイド・ライトの好みと同じように，手を触れないでそのまま残されている．これらの住居単位と結びついて，学校と小さなコミュニティ・センターがあり，スロープの下の方に，川に接近してサウナの蒸気浴場が，最初に建てられた共同洗濯場と例のごとく並んで建っている．これは，住居を建てるに当って，まず小さな浴場小屋から始めるというフィンランド人の旧い風習に一致している．丘のスロープに沿った連続住宅のこの最初のプランは，つぎの10年間にもっと複雑な形態で一般に使用されるようになった．

オウルの計画，1943年

フィンランド北西部のオウル河の河口にあるオウル市（Oulu）にはいくつかの急流が流れ込んでいる．ここで解決しなければならなかった建築上の課題というのは，どうしたら河口にある湿地の島々の美しさをそこなうことなく，水力を十分に利用することができるかということであった．アアルトはヴェニス風の開発計画をつくり出そうと考えた（図429）．彼は，運河の開鑿と河の必要とする浚渫によって得られる幾十万立方メートルという石や瓦礫を利用して島々を拡張し，その地表面を数インチ高めることによってこれをなしとげようとしたのである

水力発電所に一番近い島々には，労働者の住区が設けられ，海に面して現在まで荒れたままになっている島々には，行政上の都心とスポーツ・センターがつくられる．それらはすべて大きなハイウェイによって現在のオウル市の2つの部分に結びつけられるようになっている（図430）．公共中心の前には，いくつかの噴水が水面から間歇泉のように水煙りを吹きあげるようになっている．この計画もまた実現されなかった．1962年に新しい設計競技が行なわれたが，アアルトはそれに参加しなかった．

分　　散　　化

北方諸国では総合大学や工科大学の拡張要求に対して卒先してその分散をはかってきた．フィンランドはその先導的な役割を果たした．ヘルシンキ工科大学は，その都市から10キロメートル離れたオタニエミ（Otaniemi）の森林地帯に再建された．新しい

426. アルヴァ・アアルト カウットゥア. 配置計画.

427. アルヴァ・アアルト カウットゥア. 連続住宅

428. アルヴァ・アアルト カウットゥア. 異なった高さに入口のある連続住宅.

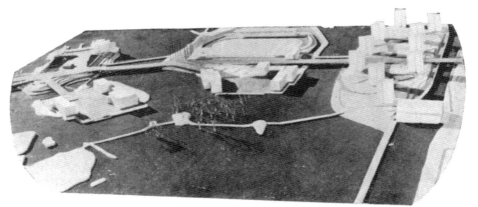

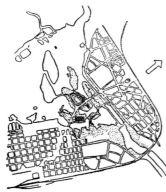

429. アルヴァ・アアルト　オウルの都市計画，1943年．模型．

430. アルヴァ・アアルト　オウルの都市計画，1943年．新しいシヴィック・センターをもった都市の計画．

高速道路網に斉合されたそのプランは，アアルトによって1955年に作成され，その建設は1962年に始まった．

市民センターと文化センター

アアルトの最も完全な計画の一つ——ウィーンのスポーツと文化のセンター（1953年の設計競技の入賞案）——は不運にも建設されなかった．運動競技場，コンサート・ホール，展覧会場として役立つ25 000人収容のその本館は，凹面の屋根と前後面で傾斜した壁面をもっていた（図431, 432）．

セイナッツァロ, 1950～1952年

アアルトが夏の別荘を建てたムーラッツァロ（Muuratsalo）島の向う岸の，ヘルシンキ北方約300キロメートルにある小さなセイナッツァロ（Saynätsalo）島の町のためにアアルトが作成した基本計画のうち断片的なものだけが建設された．松林のなかに建てられたセイナッツァロの市民の中心施設群は，入念に計画されたコミュニティ・センターを初めて3次元的な実体として表現している（図433）．この計画は1945年まで遡るが，建設は1950年になるまで実施されなかった．この集合体はアアルトにとっては，実際に建てられた最初のコミュニティ・センターであった．その中には小さな図書館に面して高くなった中庭の3方に事務室を配した市議会議場がある．その下の地上のレヴェルに商店や住居がある．

相異なるレヴェルをもったこの計画は会議場が中心になっている．放射する焦点のようなその木造天井の構造はアアルトの造型的な想像力を十分に反映しており，それはあたかも開いた傘の骨のようにみえる．

この集合体の最も興味深い点は2つの異なるレヴェルを使用していることにある．アアルトは掘さくした土砂によって高いレヴェルをつくり出し，建物群を上と下の2つのレヴェルで組織づけている．市議会議場，集会諸室と図書館が上の方のレヴェルにあり，高められた中庭（パティオ）に開口しており，その中庭はそれぞれ階段の方に向う2つの面で切り開かれている．その一つの階段は石の蹴込で縁取られた多角形に突出した踏段になっている．その踏段には草が生い茂っているが，それはもともと意図的なものである．その後のアアルトは2つのレヴェル間の関係をいっそう強く強調するようになった．

セイナヨキ, 1960年

セイナッツァロは出発点であった．その後の10年間にその実現は異常な早さでますます大規模に行なわれるようになった．1960年までに，ヘルシンキ北方500キロメートルにあるセイナヨキ（Seinäjoki）の農村地域に完全なコミュニティ・センターを建設することが可能になった．これは市議会議場（図436）が中心を占めていて，その上部をセットバックさせてヴォリュームを強調している．その外壁は，アアルトが1955年に，ヘルシンキの国民年金局の内部の壁で使用したような暗色のうわ薬をかけた化粧煉瓦で装われている．

741

431. アルヴァ・アアルト　スポーツと文化のセンター，ウィーン，1953年．この2500人収用の屋根をかけたスポーツ競技場は，多目的に活用され，それはまたコンサート・ホールや展覧会場としても使用される．その吊屋根は一連の小ホールをも蔽っている．大ホールは凹面の吊屋根と内方に傾斜した外壁をもっている．

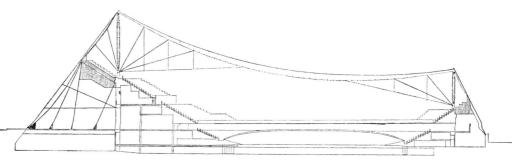

432. スポーツと文化のセンター，ウィーン，1953年．吊屋根と引張部材をもった大ホールの断面．

その全集合体は，市議会議場が支配的な要素だが，会議場に並行に棟を張り出した図書館と小劇場を含んだグループ・フォーム（群造型）を形成している（図434）．これらの建物は閉じられた空間を取り巻いているのではなく，それら3つのヴォリュームの釣合関係によって結合されている．セイナッツァロの中庭のように，その広場は空間をのびのびと自由に流動させるように側面に切れ目が設けられている．

ヴォリュームとスペースとの間の関係を最も強く強調する空間構造の要素は，階段だが，その階段が頭を切った角錐の拡がった底面のように大地から立ち上がっている（図435）．全集合体のなかで階段の果たしている役割は，模型（図434）で見るよりもずっとはっきりしている．模型では階段は石でつくられているようにみえる．実際に造られたものは曲線の踏段ではないし，踏面は木の板で保たれ，広場の表面のように草が生い茂っている．1本の細い舗装された小路が広場と階段を横切っている．

それは果たして，階段なのだろうか？　その規模を合理的に正当づけるような大群集は決して集まらないだろう．それはそこになければならないから，そこにあるのである．それは第4の要素であって，その成層がヴォリューム間の相互釣合関係に付加された強調をつくり出している．このようなプランはギリシア時代のアゴラを栄光あらしめるのにあずかって力のあったものであった．

広い道路が，この市民と文化の中心施設を宗教のセンターと区分し，教会とコミュニティ施設とからなる宗教のセンターは第2の広場を形成している．

ヘルシンキの市民
センター，1964年〜

アアルトは比較的遅れて首都の中心に大建築を建てることになった．その最初の建物が国民年金局（1952〜1956年）であった．この事務所建築に人間的な配慮をもちこもうとして，彼は内部の壁を装うのに暗色のうわ薬を施した磁器タイルを，ある部分では単に帯として，またある部分では全面的に壁を蔽うのに使用している（彼はこのモチーフをしばしば繰返し使用し，シンフォニーといってもよいほどの調和をつくり出している）．これらの要素が外壁に現われるまでに，しばらくの時が必要であった．ヘルシンキの市民センター（1958年設計，1964年建築開始）のコンサート・ホールやオペラ・ハウスとして用いられるオーディトリウムでは，アアルトはその背後の大き

433. アルヴァ・アアルト　　セイナッツァロ，設計1945年，建造1950〜1952年．セイナッツァロは実際に建てられたアアルトのコミュニティ・センターの最初のものであった．管理事務所の他，それは小図書館（右）や店舗や住宅を含んでいる．2つのレヴェルの使用は特に興味深い．アアルトは掘さくした土砂で高い方のレヴェルをつくり出した．この階段は2つの側面で開かれた中庭につづいている．

434. アルヴァ・アアルト　　セイナヨキ，建造開始1960年，ヘルシンキ北方500キロメートルにある小さなセイナヨキの町のコミュニティ・センター．右に広い階段をもった市議会議場がある．模型の時点では，その階段は石でつくられているように設計されていた．右手前に小図書館，左に劇場がある．写真には見えないが，さらに右手に宗教のセンターがある．セイナッツァロでのように，建物間の広場は切り開かれている．

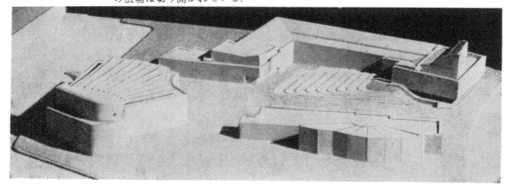

435. セイナヨキ市議会議場，建造開始1960年．セイナッツァロと同様，階段は角錐の基礎のように掘さくした岩石の堆積によってつくられており，草が生茂っている．わずかに小路だけが舗装されている．背後に宗教のセンターが見える．

436. セイナヨキ市議会議場，建造開始1960年，正面は釉色タイルで蔽われている．

な曲面の壁にうまく従う小さな四角い煉瓦を使用している．これはヘルシンキ最大の
オーディトリウムであって，そのヴォールトになった天井は音響的にもすぐれている
ことが立証された．

このオーディトリウムを核としたアアルトの首都のための新しい市民センターは，市
の中心部には置かれていない．それは市街から外方に放射して，水際に向って緩やか
に傾斜した空地に位置している．アアルトはここで再び閉じられた方形の広場を避け
ている．オーディトリウムや劇場，美術館などの建物が既存の公園を通してダイナミ
ックな流線をなして配置されている（図437）．

このヘルシンキの市民センターは，市街から押し出されているが，既存の国立美術館
やオリンピック・スタディアムと接触を保っている（チャンディガールのキャピタル
も，また別のやり方でだが，その都市の躯体から分離されている）．その新しく設け
られる建築群は部分的に水際を越えて拡がっている．この計画は地下の広い駐車場を
備え，既存のハイウェイはセンターの背後を走り，新しいハイウェイが水面の対岸に
沿って建設されることになっている．数キロメートル離れて，この市民センターから
慎重に分離されて，レストランやラジオとテレビの放送局のある業務センターが建て
られることになっている．

この計画は並はずれて広大なスケールのものだが，工科大学がその各部門をあげて同
時に分散されているのが想い出される．そのような計画は，わずか500万人くらいの
小さな国にとっては驚くべきことである．ヨーロッパの他のいかなる国も，その建築
的な発展の全般的な質についてはフィンランドに比較すべくもない．

標準単位の家具

アルヴァ・アアルトの見解によれば，住宅は自動車よりはるかにこみいった機関であ
るばかりでなく，一世代にわたって生活するものであるのに対し，自動車の方はシー
ズンごとに便宜的に取りかえられる輸送機関だという点に，その真の相違がある．両
者の置かれる場所はまったく違う．なかんずく，住宅は，その全体を大量生産にのせ

746

るにはあまりにも精神的なものの中に入りこんでしまっている．

家屋の諸要素，つまり戸とか窓，機械設備，さらに骨組なりパネルなりの構造部材のような要素だけが標準化されるべきである．そこで大事なことは，建築上の自由が保持されなければならないということである．標準化された諸要素は，建築的な構想を覚醒さすべきもので，それを打ち壊すようなものであってはならない．

家屋も家具も，今日ではともに機械生産された部品からできている．しかし，両者は，それ以上の比較は許されない．規格住宅や工場生産住宅は，建築家の想像力を殺

437. アルヴァ・アアルト　　ヘルシンキの市民センター，設計開始1958年，建造開始1964年．それは市の中心には置かれないで，市街から外れて湖水と傾斜した丘の間に放射している．ダイナミックなリズムで，美術館やコンサート・ホールやその他の建物が既存の公園に沿って延びている．交通路線の処理は特に重要である．既存のハイウェイが新しいセンターの背後を走り，対岸を走る新しい路線と結ばれている．

し，有機的な都市計画に致命的な打撃を与える．しかし，家具は標準化された型で考えられるように運命づけられている．私は，この問題については他のところで詳しく論じておいたが[95]，アアルトについての論評を閉じるに当って，彼が30年代の中頃に，家具の設計に与えた刺激を取上げないわけにはいかない．その原因は，やはり彼が地方的な要素を最も新しい機械的な工程と統合させたということと，現代の表現手段を十分に知悉していたということにある．壁や天井や都市計画を柔軟なものにしたように，彼が，家具で同じように柔軟なものにしあげた物質は，木材という，有機的な材料であった．

アアルトの家具の構成的な要素は，マイヤールによって橋梁に使われたスラブや，近代絵画における平坦な面のように1枚の積層木板である．アアルトがその最初の実験のきっかけを摑んだのは，パイミオのサナトリウムを仕上げてしまわなければならなかった1929年のことであった．ここで，初めて大量生産されたプライウッドの椅子がつくられたのだが，それはリボン状の枠で組立てられていて，その中にうねったプライウッドの坐板が支えられている（図291）．1935年頃，アアルトは思いきって固めたプライウッドの枠を使って，それまでスティール以外にはできないと思われていた自由な持送式構造で椅子をつくりあげたのである．

未知なるものに身を投じて成功した人たちにはすべて見受けられることだが，アアルトは，事物をあたかも，まだ人の手に触れられていないかのように新鮮なものとして把えるという天賦の才に恵まれている．これこそ，技術的なものに対応する感情面での等価物を見出すために是非とも必要な能力であって，こういう感情面での対応物は，われわれを押し流そうとする技術的な諸過程の洪水から，われわれを救い出してくれるものである．

アアルトは，家具の製造における新しい発展段階を表明した．特殊な吸引工程によって，木材に，建築家が好み通りに捻ったり曲げたりできるようなしなやかさと曲げやすさを与えることが可能になった．さらに．化学者たちは，両端で細くなった沢山の小さな棒状の木片からケーブルのような組織をつくり出す方法を見出した――アアルトは，それを「木のマカロニ」と呼んでいる．ある医者は，これを見てすぐさま大腸

[95] S. Giedion, *Mechanization Takes Command* (Oxford University Press, 1948).

内部のある組織を想い出したほどであった.

ロココ時代は，木材の曲げ方に非常な熟練と手腕を示していた．その当時には，椅子の骨組もおどろくほど華奢になり，優美な形につくられた．今日では，まったく新しい可能性が，木材の内部から，化学変化の助けによって拓り開かれてきた．このような化学的な処理が，果たして感情的に今後も同化されてゆくかどうかは分らない.

建築家としてのアアルト

アアルトの仕事の顕著な足跡を総括して，近代化運動の先駆者たちの星座における彼の位置を評価すれば，つぎのようなことになろう．すでに述べてきたように，20年代後期の決定的な時期に，3つの建築が主導的な役割を果たした．ワルター・グロピウスのバウハウス(1926年)とル・コルビュジエの国際連盟会館の計画案(1927年)とアアルトのパイミオの結核サナトリウム(1929〜1933年)がそれである．アアルトは遠隔の地フィンランドで仕事をしながら，ごく早い時期に現代建築家の第一線に躍り出ることになった.

グロピウスやル・コルビュジエと同様．アアルトはごく初期に，建築物はより大きな複合体の部分を形成しないかぎり，孤立した芸術の対象としてはとどまりえないという確信を抱いたのである．この確信は早くもパイミオの彼のサナトリウム（1929〜1933年）に具現され，その建築の各棟は――本館から違う高さで，しかも違う方向に放射しており――矩形の囲いこみを避けている.

同時に，アアルトはル・コルビュジエのように，内外空間の同時性をつくり出そうと考えた．このような統一をもたらすために，彼はしばしば建物の内部に貝殻のヴォールトをかたどり，外部でのその可塑的なヴォリュームを強調しているが，それはわれわれの時代にとって特に興味深い現象である.

柔 軟 な 壁

アアルトは直角にも立方体にも固執していない．彼は迷うことなく柔軟な壁をつくり出し，その建築術固有の特性を強化しようとしてきた建築家の一人である．このよう

な処理の段階はアアルトのつぎのような例に示されている．まず最初にヴィープリ図書館の講義室（図405）の木造の天井を床から立ち上げて空間全体に波打たせるといった驚くべき大胆な手法が展開される．ついでパリ万国博のフィンランド館(1937年)では，木の板張で強化され，互いに重ねられて，強く傾斜しながら彎曲された壁面が用いられた．ニューヨーク万国博のフィンランド館（1939年）では，アアルトはまたも内方に傾斜した壁を曲面にしている．ＭＩＴの学生寮（1947年，図411）では，ファサード全体が大きくうねった曲面になっている．彼はこの方針を，アパートメント・ハウス（ブレーメン，1958年）でも，マイレアの邸宅のような個人住宅でも，またヘルシンキの国民年金局や市民センター，エッセンのオペラ・ハウス（彼のすぐれたウィーンの計画案の良さに最も近い）やセイナヨキの市議会議場のような公共建築物でも絶えず追究してきた．

水平な面の間の釣合関係

相異なるレヴェルを操作して水平な面の間の釣合関係を成就することは，建築において永らく無視されていた構成要素の一つである．ほとんどあらゆる設計競技で，多くの建築家が相異なるレヴェルを操作し，建築的表現を強めるのにそれらのさまざまな緊張を使用することによって，どれほど不条理な扱いを受けたかは周知のことである．

アアルトはヴィープリ図書館（1927〜1934年）では，その波打たせた天井によって水平面の間の関係を強調し，さらにその閲覧ギャラリーの空間を意識的に拡大している．この釣合関係はウォルフスブルグ（Wolfsburg）の文化センターの図書館(1959〜1962年)でさらに強く強調された．ＭＩＴ学生寮の食堂(図412)ではアアルトは逆に床面に穴をあけている．外部空間としては，アアルトは人工的につくられた地盤を，しばしば，セイナッツァロの市民センター（図433）などで使用し，セイナヨキ市民センター(図434)ではそれをより巧妙に操作している．

デンマークに彼はアールボルグ（Aalborg）の美術館を設計（建造開始1964年）したが，その内部にはよく検討された照明があり，外部には彫刻の展示用に設計された円形劇場風のテラス状階段が山腹沿いに設けられている．

都 市 計 画

アアルトは，その最初から都市計画に強い関心をもっていた．彼の実験都市の提案（1940年，図425）からセイナヨキの市民センター(1960年，図435，436)に至るまで，

彼の計画にはすべて柔軟な有機的な要素が貫いている．それはまた彼の流れるように外方に伸びたヘルシンキの市民センターにも現われており，景観構成と交通路線にうまく組織づけられた釣合関係が保たれている（図437）．

アアルトは地方的な特色を把えて，それを個々の風趣を失わせることなく普遍的な言語に翻訳しうる建築家のタイプを具現している．われわれの時代感情に敏感な芸術家であれば，地方的な根と世界的な方向性とは相剋しないのである．

アアルトの芸術に親近性のあるハンス・アルプについて，彼のつくる形やフォームは片時でも流行に堕したことはないが，人類永遠の真理に深く根ざしているといわれてきた．このことはアアルトについてもいいうることである．

人 間 的 側 面

人間アアルトについて語らずに，建築家アアルトを語ることはできない．彼にとっては，人々は少なくとも建築と同様に重要なものである．アアルトは，生まれや階級にこだわることなく，あらゆる人間に興味をもち，各人の欲望や経験に興味を抱いている．彼は，まったくジェームズ・ジョイスと同じように，種々の違った職業の人たちとの接触から刺激や励ましを受けている．実際アアルトは，一歩戸外に出ると必ずなにかしら人間味のあるエピソードに捲き込まれずにはおられないような人である．彼は，有機的な材料の木材に近づく時のように，なんのためらいもなく，じかに人々に接する．

1929年にフランクフルトで新しく結成された近代建築国際会議（CIAM）に，アアルトが初めて顔をみせた時，まだ大半の者は彼を知らなかったのだが，そのわれわれに向かって彼の語ったのは，彼の建物についてではなく，その日の朝9時に停車場からホテルに行く間にぶつかったささやかな事件のことだった．1933年に，シアムのアテネでの会議に出席して，アテネ憲章の作成に加わるべく，フィンランドから飛行機と汽車と自動車に乗りついでやってきた時に，彼を最も興がらせたのは，その旅行中に交わした永い会話であった．彼と一緒にバルカン地方の旅を続けてきたのは石膏像の

751

ような顔立ちの「おばあさん」だったが，彼は列車から列車へとお伴をして，その手助けをしてきたのである．

アアルトは1939年，ニューヨーク万国博のフィンランド館を建てるために，初めてアメリカに渡った．彼の英語の語彙は決して豊富なものではなかったが，ニューヨークの近代美術館での耳の肥えた聴衆を相手に講演をした．そこに立った彼の様子や，きれぎれの語彙と二，三の「オーケー」で語るべき内容をいい表わし得たその話しぶりは，聴衆を初めっから魅了してしまった．

アアルトがマサチューセッツ工科大学の教授として迎えられたのは，彼の人柄とフィンランド館の成功とその家具に集まった賛同からいって当然の成行きであった．こうしてアルヴァ・アアルトはワルター・グロピウスと同じ町で仕事をすることになった．

アアルトは，当時フィンランドの再建とアメリカでの教職とに，その時間と仕事を分割していた．彼がマサチューセッツ工科大学のために建てた寄宿舎は，アメリカの大学の建物が伝統的に擬似ゴシック式か，あるいはコロニヤル式の形態で装われていたことから見れば，とりわけ大胆な企てであった．

彼らしい円満さをもった，アアルトと人とのつきあいは，理窟では割り切れないようなものである．彼の人柄は，じかにつきあうことによって初めて輝き出てくる．しかし，彼がいったん居なくなると，彼とつきあってゆく手段がなくなってしまったかのような気がする．彼は平生，決してきちんと手紙のやりとりをする人ではないらしい．しかし，彼が姿を現わしたとなると，人間的な立場についての一風変わった理解の仕方から生まれた彼の気のきいた会話と，全存在から滲み出てくる輝きによって，あたかも彼のいなくなったのがつい前日のことだったかのような感を受ける．

建築家のなかには，その仕事が，ほとんど作品それ自体のうちで発展するような人があるが，アアルトの仕事はそれとは違った種類のものである．彼の引く線はどれもこれも，その一本々々が，人間の運命との緊密な結び付きを物語っている．これこそ，彼の建築が，他の同時代の建築家たちの作品よりも，建築家以外の人たちから，それほど抵抗を受けることなく受け入れられる理由の一つであろう．

752

哲学者のエルンスト・カッシラーが，その最近の著書[96]の中で，歴史は人間的側面に深く精通することによって書かれなければならない旨を力説しているが，私もまったく同感である．

1949年までのアアルトの展覧会や作品にはすべて「アイノとアルヴァ・アアルト」と署名されてきた．彼が，自分の名前の前に妻の名をしるしたのは，なにも騎士道的なしぐさからではなかった．この両人の結婚は，彼に関する他のあらゆる事柄と同じように，独特なものであった．そのしっかりした不変のむすびつきは，二人が共に学んだ学生時代以来，いつもすべての闘いと成功をわかちあってきたことに基づいていた．しかし，その真の秘密は，人間的な対照における深い交互のはたらきかけの中に潜んでいたようである．アアルトはじっとしていず，陽気に湧きたち，予想しにくい性格なのに対し，アイノは行き届いていて，我慢強く，控え目であった．火山が静かな流れで取囲まれているのも，時には良いことである．

アイノ・アアルトは1949年1月13日に亡くなったが，彼女の名前は，常にアルヴァ・アアルトの仕事に結びつけられてゆくことであろう．彼はいつも，自分の名前の前に彼女の名前をつけてきたが，アイノ自身はかねがね「私は創造的ではないのです．アルヴァが創造力をもっているんです」といい張っていた．このことは，アアルトの制作にアイノがどれほどの影響を与えているかということの極め手にはならない．しかし，われわれは，彼女が，彼の仕事と生活の全段階について，一人の建築家として穏やかな助言をしていたことを知っている．彼女は決して出しゃばらなかったし，本当に彼女によって設計されたものをさえ，それと承認したことはなかった．彼女はいつも舞台裏で働いていた．私が彼女に最後に会った1948年の暮れの時のように，日中はアアルトの家具の設計と製作に従事するアルテク社（Artek）の支配人として，夜は，フィンランドの知識階級の名士たちの集まる晩餐会の女主人として，白いガウンに寛ろいで，あたかも彼女の生いたったフィンランドの湖水や森のように静かに，また，北欧の婦人によく見受けられるような，控え目な活発さで，その客人たちの間に坐っていた．

アアルトにとって，その多産と人間関係との間の分かちがたい結合が，彼の最も緊密

---

[96] Ernst Cassirer, *An Essay on Man* (New Haven, 1944), p. 181.

な仕事の協力者が女性であったことの理由を説明している．それは最初はアイノだった．彼女の死後数年経って，アアルトはかつてその事務所で働いていた若いエリッサ（Elissa）と結婚した．彼女は，1939年にスウェーデンからのフィンランドの孤立を阻んだ将軍の娘であり，アイノとはまったく違って，完全な女らしさと強い活動力との混合といった性質の持主である．エリッサの活動的な力は滅多に表に現われないが，その唯一の例外は，バゾシュ（Bazoches）のルイ・カレ（Louis Carré）の大邸宅に対する責任を彼女が引受けた時であった．他方，彼女はアアルトがいつも道連れを必要としていることをよく承知しており，彼の予期しがたい旅行に，それがどこであろうと必ず付添っている．

ヨーン・ウッツォンと第3の世代

われわれの前には，今世紀の建築の創造に関心をもった3つの世代の人たちの仕事がある．これらの世代間には相違があるが，重要なことは，それぞれの世代が自己に忠実でありながら，しかもどの世代もその先代を否認する必要を感じなかったし，それぞれの世代は先代が開始したものをさらに前進させることができたということである．50年代に入って建築家の第3の世代が活動し始めることになった．彼らは20年代以降の発展にとってどのような関係に立っているのだろうか？

社会的な指向がさらに推進される：つまり無名の依頼者に対するいっそう意識的な配慮．
先に向って開かれた計画：プランの積極的な要素として，変化しつつある諸条件を組み入れること．
都市計画の積極的な要素として交通を組み入れること．
建築と環境の間に相互作用が起こり，それぞれが他を補強するように，既存情況の操作にいっそう慎重な考慮を払うこと．
水平な面と種々のレヴェルの建築的な使用に対する強調．都市設計上の要素として人工地盤をより強力に使用すること．

過去とのいっそう強い関わり合い：形態として表現するのではなく，内的な相互関連や連続性への願望といった意味での関わりあい．

建築における彫刻的な傾向のよりいっそうの強化．内部空間と外部空間との間および空間におけるヴォリューム相互間のより自由な釣合関係．

純粋な機能を越えて表現することの権利の主張．

過去との関係

過去との関係，つまり過去との接触を保ちたいという欲求は，今や，第2の世代，特にアメリカでの第2の世代に現われた方法とはまったく違って，ある特殊なやり方で表現されている．それは，前後関係からひきさかれた歴史的な詳細をもてあそぶといったこととは関わりがない．

身近かな過去の否定は，現代建築の黎明期には自意識を取戻すために諒解されうることであった．ル・コルビュジエは決して過去との接触を断ち切らなかった唯一の開拓者である．そのような情況は今や久しい以前に終熄し，人々は再び人間経験の蓄積としての過去の生きた力を感得しうるようになっている．

過去との偽りの関係

過去との関係といっても，それには肯定と否定の両面がありうる．アメリカでは，中間の世代に属する一連の知名な建築家たちが，彼らの建物の中に孤立した細部や様式的な断片を装飾的な特色として組み入れようとしてきた．しかしこのような選択は伝統とのつながりや過去との関連に導くものではない．それは大衆や報道界を喜ばす頽廃的な建築に導くにすぎない．それは19世紀において半ば葬られた目標でしかなかったものを想起させるからである．細部の形式的な採用によって，それは現代社会や現代の空間概念となんのつながりもないような空間的相互関係のデカダン的な模倣へと突き進んでいる．代表的な例はニューヨークのリンカーン・センターである．

第 3 の 世 代

第3の世代と過去との関係は別な現われ方をしている．それはあらゆるところでの過去との生きた結びつきをもった無名の構築物に向けられた彼らの態度にうかがわれ

438. 種々のレヴェルとモニュメンタルな階段をもったユカタン半島のウズマール（Uxmal）の神殿．現代建築家の第3の世代の過去に対する態度は，ある問題が他の時代の人間によって他の情況下にどのように解決されたかという疑問に関心を寄せている．マヤ建築の種々のレヴェルでの広大な水平の基壇とモニュメンタルな階段の中に，ウッツォンは自分の意識の下に永らく眠ったままになっていた諸要素を発見したのである．

る．以前の世代は――ある例外をもってのことだが――無名の建築に対して無関心であった．それは第3の世代とまったく違っている．どこへ行っても，もっと広い時間の拡がりの中で生活したいという欲求が再び目覚めつつある．この世代は，かつて高度な繁栄の時代に築かれた古建築が気まぐれに破壊されつつあるのに反感を抱いている．

このことは，単独の建物に対する異なった態度といった別のものにも関連がある．若い世代の提案でしばしば繰返されるテーマの一つは，それらが個の建物に重点を置かないで，ちょうどギリシア時代のアテネのアクロポリスやアゴラでのように，その本質的要素が相異なる建物間の相互作用に置かれているということである．考古学者たちは久しい以前から，アクロポリスやアゴラでの相互釣合関係を"グループ・デザイン（群設計）"と呼んできた．このようなアプローチは今や，西欧よりも，日本の都市設計に現われている．

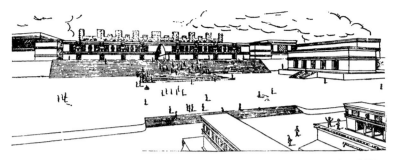

439. ウズマールの神殿の復現．この図は神殿の広い基壇と巨大な階段の配置についていっそう強い印象を与える．

440. ヨーン・ウッツォン　シドニー・オペラ・ハウスのホワイエに上ってゆく階段．

第3の世代と過去との関係は，詳細をその本来の前後関係から切り離したりはしない．それはもっと密接に，ある種の内的な親和と結びつけられている．つまり，豊富な建築技術上の知識に基づいて，現在と関連づけられるようなもの，ある意味ではわれわれの内的な保証を強めうるようなものを精神的に認知するといったことと密接に結びつけられている．

ウッツォンの世代の過去への態度は，歴史家のそれと，少なくとも現代的な情況との内的な関連に欠けた歴史家のそれと異なっている．この世代の建築家は，ある建物がいつ誰によって建てられたかということにはほとんど関心がない．彼が問いかけるのはむしろつぎのようなことである．その建設者は何をなしとげようとしたのか，また

757

どのようにその問題を解決したのか？　いいかえれば，彼は現代建築の目標を以前の時代のものとじかに対決させうるように，これまでの建築技術上の知識を通じて探究することに関心をもっているのである．旅行は，このような直接的な問いかけにとって最善の可能性を与えてくれる．

そのような過去へのアプローチは，常に同じような疑問，つまりある別の時代に別な情況下で，ある問題をどのように解決したのか，そしてそれはどういうものだったのか，といった同じ疑問をめぐって展開する．原始時代の人たちの建物は，しばしば，後世文化の建物よりも，今日の建築家により密接している．したがって，ある廃墟の方が，時には，完全にしつらえられた宮殿よりも本質的なものを，より直接的に表現している場合もあるということが了解される．このことは，他の何ものにもまして，人の天性というものは，ある都市の歴史的な雰囲気を透徹するほど敏感であり，またある意味では，過ぎ去った時代の細部や空間概念に自己を埋没させることなく，その土地の真髄（genius loci）ともいうべきものを見通すほど敏感なものだということを意味している．

ヨーン・ウッツォン

第3の世代を見分ける数々の鋭敏な特徴がはっきりあらわれている人物として，われわれはヨーン・ウッツォンを選び出す．ヨーン・ウッツォンはデンマークで1918年に生まれ育った．コペンハーゲンの王立芸術アカデミーで，彼は，すぐれた歴史家でしかも都市計画家のステーン・アイラー・ラスムッセン（Steen Eiler Rasmussen）の影響を受けた．ラスムッセンはその当初からウッツォンの直覚的な理解力を拡げようとしてきた．1945年にウッツォンはアルヴァ・アアルトとグンナー・アスプルンド（Gunner Asplund）の下で学んだ．彼は彼らを自分の北欧の教師と考え，後に彼らの傾向をさらに発展させている．しばらくの間，ウッツォンは自分の仕事に従事していた．1948年に彼はフェルナン・レジェ（Fernand Léger）とル・コルビュジエにパリで出会ったが，特に彫刻家のアンリ・ローラン（Henri Laurens）と接触していた．ウッツォンは彼から空中に形を組立てる方法や浮遊や上昇を表現する方法を学んだ．

ル・コルビュジエは1910年頃，一人で民族学博物館通いをし，ヨーロッパや小アジアの旅行をしている．ウッツォンは自分と同じ世代の多くの人たちのように，世界的な規模でもっと直接的な観察を遂行した．1948年に彼はモロッコに出掛けた．そこで最も強く彼の関心を惹いたのは，大地というまったく同一の素材によってもたらされた村落と風景の融合であった．それは10階にも及ぶ住宅群とその環境との間に破綻のない彫刻的な調和をつくり出していた．ウッツォンが後に，キンゴー（Kingo）やフレーデンスボルグ（Fredensborg）のような，一体になった黄色煉瓦壁の住宅群の設計をした時に，その胸中にあったのは原始的な構築物の一体性であった．

1949年に奨学金を得て最初アメリカ合衆国に行き，ついでメキシコに出掛けた．彼はしばらくの間，タリアセン・ウェストやタリアセン・イーストのフランク・ロイド・ライトのもとで過ごした．またミース・ファン・デル・ローエとも接触している．メキシコで彼はマヤ（Maya）やアズテック（Aztec）時代の建築に強い印象を受けた．彼は，それらの神殿のうちに，彼の心中に永らく眠ったままになっていたものを認めたのである．それは建築表現の構成要素の一つとしての広い水平な面であった（図438, 439）．

デンマークに帰って，ウッツォンは数多くの設計競技に参加した．彼はその条件や約定にはそれほど関心をもたず，解決されるべき問題にのみ興味を抱いたのである．それらはほとんど建設されなかった．彼と同国の人たちは，その世界的な名声に支えられたデンマークの家具のように，永らく穏健な迎合的な形態にしか習熟していなかった．彼が建てたほとんど唯一のものは，エルシノア（Elsinore, 別名ヘルシンガー）近傍の63戸のキンゴー住宅群（1956年）と，フレーデンスボルグ近傍のもっと小さな住宅地設計（1962年）であった（図454〜456）．

1957年に彼はオーストラリアのシドニー・オペラ・ハウスの設計競技に1等になったのを知って驚いた．ウッツォンの入賞の世界的な意義を即刻認めて，彼が1等賞を獲得して建物の実施をも引き受けられるように，全力を挙げて主張してくれたのは，イーロ・サーリネン（惜しくも業半ばにして亡くなった）の偉大な働きであった．サーリネンは，その設計競技からすでに除外されていた広募作品に目を通した時に，それらの中にウッツォンの計画案を見出したのである．彼はその案を審査員に差し戻してこう発言した「皆さん，これが1等賞だ」と．

759

1957年以後，ウッツォンは中国やネパール，インドおよび日本を訪れて，それらの文化の多様さを経験する機会に恵まれた．彼は中国建築と日本建築との間の相違に気がついた．日本では寸法の測定は柔軟なひもでなされていて，中国でのように堅い棒ではなかった．そして彼はこのことが両国の建築に与えた影響に着目したのである．

奇妙な出会いによって，それまで疎遠だったテーマを，彼自身の創造力の中に眠っていた目標に近づけることになった．北京で彼はたまたまリャン教授（Liang）に出会ったが，リャンは西暦 800 年以前の古代中国の建築法を蒐集して，近代中国語に翻訳し，それを 7 巻の書物にまとめていた．これらの書物にはきわめて詳細に展開されたいくつかの組立家屋の方式が記載されているが，それらは今日のように，その規模ばかりでなく，あらゆる可能な組合わせについても，また，その象徴的な内容についても入念な考慮が払われていた．

1963年 3 月に，ウッツォンはそのオペラ・ハウスの困難な工事を監督するためにシドニーに赴いた．1964年には彼はチューリッヒ劇場の新しい建物の設計競技で 1 等賞を獲得している．

構成要素としての水平な面

建物と水平な面との関係は，スメルのツィグラートの先駆者たちによって，建築のそもそもの発端において発生した．『永遠の現在．建築の起源』（ニューヨーク，1964年）では，メソポタミヤとエジプトでのこの発展を跡づけている．そこには幾度となく，巨大なスケールでの水平な面の間の相互釣合関係が見出される．エジプトの古王国では，ギザのピラミッドの立つ砂漠の中の高い段丘と，低い耕地の水平面間の相互関係がみられ，新王国時代の建築技術的な盛期には，デール・エル・バハリ（Deir-el-Bahari)にあるハトシェプスト女王（Hatshepsut）の葬祭殿に 3 段の水平な基壇の広大なはめ込みがみられる．

平坦な面に含まれる情緒的な内容は立体派の登場によって初めて再発見されている．そこではまず垂直の平坦面相互の釣合関係が前面に取上げられた．第 3 の世代は今や

水平な面を彼らの建築の構成的な要素としてその前面に置いている．先立つ2つの世代も，水平な面の建築術的な重要性を意識してはいたが，どちらかといえば相異なるレヴェルをつなぐという意味で意識していたのである．

ル・コルビュジエは，それをサヴォイ邸（1928〜1930年）の斜路の形や，チャンディガールの壮大な構築物に，またハーヴァード大学のカーペンター視覚芸術センター（1963年）の斜路で使用しているが，そこではそれは明確な建築的要素になってしまっている．

第2の世代では，アルヴァ・アアルトが，その出発点になったヴィープリ図書館（1927〜1934年）以来，水平な面相互の関係を造形的な要素として使用してきた．これが彼の仕事全体にどのように滲みこんでいるか，また彼がいち早くレヴェルの違う人工地盤をつくりあげて，それを構造体の建築的な表現を劇的にするのにどのように使用したか（セイナッツァロ市議会議場，1950〜1952年）といったことについてはすでに十分に述べてきた．

構成的な要素としての水平な面の組み入れは，第3の世代ではほとんど新しい発見のような作用を果たしてきた．すでに述べたように，ヨーン・ウッツォンはアズテックとマヤの大規模な基壇のついた建築（図438，439）によって霊感を与えられた．西暦1000年ごろの後期メキシコ文化のうちに，彼は自己の心中に眠っていたものを確認することになったのである．数年後に，『基壇と段丘』という題名で，彼は建築術的な表現手段としての水平な面について，つぎのように言及している．「建築的な要素としての基壇は魅惑的な姿をもっている．私は1949年の研究旅行の途次，メキシコの基壇にまず惚れこんでしまった．そこで私は基壇の規模や着想の点で多くのヴァリエーションを見出した……ある偉大な力がそれらから放射している．」[97]ウッツォンは到るところで，「建築的コンポジションのバックボーン」[98]ともいうべき水平な面——基壇——を見出した．ギリシアでも中近東でも，またインドでも見出したのである．

彼は日本家屋の性質を図で示そうとして（図441），透明な壁を描き込まずに，床の上

---

[97] *Zodiac*, X（1959），p. 114.
[98] 同前掲書，p. 115.

に浮遊する屋根を描いている.「伝統的な日本家屋の床は繊細な橋のような基壇である.この日本の基壇はテーブル・トップのようなもので,誰もテーブル・トップの上を（土足のままで）歩かないだろう.それはまさに家具の一部である.」[99]

彼は海上の雲を描いても,海水の鋭い水平線とその上を蔽う雲の外見上の水平なレヴェルに注目している（図442）.これは彼のオペラ・ハウスのヴォールトの原型であり,それに賦与した意味を暗示している.彼はそれらのヴォールトを水平な構造体の上に浮かび,一点でしか大地に接触していないようなものとして把えている（図443）.

441. ヨーン・ウッツォン　日本の住宅のスケッチ.ウッツォンは屋根と床面だけを描いている.彼は「この日本の床面はテーブル・トップのようなものだが,テーブルの甲板の上を土足では歩けない」といっている.

さらに,その建築自体,明確な基壇の上に立っている.「その着想は基壇をナイフで切るように切りさいて,主と副の機能を完全に分離することだった.基壇上で観客は芸術の完成された作品を享受し,基壇の下では,そのためのあらゆる準備が遂行される.」[100]

人工的な水平のレヴェル

人工的に構築された地盤としての基壇の使用は,この世代のすべての仕事に行きわたっている.それはあらゆるところで,自動車やトラックの無秩序な混合から歩行者を分離しようという努力の払われているところに見出される.バケマ（Bakema）とファン・デン・ブルック（van den Broek）とファン・アイク（van Eyck）による北アム

---

[99] 同前掲書, p. 116.
[100] 同前掲書, p. 117.

442. ヨーン・ウッツォン　海上の雲のスケッチ．ウッツォンは海水の鋭い水平線と，その上に漂う，外見上水平な雲のヴォールトの下面を示している．

ステルダムの計画（1963年）に，また新進の世代の最年少者，槇文彦による東京のある地区の計画（図538），あるいは丹下健三が東京湾上に計画した種々の基壇（図536,537）にも見出される．

表現の権利：シドニー・オペラ・ハウスのヴォールト

シドニー・オペラ・ハウス（1957年に設計され，工事は1963年に始まった）の一連の偉大なヴォールトに対して驚くほど多数の反対意見が現われた．これは，必ずしも，しきたり通りでないことをするのは個人的な無作法だと考えるような人たちから許り出たものではなかった．

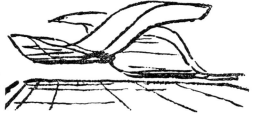

443. ヨーン・ウッツォン　シドニー・オペラ・ハウスのヴォールトの最初のスケッチ．これは彼がつくり出そうとしていたものの意味を表わしている．

それぞれ重なり合って60メートルまでも立上がり，その建物の前後に影を投じるような一つながりの10個ものヴォールトをもっているのは尋常ではない．最も一般的な反対意見は，一つの棟に集められたこれらのシェルは，内部と外部空間の間になんの関係もないし，高い長方形の舞台でさえ巨大なヴォールトの翼で蔽われているので，まったく気まぐれなものだという意見である（図1）．

純粋に機能的なものを越えている

このような非難は根本的な疑問を提起する．われわれの時代が再び答え決定しなければならない疑問であり，自覚の問題である．われわれは以前の時代が表現力を高めるためにやったように，純粋に機能的で実質的なものを越えて進もうとしているのだろうか？

この前後にずらしたヴォールトをヨーン・ウッツォンは“シェル”と呼んでいるが，もしも建築において機能的なもののみが認められ，それが原因と結果の間を直接的な具体的一貫性によって吟味されうる限り，このシェルはむだな付け足しである．現代建築はその発展の半世紀を過ぎて，このような機能的なもの以上の何ものかを求めている．自律的な表現の権利は，再び建築のうちに純粋に功利的なものを越えて主張されなければならない．

われわれは現時点において，練達の士のみがあえて機能からの表現の自立を表明しうるということを十分に承知している．今日では，このようなことも，二流の人物の手にかかると，徒らに軌道をはずすことになりかねない．

ウッツォンは2巻の大きな個人出版物（65×40cm）のなかで，彼の創造的なアプローチの起源と発展にある種の洞察を与えている．表紙の赤い下地の上にシドニー・オペラ・ハウスのシルエットを示した1958年の，その最初の刊行物では，スタッフのそれぞれの専門家が自己を表出する機会が与えられている．今日の複雑な建造物には，構造技術家や音響専門家，煖房設備専門家，舞台構造専門家といった一組の専門家が参加するのは当然のことである．彼らは通常最後には建築家の仕事の背後に匿名のままで終っている．この刊行物では，ウッツォンは彼らの仕事を専門別の実施図面や説明文で表示している．これによって，外部の人間でも，現代のチームワークのモザイク的集成について多少とも理解が得られる．

1962年の2巻目の大きな刊行物は，文章はなく，ただ一組の見事な図面だけで構成されている．その表紙は球面の要素としてシェル・ヴォールトを決定する図式計算を示している．この図書には，この建物の建築的な発展が段階を追って示されており，特に内部の天井と外部のシェルとの間の対位法的な相互作用が示されている．

小ホールの断面図（図444）は，彎曲した天井がシェルとどのような対位法的な作用を演ずるかを明確に示している．シェルは順次登りつめて，3番目のシェルは舞台上に高く架かり最も大きくなっている．それらはガラスのカーテンで外部から閉ざされているが，垂直にではなく，こうもりの翼のように内部に向って扇状に拡げられている．シェルはそれぞれの頂点とベースを結ぶ線が空間の同一点から発するように組み立てられている（図450）．この観念上の点からヴォールトが前後に放射している．眼ではこれをじかに確かめられないが，内的な秩序が存在しているのが認められる．

ヨーン・ウッツォンは，第3の世代の他のすぐれた建築家たちのように，二重の才能をもっている．彼は自然や過去の宇宙的な諸要素と直接的な接触を保持しうると同時に，現代の工業生産の方法——特にプレファブリケーション——を完全に制御する能力をもっている．その結果，彼はプレファブリケーションをその純粋に機械的な特質から引き離して有機的なものへ近づけることができる．

こういったことは，そのシドニー・オペラ・ハウスのシェル・ヴォールトから吊り下げられたガラス壁，しかも舞上がるシェルと大地の水平なレヴェルとの連鎖として役立つフレキシブルなガラス壁に明白に現われている．ウッツォンにとっては，垂直なガラス壁は荷重を支える要素としての印象を与える．そのために彼は，その抽象的な垂直性を変えて，温室などにみられるような，別々のガラス板でつくられて，それぞれに下のと重なり合った，ダイナミックな柔軟な形に改変したのである（図448）．

このような解決策は一つには，鳥の羽根（図449）の有機的で動的な動きに啓発されたものだし，また一面，「どこにでも通話できる」ように正確に組立てられた多数の自動電話の連結によっても啓示されたとウッツォンは語っている．

出発点——球形

ウッツォンは最終的に，その出発点として球形を採用した．その球形というのはプラ

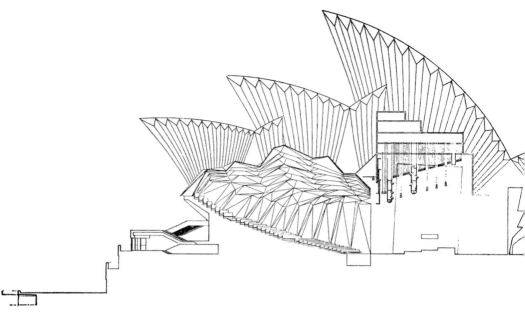

444. ヨーン・ウッツォン　シドニー・オペラ・ハウス，1957年．屋根から自由に吊下げられた木製の天井を示す．小ホールの断面．背後に大きなシェルが舞台の後ろから起き上がっている．「その性格や形式は，すべて海水や波浪，波のなかの波として，くだけ泡立つ波浪の特徴をもった，一連の形態の組合せから発展した．私の考えでは，見えない空間を幾何学的に確定された形の組合せでかたどりながら，私の欲するくぼみが出来上った瞬間に，その状態を心中に凍結するのである．私は幾何学的に確定された形で空間をかたどったので，そのくぼみの薇い全体が十分に確定され，しかもその薇いの表面を多数の相似の要素に分割することができる．これらの相似の要素によってマッスをつくり出すことが可能だし，相互の関係が明らかになれば，それらの要素を空間に大きなはめ絵のように集めることが可能となる」．(ヨーン・ウッツォン, Zodiac, XIV, 1965.)

445. ル・コルビュジエ　ソビエト・パレスの計画案，1931年．大ホールの天井は，空中高くかかった大きな抛物線のコンクリート・アーチからワイヤー・ケーブルで吊下げられるようになっていた．これはその当時のル・コルビュジエの計画案としては最も進んだものだった．ウッツォンは，これが彼の吊天井や自由なヴォールトの着想を与えたのだということを認めている．

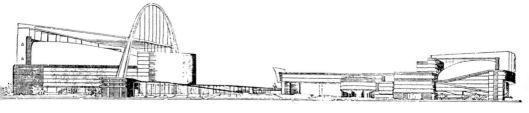

446. ヨーン・ウッツォン　球体を基にしてシェル・ヴォールトの形態を決定している．ヴォールトを形成するように建て上げるプレファブ部材の構造を決定するのに，球体の規則的な面が最も簡単な基礎になるということが証明された．

トーも述べているように，面上のすべての点が中心から同一距離にある最も完全かつ統一的な物体である．それは最古の原始芸術に彫刻として現われる唯一の規則的な形態である．象徴主義に鼓吹されて，それはビザンチン建築のモニュメンタルな出発点となった．

447. ヨーン・ウッツォン　ウッツォンが「みかんを薄く切りとるように容易に」ヴォールトの各弓形を切り出す方法を示している木製のボール．

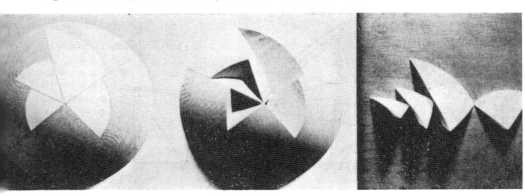

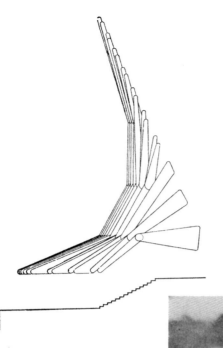

448. ヨーン・ウッツォン　シドニー・オペラ・ハウスの大きなシェル・ヴォールトの内部にかけられる柔軟な羽根のようなガラス・カーテンの図，1957年．

449. 飛翔中の大かもめの羽根の写真．

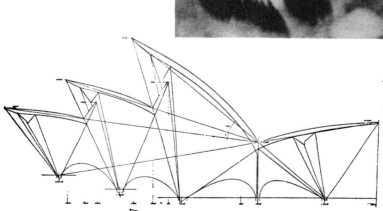

450. シドニー・オペラ・ハウス，1957年．シェル・ヴォールトの帆はすべて一点に集中するようになっている．

ウッツォンはドームの閉鎖的な形態を使用したくなかった。彼は常に一定で，しかも常に変化が内在しているような球体の弓形のみを使用したが，それは順次重なり合いながら上ってゆくオペラ・ハウスのシェルの連続によって表現されている。われわれがそれを好もうと好むまいと，その断片はわれわれの時代の一つのしるし――シンボル――なのである。

ある日ウッツォンはオーストラリアから，彼のヴォールトのいくつかの弓形を切り取った3個の凹んだ木の球体を私に送ってきた（図447）。これは，彼のヴォールトの曲線が気まぐれとはほど遠いものだということを示している。

浮揚するような表現を保持することが必要であった。しかし建築は建てられなければならないし，形而上の観念が実際的でかつ実施されるものであることを要求する。ウッツォンは現代の核心の中にある。彼は内的に過去を吸収してきたが，現実的な実践家の範疇で考えている。このことは彼にとって，プレフブ部品の合理的な生産や球形にひそむ構造的な可能性の十分な活用も，メタフィジカルな背景から引き離すことができないということを意味している。

表面が常にそれぞれの中心から同一距離にある木製の球体のおかげで，ウッツォンは複雑な足場を捨てて単一の移動可能な型材で置き代えることができた。こうして古代から伝わっている方法が，われわれの時代の複雑なヴォールトを発展させるうえで一つの役割を果たすことになった。われわれはショワジ（A.Choisy）によって，新王国時代〔テーベのラマセウム（Ramasseum）〕のエジプト人たちが（未焼或煉瓦で建造した）バレル・ヴォールトを移動可能な型材の助けをかりて構築したことを知っている。

1963年6月の手紙で，ウッツォンは，その方法をみつけるのに，空間幾何学によってどのようにして「通常シェル・コンクリートの建造に使用される大げさな足場なしに，移動可能な型材だけを用いたプレフブ部材での建造」が可能になったかを説明している。球体の弓形の使用によって，さらに実施図面が簡略化されることになった。「私の球形システムによって，私は極点で交差する大円を球体に内接させることによって，それらの正確な規模にすべての寸法を与えることができる（図446）。こうして私は，一個のみかんを同一の小片に分割するくらいに簡単な解決策に到達したので

769

ある.」ウッツォンは，垂直断面と水平断面の表現が複雑な曲線によってどんなに困難になるかということの一例として，ケネディ空港のサーリネンのTWAビルのシェルに言及している．これらの図面は，コンピューターによって計算されなければならなかった．

表現とプレファブとの組合わせ

このオペラ・ハウスの1962年の第2の出版物の表紙に，ウッツォンは1つの球体からいくつかのヴォールトを導き出す数学的な方法を図示し，その裏表紙には，その形態を思いついた最初の早書きのスケッチをのせている．これらはあらゆるものがそのまわりに回転する2つの極，想像力の直覚的な記録とその実施面での展開を示している．

これは容易な道程ではなかった．

シェルは最初，想像力で構想した通りに描かれていた．イギリスに永らく居住して現代建築の共感的な擁護者として活躍してきたデンマークの技術家，オーヴ・アラップ（Ove Arup）が，そのシェルを構築する方法を見出す仕事を引き受けた．彼の事務所は最善をつくしたが，解決策を見出すことができなくて断念しなければならなかった．

その解決策はウッツォン自身の事務所で，1961年の5月から10月にかけてなしとげられた．その頃彼は製図板の2次元的なものから3次元の表現方法に転向したのである．ウッツォンがそのシェルの最終的な形態に到達した時，彼のいうところでは，あたかもル・コルビュジエが1914年に，数本の支柱と水平のコンクリート・スラブで組立てた「ドミノ・ハウス」（図323）の着想に到達した時のようであった．

結果的には，その背の高いシェルをプレファブ部材で，それも部分的にスウェーデンでつくったり，その建築現場でつくったりした部材で，さらにリブに束ねられ，鋼鉄の杵で緊結された部材によって構築することが可能となった．

なぜすべてがこうならなくてはならなかったのか？　このような時間と費用の出費は何のためなのか？　それは想像力の要求する表現の権利以上の何もののためでもない．この表現の権利を支持する断固としてゆずらぬ粘り強さが，現代建築に新しい一章を開くことになったのである．

770

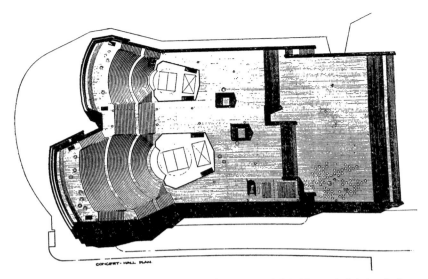

451. シドニー・オペラ・ハウス，1957年．3500の座席と1200の座席をもった2つのホールを示す平面図．

芸術的意欲と事物の諸法則との相貫は，あらゆる芸術的創造の基本をなすものである．時とともに変化してきたのは構造の諸方法である．

天井とヴォールト

人々はこのオペラ・ハウスの天井とヴォールトとの間に，ある「機能的な」関係が欠如していることを非難してきた．しかし，木製の吊天井はヴォールトの屋根とはまったく違った機能をもっている．ヴォールトの屋根は，5000人の聴衆をホールの中に単一の軸に沿ってではなく，花に群がる蜜蜂のようにひきつけるものである．

軽い天井が自在に吊下げられる．その曲面は，複雑な音響学的に決められた断面をもったプレファブの木製ボードで仕上げられるが，これもまた幾何学的な形態，今度は円塊形に基づいた形態の助けによって組立てられることになった．

吊天井の着想は，私たちとの会話でウッツォンが語ったように，ル・コルビュジエのソビエト宮殿（1931年）の計画案までさかのぼるものであった．もっとも，そこでの吊天井は，まったく違った，もっとプリミティヴな手法で表現されていた．ル・コルビュジエのその大ホールの天井は，高く上がった抛物線状のコンクリート・アーチに緊

771

結された鋼鉄のケーブルによって吊り下げられていた（図445）.

1966年春の事件

1966年の春に，新しい政府が選出され，公式の官僚建築家のもとに6人の顧問からなる委員会が設けられた．ウッツォンはその顧問の一人になるように求められた．そこで起こったことは，1966年3月9日の『ニュー・サウス・ウェールズ議会の議事録』（pp. 4,008, 4,019-4,032）に最もよく記録されている.

オペラ・ハウスについての議会での討論は，前建設大臣で6年間にわたるウッツォンの依頼主だったライアン（Ryan）氏によって，ウッツォンの設計案を極度に勇気をもって擁護する発言によって開始された．「この設計案は非常に雄大かつ重要なものであって，それがすでに政治的論争の段階に引き下ろされたことさえ遺憾至極である．…これは世界中の専門家たちの関心を喚び起こした，建築の新しい原則や新しい技術的方法を確立した設計である．それは，この国が誇りうる仕事であり，しかも，もし原設計通りに完成されたとしたら，将来まさに非常に誇りにしうるような事業である．…私はこの偉大な計画案の遂行に責任をもっていた大臣時代の6年間に，十分に知り得た事実の知識に基づいて，こういっているのである」（p. 4,019）.

ウッツォンには既存の音響学上の経験だけでは彼の計画案にとって不十分だということが判っていた．その成果を確かめるために，彼は音響を考慮した天井の原型をつくって試験しなければならなかった．ライアン氏のいうところでは，「私はニューヨークのリンカーン・センターで，人目を引くようなやり方で明らかにされたこの種の問題のむずかしさを見てきている．その建築群で最初の単位になる，フィルハーモニック・ホールの音響用天井は，最初，実験に十分な注意が払われていなかったので，100万ドル以上もの費用をかけて3度も造り直された」（p. 4,024）.「シドニー・オペラ・ハウスは他のものと比べ費用的にも高価なものではない——リンカーン・センターの座席当り約5,500ポンドに対し，4,400ポンドでしかない」（p. 4,031）.

シドニー・オペラ・ハウスのこの事件は，きわめて重要な意味をもっている．以前には，天分のある建築家は仕事に従事する前に除外されてしまった．周知のように，こういう事態がル・コルビュジエに関して1927年に起こった．当時，陰謀によって，他の人たちが呼ばれて，ジュネーヴの国際連盟の建物を建てることになった．同じよう

772

な事情のもとに，あるアメリカの建築家が，ニューヨークの国連ビルについてのル・コルビュジエのスケッチを横取りすることになった．万人がその結果を判定しうるのである．

シドニー・オペラ・ハウスの事例では状況が違っていた．幾人かの先見の明のある審査員のおかげで，ヨーン・ウッツォンはシドニー・オペラ・ハウスの設計競技で1等賞を獲得した．しかし彼がまさに，その実施設計を完成しようとしていた矢先に，別の政治団体が権力を握り，ウッツォンのきわめて個性的な建物の完成を，すべての細部を簡略化して安上がりに仕上げることを任務とした委員会に委ねることを決定したのである．

その曲面になった木製の音響用の天井は，ウッツォンが原型のテスト・モデルを要求していたために結果的に消失することになった（図444）．大建築の建設に先立つ音響実験の要求は，なにもウッツォンだけのことではない．そのような実験はベルリンのシンフォニック・ホールで必要とされたし，ライアン氏が指摘しているように，ニューヨークのリンカーン・センターについても必要であった．シェルのガラスの保護壁の繊細な曲面（図448）も平坦にされることになっている．

このような大変更は，自分の仕事に責任を感じているどんな建築家にも深刻な抗議をひき起こすはずのものである．あらゆる細部についてあらかじめ準備されたプログラムに従って建造中の建物は，それがまさに完成しようとする最後の瞬間に，そのプログラムを変更することはできない．

一体なにが起こったのだろうか？　最初からオペラ・ハウスとして設計されていた大ホールは，突然，コンサート・ホールと映画劇場に変更されてしまったのである．その舞台装置は取除かれ，その美しいプライウッドの方立はコンクリートで置き代えられることになる．小ホール（図444）が今度はオペラ・ハウスになるだろう．こういったことは，もくろまれた変更のうちの二，三でしかない．

歴史家の役割

歴史家の評決は政治家のそれとはまったく違ったものである．この時代の最も傑出した仕事の一つに含まれた真の特質のために立上がるのが，歴史家の倫理的な義務である．

フィンランドからイタリアに至るまで，今日，建築には彫塑的な性質と内部空間を一緒に発展させるという一般的な傾向がみられる．ベルリンのフィルハーモニー・ホール（1956年）のすぐれた室内で，ハンス・シャロウン（Hans Scharoun）は，建築に空間的でしかも可塑的な表現を与えるために，種々の方法が必要とされることを示した．彼はその建物の敷地に隣ったアトリエで，ちょうどガウディがやったように，2次元の図面でなく，彫塑的なモデルで仕事をした．そのシャロウンでさえ，可塑的なヴォリュームとすぐれた内部空間の両者をつくり出すのに十分な成功をかちえたとはいえない．それがどんなに困難なことかは，ル・コルビュジエのロンシャンの巡礼教会とウッツォンのシドニー・オペラ・ハウスを見ればよい．

建築は常に，ピラミッドやパルテノンやパンテオンのように，それぞれ形態は違っていても，幾何学の比例と密接なつながりをもっていた．このことは高度に幾何学的な形態についても，また（後期バロックでの）高度に有機的な形態についても真実であったし，それは現代建築にとっても妥当なことである．たとえば，フィンスターリン（Finsterlin）の表現主義的な図面と，ウッツォンのつくった有機的な形態とを比較してみれば，それらが2つのまったく違った傾向を現わしていることは疑問の余地のないところである．ウッツォンのシドニー・オペラ・ハウスの真の秘密は，建築の永遠に変わらぬ法則，つまり建築と幾何学との密接な関係に従ったことにある．

歴史家としてはさらに忘れてはならない今一つ別の観点を採り上げる必要がある．それはモニュメンタルな建物の外部と内部には常に相違があったということである．最も有名な例は，その後のすべてのドーム建築の出発点となった（1世紀初頭の）ローマのハドリアヌス帝のパンテオンである．その先細りする格天井のクーポラは，内部からその構造システムを示しているようにみえるが，しかし，その外観はアーチと柱の実際の構造方法によって支えられたファサードでしかない．パンテオンの新機軸は，コロッセウムのように垂直壁なしに，ヴォールト形の天井を建てるのにアーチと柱が使用されたということである．そこでさえ，階段に組みこまれた大胆な構造の直立柱が，かつては浮彫で蔽われていた．

ウッツォンの内部と外部に対するアプローチは非常に違っているようにみえるが，それは原則として本質的にそうなのではない．彼は新しいやり方で2つの別の意図を一

774

つに結びつけている．その独特な敷地から驚くべきヴォールティング・シェルを突出させた彼の建物の外観は，入港する船舶やその都市全体にとって鮮明なシンボルをつくり出している．これらの翼の下に，彼はオペラ・ハウスとコンサート・ホールの機能的な内部を挿入したのである．

シドニー・オペラ・ハウスについてなされた新しい決定は，一体どれほど破壊的なことなのだろうか？　これは，もとの依頼主の明白な要求に基づいた建築家の意図が，ディレッタントのなまはんかな誤解のために，別の政体によって変更された，われわれの時代の最初の例である．これは建築の専門領域を深く傷つけるようなものを含んでいる．建築家は一人の芸術家とみなされなければならない．それは，ある傑作がまさにほとんど完成しようとしている時に，そのプログラムを変更するといった話しにもならぬ無責任振りを示している．

ウッツォンが辞任してデンマークに帰ってしまったのも判らないことではない．

一体性をもったものとしての建物

シドニー・オペラ・ハウスは，一体性をもったものとして，しかもとりわけ，それがどのようにそのヒューマンな目的を充たしているかが見分けられなければならない．その唯一の目標は，聴衆をフェスティヴァルに対して調整することである．

ギリシアのデルフィ（Delphi）の，聖域の上方にある劇場を訪れるものは誰でも，まずその曲がりくねった長い参道をゆるやかに登りつめていかなければならない．劇場それ自体のうちに，人はまず風景の十分な尊厳を経験するのである．もっと小さなスケールではあるが，同じようなことがシドニーで企てられている．ゆったりとした堂堂たるアプローチが，アズテックやマヤの記念建造物の階段のように，幅広い階段によって異なるレヴェルへと上がってゆく（図440）．ウッツォンのいうように，「その建物はすべてのホールやホワイエを幕合いに開け放てるようになっており，それによって聴衆はホワイエのなかを動き廻りながら，湾上の広い眺望を支配している張出したシェルの効果を十分に感じとれるようになっている」．イーロ・サーリネンは最初から，このシドニー・オペラ・ハウスがわれわれの時代の偉大な建物の一つになるだろうことを承知していたのである．

775

敷地環境との同調：チューリッヒ劇場，1964年

第3の世代の特色の一つは，風景や建築的環境に対する強い感情である．環境と建築はできるだけ堅固に結び合わされなければならない．シドニーでは，これは高く屹立した建物を海と空の広大な拡がりと関連させることに向けられた．

1964年6月に，ヨーン・ウッツォンはチューリッヒ劇場の設計競技に1等賞を獲得した（図452）．その敷地環境はシドニーとはまったく違っていた．チューリッヒでは，それはすでに固まった静的な環境のなかに新しい建物を組み入れることであった．同時に明確な都市設計上のアクセントをつくり出し，高等学校や総合大学，工学研究所，医学校その他数多くの教育施設が密集した広い地域に対する焦点をつくり出すことであった．現在ではそのような焦点になるものがまったく欠けている．この区域の終りは交通路線によってくぎられ，主要幹線道路の一つに接した公共広場になっている．それは公衆便所のあるみじめな小空地で，キオスク（新聞売店と広告塔）がその中央に立っている．この控え目な広場の軸上にカール・モーゼル（Karl Moser）の上品な美術展示館(1910年)が建っている．その背後の山の方に，遠く離れて高等学校(1839年)があるが，この学校はシンケル（Schinkel）のベルリンの建築アカデミーのすぐれた伝統を伝えている．この間の空地に新しい劇場を建てて，このばらばらになった地区を相互に結びつけ，そこになんらかの尊厳をつくりだすことが求められたのである．

こういったことが単一の建物でどうしたら成就しうるだろうか？

流体には手で触知しうるような明確な形はない．それはつかもうとしても指の間から流出してしまうが，ある一定の温度になると，エネルギー作用によって，突然，形と姿を獲得する．類似のことが都市計画においても生ずる．

このような敷地情況は，ある50万都市の特別な土地の一区画といった特殊なケースに限定されるものではない．それはいつ，どこででも，まったく別の環境のもとでも，失われたコミュニティ感覚の断片を再びつなぎあわそうとしているところに見出されるような時代の徴候である．チューリッヒの場合には，明らかにその必要は，傷ついた情況を癒やすのに巨大な新しい構造物を要するほどひどくはない．

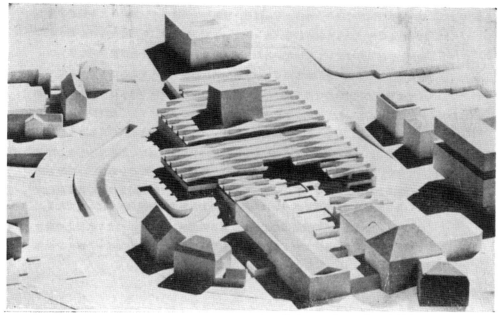

452. ヨーン・ウッツォン　　チューリッヒ劇場の模型，1964年．一組の水平な面を階段状にずらして勾配をつくり出している．その結果（競技設計の審査員が評しているように），構造的な屋根をもった平坦なレリーフのような建物のカーペットになっている．

453. チューリッヒ劇場，1964年．模型の立面．有機的ともいえるような形をもった梁によって，異常に広いスパンが可能となり，柱の意味深い削減を可能にしている．その結果，内部空間の非常に融通性に富んだ組織化がなされている．

既存の敷地情況の組み入れは，もっぱら，建築的純粋性についていかなる妥協も含まれていない時にのみ許容される．チューリッヒでの問題は，シドニーの時のように，触角を宇宙に伸ばすことではなかった．チューリッヒでは，それは芸術的なヴィジョンを失うことなく，その都市のピューリタン的な雰囲気に入りこむことであった．ウッツォンの建築は微妙な段を設けた水平なレヴェルで傾斜をつけて建っている．「構造的な屋根をもった，平坦なレリーフのような建物のカーペット」と設計競技の審査員が評している．ちょうどシドニー・オペラ・ハウスの下部にもみられるような，有機的な形といってもよいほどの起伏をもった丘の上を，彫刻的な屋根が段をなして上ってゆく．この変化に富んだプロフィールは，異常に広いスパンに基づいた静力学的配慮によるものである．チューリッヒでは，こういった起伏が上の面に強く現われている（図453）．その広いスパンは内部空間のより自由な展開を許すばかりでなく，ロベール・マイヤールの構造体のように，ある内面的な柔軟性，つまり表現上の動きの感覚を放射している．このような形態がその建物全体に構造的なバックボーンを与えている．

ホワイエは，その水平面を比較的小さなスケールにあわせてあるが，シドニーでのようにその幅全体を横切って上る階段をもっている．これがその幕開けをつくり出すのであって，そこで，ウッツォンがいうように，「観客が役者になる」のである．観客の入場は，ここでは舞上がるヴォールトによってではなく，「深く伸びた導入路」（競設計審査員の言葉）によって行なわれる．

人によって好まれるかどうかわからないが，ウッツォンはシドニーでも，またチューリッヒでも可動舞台を造らなかった．その理由は一つにはその建築企画の条件によるものだった．そのどちらにも，彼は「深くひっこんだシェルのような」（ウッツォンの言葉），円形劇場のような演劇空間をつくり出した．

与えられた情況への感情移入と自身の表現の厳しい主張とを結びつけるという点でも，ウッツォンだけがその世代から離れているわけではない．たとえば，水平に積み重ねられたヘルシンキ市立劇場(1959年)があるが，そこでは当時わずか28才だったティ

モ・ペンティラ（Timo Penttila）は自然の岩場から舞台を部分的に切りだしている．

チューリッヒの設計案は，まだあらゆる細部について入念に仕上げられていないが，広いスパンを架けわたした梁によって，その劇場は最小限の支持体しか必要としていないことが判る．このことは，その建物の展開に大きな融通性があるということを意味している．

この建物のあらゆる細部が固められていないのは，なにも偶然な手落ちではない．爆発的な人口増加の圧力に強く支配される都市計画では，動的な発展にもかかわらず，すでに建設されてしまったものを破壊する必要が起こらぬように，計画を立案する傾向が増加している．

同じ傾向が多くの大建築物に現われている．フィラデルフィアの建築家，ルイス・カーン（Louis Kahn）の建築は，最初の概念を崩さないで拡張しうるように設計されていることで有名である．ル・コルビュジエはこのような考え方を，限りなく延びてゆくスパイラル形式をもった現代美術館の計画（1931年）で最初に発展させた．ウッツォンのこの場合には，建築群の境界が確定されているので，それらのフレキシビリティは内部空間の展開におかれている．

変化と恒久性とを両立しない対立物としてではなく，一つの補足しあう実在として結びつけるということが，いっそう強く意識されるようになってきたのである．

無名の依頼者に対する共感

個と集合体との関係は，それぞれの世代の心を奪ってきた問題だが，その解決はますます焦眉の急になってきている．この関係を建築的な形態でうまく表現し得たものはごく少数でしかない．ウッツォンのデンマークでの建設に，2つの住宅地計画がある．エルシノア近傍の63戸のキンゴー住宅群（1956年）と，コペンハーゲン北方50キロメートルのフレーデンスボルグ近傍の，外国から帰国したデンマーク人のためのもっと小規模な計画（図454〜456）である．両者とも，その配置計画にすぐれた感性を

779

454. ヨーン・ウッツォン　コペンハーゲン近傍のフレーデンスボルグの住宅地, 1962年. コミュニティ・ハウスからみた単一世帯住戸のフレキシブルな配列. ウッツォンは単に各戸を取囲む壁から長方形を切りとることによって私的な部分と公的な場との間の視覚上の関係をつくり出した.

455. フレーデンスボルグの住宅地, 1962年. 長方形の開口部ごしに見た住戸.

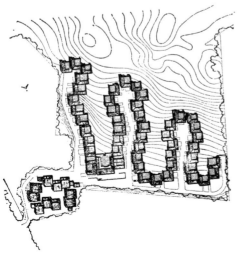

456. フレーデンスボルグの住宅地のプラン, 1962年. コミュニティ・ハウスが左手の長いループの頭に置かれている.

示している．家屋の配置が，土地の傾斜のわずかな変化にうまく対応している．それらは蝶の羽根のうろこのように互いに結びつけられているが，一方個々の家屋のフレキシブルなプランは個の独立性を十分に許容している．

これら2つの計画の家屋は，よく使用されるL型平面に基づいているが，一種独特のやり方で用いられている．各家屋は共通の壁を最小限の長さで併有するように敷地に配列されている（図456)が，これは各家屋をそれぞれ自分の中庭をもった方形にまとめることによって可能になったのである．この中庭は各戸のプライヴェートな戸外空間になっているので，それを実際にパティオと呼んでも差支えないだろう．

フレーデンスボルグの計画の詳細の扱い方は，ウッツォンが空間をかたどる方法を承知していることを示している．彼は各戸の庭の壁を四角に切りとっているが，こうすることによって，敷地外の風景，庭園状の外部空間がプライヴェートなゾーンにまで自由に流れ込めるようになっている（図455)．外科手術ではすべてがその切開の正確さにかかっているが，それは建築家についても同じことである．小さなつまらぬ個々の庭の風景の代りに，この敷地は広大なゆとりをくりひろげている．同じような考え方が，まったく違った形式でだが，19世紀前半のロンドンのブルームズベリ・スクェアの共同庭園にみられた．コペンハーゲンの建築アカデミーでのウッツォンの教師であったステーン・アイラー・ラスムッセンが，かつて私に，「ウッツォンには大いに注目していたが，それは彼がつぎのような2重の才能をもっていたからだ」と話してくれたことがある．「ウッツォンはモニュメンタルな計画に，まったく機械化された手段で空間的な解決をつくり出すことができたし，またきわめて単純な可能な手段で，社会的な構想に空間的な解決策を与えることができた.」

構想力と実行力

ウッツォンは彼自身の個性のうちに，われわれの時代のすべてをその複雑さとともに映し出している．建築において，ウッツォンは表現の権利を最高の掟として支持している．それは常にすべての創造的な精神にとって至上のものであった．

ョーン・ウッツォンは空間的構想力の類い希れな才能とそれを図に表現する才能とを
あわせもっている．この想像力の背後には，製図板の2次元から離れて3次元の彫刻
的形態に到達したいという根本的な衝動がある．こうして実物大の模型が彼の仕事の
中で重要な役割を演じている．ミース・ファン・デル・ローエのスタジオでは，鉄骨
断面の種々のディメンションの性状を検討するために，それらの原寸の木の模型がつ
くられていた．すでに述べたように，ウッツォンはさらに進んでそのシェル・ヴォー
ルトの空間的な挙動の3次元的な確証を得ようとしてきた．

表現の首位の座は，常にその時代の技術的可能性によって成就されなければならな
い．しかも，このことはそれ以上のことをも意味している．機械は創造のプロセスに
従属させられなければならないが，創造のプロセスは機械に従属させられてはならな
いのである．19世紀における構造の合理性は，建築の創造的な中核体が難を避け得た
唯一の避難所であった．今日ではまったく違ったものが必要になっている．工業生産
はまったく強力である．それは暴君のように，その純粋に機械論的な標準化をあらゆ
る領域に，建築の領域にも少なからず押しつけている．

第1と第2の世代にとって，彼らの構想を実行にもちこむ方法はそれ相応に困難では
あったが，今日よりも複雑ではなかった．第3の世代にとっては，創造的な構想は不
可避的にすべての構造要素の工業生産に拘束されている．機械は，その製品が単に合
理主義的な配慮にのみ基づかないように誘導されなければならない．

日本の古代の建築は，ある心的態度——ある哲学——に基づいていたといわれる．そ
れは，技術的な生産には影響を及ぼすが，建築に影響するのは技術ではないという心
的態度であった．今日われわれは，あらゆるものに影響を及ぼしうるような活力にみ
ちた哲学を保有していない．

そこでは，われわれはまた別の——まだ定かとはいいにくいが——人間性に対する態
度といったものをもっている．これは今や，あらゆるものがその廻りを旋回している
中心課題である．生産は，もはや単に機械論的な見解にのみ基づいてはならない．機
械は，その製品が直接，人間的な見地から由来し，かつて製品が人間の手とじかに触
れ合いながら造られたように，基本的に人道的な環境から生育してくるような方法で

誘導されなければならない．想像力をその本来の自由に回復させるために，今日の生産の諸力をどのように使用するかにすべてがかかっている．この意味での自由は，住宅では，基礎から屋根にいたるあらゆる細部のおさまりが広範な融通性をもちうるように，また，記念的な建物では，どんなに複雑な形態ですら現代の諸方法で解決しうるように，建物の構成要素の工業生産方式を変革することを意味している．

シドニー・オペラ・ハウスのヴォールトは，その形成においても，またその意味するものにおいても，まさに徴候的なものである．

近代建築国際会議（シアム）と現代建築の形成

近代建築国際会議（Congrès Internationaux d'Architecture Moderne = CIAM）は職業の権利を守るために設立されたものではない——そのような仕事は大きな公的な建築団体のやる仕事である．シアムの目的は，主要な建築物の企画を支配している公的な建築集団にみられる敵対的な諸勢力に対して，現代建築の生存の権利を確立することであった．シアムの目標は，単一の個人によっては解決できないような諸問題を取扱うことであった．ル・コルビュジエがシアムの目的に与えた定義はおおよそこのようなものであった．

1928年の2月に，私はエレーヌ・ド・マンドゥロー夫人（Madame Hélène de Mandrot）から，彼女がチューリッヒを訪れる旨の手紙を受けとった．その訪問の目的は，この新しい運動と結びついた建築家の会合を，スイス・ヴォー州のジュネーヴ湖の北方数キロのところにある彼女のラ・サラー（La Sarraz）の城館で用意することであった．ド・マンドゥロー夫人はこの可能性について，すでにパリでル・コルビュジエや他の友人たち〔シャロー（P. Chareau）やグーヴレキアン（G.Guevrekian）など〕と話し合っていた．その"会議"という名称は，"一緒に働く"というその本来の意味で採用されることになった．それは協働の会議になるはずのもので，各人が各自の特定の分野について報告するような会議にするつもりはなかった．

3つの事情が，若い建築家の国際的な団結に便宜を与えることになった．その１つは
エレーヌ・ド・マンドゥローの先導によるものだったが，彼女はすでに芸術家の家
（Maison des Artistes）を創設して，若い画家達の集会をつくりだしていた．彼女は
今度は，ベルギー，ドイツ，フランス，オランダ，イタリア，オーストリア，スペイ
ン，スイスの各国から若い建築家たちをヨーロッパのこの中立地点に集合するように
招待したのである．

その第２は，ジュネーヴの国際連盟会館に対する競技設計で生じたスキャンダルであ
った．ル・コルビュジエは，その提案があらゆる点で他の公募案よりも優れていたの
で，公正の原則によって１等賞と判定されていた．パリのアカデミー・ド・ボーザー
ル（芸術院）のある教授の陰謀術策によって，国際連盟で最も影響力のある政治家だ
ったアリスティド・ブリアン（Aristide Briand）はアカデミー様式の建物しか受容し
ないと宣言したのである．こうして１等賞はル・コルビュジエに与えられず，現代建
築に対して障壁が引き下ろされた．建築的な概念の自由を主張し，ジュネーヴ事件が再
び繰返されないように，必要とあればいつでもそれを支持するような新しい組織——
シアム——をつくることが緊急と思われた．

第３の，しかも決定的な理由は，それぞれの国で助けもなく孤立した建築家たちに，
彼らが特有の問題に取組めるように，また彼らの取組み方を擁護しうるようなイデオ
ロギーの基礎や職業上の支持を提供することの必要性であった．

ラ・サラーの宣言

1928年，ラ・サラーでの第１回の会議で，少数の国際的なグループが，活発な討議と
ともに，初めて現代建築の基礎を固めた宣言を公式化した．その会議の終りに，ル・
コルビュジエは長大な図面をつくって，それを，その州の中世の領主たちが埋葬され
ているゴシック礼拝堂の壁の上に張りめぐらした．その図面はル・コルビュジエ作品
集の第１巻[101]に再録されている．それはシアムが追求すべきコースをダイアグラム
で図解したものである．その当時，現代建築の諸勢力がいつの日にか官僚たちの反対
に打ち勝って，その州の城砦に入城することになるだろうと期待するのは，途方もな
い空想でしかなかった．

---

[101] *Le Corbusier, Œuvre complète*, I (Zürich, 1937), p. 175.

この会議で，著名な教師で建築家の，チューリッヒのカール・モーゼル（Karl Moser）教授がシアムの最初の会長に選出された．

低家賃住宅の建設計画

第2回の会議は1929年にフランクフルトで，当時その都市の住宅・都市計画・建築部の部長だったエルンスト・マイ（Ernest May）を招聘して開催された．彼の役所の壁に，"低家賃住宅建設計画"のテーマに関する会員の図面がすべて同一尺度で提示された〔これらの図面はその後，ホフマン（J. Hoffman）によって最小限住居（Die Wohnung für das Existenzminimum）という単行本としてシュトゥットガルトで1930年に刊行された〕．同一縮尺と同一の表現技法を使用するというこのやり方は，討議の主題を即刻相互に比較しうるように，シアムのすべての会議の原則となった．

この会議で，ワルター・グロピウス，アルヴァ・アアルト，ホセ・ルイ・セルトが初めてシアムに登場した．

敷地計画の合理的方法

第3回の会議は1930年にブリュッセルでヴィクトル・ブルジョワ（Victor Bourgeois）の主唱によって開催され，そのテーマは"敷地計画の合理的方法"であった〔刊行物：合理的建設方法（Rationelle Bebauungsweisen），J. ホフマン，シュトゥットガルト，1930年〕．具体的な討議対象は，当時焦眉の問題だった連続住宅や歩道や高層のアパートメントのある敷地を計画する上での相対的な利点の問題だった．すべての発言者は——ワルター・グロピウスやル・コルビュジエ，R. J. ノイトラなどすべての発言者は，このテーマについて発言するように義務づけられた．

カール・モーゼル教授がその地位をもっと若い人物に譲りたいと希望したので，アムステルダム都市計画局の若い局長コーネル・ファン・エーステレン（Cornell van Eesteren）が会長に選出された．建築家に代って都市計画家を選出したことが，シアムの将来の進路を表示することになった．

ソビエト連邦の住宅，建築協会の高官から第4回会議をモスクワで開催したいという電報による招聘が受け入れられた．

アテネ憲章

1932年の終り頃に，C. ファン・エーステレンと私は，モスクワで10日間にわたる準

備的な会合に出席するよう招待された。第4回会議のプログラムは相互の友好裡に決定され、その日取りも1933年6月に決められた。この会議は最大の規模で計画された。もしそれがモスクワで開催されていたとしたら、当時ロシアは都市計画に非常に大きな関心を示していたので、この会議はきわめて重要なものになっていたであろう。しかし、2, 3ヵ月後に、モスクワからこの会議が延期されたという知らせが到着した。われわれにはこのような処置がとられた理由が立ちどころに了解された。アヴァンギャルドはスターリンのロシアでは受け入れられなかったのである。

すべての会議資料がすでに準備されていたので、私はル・コルビュジエのパリのセーヴル街のスタジオに、何をなすべきかについての緊急集会を招集した。マルセル・ブロイヤーが会議は船上で開催されるべきだという提案を行なった。ル・コルビュジエが直ちに電話で、知り合いのギリシアの船会社の重役に申込んだ。こうして第4回会議はマルセイユからアテネ間を運航する"パトリⅡ世号"とアテネで開催されることになったのである。

ブリュッセルの会議は関心が都市計画の研究に集中していることを示した。C. ファン・エーステレンは、アムステルダムでの経験をもとに、表現の諸方法と標準化された記号を使用した3つのサンプル・プランを発展普及するという課題をもっていた。すなわち、

　　1.　住居と工業とレクリエーション用途に主に充当された地域を表示する記号を使用した土地利用プラン。
　　2.　交通のネットワーク。
　　3.　都市とその地方との関係。

第4回会議で提示されたすべてのプランは、アムステルダムの都市プランから引き出されたこれらの範例に準拠して、それぞれ同一記号を用い同一尺度で作図されていた。こうしてそれぞれの相異なる問題が一見して見てとれるようになっていた。

これらの図面の目的は小都市や大都市の比較構造について、ある洞察——当時までまったく存在していなかった洞察を与えることであった。33の都市（ロンドン、パリ、ベルリン、デトロイト、ロサンゼルス、アテネ、ローマ、ワルソー、マドリッド、チ

ューリッヒ等）が分析された．それらの都市の主要な機能——居住，労働，レクリエーション，交通循環——が容易に認識され比較されうるようになった．

この会議はシアムの会議のうちでも最も長く，最も興味をかきたて，最も実り多いものであった．すぐれた研究が用意されていた．各グループにとって33の都市の分析的な比較をすることが可能だったし，この基礎の上に，現代都市計画の諸原則をアテネ憲章として規定することが可能であった．

ウェルズ・コーティス（Wells Coates）はこの会議に初めてシアムのイギリス・グループの組織者として登場した．われわれと一緒に，フェルナン・レジェ（Fernand Léger），モホリ・ナギー（Moholy-Nagy），ゲガン（Guéguin），クリスティアン・ゼルヴォ（Christian Zervos），ジャン・バドヴィシ（Jean Badovici）といった多数の関心をもった画家や詩人，美術史家が参加して，ひからびた専門家気質といった雰囲気を効果的に一掃した．

J. L. セルトは第4回会議の成果を，『われわれの都市は存続しうるか？』（Can Our Cities Survive?，ハーヴァード大学刊，1942年）という一巻の包括的な書物にとりまとめた．アテネ憲章の完全なテキストはフランス語で『アテネ憲章』（La Charte d'Athènes，パリ，1943年）として，ジャン・ギロードゥー（Jean Giraudoux）の序文付きで出版された．これはジャン・プティ（Jean Petit）によってパリで1957年に再出版された．完全な英文テキストが雑誌『エキスティックス』（Ekistics），XVI（1963年10月），pp. 263〜267に掲載されている

住居とレクリエーション

暗雲の歳月を目前に控えて第5回会議がパリで，1937年に開催された．そのテーマは，いまだに未解決の"住居とレクリエーション"というテーマであった．ル・コルビュジエはその文書を『住居と余暇』（Logis et Loisirs，パリ，1938年）という題でとりまとめた．第6回会議は，1939年にアメリカ合衆国で開く予定だった．アメリカには1937年にワルター・グロピウスとマルセル・ブロイヤーがハーヴァード大学で働くように招かれていたし，モホリ・ナギーがシカゴに招かれていた．1年後に，私もまたハーヴァードに招かれることになった．

787

その後，大戦が勃発して，第6回会議は10年延期された．戦争中は，シアムの各グループは相互に分離されていたが，それぞれ独立して各自の仕事を遂行していた．ニューヨークでは，レンベルグ・ホルム（Lönberg Holm），ワルター・グロピウス，リチャード・ノイトラ，ホセ・ルイ・セルト，そして私と，スタモ・パパダキ（Stamo Papadaki）と二，三の友人たちとで，"救済と戦後計画のためのシアムの会"を結成した（R. J. ノイトラが会長であった）．オランダでは，シアムのメンバーが占領下を通じて秘密裡に会合してロッテルダムの再建を準備していたし，後に彼らの勧告によってその再建が遂行された．イギリスでは，シアム・グループのマーズ——近代建築研究グループ（MARS, the Modern Architectural Research Group）が活発に活動し，そのメンバーが戦後の都市計画の展開や新しい計画立法の準備に指導的な役割を果たした．

新建築の10年

1947年に南西イングランドのブリッジウォーター（Bridgwater）という小さな町で第6回会議を組織したのは，マーズ・グループであった．前の会議以来10年が経過していたので，シアムの目標を再び明確化して断たれた接触を更新することが必要であった．

通常のシアムの慣例は断絶していた．シアムの各グループの個人会員の仕事がそれぞれの国の事情を説明するために展示された．アルジェンチン代表のフェラリー・ハードイ（Ferrari-Hardoy）が述懐したように，この会議では，"ある一つの理念の展開"が，それぞれ完全に隔てられていたグループ間でも，まったく並行して行なわれていたのを見出して驚かされた．S. ギーディオンの『新建築の10年』(A Decade of New Architecture，チューリッヒ，1951年）はこの会議から生まれたものである．

ブリッジウォーターで，それまで回避されていた美学の問題が初めてもち出され，2つのアプローチが明確になった．リチャーズ（J. M. Richards）に指導されたマーズ・グループは，この問題は"街路の中の人間"の視点から分析されるべきだという主張を行なった．ハンス・アルプと私は，建築家と画家と彫刻家の間の相互関係に関心を集中させた．その討論の短い報告文が私の『現代建築の発展』[102]に記述されている．

この会議で，ホセ・ルイ・セルトが会長に選ばれた．

---

[102] S. Giedion, *Architecture, You and Me* (Harvard University Press, 1958), pp. 70〜78. 邦訳『現代建築の発展』(生田・樋口訳), pp. 73〜82.

第7回会議はイタリア・グループによって組織され，1949年にベルガモ（Bergamo）で開催された．この会議でのプレゼンテーションのための主題の選択はまったく自由に任されていた．ただ，フランスのグループ・アスコラール（建築革新のための構造家の集団）とル・コルビュジエによって開発された "シアムのグリッド" [103]の形式に則って展示されるべきだという規定があっただけである．このシアムのグリッドはのちに『アルヒテクトゥール・ドージュールデュイ誌』の特集として1949年に出版された．

すべてのグループはそれぞれ異なった都市設計上の問題の分析をそのグリッド形式に従って提出した．これらの分析は順繰りに吟味された．新都市や新しいコミュニティ・センターの開発の問題は特に重点が置かれた．

美学の問題は，見かけ上こういった分析的なアプローチからひどくかけ離れていたが，熱烈な激論をひき起こした．芸術に対するスターリン派のアプローチを採用しようとするポーランドの勧告に応じて，"街路の中の人間" という見解と芸術との間の関係について，永い間うっ積していた立場の相違が明るみに出された．この討論も『現代建築の発展』[104]に要約されている．

都市の中心核

第8回会議は再びマーズ・グループによって組織され，1951年にロンドン近傍のホデスドン（Hoddesdon）で開催された．アテネ憲章の基礎になった居住，労働，レクリエーション，交通循環の4つの概念が，都市の最初の分析にとって有効だということが立証されていた．しかし，今や都市の精神を把握するためにさらに別の何かが必要とされることになった．"都市の中心核" というテーマがイギリス・グループによって提案された．この会議は，都市計画の社会的観点にますます集中してゆくシアムの終局段階の先触れとなった．まず最初に都市中心の形成に主眼が置かれ，その後の会議では，人間の居住環境に主眼が置かれることになった．

---

[103] ＣＩＡＭのグリッドは，横の欄に主要項目として，居住，労働，レクリエーション，交通循環の項をとり，縦の欄に，地方，建築容積，美学，経済的社会的考慮，立法等の項目を置いたマトリックスの形式を採用した．資料はそれぞれの適切な位置に掲示された（そのすべての欄を満たす必要はなかった）．

[104] 原書 pp. 79〜80. 本書1巻 pp. 83〜84.

第8回会議で最も強調されたことの一つは，歩行者の権利（la royauté du pieton）が今や，都市中心の復旧にあたって都市計画の要点の一つになったということであった．チャンディガールの最初のスケッチがこの会議で提示された．この会議の成果は，ティリット（J. Tyrwhitt）とセルトとロジャース（E.N.Rogers）によって編集されて『都市の中心核』（The Heart of the City）という題名でロンドンとミラノから1952年に出版された．

人 間 の 生 息 地

第9回会議はアスコラールによって組織され1953年にエクス・アン・プロヴァンス（Aix-en-Provence）で，"人間の生息地"というテーマで開催された．動物学者にとって，"生息地"（habitat）という言葉は動物が生息し繁殖する自然地域を意味しているし，植物学者にとっては，特有の植物が繁茂する地域を意味している．さらにハビタットという言葉は人間の先天的なまた将来の必要に最もよく適合した地域としても定義されうる．この会議は人間の居住区域を住宅の四周の壁から外まで拡張すること（logement prolongé）を考えて，家族の成員間や地域社会の成員の間の多面的な相互関係について洞察を得ようとしたのである

シアムは一つの前衛的な運動だった．芸術の世界では前衛的な運動は通常短い生命しかもっていない．シアムはすでに25才になっていた．シアムの創設者たちは，依然その運動を指導していたが，今では大規模な計画をかかえて時間的な余裕がなくなっていた．彼らはもっと若い世代に指導の地位を譲りたいと考えていたが，彼らの隠退はこの時点では受け入れられなかった．しかしながら，第10回会議の組織は，より若い建築家グループのチーム・テン（Team X）にまかされ，かつての指導者たちとの協力の下にその準備が遂行されることになった．バケマ（J. B. Bakema）がこのチームの代表者に指名された．

年長者から若い世代への交替を準備することになったチーム・テンは，1956年にデュブロヴニク（Dubrovnik）で開催された第10回会議での研究の表示方法を準備することになった．

この会議に課された課題は，居住地の憲章（Charte de l'Habitat）の形式を要約することであった．この憲章は人間生活のサイクルを考慮しながら，家族内部での個人の

790

空間的な関係，個人と地域社会との関係，個人の静穏や独居に対する必要や自然との接触に対する必要などについて明記するはずであった．今日の孤立した個人は受身の傍観者から地域社会生活での積極的な参加者に改変されなければならない．政治的な観点はこの問題の一部でしかないのである．

村，都市，大都市といった通常の用語の代りに，ル・コルビュジエは"人間集落"（human agglomeration）という普遍的な表現を提案した．現在の集落は，その絶え間ない変化や成長のうちに，以前の都市とはまったく違ったものになっている．出現する居住地には，自給自足的な定住地はあり得ないが，無定形なスプロールの代りに，この会議で"都市の星座"（urban constellation）と名付けたようなものが存在しうるだろう．

J. L. セルトとハーヴァード大学の彼の同僚たちが，居住地の憲章の公式化を委任された．それは遂に書き上げられなかったが，その理由は，アメリカの大きな大学での激しいスケジュールのためだけではなく，ある会議での多数の多様な発言の記録が欠如していて，そのような文書を答申することができなかったからである．しかしすでに結論に到達していたものについては書き留めうるし，またそうすべきであった．

ドゥブロヴニクでシアムのかつての指導者たちのすべてが辞任し，"シアム"という古い名称は，新しい指導者が新鮮な気持ちで出発できるように引き下げるべきだという提案がなされた．この提案は不幸にも受け入れられなかった．

シアムの最後の集会で，ル・コルビュジエから若い世代に宛てた手紙が読み上げられた．「友人諸君よ，旋回に注意せよ！」（Messieurs, Amis, attention au tournant!）

シアムの影響

シアムは，まさにその時点において，現代建築の最初の巨大な構築物として存在することになった．シアムの主要な影響はその会員の確信を強化することであった．彼らは自分達のしていることに強い確信をもっていたので，シアムのメンバーは大規模な計画を報酬なしでも引き受けようとしてきたのである．シアムはいかなる財源ももっていなかった．それは共通の基盤を確立したいと願う個人の集会であった．一歩一

歩，彼らは同じ記号を用い，同一尺度で描かれた調査研究といった，比較分析の道具を使用しながら，未解決の諸問題を理解しようとしてきた．他人の提案を批評することによって会議の一般的主題から参加者の関心がそらされないように，参加者は自分の個人的な仕事を展示すべきではないというのがシアムの暗黙裡の規約の一つであった．近代運動の偉大な開拓者たちですらこの規律に服従していたということは，それこそシアムの精神の典型であった．

シアムはつぎのような役員によって指導されていた．会長，J．L．セルト；副会長，ワルター・グロピウスとル・コルビュジエ；事務局長，S．ギーディオン；そして22カ国からの代表達である．最も傑出した代表者をあげれば，ベルギー，ヴィクトル・ブールジョワとL．フォン・スタイネン；ブラジル，A．E．レイディとO．ニーマイヤー；ドイツ，エルンスト・マイ，ユーゴー・ヘーリング，W．ヘーベブラント，H．シャロウン；イギリス，マックスウェル・フライ，J．M．リチャーズ，P．スミッソン，W．ハウエル；フランス，G．キャンディリス，J．プルーヴェ，E．パラン；オランダ，C．ファン・エーステレン，B．メルケルバッハ，A．ファン・アイク，R．B．バケマ；イタリア，E．N．ロジャーズ，L．B．ベルジョゴーソ，I．ガルデラ，E．ペレスッティ，G．テラーニ；日本，前川国男，丹下健三，坂倉順三；ポーランド，S．H．シルクス，J．ソルタン；スウェーデン，S．マルケリウス，G．ザイデンブラット；スイス，W．モーザー，M．E．ヘーフェリ，R．シュタイガー，A．ロート；アメリカ合衆国，R．J．ノイトラ，モホリ・ナギー，マルセル・ブロイヤー，K．レンベルグ・ホルムなどである．

シアムはその人の名がすでに知られているかどうかにかかわらず協同する才能をもった人なら誰でも招じ入れた．結果として，ほとんどすべての創造的な建築家がシアムの会議で積極的な役割を果たすことになった．シアムは危機の瞬間にほとんど最初の運動を発足させ，現代建築が普及した偉大な繁栄の時期に終熄したのである．

倫理的な問題としての建築

建築は，もはや久しい以前に依頼主の注文通りに正確に建てるような受身の事務的な専門家の仕事ではなくなった．それは積極的に生活を取扱い，それを形造る手助けをする勇気を獲ち得たのである．それは子供や成人男女の必要とするところを調査する

ことによって，親身な活々とした疑問から出発する．それはつぎのように問いかける．「あなたはどのような生活を送っているのか？　われわれは，あなたが堪え忍ばなければならないような状態に責任があるのだろうか？　われわれは，あなたがその名に値するような生活をするために——住宅だけでなく，地域的な問題についても——どのように計画したらよいのだろうか？」

われわれはこのような疑問を究明するにあたって，現代建築が倫理的な問題にその出発点をもっているのだということを悟る．建築は狭い専門化の領域から抜け出てきたのである．しかも，専門家としての目隠しを取り払うことによって，建築家はその力の及ぶ範囲を極度に押し拡げてきた．建築はきわめて複雑な活動である．その仕事は美的感情領域と実際的な行為の領域との間の中間的な境界地帯にある．しかし，これこそ，なぜわれわれが，われわれの時代の生活を表現するような環境の実現を建築に求めているかということの理由である．

近代画家は，われわれが平生の半ば自動的な観察によっては決して知り得なかったような事物の間の関係を取扱うことによって，われわれの視覚経験を拡大してきた．現代建築家は，進んで大衆の理解よりも先行しようとしてきた．彼らは，その仕事に普遍的な承認を確信しうるようになるまで待とうとさえしなかった．半ば倫理的な半ば芸術的な衝動によって，彼らはわれわれの生活を包むにふさわしい外殻や骨組を与えようとしてきた．こうして，現代建築が現代生活に新しい環境を提供しうるようになると，今度は，この新しい環境が逆に，それが由来した生活の上に働きかけることになった．新しい雰囲気が，その中に生活する人々の考えに変化と発展をもたらしてきた．

過去においては（ある程度現在においてすら），真に創造的な芸術は，思考的発展が情緒的成長に伴わないような一般大衆によって迫害されてきた．ヨーロッパの現代建築が自己を確立するために敢行しなければならなかった闘いは，まさにこういう思考と感情の離間に基因するものであった．もし建築が，他の部門の知識が一つに統合された普遍的な見解に達するのをいたずらに待っていたとしたら，その闘いは決して成功しなかったであろう．建設技術者，社会学者，経済学者，政治学者等の中のいずれも，いまだかつて各自の目的を完全に充足したことはなかった．一方，建築家は新しい生活の輪廓を確立しようとして，手近な手段であればどのようなものをも用いて

——時には，完全には満足な解決が得られないような，きわめて素朴な方法さえも用いて——努力してきた．

普遍的な傾向と地方的な問題

多くのいろいろな国が，われわれがこれまでに討議してきた発展に貢献してきた．オランダ，フランス，ドイツ，スウェーデン，イギリスその他の国々を通しての新運動の展開を観察し，それらの国々で，どのような方向がとられたか，またそれぞれに内蔵する特有の危険を探り，かつ建築の問題の解決に及ぼす環境や伝統の影響に注意することは興味深いことであろう．このような地方的な相違は，表面的なもの以上の重要性をもっている．現代建築をどこでも通用するような一種の普遍的な貨幣として——それが移植されたところでは，どこでも，その完全な価値を保有する独特な形態の集積として——受入れた国々では建築的な破産を招来した．近代建築は普遍的に適用しうる意匠の手段というより以上の高次ななにものかである．われわれの時代全体からつくり出されるものは非常に膨大な量に及ぶので，なんらかの普遍的な傾向を示さないわけにはいかないが，一方，現実の生活上の問題に関わるところも多大なので，地方的な諸要求，慣習，材料等における相違を無視するわけにはいかない．フィンランドは，アルヴァ・アアルトの指導下に，その国土環境の特殊な条件に適した解決によって，建築に対してどのように普遍的な貢献をなしうるかを示してきた．

VII 19世紀の都市計画

19 世 紀 初 期

われわれは，再び19世紀に立ち戻らなければならない．今日，都市計画の領域で求められているものを正しく評価しうるためには，何よりもまず，現在の状態がどのようにして招来されたかを理解していなければならないからである．

都 市 計 画 の 基 礎 と
しての普遍的な態度

建築の分野で最も普遍的な態度が必要とされるのは，都市計画の部門である．将来を見通すような視点と広い視野がなければ，都市の秩序はあり得ないであろう．首尾一貫した世界観に到達し得ないような時代には，単なるつぎはぎ以上の都市計画を遂行することができない．生活全体を包括する普遍的な態度が見落されているような時代には，どれほど多数の専門家がいても，なんの助けにもならないのである．

19世紀の都市計画に
おける専門家の領域

反対に，普遍的な態度をもたない専門家は真の相互関係を攝むことができない．彼らの仕事は価値のある正確なものかもしれないが，その結果は，限定された，均衡を失ったものとなるだろう——ある一つの仕事が，他の犠牲において強調されすぎるために，かえって有害になるような場合もあろう．専門家に依存しているような時代は，立派な都市計画をなすことができない．このような時代に起こることは，読書に当って，あまりにも正確を期しすぎるために，最初の 10 頁から先へ読み進めないような人の場合に似ている．彼は細事に拘泥して，全体の意味を見失ってしまうのである．今日の状態も，それと似た所がある．都市の計画や行政面に，多くの良心的な都市計画関係の団体や熟練した専門家がいるにもかかわらず，一般に恐るべき方向の欠如がみられるし，きわめて明瞭な不利益を取除くことすらできない始末である．

百年にもわたって，都市計画に混乱以外の何物もなかったとしたら，その祟りから免れられないであろう．規則だけでは何の役にも立たない．規則そのものも，それをつくった人たちの特質を帯びているからである．つまり，新しい普遍的な視野が必要なのだ．

19世紀のような時代に，都市計画の問題への新しい解決を期待するのは，あるいは見当違いのことかもしれない．放任主義の精神に支配され，専門家の支配下にあったような世紀は（特にその後半では）都市計画にとっては，無の時代であった．都市計画とは，その本質上，広い洞察力と先見の中から生まれてくるべきものだからである．

前世紀の多くの個人的な表現や生活様式の魅力が，近い将来において，もっとよく理解されるようになるだろうことは疑うべくもない．しかし，19世紀の都市計画は，この来たるべき再評価には採り上げられないであろう．

都市計画における，われわれの関心は，つぎの3つの問いに要約される．高度な発達を遂げた後期バロックの都市計画は，19世紀にも継続していたであろうか？ その後を何が引継いだのだろうか？ 最後に，20世紀が提案すべき新しい解決策とは一体どういうものだろうか？

後期バロックの都市計画：総括

永い堅実な伝統に基づく普遍的な構想力が見られるような時代には，都市計画は当然のこととして採り上げられる．われわれは18世紀の解決策について，ある程度考察してきたが，その中に示されている空間の感じ方や，その先見の明にははなはだ興味深いものがあった．多くの驚くほど程度の高いものが，無名の建築家の仕事であり，投機家のものでさえあった．18世紀の普遍的な構想力から生まれ出た解決策が，その対象とした社会——あるいは社会の理想——が滅んでしまった後までも有効だったということ，しかも，その設計者たちが予想もしていなかったような環境の変化の後までも有効だったということは注目に値する．しかし，ある時代の構想が，専門家の影響を強く受けているような場合には，到達された解決策は，その時代の要求をさえ満足させていない．

後期バロック時代は，外部空間を支配するすぐれた力量を示した．この時代は，建物と建物との間の相互関係だとか，建物と自然との間，すなわち構築物と有機体との間の種々様々な相互関係に十分に気付いていた．
バロックの都市計画の出発点となったその社会生活は宏壮な邸宅の間の関連や，大都市の美しい広場の空間的な取扱いにその関心を限定していた．

後期バロックの都市計画は2つの専制主義の現われである．すなわち最初の一つは宗教改革反対運動により，つぎの一つは専制君主によって作り出されたものである．この時代に貯えられた莫大な経験の恩恵を蒙った構築物は，すべて，教会と国王，あるいはこれら2つのものの支配を助けた人々のために建てられたものであった．

庶民の住居に対する無関
心；ヴォーバンの提案

一般民衆の住居は，これらの計画の中には含まれていなかった．そんなものは何ら問題にするに足らぬと考えられたのである．民衆は国家の目に見えない土台や支柱を形づくっていたにもかかわらず，地上の生きとし生けるものはすべて，当然，支配階級のものとされていた．すぐれた経験と広い識見を備えた人達——ルイ14世の偉大な軍事技師ヴォーバン（Vauban）のような人——は民衆にこのような重荷を負わせている制度に潜む危険に気付いていた．しかし，ヴォーバンは，その「王国十分一税案」（Projet d'une dixième royale, 1707 年）[1] によって，「不当にも民衆の屑と呼ばれるもの」が「神聖な王国」の注目に値するものだという所説を主張したために君主の寵を失うことになった．ヴォーバンはさらに，「この大衆は，…その数と国家に与える奉仕の点から見て，きわめて重要な存在である」といっている．貴族や僧侶たちも，民衆と同じように（その収入の 10 分の1まで）課税されるべきであるというヴォーバンの主要な提案は，その当時の制度からいって，当然却下されることになった．

こうして，大衆に関する限り，大都市はあらゆる点で無視された住居の単なる集合体にすぎないという事態に立ち至った．しかし，一方，われわれは歴史的な判断に基づいて，18 世紀の大都市は 19 世紀に演じられたような役割を決して演じはしなかったということを知っている．18世紀の都市は，その時代の支配力の関心や注意の外にあったのである．ルイ14世がヴェルサイユに熱中し始めてから，都市計画は広場の建設や大きな交通道路に関するものを除いては，まったく無視されていたのである．

---

[1] 「著名なヴォーバン氏による……Tythe 王国のための提案，全体税」という表題で 1708 年にロンドンで出版された．

457. メルシエ 『パリの描写』中の銅版画. 1786年.

18世紀の都市住宅：メルシエの『パリの描写』, 1786年

民衆にしか関わりのないものは，どんなものでも，無秩序のまま放って置かれるか，それとも，ほんの一時的に整理されるかであった．混乱と不潔，住宅に対する無理解，さらに都市居住者の花や草木に対する願望の悲喜劇さえもが，1786年の銅版画（図457）に現われている．「植木鉢」と題したその銅版画は，メルシエ（Mercier）の著書『パリの描写』（Tableau de Paris）からとったものである．この本は，ディドゥロ（Diderot）を非常に魅了して，彼をして，これこそ「往来で考え，大道で書かれたものだ」といわしめている．その挿絵はパリの普通の住宅の5階に住むある借家人が，不幸にも，ちょうど，その空中の張出し庭園が下の不潔な乱雑さの中に転げ落ちるのを見つけたところを示している．もっとも，このような住宅には，居住者はそれほど密に住んでいたわけでもなく，19世紀によってつくり出されたスラムとは比較にならない．

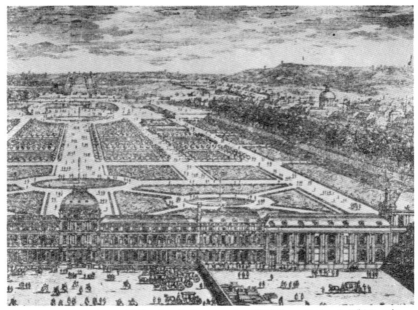

458. ル・ノートルの設計になったテュイルリー宮庭園．マリエットの版画．右手に，樹木を植えたアヴェニューがあるが，これは今でも現存していて，片側がリュ・ド・リヴォリに接している．

後期バロックの住居と自然との接触

ヴェルサイユ（1668〜1684年）から，バースのランズダウン・クレッズント（1794年）に至る100年間に，住居は自然と直接結びつけられるようになった．住居と自然のこのような直接的な接触は，最初は君主の所有であり，ついで貴族のものとなり，後に名もない富裕市民のものとなった．18世紀における，こういう住居と自然を結合しようとする努力のたかまりは，大部分，ルソー的な「自然人」の流行に向かう時代の傾向に基づいていたのであろう．

もし住居が緑に面して配置されるべきものだとすれば，空間が必要である．そのような空間は壁で取囲まれた古い町では不可能だったが，17世紀に，ヴォーバンは武器の新しい進歩に備えて，パリの防衛線をはるか外方に移動させた．18世紀のパリの広場が成長し得たのは，このためであった．

南欧でも北欧でも，18世紀後半のバロックの建築家たちが，建築と緑地との連繋を

459. リュ・ド・リヴォリ，パリ，1825年頃．最初ペルシエとフォンテーヌによって，ナポレオン1世のために造られたリュ・ド・リヴォリの1部，コンコルド広場の方を望む．道路を隔てて緑に面しているその1列の家並は，当時のイギリスの摂政皇太子，後のジョージ4世に感銘を与え，その後しばらくして，リージェント公園の連続住宅が造られることになった．

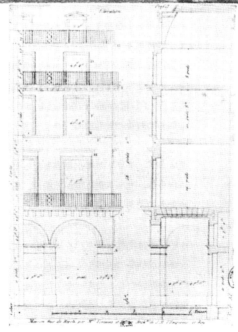

460. ペルシエとフォンテーヌ　リュ・ド・リヴォリに臨む家屋の立面図，1806年．この魅力的な統一されたファサードは，半世紀後のオースマンのブールヴァールの基礎となった．商店はアーケードの背後に隠されている．このナポレオン1世の街路には，イギリスでは避けられていた住居と業務の機能の混合がすでにその萠芽を見せている．

801

維持するのに苦心していたことが想い起こされよう．都市計画のこの新しい局面は，19世紀中ずっと継続して拡張されてきた．都市計画はいかなる時代においても，建築部門の中では一番最後に形になる部門だというまさにその理由のために，建築と緑地との連繋は，工業化の影響によって19世紀の日常生活がひどく変革されてしまうまで生き残っていた．もちろんそのそもそもの最初からスラムのまわりに成長してきた工業都市は，この伝統の跡をまったく示していない．

ナポレオン1世のリュ・ド・リヴォリ

リュ・ド・リヴォリ（1801 年）
における後期バロックの伝統

ナポレオン1世が，帝政（アンピール）様式の創設者であるペルシエ(Percier)とフォンテーヌ（Fontaine）に，リュ・ド・リヴォリ（Rue de Rivoli）の設計を委任した時には，その設計の大要はすでに既存の条件によって確立されていた．

ナポレオン1世のリュ・ド・リヴォリは今なおパリにおける最も美しい街路であって，通廊街（rue corridor）ではない．その一方にだけ建物の壁があって，テュイルリー宮の庭に面しており，しかも，さらに重要なことには，これは並木道にも面していた．その並木道は（マリエット〔Mariette〕の18世紀の版画に明示されているように），ルイ14世の頃に作られたもので，最初は王室用厩舎に境を接していた（図458）．これらの厩舎の敷地跡に，リュ・ド・リヴォリが造られることになったのである．

リュ・ド・リヴォリの出発点となったコンコルド広場は，ルイ15世，ルイ16世の時代に作られ，セーヌ河に架かる橋は，ちょうどフランス革命の始まった 1790 年に作られたものであった．

ルイ14世は庭園を作り，ルイ15世は広場を，そしてナポレオンは街路を造った．ナポレオンが街路の指揮をとったということは，その時代の建設上の段取りにおいてまったく典型的なことであった（これは，彼の執政官時代の1801年のことである）．その街路は富裕な市民のためのものであって，王室の庭園が眺められるようになっていた．

802

461. リュ・ド・リヴォリ，ルーヴル宮を望む．1840年．

商業地の街路と住居地の街路を完全に分離して作るというイギリスの手法[2]とは，著しく対照的であって，リュ・ド・リヴォリでは両者は一つに兼ねられていた．列柱のアーケードは買物客を風雨から保護すると同時に，店頭が街路の品位を損わないようにしている．広告の貼紙だとか食料雑貨店などは排除されていた．このアーケードは，17世紀のヴォージュ広場（Place des Vosges）の伝統を継承するものである．

ペルシエとフォンテーヌは彼らに課せられた新しい課題の遂行に当たって，その要求に適わしい穏健な形を使用している（図460）．家屋全体がくりかえしの構成単位として扱われたことはいうまでもない．効果を保つために，ほんのわずかなアクセントがあるだけである．1階の柱付きのアーチは，きっちりと一直線上に揃えられている．2階と4階と屋根裏のバルコニーは連続していて，壁面は滑かな平坦面になっている．

ナポレオン1世時代の，このリュ・ド・リヴォリは，後期バロックの伝統の一部になっている（図459）．その1列の家並は，アダム（Adam）兄弟が1768年に建てた見事な連続住宅アデルフィ・テラス（Adelphi Terrace）の居住者に与えられたテムズ河

---

[2] 同じ頃に造られたロンドンのブルームズベリ地区には，このような分離が現われている．

803

畔の眺望と同じような自由な展望を可能にしている．こういう発展段階にあったリュ・ド・リヴォリは，ジョン・ナッシュ（John Nash）とその抱え主の摂政皇太子を刺激して，リージェント公園（Regent's Park）とその連続住宅の建設計画の範例となった．

リュ・ド・リヴォリのその後のいくつかの拡張計画——その最後のものは，オースマンのパリの貫通道路の一部として完成された——は，その性格全体を変えてしまい，その街路を19世紀から生まれた「一直線に果てしなく続く街路」の一つにしてしまった（図461）．

緑地が支配的なものとなる：ロンドンのスクェア

ロンドンの庭園広場（garden squares）の中に，中世以来初めて，中流上層階級の建設活動によって調整された都市の外観が見出される．これらの階級は，今なお続いている自信に満ちた住居形式をつくり出した．15世紀のフランドル地方の諸都市のように，これら19世紀初期のロンドンのスクェアは，中流階級が自分たちの生活をいれる外殻の組織を準備し始めた際の確信ぶりを後世に対して証言してくれるであろう——しかし，それも，こういうスクェアが無情な建設によって破壊されてしまわないならば，という限りにおいてのことである．

こういう発展の真の特質を理解するためには，われわれは何よりもまず，イギリス人の安楽（comfort）という考えへの執着振り，特に家庭における安楽，煖炉の前の安楽椅子から，他に邪魔されることのない各個の住宅のプライヴァシー（隔私性）に至るいろいろな面での安楽に関するイギリス人の主張を想い起こさなければならない．こういう程の良さ（bienséance）に対する根強い意欲は，18世紀になって初めて現われたものではなかった．それがどれほど古くまで溯るものなのか，またそれがいかに早くから住まいの組立てに影響を与えてきたかを知るためには，広々とした配置や配列からでき上がっているイギリスの荘園領主の邸宅と，ヨーロッパ大陸のそれとを比較す

804

れば良い. 庭園広場がその独特の形式をとるようになったのは, この安楽と隔私性に対する欲求に基づくものである. 実際, もしロンドンの発展がなんらかの規律に従っているといえるとすれば, それは——イギリスにおいて尊重されている多くの不文律のように——人はその私生活を攪乱されるべきではないという民主的な主張からくる不文律の一つによるものだといえよう. その規律というのは大要つぎのようなものである. すなわち, 都市の住居地域は, できるだけ緑地の中に融け込んでいるべきであり, しかも, できるだけ目立たないようになっていなければならないということである.

ロンドンの非合理的な成長

ロンドンは, 明確な軸をほとんど完全に無視して発展した. その成長は大地主や国王, 貴族, 教会などの割拠的な影響に左右されていた. パリのように測量を容易にしている指標となる軸がないので, 自分の位置を確かめ難くなっている. しかし一方, ロンドン自体が分解してでき上がった無数の小さな区画は, 人間の尺度を越えて成長してしまった都市の異常な膨大さからの避難所にもなっている.

レンの計画の却下, 1666 年

バロック時代に求められた包括的な統一は, 17世紀のイギリスでは受けいれられなかった. 1666年の大火後のロンドンを総合的に再建しようとするクリストファー・レン (Christopher Wren) の統合的な計画案は, わずか3日の審議の後, チャールズ2世によって却下されてしまった (図462). しかも, それはちょうど, ベルニーニがサン・ピエトロ寺院前の広場を計画し, ル・ノートルがヴェルサイユの庭園を計画していた時であった! レンの全計画は——その性格は半ばバロック的で, 半ばルネサンス風であったが——あまりにも徹底しすぎていたために実施を許されなかったのである[3]. しかも, ただ普通のものよりも, いっそう根本的だったという理由のために拒否されたのである. 一般には, レンの計画は, 都合悪くも, その軸が通り抜けるようになっていた焼失地域の6ヵ所の所有者たちの同意が得られなかったために採用され

---

[3]　ロンドンは当時, 自治都市であって, 国王から独立していた. レンにしろ, 他のいかなる建築家にしろ, ロンドンを王宮のまわりに配置するというヨーロッパ大陸式の考え方を用いようなどとは考えていなかったであろう. レンが意図した強調点は——ほとんどルネサンスの手法に従って——市の中心の株式取引所に置かれていた. 彼の主要道路は, すべてこの点からロンドンの全軀幹を貫いて放射している. セント・ポール寺院は, 2本の主要幹線道路の分岐点にある市の門の近くに建っていた. 20年後にライナルディ (Rainaldi) は, 同じやり方で, ローマのピアッツァ・デル・ポポロに面して, 一対の双子寺院を置いている.

805

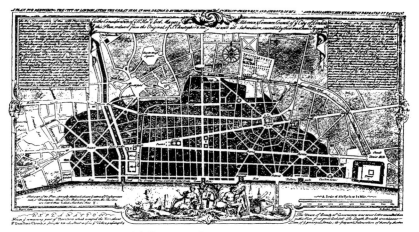

462. レン　ロンドン再建計画，1666年．

なかったのだと信じられてきた．しかし，それは単に，ルネサンスやバロックの手法による軸線によって分割し直される場合の所有権の複雑な問題だけではなく，そのような軸に対する内心の反感によるものであった．この同じ反感が，こういう区域のスクェアや街路や連続住宅についての，相関連した組織的な配列をすべて拒否することになった．このような配列は，これらの区域では——大きな土地所有の範囲内で——きわめて容易に達成されたはずであった．国王とベッドフォード公爵（Duke of Bedford）はカヴェント・ガーデン（Covent Garden）地区のこのような計画を無視したし，サウサンプトン伯爵（Earl of Southampton）もブルームズベリ（Bloomsbury）地区のこのような組織的な計画を無視していた．これらの広場が分離されながら，しかも相互に完全には切り離されないで，ある地域一面に不規則にばら撒かれている様子は，あたかも東洋の絨緞模様やパウル・クレーの絵のようにみえる．

スクェアの性格

1887年に刊行された『建築辞典』（Dictionary of Architecture）によれば「スクェアとは，土地の一区画であって，その中に囲いのある庭園を有し，公共の道路に囲まれ，各側面の家屋に出入口を与えているものである」．簡単ではあるが，この定義はロンドンのスクェアの性格を巧みに表現している．その定義は，はなはだ適切にも，「一区画」に始まり，つぎに本質的な特徴として，囲いのある庭園を強調し（この庭園はもっぱら居住者のためだけのものなので，囲いがあり，その居住者が鍵をもっている），

463. クィーン・スクェア,ブルームズベリ地区,ロンドン,1812年.1800年頃のロンドンのスクェアの空地は,のびのびと樹木の植わった芝生として計画されていた あの鬱蒼たる緑樹は,時の経過につれて自然に成長したものであった.「ブルームズベリ・スクェアの東方にあるクィーン・スクェアは,3方が立派な住宅に囲まれ,中央に広々とした庭園のある快適な場所である.……北側には,以前は,ハンプステッドとハイゲートの素晴らしい眺めの見晴しがあった」.("Ackermann's Repository of Arts," 1812年9月)

最後に,それを常に取り囲んでいる家屋に言及している.それが四角であるか,三角であるか,整形か不整形かといったスクェアの形については,ぜんぜん触れていない.スクェアが近隣広場(neighboring squares)や辻広場(places)や街路(streets)や三日月形家並広場(crescents)と何らかの関係をもっているなどということを考えさせるようなことは何も記載されていない.

17世紀と18世紀のロンドンのスクェアは,都市計画家にとって重要な意味をもっている.つまり,これらのスクェアの中に,田園的な景観が,石造の建物の集団や街路の

807

網の目によって損われることなく，初めて造り出されたのである．血の通った肉体が薄物を通して暖く眼に映ってくるように，ベッドフォード伯爵のかつての庭園は，それを蔽い隠すようなブルームズベリ地区の発展の中に，今なおその姿を生々と表わしている．近代建築家は，しばしば樹木に注意を払うことを誇りとしているし，また実際彼らは住宅を時には樹木の周りに建てることもある．ロンドンのスクェアの最もすぐれたものでは，地区全体が既存の田園風景のうちに建築的に構成されている．そこには，スクェアについての先見が存在しているのである．

その中央の庭園

ロンドンのあらゆるスクェアに見られる主要な要素は，芝草とすずかけの木のある中央部の庭園である（図463）．まだ植えられたばかりの時には，そのすずかけの木の並びも，後に造り出されたような人目から離れたロマンティックな庭園の効果をあげていなかった．これらの絵は，目にも肺臓にも気持ちの良いような緑地，しかも隣人から個人のプライヴァシーを確保するのにも役立つような緑の壁を優先すべきことを要求している．各スクェアの庭園はちょうど住宅がそうであったように，一つのまとまった単位として取扱われた．ここには，小区分の貸付地をつくり出すような馬鹿げた分解は見られない．居住者が陽当りの良い日に草の上で手足を伸ばしたり，彼ら自身の家の前の緑の芝生の上でテニスに興ずるような広い拡がりがつくられている．しかも，これは皆，トットナム・コート・ロード（Tottenham Court Road）やオックスフォード・ストリート（Oxford Street）の殺人的な交通路から，歩いて5分以内のところに造られているのである．

こういう土地のいくつかは，決して庭園のための場所として始まったのではない．「もともと，これらの空地は，審美眼を喜ばせるものでもなく，健康的なものでもなかった．つまり，あらゆる種類の汚物捨場となることが，17世紀のヨーロッパの各都市の空地の必然的な運命だったからである．ただ，この場合，そのスクェアの居住者が，空地を囲って，清掃，美化することを当局に対して申請した場合にのみ，こういう事態を避けることができた．1729年のセント・ジェームズ・スクェア（St. James's Square）は，このような認可を求めた最初のものであった．」[4]

---

[4] W.R.Davidge, "The Planning of London," *Journal of the Royal Institute of British Architects* (March 10, 1934), p.433.

控え目な連続住宅

これらのスクェア回りの住宅の建築方式も，住宅地区はできるだけ控え目でなければならないという不文律によって左右されている．これらの住宅は並列的に連続して建てられており，その手法はロンドンの新設地区で半世紀以上にわたって用いられたものだが，決して，飽きのきた時代遅れのものになっていない．出しゃばった突出物は全部取除かれている．つまり，できるだけ分割を少なくした単純平滑な連続的な表面になっている．その建築材料——スタッコ（化粧漆喰）を塗らない煉瓦——は，見事にその条件に適合している．平坦な煉瓦の面は，ロンドンの湿気や霧に損われることなく，時の経過につれて，十分にいぶされた海泡石パイプのように柔らか味を帯びて独特の風格を添えている．風化を受けないようなところで，容易に塗り替えのきくところにだけ，控え目にペンキが用いられている．家屋の窓枠の内側だとか，入口の細い繰形に沿う部分とか，破風といったようなところに塗られている．ロンドンのパーク・クレッズント（Park Crescent, 1812年建造開始）で，ナッシュがスタッコを用いたのは，すでに多少主流の伝統から分離していたヨーロッパ大陸の影響を示している．

ロンドンのスクェアの起源

ロンドンのスクェアは，どのようにして生まれてきたのだろうか？ こういう問いに対する解答は，もっぱら，われわれがこれらの建築的遺産を，もっと良く理解するのに助けとなるようなものでなければなるまい．ロンドン市内に緑地を造り出そうという欲求は，ゴシック時代以来のことである．15世紀に，リンカーン館（Lincoln's Inn）[5] の内庭は，芝生として設計され，遊歩場に転換された．同じ頃，郊外の一地区ムーアフィールド（Moorfields）は，弓術やその他のスポーツのための遊戯場として住民たちに使われていた．早くも17世紀には，大衆的な公園のうちでも最も重要なハイド・パーク（Hyde Park）——当時はロンドンからはるかに離れた，王室の所有地であった——が一般に開放された[6]．

また最初のスクェアが作られたのも 17 世紀中のことであった．それは，当時，多く

[5] Lincoln's Inn はロンドンの Inns of Court（法学院，法廷弁護士協会）の１つで，他に Inner Temple, Middle Temple, Gray's Inn（後出）などがある．したがって，これらの建物の付近には弁護士や裁判官のような知的職業の連中が住んでいた（訳注）．
[6] Steen Eiler Rasmussen, *London, the Unique City* (New York, 1937), pp. 86, 92.

464. 18世紀初期のグローヴナー・スクェア，メイフェア．「スクェアとは，土地の一区画であって，その中に囲いのある庭園を有し，公共の道路に囲まれ，各側面の家屋に出入口を与えているものである．」

の土地所有貴族が，各自の地所を造成しようという欲求から生まれてきたものであった．それは街路としてよりも，むしろバロックの広場の形式に従って構成されていた．1630年頃，ベッドフォード伯爵は，建設用地として所有地の中の7エーカーを譲渡した．その結果が，最初のロンドンのスクェアであるカヴェント・ガーデンであった．この最初のスクェアは——決して完全なものではなかったが——パリのプラス・ド・ヴォージュ (1612年) に似ているということがしばしば指摘されてきた．どちらも典型的な17世紀の広場であって，長方形で，家屋の1階部分が通り抜けられるようなアーケードになっている．当然のこととして，これらの広場は一般に開放され，芝生や樹木はなかった．これらの広場やその他これに類似した空地に，"ピアッツァ (piazza)" の名が用いられているのをみると，それがイタリアに起源をもつものだと認めていることがはっきり判る．

465. ブルームズベリ地区のスクェア，1825年頃．ブルームズベリは，もともと郊外地であったが，その当時ですら，住居地と交通との分離が注意深く守られていた．その結果，今日でさえ，ロンドンの雑沓した交通路から，ほんの少ししか離れていないが，その各住宅は，遊び場と密接に結びつけられている．

ベッドフォード伯爵の例を，早速レスター伯爵（Earl of Leicester）が見習った．レスター邸の前のレスター・スクェアは，彼によって1635年に同じ原則の上に計画された．現在それは業務中心になっていて，完全に形が変わってしまっている．1665年に，サウサンプトン伯爵は「品位のあるスクェア，すなわちピアッツァともいうべき小さな町」[7]を建設中であったが，それは一種の上流住宅地になった．これが後にブルームズベリ・スクェアになったのである．他のいくつかのスクェアがこれに続いた．すなわち，1681年のソーホー・スクェア（Soho Square），1684年のセント・ジェームズ・スクェア，1695年のグローヴナー・スクェア（メイフェア）（Grosvenor Square〔Mayfair〕，図464, 466）などである．

この簡単な記事から，早くも17世紀後期の頃に，ロンドンはパリと違って上流階級の

---

[7] *The Builder* (July 28, 1855), p.349.

466. グローヴナー・スクェア，ロンドン，1695年に建設され始めた．18世紀の スクェアは，その広い空地の中央に，形の整った庭園として設計された囲いのあ る場所を設けていた．家屋背後の庭園は田園の中に拡がっている．

住宅地として魅力的なものになろうとしていたという適切な論拠が生まれてくる．し かも，ロンドンの当時のスクェアは，フランスやイタリアの広場のように，相互につ ながりがなく離れ離れにばらまかれた空地であった．

18世紀に入って建設活動が盛んになってきた．総計15余りのスクェアがこの世紀中に 出現した[8]．この活動は，ある程度17世紀のスクェアの完成に向けられた．グローヴ ナーとハノーヴァー (Hanover) のスクェアは1720年に完成し，バークレー・スクェ ア (Berkeley Square) は 1730 年頃に完成した．それから，ちょうど，その世紀の最 後の4半世紀に入った頃，建設活動は，また別の躍進振りを示した．テムズ河畔のア デルフィ・テラスが 1770 年頃アダム兄弟によって建設され，マンチェスター・スク ェア (Manchester Square) は 1774 年に，ベッドフォード・スクェアは 1775 年，ポ ートランド広場 (Portland Place) は1778年，フィッツロイ広場 (Fitzroy Place) は 1790年に造られた．最大の建設活動は1730年頃——ウッドの先代が出現した頃——か ら，1767年のロイヤル・クレッセントの建設に至るまで，バース (Bath) の町で進行

---

[8] *The Report of the Royal Commission on London Squares* (London, 1928).

していた．バースにおいて重要なことは，さまざまのスクェアとクレッゼントとの相関関係であって，その関係はフランスの都市計画において用いられた純粋に軸的なものよりももっと微妙なものである．こういう慎重に考慮された釣合関係は，ロンドンでは，18世紀末になってやっと到達されたものであった．

ブルームズベリのガーデン・スクェア

スクェアとプラスとクレッゼントの調和のとれた相関関係は，ロンドンがもっぱら都市計画の水準の高さを主張している点だが，これが出現したのは1775年から1850年にかけてのことであった[9]．ブルームズベリのような敷地には，秩序立ったあらゆる形態の空地——矩形，円形，正方形，楕円形——が集積されて，新しい複合した組織を形づくることになった．その中には，後期バロックの遺産が完全に元のままで受け継がれ，ロンドン特有の条件に完全に適合させられていた．

ブルームズベリの人間的尺度

ブルームズベリの発展は1世紀半以上にもわたっていたが，その時期は，おおよそルイ14世がその宮廷をヴェルサイユに移転する計画を立て始めた頃から，マンチェスターのような大工業都市が勃興した頃までに当っている．それは，都市的な発展において，これほど長い期間にわたって，絶えず完成を目指して拡大してきたものとしては，著名な実例の一つである．ブルームズベリは，建築的構成の面からみれば，まったく独自の立場から，サン・ピエトロ寺院前のモニュメンタルなバロックの広場や後のコンコルド広場のような別の系統のものに匹敵している．サン・ピエトロ広場やコンコルド広場は，モニュメンタルな音声のオーケストラを総動員していて，きわめて印象的なことは疑うべくもないが，ブルームズベリ地区は，それらの広場と並び合うものである．それも，ブルームズベリ地区が，名も知れないような控え目な性質の形

---

[9] *The Report of the Royal Commission on London Squares*（ロンドンのスクェアに関する王室委員会報告，1928年）は，その建設活動が最高潮に達した時期を1800年から1850年の間に置いている．「スクェアの発展に伴う諸活動は，19世紀初頭に，その最高潮に達した．1850年までに，事実上著名なスクェアはすべて完成されている」（p.11）.

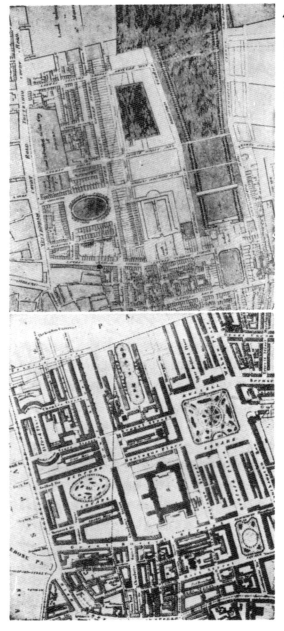

467. 18世紀末のブルームズベリ．1795年の地図の部分．建設の最盛期直前の，当初の地区境界を示している．その当時は，まだ大部分がベッドフォード公爵の所有地から成っていた．

468. 1828年のブルームズベリ．ジェームズ・ワイルド（James Wyld）の地図，ヒュウィット（N.R.Hewitt）の版画．全体のプランは，スクェアを強調しながら後期バロックの伝統に従っているが，スクェアは不定形に自由に計画されている．慎重ではあるが非合理的なその計画から見ると，これらのスクェアは厳正なフランスの軸に似ているというよりも，東洋の絨緞やパウル・クレーの絵のようである．

態を使っているにもかかわらず，それらの形態は永久不変の妥当性をもっており，しかも，それらが寄り集まって，次第に大きくなってゆく単位――プラス，スクェア，テラス――を形づくってゆくことによって，その人間的な処理という面から見ればいまだに比肩しうるもののないような地区をつくり出しているからである．

ブルームズベリは，モニュメンタルなものがちょっとでもあれば損われてしまうような，その各部分が単純な，デモクラティックな構成であった．ベッドフォード家とモンタギュー家（Montagues）の比較的小さな邸宅――ブルームズベリ地区はその周りに成長した――は，その統一には少しも邪魔になっていないが，19世紀初期の大英博物館の建物は，ひどく度外れな要素をもちこんでいる．今日では，ロンドン大学の巨大な建物や他の事務所建物が古くからのブルームズベリの尺度を大きく破壊してしまった．その中でも特にはなはだしいのは巨大な 300 フィートの塔であって，その下に横たわる地区の落着きと結合を永久に破壊してしまう炸裂のようにそそり立っている．

しかし，その塔は一つの良い用途を提供してくれる．ブルームズベリを見渡して，そのスクェアの型をたどることのできる，またとない有利な展望台を提供している．見通しが利かないように設計されているので，スクェア内部の，どんな個所からも，その相互間の関係を認めることができない．ただ上空からだけ，建物と空地との間の，釣合のとれたプロポーションを視察することができる．各居住者に，プライヴァシーについても，またその自由についても，均等な感覚が与えられるように，巧みにバランスが保たれている（図469）．

ブルームズベリの境界

ブルームズベリを境する大きな通過交通道路も，塔から容易に見分けられる――ホルボーン通り（Holborn Street）とニュー・オックスフォード通り（New Oxford Street）が南側に，トットナム・コート通りが西側にある．ブルームズベリ自体は，東の方グレイ館（Gray's Inn）の庭園の方へスクェアを越えて伸び，その先ははるか遠くに霞んでいる．この地区の最初の境界は，1795年の地図（図467）[10] に示されているように，トットナム・コート・ロード，ニュー・ロード，サウサンプトン・ロウならびにホルボーン・ストリートであった．この地図は，建設の最盛期直前のブルームズベリ

---

[10] University of London, *The Bloomsbury Site* (1933 年頃), Eliza Jeffries Davis によるパンフレット．さらに *London Topographical Record*, XVII, p. 78 以降を参照せよ．

を示している．その当時のブルームズベリは，大部分がベッドフォード邸とその庭園という目立った建築構成をもったベッドフォード公爵の所有地からなっていた．

ブルームズベリ・
スクェア（1667 年）

ブルームズベリ地区の始まりは，王政復古時代に遡る．サウサンプトン・スクェア——後にブルームズベリ・スクェアと呼ばれるようになった——は 1667 年にサウサンプトン伯爵によって，ブルームズベリにあったベッドフォード邸，つまり彼の都市邸宅の軸に沿って計画された．ベッドフォード邸は，その儀式の中庭 （cour d'honneur）や広い地所や庭園によって，そのスクェアを支配していた．このように，ブルームズベリ・スクェアの家屋や樹木のない芝生だけの緑地は，フランスのプラスやイタリアのピアッツァのように，貴族の住まいのためのものであった．ベッドフォード邸は，18世紀後期になって新しい建設活動が極度に活発化し始めた頃になっても，そのまま立ち残っていた．

ベッドフォード・
スクェア（1775 年）

新しいスクェアの最初のものは，ベッドフォード・スクェアであった．それはベッドフォード邸の庭園から少し距離を置いて，ブルームズベリ・スクェアに直角な軸の上に設けられた．1795年の地図によると，それは孤立して樹木がなく，かつ完全に周囲から独立していたことを示している．1775 年に完成した楕円形の構内をもったこの優雅なスクェアは，建築家の名前と関連のある数少ないスクェアの一つである．この例では，トーマス・レヴァートン（Thomas Leverton）が，その建築家であった[11]．ベッドフォード家に関係のある一族の都市邸宅であったモンタギュー邸も1795年の地図に記載されている．それはベッドフォード邸に似ていて，同じように儀式の中庭をもっていた．1753 年に大英博物館がその中に収容された．

このようにして18世紀末には，ブルームズベリは，アクセントになるような３つの目立つ地点を有していた．すなわち，ブルームズベリ・スクェアとベッドフォード・スクェアならびに大英博物館とその庭園である．

---

[11]　レヴァートンのこの貢献でさえ，最近問題になって，目下論証中の事項であって，まったく確定したこととはいえない．John Summerson, *Journal of the Royal Institute of British Architects* (March 6, 1939), p. 440 を参照せよ．

ベッドフォード・プレース（1800 年）

ブルームズベリの発展における第3の，かつ決定的な段階は，19世紀初頭の4半世紀を占めている．5代目のベッドフォード公爵は，1800年にブルームズベリ・スクェアにあった彼の邸を取り壊したが，その際，その木立も並木道も一緒に取除かれた．その敷地跡に，見事に整えられた住宅群をもったベッドフォード・プレースが出現することになった（図470）．庭園の残っていた分も住宅敷地に転用された．最も大きく，また最も堂々としたスクェアであるラッセル・スクェア（Russell Square）は，新しい建物群の真中に切り離されてそのまま保存されることになった，かつての庭園の中心部分であった．

公爵は，これらの計画を自分では実施しなかった．その代わりに，彼は投機師で建設業者でもあったジェームス・バートン（James Burton）に自分の土地を貸し，バート

469. ブルームズベリ地区．ラッセルやベッドフォードやブルームズベリ等のスクェアの俯瞰写真．建物と空地との釣合や各スクェア相互の関係は，上空からでなければ見ることができない．

817

470. ベッドフォード・プレース．ブルームズベリ・スクェアよりラッセル・スクェアに至る街路，1800年に建造が開始された．高度に洗練された古い伝統から生れた中庸を得た建築の並ぶこの街路は，ヨーロッパ大陸に見られるような長く引伸ばされた街路ではなくて，2つの広場を結ぶ短い連絡路である．純粋に住居のためのものであって，商店は設けられていない

ンがラッセル・スクェア (1800〜1814年)[12]を計画設計して,実施し,同時にそのスクェアに取入れられている二，三の街路——ケッペル・ストリート (Keppel Street), モンタギュー・プレースおよびサウサンプトン・ロウ——の工事をも遂行した．バートンは常に大きな空地を適切に配置しようとして，その工事を絶えず東の方へと推し進めていった[13]．彼はブルームズベリとラッセルのスクェアの間を走るベッドフォード・プレースにある家屋の背後の土地に芝や灌木を植えた．その結果はきわめて満足すべきものであった．それというのも，家屋の背後の低い厩舎は眺望を妨げていないし，また，家並の端にある開口によって，閉鎖した区画にならないように，向かい合った

[12] こういう建設年次は，ジョン・サンマーソンの最近の研究によって明らかになったものである．以前の文献——たとえば，Henry Clutton, "The Squares of London," *the Builder* (July 28, 1855), p. 349——では建設時期が1804年になっている．

[13] 分割された南と北のクレッズントやアルフレッド・プレース (Alfred Place, 南北のクレッズント間を繋ぐ幅の広い連絡路) は，彼のなしとげた二，三の解決策を示している．

緑地と連結されているからである.

トーマス・キュービット

1820年以後バートンのこの地区の工事は，トーマス・キュービット（Thomas Cubitt，1788～1855年）によって受け継がれた.「彼は32才であるが，すでにグレイズ・イン・ロードの大きな事務所によって建築界では有名であった. その事務所で, 彼は, それまでになされたことのないようなこと――つまり常設の共同的な基盤の上にすべての同業者を雇備するということ――を実施していた. 彼は, その組織を運用してゆくために, 良い機会があればどこでも土地を手に入れて, 家屋を建設していた.」[14]キュービットは, 1827年[15] に, トーリントン・スクェア（Torrington Square）を, 極度に引伸ばされた四辺形形式によって造成している. こういう形式は,向き合った家並同志のプライヴァシーを十分に維持できるような距離がとられているにもかかわらず, 土地を少しも浪費していなかった. この,あまり名の知られていない建築家の意図は, その完成のわずか1年後の1828年の地図に示されている. それによると, すでに, 囲いの中軸に沿って植えられた並木の列が表示されている（図468）. この中央の庭園は, いまだに, その地区で最も魅力的なものの一つになっている[16].

基本的な構成単位と
しての一家族住戸

あらゆる点で独特なブルームズベリ地区には，18世紀の建築的伝統が吹き込まれている. その時代の都市計画を特徴づける, 繊細さと構想力とがここに引き継がれ, かつ19世紀初期の自然主義的な造園計画と非常に優美に融合されている. 基本的な構成単位は, 一家族住戸であって, その住居は職業上の中流上層階級の人々, グレイ館付近[17] の弁護士や裁判官, さらに著述家やそれに類する知的職業の人々のために設

---

[14] John Summerson, *Journal of the Royal Institute of British Architects* (March 6, 1939), p. 442.

[15] サンマーソンの見解による. デイヴィス（Davis）によると（*London Topographical Record*, XVII, p. 92），それは1829年に完成されたことになっている.

[16] キュービットは大きな建築単位における先覚者であった. 大規模な工事を施工し, 成功裡に遂行し得た数少ない請負業者の一人であった. しかし, 彼がもともと, 後期バロック様式の街路やスクェアや広場の建設者でありながら, しかも新しい可能性と明確なつながりをもっていたということは, さらに興味深い, 1839年に, 彼は土木学会（Institution of Civil Engineers）の会員になった. 彼が, その協会の会報に寄稿した2つの論文の中の一つは「鋳鉄梁の強度に関する実験」と題した論文である. 彼の晩年には, 水晶宮博覧会がまったく成功裡に着手されていたが, キュービットは, それを促進させるようなことなら, なんでもやったし, 彼の周囲には必要な資金を提供するような人が沢山いたのである.

[17] 前訳注（5）を参照せよ.

けられたものであった．その家並はその庭園と同じように，均質の単位として扱われている．ここにもまた，どういうものを私的にしておくべきか，共通にしておくものとしては何が一番良いかということの間の賢明な区別がなされている．

その建築は，農家によく見られるような特定の時代に属さない永続性と，流行から離れた独自性をもっている．しかもこれらの建物のあらゆる細部は，外見上，紙のように薄いスレートや鋳鉄製のバルコニーから，内部の階段室の優雅な曲線に至るまで，そのすべてが，よく洗練されている．バルコニーには，時に，金属によるデザインというよりも植物の葉の葉脈のように見える繊細な鋳鉄製の格子細工で作られた小さな庇が架かっている．

個々の住戸の1階平面は，18世紀後期の慣例に従っている．家の中核部では，建物の天窓までの高さ全体にわたる空間を，階段がゆったりと屈曲しながら上がってゆく．この手法は，アダム兄弟が，アデルフィ・テラス（1768年建造開始）において初めて使用したもので，外壁を塞がないようにするためのものであった．こうして各室には外光が直接射入するようになっている．室自体は，大きすぎもせず小さすぎもせず，完全に均衡を得ている．これらの部屋は，その寸法についてだけは人間的だといえよう．

街路の埃にさらされた地階にある使用人用諸室の位置については，これまでしばしば無情な冷淡なやり方だと考えられてきた．確かに，それは平面計画上の欠点である．しかし，ヨーロッパ大陸において，狭い屋根裏の階が使用されたことから考えれば，まだこの方が人間的である．

厩　　　舎

後にヨーロッパ大陸の投機師達の使用によって惨憺たる結果を招いた光庭（ライト・ウェル）は，幸いこれらの家には使われていない．前や後ろの十分な空地によって，どの部屋も，開口部が街路に面している場合にも，また裏庭に面している場合にも，最大限の光に恵まれている．また建物の背面からある程度離れて，平家建の厩舎や馭者の溜りを置くことによって，開闊な眺望を妨げる恐れのあるものはすべて取除かれている．高い建物と庭の背後にある低い厩舎とのこういう取合わせは，早くも16世紀後期頃に出現していた．19世紀の60年代までには，時折，普通の家並間隔の2倍もあ

820

471. ブルームズベリ地区，ウォバーン・スクェア（Woburn Square）の家並，1825～1830年頃．

る，2重の組合わせが出現した．建物と建物の間の大きな距離一杯に2つの廐舎が建てられ，その間に馬車専用の通用路が設けられていた．

統 制 さ れ た 発 展

これらのロンドンの地区は，ルネサンス時代にまで溯るような建築的経験を継承して，それを凝縮している．それにもかかわらず，これらの地区は，都市の構成に混乱をもたらした後世のヨーロッパ大陸の住居地と同じように，投機的事業の産物であった．その相違は統制の有無にある．パリの改造に従事した建設業者は，オースマンの要求に従ってファサードを造らねばならなかったが，統制されたのは，ただそれだけであった．その背後にあるものは，ぜんぜん実際上の統制に従っていなかった．彼らは最も手取早い手段で最大の利益を上げていた．彼らの手にかかると，建物は，ファサードはファサード，ライト・ウェルはライト・ウェルというようにばらばらになっ

821

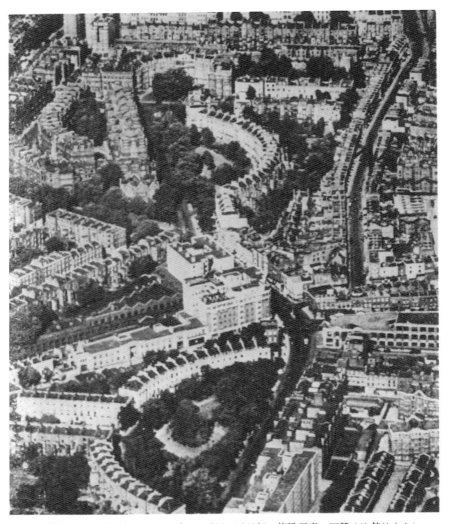

472. ケンジントン，ロンドン，1830～1840年．俯瞰写真．面積は比較的小さいが，ケンジントンのスクェアには，計画の快よいのびやかさと，発展期の終り頃の新しい有機的な形態の成就が見られる．

てしまった．ロンドンでは，建物の建てられる地所の所有者である大地主達によって，もっと慎重な統制が実施されていた．これらの地主達には，何百年という数で物事を考える習慣があった．貸した土地やその上のものは何でも，普通99年以内に彼らの手許に帰ってくるようになっていた．彼らは，地所が破壊的に開発される場合もあるということを，よく承知していたので，契約に当って，土地の利用に統制を施した．また彼らの管財者は，それが無視された場合には，保全工事を実施する権限をもっていた．

他 の ス ク ェ ア

ロンドンの街をぶらついていると，しばしば町のいろんな個所で，また思いがけぬようなところで，1830年から1860年にかけて建てられたスクェアに行き当る[18]．こういうほとんど名も知られていないような場所の中のある種のもの（たとえば，1840年頃のロイド・スクェア〔Lloyd Square〕）は，低収入の人たちのために計画されたものである．工事の程度はブルームズベリよりも簡単であるが，これらのスクェアも，やはり，人間の生活に適合するような手法で処理されていた[19]．その他，サウス・ケンジントンのスクェアのようなものも，その面積は比較的小さいが，計画の見事なのびやかさと新しい有機的な形態の達成を示している（図472）．それらはすべて，その配置にしろプロポーションにしろ，空間の形成的な造型を行なおうとする都市計画の産物である．それらは，バースやエディンバラのように18世紀の都市の伝統を継承しており，魅力的であると同時に安定感のある統一を達成し，まったく自由に形成された複合体の計画を通して，都市構造の中に導入されうるような活力を示している．

1860年以後の衰微

1860年以後の住宅の取扱い，特にその建築的な面には，はっきり退歩が見られる．それまでの控え目な外観は，けばけばしくなり，窓は装飾過多となり，家全体がばらばらになって，相いれないような部分に分解してしまっている．しかも別の影響が働き出した．これまで一様に処理されていたスクェアは，郊外の小さな庭しかない2階建て

---

[18]　1858年にも，*Building News* は依然として新しい工事について報告している．「現在，ロンドン郊外では10カ所の新しいスクェアが工事中である」．それには，"第一級の住宅のある" Kensington Gardens, Leinster Square, Bayswater Square の他，Princes Square や Norfolk Square などが記載されている．これらはすべて，Bayswater と Paddington にある（*Building News* (May 7, 1858), p. 479).

[19]　Christopher Hussey, "Georgian London, the Lesser-Known Squares," *Country Life*, LXXXV (Jan. 28 and March 4, 1939), pp. 91〜94, 224〜225.

の棟割長屋のようなものにとって代られ始めた．さらに，通過交通道路に沿って箱のように並んだ小さな家屋の無限の列からでき上がっていて，他の住区と無差別に入りまじっているような住居地が，大きな道路に沿って成長しようとしていた．自分で自分の首を締めるような，こういう住居地は，あらゆる包括的な都市計画の破滅である．

大規模な住宅開発：リージェント公園地区

ジョン・ナッシュと
リージェント公園

ブルームズベリ発展の最終段階において，ジョン・ナッシュはその当時のメアリルボーン・パーク（Marylebone Park）——ロンドン北端にある大きな不整形の王室所有の牧草地——のための建物と庭園の計画立案を命じられた．摂政皇太子は，それを住居地として開発し，しかも建物が密集しないように望んでいた．特に市民が入りやすいような新しい大公園をつくることを望んでいた．ナッシュは，その第1案を1812年に描き上げた（図476）．多少修正されて少し遅れたが，その計画案は20年代に遂行された．その成果が，リージェント公園（Regent's Park）とその連続住宅群（テラス）である．

プランの作成に当って，ナッシュは「3重の目的を表明した：第1に，王室のために最大限の収入を確保する．第2に，この首都に美観を添える．第3に公衆の健康と利便を図る」[20]ということであった．彼の仕事は，自然に面して大建築集合体を自由に配置するということについての今一つの試みであった．それは，ロンドンのスクェアの前例にならうというよりも，ヴェルサイユに始まって，バースのクレッズントや他の二，三のイギリスの街の配列に続く発展系列の方に，より密接に結びついている．

リージェント公園はアダム兄弟のポートランド広場（Portland Place, 1778年）の軸に沿って設けられた．リージェント公園とポートランド広場を，ロンドン中心部のピカディリー・サーカス（Piccadilly Circus）に結ぶのが，リージェント通りであり，これ

---

[20] W.R.Davidge, "The Planning of London," *Journal of the Royal Institute of British Architects* (March 10, 1934), p. 443.

473. ジョン・ナッシュ　パーク・クレッゼント，ロンドン，1812年創設．個々の住戸は構成単位の部分として扱われ，統一されたファサードに覆われた1個の半円形建物の中に組み入れられている．パーク・クレッゼントはリージェント・パークの大規模な住宅建設の最初のものであった．

もナッシュの仕事である．この壮大なロンドンの商業道路は1820年頃に造られたが，その完成はちょうどリージェント公園の連続住宅の建設が緒についた頃であった．この2つは，イギリスとしてはフランスのナポレオンによるリヴォリ街に対応するものである．ナッシュはすでに，彼の計画したパーク・クレッゼント（Park Crescent）（図473）を，1812年にポートランド広場の端に建て始めていた．しかし，機はまだ熟していなかった．ナポレオンはいまだに不敗の態勢にあり，通商状態は安定せず，倒産が相ついで起こっていた．しかし，それも1825年頃までには，すべてが軌道に乗って，新しい富裕階級が勃興してきていた．

リージェント公園地区の住居地は，この新興階級のために計画されたものである．工業によって，あるいは植民地貿易の発達によって，あるいは戦場におけるイギリスの勝利で私腹を肥やすことによって富を得た[21]．富裕で無名の階級であった彼らは，ナ

---

[21]　ロンドンの金融業者によって送られた偵察者は，ウェリントン将軍のすべての戦場について行って，あらゆる重要事項を伝書鳩によって報告したといわれている．

ッシュの設計した壮麗な邸宅に住む余裕を十分に具えていた．1825年に，パーク・クレッズントから始まって，リージェント公園地区を巨大なえびの一対の肢のように抱く長い家並が，ほとんど一夜にして出現した．大部分の家屋は，公園を取り囲む道路からずっと退って，道路から分離されるように，道路と住宅の間の高台になった盛土の上に建っている．それらの住宅は，公園に直接面していて，聳え立たなくても，公園が見渡せるようになっている．

474. ジョン・ナッシュ　リージェント・パーク近傍の大規模な住宅建設．

パーク・クレッズントでは，再び各家屋は一つの単位――通常50戸くらいの住戸からなる単位――の部分として取扱われている（図474）．しかし，その全体の効果に対するこういう配慮も，ブルームズベリで遂せられたような申し分のない穏健な結果をもたらしていない．その幅細く背の高い連続住宅は記念性を意識的に強調していた．それはバースにあるロイヤル・クレッズントの一つを想い起こさせるが，その付け柱のある中央部には，すでに19世紀後期の形態の萌芽が現われている．

外部空間の処理に
みられる大胆さ

そのパークやテラス（連続住宅群）について実施されたものよりもわれわれにとって明らかにもっと重要なのは，1812年のナッシュの最初の計画案である．その計画は不幸にも実施されるに至らなかった．それというのも，その計画案には，今日では非常に重要と思われる構想力の大胆さと外部空間についての大胆な処理が示されていたからである．サンマーソン（Summerson）の伝記に出ている簡単な叙述が，ナッシュの思想の独創性と発展を示している[22]．その着想の大胆さが，二，三の顕著な細部によって例示されている．

---

[22] John Summerson, *John Nash, Architect to George IV* (London, 1935), p.113.

475. ジョン・ナッシュ　　リージェント・パークの連続住宅．
476. ジョン・ナッシュ　　リージェント・パークにおける住宅建設の最初の計画案，1812年．この計画は，設計通りに遂行されなかったが，広い空地に，大きな建物集合体を自由に配置しようとする試みであった．それは，ロンドンのスクェアの諸例よりも，ヴェルサイユに始まってバースのクレッズントやその他のイギリスの街の配列に至る傾向に従うものであって，その傾向はさらに現在まで継続している．

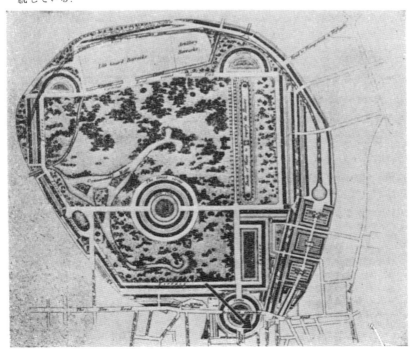

477. バーミンガムの景観，1850年．ブルームズベリのスクェアには，その世紀の前半に機械化の重圧を蒙ったイギリス諸都市の情況が全然現われていないが，このバーミンガムの鳥瞰図には，その都市形態に対する荒廃の結果が現われている．住居地と工場とがでたらめに混在し，中庭は煙突と工場によって煤けてしまっている．

　その一つとして，ナッシュは，公園北部の緑の樹海の真只中に，2つの巨大な半円壔のように立上る大きな半円形の2つのクレッズント（三日月形連続住宅）を計画していた．彼はさらに，公園の中心に2重の円を置こうとした．その同心円的な環になった住宅群は，一つは外部に，今一つは内部の方に，それぞれ反対方向に向くようになっていた[23]．しかし，さらに興味を惹く点は，一連の連続住宅で公園の東側を囲むという提案である．彼は，今日でも大胆すぎるような自由な配列の仕方で，巨大な建物集合体を公園の中に押込むような計画を立てていたのである．主出入口[24]のある南

---

[23] サンマーソンは，この巨大な2重の円形集合住宅が，ナッシュの完全な独創ではないということを発見している．「明らかにナッシュの計画の原型であった」ところの1794年のある計画案が彼によって見出された (*Journal of the Royal Institute of British Architects*, Vol. XLVI (March 6, 1939), pp. 444～445)．これはまったく無名の建築家の作品であった——この事実は，都市計画はこの時代には，今日工業意匠がそうであるように，誰にも手の届くものだったことを示している．

[24] ナッシュのプランでは，主出入口は，今日そうなっているように，公園の南側にあった．この部分は円形になっていて，この形は，その後のポートランド・プレースの先導になった．南側の半分だけ——パーク・クレッセント（1812～1819年）——が完成された．

東の隅には，ナッシュによってラッセル・スクェア（Russell Square）よりも大規模に計画された広々としたスクェアが，公園の空地に結びついている．彼は，このスクェアの上方の短い腕の近くに，一つの長い建物を，それに平行にいくぶん後退させて配置し，さらにそれに直角にまったく非対称に，公園の長さの半分ぐらいまで延びているような一つの連続住宅を配置している（図476）．

こういうふうに，一望のもとに包含されないような出たり引込んだりしている集合体によって，外部空間を有機的に組立てるというようなことは，この時代には決して実現されなかった．しかし，ナッシュのこの最初の計画に現われているような，大きな建物の単位を自然と接触させて自由にのびのびと配置するという手法は，現在われわれが試みようとしているものの予告であった．あたかも，フランチェスコ・ボロミーニが17世紀後期に，内と外の空間の相互貫入を成就しようとして，建築の限界を拡張したように，ナッシュもまた，この計画に当って，都市計画の領域でわれわれが今なおもっと大きな規模で探究しようとしている空間の組織化についての自由に近づいていたのである．

都市計画にとって根本的に必要なことは，土地の統制に関して独立した土地所有者の意見がばらばらにならないような統制機関を維持することだということをわれわれは承知している．しかし，この統制機関が，都市計画に対する才能を持ち合わせていなければならないということも恐らく同じように重要である．20世紀では，巨大な住居ブロックや，事務所建築のブロックが，美しい後期バロックのスクェア——たとえば，バークレイ・スクェア——の中に押込められて，そのすべてを破壊し去ろうとしている．業務活動だけに罪があるわけではない．ロンドン大学は，絶えず，その都市の最も高貴な地域を，とるに足らないものに変えてしまおうとしてきた．一部はアメリカの，また一部は大陸の影響によって，ロンドンはブルームズベリに見られたようなスケールに対する才能を喪失してしまったかのように思われる．

829

街路が支配的なものとなる：
パリの改造計画，1853〜1868年

ロンドンとパリの対比

ロンドンのスクェアが鉄道以前のものであるのに対して，パリの改造計画は熱狂的な鉄道時代の最中に行なわれた．ロンドンのスクェアは，元来，騒がしい通過交通道路を締め出して，住むために設計されたものであった．こうして，ロンドンの交通は——その当時，ロンドンはパリの3倍ぐらいの大きさの都市であった——ブルームズベリ地区を遠巻きにしていたし，町の他の多くの部分でもそうであった．住宅地区は，そのまま手をつけずに残されて，交通路線から組織的に分離されていた．

ナポレオン3世時代のパリの情況はまったく異なっていた．ある一つの要素が他のすべてを支配していた．すなわち，果てしなく延びる「弾丸通り」（cannonshot boulevard）ともいうべき街路がそれであった．19世紀後半の大都市，工業時代の主要都市は，突然，1850年から1870年までのパリにおいて，その典型的な形をつくり出すことになった．この時代の他のいかなる都市においても，工業の発達による変革がこのような勢いで進行したところはなかった．

19 世 紀 前 半 の パ リ

ナポレオン3世によって始められた改造

パリの大きな地図が，サン・クルー（Saint-Cloud）にあるナポレオン3世の書斎の壁に懸かっていた．彼は，彼自身の手で——「御みずからの尊き御手で」とオースマンはよくそういう言葉を使った——市中に実施しようとする改造計画を，その上に書き込んでいた．それらの改造計画は，緩急の度に応じて，赤，青，緑色でしるしづけられた．緑色で描かれたところは大部分，実施に至らなかった．

478. ナポレオン3世によるパリの地図．皇帝自身のパリ改造計画案→

830

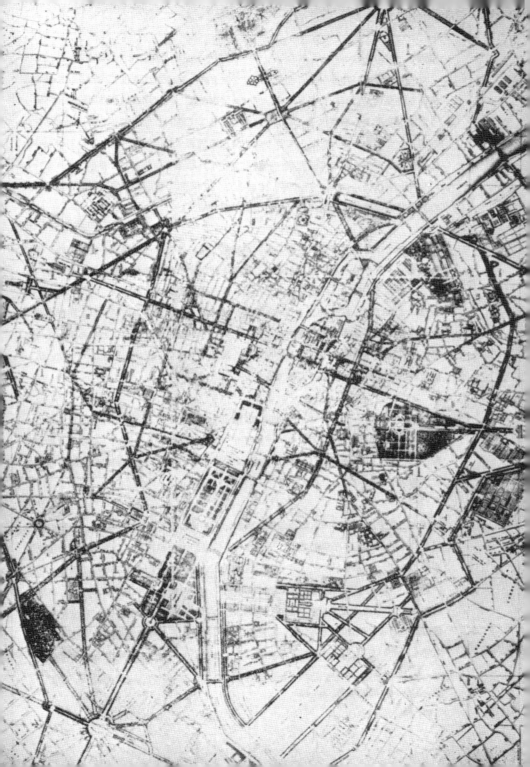

原図と，後にそれからとられた写しの一つを除いた他の全部が，火事で失われてしまった．残存していた写しがごく最近，フランスの一歴史家によってベルリンの城の書庫から発見された[25]．この写しは，プロシア国王が，1867年のパリの博覧会——ちょうど第2帝政の全盛時代——にドイツの君主として訪問した際に，ナポレオン3世から贈られたものであった．その写しは完全に原図通りではない．二，三の工事——たとえば，リヴォリ街の拡張工事——が早まって，既存のものとして書きこまれている（図478）．とはいっても，その写しによって，17年間の短期間の中に圧縮された膨大な都市計画の思想を一瞥にして知ることができる．

この仕事の動機

一寸見ただけでは，市の中心部の家屋が密集しているところを横切る太い線は，都市計画というよりも，ある容易ならざる地帯を防御する塹壕線の配置を思わせるものがある．事実，それは，内敵を考えて作られた一種の塹壕網であった．フランスの一権威者によれば[26]，1827年から1852年にかけての4半世紀間に，パリの大路や小路には，9回に及ぶ事件ごとに急造されたバリケードが見られたとのことである．このために思い切った荒療治が必要となったが，暴動の発端を制圧する手段としては，広い途切れのない街路が最上のものであった．

しかし，歴史というものは，合理的な計画通りに進行することを拒むものであって，こういう第2帝政時代の街路やブールヴァールは防御に役立つということを立証する機会には遂に巡り会えなかった．ナポレオンを倒した敵は，その首都の内部からでなく，他処からやってきたのである．

工業と都市の成長

大都市の急激な成長——人口の急激な膨張と，都市の数の増大——は，19世紀の都市建設にみられる顕著な現象である．こういう成長の大半が起こったのは，この世紀後半のことで，ちょうど，どうやって生活を新しい状態に適合するように組織したらよいかという深刻な不安が見られた頃であった．つぎの時代の都市計画が直面した最も困難な課題は，この都市成長の速度と不安定がもたらしたものであった．19世紀中葉の都市計画の中に明白に反映している社会的無秩序は，その時代の思考の方法と感情の方法との間の分裂に関連するものだということはすでに論述してきたところである．

[25] André Morizet, *Du vieux Paris au Paris moderne* (Paris, 1932), p. 130.
[26] Morizet 同前掲書, p. 133.

都市の数や人口の増加と，工業の拡張とは相関的な出来事である．したがって，ロンドンが 19 世紀の大都市に発展したのは，パリの同じような変化よりも約半世紀ほど先んじていた．同じ期間のずれが，イギリスの工業化とフランスの工業化との間に見られる．

ルイ・フィリップ治下のパリ

フランス革命の結果，パリの人口は10万人ほど減少した．しかし，この最初の減少の後，1801年から1848年の間に，人口は倍になり，50万から 100 万人以上になった．ルイ・フィリップ（Louis-Philippe）治下の18年間に，総額にしてわずか4150万フランがパリの道路事業のために使われたにすぎない．これは平均して年額50万ドル以下の額であった．同じ期間——1831年から1848年の間——に，人口は75万から 100 万以上になっている．

オースマンの先駆
者，ランビュトー

ルイ・フィリップの下で知事を勤めたランビュトー伯爵（Count Rambuteau）の指導方針は，パリの市民に水と空気と緑蔭を与えることであった[27]．彼の努力が完全に成功したとはいえない．それというのも，こういう努力の挙句に，いぜんとして 2 万人からの水売商人がパリの通りを売り歩いていたし，しかも，その商品の補給をセーヌ河に仰いでいたからである．しかも，一般にはこのブルガンディ貴族の業績はそれほど高く評価されなかった．あるフランスの歴史家は，彼を，自分の自由になる予備金の額を決して超過するようなことをしない，実に小市民的なやり方で仕事をした薄のろと考えている[28]．他方，イギリスの一権威者は，彼をオースマンの先駆者，すなわち近代のパリの建設者として，オースマンに先行するものと考えている[29]．

ランビュトーは（初めナポレオン 1 世の下で知事をしていたが），実際は，非常に愛すべき人物であった．思慮分別に富み，社会的良心と同時代人に対する好意を抱いていたランビュトーは，生来自然を愛する人でもあった．ナポレオン 1 世治下のスイスのヴァレー（Valais）県知事として，彼は，ブルガンディの醸造用葡萄を，その成育に好適なこの地方の谷に移植し，その代わりにヴァレー地方の松の木をブルガンディに

---

[27] "donner aux Parisiens de l'eau, de l'air, de l'ombre"

[28] Morizet, pp. 104 以降.

[29] O.F. Abbott, "A Maker of Modern Paris," *Contemporary Review* (London), no. 873 (Sept., 1938), pp. 350〜356.

833

持ち込んでいる．セーヌ県知事としての15年間に（7月君主政の崩壊まで），彼はサン・ドゥニ通り（Boulevard Saint-Denis）とボンヌ・ヌーヴェル通り（Boulevard des Bonnes Nouvelles）を地ならしして舗装し，樹木を丹念に植えて，今日みられるような景観をつくり出した．

ランビュトーは，不幸な人たち——囚人，病人，狂人，貧しい人たち——のために，その施設を人間的なものにしようとしてたゆみない努力を払っていた．彼の名はマザ（Mazas）の模範刑務所やラリボワズィエール（Lariboisière）病院や硝石工場（Salpêtrière）と結びついて残っている．これらの施設における野蛮な方法や病院の狂人を取扱う設備は，彼の提唱によって変更されることになった．その他，彼は遊び場を作り，以前には賃貸しの椅子しかなかった広場や公園に公共のベンチを設けたりしている．

要するに，ランビュトーは薄のろでもなければ，近代のパリを造った人間でもなかった．彼はオースマンが第2帝政時代を象徴しているように，7月君主政を象徴していたにすぎない．大規模な業績というものは，彼らのような人材を求め，仕事に対する適当な道具を捜し求めるような政体の下においてのみ可能なのである．ルイ・フィリップの下では，オースマンも一生，地方の知事に留まって，その才能のはけ口を見出すことはできなかったであろう．

ユージェヌ・オースマンの「3つの計画」

工業時代に順応した
最初の都市，パリ

パリは多くの分野で，漸次，ヨーロッパの中心となってきていた．各時代の指導精神は，サント・シャペル（Sainte-Chapelle）からリヴォリ街に至る，その時代を記念するような建造物の中に具象化されている．しかし，この素晴らしい遺産は，混乱し切った町中に置かれ，記念的な建造物も錯雑した街路に囲まれて，孤立させられていた．ナポレオン3世の下でセーヌ県知事を勤めたジョルジュ・ユージェヌ・オースマン（Georges-Eugène Haussmann, 1809〜1891年）の精力的な努力によって，この状態は根本的に改変されることになった．パリに維持されていた偉大な伝統に対して，立派な骨組を用意するというのが彼の念願であった．また同時に，パリを工業時

代に順応した最初の大都市にするということをも彼は望んでいたのである.

オースマンが呼び寄せられる前に,ナポレオン3世がパリ改造の概略を決定していたという事実はすでに述べた.ナポレオン3世は,その計画案のいくつかを実施し始めてさえいた.すなわちリュ・ド・リヴォリの拡張,ブールヴァール・ド・ストラスブール(Boulevard de Strasbourg)(その始点の東停車場〔Gare de l'Est〕が工事中であった)の拡張,ボワ・ド・ブーローニュの予備工事,およびグランド・ザールの建設(その要望は30年代後半からのものであった)[30]などである.

ナポレオンの出発は失敗であった

しかしナポレオンは,これらの企てに成功したとはいえなかった.たとえば,彼はロンドンのハイド・パークのやり方で,ブーローニュの森に河を導こうとした.その河床は,ナポレオンの父の所有地で働いていた老庭園家兼風景画家(jardinier-paysagiste)の監督下にすでに掘り返されていた――そういうときに,オースマンが登場したのである.オースマンは,水が,ある個所では,上向きに流れなければならなくなるということを発見した.その老造園家は「ある誤りを犯したのか,さもなくば水準測量を忘却したのであった」[31].計画した河の代わりに,異なった高さに2つの湖ができる以外の何物でもなかった.リュ・ド・リヴォリの拡張工事においても,同じような測量の基本法則の閑却のために,後になって多くの困難が生じた.大市場建設の出発もあまり華々しいものではなかった.その最初の石造建築が取壊されるに至ったゆえんについてはすでに説明した.

ナポレオン3世は,これらの問題についても,政治上のやり方と同じように振舞った.彼は巨大な計画を書き上げたが,いろんな困難が起こってくると,何度も些細な譲歩を見せながら,自分の方針をこじつけようとした.最低の値段で己れの方針を売買するという,この彼の生れつきのやり方は,彼の政体をその当初から損うことになったものである.したがって,ナポレオンは,その同じ方針で,ことが円滑に運んでいる間は,オースマンにパリの支配を許していたが,オースマンがひとたび政治的な嵐の中心となるや否や,あらゆる点で彼を投げ出してしまった.オースマンの精力と決断

---

[30] 本書第1巻 マーケット・ホールの項のオーローの設計案を参照せよ.p. 288.

[31] "avait commis une erreur, sinon un complet oubli de nivellement"; Georges Eugène Haussmann, *Mémoires* (Paris, 1890～1893), III, p. 122.

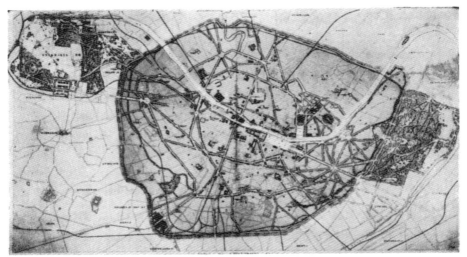

479. オースマンによるパリの改造計画. アルファンの手になった地図.

がなければ,パリの改造計画は決して遂行されなかったであろう——確かに17年という短期間には完成されなかったにちがいない.

オースマンの目標

1853年から1869年の間に,オースマンはルイ・フィリップ治下に費やされた額の40倍にも当る約25億フランに及ぶ「異常な出費」を,その工事に注ぎ込んだ.その大部分——約15億フラン——は,密住地区を通る新道路の決定によって必要とされた家屋の取壊計画と街路造成のためにたちまち費やされてしまった.オースマン時代のパリは19世紀の完全に変化した条件に適合させられることになったのである(図479).

オースマンの計画の背後に潜む根本的な目標は——その着任の際に彼によって市議会に通知されたように——市街戦の脅威によって強く潤色されていた[32].こういう暴動の最後のものが,彼の就任直前の1852年に起こっていた.その目標の第1は「大きな建物や邸館やバラックなどを,見ても気持のよいように,祝典の日には往来を容易にし,暴動の際に防御しやすいように除去してしまう」ことであった.

第2の基本的原則は,「伝染病の蔓延した横町や伝染病の巣を組織的に除去することに

---

[32] こういう方針は,E.M.Bouillat, *Georges-Eugène Haussmann* (Paris, 1901), pp. 8〜9 の中に要約されている.

よって市の健康状態を改善する」ことを狙っていた．パリの中央部には，こういう恐ろしい小路が入り乱れていた．こういう個所の大部分は（ロマン派の詩人ジェラール・ド・ネルヴァール〔Gérard de Nerval〕が縊死した所をも含めて），アトジェ（Atget）によって撮影されている[33]．オースマンは実際には，このような地域の清掃に成功しなかったので，パリの中央部はいまだにひどい状態のまま放置されている．

第3の目標は，「空気や日光の流通許りでなく，軍隊の移動をも容易にするような大きな並木道（ブールヴァール）をつくることによって，公共の安寧を確保することであった．こういう巧妙な結合によって，大衆の気持が改められ，彼らが暴動を起こすような気運が少なくなるだろう」ということにあった．このことが，なぜ第2帝政がこんなに骨を折って広い道路を作ったかを，最もよく物語っている．

オースマンの第4の原則は，「旅客をまっすぐに商業中心や慰楽中心に導き，遅滞と雑沓と事故を防ぐような貫通路線を設けることによって，鉄道停車場に往き来する循環を容易にする」ということであった．ここでは，交通問題がその主眼点であった．

オースマンの計画

オースマンの計画は3つの部分——彼自身の言葉を用いれば "en trois réseaux"——に分けて実施された．この3つの計画は，地理的な単位からなるものではない．すなわち，「第1」「第2」「第3」というのは，費用調達の方法が異なるところからきている．したがって，第3次計画の部分をなす工事が，第1次あるいは第2次計画の地域の中にあることもあり，また第1次，第2次計画が終わる前に第3次計画が完成することもあり得たのである[34]．

第1次計画は，オースマンが官職についた時には，どんどん進行している最中であった．その費用は，リュ・ド・リヴォリの延長のための法令(1849年)によってなんの困難もなく，国とパリ市の共同で賄われていた．この法令による主な工事は，コンコルド広場からバスティーユ(Bastille)に至るリュ・ド・リヴォリの拡張であった．パリを東西に貫通する道路を準備することになったこの工事は，1854〜1855年に遂行された．

---

[33]　初期の写真家の1人．
[34]　Haussmann, 同前掲書, Ⅲ, p. 55.

リュ・ド・リヴォリの
拡張（1853〜1854年）

オースマンはリュ・ド・リヴォリから着手し始めた．最初はパヴィヨン・ド・マルサ
ン（Pavillon de Marsan）まで，ついでルーヴルまで，取壊しと構築が漸次進行して
いった．当初は47戸の家屋，ついで20戸以上，さらに172戸の家屋が（リュ・ド・リ
ヴォリの両側のパレ・ロワィヤルとルーヴルのまわりを清掃するために）引き倒され
た．もし，この点に関連して，この近くに建てられたまったく新しい市場（図141）を
併せ考えれば，新しい地域と単に新しいばかりではない街路とが組織的に結び合わさ
れたのだということがわかるであろう[35]．

リュ・ド・リヴォリは，つぎに市庁舎（Hôtel de Ville）——すべてのパリ市民の暴動の
出発点——まで延長された．市庁舎の前の狭い街路の混乱が一掃された．そして，その
敷地にシャートゥレー広場（Place du Châtelet, 図481）が出現し，間もなくセバストポ
ール通り（Boulevard Sébastopol）と連絡された（1858年）．

ボワ・ド・ブーローニュ

第1次計画はまた，ボワ・ド・ブーローニュを上流社会のためのレクリエーションの
場に改造することをも含んでいた．これと関連して，ロンシャン（Longchamp）競馬
場の建設と，ボワ・ド・ブーローニュに至る壮麗な出入路，アヴェニュ・ド・ランペ
ラトリス（Avenue de l'Impératrice）すなわち今日のアヴェニュ・フォッシュ（Avenue
Foch, 図483）の建設が行なわれた．そのほとんど400フィートに及ぶ巨大な幅員は，
オースマンによって主張されたもので，彼の部下の建築家たちが提案した最初の案で
は，その幅がこの⅓にすぎなかった．

第 2 次 計 画

第2次計画では，市当局は費用の大部分（⅓）を用意するように要求された．1858 年
3 月 18 日の法令は，国が残りの端数を支払うことを認めているが，総額が1 億8 000
万フランを超過しないこと，および全工事が 10 年以内に完了することを規定してい
た．この特殊な法令は「1 億 8 000 万フランの法令」として有名になった．

第2次計画によって南北の交通は一段と拡張された．オースマンはセバストポール通
りを，セーヌ河を横切って左岸のラ・シテ島（Île de la Cité）とラテン地区（Quartier

[35] 本書1巻，p. 286 以降参照．

838

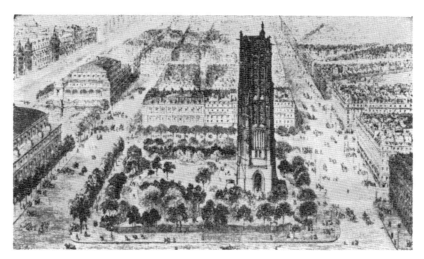

480. サン・ジャック塔廻りの広場 (Square da la Tour Saint-Jacques), 1855年. ロンドンのスクェアを模倣しようとするナポレオン3世の努力の一つ. その大きな相違は, それが交通の真只中に置かれているということである.

Latin) へ導いた. その並木道は, そこからサン・ミッシェル通り (Boulevard Saint-Michel, 図482) として続いた. この拡張によって, イル・ド・ラ・シテは行政の中心となった. ボワ・ド・ヴァンサンヌ (Bois de Vincennes, 1860年) ――ボワ・ド・ブーローニュに対応する東の森――を労働者階級の使用にあてる工事は, 同じ協定の下に資金が提供された. この計画の今一つの工事は東部への貫通 (percement de l'est) であった. すなわち, 労働者階級の居住地区に広いまっすぐな道路を――華々しい計画に従って――通す工事は, 1858年から着手され, 他のいかなる地区よりも慎重に遂行された. それによって, 物騒千万な暴動の危険は一つ残らず取除かれたのである. この整理の結果, 市庁舎はほとんど空地の中に浮き出しているように見えるが, その近隣から孤立して, なんの関連もなくなっている. ナポレオンの兵営は, 市庁舎の安全を確保するために, その隣りに建てられた.

最後の段階は, 1854年に決定されたリュ・ド・リヴォリの拡張であった. パリの横断交通はこの拡張によって完成された. それは, 政体が最も動揺しやすい地点――市庁舎とルーヴル宮――を取り囲み, 視界を越えてまっすぐに延びて行くような街路の最初のものとなった. これらの街路は, その後のパリの景観を決定することになった.

839

481.　シャートゥレー広場.

東西の交通路——リュ・ド・リヴォリ——が南北の路線と落合うことになる．すなわち，セバストポール通りはナポレオンのストラスブール通りをオースマンが延長したものである．パリの大交差点 (la grande croisée) を造り出したこの工事は，すべて，人口の稠密な地域で遂行されなければならなかった．

オースマンは，いよいよ彼が新しいパリのウェストエンドと呼んでいた地区を取上げることになった．強固な反対があったにもかかわらず，ブールヴァール・マールシェルブ (Boulevard Malesherbes) がマドレーヌ (Madeleine) からきり開かれた．この工事はその直前のルイ・フィリップ時代に建てられた豪奢な家屋のいくつかの取壊しを含んでいた．この第2次計画の最後の部分は，1861年8月14日に，華々しい行列や祝典とともに開通された．

オースマンはこの機会を捉えて，一般の商人や小売商や労働者たちはブールヴァール・セバストポールの工事の際に必要とされた「きわめて不利な移転」をさえ辛抱強く耐えてきたにもかかわらず，彼が「裕福な財産家の慣習」に干渉しようとすると苦情の嵐に攻め立てられたということを，幾分辛辣な句調で訴えている．

840

482. ブールヴァール・サン・ミッシェル, 1869年.

郊 外 の 編 入

第2次計画は, パリ市に郊外を編入した1859年6月16日の布告という重大な転機によって影響されることになった. パリの市域は, そのために, 1倍半以上に増加した. この編入はパリの将来にとって重要なものであったが, オースマンは, この時期の推定が喰い違ったために酷い不利を蒙ることになり, 非常に広範な仕事を遂行しなければならなくなった. パリの郊外にあった 18 の村落が, 乱雑なあらゆる建物の集合体や, なおざりにされていた街路網とともに編入されることになった. 巨額の追加支出を避けることができなかった. 予算は1億6000万フランまで超過した. ナポレオンとオースマンは簡単な合併だけですますわけにはいかなかった. 当時の表現にはなかったことだが, オースマンは地方計画の概念にまで到達していたのである. 彼の著書『追想録』(Mémoires)によると, 彼はセーヌとワーズ県 (Seine-et-Oise) 全部を一つのまとまった単位にしようとしていた. つまり, こうすることによって大都市の発展過程と小さな外部の各村落に関する統制を確保しようとしていたのである.

緑地帯の試み, 計画の失敗

緑地帯が, 堡塁の線に沿ってパリの周囲全体に造り出されるはずであった. 皇帝によって 1859 年6月に採択された計画では, そういう堡塁に付属した土地の他, 外側の

483. アヴェニュ・ド・ランペラトリス（アヴェニュ・フォッシュ），1862年．ボワ・ド・ブーローニュへのこの出入路の巨大な幅員（約400フィート）は，オースマンによって主張されたものである．彼の部下の建築家たちの最初の案では，その幅がこの⅓にすぎなかった．

幅250メートルの帯状の土地を使用していた．この外側の地帯は軍事上の制約を受けていたのできわめて低い価値しかなかった．皇帝は並木道用にこの土地を取得して，隣接する村落と新しい郊外の住民のための散歩道をもった「広大な植樹帯」を造り出したいと考えていた．この緑地帯は（このようなその当初の考えが実施されていたとしたら），パリの東西の2つの大きな公園，ブーローニュの森とヴァンサンヌの森とを結びつけて，その都市をすっかり取囲むことになっていたであろう．

しかし，ナポレオンがイタリア戦線へ赴いた際に，彼の国会はナポレオンの意図を挫折させる機会を捉えた．オースマンは，あらゆる近視眼的な政治家の強敵であったが，この事件の顛末をつぎのように説明している．すなわち，議長のバロッシュ（M. Baroche）は「パリの中流階級特有の偏狭な考え方をもった小市民であって，心底からわれわれの偉大な仕事に反対して」，その全計画を挫折させてしまったのである[36]．

パリは，遂にその緑地帯を手に入れることができなかった．イタリアから還ったナポレオンは，この近視眼的な措置を訂正する機会を得ようと思っていたが，遂にその機会に巡り遭えなかった．この地域の公園が完成されていたとしたら，今後も建ち続けて

---
[36] Haussmann, 同前掲書, II, p. 233.

ゆく現在のような7,8階建の貸間住宅群の建設も防止することができたであろう．これらの巨大な建物群——要するに，壮大なスラム——は，パリ再建計画実施の途上に，かつての堡塁以上の妨害を与えながら立ちはだかっている．

第 3 次 計 画

第3次計画は，完全に市に頼らなければならなかった．つまり，代議士たちは，パリの建設や，その財政についてはぜんぜんかかわりあおうとしなかったからである．オースマンは孤立してしまったので，これらの仕事の財政面を処理するために，クレジットの機構を独力で操作しなければならなかった．こういう財政上の操作のために，彼は代議士連中によって失脚させられることになったのである．第3次計画の経費は，彼が地位を失った時にも，まだ完全に調達されていなかった．

オースマンの 17 年間にわたる活動は，通常支出額において8億フランの超過を必要とした．この超過額は，なんら新税を設けたり旧税を増加したりしないで調達された．とすればパリは，日々繁栄の一途をたどっていたのであろうか？　その人口は，前代未聞の割合で増加しつつあった．すなわちわずか 20 年間に2倍になっていた．実際に手元で用立てられるもの以外に，確かに5億ないし6億フランが調達されていたであろう．この事業の経費は，パリの歳入増加に基づく年賦金によって賄うことが可能であった．つまり，時を稼ぐ以外には，なにものも含まれていなかったのである．

2つの公園——南のモンスーリー（Montsouris），北のビュット・ショーモン（Buttes-Chaumont）——が，第3次計画によって造られた．両方とも，従来役に立たないので捨てておかれた土地を転換したものである．ビュット・ショーモンは荒廃した石切場であったが，人気のある公園に改造された．

郊外は益々街路を必要とした．パリに通ずる街路が拡張され，新しい交差道路が作られた．こうして郊外に対する予算は見積額の2倍に増大した．

シャンゼリゼー地区の新設

オースマンは浪費する時間がないということをあらかじめ承知していたかのように，パリの発展に伴って迅速にことを進めていった．西方には，新しい都市計画のための原野があった．古くからの高い砦が都市の西端をしるしづけていたが，その先には広

843

484. ブールヴァール・リシャール・ルノワール，1861〜1863年．オースマンによって，古い堀割を覆うために計画されたものである．規則正しいまっすぐに延びた街路に沿う家並の背後には，あたかも衣裳戸棚の中のように，実にひどい乱雑さがかくされている．

広とした田園地方が拡がっていた．シャンゼリゼー地区はその高い砦の方へとつながっていた．ちょうど，砦の背後に当るその円形広場の中に，エトワールの凱旋門（Arc de Triomphe de l'Étoile）が建っていた．30年代以来，シャンゼリゼーは，スマートなことなら，どんなことでも主張するパリの市民が，立派にみせようと望んだ場所の一つであった．

オースマンはこの地区では，思うままに工事を進めることができた．そこには，彼がエトワール広場から導こうとした12本の並木道のための空地があったので，取壊しはぜんぜん不必要であった．彼の敵は，これらの並木道を広々とした田園地方にまで通すことによってパッシー（Passy）の穀物地帯を破壊することになるといって，オースマンを非難した．しかし，今度もまた，オースマンの先見は正当化された．20世紀のパリ

は，この地域にまで建設されてゆくことになったからである．

　　　　　　　　　　　　　　　　　　　　　　　　　　　ラファイエット通り

パリを貫通する種々の街路を相互に結合するということは，オースマンが強い関心を
抱いていたことであった．このために彼は，北と東の停車場から，旅行者を都心のオ
ペラ通り（Avenue de l'Opéra）やグラン・ブールヴァール（Grands Boulevards）へ
導くように，ラファイエット通り（Rue Lafayette）を5キロメートルの長さに延ばす
べきだと主張した．

　　　　　　　　　　　　　　　　　　　　　　　　　オ　ペ　ラ　通　り

現在のオペラ通りであるナポレオン通りは，都市計画における彼の代表作である．そ
れ自体華麗な街路であるうえに，二，三の主要な幹線道路の間の交通上の連絡路とし
ての機能を果たしている．リュ・ド・リヴォリとセーヌ河の対岸は，この通りによっ
てグラン・ブールヴァールやパリの北部と直接接触している．

オースマンの計画の中で，この比較的短い街路ほど，当時の人々に馬鹿げて見えたも
のはなかった．その連中の見る所では，それは単にフランス劇場（Théâtre Français）
とオペラ劇場とを結びつけるのに役立ちうるにすぎなかった——しかも，同じ日の晩
に両方の劇場に出席するなどということを一体誰が望み得ようか？　というわけで
あった．実際には，この街路がなかったとしたら，20世紀のパリの交通循環はまった
く不可能になっていたに違いない（図485）．

オースマンは，ただこの通路の始点と終点とを建設しただけであった．この2つの間
には，ずっと後になるまで，清掃されなかった街路網がぶざまに拡がっていた．オペ
ラ通りは1879年にその全長にわたって開通されたが，これは第3共和政時代のこと
で，オースマンが職を退いてからずっと後のことであった．

オースマンが完全に信頼していた第2帝政と彼自身のために，特別の記念碑を残し得
たとするなら，それは，このアヴェニュと，そのオペラ劇場である．そのオペラ劇場の広
い階段室は，その本来の目的に役立ったわけでもなく，皇后ユージェニー（Eugénie）
につき添う随員たちの背景となったわけでもない．第2帝政全盛期の，1861年に設計
されたこのオペラ劇場は，1875年になるまで完成されなかった．にもかかわらず，そ
れは第2帝政時代のはかない栄光を最も純粋に表現するものとして残っている．

845

485. オペラ劇場からルーヴル宮とリュ・ド・リヴォリに至るアヴェニュ・ド・ロペラ．強い反対を押し切って完遂されたオースマンの傑作．その当時には，その通りが，将来交通連絡路として，どれほど重要なものになるかということを知り得た人はほとんどいなかったのである．

486. テュイルリー宮の大階段室．宮廷舞踊，1860年．

スクェア，ブールヴァール，庭園と植樹

われわれは，17世紀以後の建物の集団と自然との相互関係，および18世紀以後のスクェアと緑地との相互関係を観察してきた．パリの改造計画では，他の問題が前面に出ていることは事実だが，都市を広漠たるアスファルトや石塊の敷き並べられた場所となることから救おうとした偉大な努力を見逃してはならない．この業績を論議するに当って，庭園をもったスクェアの計画と，新旧の公園や遊園地とを区別することが必要である．

ロンドンとパリの広場

ルイ・ナポレオンは，亡命者としてロンドンにあった時に，イギリスのスクェアと公園によって非常に心を動かされた．彼は，復位した時に，自分の首都にも同じような

847

開闊な緑の空地——樹木や灌木を植えた大きなロマンティックな公園や広場——を備えたいと思った．そのどちらも，まだパリでは知られていないものであった．都市計画の観点から見ても，パリの広場は一つの重要な点で，ロンドンのスクェアと相違していた．ロンドンのスクェアは交通から隔離されていたが，パリの広場は街路の拡大にすぎなかった．たとえば，アール・エ・メティエ広場（Place des Arts-et-Métiers）はセバストポール通りを拡大したものである．サン・ジャック塔（Tour Saint-Jacques, 図480)のまわりの広場もリュ・ド・リヴォリの拡大であった．家屋がこれらの街路に沿ってまっすぐに連続して配置され，その結果，車道や舗道から独立した自由な空地がとれないようになっていた[37]．こういう広場から造られた小公園は，ロンドンのそれとは，まるっきり違って，交通の騒音と塵埃の真只中に設置されざるを得なかった．

このすぐ後の数年間における都市計画での改革では，こういう緑地をもった広場を交通の真只中に配置するという手法ほど，一般に広く模倣されたものはなかった．特に一般の人達にとってそれまでにない喜ばしい事実は，それが公衆に開放されているということであった．イギリスの造園家，W. ロビンソン（W.Robinson）は，当時のイギリスの造園界に多大の影響を及ぼしたいくつかの書物を著しているが，オースマンの仕事の断片についても，当時の反響をつぎのように書き記している．「この広場を見た人がまず最初に驚かされるのは，その新鮮さと完全な管理であって，多くの人間が，その中に坐って読書したり仕事をしたり遊んだりしている姿である．」彼はさらに，公衆に開放され，また公衆のために造られた，その広場の社会的な重要性についてもよく承知していた．「一方われわれは，いぜんとして，少数の特権を有する人たちのための広場（スクェア）を維持しようとしているし，通常きわめて貧弱な植物の飾り以外のなにものをも設けていないが，フランス人たちは，それをわれわれの公園（パーク）のように開放させ，変化に富んだ豊かな植物で飾っている．」[38]

---

[37] 家屋の「ブロック・システム」に内在する固有の弊害は，約20年後に，直線道路の批判によって認められた．Camillo Sitte, *Der Städtebau nach seinen Künstlerischen Grundsätzen* (Wien, 1889); *City Planning According to Artistic Principles*, trans. George and Christiane Collins (New York, 1965), p.179.

[38] W.Robinson, *The Parks, Promenades, and Gardens of Paris* (London, 1869), pp. 82, 85.

ブールヴァール

「ブールヴァール」（boulevard）という言葉は，文字通り，城塞都市の城壁の上の歩道を意味している．この言葉はドイツ語のボルヴェルク（堡塁，Bollwerk，bulwark）から由来したものである．パリの最初のブールヴァールはルイ14世によって1670年に開通されたが，ヴォーバンによって地ならしされた古代の都市城壁の跡に，サン・ドゥニの門（Porte Saint-Denis）からバスティーユにわたって拡張された．これらのブールヴァールは，散策者のための庭園として設計された形のととのった歩道であって——オースマンの19世紀のブールヴァールのように，交通量の激しい車道として造られたものではなかった．

「これまでのパリは，たとえ，あらゆる都市のうちで最も美しく，最も輝かしい，最も優美なところではなかったにしても，将来そうなる見込みが十分にある．パリの美しさの大半は，その庭園や樹木に負っている．」ロビンソンは，その最も輝かしい新しいブールヴァールのパリから与えられた感銘を，こう述べている（1869年）．彼はさらに語をついで「白い石の舗道をもった，この新しいブールヴァールは，あたかも芝生がきんぽうげの花によって引立てられるように，家屋のまわりにずっと立並ぶ手入れの行届いた樹木の長い列でやわらげられ，生々と生気づけられている．……パリでは，公共的な造園計画は，われわれの持ち合わさないような重要性をもっている．……それは街路建設者に樹木を随伴させ，小さなスクェアをすぐれた趣味と美しさで卓越した庭園に変え，極貧の労働者の眼にも草木のあらゆる魅力を提供している」[39]と述べている．

これらのブールヴァールが造られた速度は驚くべきものであった．それこそ，これらのブールヴァールは，一夜にして，30年も年経たうっそうたる樹木の並んだ，巨大な道路に早がわりしたかのように思われた．事実「主だった造園家や都市構築家たちはしばしば，緑蔭の並木路を，2，3日で即刻造り上げるように命令された」[40]のである．彼らは，こういう驚くべき仕事を，彼らの工夫した樹木持上機を使ってやり遂げることができた．その樹木持上機というのは一種の荷車であって，高さ30フィートもある樹木を，簡単にしかも巧妙なやり方で移植することができた（図487）．

---

[39] Robinson，同前掲書，pp. 1, 2.
[40] Robinson の前掲書に引用された Édouard André の言葉．p. 551.

849

487. 成育した樹木を移植するための樹木持上機．このような仕掛を使うことによって，30年も年経た樹木が，一夜にしてブールヴァール沿いに出現した．

488. コンコルド広場とシャンゼリゼー．鳥瞰図，1855年．

489. 強壮な亜熱帯植物，ウィガンディア．アルファンが紹介したこれらの巨大な葉をもった印象的な植物は，遠方からもひときわ目立っていた．

都心に結びつけられたこれらの並木道は，緑樹をもった広場のように，至るところで取入れられて模倣された．しかし，それは一方，都市計画をして，今後継続できないようなきわめて危険な方向をたどらしめるような問題の解決策でもあった．

公　　　園

組織家としての広範なオースマンの才能は，今日でも，彼の大規模な壮大な公園系統のうちに，はっきり現われている．これらの公園は，イギリスの風景公園（landscape garden）辺りから由来したもので，しばしばロマンティックなねらいから，自然を模倣し，その限界内で，山や谷や湖水や小川を小規模に取入れていた．その機能は，パリに欠けていた肺臓を与えることだった．これらの公園は，散歩する人や休日の労働者，日曜日の散策者たちが，あたかも自分の領地を瞑想に耽りながら歩く君主のよう

490. ボワ・ド・ブーローニュ，1853〜1858年．

に，その広い歩道に沿って大気を呼吸できるように設計されていた．その広い眺望や草木の茂みは，眺めて娯しめるように造られたのである．しかも，これらの公園には，それまでの公共的な庭園には見られなかったような植物が取入れられた．

新しい型の植物

その結果，かつての造園の教師，イギリスも，今度は逆にパリにやってきて，「植物の新しい外見」を，どうしたらイギリスの庭園に取入れられるだろうかということを学びとるようになった．これらの新しい植物というのは耐寒性の亜熱帯種（図489）のもので，ジャン・アルファン（Jean Alphand）とその協力者たちが発見して，ヨーロッパに非常に多くの種類を持ち込んでいた．それらは大きくて，丈夫で，しかも成長が容易であった．そのうちのあるものは，10フィートから12フィートほどの高さになり（Centaurus babylonius），また，他のしろがねよしのような草（Gynerium argentium）では「その葉状植物の異常な大きさと急激な成長ぶり」は驚くべきものであった．さらに，普通のタバコの木のような型（Nicotiana macrophylla）は「種子から容易に栽培され，肥えた土地では非常に見事に」[41]生育していた．その巨大な葉や壮麗な風貌は，普通と違い非常な遠方からも眺められたし，そのために広い芝生に植え込まれて

---

[41] W.Robinson の前掲書 "花壇用亜熱帯性植物" の章，pp. 182 以降と第11章，"亜熱帯性庭園のための耐寒性植物"，p. 210 を参照せよ．

491. ボワ・ド・ヴァンサンヌ．グラヴェルの丘から望む，1857〜1864年．

も存在が見失われなかった[42]．

散策者のための公園

パリの東西にある2つの大公園，ボワ・ド・ブーローニュ（1853〜1858年，図490）とボワ・ド・ヴァンサンヌ（1857〜1864年，図491）は，パリの地図で見ると都市の2つの肺臓のように見える．もし，オースマンの着想が正確に実行されていたとしたら，これら2つの公園は堡塁地帯まわりの広い緑地帯によって相互に結びつけられていたはずであった．これらの公園は，それぞれ約2 000 エーカーの広さをもっている．この2つの大公園以外にも，再組織された既存の公園の他に，パリ中心部のパルク・モンソー（Parc Monceau），南部の魅力的なパルク・モンスーリー（Parc Montsouris）北部の労働者階級のためのビュット・ショーモン（Buttes-Chaumont）などが付け加えられた．この時代の好みを反映して，これらの公園は，散策者のための快適な暇つぶしの場所として，きわめて大規模に設計されていた．散策者のための公園のつぎの発展段階は，これから 30 年以上も後に，シカゴ南部の公園のような運動公園系統に至って，ようやく成就されることになった．

---

[42] この点にこそ，アルファンとその部下の造園家たちがこれらの植物を選んだ理由や，今世紀初頭までにヨーロッパの庭園に一般的に使用されるに至った主要な理由が潜んでいる．それ以来，これらの植物は忘れられてしまったように思われるが，今日，われわれは，こういう植物の中に，われわれの時代に好まれるような成長力と魅力を再発見しようとしている．

853

技術的な問題としての都市

オースマンは生産に対する19世紀的信頼の象徴である.

ボロミーニは小さな寺院を建てるのにさえ,ほぼ30年を費やしている. しかも,それでもまだ十分ではなかった.ルイ14世はフランスの富のすべてを手中に収めていながら,ヴェルサイユを建てるのに一生を費やしている.17年間に,先見の明と強い決意によって,オースマンは壮大な19世紀の都市を造りあげた. その仕事の速さは,その誘因となった工業の発展のテンポと企業心を反映している.

建築家の従属的な役割

工業時代の都市につながるような問題の解決に当って,オースマンは,十分に統制のとれた専門家のスタッフを始めてつくり出した[43]. 彼は,その計画を遂行してくれるはずの在来の部局からは,ほとんどなんの助力も受けることができなかったのである. その当時には,彼を助けて,誤りを避けさせてくれるような都市計画家は一人もいなかった. 建築家はほとんど手助けにならなかった. 彼らはオースマンの計画の規模に順応することさえできなかった. 多くの場合,彼は,彼らの仕事を止めさせて,その規模の拡張を主張しなければならなかった. 彼は,第2帝政時代は,不幸にも新時代(temps nouveaux)の問題を処理できるような芸術家を一人も生み出さなかったと述懐している. オースマンは,この点では諦めていたようである. 芸術院会員や名士級の職員を抱えた建築局は,彼が行政を担当した際に,ほとんど手をつけずにそのままにしておいた唯一の部局であった. 彼の課題は,こういう人たちが処理するには,あまりにも新奇で,あまりにも広範すぎたからである. アンリ・ラブルーストがすでに察知していたように,彼らは,自分たちの受けていた訓練によって,彼ら自身の時代との接触から完全に切り放されていたのである. 現実からあまりにも遊離しすぎてしまったので,彼らはもはや自分たちの設計の費用の計算さえできなくなってしまっていた. 「芸術家として……彼らは費用には無関心だった. 彼らは,一般に小切手の振出に必要な慎重かつ綿密な注意力を持合わせていなかったし,見積書を作成する知識をももっていなかったということを付け加えておかねばなるまい.」[44] 見積書

---

[43] オースマンは,その著 *Mémoires*, 第Ⅶ巻, Ⅳ, Ⅷ, Ⅸ, Ⅺ, ⅩⅣ～ⅩⅥ 章のうちに,このスタッフが編成された時の様子を,生々と目に見えるように説明している.
[44] Haussmann, 前掲書, Ⅲ, p. 511.

854

や明細書のようなものは，オースマンが，この目的のために造った2つの専門委員会に付託しなければならなかった．こういう建築家たちは，都市計画に含まれた新しい差迫った実際問題を理解することができなかった．彼らは，誰か別の人によって指定された敷地に，単独の建物だけを設計するのに適した訓練を受けていたのである．

オースマンの無名の部下

オースマンは，その助力者を，他の分野に求めなければならなかった．したがって，彼にとっては，どんな場合にも，建物は単なる生活の飾り（décor de la vie）にすぎなかった．彼は最初から，その仕事を都市の公共事業の技術的な問題と考えていたので，実際上の困難な仕事を彼の緊密な協力者としての技術家に遂行させたのである．彼が雇い入れた時には，こういう人たちは大部分比較的無名の士であったが，その選択に当を得ていたので，その助手たちは彼とともに成長して，その仕事に協力するようになった．オースマンは，かつてヨーヌの知事だったし，後にボルドーの知事でもあった．彼はこういう南仏地方で，有能な人たちを知り，その助力者を探し出したのである．永い間，小さな地方都市の地位の低い技師であったユージェヌ・ベルグラン（Eugène Belgrand）は，申分のないやり方で，巨大なパリの下水系統と，ヨーヌとデューイの貯水池からパリに適切な給水を与える，パリの歴史上最初の水道を建設した．ベルグランは発明家タイプの「天才的な人物」であった．彼は，いつも「自分の独創的な着想について，あれこれと思いをめぐらしている」ような人であった．道路橋梁部の主任技師兼総監督として「彼は，自分が深い関心をもっている計画に関係のある仕事は，たとえ有能な協力者が選べるような場合にも，自分で，そのすべてを引受けていた．」オースマンが指摘しているように，こういう特徴は「確かに，彼が長い間，低い地位で仕事をしていたため」[45]であった．

パリの公園系統を
造り上げた技術者

ナポレオンの任命した庭園家にして風景画家（彼はボワ・ド・ブーローニュでの大失敗の後，オースマンによって免職させられた）の代わりに，オースマンは一人の庭園家にして技師——ジャン・アルファン（Jean Alphand）を見出した．オースマンが彼を知ったのはボルドーの知事をやっていた時で，アルファンはボルドーの道路橋梁課の技師であった．オースマンは彼を「芸術に理解のある」技術家と考えていた．公園

---

[45] Haussmann，前掲書，Ⅲ，pp. 118～119.

緑地部の部長に任命されたアルファンはパリの古い散策地を改造して，新しいものを設計した．すなわち，ボワ・ド・ブーローニュ，ボワ・ド・ヴァンサンヌを初めとして，シャンゼリゼー，パルク・モンソー，ビュット・ショーモン，パルク・モンスーリのような一連の公園である．こういうパリの隠元豆状の歩道組織は彼の手腕の程を示している．

オースマンはアルファンを任命した際に，彼の仕事のための「左右の手」として，ダヴィウッド（Davioud）とバリレー・デシャン（Barillet-Deschamps）をそれぞれ配属させた．若い建築家ダヴィウッドは（後に，1878年に，トロカデロの建設に携った），多分アルファンのもとで長い間訓練を受けた結果であろうが，その仕事に希に見る冴えた頭脳を示した一人であった．バリレー・デシャンは，すぐれた園芸家であったが，比較的世に知られていなかった（この点，1889年の博覧会の事務総長となった部長アルファンとは著しい対照を示している）[46]．

パリのプランを担当した一測量技師

オースマンはすでに一人の技術者と一人の造園家を見出したが，さらに，パリの駆幹を貫通するように提案された街路の路線を計画するような人物が一人必要であった．今度は，彼はその協力者をパリ市に雇われていた専門家のうちから見出した——それはパリの主任測量技師であったデシャン（Deschamps）である．オースマンは後に「パリのプランはデシャン氏によるものだ」といって，その功を讃えている．郊外地域が1859年に併合された時に，オースマンは新たに市の部局として，パリ計画局（Direction du Plan de Paris）を新設して，デシャンをその長に任命した．デシャンとその局の部下達は，全体計画のための参謀的なスタッフとして，その計画の遂行に広範な責任を負っていた．

これらの3つの部局——上下水道部と公園緑地部とパリ計画局——はオースマンの仕事のための主要な手足であった．こういった人たちは，その当時としてはフランスだけが産み出し得たものであった．フランスでは，その頃，エコール・ポリテクニーク（高等理工科学校）が，創設以来，卓越した理論的背景をもって組織的に技術者を養成していたからである．工業によってもたらされた変化に適応させるための最初の大都市の改造は，技術者の手によって遂行されたのである．

---

[46] パリの種々の公共庭園を飾る植物を選び出したのはバリレーであった．

オースマンによる財政面の近代的な方法の採用

都市計画の技術面は，それまでに，これほど体系的に，しかも，これほど正確に組織
されたことは一度もなかった．オースマンにとっては，信用取引と財政の複雑な機構
についても同じような統制を企てる必要があった．議会は彼の提案に反対していた
（この点では右党も左党も意見が一致していた）．さらに土地所有者も反対していた
（政府は，その特権を支持するように公約させられていた）．こういう周囲の状況下に
あって，その計画を完遂するためには，オースマンの側に非凡な手腕が必要とされた
ばかりでなく，複雑な財政面について，現実に精通していることが必要であった．彼
はさらに，すでに完成された仕事からもたらされる価値の増大による新しいクレジッ
ト源を探さなければならなかった．

「生 産 的 支 出」

こういう操作中に，オースマンは立法府に対して，一国の予算は——当局が賢明な管
理をしている限り——国家を窮乏させるどころか，かえって富裕にするような著しい
効果の挙がる「非常支出」を認めるべきだといって，その説得に努力していた．これ
が彼の「生産的支出の理論」（théorie des dépenses productives）であった．厳密には
必要でないような支出でも，「歳入の全般的な増加」に導くことによって正当化され
うるという彼の論点は，たぶん正しいであろう．彼は，さらに「普通だと経済上の非
難に遭遇する，こういう“生産的支出”」は「選択できるものだし，他のものよりも，
あとで削減するのに手数がかからないので」，実際には，それほど危険を招かないでも
すむといっている[47]．

オースマンは，その市庁，オテル・ド・ヴィルからパリを統治していた．彼の市会は
ナポレオンによって任命されていたので，オースマンがそれを付託した際には“議決
上の支障”を蒙らなかった．1858 年に 1 億 8 000 万フランの法令が通過したあとで，
彼は，自分の統制下に置かれるパリの公共事業金庫（la caisse des travaux de Paris）
を設立した．この金庫は，彼の巨大な活動を可能にする財政上の手段であった．しか
し，会計法院（Cour des Comptes）は，なおすべての歳出入について最後の決定権を

---

[47]　Haussmann, 前掲書，Ⅱ，p. 265.

もっていた．この法院の職員はルイ・フィリップの治下に任命されていた．動産信託 (Crédit Mobilier) によるオースマンへの直接貸付けについて，彼らは1868年に不利な報告をしている．この報告によって，半年後（1869年3月）に，予算額を超過したオースマンの支出[48] は下院の討議事項となった．

その際，彼はその事業金庫がまったく独断で1億5900万フランの借金をしたということを卒直に認めたが，こういう高飛車な行動は止めるように約束させられた．アドルフ・ティエール (Adolphe Thiers)[49] の激しい反対があったが，下院は，この事件を正当化する法案を通過させた．上院も110対1の議決によって，それを確認した[50]．しかし事業金庫は整理させられなければならなかった．このことはオースマンの行動の自由の縮小と彼の転落の開始を意味していた．しかし，彼はその事業を継続する他の方法を見出せるだろうと思っていたので，諦めきれなかった．しかしながら，政治上の発展は彼に組みしなかった．新しい選挙は共和党の勝利となった．国王は，自分の政権を少しでも永らえさせようとして，「帝政と自由主義とを調和させる」という提案をしていたエミール・オリヴィエ（Émile Ollivier）を，その首相に任命した．

市庁の支配者，オースマンは「自由な帝政（l'Empire libéral）」の虚偽をはっきり承知していた．「ああ！　議会による帝政か！　これこそ，私があらゆる確信を以て排斥してきたものだし，それに加わるつもりなど毛頭なかった代物だ．それは，われわれを必ず不幸におとし入れるだろうと思っていた．[51]」ナポレオン3世は，彼を見捨てることになった．こうして 1870 年の1月に，オースマンは市庁におけるその地位

---

[48]　第1次計画の予算は，7000万フラン超過し，第2次計画では2億3000万フラン，第3次計画では1億8000万フラン超過した．都市計画家としてのオースマンの長所は——できるだけ短時日のうちに計画を実行して，ある程度まで，それを建設してしまうという能力であったが——そのために，こういう結果を引き起こすことになったのである．

[49]　Adolphe Thiers (1767〜1877) は後に第3共和国初代大統領になった．彼はまた歴史家でもあって，その著書としては Histoire de la Révolution Française, I〜Ⅵ (1823〜1826), Histoire du Consulat et de l'Empire, I〜XX (1845〜1862) などがある（訳注）．

[50]　Morizet の前掲書 p. 298 に，このエピソードについてのすぐれた説明が載っている．

[51]　Haussmann, 前掲書, Ⅱ, p. 537. "L'Empire Parlementaire, ah! oui. C'est celui-là que je repoussais de toutes mes convictions, auquel j'entendais ne participer en rien, tant je sentais qu'il allait nous mener fatalement aux abimes!"

858

を退いたが，この同じ年に，第2帝国も相ついで崩壊することになった．

有産階級は，オースマンが，その前任者の誰よりも，この階級を庇護していたにもかかわらず，彼を失脚させたのである．取壊す家屋の補償を決める収用委員会でさえ，家屋所有者自身によって構成されていた．マクシム・デュ・カン（Maxime du Camp）の逸話の一つが，その状態を要約している．彼がある新興成金に，どうして現在のような金持になったのだと尋ねたところ，その男はあっさりこう答えたという．「私は収用されたからさ」．

しかし，有産階級は，自分たちの平和を乱したという理由で，オースマンを許すことができなかったのである．彼のやったことは，大多数の意志に反してなしとげられたものであった．

街路の基本単位

オースマンのパリを考察するために，一つの典型的な集合住宅を取上げ，それがどのように使われていたかを調べてみよう．

集合住宅とその社会的背景

1860年頃のブールヴァール・セバストポールに面して建っていた1階に商店のある標準形式の集合住宅（図492,493）は，中2階の他，3つの主要階と2階分の屋根裏からなっている．3つの主要階は同一平面をもっている．これらの主要階は，それぞれ，中流上層階級の借家人のための1家族分の住戸であった．3つの窓の付いた夫婦の寝室が，その隅角部を占めている．その左に居間があり，右に食堂がある．さらに右側に沿って，別の寝室がある．光線のほとんど入らないような育児室があり，台所と召使の部屋は，狭い光庭に面している．

こういう狭い光庭は，欧州大陸のこの時代の住宅の悪い特徴だったし，その後も，引続き同じ状態に置かれている．

屋根裏は，その建物のうちで最も過密住の部分である．ここには，召使や，夜だけの

492. セバストポール通りの集合住宅,パリ,1860年.正面図と断面図.当時の典型的な集合住宅(1階に商店,その上に中流階級の住戸,使用人の居室は屋根裏に置かれていた.)これがオースマンの街路の基本単位であった.ここには,以前には可能だったが,工業時代には支障になるような諸機能の混合が見られる.

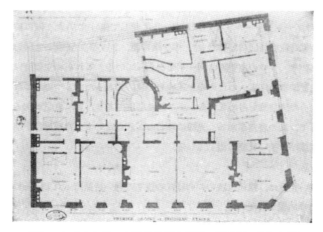

493. セバストポール通りの集合住宅,1860年.2,3,4階の平面図.

宿泊者や，一般に下流階級のための宿泊施設として，極度に切りつめられた空間にベッドが並べられている．

1860 年頃のこの家屋の均一なファサードは，日常生活のきわめて変化に富んだ諸機能が相互に渦巻いているような住居単位を包みこんでいた．営業用諸室が1階を占め，さらに多くは中2階部分にも及んで，その種々の商店と関係のある仕事部屋にあてられている．3つの主要階は裕福な家族の住戸として使用され，屋根裏は過密住のスラムになっていた．

相異なる機能の混合

以前には，住居と生産の場の結合は，ごく当り前のことだったが，こういう結合は大都市には持込みえないものであった．工業社会にあっては厳格に分離されなければならないこの2つの機能を，これらの集合住宅は，不自然にも一緒に持ち込んでいる．工業生産の時代に，住居と労働と交通を混合させるということは，不合理極まることである．果てしなく一直線に続くような街路が非人間的であるばかりでなく，その街路を同じように造りあげてゆく建ち並ぶ家屋単位も非人間的なものであった．

こういう混合に対して，オースマン一人を非難すべきではない．同じような現象があらゆる国に現われている．その背後には，有効な方策を統御することに対する明白な無能という，19 世紀特有の誤りが潜んでいるのである．

比較的富裕な人たちのための，最良の敷地に建った，見事な部屋を備えた立派な家が存在していることも事実である．だが，ちょうど毒ガスを窓では防ぎきれないように，全般的な無秩序は，こういう豪奢な住宅によっても避けることはできない．住宅は，激しい交通の行き交う風通しのない道筋の真只中にあって，自然環境から切離され，あらゆる騒音と混乱にさらされている．

もし，工業時代にあって，日常生活の種々の機能が明確に分離され得ないとすれば，事実は，ただ大都市の死の文章を書き綴っているにすぎないであろう．

一様なファサード

オースマンは賢明にも，建物正面に，どんなごまかしをすることをも許可しないという方針をとっていた．彼は，やかましい論議をすることもなく，単純に，一様なファ

サードをパリ全体に押しひろめていった．それは，ナポレオン１世の頃にリヴォリ街で用いられた鋳鉄製のバルコニーの線でアクセントをつけたフランス窓（観音開きの高窓）とよく似ている．彼は気持のよい穏やかなルネサンス形式を控え目に採用している．バロック建築をしるしづける統一性の名残りが，やはり，まだ感じられる．その穏健なファサードと全般的な一様性とが，オースマンの膨大な再建の仕事を，19世紀の50年代，およびそれ以降に実施されたそれ以外のものに比べて，よりすぐれたものにしているのである．

街 路 の ス ケ ー ル

オースマンのパリ再組織計画は，フランス人の軸尊重（culte de l'axe）の愛好を示している．彼は，常に成功したわけではないが，可能なところならどこへでも，「広い眺望」を導入しようとした[52]．非常に長い街路のために，並木道の初めに建っている建物は，青くかすんだ遠景のうちに見えなくなってしまっている．セバストポールの並木道が始まるところに建っている東停車場は，こうして，この道路の終わりに達するずっと前に，その聳え立っていた位置から見えなくなってしまっている．その印象を決定しているのは街路であって，広場や単一の建物ではない．これらのパリの街路は，時に３マイル以上もの長さに及んでいる．こういうことは建築史における一つの新しい現象であった（これから数十年後のロサンゼルスでは，一直線の長さが30マイル以上にも及ぶような街路がつくられている）．

このブールヴァールはバロック時代のアヴェニュから発展したものである．バロックの構想は，家屋と関係なく，樹木の植えられた長い道路をもつことだった．19世紀にこの着想が形を変えて再び取り上げられた．それは一様な集合住宅によって縁どられた終わりのないような並木道路形式として再現したのである．

種 々 の 建 設 活 動

この17年間に，パリには，散在的にきわめて多種多様な建物，大博覧会建築，教会，学校，市場，国立図書館など[53]が建てられていたということをわれわれは忘れがち

---

52) Haussmann，前掲書．
53) オースマンは，そのパリの改造中に完成された建物の印象的な一覧表を引証している．*Mémoires*，Ⅱ，pp. 524〜528 を参照せよ．

である．これらの建物はすべて，19世紀の建築史において見逃がすことのできないものだが，街路が新しい景観を支配していたので，つい見過ごされてしまうのである．

街路に対する2つの尺度：散策者
のためのものと車のためのもの

オースマンと同時代の大部分の人にとっては，オースマンは法律を飜弄するような傾向をもった財政家であり，都市の将来を抵当に入れるような危険な破壊者のように思われていた．ナポレオン1世の時代から考慮されていたリヴォリ街の仕事の続行を除けば，彼の計画はすべて“常識”に反するものであった．もし彼が既存の街路を拡大することだけに閉じこもっていたとしたら，いかなる反対にも出あわなかったであろう．しかし，彼は新しいものを拓り開くたびに事物の安定した機構を掻き乱し，所有権尊重の欠如を示すことになったのである．これらの新しい発展に伴って，「われわれはいわば幻想の世界に陥入り，虚妄のうちに財政的な破滅に向って突き進んでいる」[54]．オースマンの最も激しい反対者で，ルイ・フィリップの治下に政治的生涯を始め——オースマンとは違って——第3共和国で1870年以降も政治職についていた歴史家のアドルフ・ティエールには，このように思われたのである．

都市を主に技術的な問題として取上げているうちに，オースマンはそれを主として交通と輸送の問題として考えるようになった——これは鉄道時代以前の，また自動車が都市の街路の重荷となる以前のことであった．彼のような洞察力に欠けていた当時の人々は，反革命的な手段をぜんぜん必要としていなかったような郊外にまで，都心部を通って入り込んで行く新しい交通路線に対するオースマンの情熱を理解することができなかった．「散歩している人達に向って」，ティエールが「マドレーヌからエトワールまで行くのに，最短距離の道を通る必要があるだろうか？」と尋ねたところ，「彼らは，反対に，その散歩道をのばしてほしいと考えていた．彼らが同じ街路を往ったり来たりしながら，あるいは時々町角を曲がったりしながら歩いて行くのは，まったくそのためである．」[55]

---

[54] "On tombe dans ce que j'appelle la fantaisie, on est dans l'imaginaire et on marche vers la ruine financière." Morizet の前掲書 p. 297 から引用された．

[55] "Quelle nécessité avait-il d'aller de la Madeleine à l'Étoile par la voie la plus courte? Mais les promeneurs, au contraire, veulent allonger leur promenade et c'est pour cela qu'ils font trois ou quatre fois le tour d'une même allée." Morizet の前掲書 p. 297 より引用．

この記事は，まったく無意識のうちに，ティエールの批評の基盤をいい表わしているように思われる．ティエールの理解していた都市計画は，散策者の立場からのものであったが，一方オースマンのものは，工業時代の要求を目指していたのである．都市計画を大規模な輸送問題として理解してゆくことによって得られた最初の成果は，視界を越えて拡がって行く街路，無限に伸びてゆく街路であった．

交通問題が主題となる

オースマンは交通がその先入観となったために，住居地の問題を背後に押しやるような結果になった．彼のブールヴァールが都市をばらばらに解体してしまった．住宅建設がはっきり 2 次的なものだったということは，アルファンの浩瀚な著書『パリのプロムナード』(Les Promenades de Paris, パリ，1867〜1873年) に挿入されている当時の銅版画に見られるところである．たとえば，リシャール・ルノアール通り (Boulevard Richard-Lenoir, 図484) は，芝生で蔽われ，中央に植樹された広い道路を示しているが，集合住宅の一様なファサードの背後には，脅威的な乱雑さが隠されている[56]．この街路がアルファンの都市の俯瞰図の中心を占めていて，これに面していない家は，ごちゃごちゃな混乱の中に建てられていた．オースマンは，乱雑なあらゆるものを詰め込むことのできる一種の衣裳戸棚として，一様なファサードを採用したのである．都市生活のあらゆる面が，交通問題によって犠牲に供されていた．

交通問題だけを考慮して，住居地の問題を無視することの誤りは，今なら容易に理解しうるところだが，オースマン時代の社会的，工業的発展段階にあっては，大都市の住宅問題に対する解決の糸口さえも見出されていなかったのである．

オースマンの仕事に対
する美的評価の困難

オースマンの仕事に対する後からの批評は，主に彼の仕事の美的評価に関するものであった．これは，明らかに困難な試みであって，それは，彼の「単なる直線的で便利な」[57]道路を，ルネサンスの巨匠の手になる「リズミカルに表現された美的構成」と

---

[56]　オースマンは一つの堀割を蔽うために，ブールヴァール・リシャール・ルノワール（1861〜1863）を計画した．この道路とその並木の列は，その堀割の"おおい"になっていた．

[57]　この文とそれに続く引用文は，Elbert Peets, "Famous Town Planners: Haussmann," *Town Planning Review*, XII, no. 3 (June, 1927), pp. 187〜188 から引用したものである．

864

比較してみたところで，なんの気やすめにもならない．オースマン自身はもっぱら軸を尊重したが，彼の仕事の巨大なスケールは，つぎのようなことを不可能にした．つまり，街路が膨大な交通量をもった動脈となるような場合には，その街路は「支配的な建物の一部として……有機的な統一」を保つことができない．オースマンがマンサールやル・ノートルとの関係を絶ったことについてオースマンを批判しても，彼のパリ改造計画を無視することになる．

「エトワールの広場を取巻く家屋の壁が，ほとんど円形と感じられないくらいに破壊されている」[58]のは確かに本当のことである．しかも，それは実際，「17世紀や18世紀のフランスの建築家たちによって確立された広場（プラス）という言葉の意味では，広場と呼ぶ資格をもっていない．」しかし，こういうことはもはや定義に関する論争以上に出ないものである．しかも，これは決してオースマンの計画の特徴でもなければ，特有な失敗でもない．ロンドンを除いては，19世紀に不手際に造り上げられた広場が普通の外観であり，空間構成に対するバロック的能力の全般的な喪失を反映している[59]．

オースマンは，建築が非常に動揺していた時代に仕事をしていたのである．彼の望み得た最上のものは——しかも，それは，その時代としては注目すべき偉業だったが——街路の正面にできるだけ穏やかな性格をもたせることであった．その世紀には，彼と同時代の人も，それ以後の人も，パリの均一なファサードが示すような，落着いた気にさわらない穏健さに匹敵し得たものは一人もいなかった．オースマンの仕事に対する美的評価は，結局のところ，その中に現われている過渡的事実を不当に強調するに止まっている．たとえ，そこに，あらゆるものに対する「シルクハット的な，なめらかさ」があり，「銀行の頭取や女売子」の芸術的な標準の反映があるといったところで，なんら要点に触れたことにはならない．オースマンは実際，大都市——100万人級の首都——を技術的な問題として取上げた最初の人であった．したがって，建築家とは関係が薄かったが，専門的な技術家とは密接な協同を保っていたのである．

---

[58] オースマン自身，彼の部下の建築家の仕事や，完全にスケール・アウトになっている小さな家屋の前の植樹についてのこういう欠点を認めていた．

[59] この点については，S. Giedion, *Spätbarocker und romantischer Klassizismus* (München, 1922) で，ドイツの二，三のスクェアに関連して論及されている．

オースマンの先見：彼の影響

オースマンは，交通問題の解決に対して，その時代の実際的な要求よりもはるかに先んじて，遠い将来を見通していた．82歳で死んだオースマンの死後ほぼ一世代後に出現した自動車の輻輳は，この問題を一層複雑かつ緊急なものとした．

郊外の発展の予想

他の面でも，オースマンの仕事は，未来を指向していた．偉大な都市計画家は，すべて——どんなに自分が犠牲を払っても——未来だけが正当化しうるようなものを実現しようとしてきた．このセーヌ県知事も，その例外ではなかった．そして，大多数の人の予想を越えた先見的な計画のために災厄に追い込まれたのである．パリの郊外地帯の合併の際に示したオースマンの仕事は，まさに天才の為せる業（クー・ド・ジェニー）であった．

すでに指摘したように，第2帝政下に始まったこの企画は，オースマンが市庁を去った時には，まだ完成していなかった．それは多くの人間に，市の郊外に住む機会を与えようとしたものであった．もっとも，この事業の範囲は前もって，予測することのできないものであった[60]．事業金庫からのオースマンの"不法借出"は，不断に拡大してゆく郊外地の事業を賄うためになされたものであった．散策者の尺度を決定的なものと考えていた批評家たちに，こういうまだ生まれない世代のために意図された計画を理解させることは望むべくもなかった．彼らには，地平線上に，くっきりと繰り展べられたこれらの道路が，知事の「支出」のうちの最も「生産的」なものとなり，将来のパリの生活空間を構成するようになるだろうということを予見することができなかったのである．

この郊外道路網が開発途上にあった期間に，その地区の人口が258000人から368000人に増加したということを，オースマンが指摘しても無駄であった．オースマンの時代以来，パリの人口は70％増加し，郊外の人口は800％増加した[61]．大パリ地域全体にみられるこの増加の傾向は，彼自身予想できなかったくらいに，彼の計画を正当化して

---

[60]　最後の費用は，3億6000万フランを超えていた——この目的に割当てられていた費用を1億6000万フランも超過していた．

[61]　*The Columbia Encyclopedia*, 1964.

いる．同じ現象が，他の大半の大都市の場合にも生じている．

その後のパリの膨脹

その後のパリの膨脹は，何の秩序のきざしもないままに進行した．そこには，オースマンの計画をさらに発展させ，住居地域と工業地域との慎重な分離という，次第に増大する要求に適応させるに足る能力をもった人間は一人もいなかった．急激に都市に膨脹した村落の無秩序な混合，田園地方にでたらめにばら撒かれた小さな家屋，新しい工業中心，といったようなものが，衰微してゆく世紀から，すなわち生活を支配してその生活に形態を与える能力のない世紀から生じたのである[62]．

オースマンの広範な活動は，単に，その緊密な連繋をもった政府によって与えられた独裁的な権力に由来するものではなかった．彼は，自身でもいっているように，激動的な世代（génération forte）に属していた．つまり，あらゆる分野で，それまでに完成されたことのないようなことをなしとげようという，強い進取の気象と不撓の意欲を示した世代に属していたのである．

オースマンの敵は，彼を嘲笑的に，市会のルイ14世となぞらえて呼んでいたが，これには，その同時代の人達が理解した以上の真理が含まれている．確かに，彼の仕事には，偉大なルイ14世の計画の基礎となっているような概念の統一が欠けていた．19世紀の分裂した性格が，構成的事実と過渡的事実との，手のつけられないような混合の中に現われている．一面，先見の明と力強い活力が見られたが，また一面では，オースマンの時代の不確定な状態を反映した危険な間に合わせの便法が見受けられた．

---

[62] セーヌの県会議員アンリ・セリエ（Henri Sellier）の *Les Banlieues urbaines* （Paris, 1920）を参照せよ．パリ地方を熟知していたセリエは，高層棟割長屋の大集団が，しばしば下水もないような舗装のない村道に沿って，古い農家の真只中に，どういう風に建らてれていったか，また，それがまったく衛生設備のない過密住のスラムになるに至った経過を，正確に叙述している．

その結果は，デュジェ（Duguet）教授が衛生委員会へ提出したレポートの中で明らかにしているように，セーヌ県の結核死亡率の驚くべき高さとなって現われた．フランスの他の地方の結核死亡者数100に対して，セーヌ県では150人が死亡している（*Revue des deux mondes*, 1923年7月15日，p. 444 参照）．

60年代以後のアメリカ諸都市の混沌たる成長ぶりは，これまで，しばしば伝統の欠如に帰せられていた．しかし，2000年の歴史をもっているパリ郊外でも同じような混乱が起こっている．その理由は両者とも同じものである．

しかし，この仕事の膨大な規模は，まったく圧倒的なものである．オースマンは，文明世界の中心として数100年間にわたって神聖視されていた巨大な都市の全貌を変えようとしたのである．問題のあらゆる分野に同時に着手して，新しいパリを建設するということは——その規模においては——ここで取上げるどんな計画も及びもつかぬような仕事であった．また，このセーヌ県知事の不撓不屈の勇気にも匹敵するものはなかった．オースマンは自分の計画を妨げるような連中は誰一人として容赦しなかった．彼は，パリの改造にあたって，その都市の体内に直接斬り込んで行ったのである．

オースマンの影響

オースマンの直接的な影響には測り知れないものがある．工業化の進歩の遅れたほとんどあらゆる国々で，パリの改造計画，特に第1次計画の初期の業績を模倣した細部によく遭遇する．パリのセバストポール通りと東停車場のように，中央停車場の軸にそった主要街路のないような都市はほとんど見当らない．パリのブールヴァールは，各都市の取壊された堡塁に沿って建設された記念的な街路に多くの反響を見出している．しかし，模倣されたのはただ細部だけであった．都市の新しい問題に向って全面的な攻撃を試みるオースマンのような力をもったものは一人もいなかったのである．

VIII　人間的な問題としての都市計画

19 世 紀 後 期

1870年以降，大都市は今日の状態——役に立たない装置——に向って，絶えず伸展してきた．一体，いつになったら，この時間と健康の恐るべき浪費が止み，無意味な神経のさいなみが終熄して，品位ある生活の標準の獲得に対する失敗が癒される時がくるのか，誰一人として判っていない．

都市は，使い古した機械のように，簡単に投げ出すわけにはいかない．それは，われわれの運命にあまりにも大きな位置を占めている．しかし，今日すでに明らかなように，都市によって濫用されてきた生命が，漸次その復讐を企てようとしているし，こういう，もともと間に合わせの熱病的な制度は，間もなく，もっと狭く極限されたものになるにちがいない．その仕事が知性によって完成されるのか，それとも野獣的な災害によってなしとげられるものなのかどうかは予見し難い．

成功はしなかったが変更や改革の試みが長い間続けられてきた．早くも1883年頃，芸術協会（Society of Arts）——1851年のロンドン大博覧会を組織した協会——は，貧困階段の住宅建設とロンドンの中心部を再建する最善の方法に関する懸賞論文に対して賞金 1 200 ポンドを提供している．

カミロ・ジッテによる中世
都市への回帰 （1889 年）

欧州大陸では，オースマンの仕事の在りきたりのつたない模倣に対して，早速反発が現われた．1889 年にウィーンの都市計画家カミロ・ジッテ（Camillo Sitte，1843〜1903年）は——40年前の手工業者のように——救済策は，中世期の方法への復帰のうちに見出されるべきだという提案を行なった．ジッテは，中世都市の有機的な成長の中に，現代都市を人間化してゆく方法を見出していたのである．彼は，北欧や南欧の都市について，ローマ時代やゴシック，ルネサンス，バロックの各時代の都市について，繊細な分析を行なった．彼に関心を抱かせたのは，これらの都市の計画の中に表現されている外部空間の組織化に対する意識であった．彼は，それを，広場への街路

---

1)　Camillo Sitte, *Der Städtebau* (Wien, 1889). George and Christiane Collins
　の英訳, *City Planning According to Artistic Principles* (New York, 1965).

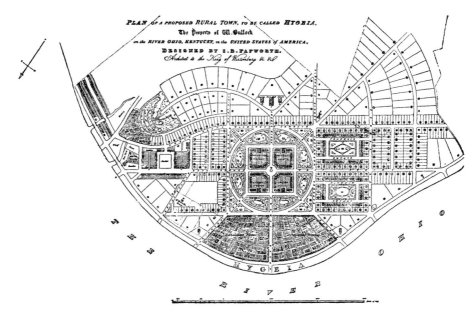

494. J.B. パップワース　オハイオ河畔に臨む"村落都市"の計画案, "ハイジーア", 1827年.

の流れ込み方だとか, 広場と教会や市庁舎との関係, さらに都市的組織体のあらゆる要素が自由かつ適切に考慮されているような調和のうちに見出したのである.

カミロ・ジッテは, 誰でもそうあるべきだが, 都市建設の原則はつぎのようなアリストテレスの簡潔な声明, すなわち「都市は, その住民を保護し, 同時に彼らを幸福にするように建設されなければならない」という言葉のうちに要約されると考えていた. 今日われわれの大部分のものは, 都市の発展によって生じた芸術上の問題は, 技術上の問題とまったく同じ重要性をもつというジッテの進歩的な確信をわかちあっている.

カミロ・ジッテの意図そのものはきわめてすぐれたものであった. 彼は典型的な19世紀後期の都市の単調さと芸術的な無気力を克服しようとしたのである. その欠陥を彼は非常にはっきりと識別していたが, それを矯正するために提案した手段は姑息的なものの域を出なかった. 広場の中央を清掃してその隅にあらゆる彫刻や記念碑を設

け，騒々しい公共広場の代わりに集合住宅ブロックの中庭に庭園を配置し，街路の騒音から公園を隔離するために高い壁を建てるといったような手段は，すべて皮相な改革であった．

こういう提案は，その都市計画家が自分の時代との接触を見失った度合を示している．彼は，一種の抒情詩人であり，その中世的な詩歌をもって，いたずらに近代工業の騒音に挑戦させたようなものであった．

19世紀後期に，この都市計画家は，通俗的な画家のように，牧歌的な田園詩を書き上げるのに夢中になっていた．こうして，その当時に必要とされていたような規模の仕事をすることができなかった．生活は違った道筋に沿って進行していたのである．

1900年頃の真に創造的な芸術家——ワグナー，ガルニエ，ベルラーへのような人たち——は都市計画の問題に対して，どのような態度を取っていただろうか？それを明らかにすることによって，都市計画に関する理解がこの当時どの程度まで可能だったかという点について，ある程度の洞察が得られるだろう．

オットー・ワグナーの
大都市についての確信

オットー・ワグナー（Otto Wagner, 1841〜1918 年）は，工業に対して 19 世紀的な希望的な態度をもっている世代に属していた．その当時，成長の絶頂期にあった大都市の繁栄が，早晩，深刻に脅かされるようなものになるだろうなどとは，彼には想像もできなかったのである．

ワグナーが彼の考えを系統立てようとしていた頃，ジッテの影響はその頂点にあった．さらに同じ頃，田園都市が都市の住居地の問題に対する解決策として提案されていた．ワグナーはそのごく当初から，田園都市は大都市の住宅問題を解決し得ないものだと考えていた．ずっと後になってから，人々は事実の力によってワグナーの主張の正しさを認めざるを得なくなったのである．

ワグナーの作品の多くのものに見受けられる建築的洞察力や活力も，都市計画の分野に入るや否や，一種の麻痺状態に陥っているように思われる．ワグナーは在来のでた

らめな混乱した発展の阻止に専念して，ウィーンの全地域に対する計画案を描き上げた（図495）[2]．

彼の計画案には中心にかなりの広さの空地——"空気のための中心"——が設けられているが，その案は全体として堅苦しい形式的なもので，オースマンのパリの計画案よりも，はるかに静的なものであった．彼の設計を支配している構成単位は，閉鎖形の5階建のアパートメント・ブロックであって，その当時の欧州大陸のほとんど全部の大都市にみられる基本的な要素であった．ワグナーには，この種の計画に対して，何か違ったものが考え出せるなどとは思いもよらなかったのである．19世紀後期にあっては，都市計画はそのあらゆる可能性を使い果たしてしまっていたし，新しい解決が達成されうるなどとは思われなかった．実際上の問題に即応して空間を組織するという能力が見失われてしまっていたのである．

しかし，この時代には，近代都市の計画を支配すべきものは住民の要求だという認識が表面化するに至った．オットー・ワグナーは，このことを明瞭に察知していた最初の一人であった．彼の主要な関心は，一般民衆のために健康な環境を創造することであった．彼は，大都市は，それぞれ違った各種の居住形式を要求する多くの異なった型の人間を包含するものだということを理解した最初の一人であった．彼はまた，住宅に対する一般都市住民の要求は，その環境によって変わるということをも承知していた．

ワグナーは，都市の将来の成長に必要な地域を公共の所有に帰するようにすべきだと考えた．こういう方法によってのみ，都市は地価を調整し，その発展を統制することができたのである（アムステルダムはすでにこの方式を採用していた）．

ワグナーは，大都市の病的な状態に対する責任の所在を，きわめて明瞭に察知していた．すなわち「都市の発展は，もはや——これまでのように——嫌悪すべき高利貸業に委ねられた大都市の拡張だとか，皮相な芸術上の影響を伴うような盲目的な偶然のなりゆきにまかせておくわけにはいかない」ということを承知していたのである．

---

[2]　Otto Wagner, *Die Groszstadt, eine Studie über diese* (Wien, 日付なし). これらの研究は90年代に遡る．

873

495. オットー・ワグナー　　ウィーンのある地区中心計画, 1910年頃.

30年以上も経って, 1933年にアテネで開かれた近代建築国際会議 (CIAM) は同じ要求を (もっと穏やかな言葉で) つぎのように決議した.

すなわち「現在最も緊急な問題は, 各都市が都市のプログラムを樹立して, その実現に必要な法則を確立することである.」

エベニーザー・ハワードと田園都市

田園都市の思想は, 19世紀後期の数多くの住宅問題に対する一つの解決策として提案されたものであった. この計画の骨子は, 公共団体が土地を統制して (すなわち, 自身がその地主となって), 地価の騰貴によって得られるすべての利益は, どんな種類の投機をも思い止まらせるために公共に返還されるべきであるということであった.

エベニーザー・ハワード (Ebenezer Howard) によって体系づけられた田園都市の思想は, 実際に実施された形式とは, まるで違ったものであった. ハワードの著書『明

日——真の改革に至る平和な方途』(Tomorrow, a Peaceful Path to Real Reform)
は，最初 1898 年に発刊された．その表題が示すように，ハワードが意図していたの
は，小さなつまらないことの成就ではなかった．彼は，産業革命に基づく害悪の除
去，つまり，スラムや過密住の工業地域の除去といったようなことを切望していたわ
けではなかった．こういうことはすべて，地主をも含めて，いかなる団体の反対も惹
き起こすことなく，成就されるべきものであった．彼は，自分の見解に同調的な政党
が権力を握るのを待つまでもなく，完全な価値の転換によって，公共の富の新しい形
式を生み出そうとしたのである[3]．

エベニーザー・ハワードの，工業人口の農村地方への移住，土地の植民開拓，まだ損
われていない田園的な風景の中への工場の設置などについて読むと，フランク・ロイ
ド・ライトの「ブロードエーカー・シティ」が思い起こされる．

発　　　　　端

エベニーザー・ハワードに田園都市の構想が想い浮かんだのは，彼がロンドンの裁判
所で熟練した速記者として働いていた頃であった．それは 1898 年のことで，彼はち
ょうど，友人の送ってくれた，アメリカで出版されたばかりの，ベラミーの『追想』
(Bellamy; Looking Backward) を読み終ったところであった．彼はこの本に感激し
て，即刻，イギリスでの出版を促進させる仕事に取りかかったくらいであった．この
書物は，アメリカの国民全体を協同組合的な原理に基づいて組織した場合の図式的な
範例を示していた．ハワードはそれに影響されて，「ベラミーの原理を，もっとずっ
と小さな規模でためすために——つまり，私企業によって，工業地や，住居地や，
農業地をもったまったく新しい町を建設するために，彼自身の提案を推進させるよう
になった」のである[4]．

これが田園都市思想が発足した時の情況であった．それは協同組合的な社会について
の一般的な問題と同じ土壌から生まれ出たものであった．

ハワードの計画

ハワードはその都市を一個の同心円形のものとして考えた．その中心は共有地のまわ
りに一団となった市の公共建築群から成り立っている．中心部と最外側の環との間に

---

[3]　Dugald Macfayden, *Sir Ebenezer Howard and the Town Planning Movement* (Manchester, 1933), p. 29.

[4]　Macfayden 前掲書, p. 20.

875

ある中間帯は，幅400フィートの樹木と緑地のある環状の大きな並木道である．最外側の環は農業地帯である．工場のための土地は，先を見越して他から離して置かれている．中央の円形公園には，比較的大きな公共の建物が庭園に取囲まれて，それぞれの広い敷地に建っている．すなわち，市役所，演奏や講演のための公会堂，劇場，図書館などである．クリスタル・パレスと名付けられた建物[5] が中央の公園や運動場を取り巻いている．それは，工業製品を販売のために陳列するように，公園に開いたガラスのアーケードでできている．その一部は天候の悪い時の遊び場，冬の庭園として使用される[6]．この計画案は，ハワードも注意しているように，一つの模式図にすぎず，そのプランは選択された敷地に必然的に依存するものであった．その根本的な考え方は，すでにルネサンス時代に発展させられていた．それは多くのいろんな形で繰返されてきていたし，19世紀の初めに，ハワードの考え方とそれほど違わない提案がなされている．

早くも1827年に，イギリスの建築家パップワース（J.B.Papworth）が，彼のいわゆる「村落都市」（Rural Town）の提案を行なっていた[7]．けっきょく実施されなかったこの定住地計画，ハイジーア[8]（図494）は，ケンタッキー州のオハイオ河畔に設けられるはずであった．彼は，この計画案では，造園のために広い面積を与え，地域的な規制を行なって，中心にコミュニティの公共建築物を配置したようなものを考えていた．その考え方は全体として，ジョン・ナッシュの後期バロック時代の都市的伝統に密接な関係をもっていた．

ハワードがその抒情的な田園都市を，現実に無関係な孤立した現象として取扱ったということはしばしばいわれているところである．しかし彼は，過密都市が「その役割をすでに果たしてしまった」ということ，将来の大都市は別の形態のもとに建設され

---

[5]　1851年のロンドン大博覧会本館 Crystal Palace の名称に倣ったものである（訳注）．

[6]　Ebenezer Howard, *Garden Cities of Tomorrow* (London, 1899), p.23.

[7]　イギリス西部の都市チェルトナム（Cheltenham）の大部分は，パップワースの都市計画家としての能力を記念するものとして残っている．R. P. Ross Williamson, "John Buonarroti Papworth, Architect to the King of Wurtemburg," *Architectural Review*, vol. LXXIX, 1936 を参照せよ．さらに R. G Thwaites, *Early Western Travels, 1748～1846* (Cleveland, 1904～1907), vol. XIX をも参照せよ．これは Bullock の "Sketch of a Journey through the Western States of North America" に先立つものである．

[8]　Hygeia というのはギリシア神話の健康の女神の名を取ったもので，健康な居住地にするという意図を表わしている（訳注）．

なければならないということを十分に承知していたのである.

彼はその著書『明日』の終わりに「比較的簡単な問題からまず解決されなければならない. 小さな一つの田園都市が実施モデルとして建設され, ついで一群の都市が建設されていかなければならない……こういう仕事が完成され, しかも立派にでき上ったならば, ロンドンの再建計画も必然的にそれに従ってゆくにちがいない……」という所見を述べている.

田園都市思想の失敗

しかし, 実際と考えとは, よくそういうことがあるように, まるっきり違ったものであった. 「クリスタル・パレス」といったようなものは田園都市には全然出現しなかった[9]. その結果半世紀間に生まれたのは, 大部分, 協同組合的組織とよりよき建築的な計画[10]の導入による新しい郊外定住地の創造であった. その思想の大半は, 小さな庭園付きの小住宅集団の建設にまで退化してしまったが, 40年代後半から50年代にかけてのイギリスの新都市運動のなかで部分的に復活されている.

「都市と農村とを婚姻させた」田園都市の思想が失敗に帰した理由を探るのは容易である. 部分的な解決案だけでは不可能である. 都市のあらゆる分野にわたる近代生活の全構造を包括するような規模の上に立った計画, あらかじめ周到に検討された総合的な計画のみが, エベニーザー・ハワードの意図した仕事を完成しうるのである.

パトリック・ゲデスとアルトゥロ・ソリア・イ・マタ

1900年から1920年までの都市計画の標準的な便覧の頁を繰ると, 19世紀の製図板方式がなんら変わることなく採用されており, しかもさながら秘法の処方箋のように繰返されているのを見て驚かされる. 交通用街路や"アヴェニュ"の縦断や横断面の規

---

[9]　レッチワースは, 1903年に最初の"モデル"として建設されたが計画人口(3万人)の半分しか人々を誘致することができなかった. その間にロンドンは400万人から800万に人口が倍増している(訳注).

[10]　たとえば, ペーター・ベーレンスの1918年の計画案, ロッテルダムの「フレーウィケ(Vreewyke)の田園都市」とかアメリカ, ニュージャージー州「ラドバーン(Radburn)の計画」(自動車交通と結びつけられたもの), およびチューリッヒの「ノイビュール(Neubühl)計画」(1932年)などがある.

877

模を決定する常套的な手法や，組積造で埋まった市街に空地を挿入するきまりきった
やり方が見出される．官庁の役人達は，あたかも全般的な情況の混乱に対して目を蔽
っていたかのように思われる．

過渡的な時代にあって，都市計画の専門家たちは無力でどうすることもできないよう
に思われた．彼らは指令が与えられれば役目を果たすことができたが，新しい指令を
発案することはできなかった．ただ少数の部外者の曇らない眼だけが都市計画の混乱
を一般の意識に上らせ，新しい方向づけのための基礎を築くことができたのである．
ここにその4人の名が挙げられる．

田園都市の唱道によって環境の人間化に対する道を切り開いたエベニーザー・ハワー
ドは，議会の速記者であった．サンテリアの未来派的な都市設計の研究は専門家たち
の眼にはまったく空想的なものに思われたが，にもかかわらず，サンテリアは交通を
都市構造の構成的要素として提示した最初の人物であった．

さらに，一人の生物学者と一人の道路技術者が都市計画の新しい方向づけに対して決
定的な指令を用意することになった．彼らはほとんど予言者的な先見力をもっていた
が，その構想が遂に現実のものになるまで非常に長い時間待たされることになった．
この二人は，スコットランドの生物学者でトーマス・ハックスレーの門弟だったパト
リック・ゲデス（Patrick Geddes, 1854～1932年）と，スペインの道路技術者アルトゥ
ロ・ソリア・イ・マタ（Arturo Soria y Mata, 1844～1920 年）であった．

パトリック・ゲデス：
都市と地方の一体性

パトリック・ゲデスは人間集落を，生活現象，それも全生活の現象に関心をもった生物
学者の眼で観察したのである．彼の最もよく知られた著書『発展する都市』（Cities in
Evolution)[11] の新版は，ゲデスの有名な「都市展」からの抜粋を収録しているが，そ
の中で彼は都市の有機的な発展を絵入りで表示し，その主題について詳述している．
すなわち，都市はそれが置かれている風景と分離することのできないものであって，
その地理的情況，その気候や気象学的事実，その経済的基礎，その歴史的遺産によっ

---

[11] 初版1915．改訂版が Jaqueline Tyrwhitt によって出版された（London, 1949).

てのみ理解されうるものである．この展覧会の序文のつぎの文章はゲデスが都市のプランをどのように理解していたかを最もよく説明し得ている．「都市のプランは，従って単なるダイアグラムではない．それは人間が文明の歴史を書き記し，さらにその外見の混乱をもつれさせ，さらにわれわれがそれを解読することによって報いられるような，一連の象形文字の文書である．」[12]

ルイス・マンフォード（Lewis Mumford）は，けんそんして自身をパトリック・ゲデスの"真の門弟"と呼んでいるが，彼の着想をさらに素直に発展させ，その著書の『人間の条件』の中に，パトリック・ゲデスの最もすぐれた思想のいくつかを伝えている．そこにはゲデスが社会学を生物学から展開されるものとしてどのように考えていたか，またこの着想を都市の発展を示すのにどのように使用したかが見出される[13]．エジンバラの「展望塔」[14]に住んでいたスコットランド人のゲデスは，インドで都市計画の含蓄豊かな実務を展開しながら長年月を過ごし，地方的で，しかも同時に国際的な世界人でもあった．つまり彼の死後の世代によってようやく実際に認められるようになったタイプの人物であった．「ゲデスのスコットランドはヨーロッパを包含し，彼のヨーロッパは世界を包含していた」というマンフォードの言葉を読むと，ジェームズ・ジョイスの『若き日の芸術家の自画像』の一節を思い出さぬわけにはいかない．その小説の中で，ジョイスは——主人公のステファン・ディーダラスは——自分の置かれた位置を，個人のまったく地方化された情況から脱け出てアイルランドを包み，さらにヨーロッパから世界，宇宙に及ぶものとして確認している．

ソリア・イ・マタ：線状都市

道路技術者のアルトゥロ・ソリア・イ・マタは，まったく違った観点から出発した．彼は実際的な実務家であった．1882年に，電気鉄道がほとんど催眠術的な魅力を惹き起こした時に，彼は輸送機関を都市計画の最も重要な要素と考えたのである．彼の出

---

12) Patrick Geddes, *Cities in Evolution*, 改訂版, p. 170.
13) Lewis Mumford, *The Condition of Man* (New York, 1944), pp. 382〜390.
14) 都市調査と都市サービスのために，あらゆる都市で必要とされる都市観察の研究所として，ゲデスが提唱した施設．彼によって1892年に創設されたエジンバラの展望塔（Outlook Tower）は，旧市街のはずれの城跡の丘に建つ背の高い古い建物で，そこから具体的に都市と地方が観察された（訳注）．Patrick Geddes, *Cities in Evolution*, rev. ed. (London, 1949), pp. 81, 96, 114, 170, 232.

発点は街路軌道であり，その軌道の両側に住居と工業を配置したのである．

ソリア・イ・マタは自分の夢をあまり大きな規模ではないが，マドリッドの郊外で実現することになった．30年代になるまでに，彼の線状都市のアイディアは，さらにロシアで採り上げられた．ル・コルビュジエは線状都市の考え方を高速道路沿いのサン・ディエの開発計画に採用している．しかしながら，線状都市の傾向は60年代になってようやく連続した都市化地域の発展によって——それもボストンからワシントンに及ぶような，その脅威を伴わざるを得ないような発展によって，現実に顕著なものになってきたのである．

トニー・ガルニエの工業都市，　1901～1904年

現代的な都市計画の最初の例

1898年にトニー・ガルニエ（Tony Garnier）という一人の青年がメディチ荘において「ローマ大賞」[15]のその年の保持者に任命された．同じ頃フランク・ロイド・ライトは，シカゴ郊外に彼の初期の住宅を建てていたし，エベニーザー・ハワードはその田園都市の計画を精力的に推進させていた．ガルニエは，その賞の要求を満たすために，パリのアカデミーにキケロの故郷，トゥスクルム（Tusculum）の都市プランの復原図を作成して送った．もっとも，彼の前の受賞者アンリ・ラブルーストのように，彼が自身のためにやった仕事は全然別の性格をもっていた．このローマ大賞の保持者は，一つの完全な都市の計画——その総合配置計画のみならず，あらゆる建物内部の平面計画に及ぶような都市計画——の仕事に熱中した．彼の工業都市（Cité Industrielle）は，ある35 000の人口をもった都市として計画されたものであった（図496）．

ガルニエによると，その総合配置計画は1901年に，詳細計画は1904年に展示された．し

---

[15] （grand prix de Rome），Académie française には，「ローマ大賞」の制度があり，アカデミーの教育機関に入った学生で成績優秀な画家，彫刻家，建築家を官費で5年～10年間，イタリア（ローマにおけるフランス・アカデミー）に留学させていた（訳注）．

496.　トニー・ガルニエ　　工業都市，1901～1904年．→
全体計画図．35 000の人口を予想して設計された．

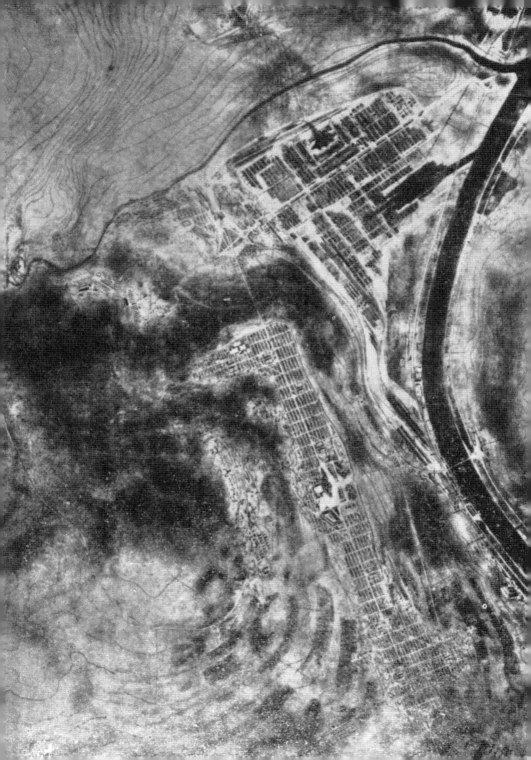

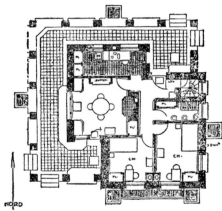

497. トニー・ガルニエ　工業都市，1901～1904年．住宅と庭園．ほとんどの車交通は，住宅から離してある．共同の庭園のまわりに配置された低層住宅によって，住居地の問題を解決しようとしている．

498. トニー・ガルニエ　工業都市，1901～1904年．一住居単位の平面，2面にテラスが設けられている．

かし，ガルニエのアイディアが（限定版で）出版されたのは，1917年になってからである[16]．この書物の深遠な影響はフランスだけにとどまらず，当時，新しい解決の求められていたところへはどこへでも，手から手へと拡がっていった．

ガルニエは都市全体の処理にあたって，彼と同時代の多くの人達のように，こまごま

---

[16]　Garnier, *Étude pour la construction des villes* (Paris, 1917).

882

499. トニー・ガルニエ　工業都市，1901〜1904年．開放的なテラスと屋根付のヴェランダのある学校．学校の周囲の空地と住宅廻りの空地とを入りまじらせて，学校と住宅とが一つの近隣住区を形づくるようになっている．

した細部に自己を見失うことなく，すぐれた進歩を示していた．彼の計画した住宅や学校，停車場，病院のようなものも格段の進歩をみせている．

建築とは，構造に始まり，都市計画に終わるものであるが，ガルニエの仕事はこの両者に基礎を置いている．彼の工業都市の計画は広範な社会的要求についての理解から成長したものであった．その計画案では，特殊な交通の問題だとか，あるいは田園都市の擁護者たちを夢中にさせたような，多少とも，特殊な住宅建設の問題といった単一の捌け口にだけその力が集中されたりしていないので，計画の調和が破壊されていない．ガルニエは，都市のあらゆる機能の間にある，有機的な相互関係を探究したのである．

鉄筋コンクリート：ガ
ルニエの基本的な素材

ガルニエがその建造物のために選んだ材料は鉄筋コンクリートであった．1900年頃，その可能性が特に伝統的に機敏なフランスの構造家たちによって認められ始めた．それが若い一人の建築家，"フランス・アカデミーによるローマへの留学生"をさえ魅

500. トニー・ガルニエ　工業都市，1901〜1904年．開け放しの階段室と屋上庭園のある鉄筋コンクリート造の使用によって，ガルニエは，後に再現してくるような解決に到達している．

了したのはまったく当然のことであった．ガルニエは，鉄筋コンクリートによって，他のどんな材料によるよりもいっそう適切に，彼の意図する工業施設や公共諸施設や一般民衆の生活のための適切な構造を造りあげることができるということを認めたのである．

相異なる機能の明確な分離

この工業都市の計画では，都市の相異なるすべての機能，すなわち労働，住居，慰楽，輸送には，明確な分離がなされている．工業は，緑地帯によって都市本体から分離されているが，それは後にロシアで，ソリア・イ・マタのいっそう急進的な着想に基づいて作成された線状都市の計画で行なわれた分離と同じものであった．トニー・ガルニエの大きな医療施設群は町から離れた丘の斜面の保護された敷地に南面して置かれている．

ガルニエの長く延びた都市の中央には，市民センターの他，高等学校や非常によく完備した運動競技場がおかれている[17]．このスポーツ区域は，拡張の余地のある景色のよい広々とした田園地方に続いている．

---

[17] その当時のフランス人はスポーツにそれほど関心がなかった点から考えると，このことはむしろ当時としては珍しいことだった．

幹線鉄道交通は，地下道を通ってその都市の終着駅（図211）に入っている（この終着駅は，その工業都市の他の二，三の建物と同様に，その時代に驚くほど先んじていた．その単純で機能的な外観はまったく革命的なものである．）ガルニエは，飛行機 (moteurs d'aviation) の試験飛行場の他，自動車競技場になるスピードウェイさえその計画に取入れている．

その都市の敷地は，各家屋内の部屋の適切な方位が得られやすいように，東西に走る細長い街区に分割されている．これらの街区——その都市の基礎的な単位——は，縦30メートル，横150メートルである．こういう引伸ばされた街区割は都市に新しい外観を与え，ルネサンスの集中化した配置形式とは非常に懸け離れたものを示している．無意識だが，線状都市の基本的な原則がここで少なくとも部分的に遂行されている．

1世代後の都市計画家たちも，通廊街（rue corridor）を避け，交通の激しい路線から住居地区を隔離させるために，同じような配置を採用している．ガルニエは，自分のやっていることを十分に承知していた．すなわち「人々が街路に無関係に町を横切る」ようにという配慮からだった（図497）[18]．オースマン時代の閉鎖形のブロックや光庭

501. ル・コルビュジエ　ボルドー近傍，ペサックの集合住宅，1926年．

---

[18] "On traverse la ville indépendamment des rues" これは文字通りに受取るべきではないが，1900年頃の普通の小規模な交通にとっては役に立ったにちがいない．ガルニエの計画の中には，確かに将来の解決策の萌芽が見受けられる．

885

は完全に排除されている．ガルニエの低層連続住宅ブロック，つまり，主要道路に直角に設けられ，その多くに屋上庭園のついた住居棟の間には，すべて十分な共同の自由空地がとられている．

各住戸には，中心となる大きな居間の他，小さいがよく整えられた寝室，浴室，台所がある（図498）．家と家との間の空地は緑に満たされている．低層の開放的な平面の学校（図499）は，町の各部分に配置されて，住宅のまわりの緑地に芝生や灌木を増加するのに役立っている．後に，アムステルダムの比較的新しい郊外地が同じような方針に沿って開発された．

トニー・ガルニエは，その建築物の造型表現が示しているように，古典的なものにある種の魅力を感じていた．しかし，彼はその工業都市の多くの細部において，この執着を突き破っている．平らな陸屋根の上の庭園やテラスのある家（図500）は，近代的な構造と地中海文化の古い伝統との確固たる結合を示している．ガルニエの計画案は，後にリヨン（Lyons）で，部分的に実現された．彼はそこに，病院や家畜飼育場や運動競技場や住宅団地を建設した[19]．

ガルニエの計画は，都市の相異なる機能，住居，労働，交通，慰楽をそれぞれ明確に分離していた．各機能を配置するにあたって，ガルニエは，そのどの機能をも将来の発展に際して，他の機能を混乱させないように取計らった．緑地をもった彼の長い住宅ブロックは，近隣単位を構成するように計画され，その中にそれぞれの学校や必要なすべてのサービス施設をもっていた．あらゆる建物の設計は，構造と計画の最終的な細部に至るまで完全に仕上げられており，時には驚くほど将来の発展を見通していた．ガルニエは鉄筋コンクリートを主要な材料として採用することによって，その学校や停車場やサナトリウムや住宅等に対して新しい解決策に到達している．

この工業都市は，将来の都市計画に多大の貢献をしてきた人たちの多くに，直接その影響を与えてきた．こういう影響も，ガルニエの計画案が現代的な諸方法の萌芽を包含していたことから考えれば納得のいくことである．発展は，しばしば予想されないようなコースをたどるものである．見失われていた都市計画の本質は，アカデミーに

---

[19] Garnier, *Les Grands Travaux de la ville de Lyon* (Paris, 1924).

よるローマへの若き留学生によって回復させられたのであった.

アムステルダムと都市計画の再生

われわれは先に, 1800年から1850年までの間の都市計画の状態を洞察するためにロンドンに注目した. 1850年から1870年までの期間の範例はパリであった. 1900年以降30年代までの期間の範例はアムステルダムである. 他にも, ごく短い期間ではあったが, もっと急速な進歩を見せた二, 三の都市があった――たとえば, 20年代の末におけるフランクフルト・アン・マインなども, その一つである. また, いくつかの点で建設活動はロッテルダムでの方がいっそう活発に遂行されたが, それはしばしば十分な調整を伴っていなかった. アウト (J.J.P. Oud) が慎重な設計によって低収入層のための集合住宅を建てたのもロッテルダムだった (1919年以降) し, また, ファン・テイエン (van Tijen) が近代ヨーロッパ都市の特殊な要求に適応させるために, 高層の平板状のアパートによる実験を試みた (1930年以降) のもロッテルダムであった.

アムステルダムの持続的な伝統

しかし, アムステルダムは, 1900年以降引続いて, 都市計画における一つの持続的な伝統を示している現代の数少ない都市の一つである. こういう中断されることのない建設活動は, われわれの目的にとって, とりわけ重要な意味をもっている. それというのも, われわれに, 長い発展の時代を一瞥して概観する機会を与え, 世界の隅々から個々の事例を集める苦労を取除いてくれるからである. アムステルダムはしたがって, この時代に作用している主要な流れを研究するのにもっとも適した都市である.

アムステルダムの都市計画は, 実際に可能なものの範囲内で操作されてきた. そこには, でたらめな開発もなければ, ユートピア的な企てもなく, もっぱら堅実な進歩だけが見られた. その仕事を支えている方法は, 分析的とでも称されるようなものであった. それは, 1820年頃のイギリスで進行したような大胆な投機を嫌ったオランダ人の気質に見事に適合していた. 進歩も失敗も, アムステルダムでは, 共にゆっくりした行程をたどっていた.

アムステルダムの人口は，長い間安定していたが，1875年に急激に増加し始めた．その上昇は，アムステルダムに北海への出口を与えた運河の開通の結果であった．1875年から1900年の間に人口は2倍になり，1900年から1920年にかけて，再びほとんど50％に達する増加が見られた．最大の建設活動が起こったのは，この第2の期間（戦争の年を除外して）であった．

こういう建設活動は一体どういう階級の人たちのために起こったのだろうか？　ロンドンの初期のスクェアやクレッゾントは，中流階級のうちでも最も富裕な紳士階級のためのものであった．パリにおけるオースマンのブールヴァール建設の主要な対象は中流階級であった――もっとも，その家並の建物の最上階には，時には，スラムのような住戸に貧しい人たちが密住していた．アムステルダムの建設活動は，中流下層階級や労働者たちのために遂行されたのである．

20年代にオランダを旅行した人は，国中どこに行っても，それぞれ特質には変化はあるが，そのきれいな煉瓦の面や，大きな窓や，オランダの景観に現代建築最上の刻印を与えようという明白な意図などで一際目立った目新しい住宅地建設に遭遇したものである．近代建築がこういうふうに一国の全貌に変化を与えるような機会を与えられたのは，この国以外にはどこにも見られなかったことである．

1901年のオランダ住宅建設
法によって与えられた原動力

こういう全面的な発展の原動力は，1901年のオランダ住宅建設法から由来したものであった．『ハーヴァード大学都市計画研究叢書』から引用すると，「この法律の制定は，これまでに，この分野で採用された法律のうちでは，おそらくもっとも包括的なものの一つである．その11の章は，国内の住宅問題を完全に処理するために必要な項目を備えている．この法律の通過以来，二，三の改正がなされたが，その法律の基本構造はそのまま存続していて，オランダの住宅建設に政府が関与するすべての場合の有力な典拠になっている[20]．」その法令によると，1万以上の人口の都市は，すべて，

---

[20]　Richard Ratcliff, in Mabel U. Walker's *Urban Blight and Slums*(Cambridge, 1938), p. 398 (Harvard City Planning Studies, vol. XII). ラトクリフは構造基準，住宅および人口調査，不適当な構造物の閉鎖と破棄，土地収用，都市計画，スラム・クリアランスおよび再開発，自治体や国家による財政面の援助等の事項がスラムや頽廃地区に及ぼす効果を調べている．

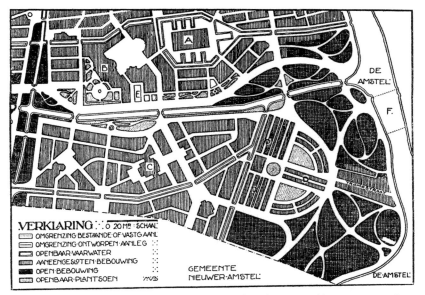

502. H.P. ベルラーヘ　アムステルダム南部の計画, 1902年. ここには, 古い形式を打破しようとするベルラーヘの試みにつきまとう確信の無さに伴って, いろいろな影響の混合がはっきり現われている.

その将来の発展計画を作成しなければならないようになっていた. 基本計画のみならず細部計画の作成も要求されており, 基本計画は10年ごとに改訂されなければならなかった. 土地収用の手続も法令によって規定されていて, 各都市での実施を容易にしていた.

市が土地所有者となる

この法令は, ちょうど北欧の国々が住宅問題解決のための新しい段階に入った頃に制定されたのである. この頃までに, 低収入家族のための理想的な住宅がしばしば大博覧会に展示されたりしていたが, 建設活動における正当な役割を果すに至らなかった. 1901年のオランダの住宅建設法は, 賢明にも, まさに, こういう低収入層のための住宅建設を奨励するために制定されたのである.

各建設協同組合は, その建設のクレジットを政府からきわめて容易な条件で受取ることができた. そのクレジットは自治体によって保証されていた. こうして, その法律のあらゆる傾向は, その都市の全建設活動に決定的な影響を与えることになった. それと同時に, アムステルダムは, 投機による地価の高騰に先立って住宅建設用地を確保

889

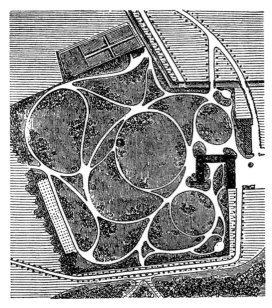

503. フランスの造園計画，1869年．隠元豆のような形に曲がった小路は，ベルラーへの1902年のアムステルダム南部地区の計画に再現している．

するために，また，市自体が巨大な土地所有者になるために熱心な努力を払った（もっとも，必ずしも常に成功したとはいえないが）．そして，ロンドンの地主貴族たちのように，アムステルダム市は，土地を売る代りに，それを賃貸したのである．

多くの都市が同じような土地政策を実施しようとしてきた．アムステルダムは，しかし，各部分が同質的なもので出来上がっているような地域全体の建設に実際に成功して，そのコミュニティの要求をみたすことになった．建設業者は，いわゆる"美観のための委員会"の審査に従うことを強制されていた．この委員会は，一様なファサードが建てられるように注意していた．この委員会は，デ・クラーク（de Klerk）やその他の20年代のアムステルダム派の建築家たちの建設活動に対する基礎を形成することになった．

こうして，土地所有権と建物のファサードの性格は，自治体によって，かなり完全に統制されることになった．基本プランを規制する条例は，もっと後になるまで制定されなかった．

ベルラーへによるアムステルダム南部の計画

最初の計画，1902年

1901年の条令の他にも，アムステルダムには，個人的な創造の努力によって，それまでの型にはまった束縛から脱するような都市計画が導入されようとしていた．こういう活動は，単にオランダのこの都市だけに限られたことではなく，それ以外の都市にも同じような活動が見られた．たとえば，オットー・ワグナーはウィーンにおいて，結局は不成功に終ったが，永い激しい戦を市当局に挑んでいた．アムステルダムは，この点，対照的に，そのアムステルダム南部地域の開発計画をヘンドリック・ペートルス・ベルラーへ（Hendrik Petrus Berlage）に委託することによって，真に才能のある一人の建築家に驚くほどの自由を与えていた（図502）．ベルラーへはこの開発計画のための最初の設計を1902年に描き上げた．ヨーロッパの隅々に至るまで，彼の名を高からしめるようになった彼の株式取引所の建築は，ちょうどこの頃完成しようとしていた．

ベルラーへは市当局と公共事業局から完全な自由を与えられて，一つの住居地域全体——アムステルダム南部地域——を設計する責任を負ったのである．その成果は，われわれの目的にとっては，理想的なテスト・ケースを提供している．つまり，この時代の都市計画の具体的な水準についても，また，その当時になしとげることのできた実際の限界についても，これ以上に明瞭な洞察をひき出すことができないからである．ベルラーへの開発計画から得た推論は，またそのまま厳密に建築一般にもあてはまるものである．

ベルラーへの計画は，その当時の主要な困難を反映している．つまり，その時代特有の問題の解決に当って，新しい表現手段に到達することができなかったということである．とりわけ1902年の計画案には（また，ある程度，1915年の後の計画案にさえ），それまでの何十年間にわたる定まった方式から訣別しようとするベルラーへの苦闘や，住居地域を人間味にあふれたものにするというその目的にふさわしい表現方法を獲ち得ようとした意欲的な努力が感じられる．

ベルラーへのようなすぐれた建築家でさえ固定された偏見の威圧的な力から自由にな

り得なかったということを認めることによって，1900年頃の紋切型の公定都市計画の
情況が理解されよう．ベルラーへのアムステルダム南部の計画をある程度詳細に考察
するのは，こういう理由からである．

その計画のロマンティックな性格

一瞥したところでは，1902年の設計図は，都市の設計というよりも，むしろ脳髄の渦
巻状の図式を暗示している．街路の楕円形の屈曲は，60年代のオースマンの公園によ
く見られたような曲線を現わしている（図503）．こういう特色は，ベルラーへの最初
の計画案全般にうかがわれるロマンティックな性格と軌を一にするものである．

この設計を形づくっている今一つの影響は，不自然な人工的な軸に対する嫌悪と，あ
らゆる格子状組織に対する嫌悪であった．カミロ・ジッテの教訓は，現代都市のこう
いう陰鬱な景観の救済策は，自然な成長形態をもった中世都市に復帰することだと思
い込ませていたのである．

ここでの特定な問題は，中流階級と労働階級の借家のための住居地域を建設すること
であった．つまり，それは本質的には住宅建設の問題であった．しかし，各住宅を，
どうしたら相互に迷惑を及ぼさないように集合させることができるだろうか？　この
問題についてのベルラーへの関心は，その仕事のあらゆる面にはっきり現われている
が，それと同時に，在り来たりの慣例に伴う平凡なひどい解決に陥入りたくないとい
う嫌悪がうかがわれる．

その計画に現われた確信のなさ

実際，この当時にあっては，こういう困難な問題の実質的な解決は不可能であった．田
園都市の思想はすでに数年前に提案されていたが，ベルラーへはおそらく，まだそれ
を承知していなかったように思われる．それは，ともかくも，彼の仕事には不向きだ
った．彼は，むしろ稠密な人口の予想されるような地域を計画していたのである．都
市計画のとるべき方向について確信のなかったこの時代に，ベルラーへはルネサンス
方式に立戻って，すべての主要な街路の軸がいくつかの目立った公共建築物によって
支配されるようにしている．そのために，各地区にその性格を付与すべきであった住
宅群は，単なる背景になってしまっている．しかも，住宅群の中核となるはずの市場
や劇場やオーディトリウムなどは，まったく気まぐれに配置されている．それらは，
その全計画を繋ぎ合わせる造りものの背骨であり，それらを（継合わせや組合わせに

892

よって）相互につながりをもたせているやり方には，切抜きはめ絵を思わせるものがある．つまり結論的にいえば，これらの住宅は，人間的な要求に十分順応するようになっていないのである．それは，太陽光線にさえも適切な考慮が払われていない．

この範例は，1900年頃には，最も進歩的な人間でさえ，造りものの記念性に向う傾向によって影響されていたという事実を示すのに役立つだろう．ここで造りものの擬似記念性というのは，つまり，それが，計画家に自由な白紙が与えられていた時でさえ，都市の組織化に立ち現われてくる確信の無さや当惑を隠すために用いられていたからである．

第2の計画案，1915年

ベルラーへによるアムステルダム南部地域の第2の計画案（図504）は，1915年につくられたが，それは単にその開発の基本的な骨組を決めているにすぎない．市当局は，今度は実施上の詳細図の記入を要求せず，将来のあらゆる発展についての広範な局面を包含するような計画だけを求めたのである．つまり，将来どんな必要が起こっても，それを満足させられるような計画を求めたのである．ベルラーへは，その仕事に当って自由な裁量ができるような立場におかれていたし，その敷地はわずかに二，三の小さな灌漑用の堀割が通っているだけの，障害物のない牧草地であった．ベルラーへの，この地域に対する最初の計画図（美しく仕上げられた図面）は，今なお，アムステルダムの公共事業局の一室に掲げられている．それを見た時の，最初の，そして決定的な印象は，そこに現われている街路の網目から引き出される．

この街路網は非常に支配的なので，一見しただけでは，都市周辺の未開発地を占める静かな住居地域というよりも，むしろ業務中心を取扱った計画図のように思わせるほどである．その最も支配的な形は，アムステル河の堤から引かれた3本の街路からなる巨大なY型である．1915年の計画の背骨はアムステルラーン[21]だが，それはオランダでは並はずれて広い並木道であって，そのY型の基礎になっている．

アムステルダム南部地域——とりわけ，アムステルラーンの付近（図505）——は，第1次大戦後の数年間に，いわゆるアムステルダム派の建築家たちによって建設された．

---

[21] Amstellaan（アムステルラーン），laan は道路のことで，アムステル通りという意味である（訳注）．

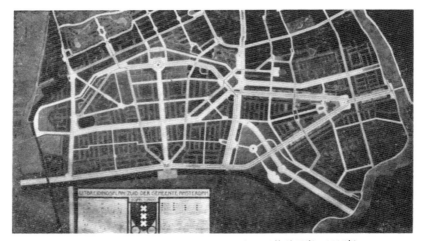

504. H.P. ベルラーヘ　アムステルダム南部の最終計画案, 1915年.

このグループの指導者デ・クラーク (de Klerk) は, その夭折に先立って, この仕事に重要な役割を演じていた (図508). 20年代には, 均一なファサードをもったこの地区は, 住居地域を人間生活に適合した魅力あるものになしうる可能性を具体的に示したものとしても有名なものであった.

人間味にあふれた街路

アムステルラーンは, その並はずれて広い幅員にしろ, その並木や中央の緑地部分にしろ, どれ一つとして交通上の統制のために設けられたものではない. それは, また——パリのリシャール・ルノワール通り (1861〜1863年) のように——堀割や土地の割れ目といったようなものを蔽うものとして出現したものでもなかった (図506). その風致的な取扱いは, かつて, リシャール・ルノワール通りで, 道路下の古い堀割を活用できるようにするためにこしらえられた明りとりや換気筒を目立たなくする風雅な仕切り以上のものであった. その広い幅員も緑地もともに, その住民により以上の, のびやかさと通風を与えるような, より良い生活空間をつくり出そうという意図によるものだった (図507). しかも, そのファサードは, その背後にひしめき合う家屋のごたごたを遮るような衣裳戸棚の扉として用いられたわけでもなかった. アムステルラーンに面した家屋の背後には, 芝生や灌木の植わった広々とした中庭がある[22]. も

---

[22] J. J. P. アウトは, そのテュッセンディーケン (Tusschendiyken) 住居地計画 (1919) において, アパートメント・ブロックを人間化する手段として内部のコートヤードを初めて使用している.

505. アムステルダム南部，30年代の南北のアムステルラーン，俯瞰写真.

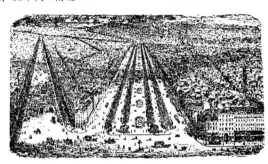

506. ブールヴァール・リシャール・ルノワール，1861〜1863年.

っとも，この1915年の計画は，全体としては，アムステルダム南部地域の住宅建設の要求を十分に見極めて推進されたものではなかった[23]．

田園都市に対する
ベルラーヘへの反対

ベルラーヘが1902年に田園都市運動を知っていたかどうかは疑わしいが，1915年には，はっきり，それに反対している．その頃，彼は，住居地のアパートメント・ブロックは——以前の時代のように——個々の住宅を互いに結び合わすことのできるよう

---

[23] 後に建築家たちによって，この計画は——その当時には普通に見受けられたことだが——交通の要求にあまり関心が払われていないという点が指摘された．こうして，アムステルラーンが広場に開く直前で幹線道路レイン・ストラート (Rijn Straat) がアムステルラーンを横切っている．

507. アムステルダム南部,アムステルラーン.これは街路が一つの単位として取扱われた最初の計画案の一つであった.各家屋の背後に庭園をもち,かなり人間味のあるものになっているが,本質的には依然として19世紀の街路にとどまっている.

508. アムステルダム南部,アムステルラーン.デ・クラークによる共同住宅,1923年.この地区はアムステルダム派の建築家,特にその指導者であったデ・クラークによって建設された.

な建築の独創的な形式が出現するまでは，有効な唯一の手段であるといっている．建設当局は街路の統一がその部分としての住宅を包含するように，1戸建住宅の代りに街路全体や街路の部分を統制すべきである．「住宅の建設は次第に大量生産の仕事となりつつある．ブロック形式の建物は再び活用されなければならない．しかも，解決を計るためには，以前よりも，もっと広範に用いられなければならない」[24].

その当時のありふれた，どうしようもないような街路前面に対してのみならず，田園都市のロマンティックな理想案に対しても抱いたベルラーへの反撥は，容易に納得のいくことである．彼は，この地区の計画に当って，その救済策として，穏やかな目立たない配置と，統一された外観の採用を提案している．こういった手法は，まさに，彼の株式取引所の建物に見受けられる特質である．しかも，同時に，彼の歴史的位置も，ここでまったく明白となる．一様な外観をもった街路を建設しようとするこの要求は，オースマンの穏健な街路正面を復活しようとする要求でもあった．結果的には，ベルラーへは，永久に過ぎ去った歴史上の水準を再び獲ち得ようとしていたのである．しかしながら，この試みには，まだ新しい発展のためにきり開かれたような雰囲気が残っていた.

アムステルダム南部の扇形地区を通っている街路には，造園に対するオランダ人特有の入念なやり方で，樹木や草花が広範に植え込まれている．この計画は，それ以前の何十年間にわたる悪夢のような都市計画に比べ，はるかに人間味や気品にあふれたものである．しかし，この計画は，いまだに1900年以前の建築のように，新しい生活概念に基づく真に現代的な表現をきり開くという点では失敗している．それは，単に街路を改善して，全体の配置上での街路の支配を弱めるということにしか成功していない．それは依然として住宅によって緑どられた街路でしかなく，そのような街路は大都市における住の問題に対する解決策ではない．しかし，このことは何も，その地域がすぐれた壮麗さをもっているということを否定するものではない．何びとも，それを感じとることなくして，このアムステルダム南部地域を通りすぎることはできまい．しかも，この当時の欧州大陸では，これほど緑地と均一な家屋の並びとが優美に組合わされているところは，他には見当らなかったのである.

---

[21] この記事は，彼の1915年の計画への序文，"Memorie van Toelichting," *Gemeente blad van Amsterdam*, 1915年3月9日から引用.

ベルラーヘはここに，純粋に印象的な街路系統を組織して，都市のある地域全体を一つの単位として考えるのに必要な勇気を示したのである．個々別々の家屋のファサードは消え去り，均一な街路の壁——面として取扱われた壁——が出現した．これらの壁は，街路の角では，モニュメンタルな酷評されるような立面をもっているにもかかわらず，その平坦な面の効果をまったく棄てさってはいない．

その後の発展についての見地から，このアムステルラーンを見ると，それが19世紀の都市計画の主流，つまり，街路が全体を支配するという傾向に属していることが判るであろう．アムステルラーンは，さらに，その計画全体を代表するものであり，なんら新しい概念を伴わないような改革であった[25]．

アムステルダムの総合拡張計画，1934年

1934年のアムステルダムの総合拡張計画は，公共事業局によって実施された共同業績であった．それは各専門家全員の緊密な協同作業を表わしていた．その計画案は，全体として，今日の世界に対する反応としての現代芸術の接近法と類似したアプローチの徴候を示している[26]．

われわれの主要な関心は，われわれの時代が時代自身の本質を意識するようになってゆく道程に置かれていた．したがって，技術的な細部については大部分省略してき

---

[25] ベルラーヘは，オランダの都市計画の発展と成長に偉大な影響を与えた．彼自身，いくつかのオランダ都市，ハーグ（1908年），ロッテルダム（1914年），ユトレヒト（1921年）の広範な計画を行なっている．彼は，モニュメンタルな性格をもつ二，三の街区——たとえば，ロッテルダムのメルカトールプライン（Mercatorplain）——の実施に責任をもっていた．ベルラーヘの都市計画家としての活動に関する論説はまだ数少ないが，ベルラーヘの60歳の誕生日を祝して出版された論集，*Dr. H. P. Berlage en zihn werk* (Rotterdam, 1916) の中の，デ・バーゼル（K. P. de Bazel）による論説を参照せよ．

[26] アムステルダム公共事業局によって，1934年11月に出版された2巻の書，*Algemeen uitbreidungsplan* を参照せよ．それに採用された方法と計画については，この書と，その中の地図によって完全に理解することができる．この書は，都市計画家の必携の書ともいうべきものであろう．
短い英文の紹介文としては，*Town Planning Review* (Liverpool), vol. XⅦ, no. 1(June, 1936); *Architectural Review* (London), vol. LXXXⅢ (June, 1938); Arthur Korn による "A New Plan for Amsterdam" がある．

509. アムステルダム南部の基本計画,1934年.統合された科学的研究に基づいてつくられた拡張計画.都市の総合的な発展の輪郭を決定しようとしているが,固定された堅苦しい計画に陥らないように,融通性のある計画になっている.

た．しかし，アムステルダムの拡張計画の場合には，その計画によって解決されなければならなかった課題を知らなければ，その拡張計画の内部構造に作用する諸傾向を理解することができない．

公共事業局によって準備された，アムステルダムの将来の発展のための基本計画（図509）[27]は，一つのコミュニティの社会構造を決定するような，あらゆる要素の，綿密な相互関係に基礎を置いている．提案された方策は，すべて，人口動態統計に現われた数字，すなわち出生率，死亡率，転出入人口等に基礎を置いている．さらに容易に入手しにくいような統計も，その計画の中に取入れられている．たとえば，この地域に生活しうる人口数の計算だとか，人口変化の割合と動向とか，景気循環の蓋然的な方向の予測なども取入れられている．

人口動態統計と生活統計

こういう諸要素をすべて検討することによって，アムステルダムにおける人口増加は，今世紀を通じて増加し続け，90万から100万人台に達するだろうが，ついには終熄するだろうという結論が下された[28]．したがって，このアムステルダムの拡張計画は，さらに25万人の住民が1934年から今世紀の終りまでに収容されなければならないだろうという推定に基礎を置いていた．

計 画 の 範 囲

その拡張は，建設目的に適合させるのに数年の準備期間を必要とするような西方の空地に向けられている．その主要な地域は港の西端であり，ドックの先にある大きな工場地帯である．その開発の南寄りの部分は，造船所や付近の工場に雇われている労働者のための住居地域である．その当時，そこには彼らの職場から近い適当な距離のところに，これらの人たちのための設備がまだ十分に整えられていなかった．この地域は，ベルラーへの1915年のアムステルダム南部地域の境界にまで拡がっている．

---

[27] この総合計画は，市によって要請され，市の公共事業局によって準備され，しかも，アムステルダム市議会によって，拡張のための基本計画として承認されたのである．研究も計画も実施も，すべて同一の機関によってなしとげられた．こういう事態は，他の都市，たとえばニューヨークなどとは非常に違ったものである．ニューヨークでは，市とその周辺の広範な地方調査（1929年）は，都市に関心をもつ一群の市民によって支持されたもので，公的な性格をもっていなかった．

[28] D. T. J. Delfgaauw, "A Study of the Future Growth of Population in Amsterdam", *Journal of the Town Planning Institute* (London, Feb., 1933), pp. 79〜80（1960年の人口は約870000であった）.

緑 地 の 分 布

この総合拡張計画は，都市周辺の田園地帯を破壊しなかった．都市近郊の菜園の経営者は，その土地を取上げられなかったので，南部の境界上にあるアムステル河畔の自然景観は，そのまま保存された．

南西部には，きわめて周到な計画による大公園が開発された（その一つは，広大なアムステルダム・ボス〔Amsterdam Bosch〕であって，オースマンのブーローニュの森ぐらいの大きさで，2 135 エーカーの面積を占めている）．この公園系統は，建築用地に不適当な土地を選んで，それを樹林地帯に転換したのである．

住民のレクリエーションの要求について詳細な研究がなされた．一般の人々は，自分の家から4分の1マイル以上離れた公園はほとんど使用しないということが判った．そこで，2つの公園の間の最大距離は半マイルに制限された．これらの計画では意識的に人間的なスケール，つまり．散策者のスケールに釣合わされている．それは，ル・コルビュジエが都市計画における基本的な要求の一つとして宣言してきた，かの"戸口廻りの運動場"の方向に向うものである

美的見地から見ても，この計画は，その新しい都市構造の故に．重要な意義をもっている．以前の密集した家屋集団の連続的な広がりは，到るところで，いろんな大きさの細い緑地帯で分断されている

1 万戸の大住区単位

新たな25万の人口の収容は，つぎつぎに1万戸の住戸からなる住区単位の建設によって遂行されるように計画された（図510）．その各住戸は平均して，3.5人のための規模が用意された．

将来の人口の構成と要求を予想する方法は，オランダでは非常に早くから開発されていた．1920年頃，すでに．ロッテルダム市は必要な住宅数の他，そこに住む住民の種類やその人たちによって要求される住宅の種類を正確に決定するために，綿密に細別された方法を使用していた[29]．

---

[29] T. K. van Lohuizen, *Zwei Jahre Wohnungs-Statistik in Rotterdam* (Berlin, 1922).

アムステルダムの拡張計画において，1戸当り3.5人の居住者のために準備するという決定は，こういう研究の結果であった．計画当局は，どういう種類の居住者に対して住宅を供給しなければならないかということも知っていたし，また，彼らの種々の要求や，各形式の全体に対する割合などをも知悉していた．

1万戸の住戸からなる大住区単位の構成は，こういう異なった型の要求を反映している．その大部分の住戸（6500戸）は2室と台所，1500の住戸は3室と台所，1100の住戸は4室と台所をもっている．450戸は6人の子供のある家族のために設計され，260戸は特に老人の要求に適うように設計されている．

敷地や平面やファサード
に対する市当局の統制

これらの大住区単位の実際の建設は，私企業や協同組合によって実施された．しかし，市当局は平面やファサードを統制し，各形式——2室，3室，4室等——の住宅が配置される場所を指定している．私企業の建設業者も協同組合も，その1万戸の住区全体が，有機的な統一を維持するように，市当局によって承認された敷地に建設しなければならなかった．

基本的な連続並列建

都市計画は，予備的な研究を基礎として，その地域の人口を形成する住民の要求に従って統制されなければならない．アムステルダムの拡張計画では連続的に並んだ4階建の家屋が最も多く用いられている．200立方メートルの単位容積の各住戸からなる，これらの家屋の列は，その端部が開放されていて，閉鎖したブロックにはなっていない（図510）．高層の8階建の建物はその当時としては珍しいものだった[30]．南に面した1階建の家屋が古いオランダの伝統に従って老人たちのために計画された．各家屋形式の間の高さや配置や空間の相違が，設計の際に予期されていなかったような相互釣合関係を確立している．

拡張計画の実施："ヘ
ット・ウェステン"

他の場合に，いろんな時代の都市的な発展を取扱った時のように，都市の比較的小さな二，三の部分を幾分入念に考察することによって，この仕事の特殊な性格の把握に

---

30) ファン・テイエンのロッテルダムでの経験によって，こういう高層の建物はオランダの習慣にあわないことが明らかになったので，その使用を思い止まることになった．

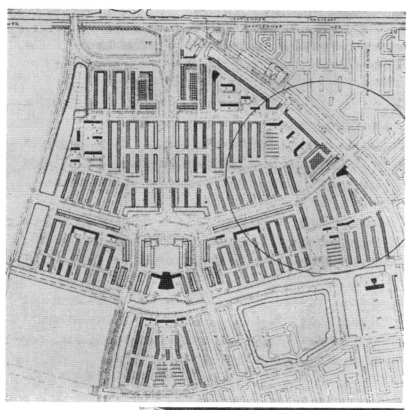

510. アムステルダム,ボス・エン・ロンメル(Bosch en Lommer)地区のマスター・プランと模型の詳細,1938年.総合拡張計画の一単位.35 000人の住民のために計画された.模型に示された近隣住区単位は,空地と緑地をきわめて経済的に利用している.

役立たせることができよう．こういう理論的な研究は，実際上の実施に当って，一体どんな効果があるのだろうか？

まず，ここでは，アムステルダム西部地域の小さな一地区を取上げてみよう．そこには，各種の建物が入りまじって建ち，その南端には学校が置かれている[31]．この地区の拡張計画では，さらに3，4階建の集合住宅が要求された（図511）．建築家たち（各集合住宅を担当した建築家たち）は，各棟を交通路線に直角においた広々とした配置計画を提案した（図513）．彼らは，集合住宅の各棟を，その南側や端部に十分なゆとりを設けて老人たちの比較的小さな住宅のためのスペースが残されるように配置した．この配置計画は全体計画に完全に適合させられていて，各建物の良好な方位によってその効果を挙げている．変わった環境にも容易に調和させられるというのが，この融通性に富んだ基本計画の主要な長所の一つである．

低収入階層のために700の住戸を提供するこの計画は，いくつかの協同建設組合によって建設された．そのうちの一つ，"ヘット・ウェステン"（Het Westen）協会は，1937年に建築家メルケルバッハ（Merkelbach）とカールステン（Karsten）によって設計された208戸の集団地を建設した（図512）．

その住戸単位

この2人の建築家は，居住者に最大限の快適性を与えようとした（図514）．居間の前面は観音開きの広いフランス窓になっていて，夏，容易に屋内を広々と開け放せるし，動きを容易にできるになっている．協同組合によって庭園と遊び場が設けられている．その住宅地全体にわたって，各住戸が現存する諸要求に適合するようにつくられているという印象を受ける．それが現実に認められていたということは，これらの208の住戸が出来上がった際に，1600世帯の申込が殺到したという事実によっても明らかであった．

住居地と個人生活との相互関係

住居地はプライヴァシー以上のものを提供しなければならない．住居地は，公園や遊

---

[31]　詳細の説明については，*Tijdschrift voor volkshuisvesting en stedebouw*（Amsterdam），vol. XVIII，no. 9（Sept., 1937）を参照せよ．

び場や学校，レクリエーション・センター，商店，業務地などに接近しやすくなっていなければならない．こういう要求は常に周知されているが，それに伴う問題は包括的な系統立った考え方から離れて，それぞれ別個に解決されてきた．これまでの都市計画は，住居と他の諸活動との相互関係を慎重に予見された方法で処理していなかった．アムステルダム西部の開発計画においては，19世紀後期の混乱した諸方法は棄て去られ，前もってこういう諸活動やそれらの複雑な相互関係に対する対策が講じられている．しかも予備的な研究や計算に基づいて，必要が起こればいつでも変更できるようなフレキシブルなプランになっていた．

都市計画家の仕事は，ある地域の各種の機能を，それぞれの場合に応じて結合したり分離したりすることによって，機能相互の妨害を取除くことである．こうして都市計画家は，住居地の道路から交通幹線を分離して，通過交通に使用させず，住居専用のものにする．彼は，商店を一個所に集中させて，仕事場のでたらめな分散を避けようとする．さらに，学校や遊び場や運動場などを各家並の列とうまく関連させて，緑地を都市の体内に，その経済生活と両立しうる最大限度まで浸透させようとする．

こういう計画は都市の構造の変革に帰着する．近代的な住宅の平面は形式ばらない柔軟なものになってきたが，近代都市の計画も同一の方向をたどっているのである．

拡張計画における慎重な考慮

オランダでは，こういう目的に対する手段は，すべて非常に慎重に実施されなければならなかった．土地が非常に高価なので，極度に節約して使用しなければならない．どの建物にも杭打ち基礎が必要だし，精密な技術的考慮が払われなければならない．緑地や空地には何年もの準備作業が必要であった．こういうすべての条件は，地価を高騰させることとなる．

しかも，賃貸料は極度に低い水準に固定されている．こういう情況にあっては，才能の自由な飛翔のための余地はまったくない．進歩は，ただ慎重な一歩一歩によってのみ可能である．

このような開発におけるオランダの体験は，他の国々の現代建築家のそれと綿密に比

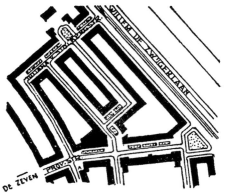

511. アムステルダム西部の基本計画，"ヘット・ウェステン"地区計画．こういう提案は厳密に従わなければならないという性質のものではない．建築家の計画が，より広域の単位と調和を保っている限り，その計画案を発展させる自由は認められているのである．

512. メルケルバッハとカールステン　アムステルダム西部（ヘット・ウェステン）の低家賃住宅，1937年．1934年の計画で実施された構成単位．↓

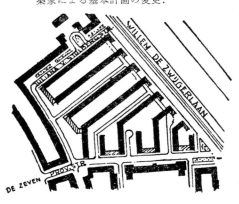

513. "ヘット・ウェステン"の実施建築家による基本計画の変更．

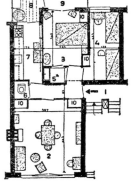

514. メルケルバッハとカールステン"ヘット・ウェステン"地区の低家賃住宅．居間と，両親と子供のための2寝室，台所，バルコニー，シャワーのある住戸．オランダ人は高い生活水準を低家賃で賄うことに成功してきた．採用された諸手段は，J.J.P.アウトのロッテルダムの初期のアパートメント・ブロック（1919年）にまで遡る．アウトの共同住宅では空間が注意深く有効に利用されていた．

較対照されている．都市計画当局は，こういう綿密に研究された資料やその都市の設計を指導する資料の手形交換所みたいなものである．実施された結果によって，これらの専門家たちが採用した諸手段は，引き続き正当化されてきた．

これまでにも，時々アムステルダムの住宅はあまりに密にかたまりすぎているとか，もっと広い空地や各戸の伸びやかさが必要だという反対が唱えられたこともある．しかし，この計画は，全体として，計画家の力の範囲を越えるようなところで比較的自由な設計を許すような情況のもとで，効果を挙げているのである．アムステルダムの官辺の一人がいっているように，「これらの計画をつくっているのは，実際は建築家ではない——それは社会である．」

技術的で，しかも人間的な解決策

大規模な都市の発展計画にとって必要なこの種の技術的なスタッフは，50年代のパリの改造に当って，オースマンによって初めてつくられたものであった．われわれの時代には，この種のスタッフが処理すべき仕事の内容は変化してきている．それは単に，街路や交通幹線，公園や上・下水道のような，全体として，住民に役立つ技術的な仕事ばかりでなく，個々の市民の側にまで立入って総合的な生活を可能にするような仕事である．その後の発展計画の焦点は，個々の住民であり，その諸活動と都市の全生活との間の相互関係であった．

アムステルダムの拡張計画は，都市の成長の継続を前提としている．都市を人間味にあふれたものにしようとするその計画は，どんなに人口が増加しても，都市の限界を拡張することによって増加人口を処理することができるだろうという確信に結びついていた．そこには，いかなる衛星都市も提案されなかった．1万戸の約35 000人の住民からなる各住区単位は，都市の成長が存続する限り，既存の都市に結合され続けてゆくであろう．

この計画を着実に実現させてゆく過程では，実際に作用する条件だけが——つまり，計算によって近い将来に最も起こりそうだと思われた条件だけが——考慮され得たのである．これまでに採用された手段はすべて，その後の成行きによって是認されてきた．あたかも河の流れが河床を満たしながらそれを形づくってゆくように，生活がその当初の計画の空白を満たし，それを変化させてきたのである．

そこでは，オランダの日常の交通機関になっている自転車の有効範囲が，その発展計画の基本的なスケールの単位を構成しているようである．したがって，この計画は他の国には，適合させられないかもしれない．しかし，たとえそうだとしても，アムステルダムで成就されたものの価値は，なんら減じられないであろう．ここで重要なのは，これらの開発計画に採用されている方法であって，その特定の成功ではない．ロンドンやニューヨークのように，大きさではアムステルダムの10倍もあるような大都市は，計画の方法において，はるかにアムステルダムに遅れている．こういう巨大な都市では，いまだに個々の孤立した部分にのみ手術を加えることによって，その病いに罹った体躯を回復しようとしている．スラム地区が，そこここで摘出され，住宅再建が実施されているが——現存する都市の無秩序は全体として増大する一方である．研究や統計も，そこでは十分なものとはいえない．それらの都市は，今日の都市が採るべき発展方向についての総合的な理解や，構想力によって裏付けられなければならない．

アムステルダムの計画では，都心部のスラムの除去については少しも手が加えられていない．ただその近郊に新しい都市を建設しただけである．その計画の伸びやかさや柔軟性は，碁盤目割の道路だとか通廊街などによって，どうしようもないほど締めつけられていない．1934年のアムステルダムの拡張計画の中にはすでに，時-空間の概念——現代都市計画の基礎——が感じとられていたのである．

Ⅸ　都市計画における時−空間

都市計画に対する現代の傾向

現代の都市計画家の一般的な傾向とはどういうものだろうか？　彼は何をなし遂げよ
うとしているのだろうか？　彼は，一体どういう考えから，その仕事を進めているのだ
ろうか？　こういう疑問は，われわれの主題を考える場合に最も重要なことである．そ
れというのも，都市計画はまず第一に，最も人間的な問題だからである．それは決し
て技術的，経済的な問題だけではない．都市計画はその時代の生活概念に関する明白
な理解がなくては，決して満足に遂行し得ないものである．

都市計画と現代生活

建築の領域において，都市計画ほど普遍的な見解の影響を強く蒙むる部門はない．現
在では，都市計画のごく小部分が，形態や構造に表現され得ているにすぎない．時
に，ある提案のうちに，その見解が加わっているとしても，明確なアクセントを欠い
たほのかな輪郭が感じとられているにすぎない．そのような見解は，目に見えるよう
にはっきり示されていない場合にも，近代的な建物を支える目に見えない鋼鉄の骨組
のように，都市という有機的な組織体を統合するように働くものである．しかし，都
市計画が，こういう有機的な完全さを欠いている場合には，ちょうど間違った設計の
建物が支持体を必要とするように，都市計画は人為的な間に合わせの手段に頼らなけ
ればならなくなるのである．

将来，都市計画家は純粋に技術的な限界を超えて，さらにいっそう前進してゆかなけ
ればならないであろう．人間生活の統一を取戻すという仕事が，都市計画家の場合以
上に緊急を要するところはない．現代的な考え方の典型が，1929年以来1960年まで，
アムステルダムの総合拡張計画を主任建築家として担当してきたオランダ人ファン・
エーステレン（C. van Eesteren）[1] のうちに見出される．彼の談話から，都市計画家
の考え方について，人間的に立入った洞察が得られよう．

---

1)　建築家として教育を受けたファン・エーステレンは，非常に早くから都市計画に
　　専念する決意を固めていた．彼は，その当時のヨーロッパの指導的な芸術家との
　　接触を得るために，巡歴奨学資金制度を活用した．すでに述べたように，彼はテ
　　オ・ファン・ドゥースブルフの下で働いた．青年時代に，ステイル・グループの
　　メンバーのような近代建築家の下で受けた訓練は，彼のその後の発展に対する基
　　礎となった．

都市計画家についてのファ
ン・エーステレンの考え方

ファン・エーステレンがいっているように，都市計画家というものは元来建築と関係
のないものである．彼は，都市を本質的に金融上の企業対象だとも考えないし，また
ロシアの公式的な考え方のように，生産の装置だとも考えていない．彼は都市がどの
ようにして生じ，また，どのようにして現在の成長段階に到達したかを見出そうとす
る．彼は，都市の用地について（これはオランダでは特に重要な問題である），また，
都市と周辺の地方や国土全体との関係についてできるだけ調べ上げようとする．とり
わけ，彼は，それぞれの生活様式に応じて，その便宜を図らなければならないような
各種各様の人々について研究している．その人達が老年か若年か，妻帯者か独身者
か，子供の有無やその数等を探り出す．彼は，これらの人々が何処で働き，どういう
交通路を通っているか，工業地域と住居地域との間の距離はどうあればよいかといっ
たようなことをも考慮しなければならない．彼はさらに，住居地とその都市のコミュ
ニケーションとの間の関係の調節をも確立しなければならない．彼は，もはや，街路
や軸のような一元的なものでは考えていない．人口密度で考えているのである．彼の
都市に対する理解の仕方は，人口量によって規制されている．たとえば，アムステル
ダムの拡張計画では，1ヘクタール当り110人から550人までの人口密度が許容されて
いる．

現代の都市計画にみられる柔軟性

都市計画家の当面する課題は，その計画が現在の条件に適合するように，しかも，能
う限り未来の条件にも適合するように，広範な調査に基づいて計画を立案することで
ある．しかし，融通のきかない決定的な方式を採用してはならない．彼は予想外の変
化にも適応しうるような方法で，各部分を処理しなければならない．欲求される目標
と既存の現実との間，願望と諸事実との間には，活々とした相互関係がなければなら
ない．さらに，彼は住居，労働，レジャーの各機能を，強制的に固苦しい最終的な配
置に適合させるようなことをしてはならない．彼はただ環境の相互作用にそれぞれの
究極の形態を託しながら，総合された分布を形づくるだけである．しかし，こういう
配置もでたらめに発展するままに捨ておかれるわけにはいかない．彼の意図するとこ
ろは，あらゆる特殊条件に最もよく適合した形態を見出すことでなければならない．
都市計画家はどんな諸機能が備えられるべきかをよく承知していなければならない．
彼の仕事は現存する可能性と条件とから，一つの全体をつくり出すことである．

911

計画の基礎としての生活の概念

都市計画の基礎は，われわれの時代の生活の概念である．それなくしては，計画家の直面する膨大な現実の素材のうちに秩序をもたらすことはできない．この生活の概念は，多くの種々の方法で型どられ表現されている．たとえば，近代の交通は，われわれの空間感覚を訓練して鋭敏にしている．雑沓した街路を横切っていく都市の住民は，彼らの背後で進行しているものをほとんど察知しているように思われる．この種の時空的意識（spatio-temporal awareness）は，バロック時代にはまだ知られていなかったものである．それはある原始的な感覚が再発展してきた場合の一例であろう．

近代都市の計画は，いっそう複雑な方法で発展させられなければならないし，また以前よりも，もっと緻密な相互関係の網の目を考慮しなければならない．製図板の上の単なる2次元の計画——前世紀の方法——では十分ではないし，バロック時代の3次元的な計画でも十分ではない．現代の計画家は別のアプローチをとらなければならない．都市のプランは，あらゆる構成要素を一つの予測された生きた調和にもちこまなければならない．たとえば，計画家は墓地や市場の適切な位置を定める場合に，その地域の対照的な性格をあたかも指先で金剛砂やビロードを探るようにはっきり感知するほとんど触感的な知覚力によって，その計画を検討できなければならない．

近代都市には——これまでに単なる断片しか実現されていないが——単に空間的なものというより以上の相関関係が存在している．こういう一種名状しにくい微妙なヴァリューこそ，都市の魅力やその地域社会の諸機能の適切な調整が依存しているところの要素なのである．いかなる構成要素も，技術的なものも産業的なものをも含めて一切，他の犠牲のもとに優位を示すことは許されない．技術的，産業的要素は，（19世紀におけるごとく）発展を錯綜させるべきものではなく，困難に打克つための助けになるものでなければならない．こうなることによって初めて，都市は動きのない静的な状態から脱け出て，有機体の自由な均衡状態に到達するであろう．

破壊か改造か？

都市構造の変革に対する動機

われわれは，これまでにしばしば構造や絵面や建築というような——相互にまったく独立した——各領域において，ある種の方法の同一性がどのように生じてきたかということを指摘しようとしてきた．われわれは現代の建築が機能だとか，社会学的な型とかいうような言葉でも説明されうるということを見てきた．しかし，このような説明だけでは十分ではない．それは，単に知的な説明にすぎない．それは，現代建築の基礎となる感情の特質を理解してもいなければ表示もしていない．このことは，都市計画についても同じことである．都市は常に，いつの時代にあっても，本質的に社会的，政治的，かつ経済的な関心の凝集体であった．したがって，都市構造の変革は容易に実現しにくいものであった．われわれもよく知っているように，時には，外部から圧力を加えるぜんぜん別個の作用によって変化が強制されてきた．たとえば，既往の都市を，攻撃に対して無力なものにしてしまった戦術や武器の革命は，防備のために都市の構造に変化を余儀なくさせた[2]．

現代の都市は，あらゆる国で一つの例外もなく，いっそう深刻に脅かされている——それは，外からの危険ではなくて，内部から，つまり，都市自体の中に形成されている害悪によって脅かされているのである．それは機械の招いた災禍である．異種の機能の混乱，進展する機械化，自動車の氾濫と無秩序状態などのために，都市は工業によってつくり出された機械のなすがままになっている．もし都市が救済されるべきだとすれば，その構造が変革されなければならない．機械によって強制されるこういう変

---

[2] Lewis Mumford, *The Culture of Cities* (New York, 1938). この書は，都市構造の変化に関する限り，社会的，政治的，経済的な発展に基礎を置いており，特に，都市の成長に対する武器と防御の影響を指摘している（邦訳『都市の文化』，生田・森田訳，丸善，昭和30年）．さらに最近のルイス・マンフォードの著書 *The City in History* (New York, 1963).『歴史の都市・明日の都市』，生田勉訳，昭和44年を見よ．
近代建築国際会議（C.I.A.M.）の賛助を得て準備された書物，J. L. Sert 編著，*Can Our Cities Survive?* (Harvard University Press, 1942) には，18ヵ国の指導的な都市計画家によって体系づけられた原則に基づいて，今日の諸都市における生活条件の総括的な分析的研究が記載されている．

化は，かつて戦争の道具によってひき起こされた変化と同じように，それが洞察によって遂行されようが，あるいは，悲劇的な破局を通じて現われようが，いずれにしろ，避けられないものである．都市は，変革されなければならない．さもなくば滅亡の一途をたどる他はないであろう．そして，われわれの文明も都市とともに滅びてしまうであろう．

しかし，われわれはここで，都市の形成が感情的に条件づけられるものだという限りにおいて，構造や建築を論じてきた時のように，われわれの時代の形成的な傾向と都市構造との間にみられる相互関係を探り出すために都市の形成を取扱おうと思う．都市構造の変化に対する抵抗は，個人的な利害関係の動きからばかりでなく，感情的な原因によっても生じている．ある地域の発展にとっては，完全な自由だけでは十分ではない．土地利用に対する国家の権力が完全に行きわたっているようなところでも，その当局が新しい芸術上の概念に対して無感動のような場合には，計画は依然として19世紀的な考え方に従って進められているのである．

都 市 の 将 来

混沌たる機能の混乱とともに19世紀から受け継がれてきたような大都市が，果たして死滅することから免れられるだろうかという疑問が起こっている．一つの意見は，メトロポリスは，救われることは不可能で，破壊されるべきだというもので，別の意見は，メトロポリスは破壊されるかわりに，われわれの時代の特質と構造に従って改造されるべきだというものである．

分散化に対する提案

都市の解体をどのようにして遂行すべきかという，いくつかの提案がなされてきた．これらの提案は，細部ではいくぶん違っているが，いずれも一つの共通な傾向——有機的なものへの衝動——をもっているということは興味深い．その衝動は，文明の災禍に対する一種の自己防衛として，われわれの時代にますます根強いものになってきている．こういった提案の間の相違は，この有機的な発展がどのようにして実現されるかという点にある．

その一つは，都市という巨大なふくれ上がった集合体に人口を集中させる代わりに，国全体を小さな1ないし2エーカーずつの土地に分けて植民し直すべきだという提案であった．このような分散化はわれわれを都市居住者から，ある一つの独立した機械

914

化された農村単位に生活する農村居住者に変えてしまおうとするものであり，それに
よって，農業と工業との間にある種のバランスを維持しようとするものであった．それ
は都市という概念の完全かつ意識的な破壊である．それはまた，われわれの文明の基
礎になっている社会の分化を極度に阻害するものである．つまり，それによって，小
さな自給自足的な土地所有者が主権を握ることになるからである．このような計画は，
フランスの最も徹底した空想主義的な経済学者シャルル・フーリエ（Charles Fourier）
の学説にまでさかのぼる．彼フーリエは，現存する産業組織に反対して，個人が最大
の満足を見出すような社会的かつ有機的な生活の創造によって，人間性の完全な発展
を成就しようと考えていた．彼は，こういう生活を，農業がその主要な産業になるよ
うな分散された社会の中に構想していたのである．フーリエが19世紀の20年代にその
思想を発展させて以来，工業化によってもたらされた害悪を処理しようとする努力の
中に，彼の思想に追随する多くの社会思想家が現われた．フランク・ロイド・ライト
は，その計画案「ブロードエーカー・シティ」によって，20世紀のそのような理論家
の中でも最も有名な一人であった．彼自身の認めるところによると，彼のその計画案
は，ラルフ・ボルソディ（Ralph Borsodi）の思想と実験に基礎を置いていた[3]．

自給自足の単位が，経済生活の中に特有な地位を占めていることは疑いのないところ
だが，社会のこういう原始的形態は，政治組織がどうあろうとも，われわれの文化の
基礎となっているところの，かの分化された組織に取って代わることも，またそれを
完全なものにすることもできない．それは国家を，農村的なものでも都市的なものでも
ない，両方の限界をもったみじめな雑種に変貌させてしまうことになるだろう．ともか
く，住民の農業を基幹産業とするような小さなコミュニティに配分するといった提案
は，今日解決を要している問題とは，完全に喰違っているのである．

---

[3] ラルフ・ボルソディはフランク・ロイド・ライトの前の経済顧問の一人である．
彼はその分散計画，すなわち"分配主義"（distributism）の計画案を，小地主単
位と機械化された家内生産（小さなトラクター，小規模な労働節約のための機械
類等）によって，まず最初にオハイオ州のデイトン（Dayton）で実現し，ついで
1935 年以来，ニューヨーク州サファーン（Suffern）の近傍に，ニューヨーク市
から自動車でわずか1時間たらずのベイヤード・レーン（Bayard Lane）に実現
させた．John Chamberlain, "Blueprints for a New Society: Borsodi and the
Chesterbelloc," *New Republic*, （Jan. 1, 1940）を参照せよ．ボルソディの著書，
The Ugly Civilization（New York, 1929）は，あらゆる工場や工業組織に対す
る攻撃である．彼の *Flight from the City*（New York, 1933）では，ボル
ソディは，食料の缶詰から衣料の製造に至るあらゆる職能を備えた自給自足の小
さなコミュニティについての彼の体験を記している．

都 市 の 改 造

それとは反対の意見——つまり都市は破壊される必要はなく，改造されなければならないものだという意見——でも同様に，人々は自然から分離され得ないものであり，したがって，都市は現在のままの形態では存続し得ないということを主張している．

しかし，それは同時に，都市は，一時的な束の間の現象以上のものだということをも指摘している．都市は異なった多くの時代における，多くの分化された文化の産物である．したがって，その生死の問題は，単に現在の経験や諸条件の基礎の上では，解決され得ないものである．都市は，単に工業化に伴って誤用されてきたという理由だけで，もしくは，その都市の全構造が自動車という一技術的な発明の侵入によって無能化されてきたという理由だけで，消滅すべきものだなどと判定されるわけにはいかない．この問題は，もっと広い観点から検討されるべき性質のものであり，さらにつぎに挙げるような別の疑問にまで拡張されなければならない．すなわち，都市はあらゆる種類の社会や文明に関係しているものだろうか？　都市は，まず防備のための，つぎに生産のための集団としてのみ説明されるべきものであろうか？　あるいは，都市の制度は人間それ自身の根元的に必要とするものなのであろうか？　今日の都市は，われわれがラジオやテレビジョンや自動車のような機械的な創意工夫によって，その困難を克服しなければならないような，発展段階としての一時的な現象にすぎないのであろうか？　それとも，都市は機械化による妨害があったとしても，人間相互の接触に基礎を置く，永遠の現象なのであろうか？

メトロポリスの現状が非人間的なもので，存続し得ないものだという意見は確かに正鵠を得ている．ただ，そこで問題なのは，このことが同時に都市の終末を意味しているかどうかということである．今日の巨大な都市に見られるような動きのとれない無秩序は，果たして，その制度そのものを破壊することなしに除去しうるであろうか？都市というものは，つぎからつぎへと継続してゆく，あらゆる文明の一つの構成分子だと信じている人たちは，都市構造そのものが，現在の生活の要求や必要に調和せしめられなければ，こういう都市の存在が脅やかされると考えている．確かに，小細工的な手段では，役に立たない——この点については，ライトはまったく正しかったわけである——細かな手段を弄したところで，せいぜいその存在を人為的に延長するにすぎない．街路に，いくら交通照明灯をばら撒いたところで，また，単にスラムを除去して，その同一の敷地に新しい建物を建てたところで，そんなことでは，実際には

916

何ものも成就されたことにはならないであろう．現存するスラムをすべて破壊してしまっても，今日見られるような運転不能に陥った機械以上の都市を造り出すことにはならないであろう．

オースマンは，19世紀の50年代にパリの改造を企てた際に――ある当時の人がいっているように――刀劍を振りかざして，その都市の体内に斬り込んだのである．確かに彼は，その密集地域を通るまっすぐな通過交通道路という，鋭く斬り込む刃を振るって，その交通問題を大胆な一撃によって解決したのである．われわれの時代には，これ以上に英雄的な行動が必要である．第一になすべきことは，固定した建物境界線をもち，車交通や徒歩者や家屋の混在している，かの通廊街（リュ・コリドール）を廃止することである．現代都市の基本的な組成は，つぎの3項目全部に対する自由――交通，徒歩者，住居地域と工業地域に対する自由――の回復を要求している．これは，それぞれを分離させることによってのみ達成されうるものである．オースマンの無限に続く街路は，その建築的な特色のみならず，ルネサンスに生まれた芸術上のヴィジョンについての考え方，つまり視覚上の遠近法そのものにも属していた．今日では，われわれは都市を新しい局面において取扱わなければならない．もともと自動車の出現によって指向され，しかも技術的な考慮に基礎を置いているような局面において，さらに，われわれの時代から生まれてきた芸術上のヴィジョン，すなわち時-空間に属しているものとして取扱わなければならない．

住居地の構造

都市は，人間的な要求をめぐって形づくられなければならない．都市のうちに，人間的な権利が回復されなければならない．建物の大きな集団を自然環境のうちに置くという伝統は，われわれの建築的遺産から由来している．この伝統はルイ14世のヴェルサイユ宮から，ロンドンのスクェアに及んでいる．1850年のオースマンのパリでは，ロンドンのスクェアとは対照的に交通と住の機能が混合されていたが，ロンドンのスクェアでは，賢明にも，人間はその生存のために，自然の生成物との親密な交わりと静けさを必要とするものだということに気付いていたのである．現代の建築と都市計画は，人間は自然という壮大な戸外の拡がりから隔離されるべきではないという，古くからの要求を復活させている．

これは一体どのようにして成就されうるものだろうか？　都市は石の密集体以上のも

のでなければならないとか，都市は，生きた土壌に，中世紀のような小さな規模で結びつけられるにしろ，あるいは後期バロックのように，緑地の混合によって結びつけられるにしろ，いずれにしても，生きた土壌に結びつけられなければならないという都市生活の永遠の法則は，一体どのようにして実現されうるのだろうか？

われわれは先に，今日の都市計画家の傾向を略述するに当って，基本的な要求として，都市計画は普遍的な生活概念を採り上げ，現代の芸術的手段によってそれを表現することを考えなければならないということを述べて置いた．現在あるひとつの普遍的な統合が無意識裡に，あらゆる技術的，工学的，社会的，美学的な問題の基礎になっているのである．

都市計画における新しいスケール

30年代におけるアメリカのパークウェイ

19世紀において見られたように，構造技術は，多くは無意識のうちにではあったが，その時代の真の構成的な力を表現しているという点で建築に先んじていた．都市計画においても，技術者の仕事の方がもっぱら都市の体軀そのものの再編成にのみかかずらいすぎているような都市計画家の仕事よりも，しばしば将来の発展により密接に接近していた．彼らが，1920年代初頭から30年代にかけて発展させたアメリカのパークウェイ（公園道路）は——ヨーロッパの現代建築の開花と時を同じくして現われたものだが——その扱い方全体のうちに，それがすでに現代都市の諸要素の一つであり，われわれの時代の視覚的構想から生まれ出たものの中の一つだということを示している．

パークウェイとは何か？

「パークウェイ」についての定義は，まだ確定的なものになっていない[4]．ハバード

---

[4] ハバード教授は，その著 *Parkways and Land Values* (Cambridge, 1937), ハーヴァード都市計画研究叢書第XI巻の中で，この定義の混乱についてつぎのよう

（H.V. Hubbard）が指摘しているように，「パークウェイの明確な法律上の定義は，通り抜ける道路をもった細長い公園である．すなわち，パークウェイは，もともと交通のためのものであるが，大部分，あるいはもっぱら慰楽的な交通（ドライブ）のためのものである．」[5] こういう意味においては，パークウェイは新しいものではない[6]．しかし，現代都市との関連において考えると，1930年代の初期，アメリカで発展したような近代的なパークウェイは，明らかに一般的な法律上の定義のそれとは区別されるべきものである．将来の都市の要素の一つとして，それは交通と徒歩者の両方の権利を回復している．それはその両方の機能を調和し，両者をそれぞれ明確に分離し，完全な自由を与えている．このような分離から，パークウェイの基本的な法則が生まれてきたのである．すなわち，そこでは運動の自由が妨げられず，障害や支障もなく，あらゆる点で，交通の流れが平等に保たれるという原則がみたされている．こういう，むらのない一様な流れを確保するために，同一面での直接的な横断は許されず，隣接地の所有者にもじかに出入口を設けるという権利は認められていない．また，交差点に集中する相反する流れの線は，各道路を立体的に結び合わせる交差道路（クローバ・リーフ）のついた高架道路の利用によって別々に処理されている．こういう意味での最初のパークウェイが，30年代の近代的な大公園道路系統が創出された所と同じ地域，ニューヨークに実現されたということは，それが伝統に基づいたものだとしても，あるいは単なる偶然の一致にしても，いずれにしろ興味深いことである．アメリカの大造園家，初代オルムステッド（F. L. Olmsted）は，1858年頃すでにニューヨークのセントラル・パークの計画[7]にあたって，岩山を切り通して路床を造り，車両の交差

に述べている．「パークウェイとは，どういうものであろうか？ それは一体ブールヴァールやアヴェニュや樹木で美化されたハイウェイと，どう違うのだろうか？ これらの術語は……非常にだらしなく用いられていて，慣習的にそれぞれ違ったところで，違ったものの名称として表出されているので，特殊な地方的な知識として以外は，ある町のパークウェイに，他の町のパークウェイについて学んだことを適用するのは当を得ないことになろう」(p. xii).

[5] 同前掲書, p. xii.

[6] オースマンが 1860 年代に，パリを取囲んでブーローニュの森とヴァンサンスの森を結びつけようとした緑地帯とか，90年代の初めにシカゴで南部公園系統を結びつけたブールヴァールだとか，1883 年にクリーヴランド（Cleveland）教授によってなされたミネアポリスの公園化されたドライブ道路の設計などは——すべてパークウェイの範疇に属する．交差交通の混乱を避けるために，一方の道路の下をくぐらせるという工夫は，一般に鉄道や街路交差に適用されているが，この工夫は 19 世紀に確立された手法である．

[7] *Third Annual Report of the Board of Commissioners of the Central Park* (New York, 1860).

交通のために地下道を設けている（図515）.

パークウェイと地勢

この点までは，このパークウェイはヨーロッパの「自動車道路（autostrade）」，つまり急勾配のないハイウェイと同じものだといっても差支えないであろう．しかし，それはヨーロッパ大陸のあるハイウェイのように，軍事上の目的のために，固苦しい，危険なほどまっすぐな直線で国内を貫通させているような道路ではない．それは，また，鉄道のようにもっぱら敏速な直行輸送のために建設されたものでもない．その代わりに，それは完全に景観の中に入り込んで，土地の高低に応じて上下しつつ，地形に注意深く従いながら，しかもそれを利用することによって，その公道を人間味にあふれたものにしている[8].　その道路は，田園地方に敷設され，なだらかな緑のスロープの間に彫りつけられて，周囲の土地の中に自然に融け込んでいるので，それが果たして自然のままのものなのか，それとも造園家の貢献によるものなのか，一寸見ただけでは見分けがつかないくらいである．そのパークウェイの中央には，交通を対面交通に区分しながら，車線の要求に応じて拡げられたり狭ばめられたりしている細長い緑地帯（分離帯）がある．車線は，時に橋のたもとで合流して一緒に橋の下をくぐり抜け，ついで再び分離して，車線の間に植樹帯をとり戻しながら走ってゆく．空からの景観は，道路の長くゆるやかな彎曲と，その整備された美しさ，優美な曲線の連続を示している．しかし，自動車に乗って，そこを走行することによってのみ，それが実際に何を意味しているかが感じとれるであろう．それは，危険な高速度に追いやるような，直線的な設計の非人間的な圧迫もなく，予期しない交通信号や横断交通に脅やかされることもなく，妨げられることのないのびやかな前進の自由を感じさせるであろう．道路がその傍らの傾斜面と調和して，その間の大地にうまく収まり，分離している緑の植樹帯が対面交通による危険を防護するようになっているので，ドライバーに安心感が与えられている．しかも，路面をその土地の構造に適合させることによって，つまり，その起伏や，滑らかな曲線の律動，さらに交差する道路や陸橋の下をくぐり抜けるところでの明確な開かれた走行によって，ドライバーに自然な速度限界を保持させるようになっている．ドライバーと車の両方に自由が与えられている．長く

---

[8]　最初の完全なパークウェイ・システム（1913〜1925）の数本の支線が，川沿いに分岐して，ニューヨーク市の真北に当るウェストチェスター・カウンティに造られたのは，おそらく偶然なことではないだろう．　Jay Downer, "Principles of Westchester's Parkway System," *Civil Engineering*, IV (1934), p. 85, および Stanley W. Abbott, "Ten Years of the Westchester County Park System," *Parks and Recreation*, XVI (March, 1933), pp. 307 以降参照のこと.

920

515. F. I. オルムステッド　セントラル・パークの跨線橋, ニューヨーク市, 1858年. アメリカの大造園家オルムステッドによって建設されたこの初期の跨線橋の使用は, 具体的な影響を与えるまでに至らなかった. ただ, 最近になって交通の混乱のために, 跨線橋を適用せざるを得なくなったのである.

緩やかに続いている斜面を上がったり下ったりしながらドライブしていると, 気を浮き立たせるような喜びの感情, 大地に結びついて, しかも, まさにその上を動き回っているという感情, あるいは, それこそ高い山々の処女雪の上をスキーで速やかに滑走してゆく時のような感情が生まれてくる (図516, 517)[9].

さらに, 道路が, 技術的なコントラストを見せながら, 広い車道のついた橋梁の巨大な連鎖によって川や中洲の上を横切ってゆくようなところには, そのパークウェイのまた別の側面が見られる (図518). これらの橋梁や, その上のドライブ道路, 単葉あるいは3葉の環をもった無数のクローバ状の立体交差などにみられる近代的な彫刻

---

[9] コネティカットを通って, ニューヨークからハッチンソン・リヴァー・パークウェイ (Hutchinson River Parkway) に続く, 1939年に開通したメリット・パークウェイ (Merritt Parkway) は有機的な設計の傑作である. 州道路局長は1931年にこの道路の設計に取りかかる権限を委任された. 残念ながら, 他の大部分のパークウェイのように, 跨線橋を飾るために使用された建築術的な細部の手法は, その計画の高い水準よりはるかに下まわっている.

は，巨大なスケールについての可能性が，われわれの時代に特有なものだということ
を立証している．この時代の精神から生まれた他の多くの創造物の場合と同じよう
に，パークウェイの美しさやその意味は，かつてヴェルサイユ宮の一つの窓から，広
大な自然の拡がりを一望の中に収め得た時とは違って，単なる一視点からだけでは把
握することのできないものである．それは，ただ動きによってのみ，つまり交通法則
が規定するように一様な流れに沿って進行してゆくことによってのみ明示されるもの
である．われわれの時代の時-空間の感情は，各自が自動車のハンドルを握って運転
しながら，丘を上下し，陸橋の下をくぐり，坂をのぼりつめ，巨大な橋を渡ってドラ
イブしている時ほど，鋭く感じとられることはないであろう．

パークウェイと都市

19世紀の80年代後期に，建築に新しい可能性を導入したのはシカゴであった．しか
し，パークウェイ創造の功績は一転してニューヨークに帰さなければならない．第2
次大戦前に300マイル以上のパークウェイが大ニューヨーク地方に建設された．最初
は，すべて，都市の郊外で終わっていた．そのうちの一つ，ヘンリー・ハドソン公園
道路（Henry Hudson Parkway, 1934～1937年）は，ウェストチェスター公園系統
（Westchester Park System）の延長で，マンハッタンの西側に沿って13マイルにわ
たって，島のほとんど先端まで拡張された（図520）．別の側のロング・アイランド系
統（Long Island System）は，ノーザン・ステート公園道路（Northern State Parkway,
1931～1934年）が主要幹線になっていて，オープン・スペースを通って，河に沿い，河
を渡り，2，3の公園を通って，マンハッタンの東の入口まで続いていた（図519）[10]
こうして2本のパークウェイがマンハッタンの半島全体を取巻いている．これらの道
路は，マンハッタンの東側か西側の1点からその反対側の地点まで行くのに，あるい
はウォール街地区から半島の南端に行くのに，地下鉄を利用するよりも早く行けるよ
うなルートだけである．新しいいくつかのレクリエーション・センターとそれらを連
結する道路をもったこの巨大な循環公園道路は，新しいスケールに基づくような都市
の先駆者となっている．

しかし，都市自体の問題にはほとんど触れていなかった．その当時の公園道路はまさ
に都市の巨大な躯幹が始まるところで終わっていた．都市を貫通することは，都市が
それ自体のうちに固く結びついて動きのとれない硬直した構造を残すことを固執した

[10] セントラル・パーク大拡張計画（1937）とトリバラ橋（Triborough Bridge）(1936)
による．

516. メリット・パークウェイ，コネティカット，1939年．パークウェイの計画を例証する有機的な設計の傑作の一つ——その土地の構造に路盤を適合させ，交通路線を慎重に整備して，すべての人道と車道を分離し，交差のための跨線橋が設けられている．

517. メリット・パークウェイ，コネティカット，跨線橋が見える．

518. ランダル島，トリバラ橋への取り付きにあるクローバ状の立体交差，ニューヨーク市，1936年．広い車道の流れ込むこのような橋や，単葉あるいは3葉の無数のクローバの近代的彫刻は，巨大なスケールの可能性がわれわれの時代特有のものだということを立証している．その構造や運動の取扱い方のうちに，時-空間の概念が表現されている．

519. "プレッツェル"（捩じ巻状立体交差），グランド・セントラル・パークウェイとその拡張路線，およびユニオン・ターンパイク (Union Turnpike)，インターボロ・パークウェイ (Interboro parkway)，クィーンズ・ブールヴァール (Queens Boulevard) の交差点，ニューヨーク市，1936〜1937年．幹線交通の分岐や交差の問題について30年代になしとげられた解決策の中では，最も高度に組織化された入念な計画の一つ．

ために不可能であった．公園やパークウェイの仕事に，オースマンのごとき精力と熱心さを示した，ニューヨークの公園局長ロバート・モーゼス（Robert Moses）は，ちょうど彼の計画が実施されていた時に，「計画家たちは，こういう都市の限界内で交通の問題を処理しようとして，つぎからつぎへと計画を案出してきたが」，そのどれ一つとして有効なものになり得ないということを指摘していた．「ある案は非実際的だったし，またある案はあまりに入念すぎたし，さらに他の案は窓から投げ捨てたくなるような費用のかかる通行権を提唱していた．」[11]公園道路は，都市という有機体から切り離された孤立した車線ではない．それは単に，通廊街や固定した小さな街区割をもった既存都市のスケールとは違ったスケールをもっているにすぎない．その都市への入り込みの改良工事をやってもほとんど効果はない．変革されなければならないのはその都市の現在の構造である．

なぜパークウェイは，新しい都市形態の一要素とみなされうるのだろうか？　一つには，それは，まさに生まれ出ようとするこれからの都市の基本的法則を充足しているからである．つまり，それは車の交通と歩行者との混合された機能を分離しているからである．同時に，それはまた，ハイウェイが地方を通る孤立した道路にすぎず，その地方とは関係づけられていないという考え方に死を宣告している．それは，その周囲環境の一部であり，自然の一部とみなされてきた．恐らく最も重要なことは，その沿線沿いのあらゆる構造に規制が加えられていることであろう．ガソリン給油所の数を限定し，さらに，それを脇道に制限さえしている．住宅を初めとして商業用建物や工場の建物をすべて，その沿線に直接設けることを禁止している[12]．土地所有者は，公園道路に直接，出入口を開くことが許されないということも，自分たちの市民権が侵害されているのではなくて，より広い意味において，その地域社会のみならず，彼らにとっても有益だということを了解してきた．こういう真理が広く住民によって理

---

[11]　Robert Moses, "The Comprehensive Parkway System of the New York Metropolitan Region," *Civil Engineering*, IX, no. 3 (March, 1939), p. 160.

[12]　新しいハイウェイ沿いに建てられた住宅や工場の帯状開発 (ribbon development) は，特にイギリスで，郊外地に悲惨な結果をもたらしてきた．

←**520.**　ヘンリー・ハドソン・パークウェイを含むウェスト・サイド開発，1934〜1937年．30年代のパークウェイは市内を貫通することができず，もっぱらその周辺に沿って走っているにすぎなかった．このため，ウェストチェスター公園系統の連続として，北部郊外から下ってくるヘンリー・ハドソン・パークウェイは，その島のほとんど末端までマンハッタンのハドソン河沿いに走っていた．

解されるようになった時にこそ，現在の都市の混乱状態を攻撃することが可能となるであろう．つまり，公園道路こそ，将来の都市発展にとって最初に必要となるものの先駆である．すなわち，通廊街の廃止である．もはや，そこには，車線が家並の間を走っているような街路のための余地はない．こういう街路は存続することを許されないであろう．公園道路は，交通と住居のこういう明白な分離のうちに実現された最初のものである．それは，将来，必要な外科手術によって，不自然に膨張した都市が正常な大きさにまで減少させられるようになる時を予見している．公園道路は都市のハイウェイの先駆であり，適切な設計と配置によって，自動車と交通路線を現実の都市有機体に緊結させることが可能であり，それはまさに都市全体の構成要素である．それは初期の公園道路が，あたかもアメリカ住宅自体の平面のように形式ばらない柔軟さで，景観地を通り抜けたように，都市の内部をも通り抜けることが可能である．

空地をめぐらした高層建築

現在の都市は消滅させられるべきものだと信じている人たちと，一方その構造を変えることによって現在の都市を維持しようとしている人たちとの間にも，現在の錯綜した無秩序は継続さすべきではなく，人間は絶対にアスファルトの上で生活すべきではないという点に関しては，意見の相違が見られない．ヨーロッパで，現代都市計画の問題に対する解答を見出すべく創造的な努力を払ってきた人達は，都市の存続についての確信を，彼らの計画案によって明示してきた．もっとも，彼らは，人口稠密な地域に緑に囲まれた住居地域を設けるためには，公園あるいはともかくも空地のまわりに高層建築を集団的に建設することが絶対に必要だという意見を抱いてきた．こうすることによってのみ，建物間の光や空気のために必要な間隔が確保されるのである．こうして，彼らが実行した基礎的原理は，自由な空地を獲得して，庭園と運動場を備えた住居地が可能となるように，高層建築に大きな住居単位を凝集することであった．

平板状の住居単位

ドイツにおいて，今世紀の20年代の初期に，平板状の8階から12階建の住宅建築が出現した．それは，相互に相当離れた距離に建っているが，それでいて，同一面積の密集低層住宅群と同等の人口密度を保持していた．

この形式（図521）は，最初ワルター・グロピウスとマルセル・ブロイヤー[13]によって考えられたもので，現在の都市構造を変えるのに必要な重要な要素だということを立証した．それは，街路に沿ってぎっしり建込んでいる住宅の家並を解体して，その代わりに庭園を間にはさんで，公共道路に直角に，相互に平行して置かれた住居単位で置き換えるということを意味していた．この種の平板状のアパートメント・ハウスの実現は，1934年頃，ロッテルダムにオランダの建築家ファン・テイエン（W. van Tijen）によって，2ないし3室の低家賃アパートメントとして，9ないし10階建のブロックが2棟建設された．これらはロッテルダム郊外の別々の地点に2,3階以上の建物が建っていないような地域に建設された．その先に建てられた方の一つ，ベルヒポルダー（Bergpolder，1933～1934年）は鉄骨構造で，人口稠密な地域に建てられた．プラスラーン（Plaslaan，1937～1938年，図523）は公園か人造湖の近くに位置して，未来の都市を思わせるような非常に大きな空地によって取囲まれていた．こういった平板状の建物（図522）は，アムステルダムの拡張計画（1934年）にも提示されていた．

同じ頃，ル・コルビュジエは，彼の最も入念な人間味にあふれた都市計画案の一つ――モロッコのヌムール（Nemours）の小さな植民都市の計画――に，平板状のブロックを使用した．そこでは各ブロックは，のびのびと自由に斜面に配置されている．イギリスでは，同じような平板状のブロックが心地よい大きさで，ロンドンのハイポイント（Highpoint）に，テクトン建築家集団（Tecton group）によって建設された（1936～1938年，図524）．このハイポイントの計画は，住宅をプライヴェートな庭園で取巻きそれと直接結びつけるという古いイギリスの伝統を取戻していた．

このようなほっそりしたアパートメントの建物はその当時大きな反対に遭遇した．そ

---

[13] それは，一建築評論誌（*Bauwelt*，1924）で主催された低家賃住宅の競技設計に対するマルセル・ブロイヤーの計画案によって一般に初めて紹介された．このような建物はワルター・グロピウスの綿密な調査と比較研究によって，特に，1929年に，ベルリン近傍のハーゼルホルスト（Haselhorst）に建つ3000戸の低家賃住宅計画に対する大競技設計に応募した彼の作品によって，一般に知られるようになった．ワルター・グロピウスは低層，中層，高層の3段階に分けて，それぞれの効果の計算や配置の方法で比較を試みた応募案によって1等賞を獲得した．彼は同数の住戸数では，12階建のブロックの方が2階建あるいは5階建のものよりも，採光上からいっても，経済上の要求からいっても，最善の条件が得られるということを立証した．Walter Gropius, "Das Ergebnis des Reichsforschungswettbewerbes," *Bauwelt*, no. 8 (1929), pp. 158 以降参照のこと．

929

521. ワルター・グロピウス　　平板状のブロック単位，1930年．この形式の平板状のブロック単位は，ドイツで1924年頃，並列的な家屋形式として提案されたものである．これらの平板状の住居棟は在来の3ないし5階建の密に建てこんだ建物群と同じ密度で，より広い空地をつくり出した．

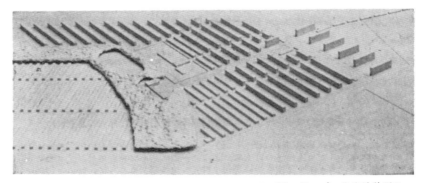

522. ワルター・グロピウス　　ハーゼルホルスト (Haselhorst) 住宅地計画の模型，ベルリン，1929年．平板状の建物を限定された規模で実験的な形態で使用した研究の一つ．20年代の，このようなドイツでの計画案は，1934年のアムステルダムの拡張計画にも影響を及ぼしている．

523. W. ファン・テイエン　　プラスラーン, ロッテルダム, 1937～1938年. 公園や人造湖の近くに建てられたこれらの平板状の単位は, 広大な空地に囲まれて, 未来の都市形態を予見していた.

の理由はまさにその形態が, 新しい空間概念を表現しているということからであった. 最初の10年ぐらいは, これらの軽快な開放的な性質は, 平生大地に結びついたマッシヴなかさばった住居ブロックを見慣れていた一般大衆にとって非常に奇妙な馴染みのないものに思われたのである.

普通の建物のような, 重々しい量感のないこれらの建物は, それまでのどっしりした

524. ハイポイントのアパートメント・ハウス，ロンドン，テクトン・グループの設計，1936～1938年．ある程度，平板状のブロック単位に類似したこの建物は，ゆったりしたスケールをもち，同時に大きな家屋を広大な遊園散策地に設けるというイギリスの伝統への復帰を示している．

ヴォリュームにしか反応を示し得ないような人たちには，つまらぬもののように思われたのである．この形式の建物が，なかなか受け入れられなかったのも，こういう感情面での抵抗に遭遇したからであった．グロピウスがベルリンのヴァンゼー(Wannsee)に建てようとした4棟の平板状の高層住宅 (1931年)——7階に蔽いのあるテラス，レストラン，テラス・ガーデンがある——が政治的な反対によって建設を阻止されたというのも十分にうなづけることである[14]．もしも建設されていたとしたら，それはこの形式の住宅の住み心地の良さを示していたことであろう．それは精神においては，ル・コルビュジエのマルセイユの住居単位 (1947～1952年) の先駆だったが，ル・コルビュジエのような想像力豊かな造型的な処理に欠けていた．

グロピウスは1935年に渡英した際に，マックスウェル・フライ (Maxwell Fry) と一

---

[14] S. Giedion, *Gropius, Work and Teamwork* (New York, 1954), p. 81.

525. ミシガン湖畔の開豁地に建つ摩天楼のアパートメント・ハウス，シカゴ，1929年頃．人間の住居を緑地で取囲むというバロック時代以来の課題は，現代においても，ぜひとも適えられなければならないものである．1929年の不況に先立って建設されたこれらの高層のアパートは，良好な方位とミシガン湖の眺望をもち，空地に囲まれて建っている．

緒に興味深い計画をつくった．ウィンザー宮の近くの，グルーセスター公爵（Duke of Gloucester）の古い料地が住宅地として開発されることになった．元の計画は通常よくやるように，その土地を一家族用の小宅地に分割して，あたかも公園のような景観をもった"大地主"の風貌を破壊してしまうようなものであった．ヴァンゼーの計画と同様，のびやかな庭園用地を保存したグロピウスの代案は紙上プランのままに留められた[15]

1960年頃までには，平板状の高層アパートは世界中で受け入れられるようになった．ごく例外的な場合には，高層建築が低層ブロックと空間的な釣合関係を構成し，都市的な景観に組み入れられている．しかし，高層住宅が広範に分布しているといっても，それは通常孤立した状態で建てられたということでしかない．田園都市の理念の

---

[15] 同前掲書，pp. 206, 207．

ように，それは田園環境の分解へと導いてきたのである.

ジグザグ形式のブロック

人口稠密な地域に対する今一つの解決策は——ジグザグ形式のブロック（maisons á redents）の使用であり——ル・コルビュジエによってつくり出された．彼の "300 万人の現代都市" のための提案は，1922年にパリのサロン・ドートンヌに展示された．パリに対して，この提案を適用した彼の計画，いわゆるヴォワザン計画（Plan Voisin）は，1925年に彼の新精神館において展示され，そのアイディアは，その著『輝ける都市』（La Ville radieuse，ボロニア，1935年）の中でさらに発展させられた．これらの計画案では，約150フィートの高さをもち，ガラス壁面で蔽われ，ピロティ上に立つアパート群を緑の中にジグザグ状に配置している．すべての計画案は同時に車両交通と歩行者，さらに住居地域と都市の中心部との明確な分離を示しており，中心部は十字形の摩天楼の業務施設で構成されていた.

ル・コルビュジエは都市の再組織のための計画案をモスクワやストックホルムからリオ・デ・ジャネイロに至る各都市について提案してきた．時には，特定の都市では——たとえば，アルジェ（Algier）のように——その敷地により啓示された壮大な霊感に基づいて，その土地の自然な地形を利用して，いろいろなレヴェルの大胆な組合わせの上に道路や建物を提案している[16]．しかし，彼の思想は常にパリへと復帰した．急進的な新しいアイディアを携えて，その都市パリへと舞戻ったのである.

不良地区，No.6

1937年のパリに対する計画案で，ル・コルビュジエは都市計画の新しいスケールがどのように住居地の再編成に役立ちうるかを示した．ル・コルビュジエとピエール・ジャンヌレは，当局によって不良地区（ilot insalubre）[17]として指示されたフォーブール・サンタントワーヌ（Faubourg Saint-Antoine）におけるパリ東部の一地区の計画に専念した．その計画にあたって，まず第一に彼らは近代的な交通問題の解決案をスラム清掃の解決策と結びつけた．彼らの計画案は直ちに実現されうるものであった．それというのも，この計画は，その地区の境界内の古い街路系統だけを除去して，そこに1880年代のシカゴの初期の摩天楼くらいの高さをもった自由に聳え立つ建築群で

---

[16]　本書1巻，pp. 206，207を参照せよ.

[17]　ル・コルビュジエは，その考え方を彼の *Des Canons des Munitions?* (Paris, 1938), pp. 67〜82 の中に述べている.

526. ル・コルビュジエ　緑地の中の摩天楼，ブエノス・アイレスのための計画案．1929年．シカゴのミシガン湖畔のアパートメント・ハウスの場合にはおそらく地域的な経済事情に起因すると思われるものが，ここでは一つの原則として提案されている．

置き換えているにすぎなかったからである[18]．これらの建築群は，のびのびと緑の空間に配置されていた．その長い翼は，太陽に対する方位と敷地条件に従って直角に曲げられている．われわれは先に，ロンドンのスクェアについての論議の終りにあたって，1812年のリージェント・パーク住宅地開発に対する，実現されなかったジョン・ナッシュの計画案について語った．その計画案は単なる一瞥によっては包含できない

[18] それらの建物の高さは，その地域に与えられる密度いかんにかかっている．ル・コルビュジエの推奨する密度は，1ヘクタール当り約800人であって，未来の都市にとってはあまりに高密度すぎるように思われる．その当時のヨーロッパの計画案の多くは，特にル・コルビュジエの提案には，現在の人口水準がそのまま同じ状態で存続するという確信，つまりその後の観察に従わない楽天主義が固執されていたように思われる．

ような前後に入り組んだ建築群をもち，そこには20世紀の発展をすでに予感している
ようなところがあった．その際，われわれは，このル・コルビュジエの不良地区 no.
6 のような計画案を想い起こしていたわけである（図527，528）.

その大きなジグザグ状のアパート建築は，1階部分が歩行者のさまたげにならないよ
うにピロティの上に立っている．高層建築の集中によって解放された空間は，庭園や
保育所や映画館，スポーツなどのために利用される．建築によって蔽われる大地の12
％さえもが，レクリエーションのために利用できるようになっている．平らな陸屋根
の屋上が，彼がユニテ・ダビタシオン（1947～1952 年）で初めて壮大に実現したよ
うに，運動場や日光浴の場所に変えられているからである.

ユニテ・ダビタシオン，1947～1952年

個々の住戸は，種々の規模からなっている．1929年のフランク・ロイド・ライトの数
少ない摩天楼式アパート計画の一つに見られるように，その各住戸は内部の階段で上
下2階分で1住戸になった重層式のアパートメント（メゾネット・タイプ）である.
室の高さはル・コルビュジエがスイスからギリシアの島々に到る各地の農家に共通し
て見出した約7フィートという昔からの人間的な尺度に従っている．単位住戸の各部
分は，この高さでつくられているが，ある部分の空間は分割されないで，2階分の14
フィートたっぷりの高さまで拡げられている.

ユニテ・ダビタシオンはル・コルビュジエの不良地区 no. 6 に対する初期の案よりも
複雑である．その住戸は2方向に開き，中廊下から入るようになっているからである
（図337）．しかしこのユニテもやはり平板状の高層住宅の範疇に入る．これが建てら
れてから，ル・コルビュジエはナント・レゼ（Nantes-Résé，1952～1953 年）やベル
リン（1956～1958年）などに他の数多くのユニテを建てた．社会学者のションバール
・ド・ローヴ（P. Chombart de Lauwe）は，建物と住民との間の相互関係を研究す
るためにマルセイユとナントのユニテを使用して調査している[19].

---

[19]　P. Chombart de Lauwe, *Famille et Habitation*, 2 vols. (Paris, 1960).

527. ル・コルビュジエ "不良地区, no.6" の改造計画, 1937年. 平板状の建物に集中させて, 十分な空地を備えたこの大規模なスラム・クリアランス計画は, 実現されるに至らなかった.

528. ル・コルビュジエ "不良地区, no.6" のジグザグ型アパートメント・ブロック.

歩行者のための自由

高層の集合住居棟によるル・コルビュジエの初期の都市の計画案は同情の余地のない
ほど均一に見えるかもしれないが，つぎの2点はきわめて重要である．これらの高層
の平板状の建物は決して狭い都市の街路境界に沿って成長するものではなく，常に自
由な空間に取巻かれた彫刻的な存在として立っている（この自由さは同時代の混雑し
たマンハッタンの摩天楼に対する意識的な反対だったというのもありそうなことであ
る）．これらの初期の計画案の第2の重要な貢献は歩行者と車交通を慎重に分離した
ことである．

1925年のパリ博に出展されたヴォワザン計画のモデルと1937年のパリの不良地区計
画において，ル・コルビュジエはそれらの地区を通るすべての高速交通路線を長い高
架道路として示している．4分の1世紀後に，ベルリン中心部の再建のための国際設
計競技に参加した彼の案（1961年）でも，彼はウンター・デン・リンデンの通りの全
長に沿って妨げられない地帯を提案した（図529）．しかし今度は，突進する車交通の
排気ガスや混乱に妨害されることなく，天空の下で通行の権利が与えられたのは，車
ではなくて歩行者であった．

パリを東西に貫通する高速高架道路を設けようという，ル・コルビュジエの1937年の
夢は，あまりにも実現しにくいものであった．その理由は，それがあまりに極端だっ
たためではない．それはオースマンによる都市の貫通道路以上に時代に先んじていた
わけでもない．事実，それはオースマンの提案に対応するものであって，単に，その
後の要求に適合させられているにすぎない．しかし，事情は一変していた．ル・コル
ビュジエが提案した高速道路の幅員とオースマンの計画における最も広い道路，アヴ
ェニュ・フォッシュとが同じ幅員（120メートル）だというのは奇妙な偶然の一致に
すぎない．このアヴェニュ・フォッシュでは，前にも指摘したように，オースマンは
建築家の提案した幅員の3倍にしたのである．オースマンはパリの改造中に，新時
代に調和して生きているような建築家は一人もいないと痛烈に指摘したことがあっ
た．約1世紀後のパリの状態は，まさに，その正反対のように思われた．すなわち，
建築家はいたが，オースマンのように，時代の要求に応じ，時機を捉えて立派に事の

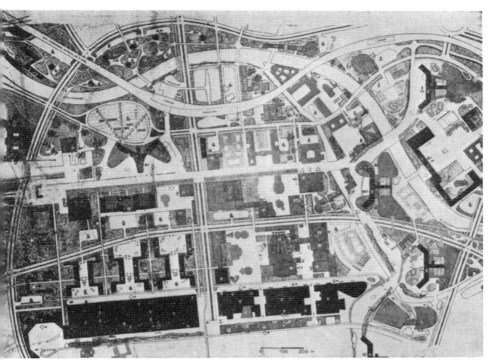

529. ル・コルビュジエ　ベルリン中心部再建計画の国際設計競技入選案，1961年．ウンター・デン・リンデンをその全長にわたって歩行者専用のプロムナードにしている．

処理のできる指導的な官吏がいなかったのである．

大規模な計画に対する設計家の正当性を選択するのは，支配階級の天分に依存している．19世紀初頭以来，都市や地方の統治に責任のある人達の質は，みじめにも低いレヴェルに低下してしまった．クローディアス・プティのような人物を見出すのはきわめて希れである．彼はフランスの建設大臣だった時に，新しい住居地域の統合要素と考えられたル・コルビュジエのユニテ・ダビタシオンのマルセイユでの建設を推進することができた．フランスの中心部にあるフィルミニー (Firminy) の市長になった時，クローディアス・プティは再びル・コルビュジエを呼んで，この小さな工業都市の発展計画を作成させている．ル・コルビュジエがユース・ホステルを組み入れようとしたスタディアムと，300台分の駐車場(一部地下)をもったユニテ・ダビタシオンは，

939

ル・コルビュジエの死に先立って建設された．ル・コルビュジエは教会（1963年)[20]
をも設計したが，その双曲拋物線形の形態はチャンディガールの議事堂の塔を想い起
こさせるものがある．

パークウェイ系統で使用されたスケールと一致するような，都市計画における新しい，
より大きなスケールの使用は，未来の都市の創造にとってぜひとも必要なものである．
こういうスケールは，われわれの時代の時‐空間概念に密接に結びつけられているの
である．

市民センター：ロックフェラー・センター，1931～1939 年

未来の大都市には，市民のセンター，つまり，アテネのアゴラやローマのフォールム
や中世の寺院広場のような公共広場がなければならない．それは，コミュニティの焦
点となり，公衆の流れ集まる広場（コンコース）となるものである．ニューヨークのロ
ックフェラー・センター（Rockefeller Center, 1931～1939 年）は，その後の拡張部分
をも含めて，最初の大きな市民センターであって，その大きな建築群は相互に多面的な
関係を保って聳え立っている（図530）．このセンターの活動は現代の社会生活の高度
に分化された要求を表現する高層建築群の中に凝集されている．これらの建築物は空
間にのびのびと配置され，冬季間アイス・スケートのリンクとして使用されるロック
フェラー・プラザの空地を取囲んでいる．1940年頃にはそのような開発は珍しい例外
であった．われわれの時代の新しい概念を考察するに当って，完成された建造物に言
及しうるという機会は滅多にあるものではない．

ロックフェラー・センターはまず，マンハッタンの中心街に，5 番，6 番街と48番，51番

---

[20]　Le Corbusier, *Œuvre complète*, Ⅶ, pp. 130～139.

←**530.**　ロックフェラー・センター，ニューヨーク市，1931～1939年．俯瞰写真．
　各種の建物が，最高の R. C. A. ビルディングから風車の羽根のように，自由に
　伸び拡がっている．これらの平板状の形態は，従来の古い形式の摩天楼に対する
　一つの革命である．つまり，普通の4階建くらいの建物を，新しい条件を無視し
　て極端な高さに引き伸ばしたような，ゴシックの塔を模倣した摩天楼に対して叛
　旗を翻している．

941

街との間に建つ14棟の建築群で構成された．そのほとんど3街区（約12エーカー）に及ぶ敷地は，ニューヨークの碁盤目割から切り取られたのである．その後，他の数棟が付け加えられた．すべての建物は，当時としてはまったく新しい独自の方法で組織された．それはパークウェイや他の技術的な大工事に見出されるような大規模なスケールを現代都市に初めて導入したのである．その建築群は一つの統合された単位として構想され，新しい独創的な造型要素を導入している．

ロックフェラー・センターの造型的要素

まず，これらの造型的要素とは一体いかなるものなのか，建築的には，どんな意味をもっているのかを考えて見よう．80年代のシカゴの，15階から20階くらいの事務所建築は，気品と，力強さと，釣合のとれた大きさをもっていた．それらの建築物は，通常U字型の中庭式平面をもった開放的な平面計画によって，あらゆる場所に光線を採入れるようになっていた[21]．ニューヨークの初期の摩天楼は，このような特色をぜんぜんもっていなかった．それは単に極端に高い塔となっただけで，釣合のとれた大きさとか気品とか力強さといったようなものに欠けていた．ルイス・サリヴァンは，後の発展において追随されるようになる最も純粋な二，三の範例を生みだしたが，彼は「低級なニューヨークの建築は，われわれの文化と芸術の悲観的な否定によって，救いようのないほど堕落してしまった」ということを指摘している．ニューヨークの摩天楼が堕落したのは，その塔のあまりにも誇張された使用にある．つまり，そこには似て非歴史的な回想の混合と，その都市の全構造に影響するような無情な環境無視があった．

1916年のニューヨーク地域制に関する法律の通過後，混乱した建築発展状態は，セットバック（建物の段形後退）の使用とか，その他の地域調整法の適用によっていくぶん減衰させられたが，根本的には，まったく新しい建築形態，つまり，その並はずれた高さの要求や内的必然性に適合した高層建築に対する新しい形態が探究されるまでは真の秩序は，成就されなかった．こういう変化は摩天楼の問題が出現してからほとんど40年も後になって初めて起こってきたのである．こういう新しい形態が，どのようにして種々の都市に段階的に発展してきたのか，ここで簡単に説明するわけにはい

---

[21]　マルケット・ビルディング（1891）の平面図（図240），本書1巻，p. 444 を参照せよ．

531. 平板状の摩天楼，R.C.A. ビルディング，ロックフェラー・センター，ニューヨーク，1931〜1932年．70階建，850フィートの高さのこの平板状建物は，エレベーターやサービス・スペースを含む核の廻りに設けられた執務空間に，最適な光線を射入させるのに十分な，27フィートという原理に基礎を置いている．

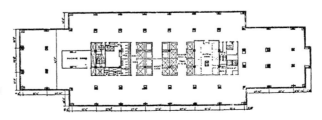

532. R.C.A. ビルディング，ロックフェラー・センター，基本階平面．

かない[22]. われわれはただ, それが 1931〜1932年の R.C.A.ビルディング (図531)に
出現してきたような摩天楼の新しい形態の登場に注目するだけにとどめよう. その直
接的な先駆者はレイモンド・フッド(Raymond Hood)のニューヨークのデイリー・メ
ール・ビル(Daily Mail Building, 1930 年)であった.

1939年の『ニューヨーク市中案内』(New York City Guide)によると「その巨大な
広い南北の平坦な建物の面やほとんど途切れのないマッスやその薄さは, 観る者をし
て "スラブ" (平板)というニックネームを付けさせずには置かないような外観を呈
している」と記されている[23]. このスラブは, その敷地に, 他のいかなる時代にも実
現し得なかったような, 一個の巨大な長方形を形づくっている. この形態は, 利用空
間のあらゆる点に適当な昼光を与えるための純技術的な, しかも, 経済的な考慮から
自然に生まれてきたものである. レイモンド・フッドは, この設計をつぎのように説
明している. 「中心にエレベーターやサービス施設を集中し, その廻りに各階とも, 光
に満たされる空間を 27 フィートの幅で張りめぐらした. 27 フィートというのは, 経
験が立証しているように, 建物内のあらゆる個所に十分な光と空気を供給するのに許
容される最大限度である.」[24] その結果が, われわれの時代に適合した形態を完成し
ようという努力のうちに, 最大限に土地と空間を利用する数学的な計算から生まれて
きた巨大なスラブである. それは, 画家によって, 宙に舞うような平坦面のうちに用
いられてきた要素や, 技術家マイヤールによって, その橋梁の中に鉄筋コンクリート
のスラブでつくりだされてきたのと同じ基本的要素を採用している. これらの基本的
要素は, 尋常な手段によってはとうてい不可能だったような解決をなしとげたのであ
る. 摩天楼のスラブのような形態は, かつてエジプトの一本石のオベリスクやゴシッ

---

[22] こういう中世紀を偲ばせるような塔の脅威を取除こうとする, 段階的な種々の試
みの例を挙げれば, グラハム(Graham), プロブスト(Probst)およびホワイト(Whi-
te) の共同設計になる, シカゴのシヴィック・オペラハウス (Civic Opera House,
1928〜1929) も, その一つであり, 3 つの板状の翼からなっているが, なんら新
しい空間的な釣合関係を示していない. また, ホラバードとルートの設計したシ
カゴのデイリー・ニューズ・ビルディング (Daily News Building, 1929) では,
上階は鈍い鈍角の T 型平面になっている.

[23] Federal Writers' Project, *New York City Guide* (New York, 1939), p. 336.

[24] Raymond Hood, "The Design of Rockefeller City," *Architectural Forum* (Jan.,
1932), p. 5. ロックフェラー・センターは 3 つの建築事務所, Reinhard & Hof-
meister; Corbett, Harrison and MacMurray; Hood and Fouilloux によって実施
された.

944

クの寺院の塔がその時代を表現していたように，この時代を表現する重要なものである．

壁　　体

R.C.A. ビルディングの壁は，途切れることなく 850 フィートの高さまで聳え立っている．これほどの大きさになると，そのいわゆる建築的な形態は，大規模なスケールには不適当な細部によって台なしにされない場合には，それほど，決定的な重要性をもっていない．その迫力と力強さは，すべてそのカーテン・ウォールにかかっている．その窓は織物の生地のうねのような単なる線の配列になってしまっている．

カーテン・ウォールの少しずつ喰違った段形後退でさえ，少なくとも部分的に，フッドが説明しているように，実際的な考慮によって正当づけられている．彼はいう．「われわれは〔建物のあらゆる部分に光と空気を供給するという〕原則を，論理的な結論にまで持込んだのである．各エレベーター・シャフトが終るごとに建物を切りとって，建物の核から外壁までの距離が同じ 27 フィートを保つように後退させたのである．」[25] 人間の心情にとって驚くべきことは，水平的な感覚ではまったく当り前の平坦な面が，垂直的な感覚にも引込まれるべきだというその考え方であった．また，これほどの大きさになると，構造体の薄さと結びついて，その表面からは，ある種の舞立つような，また，浮動するような感情が放射されるということも否定できない――しかも，事実，このカーテン・ウォールの巨大な面とその全骨組は風に撓んで動きうるのである．

その配置図を眺め廻しているだけでは，新しい，しかも重要な意味をぜんぜん汲取ることができない，その平面図は，何ものをも示していない．その都市の他のあらゆる個所と同様，そこには格子状の街路が通っている．その建物群の集団構成のための最初の頃の設計にさえ，なんら特殊な解決策は示されていなかった．それはまったく因襲的なものであった．個々別々に種々の事務所でつくられた多数の計画案のうちで，一つの案は，5 つの重要な建物からなる一種の理想的なピラミッドを建てようという試みを示している，空間に関する言葉でいえば，これは集中化された単位を意味していた．しかし，最終的な計画案は，以前の古い考え方に慣らされた人の眼にとっ

---

[25]　*Architectural Forum* (Jan., 1932), p. 5.

945

ては，最初から，何となく攻撃的な，当惑させるようなもののように思われたにちがいない[26]．アメリカのゴシック寺院式建築の著名な設計者の一人が，この計画案を「発芽したばかりの形もととのわない角張ったきのこ」を固めたものだといって攻撃した．このことは，奇しくも，1889年のパリ博のためのエッフェル塔の建設に対して，その馬鹿でかいぞっとするようないまわしい鉄の構造物が，パリの空の輪郭を永久に破壊してしまうだろうという意見を表明した，かのパリのオペラ劇場の建設者，シャルル・ガルニエ（Charles Garnier）の異議申立てを想い起こさせるものがある．

こうして，その発展が徐々にその最後の形態を採るに至ったのは——つまり，十分に光の入る最適な 27 フィートという基準尺度（モデュール）から，広場まわりのヴォリュームの組織化に至るまで，新しいスケールでの開放的な計画を初めて実現しているような最後の形態を採るに至った過程は——建築術的な視覚を通じてのものではなく，変化する要求に設計を適応させようとする努力によって行なわれたのだということは明白である．90年代に，フランク・ロイド・ライトが小さなシカゴの住宅でなしとげた独立住宅ののびやかな平面計画は，今や都市計画においてもなしとげられることになったのである[27]．

ロックフェラー・センターの配置

ロックフェラー・センターの最初の14棟の建物は 6 番街の方に向って，比較的密集して置かれている．ここには，巨大なミュージック・ホールや中央劇場のあるレイディオ・シティ（Radio City）や，放送スタジオを含む70階建の平板状の R.C.A. ビルディングがある．その東側の 5 番街に面した部分には，それほど建物は密集していない．そこには，最も低い建物，外国人の使用する比較的小さな 6 階建の建物が置かれている．

---

26) その建築形態は革命的などというようなものからはおよそかけ離れたものだが，それにもかかわらず，この計画案は世論をかき立てることになった．ヘラルド・トリビューン紙やタイムの新聞紙上は，社説や読者からの書簡による論議でみたされた．ペンシル・ポイント（*Pencil Points*）誌は，「レイディオ・シティに対する機能主義者のデザインは一般大衆の憤激を巻き起こした」という見出しの論説（1931年 5 月）を掲載している．

27) ロックフェラー・センターは当初，メトロポリタン・オペラのための新しい建物を建てようとして出発したが，1929年の不況のために都市のラジオ放送中心と劇場の中心施設に変更されることになった．この間の歴史にまで，ここでは立入ることができない．この点についてはつぎの論文を参照せよ．Frederick Lewis Allen, "Radio City : Cultural Center?," *Harper's Magazine* (April, 1932) および "Look at Rockefeller Center?," *Harper's Magazine* (October, 1938).

946

533. ボローニヤの貴族アシネーリとガリセンダ両家の塔, 13世紀. これらのボローニヤの両貴族の斜塔は, 貴族私有の要塞だが, その巨大な高さも, 一瞥して, 一つの視点から包含されうるような性質のものである.

これらの狭い正面をもった建物はアヴェニュに沿って並べられており, その結果, 北方からの街路に沿って入ってくると, その背後にセンターのより高い部分が聳え立っているという一連の切断された構造の効果が強く感じとられる. そのすぐ近くに, 少し脇によって, 41階建のインターナショナル・ビルディング (International Building) が建っている. その背後には, 広場の空地によって, 低い建物からはっきり分離されて, R.C.A. ビルディングのほっそりしたスラブが聳え立っている. 南の方に進んでゆくにつれて, 高さや奥行の違ったディメンション, つまり, 時間で記録される視覚上の衝撃のような一連の印象——プラザの奥行, 高く屹立する R.C.A. ビルディング, 通り抜ける狭い通路, 別の36階建の建物の広い側面の断片的な瞥見——などが観る者の眼に飛びこんでくる.

各建物の具体的な配列や配置は, ただ空中からのみ眺められ把握されうるものである. 俯瞰図によると, いろいろな高さの建物が, その最も高い R.C.A. ビルディングから

947

風車の翼のように，のびやかな配置のうちに繰り拡げられている．互いに他の建物に
おとす陰影ができるだけ少なくなるように，いろんな大きさのものが，あるものは平
行に，またあるものは直角に配置されている．こういったことはすべて，まったく合
理的なことである．しかし観者はロックフェラー広場を通って，各建物の中央の3つ
の最も大きな構築物が種々の方向に違った高さで聳え立っているところに移動し始め
た瞬間に，相互に釣合わされた，新しい，しかも見慣れない相関関係に気づかされる．
それらは，単なる一点からだけでは把握できないし，どんな単独の視界のうちにも包
含することができない．そこには，それらを相互に理窟通りに結びつけることを不可
能にするような，何のかざりけもない単純で巨大なスラブのうちに，ある種の多面性
の存在することが明白となる．1938年に完成された南辺の36階建のスラブののびの
びとした配置によって，平坦な面の決定的な力が導入され，空間によって隔てられな
がらも，観る人の眼によって無意識裡に結び合わされるような効果が生まれている．
これらの慎重に計量されたマッスから，観者は，われわれの時代の時－空間概念に内
在する新しい幻想的な要素に気付かされるようになる．種々の違った面の間につくり
出される相互の釣合関係は，明瞭に区画された各ヴォリュームに，ある種の異常な新
しい効果を与えている．それは，あたかも，回転する多面鏡によって旋回するスポッ
ト・ライトを，あらゆる方向にいろんな大きさで反射する際に舞踏場に与えられるよ
うな効果にも似ている．

時－空間とロック
フェラー・センター

このような巨大な建築集合体は，ルネサンスの単一視点などは予想していない．それ
はわれわれの時代の多面的な近づき方を予想しているのである．この間の相違は，ボ
ローニヤの貴族アシネーリ（Asinelli）とガリセンダ（Garisenda）両家の2つの斜塔[28]
のような13世紀の構築物（図533）とロックフェラー・センターとを比較することによ
って，明瞭になる．この貴族私有の要塞は，壮大に空に向って聳え立っているが，一
つの視点から一瞥によって包含されうるものである．そこには，観者にとって相互
の釣合関係に関して不明確に思われるようなものは何も存在していない．一方，ロ
ックフェラー・センターのような組織体の本質的な性格は，中心軸に制約されるよう

---

[28] ボローニヤのポルタ・ラヴェニャーナ広場に建っている斜塔．図533の左がアシ
ネーリの塔で高さ96m，頭部は底部から1mあまり傾いている（この方は階段で
頂上まで上りうる）．右のガリセンダの塔は高さ47m，底部から3m傾く（訳注）．

948

な一視界のうちには，少しも顕示されていないのである．そこには種々の対称性が採用されているが，それはその全体の美学的重要性についてはそれほど意味のないものである．この集合体は近代の科学的研究や近代絵画において成就されてきたものに類似しているような，空間と時間についての理解を必要としているのである．

エッジャートンのストロボスコープの研究では，運動を10万分の1秒に止められたコマの中に固定して分析することが可能であり，全運動が連続的な成分に分解して示されている（図535）．ロックフェラー・センターでも，人間の眼は同じような働きをしなければならない（図534）．眼は個々の眺望をそれぞれ単独に取り上げて，それらを一つの時間の連続の中に結び合わせながら相互に関連づけなければならない．こうすることによってのみ，われわれは量と面の壮大な演技を理解し，その多面的な意味を感知することができるのである．

ロックフェラー・センターは多くの違った活動を包含している．このセンターを計画する際の最初の動機[27]となった慰楽や娯楽のために，レイディオ・シティの中には，ミュージック・ホールや劇場や放送スタジオやナイト・クラブなどの施設が収容されている．国際的な取引が，その5番街の建物で行なわれ，新聞雑誌の編集は，その名を冠したビルの共同通信（ＡＰ）の本部や，さらにタイム・アンド・ライフ・ビルディングで行なわれている．なお，その他に，そこには，これらの諸活動に多少とも関係のある種々の事務所や施設がある．地階のショッピング・センターや，構造物の一つにつくられた6階建のガレージ（その3階分が路面下になっている，1939年）などがある．

このような商業的な組織は，市民のセンターを構成するものではないという反対も確かにありうることである．それは個人的な意図による私企業であり，レイモンド・フッドがいうように，まったく費用と償還の計算に基づく個人的な投機として遂行された．オペラのための新しい劇場となるはずだった建物も，経済的な事情のために，世界最大のミュージック・ホールに変更され，そこでは毎晩，よく訓練された踊子たちが美しい脚線美を見せながら世界最大のショウを演じている．また，ニューヨークの中心街の雑沓の真只中にあるロックフェラー・センターは，緑地に取囲まれる代りに，街路や交通に閉じ込められているという指摘もなされよう．さらに，そのセンターは

534. ロックフェラー・センターのモンタージュ写真．ロックフェラー・センターのような新しい都市規模の表現は，時-空間として力強く表出されていて，単一の視界で包含できないものである．それらの相互関係を感じ取るためには，眼はエッジャートンの高速度写真のような働きをしなければならない．

威圧的に聳え立って，事実，その辺り一帯を——5番街や付近の教会やその他周囲のあらゆる建物を虐げている．

では，一体それは，かのルイス・サリヴァンが，病毒汚染の中心地，「アメリカ建築の疫病の中心地」とみなしたウォール街からブロードウェイの下手にいたるダウンタウンの地域と，どんな違いがあるのだろうか？

その相違は，ただつぎの一事にある．つまり，ロックフェラー・センターに内在する新しい都市計画のスケールにあるのであって，それは近代的な橋梁やパークウェイにみられるようなスケールと一致しているのである．

ロックフェラー・センターが計画された時，有名な批評家たちの中には，それが，都

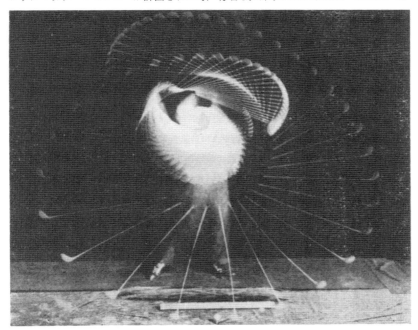

535. エッジャートン　ゴルフのストロークの高速度写真．エッジャートンのストロボスコープの研究では，運動を10万分の1秒に止められた駒の中に固定して分析することが可能であり，全運動が連続的な成分に分解されて，空間と時間の両方で理解しうるようになっている．

951

市の真只中に位置することによって必然的に雑沓の増大がもたらされるということでの反対があった．この交通の雑沓の脅威を除くために，その街路幅員を15フィート拡張するという提案がなされた，こうしたところで，ほとんど何の足しにもならなかったであろう．事実，変える必要のあるのは，その都市の全構造である．パークウェイやロックフェラー・センターは，ほんの小さな発端であって，ニューヨークの巨大な躯体の中に孤立して，樹木の若枝のように新しく成長してきたにすぎない．

しかし，正しく接木された，ごく小さな新しい枝でも，親木の全体の形態や構造を変えることができるということを忘れてはならない．ロックフェラー・センターは，その都市的なスケールにおいて時代に先行していた．われわれが変革しなければならないのは，このセンターではなくニューヨークそれ自体である．この都市全体が，その橋梁やパークウェイの新しいスケールを採用した時にのみ，初めてこの市民のセンターは緑の真只中に立つことになるであろう．ロックフェラー・センターは，そのような時が来るまでは，都市の構造は単なる個人の利益のために改造されるべきものではなく，コミュニティ全体のために改造されなければならないということを想い起こさせるものとして建っているであろう．

ニューヨークは地上と地下の激しい機械化を，マンハッタンの摩天楼の陰の頽廃地区とを直接結び付け，地価の極端な変動や人口の急激な破壊的な変化と結びつけている．その都市はまた，樹木に捲きつけた鉄の輪のように，都市の有機的な発展を妨げるまったく不適当な規模の街路系統をもっている．その樹が大きくなればなるほど，その鉄の輪は堅く締ってくる．その都市が，あたかもその樹木のように，こういう条件の下で完全に変形させられてしまっているとしても，何ら驚くには当らない．鉄の輪が破裂するか，それとも樹の方が死んでしまうかであろう．

しかし，このような欠点だけでなく，30年代のニューヨークには，適切な規模のもとに，市民センターの骨格やパークウェイ系統をつくり出し，さらに大衆のためのレジャー・センターを造りあげるといった，解決すべきいくつかの問題に対処しようとする積極的な意図がみられた．

相異なる種々のヴォリュームを空間的な相互釣合関係に持ち込んだ，ニューヨークの

952

30年代の開発者たちの希望に満ちた精神の高揚は，最近の状況と同一視されるべきものではなく，軽く扱うわけにはいかない．

国連ビル（1947年）は，その最終形態では逆行段階としか考えられない．あの60年代の大文化センター——劇場やオペラ・ハウス，コンサート・ホールやいくつかの関連施設をもった——リンカーン・センター（Lincoln Center）は，残念ながら19世紀後期の慣習にまで空しく後退してしまっている．

ロックフェラー・センターが率先して，相異なる種々のヴォリュームを新しい空間関係に置いたということは，やはり驚くべきことであった．60年代初期には，以前よりも多数の事務所や住戸を集団化するという問題があった場合にも，いつでも，それらを単一の巨大な構築物あるいはニューヨークの国際貿易センター（International Trade Center）のように極端に高い2つの孤立した同一の塔に圧し込めてしまった．そのような集合体は，通常半年後には消失してしまうような "博覧会建築" に類似している．

未来への可能性と災害の危険とが，ニューヨークの構造のうちに手のつけようのないほど縺れ合っているが，その根本的な改造は決して都市計画家だけによって達成されるものではない．人間関係の最も顕著な象徴としての現代都市は，人間的な管理の諸方法が，これまでに科学や芸術をして，人々に未発見の領域を気付かせてきたような方法と対立することなく，それにすべてが準拠するようになった時にこそ，初めて建設されうるものである．

変りつつある都市の概念

都 市 と 国 家

現代都市の問題を評価するためには，都市構造の歴史を通じての変化を概略検討しないわけにはいかない

953

都市と国家との相互関係についての概念は，紀元前4000年と3000年期のメソポタミアの最初の都市国家までさかのぼる．これらは神官の統治する相互依存のコミュニティであった．自由民のコミュニティとしてのポリス（都市国家）の概念は紀元前数世紀に，最初はイオニアで，ついでギリシアの本土で生まれた．ポリスに伴って，民主的な公共の意見を形成する最初の中心としてのアゴラが生まれた．ここに都市と国家との分かち難い統一が始まったのである．

ローマの都市はその名を最初の世界帝国に与えた．ローマ帝国は新旧の都市の網目状の組織から成り立っていた．

中世の「自由都市」は，ギリシアのそれと違って，小規模な手工業の興隆に基づいていた．都市の自治体は食糧を供給する近傍農村を包含するように拡張された．したがって中世では都市という名称は，しばしばその廻りの地域に対して用いられた．今日でも，ベルン，フライブルク，リュセルヌ，チューリッヒという名称は，その都市とその周囲の地域——カントン(県や郡)——の両者に対して用いられている．ルネサンス期には，高度な文化的発展が個人主義的なイタリアの都市国家に起こった．

意外なことに，18世紀の絶対主義は，19世紀に起こった出来事，つまり都市の政治的退化のための場面を用意したのである．フランス革命はさらに一歩を進めて，「労働の自由の宣言」(1791 年)によってギルド（同業組合）を廃止してしまった．

われわれの現在の諸困難の根は，19世紀に見出される．それまで主として経済的な独立に基づいていた固有の都市の概念が，国際市場のための生産によって弱体化されたのは，19世紀のことであった．しかしながら，都市の有機的な実体はまだ自動車によって引き裂かれてはいなかった．到来する人口の洪水もまだマンモス都市をつくり出してはいなかった．

都市，それはもはや閉じられた組織体ではない

建築の歴史において，都市計画——都市設計——はいつの時代にも，いつも遅れて到

来するものであった．ある時代が都市のプランを描き上げるのに十分な成熟に達する
には，通常数世紀が必要であった．都市計画は，ある時代の生活方式が十分自明なも
のになり，それが直接プランに翻訳されうるようになった時に開花するのである．

現在の情況もこのような通例の例外ではない．われわれは現在，われわれの時代の絶
頂にいるわけでもないし，その終末に近づいているわけでもない．われわれは新しい
伝統の形成の初めに立っているのである．この過渡期の瞬間は，われわれをして史上
比ぶべくもない規模での新しい都市設計的な組織化に駆り立てている．

いま一つ別の事実が現在の情況を特徴づけている．それはヨーロッパはもはや唯一の
建築発展の中心ではないということである．その範囲はますます広く拡がっている．
都市化の問題は世界的になり，いかなる政体によってもおしとどめられない．われわ
れは巨大都市の絶えざる膨張と減少する農村人口に直面している．

歴史上かつてあったような，自給自足の組織体としての都市の概念は，その正当性を
失ってしまった．以前の時代の単純な解決策は，もはや現代の都市生活に関連した諸
現象や複雑な住要求に適合しなくなってしまっている．職業の分化，工業の組織化や
交通は，機能の複雑な相互関係や規模の著しい増大を要求している．

いまだにうまくプランに具体化されていないような広範な相互関係が，都市の伝統的
な概念を分裂させてしまった．絶えざる変化と絶えず拡大する境界が独立の単位を破
壊し，かつての村とか都市，中心都市といった用語を無用のものにしてしまった．1953
年のエクス・アン・プロヴァンスで開かれたシアムの会議で，ル・コルビュジエはこ
のような不適切な用語の代りに人間集落（human agglomeration）という名称を提案
した．

都市組織体の構造は，最近，以前よりもいっそう急激に変化してきた．第2次大戦以
降に生じた事態は予測不可能なことであった．第1次大戦の終結との類推は，失業と
飢餓と深刻な危機を連想させた．しかし，まったく反対のことが起こったのである．
急速な人口増加とともに，繁栄と労働者不足と上昇する生活水準が出現した．そして
あらゆる論理的な予想を裏切って，日本や西ドイツの敗戦国は戦後の驚くべき躍進を

なしとげた.

ニューヨーク，ロンドン，東京のような1千万を越える人口集落と比較すると，パリ
はその郊外を含めても比較的小さな増加でしかなかった．しかしフランスの諸地方は
絶えずパリに人口を流出させている．たとえ政府が比較的大きな地方都市やその地方
に新しい生活を持ち込んで，それらに特権を許すことによってその人口流出を喰い止
めようとしても，パリは，スウェーデンのストックホルムのように，フランス全体を
吸収している．

ヨーロッパの中心都市——パリ——の莫大な人口集積は農村地域の深刻な弱体化に導
いてきた．この問題は極東ではよりいっそう深刻である．

ニュータウン

混乱した19世紀の大都市を人間化するためにどのような企てが相次いで試みられてき
たか，そしてそのそれぞれにいかに失望させられることになったかをわれわれは観察
してきた．田園都市，線状都市，衛星都市，そして最近の，決して終ろうとしない一
つの実験——ニュータウンがそれである．イギリスは政府の支援のもとに，1945年以
来大都市からさまざまの距離に20ものニュータウンを建設してきた．スウェーデン，
カナダ，ドイツ，フランスそしてソビエト連邦も，広い範囲で異なる住民数に対して
ニュータウンを建設してきた．

アメリカはこのような開発では最も遅れていた．30年代のニューディール時代に3つ
の"緑地帯都市"の建設が開始された．ニュージャージー州ラドバーン（Radburn）
で独特な実験（1929年）も行なわれた．その新開発は，歩行者がうまく車交通から分
離されるように建設された．その当時，それは依然として孤立した実験でしかなかっ
た．しかし1964年までに，アメリカ合衆国は，それぞれ35000から250000の住民を
収容する数個のニュータウンを計画していた．

近隣住区単位

ある地域を2000から5000人の"近隣住区単位"に分割することによって，満足す
べき親密な人間環境を確立しようとする企ては，特に成功したわけではない．これら
の単位は都市を再開発する目標にとって規模として小さすぎるといわれてきた．近隣
住区単位は現代の分化した社会の必要に適合しなかった．小学校を単位の中心に置く

956

ことは，必ずしもすべての住民の要求に合致しなかったのである．

持 続 と 変 化

人間性には変化しようとする傾向と持続したいという願望とが併存している．『美術
の起源』（永遠の現在，第1巻）で，私はこの問題を美術との関連で提出した．一体
何が人間性における無意識に追いやられてきたのか，また人間が内的な均衡を回復す
るために何が覚醒されなければならないのだろうか？

この問題は人間の定住地についても同じである．生活そのものと同様，それは持続と
変化の間の緊張関係のうちにあり，そのどちらかが常に前面におかれている．今日，
変化に対する仮借なき要求が主張されている．こういったことは過渡期にはしばしば
起こる徴候である．

すべての都市計画は首都的な大都市への未曽有の人口の洪水に応じてダイナミックに
ならざるを得ない．今日の世界人口は約2パーセントの比率で増加しているのに，都
市人口は4パーセント以上の比率で増加している．われわれはこのような情況に直面
してなすすべをしらない．国連は世界の眼前に「発展の破滅的な見通し」を提示する
以上のことをなし得ない．今や誰にとっても，この無類の人口増加と都市有機体内部
の交通混乱はまったく違った生活方式を示唆し，根本的な変革を要求していることは
明らかである．

このような情況を扱う諸提案，地下とか鉄骨の足場上に地上高く持ち上げられた都市
といったような，都市の複雑な組織体を因習的な2次元の碁盤目のパターン以上に徹
底的に輪郭づけようとする諸提案が相次いで提示されている．必要なのは，都市構造
に対するまったく新しい態度である．現代の計画家は，きわめて異質な必要を同時に
満足させなければならないし，これらの諸力が相互に関連づけられるような「動的な
場」が創造されなければならないということを十分に承知していなければならない．
今世紀初頭に提案された硬直した基本計画の代りに，今や変化を許容し将来の開かれ
た可能性を残すようなものとして，柔軟なマスター・プログラムが唱道されつつある．

537. 丹下健三　東京湾上の建設計画の詳細．この提案は基幹構造と群形態の結合を示している．その基幹構造は種々のレヴェルの交通路線やサービスの連続系統からなり，大きな事務所建築の群形態は，しばしば彎曲して，時には大胆に基幹構造の上に橋を架けている．

536. 丹下健三　東京湾上の建設計画，1960年．その都市は浅い湾上に線状に拡張される．中枢交通系統の巨大な基幹構造は4段階の5カ年計画で完成されることになっている．

キャンデリィス（Candilis）とジョシック（Josic）とウッヅ（Woods）による西ベルリンの自由大学の計画はその一例であって，基本的な枠組だけをつくって，あらゆるところに将来の発展のための余地を残している．

このような時点には，変化に対する要求がどうしたら適えられるかを示すことしかできない．あらゆる可能性は回転するし相互に貫通しあっている．系統立った表示にはまだ時期尚早である．発展全体が含まれるような包括的な傾向だけが，開かれた計画（オープン・プランニング）という名に値する．将来，この開かれた計画が実際にどのような形で実現されるかが判るだろうが，われわれはすでにそのいくつかの断片を管見しているのである．

空間の組織化

都市計画は2次元から3次元の計画に動き始めている．2次元の計画は，単一のレヴェルに建設された都市という考え方を意味している．都市の敷地は，7つの丘の都市のローマや，ギリシアやイタリアの丘の町のように，平坦でないかもしれないが，どんな場合にも，都市は大地に沿って拡大してきた．今や2次元の計画は3次元に取って代られた．ヨーン・ウッツォンによる水平なレヴェル間の関係の強調（図440）はこの方向でのヒントを与えている．都市設計は大地の上下での水平なレヴェルを組織づけるようになってきたのである．

都市構造の構成要素としての交通

交通のダイナミズムと変化のダイナミズムは，まさに自然の事実といってもよいほど避けがたく都市計画の一部になってしまっている．それらは積極的に形態を創出するものとして現代都市のプランに組み込まれなければならない．このような情況に対す

538. 槇 文彦　東京のある地区の再建計画．1964年．これを支配している原理や，建築家の最も若い世代の他の多くの提案は，自己充足的な個の建物から群形態に移行することであって，そこでは建物相互間の関係はどんな単一の構築物よりも強力である．この例は広い歩行者専用道路に結びつけられたデパートメント・ストアや店舗やアパートの集合体を扱っている．

959

る類似物も原型も歴史上ほとんど見出されない．共存しながら相反する諸機能を調整する問題を解決するのは，最近の世代の仕事である．この世代の語彙に2つの概念が出現し始めている．それは"メガストラクチャー"（基幹構造）と"グループ・フォーム"（群形態）の概念である．

メガストラクチャーというのは多くの必要と機能を包含する大規模な構造的な枠組みからなっている．このような最初のメガストラクチャーの一つは，丹下健三の東京湾上の建設計画案（図536,537）であった．その相異なる種々の水平なレヴェルが妨げられない交通の流れを許容している[29]．

グループ・フォームは建物間の関係から成り立つ．個々の建築の重要性は集団の群形態の重要性に従属される（図538）．これはこの世代の用語創始者の一人，ハーヴァードで学んだ日本の建築家，槇文彦によって与えられた概念の記述である[30]．槇は東京の二，三の地区の更新に対する計画案を発展させてきた．丹下健三の東京湾上の建設計画は，このグループ・フォームとメガストラクチャーの2つの概念を結合している．

個と集団の領域

個の自由と公共の秩序という対概念は，あらゆる民主主義に生得のものである．個人の権利と公共社会の権利とは相互に対立するものである．

両者間の均衡はいまだに見出されていない．しかし，ロッテルダムの建築家で計画家のバケマ（J.B.Bakema）によって一つの明確な態度が打ち出された．「われわれはアノニマスなクライアント（無名の依頼主）のために個を尊重して建設しなければならない．」オランダのシアム・グループのオプボウ（OPBOUW）とともに，彼は50年代初期にロッテルダム近傍のアレクサンダー・ポルダー地区（Alexander Polder）の一

---

[29]　さらに詳しくは「新建築」（*The Japan Architect*），1961年4月号と Robin Boyd, *Kenzo Tange* (New York, 1962) を参照せよ．

[30]　Fumihiko Maki, *Investigations in Collective Form* (St. Louis: Washington University Press, 1964)．著者と彼の友人はこの評論の中で，「集団形態：3つの展開例」と「集団形態における連結」の概念を提示している．

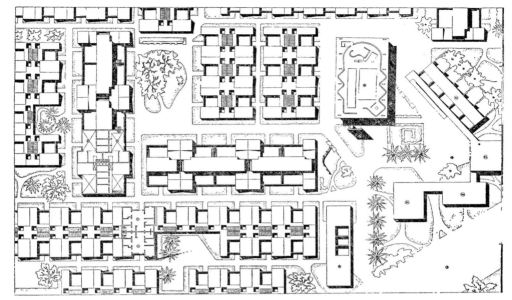

539. セルトとウィーナー　ペルーのチンボーテの新しい鉱山町の計画，1949年．各戸に小さな私の庭（パティオ）をもった，種々のあまり大きくない家屋形式が比較的広い公共の広場に組織づけられている．個と集団の領域にはそれぞれ同等の比重が与えられている．

連の計画を作成した[31]．この3万人の定住地は各住民に偏の存在の感情を賦与するように設計された．

最も単純なしかも最も納得させるやり方で，ヨーン・ウッツォンは彼のデンマークのフレーデンスボルグの住居地計画（1962年）で個と集団の領域の関係を表現した（図454～456）．

個の領域と公共社会の領域の定義づけは，生活水準が西洋の世界よりもはるかに低い，いわゆる開発途上の国々では特に重要である．新しい計画においても，人々はしばしば果てしなく続く同一規格の連続住宅に収容されている．セルトとウィーナー（P. L. Wiener）の1949年のチンボーテ（Chimbote，太平洋岸のペルーの鉱山都市）の

---

[31] S. Giedion, *Architecture, You and Me* (Harvard University Press, 1958). ギーディオン『現代建築の発展』，生田・樋口訳，昭和36年，pp. 186～188.

540. セルト　チャールズ河沿いのピーボディ・テラス，1964年．それぞれに区別された建築形式を示す空中写真．前方に，パトナム・ストリートから入る駐車場がみえる．

541. ピーボディ・テラス，1964年．配置図．下方のチャールズ河沿いにメモリアル・ドライヴがあり，上方にパトナム・ストリートがある．

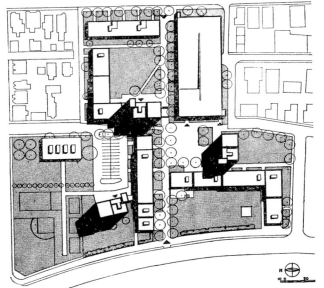

542. ピーボディ・テラス，1964年．21階建の塔の断面．ハッチされたフロアーはエレベーターでサービスされる．隣接する7階建のブロックに橋が架けられている．

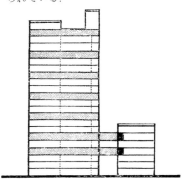

543. ピーボディ・テラス，1964年．中央の広場．

計画はこのような慣行に根本的な断絶をつくり出した．それは個のパティオ（中庭）をもったいくつかの非常に単純な家屋タイプからなっており，各家屋はどこでも小さな広場のような空間をつくり出せるように組織されている．個人の私的な生活と公共社会の生活とが一つの連結された統一を形づくっている（図539）．

大学の寄宿舎は個と集団の領域の連結を観察しうる今一つの場所である．大学の寄宿舎は，初期の単一建物の中に均一な部屋を僧院のように集合させたものから，都市空間の複雑な構成要素に至るまで，その形式で大きな変化を経験してきた．マサチューセッツ工科大学の大学院学生のためのアアルトの寄宿舎(1947～1949年)は，うねった煉瓦壁をもち，寝室と勉強室の単位の変化のある設計をしているが，依然として一つに包含された構造物の中に収容されていた（図410）．ワルター・グロピウス(ＴＡＣ)によるハークネス・グラデュエート・センター（1949～1950年）は，渡り廊下で結ばれ戸外に直接開口した一連らなりの棟翼に展開されている（図315）．

963

ピーボディ・テラス，1964 年

ハーヴァード大学の既婚学生のためのホセ・ルイ・セルトの寄宿舎，ピーボディ・テ
ラス（Peabody Terrace，1964年）は，その廻りを部分的に取巻いていたスラムが除
去されるとすぐに，最初から，ケンブリッジの町の重要な一部になるように慎重に計
画されることによって，第3段階をしるしづけることになった．セルトの建物はチャ
ールズ河に沿った近くのジョージアン様式の寄宿舎と強い対照をなしている．その古
い寄宿舎の高い壁はその背を町の方に向け，その中庭は河の方に向いている．

ピーボディ・テラスはそれぞれ別個に異なった位置に置かれた3つの高層建築群から
なっている．それらは相異なる高さの，L型や単一棟の低層建築と組合わされて，そ
の間に多様な形のオープン・スペースが生み出されるようになっている（図540）．今
日の住居建築の都市設計的な集団化をつくり出すうえでの困難の一つは，3階や4階
の歩いて上る建物と10階くらいのエレベーターによる建物との間の好ましい中間段階
が無いということである．この計画では高層の塔状建築のエレベーターは2つの機能
をみたしている．それは高層の塔と7階の建物との両方にサービスし，7階の建物に
は橋で結合されている（図542）．このようにして，中間段階の高さの建物が，非人間
的な歩いて上る5階建に頼ることなく，設計に組み込まれている．

このような相異なる種々の高さの建物の集団化によって，どちらかといえば制限され
た敷地に1500人のための住居を非人間的に集積するといった危険が克服され，しか
もその地区の3分の1しか建物によって蔽われていない．外界との関係は慎重に考慮
されている．パトナム・ストリート（Putnam Street）から，まず周囲の家屋と同規模
の3階建の建物の並びが眼に入る．これらの家屋と直角に別の低層の建物があるが，そ
れは段をなして上り，中央の塔と結びついたL型の住居棟の部分を形成している．
これらの建物は中央に植樹された緑地を取囲み，その4面には350台の車のガレージ
の壁と2列に樹木の並んだ歩行者用プロムナードがあり，プロムナードは全集合体を
越えてチャールズ河沿いのメモリアル・ドライヴまでまっすぐに延びている（図540）．

河に面して今一つ別のL型の構造物が，連続住宅の諸単位とのびのびと関連づけられ
て，噴水のある方形の緑地を形づくり，高い樹木の垣根によって騒がしいメモリアル
・ドライヴから分離されている．この垣根は幸いなことに，以前からそこにあったも

964

ので，注意深く保存されることになったのである（図541）．

これら 2 つの集団の間に一種の中央広場（図543）があり，その廻りですべてのコミュニティの機能が生起する．こうしてこの相異なる種々の住居単位の集合体を小さいが活気のある都市的な近隣に仕上げている．

大地のレヴェルでの諸空間の限定には細心の注意が払われており，完全に閉じられた場所をつくるようなことはしていない．あらゆるところに，建物の間にもまた建物を通しても開口が設けられている．現代の住宅建築でしばしば批難される画一性は幸いにも避けられている．できるだけ個人の自由と視覚上の多様性を許すように慎重に計画された統一のある複合体がつくり出されている．

セルトによるファサードの変化をもたせた取扱いは，その均一な構造を断ち切ることによって，壁体を生気づける手段の一つを示している．このような処理は，最初1931年にル・コルビュジェの建設されなかったアルジェの大摩天楼（図95）に出現して以来，採用されてきたものである．壁体をマッシヴな量やガラス・カーテンとしてしか見慣れていない多数の人たちにとって，それは依然として奇妙に思われる．ピーボディ・テラスのファサードの変化は決して気まぐれなものではない．それは異なる種々の方位つまり各室の向きに合理的に従っている——たとえばチャールズ河に面する西向きの諸室は夏の午後の暑い陽ざしから注意深い防護が必要である．

変化の徴候と不変の徴候

連続的な変化によって都市計画家に課された要求は，変化の可能性をプランに織りこみ，変更や増設が必要になっても元の建物をそのまま残しうるように都市を設計したいというファナティックな願望を惹き起こしてきた．

変化を創造的な要素として利用するということは，未来を目指したいくつかのスクールの関心事である．たとえば，1964 年の春に，ハーヴァード大学都市設計学科の大学院修士課程では，槇文彦，ソルタン（J.Soltan），ティリット（J. Tyrwhitt）の指導

965

で，ボールティモアとワシントンの間に人口5万の新都市を，どのようにしたら，その後の成長によって最初のコミュニティの構造が破壊されないように建設しうるかという課題が課された．

決定された目標に向って仕事をするといった初期の段階では，その問題の一面のみがほとんど常に強調されすぎる．群形態の場合には，その強調は個々の建物の間やその諸機能の間の関係に置かれてきた．考古学者たちはアテネのアクロポリスの神殿相互の関係を記述するに当って，"群設計"について述べている．パルテノンですら，群設計の一部であり，それなくしてはどのみちその単独の形態の完全さを弱めるようなものであった．建物間の非常に顕著な関係とか複雑な関係といっても，そのことは，前世紀の建物の目立った記念性を引受けなければならないということを意味するものではない．

われわれの時代の落し子でもある狂気じみた変化とは別に，人間性の他の構成要素である不変に対する願望が存在している．これは都市中心に対して増大しつつある諸要求の仮面の背後に現われている．チャンディガールの議事堂（図7），ブラジリアの三権広場（図3，4）は，共にもはや都市の心臓部にはなくて，その頭部に置かれている．ボストンの建設されなかったバック・ベイ・センター計画（図317），小さな町セイナヨキのコミュニティ・センター（図434），ヘルシンキの大きな市民センター（図437）などは，われわれの都市に欠如しているコミュニティ・センターに代行できるような商業中心を設計しようとする無数の努力のうちの数例である．

966

Ⅹ　終りに臨んで

われわれがこの書でなし得たことはすべて，いくつかの断片を選び出し，相互に継ぎ合わせてわれわれの時代のイメージを跡づけることであった．おそらく，現在のような発展段階にあっては，こうして表面下に進行しているものを孤立した個所であれこれ識別することが，われわれのなしうるすべてであろう．確かに，どれほど徹底的，かつ包括的な処理をしようとしても無益であろう．まだそういう機が熟していないのである．

われわれはその観察を建築とその相互関係に限定してきた．建築がその時代の内的傾向を映し出すことによって，総合的な索引となるゆえんを指摘してきた．われわれはあたかも，科学者がある現象の内部のプロセスを探るために，その現象を分離しなければならないように，建築を分離して，一個の有限な有機体とみなしてきた．われわれは建築の固定した不変の法則の確立といったことには少しも関心を払わなかった．われわれはまた，これらの法則が各種の文化のうちに繰返し現われてくるかもしれないような過程を明確にしようともしなかったし，閉ざされた興亡の歴史を明るみに出そうという試みもしなかった．

これまでに観察してきた各時代を通じて，われわれに関心を抱かせたのは，建築という有機体のうちに見出された生成と変化であり，特に，その真の歴史の本質を形成するような構成的事実の発展であった．もっぱら，建築をそれ自体一個の有機体として分離することによって，また，その生成と本質を会得することによってのみ，建築と同系の他の諸活動との関係を探り出して固定することができたのである．

別の観点に移る前に，基本的な問いがなされなければならない．すなわち幾何学的な形態と有機的な形態との間の関係——合理的なものと非合理的なものとの間の関係である．かつてデカルト以来，合理性の原理の方が優位を保ってきた．デカルトは機械化への扉の錠をはずしたが，その扉は依然1世紀間閉ざされたままであった．全世界の機械化は彼の思想にまで遡られる．

世界は今や，われわれが純粋に合理的な思考を強調しすぎることによって導かれた行詰まりに気づくようになった．われわれは再び論理と合理性の限界を意識するようになった．われわれはまた，形態の原理は厳密な論理よりももっと深遠かつ重要な要素

に基づいているということを認識している．われわれは事物は単純ではなく，われわれが仮に欲したにしても，われわれは自分たちの過去の全体から自分自身を急に切り離せないということ，すなわち，それはわれわれの中に生きつづけるのだということを知っている．

われわれが建築の領域でなすべきことは，有機的なものが支配的なものとなり，合理性が召使いの地位に引き下げられるように，合理性と有機性とを結びつける方法を見出すことである．

建築における有機性の限界について

建築における有機性へのアプローチの限界はどこにあるのだろうか？　厳密な陳述を行なうことは不可能である．明確な立場をとることも可能だし，またこれまでに多くの立場がとられてきたけれども，建築を包括する一切のものについてその境界を引くということは容易にできることではない．

建築は無情な法則に従わなければならない厳しい芸術である．このことは，それを構成する材料についても，またそれが採用する形態についても当てはまることである．

建築は絶対的な自由をもつことはできない．建築は，それぞれの時代を通じ，永遠の法則ともいえるような力をもった一定の限界の中で動いている．建築の本質は，このような法則の限界内でその充足を見出すことである．しかし，幾何学的な構造と有機的な形態との間の関係は，最初から建築の発展を通して繰返されてきた．幾何学的な構造は最初の偉大な石造建築，永遠の生命の象徴としてのピラミッドの基礎であった．当時の建築は，プラトンが変らざる普遍的なものと呼んだ幾何学的形態に密着していた．

人類は常に多くの違ったやり方で，時代ごとに新しく出発しながら，4角や円やそれと関連した物体，立方体，3角錐，円塔や半円塔（トーロス，アプス，ヴォールト），球体や半球体（クーポラ）の永遠の安定性に惹きつけられてきた．

建築は，建てられる場合，多数の異なる部材から一体性をつくり出さなければならない．部材の単なる集積を一体性に移し変える空間の釣合関係を成就する多数の方法のうちの一つは，比例の体系もしくは単純な基準尺度の体系の使用——すなわち，あらゆる3次元において繰返される一定の尺度の採用によるものである．

建築の基礎は，その比例や幾何学的形態との関係に結び付けられている．しかし建築は幾何学的な構造ばかりではない．それは単に永遠の法則に依存しているにすぎない．それは植物のように滅びやすい人間に奉仕するために存在するのである．したがって，建築はまた，ある種の人間的なしかも植物のような特質をももっている．

有機性の概念は非常に深く非合理な無意識に固着しているので，それを的確に定義づけることは非常に難かしい．フランク・ロイド・ライトはついに彼の有機性の概念をはっきり言葉にいい現わし得なかった．彼の師ルイス・サリヴァンは——その生涯はアントニー・ガウディの生涯と並行していた——有機性に密接に接近していた．1900年頃，建築家によって書かれた，おそらく最も独創的な書である『キンダーガルテン・チャッツ』の中で，サリヴァンは，有機性とは「実在の十全な把握」であるといっている．

アントニー・ガウディ（1852〜1926年）は現代建築の有機的な発展の創作者である．ガウディは健全な構築家としての確かな天分を冒険的な彫刻的な想像力と結びつけた．彼はその地方から豊富な建築の遺産，ゴシックやチュルゲッラ・バロックやムーア式アズレコなどを吸収した．同時に彼はその作品に建築の新しい彫刻的な造型を表現したいと願った．しかし今世紀初頭の10年代には，機はまだ熟していなかった．

彼の予知的な才能は，バルセロナのグエル公園（Guell Park, 1900〜1914年）でのように，彼が最大の表現の自由を持ち得た時に最高度に発揮された．非合理な曲がりくねった面がマジョリカ焼き陶器の断片の不滅の色彩とともにきらめいている．施釉タイルのこわれた断片を使ったそのモザイクで，彼はピカソやブラックより10年も早く，コラージュの原理を使用していた．

ル・コルビュジエはガウディの才能を他の人の眼に開いてみせた最初の人であった．ル・コルビュジエは1928年に国際連盟会館の競技設計に関連してマドリッドに滞在

していた時にガウディの才能を認めたのである．4年後に，シアムの会議がバルセロナで開かれた際に，われわれの大部分が建築の純粋に合理的な解釈に夢中になっていた矢先に，ル・コルビュジエは印象的にもアントニー・ガウディの芸術的な激しさにわれわれの注意を向けさせたのである．しかし，ガウディの強烈な天分にもかかわらず，今世紀の建築はその後，彼の方向をたどることはできなかった．今世紀の建築は，新しい空間概念——画家たちによって初めて眼に見えるものにされた——に対する変革を成就しなければならなかった．それはガウディがその最後の作品を完成してから10年後のことだったし，新しい建築の世代がその問題に再接近しうると感ずる以前のことであった．

政 治 と 建 築

われわれはまた，社会的な発展と建築との関係を考えなければならない．この関係はしばしばあまりにも単純化されすぎてきた．歴史的空間は多くの次元を有する多面的なものである．観察者には，その現象を解明するための唯一の準拠点しか許されていない．そこには，近代物理学のように，確定されうるような厳密な因果性も厳密な確定性もない．同一の原因が同一の結果を導くということもないのである．

近代物理学者たちは，ニュートンの体系を攻撃した際に，こういう原因と結果との間の不確定性を“半因果律”と呼んでいた．この半因果律は素粒子の世界と同様，歴史の領域においても真実である．そこには，思考や感情を探究する人間活動と政治的な出来事との間の相互の従属関係を決定するような簡単な因果律もなければ，一定の法則も見当らない．非合理なものが介在しているのである．

前もって確立されているような観点はあり得ない．構成的事実が豊富に含まれているような業績と，きわめて有害な影響を及ぼすような仕事とが，しばしば同一の経済体制の下に繰返し出現してきた．18世紀から19世紀初期にかけての企業家は，われわれが先に見てきたように，人間的な価値と都市的な価値における最上のものを達成した住宅開発の功労者でもあった．しかし，19世紀後期の企業家は，われわれの都市を人間の尊厳を破壊した絶望的な生活区域に巻き込みながら，都市構造そのものを破壊し

てしまった.

同じ政治形態で,同じ時に,同じ国において,将来を鼓舞するような力に溢れた仕事をし遂げながら,同時に混乱と堕落に満ちた仕事をするということもありうることである.たとえば,80年代から90年代にかけて,投資と土地の企業家はシカゴにすぐれたオフィス・ビルやデパートメント・ストアを建設したが,同時に同じ経済条件のもとにニューヨークに聳え立った同種類の建物は,"アメリカ建築の疫病の中心"となった.

想像力と外界とが相互に流通し合っていたような時代に,文化の統一が達成されていたということをわれわれは知っている.このような時代には,精神は何ら咎めだてられることなく思いのままに振舞うことができたし,その現実も単なる生存競争というような意味のものではなかった.こういう時代は,人類にとって幸福な時であったが,それは希にしかなく,しかも悲劇的なほどの短かさであった.それはペリクレス時代のアテネであり,光輝あるアウグストゥス治下のローマであった.しかし近代史家の間では,アウグストゥス皇帝は,その偉大なラテン文学を代表している彼の周囲の偉れた人々によって鍛え上げられたのか,それとも,彼らの創造力を呼び起こしたのが,アウグストゥス自身の個人的な影響力であったのかどうかを問題にしている.

文化の予見について

知的な面でも感情的な面でも,さらに政治的な面でも文化に統一のみられたこういう時代こそ,人間にとって,このような光輝ある生活も可能だということを表明し得た時代である.われわれは,それほど高く望むわけにはいかない.われわれは,もっと謙虚に進まなければならない.混乱した世界において,こういう感情面や知的な面での,また政治的な面での文化の統一を求める前に,まず感情的なものと知的なものとが,今日どれほど相互に関連づけられてきているのか,また,われわれはどれほど,すべての文化についての生々とした予見に近づき得たかということについて,つまり思考と感情の方法の間の親近性についての理解に到達しなければならない.

科学と芸術とは,人間精神の未知なるものを探ることによって,われわれの意識を直接拡大するような活動である.あらゆる科学者や芸術家は,伝統の長い道程の一部を

構成している．しかし，創造的な精神のみが，その伝統の限界を越えて，以前には何人も知りもせず，見もせず，感じとりもしなかったようなものを探究するために前進しうるのである．直観と構想力と神秘的な衝動——われわれの希求するもの——によって，彼はまだ意識されていないものの新しい領域を拓き開くことができる．こういう領域は，その本質的な発展がいかなる外力によっても妨げられることなく，直接，個人的になしとげられるという点で，外界とは別個のものである．こういう領域は，もっぱら自由な状態においてのみ成長する．というのも，こういう未踏の分野への道は，いかなる命令によってもきり開き得ないものだからである．

創造的な精神はまた大地とその社会的環境によって制約されている．それは空気の通わないようなところには成長しない．それは飢餓と愛と自尊の最初の衝撃によって影響されるし，条件の良否によっても影響される．不利な条件は，実現半ばにして，その創造的な力を枯渇させてしまうかもしれないし，一方，恵まれた条件はその成長を急激に促進させるかもしれない．

しかし，こういう時に当って，その成長の条件を確証するということは，その真の構造について理解するということほど——つまり，われわれの時代の深部に，"どんな成長"が行なわれようとしているかを知るということほどには重要でない．われわれは，"どのような解析方法"が感情と思考の別々の領域における発展の基礎となっているかを知らなくては，こういう成長の本質を把握することができない．

ここでわれわれの洞察は非常に制限される．人々は特殊な専門的な問題によって閉じこめられ，それだけにかかづらうように教育されているという事実と，学問間の障壁のために，人々はその方法論的な原理について関心を抱かないばかりでなく，時にはそれを説明することすらできないような有様である．したがって，生物学から音楽に至る，どんな領域にあっても，異なる領域間の方法の比較研究が実際にまったく見受けられない．創造的な研究の基礎をなすような解析方法は，この時代の無意識裡に記された文字（écriture automatique）を形づくっている．それは，相異なる学問分野がどれほど文化についての予見，つまり諸方法の同一性に近づき得たかを明らかにすることによって，その時代精神に対する客観的な洞察の道を開いている．

感情の影響

ある時代の社会的，政治的な発展はその構造にとって本質的なものであり，社会的な秩序が建築や環境に及ぼす影響を取扱っている広範な文献がある．しかし，われわれが強調しようとしているのは，それとは別の要素である．つまり，人間生活に及ぼす影響がそれほどはっきりせず，ある時代にだけ成就されやすいものでもないが，それでいて文化の現状に深く浸透しているような要素，すなわち感情の影響である．

実際的な決定に及ぼす感情の影響はそれほど重要視されない場合が多いが，それは必然的に人々の行なう決定にまで浸透してその基礎となっている．ソビエト・ロシアからアメリカ合衆国に至るわれわれの都市の混乱は，単に社会的，経済的な条件に由来するものとしてだけでは説明がつかない．モスクワの再建にしても，ニューヨークのスラム・クリアランスにしても，そこにはスケールについての同じような欠陥のみならず，退化した感情と進歩した技術との間に同じような分裂が見出される．行動は社会的，経済的な衝撃によって起こるが，あらゆる人間の行為は特殊な感情的な背景によって影響され無意識のうちに形成されている．例外なしに，あらゆる人間は，労働者にしろ，職人にしろ，商人や科学者にしても，すべてその職業に対して精神的かつ感情的な関わり合いをもっている．

それは政治や政府についても同じことである．いかなる政治形態も，その精神的かつ感情的な装備に影響を及ぼすような行為を担う個人によって操作されている．これらが衝突するような場合には，個性の内的な核心がわれわれの思考の方法と感情の方法の間の水準の相違によって分割されるのである．その結果は，われわれの時代の象徴ともいうべき，不調和な人間である．

こういう状況が，あらゆるところで認識されるようになるのも，それほど遠い先きのことではないだろうし，ついで，その分裂も消滅していくだろうこともあり得ないことではない．しかしその時までは，新しい芸術上の手段の最も単純なものを推進するよりも，最も困難な科学上の理論を推進させることの方がはるかに容易だという状態を続けるだろう．教育は，今日では，知的な専門化に向けられ，その反対に，感情の教育は無視されている．思考は訓練されているが，感情は訓練されぬままに打捨てられている．

974

知的に訓練されている人たちは，今日，きわめて困難な科学的研究に従事することができるが，その同じ人間は，自分たちの情緒的な反応の拡大を余儀なくさせるような，新しい芸術上の手段に直面すると途方に暮れてしまう．その理由は，こういった人たちの大部分は感情の世界で頼れるような，その知的な訓練に対応するものをまったくもっていないからである．知識と感情とは互いに孤立させられている．こうしてわれわれは，今日では感情の方が思考よりもむずかしくなるという奇妙なパラドックスに逢着している．

思考と感情とが均衡を保っているような時代には，何人も感情の訓練について語る必要はない．それは自由気儘に振舞われているが，それでいて，思考という行為と不可分の統一を形成している．情緒は自由のようなものである．自由が存在する時には，それは当然のこととして受け容れられ，あらゆる行動に反映させられて，何人もそれに言及する必要を感じない．しかし，ひとたび，自由が抑在されたとなると，生活はその基調と活力を奪われ，人々はその損失に気付くようになる．

科学と芸術とは，未知なるものを探究し，未来を予想するという限りにおいて，われわれの時代の真の水準と実在を反映している．それらは真の道徳的な力である．科学と芸術とは，われわれの時代の外界の恐怖が消失してしまった後の時代に対して，われわれを弁護してくれるであろう．

われわれはさらに一歩を進めよう．人間関係に関連のあるすべての領域を支配している無秩序を．一体どのように説明したらよいだろうか？　人間生活の最も基本的な諸法則をすら巻き込んでしまっているこういう攪乱状態は，一体どう説明したらよいのだろうか？現在の混乱に対して，いつも与えられている多くの理由の他に，しばしば忘れられがちな根本的な理由が一つある．すなわち「実際的な知識が，それに対応する感情に再吸収されず，人間的なものにさせられなかった」ということである．

現実は，この外界の組織に反映させられているようなものである限り，いかなる人間をも破壊し去る力をもっている．毎日，より多くの人を打ちひしいでいるこの現実は，われわれの文化がまさに自己を自覚し始めた瞬間に，そのわれわれの文化を脅かすことによって，この時代の真の実在と一体になり得ないでいる．

この脅やかす現実とは一体どういうものなのだろうか？　それは，われわれの時代の創造的な諸力によって採用されるような接近方法に敵対している．そのエネルギーと物質的な力は，われわれの時代の多面的な複雑な問題を，無情な味気ない単純化によって処理するという試みに空しく費やされている．

19世紀には，生産手段が機械化され，1世紀にわたって，人間関係に無秩序をもたらしながら，無制限な生産がそれ自体一つの目的となった．20世紀になると，破壊手段が機械化されて，無制限の力がそれ自体一つの目的となった．

19世紀の建築のファサードは，多くの様々な形体や様式で造られたが，これらの様式は信念の表明としては用いられなかった．それらは単に，その背後にあるものをごまかすカーテンのような役目をしたにすぎない．それと同じように，今日の人類は多くの異なった政治形態をもっている．その大部分は，時代の深部に進行しつつある有機的なものに向かおうとする持続的な衝動を顕示していないし——その逆の立場にさえ立っている．このような政治形態は，ただ，政治力がそれ自体一つの目的となっているという事実を蔽い隠すのに役立っているにすぎない．

われわれに与えられた社会的無秩序は，産業革命からの遺産である．この不均衡な世界に秩序を回復するためには，その社会的条件を変革しなければならない．しかし歴史は，これでは十分でないということを示している．1世紀にわたる思考と感情間の分裂が産み出した今日の不調和な人間が，社会・政治的な変化に基づいて消滅すると考えるのは，根本的な間違いである．統一を欠いた人間は，今日至るところに，あらゆる階級にわたって増加しつつある．こういう人間は雇傭者にしろ被傭者にしろ，上下を問わず，いずれにも等しく見出される．彼らの行為は，自己内部の分裂を反映している．

19世紀の終りに，その時代の最も印象深い政治思想家の一人は，すでにわれわれの時代の中心的な課題を理解していた．彼は，工業社会における支配的な事実である労働の分化は，彼のいわゆる「労働の統合」によって置換えられるべきだということを主張していた．「統合する」という言葉は，辞書によると「異なる部分から全体を作る」ということを意味している．しかし，こういう労働の統合は望ましいことではあるが，それが単に徴候の処置だけに終るなら，十分なものとはいえない．あらゆるものの基

礎に個人がある．その個人こそ，統合されなければならないものであり——その感情的なはけ口や知的な逃げ口が，もはや克服しがたい水準の相違によって絶縁されないように，野獣扱いにされることなく，その内にひそむ本質から統合されなければならない．こういう事実を意識させ，その克服をはかるということは，この時代の未解決な課題に堅く結びついている．その課題というのは，その時代精神によってつくり出されてきたものを人間化するということ——つまり，感情的に再吸収するということ——である．思考と感情の方法が分裂していない完全な人間を再びつくり出さない限り，組織化や計画について語ってもまったく無意味である．

今や，われわれは，われわれの文明の試験的な時代を通りすぎようとしている．われわれ各自の生存は脅かされているが，同時に，異なる活動領域の中に，接近方法の類似が現われようとしている．それは，各領域においてそれぞれ独立して発展させられながらも，われわれの思考と感情にとって重要なすべてのものの基礎となっている．それはあたかも，われわれの時代が，まだ実現されていない過程によって，この時代の致命的な病の治療に向って無意識裡に時代自身の力で動いて行こうとしているかのように思われる．

何か予言し得ないような出来事が起こって，この状況を一変し，こういうすべての孤立した無定見な努力が，内的な確実さの中に合体させられるようになるであろう．そして，その時にこそ，われわれの時代は現実を支配することになるであろう．

これまで永い間，偽作の手紙と信じられていたが，今では真筆と考えられている書簡の中で，哲学者プラトンは，彼のいかなる教義の叙述も彼自身の手元には残っていないし，それを書き留めておこうなどとは思っていないと語っている．にもかかわらず彼自身語っているように，彼の教義は決して失われてしまわないであろう．「これらの事物と永遠に接触を保ちながら，それらに吸収されてゆくことによって」，その理念は，人間精神のうちに「あたかも跳び立つ火花に点じられて炎を上げて燃えさかるように」突如として出現してくるであろう．われわれは，それを今日のわれわれの文化意識の形成と同一のものだと信じている．われわれが内的な変化に対する強固なる意志と，先見的な準備によって，「これらの事物に吸収される」ようになり始めた時にこそ，それは，急激に覚醒するに至るであろう．

977

図 版 目 次

1. ヨーン・ウッツォン　シドニー・オペラ・ハウス，オーストラリア，1957年，西側立面……………………………………………………………………13
2. 前川国男　東京文化会館，東京，1961年．写真，新建築，東京……………17
3. ルチオ・コスタ　ブラジリアの三権広場，1957年，Modulo, Brazil, Feb., 1958 より …………………………………………………………………18
4. ルチオ・コスタ　ブラジリアの三権広場，1957〜1960年．写真，Gautherot, Ministerio das Relações Ext´riores より……………………………19
5. ル・コルビュジエ　ノートル・ダム・デュ・オーの巡礼教会堂，ロンシャン，1955年，Dr. H. Girsberger の好意による …………………………24
6. 丹下健三　国立屋内競技場付属体育館，東京，1964年．写真，丹下………24
7. ル・コルビュジエ　セクリタリアート，チャンディガール，1952〜1956年．写真，Thomas Larson…………………………………………………25
8. マサッチオ　聖三位一体のフレスコ画，サンタ・マリア・ノヴェルラ寺院，フィレンツェ，1425年頃．写真，Alinari ……………………………68
9. レオン・バッティスタ・アルベルティ　サン・アンドレア寺院，マントゥーア，1472〜1514年．外観．写真，Alinari ……………………………70
10. ブラマンテ　サンタ・マリア・プレッソ・サン・サティロ寺院における幻想的な聖歌隊席，ミラノ，1479〜1514年．……………………………71
11. カルロ・マデルノ　サン・ピエトロ寺院の身廊，ローマ，1607〜1617年．エッチング，1831年．Victoria and Albert Museum，ロンドン．写真，Crown ………………………………………………………………………72
12. ブルネレスキ　パッツィ家礼拝堂，フィレンツェ，1430年建造開始．写真，Giedion …………………………………………………………………75
13. フランチェスコ・ディ・ジョルジオ　彼の著書『建築論』に記載されている楔型稜堡．Codex Magliabecchianus, Firenze より ……………78
14. ヴィットーレ・カルパッチオ　竜を退治する聖ジョルジオ，1502年と1507年の間．写真，Alinari ……………………………………………………79
15. バーニョカーヴァロ　ローマ時代に起源を有する中世都市．空中写真，ローマの軍事研究所………………………………………………………82
16. フィラレーテ　星状型都市「スフォルツィンダ」の配置，1460〜1464年

979

頃．Codex Magliabecchianus, Firenze‥‥‥‥‥‥‥‥‥‥‥‥‥‥‥‥‥82

17. フィラレーテ　8稜の星状型都市，スフォルツィンダのプラン．Codex
Magliabecchianus, Firenze ‥‥‥‥‥‥‥‥‥‥‥‥‥‥‥‥‥‥‥‥‥‥83

18. フィラレーテ　「スフォルツィンダ」，放射状道路をもった星状型都市．
v. Oettingen ‥‥‥‥‥‥‥‥‥‥‥‥‥‥‥‥‥‥‥‥‥‥‥‥‥‥‥‥83

19. ヴィジェヴァーノのピアッツァ・デル・ドゥオモ，1493〜1495年．‥‥‥‥85

20. ヴィジェヴァーノのピアッツァ・デル・ドゥオモへの主要出入口．写真，
Giedion ‥‥‥‥‥‥‥‥‥‥‥‥‥‥‥‥‥‥‥‥‥‥‥‥‥‥‥‥‥‥85

21. フランチェスコ・ディ・ジョルジオ　河によって横断された多角形都市，
1490年頃．Codex Magliabecchianus‥‥‥‥‥‥‥‥‥‥‥‥‥‥‥‥‥89

22. レオナルド・ダ・ヴィンチ　「理想都市」に改造されたフィレンツェの
都市．絵画，Windsor Castle ‥‥‥‥‥‥‥‥‥‥‥‥‥‥‥‥‥‥‥‥89

23. フランチェスコ・ディ・ジョルジオ　ある理想都市の広場と街路，部分．
Gallaria delle Marche, Urbino ‥‥‥‥‥‥‥‥‥‥‥‥‥‥‥‥‥‥94

24. ジョルジオ・ディ・ヴァザーリ　ウフィツィ，フィレンツェ，1560〜
1574年‥‥‥‥‥‥‥‥‥‥‥‥‥‥‥‥‥‥‥‥‥‥‥‥‥‥‥‥‥‥‥95

25. ヤコポ・ベルリーニ　聖母マリアの寺院での拝謁，1440年頃．ベルリー
ニのスケッチブックからの銀筆画，Cabinet des Dessins, Louvre,
Paris‥‥‥‥‥‥‥‥‥‥‥‥‥‥‥‥‥‥‥‥‥‥‥‥‥‥‥‥‥‥‥‥98

26. エティエンヌ・ディ・ペラック　ブラマンテのコルティレ・デル・ベル
ヴェデーレにおける試合競技，1565年．写真，Oscar Savio ‥‥‥‥‥‥99

27. ブラマンテの死後のコルティレ・デル・ベルヴェデーレ　ローマのカス
テロ・サンタ・アンジェロにある壁画の一部，1537〜1541年，マンネリ
ストの画家 Perino del Vaga による．James S. Ackerman 教授の好意
による‥‥‥‥‥‥‥‥‥‥‥‥‥‥‥‥‥‥‥‥‥‥‥‥‥‥‥‥‥‥ 100

28. シエナのピアッツァ・デル・カンポ　1413年に舗装．空中写真，ローマ
の軍事研究所‥‥‥‥‥‥‥‥‥‥‥‥‥‥‥‥‥‥‥‥‥‥‥‥‥‥‥ 103

29. フランチェスコ・ディ・ジョルジオ　ある理想都市の広場．Walters
Art Gallery, Baltimore ‥‥‥‥‥‥‥‥‥‥‥‥‥‥‥‥‥‥‥‥‥‥ 103

30. ミケランジェロ　カピトール，ローマ，1536年建造開始‥‥‥‥‥‥‥‥ 105

31. レオナルド・ダ・ヴィンチ　アルノ河と運河による調節．セピアのペン
画，Windsor Castle ‥‥‥‥‥‥‥‥‥‥‥‥‥‥‥‥‥‥‥‥‥‥‥‥ 110

32. レオナルド・ダ・ヴィンチ　ポンティン沼沢池の排水計画，1514年．絵
画，Windsor Castle ‥‥‥‥‥‥‥‥‥‥‥‥‥‥‥‥‥‥‥‥‥‥‥‥ 111

33. ジョヴァンニ・バッティスタ・ファルダ　中世期のローマ，カステロ・
サンタ・アンジェロからシクストゥス4世の橋まで．1676年のファルダ
の地図，部分‥‥‥‥‥‥‥‥‥‥‥‥‥‥‥‥‥‥‥‥‥‥‥‥‥‥‥ 118

34. シクストゥス5世によるバロック・ローマの計画，1585〜1590年··········· 118

35. G．F．ボルディノ　シクストゥス5世の道路のスケッチ・プラン，1588
年·············· 120

36. シクストゥス5世によるローマの総合計画，1589年．ヴァティカン図書館
のフレスコ画·············· 121

37. ローマ：コロッセウムとラテランとの間の地域．デュ・ペラック・ラフレ
リの地図の一部，1577年·············· 122

38. ローマ：コロッセウムとラテランの間の地域．アントニオ・テンペスタの
地図の一部，1593年·············· 123

39. サンタ・マリア・マッジョーレとヴィラ・モンタルト．アントニオ・テン
ペスタの地図の一部，1593年·············· 125

40. サンタ・マリア・マッジョーレとその前のオベリスク，1587年．Collegio
Massimo にあるフレスコ画から ·············· 126

41. 前図の反対側から見た現在のオベリスク．写真，Giedion ·············· 126

42. 17世紀後期のヴィラ・モンタルト．G．B．Falda, *Giardini di Roma*,
Nuremberg, 1695 より·············· 127

43. ドメニコ・フォンターナ　聖櫃の入った礼拝堂の移転工事·············· 129

44. G．F．ボルディニ　アントニウス記念柱とコロンナ広場の発端，1588年··· 136

45. G．F．ボルディニ　サン・ピエトロ寺院建設直前のオベリスク，1588年··· 137

46. シクストゥス5世当時のコロンナ広場．ヴァティカン図書館のフレスコ壁
画．写真，Alinari ·············· 141

47. モーゼ噴水，1587年．ヴァティカン図書館のフレスコ画·············· 142

48. モーゼ噴水の水槽．写真，Giedion ·············· 142

49. 飲料用噴水．写真，Giedion ·············· 142

50. ピア道路の傍にあるモーゼ噴水，1616年·············· 143

51. 現在のモーゼ噴水．写真，Giedion ·············· 143

52. テルメ広場の洗濯所．Collegio Massimo のフレスコ壁画·············· 144

53. ドメニコ・フォンターナ　コロッセウムを紡毛工場に改造しようとする
シクストゥス5世の計画，1590年．Domenico Fontana, 第2版より······ 145

54. フランチェスコ・ボロミーニ　サン・カルロ・アレ・クァトロ・フォン
ターネ寺院，ローマ，1662〜1667年．外観．写真，Giedion ·············· 148

55. フランチェスコ・ボロミーニ　サン・カルロ・アレ・クァトロ・フォン
ターネ寺院の内部のドーム，1634〜1641年·············· 155

56. フランチェスコ・ボロミーニ　ローマのサン・ティーヴォ寺院の平面図，
1642〜1662年·············· 156

57. フランチェスコ・ボロミーニ　ローマのサン・ティーヴォ寺院のドーム
の内部．写真，Giedion ·············· 158

58. ピカソ　人頭の彫刻，1910年頃．Walter P. Chrysler, Jr. のコレクショ
ン．写真，Museum of Modern Art のための Soichi Sinamiによる …… 158

59. フランチェスコ・ボロミーニ　サン・ティーヴォ寺院，ローマ．双柱と
螺旋をもった頂塔．写真，Giedion ……………………………………… 161

60. タートリン　モスクワのある記念塔のための提案，1920年………………… 161

61. フランチェスコ・ボロミーニ　ローマのサン・ティーヴォ寺院の断面図… 161

62. フランチェスコ・ボロミーニ　ローマのサン・ティーヴォ寺院の詳細．写
真，Giedion ……………………………………………………………… 163

63. グァリーノ・グァリーニ　サン・ロレンツォ寺院．トリノ，1668〜1687
年 …………………………………………………………………………… 165

64. グァリーノ・グァリーニ　サン・ロレンツォ寺院，トリノ．写真，
Alinari……………………………………………………………………… 168

65. グァリーノ・グァリーニ　サン・ロレンツォ寺院，トリノ．平面図…… 168

66. モスク・アル・ハーケム・コルドヴァ，965 年．ミーラブの一つのドーム．
写真，Arxiu Mas ……………………………………………………… 169

67. バルターザー・ノイマン　フィヤツェーンハイリゲン寺院（十四聖人の寺
院），1743〜1772年．正面．写真，Marburg ……………………………… 172

68. バルターザー・ノイマン　フィヤツェーンハイリゲン寺院．正面のうね
らせた壁の詳細…………………………………………………………… 173

69. バルターザー・ノイマン　フィヤツェーンハイリゲン寺院．水平断面図… 173

70. バルターザー・ノイマン　フィヤツェーンハイリゲン寺院．内部．写真，
Marburg …………………………………………………………………… 174

71. バルターザー・ノイマン　フィヤツェーンハイリゲン寺院．拗面になっ
た繋ぎのアーチ…………………………………………………………… 175

72. ルイ・ル・ヴォー　ヴォー・ル・ヴィコント館．1655〜1661年．Perelle
の銅版画…………………………………………………………………… 179

73. ルイ・ル・ヴォーとジュール・アルドアン・マンサール　ヴェルサイユ
宮．シャトーと庭園とブールヴァールの空中写真，Compagnie Aérienne
Française ………………………………………………………………… 179

74. ヴェルサイユ宮　壮大な中庭と廐舎およびパリへの公道．Perelle の銅版
画…………………………………………………………………………… 183

75. ヴェルサイユ宮　庭園，“タピ・ヴェール”とグラン・カナルとテラス．
Perelle の銅版画 ………………………………………………………… 183

76. ロレンツォ・ベルニーニ　ピアッツァ・オブリークァ，サン・ピエトロ
寺院，ローマ．1870年の石版画………………………………………… 187

77. パット　1748年のパリ計画図，完成された広場や提案された広場が示さ
れている…………………………………………………………………… 188

78. エーレ・ド・コルニー　ナンシーの相互につながりをもった3つの広場，スタニスラス広場の眺望，1752〜1755年 ························· 190

79. エーレ・ド・コルニー　ナンシーの相互につながりをもった3つの広場の平面図 ··· 190

80. エーレ・ド・コルニー　楕円形のコロネードをもった政庁，ナンシー··· 191

81. ジョン・ウッド2世　バースのサーカス（1764年）とロイヤル・クレッズント（1769年）の俯瞰．写真，Aerofilms Ltd. ·············· 193

82. ジャックザンジュ・ガブリエル　ルイ15世広場（コンコルド広場），パリ，1763年 ··· 194

83. ジョン・ウッド2世　ロイヤル・クレッズント，バース，1769年．写真，Aerofilms Ltd. ··· 195

84. ピアッツァ・デル・ポポロ，ローマ．テンペスタによる銅版画，1593年··· 197

85. ピアッツァ・デル・ポポロ，ローマ．ライナルディの双子寺院の方を見た眺望 ··· 197

86. ジュウゼッペ・ヴァラディエール　ピアッツァ・デル・ポポロの計画図，ローマ，1816年 ··· 199

87. ピアッツァ・デル・ポポロ，ローマ．相異なる高さや斜路の断面図．Edward W. Armstrong の画，1924年．*Town Planning Review*, Dec. 1924 より転載 ··· 199

88. ピアッツァ・デル・ポポロ，ローマ．ピンチオのテラスからの眺望 ········ 200

89. テオ・ファン・ドゥースブルフ　水平面と垂直面との釣合関係，1920年頃 ··· 201

90. フランチェスコ・ボロミーニ　サン・カルロ・アレ・クァトロ・フォンターネ寺院のうねった壁，1662〜1667年．写真，Giedion ·············· 202

91. ランズダウン・クレッズント，バース，1794年．写真，Aerofilms Ltd.··· 203

92. バースとその各クレッズントの俯瞰．写真，Aerofilms Ltd. ·············· 204

93. ル・コルビュジエ　アルジェの摩天楼計画，1931年·············· 205

94. ル・コルビュジエ　アルジェの臨海地域の計画．1938〜1942年．*Le Corbusier, Œuvre complète* vol. Ⅳ. ed. Willy Boesiger. Verlag für Architektur（Artemis）, Zurich, Switzerlandより ·············· 206

95. ル・コルビュジエ　アルジェの臨海地域のためのスカイスクレーバー，1938〜1942年．写真，Lucien Hervé ······························ 208

96. 自動人形：1770年頃．在ヌーシャーテル．ピエール・ジャッケ・ドゥローによって作られた文字を書く人形．写真，Giedion ·············· 214

97. アブラハム・ダービー　セヴァーン河に架けられた最初の鋳鉄橋，1775〜1779年．写真，Science Museum, London ·············· 218

98. サンダーランド橋，1793〜1796年．British Crown 版権所有．写真，Science

Museum, London ··· 219

99. ハンフリー・レプトン　ブライトン王宮の雉子園, 1808年················· 221

100. ジョン・ナッシュ　ブライトン王宮, 1818～1821年··················· 223

101. ヴィクトル・ルイ　テアートル・フランセ. 鋳鉄屋根, 1786年··········· 224

102. 鋳物倉庫, パリ, 1811年·· 225

103. マルク・セガン　ワイヤー・ロープによるフランス最初の吊橋, トゥールノン近傍のローヌ河に架かる, 1824年. 写真, Giedion ················· 226

104. 金門橋, サン・フランシスコ, 1933～1937年. 写真, Gabriel Moulin······ 227

105. フォンテーヌ　ガルリー・ドルレアン, パレー・ロワイヤル, パリ, 1829～1831年··· 229

106. ルオー　パリの植物園の温室, 1833年·· 230

107. 工場の木造屋根裏, ボールトン, イギリス, 1800年頃······················ 234

108. 鋳鉄製小屋組の屋根裏, 1835年頃. British Crown 版権所有. 写真, Science Museum, London ·· 234

109. 鋳鉄柱の初期の使用例, ロンドンの書店, 1794年. Albert C. Koch 夫人の好意による ··· 236

110. ジョン・ナッシュ　ブライトンの王宮, 1818～1821年. 接見室, 赤の間··· 237

111. ジョン・ナッシュ　ブライトンの王宮, 厨房···························· 238

112. パリ博覧会, 1867年. 本館中央の楕円形庭園. *L'Exposition Universelle de 1867 Illustrée* より転載 ·· 239

113. テルフォードの提案したロンドンのテムズ河に架かる鋳鉄橋. アクァティント版画1801年. British Crown 版権所有. 写真, Science Museum, London ··· 241

114. ワットとブールトン　鋳鉄の梁と柱による最初の7階建工場のための実施図面, ソールフォード, マンチェスター, 1801年, イギリスのバーミンガム参考図書館にあるブールトンとワットのコレクションより複製········ 242

115. ワットとブールトン　鋳鉄の梁と柱による最初の7階建工場のための実施図面. イギリスのバーミンガム参考図書館にあるブールトンとワットのコレクションより複製··· 243

116. ワットとブールトン　鋳鉄の梁と柱による最初の7階建工場のための実施図面. 鋳鉄柱の断面. イギリスのバーミンガム参考図書館にあるブールトンとワットのコレクションより複製······························· 243

117. ウィリアム・フェアバーン　イギリスの製錬所. 1845年頃. 断面図········ 244

118. ウィリアム・フェアバーン　イギリスの製錬所. 1845年頃. 天井の構造··· 244

119. ジェームズ・ボガーダス　ある工場の設計, 1856年. 鋳鉄の抵抗力を示している·· 247

120. ジェームズ・ボガーダス　ハーパー兄弟ビル, ニューヨーク, 1854年.

Harper & Brothers 社の好意による·· 248

121. ジェームズ・ボガーダス　　1853年のニューヨーク万国博のための計画案.
　　 B. Silliman, Jr. と C. R. Goodrich の共著, *The World of Science, Art
　　 and Industry* より転載 ·· 250

122. セント・ルイス河畔. 北1番街, 523-529 番地の鋳鉄造建物の前面, 1870
　　 ～1871年頃. アメリカ合衆国内務省の好意による························· 252

123. セント・ルイス河畔. チェスナット街, 219-221 番地のガント・ビルの鋳
　　 鉄造前面. このファサードは1877年以来のものである. アメリカ合衆国
　　 内務省の好意による·· 252

124. ジュール・ソールニエ　　ムニエ・チョコレート工場, ノワスィエル・シ
　　 ュール・マルヌ. 1871～1872年. 鉄の骨組·································· 256

125. ジュール・ソールニエ　　ムニエ・チョコレート工場, ノワスィエル・シ
　　 ュール・マルヌ, 1871～1872年. 正面図··································· 256

126. ウィリアム・ル・バロン・ジェニー　　ホーム・インシュアランス商会,
　　 シカゴ, 1883～1885年. シカゴ歴史協会（Chicago Historical Society）
　　 の好意による··· 260

127. イライシャ・グレーヴズ・オーティス　　世界最初の安全エレベーター,
　　 1853年·· 261

128. イライシャ・グレーヴズ・オーティス　　南北戦争当時の客用エレベ
　　 ーター·· 261

129. エッフェル塔, 第1のプラットフォームに運ぶエレベーター, 1889年······ 262

130. アンリ・ラブルースト　　サント・ジュスヴィエーヴ図書館, パリ, 1843
　　 ～1850年. 閲覧室の断面と屋根の鍛鉄製軸組······························ 275

131. アンリ・ラブルースト　　サント・ジュスヴィエーヴ図書館, パリ, 1843
　　 ～1850年. 平面図·· 275

132. アンリ・ラブルースト　　国立図書館, パリ, 1858～1868年. 閲覧室········· 278

133. アンリ・ラブルースト　　国立図書館, パリ, 1858～1868年. 1階平面図··· 278

134. アンリ・ラブルースト　　国立図書館, パリ, 1858～1868年. 書庫（中央書
　　 庫）. 写真, Giedion ··· 278

135. アンリ・ラブルースト　　国立図書館, パリ, 1858～1868年. 書庫（中央
　　 書庫）. 鉄格子の床を通しての採光. 写真, Giedion ····················· 280

136. アンリ・ラブルースト　　国立図書館, パリ, 1858～1868年. 書庫（中央
　　 書庫）. 鉄格子と手摺の詳細. 写真, Giedion ···························· 281

137. アンリ・ラブルースト　　国立図書館, パリ, 1858～1868年. 書庫（中央
　　 書庫）と閲覧室との間のガラス壁. 写真, Giedion ······················ 282

138. マールブーフ通りのガレージのガラス壁, パリ, 1929年. 写真, Giedion ······ 283

139. マドレースのマーケット・ホール, パリ, 1824年································· 286

140. ハンガーフォード魚市場，ロンドン．金属屋根，1835年 ········· 286

141. ヴィクトル・バルタール　中央市場，パリ．内部，1853年着工 ········· 287

142. エクトル・オーロー　グランド・ザールのための計画案，1849年 ········· 288

143. ユージェヌ・フラッシャ　グランド・ザールのための計画案，1849年 ··· 289

144. ワシントン・ストア，ニューヨーク，1845年．ニューヨーク市立美術館の
　　　好意による ········· 291

145. オーク・ホール，ボストン，1850年頃 ········· 292

146. ブルーム・ストリート，ニューヨーク，1857年 ········· 293

147. ジョン・ワナメーカー商店，フィラデルフィア，1876年．ジョン・ワナメ
　　　ーカー商会の好意による ········· 293

148. エッフェルとボワロー　ボン・マルシェ，パリ，1876年．内部．鉄製の
　　　橋．写真，Chevojon ········· 296

149. エッフェルとボワロー　ボン・マルシェ，パリ，1876年．1階平面図 ··· 296

150. エッフェルとボワロー　ボン・マルシェ，パリ，1876年．天窓をおおう
　　　ガラス屋根．写真，Giedion ········· 297

151. 冬の庭園兼集会所，パリ，1847年．*L'Illustration*，1848より転載 ········· 298

152. 最初の工業博覧会，シャン・ド・マルス．パリ，1798年 ········· 302

153. クリスタル・パレス(水晶宮)，ロンドン，1851年．姿図．石版画．Mighty
　　　London Illustrated より転載 ········· 309

154. クリスタル・パレス，ロンドン，1851年，平面図．*The Illustrated Exhibitor*
　　　より転載 ········· 309

155. クリスタル・パレスの内部，シドナム．写真，Giedion ········· 310

156. 「人気馬」：1851年の平凡な彫刻 ········· 310

157. エクトル・オーロー　クリスタル・パレスに対する設計競技において第
　　　1席となったもの，1850年 ········· 312

158. クリスタル・パレスの内部．銅版画．British Crown 版権所有．写真，
　　　Victoria and Albert Museum, London ········· 314

159. J．M．W．ターナー　シンプロン峠，水彩画，1840年頃．Fogg博物館の
　　　好意による ········· 315

160. 万国博覧会，パリ，1855年．本館の内部．J. Arnout と Guerard の石版画 ··· 316

161. 万国博覧会，パリ，1855年．平面図 ········· 316

162. 機械館，パリ，1855年．*L'Illustration, Journal Universel* より転載 ······ 317

163. 当時の一般的な彫刻，「天使の恋」，1867年．*L'Exposition Universelle
　　　de 1867 Illustrée* より転載 ········· 317

164. 万国博覧会，パリ，1867年．鳥瞰図．Eugene Rimmel, *Recollections of
　　　the Paris Exhibition* (Philadelphia, 1868) より転載 ········· 321

165. マネー　1867年の博覧会の展望．油彩．写真，Druet ········· 321

986

166. 万国博覧会，パリ，1867年．本館の各ギャラリーの断面． *L'Exposition Universelle de 1867 Illustrée* より転載 ································ 322

167. 万国博覧会，パリ，1867年．機械館．内部． *L' Exposition Universelle de 1867 Illustrée* より転載 ································ 322

168. 万国博覧会，パリ，1878年．主要出入口．写真，Chevojon ··············· 325

169. 万国博覧会，パリ，1878年．機械館の断面および透視図 ··············· 326

170. 万国博覧会，パリ，1889年．機械館．写真，Chevojon ··············· 329

171. 万国博覧会，パリ，1889年．3ピンアーチの基礎 ··············· 330

172. エドガー・ドガ 「踊子」．Samuel Lewisohn 氏のコレクション．写真，A. Calavas, パリ ································ 332

173. 当時の一般的な絵画，「波浪の接吻」，1889年．M. Wertheimer の絵画． *Le Courrier de l'Exposition Illustrée* より転載 ··············· 335

174. 万国博，シカゴ，1893年．ヴェニスのゴンドラ ··············· 336

175. 万国博覧会，パリ，1867年．鉄の骨組．*Magasin pittoresque*, 1866 より転載 ································ 338

176. G．エッフェル ドゥーロ河に架かる橋，1875年．オリジナル・スケッチ．写真，Chevojon ································ 339

177. G．エッフェル ギャラビの高架橋，1880〜1884年．写真，Eiffel ······ 342

178. G．エッフェル ギャラビの高架橋．橋脚の詳細．写真，Eiffel ········ 342

179. G．エッフェル エッフェル塔の装飾的なアーチ，1889年．写真，Giedion ································ 343

180. G．エッフェル エッフェル塔の脚柱．写真，Giedion ··············· 343

181. G．エッフェル エッフェル塔の第1のデッキから第2のデッキに至る回り階段．写真，Giedion ································ 346

182. G．エッフェル エッフェル塔．第2のデッキより第1のデッキを見る．写真，Giedion ································ 346

183. ロベール・ドゥローネ エッフェル塔，1910年．写真，Kunstsammlung, Basel ································ 347

184. アルノダン マルセイユの"旧港"にある連絡橋，1905年，写真，Giedion ································ 348

185. アルノダン 連絡橋，マルセイユ．上部デッキより，吊り籠を見る．写真，Giedion ································ 348

186. アルノダン 連絡橋，マルセイユ，1905年．写真，Giedion ··············· 348

187. ヴィクトル・オルタ テュリン街12番地の住宅，ブリュッセル，1893年··· 362

188. ヴィクトル・オルタ テュリン街12番地の住宅，ブリュッセル．平面図··· 362

189. セント・ルイス河畔，北1番街109〜111番地の建物．1849年または1850年．アメリカ合衆国内務省の好意による ································ 363

987

190. ヴィクトル・オルタ　テュリン街12番地の住宅，ブリュッセル．鋳鉄の
柱と階段室··· 365
191. アルフォンズ・バラー　温室の帯鉄装飾，ラーケン，1879年·············· 365
192. ヴィクトル・オルタ　メゾン・デュ・プープル，ブリュッセル，1897年．
外観··· 368
193. ヴィクトル・オルタ　メゾン・デュ・プープル，ブリュッセル，1897年．
3階と4階平面·· 368
194. H．P．ベルラーヘ　株式取引所，アムステルダム，1898～1903年．壁面
の処理．写真，Giedion ··· 370
195. H．H．リチャードソン　セヴァー・ホール，ケンブリッジ，マサチュー
セッツ州，1878年·· 371
196. H．P．ベルラーヘ　株式取引所，アムステルダム，1898～1903年．姿図··· 372
197. H．P．ベルラーヘ　株式取引所，アムステルダム，1898～1903年．ホール，
壁面の処理．写真，Giedion ··· 374
198. H．P．ベルラーヘ　株式取引所，アムステルダム，1898～1903年．大ホ
ール．写真，Giedion. ··· 376
199. オットー・ワグナー　カールスプラッツ駅，ウィーン，1894年．部分··· 382
200. オットー・ワグナー　郵便貯金局の広間，ウィーン······························ 382
201. オットー・ワグナー　橋や地下道や街路の相異なるレヴェルを示す図面，
ウィーン，1906年·· 383
202. アントーニオ・サンテリア　地下道計画案，1914年．共同住宅群やエレ
ベーターと結びついたレヴェルの違う街路······································· 383
203. ジョン・スミートン　エディストーン燈台，イギリス，1774年············ 386
204. アンネビック　住宅，ブール・ラ・レーヌ··· 388
205. アナトール・ド・ボードー　サン・ジャン・ド・モンマルトル，パリ．
1894年，建造開始．写真，Chevojon ·· 389
206. フレークハルト，ヘーフェリ，マイヤール　クィーン・アレグザンドラ
・サナトリウム，ダーヴォス，1907年．写真，E. Meerkämper ······ 390
207. オーギュスト・ペレー　フランクリン街25の2番地に建つ共同住宅，パ
リ，1903年．写真，Chevojon ··· 393
208. オーギュスト・ペレー　フランクリン街25の2番地の共同住宅の屋上に
て··· 393
209. オーギュスト・ペレー　フランクリン街25の2番地の共同住宅．平面
図··· 393
210. オーギュスト・ペレー　フランクリン街25の2番地の共同住宅．1階の
事務室．写真，Giedion ··· 394
211. トニー・ガルニエ　中央停車場，1901～1904年．計画案····················· 397

212.	アメリカの時計，1850年頃	401
213.	アメリカの学校家具の標準型，1849年	402
214.	丸金槌工や鉄工のハンマー．1877年のシカゴのカタログ．British Crown 版権所有．写真，Victoria and Albert Museum, London	405
215.	エール錠，1877年のシカゴのカタログ	406
216.	折畳みベッド，フィラデルフィア博覧会，1876年	407
217.	揚穀機，シカゴ，1873年．*The Land Owner* (Chicago, 1873) より転載	408
218.	バルーン・フレーム構造，G. E. Woodward, *Woodward's Country Homes* (New York, 1869) より転載	413
219.	セント・メアリー教会，シカゴ，1833年	413
220.	バルーン構造．W. E. Bell, *Carpentry Made Easy* (1859) より転載	414
221.	ウィンザー椅子．写真，Giedion	414
222.	R. J. ノイトラ　テキサス州の住宅，1937年	415
223.	旧ラーキン・ビル，バッファロー，1837年．ラーキン会社の好意による	422
224.	ロングフェロー邸，ケンブリッジ，マサチューセッツ州，1759年．下見板張りの外壁．写真，Giedion	424
225.	石造壁，ユニオン波止場倉庫，ボストン，1846年．写真，Giedion	425
226.	シェーカー教徒の集会所，コンコード，ヴァーモント州，1832年．写真，Giedion	426
227.	コマーシャル・ブロック，ボストン市コマーシャル街140番地，マサチューセッツ州，1856年	427
228.	コマーシャル・ブロック，ボストン市コマーシャル街140番地，マサチューセッツ州．Boston Almanac, 1856 年版より	427
229.	H. H. リチャードソン　マーシャル・フィールド卸売商店，シカゴ，1885年	429
230.	マサチューセッツ州サレム，チェスナット街34番地の家，1824年．写真，Giedion	431
231.	E. C. ガードナー　アメリカ式厨房，1882年．E. C.Gardner,*The House That Jill Built* (New York, 1882)より転載	434
232.	E. C. ガードナー　地方の邸宅，1882年．E. C. Gardner, *The House That Jill Built* (New York, 1882)より転載	434
233.	E. C. ガードナー　"老婦人"のための1室住宅．E. C. Gardner, *Illustrated Homes* (Boston, 1875)より転載	435
234.	建築家とある老嬢の依頼人．E.C. Gardner, *Illustrated Homes* (Boston, 1875) より転載	435
235.	ウィリアム・ル・バロン・ジェニー　最初のライター・ビルディング，シカゴ，1879年．シカゴの Art Institute の好意による	440

989

236. ウィリアム・ル・バロン・ジェニー　マンハッタン・ビルディング, シカゴ, 1891年. 写真, Giedion ‥‥‥‥‥‥‥‥‥‥‥‥‥‥‥‥‥ 441

237. ウィリアム・ル・バロン・ジェニー　ザ・フェア・ビルディング, シカゴ, 1891年. 写真, Giedion ‥‥‥‥‥‥‥‥‥‥‥‥‥‥‥‥‥ 443

238. ウィリアム・ル・バロン・ジェニー　ザ・フェア・ビルディング, シカゴ, 1891年. 鉄骨 ‥‥‥‥‥‥‥‥‥‥‥‥‥‥‥‥‥‥‥‥‥ 443

239. ホラバードとロッシュ　マルケット・ビルディング, シカゴ, 1894年. 写真, Giedion ‥‥‥‥‥‥‥‥‥‥‥‥‥‥‥‥‥‥‥‥‥ 444

240. ホラバードとロッシュ　マルケット・ビルディング, シカゴ, 1894年. 分割されない事務室をもった基準階平面図 ‥‥‥‥‥‥‥‥‥ 444

241. 90年代初期のシカゴ：1891年頃のランドルフ通り ‥‥‥‥‥‥‥‥ 446

242. グレート・ノーザン・ホテル, シカゴ, 1891年 ‥‥‥‥‥‥‥‥‥‥ 448

243. ウィリアム・ル・バロン・ジェニー　ライター・ビルディング, シカゴ市ヴァン・ビューレン通り, 1889年. 写真, R.B. Tague ‥‥‥‥‥ 453

244. ル・コルビュジエ　メゾン・クラルテ, ジュネーヴ, 1930～1932年. 写真, Tinsler ‥‥‥‥‥‥‥‥‥‥‥‥‥‥‥‥‥‥‥‥‥‥‥ 454

245. バーナム事務所　リライアンス・ビルディング, シカゴ, 1894年. 写真, Giedion ‥‥‥‥‥‥‥‥‥‥‥‥‥‥‥‥‥‥‥‥‥‥‥ 455

246. ミース・ファン・デル・ローエ　ガラスの塔の計画案, 1921年 ‥‥‥ 456

247. ルイス・サリヴァン　カーソン・ピリー・スコット商会の百貨店, シカゴ, 1899～1904年. 写真, Fuermann ‥‥‥‥‥‥‥‥‥‥ 458

248. ルイス・サリヴァン　カーソン・ピリー・スコット商会の百貨店, シカゴ, 1899～1904年. 部分 ‥‥‥‥‥‥‥‥‥‥‥‥‥‥‥‥‥ 461

249. ワルター・グロピウス　トリビューン新聞社社屋の競技設計のための計画案, 1923年. シカゴ・トリビューン新聞社の好意による ‥‥‥‥‥ 462

250. フランク・ロイド・ライト　チャーンリー邸, シカゴ市アスター街, 1892年 ‥‥‥‥‥‥‥‥‥‥‥‥‥‥‥‥‥‥‥‥‥‥‥‥‥ 470

251. G. E. ウッドウォード　地方の邸宅の十字形平面, 1873年　Woodward, *Suburban and Country Houses* (New York, c. 1873) より転載 ‥‥‥ 473

252. G. E. ウッドウォード　十字形の田園住宅, 1873年. Woodward, *Suburban and Country Houses* (New York, c. 1873) より転載 ‥‥‥ 473

253. フランク・ロイド・ライト　イザベル・ロバーツ邸, イリノイ州リヴァー・フォリスト, 1907年. 平面図 ‥‥‥‥‥‥‥‥‥‥‥‥‥‥‥ 474

254. フランク・ロイド・ライト　イザベル・ロバーツ邸, イリノイ州リヴァー・フォリスト, 1907年. 写真, Fuermann ‥‥‥‥‥‥‥‥‥‥ 474

255. フランク・ロイド・ライト　イザベル・ロバーツ邸, イリノイ州リヴァー・フォリスト, 1907年. 2つの階を含む居間. 写真, Fuermann ‥‥‥‥ 476

990

256. フランク・ロイド・ライト　サントップの住宅，ペンシルヴェニア州ア
　　ードモア，1939年．平面図．*Architectural Forum*, August 1939 より
　　転載 ·· 477
257. フランク・ロイド・ライト　サントップの住宅，ペンシルヴェニア州ア
　　ードモア，1939年．ニューヨーク近代美術館の好意による ················ 477
258. セントラル・パーク・カシノ，ニューヨーク市，1871年．ニューヨーク市
　　立博物館の好意による．写真，Work Projects Administration ·········· 479
259. R. E. シュミット，ガードゥンならびにマーティン　モンゴメリー，ウ
　　ォード会社の鉄筋コンクリート造商品貯蔵倉庫，シカゴ，1908年．写真，
　　Giedion ··· 480
260. フランク・ロイド・ライト　ロビー邸，シカゴ市ウッドローン通り，1908
　　年．写真，Fuermann ··· 481
261. フランク・ロイド・ライト　ラーキン商会ビル，バッファロー，1904
　　年．柱頭の詳細．写真，Giedion ··· 484
262. フランク・ロイド・ライト　テニス・クラブ，イリノイ州リヴァー・フ
　　ォリスト，1906年．コンクリート版の腰掛．写真，R. B. Tague ··········· 484
263. フランク・ロイド・ライト　ライトの自邸，タリアセン．写真，Giedion··· 488
264. フランク・ロイド・ライト　ラーキン商会ビル，バッファロー，1904年．
　　廻りにギャラリーを巡らした吹抜広間．写真，Giedion ······················ 491
265. フランク・ロイド・ライト　ジョンソン・ワックス商会ビル，ウィスコ
　　ンシン州ラシーン，1938〜1939年．内部．S. C. Johnson and Son 会社の
　　好意による ·· 491
266. フランク・ロイド・ライト　ラーキン・ビルディング，1904年．写真，
　　Giedion ··· 493
267. フランク・ロイド・ライト　ジョンソン・ワックス商会ビル，外壁に用
　　いられたガラス管の蛇腹の内部．S. C. Johnson and Son 会社の好意に
　　よる ··· 494
268. ピカソ　"静物"，1914年頃．Walter C. Arensberg 夫妻のコレクショ
　　ン．写真，Sam Little ··· 513
269. ブラック　コラージュ，1913年．*Cahiers d'Art*, vol. Ⅷ より ············ 515
270. モンドリアン　コンポジション ··· 515
271. マーレヴィッチ　アルヒテクトーネン，1920年頃 ·································· 516
272. テオ・ファン・ドゥースブルフと C. ファン・エーステレン　ある邸宅
　　のための計画案，1923年 ·· 516
273. ワルター・グロピウス　バウハウス，デッサウ，1926年 ······················ 516
274. ボッチオーニ　"空間にのべひろげられた壜"，1911〜1912年 ············ 521
275. バルラ　"スウィフト；運動の径路と動的な連続"，1913年．ニューヨー

ク近代美術館所蔵··· 522
276. エッジャートン　　テニス・プレイヤーのスピード・フォトグラフ，1939
年··· 523
277. ピカソ　　"ゲルニカ"，1937年．部分．写真，Dora Maar····················· 525
278. マイヤール　　チューリッヒの倉庫，1910年．ヨーロッパにおける最初の
マッシュルーム構造の天井··· 529
279. マイヤール　　ライン河に架かるタヴァナザ橋，グリゾン県，1905年······ 530
280. マイヤール　　ザルギナトーベル橋，1929～1930年．写真，Giedion······ 531
281. マイヤール　　シュヴァントバッハ橋，ベルン県，1933年．俯瞰写真．写
真，Giedion ··· 532
282. マイヤール　　シュヴァントバッハ橋，ベルン県，1933年．そのスラブ．
写真，Giedion ··· 533
283. マイヤール　　シュヴァントバッハ橋，部分．写真，Giedion ············· 534
284. カリフォルニア州カーメル付近の虹橋．写真，Giedion ····················· 535
285. マイヤール　　スイスのサン・ガル付近のトゥール河に架かる橋，1933年．
写真，Giedion··· 536
286. マイヤール　　ジュネーヴ近郊のアルヴ河に架かる橋，1936～1937年．写
真，Boissonnas-Genève ··· 539
287. マイヤール　　アルヴ橋，1936～1937年．支柱とその支柱の配筋．写真，
Giedion ··· 540
288. マイヤール　　アルヴ橋，1936～1937年．支柱と2つの箱状アーチ．写真，
Giedion ··· 541
289. ディピュロン式の壺．紀元前7世紀．細部．Buschor, *Griechische Vasen-
malerei* より複製 ·· 541
290. モホリ・ナギー　　絵画，1924年．ニューヨークのW. W. Norton and Co.
の許可により Moholy-Nagy, *The New Vision* より複製················· 542
291. アルヴァ・アアルト　　肘掛椅子··· 542
292. フレッシネー　　パリ近傍のバニューにある汽関車車庫．1929年．写真，
Giedion ··· 543
293. マイヤール　　チューリッヒにおけるスイス国内博覧会のセメント・ホー
ル，1939年 ··· 543
294. マイヤール　　チューリッヒにおけるスイス国内博覧会のセメント・ホー
ル，1939年．写真 Wolf-Bender··· 544
295. マイヤール　　ラーヘンにある橋．1940年．写真，Wolf-Bender··········· 546
296. マイヤール　　ラーヘンにある橋．アーチのジョイント····················· 546
297. マイヤール　　ズィンメ河に架かる橋，ベルン高地，1940年··············· 546
298. マイヤール　　ラーヘンにある橋，1940年．写真，Wolf-Bender·············· 547

299. マイヤール　ズィンメ河に架かる橋，1940年······ 547
300. 18世紀の日本の木造橋．北斎の彩色版画．Trustees of the British Museum 刊······ 551
301. ワルター・グロピウス　ファグス工場，1911〜1913年······ 558
302. ワルター・グロピウス　ファグス工場（靴仕上工場），アルフェルト（後のライネ），1911年······ 561
303. ワルター・グロピウス　「ファブリーク」の正面，ヴェルクブント博覧会，ケルン，1914年．写真，Schmölz ······ 562
304. ワルター・グロピウス　「ファブリーク」の隅角部の廻り階段，ケルン，1914年．写真，Schmölz ······ 564
305. ワルター・グロピウス　ドイツ工作連盟展，パリ，1930年．クラブ談話室······ 566
306. ワルター・グロピウス　国際哲学研究所のための計画案，1924年······ 568
307. ワルター・グロピウス　バウハウス，デッサウ，1926年，鳥瞰······ 570
308. ワルター・グロピウス　バウハウス，デッサウ，1926年，配置計画図··· 570
309. ピカソ　"ラルレシャンス"，1911〜1912年．油彩．Walter P. Chrysler, Jr. のコレクション ······ 572
310. ワルター・グロピウス　バウハウス，デッサウ，1926年．工作室の隅角部．写真，Moholy-Dessau ······ 573
311. ワルター・グロピウスとマルセル・ブロイヤー　マサチューセッツ州リンカーンにあるグロピウスの自宅．1938年．南面の眺望と平面図······ 583
312. ワルター・グロピウスとマルセル・ブロイヤー　マサチューセッツ州ウェイランドにある住宅，1940年．写真，Ezra Stoller : Pictor ······ 584
313. グラデュエート・センター，ハーヴァード大学，1949〜1950年．コモンズを含む全体平面．Walter Gropius による ······ 586
314. グラデュエート・センター，ハーヴァード大学．コモンズと渡廊下．写真，Fred Stone······ 587
315. グラデュエート・センター，ハーヴァード大学．コモンズと寄宿舎への入口の一部．写真，Fred Stone ······ 588
316. グラデュエート・センター，ハーヴァード大学．グリル内部のハンス・アルプの手になった木製のレリーフ．写真，D. H. Wright ······ 589
317. ワルター・グロピウス　バック・ベイ・センターの計画，ボストン，1953年．写真，Robert D. Harvey ······ 594
318. ワルター・グロピウス　アメリカ大使館，アテネ，1956〜1961年．主要道路からの歩行者出入口．写真，Greek Photo News······ 596
319. アメリカ大使館，アテネ，1956〜1961年．1階平面．写真，Phokion Karas··· 596
320. アメリカ大使館，アテネ，1956〜1961年．車での出入口······ 597

321. アメリカ大使館，アテネ，1956〜1961年．くり抜かれた中庭……………… 597
322. 若き日のル・コルビュジエ　ラ・ショー・ド・フォンにて．ル・コルビ
ュジエ財団所蔵…………………………………………………………………… 599
323. ル・コルビュジエ　住宅のための鉄筋コンクリートの骨組，1915年…… 602
324. ル・コルビュジエ　"静物"，1924年，油絵…………………………………… 603
325. ル・コルビュジエとP.ジャンヌレ　ペサックの集合住宅，ボルドー近傍，
1926年………………………………………………………………………………… 604
326. ル・コルビュジエとP.ジャンヌレ　ポワッシーにあるサヴォイ邸，1928〜
1930年……………………………………………………………………………… 608
327. ル・コルビュジエとP.ジャンヌレ　サヴォイ邸，1928〜1930年．断面図… 608
328. ル・コルビュジエとP.ジャンヌレ　サヴォイ邸，1928〜1930年．テラ
スと屋上庭園の眺望と平面図……………………………………………………… 609
329. ル・コルビュジエとP.ジャンヌレ　国際連盟会館，ジュネーヴ，1927年… 614
330. ル・コルビュジエとP.ジャンヌレ　国際連盟会館，1927年．大会議場
の断面……………………………………………………………………………… 615
331. ル・コルビュジエとP.ジャンヌレ　国際連盟会館，1927年．プラット
フォームのような庇のついた出入口…………………………………………… 615
332. ル・コルビュジエとP.ジャンヌレ　国際連盟会館，1927年，管理棟（事
務局）の背面……………………………………………………………………… 616
333. ル・コルビュジエとP.ジャンヌレ　パリ，大学区のスイス学生寮，1930
〜1932年．外観と平面図………………………………………………………… 623
334. ピカソ　"椅子に坐った女"，1938年．部分．Mrs. Méric Galleryのコレ
クション．ニューヨーク近代美術館による…………………………………… 624
335. ル・コルビュジエ　リエージュの博覧会の計画案，1937年………………… 624
336. ル・コルビュジエ　ユニテ・ダビタシオン，マルセイユ，1947〜1952年
部分．写真，Giedion …………………………………………………………… 628
337. ル・コルビュジエ　ユニテ・ダビタシオン，マルセイユ，1947〜1952年．
外観と断面図．断面図は Dr. H. Girsbergerによる ………………………… 629
338. ル・コルビュジエ　最高裁判所，チャンディガール，1956年3月竣工… 632
339. ル・コルビュジエ　最高裁判所，チャンディガール，1956年竣工．写真，
Dolf Schnebli ………………………………………………………………… 633
340. ル・コルビュジエ　ノートル・ダム・デュ・オーの巡礼教会堂，ロンシ
ャン，1955年．写真，Lucien Hervé ………………………………………… 637
341. ル・コルビュジエ　視覚芸術のためのカーペンター・センター，ハーヴ
ァード大学，1963年．プレスコット通りからの建物の外観………………… 638
342. 視覚芸術のためのカーペンター・センター，ハーヴァード大学，1963年，ク

インシー通りからの外観······················· 639

343. 視覚芸術のためのカーペンター・センター, ハーヴァード大学, 1963年.
斜路の貫通を示す3階平面. ル・コルビュジエ財団所蔵····················· 639

344. 視覚芸術のためのカーペンター・センター, ハーヴァード大学, 1963年.
3次元芸術研究のスタジオ···························· 644

345. 視覚芸術のためのカーペンター・センター, ハーヴァード大学, 1963年.
2次元芸術研究のスタジオ···························· 645

346. 視覚芸術のためのカーペンター・センター, ハーヴァード大学, 1963年.
彫刻家のスタジオ. 写真, Giedion ····················· 645

347. ル・コルビュジエがチャンディガールで書いたギーディオン宛の手紙の一
部, 1952年12月9日付. ル・コルビュジエ財団所蔵····················· 651

348. ル・コルビュジエ　ラ・トゥーレットのサント・マリー修道院　1960年.
空からの外観. 写真, Jean Petit···························· 653

349. ラ・トゥーレットのサント・マリー修道院, 1960年. 僧院の南と西の翼の
外観. 写真, Bernhard Moosbrugger ····················· 654

350. ラ・トゥーレットのサント・マリー修道院, 1960年. 1階平面.　Anton
Henze による···························· 654

351. ラ・トゥーレットのサント・マリー修道院, 1960年. 僧院の東側面と修道
僧のプロムナード. 写真, Giedion ····················· 656

352. ラ・トゥーレットのサント・マリー修道院, 1960年. 中庭の外観. 写真,
Bernhard Moosbrugger ····················· 657

353. ラ・トゥーレットのサント・マリー修道院, 1960年. 教会棟の長い北側面.
写真, Bernhard Moosbrugger ····················· 658

354. ラ・トゥーレットのサント・マリー修道院, 1960年. 歩行用の屋上出入口
からみた鐘楼. 写真, Giedion ····················· 658

355. ラ・トゥーレットのサント・マリー修道院, 1960年. 地下埋葬所の内部.
写真, Benhard Moosbrugger ····················· 659

356. サルディニアにある"巨人の墓標". 写真, Hugo Herdeg ····················· 660

357. ル・コルビュジエ　ノートル・ダム・デュ・オーの巡礼教堂, ロンシ
ャン. 1955年. 塔の外観. 写真, Winkler ····················· 660

358. キャップ・サン・マルタンのル・コルビュジエのスタジオ. ル・コルビュ
ジエの財団所蔵···························· 662

359. ル・コルビュジエ　ル・コルビュジエ・センター, チューリッヒ, 1967
年. ル・コルビュジエ作品集第Ⅶ巻より····················· 664

360. ル・コルビュジエ・センター, チューリッヒ, 1967年. 屋根の建て上げ.
写真, Jürg Gasser ····················· 664

361. ル・コルビュジエ・センター, チューリッヒ, 1967年. 屋根とそのプレフ

ァブの支柱．写真, Jürg Gasser ································· 665

362. ル・コルビュジエ　ロー・ミラノのオリヴェッティ・エレクトロニック
・センターの模型, 1962年設計．ル・コルビュジエ作品集第Ⅶ巻より··· 666

363. ペーテル・デ・ホーホ　母と子, 1650年頃．写真, F. Bruckmann, ミュ
ンヘン ·················· 670

364. ミース・ファン・デル・ローエ　煉瓦造田園住宅の計画案, 1923年．ニ
ューヨーク近代美術館所蔵·················· 676

365. ミース・ファン・デル・ローエ　煉瓦造田園住宅, 1923年．1階平面.
ニューヨーク近代美術館所蔵·················· 676

366. ミース・ファン・デル・ローエ　バルセロナでの万国博におけるドイツ
展示館．1929年·················· 676

367. ミース・ファン・デル・ローエ　コンクリート住宅の計画案, 1923年.
ニューヨーク近代美術館所蔵·················· 677

368. ミース・ファン・デル・ローエ　独身者用田園住宅, ベルリン建築展.
1931年·················· 677

369. ミース・ファン・デル・ローエ　独身者用田園住宅．平面 ·········· 677

370. ワイセンホーフ集団住宅地, シュトゥットガルト, 1927年．写真, ニュー
ヨーク近代美術館所蔵·················· 679

371. ワイセンホーフ集団住宅地, 1927年．プラン·················· 679

372. ワイセンホーフ集団住宅地, 1927年．写真, Dr. Lossen and Co., シュト
ゥットガルト ·················· 680

373. ミース・ファン・デル・ローエのアパートの2階平面 ··············· 680

374. ミース・ファン・デル・ローエのアパートの鉄骨. Akademischer Verlag······ 680

375. ミース・ファン・デル・ローエ　イリノイ工科大学の提案された建物と構
内のモデル．写真, George H. Steuer ·················· 682

376. ミース・ファン・デル・ローエ　本館の建物, 1944年·················· 682

377. ミース・ファン・デル・ローエ　応用化学および冶金学教室の建物,
1949年．北西からの眺望．写真．イリノイ工科大学·················· 683

378. ミース・ファン・デル・ローエ　鉱物学および金属研究室, 1943年．南
面．写真, Hedrich-Blessing ·················· 685

379. ミース・ファン・デル・ローエ　プロモントリ・アパート, シカゴ, 1949
年．東面．入口側の部分·················· 688

380. プロモントリ・アパート, 1949年．平面·················· 688

381. プロモントリ・アパート, 1949年．東面. Architectural Forum より．写
真, Hedrich-Blessing ·················· 689

382. プロモントリ・アパート, 1949年．対称形に建てられた両翼を隔てるロビー
からの眺望．写真, Hedrich-Blessing ·················· 690

383. ミース・ファン・デル・ローエ　　レイク・ショア・ドライヴ・アパート，
1951年．平面 …………………………………………………………………… 692

384. ミース・ファン・デル・ローエ　　レイク・ショア・ドライヴ・アパート，
1951年．写真，Hedrich-Blessing …………………………………………… 693

385. ミース・ファン・デル・ローエ　　連邦センター，シカゴ，1963年．裁判
所と連邦庁舎．写真，Hedrich-Blessing ………………………………… 694

386. ミース・ファン・デル・ローエ　　バカルディ・オフィス・ビル，メキシ
コ，1961年．外観．写真，Giedion ……………………………………… 696

387. ミース・ファン・デル・ローエ　　バカルディ・オフィス・ビル，メキシ
コ，1961年．2階の平面 ………………………………………………………… 696

388. ミース・ファン・デル・ローエ　　バカルディ・オフィス・ビル，メキシ
コ，1961年．1階平面 ………………………………………………………… 696

389. ミース・ファン・デル・ローエ　　バカルディ・オフィス・ビル，メキシ
コ，1961年．突出した2階．写真，Giedion …………………………… 697

390. ミース・ファン・デル・ローエ　　バカルディ・オフィス・ビル，メキシ
コ，1961年．天井と床面との関係．写真，Giedion …………………… 697

391. ミース・ファン・デル・ローエ　　バカルディ・オフィス・ビル，メキシ
コ，1961年．入口．写真，Giedion ……………………………………… 697

392. ミース・ファン・デル・ローエ　20世紀展示館の計画案，ベルリン，1963
年．写真，Hedrich-Blessing ……………………………………………… 698

393. 20世紀展示館，ベルリン，1963年．東西断面 ……………………………… 699

394. 20世紀展示館，ベルリン，1963年．1階平面 ……………………………… 699

395. 木材の流送，フィンランド．写真，Pictinen ……………………………… 707

396. アルヴァ・アアルト　　北フィンランドのラブア村での農林業博覧会のた
めのパヴィリョン．外観 …………………………………………………… 708

397. アルヴァ・アアルト　　北フィンランドのラブア村での農林業博覧会のた
めのパヴィリョンの内部 …………………………………………………… 708

398. アルヴァ・アアルト　　トゥルク建設700年祭のためのオーケストラ演奏
所，1929年 …………………………………………………………………… 709

399. アルヴァ・アアルト　　トゥルクにあるトゥルン・サノマット・ビルの印
刷室，1928～1930年 ………………………………………………………… 711

400. アルヴァ・アアルト　　トゥルン・サノマット・ビル，外観，1928～1930
年．写真，Giedion ………………………………………………………… 711

401. アルヴァ・アアルト　　パイミオの結核サナトリウム，1929～1933年．病
棟屋上の大気浴場．写真，Gustaf Velin ………………………………… 712

402. アルヴァ・アアルト　　パイミオの結核サナトリウム，1929～1933年．主
要出入口廻り外観 …………………………………………………………… 715

403. アルヴァ・アアルト　パイミオの結核サナトリウム，1929〜1933年．病棟とレストホール．写真, Gustaf Velin ……………………………………… 716

404. アルヴァ・アアルト　パイミオの結核サナトリウム，1929〜1933年．配置図…………………………………………………………………………… 716

405. アルヴァ・アアルト　ヴィープリ図書館．1927〜1934年．講演室のうねらせた天井…………………………………………………………………… 718

406. アルヴァ・アアルト　ニューヨーク万国博のフィンランド館．1939年．内部のうねりのある壁．写真, Ezra Stoller : Pictor ……………………… 719

407. フィンランドの湖水と森林，アウレンコ ……………………………………… 720

408. アルヴァ・アアルト　ニューヨーク万国博のフィンランド館．1939年．平面図…………………………………………………………………………… 720

409. アルヴァ・アアルト　ガラス花器．写真, Artek………………………………… 720

410. アルヴァ・アアルト　マサチューセッツ工科大学寄宿舎，1947〜1949年．俯瞰．写真, MIT ………………………………………………………………… 722

411. アルヴァ・アアルト　MIT寄宿舎．1947〜1949年．チャールズ河畔側の眺望．突出したラウンジと食堂が見える　写真 Ezra Stoller : Pictor. および非対称形の突出部をもった1階平面 ……………………… 723

412. MIT 寄宿舎　テラスのあるラウンジと地階の食堂 ……………………… 724

413. MIT 寄宿舎　バルコニーのラウンジと食堂への階段 …………………… 724

414. MIT 寄宿舎　運動場からの眺望．正面玄関と突出した階段が見える … 724

415. アルヴァ・アアルト　MIT 寄宿舎　空間を節約するために2段ベットを用いた3人室…………………………………………………………………… 725

416. アルヴァ・アアルト　スニラ，1937〜1939年．コンベヤと工場建築と花崗岩塊　写真, Giedion ……………………………………………………………… 728

417. アルヴァ・アアルト　スニラ．1937〜1939年．倉庫とコンベヤ．写真, Roos……………………………………………………………………………………… 728

418. アルヴァ・アアルト　スニラ．1937〜1939年．広々とした海の眺望．写真, Giedion ……………………………………………………………………………… 729

419. アルヴァ・アアルト　スニラ　1937〜1939年．工場と住居地の配置計画図……………………………………………………………………………………… 729

420. アルヴァ・アアルト　住宅 "マイレア"，1938〜1939年．外観．写真, Welin ……………………………………………………………………………………… 730

421. アルヴァ・アアルト　マイレア．1938〜1939年．1階平面図…………… 730

422. アルヴァ・アアルト　マイレア．1938〜1939年．フィンランド風の煖炉と応接室．写真, Welin …………………………………………………………… 732

423. アルヴァ・アアルト　マイレア．1938〜1939年 階段詳細 写真, Giedion… 735

424. アルヴァ・アアルト　マイレア，1938〜1939年．階段と応接室 ………… 735

425. アルヴァ・アアルト　　実験的都市計画試案，1940年．アアルトの『戦後の復興：フィンランドにおける再建研究』から……………… 736
426. アルヴァ・アアルト　　カウットゥア，配置計画 *Arkkitehti*, no. 1-2, 1948 から…………………………………………………………… 739
427. アルヴァ・アアルト　　カウットゥア，連続住宅．写真，Giedion………… 739
428. アルヴァ・アアルト　　カウットゥア，異なった高さに入口のある連続住宅……………………………………………………………… 739
429. アルヴァ・アアルト　　オウルの都市計画．1943年．模型．写真，Gewerbeschule Zürich…………………………………………………… 740
430. アルヴァ・アアルト　　オウルの都市計画．1943年．新しいシヴィック・センターをもった都市………………………………………… 740
431. アルヴァ・アアルト　　スポーツと文化のセンター，ウィーン，1953年．模型………………………………………………………… 742
432. スポーツと文化のセンター，ウィーン．1953年．大ホールの断面………… 742
433. アルヴァ・アアルト　　セイナッツァロのコミュニティ・センター．設計1945年．建造1950～1952年………………………………… 744
434. アルヴァ・アアルト　　セイナヨキのコミュニティ・センター．建造開始1960年．模型……………………………………………… 744
435. セイナヨキ市議会議場，建造開始1960年．写真，Stucky………………… 745
436. セイナヨキ市議会議場，建造開始1960年．施釉タイルで支配されたファサード………………………………………………………… 745
437. アルヴァ・アアルト　　ヘルシンキの市民センター．設計開始1958年．建造開始1964年………………………………………………… 747
438. ユカタン半島のウズマールの神殿．写真，Giedion …………………… 756
439. ウズマールの神殿の再現……………………………………………… 757
440. ヨーン・ウッツォン　　シドニー・オペラ・ハウスのホワイエに上っていく階段…………………………………………………… 757
441. ヨーン・ウッツォン　　日本の住宅のスケッチ…………………… 762
442. ヨーン・ウッツォン　　海上の雲のスケッチ……………………… 763
443. ヨーン・ウッツォン　　シドニー・オペラ・ハウスのヴォールトの最初のスケッチ………………………………………………… 763
444. ヨーン・ウッツォン　　シドニー・オペラ・ハウス，1957年．小ホールの断面……………………………………………………… 766
445. ル・コルビュジエ　　ソビエト・パレスの計画案．1931年．ル・コルビュジエ作品集第Ⅱ巻から………………………………… 766
446. ヨーン・ウッツォン　　球体を基にするシドニー・オペラ・ハウスのシェル・ヴォールトの形態の決定　写真，Mario Tschabold …………… 767

447. ヨーン・ウッツォン　ウッツォンがヴォールトの各弓形を切り出す方法
を示している木製のボール．写真, Klaus Bossard·················· 767

448. ヨーン・ウッツォン　シドニー・オペラ・ハウスのシェル・ヴォールト
のガラス・カーテン·· 768

449. 飛翔中の大かもめ．写真, Emil Schulthess·························· 768

450. ヨーン・ウッツォン　シドニー・オペラ・ハウス, 1957年．一点で出合
うシェル・ヴォールトの翼·· 768

451. ヨーン・ウッツォン　シドニー・オペラ・ハウス, 1957年．平面図······ 771

452. ヨーン・ウッツォン　チューリッヒ劇場, 1964年．模型．写真, Peter
Grünert··· 777

453. チューリッヒ劇場, 1964年．模型の立面．写真, Peter Grünert·········· 777

454. ヨーン・ウッツォン　コペンハーゲン近傍のフレーデンスボルグの住宅
地, 1962年．一家族住宅．写真, Skriver······························ 780

455. フレーデンスボルグの住宅地, 1962年．長方形の開口部ごしに見た住戸．
写真, Giedion··· 780

456. フレーデンスボルグの住宅地, 1962年．プラン····················· 780

457. メルシエ　『パリの描写』中の銅版画．1786年．····················· 799

458. ル・ノートルの設計になったテュイルリー宮の庭園．マリエットの版画··· 800

459. リュ・ド・リヴォリ, パリ, 1825年頃···································· 801

460. ペルシエとフォンテーヌ　リュ・ド・リヴォリに臨む家屋の立面図．1806
年··· 801

461. リュ・ド・リヴォリ, ルーヴル宮側の眺望．1840年···················· 803

462. レン　ロンドン再建計画, 1666年．*Town Planning Review*, May 1923
から許可複製··· 806

463. クィーン・スクェア, ブルームズベリ地区, ロンドン, 1812年．Mrs. Albert
C. Koch 所蔵·· 807

464. 18世紀初期のグローヴナー・スクェア, メイフェア．British Crown
Copyright. 写真, ロンドンの Victoria and Albert Museum ············· 810

465. ブルームズベリ地区のスクェア 1825年頃．写真, Giedion··················· 811

466. グローヴナー・スクェア, ロンドン, 1695年建設開始．Sir Mayson Beeton
と E. B. Chancellor による Defoeの *A Tour through London*
(Batsford: London, 1929) から許可複製 ····························· 812

467. 18世紀末のブルームズベリ．1795年の地図の部分．ロンドン大学所蔵······ 814

468. 1828年のブルームズベリ．ジェームズ・ワイルドの地図．ヒュウィットの
版画．ロンドン大学所蔵··· 814

469. ブルームズベリ地区．ラッセル, ベッドフォード, ブルームズベリ等のス
クェアの俯瞰写真．Aerofilms Ltd. ································· 817

470.	ベッドフォード・プレース．ブルームズベリ・スクェアよりラッセル・スクェアに至る街路，1800年建造開始．写真，Giedion	818
471.	ブルームズベリ地区，ウォバーン・スクェアの家並，1825～1830年頃．写真，Giedion	821
472.	ケンジントン，ロンドン，1830～1840年．俯瞰写真，Aerofilms Ltd.	822
473.	ジョン・ナッシュ　パーク・クレッズント，ロンドン，1812年創設	825
474.	ジョン・ナッシュ　リージェント・パーク近傍の大規模な住宅建設．*Architectural Review, Dec.* 1927から許可複製	826
475.	ジョン・ナッシュ　リージェント・パークの連続住宅．H. Melvelle の版画	827
476.	ジョン・ナッシュ　リージェント・パークにおける住宅建設の最初の計画案，1812年．Allen and Unwin, Ltd. の許可により John Summerson, *John Nash* (London, 1935) より複製	827
477.	バーミンガムの景観，1850年	828
478.	ナポレオン3世によるパリの地図	831
479.	オースマンによるパリの改造計画．アルファンの地図	836
480.	サン・ジャック塔廻りの広場，1855年	839
481.	シャートゥレー広場	840
482.	ブールヴァール・サン・ミッシェル，1869年	841
483.	アヴェニュ・ド・ランペラトリス（アヴェニュ・フォッシュ），1862年	842
484.	ブールヴァール・リシャール・ルノワール，1861～1863年	844
485.	オペラ劇場からルーヴル宮とリヴォリ街に至るアヴェニュ・ド・ロペラ	846
486.	テュイルリー宮の大階段室，宮廷舞踊，1860年	847
487.	成育した樹木を移植するための樹木持上機	850
488.	コンコルド広場とシャンゼリゼー，鳥瞰図，1855年	850
489.	強壮な亜熱帯植物，ウィガンディア	851
490.	ボワ・ド・ブーローニュ，1853～1858年	852
491.	ボワ・ド・ヴァンサンス，グラヴェルの丘から望む，1857～1864年	853
492.	セバストポール通りの集合住宅，パリ，1860年．正面図と断面図	860
493.	セバストポール通りの集合住宅，1860年．2,3,4,階の平面図	860
494.	J. B. パップワース　オハイオ河畔に臨む"村落都市"の計画案，"ハイジーア"，1827年	871
495.	オットー・ワグナー　ウィーンのある地区中心計画，1910年頃	874
496.	トニー・ガルニエ　工業都市，1901～1904年．全体計画図	880
497.	トニー・ガルニエ　工業都市，1901～1904年．住宅と庭園	882
498.	トニー・ガルニエ　工業都市，1901～1904年．一住戸単位の平面，テラス	882

499. トニー・ガルニエ　工業都市，1901〜1904年．開放的なテラスと屋根付のヴェランダのある学校……………………………………………… 883

500. トニー・ガルニエ　工業都市，1901〜1904年．開放的な階段と屋上庭園をもった鉄筋コンクリート造の住宅……………………………… 884

501. ル・コルビュジエ　ボルドー近傍，ペサックの集合住宅，1926年……… 885

502. H.P.ベルラーヘ　アムステルダム南部の計画，1902年………………… 889

503. フランスの造園計画，1869年…………………………………………………… 890

504. H.P.ベルラーヘ　アムステルダム南部の最終計画案，1915年………… 894

505. アムステルダム南部，30年代の南北のアムステルラーン．俯瞰写真，KLM ……………………………………………………………………………… 895

506. ブールヴァール・リシャール・ルノワール，1861〜1863年…………… 895

507. アムステルダム南部，アムステルラーン ……………………………… 896

508. アムステルダム南部，アムステルラーン．デ・クラークによる共同住宅，1923年 …………………………………………………………………… 896

509. アムステルダム南部の基本計画，1934年…………………………………… 899

510. アムステルダム，ボス・エン・ロンメル地区のマスター・プランと模型の詳細，1938年…………………………………………………………………… 903

511. アムステルダム西部の基本計画，"ヘット・ウェステン"地区計画………… 906

512. メルケルバッハとカールステン　アムステルダム西部（ヘット・ウェステン）の低家賃住宅，1937年．写真，Giedion ………………………… 906

513. "ヘット・ウェステン"地区の実施建築家による基本計画の変更………… 906

514. メルケルバッハとカールステン　"ヘット・ウェステン"地区の低家賃住宅……………………………………………………………………………… 906

515. F.Y.オルムステッド　セントラル・パークの跨線橋，ニューヨーク市，1858年．Sarony, Major & Knapp の石版画………………………… 921

516. メリット・パークウェイ，コネティカット，1939年．写真，Meyers．コネティカット州ハートフォード公園局所蔵………………………………… 923

517. メリット・パークウェイ，コネティカット，写真，Giedion…………… 923

518. ランダル島，トリバラ橋への取り付きにあるクローバ型立体交差，ニューヨーク市，1936年．ニューヨーク市公園委員会所蔵…………………… 924

519. "プレッツェル"，グランド・セントラル・パークウェイとその拡張路線，およびユニオン・ターンパイク，インターボロ・パークウェイ，クィーンズ・ブールヴァールの交差点，ニューヨーク市，1936〜1637年．ニューヨーク市公園委員会所蔵………………………………………………… 925

520. ヘンリー・ハドソン・パークウェイを含むウェスト・サイド開発，1934〜1937年．ニューヨーク市公園委員会所蔵…………………………………… 927

521. ワルター・グロピウス　平板状のブロック単位，1930年………………… 930

522. ワルター・グロピウス　ベルリンのハーゼルホルスト住宅地計画の模型，
　　　1929年‥‥‥‥‥‥‥‥‥‥‥‥‥‥‥‥‥‥‥‥‥‥‥‥‥‥‥‥‥‥‥‥ 930
523. W. ファン・テェイエン　プラスラーン，ロッテルダム，1937〜1938年‥ 931
524. ハイポイントのアパートメント・ハウス，ロンドン，テクトン・グループ
　　　の設計，1936〜1938年．写真，Giedion ‥‥‥‥‥‥‥‥‥‥‥‥‥‥ 932
525. ミシガン湖畔の開豁地に建つ摩天楼のアパートメント・ハウス，シカゴ，
　　　1929年頃．写真，Tague ‥‥‥‥‥‥‥‥‥‥‥‥‥‥‥‥‥‥‥‥‥‥ 933
526. ル・コルビュジエ　緑地の中の摩天楼，ブエノス・アイレスのための計
　　　画案，1929年‥‥‥‥‥‥‥‥‥‥‥‥‥‥‥‥‥‥‥‥‥‥‥‥‥‥ 935
527. ル・コルビュジエ　"不良地区，no. 6"の改造計画，1937年‥‥‥‥‥‥ 937
528. ル・コルビュジエ　"不良地区，no. 6"のジグザグ型アパートメント・
　　　ブロック‥‥‥‥‥‥‥‥‥‥‥‥‥‥‥‥‥‥‥‥‥‥‥‥‥‥‥‥‥‥ 937
529. ル・コルビュジエ　ベルリン中心部再建計画の国際設計入選案，1961年.
　　　ル・コルビュジエ作品集第Ⅶ巻より‥‥‥‥‥‥‥‥‥‥‥‥‥‥‥‥ 939
530. ロックフェラー・センター，ニューヨーク市，1931〜1939年．俯瞰写真，
　　　Thomas Airviews ‥‥‥‥‥‥‥‥‥‥‥‥‥‥‥‥‥‥‥‥‥‥‥‥‥ 941
531. 平板状の摩天楼，R. C. A. ビルディング，ロックフェラー・センター，
　　　ニューヨーク，1931〜1932年．写真，Wendell MacRae ‥‥‥‥‥‥‥‥ 943
532. R. C. A. ビルディング，ロックフェラー・センター，基本階平面図‥‥‥ 943
533. ボローニヤの貴族アシネーリとガリセンダ両家の塔，13世紀‥‥‥‥‥‥ 947
534. ロックフェラー・センターのモンタージュ写真‥‥‥‥‥‥‥‥‥‥‥‥ 950
535. エッジャートン　ゴルフのストロークの高速度写真‥‥‥‥‥‥‥‥‥‥ 951
536. 丹下健三　東京湾上の建設計画，1960年‥‥‥‥‥‥‥‥‥‥‥‥‥‥‥ 958
537. 丹下健三　東京湾上の建設計画の詳細，1960年．写真，川澄明男‥‥‥‥ 958
538. 槇　文彦　東京のある地区の再建計画，1964年.写真，Petoria O. Murai 959
539. セルトとウィーナー　ペルーのチンボーテの新しい鉱山町の計画，1949
　　　年‥‥‥‥‥‥‥‥‥‥‥‥‥‥‥‥‥‥‥‥‥‥‥‥‥‥‥‥‥‥‥‥ 961
540. J. L. セルト　ピーボディ・テラス，1964年．俯瞰写真，Laurence Lowry‥ 962
541. ピーボディ・テラス，1964年．配置図‥‥‥‥‥‥‥‥‥‥‥‥‥‥‥‥‥ 962
542. ピーボディ・テラス，1964年．21階建の塔の断面‥‥‥‥‥‥‥‥‥‥‥‥ 962
543. ピーボディ・テラス，1964年．中央の広場．写真，Phokion Karas ‥‥‥ 963

1003

索　　　引

Aalto, Aino（アアルト，アイノ）　753
Aalto, Alvar（アアルト，アルヴァ）
　489, 542, 580, 632, 702〜754, 758
　ＭＩＴのための作品　586〜588,
　　　　　　　　590, 721, 750, 752
　フィンランドとの関係　　　　705
　初期の作品　　　　　　710〜714
　パイミオ・サナトリウム　714〜
　　　　　　　　　　717, 749
　うねらせた壁体の使用　717〜725
　ヴィープリ図書館　　　717〜718,
　　　　　　　　　　750, 761
　フィンランド館　718〜720, 750
　スニラ　726〜730, 735〜736
　マイレア　　　　　　731〜734
　都市計画　　　　　　734〜740
　市民センター　　　　740〜746
　家具　　　　　　　　746〜749
　彼の意義　　　　　　749〜751
　彼の個性　　　　　　751〜754
　シアムでのアアルト　　　　　785
Abstractionism（抽象主義）　　566
Académie des Beaux Arts（アカデミー・
　ド・ボーザール）　　580, 649
Adam, Robert and James（アダム兄弟,
　ロバートとジェームズ）　　195,
　　　　　　　803, 812, 820
　ポートランド・プレース　　　824
Adams, W. J.（アダムス, W. J.）　403
Adelphi Terrace（アデルフィ・テラス）
　　　　　　　803, 812, 820
Adler, Dankmar（アドラー，ダンクマ

ール）　　　　　　　467, 691
Adler and Sullivan Auditorium（アド
　ラーとサリヴァンのオーディトリウ
　ム，シカゴ）41, 439, 446, 615
Aesthetics, and modern Architecture
　（美学と近代建築）　788〜789
Agglomeration（集落）　　　　791
　ル・コルビュジエの提案　　　955
Ahmedabad（アーメダバッド）　641
Air conditioning（空気調節）　493
Albers, Josef（アルバース，ジョセフ）
　　　　　　　　　　567, 590
Albert, Prince Consort（アルバート公）
　　　　　　　　　　　　304
Alberti, Leon Battista（アルベルティ,
　レオン・バッティスタ）70, 81,
　　　　　　　　　114, 153
Alphand, Jean（アルファン，ジャン）
　　　　　　　　　　344, 852
　オースマンとの仕事　856, 863〜864
America（アメリカ）
　アメリカでの鉄筋コンクリートの使
　　用　　　　388, 391〜392
　ロンドン博でのアメリカ　400〜
　　　　　　　　　　　　402
　道具類　　　　　　　403〜405
　家具　　　402〜407, 420〜421
　アメリカでの工業建築の影響　408
　バルーン構造の使用　　411〜421
　平坦な面の使用　　　421〜429
　アメリカでの住宅の発展　468〜
　　　　　　　　　　　　471

1005

1930年以降のアメリカへの移民
　　　　　　　　　　579〜580
アメリカでのグロピウスの仕事
　　　　　　　　　　578〜598
さらに Chicago; New York; St.
Louis; Wright, Frank Lloyd を
見よ
American Architecture（アメリカ建築，
その諸要素）
　バルーン構造　　　411〜421
　平坦な壁　　　　　421〜428
　フレキシブルな平面計画　429〜435
　ポーチ　　　　　　478〜479
　さらに Chicago School; Mercantile
　classicism を見よ
Ammanati, Bartolomeo（アンマナティ，
　バルトロメオ）　　　　　87
Amstellaan Blvd.（アムステルラーン通
　リ）　　　　　　　893〜894
　19世紀的な考え方としての　　897
Amsterdam（アムステルダム）
　その都市計画　60, 873, 886〜898
　ファン・ドゥースブルフとファン・
　　エーステレンの住宅　517〜518
　アムステルダム北部地区計画　763
　アムステルダム総合拡張計画
　　　　　　　　　　898〜904
　住宅建設と市の諸活動との関係
　　　　　　　　　　904〜908
　さらに Berlage, H. P. を見よ
Amsterdam stock Exchange（アムステ
　ルダム株式取引所）　352, 370〜
　　　　　　　　　　　376
Andreas, A. T.（アンドリース，A. T.）
　　　　　　　　　　　418
Antonine Column（アントニウスの記念
　柱）　　　　　　　　　139
Apartment house（アパートメント・ハ
　ウス）
　パリの　　　　　　392〜395

シカゴの　　　　　　445〜449
マルセイユの　627〜630, 690, 936
ワイセンホーフ集団住宅地　　683
ミース・ファン・デル・ローエの作
　品　　　　　　　686〜691
19世紀のパリの　　859〜861
アムステルダムの　902〜904,
　　　　　　　　　　929
板状住居単位　　　928〜933
ジグザグ型ブロック　　934
Apollinaire, Guillaume（アポリネール，
　ギョーム）　　　　　　511
Arago, François（アラゴー，フランソワ）
　　　　　　　　　　　46
Architects' Collaborative, the(TAC)（建
　築家協同集団）　　587, 595
Architecture（建築）
　有機体としての　　　51〜56
　時代の索引としての　51〜52
　建築における発展の連続性　52〜
　　　　　　　　　　56
　建築における隠れた力としての構造
　　　　　　　　　　57
　建築と都市計画　　58〜60, 957〜
　　　　　　　　　　969
　技術からの分離　232〜233, 763
　建築と工学　　　　264〜271
　癒された分裂　　　450, 703
　近代建築の役割　　792〜794
　建築と政治　　　　　971
　建築に対する感情の影響　974〜
　　　　　　　　　　977
　さらに Engineering; Technology を
　見よ
Arnodin（アルノダン）　　350
Arp, Hans（アルプ，ハンス）　487,
　　552, 590, 706, 751, 788
Art（芸術）
　芸術と科学　43〜49, 232〜233,
　　264, 504〜505, 519, 643〜644, 975

エコール・ド・ボーザールの影響
264〜265
芸術の機能　　　　　　506〜507
一般大衆との関係　　　507〜508
新しい構造型式との関係　　526
近代建築との関係　　　575〜576
建築との再結合　　　　590〜591
さらに Feeling；Painting を見よ
Art nouveau（アール・ヌーヴォー，新
芸術）
建築での使用　　　　　363〜366
鉄を使用した作品の成長　　385
Arts and crafts movement（美術工芸運
動）
イギリスでの　　　358〜359，469
オーストリアでの　　　383〜384，
469
ドイツでの　　　　　　　　564
Arup, Ove（アラップ，オーヴ）551〜
552，770
Ashbee, C. R.（アッシュビー，C. R.）
359
Aspdin, Joseph（アスプディン，ジョセ
フ）
387
Asplund, Gunner（アスプルンド，グン
ナー）
758
ASCORAL,（Assemblée de Constructeurs
pour une Rénovation Architecturale）
（アスコラール，建築革新のための
構造家集団）　　　　789〜790
Austria（オーストリア）
オットー・ワグナーの影響　381〜
384，556
手工芸の影響　　　　　384〜385
Aztec architecture（アズテック建築）
759，761，775

Back Bay Center（バック・ベイ・セン
ター）　　　　　593〜595，966
Badovici, Jean（バドヴィシ，ジャン）

787
Baghdad University（バグダッド大学）
595
Bagnocavallo（バーニョカーヴァルロ）
80
Bakema, J. B.（バケマ，J. B.）
シアムでの　　　　　　702〜703
ロッテルダムの建設者　　　863
Balat, Alphonse（バラー，アルフォンズ）
367
Balla, Giacomo（バルラ，ジャコモ）
521
Baloon frame（バルーン・フレーム）
411〜420
その原理　　　　　　　411〜412
安価な釘への依存　　　413〜415
バルーン・フレームと西部の建設
415〜416
その発明　　　　　　　416〜420
Baltard, Victor（バルタール，ヴィクト
ル）　　　　　　　　　286〜287
Barcelona（バルセロナ）
ミース・ファン・デル・ローエのパ
ヴィリョン　　　　　559，675
Barillet-Deschamps（バリレー・デシャ
ン）　　　　　　　　　　　856
Barnard, Henry（バーナード，ヘンリー）
403
Baroque（バロック）
バロックの遠近法　　　90，150
ローマでのバロック　　112〜147
バロックの普遍的見解　147〜150
後期バロック　　　　　147〜150
バロックの定義　　　　149〜150
うねらせた壁の使用　　151〜155
南ドイツでのバロック　170〜177
フランスでのバロック　177〜185
バロックの都市計画　　797，800
リヴォリ街　　　　　　802〜804
バロックのアヴェニュ　　　862

1007

Borromini; Guarini; Squares; Versailles の項をも見よ

Barr, Alfred（バール，アルフレッド）
512

Bath（イギリスのバースの町）
ロイヤル・クレッセント　192～
194，725，812，826
ランズダウン・クレッセント
204～205
中流階級のヴェルサイユ　207
バースの影響　824

Baudot, Anatole de（ボードー，アナトール・ド）　332，390～391

Bauhaus（バウハウス）　324,564～576,
675
バウハウスの役割　569～571,
592
デッサウの建物　571～577，595,
611，714，749

Bayer, Herbert（バイヤー，ハーバート）
567，590，675

Beams（梁，鋳鉄の梁）　241～244
展鉄の梁　245

Beardsley, Aubrey（ビァズリー，オーブリー）　363

Bedford House, and Bloomsbury（ベッドフォード邸とブルームズベリー）
813～818

Bedford Place（ベッドフォード・プレース　817～818

Behrens, Peter（ベーレンス，ペーター）
381，438，681
ベーレンスのアトリエ　556，600,
671
グロピウスとの対比　560～562

Belgrand, Eugène（ベルグラン，ユージェーヌ）　855

Bellamy,Edward（ベラミー，エドワード）
『追想』　875

Bellangé（ベランジェ）　224～225

Bellini, Jacopo（ベルリーニ，ヤコボ）
97

Berkeley Square（バークレー広場）
812，829

Berlage, Hendrik Petrus（ベルラーヘ，
ヘンドリック・ペートルス）　158,
352，371
アムステルダム株式取引所　370～
374，423，797
ロマネスク様式の使用　371～372,
377～378
ベルラーヘへの影響　375，378～
379
ベルラーヘと F. L. ライト　498
アムステルダム南部の計画　891
～898
過去への指向性　897

Bernini, Giovanni Lorenzo（ベルニーニ,
ジョヴァンニ・ロレンツォ）　102,
164
フランスにおけるベルニーニ
180～181
ピアッツァ・オブリークァ　186,
805

Bertrand, Louis（ベルトラン，ルイ）
185

Bibliothèque Nationale（フランス国立図書館）　276～284

Bloomsbury（ブルームズベリ・スクェア）
811，816
その発展　813～824

Boccioni, Umberto（ボッチオーニ，ウンベルト）　520

Bode, Wilhelm（ボーデ，ウィルヘルム）
431～433

Bogardus, James（ボガーダス，ジェームズ）　246～251，261，315
ボガーダスによる組立部材の使用
246～247，294，411
ハーパー・アンド・ブラザーズ・ビル

247〜248
ニューヨーク万博のための計画案
249〜250, 350
発明家としてのボガーダス 250
〜251
ボガーダスによって提案されたエレ
ベーター 261〜262
Boileau, L. A. (ボワロー, L. A.) 245
ボン・マルシェ百貨店 295〜299
透明な面 326〜327
Bois de Boulogne (ブーローニュ公園)
835, 838, 852, 856
Bois de Vincennes (ヴァンサンヌ公園)
853, 856
Bologna (ボローニャ) の斜塔 948
Bonnier, Louis (ボニエ, ルイ) 391
Bordino, Giovanni Francesco (ボルディ
ノ, ジョヴァンニ・フランチェスコ)
132
Borromini, Francesco (ボロミーニ, フ
ランチェスコ) 151, 762
うねらせた壁体の使用 151〜155,
162, 204〜205, 725
サン・カルロ・アレ・クワトロ・フ
ォンターネ寺院 151〜155, 188
ボロミーニの再発見 152
サン・ティーヴォ寺院 155〜159
彫刻家としてのボロミーニ 162
過去とのつながり 163〜164
近代建築の先駆者としてのボロミー
ニ 201, 602, 611, 829
Borsodi, Ralph (ボルソディ, ラルフ)
820
Boston (ボストン)
ボストンの商業用建物 292
オーク・ホール 294
花崗岩の倉庫 424〜426
クィンシー・マーケット 425
バック・ベイ・センター 593, 966
Boulevard (ブールヴァール)

その定義 849
パリのブールヴァール 849〜851
Boulevard Richard-Lenoir (ブールヴァ
ール・シリャール・ルノアール)
864, 894
Boulevard Sébastopol (ブールヴァール・
セバストポール) 840
Boulton, Matthew(ブールトン, マシュウ)
240〜241
Bourgeois, Victor (ブールジョア, ヴィ
クトル) 378, 681, 785
Bourget, Paul (ブールジェ, ポール)
449
Bowen, H. (バウエン, H.) 419
Bramante, Donato (ブラマンテ, ドナー
ト) 70〜71, 80, 114, 650, 663
ピアッツァ・ドゥカーレ 84
ジュリア通り 95
ブラマンテによる階段の使用 97
〜101
Brancusi, Constantin (ブランクージ, コ
ンスタンティン) 552, 553, 706
Braque, Georges(ブラック, ジョルジュ)
513, 518, 522, 602, 678, 705
Breuer, Marcel(ブロイヤー, マルセル)
567, 582, 787
グロピウスとの協力 582, 585,
587, 620
高層建築 929
Briand, Aristide(ブリアン, アリスティ
ッド) 619, 784
Bridges (橋梁)
サンダーランド橋 220〜222
セガンの橋 226〜227
ローブリング橋 227
金門橋 228
ロンドン橋 240
アルノダンの橋梁 350
マイヤールの橋梁 526〜539,
545〜550

1009

個々の橋の項をも見よ
Brighton（ブライトン）
　ブライトンの王宮　　　222, 237〜
　　　　　　　　　　　　　　238
Britannia Tubular Bridge（ブリタニア筒
　形橋）　　　　　　　　　222
British Museum（英国博物館）
　英国博物館の閲覧室　　　277
　英国博物館とブルームズベリ
　　　　　　　　　　　815〜816
Brunelleschi, Filippo（ブルネレスキ, フ
　ィリッポ）　　　　　　　280
　遠近法の創始者　　　　66〜69
　スペダーレ・デリ・インノチェンティ
　　　　　　　　　　　　73〜74
　ビザンチアムの影響　　　74
　パッツィ家礼拝堂　　　　75
Brunet（ブリュネ）　　　　225
Brussel（ブリュッセル）
　現代芸術の中心地としての　356〜
　　　　　　　　　　　　　　359
　ブリュッセル博　　　　　358
　オルタの家　　　　　360〜369
　ブリュッセルでのシアムの会議
　　　　　　　　　　　　　785
Bryant, Gridley J. Fox（ブライアント,
　グリッドリー J. フォックス）　425
Bryggman（ブリュッグマン）　713
Bucher, Lothar（ブッヘル, ロタール）
　　　　　　　　　　　311, 401
Buffington, Leroy S.（バッフィントン,
　リーロイ・S.）　　　258〜259
Bunschaft, Gordon（バンシャフト, ゴー
　ドン）　　　　　　　　　702
Burckhardt, Jakob（ブルクハルト, ヤー
　コブ）　　　31〜32, 152, 519
Burdon, Rowland（バードン, ローランド）
　　　　　　　　　　　　　220
Burnett, Sir John（バーネット卿, ジョン）
　　　　　　　　　　　　　619

Burnham, Daniel（バーナム, ダニエル）
　　　　　　　439, 442〜445
　リライアンス・ビルディング
　　　　　　　454〜457, 479
　バーナムと万国博　　　　466
Burton, James（バートン, ジェームズ）
　　　　　　　　　　728〜729
Byzantium（ビザンチアム）
　ブルネレスキへの影響　　74
　ビザンチアムのポルティコの起源
　　　　　　　　　　　　　88

Capitolina（カピトリーナ）空間の利用
　　　　　　　　　　101〜109
Carpaccio, Vittore（カルパッチオ, ヴィ
　ットーレ）　　　　　　　80
Carpenter Center for Visual Arts（視覚
　芸術のためのカーペンター・セン
　ター, ハーヴァード大学）　611,
　　　　　　　　　　640〜646
Carson, Pirie, Scott store（カーソン, ピ
　リー・スコット商会）　457〜459
Cast iron（鋳鉄）
　鋳鉄柱　　　　　　233〜238
　ロンドン橋のための計画　240
　内部架構用の鋳鉄　　240〜246
　ボガダスによる鋳鉄の使用
　　　　　　　　　　246〜251
　商業建築における鋳鉄　251〜255
　セント・ルイス河岸での鋳鉄の使用
　　　　　　　　　　251〜255
Ceiling（天井）
　天井の近代的処理　　717〜718
Cement, hydraulic（水硬セメント）
　　　　　　　　　　　　　387
Cendrars, Blaise（サンドラール, ブレー
　ズ）　　　　　　　　345〜350
Central Park（セントラル・パーク）
　ニューヨーク　　　　　　919
Cézanne, Paul（セザンヌ, ポール）

1010

352, 356, 358, 508, 538
Champ-de-Mars（シャン・ド・マルス）
324
Champs Élysées（シャンゼリゼ）　189
193, 856
Chandigarh（チャンディガール）
セクリタリアートの建築　616,
633〜634, 790
ル・コルビュジエ設計のキャピトー
ル　631〜636, 652, 746
Chaptal, Jean-Antoine（シャプタール,
ジャン・アントワーヌ）　265
Chareau, P.（シャロー, P.）　783
Charles Ⅱ（イングランドのチャールズ
2世）　805
Charnley house（チャーンリー邸）
シカゴ　469〜470
Charte d'Athènes, La（アテネ憲章）
787
Charte de l'Habitat（居住地憲章）　790
Châteaux（シャトー）
シャトーの出現　180
ヴォール・ヴィコント館　180〜
181
ヴェルサイユ宮　181〜184
Chevalier, Michel（シュヴァリエ, ミシ
ェル）　305
Chicago（シカゴ）
建築発展の初期の中心　40, 59
シカゴの摩天楼　259, 944
シカゴの百貨店　295
シカゴ万国博（1893）　334〜337,
407〜409, 463〜466
モンゴメリー・ウォード百貨店
391〜392
バルーン・フレームの発展　417〜
420
シカゴでの建築革新　449〜459
ミース・ファン・デル・ローエ
685

さらに Chicago School; Wright,
Frank Lloyd；個々のビルディン
グをも見よ
Chicago construction（シカゴ構造）
450, 463
Chicago school（シカゴ派）　436〜466
事務所建築　438〜445
アパートメント・ハウス　445〜
449
シカゴ派の革新　449〜451
癒された建築と技術との間の分裂
450〜451
ライター・ビルディング　438〜
439, 440, 451〜454
リライアンス・ビルディング
454〜457
カーソン・ピリー・スコット・ストア
457〜459
シカゴ派の衰微　461
シカゴ派と万国博　463〜466
シカゴ派とフランク・ロイド・ライ
トの仕事　479〜481, 492
ミース・ファン・デル・ローエによ
る再興　691
Chicago Tribune Building（シカゴ・ト
リビューン新聞社社屋）　461〜
463, 580
Chicago World's Fair（シカゴ万博, 1893）
334〜337, 407〜409, 463〜466
シカゴ万国博におけるパリの影響
464〜465
Chombart de Lauwe, P.（ションバール
・ド・ローヴ, P.）　936
CIAM（シアム, 近代建築国際会議）
Congrés Internationaux d'Architec-
ture Moderne を見よ
Cité Industrielle（トニー・ガルニエの工
業都市）　395〜397, 880〜887
Cities（都市）
都市の成長　76〜77, 742

1011

ルネサンスの星状都市　78〜91
ローマ　112〜149
バロックの都市の嫌悪　181
都市成長によってもたらされた新しい建物　290
都市の大規模な計画　625
技術的な問題としての都市　854, 856
19世紀後期の都市　870〜874
田園都市　872〜877, 956
線状都市　879〜880, 956
都市の破滅か改造か　913〜918
変化する都市の概念　953〜957
新都市　956
さらに Town Planning ; 個々の都市の項を見よ
City Planning（都市計画）
Town Planning の項を見よ
City Theater of Helsinki（ヘルシンキの市民劇場）　778
Civic centers（シヴィック・センター）
アルヴァ・アアルトの市民センター　741〜746, 750
市民センターのタイプとしてのロックフェラー・センター　845〜846, 850〜856
Clapboards（下見板）　423
Clifford, Thomas（クリッフォード, トーマス）　413
Coates, Wells（コーティス, ウェルズ）　787
Cobden-Sanderson, T. J.（コブデン・サンダーソン, T. J.）　359
Cole, Henry（コール, ヘンリー）　305, 307, 558
Collages（芸術的手段としてのコラージュ（貼合せ画法））　512〜513
Column, cast-iron（鋳鉄柱）
工場での使用　233〜235
他の材料と組合わされた鋳鉄柱

235
ブライトンのロイヤル・パヴィリョンの鋳鉄柱　236〜237
鋳鉄柱の量産　239〜240
個人住宅での使用　364
Comte, Auguste（コント, オーギュスト）　289
Concrete（コンクリート）
Ferroconcrete ; Shell concrete の項を見よ
Congrés Internationaux d'Architecture Moderne（CIAM）
近代建築国際会議　33, 379, 592, 620, 649
シアムにおけるル・コルビュジエ　650
シアムの背景　783〜784
第1回会議（ラ・サラー）　784
第2回会議（フランクフルト）　785
第3回会議（ブリュッセル）　785
第4回会議（アテネ）　785〜787
第5回会議（パリ）　787
シアムのニューヨーク分会　788
マーズ・グループ　788
第6回会議（ブリッジウォーター）　788
第7回会議（ベルガモ）　789
第8回会議（ホデスドン）　789〜790
第9回会議（エクス・アン・プロヴァンス）　790
第10回会議（ドゥブロヴニク）　790〜791
シアムの総括　791〜794
シアムへの代表者　792
Constable, John（コンステーブル, ジョン）　106
Constructivism（構成主義）　514
Continuity（連続）
連続への要求　36〜38

連続の重要性　　　　54
近代建築における変化と連続との関
　係　　　　965〜969
Cordova（コルドヴァ）バロックへの影響
　　　　167〜169
Corny, Héré de（コルニー，エーレ・ド）
　　　　191〜192
Cottancin（コタンサン）　　328〜329
Couturier, Father（クーテュリエ神父）
　　　　651, 653
Covent Garden（カヴェント・ガーデン）
　　　　810
Crystal Palace（水晶宮）　　303, 307〜
　　　　313
　コールによって報告された水晶宮
　　　　305
　水晶宮の組立部材　　　　308
　水晶宮の含意　　　　311〜312
Cubism（キュービスム，立体派）508〜
　　　　514, 944
　キュービスムと時-空間　　510〜
　　　　511, 606
　未来派との比較　　520〜521, 524
　平坦な面の使用　　760〜761
Cubitt, Thomas（キュービット，トーマ
　ス）　　　　729
Cupola（クーポラ）
　クーポラでの鉄の使用　　224〜226

Daly, César（ダリ，セザール）267, 268
　　　　270
Darby, Abraham（ダービー，アブラハ
　ム）　　　　217〜220
　セヴァーン橋　　　　219
Davioud, Gabriel（ダヴィウッド，ガブ
　リエル）　　　　324, 614
　アルファンとの仕事　　　856
Delauney, Robert（ドゥローネ，ロベール）
　　　　345
Department stores（百貨店）　290〜300

百貨店の起源　　　　291〜295
フランスの百貨店　　　295〜300
ボン・マルシェ百貨店　　295〜299
Descartes, René（デカルト，ルネ）
　　　　968
Deutsche Werkbund（ドイツ工作連盟）
　　　　557〜558, 565
ドイツ工作連盟とミース・ファン・
　デル・ローエ　　　　678
Dewey, John（デューイ，ジョン）
　『経験としての芸術』　　　43
Dientzenhofer, Christoph（ディーンツェ
　ンホーファ，クリストフ）　174
Dion, Henry de（ディヨン，アンリー・ド）
　　　　326〜327
Doesburg, Theo van（ドゥースブルフ，
　テオ・ファン）　　　　202
ドゥースブルフとステイル・グルー
　プ　483, 499, 514, 674, 703
建築家としてのドゥースブルフ
　　　　517〜518, 674
ドゥースブルフとバウハウス　567
Dome（ドーム）
　ドームにおける柔軟性の概念　159
　繋ぎのアーチの使用　　　167
Donatello（ドナテロ）　　　67
Dormitories（寄宿舎）
　MIT でのアアルト設計の寄宿舎
　　586〜588, 590, 721, 750, 963
　ハークネス・グラデュエート・セン
　ター　　586〜590, 722, 963
　ピーボディ・テラス　　586, 722,
　　　　964〜965
Douglas（ダグラス）
　ロンドン橋のための設計　　240
Douro Bridge（ドゥーロ橋）　　340
Drew, Jane（ドゥルー，ジェーン）634
Duchamp, Marcel（デュシャン，マルセ
　ル）　　　　521
Duchamp-Villon, Raymond（デュシャン・

1013

ヴィヨン，レイモン）　　328, 350
Dudok（デュドック）　　　　498
Duiker（ダイカー）　　　　581
Dürer, Albrecht（デューラー，アルブレ
　　ヒト）　　　　　　　　　578
Dutch Housing Act of 1901（1901年オ
　　ランダ住宅建設法）　　　888
Dutert, Ferdinand（デュテール，フェル
　　ディナン）　　　　329, 391
Dvořák, Max（ドゥヴォルザック，マッ
　　クス）　　　　　　　　　163

Eclecticism in architecture（建築におけ
　　る折衷主義）　　　　　　352
　　折衷主義とシカゴ派の最後　　459
　　　　　　　　　　　　　　～460
École des Beaux-Arts（エコール・ド・ボ
　　ーザール，パリの美術学校）　466
　　エコール・ド・ボーザールの復活
　　　　　　　　　　　　264～265
　　建築家の訓練への影響　　266
École Polytechnique（エコール・ポリテ
　　クニーク，パリの高等理工科学校）
　　　　　　　　　　　265, 569
　　建築家の訓練への影響　　266
　　技術者の訓練への影響　　856
Eddystone Lighthouse（エディストーン
　　燈台）　　　　　　　　　386
Edgerton, H. E.（エッジャートン，H. E.）
　　ストロボスコープによる研究
　　　　　　　　　　　525, 949
Edinburgh（エディンバラ）　205
Eesteren, C. van（エーステレン，C. フ
　　ァン）　　　　518, 674, 703
　　エーステレンとシアム　　785
　　都市計画家としてのエーステレン
　　　　　　　　　　　　　　816
Egypt（エジプト）
　　水平な面の使用　　　　　760
　　バレル・ヴォールト　　　762

Eiffel, Gustave（エッフェル，ギュスタ
　　ーヴ）　　　　　　338～340
　　ボン・マルシェ百貨店　295～299,
　　　　　　　　　　　　326, 339
　　1867年の博覧会　　　320, 338
　　1878年の博覧会　　　　　326
　　1889年の博覧会　　　327, 340
　　ドゥーロ橋　　　　　　　340
　　ギャラビ高架橋　　340～341
Eiffel Tower（エッフェル塔）　159, 303
　　　　　　　　　　　　327, 611
　　エッフェル塔のエレベーター　263
　　エッフェル塔の建造　341～344
　　エッフェル塔の情緒的内容　344
　　　　　　　　　　　　　　～350
Einstein, Albert（アインシュタイン，ア
　　ルベルト）　　　　　　　511
Elevators（エレベーター）
　　初期のエレベーター　261～263,
　　　　　　　　　　　　　　294
　　ヨーロッパ最初のエレベーター
　　　　　　　　　　　　　　263
　　エッフェル塔のエレベーター
　　　　　　　　　　　　263～264
Elmslie, George E.（エルムスリー，ジ
　　ョージ・E.）　　378, 459, 460
Engineering（工学）
　　建築からの分離　224～225, 232～
　　　　　　　　　　　　　　233
　　建築との相互関係　269～271
　　近代都市計画との関係　　857
　　さらに Science; Technology をも見
　　よ
England（イギリス）
　　イギリスと産業革命　　　217
　　イギリスでの鉱産燃料の使用　217
　　　　　　　　　　　　　　～218
　　初期の鉄構造　　　　　　217
　　イギリスでの美術工芸　358～359
　　イギリスの住宅　　468～469

1014

マーズ・グループ 788
快適性とプライヴァシーに基づいた
住宅建設 716〜733
さらに London; Squares をも見よ
Ensor, James（アンソル，ジェームス）
357
Evelyn, John（イーヴリン，ジョン）
84
Exhibitions（博覧会）
工業博覧会 300〜337
初期の博覧会 301〜303
国際的な博覧会 303〜307
博覧会における建築上の革新 303
ヴォールティングの使用 306
水晶宮 307〜313
パリ博（1855） 313〜319
パリ博（1867） 319〜327
パリ博（1889） 327〜334
シカゴ博 334〜337，463〜466
それ以後の博覧会 336〜337
Expressionism（表現主義） 564〜566

Factories（工場）
工場での鋳鉄柱の使用 233〜235
ボールトンの工場 235
マサチューセッツの工場 235
ソールフォード木綿工場 240〜
244
ノワスィエル・シュール・マルスの
工場 255〜257
ファグス工場 560〜564，587，595，
672
スニラの工場 726〜729
Fairbairn, William（フェアバーン，ウイ
リアム）
梁について 241，244
構造物における鉄の使用 244〜
245
フェアバーンによる倉庫 294，
387

Falke, Jakob von（ファルケ，ヤーコプ・
フォン） 403
Faraday, Michael（ファラデー，マイケル）
46
Farnese Palace（ファルネーゼ宮） 93
Feeling（感情，その重要性） 47〜49，
974〜977
Feininger, Lyonel（ファイニンガー，リ
オネル） 566
Ferroconcrete（鉄筋コンクリート）
385〜398
鉄筋コンクリートの歴史 386〜
388
鉄筋コンクリートの初期の使用
389〜391
アメリカでの使用 391〜392
ペレーの作品 392〜396，603
ガルニエの作品 396〜397，603，
788
鉄筋コンクリートの新しい構造の可
能性 527
ル・コルビュジエによる使用
603，630
Ferry bridges（連絡橋） 350
Filarete（フィラレーテ，アントーニオ・
ディ・ピエトロ・アヴェルリーノ）
81〜84
Finance（財源，オースマンの処理）
765〜767
Finch, A. W.（フィンチ，A. W.） 357
Finland（フィンランド）
フィンランドとアアルト 704，
710〜721，794
1930年以前の建築 706〜710
フィンランドの都市計画 734〜
746
Flachat, Eugène（フラッシャ，ユージェ
ヌ） 289〜290
Floating foundation（筏地形） 450
Floor, beamless（無梁床版） 528〜530

Florence（フローレンス，フィレンツェ）
　フィレンツェと新しい空間概念　64
　マサッチオの作品　　　　67〜69
　スペダーレ・デリ・インノチェンティ
　　　　　　　　　　　　　　　73
　パッツィ家礼拝堂　　　　75〜76
　フィレンツェの理想プラン　　89
　レオナルドの作品　　　109〜112
Fontaine, Pierre（フォンテーヌ，ピエー
　ル）　　　　　　　　　　　　228
　ガルリー・ドルレアン　228〜229
　リュ・ド・リヴォリ　　　　802
Fontana, Domenico（フォンターナ，ド
　メニコ）
　フェリーチェ邸　　　124〜125
　庭園の設計　　　　　　　　128
　シクストゥス5世のための建築家と
　　して　　　　　　　128〜140
　ストラダ・フェリーチェ　134〜
　　　　　　　　　　　　　　135
Fountains（噴水）　　　141〜142
Fouquet, Nicolas（フーケ，ニコラス）
　　　　　　　　　　　　　　180
Fourier, Charles（フーリエ，シャルル）
　　　　　　　　　　　　　　915
France（フランス）
　フランスにおける世俗的専制政治の
　　影響　　　　　　　177〜185
　婦人の役割　　　　　　　　178
　王のシャトー　　　　180〜185
　初期の鉄の使用　223〜231, 381
　コンクリートの使用　387〜398
Francesco di Giorgio（フランチェスコ・
　ディ・ジョルジオ）　　　　81
　楔型稜堡　　　　　　　　　79
　理想都市（チッタ・イデアーレ）
　　　　　　　　　　　　81〜84
　ルネサンス期の人間として　87〜
　　　　　　　　　　　　　　88
　ピアッツァ・イデアーレ　87, 90, 94

Francke, Kuno（フランケ，クノー）468
Frank, J.（フランク，J.）　　　681
Frankfort（フランクフルト）での会議
　　　　　　　　　　　　　　785
　フランクフルトと都市計画　793
Franklin, Benjamin（フランクリン，ベ
　ンジャミン）　　　　　　　220
Frauenkirche, Dresden（フラウエンキル
　ヘ，ドレスデン）　　　　　113
Free University, W. Berlin（西ベルリン
　自由大学）　　　　　　　　959
Freyssinet（フレッシネー）　　542
Fry, Maxwell（フライ，マックスウェル）
　　　　　　　　　　　　　　634
Fuller, George A.（フラー，ジョージ・A.）
　　　　　　　　　　　436, 446
Function（機能）機能の概念　　703
　非合理な有機的なものへの発展
　　　　　　　　　　　　　　704
　機能からの表現の独立　　　764
Furniture（家具）
　19世紀アメリカの家具　402, 404〜
　　　　　　　　　　　　　　406
　ウィンザー椅子　　　420〜421
　合板の家具　　　　　　　　542
　片持ち式鋼管家具　　　　　684
　アルヴァ・アアルトの家具　746〜
　　　　　　　　　　　　　　749
Futurism（未来派）　　　518〜524
　立体派との比較　　　520〜522
　建築における未来派　　522〜523

Gabo, Naum（ガボ，ナウム）　　620
Gabriel, Jacques-Ange（ガブリエル，ジ
　ャックザンジュ）　　　189, 193
Galerie d'Orléans（ガルリー・ドルレア
　ン）　　　　　　　　228〜229
Galleria Vittorio Emanuele, Milan（ガ
　レリア・ヴィットリオ・エマヌエー
　レ，ミラノ）　　　　　　　229

1016

Garabit Viaduct（ギャラビの高架橋）
340〜342
Garden, Hugh（ガードゥン, ヒュー）460
Garden city（田園都市）都市計画への解
決策としての
オットー・ワグナーによって主張さ
れた提案 872〜874
エベニーザー・ハワードによって提
唱された田園都市 874〜877
反対意見 895, 956
さらに Town planning の項を見よ
Gardens, public（公共の庭園）849〜851
Parks; Squares の項を見よ
Gardner, Eugene C.（ガードナー, ユー
ジェス・C.）433〜435
Garnier, Charles（ガルニエ, シャルル）
946
Garnier, Tony（ガルニエ, トニー）
396〜398
その工業都市 395, 397, 880〜887
Gaudi, Antonio（ガウディ, アントーニ
オ）364, 774
ガウディと有機的アプローチ
874〜875
Geddes, Patrick（ゲデス, パトリック）
785〜786
Germany（ドイツ）
ドイツにおける19世紀の古典主義
30〜31
ドイツにおける後期バロック
170〜177
ドイツにおけるライトの影響 468
19世紀のドイツ 554〜557
ドイツ工作連盟（ヴェルクブント）
557〜559
ドイツでのグロピウスの業績
560〜563, 577
第一次世界大戦後のドイツ 564
ドイツにおける表現派 564〜565
バウハウス 565〜577

Glass（ガラス）
壁としての 284
ボン・マルシェでのガラス 299
板ガラス 308
パリ博（1878）でのガラス 324〜
326
グロピウスによる使用 560〜563
バウハウス・グループによる使用
573, 575〜576
Gogh, Vincent van（ゴッホ, フィンセ
ント・ファン）352, 356, 358
Golden Gate Bridge（金門橋）228
Gothic（ゴシック）76, 78, 91
Granary（グラナリ）
そのクーポラ, パリ 224〜225
Grandes Halles, Les（レ・グランド・ザ
ール, パリの大市場 286〜288,
318, 835
Gray's Inn（グレイズ館）819
Gris, Juan（グリス, ホアン）505
Gropius, Walter（グロピウス, ワルター）
408, 556, 560〜563, 577〜598,
620, 649, 678
セント・リオナーズ・ヒル 194〜
195
シカゴ・トリビューン新聞社社屋
461〜462
ファグス工場 560〜563, 587, 595,
672
ファブリーク, ケルン 563, 587
グロピウスとバウハウス 565〜
566, 592, 675, 681, 714, 749
展覧会の主唱者 569
アメリカでのグロピウス 578〜
598, 788
標準化された部材の使用 581
TAC 587
バック・ベイ・センター 593
アテネのアメリカ大使館 595〜
598

現代建築における位置　668, 703
グロピウスとシアム　785
高層建築の主唱者　929, 932
Gropiustown（グロピウス・タウン）595
Grosvenor Square（グローヴナー・スクェア）　811〜812
Group design（近代建築における群設計）756
Group form（群形態）960
Guarini, Guarino（グァリーニ，グァリーノ）　164〜170, 174
サン・ロレンツォ寺院　167
グァリーニによる無限性の活用167
Guevrekian, G.（グーヴレキアン, G.）783

Habitat（棲息地）
シアムの会議のテーマ　790
都市計画との関係　791
Hadrian's Villa（ハドリア邸）　153〜154
Haefeli, M. E.（ヘーフェリ，M. E.）391
Hague（ハーグ）898
Hallieday warehouse（ハリーデイ倉庫）324
Hankar, Paul（ハンカー，ポール）358, 369
Hardouin-Mansard, Jules（アルドアン・マンサール，ジュール）　182, 188
Hardware, American（アメリカの金物類）　403〜404
Harrison, Wallace K.（ハリソン，ウォーレス・K.）　647〜648
Harvard University（ハーヴァード大学）
グラデュエート・センター　586〜590, 722
視覚芸術のためのカーペンター・センター　611, 640〜646

既婚学生のための団地（ピーボディ・テラス）　586, 722, 964〜965
Haussmann, Georges-Eugène（オースマン，ジョルジュ・ユージェヌ）
60, 319, 804, 833
レ・グランド・ザール（大市場）286〜290
オースマンの目標　745〜746, 750〜751
オースマンの仕事の諸段階　746, 752
公園系統　851, 853
技術的プランナーとしてのオースマン　854〜856, 865〜866, 907
財政家としてのオースマン857〜859
オースマンによる典型的なアパートメント・ハウス　753〜755
オースマンによる街路の使用862〜865
オースマンの影響　866〜868, 892
Heisenberg, Werner（ハイゼンベルク，ウェルナー）　643
Helsinki（ヘルシンキ）
シヴィック・センター　743〜746
Hennebique, François（アンネビック，フランソワ）　388〜389, 527
ブール・ラ・レーヌのヴィラ　389
ダントン通りのアパートメント394
Herriot, Édouard（エリオット，エドワール）397
Hevesi, Ludwig（ヘヴェシー，ルードヴィヒ）　361〜363
High-rise buildings（高層建築）
都市計画における高層建築　833〜840
Highway（ハイウェイ，公道）
ヴェルサイユでの使用　184

さらに Parkways; Streets をも見よ

Hildebrandt, Lucas von（ヒルデブラント，ルカス・フォン）　174

Hitchcock, Henry-Russell（ヒッチコック，ヘンリー・ラッセル）　561

Hoffmann, Josef（ホフマン，ヨゼフ）　381, 384, 559, 600, 618

Holabird, William（ホラバード，ウィリアム）　439, 441, 444, 687

Holland（オランダ）
オランダの19世紀の建築　369～370
ベルラーへの仕事　370～375
ステイル・グループ　483, 499, 517, 668, 703
ファン・トッフの仕事　499
ミース・ファン・デル・ローエへの影響　671～673
オランダでの住宅地開発　673

Home Insurance Co. Building（ホーム・インシュアランス商会ビル）　259, 438～440

Hood, Raymond（フッド，レイモンド）　461, 463, 648, 949
デイリー・メール・ビル　944

Horeau, Hector（オーロー，エクトル）　288～289, 318

Horta, Victor（オルタ，ヴィクトル）　360～369, 423
テュリン街12番地の住宅　255, 360～367, 391, 606, 619
アール・ヌーヴォーの使用　363～364
自由な平面の使用　366
メゾン・デュ・プープル　366, 373, 619
国際連盟会館設計競技の審査員としてのオルタ　618～619

House（住宅）
Private house を見よ

Housing（住宅建設）
その本質　904
さらに Apartments; Town planning をも見よ

Howard, Ebenezer（ハワード，エベニーザー）　874～877

Hubbard, H. V.（ハバード，H. V.）　918

Hungerford Fish Market（ハンガーフォード魚市場）　285

Huttunen（フットゥネン）　713

Hyde Park Hotel（ハイドパーク・ホテル，シカゴ）　446

Hygeia（ハイジーア）　876

Illinois Institute of Technology（イリノイ工科大学）　586, 685～687

Individualism（個人主義）と一元的な遠近法の概念　65

Industrial Revolution（産業革命）　213
建築への反映　214～215
産業革命と鉄の使用　216
産業革命の遺産　976

Industrialization（工業化）
工業化と建築の革新に対する要求　267～271, 284～337
マーケット・ホール　285～290
百貨店　290～300
博覧会　300～337
初期のアメリカの工業化　301～304
住宅建設における機械化された諸方法　411
ドイツにおける工業化　554
工業化と都市成長　832
さらに Technology; Town planning をも見よ

Industry（工業）
都市計画に及ぼした影響　207～209
アメリカの工業とヨーロッパの工業

との差異　　　　　　　　409～411
Infinity（無限性）
　　バロックにおける使用　　　150
Ingres, Jean Auguste（アングル，ジャ
　　ン・オーギュスト）　　508, 580
Interpenetration（相互貫入，その概念）
　　　　　　　　　　　　　　　520
　　"ゲルニカ"での相貫　　　524
Invention（発明）　　　213～215
Iron（鉄）
　　産業革命と関連した鉄の使用　216
　　イギリスでの鉄　　　217～222
　　セヴァーン橋　　　　219～220
　　サンダーランド橋　　220～222
　　屋根葺材料としての鉄　223～225
　　円屋根での使用　　　225～226
　　吊橋での使用　　　　226～228
　　ガラスと結びついた鉄の使用
　　　　　　　228～231, 364, 383
　　鉄柱　　　　　　　　233～238
　　鉄使用の理由　　　　238～240
　　ロンドン橋　　　　　　　240
　　屋内の架構に対する鉄　241～245,
　　　　　　　　　　　　　　　450
　　博覧会建物での鉄　　　　303
　　"シカゴ構造"　　　　　　450
Isabel Roberts house（イザベル・ロバー
　　ツ邸）　　　　　　　473～475
Italy（イタリア）
　　イタリアと未来派　　519～520
Itten, Johannes（イッテン，ヨハンネス）
　　　　　　　　　　　　　　　566

Jacquet-Droz, Pierre（ジャッケ・ドゥロー，
　　ピエール）　　　　　　　215
Jardin des Plantes, conservatory of（パ
　　リ植物園の温室）　　　　230
Jeanneret, Charles Édouard（ジャンヌ
　　レ，シャルル・エドワール）
　　Le Corbusier の項を見よ

Jeanneret, Pierre（ジャンヌレ，ピエール）
　　　　　　　　　　　　612～613
　　さらに Le Corbusier の項をも見よ
Jenney, William Le Baron（ジェニー，
　　ウィリアム・ル・バロン）　258～
　　　　　259, 295, 448, 691
　　シカゴ派の創始者　　　　438
　　ライター・ビル　439, 440, 451～
　　　　　　　　　　　452, 606
　　ホーム・インシュアランス・ビル
　　　　　　　　　　　439～440
　　マンハッタン・ビル　440～441
　　ザ・フェア百貨店　　442～443
Johnson Wax Co. Building（ジョンソン
　　・ワックス商会ビル）　489, 493～
　　　　　　　　　　　　　　　496

Kahn, Louis（カーン，ルイス）　492, 779
Kandinsky, Wassily（カンディンスキー，
　　ワッシリー）　　483, 566, 678
Karlsruhe（カールスルーエ）　　187
　　カールスルーエとバロック式遠近法
　　　　　　　　　　　　　　　90
Karsten（カールステン）　　　904
Kauttua（カウットゥア）　　　737
Kennedy Airport（ケネディ空港）　770
Kepes, Gyorgy（ケペス，ジョージ）
　　　　　　　　　　　　590, 644
Klee, Paul（クレー，パウル）　566,
　　　　　　　　　　　678, 704
Klerk, de（クラーク，デ）　890, 894
Klimt, Gustav（クリムト，グスターフ）
　　　　　　　　　　　　　　　364
Knopff, Ferdinand（ノッフ，フェルデ
　　ィナン）　　　　　　　　357
Koechlin, Maurice（ケフリン，モーリス）
　　　　　　　　　　　　　　　341
Krantz, J. B.（クランツ，J. B.）　323

Laborde, Count Léon de（ラボルド伯爵，

レオン・ド) 402
Labrouste, Henri (ラブルースト，アンリ)
　　237, 272〜284, 337, 763, 787
　　サント・ジュヌヴィエーヴ図書館
　　　　276, 372, 388, 605
　　フランス国立図書館　　276〜284
　　屋内の鉄橋の使用　280〜282, 299
Lake Shore Apartments (レイク・ショ
　　ア・アパート，シカゴ)　690〜691
Larkin Building (ラーキン・ビル)
　　　　492〜493
L'art moderne (ラール・モデルヌ)
　　　　357
La Sarraz (ラ・サラー) そこでの会議
　　　　784
Laugier, Abbé (ロージェ，アベ)　193
Laurens, Henri (ローランス，アンリ)
　　　　758
League of Nations (国際連盟)
　　その会館の競技設計　367, 612〜
　　　　620
　　ル・コルビュジエの計画　　612〜
　　　　618, 714, 749, 772, 783〜788
　　他の設計　　　　614
　　審査　　　　618〜619
Le Corbusier (Charles Édouard Jeanne-
　　ret) (ル・コルビュジエ (シャルル・
　　エドワール・ジャンヌレ))　299,
　　　378, 396, 509, 556, 598〜669,
　　　　678, 758〜759
　　アルジェの計画　206, 593〜594,
　　　　722, 934
　　電気館　　　　337
　　クラルテ・アパート　　　　449
　　メゾン・ド・ヴェール　　　　452
　　ル・コルビュジエとライト　　498
　　日常的な物への注目　505〜506,
　　　　704
　　ル・コルビュジエと純粋派　　514
　　画家としてのル・コルビュジエ

601〜602
住宅作品　　603〜606, 674
ユニテ・ダビタシオン　606, 625,
　　627〜631, 650, 690, 932, 936, 939
サヴォイ邸　607〜611, 637〜638,
　　761
国際連盟会館の計画　　612〜617,
　　714, 717, 749, 774, 783〜784
ロシアでの計画　620, 771, 934
スイス学生寮　　　　621, 722
ル・コルビュジエの重要性　623〜
　　625, 700, 702〜703
チャンディガールでの仕事　625,
　　631〜636, 652, 761
サン・ディエのコア　　625, 880
現代建築の発展と結びついたル・コ
　　ルビュジエの発展　　　　638
視覚芸術のためのカーペンター・セ
　　ンター　　611, 640〜646, 761
建築依頼者との関係　　646〜647
国連ビル　　　647〜648, 772
ラ・トゥーレットのサント・マリー
　　修道院　　　　652〜661
その遺産　　　　661〜669
チューリッヒ館　　662〜666
ラ・ロッシュ邸　　662, 674
シアムでのル・コルビュジエ
　　787, 789
ル・コルビュジエと都市計画
　　806, 837
Léger, Fernand (レジェ，フェルナン)
　　552, 663, 678, 705, 758, 787
Leibnitz, Gottfried Wilhelm von (ライ
　　プニッツ，ゴットフリート・ウィル
　　ヘルム・フォン)　　48, 54
Leicester Square (レスター・スクェア)
　　811
Leiter Building (ライター・ビル)
　　438, 440, 451〜453
Lémaresquier, M. (レマレスキエ，M.)

1021

Le Nôtre, André（ル・ノートル，アンドレ）　180, 717

Leonardo da Vinci（レオナルド・ダ・ヴィンチ）　67, 80
　彼とフランチェスコ・ディ・ジョルジオ　88
　都市について　91
　ダヴィンチと地方計画　109～112

Le Play, Frédéric（ル・プレー，フレデリック）　319

Lesseps, Ferdinand de（レセップス，フェルディナン・ド）　289

Lessing, Julius（レッシング，ユリウス）　404～407

"Les XX"（レ・ヴァン）　357

Le Vau, Louis（ル・ヴォー，ルイ）　178

Libre Esthétique（自由美学）　357

Liebermann, Max（リーベルマン，マックス）　358

Lincoln Center（リンカーン・センター）　755, 953

Lincoln's Inn（リンカーン館）　721

Linear city（線状都市）　789～780, 956

Lippold, Richard（リッポルド，リチャード）　590

Lönberg-Holm, K.（レンベルク・ホルム，K.）　581, 788

London（ロンドン）
　ロンドンのスクェア　60, 804～824
　レンの再建計画　805
　ブルームズベリ　813～824, 829
　さらに Exhibitions; Parks をも見よ

London Bridge（ロンドン橋）　240

London Exhibition（1851 ロンドン博）　558
　ロンドン博でのアメリカの製品　401～402

Loos, Adolf（ロース，アドルフ）　381～384, 556

Los Angeles（ロサンジェルス）
　その街路　862

Louis XIV（ルイ 14 世）
　ルイ 14 世とヴェルサイユ宮　181～185, 762
　テュイルリー宮　802

Louis XV（ルイ 15 世）　189, 714

Louis-Philippe（ルイ・フィリップ）　742～743

Louis, Victor（ルイ，ヴィクトル）　223

Lyon, Gustave（リョン，グスターヴ）　613

Mackintosh, Charles Rennie（マッキントッシュ，チャールズ・レニー）　384
　ライトとの対照　469, 483

Mackmurdo, Arthur H.（マックマード，アーサー・H.）　359

Madeleine（マドレーヌ），その市場　285

Maderno, Carlo（マデルノ，カルロ）　71～73

Magasin au Bon Marché（ボン・マルシェ百貨店）　291, 295～299

Maher, George（メーヤー，ジョージ）　460

Maillart, Robert（マイヤール，ロベール）　391, 526～554, 778, 944
　マイヤールの橋梁　526～538, 544～550
　マイヤールの新しい構造の原理　527～530
　コンクリート・スラブの使用　534～535, 629
　シュヴァントバッハ橋　534～538
　立体派に比べられる業績　539～540
　構造の異なるシステム　545～550
　セメント・ホール　550～552

Maillol, Aristide（マイヨール，アリステ

ィッド）　　　　　　　557
Mairea（マイレア）　　731〜734
Maki Fumihiko（槇　文彦）　763, 960
Malewitsch, Kasimir（マーレウィッチ，
　カシミール）　483, 485, 514, 518
　マーレウィッチと構成派　485, 523
Malraux, André（マルロー，アンドレ）
　　　　　　　　　　601, 611
Mandrot, Hélène de（マンドロー，エレ
　ーヌ・ド）　　　　　　783
Manet, Édouard（マネー，エドワール）
　　　　　　　　　　　538
Marcks, Gerhard（マークス，ゲルハル
　ト）　　　　　　　　566
Marinetti, F. T.（マリネッティ，F. T.）
　　　　　　　　　　　520
Markelius, Sven（マルケリウス，スヴェ
　ン）　　　　　　　647, 649
Market halls（マーケット・ホール，市
　場）　　　　　　　　285
　　マドレーヌ市場　　　285
　　ハンガーフォード魚市場　285
　　レ・グランド・ザール　285〜290
Marseille（マルセイユ）
　　ユニテ・ダビタシオン（住居単位）
　　　　　　　　　　627〜631
　　その他の計画　　　　939
Masaccio（マサッチオ）　　67〜70
　　聖三位一体の壁画　67〜70, 73
Massachusetts Institute of Technology
　（マサチューセッツ工科大学）　586
　　アアルト設計の寄宿舎　590
Materials（材料）建築上の
　　鉄　　　　　　　216〜231
　　鉄とガラス　　　228〜231
　　鋳鉄　　　　　　233〜246
　　ガラス　　　　　　327
　　鉄筋コンクリート　　385
　　平坦な壁のための煉瓦　422
　　下見板　　　　　　424

石造壁　　　　　　424〜426
ライトによって使用された材料
　　　　　　　　　486〜487
　積層板　　　　　542, 748
　大理石　　　　　　674
　さらに Ferroconcrete；Glass；Iron；
　　Steel の項をも見よ
Mathematics（数学）
　数学の芸術的相対物　　164, 166
Matisse, Henri（マティス，アンリ）
　　　　　　　　　467, 538
Maus, Octave（マウス，オクターヴ）
　　　　　　　　　356〜357
May, Ernst（マイ，エルンスト）
　　　　　　　　　559, 785
Mayan architecture（マヤの建築）
　　　　　　　759, 761, 775
Medieval city（中世都市）　　81
Megastructure（メガストラクチャー，基
　幹構造）　　　　　517, 960
Meissonier, Jean（メッソニエ，ジャン）
　　　　　　　　　　507
Mendelsohn, E.（メンデルゾーン，E.）
　　　　　　　　　　618
Mercantile classicism（商業古典主義）
　シカゴ万国博の商業古典主義　465
　1900年以降のアメリカ建築における
　　商業古典主義　　　579
Mercier, Sébastien（メルシエ，セバス
　ティヤン）　　　　　799
Merkelbach（メルケルバッハ）　904
Messel, Alfred（メッセル，アルフレッ
　ド）　　　　　　　556
Metropolis（メトロポリス）
　メトロポリスの大規模な計画
　　　　　　　　　625〜636
Meunier, Constantin（ムニエ，コンスタ
　ンチン）　　　　　　356
Meyer, Adolph（マイヤー，アドルフ）
　　　　　　　　　　587

1023

Meyer, Hannes（マイヤー，ハンネス）
618
Michelangelo（Buonarotti）（ミケランジ
ェロ（ブォナロッティ） 114, 216,
663
サン・ピエトロの身廊 73, 650
ポルタ・ピア 90, 131
ファルネーゼ宮 93
外部空間の構成 101〜109
Milan（ミラノ） 70
Minkowski, Hermann（ミンコフスキー，
ヘルマン） 45, 519
Minne, Georges（ミーヌ，ジョルジュ）
557
Minneapolis（ミネアポリス）
摩天楼の発生地としてのミネアポリ
ス 258
Mirbeau, Octave（ミルボー，オクター
ヴ） 268
Miró, Joan（ミロ，ジョアン） 590, 704
Modern Architectural Research Group
（MARS）（マーズ・グループ） 788
Moholy-Nagy, L.（モホリ・ナギー，L.）
514, 567, 580, 678
シアムの集会でのモホリ・ナギー
787
アメリカの招請 787〜788
Monadnock Block（モナドノック・ブロ
ック） 442
Mondrian, Pieter（モンドリアン，ピー
ター） 483, 514, 703
モンドリアンの新造型主義 517
Monge, Gaspard（モンジュ，ガスパー
ル） 166
Monnier（モニエ） 387
Montague House（モンタギュー邸）とブ
ルームズベリ 813〜818
Montgomery Ward warehouse（モンゴ
メリー・ウォード倉庫） 391, 481
Moscow（モスクワ），Centrosoyus（サン

トロソユース） 620
Morality（倫理性）
近代美術への影響 353, 375, 507
工業デザインの誠実さとして
408, 409
Morisot, Berthe（モリゾー，ベルト）
358
Morris, William（モリス，ウイリアム）
355, 357〜359, 555, 558
Moser, Karl（モーゼル，カール）
618, 776
シアムの議長 785
Moses, Robert（モーゼズ，ロバート）
927
Motion（運動）
時間と結びついた概念 518〜522
Mumford, Lewis（マンフォード，ルイ
ス） 879
Munich（ミュンヘン）でのカンディンス
キーの仕事 483

Nails（釘）その量産 416
Nancy（ナンシー）フランス
ナンシーの相互に結びつけられた3
つの広場 189〜192
Napoleon I（ナポレオン1世） 802
Napoleon III（ナポレオン3世） 830, 834
Nash, John（ナッシュ，ジョン） 195,
222, 284, 876, 935
ブライトンのロイヤル・パヴィリョ
ン 222, 236, 361
ナッシュによる柱の使用 604
リージェント・パーク 804, 824,
パーク・クレッゾント 809, 824,
〜826
パーク・クレッゾントの最初のプラ
ン 826〜829
Nature（自然）ヴェルサイユ宮における
自然との接触 184〜185
近代都市における自然との接触

1024

918

Nehru, Jawaharlal（ネール，ヤワハルラル）　632, 651

Neo-plasticism（新造型主義）　517〜518

Neumann, Balthasar（ノイマン，バルターザー）　171〜177
フィアツェーンハイリゲン寺院　175

Neutra, Richard J.（ノイトラ，リチャード・J.）　580, 618
ノイトラによるバルーン・フレームの使用　420
ノイトラとシアム　785, 788
ノイトラの"新都市"　956

New York City（ニューヨーク市）
ニューヨークの商業ビル　292
ニューヨークの百貨店　292
シカゴ様式と対照されるニューヨーク様式　459
ニューヨークにおける商業古典主義　465
セントラル・パーク・カシノ　478
ニューヨークのパークウェイ　918〜922
ロックフェラー・センター　941, 946〜953
ニューヨーク市の諸問題　952〜953

Newton, Sir Isaac（ニュートン，サー・アイザック）　54

Niemeyer, Oscar（ニーマイヤー，オスカー）　647

Nineteenth century（19世紀）
19世紀における当時の記録の無視　38〜41
19世紀の建築　41, 336〜338
19世紀における内的分裂　44〜45, 48
19世紀の科学　46〜48
19世紀の建築構造　56

19世紀の評価　212
産業革命の影響　213
19世紀における"各時代様式のつぎはぎ"　231
19世紀における建築と工学の分離　264〜271, 337〜338
19世紀の諸問題に対する新しい解決　284
19世紀におけるヴォールトの使用　306
19世紀の折衷主義　352
結合された美術と工学　451
現在の都市問題の根　955〜956

Obelisks（オベリスク）
シクストゥス5世による使用　138〜140

Office Buildings（事務所建築）
ハーパー・アンド・ブラザーズ・ビル　247
ホーム・インシュアランス商会　259
ラーキン・ビル　492〜493
ジョンソン・ワックス商会　493, 496
シカゴの連邦センター　692〜695
バカルディ・ビル　695〜700

Office furniture（事務所家具）
F. L. ライトによって設計された事務所家具　492

Olbrich, Joseph（オルブリッヒ，ヨゼフ）　381, 384

Ollivier, Émile（オリヴィエ，エミール）　858

Olmsted, F. L.（オルムステッド，F. L.）　919

Open-ended planning（開かれた計画）　754, 778, 959

Organic style of mastering environment（環境を支配する上での有機的様式）
合理的様式との対照　485

その範例としてのライト　485〜
　　　489
その限界　969
サリヴァンによる定義　970
Osdel, J.M. van（オステル，J. M. ファン）
　　　418
Otis Elevator Co.（オーティス・エレベーター会社）　40, 262
Oud, J. J. P.（アウト，J. J. P.）　378,
　　　433, 499, 623, 673, 894
ワイセンホーフ集団住宅地での仕事
　　　678
機能と美学との結合　703
ロッテルダムでの仕事　887
Oulu（オウル）　738
Ozenfant, Amédée（オザンファン，アメデー）　514, 621

Paimio（パイミオ）のサナトリウム
　　　714〜717
Paine, Thomas（ペイン，トーマス）
発明家としてのペイン　220〜222,
　　　240
Painting（絵画）
建築との関係　69, 508
立体派　508〜518
絵画におけるプレーンの使用
　　　512〜514
コラージュ　513
ピューリスム　514
構成主義　514〜517
新造型主義　517
未来派　518〜524
今日の　524〜526
近代的な構造との親近性　537〜
　　　543
ル・コルビュジエとの関係　601
Palmanova（パルマノーヴァ）イタリア
　　　79
Pan American Building（パン・アメリカン・ビル）　595
Panizzi, Sir Anthony（パニッツィ，サー・アンソニー）　277
Pantheon（パンテオン）　774
Papadaki, Stamo（パパダキ，スタモ）
　　　788
Papworth, J. B.（パップワース，J. B.）
　　　234, 876
Paris（パリ）
パリの通廊街　60
パリの広場　187
19世紀初期のパリ　830〜834
パリにおけるオースマンの業績
　　　834〜845, 938
パリの公園　847〜852
郊外の計画　866
ル・コルビュジエのパリに対する計画　934, 938
Paris Exhibition (1798)（パリ博，1798）
　　　301
Paris Exhibition (1855)（パリ博，1855）
　　　313〜319
Paris Exhibition (1867)（パリ博，1867）
　　　319〜323
鉄柱の使用　239, 323
ヨーロッパ最初のエレベーター
　　　263, 323
コンクリートの使用　389
Paris Exhibition (1878)（パリ博，1878）
　　　323〜327
ガラスのファサード　324
ガルリー・ド・マシーヌ　325〜
　　　326
出展されたアメリカの家具　406
Paris Exhibition (1889)（パリ博，1889）
　　　327〜334
技術的手腕のクライマックス　328
ガルリー・ド・マシーヌ
　　　323, 328〜331
新しい美学上の原則　332〜334

荷重と支持の分散　　　331〜333
Parks（公園）
　　ロンドンと区別されるパリの公園
　　　　　　　　　　847〜848
　　アムステルダムの公園　900〜901
　　セントラル・パーク　　　　919
　　さらに Squares をも見よ
Parkways（パークウェイ，公園道路）
　　アメリカのパークウェイ　918〜
　　　　　　　　　　　　　　919
　　1930年代のパークウェイ　918〜
　　　　　　　　　　　　　　928
　　都市計画との関係　　　　　922
Parris, Alexander（パリス，アレグザン
　ダー）　　　　　　　　　　425
Parts（部材）の標準化　　　　581
Pascal. Blaise（パスカル，ブレーズ）
　　　　　　　　　　　　　　149
Patent furniture（特許家具）　406
Patio（パティオ）
　　ライトによる使用　　　　　501
Pavilion（パヴィリョン）
　　近代建築での使用　　298，323
Paxton, Joseph（パックストン，ジョセ
　フ）　　　　　　　　　　　250
　　水晶宮　　　　　　　308〜313
Peabody Terrace（ピーボディ・テラス）
　　既婚学生のための宿舎　586,722,
　　　　　　　　　　964〜965
Pedestrian（ピデストリアン，歩行者）
　　都市計画における重要性　　790
　　車からの分離　　　　　　　938
Penttila, Timo（ペンティラ，ティモ）
　　　　　　　　　　　　　　779
Pepperell house, Kittery,（ペッパレル
　邸，キッタリー）　　　　　430
Pérac, Étienne du（ペラック，エティア
　ンヌ・ド）　　　　　101〜102
Percier, Charles（ペルシエ，シャルル）
　　　　　　　　　　　228，802

Perret, Auguste（ペレー，オーギュスト）
　　　　　　392〜396, 438, 600
　　カサブランカのドックの建物　276
　　フランクリン街のアパート　392
　　　　　　　　　　〜395, 606
Perspective（パースペクティヴ，遠近法）
　　遠近法とルネサンスの空間概念
　　　　　　64, 509〜510, 519
　　ヴォールトの使用における遠近法
　　　　　　　　　　　67〜69
　　星状型都市における遠近法　　89
　　バロック期の無限性の利用と遠近法
　　　　　　　　　　　　　　149
　　遠近法の分解　　　　509〜510
Petit, Claudius（プティ，クローディア
　ス）　　　　627〜640, 650, 939
Pevsner, Nikolaus（ペヴスナー，ニコラ
　ウス）　　　　　　　　　　552
Philadelphia Exposition (1876)（フィラ
　デルフィア博覧会,1876）　403〜
　　　　　　　　　　　　　　405
Philharmonic Hall（フィルハーモニック
　・ホール，ベルリンの）　　　773
Philips Pavilion（フィリップス館，ブリ
　ュッセル万博の）　　　　　640
Piazza del Popolo（ピアッツァ・デル・
　ポポロ）　　　　　196〜201
Picard. Edmond（ピカール，エドモンド）
　　　　　　　　　　　　　　356
Picasso, Pablo（ピカソ，パブロ）　61,
　　　　159, 377, 509, 552
　　ピカソと立体派　509, 513, 522,
　　　　　　　　　602, 678
　　"ゲルニカ"　　　　524〜526
　　構造と関連したイメージ　　538
　　"ラルレジャンヌ"　　　　574
　　ピカソの初期と後期の時代　637
Pillar（支柱；piloti, ピロティ）
　　ル・コルビュジエによる使用　604
Pissarro, Camille（ピサロ，カミーユ）

1027

358

Place de la Concorde（コンコルド広場）
193, 802

Place Vendôme（ヴァンドーム広場）
188

Plan libre（自由な平面）　606, 621

Plane（プレーン，平坦な面）
近代美術における平坦な面　512
〜517
"ゲルニカ"における平坦な面　524
水平な平坦面の使用　760〜763
垂直な平坦面の使用　760

Platform（プラットフォーム）
その使用　761

Plywood（積層板）　542, 748

Polychromy in ancient art（古代芸術の
多彩色）　273

Population（人口）と都市計画　911

Porch（ポーチ）
アメリカの住宅のポーチ　478〜478
セントラル・パーク・カシノ　478
F. L. ライトの作品におけるポーチ
479

Portico（ポルティコ，柱廊玄関）
その起源　88

Portland Place（ポートランド・プレー
ス）　824

Prefabrication（プリファブリケーション）
住宅のプリファブ　582
構成要素のプリファブ　665
シェル・ドーム断面のプリファブ
766
さらに Parts の項をも見よ

Priory of Ste. Marie de la Tourette（ラ
・トゥーレットのセント・マリー修
道院）　652〜661

Private house（個人住宅）
個人住宅に導入された鉄構造　364
個人住宅におけるアール・ヌーヴ
ォー　363〜364

個人住宅の専門家としてのライト
467, 489
ル・コルビュジエによって発展され
た個人住宅　604〜611
個人住宅のオランダの発展
673〜674
ミース・ファン・デル・ローエの個
人住宅の作品　674
アアルトのマイレアの住宅　731〜
734
さらに Gropius; Horta; Wright の
項をも見よ

Promontory Apartments（プロモントリ
・アパート，シカゴ）　687〜691

Purism（ピューリスム，純粋派）　514

Radio City（レイディオ・シティ）
Rockefeller Center の項を見よ

Rainaldi, Carlo（ライナルディ，カルロ）
198

Rambuteau, Count（ランビュトー伯爵）
833

Ramp（ランプ，斜路）
ル・コルビュジエによる使用
610, 623, 641, 761

Ransome, Ernest Leslie（ランサム，エ
ルンスト・レスリー）　388

Raphael（ラファエル）　80, 114, 650,
663

Rasmussen, Steen Eiler（ラスムッセン，
スティーン・アイラー）　758, 781

Rathenau, Emil（ラーテナウ，エミー
ル）　671

Recreation and Housing（レクリエーシ
ョンと住宅建設）　787

Regent's Park（リージェント・パーク）
824〜829, 935

Reliance Building（リライアンス・ビル）
454〜457

Renaissance（ルネサンス）

ルネサンスについてのブルクハルト
の研究　　　　　　　　31〜32
ルネサンス期の人間の幅　　66〜67
初期の建物に表現されたもの　　72
チッタ・イデアーレ，理想都市
　　　　　　　　　　　78〜91
ルネサンスの町の構成要素　91〜
　　　　　　　　　　　　　109
ルネサンスの頂点としてのローマ
　　　　　　　　　　112〜147
ルネサンスと遠近法の概念　509〜
　　　　　　　　　　　　　510
Renoir, Auguste（ルノアール，オーギュ
　スト）　　　　　　　　　358
Repton, Humphrey（レプトン，ハンフ
　リー）　　　　　　　　　222
Residences（住宅）
　Private house の項を見よ
Residential complexes（住居集合体）
　ロイアル・クレッズント　　192〜
　　　　　　　　　　　　　194
　バース　　　　　　　192〜195
　セント・リオナーズ・ヒル　194〜195
Reuleaux, F.（ルーロー，F.）　　405
Richardson, Henry Hobson（リチャード
　ソン，ヘンリー・ホブソン）　254,
　　　　　　　　　　423〜428
　シカゴでの作品　　　　　　41
　ロマネスクの使用　　372, 428
　セヴァー・ホール　　377, 423
　平坦な煉瓦壁の使用　422〜423
　マーシャル・フィールド・ストア
　　　　　　　426〜428, 439
　リチャードソンとライトとの関係
　　　　　　　　　　467〜468
Rietveld, G.（リートフェルト，G.）
　　　　　　　　　　674, 703
Robinson, Solon（ロビンソン，ソロン）
　　　　　　　　　　　　　417
Robinson, W.（ロビンソン，W.）

848〜849
Roche, Martin（ロッシュ，マーティン）
　　　　　439, 441〜442, 687
Rockefeller Center（ロックフェラー・セ
　ンター）　　　　　941〜953
　計画の新しいスケール　949〜953
Rodin, Auguste（ロダン，オーギュスト）
　　　　　　　　　　356, 358
Roebling, John Augustus（ローブリング，
　ジョン・オーガスタス）　　227
Rogers, Ernesto N.（ロジャース，エルネ
　スト・N.）　　　649, 652, 790
Romanesque（ロマネスク）
　ベルラーへのロマネスク　　372,
　　　　　　　　　　377〜378
　リチャードソンのロマネスク
　　　　　　　　　　377〜378
Romantic classicism（ローマン古典主義）
　　　　　　　　　　　30〜31
Rome（ローマ）
　サン・ピエトロ寺院　69〜73, 650
　パラッツォ・ファルネーゼ　　93
　ジュリア通り　　　　　　　95
　都市計画の中心としてのローマ
　　　　　　　　　　　　　112
　ルネサンス都市　　　116〜117
　ローマの街路　　　　117〜121
　シクストゥス5世の業績　121〜147
　サン・カルロ・アレ・クァトロ・フ
　　ォンターネ寺院　　151〜154
　サン・ティーヴォ寺院　155〜156
　ピアッツァ・オブリークァ　186
　ピアッツァ・デル・ポポロ寺院
　　　　　　　　　　196〜200
Ronchamps（ロンシャン）の巡礼教会
　　　　　　　　　　651〜652
Rondelet, J. B.（ロンドゥレー，J. B.）
　　　　　　　　　　　　　266
Roofs（屋根）
　屋根に対する鉄の使用　　　223

1029

屋上庭園　390, 395
屋上テラス　606, 669
Rooms（部屋）
　ライトの部屋の扱い方　492, 500
Root, John（ルート，ジョン）　439,
　　442〜445, 450, 454
　彼とシカゴ万国博　464〜465
Rotterdam（ロッテルダム）　898
　シアムによる再建計画　787〜788
　ロッテルダムにおけるアウトの仕事
　　887
　ロッテルダムの都市計画　901〜
　　902, 929
　バケマの仕事　960
Rousseau, Jean-Jacques（ルソー，ジャン
　・ジャック）　800
Royal Pavilion（ロイヤル・パヴィリョ
　ン，ブライトンの）　222, 236〜237
Rudolph, Paul（ルドルフ，ポール）667
Rue de Rivoli（リヴォリ街）　802〜
　804, 832, 838〜840, 845, 863
Ruskin, John（ラスキン，ジョン）
　　32, 216, 359, 506, 556
Russell Square（ラッセル・スクェア）
　　818

Saarinen, Eero（サーリネン，イーロ）
　　255, 649, 759, 775
　ゼネラル・モーターズ技術センター
　　702
　ケネディ空港のTWAビル　770
Saarinen, Eliel（サーリネン，エリール）
　　710
St. James's Square（セント・ジェーム
　ズ・スクェア）　811
St. Louis riverfront（セント・ルイス河
　畔）　254, 292, 363〜364
　セント・ルイス河畔における鋳鉄の
　　使用　251〜255
　ガント・ビル　252〜253

St. Pancras Station（セント・パンクラ
　ス駅）　329
St. Paul's（セント・ポール寺院）ロンド
　ン　113
St. Peter's; San Pietro（サン・ピエトロ
　寺院）ローマ　69〜73, 650
Saint-Simon（サン・シモン）サン・シモ
　ン主義者のコント　290
Salem（サレム）　430
Salford cotton mill（ソールフォード木
　綿工場）　240〜244
San Carlo alle Quattro Fontane（サン・
　カルロ・アレ・クァトロ・フォンタ
　ーネ寺院）　151〜154, 188
Sangallo, Antonio（サンガルロ，アント
　ーニオ）　93
Sant' Elia, Antonio（サンテリア，アン
　トーニオ）　878
　Città Nuova（チッタ・ヌオヴァ，新
　　都市）　384〜385, 522〜523
Saulnier, Jules（ソールニエ，ジュール）
　　255〜257
Scala di Spagna（スカーラ・ディ・ス
　パグナ）　101
Scamozzi, Vincenzo（スカモッツィ，ヴ
　ィンツェンツォ）　90
Scharoun, Hans（シャロウン，ハンス）
　　681, 774
Schinkel, Karl Friedrich（シンケル，カ
　ール・フリードリッヒ）　31, 672
Schlemmer, Oskar（シュレンマー，オス
　カー）　566
Schuyler, Montgomery（シュイラー，モ
　ンゴメリー）　442
Schwandbach-Brücke（シュヴァントバッ
　ハ橋）　532〜536
Schwedler, J. W.（シュヴェードラー，
　J.W.）　329
Schwitters, Kurt（シュヴィッターズ，ク
　ルト）　550

1030

Science（科学）
科学と芸術　43〜49, 264, 974〜975
科学の方法　47
科学と遠近法　65
科学と芸術の分離　232
さらに Art; Engineering; Technology を見よ
Sédille, Paul（セディーユ，ポール）
298
Seguin, Marc（セガン，マルク）　226
Semper, Gottfried（ゼンパー，ゴットフリート）　231, 402
Serlio, Sebastiano（セルリオ，セバスティアノ）　94
Sert, José Luis（セルト，ホセ・ルイ）
526, 644
ハーヴァード大学既婚学生宿舎団地（ピーボディ・テラス）　586, 721, 964〜685
大学院デザイン学部長としてのセルト　461
シアムでのセルト　785〜791
チンボーテ計画　961
Seurat, Georges（スーラ，ジョルジュ）
356, 358
Sever Hall（セヴァー・ホール）377, 423
Severini, Gino（セヴェリーニ，ジーノ）
521
Severn Bridge（セヴァーン橋）　217〜220
Sforza, Ludovico（スフォルツァ，ルドヴィコ）　84〜86
Shakers（シェーカー教徒）
その石造建物　424
Shaw, Norman（ショー，ノーマン）
468
Shell concrete（シェル・コンクリート）
552
さらに Ferroconcrete を見よ
Shell（シェル）ウッツォンによって使用

されたシェル　764〜775
Sheraton, Thomas（シェラトン，トーマス）　406
Simultaneity（同時性）の概念　511, 521
"ゲルニカ"での同時性　524
Sirén, J. S.（シレン，J. S.）　710
Sitte, Camillo（ジッテ，カミロ）　870〜871, 892
Sixtus V（シクストゥス5世）
シクストゥス5世とローマの発展
112, 121
その司教職　121, 130
ローマのその基本計画　130〜140
フェリーチェ通り　134
その広場とオベリスク　139〜140
フェリーチェ水道　141
その統治の社会的観点　140〜147
Skeletal construction（骨組構造）
骨組構造の初期の建物　255〜257
摩天楼の骨組構造　257
ライター・ビルディング　451〜452
メゾン・ド・ヴェール　452
カーソン・ピリー・スコット・ストア
458
ル・コルビュジエの使用した骨組構造　610
さらに Gropius; Mies van der Rohe を見よ
Skyscraper（摩天楼）
その先駆　255〜257
その発案者　258〜259
最初の摩天楼　259
シカゴ型式の摩天楼　942
ニューヨークの新形態　942〜944
Slab（スラブ）
コンクリート・スラブのマイヤールの使用　534〜535, 629〜630
絵画と関連した彫刻のスラブ

1031

537〜538

Smeaton, John（スミートン, ジョン）
218, 386〜387

Smirke, Sydney（スマーク, シドニー）
277

Snow, George Washington（スノー, ジョージ・ワシントン）
417〜420

Soane, Sir John（ソーン, サー・ジョン）
196

Social imagination（社会的構想力）
建築家の社会的構想力の必要性
624〜625
その一例としてのル・コルビュジエ
625〜636
近代建築家の第3の世代の社会的構想力
754
社会的構想力と都市計画
790

Soho Square（ソーホー広場）　811

Sonck, Lars（ソンク, ラルス）　709

Soria y Mata, Arturo（ソリア・イ・マタ, アルトゥロ）
877

South Kensington（サウス・ケンジントン）
205

Space（空間）
建築における空間の組織化　56〜57
空間の新しい概念　59, 509〜518
空間と遠近法　64, 509
ミケランジェロの空間の造型
101〜109
内外空間の相互貫入　159, 344,
510〜511, 574, 602, 755
相互に関連づけられた水平面と垂直面
201
ライトによって組織づけられた空間
482〜483
空間の近代的と古典的　510
空間と同時性の概念　509〜510,
520, 524
バウハウス・グループによって表現

された空間　575〜576
水平な面の使用　754, 758〜759
さらに Space-time をも見よ

Space-time（時-空間）
時-空間の概念　45, 504
時-空間と遠近法の解消　509〜511
立体派の時-空間　511, 519, 606
未来派の時-空間　519
時-空間と近代都市　916

Spanish steps（スペイン階段）　101, 135

Squares（スクェア, 広場）
ロンドンのスクェア　60, 813〜830
シクストゥス5世によって計画された広場
138〜140
ピアッツァ・オブリークァ　186〜187
パリの広場　187〜189
相互に関連づけられた広場　189, 193
ピアッツァ・デル・ポポロ　196, 200
スクェアの定義　806〜808

Stairway（階段）
ルネサンス期の階段の使用
96〜101

Stam, Mart（シュタム, マルト）　559, 678, 684

Starrett, Theodore（スターレット, セオドア）
446

Statistics（統計）
都市計画における統計　910〜912

Steel frame（鋼構造）　240〜244
最初に使用されたスティール・ガーダー
259〜260

Stephenson, Robert（ステファンソン, ロバート）
240
ステファンソンとペインの橋　222

Stevens, Robert（スティヴンス, ロバート）
245

Stijl group（ステイル・グループ）

483, 499, 517, 567, 668, 673, 703
Stone（石）
　建築材料としての石　　　424, 426
Stoss, Veit（シュトッス，ファイト）171
Street（街路）
　ルネサンスの街路の処理　　94〜96
　シクストゥスによるローマの計画
　　　　　　　　　　　　　132〜140
　街路が支配的なものになる　830〜
　　　　　　　845, 862〜865, 897
　パリでのオースマンの計画　　838
　　　　　　　　　　　　　　〜845
　ベルラーへのアムステルダム計画案
　　における街路　　　　　793, 897
　成長しすぎた通廊街　　　917, 927
　さらに Highway; Parkway をも見
　　よ
Sullivan, Louis（サリヴァン，ルイス）
　　　　　299, 335, 371, 942, 951
　ガリック劇場　　　　　　　　41
　トランスポーテーション・ビル
　　　　　　　　　　　　　　　334
　リチャードソンについて　　426〜
　　　　　　　　　　　　　　　428
　ジェニーについて　　　　　　438
　カーソン・ピリー・スコット商会
　　　　　　　　　　　　457〜463
　サリヴァンの様式　459〜460, 497
　シカゴ万国博について　463〜464
　サリヴァンの弟子としてのライト
　　　　　　　　　　　　467〜468
　有機的な建築家としてのサリヴァン
　　　　　　　　　　485〜486, 970
Sunderland Bridge（サンダーランド橋）
　　　　　　　　　　　　220〜223
Sunila（スニラ）　　　　726〜730
Surface（表面）
　絵画における面の強調　　　　538
　コンクリート・スラブの使用におけ
　　る面の強調　　　　　　　　540

さらに Painting の項をも見よ
Suspention bridges（吊橋）
　セガンによる吊橋　　　　　　226
　ローブリングによる吊橋　　　227
　ゴールデン・ゲート（金門橋）228
Sweeney, J. J.（スウィーニー，J. J.）540
Sydney Opera House（シドニー・オペラ
　・ハウス）　　　　759, 763〜775
Syrian architecture（シリアの建築）75

T A C（The Architects' Collaborative）
　（建築家協同集団）
　Architects' Collaborative の項を見よ
Taliesin（タリアセン）　　　　488
Tallmadge, Thomas（トールミィッジ，
　トーマス）　　　　　　　　　460
Tange, Kenzo（丹下健三）640, 763, 960
Tatlin（タートリン）　　　　　159
Taut, Bruno（タウト，ブルーノ）
　　　　　　　　　559, 581, 681
Technology（工学）
　建築と工学との分離　　264〜271
　新しい成長のための誘因として
　　　　　　　　　　　267〜268
　さらに Architecture; Art; Science
　　の項をも見よ
Tecton Group（テクトン・グループ）
　　　　　　　　　　　　　　929
Telford, Thomas（テルフォード，トー
　マス）　　　　　　　240, 272
Tengboom, Ivar（テングボーム，イヴァ
　ール）　　　　　　　　　　　710
Terrace（テラス）
　ル・コルビュジエによって使用され
　　たテラス　　　　　　606, 638
Théâtre-Français（テアートル・フラン
　セ）
　その鉄屋根　　　　　　224, 242
Thiers, Adolphe（ティエール，アドル
　フ）　　　　　　　　　858, 863

1033

Third generation of contemporary archi-
tects（現代建築家の第3の世代）
　その特徴　　　　　　　　　　754
　週去との関係　　　　　754〜758
　平坦な面の使用　　　　　　　761
Tijen. W. van（テイエン，W. ファン）
　　　　　　　　　887, 902, 929
Time（時間）
　構成的事実としての時間　　510〜
　　　　　　　　　　　　　　　511
　美術における時間の新しい概念
　　　　　　　　　　　　518〜519
　エッジャートンのストロボの研究
　　　　　　　　　　　　　　　949
　さらに Space-time の項をも見よ
Tokyo（東京）
　東京計画　　　　　　　　　　763
Tolnay. Charles de（トルネー，シャル
　ル・ド）　　　　　　　　　　108
Tools（道具）アメリカの道具　401〜409
Tower（塔）摩天楼における塔の使用
　　　　　　　　　　　　　　　942
Town planning（都市計画）
　都市計画の重要性　　　　58〜59
　チッタ・イデアーレ（理想都市）
　　　　　　　　　　　　　78〜91
　都市計画における構成的要素の使用
　　　　　　　　　　　　91〜109
　都市計画の中心としてのローマ
　　　　　　　　　　　　　　　112
　シクストゥス5世の業績　　130〜
　　　　　　　　　　　　　　　147
　都市計画に及ぼしたヴェルサイユの
　　影響　　　　　　　　　　　184
　ナンシーの広場　　　　189〜191
　バース　　　　　192〜195, 204
　アルジェ　　　　　　205〜206
　バロック　　　　207, 801〜804
　都市計画に対する工業の影響
　　　　　　　　　　　　207〜209

アアルトの業績　　　　734〜740
シアムの会議の主題　　786〜787,
　　　　　　　　　　　　　　　790
都市計画の社会的観点　　　　790
19世紀初期の都市計画　　796〜802
ロンドンの広場（スクェア）　804〜
　　　　　　　　　　　　　　　824
リージェント・パーク　824〜829
パリにおけるオースマンの業績
　　　　　　　　　　　834〜846
20世紀の都市計画　　　877〜880,
　　　　　　　910〜912, 918
ガルニエの工業都市　　880〜887
アムステルダムの計画　887〜904
住宅計画と諸活動との相互関係
　　　　　　　　　　　904〜908
都市計画に対するパークウェイの関
　係　　　　　　　　　922〜927
シヴィック・センター　　941, 946
　　　　　　　　　　　　　〜953
現代の諸提案　　　　　　　　956
さらに個々の建築家を参照せよ
Traffic problems（交通問題）
　ル・コルビュジエによって示唆され
　　た解決策　　　　　　615, 938
　都市計画の要素として　754, 959
　無視された交通問題　　　　895
Transition（過渡期）過渡期としての現在
　　　　　　　　　　　　42〜43
Transitory facts（過渡的事実）その定義
　　　　　　　　　　　　50〜51
Transportation（輸送）
　それに関連したオースマンの仕事
　　　　　　　　　　　　　　　864
　ガルニエによって採上げられた輸送
　　　　　　　　　　　883〜886
Tredgold, Thomas（トレッドゴールド,
　トーマス）　　　　　　　　238
Tugendhat House, Brno（テューゲント
　ハット邸, ブルノ）　　　　765

Turin（トリノ）

パラッツォ・カリニアーノ　166

サン・ロレンツォ　167〜170

Turner, C. A. P.（ターナー, C. A. P.）
530

Turner, J. M. W.（ターナー, J. M. W.）
106, 313

Turnock, R. H.（ターノック, R. H.）
448

Tyrwhitt, J.（ティリット, J.）　790

Uccello, Paolo（ウッチェルロ, パオロ）
66, 524

UNESCO Building（ユネスコ・ビル）パリ
648〜650

Unité d'Habitation（ユニテ・ダビタシ
オン）　625, 627〜631, 690, 936

United Nations（国連ビル）N. Y.
614, 647, 773, 953

United States（アメリカ合衆国）

America; American architecture の
項を見よ

Upjohn, E. M.（アップジョーン, E. M.）
258

Urbanism（都市設計, 都市計画）

増大しつつある課題　870〜872

ワグナーの業績　872〜874

Utzon, Jørn（ウッツォン, ヨーン）
665, 698, 754, 758〜783

現代建築家の第3の世代の代表
758

キンゴー住宅地　758〜759, 779

フレーデンスボルグ　759, 781, 961

シドニー・オペラ・ハウス　761,
763〜775

水平な平坦面の使用　760〜
763, 959

シェルの使用　764〜775

チューリッヒ劇場　776〜778

ウッツォンによる表現の遂行

781〜783

Valadier, Guiseppe（ヴァラディエール,
ジュウゼッペ）　196〜203

Van de Velde, Henri（ヴァン・ド・ヴェ
ルド, アンリ）　58, 271, 353,
357〜359, 395

虚偽に対する反抗　353〜355, 423

ユックルの家　354

彼と美術工芸運動　358〜359

ドイツでの展示　556, 559

Van der Rohe, Mies（ファン・デル・ロー
エ, ミース）　457, 475, 556, 576,
580, 670〜702, 759

バルセロナのドイツ館　559, 674
〜675

アメリカでの仕事　585

ワイセンホーフ住宅地　620, 678
〜684

現代建築における位置　668

ローエの建築の諸要素　671〜674

ローエの田園住宅　674〜678

イリノイ工科大学　685〜687

プロポーションの使用　686〜687,
782

アパートメント　687〜691

事務所建築　691〜700

ローエと形態の完璧さ　700〜702

Van Gogh, Vincent（ヴァン・ゴッホ,
ヴィンセント）

Gogh の項を見よ

Vantongerloo（ヴァントンゲルロー）
517

Varma, F. L.（ヴァルマ, F. L.）
633, 635

Vasari, Giorgio（ヴァザーリ, ジョルジ
オ）　69, 87, 96

Vatican, Cortile del Belvedere（ヴァティ
カン, コルティレ・デル・ベルヴェ
デーレ）　97〜101

1035

Vauban, Sébastien（ヴォーバン，セバス
　ティアン）　　　187, 798, 800
Vault（ヴォールト）
　マサッチオによる遠近法の表出
　　　　　　　　　　　　67〜69
　アルベルティによるヴォールト
　　　　　　　　　　　　69〜70
　サン・ピエトロ寺院のヴォールト
　　　　　　　　　　　　69〜73
　ブルネレスキによるヴォールト
　　　　　　　　　　　　73〜75
　ヴォールトに対するビザンチンの影
　　響　　　　　　　　　　　74
　ラブルーストによるヴォールト
　　　　　　　　　　　　　280
　19世紀の産業建築との関連　　306
　工業館のヴォールト　　　　　318
　1889年のパリ博でのヴォールト
　　　　　　　　　　332〜334
　ヴォールト使用上のためらい　764
Venice（ヴェニス）
　サン・マルコ広場　　　　　　89
Versailles（ヴェルサイユ宮）　53〜54,
　　　　　　　　　　　　　180
　ヴェルサイユ宮とバロックの遠近法
　　　　　　　　　　　90, 150
　専制主義の象徴　　　　181〜182
　自然との接触　　182, 205, 207, 617
　ヴェルサイユにおける構成的事実
　　　　　　　　　　182〜185
　持続する影響　　　917, 921〜922
Vienna（ウィーン）
　ワーグナーの計画　　　872〜873
Vierendeel（フィーレンディール）
　　　　　240, 332, 335, 464
Vierzehnheiligen（フィヤツェーンハイリ
　ゲン寺院）　　　　　171〜175
Vieux Port（旧港）
　マルセイユ旧港の連絡橋　348〜350
Vigevano（ヴィジェヴァーノ）の広場

84〜85
Villa Savoie（サヴォイ邸）　607〜611,
　　　　　　　　　　637〜638
Viollet-le-Duc（ヴィオレ・ル・デュク）
　　　　　　　　　　　　　258
Volta, Alessandro（ヴォルタ，アレッサ
　ンドロ）　　　　　　　　260
Wachsman, Konrad（ワックスマン，コ
　ンラッド）　　　　　　　582
Waddington, C. H.（ワッディントン，
　C. H.）　　　　　　　　643
Waentig, Heinrich（ヴェンティヒ，ハイ
　ンリヒ）　　　　　　　　411
Wagner, Otto（ワグナー，オットー）
　　　　　　　364, 379〜383
　近代建築　　　　　　　　379
　ワーグナーの孤立　　380〜383,
　　　　　　　　　　　　　891
　カールスプラッツ駅　381〜382,
　　　　　　　　　　　　　385
　郵便貯金局　　　　　381〜382
　都市設計の解決策　　872〜873
Wall（壁）
　平坦な面としての壁　　76, 373,
　　　375, 380〜383, 421〜428
　ルネサンスにおける壁の使用　92
　　　　　　　　　　　　〜93
　うねらせた壁　　　151〜154, 162,
　　205〜206, 621〜623, 723〜724
　ロマネスクの影響　　377〜378
　ライトによって構成された壁
　　　　　　　　　　479〜482
　グロピウスによるガラスの壁
　　　　　　　　560〜561, 574
　壁の機能的独立　604〜606, 672〜
　　　　　　　　　　　　　674
　アアルトによる壁　　717〜725
Wanamaker Store（ワナメーカー商会）
　　　　　　　　　　　　　295

1036

Warehouses（商品貯蔵倉庫）　254〜
　　255, 294
　モンゴメリー・ウォード商会
　　　　391, 481
　ライター商会　438, 440, 451〜454
Warren, Clinton J.（ウォーリン，クリ
　ントン・J.）　　　　　　448
Watt, James（ワット，ジェームズ）
　　　　218, 251, 260
　ソールフォード木綿工場のための鉄
　　構造　　　240〜244
Webb, Philip（ウェッブ，フィリップ）
　　　　468
Weber, Mrs. Heidi（ウェーバー夫人，
　ハイディ）
Weissenhof Housing Settlement（ワイセ
　ンホーフ集団住宅地）　620, 678
　　　　〜684
Werkbund（ヴェルクブント）
　Deutsche Werkbund の項を見よ
Whistler, J. A. M.（ホィッスラー，J.
　A. M.）　　　　　　358
Wiener, P. L.（ウィーナー，P. L.）　961
Wilkinson, John（ウィルキンソン，ジョ
　ン）　　　　　　219, 222
Winckelmann, J. J.（ヴィンケルマン，
　J. J.）　　　　　　506
Windows（窓）
　大規模な展示が鉄梁の使用に及ぼし
　　た影響　　　245
　商業ビルの窓　　　255
　シカゴ窓　　　449, 457, 463
Windsor chair（ウィンザー椅子）
　　　　420〜421
Wittmer, Hans（ウィットマー，ハンス）
　　　　618
Wölfflin, Heinrich（ヴェルフリン，ハイ
　ンリヒ）　　　30〜31, 150
Women（婦人）建築への影響　　　178
Wood, John（ウッド，ジョン）　192, 812

"Woolworth Gothic"（ウールワース・ゴ
　シック）　　　　　461
Wren, Christopher（レン，クリストファー）
　　　　805
Wright, Frank Lloyd（ライト，フラン
　ク・ロイド）　59, 378, 460, 556,
　　　　579, 880, 936
　簡素な煉瓦壁の使用　　　422
　柔軟な平面　　　435, 476, 603, 606,
　　　　672
　ライトと商業古典主義　466, 497
　アメリカの発展における位置
　　　　466〜470, 497, 668〜669
　チャーンリー邸　　　469, 479
　十字形の平面　　　471〜476
　イサベル・ロバーツ邸　473〜474
　サントップの住宅　　　477
　ポーチの使用　　　478〜479
　ロビー邸　480〜482, 488, 611
　空間の組織化　　　482〜483
　ライトの有機的アプローチ　485
　　　　〜489, 702〜703, 970
　ラーキン商会管理棟　489〜493
　ジョンソン・ワックス商会ビル
　　　　489, 493〜496
　ライトの影響　　496〜499, 672
　ライトの晩年　　　499〜501
　グロピウスとの対照　　　575
　栄誉　　　579〜580
　ライトとウッツォン　　　759
　都市について　915, 916〜917

Yamasaki, M.（ヤマサキ，M.）　690

Zervos, Christian（ゼルヴォス，クリス
　ティアン）　　　　787
Zorès（ゾーレ）　　　245
Zurich Theater（チューリッヒ劇場）
　　　　776〜779

1037

訳者あとがき

昨年（1968年），ジークフリート・ギーディオンが亡くなり，この書で特別の章として扱われたワルター・グロピウス，ミース・ファン・デル・ローエもまた今年相次いでこの世を去った．すでに亡きル・コルビュジエとともに，シアム発足当時の主要メンバーであり，近代建築の旗手たちがほとんど時を同じくして，この世を去っていったことに対し，深く哀悼の意を感じざるを得ない．こういった人たちは，現代建築の発展に尽力したまさに第1の世代に属する人たちであり，当時の革新的な建築観はひろく世界を蔽い，ほぼ30年以上にわたって，その基本的理念に対する支持層をかち得ていた．建築における現代の意味を知る上で，これらの人たちの業績と思想を探ることほど有効かつ適切な方法はないといってよいだろう．

巨匠たちは去ったとはいえ，新しく現代建築を担う第3の世代が登場しつつある．巨匠たちが拓り開いた道を，より広く発展させ，より人間的なものに結実してゆく上で果たすべき役割は大きい．とりわけ都市設計的な空間の実体化をめぐり，調整者的な機能に対する社会の期待は大きい．

しかし現今，世の多くの建築家たちが表現の権利を拋棄し，内心の創造的な志向性に忠実たらんよりも，単なる技術的専門家に甘んじざるを得ないような状況をみるのはまことにしのびがたい．彼らの多くは外界の強制する経済優先主義の波に抗しがたく，いたずらに技術的趨勢を担う一分子になりさがろうとしている．永い人類の歴史を顧るとき，われわれは設計行為の単純かつ一面的な合理化や商品化にすべてをゆだねてしまうわけにはいかない．個性を媒介とする構想力の燃焼にこそ将来を望見する曙光を見出しうるのである．

建築と都市にたずさわる設計家や計画家に期待されるのは，まさに人間環境のその名に値する人間性の回復であり，それに役立つ解決策の創造と具現化でなければならない．いかに困難な矛盾をはらむ現実とはいえ，いたずらにペシミスティックな状況把

握の中では，真の感情の解放はあり得ないであろう．

巨匠につづく途が，彼らの表面的な形骸や手法の模倣でないことはいうまでもない．世に容れられず多くの迫害をこうむりながらも，断乎として堅持しつづけた彼らの内なる創造の精神こそ継承されなければならない当のものである．本書はそのような創造の精神の貴重さと重要性を読む者に深くうったえつづけている．

私が，この書の最初の翻訳にたずさわってから，すでに15年以上になる．初訳以来の苦労とともに，本書から与えられた示唆の大きさを思わざるを得ない．この間，私の知る限り，本書が日本の建築家や都市計画家を初め美術関係評論家に与えた影響は決して少なくなかったと思うし，今後もこの新しい訳書が，わが国で将来ひろく人間環境の調整と統合に貢献してゆく人々の糧として役立ってゆくことを願って止まない．

　1969年9月

太　田　　實

訳者略歴

昭和 23 年　北海道大学工学部建築工学科助教授
昭和 38 年　北海道大学工学部建築工学科教授
昭和 61 年　北海道大学名誉教授
平成 16 年 3 月　逝去（享年 81 歳）

復刻版
新版 空間 時間 建築

第 1 巻　昭和 44 年 1 月30日　第 1 版第 1 刷発行
第 2 巻　昭和 44 年 11 月 5 日　第 1 版第 1 刷発行
復刻版　平成 21 年 1 月 25 日　　発　　　行
令和 7 年 2 月 25 日　第 5 刷発行

訳　者　太　田　　　實

発 行 者　池　田　和　博

発 行 所　丸善出版株式会社

〒101-0051 東京都千代田区神田神保町二丁目17番
編集：電話 (03) 3512-3266／FAX (03) 3512-3272
営業：電話 (03) 3512-3256／FAX (03) 3512-3270
https://www.maruzen-publishing.co.jp

Ⓒ Minoru Ohta, 1969

組版／富士美術印刷株式会社
印刷・製本／大日本印刷株式会社

ISBN 978-4-621-31099-1 C3052　　　Printed in Japan

本書の無断複写は著作権法上での例外を除き禁じられています.